X.media.press

X.media.press ist eine praxisorientierte Reihe zur Gestaltung und Produktion von Multimedia-Projekten sowie von Digital- und Printmedien.

Eberhard Hasche • Patrick Ingwer

Game of Colors: Moderne Bewegtbildproduktion

Theorie und Praxis für Film, Video und Fernsehen

Springer Vieweg

Eberhard Hasche
Berlin, Deutschland

Patrick Ingwer
Brandenburg, Deutschland

ISSN 1439-3107
X.media.press
ISBN 978-3-662-43888-6 ISBN 978-3-662-43889-3 (eBook)
DOI 10.1007/978-3-662-43889-3

Die Deutsche Nationalbibliothek verzeichnet diese Publikation in der Deutschen Nationalbibliografie; detaillierte bibliografische Daten sind im Internet über http://dnb.d-nb.de abrufbar.

Springer Vieweg

Gedruckt auf säurefreiem und chlorfrei gebleichtem Papier

Springer-Verlag GmbH Berlin Heidelberg ist Teil der Fachverlagsgruppe Springer Science+Business Media (www.springer.com)

Motivation und Danksagung

Am 24. April 2014 thematisierten im Rahmen einer Podiumsdiskussion der FMX-Konferenz Vertreter von DreamWorks Animation, Google ATAP, Weta Digital, des USC's Institute for Creative Technologies (Los Angeles), der Filmakademie Baden-Württemberg und der Bournemouth University die problematische Beziehung von akademischer Ausbildung zu den eigenen Forschungseinrichtungen der contentproduzierenden Medienindustrie. Die Klage der namhaftesten Vertreter aus Medienindustrie und Lehre über das mangelnde Verständnis für die Arbeit und Problemstellungen der jeweils anderen Seite spiegelte unsere eigenen Erfahrungen aus mehreren Jahrzehnten Lehre am Fachbereich Informatik und Medien an der Technischen Hochschule Brandenburg wieder.

Die Vermittlung eines stimmigen Ganzen aus künstlerisch-theoretischen Grundlagen einerseits und technischen Workflows anderseits stellt die gegenwärtig vermutlich größte Herausforderung der Lehre im Bereich der Bewegtbildmedienproduktion dar. Um zumindest für den deutschsprachigen Raum den Mangel an entsprechend ausgerichteter Literatur zu beheben, haben wir uns zum Verfassen des vorliegenden Lehrwerks entschlossen. Sein Grundgedanke ist, einen Überblick über die wichtigsten technischen Aspekte der digitalen Produktionspipeline von der Aufnahme bis zur Auslieferung zu geben. Wir konzentrieren uns weniger auf die Studiotechnologie (Hardware, Interfaces, Beleuchtung, Set- und Studioaufbauten) als auf die kameratechnische Seite der Aufnahmen und insbesondere den folgenden Workflow in der Postproduktion. In diesem Zusammenhang werden auch die visuellen Effekte mit ihrer szenenlinearen (szenenbezogenen) Farbpipeline berücksichtigt.

Um den Rahmen der Publikation nicht zu sprengen, waren wir gezwungen, einige Bereiche der Bewegtbildproduktion auszusparen. Dies sind vor allem künstlerisch inspirierte Themen, die in der Regel bereits gut dokumentiert sind und durch die digitale Herangehensweise keinen grundsätzlichen Änderungen unterworfen wurden. Ein guter Schnitt folgt den gleichen inhaltlichen Prinzipien, unabhängig davon, ob er auf der digitalen oder der analogen Ebene ausgeführt wird. Auch grafikorientierte Anwendungen wurden ausgelassen. Hier sei auf die entsprechende Fachliteratur verwiesen, wie die Arbeiten von Chris und Trish Meyer für den Motion-Graphics-Bereich. Schweren Herzens haben wir auch auf Animationen und Simulationen verzichtet, obwohl die Beschäftigung mit diesen Aspekten der Produktion wichtige Bausteine in der Ausbildung unseres Fachbereichs sind.

In den Beschreibungen der Konzepte und der Darstellung der Vorgänge haben wir es so weit wie möglich vermieden, proprietäre Lösungen der einzelnen Softwareanwendungen zu darzustellen und uns auf allgemeingültige Lösungen konzentriert. So wurden beispielsweise keine Abbildungen des Nodegraphs des Compositing-Programms Nuke verwendet, sondern eigene Flow-Charts entwickelt, die besser verdeutlichen, was in den einzelnen Farbkanälen tatsächlich stattfindet. In den Fällen, in denen wir Screenshots von Softwareanwendungen verwendet haben, wurden diese aufwendig nachbearbeitet, um wichtige Informationen (Kamerapyramide, 3D-Gitter) besser verdeutlichen zu können.

In die Publikation sind die Auseinandersetzung mit Tausenden von Videotutorials professioneller Learning-Plattformen, wie – in alphabetischer Reihenfolge – cmiVFX, CG Society, Digital Tutors, FXPHD, The Gnomen Workshop u. a., Hunderte von Vorträgen auf den Konferenzen eDIT, FMX und Animago eingegangen.

Die Autoren verfügen über eine langjährige Lehrerfahrung an Hochschulen mit Schwerpunkt an der TH Brandenburg. Professor Eberhard Hasche forscht und arbeitet unter anderem über Image Compositing und Pipeline-Arbeit, ist Autor der Kapitel 1, 2, 4, 9, 10 und – gemeinsam mit Patrick Ingwer – Verfasser der Kapitel 5, 7 und 8.

Patrick Ingwer arbeitet seit mehr als 10 Jahren als freier Kameramann und Techniker im öffentlich-rechtlichen Fernsehen für den RBB, sowie für die ARD – „Das Erste". Er beschäftigt sich als wissenschaftlicher Mitarbeiter an der TH Brandenburg mit Digital Compositing, Stereo3D, 3D-Scanning und – Processing, und schrieb die Kapitel 3 und 6.

Besonders danken möchten wir Micha für ihre Geduld und Guido Ingwer für seine konstruktiven Anregungen. Dank geht an Tina für ihre inspirative und fundierte Begleitung der Arbeiten an dieser Publikation. Großen Anteil am Entstehen der Publikation haben Aaron Hasche mit seinen Formulierungsvorschlägen, Christoph Hasche mit den vielen praxisnahen Diskussionen, Jonathan Karafin (RealD, senior scientist) für seine Expertise in der Stereo3D-Technologie und Steve Wright für die tiefgründigen Diskussionen über digitales Compositing sowie last but not least Ina Ruderisch-Lönnig für die Rechtschreibkorrektur. Wir möchten uns an dieser Stelle auch bei allen Studenten des Fachbereichs Informatik und Medien der TH Brandenburg bedanken, die über die Jahre unseren Blick auf die Thematik durch ihre Fragen, Anregungen und Diskussionen bereichert und erweitert haben. Einige unserer Studenten standen für die vorliegende Publikation vor der Kamera oder haben ihre Arbeiten als Beispiele zur Verfügung gestellt, wofür wir ihnen nicht nur danken, sondern auch Punkte im Medienproduktionskarmakonto gutschreiben. Viele Punkte und Dank bekommen auch Borka, Stephan, Tommi, Marcus und vor allem Reinhard.

Wir danken darüber hinaus den Kollegen und Mitarbeitern des Fachbereichs Informatik und Medien an der Technischen Hochschule Brandenburg für ihre Unterstützung, vor allem Thomas Ranglack, Reiner Creutzburg und Thomas Schrader. Dank sagen möchten wir abschließend dem Springer-Vieweg-Verlag und Herrn Engesser für die Bereitschaft diese Publikation zu realisieren, großen Dank schulden wir Frau Glaunsinger für ihre konstruktiven Hinweise und nicht zuletzt ist im Text eine kleine Referenz an Wolf Haas und somit eine Hommage an den deutschsprachigen Film eingearbeitet.

Inhaltsverzeichnis

Abbildungsverzeichnis

Autoren

Prof. Dipl.-Ing. Eberhard Hasche Jahrgang 1953. Studium der Elektrotechnik an der TU Dresden, Staatsexamen als Musiker. Arbeitete als Theatermusiker, Komponist und Sounddesigner. Mit dem Aufkommen der Digitalen Audiotechnik Trainer für digitale Musikproduktion, dabei enge Zusammenarbeit mit Rio Reiser/Ton Steine Scherben. Seit 2003 Professor für Audio- und Videoverarbeitung an der TH Brandenburg. Seitdem Beschäftigung mit modernen Compositing-Konzepten. 2012 von The Foundry international zertifizierter Nuke-Trainer. Arbeitet momentan mit der Multimediafirma Shaking Foundations (Rom/Berlin) an 360°-Theater- und Filmkonzepten.

Patrick Ingwer, Dipl.-Informatiker (FH)/M.Sc. Jahrgang 1973. Klassische Klavierausbildung, als auch „Spezialschule für Musikerziehung – Gerhart Hauptmann" Wernigerode mit Klavier- und Gesangsausbildung. Später Lehre zum Radio- und Fernsehtechniker sowie Meisterlehrgang in der Fernsehtechnik. Studium in der Informatik mit den Abschlüssen Diplom-Informatiker (FH) als auch Master of Science. Arbeitete als Techniker für RFT Magdeburg als auch im elterlichen Betrieb. Anschließend tätig als Tontechniker und Kamera-Assistent für TVN Hannover, danach für die ARD/RBB. Nun seit mehreren Jahren tätig als Kameramann für die ARD/RBB sowie als wissenschaftlicher Mitarbeiter an der TH Brandenburg. Produzierte und veröffentlichte vier Musik-CD-Alben im regulären Musikhandel, sowie eine Reihe weiterer Musik-Veröffentlichungen im In- und Ausland im Bereich der elektronischen Musik.

Farbe, Farbmodelle und Farbräume

1

Eberhard Hasche

Die ersten beiden Kapitel beschäftigen sich mit den theoretischen Grundlagen von Farbe und den auf diesen Grundlagen aufbauenden praktischen Workflows in der digitalen Filmproduktion und im Fernsehbereich. Auf Konferenzen, in der Literatur und in Online-Foren wird immer wieder betont, welche dramatischen Folgen der Wechsel von der analogen zur digitalen Filmaufnahme für den gesamten Workflow im Zeitalter des digitalen Kinos und des HD- und Ultra-HD-Fernsehens hat. Die amerikanische Matchmoving-Artistin Erica Hornung beschreibt es folgendermaßen:

> It's an interesting time, actually, similar to the early years of motion pictures … (Horning 2010, S. xii)

Die Produktionskette im Kino – und das gilt gleichermaßen auch für HDTV-Produktionen – wurde inzwischen nahezu vollständig auf die digitale Ebene verlagert. Dabei durchläuft das Bildmaterial bereits in der Kamera eine Reihe von Farbraumkonvertierungen, deren Verständnis Grundlage ist, qualitativ hochwertige Bilder zu produzieren. Die Aufbereitung von Bildmaterial für die Produktion von visuellen Effekten (VFX) und das Einspeisen von Material in die Digital-Intermediate-Stufe erfordern unterschiedliche Farbworkflows, die sich signifikant von traditionellen unterscheiden, bei denen das Aussehen – der Look – der Bilder bereits frühzeitig bei der Aufnahme festgelegt und direkt in das Bildmaterial geschrieben wurde.

Auch die Wiedergabe des fertiggestellten (gemasterten) Materials mittels Projektoren und neuer Displaytechnik führte dazu, dass größere Farbräume geschaffen werden mussten, vor allem auch um zukünftigen Entwicklungen Rechnung zu tragen. Ein breites Verständnis der theoretischen Grundlagen von Farbe ist deshalb unerlässlich, um sich in einem modernen Workflow in der Bewegtbildproduktion bewegen zu können.

Kapitelübersicht

In diesem Kapitel werden zuerst die technischen und wahrnehmungstechnischen Grundlagen von Farbe geklärt. Besondere Berücksichtigung erfahren hier die für einen Film-/TV-Workflow wichtigen Konzepte wie Referenzweiß, Kontrast und Helligkeit. Der anschließende Abschnitt beschäftigt sich mit dem Konvertieren von Licht zu Farbe, dem Ansatzpunkt aller modernen Farbworkflows in Film und Fernsehen. Ein Überblick über den für die praktische Diskussion von Farbe grundlegenden CIE xyY-Farbraum (Normfarbtafel) schließt sich an. Hier sind vor allem die durch die Primärvalenzen aufgespannten Farbpaletten der einzelnen Farbräume wichtig, die zusammen mit den Weißpunkten deren räumliche Ausdehnung spezifizieren. In diesem Zusammenhang erfolgt im nächsten Abschnitt eine Diskussion der für den Workflow wichtigsten Farbmodelle. Hierbei liegt das Hauptaugenmerk auf dem Unterschied zwischen Farbraum und Farbmodell.

Anschließend erfolgt ein Einblick in den für die Computergrafik grundlegenden sRGB-Farbraum. Das Kapitel wird mit einer Diskussion über die Gleichabständigkeit von Farbräumen beendet. Hier werden eine Reihe für einen modernen Farb-Workflow wichtiger Konzepte vorgestellt, wie das wahrnehmungstechnisch-basierte Codieren von digitalen Bilddaten, die *Opto-Elektronische Übertragungsfunktion (OECF)* und deren Gegenstück die *Elektro-Optische Übertragungsfunktion (EOCF)* und das *End-to-End-Gamma* für Computerdisplays. All diese Konzepte werden dann im nächsten Kapitel aufgegriffen, um die modernen Workflows für Film/TV zu beschreiben.

1.1 Ein kurzer Einblick in menschliche Wahrnehmungstheorie

1.1.1 Was ist Farbe?

> If we were actually able to see more [colours], would there be more there?,

philosophiert die Regisseurin Lesli Linka Glatter (2002) im Audiokommentar zur fünften Folge der ersten Staffel der amerikanischen Fernsehserie *Twin Peaks*. „Wenn wir mehr

E. Hasche, P. Ingwer, *Game of Colors: Moderne Bewegtbildproduktion*, X.media.press, DOI 10.1007/978-3-662-43889-3_1

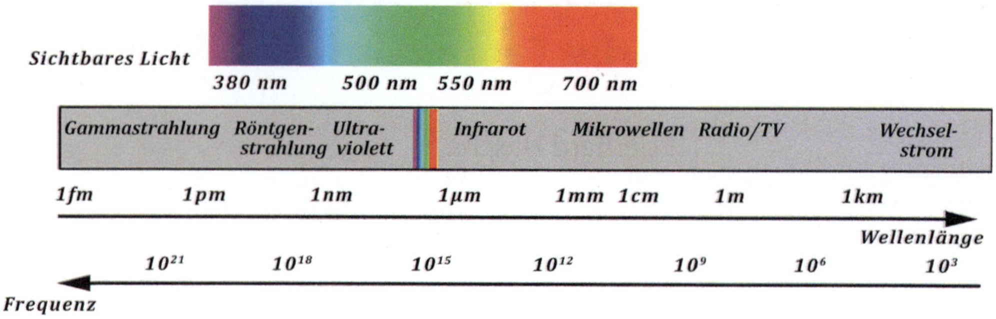

Abb. 1.1 Elektromagnetisches Spektrum

Farben sehen könnten, wären dann auch mehr da?" fragt sie mit dem Hintergedanken, den Zuschauern die spezielle Psyche der Hauptfigur, des FBI-Agenten *Dale Cooper* (Kyle MacLachlan) nahezubringen, der auch dem Übersinnlichen zugetan ist und sich Minuten später einem Holzscheit zuneigen wird, um es nach jener verhängnisvollen Nacht zu befragen, in der Laura Palmer ermordet wurde, nur um herauszufinden, dass in einer Welt voller Lügen das Holzscheit das einzige handelnde Element ist, das die Wahrheit spricht.

„Wenn wir mehr Farben sehen könnten, wären dann auch mehr da?" Diese hypothetische Frage lässt sich nicht ganz so einfach beantworten und führt uns direkt in die komplexe Welt des oben beschriebenen modernen Farb-Workflows, der in den letzten Jahren in der visuellen Medienproduktion zu massiven Änderungen geführt hat und deren Auswirkungen auf die gesamte Medienindustrie noch nicht abzusehen ist.

Diese Komplexität führt auch zu zwei Varianten einer Antwort auf oben genannte Frage:

Die erste Variante lautet: NEIN, aus dem einfachen Grund, da es physikalisch gesehen keine Farben gibt, die dementsprechend auch nicht weniger oder mehr werden können.

Was wir als Farbe wahrnehmen, ist ein sehr begrenztes Strahlengemisch aus dem elektromagnetischen Spektrum. Dieses lässt sich – aufsteigend mit der Frequenz und reziprok zur Wellenlänge – in die Abschnitte Radiowellen (Lang-, Mittel-, Kurzwellen), Mikrowellen, Infrarot, sichtbares Licht, Ultraviolett, Röntgen- und Gammastrahlen unterteilen, wobei das sichtbare Licht nur einen sehr geringen Bereich einnimmt (siehe Abb. 1.1).

Nähern wir uns diesem Bereich abhängig von der Wellenlänge, dann beginnt er mit kurzwelligem Licht bei ca. 380 nm mit der Farbe, die wir als violett wahrnehmen. Es folgen blau, cyan, mittelwelliges grünes Licht bei ca. 500 nm, gelb und ein großer Bereich von langwelligem roten Licht mit ca. 580–700 nm. Diese Zone des „Sichtbaren Lichts" wird eingerahmt von entsprechend unsichtbarem Licht, also Ultraviolett und Infrarot. Ähnlich wie bei der Anwendung von Filtern (s. Abschn. 1.2.3) ist der Übergang fließend. Die Wahrnehmung des unsichtbaren Lichts stoppt nicht plötzlich, sondern ihre Intensität vermindert sich mit der Entfernung vom Kernbereich des sichtbaren Lichts in beide Richtungen. Somit lassen sich auch keine ganz genauen Grenzen festlegen.

Ein Wesensmerkmal der elektromagnetischen Strahlung besteht darin, dass sie farblos ist. Schon *Issac Newton* bemerkte 1675:

> For the Rays to speak properly are not coloured. In them there is nothing else than a certain Power and Disposition to stir up a Sensation of this or that Colour.

Wieso sehen wir dann aber Farben, wenn diese offenbar nicht existieren? Hierzu ist ein kurzer Einblick in die Funktionalität des menschlichen Auges hilfreich.

1.1.2 Auge und Sehen

Wie im vorhergehenden Abschnitt festgestellt, filtert das menschliche Auge bestimmte Strahlen aus dem elektromagnetischen Spektrum heraus. Verantwortlich dafür sind Fotorezeptoren, die auf der Retina des Auges verteilt sind. Es gibt hierbei zwei Arten. Die Erste beinhaltet die Zapfen, die andere die Stäbchen. Ca. 5 bis 7 Millionen Zapfen sind für das Farbsehen verantwortlich und befinden sich im Bereich des Auges, der für das Scharfsehen ausgelegt ist – in der Fovea Centralis. Sie besitzen verschiedene Sehpigmente, die aufgrund unterschiedlicher Proteine (Opsine) auf die entsprechenden Wellenlängen des sichtbaren Lichts reagieren und damit eine unterschiedliche spektrale Empfindlichkeit aufweisen.

Es gibt beim Menschen drei verschiedene Typen von Zapfen. Jeder Zapfentyp hat eine spezifische spektrale Empfindlichkeit (siehe Abb. 1.3). Die L-Zapfen (engl. *long wavelength receptor*) sind für längere Wellenlängen empfindlich. Das Absorptionsmaximum liegt etwa bei 560 nm (gelb-grün). Da es den langwelligen Bereich abdeckt, der vor allem durch rotes Licht gekennzeichnet ist, spricht man auch von einem Rotrezeptor. M-Zapfen (engl. *medium wavelength receptor*) sind empfindlich für mittlere Wellenlängen. Das Absorptionsmaximum liegt hier bei etwa 530 nm (näher an Grün als die L-Zapfen).

Eine gewisse Besonderheit weisen die S-Zapfen auf (engl. *short wavelength receptor*).

Sie sind für kürzere Wellenlängen empfindlich. Das Absorptionsmaximum liegt etwa bei 420 nm (blau). S-Zapfen weisen nur einen Anteil von zwölf Prozent (s. u.) aller Zapfen auf und liegen auch eher am Rande der Zapfenausdehnung, sind dafür aber wesentlich sensitiver, um einen Ausgleich zu schaffen.

Diese drei Typen reichen aus, um Farbe vollständig zu beschreiben. Aus diesem Grund spricht man auch von einer trichromatischen Farbwahrnehmung.

Die Zapfen sind für das Tagsehen (photopischer Bereich) verantwortlich. Sie benötigen eine hohe Anzahl eintreffender Photonen, um den entsprechenden Farbreiz an das Gehirn weiterzuleiten.

In der Literatur gibt es zwei Auffassungen darüber, in welcher Anzahl die drei Zapfentypen vorhanden sind. Eine Theorie geht davon aus, dass die Verteilung gleichmäßig ist, eine andere sieht die mittelwelligen Zapfen (grün) erheblich in der Überzahl, wobei die blauen Zapfentypen gegenüber den roten noch einmal reduziert sind. Vom Standpunkt des HD-Videocodings aus, das ca. 70 % des grünen Bereichs für die Festlegung der Luminanz heranzieht, und angesichts der Tatsache, dass in der Sensortechnik digitaler Kameras doppelt so viele grüne Sensorelemente verbaut sind wie rote und blaue (Bayer-Pattern), wäre die zweite Theorie zu bevorzugen.

Nähert sich die Illumination der Dämmerung (mesopischer Bereich), sinkt die verfügbare Strahlungsleistung. Das menschliche Wahrnehmungssystem regiert darauf und adaptiert die Helligkeitsunterschiede mit der Öffnung der Pupille. Bis zum Beginn der Nacht sinkt die Strahlungsleistung weiter – im Vergleich zum Tageslicht um das 200.000-fache.

Ist die Umgebung für längere Zeit komplett dunkel, wird die zweite Art der Photorezeptoren, die Stäbchen angesprochen, die für das Nachtsehen (skotopischer Bereich) ausgelegt sind. Die Stäbchen benötigen erheblich weniger Photonen, um einen entsprechenden Reiz an das Gehirn weiterzuleiten. Sie sind in großer Zahl vorhanden und nehmen einen weiten Teil des Außenbereichs der Netzhautmitte außerhalb der Zapfenausdehnung ein, was dazu führt, dass das Nachtsehen eine gewisse Unschärfe aufweist. Die Farbempfindung ist monochromatisch (Graustufen), da nur ein Typ von Stäbchen vorhanden ist. Die Stäbchen enthalten das Sehpigment Rhodopsin, das für Licht mit einer Wellenlänge von 500 nm (blaugrün) am empfindlichsten ist (siehe Abb. 1.2).

Berücksichtigt man nun, dass das Farbempfinden des Menschen ausschließlich im Gehirn realisiert wird, ist es auch verständlich, dass die Schaffung eines zuverlässigen Farbsystems einige Schwierigkeiten mit sich brachte. Eine rein physikalische Herangehensweise war deshalb auch nicht von Erfolg gekrönt.

Die Anfang des 20. Jahrhunderts gegründete Internationale Beleuchtungskommission (*Commission Internationale de L'Éclairage – CIE*) mit Sitz in Wien adaptierte über die Jahre eine Reihe rein experimental gewonnener statistischer

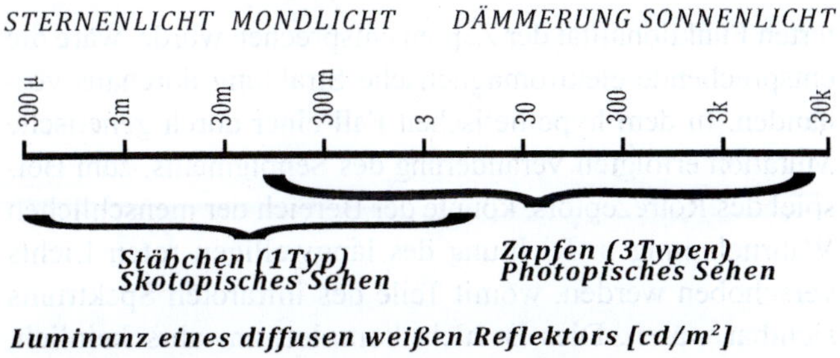

Abb. 1.2 Luminanzbereich der visuellen Wahrnehmung. Nach Poynton 2012, S. 248

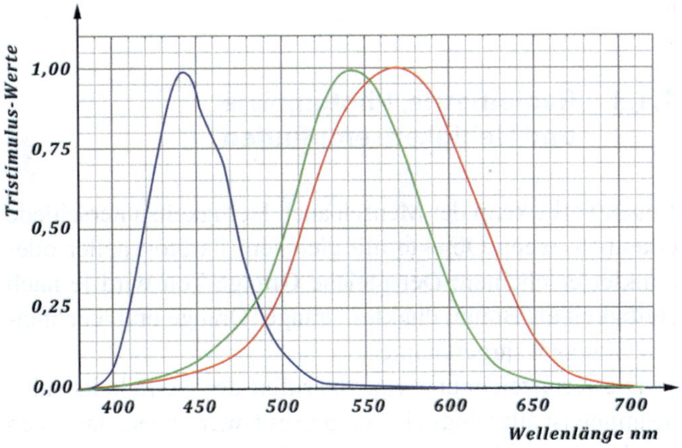

Abb. 1.3 Absorptionsspektrum der Zapfen. Nach Hunt 2011, S. 6

Resultate, um ein international gültiges System kolorimetrischer Spezifikationen zu etablieren. In den 1920er Jahren führten unterschiedliche Wissenschaftler empirische Untersuchungen durch, um den Zusammenhang zwischen physikalischem Spektrum und menschlicher Farbwahrnehmung zu erforschen. Ausgehend von der Sensitivität der Zapfen als wesentliches Element der Farberkennung wurden Color-Matching-Funktionen (CMFs) vorgestellt, die trotz unterschiedlicher Versuchsanordnung bei den Tests lediglich kleinere Abweichungen aufwiesen. In Abb. 1.3 wird das Absorptionsspektrum der Zapfen nach Hunt-Pointer-Estévez (HPE) angegeben.

Hier ist gut zu erkennen, in welchem Bereich des elektromagnetischen Spektrums die einzelnen Zapfen wirken. Interessant ist, dass sich die grüne und rote Absorbtionskurve sehr eng nebeneinander befinden und sich größtenteils sogar überlappen. Jenseits von 400 und 700 nm wird Strahlung nicht als Licht wahrgenommen. Gleichzeitig haben die unterschiedlichen Zapfentypen ihre Maxima bei 440 nm (blau), 540 nm (Grün) und 570 nm (Rot). Hier wird die Strahlung am stärksten wahrgenommen.

Berücksichtigt man den wahrnehmungstechnischen Aspekt des Farbsehens, können wir nun die zweite Variante der Antwort auf die eingangs gestellte Frage geben. Sie lautet: JA. Wenn wir mehr Farben sehen könnten, was einer erweiterten Funktionalität der Zapfen entsprechen würde, wäre die entsprechende elektromagnetische Strahlung durchaus vorhanden. In dem hypothetischen Fall einer durch genetische Mutation erfolgten Veränderung des Sehpigments, zum Beispiel des Rotrezeptors, könnte der Bereich der menschlichen Wahrnehmung in Richtung des langwelligen roten Lichts verschoben werden, womit Teile des infraroten Spektrums sichtbar wären. Dies ist nicht komplett unwahrscheinlich, da es Berichte von Einzelpersonen gibt, die durch spezielle Fehlfunktionen vor allem des Blaurezeptors Bereiche des ansonsten unsichtbaren ultravioletten Spektrums wahrnehmen können.

1.1.3 Radiometrie, Photometrie und Helligkeitsempfinden

Neben Farbe kann der Mensch auch Helligkeitsunterschiede erkennen, wenn Objekte mit gleichem Farbton heller oder dunkler erscheinen. Der gleiche Orange-Ton wird je nach Helligkeit als Braun, dunkles Orange, Orange und leuchtendes Orange wahrgenommen.

Die Kennzeichnung von Begriffen der Helligkeitswahrnehmung ist allerdings ein komplexes Unterfangen, da es sich bei der Konvertierung von physikalischen Eigenschaften zu wahrnehmungstechnischen Quantitäten im Zusammenhang mit Licht um eine Schnittstelle von Physik (Licht), Medizin (Auge), Farbwissenschaft (Farbwahrnehmung), Chemie (Filmnegativ) und Video-/Film-/Fototechnologien handelt, bei der jede der beteiligten Wissenschaften eine eigene Terminologie hervorbringt, die vom jeweiligen Standpunkt aus betrachtet eindeutig ist und Sinn macht, von einem anderen Standpunkt aus gesehen aber Konfusion erzeugen kann. So ist der Begriff „Lineares Licht" in der Filmtechnologie eindeutig und bezeichnet eine 1:1-Relation zum Licht der Szene (ohne die Anwendung von Kamerakurven), während der Begriff vom physikalischen Standpunkt aus eher kontraproduktiv ist, da zum Beispiel die Lichtstärke quadratisch mit der Entfernung abnimmt (Abstandsgesetz).

Werfen wir nun einen Blick auf die physikalischen Grundlagen der Lichtstrahlung. Diese wird von zwei eng verknüpften Wissenschaftszweigen untersucht. Das ist einerseits die Radiometrie und andererseits die Photometrie. Während sich die Radiometrie mit der physikalisch vorhandenen Strahlung beschäftigt, berücksichtigt die Photometrie das menschliche Wahrnehmungssystem, das nur Teile dieser Strahlung erkennt.

Radiometrie

Die *Radiometrie* ist die Wissenschaft von der Messung elektromagnetischer Strahlung im Frequenzgang von 3×10^{11} bis 3×10^{16}. Dieser Bereich korrespondiert mit den Wellenlängen zwischen 1 und 1000 nm (siehe Abb. 1.1) und enthält ultraviolettes, sichtbares und infrarotes Licht.

Die wichtigsten physikalischen Größen sind Strahlungsleistung, Bestrahlungsstärke, Strahldichte und Strahlungsintensität. Tabelle 1.1 listet diese photometrischen Größen und die korrespondierenden radiometrischen Äquivalente auf.

Tab. 1.1 Photometrische und Radiometrische Größen

Photometrische Größe	Formelzeichen	Einheit	Bezug zu Candela
Lichtstrom (luminous flux)	Φ_v	Lumen (lm)	$1\,\text{lm} = 1\,\text{sr} \cdot \text{cd}$
Beleuchtungsstärke (illuminance)	E_v	Lux (lx)	$1\,\text{lx} = 1\,\frac{\text{sr} \cdot \text{cd}}{\text{m}^2}$
Leuchtdichte (luminance)	L_v	(Nit)	$1\,\frac{\text{cd}}{\text{m}^2} = 1\,\frac{\text{lm}}{\text{sr} \cdot \text{m}^2}$
Lichtstärke (luminous intensity)	I_v	Candela (cd)	$1\,\text{cd} = 1\,\frac{\text{lm}}{\text{cd}^2}$
Radiometrische Größe	Formelzeichen	Einheit	
Strahlungsleistung (radiant flux)	Φ_e	Watt (W)	
Bestrahlungsstärke (irradiance)	E_e	Watt pro Quadratmeter ($\text{W} \cdot \text{m}^{-2}$)	
Strahldichte (radiance)	L_e	Watt pro Steradian ($\text{W} \cdot \text{sr}^{-1}$)	
Strahlungsintensität (radiant intensity)	I_e	Watt pro Steradian pro Quadratmeter ($\text{W} \cdot \text{sr}^{-1} \cdot \text{m}^{-2}$)	

Strahlungsleistung (radiant flux) ist die Strahlungsenergie, die pro Zeitspanne von elektromagnetischen Wellen transportiert wird. Es ist die Energie, die von einer Quelle ausgesendet wird oder auf einer bestimmten Fläche auftrifft. Die physikalische Einheit ist Watt.

Bestrahlungsstärke (irradiance) ist der Begriff für die gesamte Leistung der eingehenden elektromagnetischen Energie, die auf eine Oberfläche trifft. Hier wird aber die Größe der Fläche berücksichtigt – somit ist die physikalische Einheit Watt pro Quadratmeter.

Strahldichte (radiance) bezeichnet die Orts- und Richtungsabhängigkeit der von einer Sendefläche abgegebenen Strahlung. Da die meisten Objekte von den einzelnen Stellen ihrer Oberfläche unterschiedlich viel Strahlungsleistung abgeben ist es sinnvoll, die Leistung zu messen, die von einem optischen System, welches auf die Oberfläche in einem bestimmten Winkel gerichtet ist, aufgenommen wird.

Die physikalische Einheit ist Watt pro m^2 pro Steradiant (eine Maßeinheit für den Raumwinkel).

Strahlungsintensität (radiant intensity) ist der Anteil der gesamten Strahlungsleistung, der von einer Energiequelle in eine gegebene Raumrichtung emittiert wird.

Die physikalische Einheit ist Watt pro Steradiant. Im Englischen wird auch der Begriff *watts per solid angle* verwendet.

Der Mensch kann allerdings nicht alle der im Bereich von 1 bis 1000 nm vorhandenen Energie als Licht wahrnehmen. Deshalb ist es notwendig, die physikalische Strahlung mit dem menschlichen Wahrnehmungssystem zu gewichten. Das bedeutet technisch gesehen, dass die vorhandene Strahlung mit der Wahrnehmung des menschlichen visuellen Systems multipliziert wird. Damit beschäftigt sich die Photometrie.

Photometrie

Die *Photometrie* ist die Wissenschaft von der Messung sichtbaren Lichts. Sie unterscheidet sich von der Radiometrie dadurch, dass die Strahlungsenergie in den verschiedenen Wellenlängen durch eine Hellempfindlichkeitskurve gewichtet wird. Während die Radiometrie auch ultraviolettes und infrarotes Licht berücksichtigt, nimmt der Mensch dies nicht als Licht wahr, so groß seine Energie auch sei.

Die Photometrie verwendet die gleichen Formelzeichen wie die Radiometrie, mit dem Unterschied, dass bei letzterer ein Index *e* verwendet wird, der eine objektive – das heißt, nicht subjektiv wahrgenommene – Messgröße angibt. In der Photometrie wird dieser Index durch *v* ersetzt, der eine visuelle Messgröße indiziert. Im Unterschied zu radiometrischen Größen werden bei photometrischen Größen die Begriffe „Licht" oder „Leucht" (eng. *luminous*) vorangestellt.

Die wichtigste Grundeinheit der Photometrie ist *Candela* (lat. für *Kerze*). Sie bezieht sich auf die Lichtstärke und ist eine der sieben im Internationalen Einheitensystem (SI) von Messgrößen festgelegten Basiseinheiten. Die anderen sind Meter (Länge), Kilogramm (Masse), Sekunde (Zeit), Ampere (elektrische Stromstärke), Kelvin (thermodynamische Temperatur) und Mol (Stoffmenge).

Der Name Candela bezieht sich auf das im 19. Jahrhundert gebräuchliche Verfahren, die Lichtstärke einer Lichtquelle in Bezug auf die Lichtstärke einer Kerze zu messen. Zu Beginn des 20. Jahrhundert wurde als Definition für die Lichtstärke ein Schwarzer Körper (Platinum) verwendet. Diese Definition wurde 1921 von der CIE übernommen. Die Messgröße Candela wurde später von der Generalkonferenz für Maß und Gewicht mehrmals neu definiert und verändert, bis sie im Jahre 1982 folgende Definition ratifizierte:

> Die Candela ist die Lichtstärke in einer bestimmten Richtung einer Strahlungsquelle, die monochromatische Strahlung der Frequenz 540×10^{12} Hertz aussendet und deren Strahlstärke in dieser Richtung 1/683 Watt durch Steradiant beträgt (PTB 2007:2)

Diese Neudefinition ermöglichte es, photometrische Einheiten aus radiometrischen Einheiten zu gewinnen.

Die *Hellempfindlichkeitskurve V(λ)* beschreibt die spektrale Hellempfindlichkeit des menschlichen Auges im photopischem Bereich. Es sei hier angemerkt, dass das Helligkeitsempfinden bei Tageslicht durch die Zapfen und nicht durch die Stäbchen realisiert wird und erst beim Nachtsehen auf die skotopische Kurve der stäbchenförmigen Photorezeptoren umgeschaltet wird. Abbildung 1.4 zeigt die photopische Kurve. Sie wurde empirisch ermittelt und bereits 1924 von der CIE veröffentlicht. Sie ist im Bereich 360 bis 830 nm in 1-nm-Schritten für einen 2°-Standardbeobachter – dem zentralen Bereich des scharfen Sehens beim Menschen – definiert. Diese Kurve wurde weitestgehend akzeptiert. 1983 wurden sie von der CIE überarbeitet und 1982 von der Generalkonferenz für Maß und Gewicht ebenfalls veröffentlicht, um die 1979er Definition von Candela zu unterstützen.

Die Hellempfindlichkeitskurve hat ein Maximum bei 555 nm – der Mensch sieht demnach Luminanz nicht als Grau sondern als Grün.

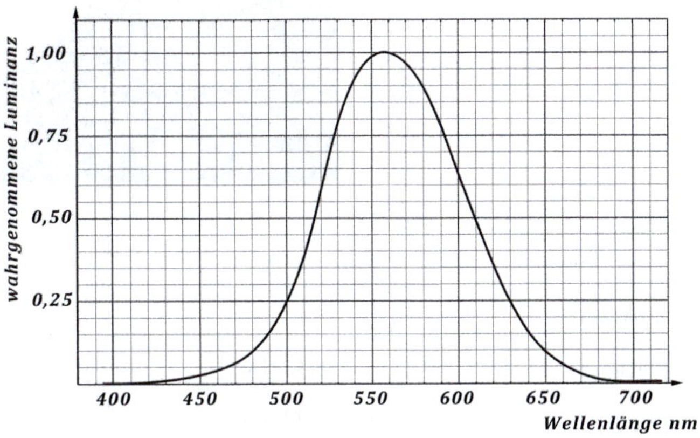

Abb. 1.4 Hellempfindlichkeitskurve V(λ). Nach CIE (2004)

1.1.4 Helligkeit und Kontrast

Obwohl er in der täglichen Wahrnehmung seiner Umgebung äußerst selten reine Grauwerte ohne jegliche Einfärbungen sieht, kann der Mensch diese farblichen Luminanzunterschiede problemlos als Kontrast erkennen.

Abbildung 1.5 zeigt ein Beispiel von dunklem Blattwerk vor einem braunen Dach. Es ist in der farbigen Abbildung klar zu erkennen, wie sich die Umrisse des Blattwerks vom Dach abheben. In den drei Farbkanälen Rot, Grün und Blau, die naturgemäß monochromatisch (Graustufen) sind, differieren die Helligkeitsunterschiede zwischen dem Blattwerk und dem umgebenden sonnenbeschienenen Dach.

Tabelle 1.2 zeigt die Graustufenwerte (Luminanz) der einzelnen Kanäle. Rot weist den größten Unterschied zwischen dem Blattwerk (Tiefen) und dem Dach (Höhen) auf und besitzt damit den größten Kontrast. Es ist zu beachten, dass der Unterschied Blatt-Dach relevant ist. Der Himmel, der im grünen und vor allem im blauen Kanal heller erscheint, ist für die Aufgabenstellung unerheblich, da der Kontrastunterschied auch im roten Kanal höher als der Unterschied Dach-Blatt ist.

Die Differenzen in den einzelnen Farbkanälen werden u. a. in den visuellen Effekten zum Generieren prozeduraler Masken verwendet und so skaliert, dass der Bereich, in dem sich die Vordergrundobjekte befinden, komplett weiß ist und der Bereich für den später einzufügenden Hintergrund komplett schwarz. Graustufenwerte ergeben einen weichen Übergang (engl. *feathered edges*).

Ein vor allem in den 70er und 80er Jahren des 20. Jahrhunderts populäres Verfahren entstand im Zusammenhang mit der Motion-Control-Technik, bei der wiederholbare Kamerabewegungen – so genannte Passes – mehrmals durchgeführt wurden. Der erste Pass beinhaltete zum Beispiel die Fotografie einer entsprechend ausgeleuchteten Miniaturlandschaft. Für den zweiten Pass wurde die Beleuchtung der Landschaft ausgeschaltet, so dass diese schwarz erschien. Dafür wurde ein weißer Hintergrund angestrahlt, der eine diffuse weiße Fläche ergab. Mit dieser Schwarz-Weiß-Maske konnte dann unter Verwendung eines *Optischen Printers* (siehe Kap. 8) der Vordergrund mit einem gezeichneten Hintergrund (Matte Painting) verknüpft werden (vgl. Shay 1982).

Kontrast

Wie Abb. 1.5 deutlich zeigt, ist der Mensch in der Lage, Kontrast zu erkennen. Im technischen Sinne bezeichnet *Kontrast* allgemein den messbaren oder wahrnehmbaren Unterschied zwischen hellen und dunklen Bereichen eines Bildes. Kontrast drückt das Verhältnis einer höheren Luminanz oder Reflektanz zu einer niedrigen Luminanz oder Reflektanz aus. Der Begriff wird in der Video-/Film-/Fototechnik in verschiedenen Zusammenhängen verwendet und ist meist nicht eindeutig, da er die wahrnehmungstechnischen Eigenschaf-

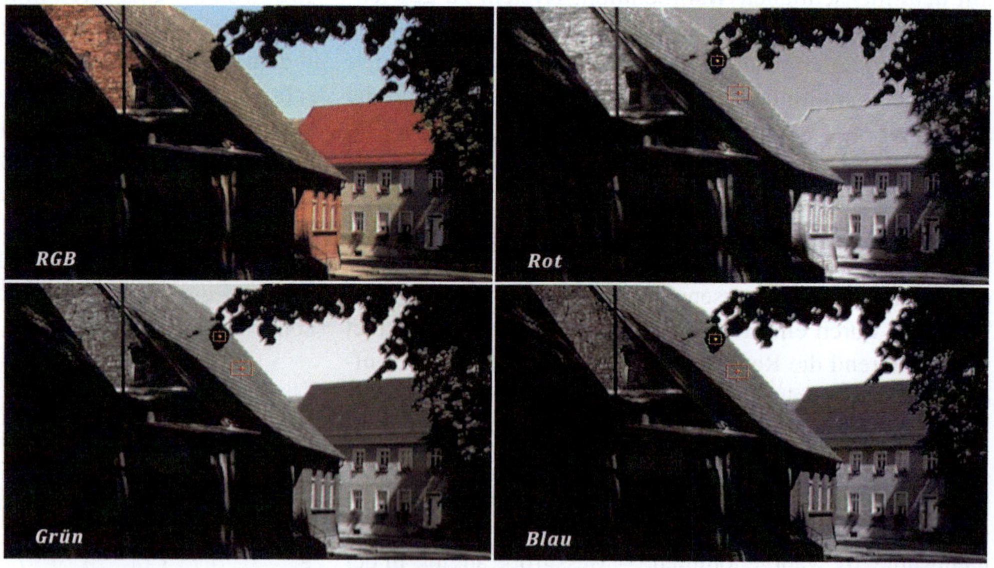

Abb. 1.5 Kontrastunterschiede in den einzelnen Farbkanälen – RGB, Rot, Grün, Blau

Tab. 1.2 Luminanzdifferenzen in den unterschiedlichen Farbkanälen

Farbkanal	Rot	Grün	Blau
Höhen	0,32918	0,23016	0,17053
Tiefen	0,00411	0,00544	0,00351
Differenz	0,32507	0,22472	0,16702

ten, mit denen er umgeht, oft nicht adäquat berücksichtigt. Kontrast-Kontrollobjekte an Monitoren und Fernsehgeräten sind in der Regel falsch bezeichnet und beeinflussen die ebenfalls als kontrollierbar angegebene Helligkeit mehr als den tatsächlichen Kontrast. Für die Display-Kontrolle wird hier deshalb der Begriff *Gain* (Verstärkung) vorgeschlagen, wie er in der professionellen Videotechnik verwendet wird (vgl. Poynton 2012, S. 50).

Helligkeit
Helligkeit definiert die internationale Beleuchtungsorganisation CIE als eine wahrnehmungstechnische Eigenschaft. Da dieser Definition keinerlei Referenzen zu messbaren physikalischen Attributen zu Grunde liegen, sie sich somit auf rein subjektive Wahrnehmungen stützt, verfehlt sie die Beschreibung technisch eindeutiger Zusammenhänge. Die Begriffe *Helligkeit* und *Kontrast* sowie *hell*, *dunkel* und *kontrastreich/-arm* werden hier deshalb lediglich zur Beschreibung allgemeiner Wahrnehmungen verwendet. Für die Display-Kontrolle wird der Begriff *Black Level* (Schwarzpegel) vorgeschlagen, wie er in der professionellen Videotechnik verwendet wird.

Besser geeignet für die Beschreibung von Helligkeitswerten ist der Begriff *Luminanz*. Da dieser oft ambivalente Verwendung findet und zuweilen falsch aus dem Englischen übersetzt wird, ist auch hier Klärungsbedarf notwendig. Zuerst aber soll das Konzept *Referenzweiß* betrachtet werden, da es einen erheblichen Einfluss auf die weitere Verarbeitung von Film- und Videoaufnahmen hat.

1.1.5 Bedeutung von Referenzweiß

Das komplexe, hochoptimierte menschliche Wahrnehmungssystem kann große Kontrastunterschiede erkennen. Das Verhältnis von höchster Luminanz (Weiß) zu niedrigster Luminanz (gerade noch wahrnehmbares sehr dunkles Grau) liegt bei etwa 1000:1. Das bedeutet, dass der Mensch noch einen Anteil von 0,1 % von diffusem Weiß erkennen kann, alles darunter nimmt er als Schwarz wahr.

Was ist nun *diffuses Weiß* oder *Referenzweiß*?

Nehmen wir an, dass in einer Szene mit bewölktem Himmel eine weiß gestrichene Wand den höchsten Luminanzwert hat. Das Gehirn justiert das visuelle System und schiebt Weiß auf einen Pegel, der es in die Lage versetzt, den Kontrast in der Szene gut zu erkennen. Ist die gleiche Szene aber im hellen Sonnenlicht, erhöht sich die Leuchtdichte. Dazu kommen Reflexionen von metallischen Objekten wie Chromteile von Fahrzeugen und die Sonne selbst. Die Kontrastverhältnisse von diesen *Highlights* (Glanzlichtern) zum Weiß der Wand wiederum können das Zehnfache und mehr betragen. Während der Mensch in der Lage ist, diese Kontrastunterschiede durch Justierung des visuellen Systems wahrzunehmen – dieser Vorgang wird deutlich, wenn man sich vom Sonnenlicht in einen dunklen Raum bewegt – können Film-/TV-/Fotokameras diesen Luminanzbereich nicht adäquat aufnehmen. Der Regisseur in Zusammenarbeit mit dem Kameramann muss eine Entscheidung treffen, welches Element der Szene als Referenz für diffuses Weiß angesehen wird. Diffuses Weiß ist eine diffus reflektierende Oberfläche, ein sogenannter Reflektor, der keine Glanzlichter enthält.

Weißes Papier reflektiert ca. 90 % des Lichts. Da die physikalischen Eigenschaften von Papier je nach verwendeter Qualität und Charge differieren, ist es als Hilfsmittel nur bedingt geeignet. Im professionellen Bereich werden deshalb Farbtafeln vor allem der Firma *Macbeth* – inzwischen XRite – verwendet. Diese sind aufwendig verarbeitet und behalten die Farbwerte über einen längeren Zeitraum ohne auszubleichen – ein entsprechend sorgfältiger Umgang mit ihnen vorausgesetzt. Abbildung 1.6 zeigt zwei dieser Charts, die Standard-Chart und eine Taschenausgabe mit weiteren Farbfeldern (engl. *color swatches*), wobei hier das neutrale Weiß von 80 % (sRGB) aufgeklappt ist.

Im traditionellen displaybezogenen Workflow ist in der Regel für die Glanzlichter kein oder nur ein geringer Headroom vorhanden. Die Kunst des Kameramanns besteht nun darin, die Belichtung des Films oder der digitalen Sensoren so einzustellen, dass der Referenzweißwert in der Postproduktion reproduziert werden kann. Solange die aufgenommene Szene nur diffuses Weiß enthält (wie zum Beispiel bei bewölktem Himmel), ist dieser Vorgang unkompliziert. Sind aber Glanzlichter in der Szene enthalten, wie im Sonnenlicht oder bei der Verwendung von starken Scheinwerfern, muss eine Entscheidung getroffen werden, in welchem Verhältnis diese Highlights zum diffusen Weiß stehen. Ist das diffuse Weiß auf den vom Aufnahmemedium höchst reproduzierbaren Wert (100 %) gesetzt, wird der Unterschied zu den Highlights nivelliert, da das Aufnahmemedium keine Werte oberhalb von 100 % aufnehmen kann.

Abb. 1.6 Referenz-Farbtafeln (Macbeth)

Abb. 1.7 Vorder- und Hintergrund-Plate

Abb. 1.8 Highlight als Referenzweiß

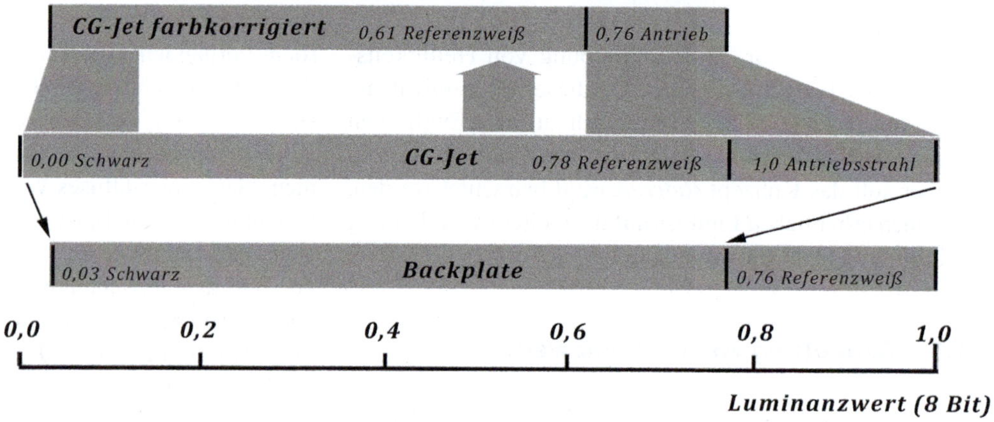

Die Folge ist, dass die Glanzlichter ausbrennen, das heißt, sie erscheinen als große weiße Flächen ohne die Details an den Rändern. Werden die Highlights wiederum als Referenzweiß angesehen, ordnet sich das diffuse Weiß je nach Lichtverhältnissen auf einen sehr geringen Wert von vielleicht 10 % in der Luminanzskala ein. Das Verhältnis diffuses Weiß zum Glanzlicht wird zwar aufrechterhalten, dafür ist das restliche Bild aber viel zu dunkel, da sich der originale Luminanzbereich von etwa 0–90 % in einen Bereich von lediglich 0–10 % im dunklen Grau einordnet.

Es muss also ein Wert für das Referenzweiß gefunden werden, der einerseits die Highlights nicht zu stark komprimiert, andererseits aber genügend Kontrastunterschiede für die Luminanzwerte unterhalb des Referenzweiß zulässt.

Abbildung 1.7 zeigt zwei im Postproduktionsprozess zu kombinierende Graustufenbilder. Das erste ist eine Videoaufnahme eines Flugfelds (Hintergrund – Backplate), das zweite das Rendering (Computergrafik-CG) eines Düsenjets.

Die Bilder weisen folgende zufällige Weiß- und Schwarzwerte auf:

1. Fahrbahnmarkierung als diffuses Weiß: 0,78
2. Highlights des Düsenstrahls: 1,0
3. Teil des Fahrwerks als diffuses Weiß: 0,76
4. Baumgruppe als Schwarz: 0,03
5. Reifen als Schwarz: 0,00

Werden diese beiden Bilder mittels Farbkorrektur kombiniert, muss sich der des gerenderten Düsenjets in den vorgegebenen Bereich der Backplate zwischen ihrem Schwarzwert (0,03) und ihrem Weißwert (0,78) einordnen.

In Abb. 1.8 wurde der Düsenstrahl mit dem Wert 1,0 als Referenzweiß korrigiert. Das Ergebnis zeigt, dass das gerenderte CG-Bild dramatisch an Dynamik verliert, da der helle Düsenstrahl sich an den Weißwert der Landebahnmarkierung angepasst hat und damit flau wirkt. Er repräsentiert nicht

Abb. 1.9 Backplate mit 76%- und 90%-Referenzweiß

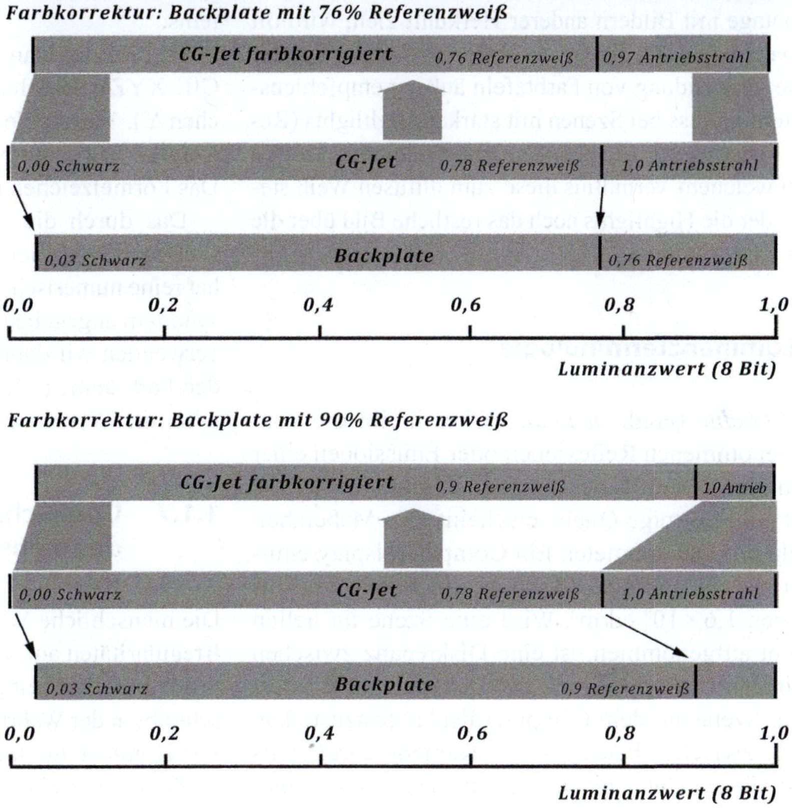

meln die enorme Leuchtdichte der Originalszene. Auch der diffuse Weißwert des Jets (Fahrwerksteil) liegt nun bei etwa 0,61 statt bei 0,78, was das Image unnötig komprimiert.

Der Schwarzwert des Düsenjets, der – wie bei CG-Renderings meist üblich – bei 0,0 liegt, wird etwas angehoben, um dem Schwarz der Videoaufnahme zu entsprechen.

Es sei hier bemerkt, dass der Umgang mit Referenzschwarz ein wesentliches Element ist, Computergrafik überzeugend in Live Action Footage zu integrieren. Da Video- und Filmaufnahmen absolutes Schwarz nur unter bestimmten Laborbedingungen erreichen, ist es notwendig, die gerenderten CG-Bilder im Schwarzbereich anzuheben.

Abbildung 1.9 zeigt die Verwendung von diffusem Weiß als Referenzweiß. Im linken Bild wurde das helle Fahrwerksteil des CG-Bildes als Referenz angesehen, das dem diffusen Weiß der Fahrbahnmarkierung entsprechen soll. Neben der üblichen Anpassung des Schwarzwertes behält das gerenderte Bild seine Luminanzwerte, da beide diffusen Weißwerte nur gering differieren. Der Düsenstrahl wird aufgrund der marginalen Differenzen der beiden diffusen Weißwerte nur ganz leicht komprimiert.

Im rechten Bild wurde das Live-Action-Footage mit einer anderen Belichtung aufgenommen. Das diffuse Weiß erreicht nun einen Wert von 0,9 – üblich in TV-/Videoaufnahmen. Da sich das Referenzweiß des Düsenjets (das Fahrwerksteil) nun an das Weiß der Backplate anpassen muss, wird der Luminanzbereich des CG-Renderings unterhalb des diffusen Weißwerts gestreckt. Dafür wird der Bereich oberhalb vom Referenzweiß komprimiert.

Dieses Vorgehen führt zu einer Überkomprimierung des resultierenden Bildes. Den Highlights, die im Original 0,24 Luminanzwerte Abstand vom diffusen Weiß hatten, stehen nun nur noch 0,1 Luminanzwerte zur Verfügung. Im Ergebnis erscheinen sie nun marginal heller, da die weichen Übergänge an den Rändern des Düsenstrahls ausbrennen. Die Erhöhung des Referenzweiß in der Backplate hat ebenfalls zur Folge, dass die Zeichnung des Himmels besonders im linken Teil verloren geht. Trotzdem wirkt das Image etwas dynamischer, da der Düsenstrahl heller erscheint. Es ist gut zu erkennen, dass die Festlegung des diffusen Weiß als Referenz nicht nur technisch relevant ist, sondern auch eine bedeutende künstlerische Qualität besitzt.

Bei allen Aufnahmen von Live Action Footage sollte ein diffuses Weiß als Referenzweiß festgelegt werden. Bei einem *scene-referred* Workflow, der auf die Kombination der Live Action Footage mit Bildern anderer Herkunft zielt, wird oft ein Grauwert von 18 % linear als Referenz herangezogen. Hier ist die Verwendung von Farbtafeln äußerst empfehlenswert. Weiterhin muss bei Szenen mit starken Highlights (Reflexionen, Feuer, Laser, Lichter) eine Entscheidung getroffen werden, in welchem Verhältnis diese zum diffusen Weiß stehen, um weder die Highlights noch das restliche Bild über die Maßen zu komprimieren.

1.1.6 Luminanzterminologie

Die *Leuchtdichte* (engl. *luminance*) beschreibt die vom Auge aufgenommenen Reflexionen oder Emissionen einer flachen, diffusen Oberfläche. Der Begriff gibt an, wie hell eine nicht punktförmige Quelle erscheint. Die Maßeinheit ist Candela pro Quadratmeter. Ein Computerdisplay emittiert Licht zwischen 50 und 100 cd/m^2, die Sonne am Mittag hingegen $1{,}6 \times 10^9$ cd/m^2. Wird eine Szene im hellen Mittagslicht aufgenommen, ist eine Diskrepanz zwischen dem originalen Licht der Szene und der späteren Wiedergabe dieser Szene auf dem Computerdisplay festzustellen. Der Mittler zwischen beiden ist die Kamera, deren Aufgabe es ist, diesen Unterschied weitestgehend zu minimieren. Hinzu kommen noch das menschliche visuelle System und das Gehirn, das Farbe und Luminanz entsprechend der eigenen physio- und psychologischen Gegebenheiten wahrnimmt.

Für das Festlegen der Luminanz-Terminologie sind also mehrere Betrachtungsebenen zu berücksichtigen.

Die photometrischen Begriffe *Leuchtdichte* und *Lichtstärke* werden hier angewendet, wenn es sich um tatsächliche Messungen mit den entsprechenden Messgrößen handelt.

Um die Lesbarkeit zu verbessern, verwenden wir den Begriff *Luminanz*, wenn sich die Beziehung aus dem Zusammenhang ergibt. Wir benutzen den in der Video- und Filmliteratur gebräuchlichen Begriff *Licht der Szene*, um die originalen Lichtverhältnisse während der Aufnahme zu beschreiben. Steht diese Lichtsituation im Gegensatz zu den von der Kamera gelieferten Daten, die durch entsprechende Kurven (logarithmische oder Potenzfunktionen) verändert wurden, sprechen wir von *Linearem Licht*.

Das Licht der Szene repräsentiert im Aufnahmemedium (Film, Video, Bild) in der Regel – von HDR-Images abgesehen – nicht die *Absolute Luminanz* in Glanzlichtern und Reflexionen, sondern die *Relative Luminanz*, die von einem Referenzweiß festgelegt wird. Die *Relative Luminanz* ist also die Absolute Luminanz geteilt durch die Luminanz des Referenzweiß. Sie ist normalisiert zwischen 0 und 1 oder traditionell zwischen 0 und 100 und wird mit dem Formelzeichen Y angegeben. Die Relative Luminanz ist direkt proportional zur Strahldichte (radiance), gewichtet mit der spektralen Empfindlichkeit des menschlichen visuellen Systems.

Ist die Luminanz in einem Farbraum präsent (CIE xyY, CIE XYZ), sprechen wir vom *Luminanzkanal* (Formelzeichen Y). Wurde die Luminanz durch Potenzfunktionen verändert, verwenden wir den Begriff *Luma* oder *Lumakanal*. Das Formelzeichen ist Y'.

Das durch die menschliche Wahrnehmung gewichtete Licht der Szene nennen wir *Wahrgenommene Luminanz*. Sie hat reine numerische Werte von 0 bis 100. Die in der Literatur synonym angegebenen Begriffe *Lightness* (L^*) oder *Value* (V) verwenden wir dann, wenn sie Farbkanäle der entsprechenden Farbräume ($L^*a^*b^*$ oder *Munsell*) repräsentieren. *Value* wird mit Werten zwischen 0 und 10 angegeben.

1.1.7 Ungleichmäßige Kontrastempfindlichkeit des menschlichen visuellen Systems

Die menschliche Wahrnehmung von Licht weist eine Reihe Irregularitäten auf, zu denen auch die ungleichmäßige Kontrastempfindlichkeit gehört. Die Kontrastempfindlichkeit beschreibt in der Wahrnehmungspsychologie die Wahrnehmung von Kontrast durch das menschliche visuelle System.

Zum Ermitteln der Kontrastempfindlichkeit wird folgendes Experiment angewendet: Einer Versuchsperson wird ein Testmuster vorgelegt (Abb. 1.10). Der Blick des Beobachters ist auf den Hintergrund mit der Luminanz L_B ausgerichtet. Eine Hälfte eines geteilten Kreises im Vordergrund ändert stetig die Luminanz ΔL. Die Versuchsperson zeigt an, sobald sie eine sichtbare Differenz zwischen den beiden Kreisfeldern bemerkt.

Der Term ΔL beschreibt die Differenz eines vorhergehenden Reizwertes zum nächsten Reizwert, bei dem der Beobachter eine Änderung erkennt. Sie liegt über weite Bereiche bei 1,0 %. Die Kontrastempfindlichkeit ändert sich jedoch signifikant bei sehr geringen Werten der Relativen Luminanz. Hier kann der Mensch wesentlich geringere Kontraständerungen wahrnehmen; die Differenz eines vorhergehenden Reizwerts zum nächsten folgt in diesem Bereich in etwa einer Quadratwurzelfunktion.

Nimmt die Intensität des Lichts weiter ab, wird der photopische Bereich verlassen und der mesopische Bereich (Dämmerungssehen) erreicht. Unter einer Leuchtdichte von ca. 0,03 cd/m^2 im skotopischen Bereich werden die stäbchen-

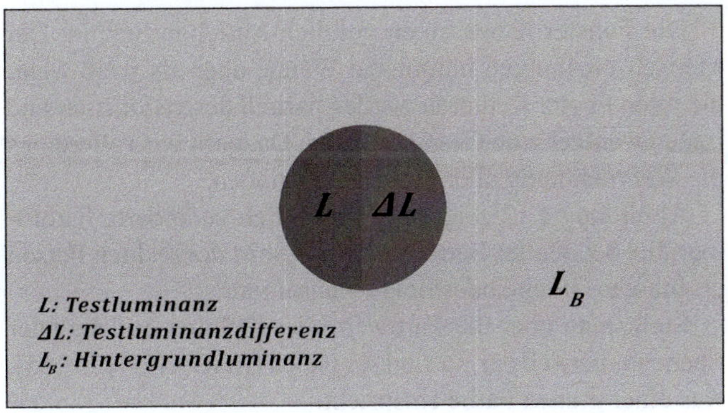

Abb. 1.10 Ermittlung der Kontrastempfindlichkeit. Nach Poynton 2012, S. 249

förmigen Photorezeptoren aktiviert. Dieser Bereich ist das Dunkle Licht (engl. *dark light*).

In Bereichen höherer Luminanz wird die Sättigung erreicht und die Wahrnehmung nimmt ab.

Im Verlauf des letzten Jahrhunderts haben Wissenschaftler versucht, eine genaue mathematische Beschreibung der wahrgenommenen Luminanz des menschlichen visuellen Systems zu definieren. Ausgehend vom überarbeiteten Munsell-Farbsystem (1929) wurden verschiedene mathematische Modelle mit logarithmischen und Potenzfunktionen entwickelt. Die CIE standardisierte die wahrgenommene Luminanz im Zusammenhang mit dem Rahmen der Definition des $L^*a^*b^*$-Farbraum 1976 als *Lightness* L^* (s. Abschn. 1.6). Obwohl in der zugrunde liegenden Funktion ein Kubikwurzel-Exponent den größten Teil des Wertebereichs beschreibt, ist die beste Annäherung eine Potenzfunktion mit einem Exponenten von 0,42. Dieser wichtige Aspekt kommt daher, dass für sehr geringe Luminanzen ein lineares Element verwendet wird, das erheblichen Einfluss auf die Gesamtfunktion hat. Eine

Tab. 1.3 Kontrastempfindlichkeit des menschlichen Wahrnehmungssystems

L_{t1}	L_{t2}	L_{w1}	L_{w2}	ΔL_t [%]	ΔL_w [%]
0,02	0,03	0,1933	0,2292	1 %	3,59 %
0,19	0,20	0,4978	0,5086	1 %	1,08 %
0,89	0,90	0,9522	0,9567	1 %	0,45 %

genauere Erklärung des Konzepts erfolgt in Abschn. 1.6 im Zusammenhang mit der *Opto-Elektronischen Übertragungsfunktion (Gamma)*.

Tabelle 1.3 und Abb. 1.11 zeigen die unterschiedlichen Werte der Kontrastempfindlichkeit anhand einer Potenzfunktion mit einem Exponenten von 0,42. L_{t1} und L_{t2} sind die Werte der Relativen Luminanz an unterschiedlichen Positionen der Kurve der Relativen Luminanz mit jeweils 1 % Abstand. L_{w1} und L_{w2} sind die Differenzen der Wahrgenommenen Luminanz. Beim Wert 0,20 der Relativen Luminanz liegt die Kontrastempfindlichkeit (ΔL_w) bei etwa einem Prozent. Im helleren Abschnitt nimmt sie ab, im dunkleren Bereich aber signifikant zu. Hier ist deutlich zu erkennen, dass der Mensch im Bereich geringerer Luminanz eine ausgeprägtere Wahrnehmung von deren Differenzen aufweist.

Dieser Unterschied der Kontrastempfindlichkeit hat erheblichen Einfluss auf die Codierung von digitalisierten Lichtwerten (siehe Abschn. 1.6).

1.1.8 Chromatische Adaption

Im Bereich sehr geringer Luminanz (zum Beispiel in einem abgedunkelten Raum) hat das menschliche visuelle System

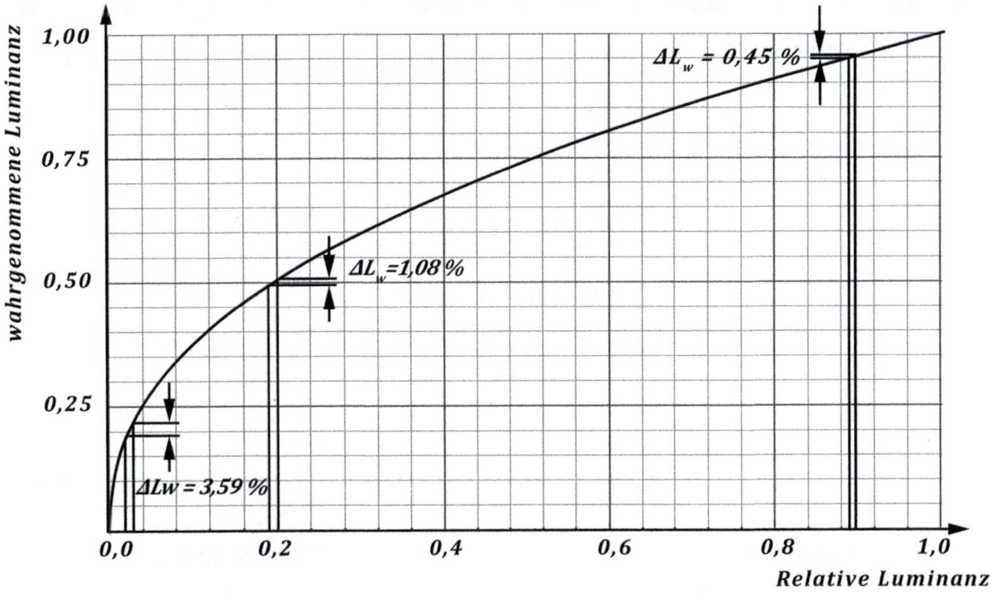

Abb. 1.11 Kontrastempfindlichkeit des menschlichen Wahrnehmungssystems

die Möglichkeit, nach einigen Minuten von den zäpfchenförmigen Photorezeptoren zu den stäbchenförmigen Rezeptoren umzuschalten, was sich daran festmachen lässt, dass keine Farben mehr gesehen werden. Dieser Vorgang wird auch als *Dunkeladaption* bezeichnet.

Der Mensch hat jedoch zusätzlich die Fähigkeit, eine sogenannte *Chromatische Adaption* vorzunehmen, eine Form des aus der Video- und Filmtechnik bekannten *Weißabgleichs*. Das visuelle System des Menschen erkennt weiße Flächen (zum Beispiel Wände) auch in unterschiedlichen Lichtsituationen und -färbungen als weiß. Eine Beleuchtung mit einer Glühlampe produziert einen hohen Anteil von gelbrotem Licht. Eine Wand sollte unter diesen Umständen orange aussehen, wie auf Fotografien, die durch Glühlampen erleuchtete Fenster bei Einbruch der Nacht („blaue Stunde“) zeigen.

Abb. 1.12 Chromatische Adaption

Die Fenster haben einen gelblich-rötlichen Schein. Der Mensch im Inneren nimmt die Wände aber als weiß wahr, die roten Photorezeptoren werden partiell desensibilisiert und tragen weniger zum Gesamtbild bei. Dadurch wird allerdings die Wahrnehmung aller Farben verschoben.

Abbildung 1.12 zeigt eine absichtlich veränderte Farbfotografie, bei der der Betrachter das T-Shirt der rechten Person als blasses Orange oder Beige wahrnimmt.

Stellt man aber die Farbwerte des T-Shirts auf digitaler Ebene numerisch dar, so sind sie gleich [RGB≈125 125 125], was einer grauen Farbe entspricht.

Hier bringt der Mensch die Chromatische Adaption ins Spiel. Der Rest des Bildes weist einen erheblichen Blaugrünstich [RGB≈0 65 100] auf.

Da der Mensch im Laufe der Evolution eine solchermaßen blaugrüne Umgebung nicht kennengelernt hat, wohl aber eine dunkelgraue beim Einbruch der Nacht, versucht er den blaugrünen Bereich in den Graubereich zu schieben. Er führt quasi einen Weißabgleich durch.

Abbildung 1.13 zeigt das Schema: Der Hintergrund befindet sich im Blaugrün-Bereich, das Hemd ist grau. Mit Einsetzen der Chromatischen Adaption schiebt das visuelle System des Menschen den Hintergrund in den Graubereich. Da sich jedoch das gesamte Farbsystem verändert, behält das graue Hemd seinen Abstand zum Hintergrund bei und wird in den orangefarbenen Bereich bewegt.

Im Film-Video-Bereich hat die chromatische Adaption erheblich Konsequenzen für die Farbkorrektur. Steve Hullfish und Jaime Fowler geben in ihrem Buch: „Color Correction for Digital Video“ ein Interview mit dem amerikanischen Koloristen Randy Starnes (u. a. NYPD Blue) wieder, der den Einfluss der Umgebung auf die Farbwahrnehmung beschreibt:

> To relate how important the surround is, when I first started, we worked in a room that was designed ro resemble the living room. The thought was: you're going to watch television in an environment similar to this, so let's color grade in this environment.

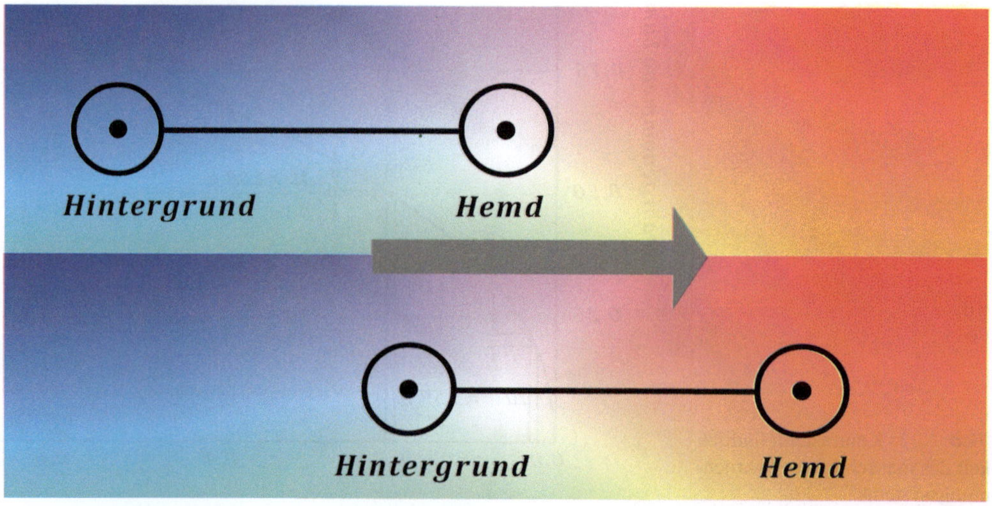

Abb. 1.13 Schema der Chromatischen Adaption

> The monitor was set in a bookcase. It was a warmly lit room with a desk lamp and overhead tungsten lights. It was a beautiful room. It was very comfortable, like a en or a gentlemen's smoking room.
>
> The longer you would color correct something in that room, the more red you would put into the pictures, because your eyes became desensitized. The color receptors became desensitized to the warm environment. At the start of the day, skin tones would look normal, but after six or eight hours, you were correcting skin tones oversaturated, like basketballs, because your perception has changed.

Dies ist insofern bemerkenswert, da die oft kolportierte Situation, in der der Regisseur/Produzent eine Fotografie in einen Lichtkegel unbekannter Farbzusammensetzung hält und darauf besteht, dass die Farben im Film exakt die gleichen wie auf dem Foto sein sollen, tatsächlich in der Realität oft zu beobachten ist. Gut ausgestattete Farbkorrekturstudios haben deshalb einen Referenz-Spot, bei dem eine Lichtquelle mit 6500° Kelvin eine Ablage beleuchtet, auf der farbige Objekte platziert werden können.

1.2 Konvertieren von Licht zu Farbe

1.2.1 Spektrale Energieverteilung und der Metamerismus

Spektrale Energieverteilung

Der Energiegehalt des sichtbaren Lichts kann als Funktion der Leuchtdichte (cd/m^2) über die Wellenlänge dargestellt werden. Man spricht dann von der *Spektralen Energieverteilung* (engl. *spectral power distribution – SPD*).

Je nach Beleuchtungsart wird sie unterschiedlich gemessen. Bei Selbststrahlern wie Lichtquellen oder Displays wird die spektrale Strahlungsleistung $\Phi(\lambda)$ berechnet, während bei reflektierenden Materialien (Aufsichtsfarben – Lacke, Textilfärbung) die *Spektrale Reflektanz* des Materials mit der *Relativen Spektralen Energieverteilung* der Lichtquelle multipliziert wird, wobei diese zuerst mit einer Weißreferenz gemessen wird (siehe Abb. 1.14). Bei transmittierenden Materialien wie Farblösungen und Farbfiltern wird die *Spektrale Transmitttanz* des Materials mit der *Relativen Spektralen Energieverteilung* der Lichtquelle multipliziert.

Abbildung 1.15 zeigt eine Darstellung des Illuminant D65, der die Energieverteilung des Tageslichts der nördlichen Hemisphäre zur Mittagszeit angibt. Das menschliche visuelle System filtert mit Hilfe der drei Typen von Photorezeptoren (Zapfen) drei Werte aus der Spektralen Energieverteilung heraus, die als Farbe wahrgenommen werden. Diese drei Werte werden in der Farbwissenschaft als *Tristimulus* bezeichnet. Um diese Werte zu erhalten, wenden die drei Zapfentypen unterschiedliche Funktionen an. Jede ihrer Kurven hat ein Maximum, bei dem die Energie der entsprechenden Wellenlänge besonders stark gewertet wird. Die Kurven haben aber auch Bereiche, in denen die vorhandene Energie wenig oder gar nicht zum Farbeindruck beiträgt. Es erfolgt damit eine *Gewichtung* der Spektralen Energieverteilung.

Die in Abb. 1.15 angegebene Energie des Tageslichts ist in allen Bereichen des Spektrums mehr oder weniger gleich

Abb. 1.14 Messung der Spektralen Energieverteilung mit einer Spektralkamera

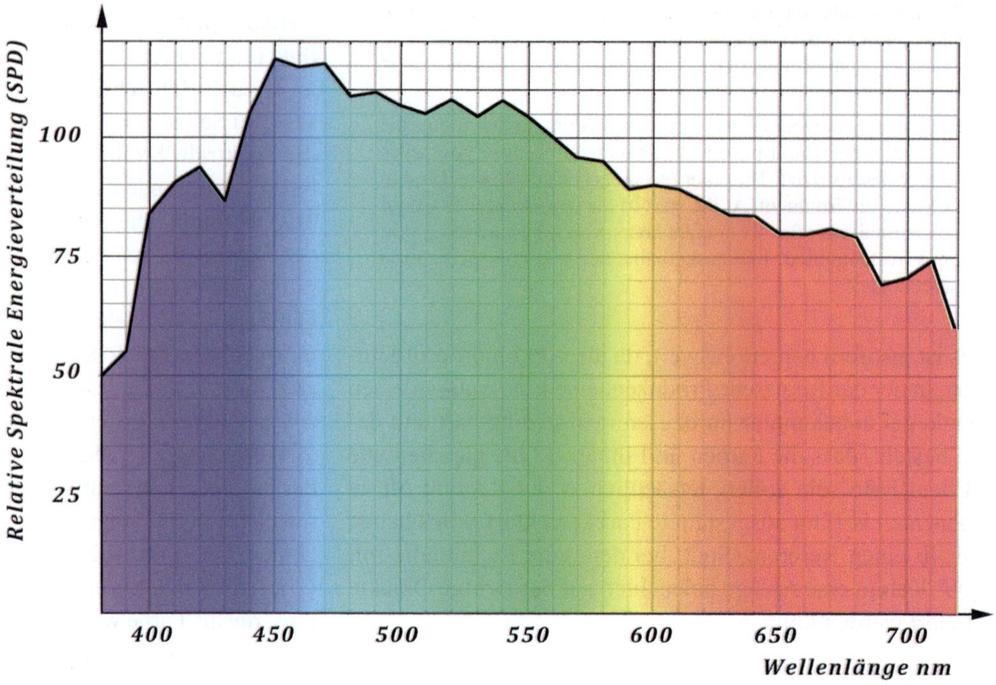

Abb. 1.15 Spektrale Energieverteilung von Tageslicht (D65)

vorhanden, weshalb das Licht auch als weiß empfunden wird. Sie kann aber auch anders verteilt sein. Ist sie stark an einer Wellenlänge konzentriert, wird die resultierende Farbe als gesättigt empfunden. Um eine vorhandene Farbe zu entsättigen, muss Licht in anderen Bereichen des Spektrums hinzugefügt werden.

Metamerismus

Die Beschränkung des menschlichen visuellen Systems auf lediglich drei Werte, die aus dem Spektrum herausgefiltert werden, um die vorhandene Farbe zu repräsentieren, führt zu zwei erheblichen Problemen: Erstens ist es für die Wissenschaft schwierig die „versteckten" Filter der menschlichen Farbwahrnehmung in einem Farbsystem zu simulieren und zweitens tritt der Effekt des *Metamerismus* auf.

Der Metamerismus besagt, dass gleiche Farben mit unterschiedlicher spektraler Energieverteilung erzeugt werden können. Das bedeutet, dass in den von den Photorezeptoren gewichteten Tristimulus-Werten nicht zu erkennen ist, welche spektralen Anteile dieses Ergebnis hervorgebracht haben. Es wird bestimmt durch die Art der Filterkurven, die bei jedem Menschen unterschiedlich sind und gewisse Abweichungen von einem theoretischen *Normalbeobachter* aufweisen. Aber auch die vorhandene Lichtart spielt eine große Rolle.

Abbildung 1.16 zeigt das Problem: Der Eindruck einer gelben Farbe kann durch unterschiedliche Energieverteilungen hervorgerufen werden: Einerseits durch Energie, die sich bei der Wellenlänge 570 nm konzentriert und andererseits durch zwei Energiebänder bei den Wellenlängen 540 und 625 nm. Bei Tageslicht sind beide Farbtöne mehr oder weniger gleich. Der Mix aus Grün (540 nm) und Rot (625 nm) ist etwas heller, da mehr Energie vorhanden ist. Der Unterschied zwischen beiden Farben ändert sich aber signifikant, wenn diese mit einer Glühlampe beleuchtet werden. Das Gelb bei 570 nm ändert den Farbton nicht, da nur ein Energieband zum Farbempfinden beiträgt. Es wird lediglich etwas heller, da die Energie der Glühlampe bei dieser Wellenlänge geringfügig höher ist.

Anders verhält es sich mit dem Gelb, das sich aus dem Mix der rot-grünen Energiebänder zusammensetzt. Während es bei Tageslicht lediglich eine marginale Abweichung in Richtung Grün gegenüber dem einbändigen Gelb aufweist, wird es bei Beleuchtung mit einer Glühlampe aufgrund der wesentlich höheren Energie des Rotbandes gegenüber dem Grünband dramatisch in Richtung Rot verschoben und erscheint orange.

Es sei hier bemerkt – und das gilt für alle Farbdarstellungen von genau definierten Farben in dieser Arbeit –, dass diese lediglich schematisch wiedergegeben werden können, da die zugrunde liegenden Farbräume bei der Gestaltung am Rechner und beim Druck begrenzt sind und nicht alle sichtbaren Farben darstellen können.

Der Metamerismus spielt im Film-/Video-Bereich keine überragende Rolle, ist aber für andere Industriezweige von großer Bedeutung, besonders bei der Herstellung von Farben, Lacken und in der Bekleidungsindustrie. Nehmen wir das Beispiel eines Kraftfahrzeugs, das einen Lackschaden aufweist. Nehmen wir weiter an, dem Originalhersteller ist es gelungen, den Lack aus Pigmenten herzustellen, die das einfallende Licht lediglich in einem Frequenzband reflektieren. Da die Zusammensetzung des Originallacks nicht immer offengelegt wird, müssen Hersteller von Reparaturlack experimentieren. Nehmen wir nun an, es ist ihnen gelungen,

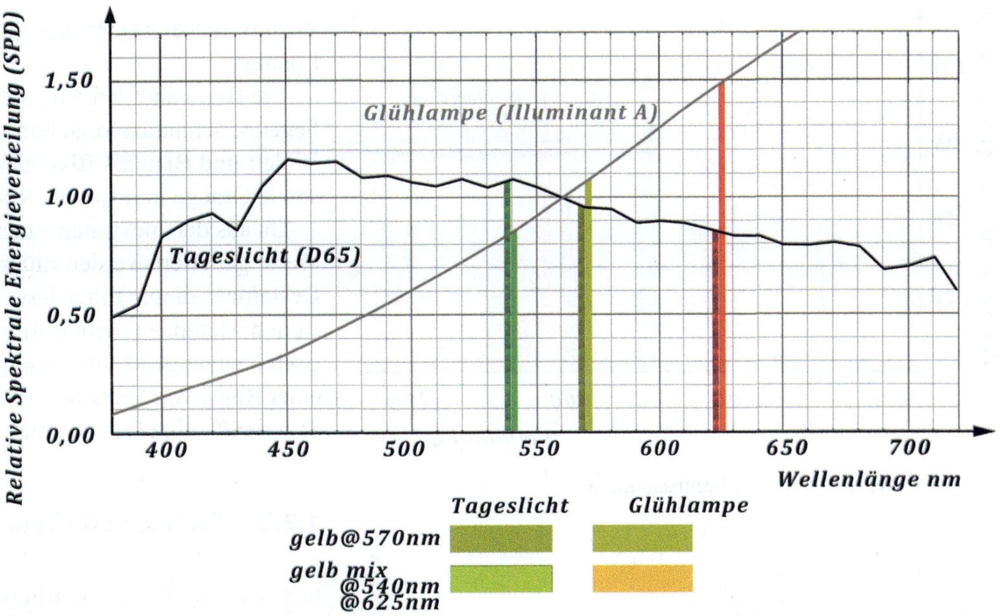

Abb. 1.16 Metamerismus

einen gleichen Farbton mit einem Lack herzustellen, dessen Pigmente zwei Frequenzbänder reflektieren (wie im oben genannten Beispiel). Ist nun der Reparaturlack aufgetragen, fallen die Unterschiede bei Tageslicht nicht auf. Wird das Fahrzeug aber abends in der Garage von einer Glühlampe beleuchtet, treten die Reparaturflecke deutlich als Orange hervor. Es ist zumindest von der Farbtreue her besser, die Lackkomponenten so auszuwählen, dass möglichst nur ein Frequenzband oder wenige zusammenliegende verwendet werden.

1.2.2 Gestaltung der Filter

Die zweite oben genannte Frage ist, wie es der Wissenschaft gelingt, die Arbeitsweise der Photorezeptoren auf der Retina zu rekonstruieren. Hierbei ist die Simulation der „versteckten" Filter, die die drei Tristimulus-Kurven des menschlichen visuellen Systems hervorbringen, von herausragender Bedeutung.

Die Farbwissenschaftler standen somit vor der Aufgabe, die Filter im Bereich des sichtbaren Lichts so zu platzieren, dass die Tristimulus-Kurven des menschlichen visuellen Systems möglichst exakt reproduziert werden.

Sie mussten drei Filter an bestimmten Übergangsfrequenzen positionieren, die nur einen Bereich des Spektrums durch ließen und den restlichen Teil je nach Flankensteilheit mehr oder weniger stark herausfilterten. Die Fragen, die sie sich stellten, waren deshalb: „Wo werden die Übergangsfrequenzen festgelegt?" und „Gibt es Überlappungen?" und wenn ja „Wie groß sind diese?"

Eine der Herangehensweisen ist die Verwendung von sehr schmalen, steilflankigen Filtern, die sich jeweils auf den spektralen Bereich konzentrieren, in dem die Photorezeptoren – die Zapfen – die größte Sensibilität aufweisen.

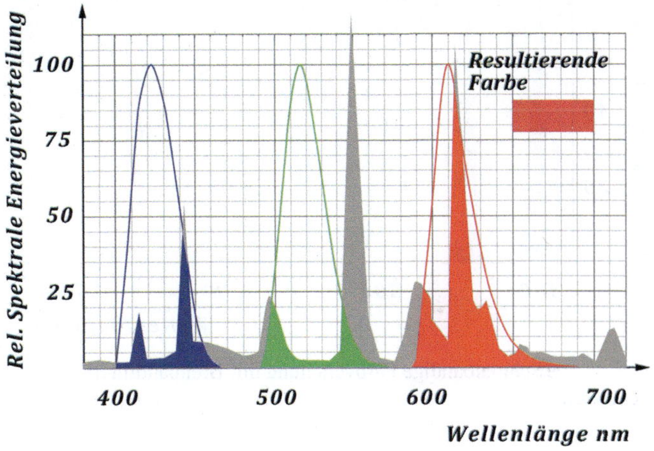

Abb. 1.17 Verwendung von Schmalbandfiltern

Abbildung 1.17 zeigt eine solche schematische Darstellung. Hier finden drei Filter mit den Übergangsfrequenzen 420, 515, 610 nm und hoher Flankensteilheit Verwendung. Diese wichten das einfallende Licht einer Leuchtstoffröhre (graue Kurve) und generieren die Tristimulus-Werte. Die Problematik ist gut zu erkennen. Da Leuchtstoffröhren meist ein weißes Licht produzieren, wird der Leuchtstoff (Triphosphor) so ausgewählt, dass er drei Spitzen im kurzwelligen (blau), mittelwelligen (grün) und langwelligen (rot) Bereich der spektralen Energieverteilung erzeugt, die sich in der Summe zu Weiß zusammensetzen.

Der Filter, der den kurzwelligen Bereich bearbeitet, reproduziert den spektralen Anteil sehr gut, die blaue Spitze befindet sich innerhalb des Filters. Der Filter für den mittelwelligen Bereich verfehlt allerdings die Spitze bei 550 nm.

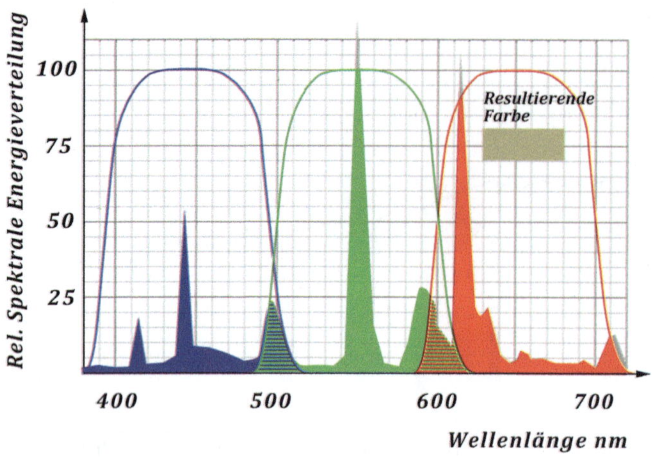

Abb. 1.18 Verwendung von Breitbandfiltern

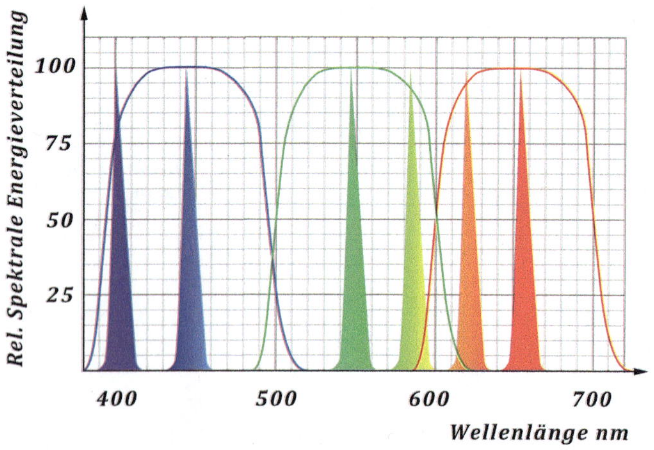

Abb. 1.19 Schmalbandige Farbverteilung mit Breitbandfiltern gemessen

Der grüne Anteil am Endergebnis ist gering. Der Filter für den langwelligen Bereich umfasst fast den kompletten Teil der im roten Bereich vorhandenen Energie. Die mit diesen Filtereinstellungen reproduzierte Farbe hat einen übermäßig hohen Rotanteil, da der mittelwellige Grünbereich nahezu komplett verfehlt wurde.

Es sei hier bemerkt, dass die Wirkungsweise der Filter lediglich schematisch dargestellt ist und die Gewichtungen durch das menschliche visuelle System vernachlässigt wurden.

Um energiereiche Spitzen wie im vorhergehenden Beispiel zu reproduzieren, dürfen die Filter kein Frequenzband auslassen. Abbildung 1.18 zeigt eine andere Gestaltung der Filter. Hier sind diese wesentlich breiter ausgeführt und überlappen etwas bei 500 und 600 nm. Alle Farbspitzen werden gut erkannt und den jeweiligen Farben Rot, Grün und Blau zugeordnet. Die resultierende Farbe ist ein warmes etwas gelbliches Weiß. Diese Filteranordnung ist sehr gut geeignet, weißes Licht darzustellen, das alle Frequenzanteile gleichmäßig enthält. Es ist allerdings für andere Zusammensetzungen des Spektrums keine wirklich gute Lösung.

Die Breitbandfilter sind nicht in der Lage, nahe aneinander liegende schmalbandige Farben zu unterscheiden. So werden Violett und Blau als Blau gesehen, Grün und Gelb als Grün sowie Orange und Rot als Rot (siehe Abb. 1.19).

Da aus der spektralen Energieverteilung drei Tristimulus-Werte generiert werden müssen, sind Filter notwendig. Die Gestaltung dieser Filter lässt sich aber mit physikalisch basierten Methoden nicht erfolgreich verwirklichen. Die historisch überzeugendsten Lösungen waren statistische Tests mit einer Reihe von Versuchspersonen, um einen repräsentativen *Standardbeobachter* zu erhalten.

1.2.3 Farbnachstellversuch

In der Mitte des 19. Jahrhunderts veröffentlichte der deutsche Mathematiker und Sprachwissenschaftler Hermann Graßmann (1809–1877) die Schrift „Zur Theorie der Farbmischung“. Hier legte er eine Reihe von Gesetzen für die Farbmischung vor und schuf die Grundlagen für einen Farbnachstellversuch (engl. *color matching experiment*).

Abbildung 1.20 zeigt die Versuchsanordnung. Zentrum ist eine Kreisfläche, die 2° des menschlichen Sichtfeldes repräsentiert, abgeleitet von der größten Dichte der Photorezeptoren auf der Retina. Die Fläche ist zweigeteilt. Auf eine Hälfte wird ein monochromatisches Licht mit bekannter Wellenlänge projiziert. Die andere Hälfte wird von drei primären Leuchtquellen mit gleichbleibender Wellenlänge aber regelbarer Luminanz überlappend illuminiert. Der Beobachter muss nun zu jeder vorgegebenen abzugleichenden Farbe die drei Testlampen (Rot, Grün, Blau) so regulieren, dass der gleiche Farbeindruck entsteht. Der Test wird mit abzugleichendem Licht von unterschiedlicher Wellenlänge über das gesamte sichtbare Spektrum durchgeführt. Der Versuch wird nun von mehreren Versuchspersonen wiederholt, wobei die Messergebnisse gemittelt werden.

Um verwertbare Ergebnisse zu erhalten, müssen eine Reihe von Vorgaben erfüllt werden, die die graßmannschen Gesetze respektieren.

Die drei Primärfarben müssen so gewählt werden, dass aus einer Mischung aus jeweils zwei Farben nicht die dritte erzeugt werden kann (Graßmanns 1. Gesetz).

Die Beleuchtungsstärke muss entsprechend hoch sein, um zu gewährleisten, dass lediglich die Photorezeptoren der Zapfen gereizt werden.

Das Sichtfeld ist in gerader Blickrichtung 2°.

Die Versuchsperson besitzt eine normale Farbwahrnehmung und ist nicht ermüdet (Broadbent, o. J.).

Im Ergebnis werden Tristimuluswerte für jede Wellenlänge ermittelt. Hier kommt nun das dritte graßmannsche Gesetz zur Anwendung. Es besagt, dass der Farbton einer

Abb. 1.20 Farbnachstellversuch

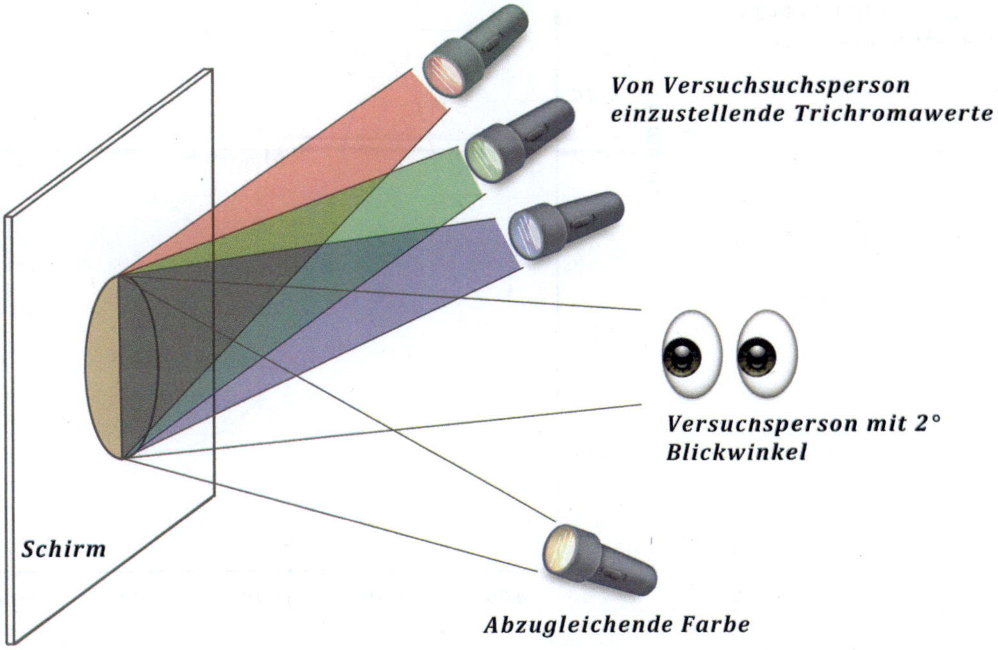

durch additive Farbmischung entstandenen Farbe nur vom Farbeindruck der Ausgangsfarben, nicht jedoch von deren physikalischen (spektralen) Zusammensetzungen abhängt.

1.2.4 1931er CIE RGB-Farbraum

Die britischen Wissenschaftler W. D. Wright und J. Guild führten Ende der 20er Jahre des letzten Jahrhunderts unabhängig voneinander eine Reihe von Tests mit der im letzten Abschnitt vorgestellten Versuchsanordnung durch.

Sie verwendeten rote, grüne und blaue Testlampen, die insgesamt 17 Versuchspersonen so einstellen mussten, dass sie die vorgegebenen Farben auf dem geteilten kreisförmigen Schirm jeweils in Übereinstimmung brachten.

Es stellte sich heraus, dass es nicht möglich war – besonders bei gesättigten Farben im Blau-Cyan-Bereich – die Farben mit den verwendeten Versuchsanordnungen nachzustellen. In diesen Fällen durfte ein gewisser Anteil einer der Primärleuchten – in der Regel der roten – hinzugemischt werden.

Nach Abschluss des Experiments wurden die Helligkeitswerte der drei Primärlampen als statistische Werte über die Wellenlängen zusammengefasst, mit den zum abzugleichenden Licht hinzugefügten Primäranteilen als negative Werte.

Die gemittelten Ergebnisse wurden als Funktionen der Wellenlänge der jeweiligen monochromen Farbe dargestellt. Es sind die Color-Matching-Funktionen (Empfindlichkeitskurven) des jeweiligen Versuchs.

Bald stellte sich jedoch heraus, dass beide Wissenschaftler – obwohl sie etwas veränderte Versuchsanordnungen verwendeten und eine unterschiedliche Anzahl an Versuchspersonen testeten – zu ähnlichen Ergebnissen mit nur geringen Abweichungen gekommen waren. Die Internationale Beleuchtungskommission (CIE) standardisierte die Versuchsergebnisse nach ausgedehnten Diskussionen als die *CIE RGB-Color-Matching-Funktionen* (siehe Abb. 1.21 und Gl. 1.1).

Die drei Funktionen

$$\overline{r}(\lambda), \overline{g}(\lambda), \overline{b}(\lambda) \tag{1.1}$$

definierten den „CIE-Normalbeobachter" (engl. *standard observer*) und führten zum CIE RGB-Farbraum. Für diesen wurden die Wellenlängen der drei Primärvalenzen mit folgenden Werten standardisiert: 700 nm (rot), 546,1 nm (grün) und 435,8 nm (blau). Diese etwas ungewöhnlichen Werte wurden gewählt, weil Licht in den letztgenannten beiden Wellenlängen gut mit Quecksilberdampflampen realisiert werden konnte. Licht bei 700 nm ließ sich Ende der 20er Jahre schwerer erzeugen. Man verwendete Glühlampen mit Filtern und schob die Testwellenlänge so in den Langwellenbereich, dass sich kleine Abweichungen der Wellenlänge nicht bemerkbar machten.

Ebenfalls wurde der Bereich, auf den die Funktionen angewendet wurden, willkürlich eingeschränkt, da der Mensch zwar langwelliges Licht jenseits von 700 nm erkennt, die Werte aber so gering sind, dass sie vernachlässigt werden konnten.

Die drei Funktionen (Gl. 1.1) wurden normalisiert, damit der Flächeninhalt unter den Kurven gleich blieb.

Die Skalierung ist im Verhältnis

$$r : g : b = 1 : 4{,}5907 : 0{,}0601 \tag{1.2}$$

für die Quellleuchtdichte und

$$r : g : b = 72.0962 : 1{,}3791 : 1 \tag{1.3}$$

für die Strahlungsleistung der Quelle festgelegt.

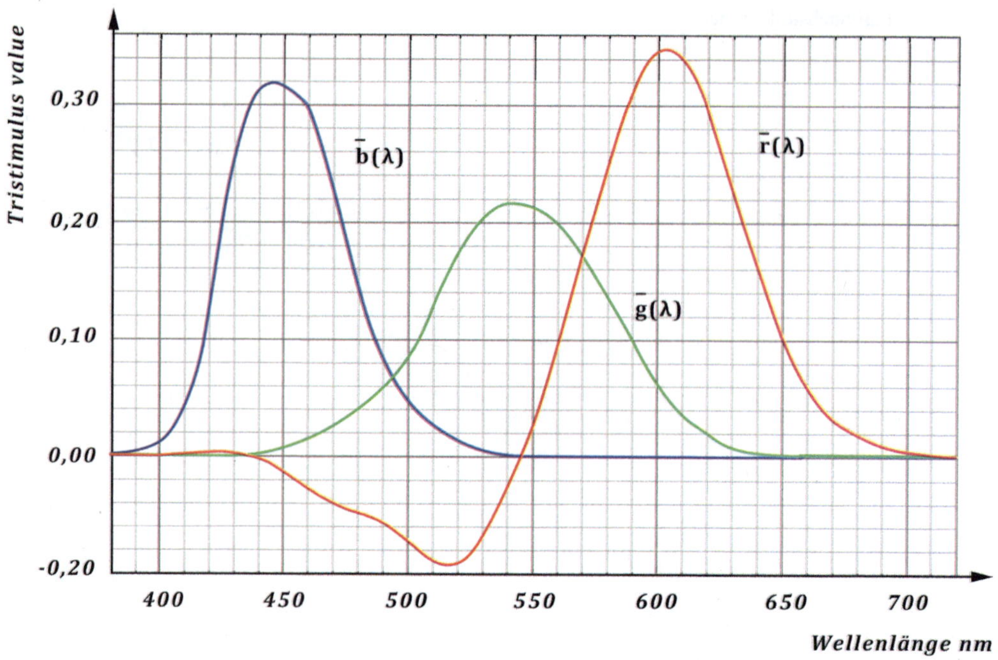

Abb. 1.21 CIE 1931 RGB-Color-Matching-Funktionen

1.2.5 1931er CIE XYZ-Farbraum

Obwohl der CIE RGB-Farbraum von der CIE standardisiert wurde, entschieden die Mitglieder der entsprechenden Spezialkommission, noch einen anderen Farbraum zu entwickeln. Gemäß den graßmannschen Gesetzen ging man davon aus, dass sich der CIE RGB-Farbraum mittels der Matrizenrechnung (Gl. 1.4) in einen neuen Farbraum transformieren lassen könne, der keine negativen Werte beinhaltete.

$$\begin{bmatrix} X \\ Y \\ Z \end{bmatrix} = \frac{1}{0{,}17697} \begin{bmatrix} 0{,}49 & 0{,}31 & 0{,}20 \\ 0{,}17697 & 0{,}81240 & 0{,}01063 \\ 0{,}00 & 0{,}01 & 0{,}99 \end{bmatrix} \cdot \begin{bmatrix} R \\ G \\ B \end{bmatrix} \tag{1.4}$$

Der neue XYZ-Farbraum wurde durch drei *XYZ Color Matching Functions* (Empfindlichkeitskurven) definiert (Gl. 1.5 und Abb. 1.22).

$$\bar{x}(\lambda), \bar{y}(\lambda), \bar{z}(\lambda) \tag{1.5}$$

Der so gewonnene Farbraum ist heute noch die Grundlage der gegenwärtigen Farbsysteme und hat eine Reihe von Eigenschaften und Vorteilen:

Die XYZ-Color-Matching-Funktionen sind überall gleich oder größer als Null (keine negativen Werte).

Sie entsprechen exakt der Hellempfindlichkeitskurve (λ) und damit dem CIE Normalbeobachter für das photopische Sehen („CIE standard photopic observer").

Ein Weißpunkt (E) wurde für den Ort konstanter Energie festgelegt ($x=y=z=1/3$).

Die Color-Matching-Funktion $\bar{z}(\lambda)$ wurde für Werte über 650 nm auf null gesetzt.

Um den Weißpunkt zu definieren, müssen alle drei XYZ-Color-Matching-Funktionen einen gleichen Flächeninhalt besitzen. Dies wird erreicht, indem das Integral über die Hellempfindlichkeitskurve *V* auf alle drei Funktionen angewendet wird.

Die Color-Matching-Funktion $\bar{y}(\lambda)$ ist die spektrale Empfindlichkeit der Luminanz (Y).

Der Verlauf der Color-Matching-Funktion $\bar{x}(\lambda)$ im kurzwelligen Bereich repräsentiert keine Eigenschaft der Photorezeptoren auf der Retina, sondern ist eine Konsequenz der Transformation der negativen Werte der RGB-Color-Matching-Funktionen in den XYZ-Farbraum.

Da man 1931 die Integralrechnung als unpraktikabel ansah, wurde von der CIE eine 31fache Matrix mit diskreten Werten für die Wellenlängen des sichtbaren Spektrums aller 10 nm standardisiert, die 1964 um einem 10°-Standardbeobachter erweitert, in den Dezimalwerten, den gemessenen Wellenlängen (Werte aller 5 nm) und dem Spektralbereich (380–780 nm) verbessert wurden. Tabelle 1.4 gibt einen Überblick über ausgewählte Werte des 2°- und 10°-Standardbeobachters im Vergleich 1931–1964.

Es ist gut zu erkennen, dass vor allem im kurz- und mittelwelligen Bereich erhebliche Differenzen zwischen den beiden Messreihen auftreten. Dies ist einer der Kritikpunkte der von vielen als veraltet angesehenen 1931er Spezifikation.

Die drei Color-Matching-Funktionen repräsentieren nicht einen Verlauf der spektralen Energieverteilung, sondern sind Analyse-Funktionen und werden mit der gemessenen spektralen Energieverteilung multipliziert.

Abbildung 1.23 zeigt ein solches Beispiel, bei dem die Gewichtung der spektralen Energieverteilung des Weißpunkts

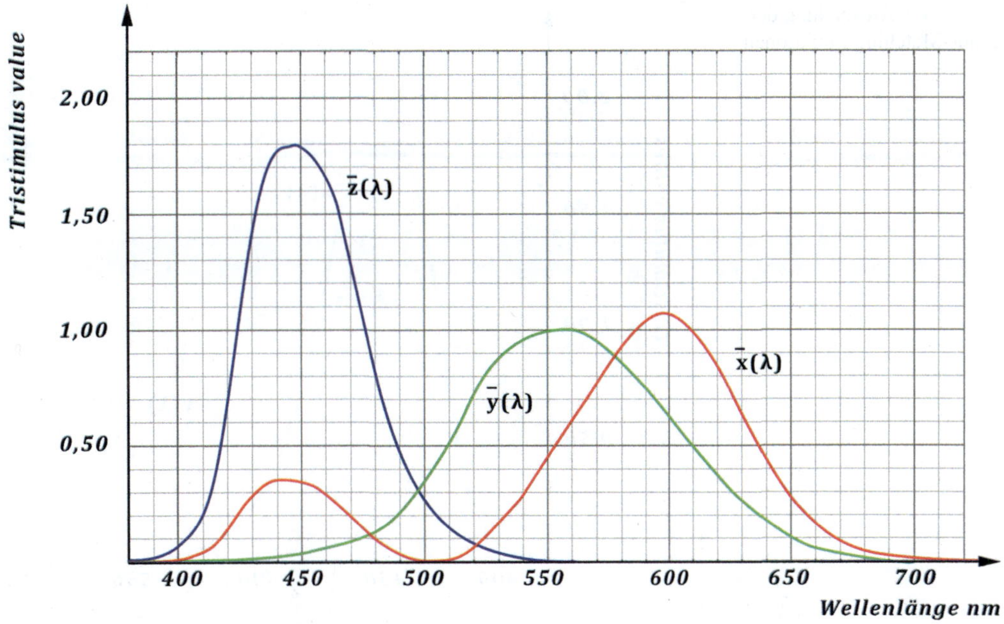

Abb. 1.22 CIE Standard Observer Color-Matching-Funktionen

Tab. 1.4 Vergleich der Color-Matching-Funktionen 1931–1964

Wellenlänge	1931: x(λ)	y(λ)	z(λ)	1964: x(λ)	y(λ)	z(λ)
400	0,01431	0,000396	0,0678500	0,019110	0,002004	0,086011
410	0,043510	0,001210	0,21	0,084736	0,00876	0,38937
420	0,134380	0,004000	0,645600	0,20449	0,02139	0,97254
–						
540	0,290400	0,954000	0,020300	0,37677	0,96199	0,01368
550	0,433450	0,994950	0,008750	0,52983	0,99176	0,00399
560	0,594500	0,995000	0,003900	0,70522	0,99734	0,00000
570	0,762100	0,952000	0,002100	0,87866	0,95555	0,00000
580	0,916300	0,870000	0,001650	1,01416	0,86893	0,00000
–						
680	0,046770	0,017000	0,000000	0,04085	0,01591	0,00000
690	0,022700	0,008210	0,000000	0,01994	0,00775	0,00000
700	0,011359	0,004102	0,000000	0,00958	0,00372	0,00000

D65 anhand dreier ausgewählter Wellenlängen dargestellt wird. Bei der Matrizenrechnung wird der relative spektrale Energiewert des Illuminant D65 mit den Werten der Color-Matching-Funktionen multipliziert (Gl. 1.6). Die jeweiligen Ergebnisse über das gesamte Spektrum werden dann zu X, Y und Z addiert.

In Gl. 1.7 wird der Relative Spektrale Energiewert des *Illuminant D65* bei 450 nm mit den Analysewerten der drei Color-Matching-Funktionen multipliziert. Da die y-Kurve hier einen sehr niedrigen Wert hat, wird für diese Wellenlänge zum resultierenden Y-Wert nur ein geringer Anteil (4,446304) hinzugefügt.

$$\begin{bmatrix} X_\lambda \\ Y_\lambda \\ Z_\lambda \end{bmatrix} = D65_\lambda \cdot \begin{bmatrix} \overline{x_\lambda} \\ \overline{y_\lambda} \\ \overline{z_\lambda} \end{bmatrix} \tag{1.6}$$

$$\begin{bmatrix} X_{450} \\ Y_{450} \\ Z_{450} \end{bmatrix} = D65_{450} \cdot \begin{bmatrix} \overline{x_{450}} \\ \overline{y_{450}} \\ \overline{z_{450}} \end{bmatrix} = 117{,}008 \cdot \begin{bmatrix} 0{,}3362 \\ 0{,}0380 \\ 1{,}7721 \end{bmatrix} = \begin{bmatrix} 39{,}3380 \\ 4{,}446304 \\ 207{,}3498 \end{bmatrix} \tag{1.7}$$

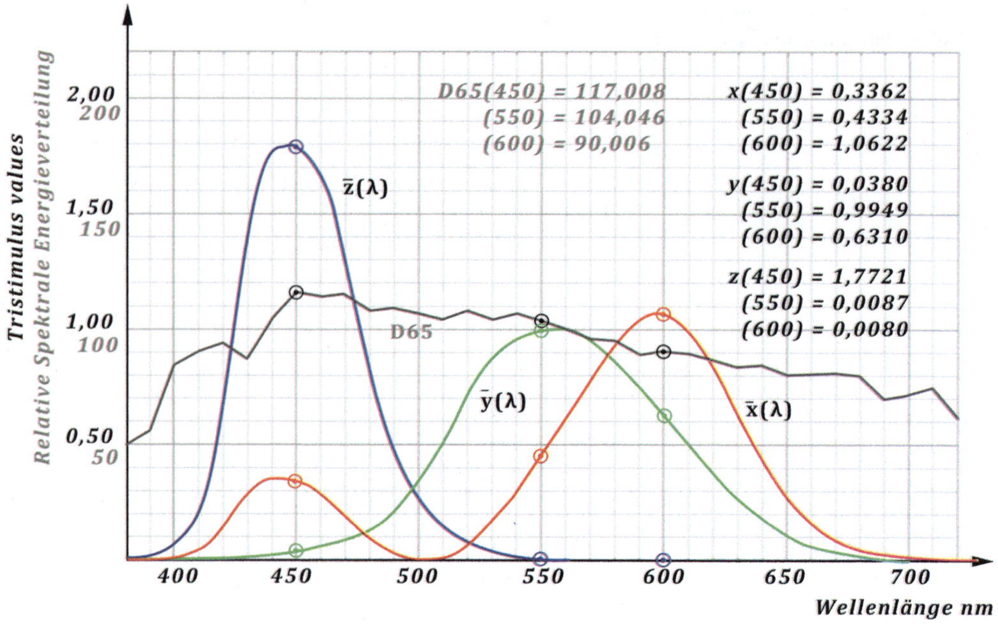

Abb. 1.23 Anwendung der Color-Matching-Funktionen

Aufgrund der Transformation von CIE RGB zu CIE-XYZ hat die x-Kurve an dieser Stelle eine lokale Erhebung und fügt zum resultierenden X-Wert einen Wert von ca. 40 hinzu. Die z-Kurve hat hier ihr Maximum und fügt zum Z-Wert ca. 200 hinzu.

In der Gl. 1.8 ist bei einer Wellenlänge von 550 nm die z-Kurve nahezu null und trägt wenig zum Gesamtergebnis für Z bei. Dafür hat die y-Kurve hier ihr Maximum und fügt 100 zum resultierenden Y-Wert hinzu. Die x-Kurve hat einen mittleren Wert und addiert 45 zum X-Wert.

$$\begin{bmatrix} X_{550} \\ Y_{550} \\ Z_{550} \end{bmatrix} = D65_{550} \cdot \begin{bmatrix} \overline{x_{550}} \\ \overline{y_{550}} \\ \overline{z_{550}} \end{bmatrix} = 104{,}046 \cdot \begin{bmatrix} 0{,}4334 \\ 0{,}9949 \\ 0{,}0087 \end{bmatrix} = \begin{bmatrix} 45{,}09353 \\ 103{,}5153 \\ 0{,}9052 \end{bmatrix} \tag{1.8}$$

In Gl. 1.9 ist bei einer Wellenlänge von 600 nm die z-Kurve ebenfalls nahezu null und fügt deshalb wenig zum resultierenden Z-Wert hinzu. Dafür hat die x-Kurve hier ihr Maximum und trägt 95 zum finalen X-Wert bei. Die z-Kurve hat hier einen mittleren Wert und fügt 56 zum Z-Wert hinzu.

Diese Berechnungen werden von 400 bis 700 nm alle 10 nm ausgeführt und jeweils ein X, Y- und Y-Teilwert ermittelt. Alle X-Teilwerte ergeben dann den resultierenden X-Wert. Dies gilt gleichermaßen für die Y- und Z-Werte. Man erhält auf diese Weise absolute XYZ-Werte (Gl. 1.10).

$$\begin{bmatrix} X_{600} \\ Y_{600} \\ Z_{600} \end{bmatrix} = D65_{600} \cdot \begin{bmatrix} \overline{x_{600}} \\ \overline{y_{600}} \\ \overline{z_{600}} \end{bmatrix} = 90{,}006 \cdot \begin{bmatrix} 1{,}0622 \\ 0{,}6310 \\ 0{,}0080 \end{bmatrix} = \begin{bmatrix} 95{,}6043 \\ 56{,}7937 \\ 0{,}7200 \end{bmatrix} \tag{1.9}$$

$$\begin{aligned} X &= X_{400} + X_{410} + X_{420} \ldots + X_{700} \\ Y &= Y_{400} + Y_{410} + Y_{420} \ldots + Y_{700} \\ Z &= Z_{400} + Z_{410} + Z_{420} \ldots + Z_{700} \end{aligned} \tag{1.10}$$

Für die Darstellung der Position im XYZ-Farbraum müssen diese absoluten Werte in normalisierte Werte des XYZ-Farbraums von (0 –1) umgerechnet werden. Die Aussage *Normalisierung* ist etwas ambivalent, da man – wie im nächsten Abschnitt festgestellt – bei der Transformation der XYZ-Werte zum CIE xyY-Farbraum auch von Normalisierung spricht. Hierbei dienen aber bereits die *relativen XYZ*-Werte als Ausgangspunkt.

Für die Transformation von *XYZ (absolut)* zu *XYZ (relativ)* wird der Faktor *k* verwendet. Die Gln. 1.11–1.13 zeigen den kompletten Vorgang der Generierung der XYZ-Werte aus der Spektralen Energieverteilung $\Phi(\lambda)$ mit Hilfe der Color-Matching-Funktionen $\overline{x}(\lambda), \overline{y}(\lambda), \overline{z}(\lambda)$.

$$X = k \int_{\lambda} \Phi(\lambda)\, \overline{x}(\lambda)\, d(\lambda) \tag{1.11}$$

$$Y = k \int_{\lambda} \Phi(\lambda)\, \overline{y}(\lambda)\, d(\lambda) \tag{1.12}$$

$$Z = k \int_{\lambda} \Phi(\lambda)\, \bar{z}(\lambda)\, d(\lambda) \tag{1.13}$$

Die Normalisierungskonstante k wird für selbstleuchtende Lichtquellen (Lichtfarbe) absolut als 683 Lumen/W definiert, um den Zusammenhang der radiometrischen mit den photometrischen Werten zu gewährleisten. Bei relativer Herangehensweise wird der Wert der Spektralen Energieverteilung für die Lichtquelle bei 560 nm auf 100 gesetzt (siehe Abb. 1.14). Für reflektierende Materialien (Körperfarben – s. Abschn. 1.2.1) ist der Normalisierungsfaktor k in Gl. 1.14 definiert, wobei $S(\lambda)$ die *Relative Spektrale Energieverteilung* der Lichtquelle ist.

$$k = \frac{100}{\int S(\lambda)\, \bar{y}(\lambda)\, d\lambda} \tag{1.14}$$

Gleichung 1.14 bedeutet, dass die Konstante k ermittelt wird, indem die Remission des Lichts der Lichtquelle von einem idealen Diffusor ($BaSO_4$ – Bariumsulfat- oder Teflon-Standard) auf 100 gesetzt und durch die Summe der spektralen Energien y dividiert wird, da Y als perfektes Weiß den Wert 100 einnehmen muss.

1.2.6 Normalisierung der XYZ-Werte

Der neue Farbraum CIE XYZ ist eine Art „Super"-Farbraum und größer als der CIE RGB-Farbraum (Abb. 1.24). Er enthält Bereiche, in denen keine physikalisch realisierbaren Farben vorhanden sind (Berechnungsraum). Diese Farben können nicht reproduziert werden, auch können keine Primärvalenzen für Displays in diese Bereiche gelegt werden. Sie sind aber für die Berechnung und Gestaltung von Farbräumen mit großem Gamut (Farbpalette) von großer Wichtigkeit. Der ACES-Farbraum (Abschn. 2.6) enthält zum Beispiel zwei Primärvalenzen (Grün und Blau), die physikalisch nicht reproduziert werden können. Sie sind aber notwendig, um die Beschreibung aller sichtbaren Farben mathematisch zu gewährleisten. Farben in diesen Abschnitten sind imaginäre oder theoretische Farben.

Abbildung 1.24 zeigt den CIE RGB-Farbraum im CIE XYZ-Farbraum. Diese Darstellung ist unskaliert und schematisch. Es sind hierbei die Bereiche zu erkennen, in denen sich keine Farben des CIE RGB-Farbraums befinden. Auch das ist eine Konsequenz der negativen Farbwerte der Color-Matching-Funktionen.

Der CIE XYZ-Farbraum ist der wesentlichste Bestandteil des CIE-Farbsystems, und alle absoluten Farben müssen ihn einmal passiert haben, um die komplexen Relationen zum menschlichen visuellen System und damit zu der physikalisch vorhandenen Strahlung zu gewährleisten. Das bedeutet, dass alle Farben, wenn sie von einem Farbraum zum anderen

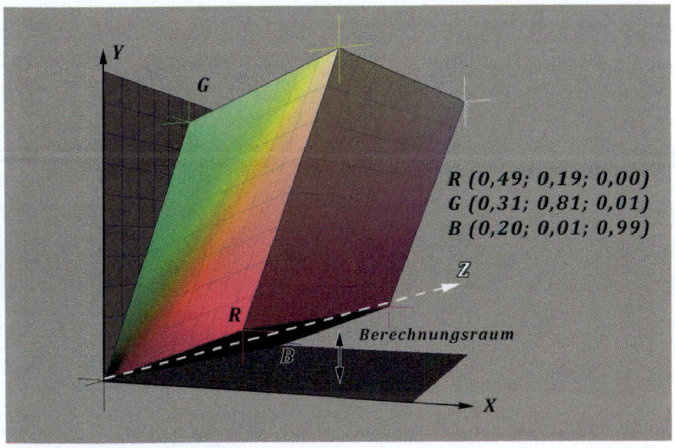

Abb. 1.24 CIE RGB-Farbraum im CIE XYZ-Farbraum. (Bearbeitet nach Hoffman 2014, S. 5)

transformiert werden sollen, den XYZ-Farbraum als Mittler benötigen, zum Beispiel CIE L*a*b* → XYZ → sRGB.

Allerdings ist der CIE XYZ-Farbraum für die praktische Anwendung wenig geeignet, da reine Farbwerte nicht explizit vorliegen und das Mischungsverhältnis der Farben – das heißt, welche Anteile von Rot, Grün und Blau jede einzelne Farbe enthält – nicht einfach zu erkennen ist.

Da es im CIE XYZ-Farbraum schwierig ist Farbtöne zu vergleichen, wurde noch ein weiterer Farbraum entwickelt, bei dem die Farbtöne in einer zweidimensionalen Farbtafel vorliegen und somit von der Luminanz entkoppelt wurden. Die Transformation von CIE XYZ zu CIE xyY ist eine Normalisierung des CIE XYZ-Farbraums, bei der der prozentuale Anteil der einzelnen Farben an der Gesamtfarbe zwischen 0 und 1 berechnet wird. Die drei resultierenden Primärvalenzen wurden mit Kleinbuchstaben x, y und z festgelegt.

$$\mathrm{x} = \frac{\mathrm{X}}{\mathrm{X+Y+Z}} \tag{1.15}$$

$$\mathrm{y} = \frac{\mathrm{Y}}{\mathrm{X+Y+Z}} \tag{1.16}$$

Die dritte Komponente z wird nicht berechnet, da sie sich aus Gl. 1.17 ergibt.

$$\mathrm{z} = 1 - \mathrm{x} - \mathrm{y} \tag{1.17}$$

Diese Berechnungen führen zum CIE xyY-Farbraum, der zwei Primärvalenzen x und y besitzt, die eine zweidimensionale Farbtafel aufspannen. Die Luminanz Y als dritte Komponente wird direkt aus Gl. 1.12 übernommen.

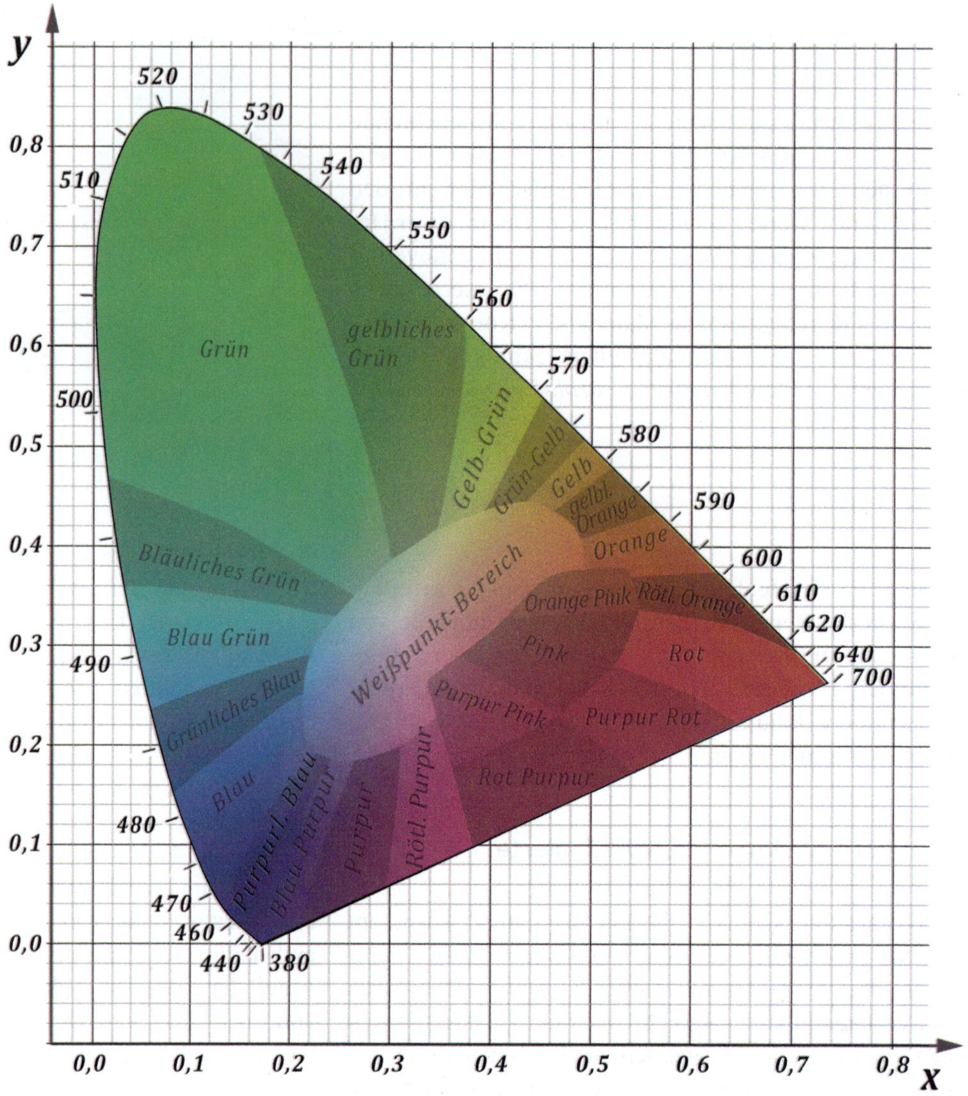

Abb. 1.25 CIE Normfarbtafel

1.3 CIE Normfarbtafel und CIE xyY-Farbraum

1.3.1 Vorteile und Eigenschaften des CIE xyY-Farbraums

Die CIE Normfarbtafel (engl. *CIE chromaticity diagram*) ist eine Projektion des CIE XYZ-Farbraums auf eine zweidimensionale Fläche. Wie bei jeder Projektion von dreidimensionalem Inhalt wird dabei eine Dimension aufgegeben. Jede Fotografie und jedes gerenderte 3D-Image sind prinzipiell Projektionen, da die Wirkung der *Tiefenachse (z-depth)* durch die Abbildung zwar präsent ist, jedoch technisch nicht mehr auf sie zugegriffen werden kann.. Es ist also per se nicht mehr möglich, in einer Fotografie nachträglich Elemente an der physikalisch richtigen Tiefenposition einzufügen.

Es sei hier bemerkt, dass die Bezeichnung dieses Farbraums auch alternativ als *CIE Yxy* angegeben wird. Da er aber hauptsächlich als projektierte 2D-Version in Gestalt der Normfarbtafel bzw. *CIE [x, y] chromaticity diagram* verwendet wird, folgen wir hier der internationalen Schreibweise als CIE xyY-Farbraum.

Bei der alleinigen Betrachtung der CIE Normfarbtafel ist der Luminanzkanal *Y* ausgespart. Er ist aber trotzdem als dritte Komponente Bestandteil des CIE xyY-Farbraums. Deshalb ist es erforderlich, bei der Beurteilung von Farben mithilfe der Normfarbtafel die Wirkung des Luminanzkanals Y einzubeziehen, da nicht alle Farbtöne eines Farbraums, die innerhalb der Farbpalette (Gamut) liegen, auch in allen Luminanzstufen vorhanden sind (siehe Abschn. 1.5 Diskussion des sRGB-Farbraums).

Abbildung 1.25[1] zeigt die CIE Normfarbtafel mit Regionen und verbalen Beschreibungen der Farbtöne des Munsell-

[1] Farbregionen in dieser und den folgenden Abbildungen nach dem Munsell-System

Farbsystems. Zusammen mit dem Luminanzkanal Y repräsentiert sie alle Farben, die ein Mensch sehen kann.

Es sei hier noch einmal angemerkt, dass die Repräsentation dieser Farbtafel gedruckt oder am Computerdisplay nicht die wirklichen Farben darstellt, sondern eine Skalierung von ihnen in den Grenzen des jeweils zugrunde liegenden Farbraums (Drucker, Display).

Der CIE xyY-Farbraum hat eine Reihe herausragender Vorteile, weshalb er heute noch bei der praktischen Anwendung von Farben verwendet wird. Zwei der wichtigsten Vorteile sind:

1. Die Farben sind absolut und geräteunabhängig.
2. Es werden reine Farben ohne Luminanzanteil dargestellt.

Geräteunabhängig bedeutet, dass die mit den Koordinaten des Farbraums angegebenen Farben von allen Geräten in der Medienpipeline (Kameras, Scanner, Drucker, Displays, Projektoren), aber auch bei Farblösungen, Lacken, Bekleidung usw. exakt wiedergegeben werden können und – eine entsprechende Kalibrierung vorausgesetzt – überall gleich aussehen.

Die Darstellung reiner Farben in der Normfarbtafel ist übersichtlicher und intuitiver als andere Farbsysteme und deshalb äußerst populär, wie viele Abbildungen in Computerzeitschriften und anderen Publikationen beweisen.

1.3.2 Gamuts und Primärvalenzen

Ein Gamut ist eine Farbpalette auf der CIE Normfarbtafel und damit die Menge aller Farbtöne, die in einem Farbraum Verwendung finden. Wird die Luminanz Y hinzugezogen, erweitert sich die Normfarbtafel zum CIE xyY Farbraum. Dieser beinhaltet nun alle Farben – also auch die Luminanzabstufung der Farbtöne , die ein Gerät darstellen kann, das diesen Farbraum verwendet.

Zur Beschreibung eines Gamuts werden drei Primärvalenzen (Rot, Grün, Blau) definiert, die ein Dreieck auf der Normfarbtafel bilden. Innerhalb dieses Dreiecks befinden sich alle darstellbaren Farben des Farbraums. Alle außerhalb liegenden Farben sind nicht darstellbar oder müssen in den Gamut hineinskaliert werden.

Die Abb. 1.25 und 1.26 zeigen zwei Darstellungen von Gamuts wichtiger Farbräume. Tabelle 1.5 zeigt die numerischen Werte der jeweiligen Primärvalenzen.

Abbildung 1.26 zeigt Foto/Grafik-Gamuts. Der Vollständigkeit halber sind in der Darstellung auch die CIE RGB-Koordinaten eingearbeitet, die nicht als xyY-Werte vorliegen, sondern als Wellenlänge auf dem Spektralzug (engl. *spectral locus*) angegeben sind. Beim Vergleich der einzelnen Gamuts fällt auf, dass die Palette des *sRGB*-Farbraums, also desjenigen Farbraums, der von nahezu allen

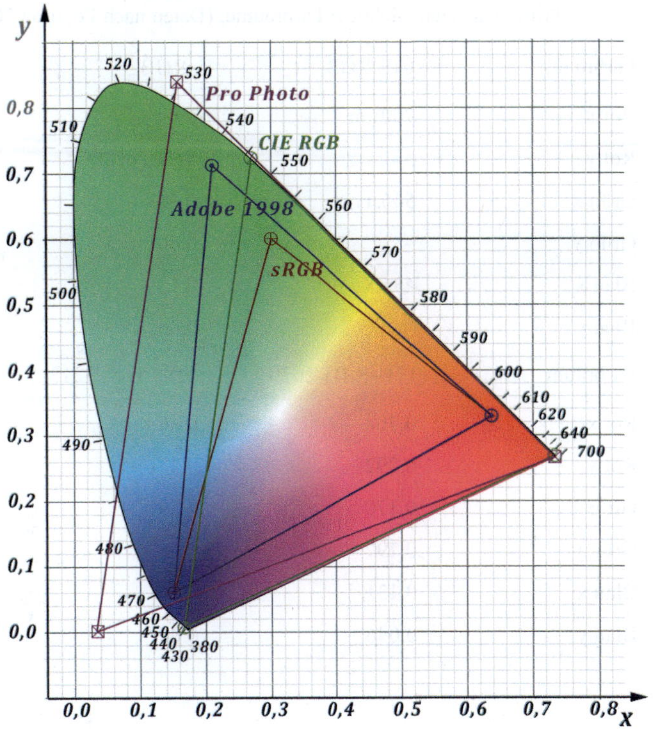

Abb. 1.26 Grafik-/Foto-Gamuts

Computerdisplays genutzt wird, mit Abstand die geringste Ausdehnung hat.

Der *Adobe RGB (1998)-Farbraum* wurde in dem im Namen ersichtlichen Jahr der Namensgebung von Adobe nach einer bewegten Geschichte standardisiert. 1988 hatte Thomas Knoll eine Grafikapplikation als Teil seiner Promotion (PhD) geschrieben. Seinem Bruder John Knoll, Visual Effects Supervisor bei *Industrial Light and Magic* gefiel die Software, sodass sie u. a. im Zusammenhang mit dem Film *The Abyss* (Regie James Cameron, USA 1989) zum Einsatz kam, um die digitalen Animationen eines Wassereffekts zu visualisieren und hieß deshalb auch *Display*. Ein Jahr später wurde sie an Adobe Inc. verkauft und *Photoshop* genannt.

Der ursprünglich verwendete Gamut orientierte sich an den Primärvalenzen des Vorläufers des HD-Video-Standards BT.709, hatte aber einen etwas größeren Umfang als dieser. Den Anwendern gefiel vor allem die Möglichkeit, die Farben des CMYK-Siebenfarbendrucks im RGB-Raum darstellbar zu machen (siehe auch Abb. 1.53). Nachdem es Adobe nicht gelungen war, den Farbraum mit dem BT.709/sRGB-Gamut in Übereinstimmung zu bringen, wurde er 1998 im Zusammenhang mit Photoshop 5.0 und seinem ICC-Farbmanagementsystem standardisiert. Der Adobe RGB-Farbraum(1998) teilt mit dem sRGB-Farbraum die rote und blaue Primärvalenz, ist aber im Grünbereich erweitert und kann dort mehr Farben darstellen.

Wesentlich weiter ging Kodak mit dem *Pro-Photo-Farbraum*, der nahezu alle vom Menschen sichtbaren Farben – bis auf ein gesättigtes Violett und Teile des Türkisbereichs – ab-

Tab. 1.5 Primärvalenzen wichtiger Farbräume. (Daten nach Poynton 2012b)

Farbraum	CIE RGB	sRGB	Adobe 1998	Pro Photo	ITU-R BT 709
Rot x	700 nm	0,64	0,64	0,7347	0,64
Rot y	–	0,33	0,33	0,2653	0,33
Grün x	546,1 nm	0,30	0,21	0,1596	0,30
Grün y	–	0,60	0,71	0,0404	0,60
Blau x	435,8 nm	0,15	0,15	0,0366	0,15
Blau y	–	0,06	0,06	0,0001	0,06
Farbraum	**ITU-R BT 2020**	**EBU Tech 3213**	**DCI P3**	**SMPTE Free Scale**	**AMPAS ACES**
Rot x	0,708	0,64	0,68	0,7347	0,64
Rot y	0,292	0,33	0,32	0,2653	0,33
Grün x	0,170	0,29	0,265	0,14	0
Grün y	0,797	0,60	0,69	0,86	1
Blau x	0,131	0,15	0,15	0,10	0,001
Blau y	0,046	0,06	0,06	−0,0299	−0,0770

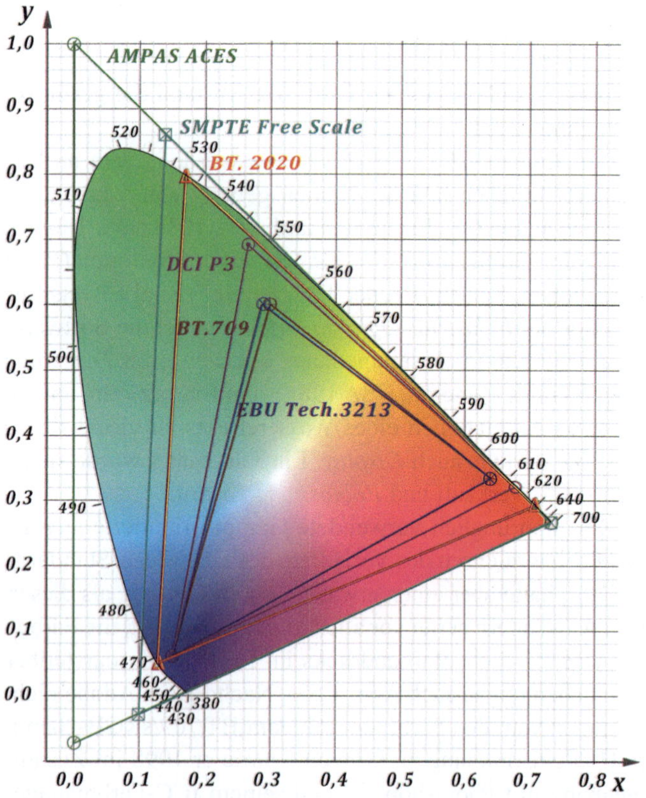

Abb. 1.27 Film-Video-Gamuts

deckt, mit der Konsequenz, dass die blaue und grüne Primärvalenz keine real existierenden Farben darstellen.

Abbildung 1.27 zeigt Film-/Video-Farbräume. Der Farbraum *ITU-R BT.709* – auch als *Rec.709* bekannt – hat die gleichen Primärvalenzen wie der sRGB-Farbraum, da letzterer aus dem ersteren entwickelt wurde. Dieser Farbraum wird für HDTV und HD-Video verwendet.

Nur geringfügig unterschiedlich ist der *EBU Tech. 3213-Farbraum*, die Grundlage für das PAL-Farbfernsehsystem. Hier ist die grüne Primärvalenz marginal in Richtung Cyan verschoben.

Wesentlich größer ist der Gamut des *SMPTE/DCI P3-Farbraums*, der von der *Digital Cinema Initiatives*, einer Vereinigung von führenden Filmstudios, als Masteringfarbraum zur Darstellung von Filminhalten mit digitalen Filmprojektoren geschaffen wurde. Der Farbraum ist *display-referred* (s. Kap. 2).

Auch im Bereich der Film-/Video-Kategorie gibt es einen extrem weiten Farbraum, den *SMPTE Free Scale-Farbraum*. Er wurde 2011 von der *Society of Motion Picture and Television Engineers (SMTE)* standardisiert, um einen Wide-Gamut-Farbraum für 2 k und 4K-Filmproduktionen zur Verfügung zu stellen. Auch hier wurde für die grüne und blaue Primärvalenz eine nicht existierende Farbe gewählt.

Für das zukünftige *Ultra-high-definition television* wurde der *ITU-R BT.2020* Farbraum entwickelt. Er ist ebenfalls ein Wide-Gamut-Farbraum, seine Primärvalenzen sind allerdings physikalisch realisierbar und können für Displays verwendet werden. Auch dieser Farbraum ist display-referred.

Das Maximum aller Farben deckt der *AMPAS ACES*-Farbraum für die Verwendung in modernen Film-Pipelines ab. Dieser wurde von der *Academy of Motion Picture Arts and Sciences (AMPAS)* als *Academy-Color-Encoding-System (ACES)* veröffentlicht und umschließt alle wahrnehmbaren Farben. Der ACES-Workflow wird in größerem Detail in Abschn. 2.6 diskutiert.

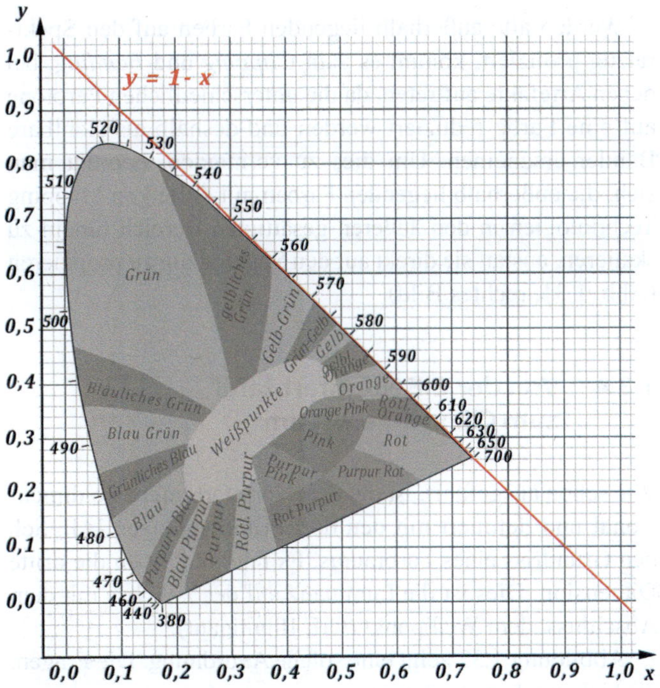

Abb. 1.28 y = 1-x-Linie

1.3.3 Diskussion der Normfarbtafel

Die CIE Farbnormtafel besitzt eine Reihe von Eigenschaften, die im Folgenden diskutiert werden.

y = 1-x-Linie
Alle Farben liegen entweder auf, unter oder links von dieser Linie (Abb. 1.28).

Spektralzug (spectral locus)
Die monochromatischen Spektralbänder zwischen 380 und 700 nm folgen einer parabelförmigen Kurve am äußersten Rand des Bereichs der sichtbaren Farben. Diese Kurve wird wegen ihrer charakteristischen Form oft als „Schuhsohle" oder „Hufeisen" bezeichnet (Abb. 1.29, linkes Bild). Hier haben die Farben ihre größte Sättigung, die zur Mitte (zum Bereich der Weißpunkte) kontinuierlich abnimmt.

Purpurlinie
Die Purpurlinie (engl. *purple line*) schließt die Normfarbtafel (siehe Abb. 1.29). Sie existiert nicht in der physikalischen Welt und ist ein theoretisches Konstrukt. Während auf dem Spektralzug monochromatische (einbändige) Farben vorhanden sind, ergibt sich die Purpurlinie aus der Mischung von kurzwelligem Purpur und langwelligem Rot.

Mischfarben
Diese Farben liegen in gerader Linie zwischen zwei Punkten auf der Normfarbtafel. Unterteilt man diese Strecke, erhält man Mischfarben. Da die Tafel nicht gleichabständig ist (s. Abschn. 1.6), können bei gleichem Streckenabschnitt besonders im gesättigten Grünbereich unterschiedlich starke Farbabstufungen auftreten.

Komplementärfarben
Komplementärfarben benötigen einen Weißpunkt. Dies ist der Abschluss der CIE Normfarbtafel in der Y-Achse. Diese Problematik wird in den folgenden drei Abschnitten diskutiert. Eine Komplementärfarbe ist die Spiegelung der Position der Ausgangsfarbe (P1) mit dem Weißpunkt (P2) als Spiegelpunkt, wobei die Strecken P_1P_2 und P_3P_4 gleich sind:

$$\overline{P_1P_2} = \overline{P_2P_3}. \qquad (1.18)$$

Mischt man die Komplementärfarben, erhält man einen Grauwert.

Abb. 1.29 Spektralzug und Purpurlinie

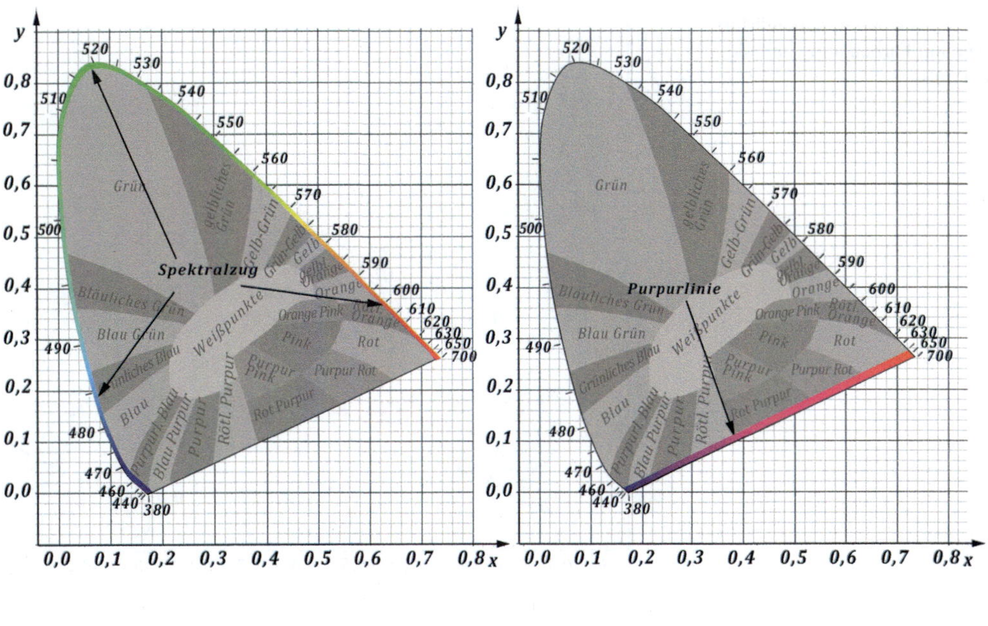

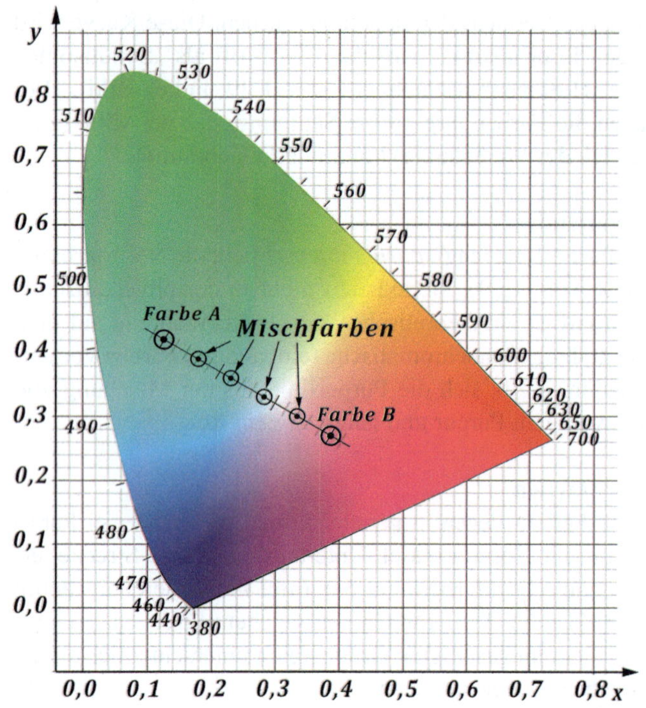

Abb. 1.30 Mischfarben

Die enorme Bedeutung des Weißpunktes eines Farbraums ist in Abb. 1.31 linkes Bild dargestellt. Während die Komplementärfarbe einer grünlich-gelben Ausgangsfarbe in einem Farbsystem, das durch den CIE Illumiant D65 (Tageslicht) definiert ist, im ungesättigten Blauviolett liegt, liegt sie bei der Verwendung eines CIE Illuminant A (Kunstlicht, Glühbirne) im gesättigten Orangebereich.

Skalieren der Farben, die außerhalb des Gamuts liegen

Liegen Farben außerhalb des Gamuts, müssen Sie in diesen hineinskaliert werden. Dies erfolgt auf der Linie zum Weißpunkt $\overline{P_1P_0}$ oder $\overline{P_2P_0}$.

Werden alle außerhalb liegenden Farben auf den Spektralzug projiziert, kommt es zum *Clipping* und *Bending*, bei denen Artefakte auftreten, da die unterschiedlichen Farbtöne auf eine Farbe reduziert werden und deshalb als sichtbare Bänder erscheinen. Um dies zu vermeiden, bemüht man sich, die außerhalb liegenden Farben mit Hilfe von Mapping Technologien in den äußeren gesättigten Bereich hinein zu skalieren, anstatt sie direkt auf den Spektralzug zu projizieren (Abb. 1.31, rechtes Bild).

1.3.4 Von der CIE Normfarbtafel zum CIE xyY-Farbraum

Wie schon ausgeführt, ist die CIE Normfarbtafel zweidimensional und definiert mit den drei Primärvalenzen lediglich den Grundriss eines Farbraums. Es fehlt nun noch die dritte Dimension. Dies ist die Luminanz auf der Y-Achse mit dem Abschluss, dem Weißpunkt (CIE Illuminant).

Abbildung 1.32 zeigt eine solche Anordnung. Die Fragen, die sich ergeben, sind nun:

1. An welcher xy-Position wird der Weißpunkt positioniert?
2. Welchen Wert der Luminanz Y besitzt er?

Die zweite Frage ist leicht zu beantworten, da die Luminanz direkt aus dem CIE XYZ-Farbraum übernommen wird und für einen Illuminant mit dem Wert 100 definiert wurde.

Die erste Frage ist schwieriger zu beantworten, denn Weiß – eine Farbe, die als „unbunt" bezeichnet wird – existiert physikalisch nicht. Der Mensch adaptiert sie und gleicht sein visuelles System – wie im Abschnitt *Chromatische Adaption* schon dargelegt – ab und justiert es auf etwas, das er als weiß empfindet.

Abb. 1.31 Komplementärfarben und Farben außerhalb des Gamuts

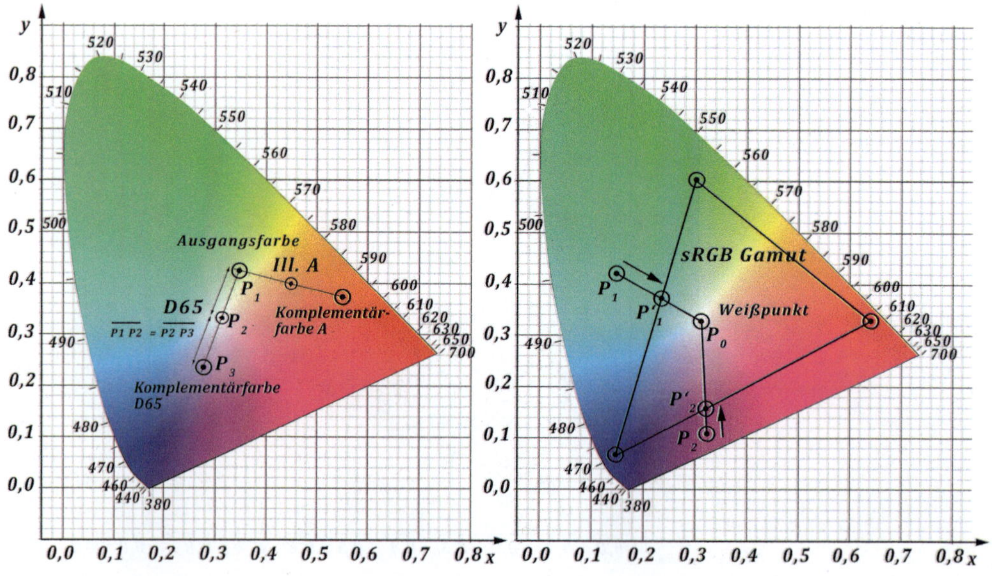

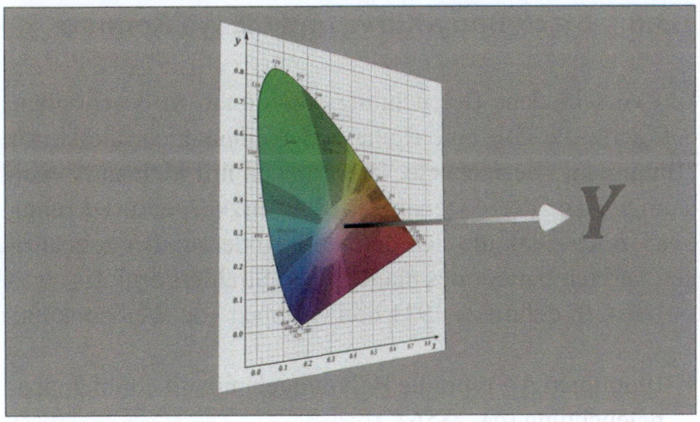

Abb. 1.32 Luminanz Y im xyY-Farbraum

Die einfachste Lösung, einen künstlichen Weißpunkt zu definieren, wurde im Farbraum CIE RGB verwirklicht, indem ein Illuminant E (energetischer Äquivalenzpunkt) mit

$$x = y = z = 1/3 \tag{1.19}$$

festgelegt wurde.

Für die Definition weiterer Illuminante wählte die CIE allerdings einen anderen Weg. Es sollte die Möglichkeit bestehen, den Einfluss der Beleuchtungsart (Tageslicht, Kunstlicht, Licht zu einer bestimmten Tageszeit) auf den Farbton auszugleichen. Dazu war es nötig, die Lage des Weißpunktes je nach Beleuchtung zu verändern (s. Komplementärfarben). Man orientierte sich deshalb an physikalischen Gegebenheiten und folgte der Fähigkeit erhitzter Körper (Metalle, Gase), Licht auszustrahlen, wobei die Farbe des emittierten Lichts direkt abhängig von der Temperatur eines sogenannten „Schwarzen Körpers" ist.

1.3.5 Farbtemperatur

Ein Schwarzer Körper ist eine thermische Strahlungsquelle, er sendet elektromagnetische Strahlung beim Erhitzen aus und folgt dem *planckschen Strahlungsgesetz*, das besagt, dass das emittierte Spektrum allein von der Temperatur abhängig ist.

Der Zusammenhang zwischen der Temperatur eines glühenden Schwarzen Körpers und seiner Farbe wird von verschiedenen Berufsgruppen genutzt. Die Qualität der Erzeugnisse von Schmieden oder Glasbläsern hängt in besonderem Maße von deren Fähigkeit ab, die Farben des Metalls oder Glases beim Erhitzen richtig zu beurteilen und so auf die Temperatur zu schließen. Abbildung 1.33 zeigt die Glühfarben in unterschiedlichen Phasen bei der Erhitzung von Metall. Das erste Bild zeigt eine rötliche Farbe bei etwa 700° C. Hier ist die Temperatur zu gering zum Verformen des Materials.

Das mittlere Bild zeigt eine weißgelbe Farbe bei etwa 1200° C. Diese Arbeitstemperatur liegt oberhalb der Rekristallisationstemperatur des Materials und ist die Standardtemperatur zum Warmschmieden. Im rechten Bild ist das Material zu heiß und verbrennt, was sich dadurch äußert, dass Kohlenstoffmoleküle emittiert werden – ein ähnlicher Effekt wie bei Wunderkerzen.

Auch bei der Farbtemperatur gibt es wieder ein spezielles Wahrnehmungsverhalten des Menschen. Während mit Erhöhung der Temperatur die Farbe von Rot über Weiß zu Blau wechselt, ist das Empfinden, welche Farbe als „warm" oder „kalt" angesehen wird, gerade entgegengesetzt (siehe Abb. 1.34). Während Rot-Orange physikalisch die Farbe der kältesten Temperatur ist, nimmt sie der Mensch als warm wahr, im Gegensatz zum physikalisch heißen Blau, das er als kalt empfindet.

In der Fotografie spielen Farbtemperaturen ebenfalls eine große Rolle. Bei der analogen Farbfotografie musste der Fotograf darauf achten, ob das verwendete Filmnegativ mit seinen chemischen Emulsionen für Außenaufnahmen bei Tag (ca. 5500 K) oder für Innenaufnahmen vorzugsweise auf die Verwendung von Glühlampen (Kunstlicht ca. 3100–3400 K) abgestimmt war. Wurde ein falscher Film verwendet, zum Beispiel ein Kunstlichtfilm für Außenaufnahmen, gerieten diese blaustichig.

Auch die Digitalfotografie und Digitalfilm benutzen die Farbtemperatur als wichtiges Element zum Weißabgleich. Bietet die Digitalkamera die Möglichkeit, RAW-Daten aufzunehmen, können hier nachträglich Fehler korrigiert oder künstlerische Absichten umgesetzt werden. Abbildung 1.35 zeigt Einstellungen in Adobe Photoshop beim Import eines falsch belichteten Canon-CR2-Bildes. Da bei der Außenaufnahme aus Versehen die Einstellungen für Kunstlicht (3200 K) nicht geändert wurden, erscheint das Bild mit einem Blaustich. Durch schrittweise Erhöhung der Temperatur – entsprechend der simulierten Tageszeit – wird das Bild immer rötlicher und wärmer. Diese Korrekturen werden in speziellen XML-Dateien gespeichert, die das RAW-Image nicht verändern. Beim erneuten Öffnen werden sie wieder automatisch angewendet.

Sollen die Änderungen dauerhaft sein, müssen sie in das Image hineingeschrieben –„gebacken" – werden. Dazu wird

Abb. 1.33 Farben von Metall beim Schmieden

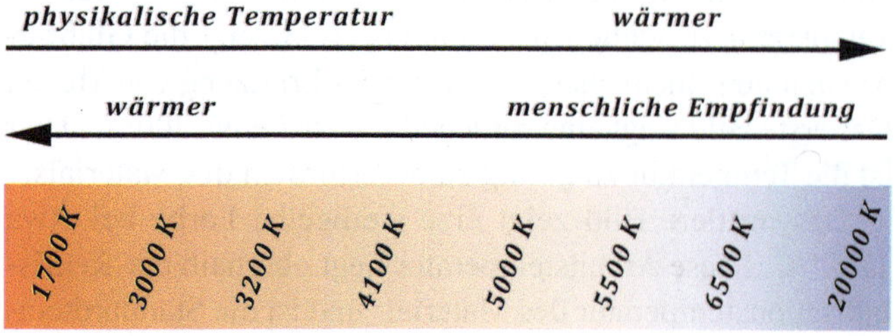

Abb. 1.34 Farbtemperaturen

Abb. 1.35 Nachträgliche Farbtemperaturänderung von RAW-Daten

das Bild in einem anderen Format, meist Tiff, abgelegt. Diese Herangehensweise bietet einen sehr flexiblen Workflow und entspannt bestimmte problematische Aufnahmesituationen, in denen es an Zeit mangelt. Auch ist es möglich, bei einer Serie von Aufnahmen in einem Bild Farbtafeln und Referenzweiß zu positionieren. Der entsprechende Weißabgleich kann dann in diesem Bild vorgenommen werden. Viele Fotobearbeitungsprogramme, zum Beispiel Canon *Digital Photo Professional,* bieten ein *Batchprocessing*, in dem die Einstellungen des Referenzbildes auf alle Bilder der Serie angewendet werden, was besonders bei Panoramen oder HDR-Images einen guten Startpunkt festlegt (siehe auch Abschn. 5.3.2).

Auch Compositing-Applikationen bieten die Möglichkeit – meist mit einer zusätzlichen Luminanzkorrektur und Magenta-Grün-Balance –, ein aufgenommenes Bild oder eine Bildsequenz durch Verändern der Farbtemperatur wärmer oder kälter darzustellen.

1.3.6 Black-Body-Kurve und CIE Weißpunkte

Um verschiedene Beleuchtungssituationen zu beschreiben, definierte die CIE eine Reihe von Weißpunkten, die sie als „Illuminant" bezeichnete. Diese liegen mit kleinen Abweichungen auf der sogenannten Schwarzkörperkurve (engl. *black body line*), die sich durch die Änderung der zugehörigen Farbtemperatur des planckschen Strahlers ergibt.

Die CIE definierte 1931 drei Gruppen von Weißpunkten:

1. Illuminant A – typische Heimumgebung mit Glühlampenbeleuchtung (ca. 2856 K),
2. Illuminant B – Tageslichtsimulator für mittägliches Sonnenlicht (4878 K),
3. Illuminant C – durchschnittliches Tageslicht (kein CIE Standard aber vielfach genutzt, zum Beispiel bei Folien, die als Scheinwerferfilter Verwendung finden (siehe Abschn. 1.4.3)) (6774 K),
4. Illuminant E – energetischer Äquivalenzpunkt für CIE RGB.

Diese wurden 1967 aufgegeben und durch Illuminante der neuen D-Reihe (daylight) ersetzt.

Tabelle 1.6 gibt einen Überblick über die von der CIE definierten Weißpunkte. Der wichtigste Illuminant ist D65 mit 6500 K, der mittleres Tageslicht simuliert und in vielen Farbräumen der Video-/Film- und Computerindustrie Anwendung als Weißpunkt definiert ist.

D50 mit 5000 K wird in der Druckindustrie verwendet, während D55 in der Fotografie bevorzugt wird. D60 und D61 sind Kompromisse in der digitalen Filmindustrie, um den Erfordernissen der Produktion und Distribution zu entsprechen.

Eine Besonderheit ist der Illuminant D93, der im asiatischen Raum als Studiostandard für Film/Fernsehen zum Einsatz kommt. Aus kulturellen Gründen wird der Hautton in einer etwas blaueren Variante bevorzugt. Um mit D65-Beleuchtung aufgenommenes Material zu D93 zu konvertieren, muss der blaue Tristimuluswert im Farbraum BT.709 mit 1,3 multipliziert werden (vgl. Poynton 2012b, S. 279).

Abbildung 1.36 gibt die Verteilung der CIE Weißpunkte auf der Black-Body-Kurve in der Normfarbtafel an. Es sei noch einmal darauf hingewiesen, dass es sich hierbei um eine Projektion handelt und die wirkliche Position sich am Ende der Y-Achse (Luminanz) befindet.

Abbildung 1.37 zeigt die Spektrale Energieverteilung der von der CIE standardisierten Weißpunkte in einer geglätteten Darstellung als normalisierte Daten, bei denen der jeweilige Wert bei 555 nm auf 1 gesetzt wurde. Die einzelnen Kurven der Weißpunkte zeigen eine unterschiedliche Verteilung der Energie. Während sich bei einer glühlampennahen Temperatur von 3200 K die meiste Energie im langwelligen Bereich konzentriert, ist es beim Illuminant D93 (9305 K) gerade umgekehrt: die meiste Energie liegt im kurzwelligen Bereich. Diese er-

Tab. 1.6 Weißpunkte

Weißpunkt	Farbraum	Referenz/Anwendung	x	y	Y	K
A		Beleuchtung mit Glühlampe	0,44757	0,04745	100	2856
D50	Kodak Pro Photo	Druckindustrie	0,3457	0,3587	100	5003
D55		Morgen, Nachmittagslicht Fotografie	0,3325	0,3476	100	5503
D60	AMPAS ACES	Digital Cinema – Produktion	0,32168	0,33767	100	6003
D61	SMPTE DCI P3	Digital Cinema – Distribution	0,314	0,351	100	6103
D65	sRGB, BT.601, BT.709, SMPTE Free Scale, Adobe RGB (1998)	Tageslicht, Video, Computer, Film	0,312727	0,329024	100	6504
D93		Studiostandard in Asien	0,2830	0,2980	100	9305
E	CIE RGB	Energetischer Äquivalenzpunkt	1/3	1/3	100	–

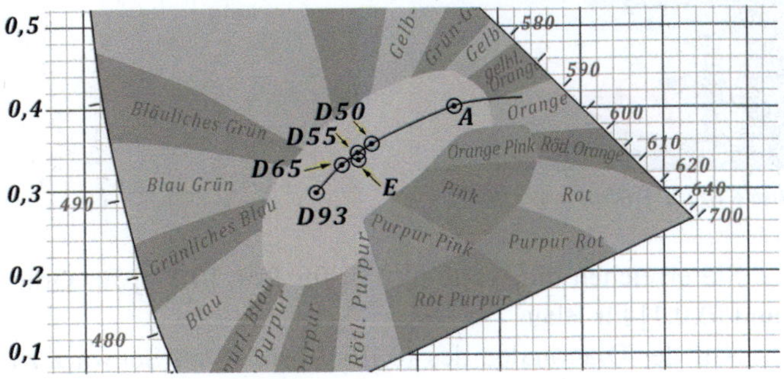

Abb. 1.36 Black Body-Kurve mit Weißpunkten

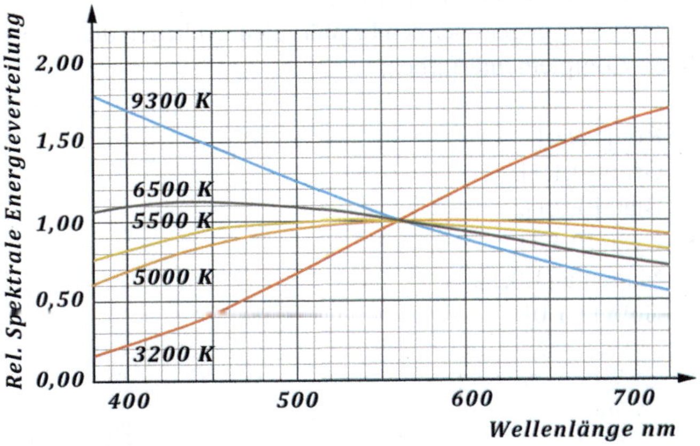

Abb. 1.37 Spektrale Energieverteilung von Weißpunkten. (Nach Poynton 2012b, S. 277)

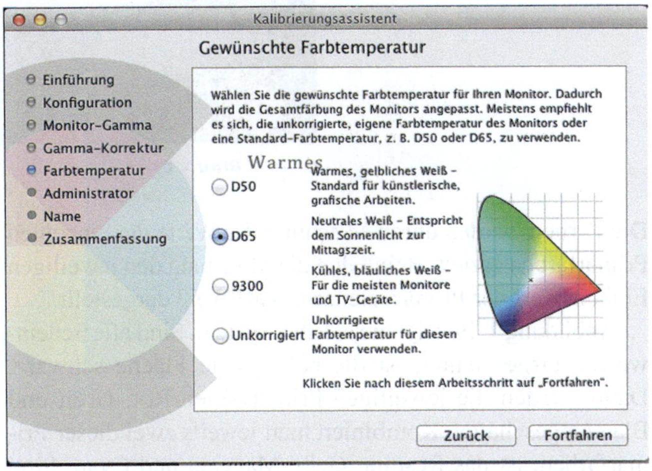

Abb. 1.38 Einstellung der Monitorfarbtemperatur in MacOSX

heblichen Unterschiede zeigen die Notwendigkeit, Farbräume mit einem entsprechenden Weißpunkt zu definieren, da aufgrund des Metamerismus bei unterschiedlicher Beleuchtung ein komplett anderes Farbempfinden vorherrscht (siehe auch Komplementärfarben). Abschließend sein noch erwähnt, dass das Display von Apple-Rechnern mithilfe des internen Farbmanagement-Systems je nach bevorzugtem Arbeitsbereich – Druck, Fotografie, Film – auf einen entsprechenden Illuminant eingestellt werden kann. Auch hier ist der in Asien populäre Weißpunkt D93 enthalten. Da Apple angibt, dass D93 der bevorzugte Weißpunkt für Fernsehgeräte sei, erhebt sich nun die interessante Frage, ob dieser Weißpunkt in den überwiegend in Asien produzierten Geräten möglicherweise voreingestellt ist und ob er dann von den europäischen Importeuren oder bereits vom Hersteller auf den in Europa üblichen Weißwert D65 gestellt wird, wenn die Geräte hier verkauft werden.

1.4 Farbmodelle

1.4.1 RGB-Farbmodell

Ein RGB-Farbmodell ist ein mathematisches, würfelförmiges System, das unter anderem in der Computergrafik Anwendung findet. Es umfasst ein Koordinatensystem, dessen drei Grundachsen R, G und B bei null beginnen und beim Einheitswert enden. Dieser ist bei einem 8-Bit-System 255 und bei einem 32-Bit-System 1,0.

Das RGB-Modell hat auch außerhalb der Computergrafik eine lange Geschichte, da es auf den Charakteristika der Farbrezeptoren für Rot, Blau und Grün auf der Retina aufbaut. Es ist ein additives System, das bei Schwarz beginnt.

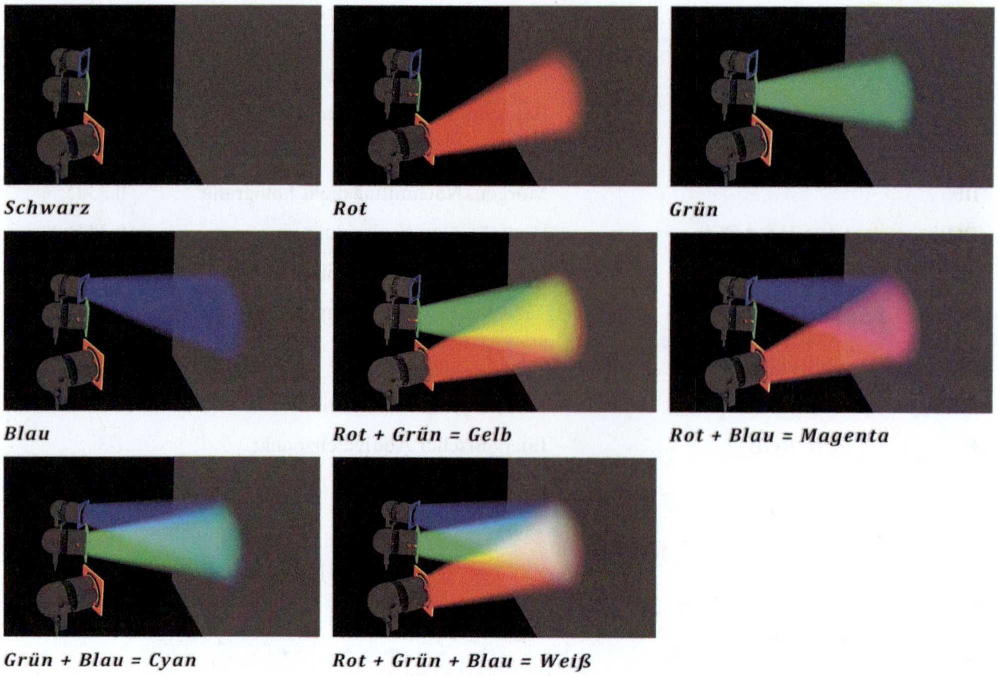

Abb. 1.39 Additive Farbmischung

Die Farben werden durch Mischung der Werte der einzelnen Primärfarben erzielt. Beinhaltet die Mischung den jeweiligen Einheitswert der Primärvalenzen, wird Weiß dargestellt.

Abbildung 1.39 zeigt ein solches System. Sind alle Scheinwerfer ausgeschaltet, ist die beleuchtete Fläche schwarz. Dann werden die jeweiligen Primärfarben Rot, Grün und Blau eingeschaltet. Kombiniert man jeweils zwei dieser Primärfarben, ist das Resultat Gelb, Magenta und Cyan. Sind alle Scheinwerfer eingeschaltet, wird Weiß dargestellt.

Additive Farbsysteme werden dort eingesetzt, wo selbstleuchtende Geräte als Ausgabemedium verwendet werden, also Computerdisplays, Fernsehgeräte, digitale Filmprojektoren, Smartphones, Tablets, mobile Videogames usw. Eingabegeräte, die das RGB-Modell verwenden, sind digitale Film-, Foto- und Videokameras; aber auch Scanner, obwohl gedruckte Vorlagen benutzt werden.

Die im RGB-Modell verwendeten Bilddaten sind aus den drei Kanälen Rot, Grün und Blau zusammengesetzt (Gl. 1.20). Oft kommt noch ein Alpha-Kanal hinzu, in dem die Transparenz gespeichert wird (1.21).

$$\text{RGB} = [\text{Rot, Grün, Blau}] \tag{1.20}$$

$$\text{RGBA} = [\text{Rot, Grün, Blau, Alpha}] \tag{1.21}$$

Eine ausführliche Diskussion des Alpha-Kanals findet im Abschn. 10.2 statt.

Abbildung 1.40 zeigt die schematische Darstellung eines RGB-Würfels. Schwarz liegt im Koordinatenursprung [0,0,0]. Die drei Primärvalenzen spannen als Grundachsen den 3D-Raum auf und geben die räumliche Ausdehnung des Würfelmodells vor. Sie erreichen die Werte [1,0,0] für Rot, [0,1,0] für Grün und [0,0,1] für Blau.

Auf der Diagonalen des RGB-Würfels von Schwarz zu Weiß sind die Werte der drei Farbkanäle jeweils gleich und erzeugen einen Grauwert (R = G = B) mit Schwarz als Minimum und Weiß als Maximum.

Diagonal gegenüber den Primärvalenzen liegen die jeweiligen Komplementärfarben:

- Rot [1,0,0],
- Grün [0,1,1],
- Blau [0,0,1],
- Cyan [0,1,1],
- Magenta [1,0,1],
- Gelb [1,1,0].

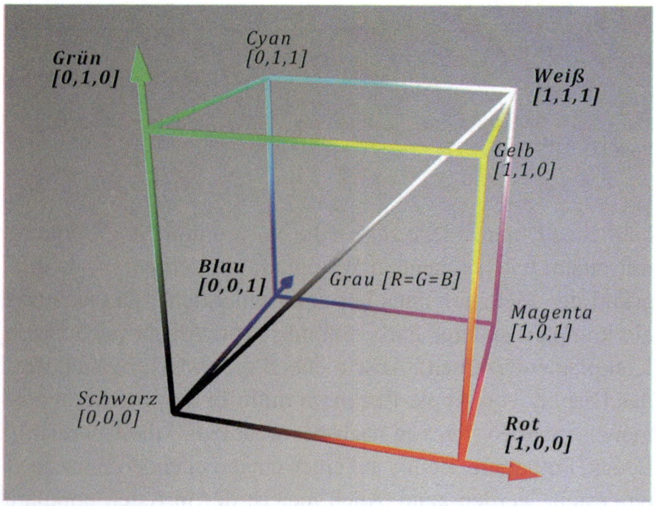

Abb. 1.40 RGB-Modell

Hier addieren sich die Werte der Farbkanäle in den Klammern und ergeben Weiß [1, 1, 1] beim Einheitswert bzw. eine Graustufe, wenn Primärfarbe und Komplementärfarbe die gleiche Luminanz aufweisen und nicht das Maximum erreichen.

Die Einheitswerte definieren die Referenzwerte für das Maximum eines Ausgabegeräts. Je nach Güte hat ein Display zum Mastern von HDTV-Material eine Leuchtdichte von etwa 100 cd/m² und ein Display in einer hellen Büroumgebung eine Leuchtdichte von 320 cd/m². Sind die drei Farbkanäle allerdings in einem 32-Bit-Fließkomma-Format codiert, kann der Einheitswert 1,0 in der Postproduktion überschritten werden.

Das bedeutet, dass in einem typischen szenenbezogenen (scene-referred) Workflow (Abschn. 2.3) im Arbeitsraum der entsprechenden Software oft mit wesentlich höheren Werten als dem Einheitswert gearbeitet wird. Die finale Farbkorrektur oder spezielle Compositing-Techniken stellen dann sicher, dass das Ergebnis den Ausgabefarbraum sinnvoll ausfüllt und dessen Grenzen nicht überschreitet.

Zur Verdeutlichung wollen wir an dieser Stelle wieder die Farbkorrekturproblematik mit dem Jet-Fighter aus Abschn. 1.1 aufgreifen (siehe Abb. 1.41). Im linken Bild und oberen Diagramm erfolgte eine Farbkorrektur, bei der die

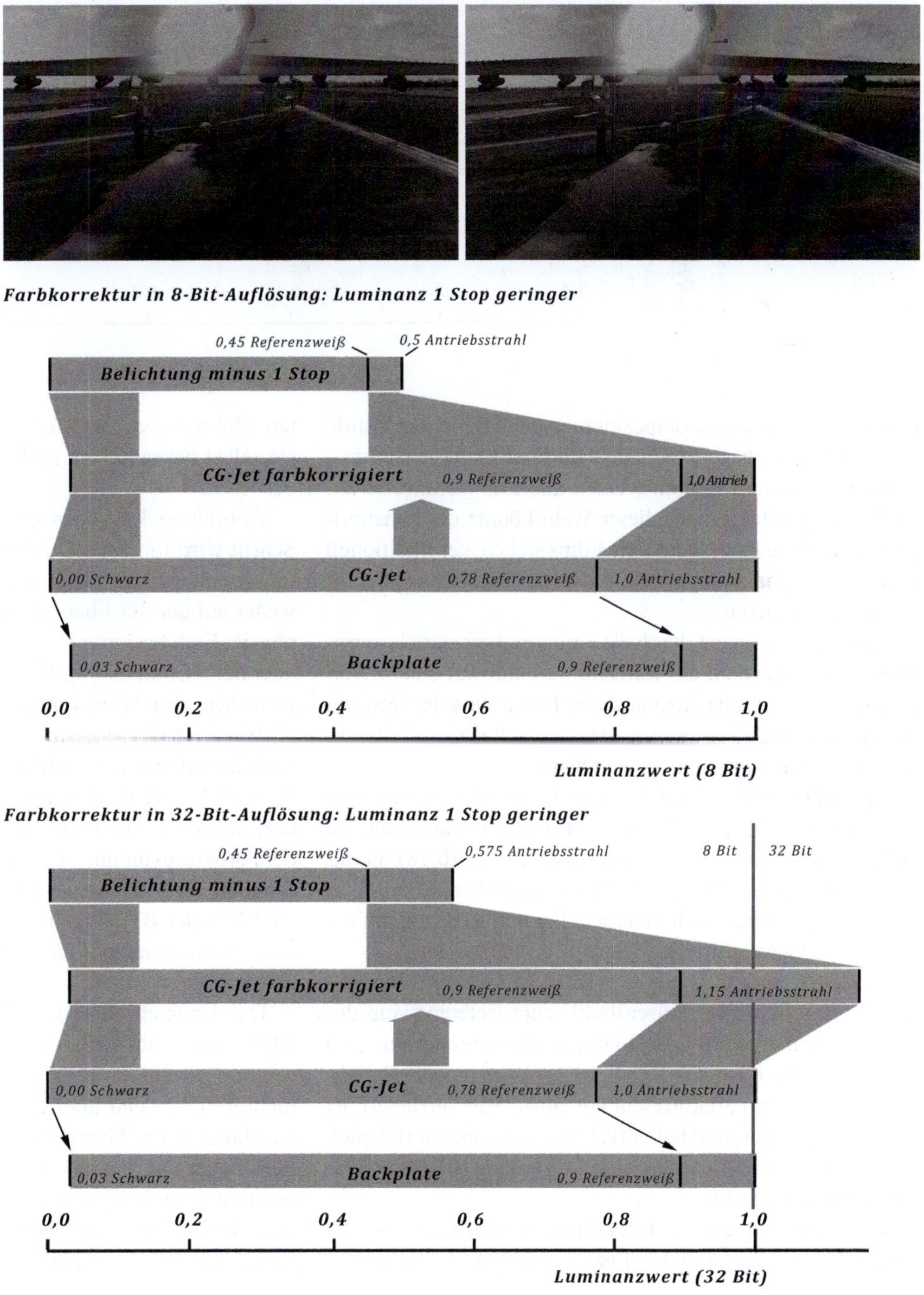

Abb. 1.41 Farbkorrektur mit 8 Bit und 32 Bit

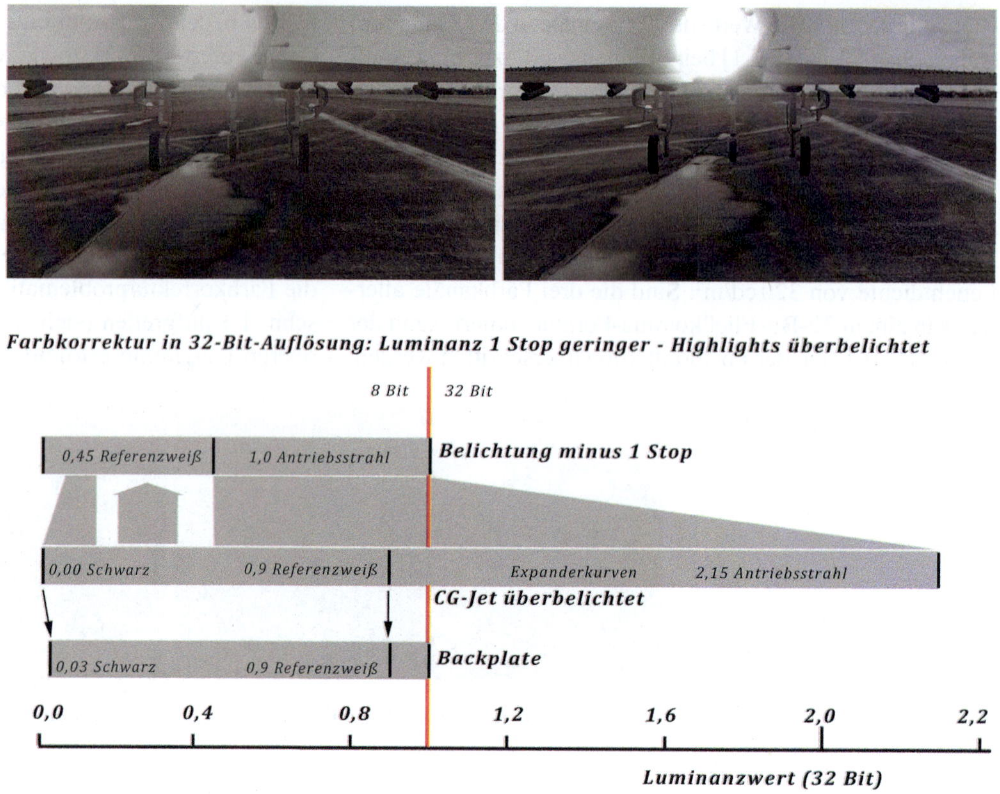

Abb. 1.42 Farbkorrektur mit 32-Bit-Highlights überbelichtet (overdriven)

Luminanz der finalen Komposition um eine Belichtungsstufe (engl. *stop*) – in diesem Falle im nichtlinearen Arbeitsraum – verringert wurde. Dadurch werden alle Luminanzwerte auf die Hälfte gesetzt. Hinter dieser Wahl könnte die künstlerische Gestaltung eines Neo-Noir-Films stehen, der traditionell sehr dunkel gehalten ist, da die morbiden Charaktere sehr oft im Schatten agieren.

Das Ergebnis ist ein durch die Farbkorrektur stark komprimiertes Bild, bei dem das Referenzweiß nun auf einem Wert von 0,45 liegt. Das hat aber auch zur Folge, dass der Jetstrahl im gleichen Maße komprimiert wurde und flach aussieht, was seine Dynamik nur noch erahnen lässt.

Das rechte Bild und das untere Diagramm zeigen eine moderne Arbeitsweise, die im 32-Bit-Raum stattfindet. Im ersten Schritt wird das Referenzweiß des Jets (0,78) an das Referenzweiß der Backplate (0,9) angeglichen. Die gerenderte Computergrafik wird damit heller und in Bezug auf die Luminanz etwas gestreckt.

Im Gegensatz zur Arbeit im 8-Bit-Raum wird das Verhältnis des Highlights des Düsenstrahls zum Referenzweiß des Jets aber beibehalten. Das Highlight überschreitet nun den Einheitswert von 1,0 und liegt bei 1,15. Wird nun die Belichtungsstufe in der Farbkorrektur um einen Wert verringert, ist das Highlight marginal heller (0,575) als im oberen Beispiel. Dies ist allerdings nicht ausreichend für eine adäquate Wiedergabe des Jetstrahls.

Eine gängige Praxis, um das Problem zu beheben, ist, die Highlights auf der digitalen Ebene erheblich überzubelichten. Diese *overdriven highlights* haben so viel Energie, dass sie selbst bei radikalen Farbkorrekturen ihre Dynamik nicht verlieren.

Abbildung 1.42 zeigt einen solchen Vorgang. Im ersten Schritt wird für den CG Jet die Dynamik zwischen dem Referenzweiß und dem Highlight des Düsenstrahls erhöht – entweder auf der 3D-Ebene durch Verwendung entsprechender physikalisch basierter Lichter (*physical plausible rendering*) oder beim Compositing durch Expanderkurven. Der Abstand zwischen den Weißwerten wird auf den entsprechenden 32-Bit-Wert (2,15) gestreckt, wobei das Referenzweiß – je nach künstlerischer Absicht – entweder auf dem originalen Wert (0,78) verbleibt oder ebenfalls leicht erhöht wird (hier 0,9), was etwas mehr Detail im finalen Resultat liefert. Nach der Farbkorrektur um −1 Stop (oberes rechtes Bild) belegt der Jetstrahl den Einheitswert des Zielfarbraums (zum Beispiel DCI P3 oder BT.709). Im Vergleich zu einer Farbkorrektur ohne *overdriven highlights* (oberes linkes Bild) ist die Absicht deutlich zu erkennen.

Das Überschreiten des Einheitswertes ist besonders bei HDR-Images üblich, wo die Sonne – je nach Wetterbedingungen und Anzahl der Belichtungsstufen – durchaus Werte von mehreren Tausend über dem Einheitswert des Farbraumes annehmen kann. Aber auch helle Elemente wie Laserstrahlen oder Feuer werden in der Filmproduktion nach dem Compositing oft mit Werten von 40–50 über dem Einheitswert ausgeliefert, um einen entsprechenden Spielraum bei der Farbkorrektur zu gewährleisten.

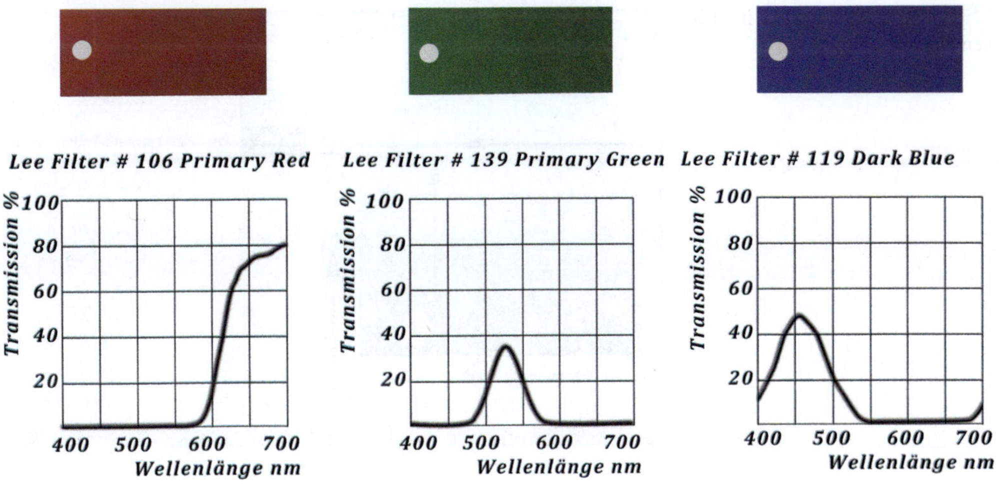

Abb. 1.43 Grundfarben der Additiven Farbmischung als Filterfolien für Scheinwerfer

Ein Problem liegt allerdings darin, dass diese temporär overdriven highlights von den Displays nicht adäquat dargestellt werden können. Bei größeren Filmprojekten erstellen VFX-Produzenten und -Supervisoren auf Grundlage ihrer persönlichen Erfahrungen spezielle mehrseitige Spezifikationen, die den beteiligten Firmen als Referenz zur Verfügung gestellt werden. Auch bieten moderne Postproduktions- und VFX-Häuser ihren Composting Artists neben der Arbeit am Computerdisplay mit dem eingeschränkten sRGB-Gamut auch oft einen Kinosaal mit DCI P3-Projektoren an, in dem finale Ergebnisse auf einem Ausgabemedium mit größerem Farbraum noch einmal überprüft werden können.

Wie bereits festgestellt, besteht eine RGB-Grafikdatei aus den drei Farbkanälen Rot, Grün und Blau. Abbildung 1.43 zeigt diese Grundfarben in Form von Filterfolien für Scheinwerfer (Lee), die in der Film-/Fernsehproduktion sowie in der Veranstaltungstechnik Anwendung finden. Ebenfalls ist der jeweilige Bereich des sichtbaren Lichts, der passiert (transmittiert) wird, als Diagramm angegeben. In der Bühnenbeleuchtung kann eine bestimmte Anzahl von Scheinwerfern durch Regelung der Helligkeit und Auswahl der Filterfolien beliebige Farben an den gewünschten Positionen der Bühne erzeugen.

Während mit dieser Technik großflächige Lichtbereiche mit der gleichen Farbe gestaltet werden können (siehe Abb. 1.39), wird in der Computergrafik die Farbe jedes einzelnen Pixels durch Mischung der drei Farbkanäle definiert.

Findet eine Farbkorrektur statt, werden die Farben aller Pixel des Bildes gleichermaßen beeinflusst, wenn keine Masken angewendet werden. Wertänderungen in der Luminanz – auch Belichtung oder Exposure – beeinflussen meist alle drei Kanäle gleichzeitig mit demselben Versatz (Offset).

Bei der Anpassung einer Farbe an eine andere werden oft die einzelnen Kanäle getrennt manuell bearbeitet. Die isolierte Betrachtung und Einstellung der Farbkanäle gestaltet sich sehr viel einfacher als der Versuch, Bilder traditionell anzugleichen. Der Viewer – das Wiedergabefenster der Software – wird dann so eingestellt, dass er jeweils nur einen Kanal zeigt. Dann wird mit einem Farbkorrektur-Algorithmus der Pegel des entsprechenden Kanals angepasst, bis kein Unterschied mehr wahrnehmbar ist. Nach der Korrektur ist der Luminanzunterschied in den einzelnen Farbkanälen und damit auch der Farbunterschied im Resultat nicht mehr sichtbar.

Dieses Vorgehen ist Teil der *Divide-and-Conquer-Strategie*, die im Compositing oft Anwendung findet, wenn sich Probleme als schwer lösbar darstellen. Es wird versucht, die Probleme in einzelne Schritte bzw. Bereiche aufzuteilen, die jeweils größere Chancen einer erfolgreichen Bearbeitung bieten.

Intuitiv lässt sich im RGB-Farbmodell allerdings äußerst selten arbeiten. Möchte man eine Farbe durch die einfache Eingabe von Zahlenwerten ändern, ist größere Erfahrung von Nöten, zumindest in die Nähe des gewünschten Farbtons zu gelangen. Geeigneter sind Schieberegler, aber auch hier müssen die Kanäle nacheinander auf die richtigen Werte eingestellt werden. Wird der Farbton getroffen, ist es schwierig, nachträglich Sättigung oder Luminanz zu verändern. Aufgrund dieser Tatsachen gibt es eine Reihe von Strategien, um mit kombinierten Farbwählern eine intuitive und schnelle Farbwahl zu gewährleisten.

In Abb. 1.44 sind zwei Herangehensweisen skizziert. Im linken Bild ist der Farbwähler aus *Adobe Photoshop* dargestellt. Um eine neue Farbe zu kreieren, wird im ersten Schritt mit einem vertikalen Schieberegler der Farbton eingestellt. Im zweiten und dritten Schritt können kombiniert die Sättigung in horizontaler Richtung und die Luminanz in vertikaler Richtung eingestellt werden.

Das rechte Bild zeigt den Farbwähler aus *The Foundry NukeX*. Hier ist es möglich, zuerst kombiniert den Farbton entlang des Kreisbogens gemeinsam mit der Sättigung vom Mittelpunkt zum Rand des Kreises einzustellen und danach mit dem *Intensity-Regler* die Luminanz festzulegen.

Diese etwas unterschiedliche Herangehensweise ergibt sich aus den Anwendungsbereichen der Programme. Beim

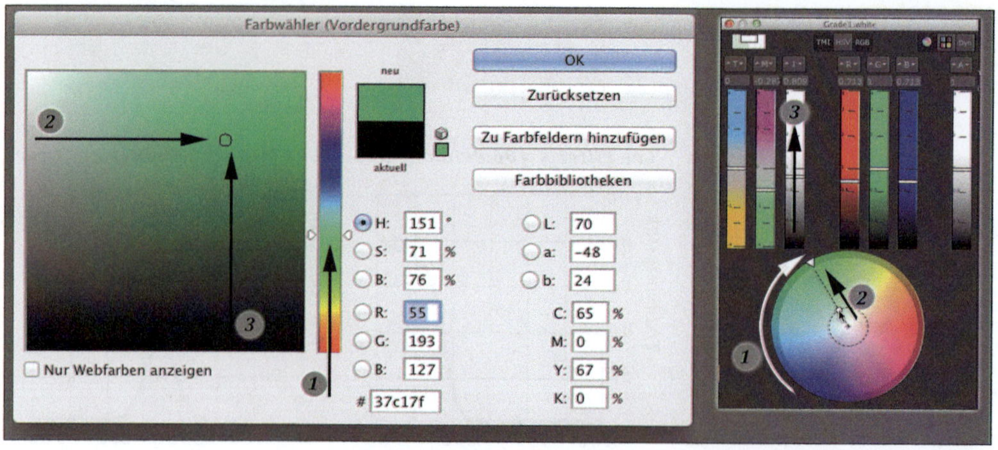

Abb. 1.44 Strategien zur intuitiven Farbeinstellung

Grafik-orientierten wird häufig mit vorgegebenen Farbschemata gearbeitet. Durch die gleichzeitige Festlegung von Luminanz und Sättigung wird eine unerwünschte Farbtonabweichung verhindert.

Das Compositing-Programm Nuke hat seine Wurzeln im Film-/TV-/Video-Bereich, wo das Video-/Fernsehsignal in einen Lumakanal und zwei Farbdifferenzkanäle aufgeteilt wird. Dieses Konzept der Trennung von Farbton/Sättigung und Luminanz spiegelt sich im Interface des Farbwählers wieder.

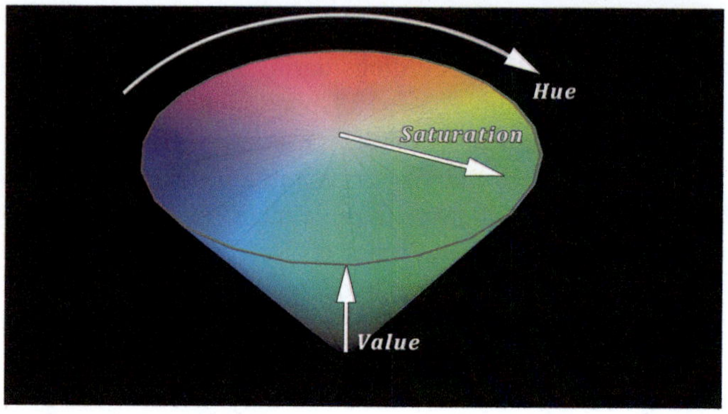

Abb. 1.45 HSV-Farbmodell

1.4.2 HSV-Farbmodell

Hinter der oben beschriebenen Arbeitsweise verbirgt sich ein temporäres Umschalten in das HSV-Farbmodell. Das HSV-Modell (Hue, Saturation, Value) und verwandte Farbmodelle wie HSL (Hue, Saturation, Lightness) und HSB (Hue, Saturation, Brightness) sowie HSI (Hue, Saturation, Intensity) sind Transformationen des RGB-Modells und keine eigenständigen Farbräume, da sie alle Eigenschaften des RGB-Modells erben (siehe Abschn. 1.5.1). Das HSV-Modell ist wahlweise zylindrisch oder kegelförmig mit dem Farbkreis als oberen Abschnitt. Die Sättigung wird horizontal eingestellt, die Luminanz vertikal. Dieses Vorgehen ist sehr intuitiv (s. o.), deshalb ist das Modell sehr populär in Computeranwendungen.

Abbildung 1.45 zeigt ein solches Modell. Es beginnt bei 0° mit Rot und führt über Grün bei 120° und Blau bei 240° wieder zurück zu Rot bei 360° = 0°. Die Umrechnung aus dem RGB-Modell ist einfach, wenn auch mit einigen konditionalen Abfragen verbunden, um herauszufinden, in welchem Quadranten sich die Farbe befindet.

In Abb. 1.46 ist die Transformation aus dem RGB-Modell dargestellt. Das HSV-Modell beginnt bei 0° und dem Maximum des roten Kanals. Der grüne und blaue RGB-Kanal haben hier jeweils den Wert null, die Farbe ist Rot. Dann fällt der rote Kanal ab und der grüne Kanal steigt an. Bei 60° haben Rot und Grün den Wert 0,5. Die Farbe ist Gelb, da der blaue Kanal weiterhin einen Wert von null besitzt. Der grüne Kanal steigt stetig, bis er bei 120° das Maximum erreicht.

Hier sind die Werte vom roten und blauen Kanal jeweils null, die Farbe ist Grün. Nun steigt der blaue Kanal und der grüne Kanal fällt ab, der rote Kanal bleibt bei einem Wert von null.

Bei 180° wird Cyan erreicht und bei 240° hat der blaue Kanal das Maximum. Da hier der grüne und der rote Kanal jeweils null sind, ist die Farbe Blau. Dann fällt der blaue Kanal ab und der rote steigt. Bei 300° wird Magenta erreicht. Bei 360° schließt sich der Kreis wieder mit der Farbe Rot.

Das HSV-Farbmodell sieht sich einigen Kritikpunkten ausgeliefert. Vor allem die Tatsache, dass alle gesättigten Farben auf der gleichen vertikalen Position und damit auf dem gleichen V-Wert (Luminanz) liegen, wird als problematisch empfunden.

So befinden sich gesättigtes Grün und gesättigtes Blau jeweils am Außenrand des Kegels und somit auf gleichem Luminanzniveau, obwohl die Wahrnehmung von Helligkeit durch das menschliche visuelle System dramatisch unterschiedlich ist (s. a. die Diskussion im Abschn. 1.5.3).

Außerdem gibt es im Modell eine Diskontinuität bei 360°/0°, das heißt, es muss immer abgefragt werden, ob die 360°-Schwelle überschritten wird, was für Berechnungen ungünstig ist.

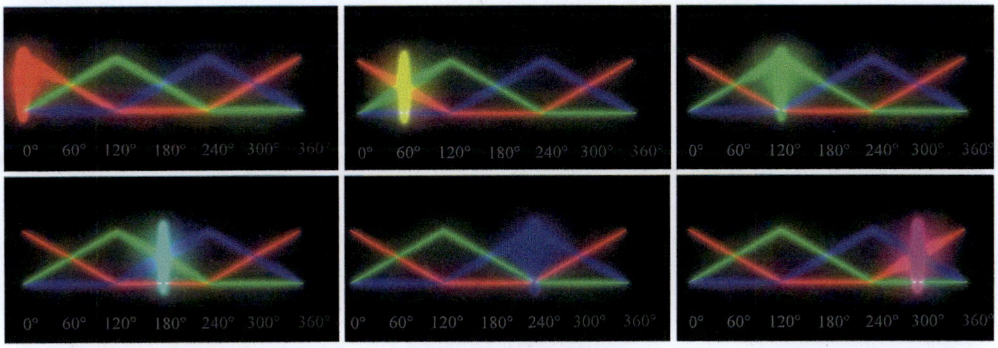

Abb. 1.46 Generieren des HSV-Modells aus dem RGB-Modell

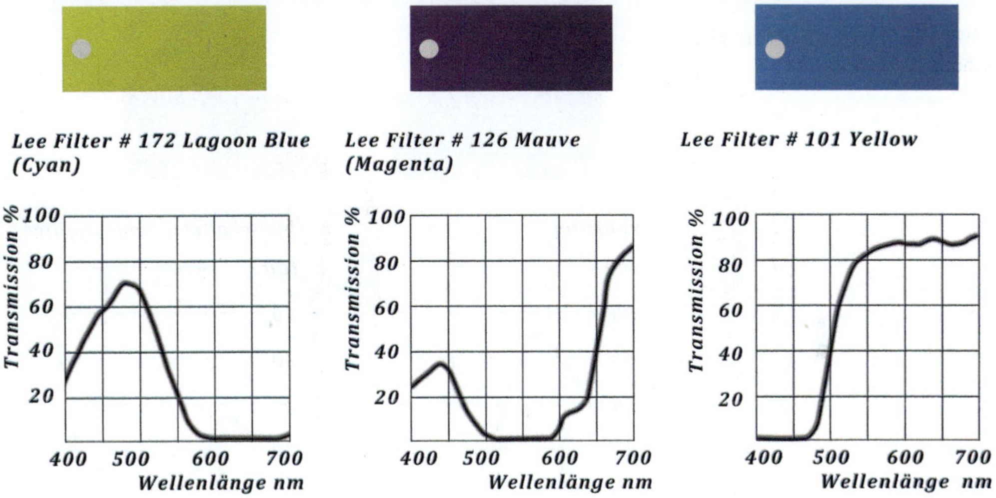

Abb. 1.47 Grundfarben der subtraktiven Farbmischung

1.4.3 CMYK-Farbmodell

Neben der additiven Farbmischung gibt es auch eine subtraktive. Hier ist der Ausgangspunkt weißes Licht, in den meisten Fällen das der Sonne. Objekte absorbieren Teile des Spektrums und reflektieren andere Bereiche. Spezielle refraktive Materialien wie Glas brechen weitere Anteile. Als Grundfarben werden hier nicht Rot, Grün und Blau verwendet, sondern Cyan, Magenta und Gelb.

Abbildung 1.47 zeigt das Spektrum der drei Primärvalenzen. Was hier im Gegensatz zu der Darstellung der Grundfarben im RGB-System (siehe Abb. 1.43) auffällt, ist die Tatsache, dass die CMY-Farben jeweils zwei Bereiche des sichtbaren Lichts übertragen, RGB-Farben nur einen.

Tabelle 1.7 zeigt den Unterschied. Hier ist angegeben, welche Bereiche des Spektrums die Primärfarben passieren lassen. Während die RGB-Farben nur jeweils den langwelligen (Rot), mittelwelligen (Grün) oder kurzwelligen Bereich (Blau) übertragen, sind es bei Cyan kurz- und mittelwelliges Licht, bei Magenta kurz- und langwelliges Licht und bei Gelb mittel- und langwelliges Licht.

Da bei CMY jeweils zwei Komponenten passieren, sind subtraktive Mischungen überhaupt erst möglich, da jeweils eine der beiden Komponenten herausgefiltert werden kann.

Abbildung 1.49 verdeutlicht den Mischvorgang[2]. Es beginnt mit dem Cyan-Filter. Er filtert den langwelligen Bereich heraus und lässt den kurzwelligen und mittelwelligen Bereich passieren. Der nachgeschaltete Magentafilter absorbiert zusätzlich den mittelwelligen Bereich, sodass nach der Filterung lediglich der kurzwellige Bereich (Blau) übrig bleibt.

Abbildung 1.49 stellt ebenfalls eine subtraktive Mischung mit RGB-Farben dar. Hier lässt der Rotfilter lediglich das langwellige rote Licht passieren. Der nachgeschaltete Grünfilter überträgt nur mittelwelliges Licht. Dies ist aber nicht mehr vorhanden, da es bereits durch den Rotfilter herausgefiltert wurde. Das Resultat ist Schwarz.

Diese Versuchsanordnung zeigt deutlich, dass mit RGB-Farben keine subtraktive Farbmischung möglich wäre. Aus diesem Grund wurden die Farben CMY als Primärfarben für das subtraktive Farbsystem gewählt.

Abbildung 1.50 zeigt subtraktive Farbmischungen mit anderen Primärvalenzen des CMY-Modells. Werden alle drei Farbfilter (Cyan, Magenta, Gelb) angewendet, ist das Resultat Schwarz, da alle Wellenlängen des sichtbaren Lichts herausgefiltert werden.

[2] Nach Poynton (2012a)

Tab. 1.7 Spektrale Bereiche, die durch die Primärvalenzen übertragen werden

Primärvalenz	kurzwelliges Licht	mittelwelliges Licht	langwelliges Licht
Rot	–	–	X
Grün	–	X	–
Blau	X	–	–
Cyan	X	X	–
Magenta	X	–	X
Gelb	–	X	X

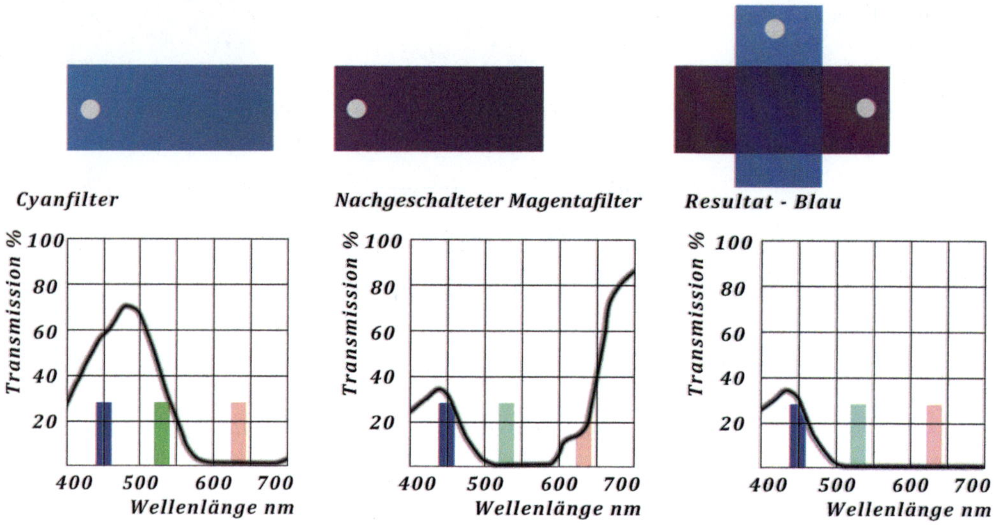

Abb. 1.48 Subtraktive Farbmischung Cyan-Magenta

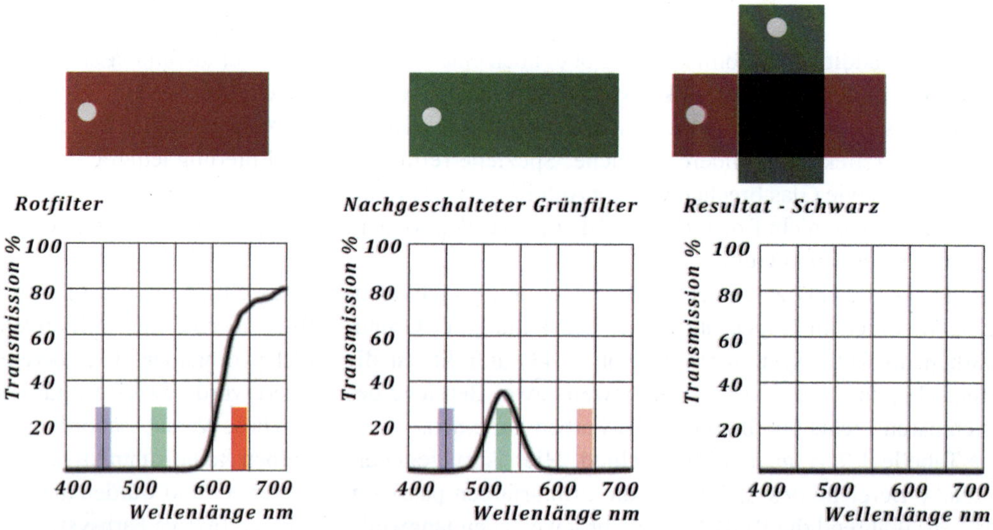

Abb. 1.49 Subtraktive Farbmischung mit Rot und Grün

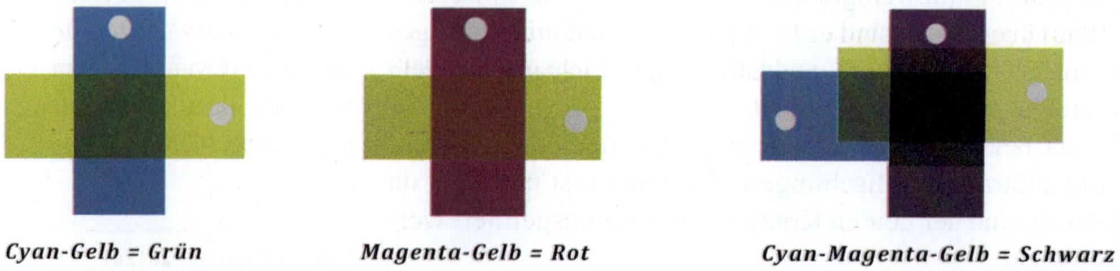

Abb. 1.50 Weitere subtraktive Farbmischungen

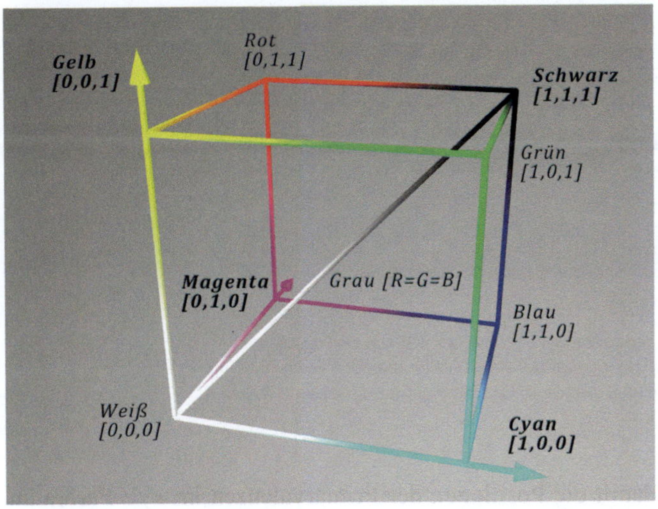

Abb. 1.51 CMYK-Farbmodell

Abbildung 1.51 zeigt das CMYK-Farbmodell. Es beginnt im Ursprung bei Weiß. Die drei Primärvalenzen Cyan, Magenta und Gelb spannen den 3D-Raum auf. Erreichen alle der drei Primärvalenzen ihren Einheitswert, wird alles Licht absorbiert – die Farbe ist Schwarz. Die Werte auf der Diagonalen vom Ursprung zu Schwarz ergeben Graustufen.

Auch hier gibt es Komplementärfarben:
Cyan – Rot (MY),
Magenta – Grün (CY),
Gelb – Blau (CM).

Da das CMYK-Modell im Mehrfarbdruck Anwendung findet, verwendet es eine weitere Farbe: Schwarz (*K*). Das *K* steht für ***key*** und nicht etwa für ***black***, da es die *key plate* (Schlüsselplatte) im Druckprozess referiert. Im Vierfarbendruck müssen die einzelnen Druckplatten sorgfältig eingestellt werden, damit keine Abweichungen der einzelnen Farben untereinander entstehen. Dabei ist Schwarz die Schlüsselplatte, an der alle anderen Farbplatten ausgerichtet werden.

Aufgrund der Verwendung von unterschiedlichen Farbmodellen, dem additiven RGB-Modell am Computerdisplay und dem subtraktiven CMYK-Modell im Druckprozess, ist es schwierig, bei der Arbeit am Computerdisplay eine genaue Vorhersage über die gedruckten Farben zu treffen. Hier werden aufwendige Farbmanagement-Systeme, die verschiedene Farbprofile verwenden, eingesetzt, um einen farbtreuen Workflow zu erzielen.

Äußerst hilfreich ist es, wenn beide Farbmodelle mit Farbräumen verknüpft sind, deren Gamuts überlappen. In Tab. 1.8 sind die Koordinaten des SWOP-CMYK-Farbraums aufgelistet. Die *Specifications for Web Offset Publications (SWOP)* ist eine US-Organisation, die sich mit der Aufrechterhaltung von Qualitätsmaßstäben im professionellen Druckbereich beschäftigt. Außerdem ist es ein Name für Spezifikationen, die u. a. in Adobe Photoshop 5.0 als Basis für die *CMYK-Ink Colors* eingeführt wurden.

Tab. 1.8 Koordinaten der Ink Colors des SWOP CMYK-Farbraums (Photoshop 5.0)

Farbe	x	y	Y
C	0,1673	0,2328	26,7
M	0,4845	0,2396	14,5
Y	0,4357	0,5013	71,2
MY	0,6075	0,3191	14,09
CY	0,2271	0,5513	19,25
CM	0,2052	0,1245	2,98
Weiß	0,3149	0,3321	83,02
K	0,3202	0,3241	0,82

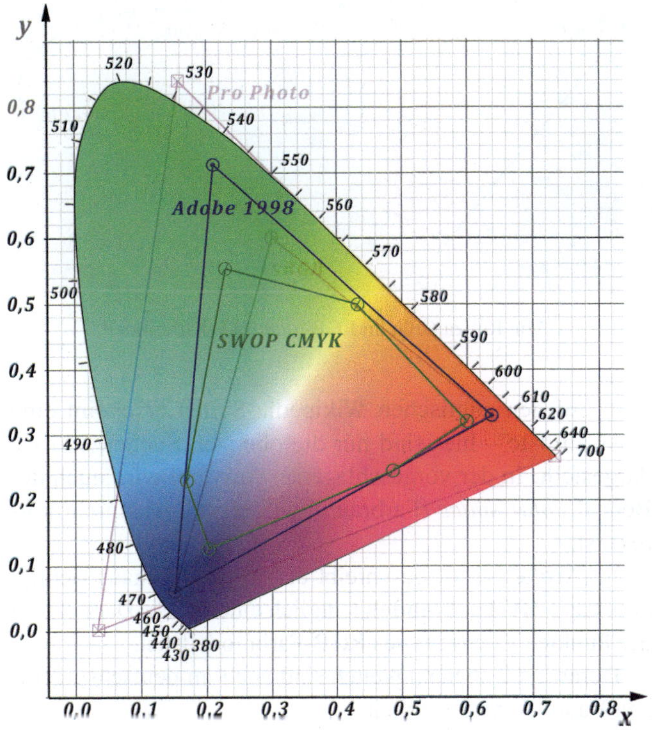

Abb. 1.52 Gamut des SWOP-CMYK-Farbraums im Vergleich mit Adobe RGB (1998)

Abbildung 1.52 zeigt die Position der Gamuts von Adobe RGB (1998) und SWOP CMYK in der Normfarbtafel. Es ist gut zu erkennen, dass der SWOP-CMYK-Gamut vollständig in den Adobe RGB (1998)-Gamut eingebettet ist. Das erklärt auch die Popularität dieses Farbraums.

1.5 sRGB-Farbraum

1.5.1 Farbmodell und Farbraum

In der Literatur werden beide Begriffe tendenziell uneindeutig verwendet und oft auch verwechselt. Abbildung 1.53 zeigt eine solche Situation. Bei Eingabe des Suchbegriffs

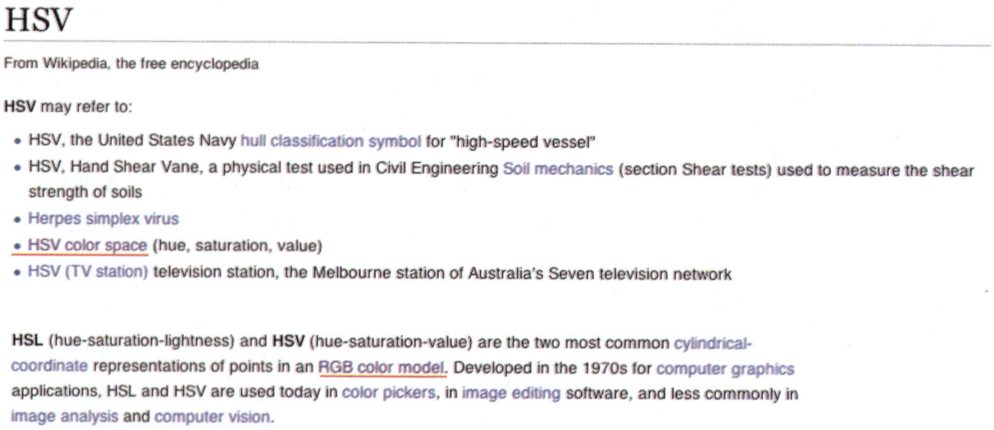

HSV

From Wikipedia, the free encyclopedia

HSV may refer to:

- HSV, the United States Navy hull classification symbol for "high-speed vessel"
- HSV, Hand Shear Vane, a physical test used in Civil Engineering Soil mechanics (section Shear tests) used to measure the shear strength of soils
- Herpes simplex virus
- HSV color space (hue, saturation, value)
- HSV (TV station) television station, the Melbourne station of Australia's Seven television network

HSL (hue-saturation-lightness) and **HSV** (hue-saturation-value) are the two most common cylindrical-coordinate representations of points in an RGB color model. Developed in the 1970s for computer graphics applications, HSL and HSV are used today in color pickers, in image editing software, and less commonly in image analysis and computer vision.

Abb. 1.53 Konfusion bei der Verwendung der Begriffe Farbraum-Farbmodell

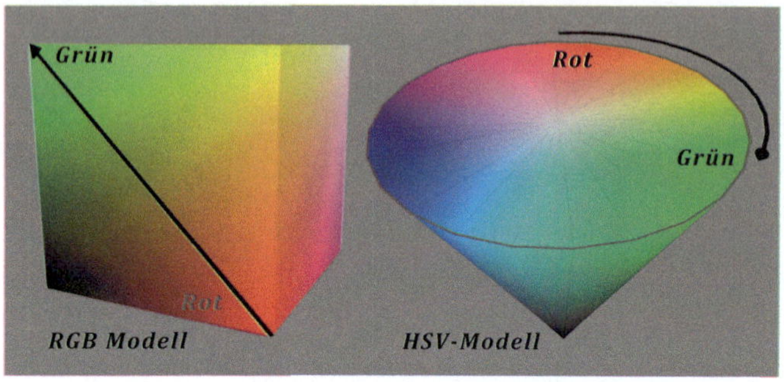

Abb. 1.54 Von Rot zu Grün im RGB- und HSV-Farbmodell

HSV auf den englischen Wikipedia-Seiten erscheint eine Auswahlliste – hier sind nur die obersten Suchergebnisse dargestellt. In der vorgeschlagenen Auswahl wird auch der Begriff ***color space*** (Farbraum) aufgelistet, was nicht korrekt ist.

Im Artikel selbst beschreibt der Autor durchaus richtig, dass das **HSV-Farbmodell** lediglich eine andere Darstellung der Punkte (Valenzen) des RGB-Farbmodells ist.

Derartige Ungenauigkeiten sind auch im deutschsprachigen Raum keine Seltenheit.

Was ist nun der Unterschied zwischen einem Farbmodell und einem Farbraum?

Ein Farbmodell ist ein theoretisches Konstrukt, das eine bestimmte Ordnung der Farben wiedergibt. In Abbildung 1.54 sind zwei Wege aufgezeichnet, wie man vom gesättigten Rot zum gesättigten Grün gelangt. Im RGB-Modell führt der Weg entlang der vertikalen Diagonale einer Würfelseite, im HSV-Modell ist es ein horizontaler Kreisbogen entlang des oberen Abschlusses, dem Farbrad. Die Berechnungsgrundlagen sind somit andere.

Der wichtigste Unterschied zwischen einem Farbmodell und einem Farbraum ist, dass die Farben in einem Farbmodell relativ sind. Das heißt, sie haben keinen direkten Bezug zu wirklichen physikalisch realisierbaren Farben. Ein im Farbwähler von Photoshop kreiertes gesättigtes Grün *(RGB[0, 255, 0])* sieht im sRGB-Farbraum anders aus als im *Adobe RGB (1998)*-Farbraum, da sich die Gamuts und damit die Positionen der Primärvalenzen im xyY-Farbraum erheblich unterscheiden.

In Abb. 1.55 ist dieser Sachverhalt zweidimensional in der Normfarbtafel dargestellt. Im Photoshop-Farbwähler wurde ein gesättigtes Grün ausgewählt. Arbeitet man nun im sRGB-Farbraum, dann entspricht dieses reine (oder gesättigte) Photoshop-Grün der Position der grünen sRGB-Primärvalenz in der Normfarbtafel von [x=0,3; y=0,6]. Die resultierende Farbe ist ein leicht gelbliches Grün. Verändert man nun in Photoshop den Farbraum und arbeitet in Adobe RGB (1989), entspricht das reine Photoshop-Grün der Position der grünen Adobe RGB (1998)-Primärvalenz in der Normfarbtafel [x=0,21, y=0,71]. Die resultierende Farbe ist weniger gelb gefärbt.

Farben im Farbraum sind also immer absolut, da sie standardisierte Positionen im CIE xyY-Farbraum aufweisen. Gute Beispiele sind das *Munsell Farbmodell* und der *Munsell Farbraum*. Dieses Farbsystem, das 1915 zuerst vorgestellt wurde, war zuerst ein Farbmodell. Seine Farben waren relativ. Im Jahre 1943 nach der Etablierung der 1931er CIE XYZ und CIE xyY-Farbräume wurde jede Farbe des Munsell Farbmodells durch eine Koordinate (CIE Maßzahl) im CIE xyY-Farbraum definiert. Dadurch wurden die Farben absolut und das Farbmodell wurde zum Farbraum.

Farbmodelle sind also immer relativ, Farbräume immer absolut. Es gibt somit auch keine relativen Farbräume oder absoluten Farbmodelle, wohl aber absolute Farben (im Farbraum) und relative Farben (im Farbmodell).

Ein Farbraum muss die drei folgenden Spezifikationen aufweisen:

1. Drei Primärvalenzen mit Positionen im CIE xyY-Farbraum.
2. Ein definierter Weißpunkt im CIE xyY-Farbraum.
3. Eine Transferfunktion (Gamma) – diese ist nicht im CIE XYZ- und xyY-Farbraum enthalten, da die beiden Farbräume linear sind (siehe Abschn. 1.6).

Sind diese Spezifikationen nicht vorhanden, handelt es sich nicht um einen Farbraum.

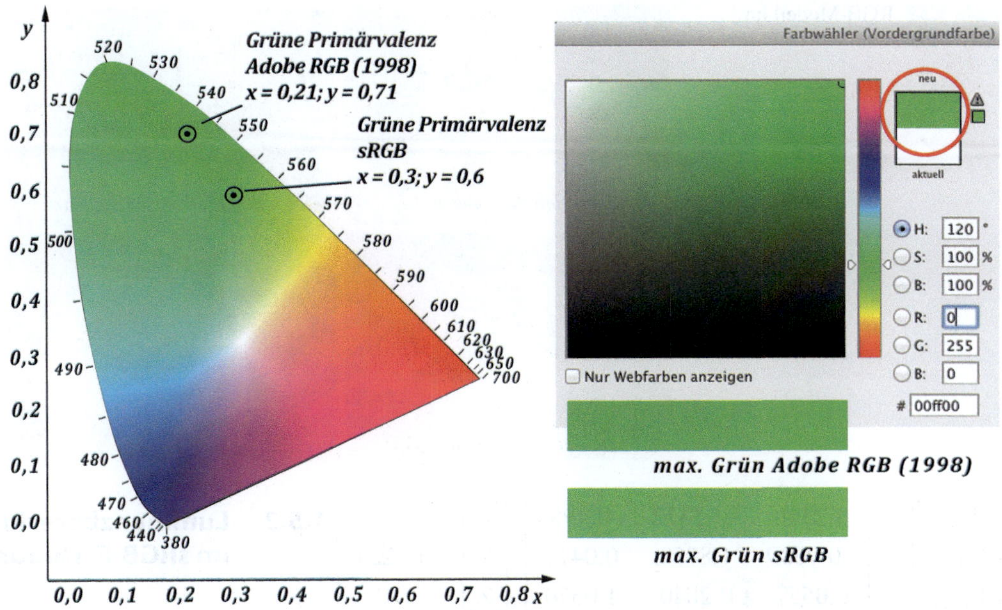

Abb. 1.55 Unterschied zwischen relativer und absoluter Farbe

Farbräume sind zum Beispiel CIE XYZ, CIE xyY, CIE L*a*b*, sRGB, Adobe RGB (1998), ProPhoto, ITU-R BT.601, ITU-R BT.709, ITU-R BT.2020, SWOP CMYK, DCI P3, AMPAS ACES, X'Y'Z'.

Farbmodelle sind RGB, CMYK, HSV und $Y'C_BC_R$. Auch das digitale Videofarbsystem $Y'C_BC_R$ ist prinzipiell ein Farbmodell, da es z. B. auf den HD Farbraum ITU-R BT.709 oder auf den SD-Farbraum (Standard-Television) ITU-R BT.601 aufbaut, die voneinander unterschiedliche Spezifikationen aufweisen.

1.5.2 Spezifikationen des sRGB-Farbraums

Der sRGB-Farbraum ist ein RGB-basierter Farbraum und wurde im Jahr 1996 von Hewlett Packard und Microsoft aus den Primärvalenzen des HD-Video Farbraums ITU-R BT.709 entwickelt.

Diese Spezifikationen wurden übernommen, um die im Farbraum eingeschlossenen Farben problemlos auf den Röhrenbildschirmen der damaligen Zeit darstellen zu können. Weitere Anwendungen fanden sich bei Druckern und im Internet, wobei sich die Anwendung des sRGB-Farbraums vor allem auf typische Büro- und Heimumgebungen beschränkte.

Tabelle 1.9 und Abb. 1.56 geben die Lage der Primärvalenzen und des Weißpunkts im CIE xyY-Farbraum an. Damit sind die Kriterien (1) und (2) für die Definition eines Farbraums erfüllt (s. o.). Der Vollständigkeit halber wird hier auch schon der angenäherte Wert der Transferfunktion (Gamma) angegeben. Eine genauere Diskussion, weshalb diese sogenannte Gammakorrektur angewendet wird, erfolgt im Abschn. 1.6.

Betrachtet man die Werte der Primärvalenzen in der Tabelle, so fällt auf, dass sie erheblich differierende Luminanz-Maximalwerte besitzen. Die maximale Luminanz, die gesättigtes Blau erreichen kann, ist lediglich 0,0722, im Vergleich von 0,7152 bei Grün.

Tab. 1.9 Primärvalenzen, Weißpunkt und Gamma des sRGB-Farbraums

	Rot	Grün	Blau	Weiß
x	0,6400	0,300	0,1500	0,3127
y	0,3300	0,6000	0,0600	0,3290
Y	0,2126	0,7152	0,0722	1,000
Gamma	$\sim x^{2,2}$	$\sim x^{2,2}$	$\sim x^{2,2}$	

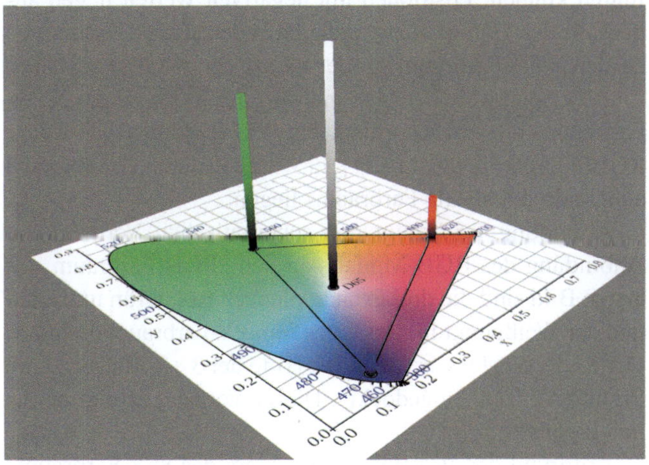

Abb. 1.56 Primärvalenzen des sRGB-Farbraums

Mathematisch werden die **linearen** RGB-Werte aus dem naturgemäß linearen XYZ-Farbraum nach Gl. 1.22 ermittelt. Hier kommt eine für Farbtransformationen typische 3 × 3-Matrix zur Anwendung. Liegen xyY-Werte vor, müssen die X- und Z-Werte gemäß Gln. 1.23 und 1.24 berechnet werden. Die Luminanz Y wird unverändert übernommen.

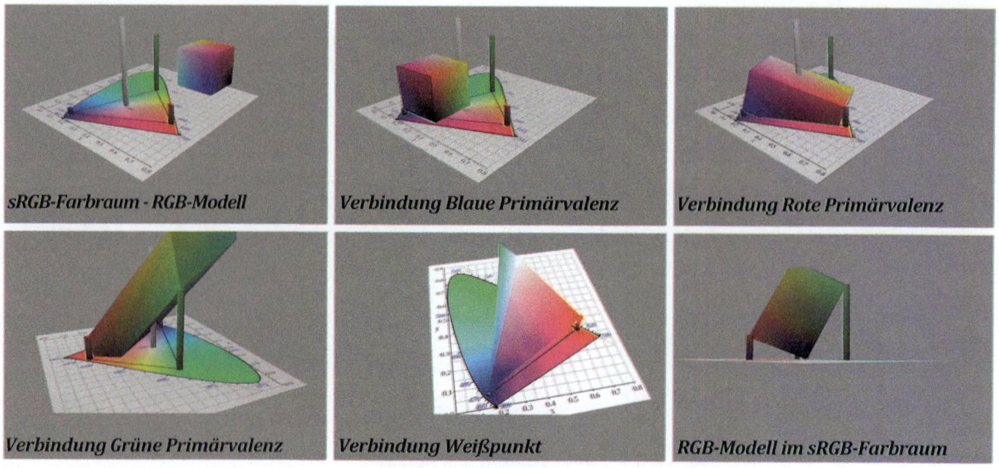

Abb. 1.57 RGB-Modell im sRGB-Farbraum

$$\begin{bmatrix} R_{linear} \\ G_{linear} \\ B_{linear} \end{bmatrix} = \begin{bmatrix} 3{,}2406 & -1{,}5372 & -0{,}4986 \\ -0{,}9689 & 1{,}8758 & 0{,}0415 \\ 0{,}0557 & 0{,}2040 & 1{,}0570 \end{bmatrix} \begin{bmatrix} X \\ Y \\ Z \end{bmatrix} \tag{1.22}$$

$$X = \frac{Yx}{y} \tag{1.23}$$

$$Z = \frac{Y\,(1 - x - y)}{y} \tag{1.24}$$

Es ist zu beachten, dass die Matrixelemente mit negativen Vorzeichen bei der Berechnung zu negativen RGB-Werten führen können. Positionen mit negativen Werten liegen außerhalb des Gamuts bzw. außerhalb des sRGB-Farbraums, da der XYZ-Farbraum größer ist als der sRGB-Farbraum. Zum Beispiel wäre der Maximalwert der X-Achse des XYZ-Farbraums mit den Koordinaten xyY[1 0 0] im sRGB-Raum RGB[3,2406 −0,989 0,0557]. Er würde dann im Grünbereich außerhalb des sRGB-Farbraums liegen.

Abbildung 1.57 zeigt den schematischen Vorgang der Anbindung des RGB-Modells an den sRGB-Farbraum. Im ersten Bild sind die drei Primärvalenzen Rot, Grün und Blau und der Weißpunkt in ihrer Lage im xyY-Farbraum definiert. Der RGB-Würfel wird dann mit Hilfe der 3×3-Matrix an die Primärvalenzen „angedockt“. Dieser Vorgang erfolgt natürlich parallel.

Aufgrund des Projektionscharakters des xyY-Farbraums ist die schematische Darstellung im Schwarzbereich des letzten Bildes von Abb. 1.57 nicht korrekt.

Die Luminanzänderungen, die durch das RGB-Modell implementiert werden, führen im unteren Bereich (Schwarz) des sRGB-Farbraums zu anderen Ergebnissen als im oberen Bereich (Weiß). Dies soll im nächsten Abschnitt etwas genauer untersucht werden.

1.5.3 Luminanzberechnungen im sRGB-Farbraum

Abbildung 1.56 zeigt die Position der Primärvalenzen Rot, Grün und Blau des sRGB-Farbraums im CIE xyY-Farbraum. Der Abschluss der hier als Säulen dargestellten gesättigten Farben ist das Maximum der Luminanz, den die jeweilige Primärvalenz erreichen kann. Es gibt nun aufgrund des Charakters des RGB-Modells ein unterschiedliches Verhalten der Primärfarben, wenn sie sich vom Maximum der Luminanz in Richtung Schwarz oder Weiß bewegen.

Schaut man sich in Abb. 1.40 noch einmal das RGB-Modell an, kann man erkennen, dass die Primärvalenzen Schwarz erreichen können, ohne den Farbton zu verändern. Sie bewegen sich vom Einheitswert auf der entsprechenden Achse in Richtung Schwarz, ohne eine weitere Farbe hinzu zu mischen. Da auch alle anderen Farben Schwarz erreichen können, ohne die Sättigung und damit den Farbort zu verändern, wird der punktförmige Ursprung (Schwarz) im RGB-Modell beim Übergang in den sRGB-Farbraum gestreckt und umfasst den vollständigen Gamut (siehe Abb. 1.58).

Abbildung 1.59 zeigt die Auswirkung einer Änderung der Luminanz im Photoshop-Farbwähler. Für die gesättigte rote Primärvalenz *P0* wird die Luminanz vermindert. Dies geschieht, indem im HSV (hier HSB)-Farbmodell, die Brightness auf 50 % gesetzt wird. Da keine weitere Farbe hinzugemischt wird, bleibt sie am gleichen Farbort, verschiebt sich aber nach unten zum Punkt *P1* und wird bei gleichem Farbton dunkler.

Soll eine der Primärvalenzen am Farbort bleiben, ihre Luminanz aber trotzdem über das Maximum hinaus erhöht werden, würde sie den Farbraum verlassen. Abbildung 1.60 zeigt die Auswirkungen im Photoshop-Farbwähler. Die blaue Primärvalenz hat bereits das Maximum der Luminanz erreicht. Dies ist anhand der RGB-Werte *RGB[0 0 255]* und der HSV-Werte *HSB[240, 100, 100]* dokumentiert. Wird nun versucht die Luminanz zu erhöhen, indem die Brightness auf 120 %

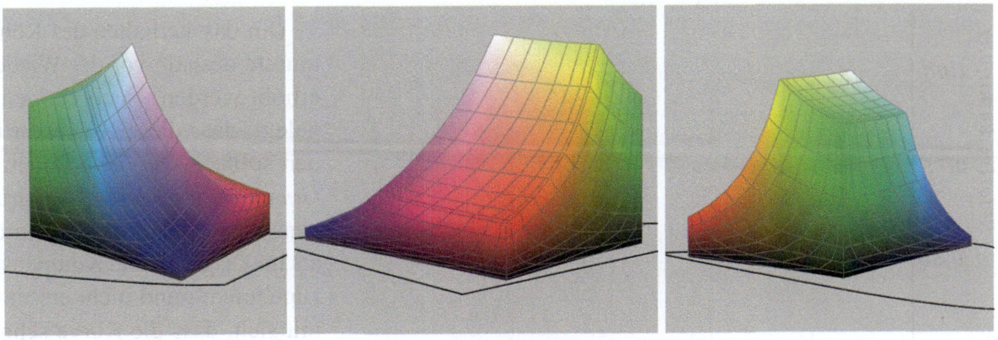

Abb. 1.58 sRGB Farbraum im xyY-Farbraum

gesetzt wird, würde der Punkt P_0 den Farbraum verlassen und die Position P_1 einnehmen. Photoshop lässt das nicht zu und generiert eine Fehlermeldung. Das zeigt auch, dass das HSV-System kein eigener Farbraum ist, sondern aus dem RGB-Modell errechnet wird, welches wiederum im sRGB-Farbraum wiedergegeben wird.

Es gibt allerdings einen eigenständigen Farbraum im Photoshop-Farbwähler und das ist der CIE L*a*b*-Farbraum (siehe Abschn. 1.6.5).

Wird wie in Abb. 1.61 der Wert der Lightness – eine nichtlineare Quantität, die die wahrgenommene Luminanz im CIE L*a*b*-Farbraum repräsentiert – von 30 auf 40 erhöht, geschehen eine Reihe von Aktionen gleichzeitig:

1. Es ist im RGB-Teil des Farbwählers zu erkennen, dass Werte der Primärvalenzen Rot (77) und Grün (42) hinzugemischt wurden. Überträgt man diesen Vorgang in die spektrale Energieverteilung, dann wurden zum schmalen blauen Spektralband noch weitere Bänder des Spektrums hinzugemischt.
2. Ihre Energie erhöht die Luminanz, wie im Lab-Teil des Farbwählers zu erkennen ist (40 gegenüber 30 in Abb. 1.60).
3. Im HSV-Teil des Farbwählers ist die Sättigung auf 83 % gesunken, denn durch das Zumischen weiterer Farbanteile wird die reine Primärfarbe entsättigt.
4. Im HSV-Teil des Farbwählers ändert sich der Farbton von 240° zu 250°. Dies wird in den Farbfeldern angezeigt.
5. Der Punkt P_0 der blauen Primärvalenz verschiebt sich zur Position P_1, bleibt aber weiter im Farbraum.

Zusammenfassend kann man sagen, dass Primärfarben am Farbort bleiben können, wenn sie sich vom Maximum in Richtung Schwarz bewegen; sie können aber „aus eigener Kraft" nicht zu Weiß gelangen. Es müssen die anderen beiden Primärvalenzen vollständig hinzugemischt werden (siehe auch Abschn. 1.5.3).

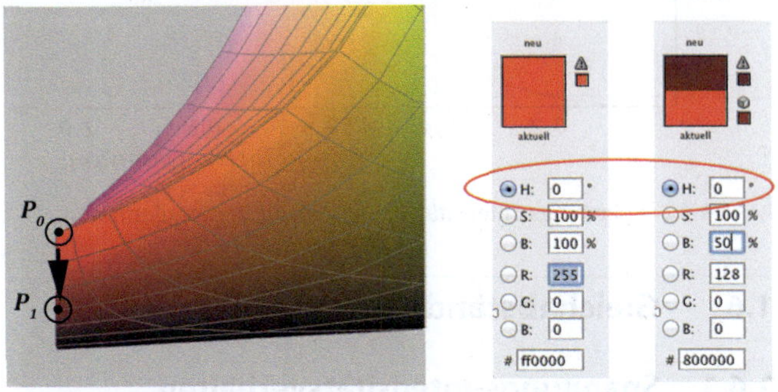

Abb. 1.59 Luminanzverminderung von Rot im sRGB-Farbraum

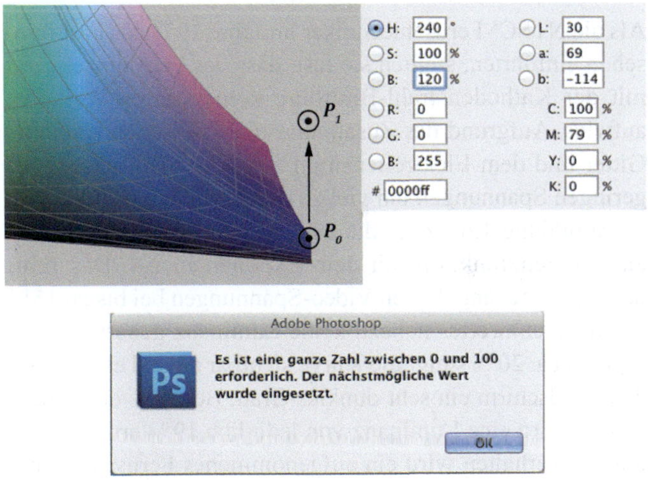

Abb. 1.60 Luminanzerhöhung von Blau im sRGB-Farbraum

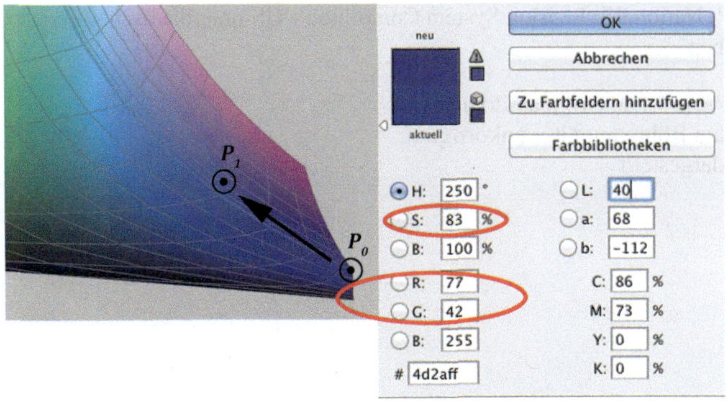

Abb. 1.61 Luminanzerhöhung von Blau durch Lightness

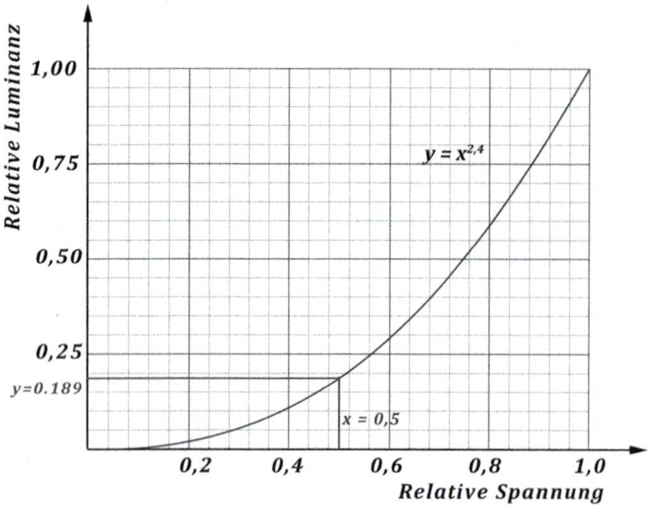

Abb. 1.62 Spannungs-Intensitätsverhalten von Röhrenmonitoren

1.6 Gleichabständigkeit eines Farbraums

1.6.1 Spannungs-Intensitätsverhalten von Röhrenmonitoren

Als die NTSC[3]-Fernsehtechniker im Jahre 1953 das Farbfernsehen einführten, stellten sie fest, dass das Farbfernsehgerät mit der Kathodenstrahl-Bildröhre kein lineares Verhalten aufwies. Aufgrund des Zusammenspiels zwischen Kathode, Gitter und dem Elektronenstrahl zeigte der Bildschirm bei geringen Spannungen ein viel zu dunkles Bild.

Abbildung 1.62 zeigt die entsprechende Kurve, sie folgt einer Potenzfunktion mit dem Exponenten 2,4. Das führt dazu, dass bei angelegten Video-Spannungen bei bis zu 15 % des Referenzwertes nahezu keine Luminanz generiert wird. Erst bei ca. 20 % steigt die Kurve sichtbar an und erzeugt auf dem Bildschirm ein sehr dunkles Grau. Bei 50 % des Videosignals wird eine Luminanz von lediglich 19 % erreicht. Mit diesem Verhalten wird ein aufgenommenes Fernsehbild besonders in den Mitten viel zu dunkel dargestellt (Abb. 1.63).

Um das Verhalten des Röhrenmonitors zu kompensieren, musste deshalb vor der Wiedergabe die Luminanz des Bilds erhöht werden. Nach einigem Experimentieren wurde festgelegt, dass diese Korrektur bereits in der Kamera stattfinden sollte, wobei eine Potenzfunktion mit dem Exponenten $Gamma = 1/2,2 = 0,454$ zugrunde lag, was eine Unterkompensation beinhaltete. Das Bild wird etwas dunkler dargestellt als im Original. Die Kompensation direkt in der Kamera vorzunehmen – und nicht erst im Monitor –brachte den Vorteil mit sich, dass die Kurve schon bei geringer Videospannung stark ansteigt. Es wird somit ein ausgezeichneter Rauschspannungsabstand erzielt, da bereits bei geringen Eingangswerten in der Kamera hohe Ausgangswerte generiert werden, die sich gut vom Grundrauschen absetzen.

1.6.2 Opto-Elektronische Übertragungsfunktion OECF (Gamma)

Im Grafikworkflow bei der digitalen Bildbearbeitung und in der digitalen Video- und Filmtechnologie gibt es zwei Übertragungsfunktionen – eine im Aufnahmegerät (Kamera) und eine im Wiedergabemonitor. Oft ist nicht klar, auf welchen Bereich sich ein mit „Gamma" bezeichneter Wert bezieht. Deshalb geht man dazu über, diesen Begriff nicht mehr zu verwenden und spricht statt dessen von einer *Opto-Elektronischen Übertragungsfunktion* (engl. *opto-electronic conversion function – OECF*) für Eingabegeräte und einer *Elektronisch-Optischen Übertragungsfunktion (EOCF)*[4] für Ausgabegeräte.

Als 1996 eine Kommission aus Mitarbeitern von *Hewlett-Packard* und *Microsoft* den sRGB-Standard etablierte, übernahm sie die Primärvalenzen vom Vorgänger der HDTV-Spezifikation ITU-R BT.709, legte aber eine andere Übertragungsfunktion (OECF) für das Eingabegerät fest. Leider sah sie nicht die Notwendigkeit, die Elektronisch-Optische Übertragungsfunktion für den Monitor ebenfalls zu standardi-

[3] National Television System Committee – US-amerikanisches Fernsehen

[4] In den ITU-R-Spezifikationen wird auch von einer electro-optical *transfer* function (OETF) gesprochen. Wir verwenden hier aus Gründen der Konsistenz den Begriff *electro-optical conversion function (OECF)*.

Abb. 1.63 Originalbild und Bild am Röhrenmonitor unkorrigiert dargestellt

sieren, da zur damaligen Zeit die Röhrenbildschirme bau- und prinzipbedingt eine unveränderliche EOCF von etwa 2,3–2,4 hatten.

Abbildung 1.64 zeigt die Opto-Elektronische Übertragungsfunktion für sRGB. Sie besteht aus zwei zusammengesetzten Kurvenabschnitten, einen linearen für geringe Eingangswerte bis 0,3 % und einer Potenzfunktion für den weiteren Kurvenverlauf mit dem Exponenten 1/2,4.

Das Vorhandensein eines linearen Abschnitts hat wesentlich größeren Einfluss auf den resultierenden Kurvenverlauf als auf den ersten Blick erkennbar. Abbildung 1.65 zeigt die Anpassung des tangentialen Übergangs zwischen linearem und exponentiellem Kurvenabschnitt.

Damit die Potenzfunktion die gleiche Steigung wie der lineare Abschnitt hat, muss sie skaliert werden. Der Skalierungsfaktor ist 1,055. Damit haben Gerade und Kurve im Berührungspunkt die gleiche Tangente, was allerdings zu einem Versatz in der y-Richtung (V′) führt. Damit die Potenzfunktion den Punkt [1,0 1,0] erreicht, muss der durch die Skalierung auftretende Versatz von 0,055 wieder entfernt werden (siehe Abb. 1.66).

Die Potenzfunktion weist zwar im exponentiellen Abschnitt den Exponenten 1/2,4 auf, hat aber außerdem einen Skalierungsfaktor von 1,055 und einen Versatz von 0,055 (Gl. 1.25).

$$V' = 1{,}055\,T^{(1/2{,}4)} - 0{,}055 \qquad (1.25)$$

Das führt dazu, dass eine Annäherungsfunktion mit dem Exponenten 1/2,4 den Verlauf der resultierenden Kurve deutlich verfehlt (violette Kurve in Abb. 1.67). Eine viel bessere Annäherung ist eine Kurve mit dem Exponent 1/2,2 (rote Kurve). Im allgemeinen Sprachgebrauch wird deshalb im Zusammenhang mit dem sRGB-Farbraum der Ausdruck „Gamma von 2,2“ verwendet. Das ist problematisch, da erstens nicht ausgedrückt wird, ob es sich um einen OECF- oder EOCF-Wert handelt und zweitens wird der Bruchstrich unterschlagen.

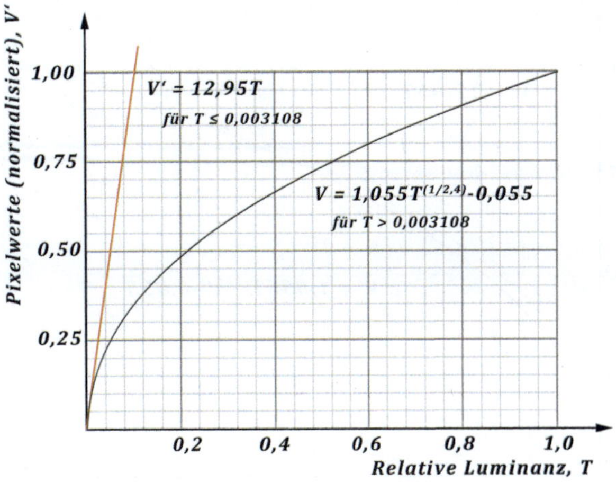

Abb. 1.64 Die Opto-Elektronische Übertragungsfunktion für sRGB (EOCF)

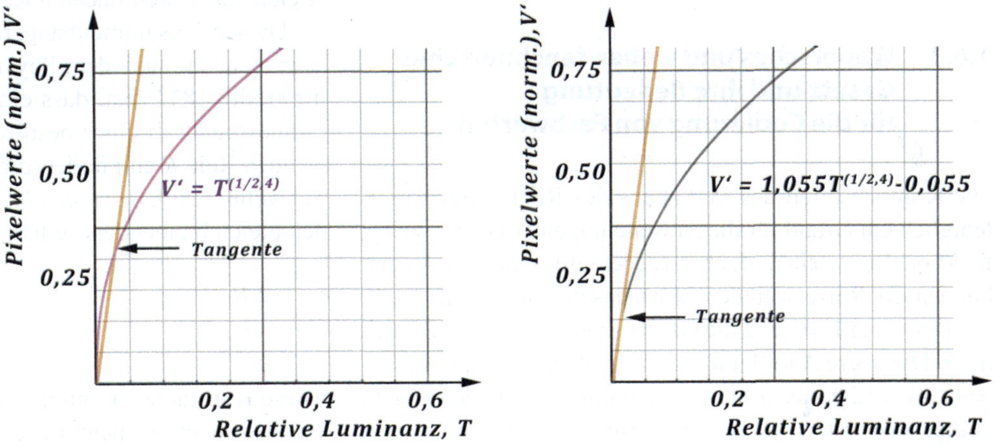

Abb. 1.65 Konstruktion der OECF für sRGB – Skalierung der Potenzfunktion

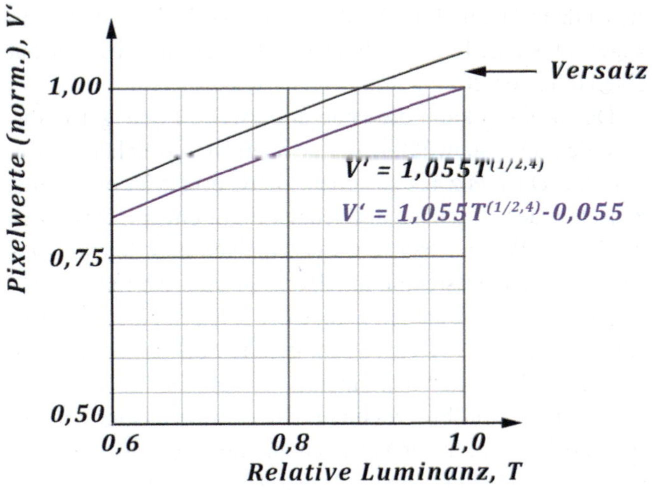

Abb. 1.66 Konstruktion der OECF für sRGB – Subtrahieren des Versatzes

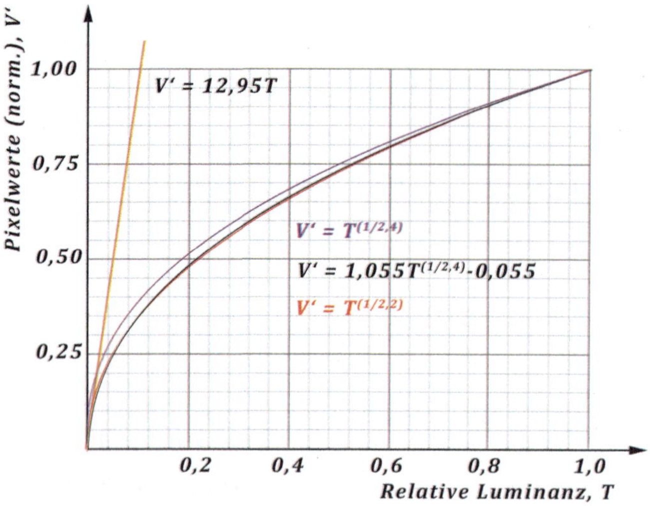

Abb. 1.67 Vergleich der Potenzfunktionen für die sRGB-EOCF

1.6.3 Webersches und weber-fenchnersches Gesetz und ihre Bedeutung für die Codierung von Farbwerten

Die Kompensation des Verhaltens des Röhrenmonitors ist lediglich ein Grund für die Anwendung einer Übertragungsfunktion. Ein zweiter, oft übersehener Grund sind die Auswirkungen des Reizempfindens der menschlichen Sinne.

Abbildung 1.68 zeigt die Größenprogression einer Schachfigur. Die obere Anordnung ist im mathematischen Sinne linear. Es wird zu jeder neuen Figur ein gleicher Wert hinzugefügt. Die erste Figur ist 10 cm groß. Bei der zweiten wird bei Beibehaltung der Proportionen in der Höhe 1 cm addiert, sie ist dann 11 cm groß. Bei der dritten wird wieder 1 cm hinzugefügt, sie ist 12 cm groß. Die letzte Figur in der Reihe hat eine Höhe von 20 cm.

Der Mensch kann die erste und zweite Figur gut unterscheiden. Der Schwellreiz der zweiten ist ausreichend hoch, um eine Differenz festzustellen. Schwieriger ist es bereits, zwischen der vorletzten und letzten Figur einen Unterschied zu finden. Würde man rein hypothetisch den Schwellwert 1,01 % der Kontrastempfindlichkeit als Maßstab für die Größenerkennung anwenden, könnte der Mensch einen Größenunterschied von 101 zu 100 cm gerade noch erkennen, von 102 zu 101 cm schon nicht mehr.

Zu Beginn der Progression ist für den Betrachter der Anstieg noch linear. In der Mitte scheint die Kurve abzuknicken und wird gegen Ende immer flacher. Um einen ausreichenden Schwellreiz zu erzielen, benötigt der Mensch ein konstantes Verhältnis innerhalb der Reizprogression.

Die untere Anordnung der Schachfiguren in Abb. 1.68 zeigt eine Größenänderung mit einem solchen konstanten Verhältnis. Bei der zweiten Figur wird die Höhe der vorhergehenden (10 cm) mit einer Konstante $k = 1,1$ multipliziert. Das Resultat ist 11 cm. Bei der Dritten wird die Höhe der zweiten

Abb. 1.68 Lineare und wahrnehmungsorientierte Progression

(11 cm) ebenfalls mit der Konstanten von 1,1 multipliziert. Das Ergebnis ist 12,1 cm, also nur marginal unterschiedlich zur oberen Reihe. Je weiter die Progression aber fortschreitet, desto dramatischer werden die Größenänderungen im Vergleich zur oberen linearen Reihe.

Diesen Zusammenhang beschreibt das *webersche Gesetz,* benannt nach dem Physiologen *Ernst Heinrich Weber*. Er stellte 1834 fest, dass ein Reizunterschied ΔR, den ein Sinnesorgan ab einer bestimmten Schwelle zum vorangehenden Reiz R empfindet (differenzielle Wahrnehmbarkeitsschwelle – engl. *just noticable difference*), in einem bestimmten gleich bleibenden Verhältnis k zu diesem steht.

$$k = \frac{\Delta R}{R} \tag{1.26}$$

Diese Konstante ist unterschiedlich für die einzelnen Reize. Sie liegt beim Tastsinn bei etwa 3 %, bei der Wahrnehmung von Luminanz bei 1 %, bei Gewichtsunterschieden bei 2 % und beim Geschmack bei 10–20 %.

Wir wollen dieses für die Reizempfindung aller Sinne wichtige Gesetz anhand der Töne eines Klaviers ein wenig genauer untersuchen. Das mitteleuropäische Musiksystem ist in Oktaven organisiert und folgt den Verhältnissen der Tonfrequenzen. Eine Oktave ist in 12 Halbtöne unterteilt, die auf der Klaviertastatur ein einprägsames Muster von weißen und schwarzen Tasten bilden. Betrachten wir den untersten Ton der 88 Tasten, die ein Klavier aufweist, so hat dieser eine Frequenz von 55 Hz[5] und besitzt den Namen Kontra-A (A). Spielt man diesen Ton gleichzeitig mit dem nächsten Ton – die erste schwarze Taste –, ertönt ein dissonanter Zusammenklang. Spielt man das Kontra-A nacheinander mit den weiteren Tönen der Oktave, ändert sich der Zusammenklang, manchmal ist er angenehm (konsonant), manchmal dissonant.

Spielt man das Kontra-A mit dem 13. Ton, so wird dieser als höher aber gleich empfunden. Dies ist der Oktavton und hat die doppelte Frequenz des Grundtones der Oktave, hier

[5] Konzertflügel haben eine etwas höhere Grundstimmung, da in jüngerer Zeit in Deutschland und Österreich in Sinfonieorchestern ein Kammerton von 443 Hz verwendet wird.

Tab. 1.10 Webersches Gesetz anhand von Oktaven eines Klaviers

Ton	trad. Tonname	MIDI-Note	ΔR	R	k
A	Kontra A	a0		55	0,5
A	Groß A	a1	55	110	0,5
a	Klein A	a2	110	220	0,5
a1	A eingestrichen	a3	220	440	0,5
a2	A zweigestrichen	a4	440	880	0,5
a3	A dreigestrichen	a5	880	1760	0,5
a4	A viergestrichen	a6	1760	3520	0,5
a5	A fünfgestrichen	a7	3520	7040	0,5

110 Hz. Spielt man nun die jeweiligen A-Töne über die gesamte Tastatur nacheinander (den Ton zwischen der zweiten und dritten schwarzen Taste des Dreier-Musters) wird der Ton zwar höher, bleibt aber immer gleich – eine ähnliche Empfindung wie ein Farbton, der immer heller wird.

In Tab. 1.10 werden die traditionellen Tonnamen der Oktaven des Tones A angegeben, sie reichen vom Kontra A über das Große A, Kleine A zu den gestrichenen A-s. Zielführender sind hier aber die Bezeichnungen der Töne in der MIDI-Schreibweise. *MIDI* (engl. *musical instrument digital interface*) ist ein digitales Protokoll, das Anfang der 1980er Jahre etabliert wurde, um die Kommunikation von elektronischen Musikinstrumenten untereinander und mit deren Steuergeräten zu ermöglichen.

Da es eine sehr einfach gehaltene Spezifikation ist, konnten Kleinbuchstaben, Großbuchstaben und unterstrichene Buchstaben nicht codiert werden. Dafür wurden die Oktaven bei 0 beginnend aufsteigend durchnummeriert.

In der Tabelle sind die Oktaven linear aufsteigend angegeben. Betrachten wir nun die Gleichung des weberschen Gesetzes (Gl. 1.26), so ist R die Frequenz des Ausgangstones in Hz, ΔR die Differenz zwischen dem Ausgangston und dessen Oktave. Die Konstante k bleibt über den ganzen Frequenzbereich gleich und hat den Wert 0,5. Das bedeutet, dass für einen gegebenen Reiz (zum Beispiel Oktavton a1 bei 220 Hz) der vorhergehende Schwellreiz 50 %, also 110 Hz sein muss. Dies ist auf die Oktave bezogen und beschreibt nicht die Auflösung des menschlichen Gehörs.

Abbildung 1.69 und Tab. 1.11 verdeutlichen die Weiterentwicklung des Weberschen Gesetzes, das *weber-fechnersche Gesetz.* Es besagt, dass bei einem exponentiellen Anstieg der Reizstärke die Empfindung im Sinnesorgan nur linear

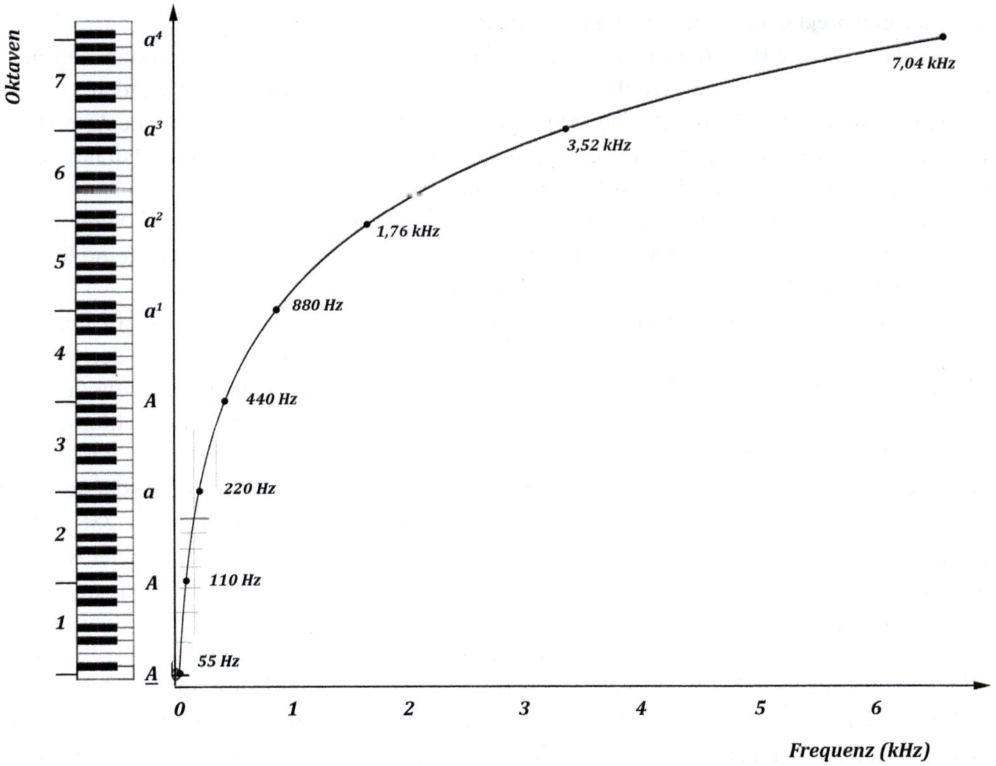

Abb. 1.69 Weber-fechnersches Gesetz anhand von Oktaven eines Klaviers

Tab. 1.11 Weber-fechnersches Gesetz anhand von Oktaven eines Klaviers

Ton	MIDI-Note	R	R/R0	$\ln \frac{R}{R_0}$	E (Oktave)	Samples pro Oktave	Samples pro Halbton
A	a0	55	1	0	0	0	0
A	a1	110	2	0,693	1	12	1
a	a2	220	4	1,386	2	24	2
a1	a3	440	8	2,079	3	48	4
a2	a4	880	16	2,772	4	96	8
a3	a5	1760	32	3,465	5	192	16
a4	a6	3520	64	4,159	6	384	32
a5	a7	7040	128	4,852	7	768	64

anwächst (Gl. 1.27), wobei R_0 eine Integrationskonstante (Schwellenreiz) und c eine reizabhängige Größe ist.

$$E = c \cdot \ln \frac{R}{R_0} \tag{1.27}$$

Für unser Beispiel mit den Klavieroktaven ist $c = 1{,}442$. Damit können ganzzahlige Oktavwerte erreicht werden. R_0 ist der Eingangsschwellwert von 55 Hz.

Während die Oktavenzahl linear ansteigt, folgt die Frequenz einer logarithmischen Kurve, was in der Abb. 1.69 gut zu erkennen ist. Ein Problem tritt auf, wenn Proben (Samples) genommen werden sollen, um die 12 Halbtöne, die sich innerhalb der Oktave befinden, eindeutig zu identifizieren. Mit der Annahme, dass die Verteilung der 12 Töne innerhalb des entsprechenden Frequenzbandes linear sei, müsste in der ersten Oktave der Frequenzbereich von 55 bis 110 Hz in 12 Abschnitte à 4,58 Hz unterteilt werden.

Damit ist die Auflösung gerade hoch genug, um die 12 Töne eindeutig zu erkennen. Da eine einmal festgelegte Samplingfrequenz für alle Oktaven gilt und nicht verändert werden kann, werden auch in der zweiten Oktave alle 4,58 Hz Proben genommen. Diese Oktave umspannt allerdings 110 Hz. Somit werden für die 12 Halbtöne 24 Samplewerte erzeugt, pro Halbton 2. Es kommt zur *Überabtastung* (engl. *oversampling*) und damit zu einer unnötigen Redundanz. Besonders drastisch ist das Missverhältnis zwischen den 12 notwenigen Proben, um die Halbtöne zu erkennen und den 768 gemäß der Samplingfrequenz tatsächlich aufgewendeten in der letzten Oktave.

Um die Anzahl der Gesamtproben (1536) zu codieren, benötigte man auf der binären Ebene 11 Bit (2048 Codewörter), für die tatsächlich vorhandenen 88 Halbtöne aber lediglich 7 Bit (128 Codewörter).

Gleiches gilt für die Codierung der Luminanz (oder der einzelnen Farbkanäle) bei kolorimetrischen Berechnungen. In Abb. 1.70a wird die Kontrastempfindlichkeit des menschlichen visuellen Systems von Abb. 1.11 wieder aufgegriffen. Sie ist im dunklen Bereich sehr hoch, das heißt, es können hier wesentlich genauere Luminanzunterschiede erkannt werden, während im hellen Bereich ein großer Zuwachs an Luminanz erforderlich ist, um einen Unterschied zwischen zwei Proben festzustellen.

Die äußerst wichtige Problematik des Codierens dieser Ungleichmäßigkeiten soll anhand eines hypothetischen Versuchs dargestellt werden. Dies geschieht zur besseren Übersicht im Luminanzbereich, kann aber ohne Probleme auf die Farbkanäle übertragen werden. Ein Ingenieur hat ein analoges Videoband vorliegen, das eine lineare Repräsentation (ohne Gamma) einer aufgenommenen Szene beinhaltet und an einen hochwertigen modernen Monitor angeschlossen ist. Die Aufgabe besteht nun darin, das Videoband so zu digitalisieren, dass es drei Erfordernissen entspricht:

1. Der Dynamikumfang der Aufnahmen muss ausreichend dargestellt werden.
2. Es dürfen keine Artefakte auftreten, die sich in Form von Posterisation (sichtbare Luminanz- oder Farbbänder) äußern.
3. Die digitalen Daten müssen effizient codiert werden, das heißt, es darf keine Redundanz vorhanden sein.

Der Ingenieur stellt nun das Abtastsystem so ein, dass jeweils eine Probe der Spannungswerte auf dem Videoband genommen wird, die der Änderung der Luminanz von 1 cd/m^2 auf dem angeschlossenen Display entspricht. Mit den Monitoreinstellungen, bei denen das Referenzweiß mit 255 cd/m^2 gleich der höchst darstellbaren Luminanz (engl. *peak white*) ist, kann er genau 256 Proben entnehmen und die Videoinformationen mit einer Auflösung von 8 Bit digitalisieren. Das Ergebnis entspricht im mittleren Bereich den Erwartungen, da die einzelnen wahrgenommenen Kontrastunterschiede erfasst wurden. Ein Problem tritt aber im Bereich geringer Luminanz auf. Hier hat das visuelle System des Menschen ein höheres Auflösungsvermögen und er sieht in diesem Beispiel Kontrastunterschiede alle 0,33 cd/m^2. Da aber nur eine Probe

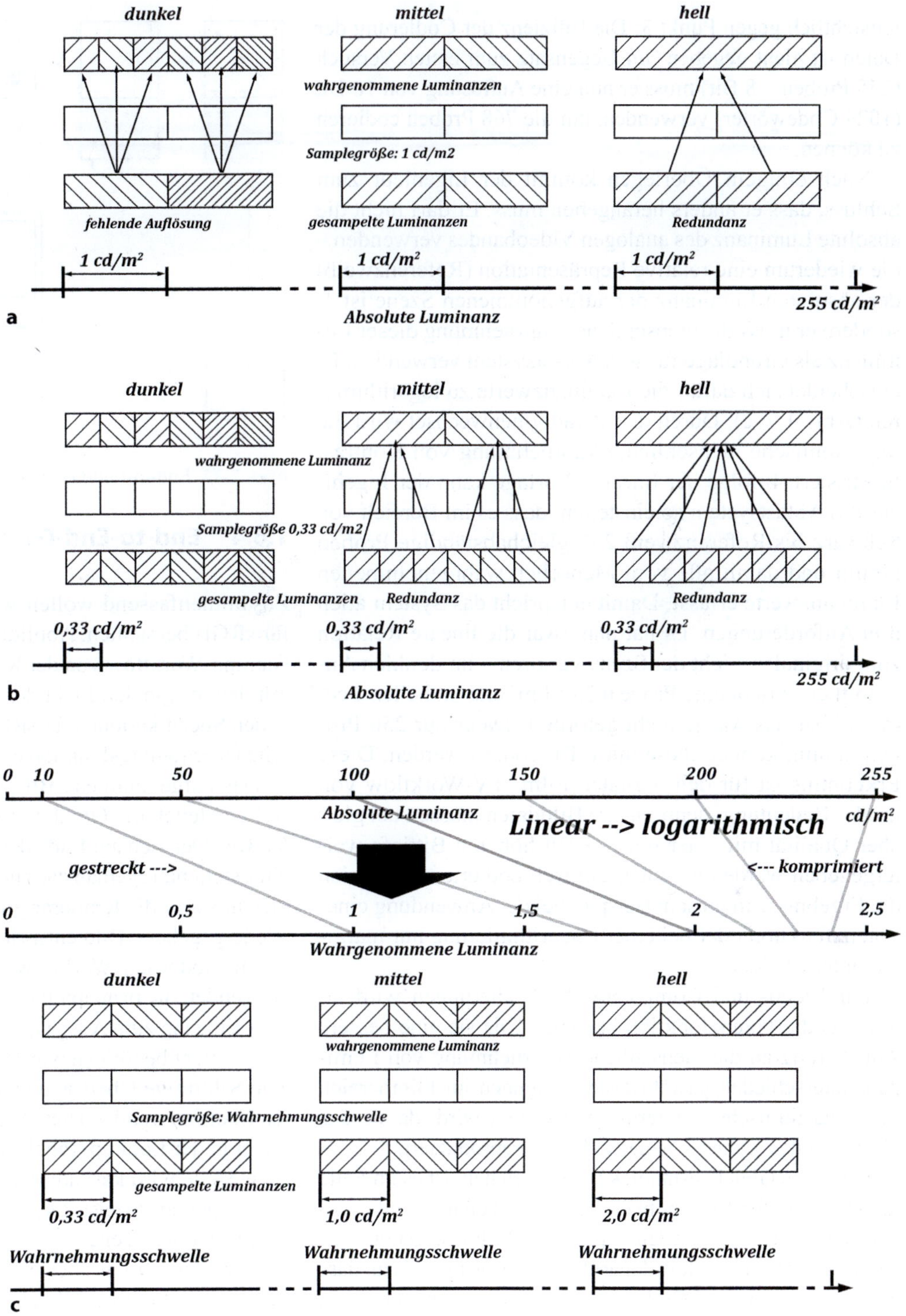

Abb. 1.70a–c Probleme bei der linearen Codierung von Luminanzwerten

pro 1 cd/m² genommen wird, muss der Algorithmus einen der drei Luminanzwerte auswählen. Er entscheidet sich für den mittleren.

Dieses System erfüllt die Anforderung 2 nicht, denn es treten bei der digitalen Repräsentation die Posterisations-Artefakte (engl. *posterizing*) auf. Wo im Original drei unterschiedliche Luminanzwerte vorhanden sind, gibt es nach der Digitalisierung nur noch einen. Es kommt zu sichtbaren, sprunghaften Übergängen.

Der Ingenieur muss anders herangehen. Er wählt die Kontrastunterschiede im dunklen Bereich als Auflösung für das Abtastsystem und entnimmt Proben alle 0,33 cd/m² (Abb. 1.70b). Jetzt werden die Kontrastunterschiede in diesem Bereich korrekt erfasst. Das Problem tritt aber an einer anderen Stelle auf. Im mittleren Bereich haben jeweils drei der Proben den gleichen Wert. Zwei davon sind überflüssig und damit redundant. Im hellen Bereich haben sogar sechs der Proben den gleichen Wert. Dieses System verstößt offensichtlich gegen Punkt 3: Die Effizienz der Codierung der Daten ist nicht gegeben. Im Gegensatz zum ersten Versuch (255 Proben – 8 Bit) muss er nun eine Auflösung von 10 Bit (1024 Codewörter) verwenden, um die 768 Proben codieren zu können.

Nach einigem Überlegen kommt der Ingenieur zum Schluss, dass er anders herangehen muss. Er darf nicht die absolute Luminanz des analogen Videobandes verwenden – die wiederum eine relative Repräsentation (Referenzweiß) der absoluten Luminanz der aufgenommenen Szene ist –, sondern er muss die menschliche Wahrnehmung dieser Luminanz als Grundlage für sein Abtastsystem verwenden. Er entscheidet sich dafür, die Luminanzwerte zu logarithmieren (Abb. 1.70c). Durch den Paradigmenwechsel wird die logarithmische menschliche Wahrnehmung von Kontrast linearisiert. Infolge der linearen Vorlage kann der Ingenieur das Abtastsystem so einstellen, dass es im Bereich von Schwarz bis Referenzweiß 255 gleichabständige Proben nimmt und damit alle vom Menschen wahrgenommenen Luminanzwerte erfasst. Damit entspricht das System allen drei Anforderungen. Es hat nun zwar die lineare Relation zum originalen Licht der Szene verloren – im dunklen Anschnitt entspricht eine Probe 0,33 cd/m^2 und im hellen 2 cd/m^2 –, aber das war ja nicht gefordert. Da er nur 256 Proben nimmt, können diese mit 8 Bit codiert werden. Diese Erkenntnis ist für den digitalen Film-/TV-Workflow von großer Bedeutung, denn lineare Bilddaten müssen bei gleicher Qualität mit einer um 2–3 Bit höheren Bittiefe weitergegeben werden als logarithmisch codierte, wobei sich die Ergebnisse in diesem Beispiel bei der Anwendung einer Potenzfunktion oder bei einer Logarithmierung nur marginal unterscheiden.

Für Video- und Computergrafik-Codierungen wird allerdings die Potenzfunktion bevorzugt, da sie eine bessere Annäherung an die menschliche Wahrnehmung von Luminanzunterschieden gewährleistet, wogegen im Filmbereich die logarithmische Codierung verwendet wird, da sie das Verhalten des Kamera-Negativs besser reproduziert.

Um diese Gleichabständigkeit zu erreichen, ist es im Falle des Oktaven-Beispiels notwendig, die Proben im abzutastenden Bereich so zu verteilen, dass sie nicht linear genommen werden, sondern ebenfalls logarithmisch. Das führt dazu, dass pro Oktave genau 12 Proben genommen werden, für die in der anschließenden Codierung lediglich 7 Bit anstelle von 11 Bit notwendig sind.

Durch einen erstaunlichen Zufall entspricht die für die Umrechnung in einen linearen Farbraum anzuwendende Potenzfunktion, die die menschliche Wahrnehmung von relativer Luminanz beschreibt, genau dem inversen Spannungs-Intensitätsverhalten eines Röhrenmonitors, was eine Reihe weiterer Verwirrungen hervorruft.

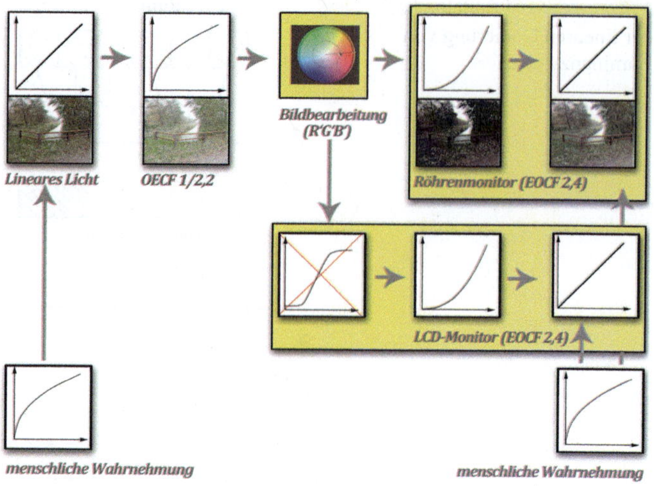

Abb. 1.71 End-to-End-Gamma für sRGB

1.6.4 End-to-End-Gamma für sRGB

Zusammenfassend wollen wir nun den Gamma-Workflow für sRGB betrachten. Abbildung 1.71 zeigt den End-to-End-Gamma-Workflow von der Kamera zum Monitor. Er beginnt mit dem originalen Licht der Szene. In der Kamera wird die in den Spezifikationen für sRGB angegebene Opto-Elektronische Übertragungsfunktion mit Exponent ≈ 1/2,2 angewendet.

Das aufgenommene Bild wird dadurch temporär zu hell weitergeleitet, die OECF wird in das codierte Bild *hineingebacken*. Der sich am Ende der Farb-Pipeline befindliche Monitor stellt naturgemäß das ankommende Bild dunkler dar und gleicht somit die temporär größere Helligkeit (fast) aus. Das wiedergegebene Bild entspricht somit dem Licht der Szene.

Im modernen Workflow werden meist LCD-Monitore[6] verwendet, die prinzipiell eine lineare Übertragungsfunktion vom Eingang zum Ausgang aufweisen und die eingebackene OECF nicht benötigen würden. Herstellerseitig wird aber oft eine S-förmige Übertragungsfunktion für einen angenehmeren Look verwendet. Diese muss zuerst entfernt werden. Dies findet in der Lookup-Tabelle des Monitors statt. An der gleichen Stelle wird kaskadiert die EOCF mit dem entsprechenden Exponent (meist 2,4) angewendet. Das Bild entspricht dem Licht der Szene.

Der Mensch hat aber eine Wahrnehmung von Relativer Luminanz, die ebenfalls einem Exponenten von 1/2,4 entspricht. Diese menschliche Wahrnehmungsfunktion muss in das zu übertragende Bild **nicht** hineingerechnet werden; der Mensch sieht das originale Licht der Szene ebenso wie das Monitorbild mit der gleichen Wahrnehmung.

Nun wurde aber im vorhergehenden Abschnitt dargelegt, dass die menschliche Wahrnehmung großen Einfluss auf die Codierung der Bilddaten hat. Wie geht das zusammen?

[6] Es gibt natürlich besonders bei Studioanwendungen weiterhin hochwertige Röhrenmonitore.

Das Einbacken der OECF in das zu übertragende Bild hat nur *temporären* Charakter, da sie zum Schluss wieder entfernt wird. Wir wollen einen Vergleich mit der Transportkette von gefrorenem Fisch bemühen, um den komplizierten Sachverhalt etwas klarer darzulegen. Ist der Fisch auf dem Verarbeitungsschiff aus dem Netz geholt, wird er sofort tiefgefroren – aus dem einzigen Grund, um den sicheren Transport zu gewährleisten und nicht etwa, weil der Mensch gern tiefgefrorenen Fisch auf dem Teller zum Mittagessen hätte.

Um den Fisch wieder genießbar zu machen, muss er letztendlich aufgetaut werden. Der zwischenzeitlich angelegte Verarbeitungszustand wird wieder rückgängig gemacht.

Ähnliches geschieht mit dem Bildmaterial. Es wird aus reinen Codierungs- und damit Transportgründen (ein LCD-Monitor wäre linear und benötigte kein Eingangsgamma) mit einer OECF versehen und damit temporär zu hell weitergeleitet. Es ist ähnlich wie der Fisch nicht zu genießen, und wie dieser erst aufgetaut werden muss, wird die Eingangsfunktion durch Anlegen der inversen Funktion im Ausgabegerät entfernt.

Leider bietet das Leben immer wieder eine Überraschung mehr. Im Gamma-Workflow findet bei genauem Hinsehen keine vollständige Kompensation zwischen der Eingangs- und Ausgangsfunktion statt. Bereits in der Kamera wird eine Unterkompensation implementiert. Statt eine Übertragungsfunktion zu verwenden, die den Exponenten 1/2,4 hat und damit der exakten inversen Ausgabefunktion mit dem Exponenten 2,4 entsprechen würde, wird lediglich ein Exponent mit 1/2,2 codiert.

Die Ursache sind die Unterschiede der Leuchtdichte zwischen einer sonnendurchfluteten Szene mit Werten von mehreren Tausend Candela pro Quadratmeter für weißes Papier und einem guten Monitor von vielleicht 300 cd/m². Da das menschliche Wahrnehmungssystem extrem abhängig von der Umgebung ist, justiert es die Sinneseindrücke (siehe Dunkeladaption und Chromatische Adaption – Abschn. 1.1.8) Obwohl die Büro- und Heimumgebungen, für die sRGB konzipiert wurde, heller sind als zum Beispiel ein Kinosaal, bieten sie keinen Vergleich mit einer sonnenbeschienen Außenszene. Versuche haben ergeben, dass ein etwas dunkleres Bild angenehmer anzusehen ist. Aus diesem Grund wird das zu übertragene Bild absichtlich nicht ganz so hell eingestellt, wie es technisch richtig wäre.

Der sRGB-Workflow zielt von der gesamten Konzeption her auf den Monitor hin. Sein Verhalten wird bereits in der Kamera mit dem Design der Übertragungsfunktion berücksichtigt. Diese Herangehensweise heißt *display-referred* (displaybezogen), im Gegensatz zur *scene-referred* (szenenbezogenen) Herangehensweise, bei der es darum geht, ein möglichst lineares Verhältnis zum Licht der Szene zu erzielen.

Die unterschiedlichen Konzeptionen von *scene-referred* und *display-referred* für Film und Video werden im nächsten Kapitel ausführlich diskutiert, wir wollen jedoch das Kapitel nicht abschließen, ohne einen Blick auf die L'u'v'- und L*a*b*-Farbräume zu werfen, die vor allem im Editorial-Design eine wichtige Rolle spielen.

1.6.5 CIE-L'u'v' und CIE-L*a*b-Farbraum

Der CIE XYZ-Farbraum und seine normalisierte Variante, der CIE xyY-Farbraum, bilden die Grundlage unserer Farbsysteme und sind geräteunabhängig. Das bedeutet, dass eine Farbe anhand der Koordinaten in diesen Farbräumen vergleichbar und reproduzierbar ist. Da diese Farbräume linear sind, berücksichtigen sie nicht die menschliche Wahrnehmung von Luminanz und Farbkontrasten. Diese Systeme basieren nicht auf einer wahrnehmungstechnisch korrekten Grundlage und sind somit auch nicht gleichabständig. Das führt zu einer Reihe von Problemen, da im xyY-Diagramm (Normfarbtafel) die gleiche Strecke im Rot-Blau-Bereich größere, vom Menschen wahrnehmbare Farbkontraste aufweist als im Grünbereich.

Der Farbwissenschaftler David L. MacAdam hat Anfang der 1940er Jahre genaue und aufwendige Berechnungen angestellt und diese 1942 veröffentlicht. Er definierte die nun als *MacAdam-Ellipsen* bekannten geometrischen Elemente in der Normfarbtafel, deren Umfang Vergleichsfarben definierte, die um einen Bezugsfarbton herum als gleichabständig wahrgenommen werden (siehe Abb. 1.72).

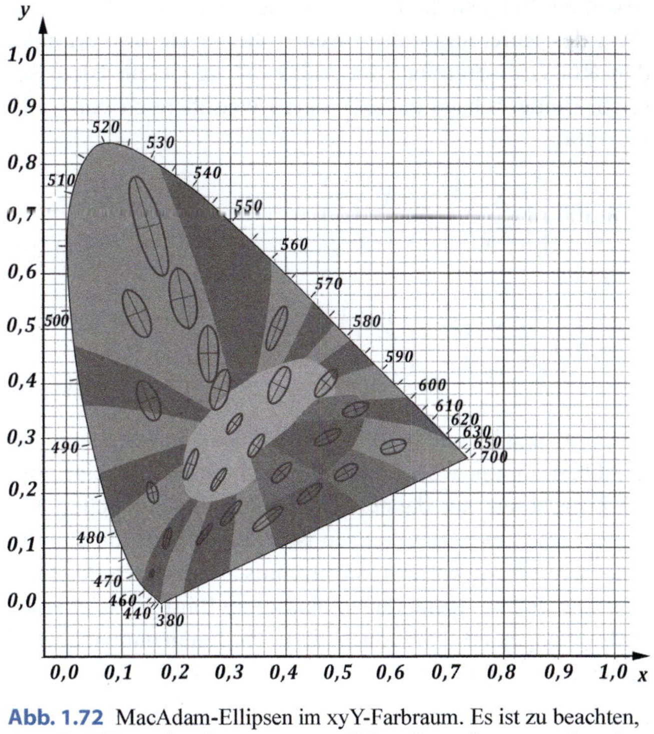

Abb. 1.72 MacAdam-Ellipsen im xyY-Farbraum. Es ist zu beachten, dass die Ellipsen bereits aus ursprünglichen Darstellungsgründen eine 10-fache Vergrößerung aufweisen. (Nach MacAdam 1942)

Diese geometrischen Elemente sind keine Kreise, wie man vermuten könnte, sondern Ellipsen und dazu noch in den einzelnen Bereichen des Diagramms unterschiedlich groß.

Um das Problem zu lösen und einen gleichabständigen Farbraum zu generieren, müssen der Rot-Blau-Bereich gestreckt und der Grünbereich gestaucht werden. Hierzu gab es in den unterschiedlichen Teams von Farbwissenschaftlern differierende Ansätze.

1976 standardisierte die CIE die CIE L*a*b*- und CIE L'u'v'-Farbräume, da kein klarer Vorteil des einen Systems gegenüber dem anderen erkennbar war. Der L'u'v'-Farbraum enthält ein Farbdiagramm ähnlich der Normfarbtafel, was als ein Vorteil angesehen wird. Die Vorteile des L*a*b*-Farbraums liegen einerseits in der Genauigkeit bei der Berechnung und andererseits in seiner Implementierung in Photoshop.

Zur Dimensionierung des L*a*b*-Farbraums wird zuerst die *Lightness* L^* berechnet. Da diese eine wahrnehmungstechnische Quantität ist, was durch das Hinzufügen eines Sterns (*) angezeigt wird, muss eine Übertragungsfunktion ähnlich der OECF hinzugefügt werden (Gl. 1.28). Hierbei ist Y der Tristimuluswert der zugrunde liegenden Farbe im XYZ-Farbraum und Y_n der Tristimuluswert eines Referenzweißes, wobei L* Werte von 0 bis 100 annimmt.

$$L^* = 116\left(\frac{Y}{Y_n}\right)^{\frac{1}{3}} - 16 \tag{1.28}$$

Für die Farbachsen werden die Gln. 1.29 und 1.30 verwendet, wobei der tiefgestellte Index n wiederum auf den jeweiligen Wert des Referenzweiß verweist. Die Achse a^* verbindet den Rot-Grün-Bereich, die Achse b* den Gelb-Blau-Bereich. Beide Achsen besitzen einen Wertebereich von −100 bis +100.

$$a^* = 500\left[\left(\frac{X}{X_n}\right)^{\frac{1}{3}} - \left(\frac{Y}{Y_n}\right)^{\frac{1}{3}}\right] \tag{1.29}$$

$$b^* = 200\left[\left(\frac{Y}{Y_n}\right)^{\frac{1}{3}} - \left(\frac{Z}{Z_n}\right)^{\frac{1}{3}}\right] \tag{1.30}$$

L*, a* und b* spannen einen dreidimensionalen Raum wie in Abb. 1.73 auf, wobei das linke Bild eine Sichtweise vom XYZ-Farbraum aus darstellt, was durch die ungleichen Abstände des Gitters zu erkennen ist. Das rechte Bild zeigt die Sicht von einer wahrnehmungstechnisch korrekten Position, was zu gleichen Abständen im Farbraum führt. Es sei hier allerdings angemerkt, dass auch dieser Farbraum nur annähernd gleichabständig ist.

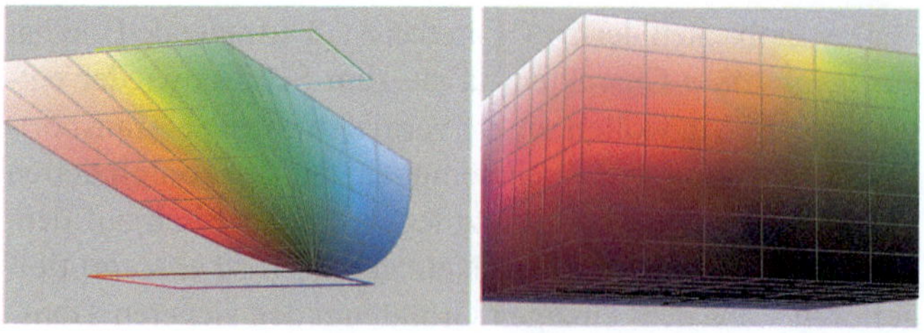

Abb. 1.73 CIE L*a*b*-Farbraum

Literatur

Broadbent A (o.J.) Trichromatic color matching. Université de Sherbrooke, Sherbrooke, Quebec

Broadbent A (2004) A critical review of the development of the CIE1931 RGB color-matching functions. Color Research & Applications 29(4):267–272. doi:10.1002/col.20020

CIE (2004) Colorimetry. CIE Publication (15:2004), 3. Aufl. CIE Central Bureau, Vienna

Shay D (1982) Blade Runner – 2020 Foresight. Cinefex, Bd. 9. Cinefex LLC, Riverside, S 52

Glatter L (2002) Twin Peaks. TV-Serie, Paramount Pictures, USA, Staffel 1, Episode 5, Kauf-DVD

Hoffman G (2014) CIE Color Space. http://docs-hoffmann.de/cie-xyz29082000.pdf. Zugegriffen: 8. September 2015

Hornung E (2010) The Art and Technique of Matchmoving – Solutions For the VFX Artist. Elsevier, Amsterdam

Hullfish S, Fowler J (2003) COLOR Vorrection for Digital Video. CMP Books, San Francisco, S 34

Hunt R, Pointer M (2011) Measuring Colour. 4. Aufl. John Wiley & Sons, Chichester

MacAdam D (1942) Visual Sensitivities to Color Differences in Daylight. Journal of the Optical Society of America 32(5):271

Newton I (1675) The First Book of Optics Part II, London, S. 125

Pascale D (2006) RGB coordinates of the Macbeth ColorChecker. The BabelColor Company. http://www.babelcolor.com/colorchecker.htm. Zugegriffen 15. März 2016

Poynton C (2012a) DCT301 – Camera Tech and Colour Science. Class 02. FXPHD, Sydney

PTB (2007) Physikalisch-Technische Bundesanstalt. PTB-Mitteilungen 117(2):159

Poynton C (2012b) Digital Video and HD Algorithms and Interfaces, 2. Aufl. Elsevier, Amsterdam

Farbworkflow in HDTV- und Filmproduktionen

2

Eberhard Hasche

In diesem Kapitel werden die bisher vorgestellten Themen der Farbverarbeitung aufgegriffen und im Zusammenhang mit praktischen Anwendungen diskutiert. In Arbeitsabläufen bei Film- und Fernsehproduktionen haben sich in den letzten Jahren grundlegende Änderungen ergeben. Dieser Prozess ist noch lange nicht abgeschlossen und erfordert von allen Beteiligten, das eigene Handeln an die neuen internationalen Standards anzupassen. So steht besonders der Unterschied zwischen einer *displaybezogenen* (engl. *display-referred*) und einer *szenenbezogenen* (engl. *scene-referred*) Herangehensweise im Mittelpunkt der Diskussion in diesem Kapitel, da hier das größte Entwicklungspotenzial für Veränderungen im Workflow vorhanden ist.

Kapitelübersicht
Das Kapitel beginnt mit dem traditionellen Filmworkflow, in dem das Filmnegativ im Zentrum steht und den gesamten Arbeitsablauf vom originalen Kameranegativ über *Dailies (Rushes)*, der Nullkopie (engl. *answer print*), dem Zwischenpositiv (engl. *intermediate positive)*, den Zwischennegativen (engl. *intermediate negative*) hin zu den Verleihkopien (engl. *release prints*) bestimmt. Wichtige Aspekte in diesem Workflow sind das Scannen des Negativs mit Filmscannern oder Data-Telecines und das darauf folgende Codieren in Kodaks *Cineon Print-Density-Format*.

Als Beispiel eines displaybezogenen Workflows werden die Arbeitsabläufe in einer HDTV-Produktion vorgestellt. Bei einer solchen Produktion ist das Ziel, ästhetisch und technisch optimale Bilder in Bezug auf die spätere Darstellung auf einem Display aufzunehmen. Die einzelnen Themen sind Aufnahmestrategien, die Verarbeitung in der Kamera, Konvertierung in den Zielfarbraum, die Codierung im BT.709-Farbraum und die Darstellung auf einem Monitor.

Der im nächsten Abschnitt vorgestellte szenenbezogene Workflow ist darauf gerichtet, die originale Lichtsituation der Szene in den aufgenommenen Bildern linear zu repräsentieren. Er erfordert somit die Entfernung aller herstellerspezifischen Funktionen und Kurven aus den Aufnahmen. Auch hier ist die Aufnahmestrategie von großer Wichtigkeit. Das Codieren der Bildsequenzen erfolgt im OpenEXR-Format, das im Folgenden vorgestellt wird. Großen Raum nimmt die Diskussion der Bearbeitungen des Ausgangsmaterials ein, da durch die hohe Dynamik und Auflösung verschiedene Workarounds notwendig werden. Da das Konzept eines scene-referred Workflows nicht in erster Linie auf die Darstellung des Bildmaterials zielt, muss diesem Aspekt in einer Produktion besondere Aufmerksamkeit gewidmet werden. Der Abschnitt schließt mit der Vorstellung der *Color-Decision-List (CDL)* und des *Open-Color-IO-Workflows*.

Im nächsten Abschnitt wird das Konzept des *Picture-Renderings* und des *Image-States* vorgestellt.

Es folgt die Darstellung des Digital Intermediate – dem finalen Arbeitsschritt in der Filmpostproduktion. Eng mit diesem verbunden sind Farbkorrekturen und das Mastering des Materials für verschiedene Ausgabeformate. Diese unterschiedlichen Workflows mit den dazugehörigen Codierungsstrategien werden vorgestellt. Auf der technischen Seite steht die Situation der Bildbetrachtung im Mittelpunkt. Hier werden Parameter des Referenz-, Master- und Exhibition-Projektors, die Beleuchtungssituation im Studio und die Beschaffenheit der Filmleinwand und der Kinoumgebung diskutiert.

Das Kapitel wird abgeschlossen mit einer Einführung in die Bildarchitektur des *Image-Interchange-Frameworks (IFF)* der Academy of Motion Picture Arts and Sciences (AMPAS). Hier werden der Workflow des *Academy-Color-Encoding-System (ACES)* und dessen einzelne Bestandteile diskutiert.

2.1 Workflow mit analogem Filmnegativ

2.1.1 Originales Kamera-Negativ (OCN)

Dreischichtfarbfilm
Dreischichtfarbfilme bestehen aus Schichten einer Fotoemulsion, die sich vor allem aus Silberbromid-Kristallen

E. Hasche, P. Ingwer, *Game of Colors: Moderne Bewegtbildproduktion*, X.media.press, DOI 10.1007/978-3-662-43889-3_2

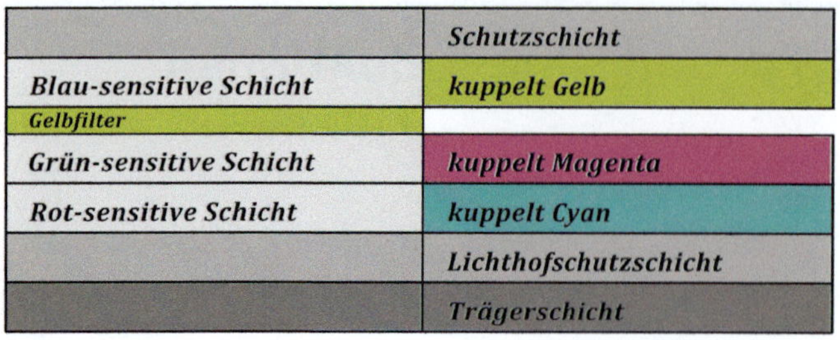

Abb. 2.1 Dreischichtfarbfilm vor und nach der Entwicklung

zusammensetzt. Dabei reagiert die oberste Schicht auf die blauen Anteile des Lichtspektrums, die mittlere auf die grünen und die unterste auf die roten Bestandteile. Ebenfalls in den Schichten des Farbnegativs befinden sich farblose oder mit Azofarbstoffverbindungen versehene Substanzen, die sogenannten Farbkuppler.

Idealerweise absorbieren die Farbschichten nur Licht im Spektrum, für das sie ausgelegt sind. Faktisch wird auch Energie anderer Wellenlängen aufgenommen, was typischerweise zu einer Entsättigung und Farbverschiebungen führt. Um dieses zu vermeiden, werden die Farbkuppler eingesetzt, die auf chemisch-physikalische Weise bestimmte Farbkorrekturen ausführen. Mithilfe dieser Substanzen erzeugt (kuppelt) die oberste Schicht im Farbnegativ Gelb, die mittlere Schicht kuppelt Purpur (Magenta) und die unterste Schicht erzeugt Blaugrün (Zyan). Zwischen der blauempfindlichen Schicht und der grünempfindlichen Schicht befindet sich noch eine gelbe Filterschicht, die verhindert, dass blaue Anteile weitergeleitet werden (siehe Abb. 2.1).

Die sich in den Filmschichten befindenden Silberhalogenide werden opak, wenn sie belichtet werden. Je länger die Belichtung dauert, desto mehr Photonen fallen auf die Moleküle. Der Film wird dadurch dichter und undurchlässiger. Das Resultat ist ein Bild, bei dem der tonale Bereich und die Farben invertiert sind.

Charakteristik eines Farbnegativs

Die charakteristischen Kurven für ein Farbnegativ werden in Abb. 2.2 gezeigt. Traditionell werden Filmkurven als Dichte/Schwärzung gegen die Belichtung logarithmisch in beiden Achsen dargestellt. Die drei Kurven repräsentieren die aufgenommenen roten, grünen und blauen Farbwerte, die durch die gelben, purpurnen und blaugrünen Farbschichten reproduziert werden. Die drei Kurven haben durch das Wirken der Farbkuppler einen vertikalen Versatz, was zu einer orangefarbenen Maskierung führt. Dies wird im Print-Prozess (s. u.) entfernt. Es sei noch festzustellen, dass die rote Schicht traditionell leicht unscharf ist, weshalb die Rottöne vor allem der Haut und im Gesicht etwas weichgezeichnet sind, was einen durchaus willkommenen Effekt darstellt, da die Haut weicher und glatter erscheint.

Der Belichtungsumfang (engl. *exposure latitude*) ist definiert als der gesamte Bereich der Belichtung zwischen dem

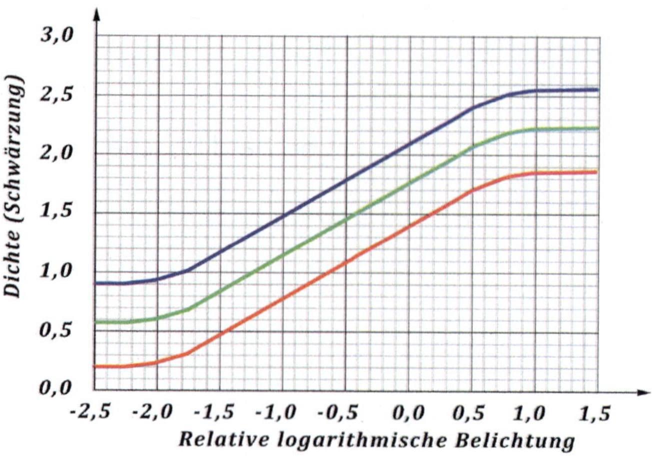

Abb. 2.2 Farbkanäle eines Kodak-Filmnegativs. (Nach Kodak 1995, S. 2)

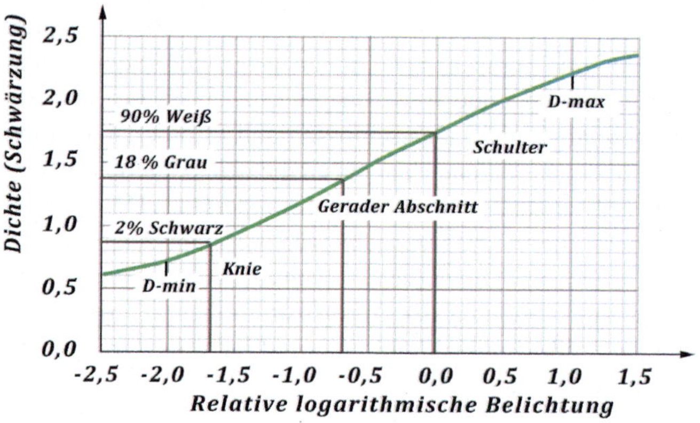

Abb. 2.3 Charakteristische Belichtungskurve eines Filmnegativs. (Nach Kennel 2007, S. 12)

dunkelsten und hellsten Bildteil und wird durch die entsprechende Dichte des Filmnegativs repräsentiert. Je höher die Dichte, desto mehr Licht wird bei der Darstellung eines Negativs blockiert. Der Belichtungsumfang eines typischen Filmnegativs ist logarithmisch 3,0 – der Kontrastumfang einer Szene beträgt somit 1000 : 1 und umfasst circa 10 Belichtungsstufen.

Abbildung 2.3 zeigt den Dichteverlauf eines Filmnegativs. Die Dichte *D* ist definiert als der negative Logarithmus der Übertragungsfähigkeit des Films und wird in beiden Achsen logarithmisch dargestellt. Das zentrale Element ist der Wert der 90 %igen Weißreferenzkarte, bei deren Verwendung die Belichtung so eingestellt wird, dass diese den Wert *log 0,0* erhält. Weitere wichtige Referenzwerte sind die der 2 %-Schwarztafel und der 18 %-Grautafel. Der Wert für die 18 %-Grautafel ist vor allem für Material wichtig, das für einen szenenbezogenen Workflow verwendet werden soll.

Die charakteristische Kurve eines typischen Filmnegativs hat fünf Regionen (vgl. Kennel 2007, S. 12):

1. *D-min (minimum density)*: Hier befinden sich Belichtungswerte von weniger als 1 % des Wertes der Weißreferenz-

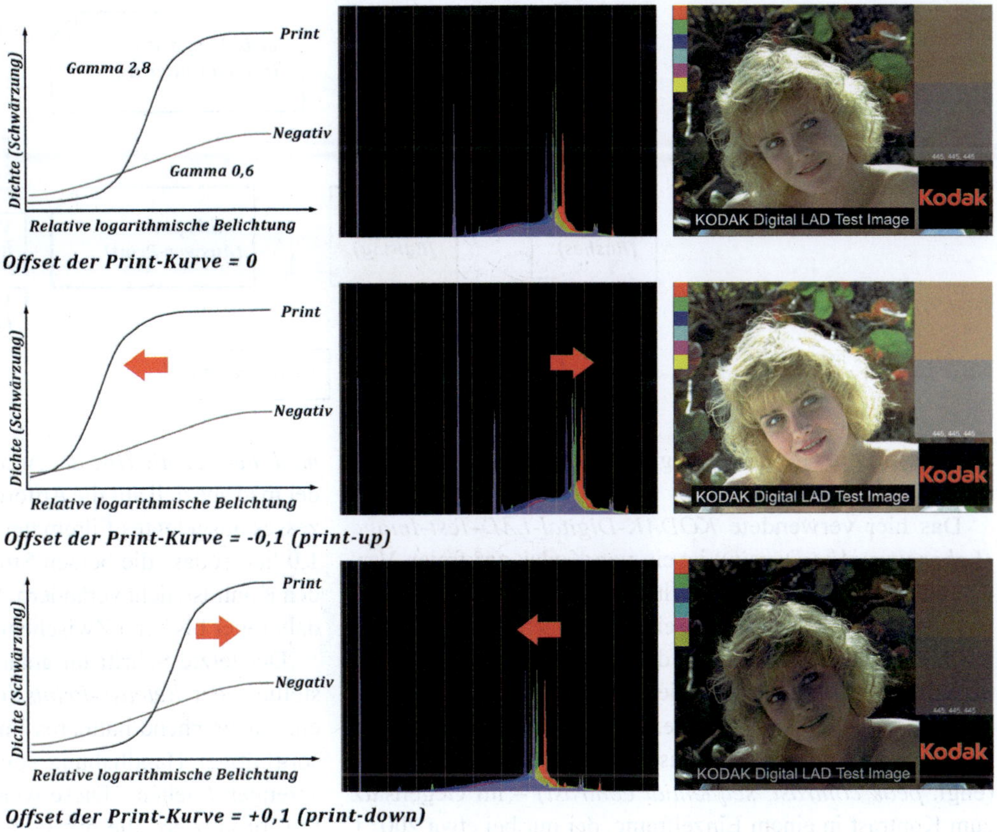

Abb. 2.4 Erzeugen eines Filmpositivs. (Nach Shaw 2009a, S. 5ff)

tafel oder sieben Belichtungsstufen darunter (logarithmisch −2,0).

2. *Knie*: Das Knie (engl. *toe*) ist der Bereich, in dem die Kurve mit zunehmenden Belichtungswerten graduell ansteigt. Da hier keine lineare Beziehung zwischen Dichte und Belichtung vorliegt, wird der Tiefenbereich maßvoll komprimiert.
3. *Gerader Abschnitt*: Das ist der Bereich der Kurve mit konstantem Anstieg. Für eine optimale Weiterverarbeitung sollten alle relevanten Bildinformationen in diesem Abschnitt liegen. Der Anstieg wird auch als *Gamma* des Films bezeichnet und ist für ein Filmnegativ 0,6.
4. *Schulter*: Das ist der Bereich, in dem der Anstieg der Kurve mit zunehmenden Belichtungswerten graduell abnimmt. Die Schulter sorgt für eine maßvolle Komprimierung der Spitzenwerte der Belichtung und somit für einen natürlicheren Verlauf der charakteristischen Kurve als es bei digitalen Video- und Filmkameras – die naturgemäß harte Übergänge erzeugen – der Fall ist.
5. *D-max (maximum density)*: Dies ist der Wert, der drei Belichtungsstufen *(log 1,0)* über dem Wert der Referenzweißtafel liegt. Der Bereich zwischen Referenzweiß und D-max sorgt für eine weiche Komprimierung der spekularen Glanzlichter der Szene.

2.1.2 Traditioneller Film-Workflow

Erzeugen des Filmpositivs

Ein analoges Filmnegativ (engl. *original camera negative – OCN*) besitzt einen hohen Dynamikbereich, aber einen niedrigen Kontrast (Gamma = 0,6). Dementsprechend muss die Kopierkurve für die Erstellung eines Positives einen hohen Gammawert (3,0) haben, um einen für die Betrachtung geeigneten Kontrast (Gamma = 1,8 − 1,7) zu erhalten (siehe Abb. 2.4, obere Zeile). Diese Kurve ist s-förmig mit einem kurzen geraden Abschnitt. Durch Erhöhen oder Verringern des zur Belichtung des Positivs benötigten Lichtpegels wird der Kontrast des Positivs beeinflusst. Ist der Lichtpegel gering, werden nur die weniger dichten Bildteile belichtet. Dies kann durch Verschieben der Kopierkurve nach links in den Schattenbereich korrigiert werden. Dadurch werden die dort vorhandenen Details aufgehellt. Dieser Vorgang heißt im Englischen *print-up* (siehe Abb. 2.4, mittlere Zeile).

Im Gegensatz dazu kann die Kopierkurve nach rechts verschoben werden und dunkelt die Glanzlichter ab. Dieser Vorgang heißt *print-down* (siehe Abb. 2.4, untere Zeile). Im Ergebnis des Printprozesses kommt es zu einer 50%igen Anhebung des Gammawertes, verglichen mit dem Original, was notwendig ist, da das Positiv naturgemäß in einer sehr dunklen Umgebung gezeigt wird (siehe Abschn. 2.4.5). Indem die Kopierkurve in eine Richtung verschoben wird, bewegt sich das logarithmisch dargestellte Histogramm in

Abb. 2.5 Traditioneller analoger Filmworkflow

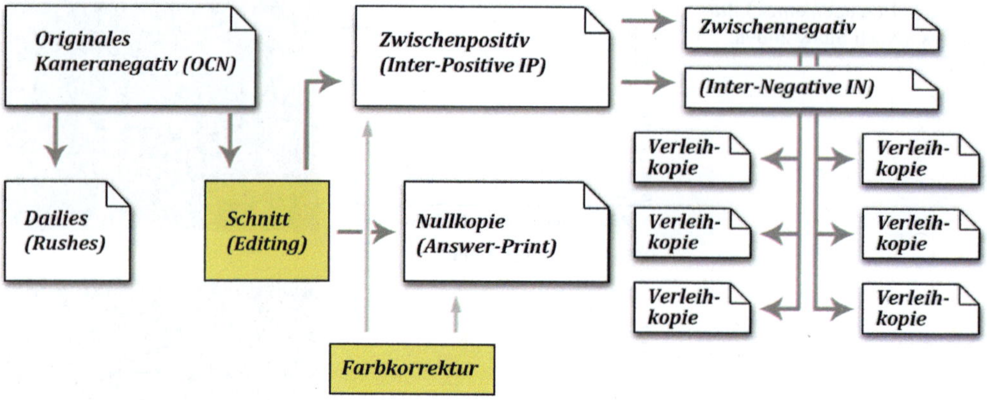

Abb. 2.4 in die Gegenrichtung. Dies hellt das Testbild entweder auf oder dunkelt es ab.

Das hier verwendete *KODAK-Digital-LAD-Test-Image (Laboratory Aim Density)* ist ein von Kodak zur freien Verwendung zur Verfügung gestelltes digitales Referenztestbild, um digitale Film-Recorder für ein korrekt belichtetes digitales Negativ einzustellen. Es ist in der Film- und Video-Community als *Marcie* bekannt und dient hier lediglich zur Verdeutlichung der analogen Vorgänge.

Der logarithmische Kontrast der gesamten Filmsequenz (engl. *peak contrast, sequential contrast*) – im Gegensatz zum Kontrast in einem Einzelframe, der nur bei etwa 200 : 1 liegt –, kann ermittelt werden, indem der Wert für D-min vom Wert von D-max abgezogen wird. Ein guter Wert für den Dichtebereich eine Serie von Filmpositiven ist 3,2. Dieser Wert repräsentiert ein Kontrastverhältnis von 1600.

Überblick über den Filmworkflow

Der traditionelle Filmworkflow (siehe Abb. 2.5) beginnt mit der Belichtung des originalen Kameranegativs (OCN). Zur Sichtung des am Tage aufgenommenen Materials werden Positive (USA: *dailies*, GB: *rushes*) mit einer rudimentären Farbkorrektur und synchronisiertem Ton erzeugt, vor allem, um die Qualität des Materials in künstlerischer und technischer Hinsicht zu evaluieren. In diesem Schritt kann die Ausgabe auch durch von *Telecines* (s. u.) generierte Videobänder erfolgen. Im nächsten Schritt wird das Negativ physikalisch geschnitten und gemäß den Intentionen des Regisseurs in der beabsichtigten Reihenfolge wieder zusammengefügt. Danach wird das geschnittene Negativ mit dem Ton synchronisiert und das gesamte Material farbkorrigiert (engl. *color grading, color timing*). Dazu werden die Notizen des Farbkorrekteurs über die Einstellungen der Kopierlichter auf ein Papierband übertragen, das mit dem geschnittenen OCN und dem Positivmaterial in den Printer geladen wird. Das Ergebnis ist das Answer-Print-Positiv (dt. *Nullkopie*).

Nach Beendigung der Postproduktion wird unter Verwendung der Farbkorrekturinformationen des Answer-Prints das *Intermediate-Positiv (IP, dt. Zwischenpositiv)* erzeugt und aus diesem das als Grundlage für die Verteilung dienende *Intermediate-Negativ (IN, dt. Zwischennegativ)*. Hierfür verwendet man speziell auf die Anforderungen des Intermediate-Prozesses ausgelegtes Filmmaterial, das einen Gammawert von 1,0 hat, sodass die beiden Stufen des Duplikationsprozesses den Kontrast nicht verändern. Von einem Inter-Positiv können dabei vier bis zehn Zwischennegative generiert werden.

Der letzte Schritt im analogen Filmworkflow ist die Erstellung der *Release-Prints* (dt. *Verleihkopien*). Dabei kann ein entsprechend haltbares Inter-Negativ 500–1000 oder bei sorgfältiger Handhabung sogar bis zu 2000 Verleihkopien erzeugen (ziehen). Diese werden auf speziellen Filmkopierern produziert, die mit Geschwindigkeiten von 500 m pro Minute und mehr laufen. Analoge Verleihkopien haben eine Auflösung von lediglich 1,2 k horizontal – weitaus weniger als digitales Filmmaterial (vgl. Kennel 2007, S. 141 f.). Sind sie sorgfältig angefertigt, entsprechen sie der Farbe und dem Kontrastumfang des Answer-Prints. In der Realität wird dies in den seltensten Fällen erreicht, da die Qualitätsparameter im Kopierprozess schwanken und auch die Projektionslampe über den Verlauf ihrer Lebenszeit stark an Lichtstärke abnimmt.

2.1.3 Scannen des Filmnegativs

Die Digitalisierung eines Filmnegatives kann mit drei Verfahren realisiert werden.

1. Telecine

Mit einer *Telecine* wird ein Film optisch abgetastet, um ein Videosignal zu gewinnen, das geeignet ist, mit Videoequipment, das heißt Fernsehmonitoren, Videorecordern, DVDs, Blu-rays oder Computern dargestellt zu werden. Die Resultate der Farbkorrektur werden in die Bilder geschrieben. Dies stellt oft ein Problem dar, da dies nicht im Kontext mit beim späteren Schnitt vorhergehenden und nachfolgenden Sequenzen erfolgt.

2. Data-Telecine

Data-Telecines sind speziell ausgelegte Telecines, die zusätzlich zur Videoausgabe auch hoch aufgelöste Scan-Daten

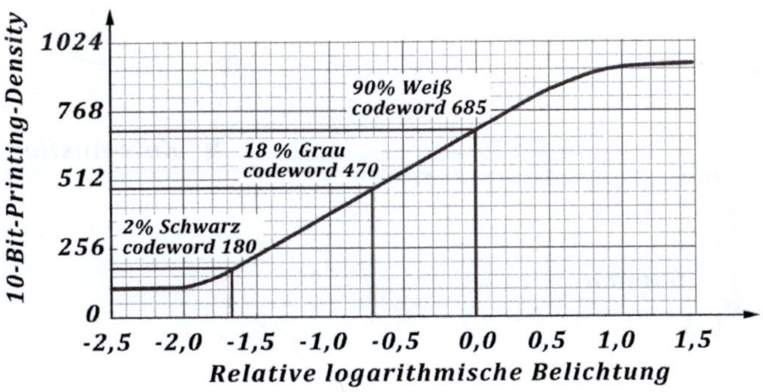

Abb. 2.6 Digitales Cineon-Negativ

des Filmnegativs liefern, die nach der Bearbeitung wieder auf Film zurückbelichtet werden können. Die Ausgabe erfolgt in RGB im DPX-Format in 2 k oder 4 k, wobei 2 k mit 2048 × 1556 Pixeln aufgelöst ist.

3. Filmscanner

Filmscanner werden im größeren Maßstab bereits seit den 1980er-Jahren vor allem zur Produktion von Bildmaterial für den VFX-Prozess verwendet. Sie waren in der Anfangszeit relativ teuer und sehr langsam. Mittlerweile wurden sie so weiterentwickelt, dass sie auch zur Digitalisierung für Featurefilme eingesetzt werden können. Ein großer Vorteil ist, dass jedes Frame mithilfe der Perforationslöcher individuell fixiert werden kann (engl. *pin-registerd*). Der Film wird dann mit CCD-, CMOS oder CRT-Sensoren abgetastet. Die drei Farbsignale werden elektronisch bearbeitet und farbkorrigiert. Dabei wird eine 3D-LUT (3D-Look-Up-Table) auf die RGB-Kanäle angewendet und das Ergebnis in DPX-Dateien in Auflösungen von 2 k bis 4 k codiert.

Die Qualität des resultierenden Bildes hängt in hohem Maße von der Auflösung ab, mit der es eingescannt wird (siehe Diskussion des Nyquist-Sampling-Theorems in Abschn. 2.2.3). Bei der Erstellung von 2 k-Material sollte die Sampling-Frequenz des Film Scanners deshalb zunächst mindestens 4 k sein, um hochfrequentes Detail korrekt zu erfassen und Moiréartefakte zu vermeiden. Für 2 k-Material wird ein Tiefpassfilter verwendet, der das Material an der Sampling-Frequenz glättet. Verwendet die Negativvorlage nicht den gesamten Bereich zwischen den vier Perforationslöchern, wird trotzdem zumeist das gesamte Frame eingescannt und später beschnitten. Die native Bit-Tiefe eines Scanners liegt bei 12 bis 14 Bit. Das eingescannte Material wird zumeist logarithmisch in 10 Bit codiert.

2.1.4 Kodak-Cineon-Print-Density-Format

Das Cineon-Print-Density-Format wurde Anfang der 1990er-Jahre von Kodak vorgestellt und entwickelte sich zum Quasi-Standard für das Speichern von digitalisierten Filmnegativen. Es wurde dabei so gestaltet, dass es die typischen Eigenschaften eines Filmnegativs digital repräsentiert und soviel wie möglich von der Charakteristik des Negativs enthält, ohne die Effizienz der Speicherung zu vernachlässigen. Die Lichtquelle und die Farbfilter der Cineon-Scanner wurden so ausgelegt, dass das effektive spektrale Verhalten der Scanner dem eines Print-Films entspricht.

Tab. 2.1 Werte der Graustufentafeln eines 10-Bit-codierten Cineon-Negativs

Graustufentafel	Code Value
D-max	1023
90 % Weiß	685
18 % Grau	470
Digital LAD	445
2 % Schwarz	180
D-min (1 % Schwarz)	95

Kontrastbereich

Der Kontrastbereich eines Filmnegativs liegt bei ca. 1000 : 1 oder bei drei (logarithmischen) Dichteeinheiten. Der Cineon-Scanner ist so kalibriert, dass er einen 2048 : 1-Kontrastbereich abdeckt und Spielraum an beiden Enden der Skala zulässt. Besonders über dem nominalen Weißpunkt befindet sich so viel Headroom, dass überbelichtete Negative oder Szenen mit hohem Kontrastbereich ausreichend wiedergegeben werden können. Wird ein typischer Dynamikbereich des Negativs von 2,0 (D-min – D-max) mit 10 Bit codiert, beinhaltet eine Quantisierungsstufe (Codewort) einen Dichtewert von 0,002.

Cineon-Spezifikation

Die charakteristische Kurve für ein Cineon-Negativ wird in Abb. 2.6 dargestellt.

Für einen normal belichteten Negativfilm werden folgende Graustufentafeln codiert (Tab. 2.1).

Da die Lichtquelle des Scanners auf den D-min-Wert des Negativs eingestellt wird, weist das resultierende digitale Bild eine neutrale Farbbalance auf. Das gescannte Negativ wird invertiert und als Positiv dargestellt. Im Scanningprozess kann auch die orangefarbene Maskierung entfernt und damit die drei Farbkanäle als eine *Print-Density-Kurve* dargestellt werden. Die durchschnittliche Grunddichte des Negativs (D-min) wird mit dem Codewort 95 angegeben. Damit wird vermieden, dass Pixel, deren individuelle Dichte unter diesem Wert liegen, abgeschnitten werden. Für digitale Negative, deren Auflösung von 10 auf 8 Bits reduziert ist, wird der Bereich von 95–685 im Bereich von 0–255 abgebildet (vgl. Kodak 1995, S. 4 f.).

Datenstruktur

Eine Cineon-Datei enthält ein Drei-Kanal-RGB-Bild, das mit 10-Bit pro Kanal in der 32-Bit-Struktur gespeichert ist. Kodak

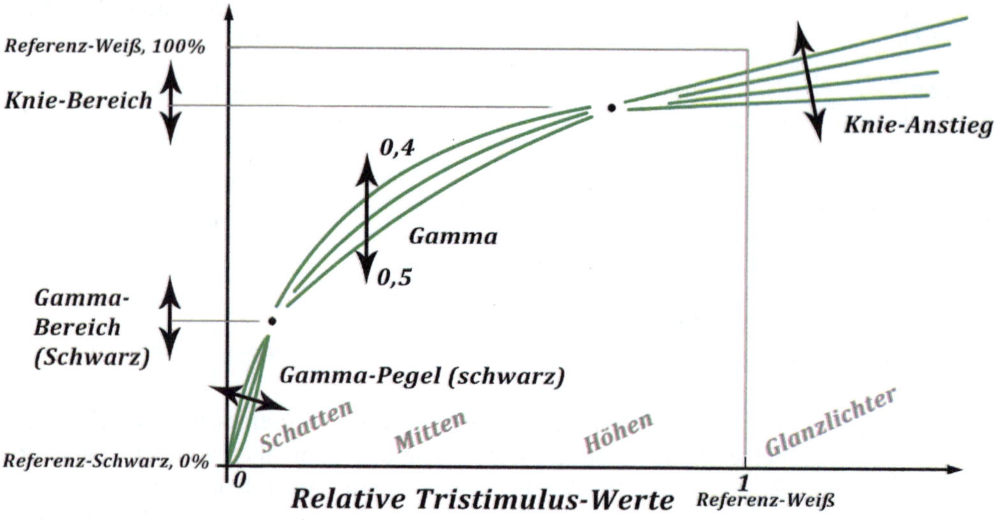

Abb. 2.7 Mögliche Kamera-Kontrollelemente. (Nach Poynton 2010, S. 7)

verwendet einen speziellen Farbraum, der das Verhalten des Filmnegativs zum einfallenden Licht imitiert (*Log-Space*). Die Datei bietet allerdings keine Garantie, dass tatsächlich logarithmische Daten gespeichert sind. Es ist möglich, das Bild mithilfe einer kalibrierten Look-Up-Table (LUT) auf einem kalibrierten Monitor zu betrachten. Im Scanningprozess festgelegte LUTs können mit den Daten gespeichert werden und als Startpunkt für eine spätere Farbkorrektur verwendet werden.

DPX und ADX

Das *Digital-Picture-Exchange-Format (DPX)* ist ein von der SMPTE standardisiertes Dateiformat (ANSI/SMPTE 268M-2003), das auf Kodaks Cineon-Print-Density-Format aufbaut. Es bildet die Grundlage für Spielfilmproduktionen, die digitale Negative verwenden und üblicherweise den Digital-Intermediate-Prozess durchlaufen. DPX unterstützt eine Reihe von Auflösungen (u. a. 32-Bit-Fließkomma), wird aber zumeist mit unkomprimierten logarithmisch codierten 10-Bit-Dateien assoziiert, wobei 16-Bit-DPX-Dateien zunehmend Verwendung finden. Das DPX-Format hat im Gegensatz zum Cineon einen Statusindikator (engl. *flag*), der gesetzt werden kann, wenn das Material logarithmisch codiert wurde.

Das *Academy-Density-Exchange-Encoding-Format (ADX)* wurde als Teil des *Image-Interchange-Frameworks (IFF)* der *Academy of Motion Picture Arts & Sciences (AMPAS)* entwickelt (siehe Abschn. 2.6) und adressiert das Problem, dass neuere Entwicklungen bei der Herstellung von Filmmaterial (Kodak 5219) dazu führten, dass vor allem Highlights nicht mehr codierbar waren und abgeschnitten wurden. ADX arbeitet mit 16 Bit und hat einen Spitzenwert der Dichte von 8192 über der Grunddichte (D-min). Die Quantisierungsstufe hat somit einen Wert von 0,000125D. Gleichzeitig können die drei Farbkanäle individuell skaliert werden, wobei aufrechterhalten wird, dass ein jeweils gleicher Wert in den Farbkanälen ein neutrales Grau impliziert.

2.2 HDTV-Farbworkflow

2.2.1 HDTV als displaybezogener Workflow

High-Definition-Television-Aufnahmen (HDTV) werden mit der Absicht gemacht, sofort auf einem Display in ausreichender Qualität dargestellt zu werden. Deshalb ist dieser Workflow displaybezogen (engl. *display-referred*). Die Aufnahmen verfügen über einen hohen Kontrast und einen geringen Dynamikbereich. Würde mit höherer Dynamik aufgenommen, liefen die Highlights Gefahr, abgeschnitten (engl. *to clip*) zu werden. Auch die Tiefen würden gestaucht (engl. *to crush*). Der hohe Kontrast der Aufnahmen wird außerdem notwendig, da – im Gegensatz zum Kino, in dem die Umgebung sehr dunkel ist – die Umgebungsbeleuchtung in einem typischen Wohnzimmer relativ hell ist (siehe Abschn. 2.4.1).

Vor Beginn der HDTV-Aufnahmen erfolgt ein Schwarzabgleich. Je nach Beleuchtungssituation wird auch vor den einzelnen Einstellungen oder vor einer Sendung die Kamera mit einer 90 %-Referenzweiß-Tafel abgeglichen. Für die Wiedergabe des Bildes auf einem Display zu Kontrollzwecken oder für die Übertragung zum Zuschauer wird versucht, den Wert, der das Referenzweiß repräsentiert, so nahe wie möglich an die maximale Luminanz des Displays heranzufahren, um dessen Dynamikumfang auszunutzen. Um zu vermeiden, dass die Glanzlichter abgeschnitten werden, haben bei Fernsehkameras der Bildingenieur und sein Team, bzw. der Kameramann an seiner ENG-Kamera (engl. *electronic news gathering*), die Möglichkeit, durch Justierung der entsprechenden Kontrolleinheiten (Sony: Dynamic Contrast Control, Panasonic: u. a. Knee Settings) die Highlights und Tiefen in den vorhandenen Dynamikumfang einzupassen. Bestimmte Gamma-Einstellungen dürfen von den Kameramännern und -frauen nicht weiter verändert werden, da sich über die Parametereinstellungen unter anderem auch der Look der jeweiligen Sendeanstalt definiert. Abbildung 2.7

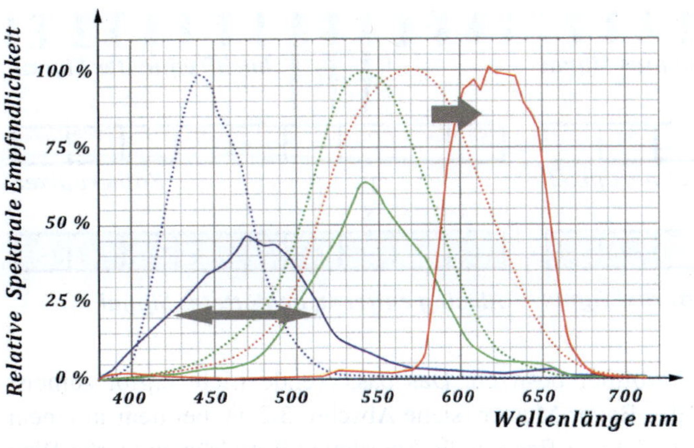

Abb. 2.8 Anordnung der Kamerafarbfilter

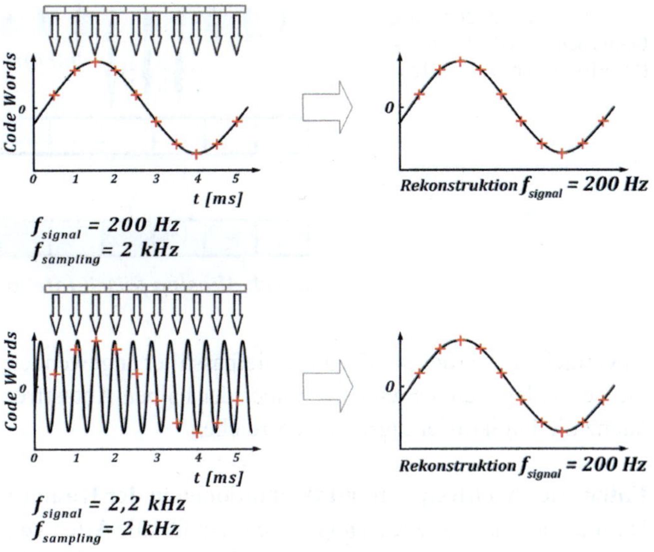

Abb. 2.9 Artefakte nahe der Nyquist-Frequenz

zeigt die Beeinflussung der Aufnahmekurve durch verschiedene Gammaparameter.

Der Vorteil der displaybezogenen Herangehensweise besteht in deren Unkompliziertheit. Das Bildmaterial kann einerseits sofort betrachtet werden, andererseits ist es einfach, Farbkorrekturen auszuführen und direkt in das Bildmaterial zu schreiben (engl. *to bake in*), sodass es sofort sendefähig ist. Von Nachteil ist, dass viel Detail der originalen Szene verloren geht und in der Postproduktion nicht wiederhergestellt werden kann. Dadurch sind auch die künstlerischen Möglichkeiten, das Material nach der Aufnahme zu gestalten, begrenzt, vor allem, da der Headroom in der Belichtung im Gegensatz zum Film sehr gering ist.

2.2.2 Verarbeitung der Daten in der Kamera

Kamerafarbfilter

Wie in Abschn. 3.2 noch genauer ausgeführt wird, messen die Photoelemente des Sensors in der digitalen Kamera das Licht der Szene auf lineare Weise. Die Lichtenergie, die ein Photon besitzt, reicht aus, um genau ein Elektron freizusetzen, das im Potenzialtopf des CCD- oder CMOS-Photoelements (engl. *potential well*) gespeichert und schließlich gezählt wird.

Um das einfallende Licht zu separieren und auf die drei Farbkanäle aufzuteilen, müssen Farbfilter in der Kamera angewendet werden. Die Aufgabenstellung ist hierbei die gleiche wie bei der Gestaltung eines Farbsystems: Die Filter müssen so ausgelegt sein, dass sie die physiologischen Eigenschaften der Farbrezeptoren im menschlichen Auge so genau wie möglich simulieren. Im Gegensatz zu den CIE Color-Matching-Functions werden hier aber Filterkurven verwendet, die eher dem Absorptionsspektrum der Zapfen (LMS-Kurven) des menschlichen Auges ähneln.

Es werden drei Filter für die einzelnen Farbkanäle Rot, Grün und Blau verwendet. Die beiden Kurven für mittelwelliges und langwelliges Licht überlappen sich sehr stark. Da die Überlappung zu erhöhtem Bildrauschen führen würde, wird in den digitalen Kameras die rote Kurve um ca. 30 nm nach rechts versetzt. Sie darf aber nicht zu weit in den infraroten Bereich geschoben werden, da diese Lichtanteile vom Menschen nicht erkannt und deshalb nicht im roten Farbkanal abgebildet werden dürfen. Zusätzlich wird der blaue Filter gegenüber der originalen Zapfenkurve ein wenig gestreckt, um mehr Photonen aufnehmen zu können (siehe Abb. 2.8). Im Ergebnis wird zwar das Rauschen verringert, das Verfahren ist aber kolorimetrisch nicht exakt und verfälscht die Farbwiedergabe etwas. Dies ist in der Regel jedoch tolerierbar.

Das Nyquist-Sampling-Theorem

Da die Digitalisierung von Analogmaterial diskret und nicht kontinuierlich verläuft, spielt die Samplingfrequenz eine entscheidende Rolle, da hier festgelegt wird, wann Proben des Ausgangsmaterials genommen werden. Hier besagt das whittaker-kotelnikow-shannonsche Abtasttheorem – zumeist als Nyquist-Theorem bezeichnet –, dass die Abtastfrequenz mindestens doppelt so hoch sein muss wie die höchste Frequenz des abzutastenden Signals. Ist die Abtastfrequenz zu gering, treten Artefakte bei hochfrequenten Mustern nahe und über der Samplingfrequenz auf. Dies können Aliasingartefakte (Treppenstufen), aber auch Interferenzpattern (wie Moirémuster) sein.

Abbildung 2.9 zeigt eine solche Fehlinterpretation eines Sinussignals. Bei einer Signalfrequenz von 200 Hz und einer Abtastfrequenz von 2 kHz kann das von den diskreten digitalen Stützpunkten (Samples) abgebildete Signal problemlos als Sinuswelle interpretiert werden (obere Zeile). Wird die Signalfrequenz bei gleicher Abtastfrequenz auf 2,2 kHz – das 1,1-Fache der Abtastfrequenz – erhöht, werden die gleichen Samples wie bei der 200-Hz-Welle übertragen. Der Interpreter reproduziert eine 200-Hz-Sinuswelle, die nicht im ursprünglichen Signal vorhanden war (untere Zeile). Um dies

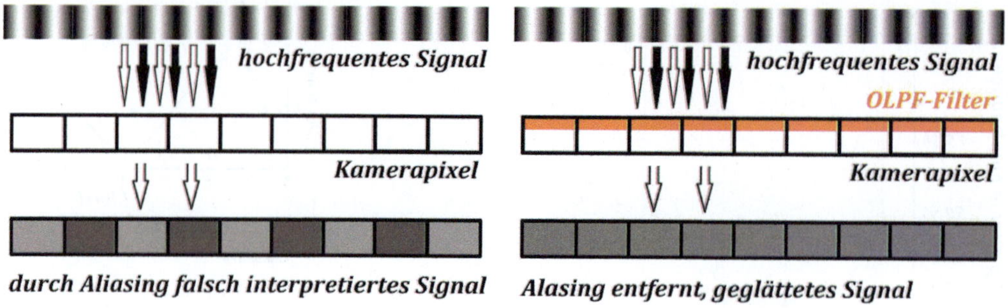

Abb. 2.10 Anwendung eines Optischen-Low-Pass-Filters (OLPF). (Nach RED 2015)

zu vermeiden, werden steilflankige Tiefpassfilter angewendet, die verhindern, dass Frequenzen über der halben Abtastfrequenz die Digitalisierungseinheit erreichen.

Filtern der hochfrequenten Informationen in der Kamera
Das hier beschriebene Aliasingproblem gilt für alle Arten von Digitalisierungen – zum Beispiel auch für Audiomaterial. Die damit einhergehenden Artefakte sind nicht nur störend für die Bildbetrachtung, sondern haben auch großen Einfluss auf Codierungsalgorithmen und verringern die mögliche Kompressionsrate. Um hochfrequente Bildinformationen schon vor dem Sensor zu entfernen, werden sogenannte optische Tiefpassfilter (engl. *optical low-pass filter – OLPF*) verwendet. Diese glätten diejenigen Details der Bilder, die größer als die Auflösung der Sensoren sind.

Abbildung 2.10 zeigt das Prinzip. Nehmen wir an, dass im Tierpark eine in der Tiefe gestaffelte Zebraherde gefilmt wird. Ein Tier ist so weit von der Kamera entfernt, dass jeweils drei Streifen des Fells von einem Pixel abgebildet werden. Ohne Tiefpassfilter erhält das Photoelement n im Sensor die Lichtinformationen von zwei weißen und einem schwarzen Streifen, das nachfolgende Element $n+1$ erhält Licht von zwei schwarzen und einem weißen Streifen. Da die Lichtinformationen durch Zählen der eintreffenden Photonen gemittelt werden, wird das Pixel n mit 66 % Grau und das Pixel $n+1$ mit 33 % Grau dargestellt. Während im Original drei Zyklen Weiß-Schwarz vorhanden sind, wird nach der Aufnahme nur noch ein im Kontrast verringerter Zyklus abgebildet. Durch Anwendung eines OLP-Filters wird das einkommende optische Signal geglättet und als neutrales Grau gewertet.

Auf die Gestaltung dieser OLP-Filter wird großer Wert gelegt. Obwohl sie sich an der Art und Weise orientieren, wie das menschliche visuelle System die Umgebung wahrnimmt, wird das Bild nicht nur im hochfrequenten Bereich, sondern auch bei angrenzenden Pixeln ein wenig geglättet, was aber praktisch gesehen tolerierbar ist.

Sensor-RAW
Das durch den OLP-Filter geglättete Material wird nun von den Photoelementen auf dem Sensor analog erfasst und dann digitalisiert. Digitale Filmkameras und auch Spiegelreflexkameras verwenden zur Aufnahme eine immer wiederkehrende Anordnung dieser Elemente, die jeweils einen der LMS-Farbfilter besitzen. Das passierende Licht ergibt zumeist das Bayer-Muster (siehe Abschn. 3.2.4), bei dem in einem 2×2-Pixel-Bereich die Anordnung Rot-Grün und Grün-Blau wiederholt wird (Mosaik). Diese vier Farbkanäle werden je nach Kamerahersteller und Ausgabemodus separat oder gemeinsam, verlustlos oder verlustbehaftet komprimiert. Bei verlustbehafteter Komprimierung wird dabei oft der Begriff *visuell verlustfrei* verwendet. Eine Farbkorrektur findet nicht statt. Es werden nur fehlende Pixel durch benachbarte interpoliert.

Es sei erwähnt, dass 3-Chip-Kameras (siehe Abschn. 3.2.1), die zumeist im HDTV-Bereich verwendet werden, kein Mosaik besitzen und alle drei Farbkanäle in voller Auflösung aufnehmen. Die Luminanz der Aufnahmen ist in der Regel 1,5 Belichtungsstufen höher. Allerdings ist die Auflösung begrenzt, und bei Kameras mit 2/3″-Sensoren sind die roten Sensorelemente zumeist in einer anderen Entfernung von der Linse angeordnet als die anderen beiden Farbkanäle – dies stellt Objektivhersteller vor nicht unerhebliche Probleme. Abgesehen vom Demosaicing sind aber alle anderen Schritte im Workflow gleich.

Demosaicing
Da das Raster des Color-Filter-Arrays (CFA) in ein anschaubares Bild umgewandelt werden muss, finden weitere Filterungen statt, die die Auflösung reduzieren. Dieses Thema wird in der Community breit und kontrovers diskutiert. Abbildung 2.11 zeigt eine schematisch stark vereinfachte Darstellung dieses Filterprozesses. Da der Mensch Schärfe und damit Auflösung in Form der Luminanz wahrnimmt und für Farbunterschiede weniger sensitiv ist, soll hier die mit dem Bayer-Mosaik aufgenommene Luminanz betrachtet werden. Luma Y′, die gammakorrigierte Luminanz, wird für HD-Systeme nach ITU-R. BT 709 (ITU-R 2015) mit Gl. 2.3 berechnet. Sie besagt, dass sich das Luma-Signal aus etwa 72 % Grün, 21 % Rot und 7 % Blau zusammensetzt. Um den Prozess nicht zu verkomplizieren, verwenden wir hier lineare – nicht-gammakorrigierte – Werte für die Bildung der Luminanz.

Die Kamera ist nun wieder auf die Zebraherde und hier auf ein Tier gerichtet, das näher zur Kamera steht. Die Kamera wird so positioniert, dass ein Streifen des Zebrafells genau mittig auf einer Pixelspalte dargestellt wird. Dadurch wechselt die Luminanz pixelweise zwischen Referenzweiß und

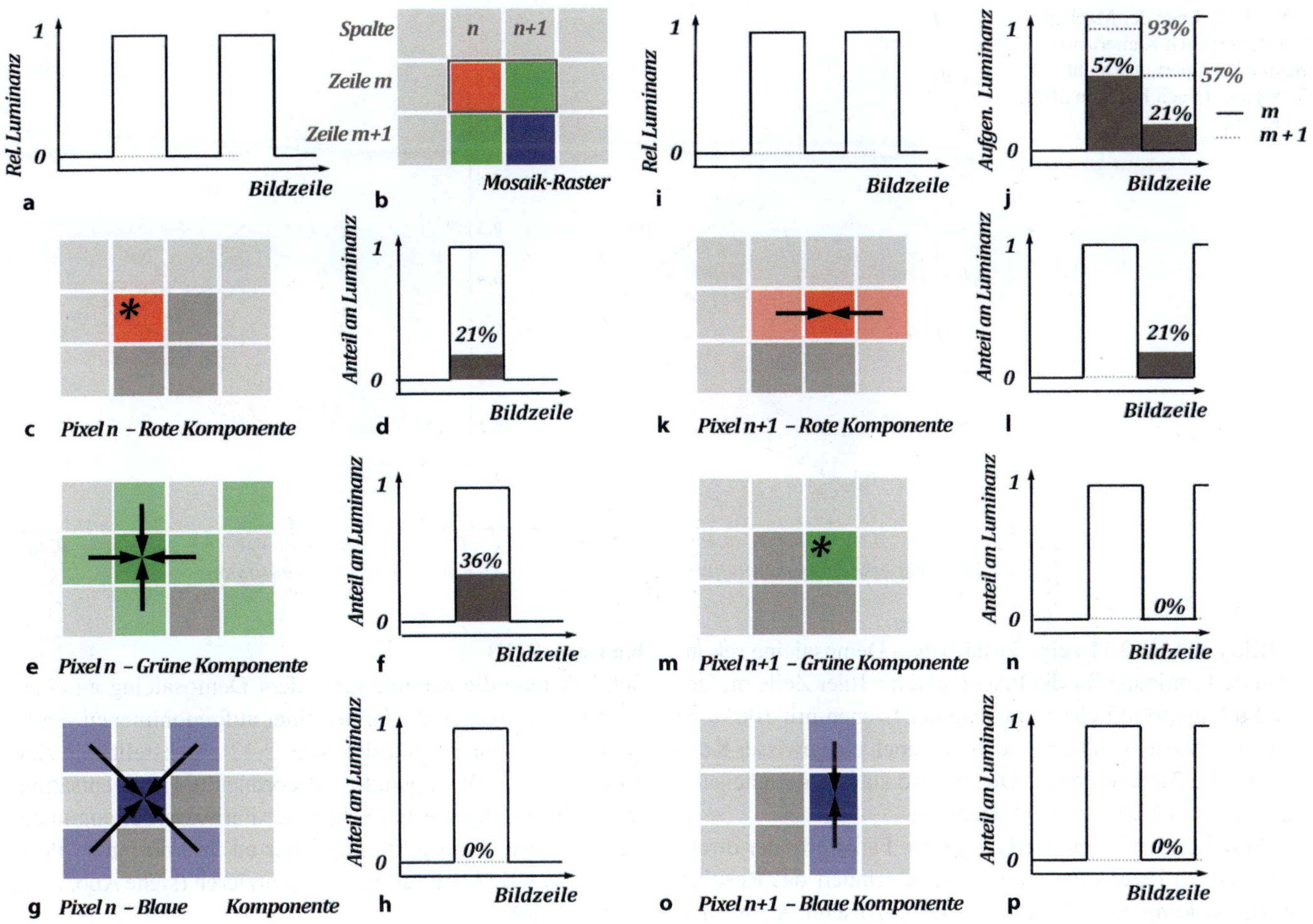

Abb. 2.11a–p Luminanz-Rekonstruktion beim Demosaicing

Schwarz (siehe Abb. 2.11a). Im Folgenden wird nun die Rekonstruktion der Luminanz des Pixels *n* in Zeile *m* betrachtet. Dabei werden die vier als Sensor-RAW gespeicherten Farbkanäle (b) ausgewertet und ihr Anteil an der Luminanz für das infrage kommende Pixel betrachtet.

Zuerst wird der rote Farbkanal betrachtet (c). Da an der Position des Pixels ein Sensorelement mit einem Filter vorhanden ist, der den langwelligen roten Bereich passieren lässt, kann der direkt aufgenommene Wert des roten Kanals verwendet werden. Er nimmt 100 % des roten Anteils im Frequenzgemisch auf. Da der Anteil des roten Kanals am Luminanzpegel 21 % beträgt, werden auch 21 % zum Luminanzwert hinzugefügt (d). Der grüne Farbkanal (e) ist an dieser Pixelposition null, da vom Farbfilter des Sensorelements alle grünen mittelwelligen Anteile herausgefiltert wurden. Diese müssen nun im Demosaicing-Prozess aus den Werten der benachbarten Pixel generiert werden.

Wenn wir voraussetzen, dass die grünen direkt aufgenommenen Farbwerte der vier umliegenden Pixel zu jeweils 25 % in den rekonstruierten grünen Farbwert eingehen, hat dieser 50 % des originalen Lichtwertes, da die beiden horizontal gewichteten Farbwerte null sind und die vertikal gewichteten 100 %. Der Anteil der Luminanz des grünen Farbkanals beträgt 50 % von 72 % der Luminanzgleichung, also 36 % (f). Der Anteil des blauen Farbkanals ist null, da kein direkter Wert aufgenommen wurde und der rekonstruierte Wert sich aus den vier umgebenden Farbwerten zusammensetzt, die alle ebenfalls null sind, da sie den schwarzen Streifen des Zebrafells abbilden (g, h). Durch die Addition der drei Anteile der Farbkanäle ist die Luminanz für das Pixel *n, m* nach dem Demosaicing 21 % und 36 % = 57 % (Bild j).

Betrachten wir nun die Berechnung des Luminanzwertes des Pixels $n + 1$ in der Zeile m.

Der Wert für den grünen Kanal wird direkt aufgenommen (m). Da hier der schwarze Streifen des Zebrafells abgebildet wird, ist der Farbwert und damit auch der Anteil an der Luminanz null (n). Der Wert für den roten Kanal ist nicht vorhanden und muss aus zwei roten Farbwerten der horizontal umliegenden Pixel rekonstruiert werden (k). Da beide den weißen Fellstreifen abbilden, ist der Farbwert 100 % und der Anteil an der Luminanz des Pixels, den der rote Kanal liefert, wieder 21 % (l). Der Wert für den blauen Farbkanal muss aus den Farbwerten der beiden umliegenden vertikalen Pixel rekonstruiert werden (o). Beide bilden einen schwarzen Fellstreifen ab, sodass der resultierende Farbwert und Anteil am Luminanzwert jeweils null sind.

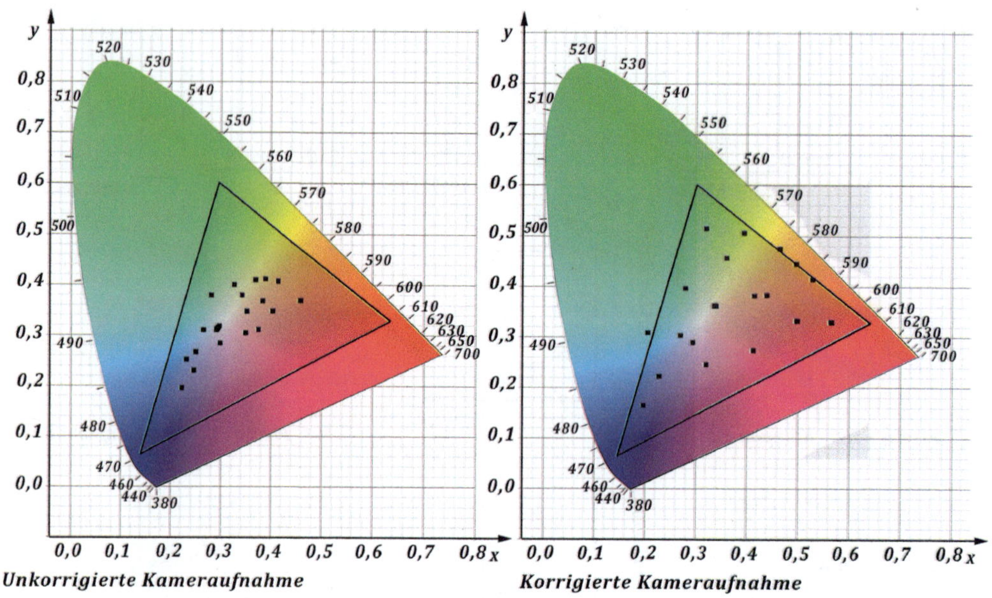

Abb. 2.12 Lage der Macbeth-Farbfelder nach Kameraaufnahme korrigiert und nicht korrigiert. (Nach Poynton 2014, Class 06)

Bild j in Abb. 2.11 zeigt die nach dem Demosaicing rekonstruierte Luminanz für die Pixel n und n+1 der Zeile m. Obwohl die ursprüngliche Luminanz der Szenen mit 100 % zu 0 % nicht wiedergegeben wird, bleibt doch ein gewisser Kontrast (57 zu 21 %) erhalten. Dieser wird auch in der nächsten Zeile m + 1 mit 93 zu 57 % abgebildet.

Da bei dieser Filteranordnung viele Farbwerte der direkt umgebenden Pixel verwendet werden, erinnert das Resultat an die Wirkung eines Boxfilters, der in Abschn. 8.5.4 noch genauer diskutiert wird und für eine Weichzeichnung des Bildes sorgt.

Natürlich sind die Demosaicing-Filter in der Realität komplexer und verwenden je nach implementierten Algorithmen andere Filterkerne und Gewichtungen. Trotzdem kann ein gewisser Teil der ursprünglichen Luminanz der Szene auch in der angegebenen Auflösung (zum Beispiel 4 k) wiedergegeben werden.

2.2.3 Konvertierung in den Zielfarbraum

Nach dem Demosaicing müssen die inzwischen drei Farbkanäle Rot, Grün und Blau so aufbereitet werden, dass sie von einem Display korrekt dargestellt werden können. Dies erfolgt gewöhnlich in zwei Schritten, die je nach Kamerahersteller oder Ablauf in der Nachbearbeitung jedoch auch zu einem Schritt zusammengefasst werden können. Der erste Schritt besteht in der Konvertierung der RGB-Kanäle nach dem Demosaicing in den nativen Kamerafarbraum (Kamera-RGB). Hierbei wird vor allem die Sättigung der Farben erhöht. Im zweiten Schritt werden die Farbkanäle des Kamerafarbraums in den Zielfarbraum konvertiert.

Kamera-RGB

Schließt man die Kamera nach dem Demosaicing an einen Monitor an, werden die Felder einer aufgenommenen -Farbtafel wie im linken Bild der Abb. 2.12 dargestellt. Sie sind im Umkreis des Weißpunktes angeordnet und stark entsättigt. Die Aufgabe im nächsten Schritt der Farbverarbeitung in der Kamera besteht darin, diese wieder an ihre normalen Position in der CIE-Normfarbtafel zu platzieren (siehe Abb. 2.12, rechtes Bild).

Ursache für die Entsättigung sind die Überlappungen zwischen den Farbkanälen, da die Farbfilter vor den Sensorelementen die Spektralbereiche nicht sauber genug trennen können. Das Ergebnis ist schematisch in Abb. 2.13 dargestellt. Der blaue Farbkanal nimmt geringe Anteile mittelwelligen Lichts auf, der grüne Farbkanal nimmt geringe Anteile des kurz- und langwelligen Lichts auf und der rote Kanal nimmt größere Anteile des mittelwelligen grünen Lichts auf. Letzteres vor allem, da die beiden Kurven (ML) für mittelwelliges grünes und kurzwelliges rotes Licht stark überlappen. Außerdem fehlen im roten Kanal die sehr kurzwelligen violetten Anteile, die zur akkuraten Farbwiedergabe notwendig sind.

Um die Sättigung der Farben wieder zu erhöhen, müssen die unerwünschten Anteile in den einzelnen Farbkanälen entfernt werden. Dies erfolgt durch die Subtraktion von Anteilen der jeweiligen überlappenden Farbkanäle. So wird der mittelwellige (grüne) Anteil im roten Farbkanal entfernt, indem der grüne Farbkanal skaliert und vom roten Kanal abgezogen wird. Diese komplexen 3×3-Matrizenoperationen führen zu Kurven mit negativen Bereichen (siehe Abb. 2.13, Bild rechts unten). Diese negativen Werte repräsentieren aber keine tatsächlichen Pixelwerte, sondern sind lediglich Korrekturkurven. Diese Kurven subtrahieren die Energie aus den benachbarten Wellenlängen, sodass die in Abb. 2.13 stark umrandeten Kurven erzeugt werden.

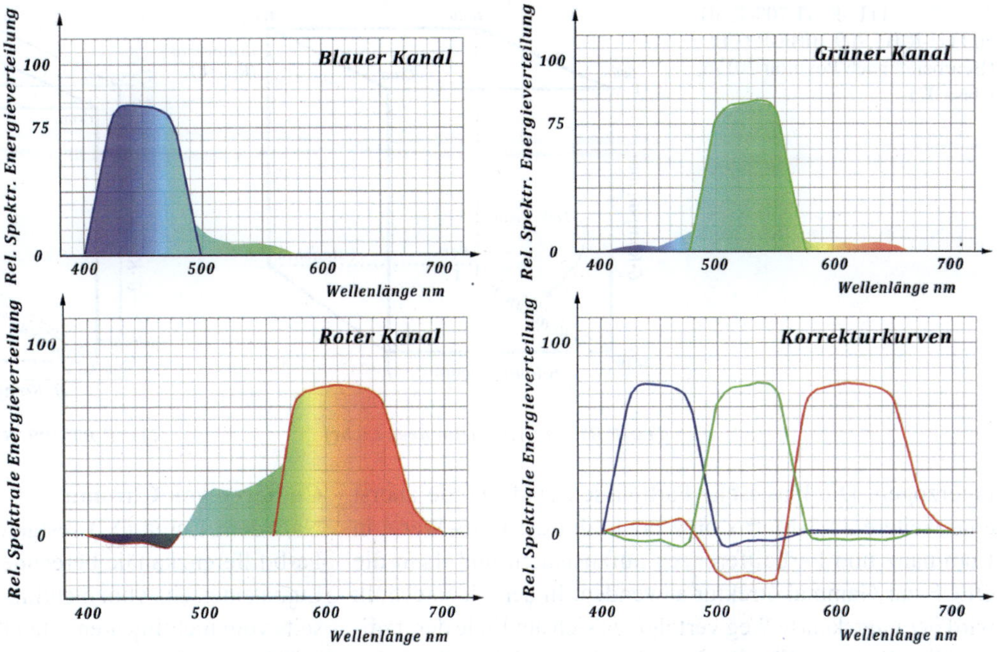

Abb. 2.13 Korrigieren der Farbkanäle nach dem Demosaicing

Die 3 × 3-Matrix rekonstruiert die Farben nicht vollständig, aber in einem für praktische Anwendungen ausreichenden Maße. Das Bildmaterial liegt nach diesem Schritt in einem Farbraum, der zumeist als *Kamera-RGB* bezeichnet wird. Dieser Begriff ist weder geschützt, noch eindeutig definiert, sodass die Hersteller darunter nicht immer das Gleiche verstehen. Prinzipiell ist Kamera-RGB ein Farbraum mit weitem Gamut. Das darin liegende Bildmaterial wurde von den überflüssigen Frequenzbändern des Spektrums bereinigt. Es erfolgte aber noch keine Anpassung an die Primärvalenzen des Displays. Dieser Vorgang wird auch als *Purification* bezeichnet.

Zielfarbraum

Digitale Kameras sind in der Lage, Farben in einer größeren Palette (engl. *wide gamut*) aufzunehmen, als Monitore darstellen können. Dieser erweiterte Farbraum muss in den begrenzten Farbraum eines Monitors konvertiert werden. Dabei können folgende Farbräume als Zielfarbraum fungieren: *ITU-R BT.709* für HDTV, *DCI P3* für Digital-Cinema oder *sRGB* für Internetanwendungen. Dieser Transformierungsprozess findet sehr früh in der Farbpipeline – bereits in der Kamera – statt, sodass alle anderen Arbeiten in einem displaybezogenen Farbraum stattfinden.

Zumeist werden mit oder ohne Verwendung eines Ton-Mapping-Algorithmus der größere Farbraum und der höhere Dynamikbereich der Kamera in den kleineren Farbraum und den geringeren Dynamikbereich des Monitors komprimiert. Das führt zur Erhöhung des Kontrasts und zur Zunahme der Sättigung. Auch für diese Konvertierung wird eine 3 × 3-Matrix angewendet. Gleichung 2.1 zeigt als Beispiel die 3 × 3-Matrix, die Arri für die Konvertierung von Bildmaterial der *Alexa(SUP 3.x)*-Kamera verwendet. Dabei wird das Material unter Verwendung von Tone-Mapping (siehe Abschn. 2.3.5) aus dem weiten nativen Kamerafarbraum in den ITU-R BT. 709-Farbraum konvertiert.

$$\begin{bmatrix} R_{BT.709} \\ G_{BT.709} \\ B_{BT.709} \end{bmatrix} = \begin{bmatrix} 1{,}485007 & -0{,}401216 & -0{,}083791 \\ -0{,}033732 & 1{,}282887 & -0{,}249155 \\ 0{,}010776 & -0{,}122018 & 1{,}111242 \end{bmatrix} \cdot \begin{bmatrix} R_{Arri} \\ G_{Arri} \\ B_{Arri} \end{bmatrix} \tag{2.1}$$

2.2.4 $Y'C_BC_R$-Codierung

Im Video- und TV-Bereich wird das Bildsignal in ein Luminanzsignal und zwei Farbdifferenzsignale aufgespalten. Dies hat zum einen seine Ursache darin, dass beim Einführen des Farbfernsehens ein Graustufensignal für die weiterhin vorhandenen Schwarz-Weiß-Fernseher gesendet werden musste, andererseits ermöglicht diese Aufteilung der Signale, die Bandbreite der Farbdifferenzkanäle zu verringern, da der Mensch weniger sensitiv für Differenzen in der Farbe ist als für Unterschiede in der Luminanz.

Anwenden der Opto-Elektronischen-Übertragungsfunktion (OECF)

Das Farbmodell für digitales Video und SD-/HD-TV ist $Y'C_BC_R$. Es wird entweder in den ITU-R BT. 601-Farbraum für Standard-Television (SD) (ITU-R 2011b) oder den ITU-R BT. 709-Farbraum für HDTV übertragen. Im ersten Schritt der Konvertierung werden die RGB-Daten, die sich nun im Zielfarbraum des Displays befinden, einer Gammakorrektur

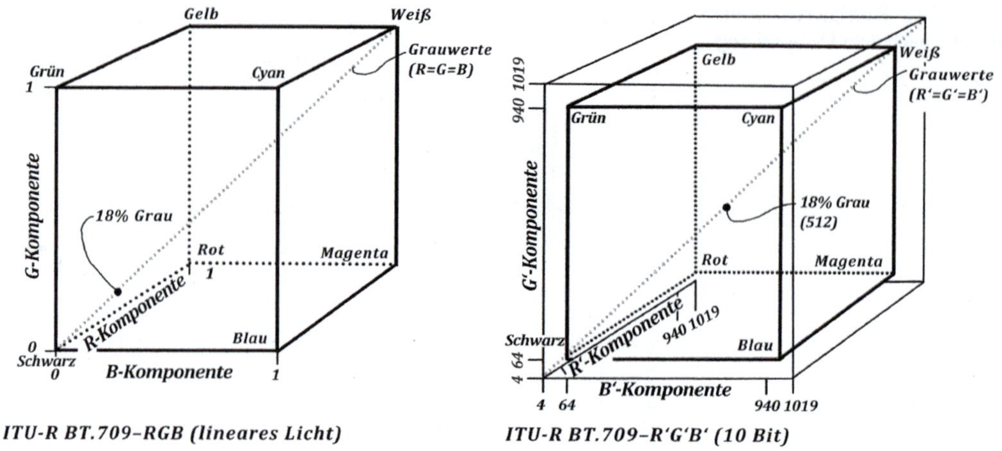

Abb. 2.14 ITU-R BT.709-RGB zu ITU-R BT.709 10Bit-R′G′B′. (Bearbeitet nach Poynton 2012a, Class 07)

unterzogen. Die klassische Farbwissenschaft würde zuerst eine weitere 3 × 3-Matrix anwenden, um die RGB-Werte in Luminanz und Farbdifferenzen aufzuspalten und dann die OECF zur Gammakorrektur anwenden. In der Videotechnik wird der umgekehrte Weg verfolgt, da sich am Ende der traditionellen Kette ein Monitor befindet, der baulich bedingt eine inverse Gammakorrektur vornimmt. Um die Konvertierungen technisch richtig auszuführen, muss deshalb die Gammakorrektur vor der Farbkonvertierung stattfinden (vgl. Poynton 2012b, S. 111). Die OECF-Funktion für ITU-R BT. 709 wird in Gl. 2.2 angegeben.

$$V = \begin{Bmatrix} 1{,}099\, L^{0{,}45} - 0{,}099 & 1 \geq L < 0{,}018 \\ 4{,}500\, L & 0{,}018 > L > 0{,}018 \end{Bmatrix} \tag{2.2}$$

Abbildung 2.14 zeigt den Vorgang der Skalierung des RGB-Würfels vor und nach der Gammakorrektur. Außerdem werden die Interfacewerte der 10-Bit-Codierung nach ITU-R BT. 709 dargestellt. Dabei sind Videodaten zwischen 4 und 1019 codiert und Zeitreferenzdaten zwischen 0 und 3 bzw. 1020 und 1023. Der Schwarzpegel ist mit 64 festgelegt und die Maximalwerte von R′, G′ und B′ mit jeweils 960. Lineares 18%iges Grau (engl. *achromatic*) hat den Wert 512.

Codieren von Luma

Nach der Anwendung der OECF (Gamma) ist der lineare Bezug zum Licht der Szene verloren gegangen. Dies wird durch Hinzufügen der Apostrophe (engl. *prime*) zu den Farbkanälen gekennzeichnet. Das Bildmaterial befindet sich in einem gleichabständigen Farbraum und damit in einem displaybezogenen Arbeitsumfeld. Im nächsten Schritt wird aus den gewichteten Anteilen der R′G′B′-Kanäle mit Gl. 2.3 *Luma* erzeugt. Die Verwendung des Begriffs (Luma) kennzeichnet den Verlust der linearen Relation zur ursprünglichen Luminanz der Szene.

$$E'_Y = 0{,}2126\, E'_R + 0{,}7152\, E'_G + 0{,}0722\, E'_B \tag{2.3}$$

Auffällig ist der hohe Anteil (72 %) des grünen Kanals am Gesamtresultat.

Codieren von Chroma

Nachdem Luma (Y′) festgelegt wurde, können die beiden Farbdifferenzkanäle berechnet werden, indem der Wert von Luma einerseits vom nichtlinearen blauen Kanal und andererseits vom nichtlinearen roten Kanal abgezogen wird (Gln. 2.4 und 2.5).

$$E'_{CB} = \frac{E'_B - E'_Y}{1{,}8556} \tag{2.4}$$

$$E'_{CR} = \frac{E'_R - E'_Y}{1{,}5748} \tag{2.5}$$

Im Ergebnis dieser Berechnungen entsteht ein rhombischer Farbraum, der aufgrund der Tatsche, dass die Luma-Achse senkrecht steht, im RGB-Raum rotiert wird. Der $Y'C_BC_R$-Farbraum wird gemäß ITU-R BT.709 codiert, im Consumerbereich in der Regel mit 8 Bit und im Studiobereich mit 10 Bit. Luma wird zwischen den Werten 64 und 940 codiert, die beiden Farbdifferenz-Kanäle mit Werten zwischen 64 und 960 (siehe Abb. 2.15, linkes Bild). Für arithmetische Berechnungen muss der Versatz entfernt werden. Dazu wird Schwarz auf das Codewort 0 gesetzt.

Für das Interface werden nur positive ganzzahlige Werte verwendet. In einem anderen Konzept wird Luma zwischen Referenzschwarz 0 und Referenzweiß 1 (10-Bit-Codeworte 0 bis 876) dargestellt und daraus der Bereich von C_B und C_R abgeleitet. Da die Luma-Achse und damit die Graustufenwerte an der Position $C_B = C_R = 0$ liegen, werden die Achsen für C_B und C_R zwischen −0,5 und +0,5 (10-Bit-Codeworte −448 bis 448) aufgespannt. Die Projektion des so entstehenden Rhombus auf die 2D-Ebene ergibt ein Hexagramm. Gegenüber der vollständigen Auflösung 0 bis 1023 bzw. −512 bis 511 wird ausreichend Foot- und Headroom für die Codierung anderer Elemente belassen.

Der BT.709-$Y'C_BC_R$-Farbraum verwendet ca. 20 % des umgebenden RGB-Würfels. Es sei darauf hingewiesen, dass alle Codeworte innerhalb dieses Würfels gültig sind, auch die außerhalb des Rhombus liegenden. Diese können zum Bei-

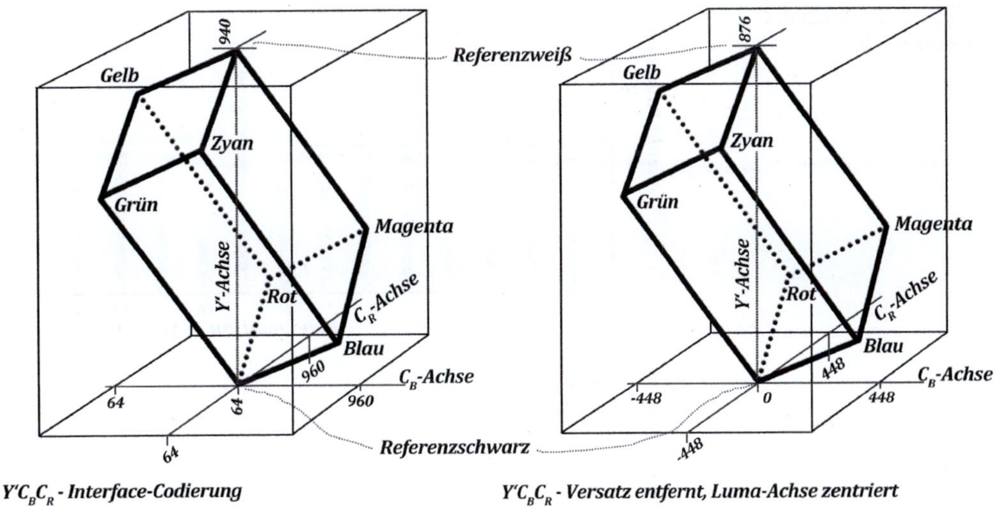

Abb. 2.15 ITU-R BT.709-Y'CBCR – 10-Bit-Codierung. (Bearbeitet nach Poynton 2004, S. 5)

spiel verwendet werden, um einen größeren Farbraum (*wide gamut*) zu codieren.

Codieren des Schwarzpegels

Da in der $Y'C_BC_R$-Codierung[1] ein gewisser Foot- und Headroom belassen wird, kann nicht die gesamte zur Verfügung stehende Auflösung genutzt werden. Insbesondere bei 8-Bit-Codierung (Codewörter 16 bis 235 für Luma, 16 bis 240 für Chroma) ist der Dynamikbereich stark einschränkt. Bestrebungen, diesen zu erweitern (engl. *extented range*), werden breit und kontrovers diskutiert (vgl. Okun und Zwermann 2010, S. 205; Selan 2012, S. 21; Seymour 2012) und sollen hier etwas genauer vorgestellt werden.

Der Dynamikumfang von Kameras mit digitalem Sensor liegt im Bereich zwischen dem Signal mit der niedrigsten messbaren Stärke und dem höchsten aufnehmbaren unverzerrten Pegel. Dieser Bereich wird im Film und in der Fotografie in Belichtungsstufen (engl. *f-stops*) oder Dezibel angegeben. Der niedrigste Wert wird durch das Eigenrauschen der Elektronik im Sensor, an dem kein Nutzsignal anliegt, definiert. Um den Dynamikbereich auszunutzen und die Kamera einzustellen, ist es unerlässlich, den Schwarzpegel festzulegen. Dieser wird durch den Durchschnitt der vorhandenen Rauschenergie gebildet. Dieses Rauschen wird einerseits durch die Elektronik in der Kamera und andererseits durch den Lichttransport selbst verursacht und erzeugt in den digitalen Kameras ein mehr oder weniger fixiertes Muster.

Für das Eigenrauschen der Kamera zeichnen die Photoelemente der Sensoren verantwortlich, die auch eine Zunahme des Rauschens bei Erwärmung verursachen. Um die Intensität des Eigenrauschens zu ermitteln, werden einzelne, an den Rändern des Sensors verteilte Photoelemente mit Aluminium abgedeckt, sodass kein Licht eindringt. Die dort durch die Wärmeenergie freigesetzten Elektronen werden gemessen und deren Anzahl gemittelt. Dieser Wert beschreibt den mittleren Pegel des Eigenrauschens, der dann von den gemessenen Werten jedes einzelnen Photoelements abgezogen wird. Dadurch wird der Schwarzpegel mit dem Wert null ermittelt. Durch die Differenzbildung können in den einzelnen Pixeln Werte auftreten, die negativ sind und unterhalb des Schwarzpegels liegen.

Abbildung 2.16 zeigt im oberen linken Diagramm den Ausschnitt aus einer Sensorzeile und die von den Photoelementen gemessene Anzahl von Elektronen, die von den Lichtphotonen freigesetzt wurden sowie den gemittelten Pegel (rot) des Eigenrauschens. Im linken unteren Diagramm wurde das Sensorrauschen abgezogen und der Schwarzpegel (0) festgelegt. Dieser repräsentiert den durchschnittlichen Rauschpegel, das heißt, es addieren sich die negativen und positiven Werte zu null.

Die Frage ist nun: Wie codiert man den Schwarzpegel? Hierzu gibt es unterschiedliche Auffassungen. Eine Herangehensweise codiert ihn auf einem geringen positiven Wert (siehe Abb. 2.16, Diagramm unten rechts). Der Vorteil ist, dass der Abstand des Rauschpegels zu den ersten erkennbaren Bildinformationen, die hier zufällig auf dem größten positiven Wert des Rauschens (Pixel 6) liegen, nicht verändert wird (sechs Codewörter in dem Beispiel). Der Nachteil ist, dass die Auflösung besonders bei 8-Bit-Codierung nicht komplett zur Verfügung steht.

Eine zweite Herangehensweise, die unter dem Begriff *extended range* rangiert, codiert den Schwarzpegel auf null, um den gesamten Bereich der Auflösung zu verwenden. Der Nachteil dieser Methode liegt darin, dass der Rauschpegel erhöht wird. Da die negativen Werte abgeschnitten werden, steigt der neue durchschnittliche Rauschpegel und der Abstand zu den Bildinformationen wird geringer (hier fünf Codewörter).

Welcher Herangehensweise der Vorzug gegeben wird, ist dem Nutzer überlassen. Prinzipiell möchten die Kamerahersteller Rauschen vermeiden und codieren den Schwarzpegel auf einen geringen positiven Wert, lassen aber auch die an-

[1] Das gilt bei digitalen Kameras auch für den jeweiligen RGB-Farbraum

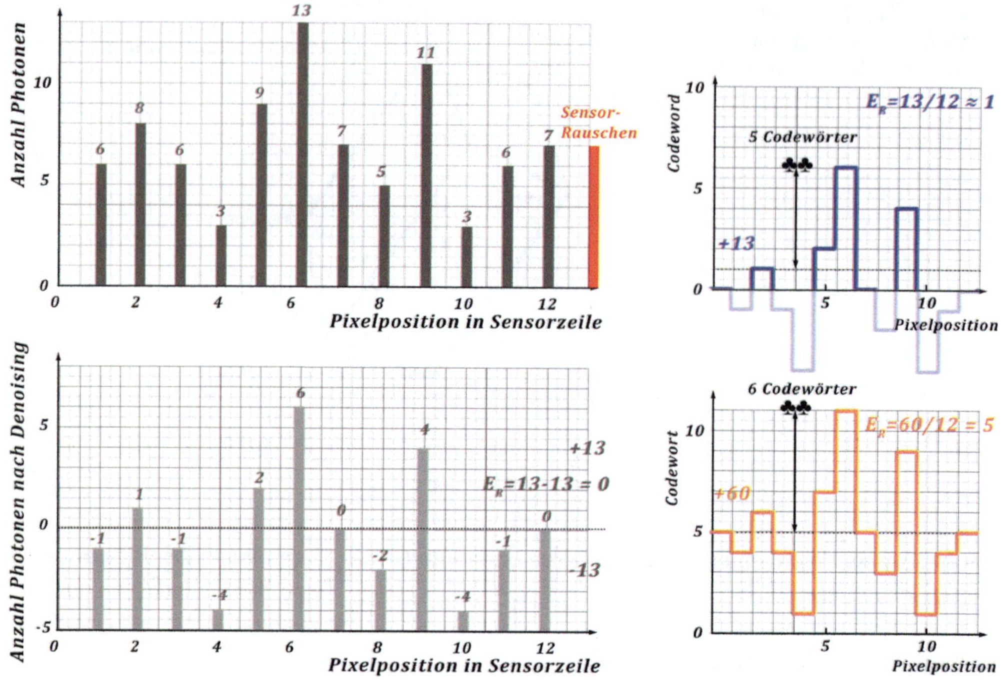

Abb. 2.16 Codieren des Schwarzpegels

dere Herangehensweise zu. Die Firma Arri (2014) schreibt hierzu:

> When the Log C data is converted to linear sensor data, black (corresponding to zero exposure) will be represented by the value 256/65535. This sensor black level is the mean of all pixels. Because of read-out noise, single pixels may be above or below this value. The standard deviation of the read out noise is approximately 2.5 meaning that the offset of 256 is more than high enough to encode the full noise amplitude (usually one assumes a range of three times the standard deviation or ± 8 code values).
>
> Using the parameters for linear scene exposure will map the black value, as expected, to 0.0. With the noise, however, single pixels will come out as negative values. When those values cannot be preserved and one does not want to clip them, a small offset of 8/65535 should be added to the relative scene exposure factor.
>
> This is equivalent of adding flare to the image data. The amount of flare expressed relative to the scene white will vary with the exposure index. It ranges from 0.1 % (for EI 200) to 0.8 % (for EI 3200). The flare should be subtracted before the images are converted back to Log C.

Zusammenfassend kann man sagen, dass die *extended range* eher im Videobereich (display-referred) Verwendung findet (vgl. Selan 2012, S. 21), das heißt, wenn ein gewisses Rauschen toleriert werden kann, die gesamte Auflösung aber besonders bei 8-Bit-Codierung genutzt werden soll. Für Material, das für VFX und Digital Intermediate vorgesehen ist (scene-referred), sollte der Schwarzpegel auf einen geringen positiven Wert codiert werden, um das Rauschen niedrig zu halten und einen natürlichen Verlauf zu gewährleisten. Dies ist sinnvoll, da besonders bei den VFX- und Farbkorrekturprozessen erhebliche Veränderungen des Bildmaterials vorgenommen werden, bei denen der Rauschpegel signifikant ansteigen kann.

Farbunterabtastung

Die Farbunterabtastung (engl. *chroma subsampling*) ist ein sehr effektives Mittel zur Komprimierung von Video- und Bildmaterial. Die dabei entfernten Farbdetails können vom Betrachter nicht wahrgenommen werden, da die Farbauflösung des menschlichen visuellen Systems geringer ist als das Vermögen, Luminanzunterschiede zu erkennen.

Außerdem wird durch die Farbunterabtastung das Farbrauschen reduziert, da eine Mittelwertbildung vorgenommen wird.

Um das Verfahren anzuwenden, wird das Bildmaterial in Blöcke zu 2 × 2 oder 4 × 1 Pixel aufgeteilt. Während der Lumakanal (Y′), der die Schärfe des Bildes charakterisiert, für jedes Pixel codiert wird, gibt es unterschiedliche Schemata für die Codierung der beiden Farbdifferenz-Kanäle C_B und C_R. Zur Beschreibung des angewendeten Schemas wird ein Schlüssel angegeben, der aus drei bzw. vier Zahlen besteht. Er geht von einem Viererblock aus und stellt die Anzahl der codierten Proben (engl. *samples*) je nach Farbmodell in folgender Reihenfolge dar (Gl. 2.6 für $Y'C_BC_R$):

$$Y' : C_B : C_R : (\text{Alpha}) \tag{2.6}$$

4 : 4 : 4

Bei diesem Schema werden Samples für alle Pixel aller drei Kanäle genommen. Ist ein Alpha-Kanal vorhanden, wird die Kennzeichnung auf 4 : 4 : 4 : 4 erweitert. Es spielt dabei keine Rolle, ob es sich um $Y'C_BC_R$- oder RGB-, R′G′B′-Material

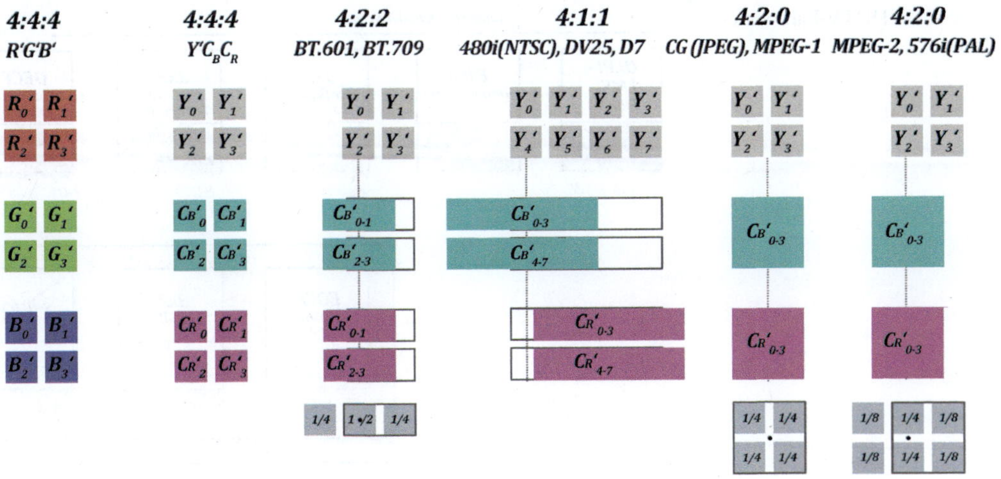

Abb. 2.17 Farbunterabtastung. (Nach Poynton 2014, S. 145)

handelt (siehe Abb. 2.17, Spalten 1 und 2). Alle anderen Subsampling-Schemata beziehen sich jedoch auf das $Y'C_BC_R$-Farbmodell, da RGB-Material nicht unterabgetastet werden kann.

4:2:2
Dieses Schema wird bei Studiomaterial und in der Produktionskette für SDTV und HDTV angewendet. Hier wird ohne Verwendung anderer Kompressionsverfahren das Bildmaterial bereits mit einer Rate von 3:2 komprimiert. Dabei erfolgt eine Durchschnittsbildung der Farbwerte horizontal benachbarter Pixel für die beiden Farb-Differenzkanäle. Aufgrund der Halbbildproblematik (siehe Abschn. 3.3.2) wird auf eine vertikale Durchschnittsbildung verzichtet. Die Position des gemittelten Farbwertes liegt bei der Video/TV-Studiotechnologie nicht in der Mitte zwischen zwei Pixeln, sondern direkt auf der Position des Lumasamples (engl. *cosited*), sodass insgesamt drei Pixel mit den Gewichtungen 1/4, 1/2 und 1/4 verwendet werden (Abb. 2.17, dritte Spalte). In moderner Studiotechnologie werden allerdings aufwendigere Filter angewendet, die mehr als drei Pixel einbeziehen.

Charles Poynton (2014) weist darauf hin, dass dieses Schema zwar sehr effektiv ist, sich jedoch bei genauerer Betrachtung zwischen den magentafarbenen und den grünen Feldern der Testfarbtafeln für das Fernsehen ein dunkler Streifen bildet. Dies gibt einen Hinweis, ob sich das Material noch im Originalzustand 4:4:4 befindet oder bereits 4:2:2-unterabgetastet ist.

4:1:1
Dieses Samplingschema wurde beim amerikanischen NTSC-Fernsehsystem für ausgestrahltes Material angewendet. Die Kompressionsrate ist höher als beim Studiovideo und hat einen Faktor von 2:1. Hier ist ebenfalls nur horizontales Sampling möglich, da die jeweils zweite Zeile des Fernsehbildes nicht vorgehalten werden konnte (Abb. 2.17, Spalte 4).

4:2:0 (Computergrafik)
Die Bezeichnung 4:2:0 ist etwas irreführend. Man verzichtet nicht etwa auf die C_B-Komponente, sondern es wird angegeben, dass hier auch ein vertikales Filtern erfolgt. Zur Komprimierung von Computergrafiken ist eine Umwandlung der RGB-Werte in eine Luminanz- und zwei Farbdifferenzkanäle der erste Schritt. Diese Umwandlung findet auch bei modernen Komprimierungsverfahren wie JPEG 2000, mit dem digitales Filmmaterial ausgeliefert wird, Anwendung. Die Datengröße wird mit diesem Vorgehen bereits um die Hälfte reduziert. Hier sitzt das Sample in der Mitte zwischen vier Pixeln (Abb. 2.17, Spalte 5). Für das Filtern werden horizontale und vertikale Pixel verwendet. Der Filterkern (siehe Abschn. 8.5.4) umfasst auch Pixel, die außerhalb des 2×2-Schemas liegen und kann Größen bis zu 11×6 Samples erreichen.

4:2:0 (MPEG)
Für PAL-Distribution und MPEG-2-codierte Dateien (wie zum Beispiel DVD-Material) wird wieder ein Schema angewendet, bei dem das Farbsample auf der Position des Lumasamples sitzt. Hier werden Gewichtungen von 1/8, 1/4 und 1/8 pro Zeile herangezogen, da auch vertikal gefiltert wird.

2.2.5 Darstellung von HDTV-Aufnahmen

HDTV-Aufnahmen sind displaybezogen und somit farbmetrisch so ausgelegt, dass sie direkt auf einem Display betrachtet werden können. Das bedeutet aus technischer Sicht, dass keine zusätzliche Farbkorrektur angewendet werden muss. Dieses unkomplizierte Herangehen im Bearbeitungsprozess führte dazu, dass der displaybezogene Workflow der Standard bei Computeranwendungen ist.

Farbdecodierung
Das am Display ankommende Videosignal muss nun an dessen Parameter angepasst werden. Hierbei sind vor allem der

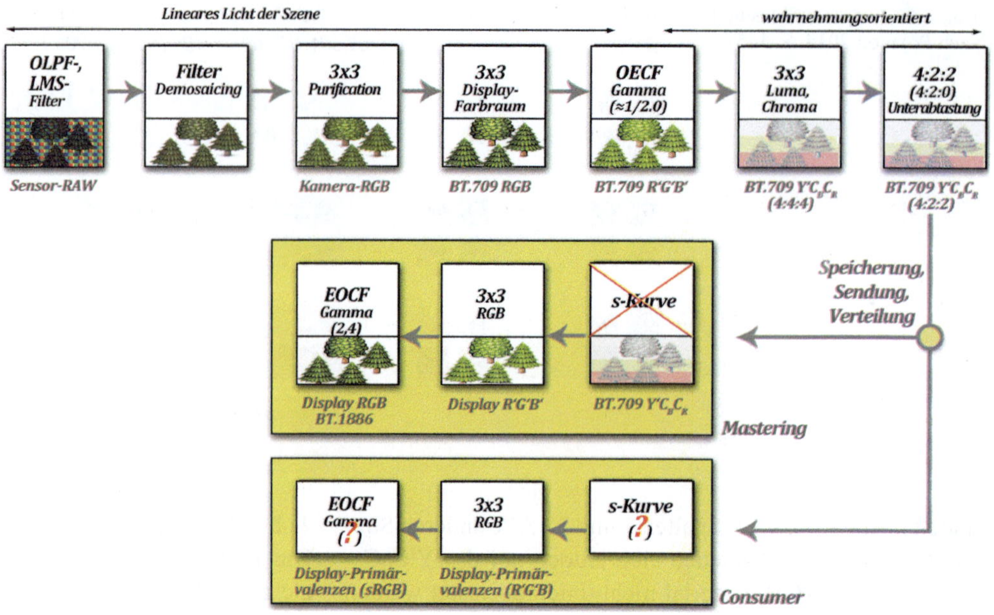

Abb. 2.18 HDTV-Farbworkflow

maximale und der minimale Luminanzwert des Displays wichtig. Da es sich bei Videomaterial in der Regel um 8-Bit-Daten handelt, sind der Weißpunkt als RGB[255 255 255] und der Schwarzpunkt als RGB[0 0 0] codiert. Traditionell verändern Röhrenmonitore das Bildmaterial wie eine Gammakurve (EOCF) mit dem Exponenten 2,4. Dieser Wert ergibt sich aus der internen Konstruktion der Geräte und ist für alle verfügbaren Geräte gleich. Diese Kurve ist nicht einstellbar, sodass das ankommende Bildmaterial nicht angepasst werden muss.

Neue Displays – im Englischen auch als *fixed pixel displays* bezeichnet – müssen aus historischen Gründen die EOCF der Röhrenmonitore nachbilden. Das bedeutet, dass die Potenzfunktion mit dem Exponenten 2,4 im Back-End-Bereich des HDTV-Farbworkflows angewendet werden muss. LCD-Displays verhalten sich in der Luminanzwiedergabe ähnlich einer s-förmigen Kurve, die bereits vom analogen Filmnegativ bekannt ist. Diese muss entfernt und mit der EOCF ersetzt werden. Um die Farbwerte anzupassen, wird wiederum eine 3 × 3-Tristimulus-Matrix angewendet, die die BT.709-Primärvalenzen an die des Displays anpasst. Manche Hersteller kaskadieren diese drei Farbumwandlungen (Entfernen der s-Kurve, 3 × 3-Matrix, Gammakorrektur) in einer (LUT). Andere passen die Primärvalenzen des Displays optisch (Displaypanel und Hintergrundbeleuchtung) an die BT.709-Primärvalenzen an, sodass keine 3 × 3-Matrix angewendet werden muss (Poynton 2014, Class 07).

Gamma-Decodierung

Wenn der Zuschauer das Fernsehbild betrachtet, sollte es ein Abbild von dem sein, was der Regisseur auf dem Studiomasterdisplay sieht. Das Problem dabei ist, dass in der Spezifikation BT.709 zwar die OECF, die Eingangsübertragungsfunktion, aber nicht die EOCF, die Ausgangsübertragungsfunktion, festgeschrieben wurde. Dies wurde 2011 mit der Spezifikation ITU-R BT.1886 nachgeholt (ITU-R 2011a). Hier wurde allerdings nur die EOCF mit einem Exponenten von 2,4 für das Masterdisplay beschrieben, nicht aber für die Consumergeräte. Die Spezifikation ITU-R BT.2035 von 2013 beschreibt auch die Umgebungsbeleuchtung beim Mastering (ITU-R 2013). Hier ist Referenzweiß (Codewort 940) mit 100 cd/m² und Referenzschwarz (Codewort 64) mit weniger als 0,01 cd/m² angegeben. Die Umgebungsbeleuchtung ist mit 10 Lux festgelegt und die Leuchtdichte direkt unmittelbar hinter dem Display ist mit 10 % ± 2 % vom Referenzweiß angegeben.

HDTV-Farbworkflow

Der HDTV-Farbworkflow von der Kamera zum Display ist in Abb. 2.18 angegeben. Im ersten Schritt wird das einkommende Licht mithilfe des Optischen Tiefpassfilters (OLPF) gefiltert, um hochfrequente Details zu entfernen. Für die Aufteilung des Lichtspektrums auf die drei RGB-Farbkanäle werden LMS-Filter verwendet, die das Verhalten des menschlichen visuellen Systems simulieren. Aufgrund der Anordnung der Sensorelemente im Bayer-Mosaik werden vier Kanäle (Rot/Grün/Grün/Blau) als *Sensor-RAW*-Material aufgenommen. In diesem Schritt kann bereits eine Komprimierung des Materials erfolgen. Die vier Farbkanäle werden im zweiten Schritt zu einem Bild zusammengesetzt (*Demosaicing*). 3-Chip-Kameras nehmen von vornherein drei Farbkanäle auf, ansonsten ist der Workflow gleich. Anschließend wird die Farbreinheit der Farbkanäle wiederhergestellt und die Sättigung erhöht. Das Ergebnis wird oft als *Kamera-RGB* bezeichnet.

In der nächsten Stufe kommt es zur Anpassung des Farbraums der Kamera an den des Ausgabegerätes. In der Regel sind die Primärvalenzen und der Weißpunkt (D65) des BT.709-Farbraums als Zielfarbraum vorgesehen. Anschließend wird die Opto-elektronische Übertragungsfunktion (Gamma) angewendet. Das Material wird durch Konvertierung mittels einer Potenzfunktion mit dem Exponenten 0,5 in eine wahrnehmungstechnisch basierte Quantität überführt (*R'G'B'*). Mit diesem Schritt geht die lineare Beziehung zum Licht der Szene verloren. Das nun im Farbraum BT.709 vorliegende RGB-modellierte Material wird im nächsten Schritt in eine Lumakomponente und zwei Farbdifferenzkomponenten aufgeteilt und damit in das $Y'C_BC_R$-Modell überführt. Jetzt können die Farbkanäle unterabgetastet werden. Studiomaterial wird im Schema 4:2:2 codiert und das Material für TV-Distribution, Auslieferung auf DVD, Blu-ray oder für das Internet wird zumeist im Schema 4:2:0 unterabgetastet.

Im Back-End-Bereich des HDTV-Workflows wird das aufgenommene Material entweder im Studiobereich gemastert oder erreicht den Zuschauer direkt. Die ankommenden Bildsequenzen müssen nun an das Display angepasst werden. Hierzu wird im Studio-Bereich die interne s-Kurve des Displays entfernt und eine 3 × 3-Matrix angewendet, die die Primärvalenzen des BT.709-Farbraums an die des Displays anpasst. Zum Abschluss kommt noch eine Elektro-optische Übertragungsfunktion (EOCF) zur Anwendung. Da im Consumerbereich die Gestaltung des Farbworkflows freier gehandhabt wird[2], sind an den entsprechenden Positionen Fragezeichen angegeben.

Limitationen des displaybezogenen Workflows

Das größte Problem bei einem displaybezogenen Workflow ist, dass die Anpassung des aufgenommenen Materials an ein theoretisches Display bereits in der Kamera vorgenommen wird. Ein theoretisches Display ist ein Konstrukt, dessen Parameter (Primärvalenzen, Weißpunkt, Gamma) durch den Farbraum repräsentiert wird, in den das Bildmaterial in der Kamera codiert wird. Das ist im HDTV-Workflow der BT.709-Farbraum.

Während beim Mastering die Parameter des Monitors und der Studioumgebung standardisiert sind, werden sie im Consumerbereich von den Herstellern der Wiedergabegeräte weitestgehend frei interpretiert. Dazu kommt, dass im Consumerbereich das Augenmerk allein auf der Wiedergabe der Bilder durch das Display selbst liegt. Die Umgebung, in der das Material betrachtet wird, findet keine Berücksichtigung. Da die Interpretation der Bilder durch das menschliche visuelle System aber davon geprägt ist, welche Referenzfarben in der Umgebung zur Verfügung stehen, wird vom Betrachter zum Beispiel Weiß auf dem Display in Abhängigkeit von weißen – oder als weiß empfundenen – Objekten in der Umgebung interpretiert (vgl. Poynton 2012b, S. 310).

Auch die durchschnittliche Beleuchtungsstärke der Umgebung hat einen großen Einfluss darauf, in welcher Weise die Bildinformationen wahrgenommen werden. Da diese Faktoren am Beginn der Bildkette nicht vorhergesehen werden können, ist es sinnvoll, das Aussehen des Bildmaterials nicht am Anfang des Workflows, sondern an dessen Ende festzulegen. Es ist damit notwendig, nicht dessen Beginn, sondern das Ende zu standardisieren, wie es zum Beispiel beim Digitalkino der Fall ist. Nur dann kann gewährleistet werden, dass der Betrachter am Ende der Bildkette die Bilder in der gleichen Weise sieht, wie sie vom Kameramann und Regisseur gestaltet wurden.

[2] Stand September 2015

2.3 Farbworkflow mit szenenbezogenem (scene-referred) Bildmaterial

2.3.1 Einführung in den szenenbezogenen Workflow

> Working with the dynamic ranges typical of scene-referred imagery positively impacts almost every area of the computer graphics pipeline, particularly when the goal is physical realism (Selan 2012, S. 23).

Überblick über den szenenbezogenen Workflow

Bildmaterial ist dann szenenbezogen, wenn die Farb- und Luminanzwerte der Pixel proportional zum Betrag des Lichts der Objekte sind, die die Kamera in der Szene aufgenommen hat. Um ein Bild in den szenenbezogenen Status zu überführen, muss der *Film-* oder *Videolook* entfernt werden. Dies geschieht entweder gleich bei der Aufnahme, indem die Kamera *charakterisiert* wird (siehe Abschn. 2.6.2). Das heißt, es werden alle Verfälschungen durch das Objektiv sowie Farbkonvertierungen und Einflüsse von Codierungsprozessen entfernt, sodass ein linearer Zusammenhang zum Licht der Szene entsteht. Ein anderer Weg ist die Erstellung von Material in Form von Computergrafiken durch physikalisch basiertes Rendering.

Szenenbezogene Pipelines sind naturgemäß linear, da die Pixelwerte proportional zum Licht und damit zur Anzahl der Photonen in der Originalszene sind. Da kein expliziter Weißpunkt festgelegt ist, können die Farbinformationen der Pixel Werte annehmen, die mehrere 10.000-mal oder 100.000-mal über dem Wert von 18%igem Grau liegen.

Von einem szenenbezogenen Workflow profitieren vor allem 3D-Renderings, die eine physikalisch-plausible Grundlage haben und Compositings, die Filter oder realistische Kameraeffekte wie Defocus, Bewegungsunschärfe und Anti-Aliasing anwenden (vgl. Selan 2012, S. 23).

Zusammenfügen von Bildern unterschiedlicher Herkunft (Multiple Inputs und Outputs)

Aufnahmen für den Filmprozess entstammen zumeist einer Reihe unterschiedlicher Quellen und liegen in verschiedenen Formaten vor:

- 10-Bit logarithmisch codierte DPX-Dateien mit Scans von 35 mm-Film, 16-mm-Film und IMA,
- RAW-Format-Bildsequenzen von Digitalen Filmkameras (scene-referred),
- BT.709-Video (display-referred),
- RAW-Format-Bilder von Digitalen Spiegelreflexkameras (scene-referred),
- 16-Bit linear codierte OpenEXR-Dateien mit CG-Renderings,
- 8-Bit, 16-Bit, 12-Bit gammacodierte Bilddateien (display-referred),
- Adobe Wide-Gamut Bilddateien (display-referred) etc.

Auch unterschiedliche Ausgabegeräte wie der Home-Bildschirm (TV, DVD, Blu-Ray), Büro-Displays in einer sehr hellen Umgebung und Projektoren für das Digitale Kino erfordern, dass das Bildmaterial angepasst werden muss.

Besonders in der VFX-Produktion ist es notwendig, die Materialien aus den unterschiedlichen Quellen glaubhaft und nahtlos zu kombinieren. Dabei ist es hilfreich, wenn sie im gleichen Farbraum vorliegen und ein lineares Verhältnis zum Licht der Szene haben. Da diese Stufe vor dem abschließenden Digital-Intermediate-Prozess stattfindet, ist das finale Aussehen des Bildmaterials nur annähernd festgelegt und kann sich noch in entscheidendem Maße ändern. Deshalb dürfen auch keine destruktiven Farbkorrekturen, die das Material nachhaltig verändern, angewendet werden. Das bedeutet auch, dass der Dynamikumfang nicht eingeschränkt werden darf. Auch Animationsfilme, die komplett aus Computergrafik-Renderings bestehen, werden in der Regel in einem linearen Umfeld erstellt.

Um die unterschiedlichen Materialien kombinieren zu können, müssen diese in einem gemeinsamen linearen szenenbezogenen Farbraum vorliegen. Zumeist wurden aber aufnahmebedingt oder aufgrund der Erfordernisse des Codierungsprozesses (Gleichabständigkeit) bereits Veränderungen in das Material eingefügt. Um das Material szenenlinear zu machen, ist es notwendig, die angewendeten Bearbeitungen durch inverse Operationen zu entfernen. Dazu müssen die entsprechenden Informationen der Kamerahersteller in Form von Funktionen oder LookUp-Tabellen vorliegen.

Darstellung von szenenbezogenem Bildmaterial

Da das szenenbezogene Bildmaterial einen linearen Bezug zum originalen Licht der Szene hat, ist es nicht zur Anzeige auf einem Bildschirm oder zur Darstellung mit einem Kinoprojektor optimiert. Diese Bilder wirken naturgemäß flach und leblos, da der Kontrast gering und der Dynamikumfang hoch ist. Vor Ausgabe auf den Endgeräten müssen Kontrast und Sättigung erhöht werden.

An einer bestimmten Stelle der Produktionskette wird das endgültige Aussehen des Bildmaterials festgelegt. Dies geschieht beim Filmworkflow letztendlich in der Digital-Intermediate-Stufe. Dort werden die Farbwerte der Pixel so eingestellt, dass sie sich in den Dynamikbereich des Projektors oder des Monitors einordnen. Damit aber während der Produktionskette die beteiligten Bearbeiter eine Vorstellung davon haben, wie das Bildmaterial am Ende aussehen soll, wird frühzeitig ein non-destruktives Erscheinungsbild festgelegt. Es wird in *LookUp-Tabellen (LUTs)* (siehe Abschn. 2.3.5) oder *Color-Decision-Lists (CDLs)* zusätzlich zu den in einem geeigneten Format abgelegten Aufnahmen mitgeliefert. Diese Metadaten können dann in den verschiedenen Stufen des Workflows angewendet werden und am Ende als Startpunkt für die Farbkorrektur fungieren. Außerdem ist es möglich, Änderungen am Aussehen des Bildmaterials vorzunehmen, indem lediglich die Metadaten verändert werden.

Ein solcher Workflow sollte sorgfältig geplant sein. Dies gilt besonders bei umfangreichen Produktionen, an denen mehrere Firmen vor allem im VFX-Bereich beteiligt sind. Hier ist es notwendig, den Compositing-Artists der jeweiligen In-House-Produktionen ein Farbschema vorzugeben, damit sie die Compositings hinsichtlich von Kontrast und Farbe überprüfen können. Diese anhand von LUTs und CDLs mitgelieferten Metadaten werden nicht destruktiv auf das Bildmaterial angewendet und dienen lediglich zur Anzeige und Kontrolle. Damit wird gewährleistet, dass das Grundprinzip der VFX-Produktion eingehalten wird: Das Bildmaterial darf nicht verändert werden, damit es sich mit unbearbeiteten Aufnahmen zusammenfügen lässt.

OpenEXR-Dateiformat

Um den hohen Dynamikbereich der szenenbezogenen Aufnahmen aufrechtzuerhalten, werden sie für den VFX- und Animationsbereich in linearen OpenEXR-Dateien weitergegeben. Die beteiligten Mitarbeiter der verschiedenen Postproduktionsfirmen können dann mit szenenbezogenem Material arbeiten, das für physikalisch basierte Bearbeitungsprozesse den linearen Bezug zur Szene aufrechterhält.

OpenEXR ist ein Open-Source-Dateiformat, das von der VFX-Firma *Industrial Light and Magic*[3] 1999 entwickelt wurde, um Fließkomma-codierte szenenbezogene Bilddaten zu speichern und zu verteilen. Das OpenEXR-Format ist direkt auf die Erfordernisse der digitalen Filmpipeline abgestimmt. Es verwendet neben der 32-Bit-Fließkomma-Codierung auch eine 16-Bit-Fließkomma-Codierung mit halber Präzision (engl. *half-precision floating-point),* die für reine Bilddaten ausreichend ist, während die höhere Auflösung vor allem für technische Utility- oder Daten-Passes verwendet wird. OpenEXR-Dateien unterstützen eine Reihe von Kompressionsalgorithmen – verlustfreie und verlustbehaftete. Besonders wichtig ist die Möglichkeit, Deep-Image-Daten im Open EXR-Format Version 2.0 zu speichern. Die Werte der Farbkanäle sind proportional zum Licht der korrespondierenden Szene. Deshalb müssen bei Konvertierungen von Bildmaterial mit anderen Dateifor-

[3] http://www.ilm.com

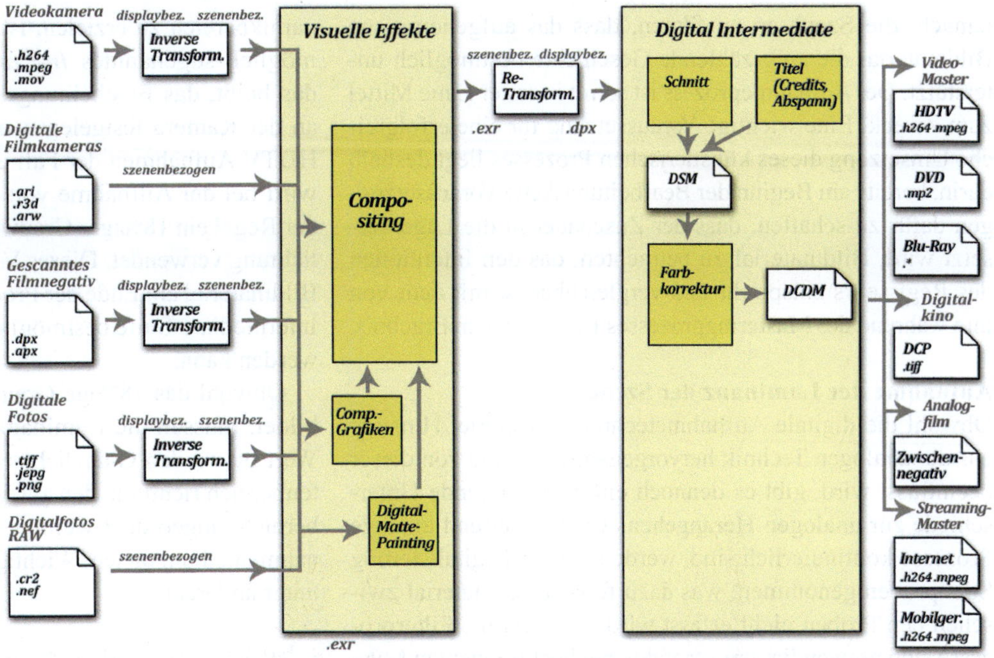

Abb. 2.19 Szenenbezogener Workflow

maten die Luminanzwerte der Szene rekonstruiert werden (vgl. Kainz 2007, S. 1 f.).

In Abb. 2.19 ist der szenenbezogene Workflow vereinfacht schematisch dargestellt. Im Zentrum steht die VFX-Produktion. Hier müssen alle ankommenden Quellen im szenenbezogenen Farbraum vorliegen. Bei manchen Materialien wurden herstellerseitig Funktionen angewendet, die das Material destruktiv verändert haben. Dabei handelt es sich in der Regel um logarithmische Funktionen, Potenzfunktionen und Funktionen, die das Erscheinungsbild beeinflussen. Diese müssen durch eine inverse Konvertierung entfernt werden, um den linearen Bezug zum Licht der Szene wieder herzustellen. In einem modernen Workflow erfolgt diese Konvertierung zumeist automatisch in den Input-Operatoren des Compositing-Programms. Problematisch ist die Einbeziehung von szenenbezogenem Material in 3D-Programme. Diese sind nicht immer für einen solchen Workflow ausgelegt, sodass hier verschiedene Workarounds angewendet werden müssen. Die Renderings werden aber zumeist szenenbezogen in OpenEXR-Dateien ausgegeben, sodass hier keine Konvertierung vorgenommen werden muss.

Die Bearbeitungen finden dann in einem linearen HD-Farbraum statt, dessen Wertebereich den Einheitswert (1,0) eines traditionellen Farbraumes um das Vielfache übersteigt. In dieser Stufe des Workflows ist das bevorzugte Dateiformat OpenEXR.

Nach der Bearbeitung werden die Resultate der Digital-Intermediate-Stufe (DI) übergeben. Aus historischen und bearbeitungstechnischen Gründen (siehe Abschn. 2.3.4) wird dort mit logarithmisch codierten Daten gearbeitet. Es sei hier angemerkt, dass die *Academy of Motion Pictures Arts and Sciences (AMPAS)* große Anstrengungen unternimmt, einen zukunftssicheren Workflow zu etablieren, in dessen Zentrum hoch auflösende lineare OpenEXR-Dateien stehen (siehe Abschn. 2.6).

Das Material wird aber zur Zeit zumeist in logarithmische DPX- oder APX-Dateien konvertiert und der DI-Stufe übergeben. Hier finden eine abschließende Farbkorrektur und das Mastering für die unterschiedlichen Ausgabeformate statt.

Problematisch ist die Darstellung des Bildmaterials, da es nicht für die Betrachtung durch das menschliche visuelle System optimiert ist. Hier wird für nicht displaybezogenes Material (zum Beispiel Arri-RAW, RED-RAW, DPX-Negativ-Scans) das Erscheinungsbild frühzeitig festgelegt. Die in der Regel künstlerischen Entscheidungen werden anhand einer 1D-LUT, 3D-LUT und CDL weitergegeben. Dabei können unterschiedliche Metadaten per Film, per Szene und per Einstellung vorliegen. Für die Anwendung können sie mit dem Viewer der unterschiedlichen Compositing- und 3D-Programmen verknüpft werden. Eine alternative Methode ist, die Metadaten direkt in den Compositing-Prozess als erste Stufe einzufügen. Der Compositing-Artist kann dann direkt mit dem beabsichtigten Erscheinungsbild arbeiten und zum Beispiel überprüfen, ob die Masken keine sichtbaren Artefakte aufweisen oder er kann Farbanpassungen kontrollieren. Am Ende der Bearbeitung wird dann ein Operator eingefügt, der die angewendeten Metadaten invertiert, sodass keine displaybezogenen Änderungen in das Material geschrieben werden.

2.3.2 Aufnahmestrategien beim szenenbezogenen Workflow

Filmproduktionen sind im Gegensatz zu forensischen Aufnahmen, bei denen eine hohe Realitätsnähe gefordert ist, künstlerischer Natur. Der Kameramann und der Regisseur streben danach, die Szene so zu filmen, dass das aufgenommene Bildmaterial die zu erzählende Geschichte bestmöglich unterstützt. Der Aufnahmeprozess ist somit in erster Linie Mittel zum Zweck. Eine wichtige Voraussetzung für eine erfolgreiche Umsetzung dieses künstlerischen Prozesses liegt deshalb darin, bereits am Beginn der Bearbeitungskette Voraussetzungen dafür zu schaffen, dass der Zuschauer in die Lage versetzt wird, Bildmaterial zu betrachten, das den Intentionen des Regisseurs entspricht und vergleichbar ist mit dem von ihm während des Masteringprozesses freigegebenen Ergebnis.

Aufnahme der Luminanz der Szene

Obwohl die digitale Aufnahmetechnik in vielerlei Hinsicht aus der analogen Technik hervorgegangen ist und von dieser beeinflusst wird, gibt es dennoch einige gravierende Unterschiede zur analogen Herangehensweise. Während analoge Prozesse kontinuierlich sind, werden bei der Digitalisierung Stichproben genommen, was dazu führt, dass Material zwischen den Proben nicht erfasst wird. Aufwendige Filterprozesse sind notwendig, um Artefakte bei hochfrequenten Mustern zu vermeiden. Ein weiteres Problem besteht darin, dass Filmnegative im Schulterbereich der Aufnahmekurve eine weiche Kompression aufweisen und deshalb mit Überbelichtungen sehr gut umgehen können. Dies ist im digitalen Aufnahmeprozess nicht möglich. Wird die Grenze der Auflösung erreicht, erfolgt ein sprunghaftes Clipping und der entsprechend überbelichtete Bereich brennt aus. Zuviel Licht führt außerdem dazu, dass Photonen von den Photoelementen im Sensor nicht aufgenommen werden können und auf angrenzende Elemente überspringen, wodurch die Überbelichtung des Bildmaterials auf größere Flächen ausgedehnt wird.

So belichten Kameramänner das Negativmaterial zumeist so, dass Detail im Schattenbereich entsprechend den Intentionen und Vorgaben zur Geltung kommt, während die Glanzlichter durch den analogen Prozess ausreichend komprimiert werden. Im Gegensatz dazu muss bei digitalen Filmaufnahmen aus oben genannten Gründen die Aufmerksamkeit auf den oberen Bereich der Luminanzskala gelegt werden.

Ein gewisser Nachteil bei Aufnahmen mit analogem Negativfilmmaterial ist, dass diese nicht zeitnah evaluiert werden können. Die kreativen Entscheidungsträger müssen bis zum nächsten Tag warten, bis die Dailies vorliegen. Hier ist ein hoher Erfahrungswert hilfreich, um einschätzen zu können, wie die Aufnahmen letztlich aussehen werden. Der große Vorteil von digitalen Filmaufnahmen dagegen ist, dass der Kameramann die Bilder sofort auf einem Monitor kontrollieren kann. Auch können LUTs dem Monitor des Regisseurs zugewiesen werden. Er kann gleich *seinen Look* sehen und dennoch scene-referred (raw) aufzeichnen. Außerdem ist es möglich, in der Bearbeitungskette den Look zu revidieren oder sogar drastisch zu verändern.

Diese Vorgaben stellen bestimmte Anforderungen an den Aufnahmeprozess. Um Aufnahmen mit einem hohem Dynamikbereich zu erzielen, ist es unabdingbar, so wenig wie möglich sogenanntes *In-Camera-Grading* durchzuführen, das heißt, das Erscheinungsbild darf nicht durch Eingriffe an der Kamera festgelegt werden, wie es zum Beispiel bei HDTV-Aufnahmen der Fall ist (siehe Abb. 2.7). Stattdessen wird bei der Aufnahme von szenenbezogenem Material in der Regel ein 18%iger Grauwert als Bezugspunkt für die Belichtung verwendet. Dieses Vorgehen gewährleistet, dass das Bildmaterial am Ende der Produktionspipeline in der Digital-Intermediate-Stufe bestmöglich farbkorrigiert und gemastert werden kann.

Obwohl das 18%ige Grau einen wichtigen Bezugspunkt bildet, müssen die Luminanzwerte der Szene über diesem Wert bis zu den Glanzlichtern und auch darunter im Schattenbereich richtig in den zur Verfügung stehenden Dynamikbereich eingeordnet werden, den die Kamera und das Aufnahmemedium bieten. Wichtige Fragestellungen sind deshalb unter anderem:

- Welchen Wert erhält das diffuse Referenzweiß?
- Welche Glanzlichter sind zur Darstellung der Dynamik im Bild notwendig (engl. *highlight protection*) und dürfen deshalb nicht abgeschnitten werden?
- Befinden sich Details im Schattenbereich, die wichtig für den narrativen Prozess sind und deshalb erhalten bleiben sollen?
- Wie viel Rauschen ist in der Aufnahme zulässig?

Schutz der Glanzlichter durch Anwendung unterschiedlicher ISO-Werte

Um eine Balance zwischen dem Rauschpegel und dem höchsten Wert der Glanzlichter zu finden, spielen bei digitalen Filmkameras die ISO-Einstellungen eine große Rolle. Ist es bei den meisten Kameras notwendig, den ISO-Wert zu verringern, wenn sich die Luminanz der Szene erhöht, verfolgen die Hersteller digitaler Filmkameras ein anderes Prinzip.

Hier wird vor allem RAW-Material aufgenommen. Dieses repräsentiert den gesamten Dynamikumfang von ca. 13–14 Belichtungsstufen. Dabei erreicht den Sensor die gleiche Anzahl von Photonen unabhängig von den ISO-Einstellungen. Mit der Wahl des entsprechenden ISO-Wertes wird lediglich festgelegt, wie die RAW-Daten interpretiert werden, das heißt, welcher Bildbereich dem 18%igen Grau zugeordnet wird. Obwohl die ISO-Einstellungen nach der Aufnahme noch verändert werden können und somit das Aussehen nicht während der Aufnahme festgelegt werden muss, haben sie Einfluss auf die Bildqualität. Die Firma RED verwendet für ihre Kameras eine Lookup-Tabelle (FLUT), die durch die ISO-Einstellungen aufgerufen wird und den Prozess der Interpretation der RAW-Aufnahmen kontrolliert (vgl. Red 2015).

Der Kamerahersteller Arri verwendet unkomprimierte 12 Bit logarithmisch codierte RAW-Dateien als Ausgabeformat für die Arri-Alexa-Kamera. Diese sind lineare Sensor-

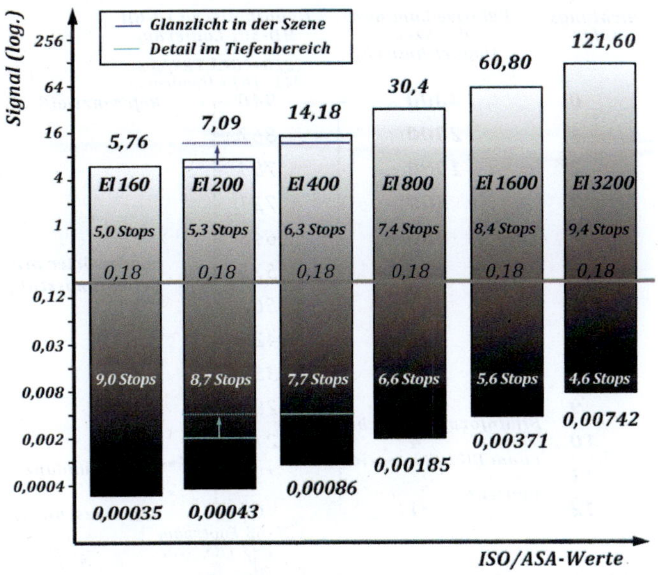

Abb. 2.20 Dynamikumfang in Abhängigkeit vom ISO/ASA-Wert für die Arri-Alexa-Kamera. (Bearbeitet nach Arri 2015b)

RAW-Daten und damit linear zum Licht der Szene. Arri bietet aber auch die Möglichkeit an, das Bildmaterial u. a. in Apples Quicktime ProRes444-Format mit einer logarithmischen Codierung unter Verwendung der Log C-Kurven auszugeben. Diese Encodierung folgt einer Graustufencharakteristik ähnlich dem Scan eines Negativs. Log C besteht aus einer Reihe von Kurven, deren Parameterwerte abhängig von den eingestellten ISO-Werten sind. Hier wird der Dynamikbereich ebenfalls entsprechend dem gewählten ISO-Wert angepasst, damit der volle Sensorpegel codiert werden kann (vgl. Arri 2015b).

Abbildung 2.20 zeigt das Prinzip der Kontrolle des Dynamikumfangs durch die ISO-Einstellungen. Bei einem ISO/ASA-Wert von 200 (*El 200 = Exposure-Level 200*) liegen je ein Detail im Tiefenbereich und ein Glanzlicht innerhalb des Dynamikbereichs von 14 Belichtungsstufen. Gelangt nun durch Verwendung einer offeneren Blende mehr Licht zu den digitalen Sensoren, führt die Erhöhung des Pegels dazu, dass das Glanzlicht nicht mehr im Dynamikbereich liegt und abgeschnitten wird. Durch die Wahl eines höheren ISO/ASA-Werts wird der Dynamikbereich angepasst und sein Spitzenwert um eine Belichtungsstufe gegenüber dem 18%igen Grau versetzt. Sowohl das Tiefendetail als auch das Glanzlicht befinden sich nun im von der Kamera verarbeiteten Dynamikbereich und letzteres wird nicht abgeschnitten.

Die Firma Arri beispielsweise gibt Empfehlungen für Greenscreen-Aufnahmen und geht dabei auf die Wahl der ISO/ASA-Werte unter Berücksichtigung der Balance von *highlight protection* und dem Rauschpegel ein (Arri 2015b):

> What is the best ASA rating for green/blue screen shots?
>
> The short answer is: 200–400 ASA.
>
> Here is the long answer: The "base" rating for the ALEXA in general is 800 ASA. When setting the camera to 800 ASA you get 7.4 stops of latitude above middle grey and 6.6 stops below. This gives you a very good range similar to that of film.
>
> When shooting green or blue screens in a controlled studio environment, often the 7.4 stops above middle grey are not needed. In a situation like this it could be preferable to set the ALEXA to a lower ASA rating. As long as the highlights don't get clipped a lower ASA rating will give you less noise in the image.
>
> When looking at a ALEXA image, often the noise/grain is not visible to the eye, but it is visible to a compositing keyer. Having less noise in the image means that the footage will be easier to key.

2.3.3 Codieren von szenenbezogenem Bildmaterial

Szenenbezogenes Material wird vor allem im RAW-Format aufgenommen. Obwohl die Parameter wie Anzahl der codierten Kanäle, die Bit-Tiefe und die Basis der Codierung (linear – logarithmisch) unter den Herstellern nicht einheitlich sind, hat dieses Format den entscheidenden Vorteil, dass es szenenbezogen ist und damit eine lineare Beziehung zum Licht der Szene aufweist. Der hohe Dynamikumfang des Materials stellt eine Reihe von Anforderungen an eine effiziente Codierung, die im Folgenden vorgestellt werden.

Normalisieren auf 18%iges Grau
Bei Filmproduktionen ist es oft sinnvoll, den Luminanzpegel der unterschiedlichen Aufnahmen für eine Produktion anzugleichen. Außenaufnahmen können einen absoluten Luminanzwert erreichen, der bis zu 1000-mal höher ist als der von Innenaufnahmen. Um diese Werte anzupassen, gibt es in der Filmindustrie den Grundsatz, das Material auf einen Wert von 18 % Grau zu normalisieren. Dieser Wert repräsentiert die diffusen Werte einer Tafel mit 18%igem Grau und liegt ca. 2,5 Belichtungsstufen unter dem Wert eines 100%igen Reflektors. Im Ergebnis führt dies dazu, dass Bildelemente Werte annehmen können, die über dem Einheitswert des Farbraums von 1,0 liegen. Diese Werte müssen entsprechend codiert werden (vgl. Selan 2012, S. 17).

Logarithmische Codierung
In der Fotografie folgt die Festlegung von Belichtungsstufen einer Potenzfunktion mit Exponent 2. Der Grund dafür ist, dass die auf das Aufnahmemedium fallende Lichtmenge durch die Größe der kreisförmigen Blendenöffnung bestimmt wird, deren Flächeninhalt sich nach Gl. 2.7 berechnet und mit dem Radius quadratisch ansteigt.

$$A = \pi r^2 \tag{2.7}$$

Die Blendenreihen führen deshalb Blendenzahlen *k* auf, die mit einem Faktor von $\sqrt{2}$ zunehmen, da die Blendenöffnung reziprok in das Ergebnis eingeht (Gl. 2.8).

$$k = \frac{f}{D} \tag{2.8}$$

mit

k Blendenzahl
f Brennweite
D Durchmesser der Blendenöffnung

Die Verwendung von logarithmisch codierten Werten ist in der digitalen Filmindustrie aufgrund ihrer physikalischen Grundlage weit verbreitet. Wie bereits in Abschn. 1.6.3 ausgeführt, wird durch die logarithmische Codierung eine Gleichabständigkeit des Farbraums hervorgerufen, wodurch die Bit-Tiefe der Dateien gering gehalten werden kann.

Abbildung 2.21 zeigt die hypothetische 10-Bit-Codierung von HD-Bildmaterial. Charles Poynton nennt sie *hypothetisch*, da HD-Material nicht logarithmisch, sondern mithilfe einer Potenzfunktion codiert wird. In diesem Schema ist die Gleichabständigkeit gut zu erkennen. Es werden jeweils 73 Codewörter pro Belichtungsstufe verwendet. Somit wird in der zur Verfügung stehenden Auflösung von Codewort 64 bis Codewort 940 ein Dynamikbereich von 12 Belichtungsstufen erfasst. Dies ist für displaybezogenes Bildmaterial ausreichend. Szenenbezogene Aufnahmen haben aber einen größeren Dynamikumfang, da sie auch Werte über dem Einheitswert 1,0 aufweisen, der hier mit dem Codewort 940 festgelegt wurde.

Dazu kommt noch eine Redundanz im Tiefenbereich. Da die Kontrastwahrnehmung des Menschen bei sehr geringer Luminanz (unter 1 cd/m^2) stark vermindert ist (de Vries-Rose-Gesetz), nimmt er in den unteren Belichtungsstufen außer Rauschen kaum nutzbare Informationen wahr. Von den 73 verwendeten Codewörtern wären dort 20–30 und in der untersten Belichtungsstufe 5–10 ausreichend (vgl. Poynton 2014, Class 03). Bei einer besseren Verteilung der Anzahl der Codewörter pro Belichtungsstufe könnten die im Tiefenbereich nicht benötigten Codewörter verwendet werden, um die Glanzlichter im Höhenbereich in einer höheren Auflösung zu codieren. Durch die Verwendung der rein logarithmischen Codierung werden die Belichtungsstufen aber gleichmäßig unterteilt, sodass eine modifizierte Lösung gefunden werden musste.

Quasi-Logarithmische Codierung

Die Aufgabe, vor der die Hersteller digitaler Filmkameras nun standen, war, die Übertragungskurve so zu gestalten, dass ihr Anstieg im Bereich mit hohem Kontrast (bis ca. 10–12 Belichtungsstufen unter *peak white*) konstant blieb. Damit war

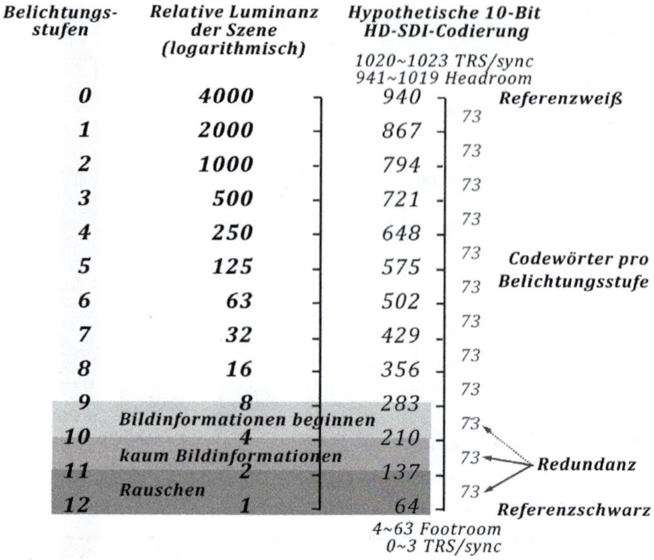

Abb. 2.21 Hypothetische 10-Bit-HD-SDI-Codierung. (Nach Poynton 2013, Class 03)

die Gleichabständigkeit gesichert, da in allen Belichtungsstufen die Anzahl der Codewörter exakt die gleiche war. Andererseits sollten im sehr luminanzarmen Bereich der Aufnahmen (13–14 Belichtungsstufen unter *peak white*) wesentlich weniger Codewörter verwendet werden. Dies wurde durch einen mathematischen Trick, die sogenannte *quasi-logarithmische Codierung,* realisiert. Hierbei wird ein ähnlicher Versatz wie in einer Gammafunktion eingefügt. Dadurch muss einerseits kein Schwellwert definiert werden, der verhindert, dass der Logarithmus bei Eingangswerten nahe null extrem hohe Werte einnimmt. Andererseits werden im Tiefenbereich weniger Codewörter verwendet als im konstanten Teil der resultierenden Kurve.

Die Gln. 2.9 (logarithmisch) und 2.10 (quasi-logarithmisch) zeigen das unterschiedliche Herangehen und Tab. 2.2 die Resultate der Berechnungen. Die Variable x repräsentiert die zu codierenden Luminanzwerte, die normalisiert zwischen 0 und 1 vorliegen. Für $x = 1$ ist bei beiden Varianten das Resultat gleich. Je geringer die Werte für x werden, desto stärker ist der Versatz erkennbar. Für $x = 0$ generiert die rein logarithmische Codierung (V_l) das Resultat $-\infty$. Durch die Wirkung des Versatzes wird bei der quasi-logarithmischen Codierung (V_{ql}) der Wert null erzielt.

Tab. 2.2 Logarithmische und quasi-logarithmische Codierung

X	V_l	V_{ql}
1	1	1
0,1	0,5	0,518713249
0,05	0,34949	0,387258483
0,011	0,02070	0,15996922
0	$-\infty$	0

Abb. 2.22 Quasi-logarithmische Codierung von digitalen Filmaufnahmen. (Bearbeitet nach Poynton 2014, Class 03)

Belichtungsstufen unter Peak-White	Relative Belichtung	Lineares Licht (10-Bit-Codierung)	Δ	Logarithmisch (Log 100)	Δ	Filmstream (Log 60)	Δ	Arri (C Log für EL 800 *)	Δ
0	1,000000	1023	512	1023	153	1023	168	958	76
1	0,501187	511	256	870	153	855	165	882	76
2	0,251189	255	128	716	153	690	157	806	76
3	0,125893	127	64	563	153	533	145	730	76
4	0,063096	63	32	409	153	388	125	654	76
5	0,031623	31	16	256	153	263	98	578	75
6	0,015849	15	8	102	153	165	69	503	74
7	0,007943	7	4	-51	153	96	43	429	72
8	0,003981	3	2	-205	153	53	25	357	68
9	0,001995	1	1	-358	153	28	13	289	62
10	0,001000	0		-512	153	14	7	227	53
11	0,000501	0		-665	153	7	4	174	40
12	0,000251	0		-819	153	4	2	134	27
13	0,000126	0		-972	153	3	1	107	12
14	0,000063	0		-1126	153	1	0	95 (BL)	
15	0,000032	0		-1280		0			

* Mit 18% Grau auf Codewort 400/1023 codiert 7,4 Belichtungsstufen unter Peak-White

$$V_l = \log_{100}[100 \cdot x] \tag{2.9}$$

$$V_{ql} = \frac{1}{\log_{100}} \log[1 + 99 \cdot x] \tag{2.10}$$

Die erste Implementierung dieser Technik im Filmbereich wurde von Mitarbeitern von Grass Valley[4] für die *Viper FilmStream-Kamera* entworfen. Das zugrunde liegende Schema ist in Gl. 2.11 angegeben.

$$V = \frac{1}{\log_{60}} \log[1 + 59 \cdot x] \tag{2.11}$$

Abbildung 2.22 zeigt die Verteilung der Codierungswörter über die Belichtungsstufen in den einzelnen Codierungsschemata. Zum besseren Vergleich wurde eine 10-Bit-Auflösung mit 1023 als Spitzenwert gewählt. Bei der linearen Codierung sind nur in den ersten vier Belichtungsstufen ausreichend Codewörter vorhanden. Hier müsste die Auflösung auf für lineare Daten gebräuchliche 16 Bit erhöht werden. Die reine logarithmische Codierung (Basis 100) ergibt eine gleichmäßige Verteilung von 153 Codewörtern pro Belichtungsstufe. Diese werden ab einem bestimmten Wert negativ. Hier muss ein Schwellwert festgelegt werden, um diese Codierung verwenden zu können. Die Filmstream-Codierung zeigt bereits die Möglichkeiten der quasi-logarithmischen Herangehensweise. Über sieben Belichtungsstufen ist die Anzahl der zur Verfügung stehenden Codewörter ausreichend, bevor sie im Laufe einer größeren Anzahl von Belichtungsstufen auf sehr geringe Werte absinkt.

Für die Kurve *El800*, die Arri als Basiskurve für die Log C-Codierung angibt, ist der Wert (76 Codewörter) über eine große Anzahl von Belichtungsstufen gleich, ehe er im geringen Maße abnimmt. In den letzten beiden Belichtungsstufen ist die Anzahl der verwendeten Codewörter stark reduziert. Auch hier wurde mit dem Codewort 95 ein Schwellwert für den Schwarzpegel (engl. *clipping value*) festgelegt, der nicht unterschritten wird. Der Spitzenwert (958) ergibt sich aus der Codierung des Luminanzwerts 30,40. Er liegt genau 7,4 Belichtungsstufen über einem 18%igen Grau. Für den von Arri für diese Kurve angegeben Clipping-Wert ergibt sich ein Spitzenwert von Codewort 976.

Codierung von Arri-Log C

Der Kamerahersteller Arri verfolgt bei der Log C-Codierung des Bildmaterials ebenfalls die Strategie einer quasilogarithmischen Codierung. Die mit 10-Bit-Auflösung codierten Log C-Kurven sind so gestaltet, dass sie das Verhalten eines Filmnegativs simulieren. Die Besonderheit dabei ist, dass Log C aus einer Kurvenschar besteht, deren Parameter sich je nach ISO/ASA-Wert ändern. Arri gibt eine Grundformel zur Berechnung an (Gl. 2.12). Die entsprechenden Parameter der Konstanten (a–f) können aus einer Tabelle (Arri 2012, S. 9) entnommen werden. Die entsprechenden Parameter für die Kurve El800 sind in Gl. 2.13 angegeben.

$$\begin{aligned} V &= \mathrm{c} \cdot \log_{10}(\mathrm{a}x + \mathrm{b}) + \mathrm{d} && |x > \mathrm{cut} \\ V &= \mathrm{e} \cdot x + \mathrm{f} && |x \leq \mathrm{cut} \end{aligned} \tag{2.12}$$

Für EL 800:

$$\begin{aligned} V_{\mathrm{RGB}} &= 0{,}247 \cdot \log_{10}(5{,}55x + 0{,}052) + 0{,}385 && |x > 0{,}10591 \\ V_{\mathrm{RGB}} &= 5{,}367655 \cdot x + 0{,}92809 && |x \leq 0{,}10591 \end{aligned} \tag{2.13}$$

4 http://www.grassvalley.com

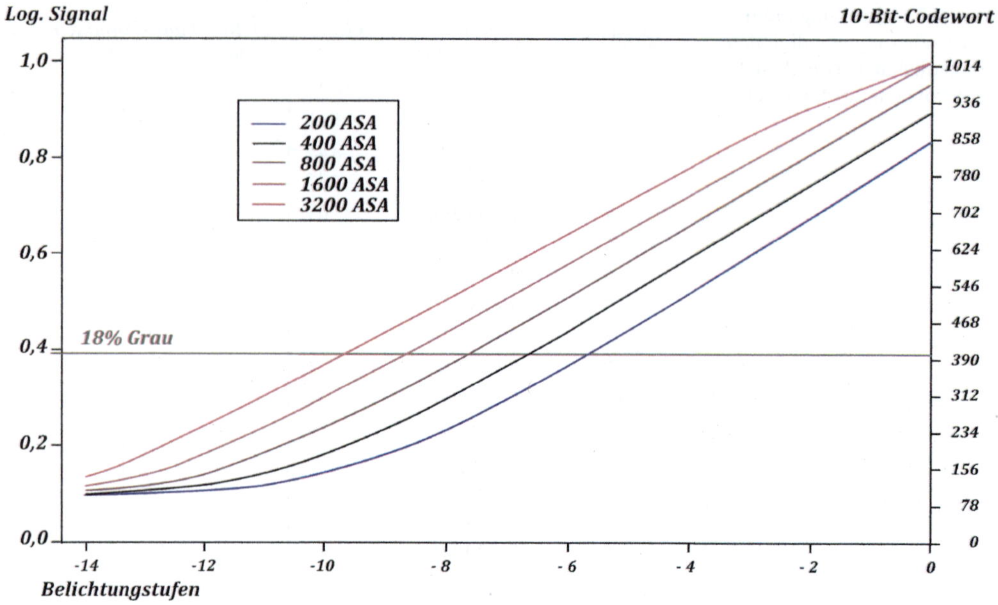

Abb. 2.23 Codierung von Arri-Alexa-Aufnahmen bei unterschiedlichen ISO/ASA-Werten. (Nach Arri 2012)

Jede Kurve setzt den Wert des Sensorsignals, das dem 18%igen Grau entspricht, auf Codewort 400/1023. Der mit Gl. 2.13 berechnete korrespondierende Wert des Log-Signals ist 0,391. Das jeweils zulässige Maximum der Luminanz hängt von den ausgewählten ASA/ISO-Werten ab. Die Grundidee für die Gestaltung der Kurven ist, dass durch höhere Luminanzwerte in der Szene mehr Photonen am Sensor ankommen und höhere Ausgabewerte erzeugen. Da Log C die Belichtungswerte der Szene repräsentiert, muss der codierbare Spitzenwert angehoben werden. Für den Schwarzbereich wurde ein Schwellwert mit Codewort 900/1023 festgelegt. Alle Kurven verfügen in einem großen Bereich (> 10 Belichtungsstufen) über einen konstanten Anstieg. Die verfügbaren Codewörter liegen im Bereich von 73–78 pro Belichtungsstufe. Die Kurven für geringere Luminanzen (El200 und El400) haben eine ausgeprägte Komprimierung im Tiefenbereich. Die El3200-Kurve verfügt auch über eine Komprimierung im Höhenbereich, um die erhöhten Luminanzwerte an die zur Verfügung stehende Auflösung anzupassen (vgl. Arri 2012).

2.3.4 Arbeiten mit szenenbezogenem Bildmaterial

VFX-Farbworkflow

Für die VFX-Produktion wird szenenbezogenes Bildmaterial verwendet. Damit wird mit dem hohen Dynamikumfang einer realen Szene gearbeitet. Da die Bildsequenzen eine lineare Beziehung zum Licht der Szene (szenenlinear) haben, können sie als Basis für physikalisch basierte Berechnungen und Renderings verwendet werden.

Auch hier gilt das traditionelle Grundprinzip für visuelle Effekte, das besagt, dass keine Änderungen am Erscheinungsbild des Ausgangsmaterials vorgenommen werden dürfen. Für die Bearbeitung müssen die importierten Bildmaterialien mit inversen Bearbeitungsfunktionen (Gamma, logarithmisch, herstellerspezifisch) linearisiert werden. Nach der Bearbeitung werden die entfernten Funktionen wieder angewendet, sodass sich keine Änderungen zum Originalmaterial ergeben.

OpenEXR-Dateien können aufgrund der Fließkommacodierung hohe Dynamikwerte zur Erhöhung der Bildgenauigkeit speichern. 16-Bit-Half-Precision- und 32-Bit-Floating-Point-Material überschreiten die Grenzen des jeweiligen Farbraums. Besonders Luminanzwerte von Glanzlichtern und Reflexionen sowie von Renderings mit HDRI-Beleuchtung, aber auch von Lichteffekten, Feuer und Laserdarstellungen sind stellenweise wesentlich höher als der Einheitswert des Farbraums. Da hier mit sehr hohen Dynamikwerten gearbeitet wird, entsteht eine Reihe von Vorteilen, Problemen und speziellen Anforderungen an den Produktionsprozess (vgl. Selan 2012, S. 31–40 für die folgenden Absätze).

Beleuchtung, Rendering und Shading

In diesen Bereichen der Medien- und Filmproduktion werden bei modernen Anwendungen physikalisch-plausible Konzepte verfolgt. Diese lassen sich bevorzugt in einem szenenlinearen Farbraum mit hoher Dynamik umsetzen. Global-Illumination-Algorithmen und physikalisch-basierte Shading-Modelle profitieren von Bildern und Szenen mit einem hohen Dynamikbereich und tragen zu Renderings mit natürlichem Aussehen bei. Die Verwendung von HDR-Bildern beim Image-Based-Lighting führt allerdings auch zu Problemen beim Berechnen der diffusen Lichtkomponenten (siehe Abschn. 9.7.5). Hier können die hohen Dynamikunterschiede zwischen der extrem hellen Lichtquelle Sonne und den anderen Elementen im HDR-Bild Rauschen erzeugen. Bei der

Verwendung moderner Path-Tracing-Renderer können diese Artefakte durch das Importance-Sampling vermieden werden.

Physikalisch basierte Shader profitieren ebenfalls von einem szenenlinearen Umfeld, besonders beim Umgang mit dem quadratischen Lichtabfall, der in einem begrenzten Dynamikbereich wie bei displaybezogenem Bildmaterial oft nicht adäquat dargestellt werden kann und abgeschnitten wird. Auf der anderen Seite werden sehr hohe Luminanzwerte für Lichter mit quadratischem Lichtabfall benötigt, um die Umgebung entsprechend auszuleuchten.

Filter

Anti-Aliasing-Filter profitieren von dem szenenlinearen Umfeld, aber abhängig von der Gestaltung der Filterkerne (siehe Abschn. 8.5.4) kann die hohe Energie der Pixel Artefakte bei Filterprozessen hervorrufen. Besonders Schärfefilter haben kleine negative Abschnitte in ihrer Anwendungskurve, die dunkle Ränder um sehr helle Bildbereiche erzeugen. Die Ursache sind die großen Helligkeitsunterschiede zwischen den Glanzlichtern, die bedingt durch die hohen Initialwerte der Sonne oder der 3D-Lichter Luminanzwerte von mehreren Dutzend bis mehreren Tausend einnehmen können, und der Luminanz der Ränder, die zumeist unterhalb des Einheitswerts (1,0) liegt.

Zur Lösung des Problems wird das Konzept des Roll-Offs (Soft-Clip) angewendet. Hierbei wird HDR-Bildmaterial bei Aufrechterhaltung der Farbgebung in den Standardbereich von 0 bis 1 komprimiert. Im Arbeitsablauf wird zuerst das zu filternde HDR-Material konvertiert. Dann wird der Filter angewendet und abschließend erfolgt eine Re-Konvertierung in den HDR-Bereich. Die Algorithmen können in verschiedenen Modi arbeiten, bei denen entweder die Sättigung verringert wird und damit Farbton und Helligkeit erhalten bleiben oder es wird die Helligkeit verringert und Farbton und Sättigung bleiben erhalten oder als dritte Möglichkeit wird eine logarithmische Kurve zur Konvertierung angewendet, um keine harten Übergänge zu erzeugen. Dieses Verfahren verringert die Energie der Pixel und reduziert damit die Intensität der Glanzlichter – diese ordnen sich aber mit weichen Übergängen in das Bild ein.

Compositing

Bei der Verwendung von szenenbasiertem Material produzieren alle Compositing-Operationen realistischere Resultate. Eine lineare Beziehung zum Licht der Szene hat vor allem die Konsequenz, die Dynamik der Luminanzwerte auf die digitale Ebene zu übertragen und weitestgehend aufrechtzuerhalten. Displaybasiertes Material hat einen Tone-Mapping-Prozess durchlaufen, bei dem es in den Arbeitsbereich des Displays konvertiert wurde. Durch die dabei verwendeten Filteroperationen wurde nicht nur die Dynamik der Luminanz eingeschränkt, sondern auch die Energieunterschiede der Pixel in den hellen und dunklen Bildteilen nivelliert, sodass nachfolgende Anwendungen auf Bilder zurückgreifen, bei denen das ursprüngliche charakteristische Bilddetail nicht mehr vorliegt.

Von szenelinearem Material profitieren vor allem Operationen, bei denen sehr helle und damit energiereiche Bildbereiche mit benachbarten dunkleren überlagert werden wie Bewegungsunschärfe, Bildverzerrungen, Skalierungen und Rotationen. Besonders bei Defocus-Operation bleiben die Glanzlichter durch ihre hohe Energie noch erkennbar, wenn sie durch die Filteranwendung mit den benachbarten Pixeln verschmelzen. Aber auch Compositings mit transparenten Elementen wie Haaren oder volumetrischen Effekten erzielen realistischere Resultate.

Erzeugen von Texturen und Matte-Painting

Der Großteil der Erzeugung von Texturen findet traditionell in einem displaybezogenen Farbraum statt. Der große Vorteil dabei ist, dass das gemalte oder anderweitig erzeugte Bild direkt in seiner finalen Farbgebung am Bildschirm dargestellt wird. Die Tatsache, dass diese Materialien im displaybezogenen Farbraum erzeugt, aber später in einem szenenbezogenen Farbraum Verwendung finden, stellt nicht zu unterschätzende Herausforderungen an den Farbworkflow in der Produktionspipeline dar.

Eine Möglichkeit ist die Anwendung des *Inversen Tone-Renderings*. Dabei arbeitet der Texture- oder Matte-Painting-Artist in einem szenenbezogenen Farbraum. Die Ergebnisse werden aber zur Anzeige in Echtzeit in einen displaybezogenen Farbraum konvertiert. Der Umgang mit den für diese Konvertierungen verwendeten LUTs und s-förmigen Kurven ist aber nicht einfach, da signifikante Luminanz- und Farbänderungen auftreten können, wenn der Painting-Artist in Bereichen der Funktionen arbeitet, in denen sich der Anstieg der Kurve sprunghaft ändert.

Eine weitere Besonderheit beim Erzeugen von Texturen liegt darin, dass nicht nur ein mit dem Beauty-Pass vergleichbares Bild erzeugt wird, das die Farbinformationen enthält, sondern auch eine Reihe von Utility-Maps wie Spectral-Maps, Bump-Maps, Displacement-Maps oder weitere projektabhängige Maps. Bei diesen muss sichergestellt werden, dass die entsprechende Auflösung der Shader (0, 1 linear) berücksichtigt wird und die farbmetrischen Konvertierungen nicht angewendet werden, da es sich hier um Dateninformationen und keine Farbinformationen handelt, obwohl sie als Bilder weitergegeben werden. Um Fehlinterpretationen und Unkorrektheiten im Arbeitsablauf zu vermeiden, sollte alles Bildmaterial (Texturen, HDR-Bilder, Matte-Paintings) bereits vor der Anwendung in der szenenbezogenen Produktionsstufe linearisiert werden.

Umgang mit logarithmischem Material

Das in die VFX-Pipeline eingespeiste Material der digitalen Filmkameras ist zumeist logarithmisch codiert. Da in der VFX-Eingangsstufe eine Linearisierung erfolgte, muss das

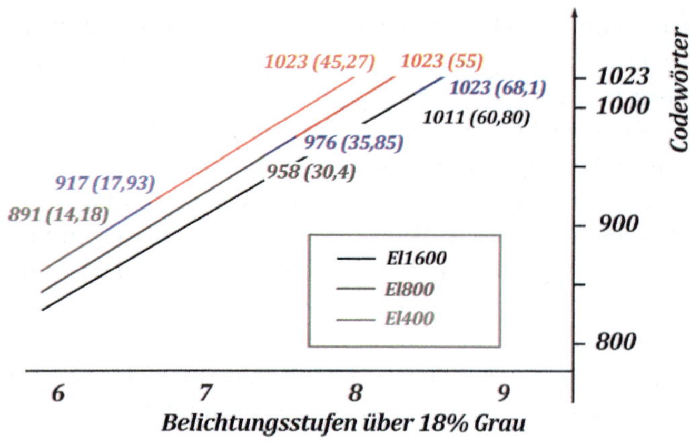

Abb. 2.24 Codierung der Spitzenwerte für die Arri-Alexa-Kamera (Log C)

Bildmaterial nach der Bearbeitung in den ursprünglichen Codierungszustand versetzt und als logarithmische Daten an die DI-Stufe weitergegeben werden. Hier muss eine Reihe von Anpassungen vorgenommen werden.

Besonders Lichteffekte und spekulare Glanzlichter können sehr hohe Werte annehmen, die zwar in linearen 16-Bit-Fließkomma-EXR-Dateien gespeichert werden können, aber bei der Weitergabe in 10-Bit-logarithmisch codierten Dateien abgeschnitten würden.

Abbildung 2.24 und Tab. 2.3 zeigen die Codierung dreier Log C-Kurven der Arri Alexa-Kamera. Für die Kurven *El400*, *El800* und *El1600* sind die jeweiligen Codewörter mit den möglichen Luminanz-Spitzenwerten angegeben. Dabei beinhalten die grauen Codewörter den gemäß Abb. 2.20 dargestellten Spitzenwert der Luminanz, die blauen Codewörter eine etwas höhere Luminanz, die durch den von Arri angegebenen Clipping-Wert bestimmt ist und die roten Codewörter die theoretisch codierbare Luminanz.

Es ist somit möglich, lineare Werte im Bereich von 30–60 in den Log C- Dateien weiterzugeben. Höhere lineare Werte müssen mit Roll-Off oder Soft-Clip-Verfahren in diesen Bereich konvertiert werden. Dies ist gängige Praxis in der VFX-Industrie. Christoph Hasche, Compositing- Artist bei RISE | Visual Effects Studios (The Avengers, Captain America, Harry Potter) sagt dazu:

Wenn man Alexa-Material (nach heutigem Stand[5]) linearisiert, haben die Highlights eine Spitze von ca. 55. Alle Informationen darüber sind geclippt. Dieser Wert ist von Kamera zu Kamera unterschiedlich. In den VFX/Compositings sollte der Wert der höchsten Highlight-Spitze des ursprünglichen Kamera-Materials nicht überschritten werden. Alle CG- oder Digital-Matte-Painting-Elemente müssen an den Bereich der Kamera angepasst werden. Kreiert man einen Full-CG-Shot, orientiert man sich an einem Live-Action-Shot ähnlichen Inhalts als Referenz.[6]

Je nach gewähltem ISO/ASA-Wert können dann die in Tab. 2.3 angegebenen Luminanz-Spitzenwerte weitergegeben werden. Dabei ist zu beachten, dass die Log-C-Kurve für das Material beibehalten werden muss. Eingangsmaterial, das zum Beispiel mit der El800-Kurve aufgenommen und dann linearisiert wurde, wird nach der Bearbeitung im szenenbezogenen Farbraum wieder logarithmiert, wobei die Parameter der Ursprungskurve (El800) angewendet werden müssen.

Abgesehen von der logarithmischen Codierung zur Weitergabe des Bildmaterials an die DI-Stufe gibt es auch Anwendungsgebiete, bei denen eine temporäre Transformation in einen logarithmisch codierten Farbraum sinnvoll ist. Zum Beispiel ist die Einstellung des Kontrasts in einem HDR-Bild auf der linearen Ebene nicht einfach. Für die Kontrastberechnung werden ein Minimal- und ein Maximalwert benötigt, die zusammen den Kontrast definieren. Im linearen 32-Bit-Fließkomma-codierten Farbraum gehen diese beiden Werte gegen unendlich. Während bei einer logarithmischen Kontraständerung ein Versatz gute Ergebnisse liefert (siehe Abb. 2.4), ist es schwierig, dies im linearen Raum auszuführen, ohne dass einzelne Pixel negative Werte einnehmen.

Das ist auch ein Grund, weshalb in der DI-Stufe bevorzugt mit logarithmischen Daten gearbeitet wird.

Eine gängige Praxis, um mit linearem HDR-Material Kontrastbearbeitungen auszuführen, besteht darin, die Bilder temporär in den logarithmischen Raum zu überführen, die Kontrastoperation anzuwenden und das Material danach rückzutransformieren. Bei dieser Operation ist zu beachten, dass die Dynamik des Ausgangsmaterials nicht beschnitten wird.

[5] September 2015
[6] Korrespondenz mit dem Autor

Tab. 2.3 Codewörter und korrespondierende Luminanzwerte ausgewählter Arri Log C-Kurven

	El400	El800	El1600
Spitzenwert über 18 % Grau	6,3 Stops	7,4 Stops	8,4 Stops
Codewort/Luminanz	891–14,18	958–30,4	1011–60,80
Clipping-Wert	0,8968	0,9539	1,0000
Codewort/Luminanz	917–17,93	976–35,85	1023–68,1
Luminanz bei Codewort 1023	1023–45,27*	1023–55*	1023–68,1

* Werte über dem Clipping-Wert

Abb. 2.25 Darstellung von szenenbezogenem Bildmaterial mit s-förmiger Korrekturkurve

Kontrastarmes szenenbezogenes Bild *Anwendung einer s-förmigen Korrekturkurve*

2.3.5 Darstellung von szenenbezogenem Bildmaterial

Die Darstellung des szenenbezogenen Bildmaterials ist naturgemäß ein komplexer Vorgang. Da im Gegensatz zu displaybezogenem Material keine Darstellungsoptimierungen in das Material geschrieben wurden, muss der Look für szenenbezogenes Material in den unterschiedlichen Stufen des Produktionsprozesses kreiert werden, ohne das Material zu verändern. Besonders der hohe Dynamikumfang der linearen Bilder erfordert spezielle Strategien, ihn in den begrenzten Bereich des Displays zu konvertieren. Der Vorgang der Reproduktion von HDR-Bildmaterial auf einem Display mit geringerer Dynamik heißt *Tone-Mapping*.

Hierbei wird für szenenbezogenes Material ein mittlerer Grauwert (0,18) an einen entsprechenden Wert des Displays angepasst. Dieser Wert repräsentiert 10 % des höchsten Ausgabewertes der Display-Luminanz (*peak white*). Nachdem mit dem 18%igen Grau ein Bezugspunkt festgelegt wurde, besteht die Frage nun darin, wie die Luminanzwerte des Materials sowohl über als auch unter diesem Punkt in den Dynamikbereich des Displays eingeordnet werden. Eine Methode wäre, den höchsten Wert des szenenbezogenen Materials an den Weißwert des Displays anzupassen und den Bereich zwischen dem 18%igen Grau und dem Spitzenwert gleichmäßig zu unterteilen und in den Tiefen ebenso zu verfahren.

Diese Strategie führt aber zu keinem befriedigenden Resultat, die Bilder wirkten trotz der marginalen Kontrasterhöhung flach. Eine Lösung, die in verschiedenen Ausführungen und Implementierungen angewendet wird, beinhaltet die Verwendung einer s-Kurve, wie sie vom Filmnegativ bekannt ist. Durch ihre spezielle Form generiert sie hohen Kontrast in der Mitte und geringeren Kontrast an den Extremen (Höhen und Tiefen). Dadurch werden vor allem die Glanzlichter und die Tiefen nicht abgeschnitten, sondern weich an das Display angepasst. Abbildung 2.25 zeigt die Anwendung einer solchen Kurve auf szenenbezogenes Bildmaterial.

Verwendung von Lookup-Tabellen (LUTs)

Eine Lookup-Tabelle (engl. *lookup table*) ist eine in der Informatik angewendete Technik, bei der die Auswertung von aufwendig zu berechnenden Funktionen optimiert wird. Dabei werden im Vorfeld berechnete und in einer Vergleichstafel festgehaltene Beziehungen zwischen Eingangs- und Ausgangswerten gespeichert. Da die Funktion nicht berechnet werden muss, sondern lediglich der Ausgangswert für einen Eingangswert aus der im Cache liegenden Tafel abgelesen wird, können hohe Performance-Beschleunigungen erreicht werden. Des Weiteren ist es sinnvoll, LUTs dann einzusetzen, wenn die Berechnung einer Konvertierung von der Anwendung, die sie ausführt, getrennt werden soll.

Eine Lookup-Tabelle ist gekennzeichnet durch ihre Dimension. Es werden vor allem 1D- und 3D-LUTs verwendet. Eine 1D-LUT indiziert jeweils einen Eingangswert pro Ausgangswert. Wird zum Beispiel eine Gammakorrektur nach Gl. 2.2 ausgeführt, wird dem linearen Eingangswert von 0,42 in der Tafel ein vorberechneter Ausgangswert von 0,644 zugeordnet. Außer Gammawerten werden mit 1D-LUTs vor allem Luminanz und Kontrastoperationen ausgeführt. Für den Großteil der Farbberechnungen kommen aber 3D-LUTs zum Einsatz. Diese werden verwendet, wenn mehrere Eingangswerte einen Ausgangswert erzeugen (engl. *cross talk*). Für die Berechnung der Luminanz müssen zum Beispiel die drei Farbkanäle RGB vorliegen, da sie sich aus definierten Anteilen der drei Kanäle zusammensetzt.

Eine dritte Form der LUTs ist die sogenannte Shaper-LUT. Bei dieser handelt es sich um eine 1D-LUT, die vor allem im Zusammenhang mit 3D-LUTs Verwendung findet. Sie formt diese so um, dass deren Auflösung an den zu erwartenden Bereich der Eingangswerte angepasst wird.

Abbildung 2.26 zeigt den Arri-LUT-Generator, mit dem nutzerspezifische LUTs generiert werden können, die das Arri-Alexa-Material zur Anzeige vorbereiten.

Abbildung 2.27 zeigt die Möglichkeiten der Darstellung von Arri-Log-C-Material. Hier stehen zwei Verfahrensweisen zur Auswahl, das logarithmisch codierte Material, das sich in einem Wide-Gamut-Farbraum befindet, darzustellen. Bei der ersten Herangehensweise (linker Teil der Abbildung) wird der Dynamikbereich der Kamera mithilfe eines Tone-Mapping-Algorithmus nichtlinear komprimiert und dann in die jeweiligen Farbräume der Zieldisplays konvertiert. Abschließend findet eine Gammakorrektur (Anwendung der OECF) statt. Diese drei Operationen können in einer LUT zusammengefasst werden, die der Nutzer nach bestimmten Vorgaben generieren kann (siehe Abb. 2.26).

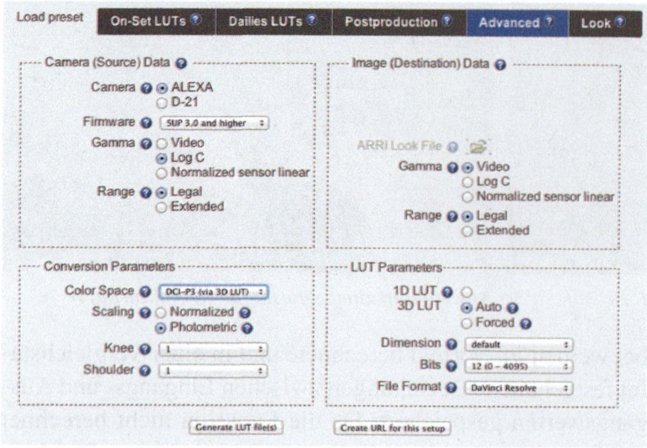

Abb. 2.26 Arri-LUT-Generator

Bei der zweiten Verfahrensweise wird das logarithmisch codierte Material durch Anwendung inverser Funktionen in den szenenlinearen Zustand versetzt. Dort findet eine Skalierung statt, bei der der Belichtungswert eines diffusen weißen Reflektors (Referenzweiß) auf das Codewort 1,0 gesetzt wird. Das so vorbereitete Material kann dann mit von Arri bereitgestellten 3 × 3-Matrizen in die jeweiligen Zielfarbräume überführt werden. Dieser Workflow wird vor allem bei der Konvertierung von Material für die DI-Stufe oder den ACES-Workflow (siehe Abschn. 2.6) angewendet (vgl. Arri 2012, S. 6 f.).

Szenenbezogenes Material muss im Produktionsprozess sehr oft auch manuell an die Ausgabe angepasst werden. Christoph Hasche über diesen Prozess:

> Steht die Projekt-LUT noch nicht fest, und arbeitet man mit linearisiertem Log-Footage, ist es sinnvoll für die eigene Preview oder Klienten/Director-Previews die Highlights mittels Softclip bzw. Soft-Rolloff in das Bild zu holen. Bei diesem Schritt werden alle auf dem Monitor nicht sichtbaren Werte über „1" komprimiert. Das Gamma wird durch diese Operation nicht beeinflusst. Dieser Schritt ist rein ästhetisch und kommt visuell dem Endergebnis näher. Zudem ist der Softclip zur Beurteilung wichtig, da kontrolliert werden kann, wie viel Zeichnung in den Highlight-Spitzen noch vorhanden ist. Der SoftRolloff dient gewöhnlich nur zur Vorschau und wird nicht in das Ausgangsbild gerendert, da alle Werte über „1" dann tatsächlich abgeschnitten würden.[7]

2.3.6 Color-Decision-Lists und Open-Color-IO

ASC-CDL

3D-LUTs sind komplexe mathematische Systeme, die sich nicht einfach bearbeiten lassen. Da besonders bei Filmaufnahmen am Set oder vor Ort viel am Erscheinungsbild des Bildmaterials gearbeitet wird, sind einfachere Methoden als die Verwendung von Lookup-Tabellen notwendig, um einen ersten Look zu kreieren und diesen verändern zu können. Die *American Society of Cinematographers (ASC)* entwickelte deshalb ein XML-basiertes Dateiformat, das einfache Farbkorrekturen erlaubt – die *ASC Color-Decision-Lists. ASC-CDLs* sind ein Cross-Plattform-Format, das von Anwendungen verschiedener Hersteller unterstützt wird und zum Austausch von Informationen zwischen Firmen in der Filmpipeline Verwendung findet. Aufgrund des einfachen und robusten Frameworks werden sie in einem weiten Bereich eingesetzt.

Eine CDL definiert Farbkorrekturen in einer festgelegten Reihenfolge:

1. Skalierung des Anstiegs der zugrunde liegenden Farbkorrekturkurve (3 Kanäle)
2. Versatz der Kurve (3 Kanäle)
3. Exponent der Kurve (3 Kanäle)

[7] Korrespondenz mit dem Autor

Abb. 2.27 Display-Strategien für Arri-Log-C-Aufnahmen

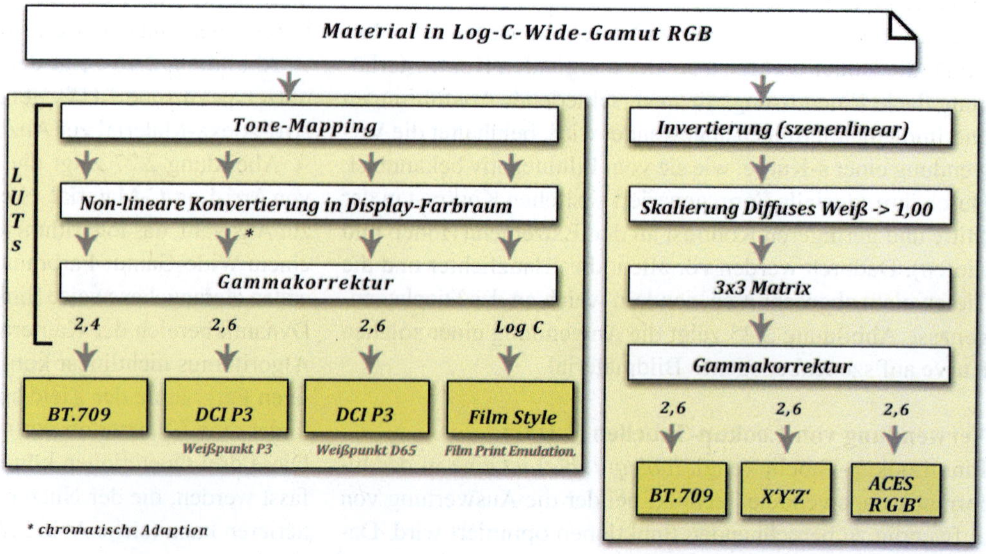

4. Sättigung (1 Kanal, mit in BT.709 festgelegter Gleichung zur Luminanzbildung)

Im folgenden Codebeispiel wird eine Farbkorrektur angegeben. Abbildung 2.28 zeigt die Wirkung der verwendeten Werte auf das Kodak-Testbild.

```
<ColorCorrectionCollection>
    <ColorCorrection id="marcie_desatura-
ted_red">
        <SOPNode>
            <Slope> 0.9 0.9 0.9 </Slope>
            <Offset> 0.05 -0.02 -0.05 </
Offset>
            <Power> 0.9 0.9 0.9 </Power>
        </SOPNode>
        <SatNode>
            <Saturation> 0.5</Saturation>
        </SatNode>
    </ColorCorrection>
</ColorCorrectionCollection>
```

Da die Anwendung sehr einfach gehalten ist, hat sie auch einige Nachteile. So ist es wie bei allen Metadaten ein Problem, die Verknüpfung zur originalen Mediendatei über den gesamten Produktionsprozess aufrechtzuerhalten. Geht die Datei mit den Metadaten verloren oder wird sie mit einer inkorrekten Datei verknüpft, sind die beabsichtigten Farbkorrekturen nicht mehr zu reproduzieren. Ein weiteres Problem besteht darin, dass die mathematischen Berechnungen – wie das Generieren eines Versatzes bei linearem und logarithmischem Material – jeweils unterschiedliche Ergebnisse hervorrufen.

Auch die für die CDL festgelegte Reihenfolge der Farbkorrekturschritte ist nicht immer ideal. So kann zum Beispiel eine einzelne CDL nicht zuerst ein Graustufenbild erzeugen und es danach einfärben, da die Reihenfolge der Arbeitsschritte umgekehrt angegeben ist. Diese Nachteile fallen allerdings nicht weiter ins Gewicht und die CDLs werden in der Filmindustrie als wichtige Farbkorrekturbausteine in der gesamten Produktionspipeline eingesetzt (vgl. Selan 2012, S. 50).

Open-Color-IO (OCIO)
Das *Open-Color-IO-Farbsystem* wurde bei Sony Pictures Imageworks von Jeramy Selan entwickelt und hat als Ziel, eine konsistente Farbkonvertierung und eine ebenfalls konsistente Darstellung von Bildmaterial in Filmpipelines unabhängig von Software- Anwendungen zu ermöglichen. Ein wesentlicher Unterschied zu herkömmlichen Farbmanagementlösungen besteht darin, dass das System szenenbezogenes und displaybezogenes Bildmaterial gleichermaßen unterstützt. Um zu vermeiden, dass eine Anwendung automatisch Entscheidungen über die Einordnung der Bilder in das Farbsystem trifft, müssen die entsprechenden OCIO-Daten extern geladen werden. Mithilfe von OCIO kann displaybezogenes Material durch Anwendung der inversen Kamerafunktionen wieder szenenlinear gemacht werden oder szenenbezogenes Material wird in den Farbraum des Displays konvertiert. OCIO unterstützt ebenso CDLs. Die Anwendung der CDL in Abb. 2.28 wurde zum Beispiel mit der Implementierung von OCIO in Nuke realisiert (vgl. Selan 2012, S. 43).

2.4 Digital Intermediate and Mastering des Bildmaterials

Digital Intermediate (DI) ist die finale Stufe einer Filmproduktion. Hier wird das fertiggestellte Bildmaterial farbkorrigiert und für die abschließende Auslieferung vorbereitet. An diesen Prozess wird eine Reihe von Anforderungen gestellt,

Abb. 2.28 Anwendung einer Color-Decision-List

Kodak-Digital-LAD-Test-Image ***Test-Image nach Anwendung einer Color-Desicion-List***

da unterschiedliche Eingabe- und Ausgabeformate sowie Beobachtungsfelder vorhanden sind.

2.4.1 Picture-Rendering und Image-State

Einfluss der Umgebung auf die Bildreproduktion

Wird eine Szene in hellem Sonnenlicht aufgenommen, misst ein Reflektor für diffuses Weiß – zum Beispiel ein Blatt Papier – etwa 10–30.000 cd/m². Wird die gleiche Szene auf einem Röhrenmonitor in einem normal beleuchteten Wohnzimmer betrachtet, ist das vom Bildschirm dargestellte Referenzweiß etwa 200 cd/m². Mit dieser signifikanten Änderung der Luminanz geht eine Verlagerung der menschlichen Farbwahrnehmung einher. Dabei treten drei Effekte auf:

1. Die Farbsättigung geht zurück. Blumen im Sonnenlicht sehen wesentlich farbenprächtiger aus als auf dem Bildschirm. Beschrieben wird dieses Phänomen im Hunt-Effekt, der Erhöhung der wahrgenommenen Sättigung durch Erhöhung der Leuchtdichte.
2. Der Kontrast wird verringert. Diese Auswirkung charakterisiert der Stevens-Effekt, der die Erhöhung des wahrgenommenen Kontrastes durch Erhöhung der Leuchtdichte beschreibt.
3. Der Surround-Effekt tritt auf. Dieser Effekt, der auch als Simultankontrast bezeichnet wird, beschreibt die Wechselwirkungen benachbarter Farbflächen.

In Abb. 2.29 sind zwei graue Flächen dargestellt. In der oberen Zeile sind beide von dem gleichen hellen Grau umgeben. Die Helligkeit der Flächen selbst wird entsprechend ebenfalls als gleich empfunden. In der unteren Zeile ist eine Fläche von Weiß, die andere von Schwarz umgeben. Die Helligkeit der Flächen wird hier vom Betrachter unterschiedlich wahrgenommen. Die vom Schwarz umgebene Fläche wirkt heller, die vom Weiß umgebene dunkler.

Unterschiedliche Umgebungsbeleuchtung beim Betrachten von Bildmaterial

Bildmaterial wird in unterschiedlichen Umgebungen betrachtet. Besonders die Raumbeleuchtung hat großen Einfluss darauf, wie das Bild empfunden wird. Im Folgenden werden die wichtigsten Umgebungen mit ihren Luminanzparametern vorgestellt:

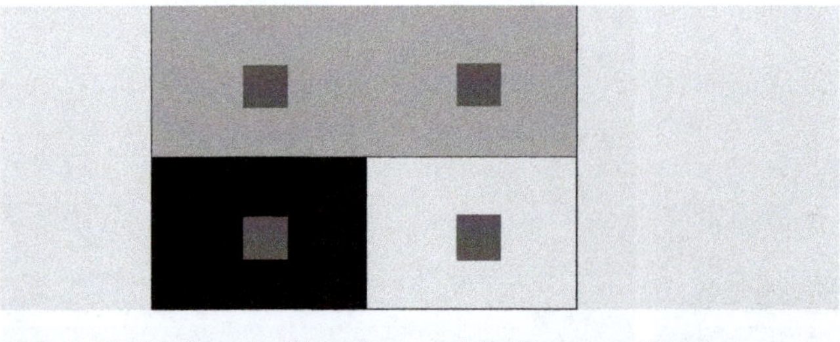

Abb. 2.29 Einfluss der Umgebung auf die Kontrastwahrnehmung – Surround Effekt. (Nach Fairchild 2005, S. 112)

HDTV-Studio: In den Spezifikationen ITU-R BT.1886 und ITU-R BT.2035 ist die maximale Luminanz (peak white) eines HDTV-Studiodisplays mit 100 cd/m² festgelegt, die Umgebungsbeleuchtung mit 10 Lux und die Beleuchtung hinter dem Display mit 10 % des maximalen Luminanzwertes des Displays.

Wohnzimmer: Hier liegen keine standardisierten Werte vor. Ein Röhrenmonitor hat gewöhnlich eine maximale Luminanz von 200 cd/m². LED-und OLED-Fernsehdisplays erreichen Leuchtdichten bis zu 1000 cd/m². Der Standard SMPTE RP166 definiert das Beobachtungsfeld zur kritischen Evaluierung von Fernsehbildern. Auch hier wird ein abgedunkelter Raum mit 10 % der maximalen Luminanz des Displays angegeben.

Büro: Die Büroumgebung ist sehr hell. Darum hat auch das Display sehr hohe Luminanzwerte. Computerdisplays für Büroanwendungen haben eine maximale Luminanz von etwa 320 cd/m². Die Umgebungsbeleuchtung erreicht für gewöhnlich 20 % der maximalen Luminanz des Displays.

Kino: Im Gegensatz zu den zuvor genannten ist das Kino sehr dunkel (engl. *pitch black*). Die maximale Luminanz der Projektion auf der Leinwand ist mit 48 cd/m² festgelegt. Um Raum für Glanzlichter und andere Lichteffekte zu schaffen, wird bei der Farbkorrektur der Wert für Referenzweiß – zum Beispiel ein weißes Hemd – oft eine Belichtungsstufe unter der maximalen Luminanz bei ca. 24 cd/m² eingestellt. Die genaue Position des Referenzweiß' in der Luminanzskala ist eine künstlerische Entscheidung und wird beim Mastern der einzelnen Filme unterschiedlich gehandhabt.

Picture-Rendering

Die Herausforderung beim Mastering des Filmmaterials besteht somit darin, es so aufzubereiten, dass es unter den spezifischen Beobachtungsumständen (engl. *viewing conditions*) in guter Qualität betrachtet werden kann. Die wichtigste Komponente bei der Angleichung des Bildmaterials an die unterschiedlichen Bedingungen ist die entsprechende Gammakorrektur. Bei dieser wird der *end-to-end-Gammaexponent* abhängig von der Beleuchtungssituation eingestellt.

Der HDTV-Farbworkflow hat einen end-to-end-Gamma-Exponenten von 1,2. Die OECF hat einen effektiven Exponenten von 0,5 und die EOCF ist mit 2,4 angegeben. sRGB hat einen end-to-end-Gamma-Exponenten von etwa 1,1 (0,454 × 2,4). Beide Workflows sind unterkompensiert. Ziel dieser Unterkompensation ist es, den unter den spezifischen Betrachtungsbedingungen wahrgenommenen Kontrast des Bil-

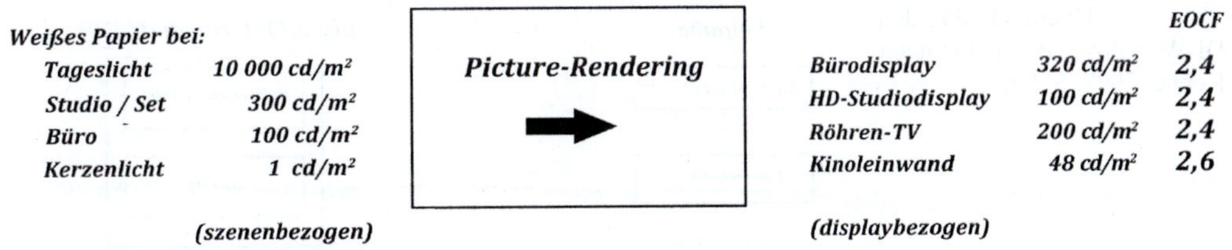

Abb. 2.30 Prinzip des Picture-Renderings

des zu erhöhen und die Farbsättigung in den reproduzierten Mitteltönen zu verbessern. Im Workflow des Digitalkinos wird für das Digital-Cinema-Distribution-Master (DCDM) eine EOCF von 2,6 festgeschrieben, um die geringe Luminanz der Projektion und die dunkle Umgebung auszugleichen.

Der Vorgang, Bildmaterial an unterschiedliche Beobachtungsfelder anzugleichen, heißt Picture-Rendering. Abbildung 2.30 zeigt das Prinzip.

Image-State

Um eine dem originalen Master ähnliche Darstellung zu ermöglichen, ist es unabdingbar, genau zu spezifizieren, für welche Ausgaberäte ein Rendering erstellt wurde. So wird beispielshalber ein Kinorendering auf Bürodisplays stark vom ursprünglichen Erscheinungsbild abweichen. Der Status der Bilder (engl. *image state*) – das heißt ihre Erstellungsumstände, verwendete Codecs und die anvisierten Ausgabegeräte – sollte somit bereits in den Daten selbst angezeigt werden.

Wie bereits angedeutet, beeinflussen auch automatische Vorgänge des Encodierens und Decodierens den Status von Bildmaterial. Dateiformate wie DPX geben keine Gewähr, dass das Codierungsverfahren des Encoders am Beginn der Kette auch vom Decoder an deren Ende angewendet wird. Wird beispielsweise das Material am Beginn der Produktion mit den Parametern einer entsprechenden Arri-Log-C-Kurve codiert und in DPX-Dateien gespeichert, ohne den Workflow zu dokumentieren, decodiert der Decoder im nächsten Schritt die Dateien nach der Default-Option, dem Cineon-Verfahren. Das decodierte Material entspricht nicht mehr dem Ausgangsmaterial. Im Falle von Arri-Log-C ist zudem die Belichtungskurve (zum Beispiel EI800) der ursprünglichen Codierung von Bedeutung.

Dateiformate sind lediglich Container für vorbereitete Daten. Die Datei-Header geben zwar Hinweise darauf, wie die enthaltenen Daten zu interpretieren sind, es gibt aber keine Gewähr dafür, dass eine OpenEXR-Datei tatsächlich lineares Bildmaterial enthält und dass sich in einer DPX-Datei tatsächlich logarithmisch codierte Bilder befinden. Des Weiteren gibt es keine Möglichkeit anzuzeigen, ob die Dateien szenenbezogene oder displaybezogene Aufnahmen enthalten, was im letzteren Fall heißt, dass alle Funktionen (Gamma etc.) auf die Bilder angewendet wurden.

Eine Lösung liegt in der Verwendung von Meta-Daten wie beim RAW-Material digitaler Film- und digitaler Spiegelreflexkameras. Hier kann im Normalfall bei ausreichender Sorgfalt die Beziehung der Metadatei zur Elterndatei über den gesamten Produktionsprozess erhalten bleiben. Nichtsdestoweniger kommt es vor, dass diese Metadaten verloren gehen, überschrieben oder falsch interpretiert werden.

Es verbleibt somit ein großer Abstimmungsbedarf in der Medienindustrie selbst, denn auch bei einer Indizierung des *Image States* im Header einer Datei wird dieser nicht notwendigerweise von allen Softwareanwendungen unterstützt. Einen Ansatz für eine Standardisierung macht der Header des OpenEXR-Datei-Formats, der vier Elemente indiziert:

Name des Input-Mediums: Der Eintrag bezieht sich auf das Herkunftsmedium (zum Beispiel Kodak5215 oder Rec709Video) und somit implizit auch auf dessen Farbraum.

Szenenbezogener Farbraum: Hier kann entweder RGB (für Color-Passes) oder CIE XYZ (für Daten-Passes) gewählt werden.

Name des Output-Mediums: Der Eintrag bezieht sich auf das Zielmedium (zum Beispiel Kodak5215 oder Rec709Video) und somit implizit auf dessen Farbraum.

Name des Referenzdisplays: Hier wird das Ausgabemedium spezifiziert (zum Beispiel Kodak2393IlmCTheater). In diesem Fall wird angegeben, dass Daten für eine Positivkopie zum Abspielen in einem bestimmten Kino der Firma ILM enthalten sind (vgl. Kainz 2004, S. 8).

2.4.2 Überblick über den Digital-Intermediate-Prozess

> Art and craft typically lie upstream from approval, science lies downstream (Poynton 2014, Class 07).

Digital Intermediate (DI) ist die letzte Stufe der Filmproduktion. Hier findet die finale Farbkorrektur (am. *color grading, color timing*) statt. Das Bildmaterial wird mit einem Referenzprojektor in einer standardisierten Umgebung betrachtet. Zumeist kommt eine 3D-LUT zur Anwendung, die das Erscheinungsbild von Positivfilm emuliert. Die Farbkorrektur erfolgt sequenzweise (engl. *per-shot*) und im Kontext des Gesamtfilms. Im letzten Schritt des DI-Prozesses, dem Mastering, werden die Korrekturen fest in das Material geschrieben, das anschließend ausgeliefert werden kann. Abbildung 2.31 gibt einen Überblick.

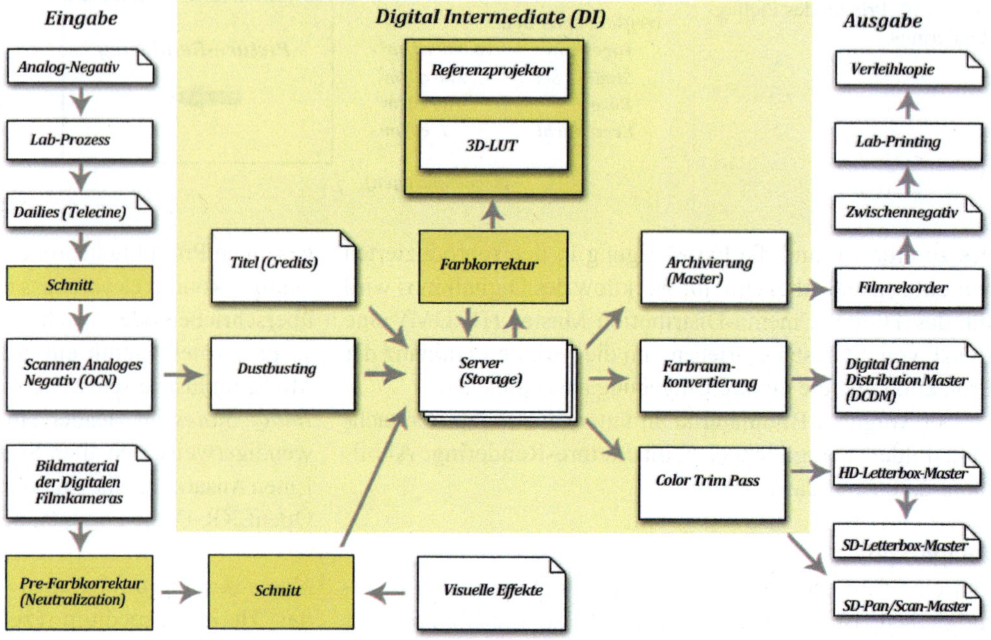

Abb. 2.31 Überblick über den DI-Workflow. (Bearbeitet nach Kennel 2007, S. 89)

Als Kodak seine digitale Masteringabteilung 1998 eröffnete, wurde der Begriff *Digital Intermediate* in Anlehnung an die schon vom Analogfilm bekannte Bezeichnung für das Zwischennegativ (Intermediate Negative) geprägt. Bald darauf wurde mit *Pleasantville* (Regie Gary Ross, USA 1998) der erste digital gemasterte Live-Action-Film veröffentlicht. Aber erst um 2006 begann sich das digitale Cinema-System auf breiter Basis durchzusetzen.

Für den Farbworkflow während des DI-Prozesses gibt es zwei Herangehensweisen. Einerseits wird in der *videozentrierten* Arbeitsweise displaybezogenes Material verwendet. Hier ist keine Transformation des Bildmaterials zur Ansicht notwendig. Es wird direkt im Frame-Buffer der Farbkorrekturanwendung bearbeitet.

In der zweiten Herangehensweise, der filmzentrierten Arbeitsweise, wird eine 3D-LUT zur Anzeigetransformation verwendet, um das finale Aussehen des Bildmaterials zu gestalten. Das Material der digitalen Filmkameras wird zumeist nicht direkt im RAW-Zustand in den DI-Prozess eingespeist, sondern liegt gewöhnlich in logarithmisch codierter Form als DPX-Datei vor. Zur Betrachtung werden s-förmige Tone-Mapping-Kurven eingesetzt, die präzise das Ausgabemedium emulieren (zum Beispiel *film emulation table).* Diese Emulationen werden dann am Ende des DI-Prozesses direkt in das Material geschrieben.

Prinzipiell lässt sich der Farbkorrekturprozess in zwei Phasen unterteilen. Zuerst werden die Farbvariationen zwischen den Shots (dt. *Einstellungen*) eliminiert. Dieser Vorgang wird auch als *plate neutralization* bezeichnet. In der zweiten Phase wird das generelle künstlerische Erscheinungsbild des Films kreiert. Außerdem finden in diesem kreativen Prozess weitergehende Korrekturen in den einzelnen Shots statt.

Das im Farbkorrekturprozess erstellte Master wird als *Digital-Cinema-Distribution-Master (DCDM)* bezeichnet. Das gleiche Master wird aber auch verwendet, um ein Zwischennegativ zu belichten, wenn analoge Verleihkopien erzeugt werden sollen. Eine weitere wichtige Anwendung des DI-Prozesses ist das Erstellen von Archivmaterial. Hier besteht die Aufgabe darin, das Material so abzulegen, dass die Rekonstruktion des ursprünglichen Erscheinungsbilds lediglich aus den in die Pixel geschriebenen Farbinformationen, das heißt ohne Zuhilfenahme von Metadaten erfolgen kann.

2.4.3 DCI-Spezifikationen für das Digitalkino

Zur Festsetzung allgemeingültiger Spezifikationen im Bereich des Masterings, der Wiedergabe und der Verteilung von digitalem Filmmaterial wurde die *Digital Cinema Initiatives (DCI)* als Dachverband amerikanischer Filmstudios geschaffen. Ab den Jahren 2006 bis 2007 wurden in den USA und ab 2008 in Europa der größte Teil der Kinos auf die digitale Wiedergabe gemäß dieses Standards umgerüstet. Zentrales Element dieses Standards stellt das Digital Cinema Distribution Master (DCDM) dar.

X′Y′Z′-Farbraum

Um den Workflow des digitalen Kinos zukunftssicher zu gestalten, wurde als Farbraum der alle Farben umfassende CIE XYZ-Farbraum gewählt. Da dieser Farbraum linear ist, muss eine EOCF mit dem Exponenten 2,6 angewendet werden, um die Transformation in einen displaybezogenen Farbraum vorzunehmen. Da es keine Relation zum originalen Licht der Szene mehr gibt, wird die Benennung X′Y′Z′ verwendet, wobei die Striche (engl. *primes*) den gammakorrigierten Zustand angeben. Das Filmmaterial wird im X′Y′Z′-Farbraum ausgeliefert. Die Wirkung der Übertragungsfunktion EOCF wird direkt in die Bilder geschrieben, das heißt, Metadaten oder LUTs finden keine Anwendung.

Die Farbcodierung erfolgt gemäß dem CIE 1931-Standard. Da alle wahrnehmbaren Farben im CIE XYZ-Farbraum vorliegen, müssen keine Änderungen bei zukünftigen verbesserten Mastering- und Projektionssystemen vorgenommen werden. Die XYZ-Primärvalenzen haben in der CIE Normfarbtafel die Koordinaten X[1 0], Y[0 1] und Z[0 0]. Der Weißpunkt liegt bei [1/3 1/3]. Von Vorteil ist, dass die Primärvalenz *Y* die Luminanz beinhaltet und somit direkt auf sie zugegriffen werden kann, ohne sie berechnen zu müssen. Des Weiteren ist die Konvertierung eines in den DI-Prozess eingespeisten gammakorrigierten RGB-Signals in den X′Y′Z′-Farbraum unkompliziert. Zunächst wird die Gammakorrektur (OECF) durch inverse Anwendung entfernt und das Material damit linearisiert. Danach kommt eine entsprechende 3 × 3-Matrix zur Anwendung und schließlich wird das Material erneut mit der EOCF gammakorrigiert (vgl. Kennel 2007, S. 37).

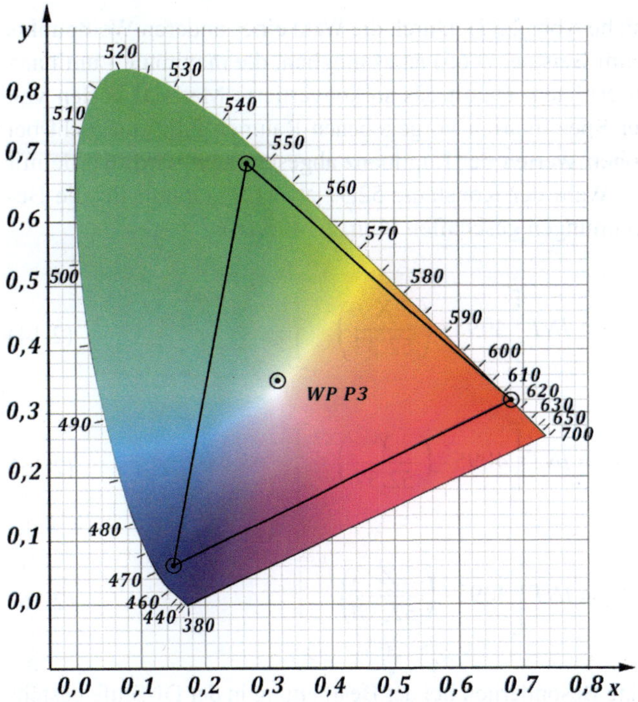

Abb. 2.32 Farbpalette und Weißpunkt des Digital-Cinema-Referenz-Projektors

DCI-P3

Ein Problem besteht darin, dass X, Y und Z keine realen Primärvalenzen sind und somit von keinem physikalischen Anzeigegerät verwendet werden können. Sie werden deshalb als virtuelle Primärvalenzen bezeichnet. Um einen Projektor mit physikalisch definierten Primärvalenzen realisieren zu können, wurde der DCI P3-Farbraum geschaffen. Die P3-Primärvalenzen (siehe Abb. 2.32) bilden einen *wide gamut* und spannen damit einen größeren Farbraum auf als sRGB oder BT.709. Somit sind auch gesättigtere Farben möglich wie zum Beispiel ein tieferes, weniger orangefarbenes Rot. Das Mastering des Materials findet im P3-Farbraum statt. Für die Freigabe und letzte Kontrolle der finalen Version des Films wird ebenfalls der P3-Farbraum als Grundlage verwendet. Danach erfolgt eine Umcodierung in den X′Y′Z′-Farbraum. Zur Vorführung im Digitalkino wird das Bildmaterial in den nativen Farbraum des Projektors transformiert. Bei dieser Konvertierung können negative Werte auftreten, die außerhalb des P3-Gamuts liegen. Um sie wiedergeben zu können, muss sie der Projektor mit geeigneten Verfahren (zum Beispiel Tone-Mapping) in seinen Farbraum überführen.

DCI-Spezifikationen

Die DCI-Spezifikationen definieren die Charakteristiken des *Digital Cinema Distribution Masters (DCDM)*. Sie sind so angelegt, dass genügend Spielraum für künftige Entwicklungen vorhanden ist. Für die Codierung werden 12 Bit pro gammakorrigiertem X′Y′Z′-Kanal verwendet. Alle 4096 Codewörter pro Kanal sind legal, auch die außerhalb des Spektralzugs liegenden. Die Existenz dieses nicht nutzbaren Raums führt zu einer ineffektiven Codierung – dies ist jedoch praktisch ohne Bedeutung. Die X′Y′Z′-Daten werden unter Verwendung des verlustbehafteten JPEG-2000-Schemas komprimiert. Dabei wird eine Intraframe-Codierung angewendet. Das heißt, jedes Bild wird ohne Bezug auf vorhergehende oder nachfolgende Frames codiert. Dies ermöglicht einen flüssigen Schnitt und schnelles Vor- und Zurückspulen, da die GOP nicht im Arbeitsspeicher neu sortiert werden muss. Die Daten werden dann frameweise im 16-Bit-TIFF 6.0-Format abgelegt. Die Bits mit den vier niedrigstwertigen Bitpositionen (LSB) werden auf null gesetzt.

Es werden zwei Auflösungen angegeben, wobei die Größe der DCI-kompatiblen Filme zumindest einer der beiden Achsen (horizontale oder vertikale) entsprechen muss.

4 k: 4096 × 2160 bei 24 fps und
2 k: 2048 × 1080 bei 24 oder 48 fps

Somit wird Material mit einer *Aspect-Ratio* von 1,85 : 1 *(flat)* als 1988 × 1080 und 2,39 : 1 *(scope)* mit 2048 × 858 ausgeliefert.

Die DCI-Spezifikationen verwenden einen Gammaexponenten von 2,6. Die Berechnung der CIE XYZ-Tristimulus-Werte wird mit einer Konstanten von 52,37 ausgeführt. Obwohl der Spitzenwert der Luminanz auf der Projektionsfläche 48 cd/m² (14 Footlambert) aufweist, ist die Konstante höher gewählt, um alle verfügbaren Weißpunkte codieren zu können. Der in der DCI-Spezifikation festgelegte P3-Weißpunkt hat die Koordinaten von [0,314 0,351] in der Normfarbtafel (siehe Abb. 2.32). Durch die Wahl eines anderen Weißpunkts (zum Beispiel D 65) ist es möglich, die maximale Luminanz zu erhöhen. Damit das so konvertierte Material in den von der Spezifikation vorgegebenen Rahmen fällt und nicht bei hohen Werten der Luminanz abgeschnitten wird, wurde mit der Wahl der Konstante 52,37 etwas Spielraum für die Berechnungen geschaffen (Gln. 2.14–2.16).

$$CV_{X'} = INT\left[4095 \cdot \left(\frac{X}{52{,}37}\right)^{\frac{1}{2{,}6}}\right] \tag{2.14}$$

$$CV_{Y'} = INT\left[4095 \cdot \left(\frac{Y}{52{,}37}\right)^{\frac{1}{2{,}6}}\right] \tag{2.15}$$

$$CV_{Z'} = INT\left[4095 \cdot \left(\frac{Z}{52{,}37}\right)^{\frac{1}{2{,}6}}\right] \tag{2.16}$$

Eine Besonderheit bei der Bearbeitung in der DI-Stufe besteht darin, dass der DCI-Weißpunkt (P3) nicht zwingend verwendet werden muss. Für die Konvertierung des Bildmaterials in das DCDM-Master ist ohnehin ein anderer Weißpunkt als der des P3-Farbraums vorgesehen, wobei der Weißpunkt des DCDM-Masters die Koordinaten xy[0,3333 0,3333] in der CIE Normfarbtafel hat.

Auf dieser Berechnungsgrundlage können alle zur Verfügung stehenden Weißpunkte während des Masterings verwendet werden, so lange das Material in den von der Spezifikation festgelegten Gamut des Farbraums fällt. Der P3-Weißpunkt wird auch deshalb oft vermieden, da er dem Material einen etwas grünlichen Farbstich gibt. Für die Darstellung des Arri-Log-C-Materials kann beispielsweise entweder der Weißpunkt D 65 oder der P3-Weißpunkt gewählt werden (siehe auch Abb. 2.27).

2.4.4 Der Referenzprojektor und die Kinoumgebung

Der Referenzprojektor

Zur Gestaltung des Masters (DCDM) wird ein *Referenzprojektor* verwendet, der standardisierte Performance-Parameter und Toleranzen enthält *(SMPTE 196M, SMPTE RP 431)*. Auch die Umgebung für den Masteringprozess wurde standardisiert. Das Ziel der Standards ist, eine konsistente und wiederholbare Farbqualität zu erzielen (vgl. DCI 2012 S. 20). Sowohl für das Mastering in einer entsprechenden Umgebung, als auch für die Reproduktion mit einem Projektor im Kino wurden die Basiswerte festgelegt. Die Werte der dabei festgelegten Toleranzen sind für den Kinoprojektor weitaus größer als für den Masterprojektor.

Tab. 2.4 Primärvalenzen und Weißpunkt des DCI-P3-Farbraums

	Rot	Grün	Blau	Weiß
x	0,680	0,265	0,150	0,314
y	0,320	0,690	0,060	0,351
z	0	0,050	0,790	0,340

Parameter des Referenzprojektors

Die Auflösung *(pixel count)* wird als Minimalwert entweder in horizontaler Richtung (2048) oder vertikaler Richtung (1080) für 2 k-Wiedergabe angegeben (DCDM level 2 und level 3). Damit kann 2 k-Bildmaterial ohne Skalierung projiziert werden. Für 4 k-Material (DCDM level 1) sind die Minimalwerte 4096 (horizontal) und 2160 (vertikal). Für das Mastering von 4 k-Material mit einem 2 k-Projektor sind zwei Modi vorgesehen: Einerseits kann der Projektor eine auf 2 k reduzierte Proxy-Version darstellen oder als zweite Möglichkeit einen 2 k-Fensterausschnitt des unveränderten 4 k-Materials zeigen.

Die Leuchtdichte der Leinwand (engl. *screen luminance*) ist ein wichtiger Parameter, da im Zusammenhang mit der geringsten darstellbaren Leuchtdichte der Kontrastumfang der Projektion definiert wird. Die Leuchtdichte der Leinwand wird für Filmprojektionen mit 16 ft L[8] *(open gate)* angegeben. In Studien wurde festgestellt, dass die minimale Dichte (D-min) eines projizierten Analogpositivs (*release print*) bei RGB[0,07 0,07 0,10] liegt. Dadurch, dass das Positiv nicht komplett transparent ist und somit Licht blockiert wird, kann nur eine maximale Leuchtdichte von ca. 14 ft L (48 cd/m²) auf der Leinwand erzeugt werden. Ein 90%iger weißer Reflektor in der Aufnahme wird demnach mit einer Leuchtdichte von ca. 12 ft L (41 cd/m²) reproduziert. Der Bereich darüber wird für Glanzlichter verwendet.

Um vergleichbare Bilder zu produzieren, muss der digitale Projektor die gleiche maximale Leuchtdichte erzeugen wie der Projektor für analogen Film. Deshalb findet auch das DI-Mastering bei einer Leuchtdichte von 14 ft L (48 cd/m²) auf der Leinwand statt. Außerdem wurde es in der Filmindustrie als notwendig angesehen, nur ein einziges Master für analogen Film und für Digitalkino herzustellen. Um ein konsistentes Erscheinungsbild beider Auslieferungsformate zu erhalten, musste auch eine Angleichung der Weißpunkte stattfinden (vgl. Kennel 2007, S. 68).

Die Lage der Primärvalenzen und des P3-Weißpunkts für den Referenzprojektor wurden in der CIE-Normfarbtafel gemäß der Werte in Tab. 2.4 festgelegt. Der P3-Weißpunkt entspricht etwa den Koordinaten des CIE-Weißpunkts *D61*.

Bei Projektionssystemen besteht die Notwendigkeit, die gesamte Fläche der Leinwand gleichmäßig auszuleuchten. Hierzu gibt es im Standard SMPTE 196M entsprechende

[8] Footlambert, eine in der Filmindustrie der USA verwendete nichtstandardisierte Maßeinheit, 1 ft L = 3,426 cd/m².

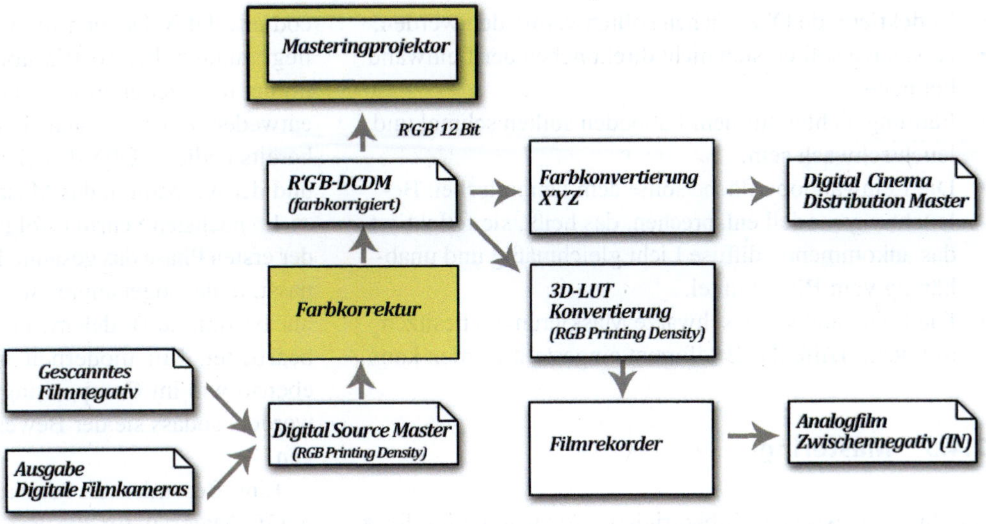

Abb. 2.33 DI-Workflow – digitales Master im Zentrum. (Bearbeitet nach Kennel 2007, S. 103)

Vorgaben. Regisseure und Kameramänner haben jedoch festgestellt, dass ein gewisser Abfall der Leuchtdichte hin zu den Rändern der Leinwand zu einer Vignettenbildung führt, die dazu beiträgt, die Aufmerksamkeit der Zuschauer auf die Mitte der Betrachtungsfläche zu konzentrieren. Es ist somit gängige Praxis, bezüglich der gleichmäßigen Ausleuchtung der Leinwand einen gewissen und auch gewollten Spielraum beizubehalten (vgl. Kennel 2007, S. 72).

Der sequenzielle Kontrast der Projektion ist der Kontrast zwischen dem hellsten und dunkelsten Wert *aller* gezeigten Bilder. Er ist ein wichtiger Parameter und kann u. a. auch zu Vergleichszwecken mit dem Kontrastbereich der Analogfilmprojektion herangezogen werden. Frühe Digitalprojektoren verfehlten die Kontrastwerte der Analogprojektion recht deutlich. Der Kontrastbereich für Analogpositive (*release prints*) liegt bei etwa 3000 : 1. Für die digitale Projektion wird der Kontrastbereich ermittelt, indem der Wert der maximalen Leuchtdichte auf der Leinwand durch den Wert der minimalen Leuchtdichte dividiert wird, wobei die maximale Leuchtdichte 48 cd/m^2 beträgt. Die minimale Leuchtdichte wird durch die Kontrastwiedergabe des Projektors bestimmt. Das bedeutet, Projektoren mit höherem Kontrast können eine geringere minimale Leuchtdichte erzeugen.

Für den sequenziellen Kontrast in Mastering-Studioräumen wurde ein Verhältnis von 1500 : 1 festgelegt und für Kinos ein Verhältnis von 1200 : 1 (jeweils Minimum), wobei heutige Projektoren ein Verhältnis von 2000 : 1 erzielen können. Damit hat Schwarz die Werte 0,04 cd/m^2 bei 1200 : 1, 0,032 cd/m^2 bei 1500 : 1 und 0,024 cd/m^2 bei 2000 : 1. Der Intra-Frame-Kontrast – der Kontrast innerhalb eines Frames – wurde mit 150 : 1 und 100 : 1 (jeweils Minimum) für die beiden Toleranzbereiche festgelegt.

Der Mastering-Projektor

Der Mastering-Projektor spielt für die Kontrolle des finalen Produkts eine wichtige Rolle, deshalb sollte er immer die beste am Markt verfügbare Qualität aufweisen Er wird gemäß dem Weißpunkt und der Primärvalenzen des Referenzprojektors kalibriert. Die SMPTE-Spezifikation *SMPTE RP Reference Projector and Environment* gibt die Leuchtdichte der Umgebungsbeleuchtung, die von der Masterleinwand reflektiert wird, mit weniger als 0,01 cd/m^2 an. Der Kontrast unter Einbeziehung der maximalen Leuchtdichte von 48 cd/m^2 beträgt somit 1 : 4800. Mit der Festsetzung dieser Werte wird sichergestellt, dass der Schwarzpegel von zukünftigen Projektoren mit größerem Kontrast weiter nach unten gesetzt werden kann (< 0,024 cd/m^2 bei 1 : 2000), ohne durch das Umgebungslicht kontaminiert zu werden.

Die im Mastering verwendeten Primärvalenzen werden als Metadaten mit dem encodierten Bildmaterial an die Kinos übertragen und vom dortigen Projektor genutzt. Dieser konvertiert das ausgelieferte Filmmaterial vom X'Y'Z'-Farbraum in seinem nativen Farbraum. Durch den Vergleich der eigenen nativen Primärvalenzen mit denen des Masterprojektors kann der Wiedergabeprojektor im Kino spezifizieren, welche Farben außerhalb seines Farbraums liegen und versuchen, diese mit geeigneten Tone-Mapping-Verfahren in seinen Farbraum zu überführen, um ihre Darstellung zu ermöglichen. Diese Farbraumkonvertierung wird auch als *Parametric-RGB* bezeichnet (vgl. Kennel 2007 S. 39).

Raumumgebung

Die Raumumgebung spielt ebenfalls eine kritische Rolle für die Qualität der Projektion, da alles auf die Leinwand fallende Licht den Kontrast verringert. Prinzipiell kann in Mastering-Suiten mit einem geringeren Lichtpegel als im Kino gearbeitet werden, da die Anforderungen an die allgemeine Sicherheit nicht so hoch sind und somit weniger Sicherheitsbeleuchtung erforderlich ist. Weitere Anforderungen sind:

- Den gesamten Kinosaal sollten schwarze, matte Oberflächen bestimmen.

- Reflektierende Oberflächen sollten vermieden werden.
- Ausgänge sollten sich nicht direkt neben der Leinwand befinden.
- Führungslichter auf dem Fußboden sollten schmal und leuchtschwach sein.
- Die Leinwandoberfläche sollte dem lambertschen Beleuchtungsmodell entsprechen, das heißt, sie reflektiert das ankommende diffuse Licht gleichmäßig und unabhängig vom Blickwinkel.
- Die Leinwand sollte schwarze Maskierungen besitzen, mit deren Hilfe das Bildformat eingestellt werden kann.

2.4.5 Mastering

Im Mastering wird das farbkorrigierte Bildmaterial für die unterschiedlichen Formate vorbereitet. Obwohl die finale Ausgabe des Bildmaterials für verschiedene Wiedergabegeräte vorgesehen ist, wird es zumeist nur für ein Ausgabemedium – in der Regel für das Digitalkino – farbkorrigiert. Vom gleichen DI-Master können dann zum Beispiel Master für das Digitalkino, für die analoge Wiedergabe (*release prints*) sowie für eine Fernsehverwertung (HD und SD) erzeugt werden. Des Weiteren sind besonders bei der Ausgabe im Blu-ray-Format Versionen in 2D oder Stereo3D notwendig. Die kreativen Entscheidungsträger sind vor allem während der richtungsweisenden kreativen Entscheidungen während des Masterings anwesend. Obwohl in diesem Prozess in der Regel ein farbkorrigiertes Master für das Digitalkino hergestellt wird, sind für eine Reihe zusätzlicher Ausgabeformate (Fernsehverwertung, DVD, Blu-Ray, Analogfilm mobile Anwendungen) weitere Master notwendig, die in spezialisierten Workflows hergestellt werden.

Analogfilm-Ausgabe

Ausgehend von der *Edit-Decision-List (EDL)*, die die Anordnung der analogen Negative festgelegt, werden die Negative mithilfe der Daten-Telecine oder eines Filmscanners eingescannt. Die Bilder liegen dann frameweise im 10-Bit-Cineon- oder DPX-Format vor.

Das fertiggestellte Material der VFX-Stufe wird ebenfalls in den Workflow eingefügt. Die Farbkorrektur erfolgt in der Mastering-Suite, wobei zumeist eine 3D-LUT verwendet wird, die die Analogfilmausgabe emuliert. Ein wichtiger Aspekt der Farbkorrektur ist das Entfernen von Staubpartikeln, die mit dem analogen Negativ eingescannt wurden. Das Ergebnis ist das Digital Source Master (DSM s. u.). Mithilfe von *Filmrekordern* werden ein oder mehrere Zwischennegative hergestellt, die wiederum als Vorlage zum Produzieren von analogen Verleihkopien dienen.

Ausgabe für das Digitalkino

In diesem zum gegenwärtigen Zeitpunkt in der DI-Stufe vorherrschenden Workflow bilden ebenfalls logarithmisch codierte DPX-Dateien die Grundlage. Die Codierungstiefe liegt zumeist bei 10 Bit, aber auch 16-Bit-Dateien werden immer häufiger eingesetzt. Das Material der VFX-Stufe liegt entweder szenenbezogen als 16-Bit-OpenEXR-Datei oder als bereits codierte DPX-Datei vor. Außerdem werden der Titel und der Abspann in das Mastersystem eingefügt.

Im nächsten Schritt erfolgt die Farbkorrektur. Hier wird in der ersten Phase das gesamte Bild bzw. die Bildsequenz angepasst. In der sogenannten *secondary color correction* werden nur bestimmte Bildelemente – zum Beispiel die Hauttöne – bearbeitet. Mit modernen Farbkorrektursystemen können ebenso wie im Compositing Masken erzeugt und animiert werden, sodass sie der Bewegung der Elemente im Bild folgen.

Eine Besonderheit beinhaltet die Farbkorrektur von Stereo3D-Material für die RealD-Wiedergabe. Aufgrund der Tatsache, dass durch Filter und Brillen die Luminanz stark herabgesetzt wird, wird als Ausgleich die Sättigung und der Kontrast für das Stereo3D-Master erhöht.

In das an dieser Stelle vorliegende Material wird die im Farbkorrekturprozess verwendete 3D-LUT geschrieben. Außerdem kommt die EOCF zur Anwendung. Den letzten Schritt macht die Konvertierung vom R′G′B′-Farbraum des Masteringprozesses in den X′Y′Z′-Farbraum des DCDM-Masters mithilfe einer 3×3-Matrix.

Video-TV-Ausgabe

Grundlage der Gestaltung von Ausgabeformaten für Video-TV-Anwendungen – wie Fernsehverwertung, DVD, Blu-Ray oder Internet-/Mobilanwendungen – ist das DCDM-Master der Stufe nach der Farbkorrektur. Auf Grundlage dieses Masters wird eine Reihe sogenannter Trim-Passes ausgeführt. Der größte Teil der Konvertierungen für die unterschiedlichen Formate kann automatisiert werden und erfordert in der Regel keine Anwesenheit der kreativen Entscheidungsträger.

Ein grundlegendes Problem beim Video-/TV-Mastering besteht in der Anpassung der unterschiedlichen Bildseitenverhältnisse (engl. *picture aspect ratios*). Filmformate sind bei gleicher Höhe in der Regel breiter als HDTV-Material, das die Picture-Aspect-Ratio von 16 : 9 verwendet. Zur Anpassung des Filmmaterials an die TV-Standards kann einerseits das *Letterbox-Prinzip* angewendet werden. Dabei wird das Bild horizontal eingepasst und die fehlenden vertikalen Bereiche mit Schwarz gefüllt. Die zweite mögliche Lösung ist das *Pan-and-Scan-Konzept*. Hierbei wird ein Fenster mit der geringeren HDTV-Auflösung über das Filmmaterial bewegt und dessen Inhalt ausgegeben.

In der zweiten Phase erfolgt eine an die Charakteristiken der jeweiligen Ausgabegeräte und Beobachtungsumstände angepasste Farbkorrektur. Hier müssen die Farbtöne, die zwar im größeren Masterfarbraum vorhanden sind, nicht aber im kleineren Farbraum der Ausgabeformate, mit einem geeigneten Verfahren (Tone-Mapping) in den Ausgabefarbraum

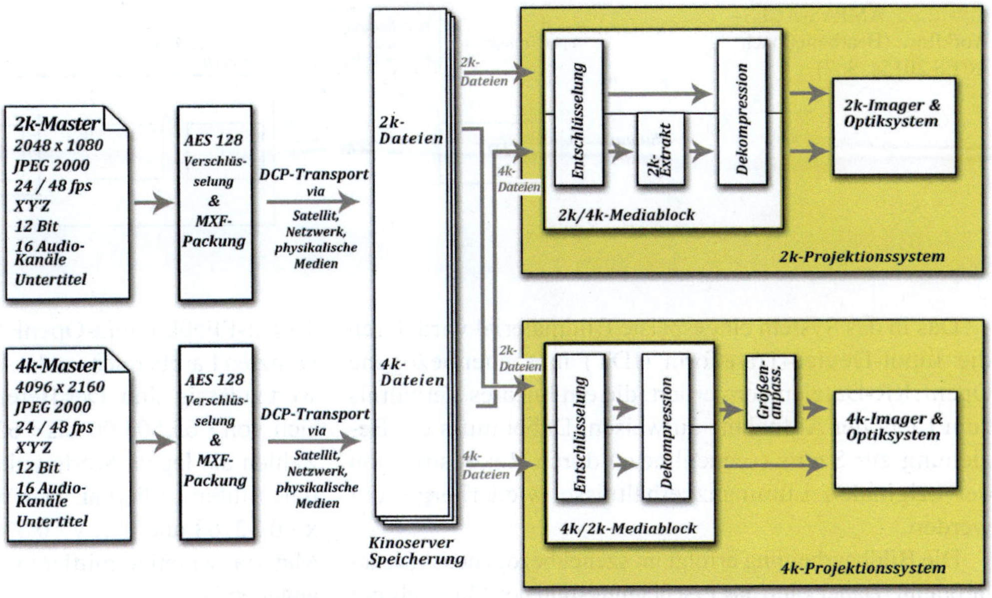

Abb. 2.34 Systemworkflow des Digitalkinos. (Nach DCI 2012, S. 21)

überführt werden. Im nächsten Schritt wird die Konvertierungsmatrix unter Verwendung von Gradienten und Soft-Cip-Techniken in das Bildmaterial der verschiedenen Ausgabeformate geschrieben (vgl. Selan S. 29).

2.4.6 Verteilung (Distribution)

Das DCI-Dokument *Digital Cinema System Specification* (DCI 2012) beschreibt Grundbausteine der Distribution im Digitalkino.

Das *Digital Source Master (DSM)* ist das finale Produkt der traditionellen Postproduktion (Schnitt, Synchronisation). Es ist die Grundlage zur Gestaltung des *Digital Cinema Distribution Master (DCDM)*. Vom DSM-Master können weitere Master für die TV-Videoformate und Master für Archivzwecke generiert werden. Im Gegensatz zum DCDM sind bei DSM keine Spezifikationen vorgesehen. Es existiert somit ein großer Bereich möglicher Quellen.

Das *Digital Cinema Distribution Master (DCDM)* ist das Ergebnis des Postproduktionsprozesses für das Digitalkino einschließlich der Farbkorrektur. Es beinhaltet die Bildstruktur, Audiostruktur und die Struktur der Untertitel. Hier werden die vorliegenden Quellen (Bildmaterial, Audiomaterial, Untertitel) in das Encodingsystem eingefügt und in ein Dateisystem überführt. Im Gegensatz zur nächsten Stufe im Auslieferungsprozess liegen alle Dateien in einer unverpackten und im Sinne der Wiedergabe losen Sammlung vor.

Als *Digital Cinema Package (DCP)* wird die Stufe bezeichnet, in der das DCDM komprimiert, verschlüsselt und für die Distribution gepackt wird. Das DCP wird über Satellit, Netzwerke oder als physikalisches Medium zum Kino übertragen. Schließlich wird es dort entpackt, entschlüsselt und dekomprimiert, um das DCDM*-Master zu erzeugen, das visuell nicht vom originalen DCDM unterscheidbar sein darf (vgl. DCI 2012 S. 20).

$$\text{DSM} \rightarrow \text{DCDM} \rightarrow \text{DCP} \rightarrow \text{DCDM}^* \rightarrow \text{Image und Sound}$$

Abbildung 2.34 zeigt das System des Digitalkinos. Das System ist dateibasiert, das heißt, der gesamte Inhalt ist in Dateien abgelegt. Dabei sind die Dateien nach Frames geordnet. Das DCDM-Master besteht aus einer hierarchischen Struktur, in der sowohl 2 k- als auch 4 k-Master, sowie 2 k- und 4 k-Projektoren Verwendung finden. Als wichtiges Element in der DCP existieren Media-Blöcke (MB) für 2 k-Projektoren, deren Ausgabe ein 2 k-DCDM ist, und Media-Blöcke für 4 k-Projektoren, deren Ausgabe ein 4 k-DCDM ist. Der 4 k-Projektor ist in der Lage, ein 2 k-DCDM mittels Up-Sampling darzustellen (vgl. DCI 2012 S. 21).

2.5 Image-Interchange-Framework (AMPAS-ACES)

2.5.1 Überblick

2004 gründete die *Academy of Motion Picture Arts and Sciences (AMPAS)* ein Komitee zur Entwicklung eines konzeptuellen Frameworks für Dateiformate, um Praktiken im Umgang mit dem Farbmanagement-System und dem Austausch von digitalem Bildmaterial bei der Produktion und der Archivierung von digitalem Bildmaterial zu schaffen. Das daraus resultierende *Image-Interchange-Framework (IFF)* wird auch oft als ACES (*Academy Color Encoding System*) bezeichnet. Das System besteht aus den Stufen Input-Device-Transform (IDT), Look-Modification-Transform (LMT), Reference-Rendering-Transform (RRT) und Output-Device-Transform (ODT) (siehe Abb. 2.35).

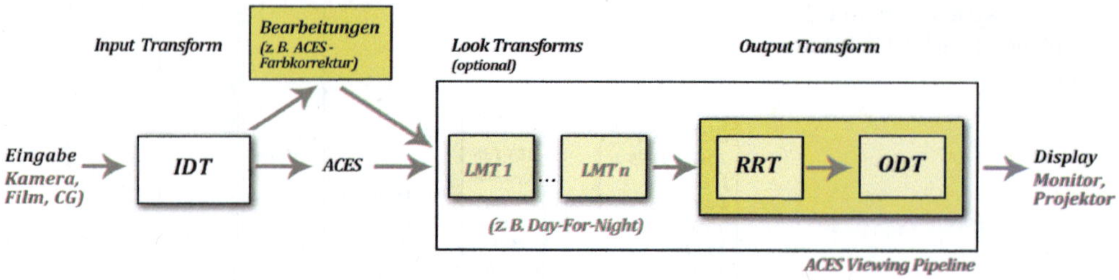

Abb. 2.35 AMPAS-ACES-Workflow. (Bearbeitet nach ACES 2015a, S. 7)

Das in das System eingespeiste Bildmaterial wird durch die Input-Device-Transform (IDT) in szenenbezogene OpenEXR-Dateien konvertiert, die ein lineares Verhältnis zum Licht der Aufnahme aufweisen. Dabei muss die Beziehung zur Szene (scenenlinear) durch Rekonstruktion der originalen Luminanzverhältnisse wiederhergestellt werden.

Die Bildbearbeitung erfolgt im szenenbezogenen Arbeitsfarbraum. Dabei kann das Erscheinungsbild des Materials mit der temporären *Look-Modifikation-Transform*-Anwendung (LMT) festgelegt werden. Die LMT bearbeitet das gesamte Bild, es findet in dieser Stufe keine sekundäre Farbkorrektur statt. Hier können mithilfe von 3D-LUTs bestimmte bekannte Filmstile und Transformationen emuliert werden – zum Beispiel der *Bleach-Bypass* (dt. Bleichauslassung).

Zur Darstellung des Bildmaterials wird auf die *Reference-Rendering-Transform*-Anwendung (RRT) zurückgegriffen, die nach künstlerischen Gesichtspunkten zur Bearbeitung des Erscheinungsbildes eingesetzt wird. Zur Ansicht wird das Bildmaterial mit der *Output-Device-Transform*-Anwendung (ODT) unter Nutzung einer 3×3-Matrix für die Konvertierung des ACES-Farbraums an den Farbraum des Displays (zumeist DCI-P3) angepasst. Die Kombination beider Anwendungen kreiert einen Look des Materials, der temporärer Natur ist und nicht in die Bilder geschrieben (engl. *to bake*) wird. Entscheidungen über das Aussehen der Bilder können somit frühzeitig getroffen werden, da sie jederzeit in der Filmpipeline wieder geändert werden können.

Am Ende der Bearbeitungskette wird es notwendig, die bis zu diesem Zeitpunkt reversiblen Bearbeitungen in ein Ausgabeformat zu schreiben. Hierzu werden die szenenbezogenen Farbwerte der Pixel in den nativen Farbraum des Wiedergabegeräts (Videodisplay, Filmprojektor) transformiert. Für die Konvertierungen wird die *Color Transformation Language (CTL)* verwendet, eine portable und plattformunabhängige Skriptsprache, entwickelt von ILM (Oscars 2007). Da Standardanwendungen ihre Implementierung zumeist nicht unterstützen, ist es gängige Praxis, ihre Bearbeitungen in spezifische 3D-LUTs zu schreiben (vgl. Selan 2012, S 42).

ACES enthält einen szenenbezogenen Farbraum, in dem alle Farben des Spektrums darstellbar sind. Das heißt, sie liegen innerhalb des Spektralzugs und können mit positiven Werten ausgedrückt werden. Die Codierung erfolgt in 16-Bit-Fließkomma-OpenEXR-Dateien mit einem unbegrenzten Farbbereich, sodass auch Werte über dem Einheitswert zulässig sind. Der Bereich codierbarer Werte erstreckt sich von −65.504,00 bis +65.504,00. Damit sind negative Zahlen als legale Werte zulässig und mehr als 25 Belichtungsstufen codierbar. Der Weißpunkt ist definiert als CIE $x = 0{,}32168$ und CIE $y = 0{,}33767$. Der für szenenbezogenes Material wichtige mittlere Graupunkt wird gemäß Gl. 2.17 angegeben.

$$\begin{aligned} &\text{ACES } (0{,}1800 \;\; 0{,}1800 \;\; 0{,}1800) \\ &= \text{CIE XYZ } (0{,}1715 \;\; 0{,}1800 \;\; 0{,}1816) \end{aligned} \tag{2.17}$$

2.5.2 Input-Transform-Device (IDT)

Um szenenbezogene Bilder zu erzeugen, wird das Verhalten der Kamera unter standardisierten Bedingungen ermittelt. Die Ergebnisse dieser Messung ermöglichen es, aus den RGB-Codewörtern das originale Licht der Szene zu bestimmen. Es besteht somit eine lineare Beziehung zwischen den RGB-Codewörtern und dem Licht der Szene. Wird das Verhalten aller an der Aufnahme beteiligten Kameras in dieser Weise ermittelt, referieren alle produzierten Bilder in ihren RGB-Werten die gleiche Luminanz der Szene. Das Element der ACES-Kette, das diesen Schritt ausführt, ist die *Input-Device-Transform*-Anwendung (IDT). Technisch gesehen wird bei diesem Schritt eine farbmetrische Konvertierung angewendet, die alle analogen Einflüsse (Objektiv) und digitalen Verfälschungen (Potenzfunktionen, logarithmische Funktionen, herstellerseitige Funktionen) invertiert. Eine Zwischenstufe zwischen einem displaybezogenen Resultat, bei dem alle Funktionen in das Bildmaterial geschrieben werden und einer Kameracharakterisierung ist die inverse Anwendung der OECFs (Entfernen der Gammakurven). Die dafür erforderlichen Informationen werden zumeist vom Kamerahersteller geliefert (vgl. Arri 2012, S. 5).

Für gescannte analoge Filmnegative findet ein neuer Standard Verwendung, der wie das Cineon-Print-Density-Format ebenfalls auf die Dichtebeziehungen im Negativ aufbaut. Die mit dem *Academy-Density-Encoding-Format (ADX)* gescannten Negative müssen, wenn sie als DPX-Dateien weitergegeben werden, ebenfalls in den szenenlinearen Arbeitsfarbraum konvertiert werden. Gerenderte Computergrafiken,

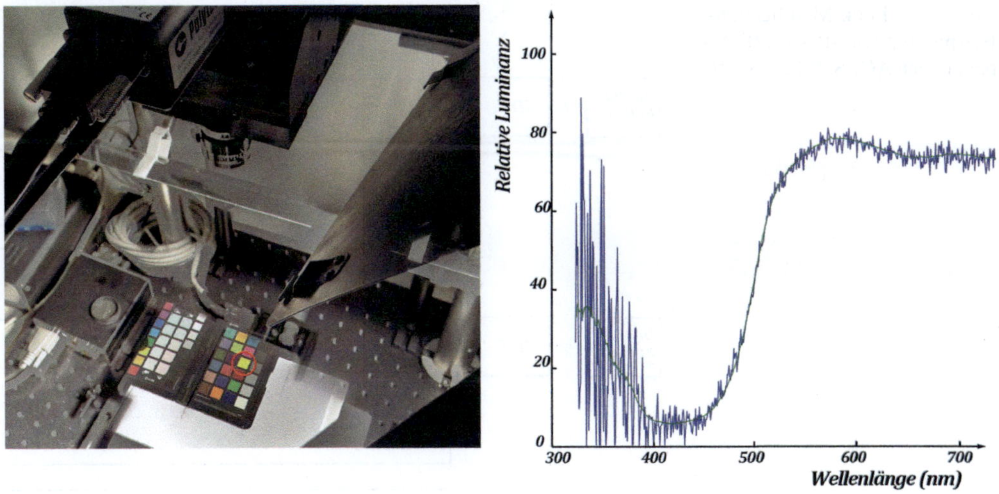

Abb. 2.36 Spektralkurve des Macbeth-Feldes #9 (gelb)

die eine physikalisch plausible Grundlage haben, liegen in der Regel als lineare OpenEXR-Dateien vor. Digital-Matte-Paintings werden im ACES-System mit dem in Abschn. 2.3.4 vorgestellten Verfahren erzeugt. Die Matte-Painter zeichnen im szenenbezogenen Farbraum. Das Ergebnis wird in Echtzeit in einen displaybezogenen Farbraum umgerechnet und am Monitor dargestellt.

Kameracharakterisierung
Um die Kamera zu charakterisieren und alle Einflüsse des Objektivs und der digitalen herstellerseitigen Bearbeitungen zu entfernen, wird eine Spektralanalyse ausgeführt und standardisiertes Bildmaterial – in der Regel eine Macbeth-Farbtafel – unter gleichen Lichtbedingungen von der Kamera aufgenommen. Indem die Werte der Spektralanalyse im CIE XYZ-Farbraum mit den RGB-Werten der Kameraaufnahmen für jede der Macbeth-Farbfelder verglichen werden, kann ein Algorithmus entweder eine 3 × 3-Matrix oder eine 3D-LUT berechnen, durch deren Anwendung der szenenlineare Zustand des Materials wiederhergestellt wird.

Ein Problem bei dieser Herangehensweise besteht darin, dass die Berechnungsgrundlage abhängig von der Belichtungsstufe ist. Es wird deshalb empfohlen, eine konstante Belichtungsquelle zu etablieren und dann einen *Exposure-Sweep*[9] in festgelegten Inkrementierungen auszuführen. Mit diesen Daten können genauere Ergebnisse erzielt werden.

Ein weiterer Kritikpunkt ist, dass die Auswahl der Farbfelder (Macbeth-Tafel) nach künstlerischen Gesichtspunkten geschieht, da hier keine physikalische Grundlage erkannt werden kann. Es gibt deshalb Bemühungen, das spektrale Verhalten der Kamera mit physikalisch basierten Spektralmessungen zu ermitteln, um objektive Daten zu erhalten und sichergehen zu können, dass das Verhalten der Kamera unter allen Lichtbedingungen bekannt ist (vgl. Sarlat 2012).

[9] Durchlauf gestaffelter Belichtungsstufen

Das Verwenden einer Charakterisierung sehen vor allem Kameramänner und -frauen als problematisch an (vgl. Slansky und Richthofer 2015), da sie die Befürchtung hegen, dass der Look, den sie während der Aufnahme kreiert haben, entfernt und im DI-Prozess von anderen Personen (zum Beispiel dem Koloristen) neu festgelegt wird. Dies berührt allerdings eher die Vertrauenslage innerhalb der Produktion und stellt kein technisches Problem dar, denn die während des Charakterisierungsprozesses erzeugte 3 × 3-Matrix oder 3D-LUT kann invertiert und in der DI-Stufe wieder angewendet werden, sodass der originale Look wiederhergestellt werden kann.

2.5.3 Look-Modification-Transform (LMT)

Look-Modification ist der ACES-Begriff für eine systematische, das heißt wiederherstellbare Modifikation des gesamten Bildes, einer Bildsequenz oder des gesamten Films. Dies wird durch die *Look-Modification-Transform*-Anwendung (LMT) ausgeführt. Die Intention dabei ist, dem Koloristen eine Reihe von vorgefertigten Werkzeugen zur Verfügung zu stellen, um ihm die Arbeit zu erleichtern (vgl. ACES 2015a für den folgenden Abschnitt).

Die LMT ist Teil der ACES-Darstellungs-Pipeline. Hier werden ACES-encodierte Farbwerte durch die Referenz-Render-Transform-Anwendung und die Output-Device-Transform-Anwendung (s. u.) in Echtzeit in den Farbraum des Displays (Monitor, Projektor) konvertiert.

LMTs können wiederverwendet werden und Anwendung auf weitere Bildsequenzen oder den gesamten Film finden. Sie sind nicht Teil des Farbkorrektursystems, sondern beinhalten Daten, die separat vorliegen. Deshalb ist es notwendig, sie innerhalb der Projektstruktur an geeigneter Stelle aufzubewahren. LMTs können in das *Common-LUT-Format* (Academy/ASC-LUT-Format oder ASC/Academy-LUT-Format) geschrieben werden. Grundlagen für die LMT sind einfache

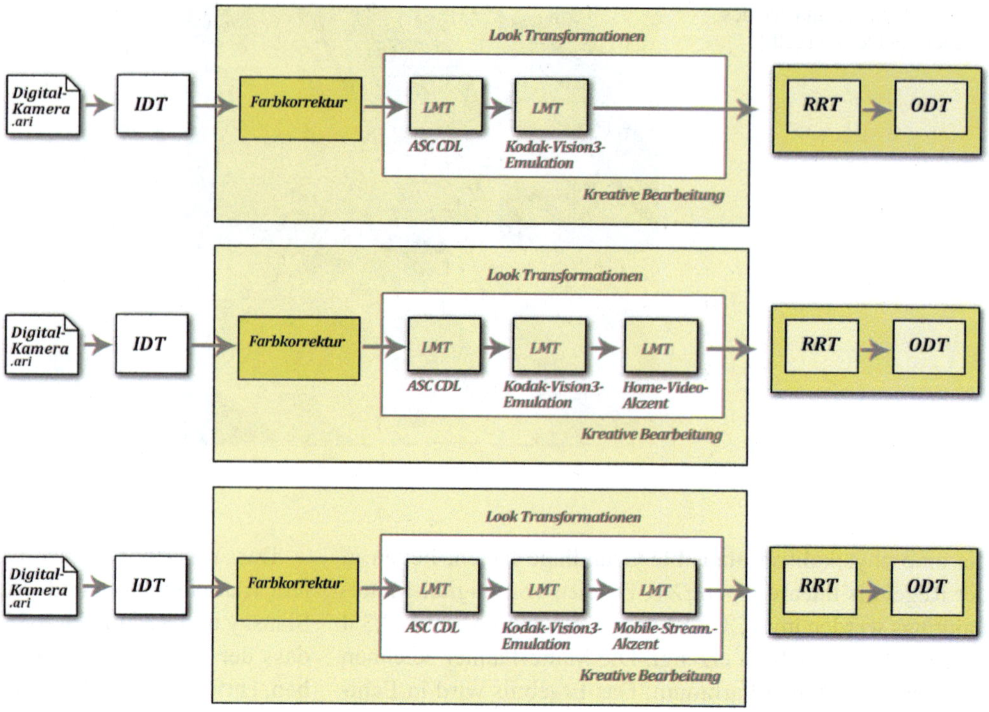

Abb. 2.37 Look-Modification-Beispiel für Trim-Passes. (Bearbeitet nach ACES 2015b, S. 10)

arithmetische Operationen, Matrixoperationen sowie 1D- und 3D-LUTs.

Obwohl moderne Farbkorrektursysteme mächtige Werkzeuge sind, ist es oft selbst für einen erfahrenen Koloristen schwierig, bestimmte physikalische Prozesse oder künstlerische Absichten adäquat umzusetzen. An dieser Stelle setzt die LMT an. Das von der Academy of Motion Picture Arts and Science veröffentlichte Technische Bulletin TB-2014-010 *Design, Integration and Use of ACES Look Modification Transforms* gibt eine Reihe von Möglichkeiten des Einsatzes von LMTs an, die im Folgenden kurz vorgestellt werden sollen.

1. Emulation fotochemischer Prozesse

Emulation des Bleach-Bypasses: Das Bildmaterial wird entsprechend manipuliert, um die Auslassung des Bleichvorgangs während des Laborprozesses bei der Entwicklung von analogem Filmmaterial zu emulieren. Es entsteht ein grobkörniges, entsättigtes Erscheinungsbild mit hohem Kontrast.

Technicolor-3-Strip-Emulation: Es entsteht ein stark gesättigtes Erscheinungsbild mit hohem Kontrast.

Kodak-Vision-3-Print-Film-Emulation: Das Verfahren reproduziert den Look des Kodak-Vision-3-Filmmaterials

2. Systematische Farbkorrektur und Anwendung der ASC-CDL

Hier können verschiedene LMTs und CDLs kaskadiert werden. Zum Beispiel ist es möglich, die vom Director of Photography am Set festgelegte CDL mit einer LMT, die den Kodak-Vision-3-Film emuliert, zu kombinieren. Bei LMT-Verknüpfungen ist sicherzustellen, dass alle Bausteine der Pipeline vorhanden sind und in der richtigen Reihenfolge angewendet werden, um gewährleisten zu können, dass die Farbwerte des Bildmaterials gültig bleiben.

3. Farbkorrektur von Trim-Passes

Trim-Passes werden erzeugt, um ein fertiggestelltes Master – zum Beispiel für das Digitalkino – in andere Ausgabeformate (HDTV, mobile Anwendungen) zu konvertieren. Dabei bleibt die Farbkorrektur für das Originalmaster als erster Pass erhalten. Der Trim-Pass setzt in einem zweiten Durchgang auf das Originalmaster auf. Er enthält in der Regel eine Konvertierung des Originalmasters in den jeweiligen Farbraum des Ausgabedisplays mit der entsprechenden Berücksichtigung der Umgebungen und die damit verbundene Anpassung der Luminanz. Des Weiteren können noch kreative Entscheidungen über das Aussehen des Bildmaterials für die einzelnen Ausgabeformate eingearbeitet werden.

Abbildung 2.37 zeigt ACES-Workflows für drei Ausgabegeräte. Für alle wird Arri-RAW-Material eingelesen und durch eine Input-Device-Transform-Anwendung in den ACES-Farbraum konvertiert. Als nächster Schritt erfolgt die Farbkorrektur. Danach werden zwei LMTs kaskadiert. Die erste ist eine CDL vom Set, die den Look des Kameramanns enthält. Die zweite ist technischer Natur und enthält den Kodak-Vision-3-Look. In der oberen Zeile wird dieses Master durch eine Kombination von RRT und ODT für die Anzeige durch den Projektor im Digitalkino transformiert. In der mittleren Zeile wird eine LMT eingefügt, die den Look des HDTV-Materials kreiert. Auch dieses Bildmaterial wird durch RRT und ODT in den Farbraum eines HD-Studio-Monitors transformiert. Die untere Zeile stellt den Workflow für die Darstellung des Masters für mobile Endgeräte dar. Hierbei wird eine LMT eingefügt, die das Material an den Farbraum des Ausgabegeräts anpasst. Durch RRT und ODT wird das finale Ergebnis zur Darstellung auf einem Mobilgerät gestreamt.

4. Pre-Sets für kreative Anwendungen
Diese Pre-Sets für kreative Anwendungen setzen auf der finalen Farbkorrektur auf. Hier können signifikante Änderungen am Material stattfinden, ohne dass der Kolorist komplett neu beginnen muss. Als ein Beispiel kann die Konvertierung einer *Day-For-Night*-Aufnahme mithilfe einer dafür geeigneten LMT in die entsprechende Nacht-Stimmung dienen. Durch eine kreative Entscheidung kann nachträglich festgelegt werden, dass es für die zu erzählende Geschichte sinnvoller ist, die Szene in der Dämmerung spielen zu lassen. Da die LMT von der Farbkorrektur getrennt ist, kann die Day-for-Night-LMT problemlos durch eine Day-for-Dusk-LMT ersetzt werden.

5. Permanente Farbmodifikation für Archivzwecke
Mit dieser LMT wird ein maximaler Spielraum für den Koloristen bereitgestellt, der mithilfe dieser LMT das Material für Archivzwecke bearbeitet. Die LMT stellt aber auch einen maximalen Spielraum für einen zukünftigen Koloristen zur Verfügung, der das gemäß der ACES-Spezifikation abgelegte Material bearbeiten wird.

6. LMTs und Pre-Farbkorrektur für visuelle Effekte
Obwohl LMTs zumeist nach der finalen Farbkorrektur angewendet werden, gibt es Szenarien, in denen das Material bereits im szenenbezogenen Farbraum vorkorrigiert wird. Dies beinhaltet vor allem *Plate-Neutralizations* und andere Angleichungen der Aufnahmen. Die so verwendeten LMTs werden als Metadaten mit dem Material ausgeliefert, in das die visuellen Effekte bereits eingearbeitet wurden. Die LMTs können dann standardmäßig nach der Farbkorrektur eingefügt werden.

2.5.4 Reference-Rendering-Transform (RRT)

Die *Reference-Rendering-Transform*-Anwendung im ACES-Workflow hat die Aufgabe, das szenenbezogene farbmetrische Bildmaterial im ACES-Farbraum in den entsprechenden displaybezogenen farbmetrischen OCES-Farbraum *(Output Color Encoding Specification)* zu konvertieren, um eine filmähnliche Darstellung zu erzielen. Die RRT errechnet den Look eines idealisierten virtuellen Filmpositivs, indem eine s-förmige Kurve zum Rendern verwendet wird. Sie hat einen weiten Gamut und einen großen Dynamikbereich, um das Rendering für alle – einschließlich zukünftiger – Ausgabegeräte zu gewährleisten. Die RRT kann unter den verschiedenen am Projekt beteiligten VFX-Firmen ausgetauscht werden, so dass das festgelegte Erscheinungsbild des szenenbezogenen Materials überall verfügbar ist. Die RRT ist mit hoher Genauigkeit invertierbar.

2.5.5 Output-Device-Transform (ODT)

Die *Output-Device-Transform*-Anwendung passt das von der RRT im Filmlook gerenderte Material an die speziellen farbmetrischen Gegebenheiten des Displays an. Ihre Hauptaufgabe besteht darin, den weiten Gamut und den großen Dynamikbereich des Bildmaterials an die Parameter des Displays anzupassen. Die ODTs können von den Display- und Projektorherstellern gemäß den ACES-Vorgaben erstellt werden. Zumeist findet eine Kontrastanhebung statt, um das dunkle Beobachtungsfeld in einem Kino zu kompensieren. Die ODT besteht aus einer einfachen 1D-LUT und einer 3×3-Matrix.

2.6 Quellen

Abbildung 2.5 Bildquelle: Kodak Digital LAD Test Image, http://motion.kodak.com/motion/Support/Technical_Information/Lab_Tools_And_Techniques/digitallad.htm, Zugriff: 14. September 2015

Literatur

ACES (2015a) Academy Color Encoding System Version 1.0 User Experience Guidelines. Technical Bulletin TB-2014-002, The Academy of Motion Picture Arts and Sciences Science and Technology Council, Academy Color Encoding System (ACES) Project Committee, Version 1.0.2 September 3, 2015

ACES (2015b) Design, Integration and Use of ACES Look Modification Transforms. Technical Bulletin TB-2014-010, The Academy of Motion Picture Arts and Sciences Science and Technology Council, Academy Color Encoding System (ACES) Project Committee, Version 1.0.2 September 3, 2015

Arri (2012) ALEXA Log C Curve – Usage in VFX. http://www.arri.com/camera/alexa/downloads/. Zugegriffen: 9. September 2015

Arri (2014) ALEXA Visual Effects FAQ. http://www.arri.com/camera/alexa/downloads/. Zugegriffen: 9. September 2015

Arri (2015a) ALEXA VFX Frequently Asked Questions. http://www.arri.com/camera/alexa/learn/alexa_vfx_faq/. Zugegriffen: 19. September 2015

Arri (2015b) Log C and Rec 709 Video. http://www.arri.com/camera/alexa/learn/log_c_and_rec_709_video/. Zugegriffen: 16. September 2015

DCI (2012) Digital Cinema System Specification. Version 1.2 with Errata as of 30 August 2012 Incorporated. Digital Cinema Initiatives

Fairchild M (2005) Color Appearance Models. 2. Aufl. John Wiley & Sons, Chichester

ITU-R (2011a) Recommendation ITU-R BT.1886-7. 03/2011, Electronic Publication, Geneva, 2011

ITU-R (2011b) Recommendation ITU-R BT.601-7. 03/2011, Electronic Publication, Geneva, 2015

ITU-R (2013) Recommendation ITU-R BT.2035. 07/2013, Electronic Publication, Geneva, 2015

ITU-R (2014) Recommendation ITU-R BT.2020-1. 06/2014, Electronic Publication, Geneva, 2015

ITU-R (2015) Recommendation ITU-R BT.709-6. 06/2015, Electronic Publication, Geneva, 2015

Kainz F (2004) A Proposal for OpenEXR Color Management. Industrial Light and Magic. http://www.openexr.com/OpenEXRColorManagement.pdf. Zugegriffen: 24. September 2015

Kainz F (2007) Using OpenEXR and the Color Transformation Language in Digital Motion Picture Production. Industrial Light and Magic. http://www.openexr.com/UsingOpenEXRandCTL.pdf. Zugegriffen: 14. September 2015

Kennel G (2007) Color and Mastering for Digital Cinema. Elsevier, Amsterdam

Kodak (1995) Conversion of 10-bit Log Film Data To 8-bit Linear or Video Data. Version 2.1, July 26, 1995. Kodak Moving Picture & Television Imaging. http://www.cineon.com/conv_10to8bit.php. Zugegriffen: 11. September 2015

Okun J, Zwermann S (2010) The VES Handbook of Visual Efffects. Visual Effects Society. Elsevier Inc., Burlington

Oscars (2007) COLOR TRANSFORMATION LANGUAGE, https://www.oscars.org/science-technology/sci-tech-projects/color-transformation-language. Zugegriffen: 1. Oktober 2015

Poynton C (2004) Merging computing with studio video: Converting between R′G′B′ and 4:2:2. http://www.poynton.com/PDFs/Merging_RGB_and_422.pdf. Zugegriffen: 22. September 2015

Poynton C (2010) Picture Rendering in Video. März, 2010.

Poynton C (2012a) DCT301: Camera Tech and Colour Science. Online-Training, FXPHD, Sidney. www.fxphd.com. Zugegriffen: 1. Oktober 2015

Poynton C (2012b) Digital Video and HD Algorithms and Interfaces. 2. Aufl. Elsevier, Amsterdam

Poynton C (2013) DCT302: DCT302: Advanced Color Theory and ACES Workflow. Online-Training, FXPHD, Sidney. www.fxphd.com. Zugegriffen: 1. Oktober 2015

Poynton C (2014) DCT303: Advanced Digital Colour Theory. Online-Training, FXPHD, Sidney. www.fxphd.com. Zugegriffen: 1. Oktober 2015

RED (2015) ISO Speed revisited. http://www.red.com/learn/red-101/iso-speed-revisited. Zugegriffen: 16. September 2015

Sarlat A (2012) Using a Spectral Source to Characterize a Digital Camera and Build an ACES Input Device Transform (Draft), Ecole Nationale Supérieure Louis-Lumière, Noisy-le-Grand. http://colorpipe.mikrosimage.eu/wp-content/uploads/2012/03/CIC_Sarlat_draft.pdf. Zugegriffen: 4. Oktober 2015

Shaw S (2009a) Digital Film Scene-to-Screen. Light Illusion. http://www.lightillusion.com/zippdf/scene-to-screen.pdf. Zugegriffen: 1. Oktober 2015

Shaw S (2009b) Digital Intermediate. Light Illusion. http://www.lightillusion.com/zippdf/di-guide.pdf. Zugegriffen: 14. September 2015

Slansky P und Richthofer K (2015) Lenses for film and television: an international survey, DOI 10.1515/aot-2014-0068

Selan J (2012) Cinematic Color From Your Monitor to the Big Screen. A VES Technology Committee White Paper. http://cinematiccolor.com. Zugegriffen: 07. September 2015

Seymour M (2012) Squeezing the most out of a 5D Mk II or ALEXA signal. FXPHD, Sydney. https://www.fxphd.com/blog/squeezing-the-most-out-of-a-5d-mk-ii-or-alexa-signal/. Zugegriffen: 07. September 2015

3 Kameratechnik

Patrick Ingwer

In diesem Kapitel werden die grundlegenden Elemente der Kamera zur digitalen Bildaufzeichnung vorgestellt. Von Interesse ist hier der Bezug zu den Dreharbeiten und der nachfolgenden Postproduktion. Im ersten Abschnitt erfolgt eine Diskussion der wichtigsten Kameraparameter wie Blende, Brennweite, Verschlusszeit, ISO-Einstellungen und die Verwendung von Filtern. Im Mittelpunkt des zweiten Abschnitts stehen die Bildsensoren, ihre Größe und deren Zusammenhang mit dem Formatfaktor und dem 35 mm-Äquivalent.

Im dritten Abschnitt stehen die Bildwiederholungsrate und der Umgang mit Halbbildern für die entsprechenden Fernsehformate im Mittelpunkt. Es folgt eine Diskussion von Standard-Bildraten und die vor allem durch Produktionen des neuseeländischen Regisseurs Peter Jacksons (Herr der Ringe, Der Hobbit) in das Blickfeld der Öffentlichkeit geratenen höheren Bildraten (HFR). Anschließend wird die für die Kontrolle der unterschiedlichen Aufnahmedaten wie Audio, Video, Film, Motion-Capture, Stereo3D und deren Aufbereitung in der Postproduktion wichtige Timecode-Synchronisation vorgestellt. Abgeschlossen wird das Kapitel mit einem kurzen Überblick über Codierungsverfahren und deren Auswirkungen vor allem auf den Videoschnitt.

3.1 Grundelemente der Kamera

3.1.1 Das Objektiv und ihre Blende

Der Mensch reguliert den Lichteinfall der Augen auf deren Netzhaut unbewusst mithilfe der Iris. Bei Objektiven einer Kamera wird das Pendant ebenfalls auch oft als Iris bezeichnet. Gebräuchlicher ist jedoch der Begriff *Blende* (engl. *aperture*). Der Mensch nimmt seine Umwelt visuell über sogenannte Sakkaden wahr. Die Augen tasten einzelne Bildelemente oder Bildbereiche der Umgebung sequenziell ab. Erst nach dieser Abtastung wird das Bild der Umgebung im Gehirn zu einem Ganzen zusammengesetzt.

Mithilfe von Eye-Tracking lassen sich diese Bewegungsmuster bzw. Sakkaden der Augen analytisch nachvollziehen. Hier wird jedoch nur die Blickrichtung verfolgt. Während dieser Sakkaden passt sich aber die Iris (Lichteinfall) zusammen mit der Pupille (Schärfe) ständig an die Objekte an, die von den Augen nacheinander abgetastet werden.

In einer realen Szene treten nicht selten Kontrastverhältnisse von einer bis zu mehreren Millionen auf. Analoge wie digitale Kameras besitzen je nach Fertigung, Hersteller und Einsatzgebiet unterschiedliche Möglichkeiten, sowohl kleine als auch große Kontrastumfänge gleichzeitig zu erfassen. Was jedoch fast alle Kamerasysteme gemeinsam haben, ist die Integration einer variablen Blende in deren optischen Systemen. Ausnahmen sind sogenannte Actionkameras wie die des US-Herstellers GoPro. Letztere besitzt eine feste Blende von f2,8.

Diese variablen Blenden regeln den Lichteinfall. Je größer deren Durchmesser ist, desto mehr Licht gelangt in das optische System. Blenden werden aber in der Regel nicht in physikalischen Einheiten (wie Millimeter) angegeben, sondern im Verhältnis zur Brennweite *f*. Bei einer Blende von *f/2* ist der Durchmesser der Blende halb so groß wie die Brennweite. Da die Blendenzahl *k* reziprok ist, wird das Öffnungsverhältnis geringer, je höher die Blendenzahl ist (Gl. 3.1).

$$D = \frac{f}{k} \tag{3.1}$$

Die primäre Aufgabe der Blende ist es, den Lichteinfall auf die bildumwandelnde Einheit (Film, CCD-Chip, CMOS-Chip, etc.) in Abhängigkeit der realen Bedingungen (hohe Sonneneinstrahlung bis gedämpfte Kunstlichtumgebungen) auf der analogen Ebene zu regulieren. Dem CMOS-, bzw. CCD-Sensor wird somit nur ein bestimmter Bereich der gesamten Lichtmenge der Szenerie zugeführt. Die Blende begrenzt das Maximum der realen Lichtmenge. Wie groß aber der tatsächlich erfasste Bereich der Luminanz ist, wird durch die dem Objektiv nachfolgenden Elemente (optisches Sys-

E. Hasche, P. Ingwer, *Game of Colors: Moderne Bewegtbildproduktion*, X.media.press, DOI 10.1007/978-3-662-43889-3_3

tem, Bildaufnahmeeinheit, CCD-/CMOS-Sensor) sowie bei der Verarbeitung der Bilddaten festgelegt.

Im Zusammenhang mit der Blende steht in einem optischen Kamerasystem eine Reihe technischer Sachverhalte. Manche können für künstlerische Möglichkeiten der Bildgestaltung genutzt werden. Hierzu gehört die Schärfentiefe. Andere werden als Fehler angesehen. Dazu zählen die Chromatische und Sphärische Aberration, Astigmatismus, geometrische Verzeichnungen und andere. Diese hier genannten Nebeneffekte haben mehr oder weniger Einfluss auf die nachfolgende Postproduktion von Bewegtbildmaterial.

Die Blende der Kamera hat Standardbezeichnungen für die Blendstufen. Kleine Blendenzahlen stehen für offene Blenden, große Blendenzahlen stehen für geschlossene Blenden. Standardblendenstufen beginnen in der Regel bei 1,4. Weitere folgen in Schritten mit Faktor $\sqrt{2}$, sodass die Reihe mit 2,0/2,8/4/5,6 usw. fortgesetzt wird. Die nächste Blende in der Reihe lässt zur vorhergehenden die halbe Lichtmenge durch. Zwischen diesen Standardwerten existieren auch andere Blendenzahlen, die 1/3- oder 2/3-Blendenstufen entsprechen (engl. *f-stops*). Alternativ spricht man auch vom sogenannten *Lichtwert (LW)* bzw. im Englischen vom *Exposure-Value (EV)*. Ein Zuwachs der Belichtung um 1 Ev entspricht der Erhöhung der Lichtmenge um eine ganze Blende, also der doppelten Lichtmenge. Der Unterschied zwischen Lichtwert und Blende besteht lediglich darin, dass Blenden absolute Einheiten der Optik sind und Lichtwerte als relative Einheiten anzusehen sind. Der mathematische Zusammenhang zwischen Lichtwert, Blende und Belichtungszeit ist in der Gl. 3.2 dargestellt (siehe auch Tab. 3.1 und 3.2). Lichtwerte können auch negative Vorzeichen haben. Damit handelt es sich um Dämpfungen. −1 Ev würde bedeuten, dass sich die Lichtmenge halbiert.

$$\mathrm{LW(Ev)} = \log_2 \frac{\mathrm{Blendenzahl}^2}{\mathrm{Belichtungszeit(s)}} \tag{3.2}$$

$$\mathrm{LW(Ev)} = \mathrm{LWk(Av)} + \mathrm{LWt(Tv)} \tag{3.3}$$

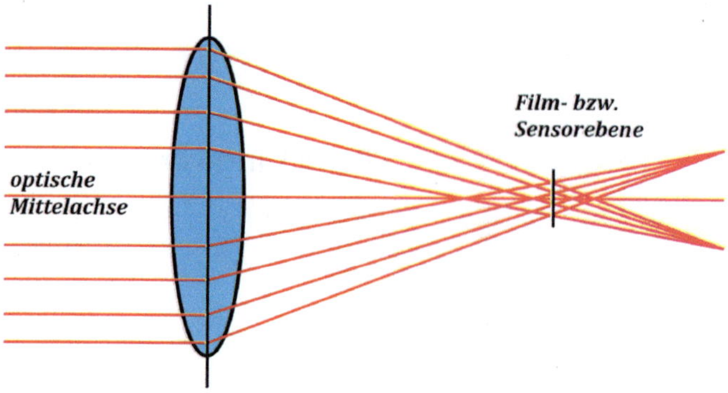

Abb. 3.1 Aberration, unterschiedliche Brennpunkte bei sphärischer als auch chromatischer Aberrationen

mit:

LW Lichtwert (Ev, Exposure value),
LWk Lichtwert zur Blende k (Av, Aperture value),
LWt Lichtwert zur Verschlusszeit t (Tv, Time value).

Folgende Abbildungsfehler treten im Zusammenhang mit einem optischen Systems auf, oft in Abhängigkeit von der Blende:

Sphärische Aberration
Die *Sphärische Aberration* ist ein Schärfefehler. Lichtstrahlen, die sich im optischen System am äußeren Rand befinden, haben im Gegensatz zu Lichtstrahlen, die sich näher zur optischen Achse (Objektivmittelpunkt) befinden, auf der Bildebene unterschiedliche Schärfepunkte (siehe Abb. 3.1).

Chromatische Aberration
Lichtstrahlen unterschiedlicher Wellenlänge werden in dem optischen System zum äußeren Rand hin unterschiedlich gebrochen. Die Teilbilder der einzelnen Wellenlängen haben letztendlich auf der Bildebene eine unterschiedliche Größe. Die Farben laufen nach außen hin – subjektiv gesehen – auseinander. Bei vielen Objektiven hängt die Stärke dieses Fehlers unter anderem auch von der Blende ab. Eine geringere Blende resultiert in einer geringeren chromatischen Aberration.

Tab. 3.1 Lichtwerte in Abhängigkeit der Blende

Blende	f/1	1,4	f/2	f/2,8	f/4	f/5,6	f/8	f/11	f/16	f/22
LWk	0	1	2	3	4	5	6	7	8	9

Tab. 3.2 Lichtwerte in Abhängigkeit der Verschlusszeit

Zeit	1 s	1/2 s	1/4 s	1/8 s	1/15 s	1/30 s	1/60 s	1/125 s	1/250 s	1/500 s
LWt	0	1	2	3	4	5	6	7	8	9

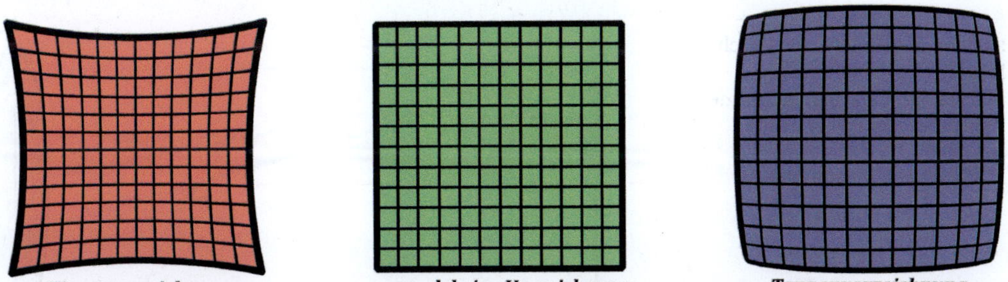

Abb. 3.2 Vereinfachte Darstellung möglicher Linsenverzeichnungen

Abb. 3.3 Blenden einer Kameraoptik bei $\sqrt{2}$-fachen Blendenabständen

Astigmatismus
Objekte, die sich außerhalb der optischen Achse befinden, werden auf der Bildebene unterschiedlich scharf abgebildet. Die Ursache ist auf abweichende Brennweiten in der sogenannten Meridionalebene (vertikal) und Sagittalebene (horizontal) zurückzuführen.

Bildfeldwölbung
Hierbei handelt es sich um eine Art Lagefehler. Das vom optischen System erzeugte Bild wird nicht auf eine Ebene, sondern auf eine gewölbte Fläche projiziert. Je größer der Abstand von Objekten zur optischen Achse ist, desto weiter werden deren Schärfepunkte in Achsenrichtung nach vorn geschoben, sodass entweder alle Bildbereiche im Zentrum oder am Rand scharf eingestellt werden können.

Geometrische Verzeichnungen
Typische Verzeichnungen sind sogenannte kissenförmige (engl. *pincushion distortion*) oder tonnenförmige (engl. *barrel distortion*) Verzerrungen des Bildes (siehe Abb. 3.2). Die größten Verzerrungen liefert das sogenannte Fischaugenobjektiv (engl. *fish-eye lens*). Die Stärke der Verzeichnung des Bildes hängt dabei direkt von der gewählten Brennweite ab. Je weiter sich die Brennweite des optischen Systems vom Blickwinkel des menschlichen Auges in beide Richtungen entfernt, desto stärker tritt dieser Fehler auf. Weitwinkelobjektive erzeugen tonnenförmige, Teleobjektive kissenförmige Verzerrungen.

Verzeichnungen sind die häufigsten Bildfehler eines jeden optischen Systems. Einerseits können sie als ein unterstützendes Element bei der filmischen Umsetzung einer Geschichte verwendet werden, andererseits stellen die Verzeichnungen große Probleme in der Postproduktion dar, besonders für das Matchmoving (siehe Abschn. 7.4.1).

Bei guten Objektiven sind außer den Verzeichnungen die anderen hier aufgeführten Bildfehler meist vernachlässigbar. Das optische System wird so konstruiert, dass sie reduziert werden und bei hochwertigen Objektiven kaum wahrnehmbar sind.

3.1.2 Die Brennweite

Die Brennweite (engl. *focal length*) ist der Abstand zwischen einer optischen Linse oder einem gewölbten Spiegel und dem Fokus (Brennpunkt). Das Auge des Menschen oder eines vergleichbaren Sehapparates bei einem Tier hat eine feste Brennweite. Betrachtet ein Mensch ein Objekt mit der Lupe und bewegt sie dabei vor und zurück, so ändert er die Brennweite und damit die Größenwahrnehmung des betrachteten Objektes. Bei einer einzelnen Linse – wie zum Beispiel bei einer Leselupe – befindet sich die Hauptebene genau in der Mitte der Linse (siehe Abb. 3.4). Bei einer Kameraoptik, bestehend aus mehreren Linsen, lässt sich die Hauptebene nicht ganz so einfach bestimmen. Hier existieren unter Umständen mehrere Hauptebenen.

Die Brennweite errechnet sich wie folgt:

$$f' = \frac{g}{1 + \frac{G}{B}} \tag{3.4}$$

mit:

f' Brennweite (in mm),
g Gegenstandsweite (Entfernung zu Objekt),
G Objektgröße (in mm),
B Projektionsgröße/Bildgröße (in mm).

Im folgenden Beispiel wird ermittelt, welche Brennweite eines Objektivs bei einer RED Scarlet-X Kamera im 4 k Modus nötig ist, um bei 6 Metern Arbeitsabstand ein Bildfeld von 2 Metern vollständig zu erfassen:

g = 6 m = 6000 mm,
G = 2 m = 2000 mm,
B = 22,12 mm.

$$f' = \frac{6000\ \text{mm}}{1 + \frac{2000\ \text{mm}}{22{,}12\ \text{mm}}} \approx 66\ \text{mm} \tag{3.5}$$

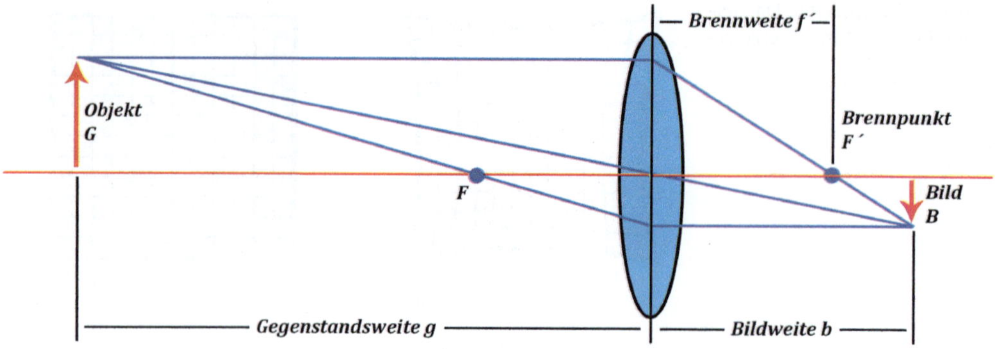

Abb. 3.4 Schematische Darstellung der Brennweite. (Nach http://www.vision-doctor.de/optische-grundlagen.html, letzter Zugriff: 8. September 2015)

3.1.3 Schärfentiefe

Die Schärfentiefe (engl. *depth of field*) hängt von vielen Faktoren ab. Ausgehend von der Bildmitte, entlang der optischen Achse in Richtung des Objektes von Interesse, existiert ein Nahschärfepunkt mit noch akzeptabler Schärfe und weiter entlang der Achse der Fernschärfepunkt mit noch akzeptabler Schärfe. Der Bereich zwischen Nah- und Fernschärfepunkt wird als Schärfentiefe bezeichnet. Auf exakt der Hälfte zwischen dem Nah- und Fernschärfepunkt liegt der Punkt des Fokusses, auf den der Kameramann seine Kamera scharf stellt (siehe Abb. 3.5).

Primär hängt die Schärfentiefe vom einfallenden Licht ab. Je offener die Blende ist, desto mehr Licht erreicht das Aufnahmemedium, desto mehr nimmt die Schärfentiefe ab. Umgekehrt nimmt der Bereich der Schärfentiefe zu, je geschlossener die Blende ist. Bei hoher Schärfentiefe ist ein großer Teil der Szene scharf, ganz gleich, auf welches Objekt scharf gestellt wird.

Die Schärfentiefe hat in der Bildsprache einen hohen Stellenwert. Durch Festlegung und Änderungen des Schärfebereichs (engl. *rack focus*) während einer Aufnahme können Objekte hervorgehoben und deren Bedeutung unterstrichen werden. Der Regisseur benötigt zum Beispiel für eine Szene am Strand mit hoher Sonneneinstrahlung eine kleine Schärfentiefe, um den Hauptdarsteller in den Fokus zu setzen und damit die Aufmerksamkeit der Zuschauer auf ihn zu lenken. Andere Personen vor und hinter ihm sollen unscharf erscheinen, da sie im Moment für die Geschichte nicht wichtig sind. Dazu muss das einfallende Licht reduziert werden, in der Regel durch Verwendung von Neutraldichtefiltern (siehe Abschn. 3.1.6).

Möchte man hingegen bei wenig Licht – zum Beispiel bei einer Innenaufnahme in einem dunklen Raum – ohne extra Lichtsetzung eine hohe Schärfentiefe erzielen, muss eine geringere Blende verwendet und das Signal durch Erhöhung der ISO entsprechend verstärkt werden, da weniger Licht auf das Aufnahmemedium fällt. Dadurch nimmt jedoch der Signal-Rauschabstand (engl. *signal to noise ratio, SNR*) ab und das Bildrauschen zu. Tatsächlich hängt die Schärfentiefe aber noch von weiteren Faktoren wie zum Beispiel von der Größe der Bildaufnahmefläche ab. Je kleiner der jeweilige CCD-/CMOS-Sensor ist, umso größer ist die resultierende Schärfentiefe – bei gleicher Blende sowie Lichtverhältnissen, da die Äquivalenzbrennweite erhöht wird (siehe Abschn. 3.2.6).

In den Abb. 3.6 und 3.7 sind schematisch die Auswirkungen der Blende auf die Schärfentiefe dargestellt. Die Schärfentiefe eines Kamerasystems errechnet sich nach den Gln. 3.6 bis 3.13.

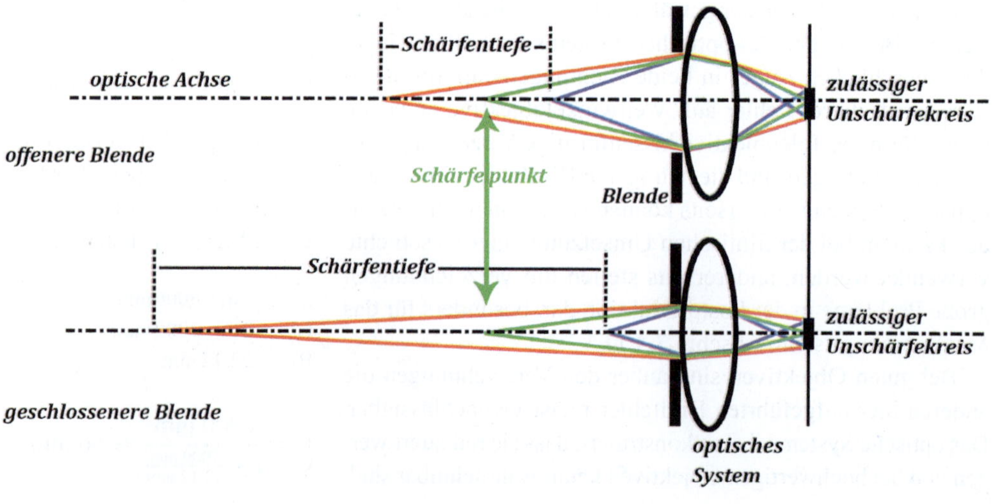

Abb. 3.5 Die Schärfentiefe in Abhängigkeit der Blende. (Nach Schmidt 2013, S. 389)

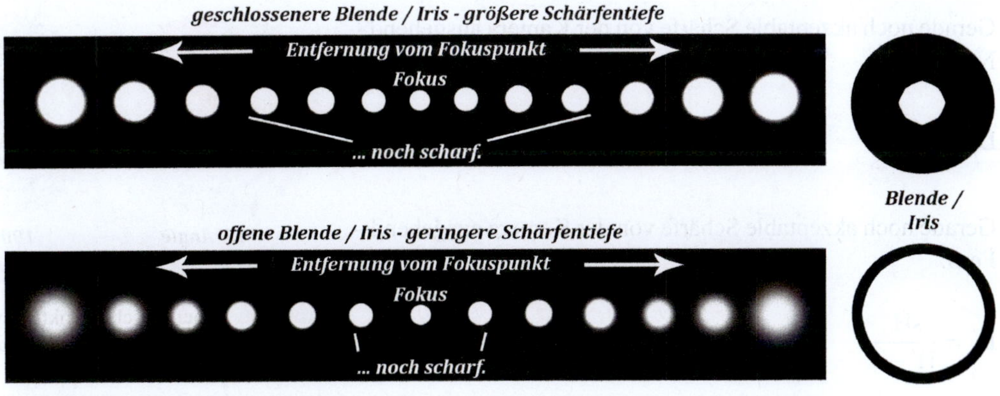

Abb. 3.6 Schärfentiefe vs. Blende, schematisch

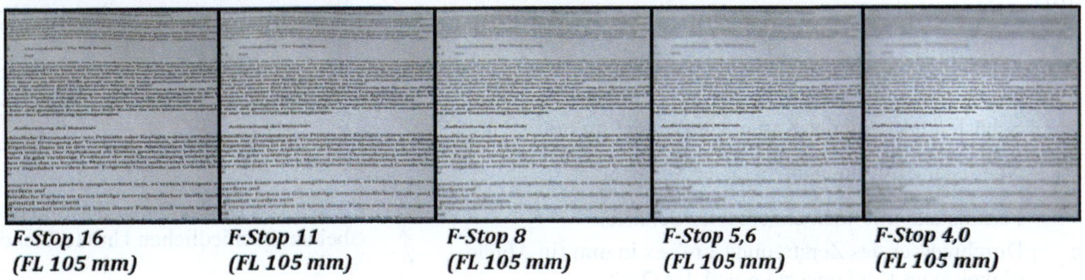

Abb. 3.7 Veränderung der Schärfentiefe bei offener und geschlossener Blende

DoF (Depth of Field/Schärfentiefe) – exakte Berechnung
Hyperfokale Distanz (Schärfentiefe in mm):

$$H = \frac{f^2}{Nc} + f \tag{3.6}$$

Gerade noch akzeptable Schärfe von der Kamera ausgehend – Nah:

$$D_n = \frac{s\,(H - f)}{H + s - 2f} \tag{3.7}$$

Gerade noch akzeptable Schärfe von der Kamera ausgehend – Fern:

$$D_f = \frac{s\,(H - f)}{H - s} \tag{3.8}$$

mit:

- H hyperfokale Distanz/Schärfentiefe, in mm,
- f Objektiv Brennweite, in mm,
- s Schärfepunkt von der Kamera ausgehend/in mm,
- D_n Nahdistanz mit noch akzeptabler Schärfe,
- D_f Ferndistanz mit noch akzeptabler Schärfe,
- c Durchmesser des Zerstreuungskreises in mm (in Abhängigkeit des Kamerasystems und der Optik),
- N Blende.

$$N = 2^{\frac{i}{2}} \tag{3.9}$$

mit:

$$i = 1, 2, 3, \ldots$$

für:

f/1,4; f/2; f/2,8; …mit $\sqrt{2}$-fachen Blendenabständen.

Der normale Bereich des Zerstreuungskreises c reicht bei KB-Vollformat-Kamerasystemen (35 mm) von 0,025 mm bis 0,035 mm. Eine DSLR-Kamera wie die Canon 5D Mark II/III hat einen Durchmesser des Zerstreuungskreises von 0,030 mm.

Der Durchmesser des Zerstreuungskreises *c* errechnet sich dann in der Regel mit:

$$c = \frac{c_{35}}{fl_f} \tag{3.10}$$

mit

- c_{35} zum Beispiel 0,035 mm für eine Canon 5D Mark III,
- fl_f Cropfactor (zum Beispiel RED Scarlet-X bei 4 k: ca. 1,73/Nikon D70: 1,6/Canon 5D: 1,0).

DoF (Depth of Field/Schärfentiefe) – Näherung in der Praxis
Hyperfokale Distanz (Schärfentiefe in mm):

$$H' = \frac{f^2}{Nc} \tag{3.11}$$

Gerade noch akzeptable Schärfe von der Kamera ausgehend – Nah:

$$D'_n = \frac{sH'}{H' + s} \tag{3.12}$$

Gerade noch akzeptable Schärfe von der Kamera ausgehend – Fern:

$$D'_f = \frac{sH'}{H' - s} \tag{3.13}$$

mit:

- H' hyperfokale Distanz/Schärfentiefe, in mm,
- f Objektiv Brennweite, in mm,
- s Schärfepunkt von der Kamera ausgehend/in mm,
- D'_n Nahdistanz mit noch akzeptabler Schärfe,
- D'_f Ferndistanz mit noch akzeptabler Schärfe,
- c Durchmesser des Zerstreuungskreises in mm (in Abhängigkeit vom Kamerasystem und der Optik),
- N Blende.

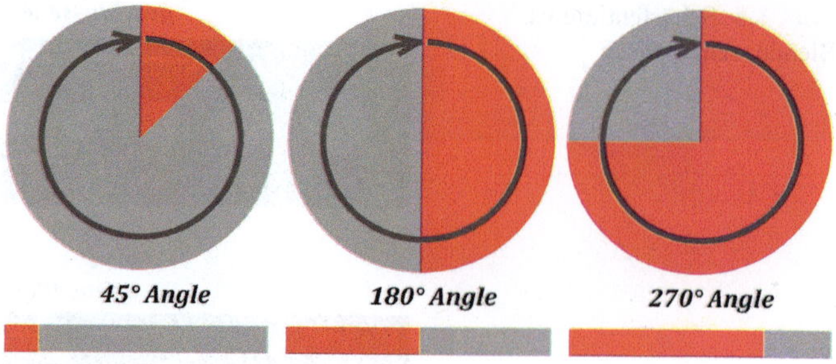

Abb. 3.8 Schematische Funktionsweise einer Umlaufblende mit zeitlichem Bezug zur Belichtungszeit eines Bildes

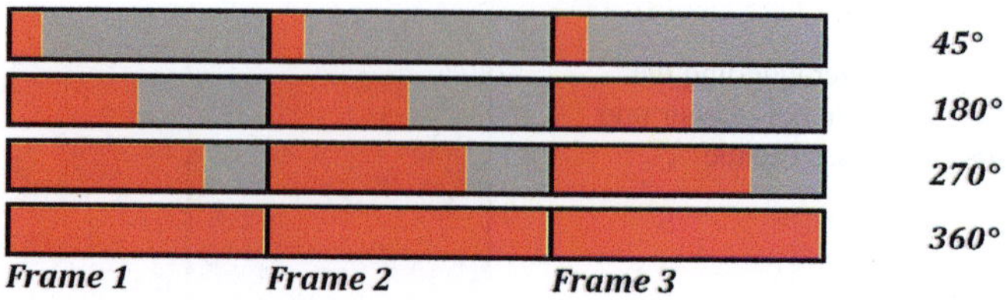

Abb. 3.9 Drei aufeinanderfolgende Frames und deren Belichtungszeit bei unterschiedlichen Umlaufblenden-Winkeln

3.1.4 Verschlusszeit und Bewegungsunschärfe

Bei der Aufnahme eines Bildes mit einer Kamera kommen drei wichtige Parameter zum Tragen. Die Schärfe des Bildes mit Einstellung des Fokus, die Regulierung der Lichtmenge über die Blende und die Steuerung der Dauer der Belichtung der Bildaufnahmefläche (Film, Sensor, etc.) mithilfe eines sogenannten Verschlusses (engl. *shutter*). Durch den Verschluss wird die Belichtung des chemischen Filmes oder des Sensors zeitlich reguliert. Im Zusammenhang mit digitalen Bildsensoren werden entweder mechanische oder digitale Verschlüsse verwendet. Bei den mechanischen Verschlüssen existieren sogenannte Umlaufblenden sowie Schlitzverschlüsse. Beide lassen sich mittlerweile auch elektronisch steuern (siehe Abb. 3.8 und 3.9).

Bei Bewegtbildaufnahmen mit einer analogen Filmkamera wird zumeist eine Umlaufblende eingesetzt. Hierbei handelt es sich um eine Scheibe, die sich mit einem offenen Teil im Strahlengang zwischen dem optischen System und dem zu belichtenden Film befindet. Diese Scheibe rotiert mit einer Frequenz, die abhängig von der Anzahl der aufzunehmenden Bilder pro Sekunde ist. Sie besitzt einen freigestellten Ausschnitt, durch den der Film belichtet wird. Für ein neues Bild stoppt der Vorlauf des Films, die Scheibe dreht sich und belichtet den Film, dann erfolgt der Weitertransport und ein neues Bild erscheint. Der Ausschnitt der Umlaufblende besitzt eine einstellbare Fläche. Diese wird bezogen zum gesamten Kreis als Winkel (engl. *angle*) in Grad angegeben (siehe Abb. 3.8 und 3.9).

Bei einem Schlitzverschluss belichtet ein Schlitz definierter Größe das aktuelle Bild, indem er von oben nach unten durchläuft. Diese Verschlussart kommt häufig bei Spiegelreflexkameras zum Einsatz. Es kann auch eine Kombination eines mechanischen und digitalen Verschlusses zum Einsatz kommen wie bei der Canon 5D Mark II.

Aus historischen Gründen werden die Angaben der Verschlusszeiten in digitalen Filmkameras wie der RED-Epic/RED-Scarlet-X oder auch der ARRI-Alexa und anderen Kameras sowohl in Sekunden als auch in Winkeln angegeben. Derartige Kameras besitzen jedoch keine mechanischen Verschlüsse. Sie verwenden digitale Verschlüsse, die auf jegliche beweglichen mechanischen Teile verzichten.

Mit einem digitalen Verschluss sind heutzutage ultrakurze Belichtungszeiten möglich. Bei der Verwendung von CCD- oder CMOS-Sensoren arbeiten digitale Verschlüsse mit zwei Ladungsspeichern, aus denen die Bildinformation ausgelesen wird. Vor der eigentlichen Belichtung werden sämtliche Register geleert. Im ersten Ladungsspeicher werden während der Belichtung die Bildinformationen gesammelt. Wird mit einem Steuersignal das Ende der Belichtung angezeigt, werden die gesammelten Informationen unmittelbar in den zweiten Ladungsspeicher übertragen. Erst von dort wird die Bildinformation zur weiteren Verarbeitung in den Kameraspeicher übertragen. Konzeptionell gibt es zwei digitale Verschlussarten, den *Global-Shutter* und den *Rolling Shutter*. Bei einem Global-Shutter werden sämtliche Bildinformationen der Ladungsspeicher gleichzeitig übertragen. Beim Rolling Shutter werden die Ladungsspeicher hingegen zeilenweise ausgelesen.

Eine Verkürzung der Verschlusszeit hat bei einem bewegten Bild infolge der Öffnung der Blende eine Abnahme der

Abb. 3.10 Auswirkungen des Shutters auf die Bewegungsunschärfe (motion blur) bei gleicher Belichtung

Schärfentiefe sowie eine Zunahme der Schärfe des sich bewegenden Objektes zur Folge, die Bewegungsunschärfe (engl. *motion blur*) nimmt ab. Eine Verlängerung der Verschlusszeit hat im Gegensatz dazu eine Zunahme der Bewegungsunschärfe zur Folge (siehe Abb. 3.10).

3.1.5 Filmempfindlichkeit

Die Empfindlichkeit von analogen Filmen wurde lange Zeit in der amerikanischen Bezeichnung ASA angegeben. Parallel dazu führte man in Europa die ISO-Bezeichnung (Internationale Organisation für Normung) ein. Die amerikanische Bezeichnung ASA wurde 1987 in die ISO-Norm 5800 übernommen, ebenso wie die deutsche DIN 4512-5-Norm. Beide Bezeichnungen (ASA und ISO) sind in ihren Werten identisch. Bei einem analogen Film versteht man unter ASA bzw. ISO die Lichtempfindlichkeit des Filmmaterials, wobei definiert ist, bei welcher Belichtung eine bestimmte Dichte

Tab. 3.3 Verhältnis zwischen ISO-Wert und Belichtungszeit bei einer festen Blende von f4 und gleichbleibenden Lichtbedingungen

ISO-Wert	Belichtungszeit (in s)
100	1/60
200	1/125
400	1/250
800	1/500
1600	1/1000
3200	1/2000

Tab. 3.4 Verhältnis zwischen ISO-Wert und Blende bei einer festen Belichtungszeit von 1/60 s und gleichbleibenden Lichtbedingungen

ISO-Wert	Blende
100	f4
200	f5,6
400	f8
800	f11
1600	f16
3200	f22

D entsteht. So ist zum Beispiel bei Farbnegativfilm D = 0,1 über dem Grauschleier.

Bei digitalen Kameras wird die Lichtempfindlichkeit unterschiedlich definiert. Sie bezieht sich entweder auf den Sättigungsgrad des Sensors, das Signal-Rausch-Verhalten oder eine vom Hersteller festgelegte Angabe. Die Sensoren digitaler Kameras besitzen immer eine native ISO, bei der sich das Rauschen in einem noch akzeptablen Bereich befindet. Sie wurde in eigenen Laboren der Hersteller empirisch ermittelt. Die native Lichtempfindlichkeit der Arri Alexa-Kamera und der Mysterium-X Sensoren der RED Kameras ist zum Beispiel ISO 800.

Jede Verstärkung eines Signals korreliert naturgemäß mit der Zunahme von Rauschen – somit auch bei Bildsignalen digitaler Kameras. Das Rauschen von Digitalkameras unterscheidet sich so weit, dass in der Bild-Forensik anhand des Rauschmusters einer digitalen Bilddatei mit sehr hoher Wahrscheinlichkeit ermittelt werden kann, mit welcher Kamera dieses Bild aufgenommen wurde.

Das Rauschen hängt unter anderem auch direkt mit der verwendeten Pixelgröße zusammen. Je größer die Photozellen auf dem Sensor sind, desto weniger Rauschen wird erzeugt. Dementsprechend nimmt das Rauschen mit der Abnahme der Pixelgröße der Sensoren zu. Bei gleicher Pixelanzahl erzeugen KB-Vollformat-Sensoren wie die der Canon 5D/1D oder anderer Hersteller ein geringeres Rauschen. Mit weiteren in den Kameras integrierten Technologien können bei noch

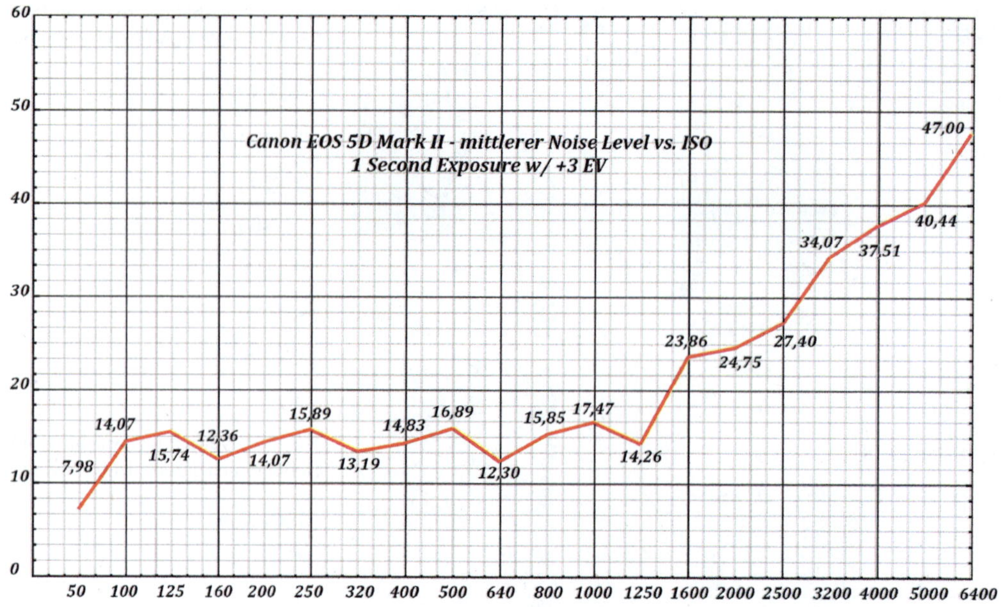

Abb. 3.11 Mittlerer Rauschpegel vs. ISO der Canon 5D Mark II. (Nach Adam J, http://forums.canonphotogroup.com, Zugriff: 15.12.2014)

akzeptablem Bildrauschen Werte von ISO 6400 und höher erzielt werden.

Je nach Implementierung des ISO-Wertes für digitale Kameras halbiert sich die notwendige Lichtmenge für eine geeignete Belichtung. So lässt sich das Bild unter Verwendung entsprechender ISO-Werte künstlerisch beeinflussen. Eine höhere ISO kann zum Beispiel mit der Verringerung der Blende einhergehen. Die Schärfentiefe nimmt bei gleicher Belichtung zu, allerdings wird auch das Rauschen erhöht. Bis zu einem bestimmten Maße lässt sich in der Nachbearbeitung Rauschen entfernen. Hierzu existieren auch in Host-Programmen integrierbare Anwendungen (Plug-ins) mit gut arbeitenden Algorithmen wie der *DeNoiser* von NeatVideo[1], *DE:Noise* von RE:Vision Effects[2] oder auch der *Denoiser* von The Foundry[3], der in NukeX integriert ist.

Ein interessanter Aspekt ist das Rauschverhalten in Abhängigkeit des ISO-Wertes bei einer Canon 5D. Das Rauschen ist hier bei ISO-Werten einer Reihe am geringsten, die bei ISO 160 beginnt und sich dann mit Werten ISO 320, 640, 1250, etc. fortsetzt. Bei ISO 640 entsteht im Bild zum Beispiel weniger Rauschen als bei ISO 500 (siehe Abb. 3.11).

3.1.6 Verwendung von optischen Filtern

Ein optischer Filter ist eine analoge und optische Einheit, die maßgeblichen Einfluss auf das aufgenommene Bild hat. Filter für Objektive werden an diesen mithilfe eines Kompendiums montiert. Es existieren verschiedene Filtertypen. Grundsätzlich unterscheidet man sie in Effekt- und Korrekturfilter bzw. Konversionsfilter. Effektfilter sind zum Beispiel Stern- oder Mosaikfilter. Korrekturfilter und Konversionsfilter wiederum dienen zur Anpassung des Bildes an entsprechende Licht- und Umgebungsbedingungen. Mit Polarisationsfiltern lassen sich beispielsweise der Himmel oder Wasseroberflächen kontrastreicher gestalten. Auch Reflexionen verschiedener Oberflächen können mit einem Polarisationsfilter optisch manipuliert oder gedämpft werden. Diese sogenannten Pol-Filter unterscheidet man wiederum in lineare und zirkulare Typen. Im Broadcast-Bereich und der Fotografie greift man zumeist auf lineare Filter zurück, da sich mit ihnen das Bild mit viel Freiheiten korrigieren lässt. Die Wirkung eines Polarisationsfilters ist zumeist auf Außenaufnahmen beschränkt, bei Kunstlicht haben diese Filter wenig Wirkung.

Weitere wichtige Filter sind die sogenannten Neutraldichtefilter (engl. *ND, neutral density filter)*. Sie dienen in erster Linie der Anpassung der Kamera und deren Blendenbereich an die jeweiligen Lichtbedingungen. ND-Filter (auch Graufilter) können wie bei Broadcastsystemen als optische Filter in der Kamera bereits vom Hersteller aus integriert sein (siehe Tab. 3.5). Sie lassen sich mechanisch im Strahlengang platzieren. Des Weiteren können sie als Zubehör mit einem entsprechenden Kompendium an nahezu jedes Objektiv bei Bedarf montiert werden.

Tab. 3.5 Gebräuchlichste externe ND-Filter in der Cinematographie/TV-Broadcast

ND Filter	prozentuale Lichtdurchlässigkeit	ganze Blendenstufen
0,3/ND2	50%	1 F-Stop
0,6/ND4	25%	2 F-Stop
0,9/ND8	12,5%	3 F-Stop

[1] https://www.neatvideo.com
[2] http://www.revisionfx.com
[3] https://www.thefoundry.co.uk

Tab. 3.6 Umgerechnete Werte unterschiedlicher Bezeichnungen von ND-Filtern

Dichte	Lichtdurchlässigkeit in %	Faktor	Blendenstufen
ND 0,3	50	2x	−1
ND 0,6	25	4x	−2
ND 0,9	12,5	8x	−3
ND 1,2	6,25	16x	−4
ND 1,8	1,56	64x	−6
ND 2,0	1	100x	−6,66
ND 2,4	0,4	256x	−8
ND 3,0	0,1	1000x	−10
ND 4,0	0,012	10.000x	−13
ND 6,0	0,001	1.000.000x	−20

Tab. 3.7 Korrekturtabelle der Verschlusszeiten (Shutter in min/s) bei Verwendung von ND-Filtern zur gleichbleibenden Belichtung

Zeit ohne Filter	ND 0,3/−1/2	ND 0,6/−2/4	ND 0,9/−3/8	ND 1,2/−4/16	ND 1,8/−6/64	ND 2,0/−6,66/100	<− ND Dichte/ Blenden/ Faktor
1/4000	1/2000	1/1000	1/500	1/250	1/60	1/40	
1/2000	1/1000	1/500	1/250	1/125	1/30	1/20	
1/1000	1/500	1/250	1/125	1/60	1/15	1/10	
1/500	1/250	1/125	1/60	1/30	1/8	1/5	
1/250	1/125	1/60	1/30	1/15	1/4	1/2	
1/125	1/60	1/30	1/15	1/8	1/2	1 s	
1/60	1/30	1/15	1/8	1/4	1 s	2 s	
1/30	1/15	1/8	1/4	1/2	2 s	3 s	
1/15	1/8	1/4	1/2	1 s	4 s	7 s	
1/8	1/4	1/2	1 s	2 s	8 s	13 s	
1/4	1/2	1 s	2 s	4 s	16 s	25 s	
1/2	1 s	2 s	4 s	8 s	30 s	50 s	
1 s	2 s	4 s	8 s	16 s	1 m 4 s	1 m 40 s	
2 s	4 s	8 s	16 s	30 s	2 m 8 s	3 m 20 s	
4 s	8 s	16 s	30 s	1 m 4 s	4 m 16 s	6 m 40 s	
8 s	16 s	30 s	1 m 4 s	2 m 8 s	8 m 32 s	13 m 20 s	
16 s	30 s	1 m 4 s	2m 8 s	4m16 s	17 m	27 m	
30 s	1 m 4 s	2 m 8 s	4 m 16 s	8 m	32 m	50 m	

Neben reinen ND-Filtern existieren auch ND-Verlaufsfilter (engl. *graduated filter*). Unter diesen Filtern versteht man Verlaufsfilter, die horizontal eine gleiche Dichte aufweisen und vertikal von der maximalen Einfärbung bis hin zur Klarsicht verlaufen. Diese werden häufig bei Landschaftsmotiven und starker Sonneneinstrahlung verwendet. Bei solchen Motiven existieren zumeist hohe Kontraste zwischen Himmel und Boden. Sollen im Schattenbereich des Bodens noch Details zu erkennen sein und die Wolken gleichzeitig Zeichnung besitzen, werden ND-Verlaufsfilter eingesetzt. Mit deren Hilfe wird die Lichtintensität des Himmels gedämpft und nimmt infolge der Wirkung des Verlaufs auf dem Filter zum Boden hin entsprechend ab.

Beim Einsatz von ND Filtern kann sich das Lichtspektrum geringfügig ändern. Es werden nicht alle Wellenlängen gleichermaßen gedämpft. Daraus folgt, dass bei Verwendung eines ND-Filters bei einer digitalen Kamera auch ein neuer Weißabgleich stattfinden sollte, wenn nicht eine RAW-Aufzeichnung stattfindet.

Die Bezeichnung von ND-Filtern ist oft verwirrend. Die Bezeichnungen ND 0,6, ND 1/4, ND 4x oder auch nur ND 4 stehen zum Beispiel für eine Dämpfung der Lichtintensität auf 25 % und beinhalten den Verlängerungsfaktor. Die Berechnung dieses Verlängerungsfaktors *x* erfolgt nach Gl. 3.14.

$$x = -\log \frac{I}{I_0} = -\log \frac{1}{4} = 0{,}602 \tag{3.14}$$

Für eine Dämpfung auf 25 % ist damit der Verlängerungsfaktor 4x (siehe auch Tab. 3.6).

In Tab. 3.7 ist der jeweilige Zusammenhang in dezidierten Werten zwischen Blende, Verschlusszeit und entsprechenden ND-Filtern dargestellt.

3.2 Bildsensoren, Sensorgröße und Cropfactor

Bei digitalen Kameras ist eine Vielzahl von Typen unterschiedlichster Hersteller verfügbar. Im professionellen Fernsehbereich kommen heutzutage Broadcastvideosysteme von Herstellern wie Sony und Panasonic zum Einsatz, die vom Großteil der öffentlich-rechtlichen Rundfunkanstalten sowie privater Broadcastdienstleister und Sender verwendet werden. Daraus haben sich zum Beispiel Aufzeichnungsformate wie P2HD von Panasonic oder XDCAM/HDCAM von Sony etabliert. Aber auch ältere Formate wie Digibeta, IMX, DVCpro, DVCproHD und andere sind noch in Gebrauch. Hersteller wie Canon mit ihren dateibasierenden Aufnahmesystemen (beispielsweise C300 oder C500) werden mittlerweile sowohl im Low-Budget-Featurefilm, als auch im Fernsehen für spezielle Anwendungen eingesetzt.

In digitalen Filmkameras werden *Single-Chip-Sensoren* in der CMOS-Ausführung verwendet. In diesem Bereich dominieren Kameras von ARRI Deutschland und des US-amerikanischen Herstellers RED. Fotoapparate verwenden ebenfalls CMOS-Sensoren, und im professionellen Broadcastbereich gehen einige Anbieter (wie zum Beispiel Panasonic) dazu über, anstelle von 3Chip-Systemen mit CCD-Sensoren CMOS-Sensoren in ihre Kameras zu integrieren. Panasonic benennt diese in ihren P2HD-Systemen *3MOS*.

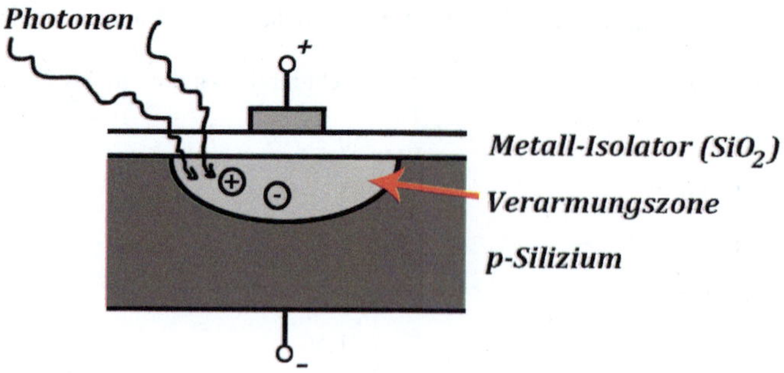

Abb. 3.12 Prinzip einer Photozelle mit Hilfe eines MOS-Kondensators

3.2.1 CCD-Sensoren

Die Abkürzung CCD steht für den Begriff *Charge Coupled Device*. Im Jahr 1970 wurde der erste funktionsfähige CCD-Chip in den Bell Laboratories von Boyle und Smith entwickelt. Heutzutage sind derartige Bildaufnahmesensoren in vielen Kameratypen verbaut.

In Abb. 3.13 ist das grundlegende Prinzip eines CCD-Sensors dargestellt. Die Lichtmenge, die den Sensor erreicht, wird in erster Linie über die Blende des Objektivs geregelt. Die Photonen treffen auf die Photozelle und werden dort in einer von der Verschlussöffnung abhängigen Zeit gesammelt. Im Anschluss wird die Menge der Photonen gezählt und in ein spezielles Energieniveau überführt. Dieses Energieniveau entspricht der Belichtung und letztendlich der Helligkeit des Pixels.

In Kameras werden neben CCDs auch CMOS-Sensoren verwendet. Der grundlegende Unterschied zu CMOS Sensoren liegt bei einem CCD-Sensor darin, dass seine gesamte Nutzfläche im ersten Schritt belichtet wird. Alle Photozellen registrieren ihre Ladungen zum gleichen Zeitpunkt und jede Photozelle speichert ihr Energieniveau. Ist die Belichtung abgeschlossen, wird im zweiten Schritt die Ladung jeder Photozelle ausgelesen. Dies erfolgt zeilenweise nach dem Eimerkettenprinzip. Die Zeilen werden in ein Schieberegister eingegeben und schrittweise versetzt, bis sie zum Ausgangsverstärker gelangen. Dieser Prozess wird so lange fortgeführt, bis alle Zeilen ausgelesen sind. Die Photozellen werden zurückgesetzt und es kann das nächste Bild belichtet werden. In diesem Zusammenhang spricht man auch von einem sogenannten *Global Shutter*. Dadurch, dass alle Pixel das Licht der Szene zum gleichen Zeitpunkt aufgenommen haben, treten keine geometrischen Verzerrungsartefakte auf wie bei einem Bild, das zeilenweise zu unterschiedlichen Zeitpunkten aufgenommen wird wie mit CMOS-Sensoren.

Interline-Transfer-Sensoren

Das Auslesen der Ladungen eines CCD-Sensors erfolgt in verschiedenen Verfahren. Interline-Transfer-Sensoren bestehen aus einem streifenförmigen Muster lichtempfindlicher Photozellen (Belichtungsbereich) und lichtdichten Schiebere-

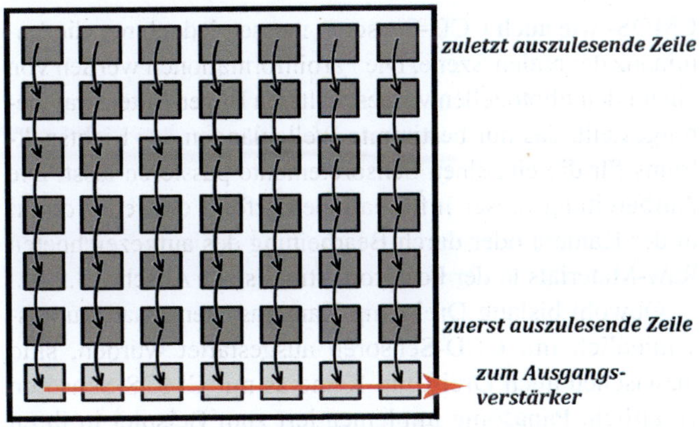

Abb. 3.13 Prinzip der Auslesung von Photozellen eines CCD Chip

gistern horizontal neben der jeweiligen Photozelle. Die in den lichtempfindlichen Photozellen aufgenommenen Ladungen werden parallel in die angrenzenden Schieberegister übernommen. Daraufhin werden die Ladungen in den vertikalen Schieberegistern zeilenweise in das horizontale Auslese-Schieberegister geschoben. Von dort werden sie seriell durch einen Verstärker in Spannungssignale umgewandelt und ausgelesen.

Frame-Transfer-Sensoren
Hier werden die Sensorfläche und der Speicherbereich in zwei voneinander getrennten Blöcken angeordnet. Die lichtempfindliche Sensorfläche dient ebenfalls als Schieberegister. So können die Ladungspakete nach der Belichtungsphase vom Sensorbereich gleichzeitig in den lichtundurchlässigen Speicherbereich verschoben und von dort in oben beschriebener Weise ausgelesen werden. Frame-Transfer-Sensoren haben zwar eine bessere Photonenausbeute, sind in der Herstellung jedoch teurer als Interline-Transfer-Sensoren, da die Sensorfläche fast doppelt so groß ist.

Moderne Kamerasysteme im professionellen Broadcastbereich wie DigiBeta, IMX und XDCAM von Sony, aber auch die von anderen Herstellern wie Panasonic, Hitachi und vielen weiteren, verwenden meist drei CCD-Sensoren in sogenannten 3Chip-Kameras (Beamsplitter-Kameras). Hierbei wird das vom optischen System weitergeleitete Licht entweder über Prismen oder für spezifische Wellenlängen reflektierende bzw. durchlässige Elemente auf die drei Sensoren (Rot, Grün und Blau) aufgeteilt (siehe Abb. 3.14).

3.2.2 CMOS Sensoren

CMOS steht für *Complementary Metal Oxide Semiconductor*. Sensoren nach dem CMOS-Prinzip stehen als Alternative zur CCD-Technik zur Verfügung. CMOS-Sensoren verwenden genauso wie CCD-Sensoren Photozellen nach dem MOS-Prinzip. Im Gegensatz zu einem CCD-Sensor, dessen Photozellen gleichzeitig belichtet und nachfolgend sequenziell

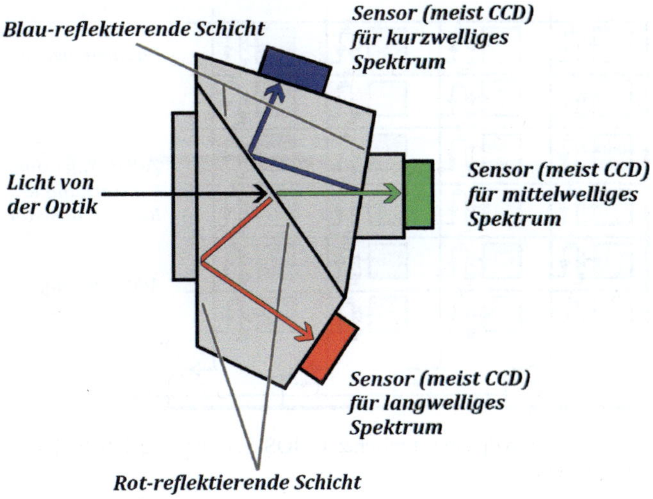

Abb. 3.14 Prinzip einer 3-Chip-Bildwandlereinheit (meist bei Broadcast-Kamerasystemen)

ausgelesen werden, erfolgt bei CMOS-Sensoren ein zeilenweises Auslesen noch während der Belichtung. In diesem Zusammenhang spricht man auch von einem *Rolling Shutter*. Aufgrund der verwendeten Technologie bei der Ermittlung des in den Photozellen gesammelten Energieniveaus und der Umwandlung in eine Spannung – bzw. Erzeugung eines nutzbaren Signals – kann bei starken Kamerabewegungen eine geometrische Verzerrung im Bild auftreten – der sogenannte *Rolling-Shutter-Effekt*.

Bei CMOS-Sensoren besitzt jede Photozelle ihre eigene Ausleseelektronik und ihren eigenen Verstärker direkt auf dem Sensor (siehe Abb. 3.15). Diese CMOS-Architektur wird auch als APS (engl. *activ pixel sensor*) bezeichnet. Die Verstärkung der Ladungen bei einem CCD-Sensor erfolgt im Gegensatz dazu in einem einzelnen Verstärker nach der zeilenweisen Übertragung der Ladungen und dem nachfolgenden sequenziellen Auslesen über ein Schieberegister.

Heute geben CMOS-Sensoren auch direkt ein digitales Signal aus. Daneben sind noch weitere Funktionen direkt auf dem CMOS-Chip implementiert, womit mehrere Aufgaben parallel ausgeführt werden können. Dazu gehören die Analog-zu-digital-Wandlung, das Timing, erste Bildverarbeitungen und andere. CMOS-Sensoren begrenzen außerdem den sogenannten *Blooming*-Effekt – das Ausbrennen von lokalen Überbelichtungen – und sind in der Regel preiswerter.

Das grundlegende CMOS-Prinzip beinhaltet zwei komplementäre Feldeffekttransistoren. Bei einer bestimmten Steuerspannung wird jeweils der eine Transistor in den leitenden und der andere in den sperrenden Zustand versetzt. Bei Zunahme der Umgebungstemperatur erfolgt jedoch auch eine gewisse Zunahme der Eigenleitfähigkeit. Sie ist in den Photozellen-Einheiten unterschiedlich stark ausgeprägt und äußert sich im Nachgang als ungewolltes Störsignal, das als Rauschen wahrgenommen wird. Außerdem werden bei Zunahme der Temperatur in den Photozellen Elektronen erzeugt,

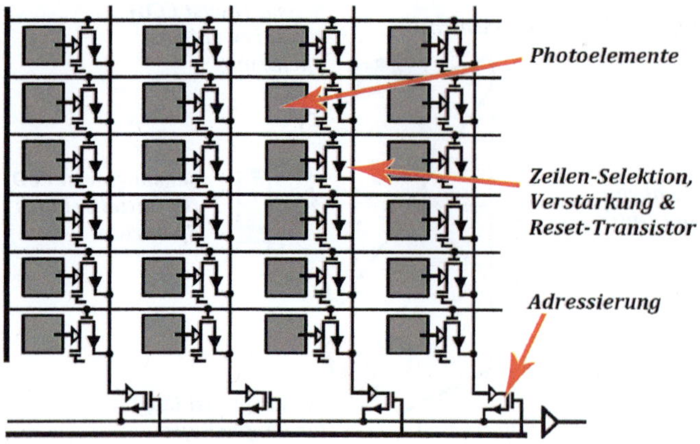

Abb. 3.15 Prinzip eines typischen CMOS-Sensors. (Nach Schmidt 2013, S. 369)

die nicht im Verhältnis zu den gesammelten Photonen des eingetroffenen Lichtes stehen (Fehlelektronen).

CMOS-Sensoren bieten infolge ihres Aufbaus einen höheren Signal-Rauschabstand. Die Bildaufnahmen sind somit relativ rauscharm. Das Active-Pixel-Sensor-Prinzip (APS) verwendet in modernen Bauweisen das sogenannte *Correlated Double Sampling*.

Damit können die oben genannten Störfaktoren direkt auf dem Sensor unterdrückt werden. Grundlage der Arbeit einer Photozelle ist das Erfassen von Elektronen, die von den einkommenden Photonen freigesetzt werden. Die Anzahl der gesammelten Elektronen ist direkt proportional zur Helligkeit des jeweiligen Pixels.

Das Correlated Double Sampling erfolgt in zwei Phasen. In der ersten Phase, in der das Zurücksetzen der Photozelle erfolgt, wird diese dunkel getastet, sodass keine Photonen des eintreffenden Lichtes gesammelt werden. Infolge von Wärme werden dennoch Fehlelektronen erzeugt, die gemessen werden. In der zweiten Phase wird die Photozelle freigeschaltet, eintreffende Photonen des Lichtes werden gesammelt und in Nutzelektronen umgewandelt. Nach erfolgtem Auslesen werden die Fehlelektronen von den Nutzelektronen der Photozelle subtrahiert. Außerdem wird der Durchschnittswert der Fehlelektronen der Pixel vom Nutzsignal subtrahiert. Das Correlated Double Sampling benutzt somit das Konzept, einen bekannten Zustand (Elektronen im Ruhezustand) von einem unbekannten Zustand (die durch das Licht freigesetzten Elektronen) zu subtrahieren, vor allem um das Rauschen zu vermindern (siehe auch Abschn. 2.2.4).

RED-Kameras müssen zum Beispiel bei großer Änderung der Umgebungstemperatur neu kalibriert werden. Dabei erfolgt eine Messung der infolge der Wärmeentwicklung in der Kamera emittierten Fehlelektronen, die dann vom Nutzsignal subtrahiert werden. Das Ergebnis der Kalibrierung wird dann als eine Art Template innerhalb der Kamera angelegt.

In der Regel werden sogenannte Ein-Chip-Kameras (engl. *single-chip-cameras*) mit einem CMOS-Sensor ausgestattet. CMOS- wie auch CCD-Sensoren messen jedoch nur die Luminanz der realen Szene. Die Farbinformationen werden von einem den Photozellen vorgeschalteten Bayer-Filterarray bereitgestellt, das nur bestimmte Wellenlängen des Lichtspektrums für die einzelnen Sensorelemente passieren lässt. Die Aufbereitung dieser Informationen erfolgt entweder direkt in der Kamera oder durch Bearbeitung des aufgezeichneten Raw-Materials in der Postproduktion (siehe Abschn. 3.2.4).

Obwohl bislang Drei-Chip-Kamerasysteme nahezu ausschließlich mit CCD-Sensoren ausgestattet wurden, sind inzwischen auch Drei-Chip-Kameras mit CMOS-Sensoren erhältlich. Panasonic implementiert zum Beispiel in ihren professionellen Broadcast-P2HD-Kameras drei CMOS-Sensoren und bezeichnet dieses System als *3MOS* oder auch *MOS ×3*. Dieses Prinzip wurde beispielsweise im AJ-PX5000G-Camcorder umgesetzt. Der Vorteil liegt in einem stärkeren Nutzsignal aus dem eintreffenden Licht und einem entsprechend größeren Signal-Rauschabstand. Gerade unter Aufnahmebedingungen mit wenig Licht macht sich dies sehr vorteilhaft bemerkbar. Ein wichtiger Gesichtspunkt für Drei-Chip-Kameras ist, dass jeder der drei Sensoren die volle und native HD-Auflösung bietet – sowohl für die Luminanz, als auch für die drei Farbkanäle. Jedem Sensor wird damit über optische Filter der jeweilige Rot-, Grün- und Blauanteil aus dem Lichtspektrum zugeführt.

3.2.3 Der Foveon-X3-Sensor

Der Vollständigkeit halber wird hier auch das Prinzip des Foveon-Chips vorgestellt, obwohl in der Praxis der digitalen Bewegtbildproduktion diese Sensoren im Moment noch relativ wenig verwendet werden.

Das Prinzip der Foveon-Sensoren unterscheidet sich im größeren Maße von der CCD- und CMOS-Technologie. Bei der CCD- und CMOS-Technik wird das Lichtspektrum vor den Sensoren in Rot, Grün und Blau aufgeteilt, sodass die

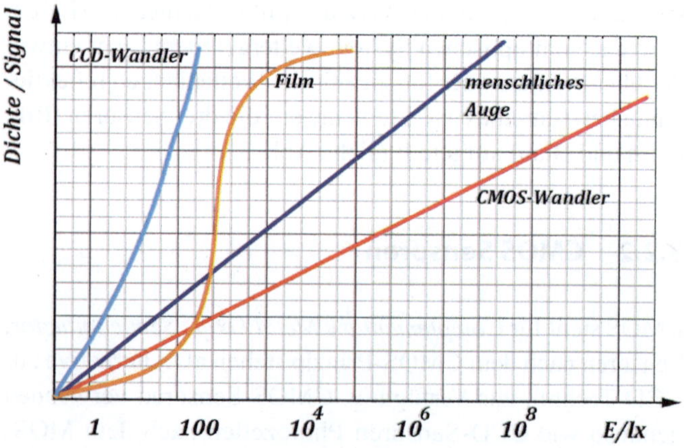

Abb. 3.16 Vergleich erfassbarer Szenenkontraste verschiedener Bildwandler. (Nach Schmidt 2013, S. 370)

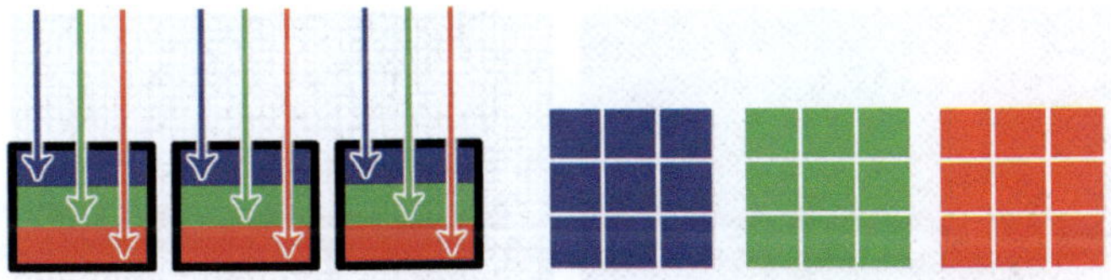

Abb. 3.17 Prinzip des Foveon-X3-Sensors (SIGMA)

einzelnen Photoelemente nur eine Farbe erhalten. Bei einem Foveon X3 Sensor kann jedes Photoelement die Anteile der Primärfarben Rot, Grün und Blau gleichermaßen aufnehmen.

Ein Foveon-Sensor besteht ebenfalls aus drei Ebenen. Diese sind jedoch wie in einem Papierstapel übereinander angeordnet (siehe Abb. 3.17). Foveon-Sensoren beruhen auf dem Prinzip, dass das Licht verschiedener Wellenlängen Silizium unterschiedlich stark durchdringt bzw. von diesem gefiltert wird. Da die einzelnen Schichten spektrumabhängig sind, kommen auch keine optischen Filter wie bei anderen Systemen zum Einsatz. In der oberen Ebene befindet sich die Schicht für das kurzwellige Spektrum (Blau), gefolgt von der Schicht für das mittelwellige Grün und der Schicht für das langwellige Rot.

Foveon-Sensoren besitzen eine Reihe von Vorteilen. Ein Foveon-X3-Sensor ermöglicht zum Beispiel die gleichzeitige Bereitstellung von Video und Fotos aus der gleichen Aufnahme und mit identischer Qualität. Farbfehler wie beim Bayer-Sensor entfallen. Ebenso kommen keine optischen Tiefpassfilter zum Einsatz, wodurch die Schärfe erhöht wird. Der Aufwand der Aufbereitung der Bildaufnahmen ist damit geringer.

Allerdings haben Foveon-Filter auch gravierende Nachteile. Zunächst sind sie um ein Vielfaches teurer. Andererseits ist das Eigenrauschen des Sensors sehr hoch und über das Spektrum nicht gleichmäßig verteilt. Weiterhin ist die Separation der drei Farbkanäle wenig ausgeprägt – das heißt, sie überlagern sich stark. Um sie zu trennen und die Sättigung des ausgegebenen Bildes zu erhöhen (siehe Abschn. 2.2.3), sind die Werte der resultierenden 3 × 3-Matrix sehr hoch und produzieren ein verstärktes Rauschen (Gl. 3.15). Außerdem ist die Farbtreue nicht immer gegeben. Blattgrünfarbene Töne sind manchmal schlecht differenziert und die Farbe Lila kann zuweilen in ihrem Spektrum verschoben sein. Der Kamerahersteller Sigma verwendet zurzeit als alleiniger Produzent den Foveon X3-Sensor.

$$\begin{bmatrix} R_{709} \\ G_{709} \\ B_{709} \end{bmatrix} = \begin{bmatrix} 2{,}60665 & -1{,}45337 & -0{,}14892 \\ -2{,}54606 & 5{,}77224 & -2{,}23881 \\ 1{,}19942 & -4{,}80776 & 4{,}60977 \end{bmatrix} \cdot \begin{bmatrix} R_{X3} \\ G_{X3} \\ B_{X3} \end{bmatrix} \tag{3.15}$$

Foveon RGB to (linear) BT.709-Matrix, nach Poynton (2012a).

3.2.4 Demosaicing (De-Bayering)

Single-Chip- oder Ein-Chip-Sensoren verwenden in der Regel den Bayer-Sensor. Technisch gesehen wird eine Farbfiltermatrix (engl. *color filter array – CFA*) für spezifische Wellenlängen eingesetzt, die den Photozellen des Sensors vorgelagert ist. In der weitverbreiteten Bayer-Farbfiltermatrix bzw. dem Bayer-Mosaik[4] werden vier Photozellen für die Farbinformation einer 2 × 2-Pixelanordnung verwendet. Diese vier Photozellen besitzen vorgeschaltete Filter in der zweizeiligen Anordnung rot-grün/grün-blau.

Da das menschliche visuelle System im mittelwelligen Grünbereich eine wesentlich höhere Empfindlichkeit aufweist – verglichen mit der in den anderen Lichtspektren –, werden doppelt so viele Photozellen für Grün eingesetzt, die um jeweils eine Zelle verschoben sind. In der Abb. 3.18 ist ein solches Bayer-Array exemplarisch dargestellt.

Um ein finales Bild zu erhalten, müssen die Sensorinformationen aufbereitet werden. Dieser Vorgang ist das *Demosaicing* oder *De-Bayering*. Dabei werden die Farbinformation für jedes Pixel in der 2 × 2-Anordnung unter Anwendung sowohl frei verfügbarer als auch proprietärer Algorithmen mithilfe verschiedener Unschärfefilter und Interpolationsverfahren ermittelt. Welche spezifischen Verfahren die einzelnen Hersteller (u. a. ARRI oder RED) verwenden, ist weitestgehend nicht bekannt. Bei RED wird es aktuell nur als A.D.D. (*Advanced Dragon Debayer*) bezeichnet.

Da ein Pixel nur den Wert für eine Farbkomponente liefert, müssen die benachbarten Pixel mit einbezogen werden, um eine vollständige Bildauflösung zu erhalten. Man geht dabei davon aus, dass es bei benachbarten Pixeln der gleichen

[4] nach Bryce E. Bayer, Eastman Kodak Company (1975)

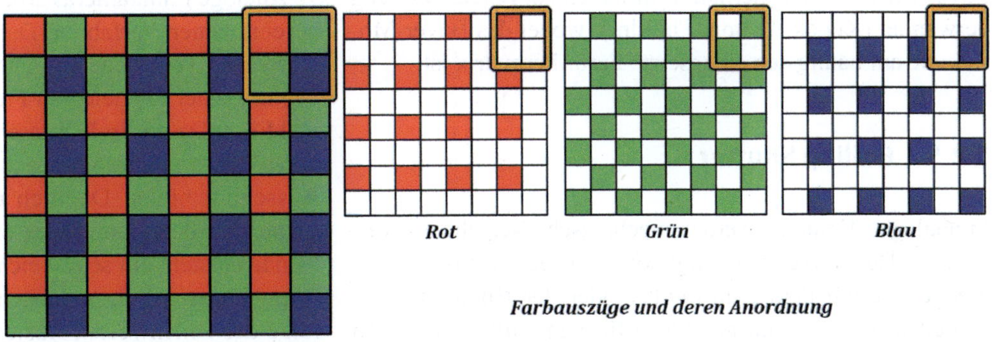

Abb. 3.18 Schematischer Aufbau einer Bayer-Matrix bei Single-Chip-Sensoren und dessen CFA (Color-Filter-Array, hier *gelb* markiert). (Nach Schmidt 2013, S. 381)

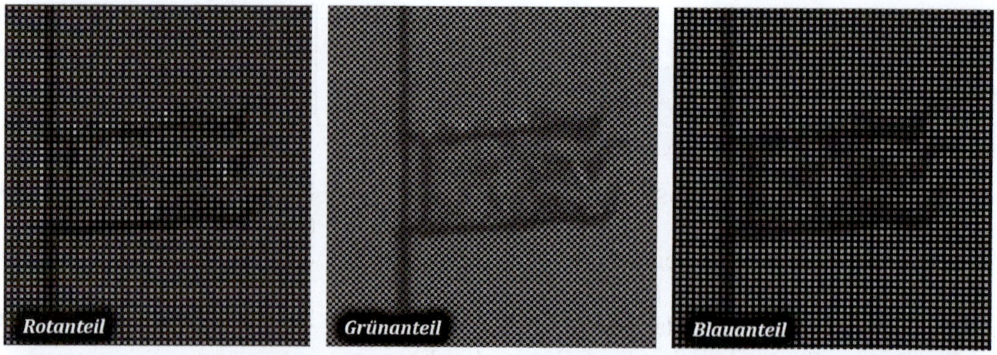

Abb. 3.19 Vergleich der Auflösungen für rot-, grün- und blauempfindliche Photozellen eines Bayer-Mosaiks

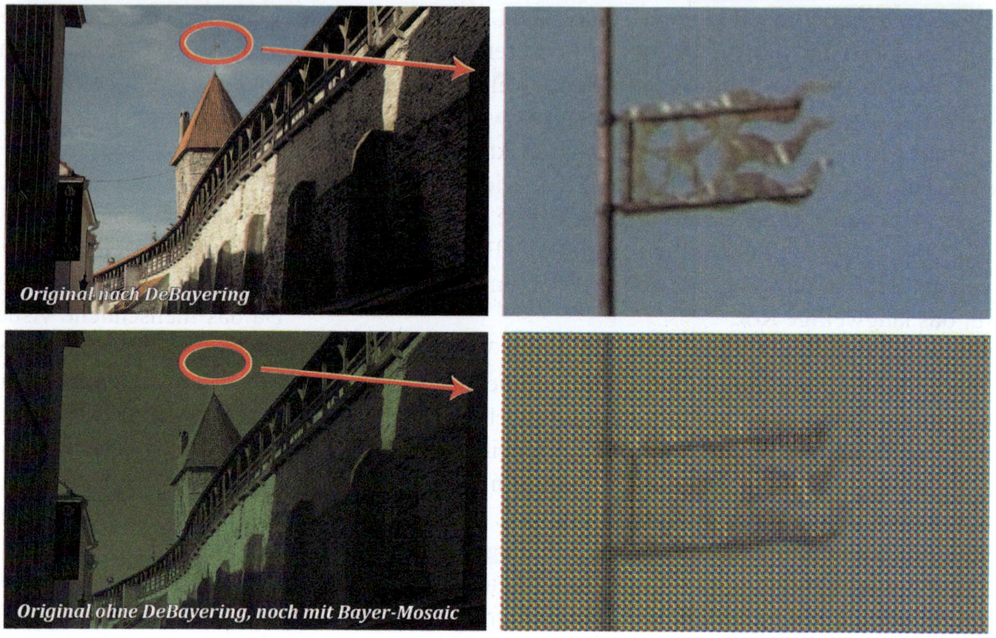

Abb. 3.20 Tatsächliche Ansicht einer Camera-RAW Aufnahme (hier Canon 5D) ohne Demosaicing (Bilder *untere Reihe*) und nach dem De-Bayering (Bilder *obere Reihe*)

Farbe kaum Unterschiede gibt. Bei einem 2 × 2-Pixelraster muss deshalb für den resultierenden grünen Farbkanal 50 % der Fläche berechnet (interpoliert) werden, da der andere Teil von dem blauen und roten Sensor blockiert ist. Im Umkehrschluss müssen für den roten und blauen Kanal jeweils 75 % der Fläche interpoliert werden, da die anderen drei Pixel durch farbfremde Sensoren blockiert sind. Das bedeutet streng genommen, dass die artefaktfreie Auflösung eines Bildes mit Bayer-Matrix nur ein Viertel so hoch ist (siehe auch die Diskussion im Abschn. 2.2.2).

Je nach Kamera- und Sensor-Hersteller werden neben dem Bayer-Mosaik auch alternative Varianten zur Pixelanordnung verwendet (Kodak, Canon, Fujifilm), wobei das Bayer-Mosaik die am häufigsten eingesetzte Farbfiltermatrix ist.

3.2.5 Rolling Shutter

In analogen Kameras werden mechanische Verschlüsse verwendet. Der Verschluss (engl. *shutter*) reguliert die Lichtmenge, die auf dem Bildwandler oder der Bildaufnahmeeinheit pro Zeiteinheit auftrifft. Mit dem Aufkommen von digitalen Bildsensoren etablierten sich auch die elektronischen Shutter. Sie sind verglichen mit mechanischen Shuttern um ein Vielfaches schneller. In manchen digitalen Kameras – wie zum Beispiel bei einer Canon 5D – werden auch hybride Varianten eingesetzt, wobei ein mechanischer Schlitzverschluss und ein Rolling Shutter im CMOS-Sensor kombiniert werden.

Bei der Verwendung eines Rolling Shutters werden die Photozellen des Bildsensors noch während der Belichtung zeilenweise von oben nach unten ausgelesen. Da Kameras mit CMOS-Sensoren diesen Rolling Shutter verwenden, sind sie anfällig für die damit einhergehenden Artefakte.

Analoge Filmkameras arbeiten nach dem im Abschn. 3.1.4 beschriebenen Verfahren. Dabei bewegt sich eine mit einem Ausschnitt versehene Umlaufblende (engl. *rotary disc shutter*) mit einer festgelegten Frequenz zwischen Kameraoptik und Film. Da der freie Ausschnitt der Scheibe, die das Licht durchlässt, rotiert, ändert sich der jeweilige Winkel, den der Ausschnitt bildet. Dadurch und infolge der Streuung des Lichtes an den Kanten des offenen Bereiches der Umlaufblende entsteht ein sehr weicher Übergang.

Im Gegensatz dazu entsteht bei einem CMOS-Sensor infolge des zeilenweisen Auslesens ein sehr harter Übergang,

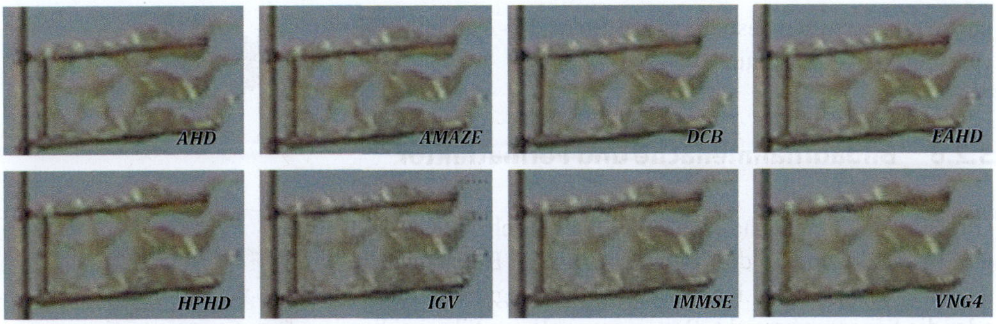

Abb. 3.21 Unterschiede bei der Anwendung verschiedener De-Bayer-Algorithmen

Abb. 3.22 Rolling Shutter bei einem schnellen Schwenk (Red Scarlet-X, Mysterium-X Sensor)

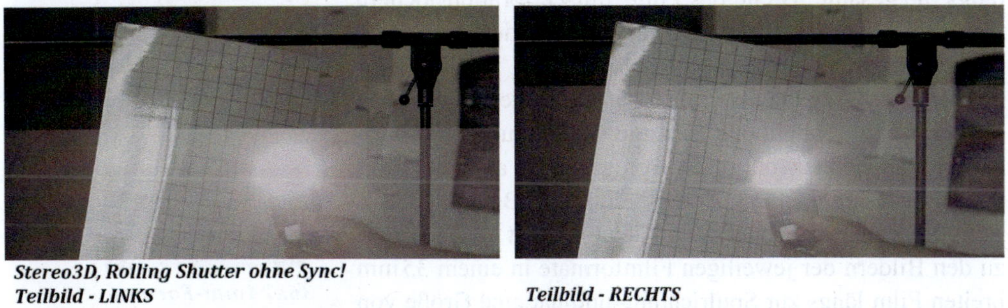

Abb. 3.23 Stereo3D, Probleme mit Kameras und CMOS-Sensor, wenn kein Kamera-Sync vorliegt

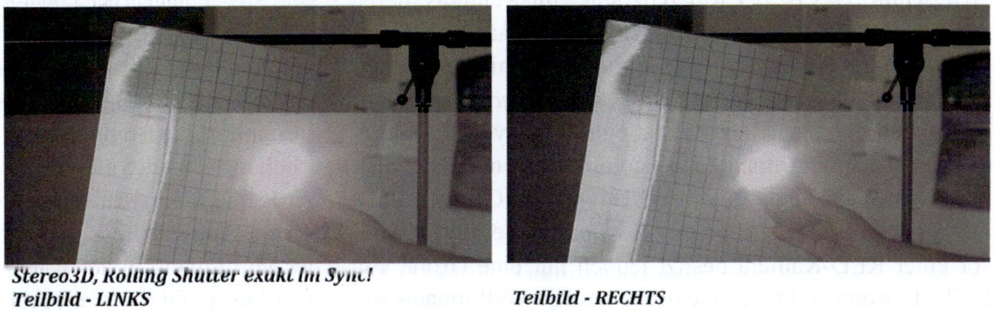

Abb. 3.24 Stereo3D, Rolling Shutter beider Kameras synchronisiert

sodass dadurch bei schnellen Bewegungen im Bild oder bei Bewegungen der Kamera selbst sichtbare Verzerrungen zwischen den einzelnen Zeilen auftreten (siehe Abb. 3.22).

Rolling Shutter-Artefakte beeinflussen auch das Matchmoving und müssen deshalb vor der Bearbeitung entfernt werden. Des Weiteren können die Teilbilder des linken und rechten Auges bei Stereo3D-Bildern unterschiedlich verzerrt werden, wenn sich ein Element (zum Beispiel ein Ball) schnell durch das Bild bewegt.

Das zeilenweise Auslesen bei einem Rolling Shutter-Verschluss verursacht auch Probleme, wenn sich die Lichtsituation sehr schnell ändert. Da bei der elektronischen Berichterstattung im Broadcast-Bereich oft Fotografen verschiedener Printmedien anwesend sind, werden auch deren Blitze von den Reportage-Kameras aufgenommen. Da die im Broadcast-Bereich verwendeten Kameras – wie zum Beispiel die P2HD-Kameras von Panasonic – CMOS-Sensoren besitzen, ist es möglich, dass die Blitze nur teilweise in einem Bild sichtbar sind, da die extrem kurzen, nur wenige Millisekunden andauernden Aufhellungen erst bei einer bestimmten Zeile beginnen oder enden. Dadurch kann nur der obere oder untere Bildbereich durch den Blitz erhellt werden, während der andere Teil des Bildes eine normale Belichtung erhält. Eine elektronische Korrektur der Aufnahmen innerhalb der Kamera verhindern diese Artfakte. Diese Funktion, bei der benachbarte Frames miteinander verrechnet werden, wird beispielsweise bei Panasonic als FBC (engl. *flash band compensation*) bezeichnet.

Besonders bei Stereo3D-Aufnahmen muss sichergestellt werden, dass die Shutter beider Kameras synchronisiert sind, um Artefakte in der resultierenden Stereo3D-Aufnahme zu vermeiden (Abb. 3.23 und 3.24).

3.2.6 Bildaufnahmefläche und Formatfaktor

Die Bildaufnahmefläche (engl. *film back,* auch *sensor size*) gibt bei analogen und digitalen Kameras den Bereich an, in dem das einfallende Licht entweder das Negativ belichtet oder die Sensoren erreicht. Bei einem analogen Film ist dies die horizontale und vertikale Abmessung der verwendeten Fläche des zu belichtenden Negativs in Millimetern oder Zoll (engl. *inch*). Bei Bildsensoren ist es entsprechend die horizontale und vertikale Größe des Sensors mit dessen verwendeten Photozellen ebenfalls in Zoll oder Millimetern. Bei analogem Film haben sich Standards wie 35 mm, 16 mm und das 65 mm breite IMAX Format durchgesetzt. Diese Maße geben allerdings die gesamte Breite des Films mit Perforationslöchern und Audiospur an. Digitale Kameras verwenden eine große Anzahl unterschiedlicher Sensorgrößen.

Um in der Angabe der Brennweite bei unterschiedlichen Kameras eine einheitliche Aussage treffen zu können, orientiert man sich sowohl in der Fotografie als auch bei digitalen Filmkameras am 35-mm-Kleinbild (KB, oft auch als Vollbildformat bezeichnet). Das Kleinbild liegt im Gegensatz zu den Bildern der jeweiligen Filmformate in einem 35 mm breiten Film längs zur Spulrichtung und hat eine Größe von 36 × 24 mm. Das ist der Referenzpunkt für Kameras, deren Aufnahmefläche kleiner als das Kleinbildformat ist. Es wird die Größe der Aufnahmebreite in ein Verhältnis zum Kleinbild gesetzt. Dies ist der Formatfaktor (engl. *crop factor*).

Bei den digitalen Kameras hat eine Reihe von Spiegelreflexkameras eine Aufnahmefläche von 36 × 24 mm. Dazu gehören zum Beispiel die Nikon-D3/D4 oder die Canon 1D/5D. Der Formatfaktor beträgt hier 1. Der Mysterium-X Sensor einer RED-Kamera besitzt jedoch nur eine Größe von 27,2 × 14,6 mm. Teilt man die Breite des KB-Vollformates von 36 mm durch die Breite des Mysterium-X Sensors, erhält man ungefähr 1,3. Der vollständige Bereich des Sensors wird aber nur bei einer 5 k-Aufnahme genutzt (siehe Tab. 3.8 und Abschn. 7.4.2). Bei einer Auflösung von 4 k wird die Größe weiter auf 22,12 × 11,66 mm reduziert, der Formatfaktor ist 1,73. Um diesen Faktor müsste die Brennweite einer Referenz-KB-Kamera erhöht werden, um den gleichen Bildausschnitt zu zeigen wie bei einer RED-Scarlet-X-Kamera im 4 k-Modus.

Abbildung 3.25 zeigt das Prinzip. Der Aufnahmewinkel der Kamera ist einerseits abhängig von der Entfernung der Hauptlinse von der Aufnahmefläche (Brennweite) und andererseits von der Größe der Aufnahmefläche selbst. Größere Bildaufnahmeflächen erzeugen einen weiteren Aufnahmewinkel.

Um den Aufnahmewinkel vergleichen zu können, wird der Begriff der 35 mm-Äquivalenz-Brennweite (engl. *35 mm equivalent focal length*) verwendet. Die Idee dabei ist, in einer imaginären KB-Vergleichskamera vom gleichen Aufnahmestandort die Brennweite so zu verändern – in der Regel zu erhöhen –, bis der gleiche Bildausschnitt wie in der originalen Kamera entsteht. Die entsprechende Brennweite ist die 35 mm-Äquivalenz-Brennweite. Deren Wert ergibt sich aus der Multiplikation der Brennweite der Original-Kamera mit dem Formatfaktor (siehe Abb. 3.26).

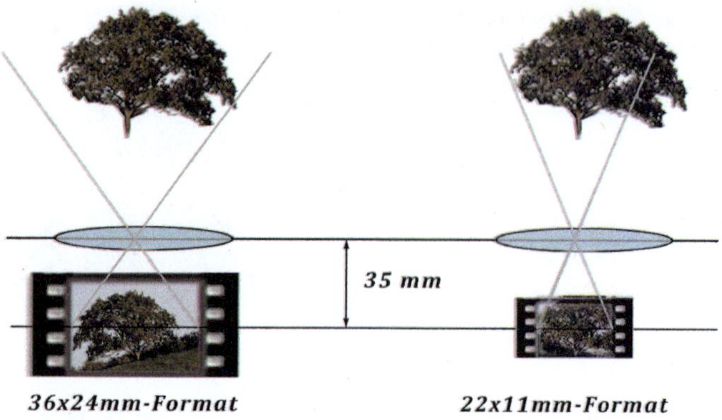

Abb. 3.25 Aufnahmewinkel unterschiedlicher Aufnahmeflächen bei gleicher Brennweite. Zur besseren Darstellung ist das Bild auf der Aufnahmefläche nicht gespiegelt

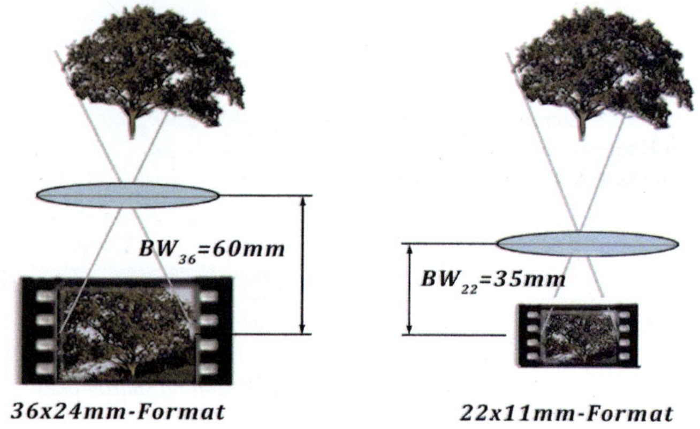

Abb. 3.26 Ermitteln der 35 mm-Äquivalenz-Brennweite

Während hochwertige Spiegelreflexkameras das KB-Format als Aufnahmefläche verwenden, orientieren sich Filmkameras zumeist am 22 mm breiten Academy-Format, um die über die Jahrzehnte erworbenen Erfahrungen mit Brennweiten, Objektiven und Aufnahmewinkeln weiter nutzen zu können. Im Broadcast-TV Bereich herrschen sogenannte 2/3″ Bildaufnahmeflächen vor – mit CMOS- bzw. 3MOS- sowie CCD-Sensoren, die einen Formatfaktor von etwa 4 haben.

Welchen Stellenwert hat die Angabe der Sensorgröße und des Formatfaktors nun in der Bewegtbildproduktion? Bei der Filmaufnahme ist es sinnvoll, den Äquivalenzwert für den Blickwinkel des menschlichen Auges (43 mm) zu kennen, um Abschätzungen für die Objektivwahl zu treffen. Dabei kann der Kameramann diesen Winkel simulieren oder sich absichtlich davon wegbewegen. Ähnlich ist die Situation bei Stereo3D-Aufnahmen. Hier ist der Raum bei der Verwen-

Tab. 3.8 Verschiedene Sensorgrößen moderner Kamerasysteme

Formatfaktor	Sensorgröße, übliche Bezeichnung	Breite (mm)	Höhe (mm)	Diagonale (mm)
5,46	RED (Mysterium-X) @ 1080	7,03	3,71	7,95
4	2/3″ moderne Broadcast-TV Kameras	8,8	6,6	11,0
3,46	RED (Mysterium-X) @ 2k	11,08	5,84	12,53
2,38	0,94″ BlackMagic Cinema Cam	15,81	8,88	18,13
2,31	RED (Mysterium-X) @ 3k	16,6	8,74	18,76
1,73	RED (Mysterium-X) @ 4k	22,12	11,66	25,0
1,6	APS-C (Canon)	22,3	14,9	26,8
1,59	Arri-Alexa (Capture Mode)	23,76	13,37	27,3
1,5	Super35 (zum Beispiel Canon C500/C300)	24,9	14,0	28,5
1,38	RED (Mysterium-X) @ 5k	27,7	14,6	31,3
1,3	APS-H (ältere DSLR)	27,9	18,6	33,5
1	Kleinbild Vollformat, 35mm-Äquivalent	36,0	24,0	43,3

dung des Blickwinkels des menschlichen Auges natürlich. Die Verwendung höherer Brennweiten komprimiert den Stereoeindruck, geringere weiten ihn aus.

In der Postproduktion ist es von Vorteil, wenn die Parameter der realen Kamera bekannt sind, um eventuelle physikalisch korrekte Attribute daraus abzuleiten und die Aufnahmen evaluieren zu können. Andererseits besteht in Camera-Matchmoving-Programmen die Möglichkeit, die Größe der Aufnahmefläche zur besseren Berechnung der Bewegung der realen Kamera einzugeben. Dieser Vorgang ist allerdings sehr ambivalent und liefert in den unterschiedlichen Programmen differierende Ergebnisse (siehe auch Abschn. 7.4.2).

3.2.7 Filmen mit DSLR-Kameras

In den vergangenen Jahren wurde es populär, DSLR-Kameras (engl. *digital single-lens reflex*) verschiedener Hersteller zur Bewegtbildaufzeichnung zu verwenden. Ein Beispiel ist die Canon 5D mit ihrem KB-Vollformat-CMOS Sensor. Die Einführung eines digitalen Fotoapparates mit einem solchen Sensor und der damit verbundenen Bildästhetik führte zu interessanten künstlerischen Möglichkeiten, da auch eine rudimentäre Videoaufzeichnung implementiert war.

Infolge der großen Popularität der Canon 5D und in der Absicht, die vorhandenen Möglichkeiten auszureizen, begannen technische Spezialisten, die Kamera softwareseitig mittels sogenanntem Reverse-Engineering aufzuarbeiten. Das Ziel war es, die Hard- und Firmware zu verstehen, zu entschlüsseln und weitere in der Film- und Videoaufzeichnung interessante Funktionen nachträglich zu implementieren, wie zum Beispiel eine Zebra-Funktion zur Belichtungskontrolle und ein erweiterter Focus-Assistent. Außerdem war mehr Kontrolle in der Audioaufzeichnung wünschenswert und es sollte die Möglichkeit geschaffen werden, die im MPEG-4-AVC Codec verwendete Video-Bitrate zu kontrollieren. Ziel war es, abhängig von der verwendeten CF- oder SD-Karte den Datendurchsatz von standardmäßigen 35 Mbits/s auf 90 Mbits/s zu erhöhen und damit die Bildqualität zu verbessern. Eine weit verbreitete Anwendung ist die *Magic-Lantern-Erweiterung.*

Trotz ihrer hohen Popularität sind diese Kameras von Canon, Nikon, Panasonic oder Sony für die Bewegtbildproduktion nur bedingt zu verwenden, denn sie sind in erster Linie als Fotoapparate konzipiert und führen in der praktischen Anwendung zu einer Reihe von Beschränkungen:

1. Die Canon 5D verwendet die gesamte horizontale Sensorfläche zur Videoaufnahme. Allerdings wird nur etwa

die Information jedes dritten Pixels verwendet. Das führt dazu, dass der zum Anti-Aliasing eingesetzte optische Tiefpassfilter (engl. *optical low pass filter - OLPF*), der für benachbarte Pixel konzipiert wurde, nicht optimal arbeitet. Im Resultat treten Moirésmuster auf, wenn sich Bildelemente mit hochfrequenten Kontraständerungen in der Nähe der Pixelauflösung befinden (siehe Abschn. 2.2.2).
2. Der Großteil der sich auf dem Markt befindenden Foto-Objektive besitzt nicht die Möglichkeit, die Blende manuell am Objektiv zu kontrollieren. EF-Objektive, die bei der Canon 5D und 1D ihre Verwendung finden, werden in ihrer Blende von der Kamera aus gesteuert. Dies ermöglicht keine flüssige Bedienweise, wodurch Blendensprünge auftreten.
3. Magic-Lantern ist keine offizielle Software-Erweiterung und tendenziell instabil.
4. Schnelle Kamerafahrten können zu Rolling Shutter-Artefakten führen.
5. Im Vergleich zu professionellen Broadcast-Kameras ist eine schnelle und effektive Bedienung der DSLR-Kamera aufgrund der rudimentären Videoimplementierung nicht möglich.
6. Die Kamera ist sehr leicht. Auf den ersten Blick ist dies sicherlich ein Vorteil, aber ein gewisses Gewicht der Kamera ist durch die damit verbundene Trägheit eine Voraussetzung für eine ruhige Freihand-Kameraführung.
7. Die Aufnahmezeit ist begrenzt. DSLR-Kameras können nicht über einen längeren Zeitpunkt kontinuierlich beispielsweise eine Konferenz aufnehmen oder für eine Aufnahme der Totale bei einem Konzert fungieren.
8. Aufgrund des 4:2:0-Chroma-Subsamplings sind sie für Greenscreen-Aufnahmen nicht geeignet.

Dennoch sind die bildlichen Ergebnisse einer Canon 5D oder Nikon D750 sehr gut und diese Kameras können für professionelle Produktionen eine gute Ergänzung darstellen, besonders dann, wenn genügend Zeit vorhanden ist, entsprechende Einstellungen vorzunehmen und die Aufnahmedauer nicht zu hoch ist.

3.3 Bildwiederholungsrate und Halbbilder

3.3.1 Bildwiederholungsrate (fps)[5]

Der Begriff Bildwiederholfrequenz/Bildwechselfrequenz/Bildwiederholungsrate (engl. *frames per second - fps*) besagt, wie viel Einzelbilder pro Sekunde für Aufnahmen des bewegten Bildes aufgezeichnet, verarbeitet oder wiedergegeben werden.

[5] Wir verwenden hier den im professionellen Bereich üblichen englischen Begriff.

In den frühen Anfängen des bewegten Bildes fand man heraus, dass etwa 16–24 Bilder pro Sekunde notwendig sind, um reale Bewegungen darzustellen zu können. Einzelne Zustände einer Bewegung vermischen sich dabei infolge der Trägheit bzw. der Nachbildwirkung des menschlichen Sehapparates zu einem homogenen Bewegungsablauf, wobei die Fähigkeit, die einzelnen Bilder als flüssige Sequenz wahrzunehmen, von Mensch zu Mensch unterschiedlich ist und vom Bildinhalt, dem Wiedergabesystem und der Umgebung abhängt.

Nachdem beim frühen Stummfilm 16 Bilder pro Sekunde die Regel waren, wurden diese sukzessive erhöht und mit dem Aufkommen des Tonfilms auf 24 fps festgelegt, vor allem, da bei dieser Abspielgeschwindigkeit erst eine akzeptable Tonqualität bei der Wiedergabe von einer Filmrolle möglich war. Diese Bildwiederholrate hat bis heute Bestand.

Der Regisseur *Douglas Trumbull* (Blade Runner, 2001 – Odyssee im Weltraum) ist einer der Vorreiter, die sich für die Verwendung einer höheren Bildwiederholrate im digitalen Kino aussprechen. Der Quasi-Standard dazu ist die sogenannte HFR (engl. *higher frame rate*) mit 48 fps, dessen Entwicklung und Einsatz er maßgeblich vorantrieb. Filmregisseure wie James Cameron (*Titanic, Avatar – Aufbruch nach Pandora*) und Peter Jackson (*The Hobbit-Trilogie*) setzten in ihren Projekten vermehrt HFR ein. Der Vorteil dabei ist, dass Bewegungsabläufe zeitlich besser aufgelöst werden. Die Projektion im Kino erfährt einen höheren Realismus, besonders bei stereoskopischem Material. Allerdings ist diese Erhöhung der Bildrate nicht ganz unumstritten, da einige Zuschauer den weicheren Filmlook vermissen.

Da bei normalen Filmaufnahmen durch das Schließen des Shutters visuelle Informationen der Szene nicht erfasst werden – bei einem Shutter-Winkel von 180° geht die Hälfte verloren – ist angedacht, höhere Bildraten von 120 fps mit einem Shutterwinkel von 72° zu verwenden, um alle Informationen aufzuzeichnen. Mittels *Frameskipping* (Löschung bestimmter Bilder) oder Überblendungen kann der Look des Filmes nachträglich im hohen Maße beeinflusst werden.

Gegenwärtig ist eine Bildrate von 48 fps ein guter Kompromiss, da eine vollständige Abwärtskompatibilität zu den traditionellen 24 fps besteht. Es lässt sich sehr einfach eine HFR-Produktion in ein traditionelles 24-fps-Format konvertieren, indem im Framskipping-Modus jedes zweite Bild entfernt wird – so beispielsweise bei der Zweitauswertung einer HFR-Produktion für eine Blu-ray, DVD oder das Fernsehen.

Interessant ist die Frage, warum im europäischen Fernsehen 25 anstatt 24 Bilder pro Sekunde und in den USA, Japan und anderen Ländern ca. 30 fps gezeigt werden. Der Grund liegt in der Wechselstromfrequenz des Energienetzes. In Europa verwendet man eine Frequenz von 50 Hz. Mit den Farbfernsehsystemen PAL und SECAM orientierte man sich an dieser Netzfrequenz. Die interne Taktung der TV-Geräte konnte damit vereinfacht werden und Interferenzen im Bild

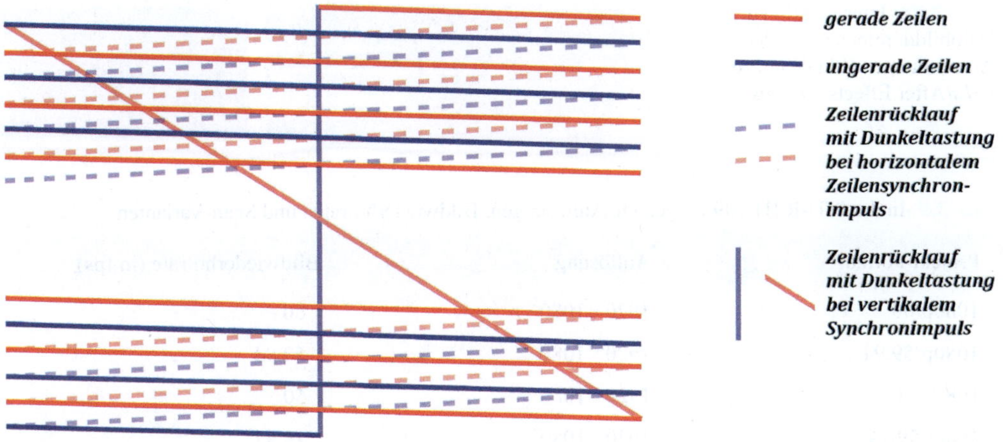

Abb. 3.27 Zeilensprungverfahren (Prinzip) im analogen Fernsehen

äußerten sich als sogenannte *stehende Welle* und liefen nicht über den Bildschirm, sodass sie nicht sichtbar waren.

Beim NTSC-Farbfernsehsystem in den USA, Japan und anderen Ländern orientierte man sich genauso an der dort verwendeten Netzwechselfrequenz von 60 Hz. Jedoch versuchte man hier durch eine leichte Verstimmung der Bildwiederholrate gegenüber der Netzwechselfrequenz auftretende Interferenzen im Bild zu unterdrücken. Man sendete 30.000 Bilder in 1001 Sekunden, anstelle von 30.000 Bildern in 1000 Sekunden. Dies entspricht einer Bildrate von 29,976 fps. Bei Bildmaterial mit 24 fps verwendet man entsprechend 23,976 fps. Auch im neuen High-Definition-TV-System wurden diese Bildwiederholraten in den einzelnen Regionen übernommen, um eine Abwärtskompatibilität herzustellen. Gleiches gilt für DVD, Blu-ray und zukünftige Medien.

Im Kino erscheinen Bewegungen relativ homogen, wenn sie mit einer Sequenz von 24 einzelnen Bildern pro Sekunde auf eine Kinoleinwand projiziert werden. Hier kommt jedoch die Problematik des Großflächenflimmerns hinzu. Dieser Effekt tritt auf, wenn sich die Bildhelligkeit der gesamten Bildfläche schnell und periodisch ändert. Um diesen Störeffekt zu vermeiden, verdoppelte man die Anzahl der Bilder der Projektion, indem jedes Bild zwei Mal projiziert wird. Das Großflächenflimmern wird dadurch weniger stark wahrgenommen. Bei der Verwendung von HFR wird die Projektion von 48 fps meistens mit 96 Bildern pro Sekunde vorgenommen. Bei Stereo3D verdoppelt sich die Bildrate noch einmal. Es ist vorstellbar, welche Anforderungen an moderne Projektionssysteme heutzutage gestellt werden.

Bei der Bildwiedergabe in TV-Geräten besteht das Problem des Großflächenflimmerns ebenso. Da man aufgrund der daraus resultierenden Unschärfe im analogen Fernsehen die einzelnen Bilder nicht zweimal wiedergeben konnte, wurde das Zeilensprungverfahren entwickelt. Hier besteht jedes Vollbild aus zwei Teilbildern mit jeweils halber Auflösung. Beide Teilbilder werden nacheinander (sequenziell) vom Elektronenstrahl auf die Bildröhre projiziert. Somit erreichte man die doppelte Rate der wiedergegebenen Bilder pro Sekunde, ohne die Bildwiederholrate des Ausgangsmaterials zu erhöhen. Das Großflächenflimmern konnte somit ebenfalls unterdrückt werden.

3.3.2 Halbbilder

Halbbilder beim Fernsehen (engl. *interlace*) wurden einerseits wegen des Großflächenflimmerns bei analogen TV-Geräten eingeführt und andererseits, um die Übertragungsbandbreite verringern zu können. Heute ist das Zeilensprungverfahren bei Wiedergabegeräten, die LCD-, LED-, OLED- oder Plasmaverfahren verwenden, eigentlich nicht mehr notwendig. Hier existieren andere und bessere Methoden zur Unterdrückung des Großflächenflimmerns. Grundsätzlich gilt es aber, die Abwärtskompatibilität zu bewahren. Es kann nicht davon ausgegangen werden, dass jeder Haushalt mit der Einführung von HD-Fernsehen sofort ein modernes Wiedergabegerät (TV, Projektor etc.) mit völlig neuen Standards besitzt. Aus diesem Grund konnte auch nicht auf das Interlace-Verfahren in modernen HDTV-Systemen verzichtet werden.

Neben der technischen Seite der Übertragung und Wiedergabe eines TV-Signals kommt auch immer ein ästhetischer Aspekt hinzu. Bei der Verwendung der Interlace-Technologie erfolgt die zeitliche Auflösung von Bewegungen in feineren Schritten. Schnelle Bewegungen erscheinen schärfer und flüssiger.

In *ITU-R BT.601* (Standard-Definition Fernsehen) und *ITU-R BT.709* (High-Definition Fernsehen) sind jeweils Spezifikationen zum Aufbau des TV-Signals definiert – sowohl für das amerikanisch/japanische NTSC-Farbfernsehen, als auch für das europäische PAL/Secam-System und das modernere HDTV. Hier ist auch die Reihenfolge der jeweiligen Halbbilder im digitalen Signal vorgegeben. Für HD-Fernsehen werden ungerade Zeilen zuerst gesendet. Gerade Zeilen folgen mit einer Verzögerung, die jeweils der halben Vollbildrate entspricht.

Im Interlace-Verfahren wird jedes Vollbild durch zwei Halbbilder repräsentiert. Das erste Teilbild repräsentiert in den meisten Standards alle ungeraden Zeilen (1, 3, 5, 7, etc.)

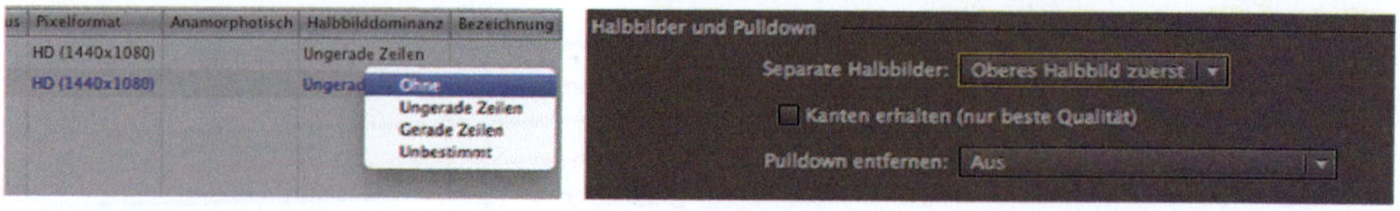

Abb. 3.28 Interpretation der Halbbilddominanz in Video-Anwendungen (FinalCut Pro7 – *links*/After Effects – *rechts*)

Tab. 3.9 In der ITU-R BT.709 festgelegte Auflösungen, Bildwiederholraten und Scan-Varianten

Projekt Format	Auflösung	Bildwiederholrate (in fps)	Scan
1080p/60	1920 × 1080	60	progressiv
1080p/59,94	1920 × 1080	59,94	progressiv
1080p/50	1920 × 1080	50	progressiv
1080i/59,94	1920 × 1080	29,97	interlace
1080i/50	1920 × 1080	25	interlace
1080p/25	1920 × 1080	25	progressiv
1080p/24	1920 × 1080	24	progressiv
1080p/23,976	1920 × 1080	23,976	progressiv
1080p/29,97	1920 × 1080	29,97	progressiv
720p/59,94	1280 × 720	59,94	progressiv
720p/50	1280 × 720	50	progressiv
720p/29,97	1280 × 720	29,97	progressiv
720p/25	1280 × 720	25	progressiv
720p/23,976	1280 × 720	23,976	progressiv

und das zweite Teilbild entsprechend die geraden Zeilen (siehe Abb. 3.27). Die Halbbilddominanz (engl. *frame dominance)* legt fest, welches der Teilbilder zuerst abgespielt wird – entweder das Halbbild der ungeraden Zeilen zuerst (engl. *odd*) oder das der geraden Zeilen zuerst (engl. *even*). Ist die Halbbilddominanz falsch eingestellt, kommt es zu Wiedergabefehlern, bei denen Bildobjekte springen, besonders bei rotierenden Bewegungen. Hier sollte die entsprechende Dominanz bei der Interpretation des Materials in der jeweiligen Anwendung korrigiert werden.

Deinterlacing

Bei einer Fernsehaufnahme mit Halbbildern werden diese nacheinander zu unterschiedlichen Zeitpunkten aufgenommen, bei PAL mit einem Abstand von 20 ms. Werden sie im analogen TV-System abgespielt, ist die Wiedergabe problemlos, da sie zu den korrekten Zeitpunkten gezeigt werden und die Phosphorpartikel auf dem analogen Bildschirm lange genug nachleuchten, sodass der Betrachter nicht erkennt, dass es sich nicht um ein komplett aufgenommenes Bild handelt.

Mit dem Aufkommen der Computertechnologie wurden Interlace-TV-Aufnahmen für die Wiedergabe am Rechner verwendet. Da es mit dem Computer a priori nicht möglich ist, beide Halbbilder nacheinander darzustellen, werden sie gleichzeitig gezeigt. Objekte in der Aufnahme verändern aber in der Zeit zwischen dem ersten und zweiten Halbbild ihre Position. Werden sie gleichzeitig dargestellt, kommt es zu Artefakten, den sogenannten Treppenstufen, bei denen das infrage kommende Objekt bei den geraden Zeilen eine andere Position einnimmt als bei den ungeraden (siehe Abb. 3.29).

Um dies zu verhindern, werden Deinterlacing-Algorithmen eingesetzt, die das zweite Halbbild entfernen und die entsprechenden Zeilen meist durch Interpolation aus dem ersten Halbbild generieren.

3.4 Timecode und Synchronisation

In der analogen wie in der digitalen Postproduktion von Film, Video und Audio ist die Synchronisation von Geräten unabdingbar. Die Synchronisation im Bewegtbildbereich ist vielfältig und reicht vom Gleichlauf von Bild und Ton über die Koppelung von Kameras (Stereo3D, Fernsehkameras bei Großveranstaltungen) bis hin zur Synchronisation eines Motion-Capture-Systems mit dem Bildaufzeichnungssystem. In diesem Abschnitt wird die Synchronisation des Kamerabildes diskutiert.

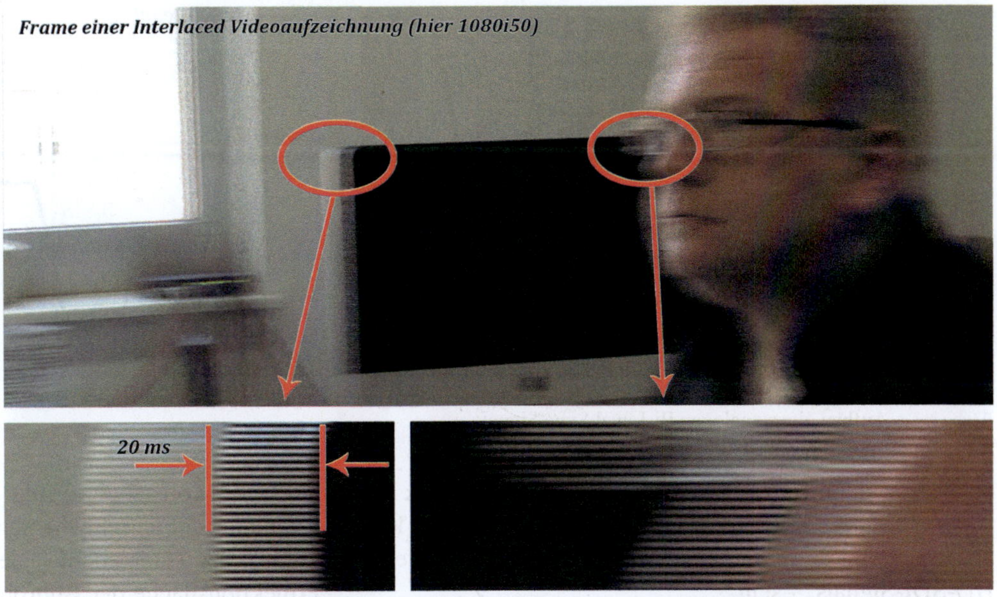

Abb. 3.29 Halbbilder werden bei fehlendem Deinterlacing sichtbar

Abb. 3.30 Externer Synchronizer (*links* „Ambient Lockit"), hier als Taktgeber zur zeilensynchronen Synchronisation zweier RED-Kameras für hochqualitative Stereo3D-Aufnahmen

Abb. 3.31 Synchronisations-Anschlüsse verschiedener Kameratypen (*v.l.n.r.*: RED, Sony IMX, Panasonic P2HD)

3.4.1 Synchronisation

Unter Synchronisation versteht man ein System, das es erlaubt, Signale mehrerer Aufzeichnungsgeräte mithilfe eines Synchronsignals live oder nachträglich in der Postproduktion zeitlich zu kombinieren. Ein solches Synchronsignal ist entweder direkt in ein Nutzsignal (analoges oder digitales Video-/Audiosignal) integriert oder es kann als separates Signal vorliegen.

Werden in der Studiotechnologie mehrere Abspiel- und Aufnahmegeräte synchronisiert, ist eine Quelle notwendig, die den Synchrontakt vorgibt (Black-Burst-Generatoren im Videobereich, Wordclock- und MIDI-Timecode-Generatoren im Audiobereich). Bei großen Live-Produktionen im Fernsehen, wie zum Beispiel bei Sportveranstaltungen, gibt ein zentrales Gerät im Übertragungswagen den Synchrontakt vor – den *Mastersync*. Alle anderen involvierten Geräte, vor allem Kameras, synchronisieren sich anhand dieses Synchronsignals. Im Falle der Synchronisierung von Kameras spricht man auch vom *Genlock* (engl. *generator locking*).

Das Genlock-Signal kann in unterschiedlicher Form ausgegeben werden. Es ist möglich, die analogen Synchronanteile (Bi-Level-/Tri-Level-Sync) im Bildsignal zu integrieren. Dieses Prinzip wird im Studio-Bereich oder in der Postproduktion verwendet. Wenn in einem einfachen Set-up nur zwei oder drei Kameras synchron laufen sollen, kann eine Kamera

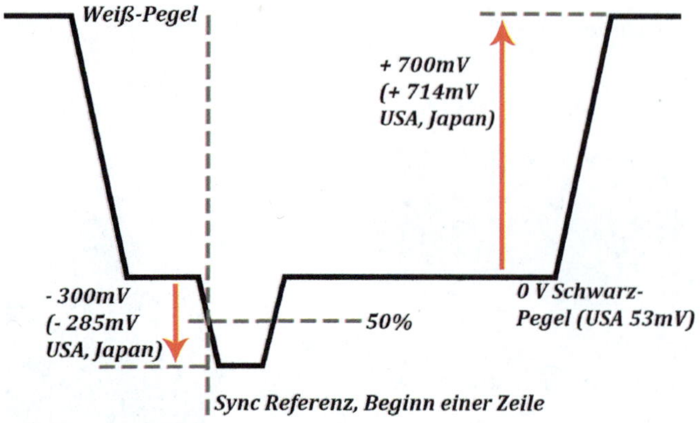

Abb. 3.32 Aufbau eines analogen Bi-Level Sync Signals

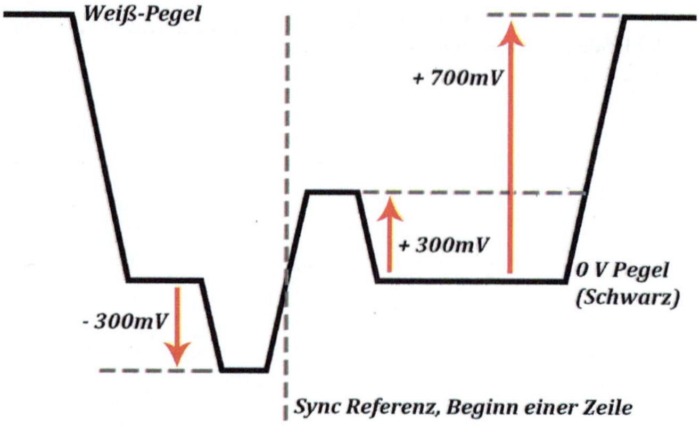

Abb. 3.33 Aufbau eines analogen Tri-Level-Sync-Signals

als Master definiert werden. Diese gibt einen Genlock aus, der nur aus dem Synchronsignal besteht. Der Genlock kann aber auch Teil eines digitalen Signals – zum Beispiel eines HD-SDI-Signals[6] – sein.

Es existieren unterschiedliche Arten von Synchronisationen. Die Prozeduren können online erfolgen, das heißt, die Geräte stehen miteinander physikalisch ständig in Verbindung. Hierbei kommt es meist auf eine hohe Genauigkeit an. Synchronisationen können aber auch offline sein, indem die Geräte für eine bestimmte Zeit (meist ca. 1 min) hardwareseitig miteinander verbunden sind. Während dieser Zeit synchronisieren sich die internen Uhren und laufen bei Trennung der Verbindung mindestens 12 Stunden lang synchron weiter. Letzteres wird oft bei Sportveranstaltungen oder Konzerten mit Einsatz mehrerer Kameras in Verbindung mit der Timecode-Synchronisierung angewandt. In diesem Fall ist die Genauigkeit hinreichend. Sollen jedoch zum Beispiel zwei Kameras eines Stereo3D-Rigs synchron laufen, ist eine wesentlich höhere Genauigkeit notwendig, vor allem, wenn CMOS-Chips mit einem Rolling Shutter in den Kameras verwendet werden. Da bei einem Rolling Shutter das Bild zeilenweise ausgelesen wird, müssen die Verschlüsse unbedingt synchron laufen. Gleiches gilt auch für aufwendige und hochqualitative TV-Produktionen.

3.4.2 Bi-Level und Tri-Level Sync

Unter einem Bi-Level-Sync ist ein Synchronsignal zu verstehen, das dem Zeilensynchronsignal des analogen Fernsehens entspricht. Beim Fernsehen muss sichergestellt sein, dass das vom Sender ausgestrahlte Bild beim Empfänger synchron wiedergegeben wird. Im analogen Fernsehen mit einer braunschen Röhre wird das Bild in der Bildröhre mit einem Elektronenstrahl zwar zeilenweise erzeugt, der Betrachter sieht jedoch ein vollständiges Bild, da der Vorgang sehr schnell erfolgt und der menschliche Sehapparat relativ träge ist. Hinzu kommt das Nachleuchten der Phosphor-Beschichtung der Projektionsfläche der Bildröhre. Der Elektronenstrahl muss dabei genau den Beginn eines Halbbildes einer Zeile erfassen. Dazu wird im analogen Signal in der horizontalen Austastlücke der Zeilensynchronimpuls verwendet. Dieser gibt an, wann eine Zeile beendet ist und somit der Elektronenstrahl dunkel getastet wird und von der rechten zur linken Seite der Bildröhre gesetzt wird, um die nächste Zeile darzustellen (siehe Abb. 3.27). Noch wichtiger ist die Synchronisation des Farbsignals, da dieses moduliert vorliegt und in die beiden Farbdifferenzkanäle u und v aufgespalten werden muss.

Ein analoger Synchronimpuls besitzt eine Anstiegsflanke, eine Schulter, bei der die Spannung für einen Moment gehalten wird, sowie eine Abstiegsflanke. Die Frage ist nun, wo der eigentliche Zeitpunkt gesetzt werden soll, der dem Synchronpunkt entspricht.

Bei einem Bi-Level Sync Impuls ist dieser Zeitpunkt bei exakt 50 % des Spannungswertes der Anstiegsflanke des Zeilensynchronimpulses (*Sync Referenz*) festgelegt (siehe Abb. 3.32). Ein analoges und damit zeitkontinuierliches Signal kann im Übertragungskanal in seinen Pegeln schwanken. Deren Abweichungen von der Referenz sind für analoges Fernsehen in Standard-Qualität (SD) allerdings akzeptierbar. Die Bildsignale im modernen HD-Fernsehen beinhalten jedoch eine höhere Bildauflösung und andererseits auch eventuell zukünftige höhere Bildwiederholraten. Um dem gerecht zu werden, wurde mit dem HDTV der sogenannte Tri-Level-Synchronimpuls eingeführt.

Im Gegensatz zum Bi-Level Sync-Impuls, der zwei Spannungs-Pegel – 0 V zu −300 mV – aufweist (−285 mV bei NTSC), besitzt der Tri-Level-Sync-Impuls drei Spannungspegel – −300 mV, 0 V und +300 mV. Der Synchronpunkt hier ist exakt im Übergang vom negativen Spannungswert der ersten Abstiegsflanke zum positiven Spannungswert der Aufstiegsflanke des dritten Pegelzustandes des gesamten Tri-Level-Signals (siehe Abb. 3.33). Daher auch die Bezeichnung.

[6] SDI – Serial Digital Interface, Standard zur Übertragung digitaler Audio- und Videosignale (SD/HD)

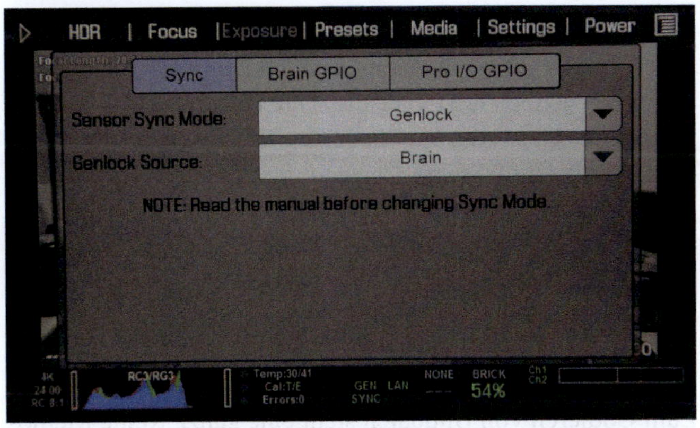

Abb. 3.34 Sync-Menü der RED Scarlet-X, hier mit Genlock auf externe Synchronisation gestellt

Aufgrund des Designs des Tri-Level-Synchronsignals ist dessen Verwendung wesentlich genauer und unempfindlicher gegen äußere Störungen. Die Pegel können minimal schwanken, der Übergang zwischen negativer und positiver Spannung bleibt jedoch vollständig erhalten, um eine genaue Synchronisierung zu gewährleisten.

Das Tri-Level Synchronsignal wird nicht nur bei HD-Systemen verwendet. Es findet auch in digitalen Filmkameras (ARRI und RED) seine Anwendung. Zum Synchronisieren eines Stereo3D-Rigs mit RED-Scarlet-X oder RED-Epic Kameras ist derzeit noch ein externer Synchronizer notwendig, der ein solches Tri-Level-Genlock-Signal ausgibt. Die Kameras müssen dann auf externe Synchronisierung (Genlock) umgeschaltet werden (siehe Abb. 3.34).

Der Hardware-Synchronizer *Lockit* der Firma Ambient[7] gibt zum Beispiel ein solches Tri-Level-Synchronsignal aus, in diesem speziellen Fall jedoch nur mit einer Timecode-Basis von 24; 25; 23,975 oder 29,976 fps (siehe Abb. 3.30).

Das Gerät erzeugt jedoch kein Tri-Level-Signal bei 48 fps. Das Problem kann aber im Falle der RED-Kameras so gelöst werden, dass, wenn die Bildrate das Doppelte der Synchronisations-Rate des Tri-Level-Sync-Signals beträgt, nur jedes zweite Bild synchronisiert wird. Der Gleichlauf ist aber ausreichend stabil, um dennoch eine exakte zeilensynchrone Synchronisierung zweier RED-Kameras für Stereo3D-Aufnahmen bei 48 fps zu ermöglichen.

3.4.3 Verwenden von Timecode

Der Timecode entspricht in der Genauigkeit unserer Zeitangabe mit Stunden, Minuten und Sekunden. Unterschiede der verschiedenen Timecode-Varianten liegen in der Unterteilung der Sekunden in Frames, die weitestgehend den Bildwiederholraten folgt.

Die Anwendung kann wahlweise im 24 h- oder 12 h-Format erfolgen, wobei nach den Spezifikationen Zeiten über 24 Stunden hinaus nicht in einem einzelnen Timecode festgehalten werden können. Das ist auch der Grund, weshalb der Timecode in der Praxis nicht bei 00:00:00:00 beginnt, sondern bei 01:00:00:00 oder 10:00:00:00, weil damit ein Vorlauf möglich ist, der anderweitig in einem anderen Tag liegen würde.

Generell dient der Timecode dazu, jedes einzelne aufgezeichnete Bild eines Videos oder Filmes (analog oder digital) zeitlich genau anzusprechen. Dies hat für den Schnitt von Videomaterial in der Regel kaum Bedeutung, es sei denn, externe Quellen wie Audio, Motion-Capture, Witness-Kameras[8] oder andere zeitbasierende Aufnahmesysteme müssen synchronisiert werden. Es gibt jedoch Situationen, in denen die Timecode-Aufzeichnung auch bei einer einzelnen Kamera sinnvoll ist, zum Beispiel bei der Begleitung eines Fußballspiels. Dem TV-Zuschauer soll nach dem Schnitt in einem Beitrag von einer für Reportagen typischen Länge von 1:30 Min alle Tore gezeigt werden. Da nicht vorausgesagt werden kann, wann wichtige Spielsituationen entstehen, zeichnet der Kameramann das gesamte Spiel auf. Erfolgt der Schnitt in einem Online-Schnittsystem, wird in der TV-Station das gesamte Material in dieses importiert. Der Reporter verwendet seine vor Ort gemachten Notizen und der Cutter wählt die entsprechende Position im nicht-linearen Schnittsystem anhand des Timecodes aus, um den Beitrag entsprechend zu schneiden.

Wenn es sich um eine Produktion mit mehreren Kameras handelt, ist der Timecode noch wichtiger. Ein klassisches Beispiel dafür ist eine audiovisuelle Konzertproduktion mit folgenden Aufzeichnungsgeräten:

1. ein oder zwei feste Kameras, die am FOH-Audio-Mischer[9] positioniert sind,
2. eine mobile Kamera (eventuell Steadycam) auf der Bühne,
3. eine feste Kamera hinter dem Schlagzeug,
4. eine mobile Kamera direkt vor der Bühne (eventuell auf einem Schienen-Dolly)
5. sowie eine Kamera auf einem Kran seitlich der Bühne.

Mit sechs Kameras, wie in diesem Beispiel, kann eine Audio/Video-Produktion eines Konzertes mit sehr hoher Qualität aufgezeichnet werden.

Im nachfolgenden Schnitt werden dann das aufgezeichnete Material und der gemischte Ton in das Schnittsystem importiert. Die Aufgabe ist nun, aus allen Kamerapositionen einen sehenswerten Gesamtschnitt zu kreieren. Da alle Kameras und der Ton einen identischen Timecode aufgezeichnet haben,

[7] http://ambient.de/product_custom_cat/timecode/

[8] Video-Kameras, die zusätzliche Szeneninformationen aufzeichnen

[9] FOH-Mischer – *Front-Of-House*-Audio-Mischkonsole zur Mischung der Ton-Beschallung.

kann das Bild- und Tonmaterial in mehreren Video- und Audio-Spuren im Schnittsystem synchron angeordnet werden. Auf diese Weise kann der Produzent zu einem spezifischen Zeitpunkt das Geschehen aus allen aufgezeichneten Perspektiven einschätzen. Diese Form der Aufzeichnungsbearbeitung ist Grundlage für einen sogenannten Multi-Kamera-Schnitt.

Technisch gesehen gibt es verschiedene Möglichkeiten, einen Timecode aufzuzeichnen. So gibt des den *LTC (Longitudinal-Timecode)*, *VITC (Vertical-Interval-Timecode)*, *MTC (MIDI-Timecode)* und den optischen Timecode. Letzterer wird entweder codiert oder im Klartext zwischen den Perforationslöchern eines analogen Filmes geschrieben, sodass dieser am Schneidetisch gelesen werden kann.

Im LTC-Verfahren wird der Timecode bei der Schrägspuraufzeichnung[10] kontinuierlich geschrieben, meist als Signal in eine der linearen Audiospuren. Beim VITC-Verfahren befindet sich der Timecode in den Schrägspuren neben dem Videosignal. Der MTC ist im MIDI-Protokoll fest verankert und entspricht zumeist dem im Sequenzer-Projekt[11] definierten Zeitraster.

Der Timecode ist im Aufbau standardisiert und wird als *SMPTE/EBU-*(*Drop Frame oder Non-Drop Frame*)*-Timecode* bezeichnet. Der SMPTE/EBU-Timecode ist ein plattformunabhängiger Standard zur Codierung, Anzeige und Anwendung des Timecodes. Er ist einheitlich lesbar, universell einsetzbar und unabhängig vom technischen Aufzeichnungs- oder Wiedergabesystem sowie vom Hersteller.

Der Timecode dient zur frame-genauen Taktung des bewegten Bildes. Das heißt, jedes Frame einer Bewegtbildaufzeichnung besitzt einen spezifischen Zeitstempel. Jeder Timecode folgt dem Aufbau:

HH:MM:SS:FF wahlweise mit +/– Vorzeichen

Hierbei indiziert *HH* die volle Stunde (wahlweise im 12 h- oder 24 h-Format), *MM* die Minute, *SS* die Sekunde und *FF* das spezifische Frame eines Videos, Filmes oder einer Bildsequenz. Letzteres referenziert die verwendete Bildwiederholrate. Bei Filmen ist der Wertebereich 0 bis 23 (0 bis 47 bei HFR).

In Ländern, in denen NTSC als Farb-TV-System eingesetzt wurde, werden 23,976 fps, 29,97 fps und 59,94 fps verwendet. Diese tatsächlichen Bildwiederholraten des Videomaterials sind nicht einer ganzen Zahl eines Timecodes zuzuordnen, da dieser jedes Frame vollständig abspielen muss. Eine Bildsequenz mit 29,97 fps ist auf eine volle Stunde bezogen etwa 3,6 Sekunden langsamer als eine Bildsequenz mit 30 fps. Der Faktor zwischen beiden Bildwiederholraten beträgt 1000/1001. Man verwendet bei einer Bildwiederholrate von zum Beispiel 29,97 fps einen Timecode mit 30 Frames pro Sekunde – jedoch lässt man alle 1001 Frames[12] ein Frame im Timecode selbst weg, nicht aber im Video. Diese Timecode Art wird als *Drop-Frame-Timecode* bezeichnet. Entsprechend werden die anderen Varianten mit 24, 25, 30, 48, 50, 60 etc. fps als *Non-Drop-Frame-Timecodes* bezeichnet.

3.5 Codieren der Bilddaten

Zum Codieren von Bilddaten steht eine ganze Reihe Methoden zur Verfügung. Grundsätzlich unterscheidet man zwischen verlustfreien und verlustbehafteten Verfahren. Weiterhin ist es möglich, eine Unterteilung in die Codierung von Einzelbildern (Stills) und Video (Bewegtbild) vorzunehmen. Einzelbilder werden alleinstehend (intraframe) encodiert. Bei Video kommt der zeitliche Faktor hinzu, das heißt, es bestehen zumeist Abhängigkeiten zwischen aufeinander folgenden Frames.

Im Zusammenhang mit der Encodierung von Bild-, Video- und Audiomaterial wird auch von einem Protokoll bzw. von einem Codec (engl. co*ding/*dec*oding*) gesprochen. In der Folge müssen Sender und Empfänger denselben Codec verstehen. Als Sender kann im Kontext der hier beschriebenen Thematik im Allgemeinen eine Kamera mit deren Aufzeichnungsverfahren und als Empfänger ein Wiedergabegerät, ein Schnittsystem oder ein anderes Gerät verstanden werden, welches das Material encodieren muss. Protokolle werden in Standards definiert. Als Beispiele können hier die JPEG (*Joint Photographic Experts Group*), MPEG (*Moving Picture Experts Group*) oder die SMPTE (*Society of Motion Picture and Television Engineers*) genannt werden.

Im Umgang mit Audio- und Videomedien werden verschiedene Dateitypen angewendet. So werden Inhalte meist in der Form von Containerdateien[13] wie Quicktime, AVI, MPG, Matroska (MKV), MXF etc. gespeichert, bearbeitet und wiedergegeben. Für die Darstellung von Videofilmen und für den Preview im Filmbereich werden zumeist Quicktime-Formate – vor allem der Apple-ProRes-Codec – verwendet. Quicktime ist eine Software-Architektur des Medienunternehmens Apple und steht für die Betriebssysteme Mac OS X und Windows zur Verfügung.

Um Containerdateien zu nutzen, müssen die entsprechenden Codecs als sogenannte Komponenten beim Codieren und Decodieren der Datei vorhanden sein. Neben Quicktime trifft dies auch für AVI, das vornehmlich auf Windows Systemen zum Einsatz kommt, und MXF, das von AVID-Programmen

[10] Die Videosignale werden schräg zur Bandlaufrichtung aufgezeichnet, um das Band besser auszunutzen.

[11] Sequenzer-Anwendung in der elektronischen Musikproduktion

[12] bzw. 2 Frames pro Minute werden weggelassen, außer in der 10. Minute

[13] Datei, die wiederum unterschiedliche Dateien und Dateitypen enthalten kann

verwendet wird, zu. Hier wird innerhalb des MXF-Containers vornehmlich der DNxHD-Codec verwendet. Bei Panasonic P2HD-Kamerasystemen, die ebenfalls den MXF Container zu dateibasierenden Aufzeichnungen verwenden, kommt wiederum der AVC-Intra-Codec zum Einsatz. Die jeweils verwendeten Codecs können verlustfrei oder verlustbehaftet sein.

3.5.1 Verlustfreie und verlustbehaftete Kompression

Da in der heutigen Bewegtbildproduktion riesige Datenmengen anfallen, müssen diese in geeigneter Form minimiert werden. Dazu werden verlustfreie und verlustbehaftete Kompressionsverfahren angewendet. Bei der verlustfreien Datenkompression können nach der Dekomprimierung alle der zuvor komprimierten Daten wiederhergestellt werden. Es treten keine Verluste auf. Als Beispiel eines verlustfreien Kompressions-Codecs lässt sich das Verfahren der RLE Komprimierung (engl. *run-length encoding*, dt. *Lauflängen-Kompression*) aufführen. Weitere verlustfreie Kompressionsverfahren kommen bei der Huffmann-Codierung sowie bei der LZW-Codierung (*Lempel-Ziv-Welch*) zum Einsatz. Im Gegensatz dazu erhält man bei der Dekomprimierung von digitalen Daten, die mithilfe eines verlustbehafteten Codecs komprimiert worden sind, die originalen Daten nicht mehr zurück. Ein bekanntes Beispiel in diesem Zusammenhang ist die JPEG-Bildkomprimierung.

Ausgangssequenz:

FFFF FFGG DVVV AA

nach Komprimierung: (3.16)

{F,6}, {G,2}, {D,1}, {V,3}, {A,2}

In der Gl. 3.16 ist das grundlegende Prinzip einer Lauflängen-Kompression (zum Beispiel RLE) dargestellt. Folgt zum Beispiel in einem Datensatz 6-mal hintereinander der Buchstabe F, im Anschluss 2-mal der Buchstabe G, dann einmal Buchstabe D etc., wird bei einer kompressionsfreien Speicherung des Datensatzes jeder Buchstabe für sich betrachtet und gespeichert. Bei einer RLE Komprimierung speichert man statt dessen lediglich den Buchstaben F (mit Vermerk 6x), den Buchstaben G (mit Vermerk 2x), den Buchstaben D (mit Vermerk 1x) etc. in der korrekten Reihenfolge. Nach der Dekomprimierung kann das Original vollständig zurückgewonnen werden. Für die Bildbearbeitung könnten im hier aufgeführten Beispiel anstatt der Buchstaben die RGB-Werte eines Bildes stehen.

Tab. 3.10 MPEG-Einsatzgebiete

Aufzeichnungsformat	Einsatzgebiet
MPEG1	veraltete Video-CD, DVD-Longplay-Modus (geringere Auflösung)
MPEG-2	Standard-DVD-Video, Sony IMX, Blu-ray, HD-DVD
MPEG-4	Internet
H.264/MPEG-4-AVC	Internet, HD-DVD, Blu-ray, DSLR (Video), Broadcast TV (I-Frame only), usw.
H.265/HEVC	Internet-Streaming, UHDTV, DVB-T2, Blu-ray

3.5.2 Verlustbehaftete Kompression

Bei der verlustbehafteten Kompression werden physiologische Unzulänglichkeiten des menschlichen Sehapparates ausgenutzt, um eine Datenreduktion zu erzielen. Dabei fallen Bilddetails heraus, die der Mensch nicht wahrnehmen würde. Hier spricht man von *visual losless* (dt. *visuell verlustfrei*). Ist die Datenreduktion sehr hoch, treten Artefakte auf, die visuell wahrnehmbar sind. Bei diesem Verfahren lässt sich das Original nicht wieder herstellen, es gehen Daten verloren. Für die Daten-Kompression im Bewegtbildbereich werden vor allem MPEG[14]-Verfahren angewendet (siehe Tab. 3.10).

Zu den zur Zeit am meisten verwendeten MPEG-Verfahren zählen MPEG-2, MPEG-4 und H.264/MPEG-4-AVC (engl. *advanced video coding*). Manche Hersteller verwenden Formatbezeichnungen wie XAVC oder MPEG-4 SStP. Hierbei handelt es sich um verschiedene Derivate von MPEG-4. Eine Weiterentwicklung des H.264-Codecs ist der H.265/HEVC-Codec (HEVC engl. *high efficiency video coding*), der im Entwurf im Januar 2013 verabschiedet wurde. Der HEVC-Codec ist eine gemeinsame Entwicklung der Motion Picture Experts Group (MPEG) und der ITU-T Video Coding Experts Group. Ziel dieser Entwicklung ist, bei gleicher visueller Qualität die Bandbreite verglichen zum H.264/MPEG-4-AVC Standard auf die Hälfte zu reduzieren.

Nahezu alle MPEG-Verfahren besitzen die Gemeinsamkeit der Verwendung von sogenannten *Group-Of-Pictures* (GOP). Neben der Ausnutzung von visueller Redundanz und der verlustbehafteten Datenreduktion kommt bei Video zusätzlich die zeitliche Komponente hinzu. Man geht bei der Datenreduktion davon aus, dass Bildänderungen von Frame zu Frame marginal sind. Anstatt jedes einzelne Bild separat zu codieren, speichert man nur die Änderungen zwischen den

[14] Motion Picture Experts Group

Frames. Dies erfolgt innerhalb eines definierten Bereiches von Frames, der Group-Of-Pictures.

3.5.3 MPEG-Komprimierung mithilfe der Group-of-Pictures (GOP)

MPEG-enkodierte Filme bzw. Videodatenströme werden mithilfe von Bildergruppen (GOP) komprimiert. Eine GOP besteht aus I-, B- und P-Frames. Hierbei werden die Bilder nicht alleinstehend komprimiert und gespeichert. Man lässt redundante Informationen weg und speichert nur die Differenzen der Frames innerhalb einer GOP. Somit werden viel geringere Dateigrößen und Bandbreiten bei gleichbleibender visueller Qualität erzielt.

I-Frames (engl. *intra frames*) werden stets für sich betrachtet und meist nach einem JPEG-ähnlichen Algorithmus komprimiert. P-Frames (engl. *predictive frames*) beinhalten nur die Differenzinformationen (Bildänderungen) zu vorangegangenen I- oder P-Frames. In B-Frames (engl. *bidirectional predictive frames*) werden die Differenzinformationen sowohl von den vorangegangenen als auch nachfolgenden I- oder P-Frames encodiert. Beim MPEG-2-Verfahren besteht eine Group-Of-Pictures typischerweise aus einer halben Sekunde. Im MPEG-4-Verfahren kann eine GOP bis zu 10 Sekunden lang sein. In diesem Zusammenhang spricht man auch vom Long-GOP-Verfahren (siehe Abb. 3.35).

Die MPEG-Algorithmen wurden primär zur Komprimierung von Videomaterial für digitale Endmedien wie die DVD, Blu-ray, DVB, Internet-Streaming und andere entwickelt. Professionelle Videoaufzeichnungssysteme verwenden jedoch ebenso MPEG-Verfahren wie das IMX-Format von Sony oder das P2HD-Format von Panasonic. In diesen Aufzeichnungssystemen werden die Bilder individuell als sogenannte *I-Frames* encodiert. In diesem Zusammenhang spricht man auch von der *I-Frame-only*-Aufzeichnung. Kompressionsverfahren sind zum Beispiel IMX-MPEG-2 oder AVC-Intra.

3.5.4 Codecs und Formate weiterer dateibasierender Aufzeichnungs- und Produktionssysteme

Ein Format, das in der Fernsehproduktion eingesetzt werden kann, muss eine vertretbare Bandbreite bei guter bis sehr guter Bildqualität mit einer akzeptablen Ressourcennutzung vereinen. Beispiele sind hier Avid DNxHD, Apple ProRes und andere Formate, die auf dem I-Frame-only-Verfahren basierende Codecs zur Grundlage haben. Wird eine maximale Qualität gefordert, kommen Einzelbildsequenzen in Bildformaten wie TIFF, Targa, DPX, OpenEXR und andere zum Einsatz. In der regulären TV-Featurefilm-Produktion werden Containerformate wie OMF, MXF, Quicktime und andere eingesetzt, die wiederum spezialisierte Codecs verwenden (siehe Tab. 3.11).

Motion JPEG

Dieser Codec kommt häufig im Zusammenhang mit Quicktime zur Anwendung. Hier werden sowohl die Einzelbilder als auch die Halbbilder (interlace) separat mithilfe der JPEG-Kompression enkodiert. Videodaten werden in der Regel als Y'CbCr gespeichert. Mit Motion-JPEG können Kompressionsverhältnisse zwischen 2 : 1 und 20 : 1 erreicht werden.

JPEG 2000

JPEG 2000 hat im Gegensatz zur JPEG-Bildkompression ein anderes Komprimierungsverfahren als Grundlage. JPEG verwendet die DCT (engl. *discret cosine transform*), JPEG 2000 die DWT (engl. *discrete wavelet transform*), die eine bessere Komprimierungsrate bei gleichbleibender visueller Qualität aufweist. Der DCI-Standard (engl. *digital cinema initiatives*), der im digitalen Kino zum Einsatz kommt, verwendet JPEG 2000. Neben der verlustbehafteten unterstützt JPEG 2000 auch die verlustfreie Kompression.

Avid DNxHD (VC-3)

Avid veröffentlichte vor einigen Jahren den proprietären DNxHD-Codec. Die DNxHD-Familie besteht aus einer Reihe

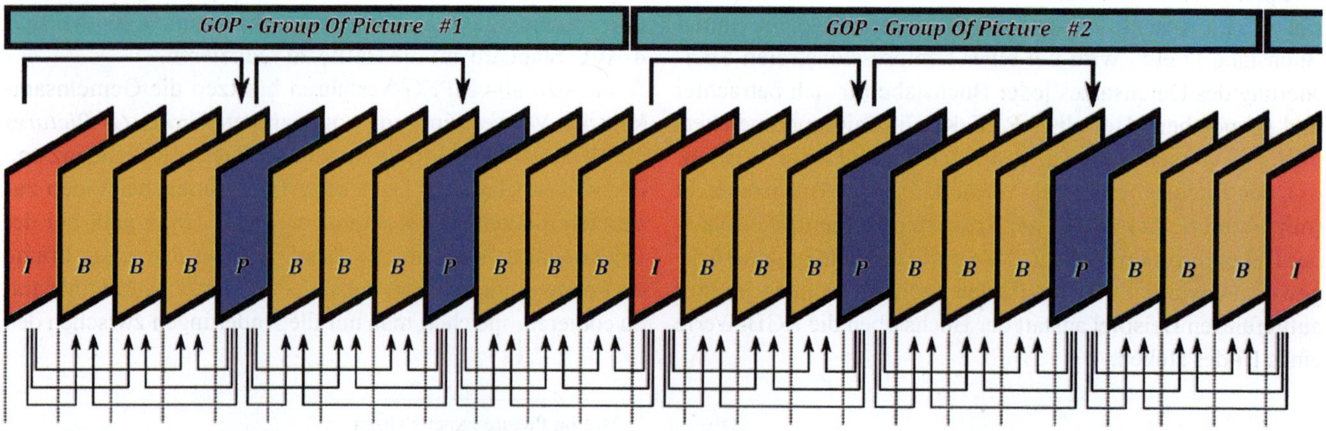

Abb. 3.35 Aufbau einer Group-Of-Pictures (GOP) Struktur, hier aus 12 Frames

Tab. 3.11 Häufig verwendete Audio-/Video-Containerformate

Format/Hersteller	Dateiendung	mögliche Codecs, weitere Informationen
Quicktime/Apple	*.mov	MPEG1–4/AVC/HEVC, XDCAM, IMX, ProRes, DNxHD, DVCpro, HDV, Animation, u. v. m.
Audio Video Interleave/Microsoft	*.avi	MPEG1–4/AVC, MKV, DivX, XviD, u. v. m.
Matroska/Open Source	*.mkv	MPEG1–4/AVC/HEVC, DivX, u. v. m.
DivX/DivX Networks	*.divx	AVI-basierend, enthält meist MPEG-4-kodierte Audio- und Videostreams
OMFI	*. omf	– Anwendung in alten AVID-Schnittsystemen – Kann verschiedene Codecs enthalten
MXF	*.mxf	– Containerformat, das OMFI in AVID-Schnittsystemen ablöste – Kann verschiedene Codecs enthalten – AVID-Schnitt: DNxHD-Codec – Panasonic P2HD: MPEG-4-AVC I-Frame-only
VC-1 (Microsoft)	*.asf	– Blu-Ray – Internet Streaming – Portable Video – Multimedia
MPEG-1	*.mpg/*.mpeg/*.ps/*.vob	Codec bei Video-CD und DVD-Video-Longplay
MPEG-2 Part2 (H.262)	*.mpg/*.mpeg/*.ps/*.ts/*.tsp/*.vob	– DVD-Video, Blu-ray, DVB-T1 – GOP-Konfiguration: 12-Bilder-GOP bis I-Frame-only
MPEG-4 (H.264/MPEG-4-AVC)	*.mp4	– Internet-Streaming – HDTV – Blu-Ray – Portable Video – Multimedia – Video-/Digicams/DSLR-Kameras – TVB-T2
H.265	*.h265	TVB-T2

festgelegter Kombinationen von Bildwiederholrate, Auflösung, Bittiefe, interlace/progressive Aufzeichnung und Bandbreite. In dieser Codec-Familie wurden lediglich Auflösungen von 1080 und 720 Zeilen berücksichtigt. Der Codec ist somit nicht skalierbar, das heißt, dass höhere Auflösungen wie 2 k, 4 k u. a. derzeit nicht verwendbar sind. Die festgelegten Bandbreiten reichen von 60 Mbit/s bis 220 Mbit/s. DNxHD kommt innerhalb der Quicktime und MXF-Containerformate zur Anwendung. Avid bezeichnet den Codec als visuell verlustfrei.

Videoaufzeichnungssysteme verschiedener Hersteller nutzen diesen Codec zur direkten Aufzeichnung. TV-Anstalten wie die britische BBC verwenden ihn ebenfalls als Standard innerhalb ihrer Produktionskette.

Apple ProRes
ProRes ist eine Entwicklung von Apple und ist wie DNxHD proprietär. ProRes besteht aus einer Familie von verschiedenen festgelegten Kombinationen von Bittiefe und Chromasubsampling-Varianten. Die Bandbreiten sind in Abhängigkeit von der Auflösung von 10 Mbit/s bis ca. 5 Gbit/s festgelegt. Die Bildwiederholraten sind jedoch frei wählbar. Mögliche Auflösungen reichen von SD (engl. *standard definition*) bis 5 k. Neben verlustbehafteter ist auch eine verlustfreie Enkodierung möglich. ProRes steht als kommerziell verwendbare Komponente innerhalb des Quicktime-Containers zur Verfügung. Es muss jedoch angemerkt werden, dass lange Zeit nur im OSX-Betriebssystem eine Encodierung sowie Decodierung möglich war. Unter Windows ist nur die Decodierung einsetzbar. Mittlerweile kann dies aber mit einem Open-Source-Projekt (libavcodec) realisiert werden. Auch verschiedene Kamerahersteller verwenden diesen Codec zur direkten Aufzeichnung – zum Beispiel ARRI für die Alexa-Kamera. Apple gibt an, dass mit den verlustbehafteten ProRes-Varianten eine visuell verlustfreie Encodierung möglich sei.

Redcode
Der amerikanische Kamerahersteller RED entwickelte auf Grundlage von JPEG 2000 den proprietären *Redcode*. Hier sind verschiedene Levels ohne Group-Of-Pictures mit sehr geringer bis starker Kompression möglich. Im Redcode werden die RAW-Daten in vier Farbkanälen (grün, rot, blau, grün) verlustbehaftet encodiert und zuzüglich der Metadaten im R3D Container gespeichert. Die Weiterverarbeitung erfolgt in der Postproduktion. RED gibt den Codec ebenfalls als visuell verlustfrei an.

3.5.5 Schnitt mit MPEG-Dateien

Grundsätzlich lassen sich MPEG-Bilddaten, ganz gleich ob MPEG-2, MPEG-4 AVC, HEVC, etc., direkt bearbeiten und schneiden. Infolge der Verwendung von Group-of-Pictures (GOP) sind MPEG-Videodatenströme zwar effektiv im Verhältnis Bandbreite und visueller Qualität encodiert. Sie sind jedoch in der Decodierung sehr Ressourcen-intensiv.

Sollen MPEG-Dateien mit GOP-Encodierung geschnitten werden, müssen die Frames zuvor intern in einem Hin-

Tab. 3.12 Häufig verwendete Grafikformate für Bildsequenzen in der digitalen Postproduktion

Format	Dateiendung	Eigenschaften	Anwendungsbereich
Graphic Interchange Format	*.gif	256 Farben Transparenz-Informationen (Alpha) begrenzte Animation innerhalb der Datei möglich	Internet
Joint Photographic Experts Group	*.jpg/*.jpeg	– 3 Kanäle mit je 8 Bit entspricht max. 16,7 Mio. Farben wenig bis stark verlustbehaftet	– Internet – Postproduktion mit niedriger Qualität
Portable Network Graphics	*.png	– 3 Kanäle mit je 1, 2, 4, 8, 16 Bit – Transparenz-Informationen mit bis zu 16 Bit – wahlweise ZIP-ähnliche verlustlose Kompression	– Internet – Grafik – Übergabeformat mit hoher Qualität
Tagged Image File Format	*.tif/*.tiff	– 3 Kanäle mit je 8,16, 24, 32 Bit – Transparenz-Informationen (Alpha) – wahlweise verlustfreie Kompression mit ZIP, RLE, LZW – wahlweise verlustbehaftete Kompression mit JPEG-Codierung	– Grafik – Übergabeformat mit sehr hoher Qualität – HDR (High Dynamic Range)
Targa	*.tga	– 16, 24, 32 Bit je Pixel möglich – Transparenz-Informationen (Alpha) – wahlweise verlustfreie RLE Kompression	– Grafik – Postproduktion mit hoher Qualität
Open EXR	*.exr	– mehr als 3+1 Kanäle pro Datei möglich – 8, 16, 32 Bit je Kanal – Floating-Point-Codierung – Half-Precision-Floating-Point – Metadaten – wahlweise verlustfreie Kompression (RLE, ZIP, PIZ, PXR24, u. a.) – Deep-Image-Informationen	– Übergabeformat mit sehr hoher Qualität – HDRI (High-Dynamic-Range-Images) – Speicherung von Deep-Image-Informationen – Multipass-Images für Multipass-Compositing
Digital Picture Exchange	*.dpx	– Verwendung: 3 Kanäle mit 10 Bit je Kanal, logarithmische Codierung – bis zu 32 Bit je Kanal möglich – lineare Codierung möglich	– meist Ausgabeformat bei Filmabtastung – gängiges Übergabeformat in der Filmproduktion

tergrundprozess decodiert werden, da B-Frames Daten von Frames benötigen, die in der Abfolge nach dem aktuellen Frame angelegt sind. Um darauf zugreifen zu können, muss die gesamte Sequenz im Speicher vorgehalten werden. Diese Hintergrundprozesse behindern ein flüssiges Arbeiten. Wird in der Mitte der GOP geschnitten, kann außerdem das I-Frame verloren gehen, auf das sich alle anderen Bilder der Gruppe beziehen. Um mit GOP-codiertem Material flüssig arbeiten zu können, muss es deshalb in einen produktionstauglichen Codec umcodiert werden.

3.6 Bildformate und Auflösungen

3.6.1 Formate und Auflösungen im Fernsehen

Tabelle 3.13 gibt eine Übersicht über die gängigen TV-Formate und Auflösungen. Sie ist unterteilt in die drei Bereiche SDTV (engl. *standard-definition television*), HDTV (engl. *high-definition television*) und UHDTV (engl. *ultra-high definition television*). Die Parameter für SDTV, die das überwiegend europäische PAL (engl. *phase alternate line*) und das überwiegend nordamerikanische NTSC (engl. *national television systems committee*) beinhalten, sind in der *Recommendation ITU-R BT.601* für digitales Fernsehen veröffentlicht. Diese beschreibt die Konversion von RGB zu $Y'C_BC_R$, die verwendeten digitalen Filter zur Bandbreitenbegrenzung, die Sampling-Rate (13,5 MHz), die horizontale Auflösung des Fernsehbildes (720 aktive Samples) und weitere Parameter wie die Primärvalenzen und die Opto-Elektronische-Transfer-Funktion (vgl. ITU-R 2011).

Es sei an dieser Stelle bemerkt, dass die ITU-R (International Telecommunications Union – Radiocommunication Sector) als Körperschaft der Vereinten Nationen nicht berechtigt ist Standards festzulegen, weshalb der Term *Recommendation* (Empfehlung) verwendet wird. Die entsprechenden Standards sind für NTSC und PAL in SMPTE 125M und EBU 3246E festgelegt. Trotzdem werden die Empfehlungen ITU-R

Tab. 3.13 Zusammenfassung gebräuchlicher Videoauflösungen im digitalen Fernsehen

Format	Auflösung	Scan/Fields	fps	sonstiges
NTSC	720 × 480	Interlace	29,97 (59,94 Halbbilder/s), 24 oder 23,976 bei DVD	8 Bit, nicht-quadratische Pixel, 4:3, 16:9, $Y'C_BC_R$
PAL	720 × 576	Interlace	25 (50 Halbbilder/s)	8 Bit, nicht-quadratische Pixel, 4:3, 16:9, $Y'C_BC_R$
HD 720p60/720p59,94	1280 × 720	Progressiv	60/59,94	8/10 Bit, quadratische Pixel, 16:9, 1,78-Aspect-Ratio, RGB oder $Y'C_BC_R$
HD 720p50	1280 × 720	Progressiv	50	wie 720p60
HD 720p30/720p29,97	1280 × 720	Progressiv	30/29,97	wie 720p60
HD 720p24/720p23,976	1280 × 720	Progressiv	24/23,976	wie 720p60
HD 1080p60/1080p59,94	1920 × 1080	Progressiv	50/59,94	8/10 Bit, quadratische Pixel, 16:9, 1,78-Aspekt-Ratio, RGB oder $Y'C_BC_R$
HD 1080p50	1920 × 1080	Progressiv	50	wie 1080p60
HD 1080i30/1080i29,97	1920 × 1080	Interlace	30/29,97 (60 bzw. 59,94 Halbbilder/s)	wie 1080p60
HD 1080i25	1920 × 1080	Interlace	25 (50 Halbbilder/s)	wie 1080p60
HD 1080p30/1080p29,97	1920 × 1080	Progressiv	30/29,97	wie 1080p60
HD 1080p25	1920 × 1080	Progressiv	25	wie 1080p60
HD 1080p24/1080p23,976	1920 × 1080	Progressiv	24/23,976	wie 1080p60
UHD 4k (UHD-1)	3840 × 2160	Progressiv	24/23,976/25/30/29,97/50 /60/59,94/120	10/12 Bit, 1,78-Aspect-Ratio
UHD 8k (UHD-2)	7680 × 4320	Progressiv	24/23,976/25/30/29,97/50 /60/59,94/120	10/12 Bit, 1,78-Aspect-Ratio, RGB oder $Y'C_BC_R$(4:4:4/4:2:2/4:2:0)

BT.601, ITU-R BT.709 und ITU-R BT.2020 weitestgehend als Standards angesehen.

Die Parameter für HDTV sind in der *Recommendation ITU-R BT.709* veröffentlicht. Diese beschreibt im ersten Abschnitt die Opto-Elektronische-Transfer-Funktion, die Primärvalenzen des Farbraumes und den Weißpunkt (D65). Im zweiten Abschnitt werden Bildcharakteristiken angegeben, u. a. die Picture-Aspect-Ratio von 16 : 9, die Bildauflösung von 1920 × 1080 Pixel (Samples) und die Pixel-Aspekt-Ratio von 1 : 1 (quadratische Pixel). Weitere Teile der Spezifikation befassen sich mit dem Signalformat, der digitalen Repräsentation, der Bild-Scanning-Charakteristik (progressiv-interlace-Zeilenaufbau), dem analogen Tri-Level-Sync-Signal und geben Filter-Templates vor (vgl. ITU-R 2015).

Die Parameter für das zukünftige UHDTV sind in der *Recommendation ITU-R BT.2020*[15] veröffentlicht. Diese beschreibt die Picture-Aspect-Ratio, die räumliche Auflösung der Bilder, die Bildwiederholraten, die Primärvalenzen und den Weißpunkt (D65), das Signalformat mit der Opto-Elektronischen-Transfer-Funktion und die digitale Repräsentation.

[15] siehe https://www.itu.int/rec/R-REC-BT.2020/en (letzter Zugriff: 10.12.2015)

3.6.2 Formate und Auflösungen im Film

Silent (Full)
Das erste international spezifizierte Filmformat war das Silent-(Full)-Format, das 1907 standardisiert wurde. Es beinhaltet einen 35 mm breiten Film mit vier Perforationslöchern. Die Aspect-Ratio beträgt 1,33 : 1 mit 24,98 × 18,66 mm. Dieses Format enthält keine Tonspur.

Academy
Das Academy-Filmformat hat im Gegensatz zum Silent-Format eine reduzierte Bildgröße von 22 × 16 mm, um mit der Einführung des Tonfilms Platz für eine Tonspur zu schaffen. Dieses Format wurde von der *Society of Motion Picture Engineers* (*SMPE*) im Mai 1932 standardisiert. Die Aspect-Ratio ist 1,375 : 1 mit vier Perforationslöchern.

Widescreen (Flat)
Das Widescreen-Format wurde Anfang der 1950er-Jahre entwickelt, um der Fernsehkonkurrenz ein breiteres Bildformat entgegenzusetzen. Der Zusatz *Flat* bezeichnet die Verwendung des Films ohne anamorphote Objektive (s. u.). Nach einigem Experimentieren setzte sich eine Aspect-Ratio von 1,85 : 1 in

Abb. 3.36 Vergleich häufig verwendeter Aspect-Ratios bzw. Bildseitenverhältnisse

den USA und 1,66 : 1 in Europa durch. Das Format besitzt ebenfalls vier Perforationslöcher und eine Tonspur. In den USA werden als reine Bildaufnahmefläche 21,95 × 11,86 mm und in Europa entsprechend 21,95 × 13,22 mm verwendet, wobei oft eine größere Fläche aufgenommen wird, die dann in der Postproduktion mithilfe einer Maske auf die entsprechende Aspect-Ratio vermindert wird.

Anamorphic
Um ein größeres Blickfeld mit Standard 35-mm-Filmmaterial zu erhalten, wurde mit Hilfe von speziellen anamorphoten Objektiven das Bild horizontal um das Verhältnis von 2 : 1 gestaucht. Das Ergebnis hat nach der Entzerrung eine Aspect-Ratio von 2,40(2,39) : 1 (SMPTE-Revision in den 1970er-Jahren). Die Bildaufnahmefläche beträgt für das gestauchte Bild 21,95 × 18,6 mm.

Super-35 (Superscope)
Das Super-35-Format beruht auf dem Silent-Format mit gleicher Filmgröße von 24,98 × 18,66 mm. Durch Maskierung betreffender Bildbereiche reduzierte man jedoch die Bildaufnahmefläche auf 24,89 × 11,3 mm mit einer neuen Aspect-Ratio von 2,40(2,39) : 1, um das Seitenverhältnis des Anamorphic-Formats zu erhalten. Der geschnittene Film wird dann gestaucht und als eine Verleihkopie ausgeliefert, die den Anforderungen eines anamorphoten Projektors entspricht. Mit dem Aufkommen des Digital-Intermediate-Prozesses und den damit verbundenen einfacheren Manipulationsmöglichkeiten erfuhr dieses Format größere Popularität.

Techniscope
Technicolor Italien ermöglichte die preiswerte Produktion der sogenannten „Spaghetti Western" mit der Entwicklung des Techniscope-Formates. Es besitzt nur zwei Perforationslöcher und hat eine Bildaufnahmefläche von 22 × 9,47 mm ohne eine Tonspur. Das entspricht einer Aspect-Ratio von 2,33 : 1. Populär war es vor allem in den 1960er und 1970er-Jahren.

Tab. 3.14 Digitale Film-Standards und deren Pixelauflösungen sowie Aspect-Ratio

Standard	Auflösung	Aspect Ratio
Digital Cinema 2 k	2048 × 858	2,39 : 1
Digital Cinema 2 k	1998 × 1080	1,85 : 1
Academy 2 k	1828 × 1332	1,37 : 1
Full Aperture Native 2 k	2048 × 1556	1,32 : 1
Digital Cinema 4 k	4096 × 1714	2,39 : 1
Digital Cinema 4 k	3996 × 2160	1,85 : 1
Digital Cinema 4 k (native)	4096 × 2160	1,9 : 1
Academy 4 k	3656 × 2664	1,37 : 1
Full Aperture 4 k	4096 × 3112	1,32 : 1
6 k	6144 × 3160	1,94 : 1
IMAX Digital	5616 × 4096	1,37 : 1

Einer der bekanntesten Filmregisseure, der dieses Format verwendete, war Sergio Leone.

65 mm und 70 mm
Das 65-mm-Negativ verwendet fünf Perforationslöcher und besitzt eine Bildaufnahmefläche von 52,48 × 23 mm. Dies entspricht einer Aspect-Ratio von 2,39 : 1. Belichtet wird dieses Format auf einem 70-mm-Film mit einer Tonspur. Infolge der vergrößerten Bildaufnahmefläche nimmt die Bildqualität signifikant zu. Verfahren, die dieses Bildformat verwenden, sind *Panavision-Super-70, CineSpace-70* (*Todd-AO*) und *Arriflex-765*. Das *IMAX-Format* nutzt ebenfalls 65 mm, jedoch mit 15 Perforationslöchern.

Vista-Vision
Das Vista-Vision-Format wurde wegen der großen Auflösung besonders für visuelle Effekte verwendet. Wie bei Kleinbildaufnahmen liegt hier die Bildaufnahmefläche von 36 × 24 mm parallel zur Spulrichtung des Filmes. Das Format verwendet acht Perforationslöcher und kann nicht von Standardprojektoren dargestellt werden.

DCP
Mit dem Aufkommen der digitalen Filmproduktion und der digitalen Projektion in Filmtheatern wurde das DCP-Format (engl. *digital cinema package*) entwickelt und vor allem im Standard SMPTE 429-3 spezifiziert. Folgende Auflösungen und Bildseitenverhältnisse wurden festgelegt:

- Flat (1998 × 1080/3996 × 2160), mit ca. 1,85 : 1,
- Scope (2048 × 858/4096 × 1716), mit ca. 2,39 : 1,
- HDTV (1920 × 1080/3840 × 2160), mit ca. 1,778 : 1,
- Full (2048 × 1080/4096 × 2160), mit ca. 1,9 : 1.

Literatur

Arnold J et al (2007) Digital Television – Technology and Standards. Wiley, West Sussex (UK)

Freyer U (2013) Medientechnik – Basiswissen Nachrichtentechnik, Begriffe, Funktionen, Anwendungen. Carl Hanser Verlag, München

ITU-R (2011) Recommendation ITU-R BT.601-7. 03/2011, Electronic Publication, Geneva, 2015

ITU-R (2014) Recommendation ITU-R BT.2020-1. 06/2014, Electronic Publication, Geneva, 2015

ITU-R (2015) Recommendation ITU-R BT.709-6. 06/2015, Electronic Publication, Geneva, 2015

Kennel G (2007) Color and Mastering for Digital Cinema. Elsevier, Amsterdam

Poynton C (2012a) DCT301 – Camera Tech and Colour Science. Online-Kurs, Class03. FXPHD, Sydney

Poynton C (2012b) Digital Video and HD Algorithms and Interfaces. 2. Aufl. Elsevier, Amsterdam

Schmidt U (2013) Professionelle Videotechnik – Grundlagen, Filmtechnik, Fernsehtechnik, Geräte- und Studiotechnik in SD, HD, DI, 3D. Springer Vieweg, Berlin/Heidelberg

Tozer E et al (2004) Broadcast Engineer's Reference Book. Elsevier, Amsterdam

https://www.iee.et.tu-dresden.de/iee/analog/papers/mirror/visionchips/vision_chips/aps_cds.html. Zugriff: 8. September 2015

https://www.iee.et.tu-dresden.de/iee/analog/papers/mirror/visionchips/vision_chips/aps_photocircuits.html. Zugriff: 8. September 2015

http://www.red.com/learn/red-101/. Zugriff: 8. September 2015

Dreharbeiten und Erfassen von Daten für die VFX Produktion

4

Eberhard Hasche

In diesem Kapitel liegt das Hauptaugenmerk auf dem Zusammenspiel zwischen den Erfordernissen der Story und den technischen Möglichkeiten und Begrenzungen der Kameraeinstellungen und -bewegungen.

Dieses Kapitel beschäftigt sich mit den Dreharbeiten (engl. *principal photography*) als Teil der Bewegtbildproduktion. Obwohl die Umsetzung narrativer Strukturen nicht Thema dieses Buches ist, werden doch einige wichtige Grundprinzipien und -konzepte vorgestellt, besonders im Zusammenhang mit der Perspektive und Parallaxe, die wiederum erheblichen Einfluss auf das immer wichtiger werdende photogrammetrische Erfassen von Bewegungsdaten haben. Neben dem schon etablierten Matchmoving (3D-Camera-Tracking) – dem grundlegenden Vorgang, um Live-Action-Footage mit Computergrafiken kombinieren zu können – erfreut sich auch das Konzept der *Structure from Motion (SfM)* an der Schnittstelle von Digitalen Medien und technischen Industrieanwendungen zunehmender Akzeptanz. Die Funktionalität dieser modernen Anwendungen hängt genauso wie die überzeugende Einbindung von Computergrafiken und anderer visueller Effekte in erheblichem Maße davon ab, wie die Linien im Bild sich über die Zeit bewegen.

Außerdem werden einige der wichtigsten inhaltsbezogenen Kamerabewegungen der Vollständigkeit halber vorgestellt. Diese sind in Dialogszenen einsetzbar, aber auch in den einzelnen Einstellungen in Reportagen, Dokumentationen sowie Industriefilmen und können auch die 3D-Kameraführung wesentlich verbessern.

Viele dieser Beispiele folgen den sehr instruktiven Darstellungen von Per Holmes (2004), der diese unter dem Label *Hollywood Camera Works* veröffentlicht, oder sind davon inspiriert.

4.1 Raumaufteilung und Perspektive

4.1.1 Raumaufteilung

Der Kameramann muss sich im Zusammenspiel mit dem Regisseur entscheiden, wie er das zentrale Element, dem die Aufmerksamkeit gelten muss, im Bildausschnitt (engl. *frame*) positioniert. Dies ist einerseits abhängig von der visuellen Erzählstruktur, muss aber auf der anderen Seite bei Studioaufnahmen auch die Gegebenheiten des Szenenbilds und besonders bei Außenaufnahmen den Einfluss der Umgebung integrieren. Kamerabewegungen folgen den Aktionen der Darsteller, sollen aber auch das Auge durch sich stets verändernde Muster beschäftigen und dazu noch eine bestimmte Stimmung oder einen Look erzeugen. Hier spielt die Raumaufteilung innerhalb des Frames eine wichtige Rolle. In der Regel wird vermieden, die Hauptfigur im Zentrum des Bildes zu positionieren – es sei denn, sie besitzt in der Gruppe eine herausragende Bedeutung, wie dies besonders bei Bandfotos für Schallplattencover zu beobachten ist, wo der Bandleader meist in der Mitte positioniert ist. Für die Platzierung von Hauptelementen im Bild werden oft Anleihen bei der Malerei und Fotografie genommen. Hier ist die Unterteilung des Bildes sowohl in horizontaler als auch in vertikaler Richtung in Drittel sehr populär ist. Dies äußert sich auch darin, dass bei Spiegelreflexkameras ein solches Gitter über den Viewfinder gelegt werden kann, um eine Hilfe bei der Positionierung von Darstellern und wichtigen Objekten zu erhalten und die Belanglosigkeit von Urlaubsfotos zu vermeiden, bei denen das Zentralelement meist in der Mitte liegt.

Abbildung 4.1 zeigt die Raumaufteilung eines *External-Shots*, bei dem die Kamera eine Position außerhalb des Raums zwischen den Darstellern bezieht und die sogenannte *Über-die-Schulter-Einstellung* ausführt. Der Raum ist horizontal in Drittel unterteilt. Dabei erhält der Darsteller, auf den die Kamera gerichtet ist, zwei Drittel des Raumes, wogegen der Schulter des Dialogpartners nur ein Drittel des Raums im Frame zur Verfügung steht. Wird der Gegenschuss auf

E. Hasche, P. Ingwer, *Game of Colors: Moderne Bewegtbildproduktion*, X.media.press, DOI 10.1007/978-3-662-43889-3_4

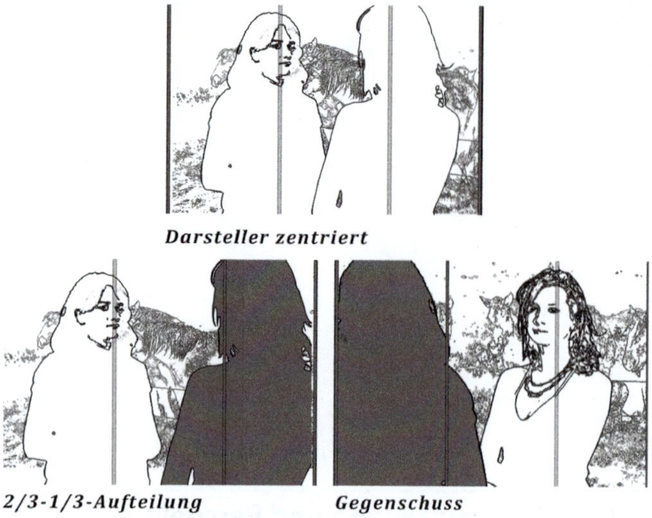

Abb. 4.1 Horizontale Raumaufteilung in Drittel

gleiche Weise gestaltet, entsteht eine fließende visuelle Dialogstruktur.

Wichtig ist auch, wie der Raum, der sich vor dem Darsteller befindet, gestaltet wird. In Abb. 4.2 zeigt das linke Bild einen Charakter, der den Raum, der sich vor ihm befindet, offen lässt. Wir werden eingeladen, diesen Raum und damit seine Emotionen zu teilen und uns mit ihm zu identifizieren.

Im rechten Bild ist der Raum geschlossen. Wir werden nicht in das Bild hineingelassen, die Hauptfigur zeigt uns „die kalte Schulter".

Ähnlich verhält es sich, wenn die Kamera innerhalb des gemeinsamen Raumes (engl. *shared space)* zwischen den Darstellern positioniert ist (siehe Abb. 4.3). In der internationalen Filmsprache (engl. *film grammar*) ist dies ein *internal shot* – es ist nur ein Dialogpartner zu sehen, ohne die Umrisse des anderen. Hier ist von Bedeutung, wie dieser gemeinsame Raum von den Dialogpartnern genutzt wird. Das rechte Bild zeigt einen Darsteller, der den Raum, der sich links vor ihm befindet, offen lässt. Er ist entspannt und lässt uns an seinen Ideen teilhaben. Der Darsteller im linken Bild ist gedankenversunken und schließt den Raum rechts von ihm. Wir werden nicht hineingelassen, da er allein sein möchte, um sich mit dem Problem, das ihn beschäftigt, auseinanderzusetzen.

Da es in der Filmsprache traditionell schwierig ist, die Gedanken der Protagonisten und damit deren Geisteszustand (engl. *state of mind*) direkt auf der visuellen Ebene zu zeigen, wird sehr oft der Ton hinzugezogen. Hier hat sich schon frühzeitig – bereits mit der Einführung des Tonfilms – ein Konzept etabliert, das Meta-Diegetischen-Sound verwendet. Hier entfernt sich die Tonebene von der reinen Ausschmückung des Bildes (diegetischer Sound) und zeigt die sehr subjektive Wahrnehmung von Realität der Protagonisten, die sich in Träumen, Vorstellungen, Halluzinationen, Flashbacks und veränderten Bewusstseinszuständen äußert, die entweder komplett auf der Tonebene oder mit deren massiver Unterstützung stattfinden.

Eine weitere, eher subtile Möglichkeit der Unterteilung des Raumes besteht darin, den Bereich um einen Darsteller zu strukturieren, um eine höhere visuelle Dichte zu erzielen und damit Unruhe zu charakterisieren. Als im Film *Casablanca* (Regie Michael Curtiz, USA 1942) Ilsa Lund (Ingrid Bergmann) zusammen mit ihrem Mann, dem tschechischen Widerstandskämpfer Victor László (Paul Henreid) das legendäre *Rick's Cafe* betritt, fühlt sie sich derart unwohl, dass ihr Seelenzustand mit riesigen gezackten Schatten exotischer Pflanzen an der Wand dargestellt wird. Es ist auch diese Schattenebene, auf der sie die Annäherung des Polizeipräsidenten wahrnimmt, noch bevor dieser im Frame erscheint.

Abbildung 4.4 zeigt einen nachgestellten Ausschnitt einer Szene aus dem Film *Children of a Lesser God* (Regie Randa Haines, USA 1986 – dt. Gottes vergessene Kinder) in der der Lehrer James Leeds (William Hurt) mit der gehörlosen, aber selbstbewussten Sarah (Oskarpreisträgerin Marlee Matlin) konfrontiert wird. Sie steht aufrecht und vermittelt mit ihrer Körpersprache Selbstbestimmung. Er fühlt sich unwohl, was sich in seiner gedrückten Körperhaltung äußert. Während der Raum um ihren Kopf frei und offen ist, nimmt in seine Richtung hin die Unterteilung des Bildes zu, bis ein Regal mit vielen kleinen Schachteln Unordnung im Raum um seinen Kopf erzeugt, um so seinen aufgewühlten Seelenzustand zu zeigen.

Derart offene, musterfreie Szenenbereiche sind unproblematisch, solange keine Nachbearbeitung erfolgt. Sollen dort aber Computergrafiken oder weitere visuelle Elemente integriert werden, kann es notwendig sein, Marker anzubrin-

Abb. 4.2 Offener und geschlossener Raum

Abb. 4.3 Gemeinsamer Raum – offen und geschlossen

Abb. 4.4 Freier und unterteilter Raum

gen, die dann entweder überdeckt oder im Postprozess wieder entfernt werden müssen.

Neben der Gestaltung des Raums spielen Linien eine wichtige Rolle für die Bildgestaltung. Bevor wir uns genauer mit dem Einfluss der Linien auf die Bildkomposition und deren Kontrolle durch die Perspektive beschäftigen, wollen wir eine wichtige Linie nicht unerwähnt lassen: die Achse (engl. *the line*). Der Umgang mit ihr ist als *180°-Regel* bekannt, die eines der wesentlichsten Prinzipien im Filmmaking darstellt. Damit der Zuschauer auch bei Nahaufnahmen nicht die Orientierung verliert, ist es unabdingbar, dass sich die Kamera bei einem Dialog mit Schuss und Gegenschuss stets auf einer Seite der Achse bewegt. Eine solche Handlungsachse ist meist die Augenlinie zwischen zwei Dialogpartnern oder aber eine Handlungsachse, wenn sich zum Beispiel zwei Fahrzeuge gegenüberstehen.

Abbildung 4.5 zeigt das System. Die beiden Darstellerinnen – das Gleiche gilt auch bei Fernsehreportagen, wenn Reporter und Interviewpartner gezeigt werden – erzeugen eine Achse, die der Augenlinie folgt. Die Kamera bleibt bei Schuss und Gegenschuss jeweils auf einer Seite dieser Achse. Als Folge sehen sich beide Charaktere aus jeweils unterschiedlichen Richtungen an. Dieser normale Dialogaufbau bereitet keine Schwierigkeiten. Problematischer sind Figurenkompositionen, die etwas versetzt sind oder in denen sich die Akteure nicht ansehen. Hier kann schnell der Überblick verloren gehen.

Abbildung 4.6 zeigt eine richtige Anordnung von Schuss und Gegenschuss. Die beiden Darsteller sind räumlich etwas verschoben und stehen sich nicht direkt gegenüber. Das macht die Bildkomposition etwas schwieriger zu lesen, aber dafür weniger laborhaft. Trotzdem bildet sich eine Linie, die die Augen kreuzt. Der Schuss ist ein *external shot* über die linke Schulter des ersten Darstellers. Für den Gegenschuss bleibt die Kamera auf der linken Seite der Achse und fotografiert über die rechte Schulter. Im Ergebnis schauen die Darsteller in unterschiedlichen Richtungen über die Schulter.

Der Dialogpartner, auf den die Kamera im linken Bild gerichtet ist, schaut nach rechts zum nächsten Bild, in das geschnitten wird. Der Dialogpartner, auf den die Kamera im rechten – nächsten – Bild gerichtet ist, schaut nach links zurück zum vorhergehenden Bild. Somit sehen sich die Partner an.

Abbildung 4.7 hingegen zeigt einen zu vermeidenden Achsensprung. Der Schuss (linkes Bild) ist ein, bei dem sich die Kamera außerhalb des gemeinsamen Raums der Dialogpartner befindet. Sie fotografiert über die linke Schulter des ersten Darstellers. Für den Gegenschuss kreuzt sie die Achse der Augenlinie und fotografiert ebenso über die linke Schulter des zweiten Darstellers. Im Ergebnis schauen die Dialogpartner in der jeweils gleichen Richtung über die Schulter. Sie sehen sich in nachfolgenden Schnitten nicht an, denn der Charakter im Gegenschuss schaut nicht zurück, sondern weg. Das führt bei den Zuschauern zu erheblichen Problemen, da sie sich nicht mehr orientieren können.

Diese 180°-Regel sollte möglichst nicht verletzt werden, da die Zuschauer ihre räumliche Orientierung verlieren. Manche Regisseure setzten allerdings einen Bruch als bewusste „ästhetische Rebellion" gegen überkommene Regeln an (Jean-Luc Godard etwa in *À bout de souffle – Breathless)* oder haben andere Intentionen, den Zuschauer temporär zu verwirren.

4.1.2 Die Perspektive

Der Mensch bewegt seine Augen mit kleinen schnellen Bewegungen (den Sakkaden), die etwa 50 ms andauern und in bestimmten Mustern um ein Fixationsobjekt kreisen. Die Gestaltung eines Bildes und dessen Komplexität nehmen großen Einfluss darauf, wie lange wir bei einer Vorlage verweilen und wie angenehm es uns erscheint, diese visuell zu lesen. Filmemacher, die großen Wert auf die Bildsprache legen (wie zum Beispiel Michelangelo Antonioni oder Andrei Tarkow-

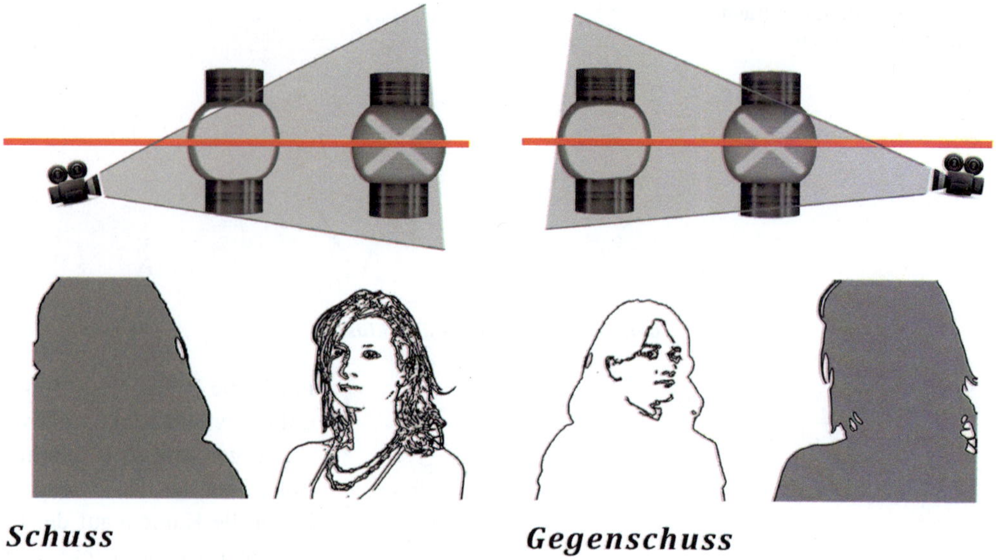

Abb. 4.5 Die 180°-Regel

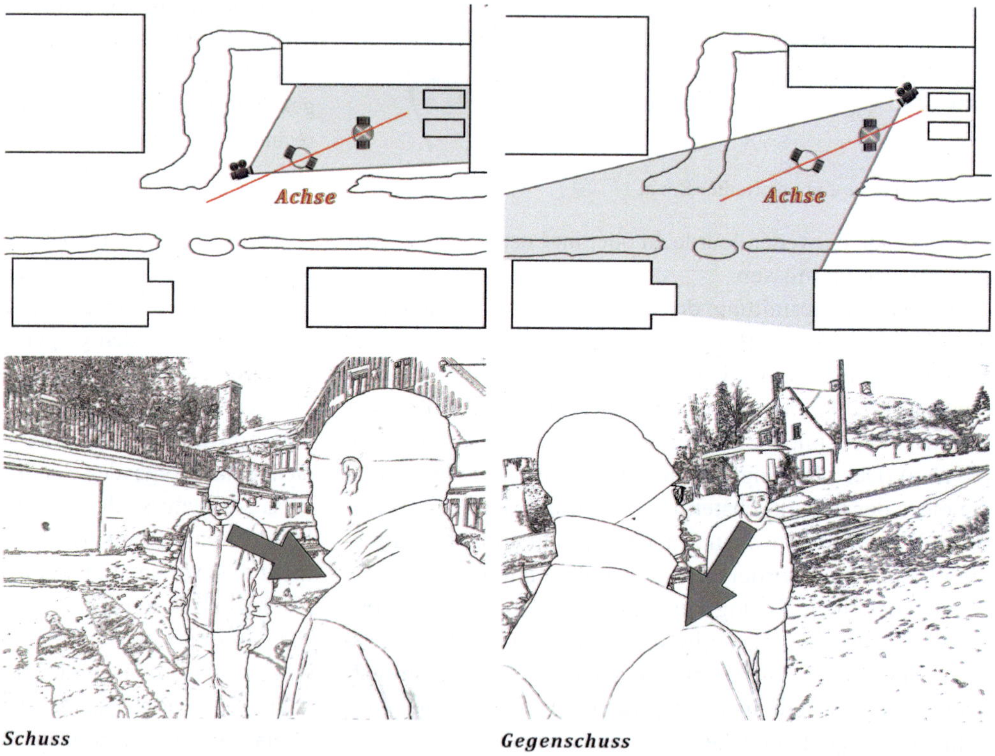

Abb. 4.6 Richtiger Umgang mit der Achse

ski), strukturieren ihre Bilder sorgfältig, indem sie versuchen, die drei wichtigsten geometrischen Objekte: Rechtecke, Dreiecke und Kreise im Bild unterzubringen. Rechtecke generieren horizontale und vertikale Linien, die für Solidität stehen; Dreiecke erzeugen geneigte Linien, die Dynamik ausstrahlen; und runde Elemente halten den Blick fest und machen das Bild weicher. Die Linien lenken einerseits den Blick des Betrachters und können in ihrer Gänze erst durch die Kombination von Sakkaden und Fixationen erkannt werden.

Wenn der Mensch die Linien verfolgt, kommt es unweigerlich zu Kreuzungen und Überschneidungen, an denen eine Entscheidung getroffen werden muss, in welche Richtung sich der Sehprozess weiter bewegt. Für eine freie Bewegung der Augen im Bild ist es sinnvoll, harte vertikale und horizontale Linien mit Diagonalen oder Kurven aufzubrechen, damit der Sehprozess nicht blockiert wird.

Abbildung 4.8 zeigt zwei Bilder. Das linke besteht hauptsächlich aus vertikalen Linien. Bewegt sich das Auge horizontal, wird seine Bewegung von diesen Linien blockiert. Im rechten Bild ist eine geneigte Linie vorhanden. An dieser kann sich der Sehprozess entlang bewegen und leicht von einer Position im Bild zu einer anderen gelangen.

Die Bildwahrnehmung findet somit nicht nur auf der rein inhaltlichen Ebene statt, sondern enthält auch eine ausge-

Abb. 4.7 Falscher Umgang mit der Achse

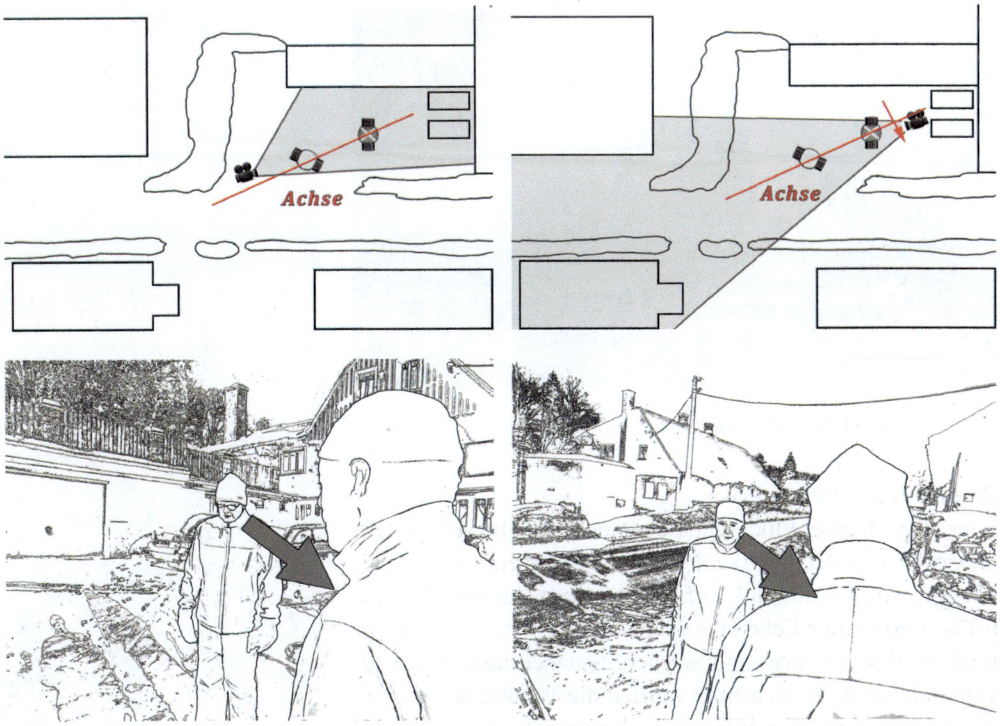

Abb. 4.8 Vertikale Linien und Diagonalen

prägte grafische Komponente, denn das abstrakte Design der Linien kann eine narrative Aussage unterstützen oder ihr entgegenwirken und damit eine Spannung aufbauen.

Die Linien im Bild werden durch die Perspektive generiert und spannen den Raum auf, der vom Sehprozess nach Wahrnehmung der Linien zusammengesetzt wird. Die Kontrolle der Perspektive ist ein wichtiges Element im Filmemachen, denn das strukturelle Gerüst (engl. *structural skeleton*) eines Shots, dessen dominierende Linien und Formen können die Aufmerksamkeit des Zuschauers auf sich ziehen und damit das Interesse am Inhalt erwecken (vgl. Ward 2003, S. 53).

Im Wesentlichsten gibt es drei Arten der grafischen Perspektive.

Ein-Punkt-Perspektive
Die Linien kreuzen sich in einem Punkt: dem Fluchtpunkt (siehe Abb. 4.9). Diese Art der Perspektive steht für Kraft, Solidität und Symmetrie. Die Dynamik des Bildes ist in die Ferne gerichtet und wirkt zielbewusst. Die Kamera wird parallel zu den vorhandenen Linien platziert.

Abb. 4.9 Ein-Punkt-Perspektive

Abb. 4.10 Zwei-Punkte-Perspektive

Zwei-Punkte-Perspektive

Hier werden zwei Fluchtpunkte generiert (siehe Abb. 4.10). Diese Art von Perspektive findet häufig Anwendung bei Gebäuden, um die Linien klar hervortreten zu lassen. Die Kamera wird an der Ecke eines Hauses platziert, wobei Weitwinkelobjektive verwendet werden. Je näher die Kamera am Gebäude steht, desto größer werden die Winkel der Linien. Auch verändern sie sich, wenn die Kamera durch einen Kran oder Ausleger höher platziert wird. Diese Perspektive wird sehr oft im Matte Painting verwendet, da die Gestalt von fantastischen Schlössern, Burgen, Plätzen, Straßenansichten und auch ganzen Städten sehr gut zur Geltung kommt.

Drei-Punkte-Perspektive

Diese Art der Perspektive produziert drei Fluchtpunkte. Sie generiert einen dramatischen Effekt, der vor allem bei hohen Gebäuden zum Tragen kommt und deren Bedeutung und Dominanz unterstreicht. In diesen Aufnahmen ist keine Horizontlinie vorhanden. Die Kamera wird wieder an einer Ecke auf Augenhöhe positioniert und nach oben gerichtet. Durch einen Schwenk kann dann das Gebäude in seiner Gänze gezeigt werden.

Anhand der vorgestellten Beispiele ist zu erkennen, wie die Kamera durch die Position und andere Parameter (wie etwa die Brennweite) die Perspektive und damit auch die Linienführung kontrolliert.

Dominieren horizontale und vertikale Linien im Bild, wirkt dieses flach, da keine Tiefe und damit auch keine Raumvorstellung generiert werden kann. Diagonale Linien hingegen erzeugen den Eindruck von Vitalität und Bewegung (vgl. Mattingly 2011, S. 52 ff.).

Abbildung 4.12 zeigt eine Dialogsituation, in der die Kamera in Schuss und im Gegenschuss über die Schulter fotografiert. Die Einstellung im linken Bild produziert ein flaches Bild gegen einen Mauerhintergrund, bei dem die vertikalen und horizontalen Linien dominieren. Da keine geneigten Linien vorhanden sind, wird keine Tiefe oder Räumlichkeit erzeugt. Das Bild, das die rechte Einstellung erzeugt, besitzt Linien, die ein wenig abfallen; Perspektive oder eine Raumvorstellung entwickeln sich aber ebenso wenig.

Abb. 4.11 Drei-Punkt-Perspektive

In Abb. 4.13 werden die Darsteller parallel zu den Säulen eines Wandelganges platziert. Die vertikalen und horizontalen Linien werden in diagonale Linien konvertiert. Diese geneigten Linien erzeugen das Gefühl von Dynamik und Bewegung, denn zum Beispiel ein schräg stehender Baum oder ein anderes Gerät kann jeden Moment umfallen. Außerdem ist der umgebende Raum zu erkennen. Die Augen sind beschäftigt, die Linien zu erkunden und dem Gehirn Informationen zuzuspielen, die dieses in Raumvorstellungen umsetzt.

Diese Shots erzeugen, wie auch in der schematischen Darstellung gut zu erkennen ist, Perspektive in beide Richtungen.

4.1.3 Umgang mit dem Fluchtpunkt

Im Fluchtpunkt (engl. *vanishing point*) konvertieren die Perspektivlinien, die zum Horizont streben. Linien, die sich über der Horizontlinie befinden, streben nach unten. Linien, die sich unter der Horizontlinie befinden, streben nach oben. Wenn die Kamera nicht geneigt ist, schneidet die Horizontlinie das Bild in der Mitte. Allerdings ist die Horizontlinie meist im Bild nicht vorhanden. Sie benötigt eine weite, flache Landschaft, die man am prominentesten am Meer vorfindet.

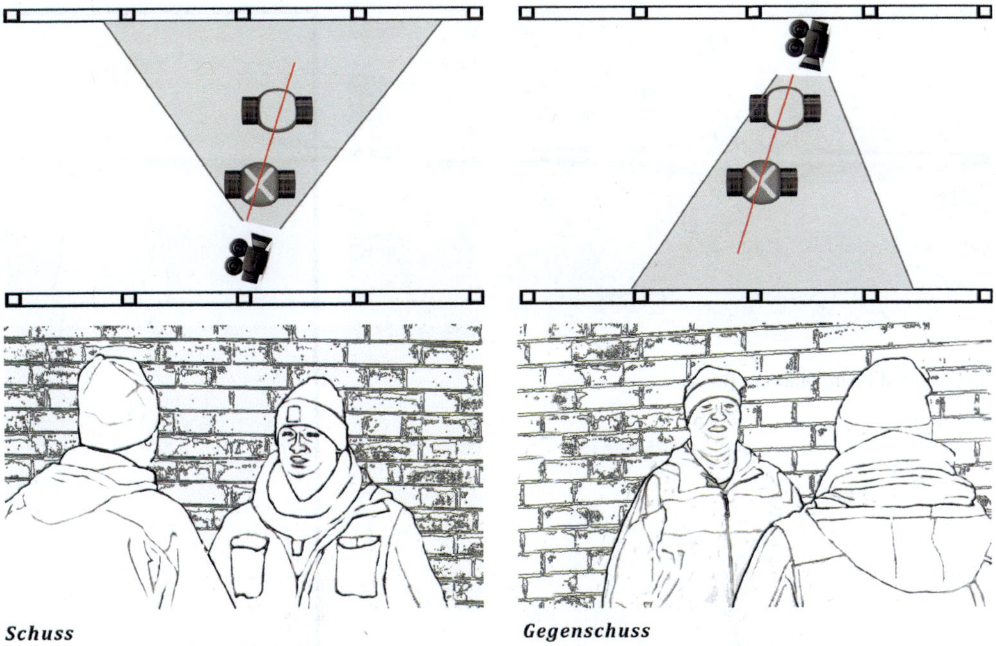

Abb. 4.12 Szenenaufbau mit wenig Perspektive

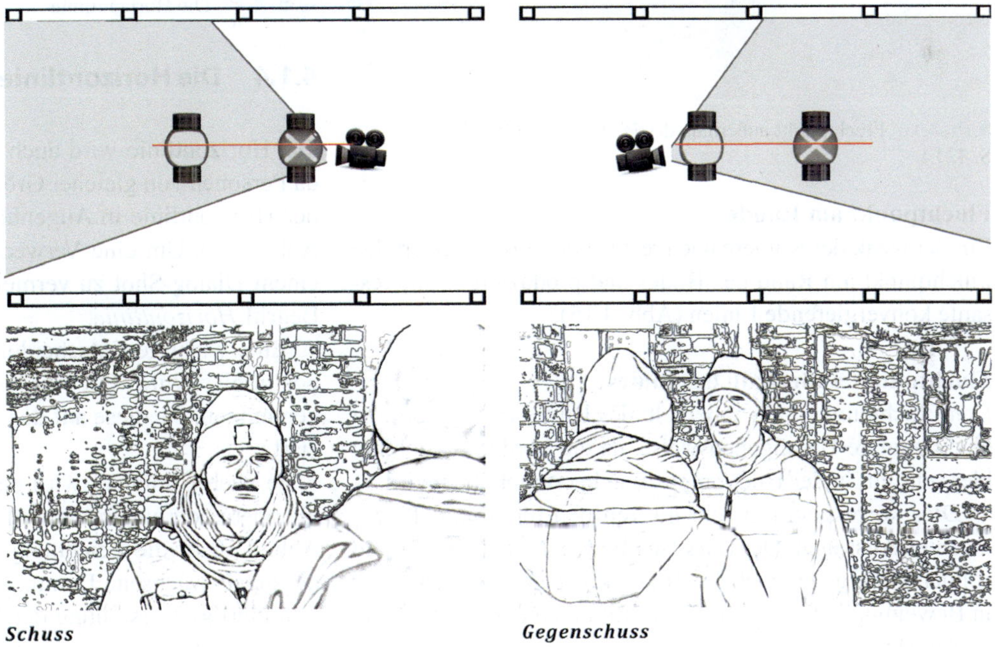

Abb. 4.13 Szenenaufbau mit viel Perspektive

Die Lage des Fluchtpunktes wird durch die Kameraanordnung festgelegt. Durch horizontale (engl. *panning*) oder vertikale (engl. *tilt*) Schwenks kann man den Fluchtpunkt im Bild halten oder ihn außerhalb des Bildes verschieben. Die so durch den Fluchtpunkt generierte Linienschar wird oft genutzt, um ein Vordergrundobjekt herauszustellen.

Zentrierter Fluchtpunkt

Ein zentrierter Fluchtpunkt hat wenig kompositorische Elemente, die die Aufmerksamkeit auf sich ziehen, da sich alle parallelen Linien in der Bildmitte schneiden (siehe Abb. 4.14). Solche Bilder werden als eine *harte Perspektive* bezeichnet.

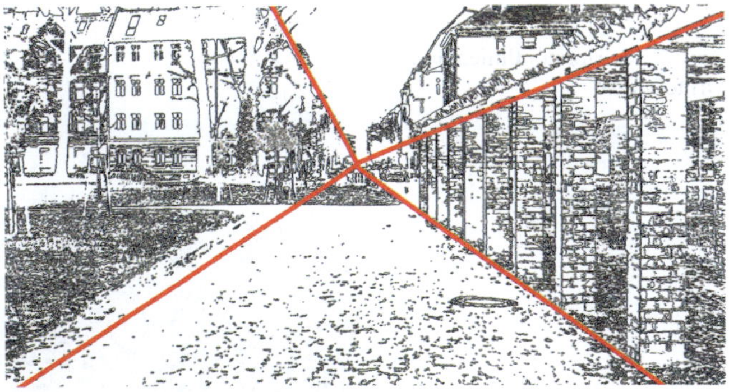

Abb. 4.14 Fluchtpunkt zentriert

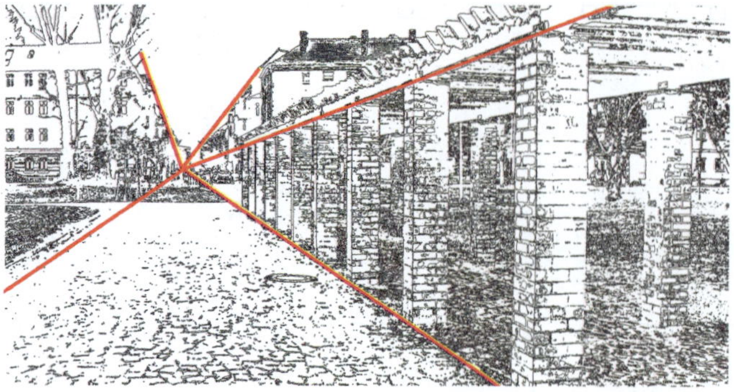

Abb. 4.15 Fluchtpunkt am Rand

Abb. 4.16 Fluchtpunkt außerhalb des Bildes. (Nach Ward 2003, S. 42 f.)

Fluchtpunkt am Rande
Ein Schwenk der Kamera nach rechts oder links platziert den Fluchtpunkt am Rand des Bildes und produziert so interessante konvergierende Linien (Abb. 4.15).

Fluchtpunkt außerhalb des Bildes
Den Fluchtpunkt nach außerhalb des Bildes zu verlegen, ist eine populäre Herangehensweise, da ein Vordergrundobjekt hier sehr gut in der Bildkomposition hervorgehoben wird.

Dies korrespondiert sehr gut mit den für Abb. 4.13 gemachten Aussagen. Der Darsteller bildet, da er statischer und solider wirkt, gegenüber den dynamischen und sich scheinbar in Bewegung befindlichen Perspektivlinien einen Gegensatz (siehe Abb. 4.16).

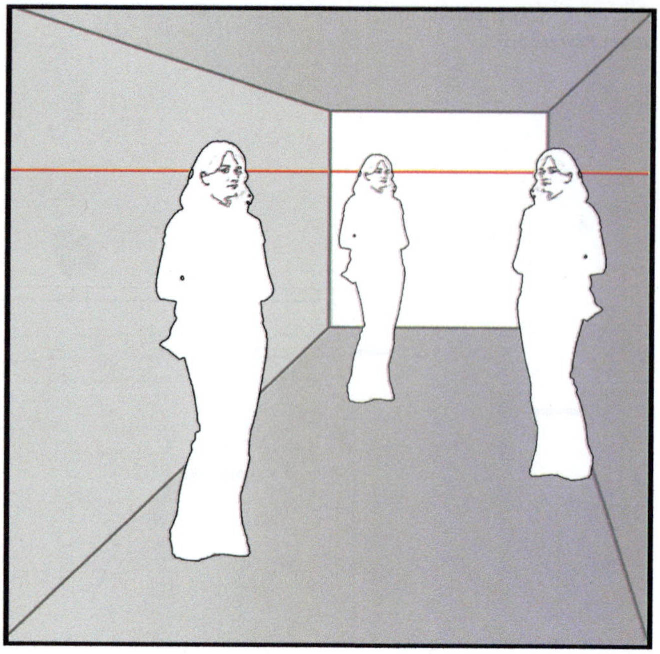

Abb. 4.17 Die Horizontlinie

4.1.4 Die Horizontlinie

Die Horizontlinie wird auch oft als Augenlinie bezeichnet, da Personen von gleicher Größe auf ebenem Untergrund von der Horizontlinie in Augenhöhe geschnitten werden (siehe Abb. 4.17). Um eine Verwechslung mit der Augenlinie bei einem Dialog-Shot zu vermeiden, bevorzugen wir hier den Begriff *Horizontlinie*.

Eine wichtige Entscheidung ist, wo diese Linie im Bild positioniert wird. Oft werden Anleihen bei der Fotografie genommen, die diese auf den horizontalen Drittellinien platziert.

Je nach Bildinhalt wird dann der Horizont entweder auf die obere oder untere Drittellinie gelegt. Im linken Bild von Abb. 4.18 ist die Zeichnung des Himmels interessanter als der grasbewachsene Damm. Außerdem kommt die scherenschnittartige Darstellung der Fahrradgruppe besser zur Geltung. Die Horizontlinie liegt auf der unteren Drittellinie. Im

Abb. 4.18 Horizontlinien und Drittellinien

Augenlinie über Horizontlinie Augenlinie unter Horizontlinie

Abb. 4.19 Augenlinie und Horizontlinie

Fenster der Apsis und Haupthalle Innenansicht

Abb. 4.20 Erzwungene Perspektive (Kontantin-Basilika Trier)

Originalaufnahme Erzwungene Perspektive - mehr Tiefe

Abb. 4.21 Erzwungene Perspektive – Matte Painting

rechten Bild wird die Wellenformation des Meeres in den Vordergrund gerückt, der Himmel ist hier nur Begleiterscheinung. Die Horizontlinie liegt auf der oberen Drittellinie.

Durch Platzierung der Kamera über oder unter der Augenlinie wird diese gegenüber der Horizontlinie verschoben (siehe Abb. 4.19). Eine Kameraposition etwas über der Augenlinie wird oft verwendet, um das Gesicht weicher und den Schattenfluss angenehmer zu gestalten. Auch werden der Beleuchtung bessere Möglichkeiten gegeben, die Augen hervorzuheben. Allerdings wird der Darsteller dadurch gegenüber einer sich eventuell im Bild befindenden Horizontlinie verschoben und unter diese gerückt, was inhaltlich kontraproduktiv sein kann, da er dadurch weniger selbstbewusst und frei wirkt.

4.1.5 Die Erzwungene Perspektive

Die erzwungene Perspektive (engl. *forced perspective*) ist schon seit Jahrhunderten bekannt und wurde vor allem in der Architektur eingesetzt. Sie erzeugt eine optische Täuschung, die in der Regel darauf abzielt, eine größere Tiefe oder Weite zu erzielen.

So wurden in der Konstantin-Basilika in Trier – einem der größten romanischen Gebäude nördlich der Alpen – die Fenster der Apsis und deren Kassettendecke kleiner als die der Haupthalle ausgeführt. Außerdem ist der Fußboden etwas nach oben geneigt, um die Perspektivlinien zu unterstützen.

Dieses Prinzip wurde auch für den Film adaptiert und fand im deutschen Stummfilm Verbreitung. Seither wird sie vor allem bei Low-Budget-Filmen oder bei begrenztem Platzangebot auf dem Set verwendet, um mehr Tiefe zu generieren oder Objekte größer bzw. kleiner aussehen zu lassen.

Das Spiel mit Nähe und Entfernung zur Kamera bzw. zu anderen Objekten ermöglicht es, ohne die Zuhilfenahme aufwendiger Tricktechnik irreale Größenunterschiede überzeugend darzustellen. Indem ein Darsteller oder ein Objekt näher an der Kamera positioniert werden, erscheinen sie größer (siehe auch Abschn. 4.3). Charaktere, die sich vermeintlich nebeneinander in der Szene befinden, werden in der Tiefe etwas versetzt, sodass sie in der Aufnahme kleiner wirken.

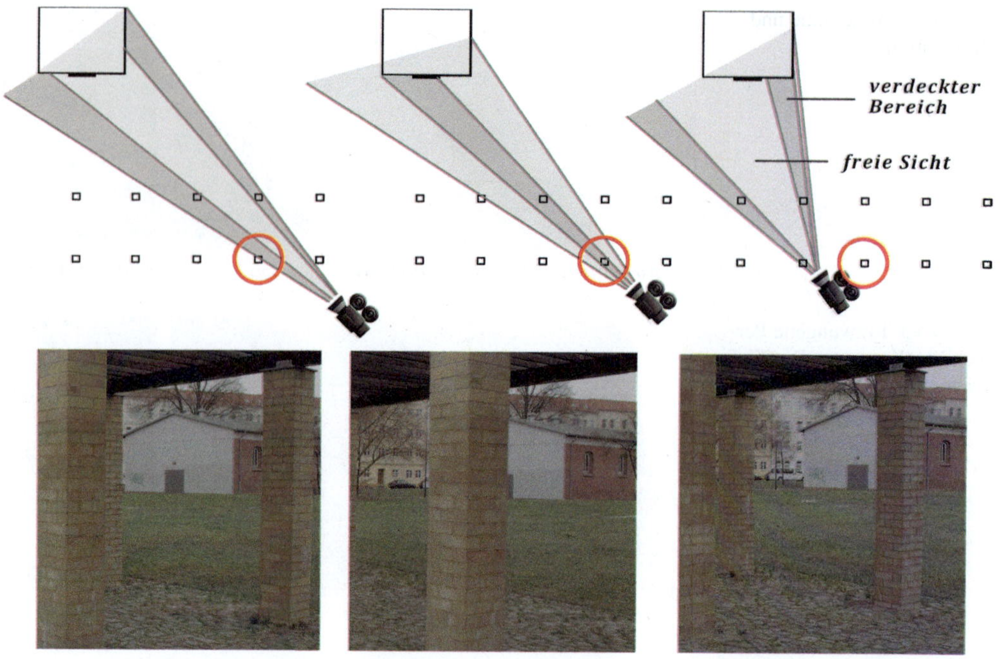

Abb. 4.22 Parallaxe

Dadurch – und mithilfe weiterer Set-Trickserei – war es Peter Jackson in seiner *Herr der Ringe-Trilogie* möglich, die Größenunterschiede zwischen Hobbits und Zwergen und den anderen Charakteren glaubhaft zu machen.

Auch beim Bau von Miniaturen und beim Matte Painting ist dieses Konzept beliebt. Miniaturen werden im Mittel- und Hintergrund in der Größe verändert, sodass die Tiefenwirkung größer ist als in der Realität. Abbildung 4.21 zeigt ein Matte Painting und das Originalbild. Durch die Verkleinerung des zweiten Baumes erhält die Szenerie mehr Tiefe.

4.2 Die Parallaxe

4.2.1 Begriffsbestimmung

Parallax: A Matchmovers's Best Friend.

Dieses Zitat, eine Kapitelüberschrift aus dem Buch *Matchmoving – The Invisible Art of Camera Tracking* des amerikanischen Matchmove-Artist Tim Dobbert (2013), beschreibt die herausragende Bedeutung, die die Parallaxe für das *Matchmoving* hat. Der Vorgang des Matchmovings kreiert in erster Linie eine virtuelle Kamera, die alle Bewegungen der realen Kamera auf digitaler Ebene *exakt* wiedergibt. Ohne diesen Vorgang wäre die Einbindung von 2.5D- und 3D-Elementen in -Footage nicht möglich. Hierbei ist eine extrem hohe Genauigkeit gefordert. Andernfalls würden sich die Film-Plate und die Computergrafik unterschiedlich schnell oder in unterschiedliche Richtungen bewegen, was sich dadurch äußert, dass die Computergrafik – zum Beispiel ein Saurier aus *Jurassic Park* oder ein *Transformer-Robot* – auf der Film-Plate „schwimmt", das heißt, sich leicht hin und her bewegt (engl. *to glitch)*, statt genau auf der entsprechenden Position zu „kleben".

Was ist aber eine Parallaxe? Laut Definition ist es die offensichtliche Änderung der Position von Objekten und Darstellern, wenn sich die Position eines Beobachters (der Kamera) verändert. Der Begriff stammt vom altgriechischen *parállaxis* und bedeutet *Veränderung, Hin- und Herbewegen.* Feststehende Objekte, die sich näher an der Kamera befinden, bewegen sich schneller als solche, die weiter im Hintergrund liegen. Aus diesen unterschiedlichen Bewegungen können Algorithmen schlussfolgern, wo sich die einzelnen Elemente im 3D-Raum befinden und durch eine Reihe von iterativen Berechnungen herausfinden, wie sich die Kamera verhält, die diese fotografiert.

Abbildung 4.22 zeigt die Wirkung der Parallaxe. Im linken Bild fotografiert die Kamera an den Säulen eines Wandelganges vorbei ein weißes Haus im Hintergrund mit einer Tür in der Mitte der Giebelseite. Die rot umrandete Säule verdeckt ein Stück des Randes am linken Bildausschnitt. Hier ist der Giebel gut zu erkennen. Im mittleren Bild hat sich die Säule in die Mitte des Bildes verschoben, wogegen der Hintergrund sich nur ein wenig bewegt hat. Die Säule verdeckt große Teile des Hauses und die Tür fast vollständig. Im rechten Bild ist die Säule nach rechts aus dem Bild gewandert und gibt den vorher verdeckten Blick auf den linken Teil des Gebäudes wieder frei. Inzwischen hat sich aber eine Säule des Mittelgrundes vor den rechten Teil des Giebels geschoben und verdeckt diesen.

Dieses Wechselspiel zwischen Verdecken und Freigabe ist ein bedeutendes Element im Filmemachen, um das Auge zu beschäftigen und den Inhalt dynamisch zu präsentieren. Es ist deshalb wichtig, dass Dolly- und Kranbewegungen immer einen Betrag von Parallaxe im Shot aufweisen. Ist keine Par-

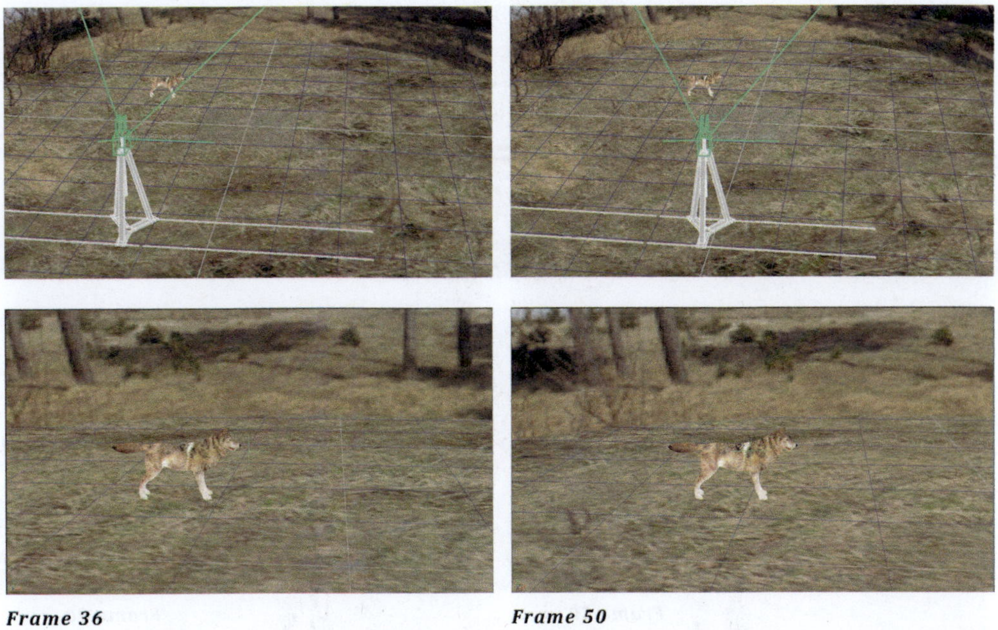

Abb. 4.23 Keine Vordergrundparallaxe im Bild vorhanden

Abb. 4.24 Etwas Vordergrundparallaxe im Bild vorhanden

allaxe vorhanden, machen diese Kamerabewegungen keinen Sinn und der Aufwand lohnt sich nicht, da das gleiche Ergebnis auch mit einem Schwenk erzielt werden könnte.

4.2.2 Vordergrundparallaxe

Aber nicht nur für den technischen und ästhetischen Aspekt bei einer Aufnahme spielt die Parallaxe eine wichtige Rolle, sie ist auch verantwortlich für die empfundene Geschwindigkeit der Bewegung eines Darstellers oder eines Objektes.

Die Abb. 4.23, 4.24 und 4.25 zeigen die gleiche Szene mit der Bewegung eines Hundes von links nach rechts. Durch schrittweises Einfügen von Vordergrundparallaxe – hier kommt der alte Fernsehspruch „Vordergrund macht Bild gesund“ zur Geltung – wird die empfundene Geschwindigkeit des sich bewegenden Objektes erhöht.

In Abb. 4.23 bewegt sich die Kamera auf einem Dollysystem von links nach rechts. Es ist keine Vordergrundparallaxe vorhanden. Die Bewegung des Hundes wird als langsam empfunden. Außerdem hätte die Aufnahme auch mit einem Schwenk realisiert werden können.

In Abb. 4.24 befindet sich ein Baum zwischen der sich gleich bewegenden Kamera und dem Hund. Es ist etwas Vordergrundparallaxe vorhanden, da sich der Baum näher an der Kamera befindet und seine Zweige schnell durch das Bild fliegen. Außerdem verdeckt er den Hund zeitweise und gibt ihn wieder frei. Der Zuschauer muss ein wenig visuell arbei-

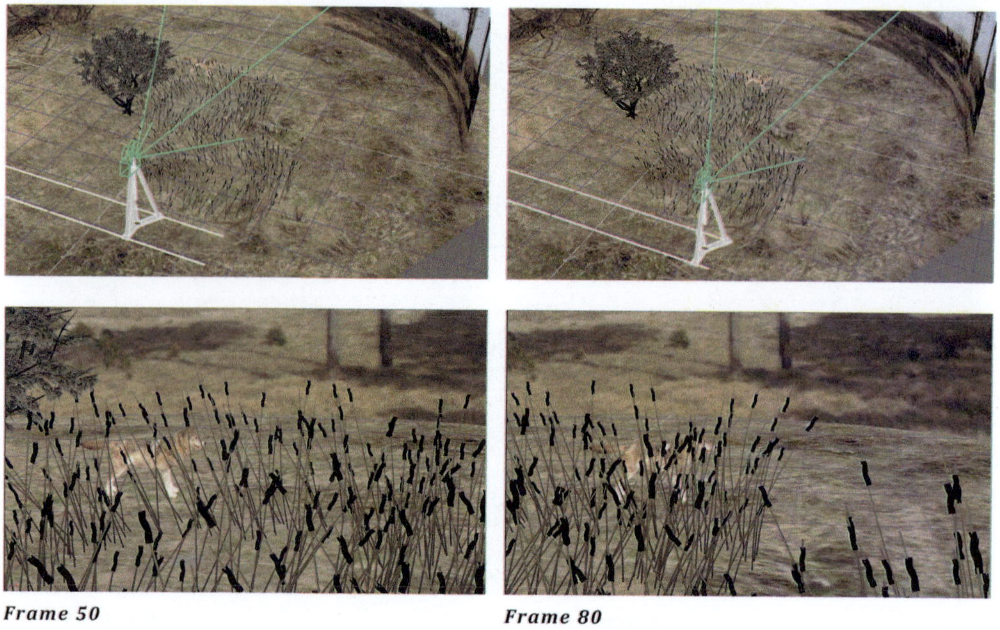

Abb. 4.25 Änderung der empfundenen Geschwindigkeit durch Vordergrundparallaxe

ten, um das sich bewegende Objekt verfolgen zu können. Die Bewegung des Hundes wird als schneller wahrgenommen.

In Abb. 4.25 wurde zusätzlich zum Hintergrund ein durchgehender Mittelgrund mit einem Schilfstück eingefügt. Die Kamera bewegt sich wieder wie bei den ersten beiden Shots. Da sich zusätzlich zum Baum die einzelnen Schilfhalme aufgrund der Tiefenstaffelung mit unterschiedlicher Geschwindigkeit durchs Bild bewegen, ist die resultierende Geschwindigkeitsänderung im Bild sehr hoch. Die Geschwindigkeit des Hundes wird deshalb als wesentlich höher empfunden als in Abb. 4.24. Das ständige Verdecken des Objekts durch die einzelnen Schilfhalme trägt ebenso zu einer dynamischen Wahrnehmung der Bewegung im Bild bei (vgl. Holmes 2004, Volume 3 – Parallax And The Value Of Foreground).

Die für ein Dollysystem gemachten Aussagen gelten auch für Aufnahmen mit Kran oder Ausleger (engl. *jib arm*). Hier muss darauf geachtet werden, dass eine *vertikale* Parallaxenänderung im Bild vorhanden ist.

Abbildung 4.26 zeigt eine Kranaufnahme ohne Vordergrundobjekt. Die Bewegung des Krans ist lediglich an der geringen Bewegung der Fensterfront des linken Hauses zu erkennen. Die Aufnahme wirkt statisch und hätte auch durch einen Tilt (vertikaler Schwenk) erzielt werden können.

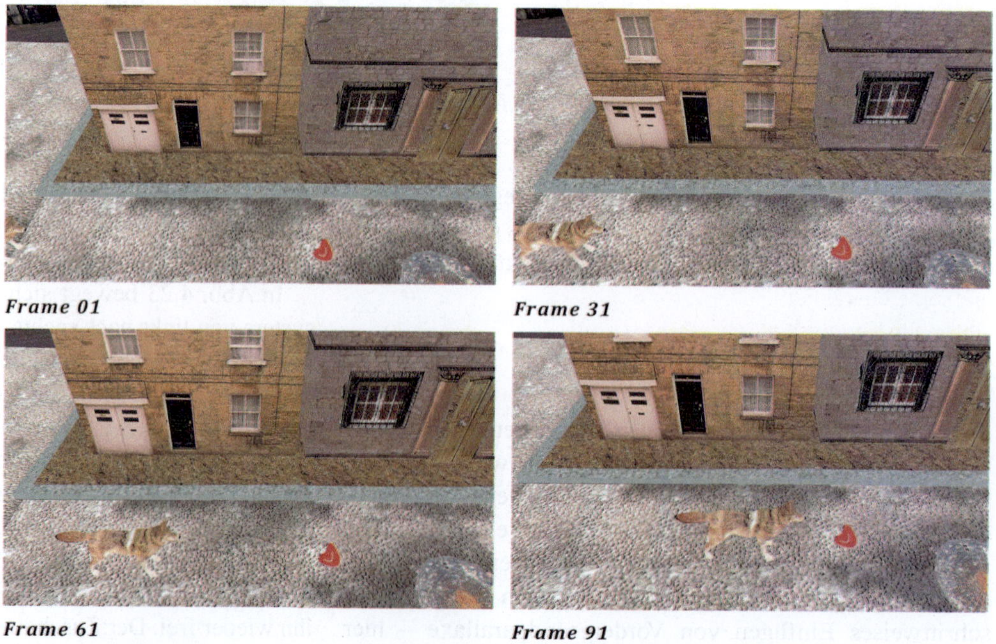

Abb. 4.26 Aufnahme ohne vertikale Vordergrundparallaxe

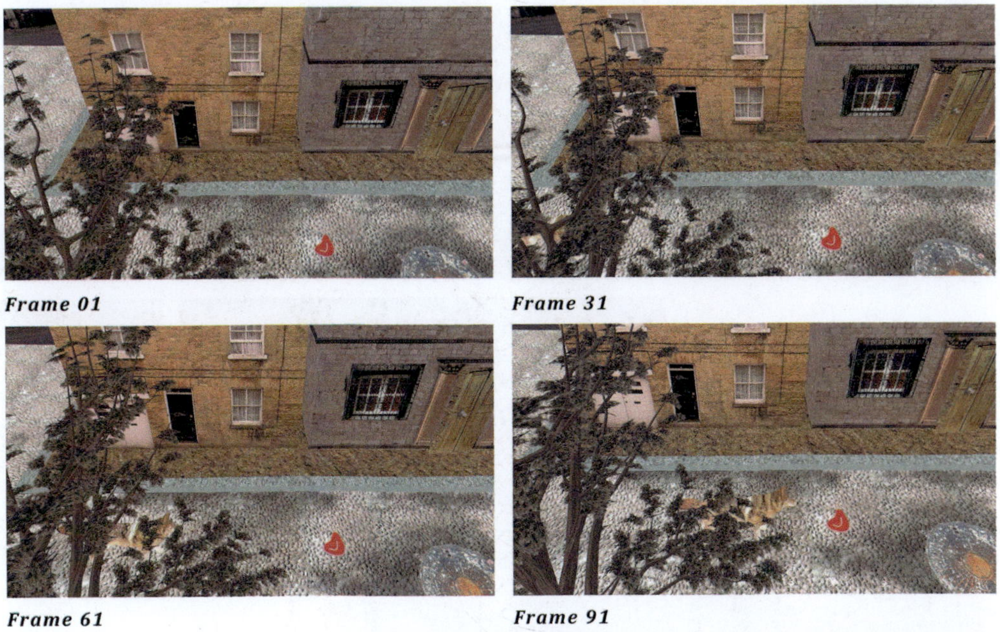

Abb. 4.27 Aufnahme mit vertikaler Vordergrundparallaxe

In Abb. 4.27 wurde durch die Szenenbildabteilung ein Baum eingefügt. Die Äste des Baums bewegen sich schnell über die Länge der Aufnahme durch das Bild und lassen das Wirken eines Krans erkennen. Auch trägt das Verschwinden und Freigeben des Objektes von Interesse wieder zur Dynamik der Aufnahme bei.

4.2.3 Tiefen- und Bodenparallaxe

Eine spezielle Kamerafahrt ist die Bewegung auf ein Objekt zu – in der Filmsprache als *push* bezeichnet. Da die Fahrt meist in die Tiefe der Szene führt, sind für eine dynamische Aufnahme Objekte links und rechts der Fahrt notwendig, die eine bestimmte Geschwindigkeit suggerieren. Für diese Art der Aufnahmen ist es noch wichtiger, dass eine Parallaxenänderung vorhanden ist, da sie sonst wie ein Zoom-Shot aufgefasst werden könnten. Zoom-Shots gelten in der Regel als wenig künstlerisch und werden meist vermieden (siehe Abschn. 4.3.4).

Dolly-Push-Fahrten werden oft verwendet, um einem Charakter nicht nur räumlich näher zu kommen, sondern auch, um seine Gedanken und Emotionen zu teilen. Diese Fahrten sind nicht an Parallaxenänderungen gebunden, da in der Regel keine weiteren Bildelemente benötigt werden.

Bei einer Greenscreen-Aufnahme wie in Abb. 4.28, die dazu gedacht ist, dass Computergrafik-Elemente eingefügt werden, müssen jedoch entlang der Fahrt an den Seiten Hilfselemente vorhanden sein, die dem Algorithmus Hinweise auf die Parallaxeänderung liefern. Hier wurden Tracking-Marker an den Seiten platziert, um Tiefenindikatoren zu etablieren.

Bei Fahrten direkt auf ein Objekt oder einen Charakter zu, tritt ein weiteres Problem auf. Je nach verwendetem Dollysystem und Sorgfalt der Schienenverlegung wackelt die Kamera mehr oder weniger. Dieser Kamera-Shake ist oft willkommen. In 3D-Kamerabewegungen wird er oft künstlich eingebaut; bei einem Push aber neigt er dazu aufzufallen, da im Gegensatz zu einer seitlichen Fahrt der Bildausschnitt meist zentriert ist und unmotiviert hin und her driftet.

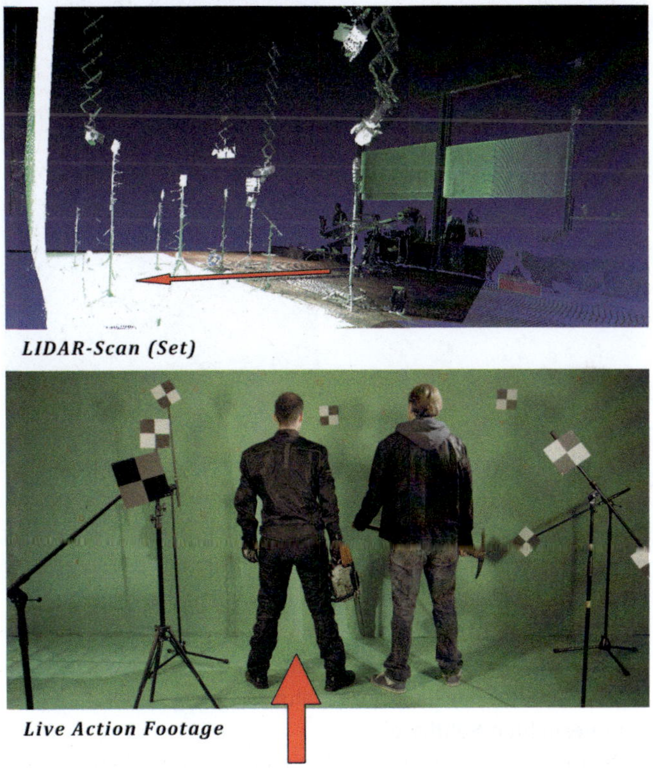

Abb. 4.28 Tiefenparallaxe

Eine weitere interessante Anwendung der Parallaxe ist die Bodenparallaxe. Hier wird die Kamera sehr tief geführt und

Abb. 4.29 Bodenparallaxe (Schema)

Abb. 4.30 Frames einer Bodenparallaxe-Aufnahme

nutzt die sich verändernde Bodenstruktur. Solche Aufnahmen sind sehr gut für das Establishing einer Szene zu verwenden, da sie vertikale Elemente im Bild betonen und Gebäude plötzlich herausragen lassen. Da tief gehaltene Kamerabewegungen neben dem Betonen von vertikalen Elementen naturgemäß auf tief liegende Objekte zielen, können sie für *Reveal*-Shots (dt. *verraten, enthüllen*) verwendet werden. In Abb. 4.29 führt uns die Kamerafahrt zu einem verlorenen und lang gesuchten Schlüssel.

Naturgemäß können diese Aufnahmen die Bodenbeschaffenheit sehr gut herausstellen. Im *Film Blue Velvet* (Regie David Lynch, USA 1986) wird zu Beginn mit einer Reveal-Fahrt durch ein Feld ein abgeschnittenes Ohr herausgestellt.

Bei dem Radrennen *Paris-Roubaix* verwenden die Kameraleute bei der Live-Übertragung oft diese Technologie, um die verschiedenen Pflasterstrecken zu zeigen, für die der Radklassiker berühmt ist.

Mit den inzwischen sehr populären UAVs (engl. *unmanned aerial vehicle*) – auch als Drohnen bekannt – lassen sich Aufnahmen erzielen, die die Bodenparallaxe aufgreifen. In Abb. 4.30 fliegt eine Drohne über einen gut gezeichneten Schatten auf einen abgehauenen Baum zu. Es ist zu bemerken, dass der Schatten der Drohne im Bild zu sehen ist. Hier ist es vorteilhaft, mit höheren Auflösungen (4 k) während der Aufnahme zu arbeiten, um das Bild abschneiden zu können, sonst müsste die Aufnahme im Compositing bearbeitet werden (siehe Abschn. 10.4).

4.2.4 Hintergrundparallaxe

Steht ein Charakter im Mittelpunkt der Aufnahme und erfolgt keine Bewegung zu ihm hin, kann Parallaxe nur als Hintergrundparallaxe erzeugt werden. Hier bewegt sich der Hintergrund gegen das fixierte Objekt im Zentrum. Um diese Bewegung zu ermöglichen, wird eine Dollyfahrt angewandt. Dabei ist der Winkel zur Handlungsachse von Interesse. Ist der Winkel gering, läuft die Fahrt direkt auf den Charakter zu. Es wird keine oder eine nur geringe Hintergrundparallaxe erzeugt. In Abb. 4.31 ist die Verschiebung des Kopfs gegen die

Abb. 4.31 Direkte Dollyfahrt

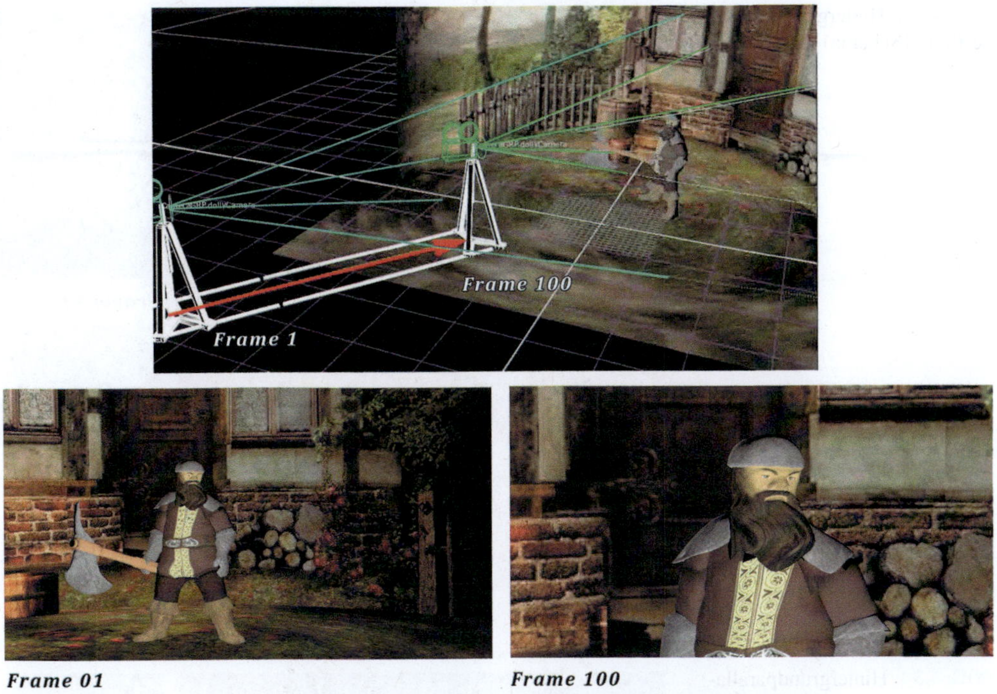

Abb. 4.32 Größerer Winkel der Dollyfahrt

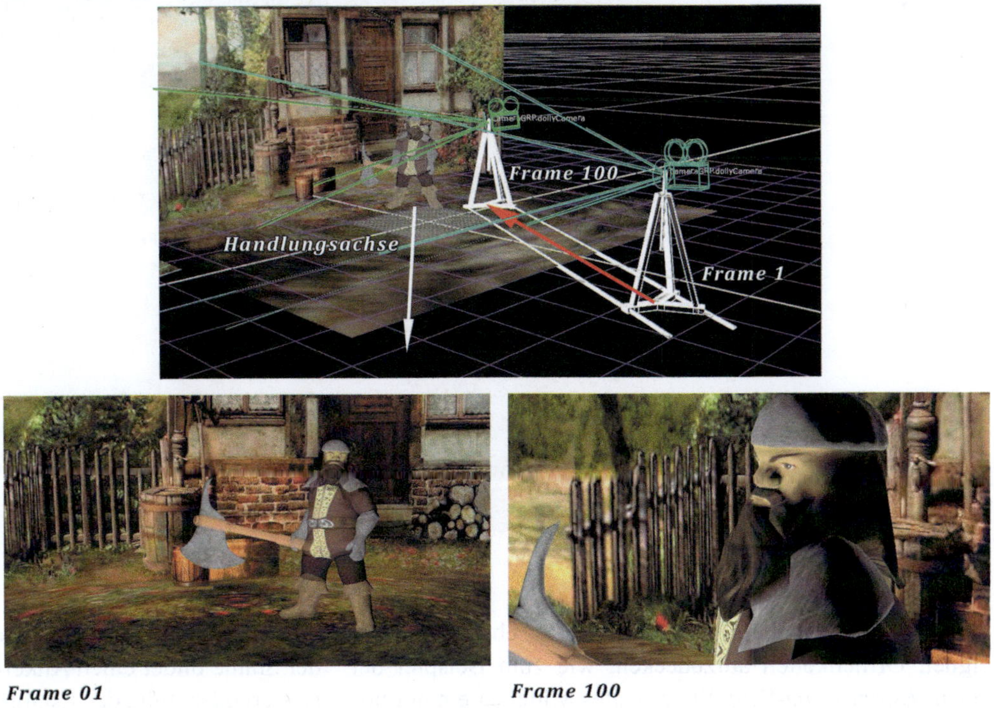

Fensterunterseite und des linken Arms gegen den Holzstapel nur wenig ausgeprägt.

Wesentlich mehr Hintergrundparallaxe erhalten wir, wenn die Schienen des Dollysystems in einem spitzen Winkel zur Handlungsachse angeordnet werden. In Abb. 4.32 ist zu erkennen, in welchem Maße sich der Hintergrund bei einem recht geringen Winkel der Dollyschienen verändert. Ist zu Beginn der Kamerabewegung der Kopf noch in der Mitte der Tür, wird während der Fahrt die gesamte vom Zuschauer aus linke Hauswand gezeigt, ohne den Darsteller aus den Augen zu verlieren.

Die durch die Änderung der Hintergrundparallaxe erzeugte Bewegung um den Kopf eines Darstellers herum macht man sich oft zunutze, um Unruhe (engl. *unrest*) zu erzeugen. Der Charakter fühlt sich gehetzt, ist nervös und hat im Extremfall das Gefühl, dass seine Welt aus den Fugen gerät. Je größer der Winkel, desto größer die Unruhe, aber auch desto größer die Neutralität des Zuschauers, da er Abstand bewahrt.

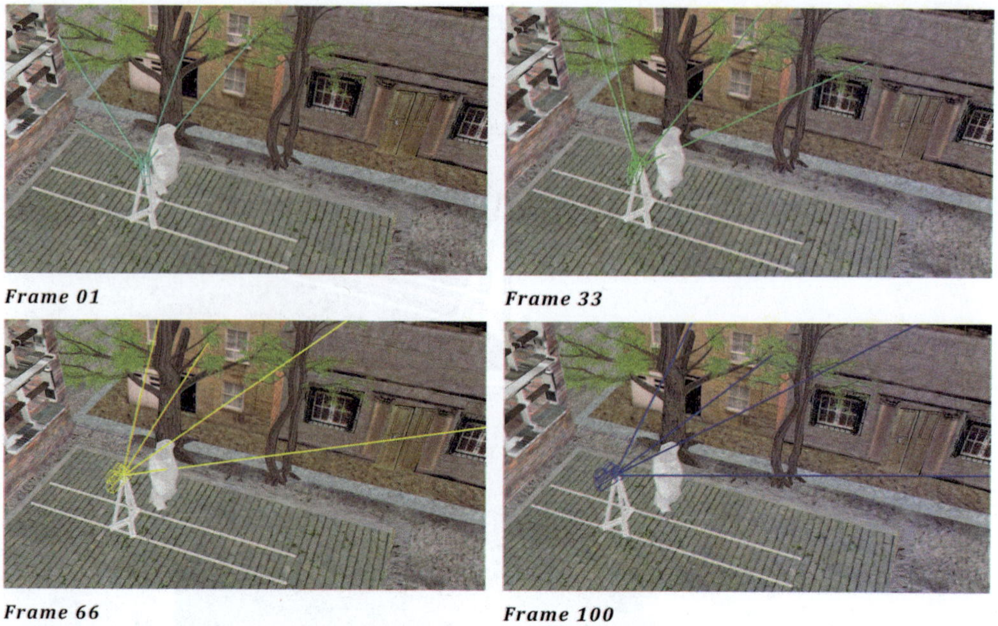

Abb. 4.33 Hintergrundparallaxe-Pivot (Schema)

Abb. 4.34 Hintergrundparallaxe-Pivot (Schema-Shots)

Die Hintergrundparallaxenänderung ist ebenso gut geeignet, Örtlichkeiten aufzudecken, wie zum Beispiel bei einem *Establishing-Shot*. Ein probates Mittel ist ein auf höherer Ebene platziertes Element, um das man die Kamera herum bewegen kann. Dies wird sehr oft bei Luftaufnahmen eingesetzt, zum Beispiel bei der Tour der France, wenn die Hubschrauberpiloten um einen der zahlreichen Kirchtürme kreisen, ehe sie dann wieder das Fahrerfeld einfangen.

Abbildung 4.33 zeigt das Schema: Auf einem Dachvorsprung ist ein Dollysystem installiert. Die Kamera fährt an einer Statue entlang, die sie im Bild hält und zeigt einen großen Ausschnitt der gegenüberliegenden Straßenseite einer Kleinstadt.

Abbildung 4.34 zeigt die resultierenden Bilder. Der Kopf der Statue bildet einen Ankerpunkt, um den herum die interessierenden Teile des Establishing-Shots nach und nach gezeigt werden. Diese Art der Kamerabewegung heißt deshalb auch *Pivot* (dt. *Anker, Drehpunkt*). Dabei wird die Hintergrundparallaxe, die sich im Verhältnis zu dem Anker-Objekt ergibt, ausgenutzt.

Abbildung 4.35 zeigt eine Pivot-Aufnahme in einem größeren Maßstab. Hier fliegt ein UAV um einen kleinen Baum, der als Anker fungiert, herum und zeigt die komplette 360°-Umgebung. Durch den Baum in der Mitte wird der Shot interessanter als ein Panorama-Schwenk, da das Auge die Hintergrundparallaxe-Änderungen auswerten muss, die

Abb. 4.35 Hintergrundparallaxe-Pivot (Shots)

durch die Bewegung der kameraführenden Drohne um den Baum herum auftreten.

4.3 Die wichtigsten Aufnahmeattribute und deren Anwendung

Für die Gestaltung des Bildinhalts sind vier Aufnahmeattribute von herausragender Bedeutung:

1. Die Höhe des Objektivs,
2. Die Neigung des Objektivs,
3. Die Entfernung eines Objekts vom Objektiv,
4. Die Brennweite des Objektivs.

Diese vier Parameter sind wichtig für die Kontrolle der Perspektivlinien und der Größenverhältnisse in der Aufnahme.

4.3.1 Höhe des Objektivs

Eine Konvention beim Filmemachen ist, die Kamera auf Augenhöhe zu halten, damit der interessanteste Teil des Menschen – das Gesicht und hier wiederum die Augen – hervorgehoben werden. Dazu kommt, dass besonders bei Aufnahmen im Fernsehstudio oder beim Film das Set oft beengt ist. Durch Positionieren der Kamera auf Augenhöhe wird vermieden, dass sie Elemente außerhalb des gebauten Raumes aufgreift und eventuell über die Kulissen nach oben hinaus fotografiert.

Wird die Kamera niedriger gehalten und nach oben gerichtet, werden die Akteure größer und bedeutender. Im Gegensatz dazu werden die Darsteller kleiner und unterdrückter, wenn die Kamera höher positioniert und nach unten gerichtet wird. Gleichzeitig werden natürlich auch die Horizontlinie und die Perspektivlinien verschoben. Ist die Kamera aber sehr tief oder sehr hoch positioniert, akzeptiert der Zuschauer den Kamerastandpunkt als eine kreative Entscheidung.

Abb. 4.36 Höhe des Objektivs

Ein niedriger Kamerastandpunkt stellt die vertikalen Linien, die sozusagen aus dem Boden wachsen, in den Vordergrund.

Ein hoher Kamerastandpunkt hingegen verschafft dem Zuschauer Überblick über die Szene. Er befindet sich in einer Gott-gleichen und damit besseren Position als die handelnden Personen. Eine bedeutende Kranfahrt in der Filmgeschichte zeichnet den Moment im Western *High Noon* (Regie Fred Zinnemann, USA 1952), in dem Sheriff Will Kane der Gang von Fred Miller allein gegenübersteht. Der Kran schwenkt hoch, man sieht die Dächer der Stadt, die menschenleeren Straßen und den einsamen Sheriff.

Die Wahl der Höhe der Kamera ist an vielseitige Erfordernisse gebunden. Neben den Limitationen des Sets spielt bei Außenaufnahmen die Position des Himmels im Bild und damit die Stellung der Sonne eine Rolle.

Befindet sich die Position der Kamera oberhalb der Augen, muss der Zuschauer in der Lage sein zu erkennen, in welcher Höhe sich diese befindet. Hier spielen die Perspektivlinien aber auch die Parallaxe eine wichtige Rolle. Abbildung 4.37 zeigt zwei Aufnahmen, die mit unterschiedlicher Kamerahöhe erstellt wurden. Es ist schwer einzuschätzen, ob die Kamera hoch oder niedrig positioniert ist, da die Brennweitenwahl das Bild komprimiert und keine herausragenden Linien in der Aufnahme vorhanden sind.

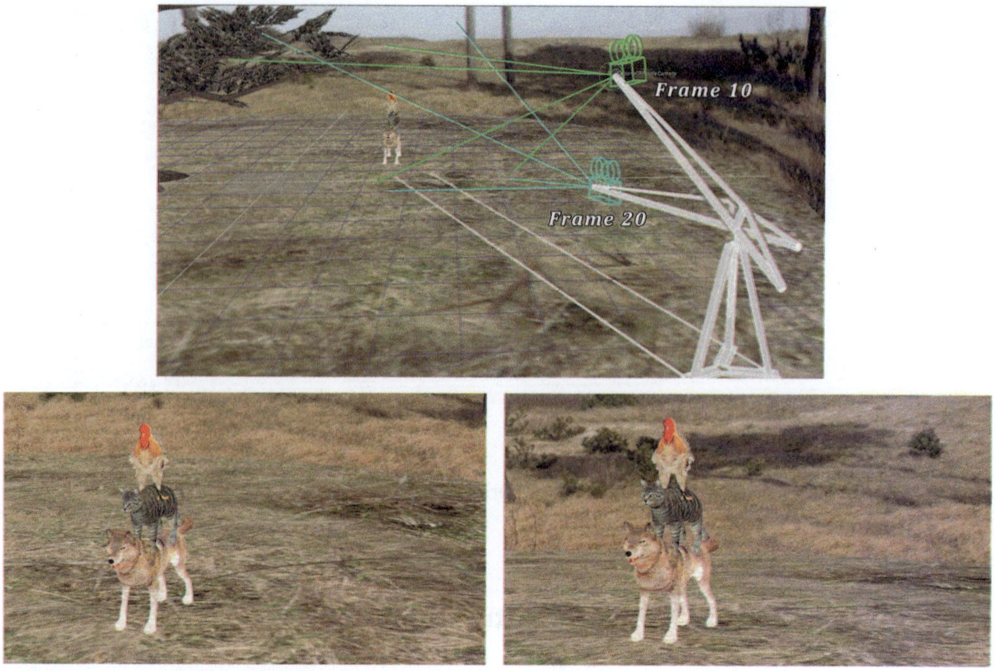

Frame 10 frame 20

Abb. 4.37 Einschätzung der Kamerahöhe ohne Vordergrundobjekte

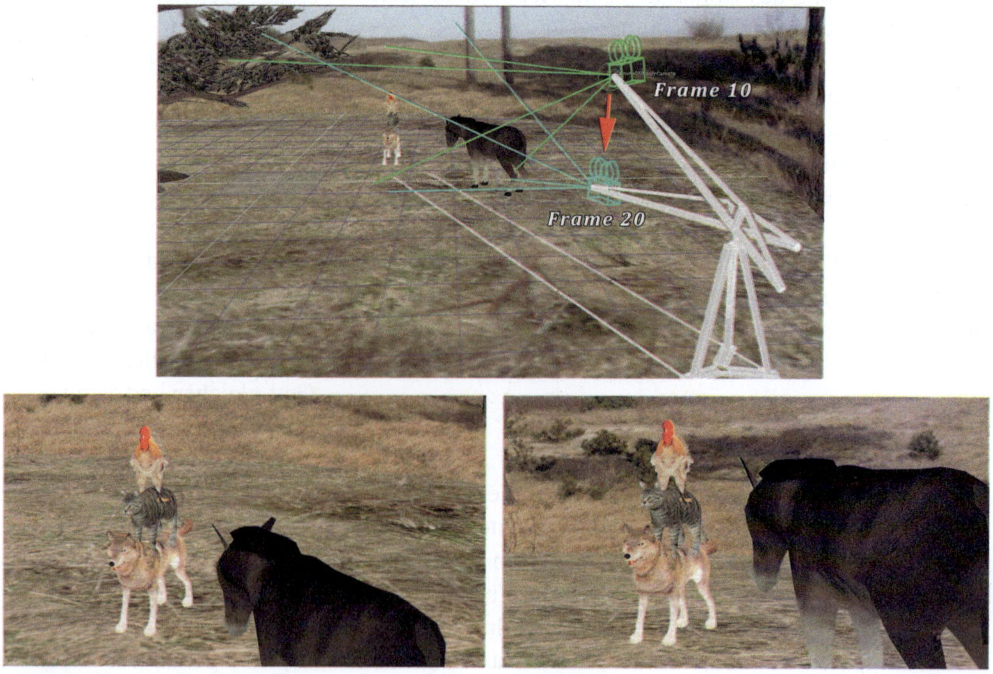

Frame 10 Frame 20

Abb. 4.38 Einschätzung der Kamerahöhe mit Vordergrundobjekt

Abbildung 4.38 zeigt die gleichen Aufnahmen, diesmal aber mit einem Vordergrundobjekt. Hier ist es für den Zuschauer viel besser zu erkennen, in welcher Höhe sich die Kamera befindet, da das Vordergrundobjekt als Referenz fungiert.

4.3.2 Neigung der Kamera

Eng im Zusammenhang mit der Kamerahöhe steht die Neigung der Kamera. Die Kamera wird oft schräg gestellt, um die Höhenveränderungen auszugleichen. Auf der Suche nach unkonventionellen Einstellungen vermeidet man – entgegen den Konventionen –, die Kamera direkt waagerecht zu halten, wenn man den Charakter auf Augenhöhe fotografiert, da dies als ein eher dokumentarisches Herangehen angesehen

Abb. 4.39 Neigung der Kamera

wird. Steht die Kamera etwas höher und ist nach unten geneigt, verschiebt sich die Augenlinie etwas nach unten (siehe Abb. 4.40, linkes Bild). Das ist aber auch nicht immer erwünscht, da sie dann unterhalb der Horizontlinie liegt, wenn diese im Bild vorhanden ist.

Möchte man die Augen wieder etwas höher im Bild positionieren, wird die Kamera etwas nach unten bewegt und man fotografiert eher waagerecht (siehe Abb. 4.40, rechtes Bild).

Diese Feinheiten des Zusammenspiels zwischen Kamerahöhe und Kameraneigung treten noch mehr in den Vordergrund, wenn eine Dialogszene aufgenommen wird, bei der ein Darsteller sitzt und der andere steht. Hier gibt es prinzipiell zwei Möglichkeiten der Aufnahme. Die erste folgt der Augenlinie (siehe Abb. 4.41).

Die Kamera wird über der Schulter des stehenden Darstellers positioniert und fotografiert nach unten parallel zur Augenlinie, die sich zwischen den beiden Charakteren bildet. Das Ergebnis ist, dass der stehende und somit höher im Bild positionierte Charakter einen überlegenen Eindruck vermittelt. Dies ist nicht immer erwünscht, vor allem dann nicht, wenn es sich um eine neutrale Szene handelt, bei der beide Charaktere gleiche Bedeutung haben.

Eine zweite Herangehensweise ist, die Kamera waagerecht zu halten, um die einzelnen Akteure auf Augenhöhe zu fotografieren (siehe Abb. 4.42). Hier ist das Gewicht der beiden Darsteller gleich; es ist jedoch problematisch, die beiden Dialogpartner gleichzeitig im Bild zu halten. Der Charakter, auf den die Kamera gerichtet ist, hat die Augenlinie verloren und ist isoliert. Die Über-die-Schulter-Aufnahme (*external shot*) macht wenig Sinn, man würde bessere Ergebnisse erzielen, von vornherein darauf zu verzichten und einen *internal shot* zu produzieren, bei dem die Kamera im gemeinsamen Raum positioniert wird.

Dies ist aber auch nicht immer möglich, da die Wahl der Einstellung den emotionalen Abstand des Zuschauers zur Figur kontrolliert und ein *external shot* eine größere Distanz erzeugt als ein *internal shot*. Ein gängiger Mittelweg ist, die Kamera in der Mitte zwischen der Augenlinie und einer waagerechten Anordnung zu positionieren (Abb. 4.43). Hierbei ist die Gewichtung der beiden Charaktere nicht so übertrieben, wie bei einem Shot, der der Augenlinie folgt. Diese wichtige Linie ist bei einem solchen Herangehen je nach Position der Kamera entweder direkt vorhanden oder zumindest zu erahnen (vgl. Holmes 2004, Volume 1 – Staging Upwards and Downwards).

Abb. 4.40 Einfluss der Kameraneigung auf die Position der Augenlinie

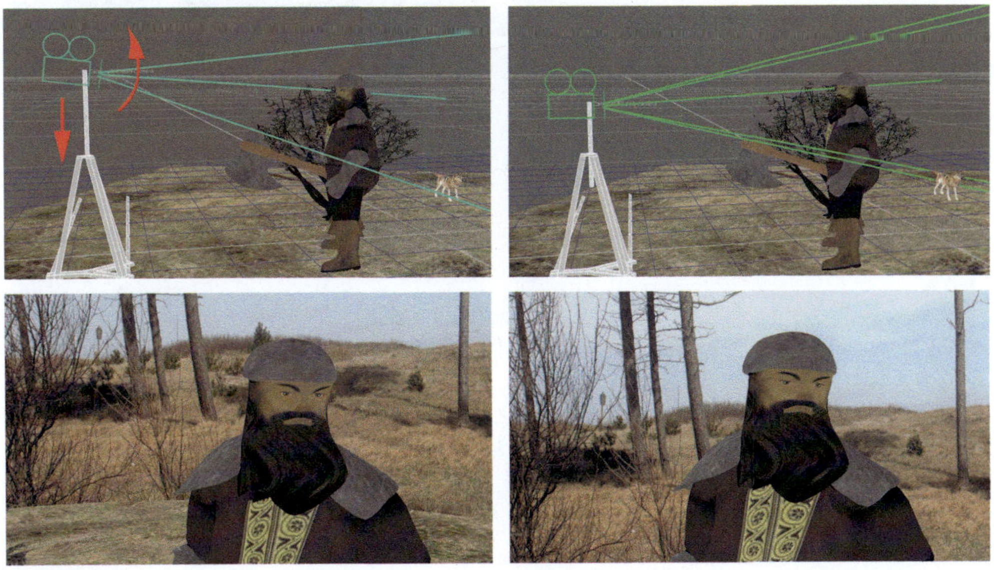

Abb. 4.41 Neigung der Kamera – Folgen der Augenlinie

Abb. 4.42 Neigung der Kamera – Kamera waagerecht

Abb. 4.43 Neigung der Kamera – Kamera zwischen Augenlinie und waagerechter Position

4.3.3 Entfernung des Objekts von der Kamera

Die Wirkung der Entfernung der Objekte von der Kamera und die Verwendung einer entsprechenden Brennweite hängen ebenso zusammen wie Kamerahöhe und Kameraneigung. Die Entfernung eines Objektes von der Kamera kontrolliert die Größe, in der das Objekt im Bild erscheint. Das Verhältnis von Größe und Entfernung zur Kamera ist direkt proportional. Die Brennweite bestimmt lediglich, in welchem Maße das Objekt das Bild füllt, sie hat aber nur einen indirekten Einfluss auf die Größenverhältnisse.

Das Verwenden von Teleobjektiven nivelliert zwar scheinbar die Größenverhältnisse zwischen zwei Objekten; tatsächlich sind diese aber so weit von der Kamera entfernt, dass die reproduzierten Größen schon durch die Entfernung minimiert wurden. Das Teleobjektiv erfüllt dann nur noch die Aufgabe, die entfernten Objekte bildfüllend einzufangen.

Abbildung 4.45 zeigt eine Reihe von Pferden, die die gleiche Größe haben, aber unterschiedlich weit entfernt von der Kamera grasen. Die Unterschiede sind deutlich zu erkennen. Diese Größendifferenzen von gleich großen Objekten mit unterschiedlichen Entfernungen zum Beobachter sind nicht nur für das Filmemachen relevant. Das menschliche Wahrnehmungssystem zieht diese Beobachtungen für die Einschätzung von Tiefenstaffelung als wichtiges Kriterium heran, was wiederum für die Konzeption von Stereo3D-Aufnahmen von Bedeutung ist.

Abbildung 4.46 zeigt die Relation zwischen Entfernung eines Charakters von der Kamera und dessen Größe in der Aufnahme. Hierbei bleibt der Abstand der Kamera zum ersten Charakter gleich. Ebenso wird die Brennweite nicht verändert. Je nachdem, wie weit der zweite Darsteller von der Kamera entfernt ist, desto größer erscheint er im Bild.

Abb. 4.44 Entfernung vom Objektiv

Abb. 4.45 Größenunterschiede durch Entfernung von der Kamera

Abb. 4.46 Relative Größe in Abhängigkeit von Entfernung

4.3.4 Einfluss der Brennweite

Die Wahl der Brennweite ist neben anderen Gründen auch davon abhängig, ob der Kameramann oder der Regisseur aus inhaltlichen Gründen eine natürliche Sichtweise auf die Szene bevorzugt. Soll der wahrgenommene Blickwinkel des menschlichen Auges reproduziert werden, würde man bei einer Kleinbild-Vollformat-Kamera ein 50 mm-Objektiv (genauer Wert 43 mm) verwenden. Bei einer Filmkamera mit einem Academy-Filmformat von 22 mm Bildbreite oder bei einer digitalen Filmkamera mit 22 mm-Chip (Crop-Faktor ca. 1,6) wäre ein Objektiv von 28 mm (genauer Wert 27 mm) erforderlich.

Aus künstlerischen Gründen wird aber oft vermieden, mit Brennweiten zu arbeiten, die das menschliche Blickfeld simulieren. Damit das Bild interessanter wird, werden auch Weitwinkel- oder Teleobjektive eingesetzt, da durch die künstlerische Entscheidung der Objektivwahl die Aufnahme eine Interpretation erfährt, statt eine reine Ablichtung auszuführen.

Weitwinkelobjektiv

Weitwinkelobjektive nehmen einen größeren Bereich der Szene auf. Sie sind gut geeignet für Establishing-Shots oder bei einem Dialog für Master-Shots und geben einen guten Überblick über die Umgebung und die Figurenkomposition. Sie erhöhen die Konvergenz der Linien und stellen ein zentrales Objekt heraus.

Abb. 4.47 Brennweite der Kamera

Die einzelnen Elemente der Szene haben einen weiteren Abstand voneinander, wodurch die Illusion einer größeren Örtlichkeit gegeben wird. Weitwinkelobjektive sind gut geeignet, kleinere Sets größer aussehen zu lassen (siehe Abb. 4.48, oberes und unteres linkes Bild).

Abb. 4.48 Verwendung von Weitwinkel- und Teleobjektiven

Teleobjektiv
Teleobjektive erzeugen eine dichtere Atmosphäre und gleichen die Größen in der Szene aus. Die Charaktere rücken näher zusammen, die Intimität wird erhöht (siehe Abb. 4.48, oberes und unteres rechtes Bild). Durch die Verkürzung der Perspektive und Einengung des Blickfeldes sind die Beziehungen zwischen den Elementen in der Szene schwerer zu erfassen. Der mystische Aspekt wird erhöht, da oft nicht zu erkennen ist, worauf der Filmemacher abzielt, wenn er eine Reihe von Objekten ohne deren Beziehung zur Umgebung zeigt.

Kompression des Raums
Ein weiterer Gesichtspunkt bei der Verwendung von Teleobjektiven ist die damit verbundene Kompression des Raums. Dies ist allerdings nicht ganz exakt, denn technisch gesehen komprimieren diese Objektive nicht den Raum, sondern nehmen den Teil des Raums auf, der bereits komprimiert ist.

Abbildung 4.49 zeigt das Prinzip. Es werden bei gleichem Bildausschnitt ein Weitwinkel- und ein Teleobjektiv verwendet. Damit der Bildausschnitt gleich bleibt, muss die Kamera zurückgezogen werden. Durch die sich verändernden Abstände der einzelnen Elemente zueinander werden die Größenverhältnisse ausgeglichen. Während das Verhältnis des Abstands der *Kamera zum ersten Darsteller* gegenüber dem Abstand des *ersten Darstellers zum Zweiten* gering ist, wird es nach der Re-Positionierung der Kamera wesentlich größer.

Die Kompression des Raums beeinflusst auch die wahrgenommenen Bewegungen in der Szene. Ist die Kamera weit

Abb. 4.49 Kompression des Raums

Abb. 4.50 Der Vertigo-Effekt (Dollyzoom)

genug entfernt, werden diese unterdrückt, da der Raumgewinn der Darsteller beim Bewegen ebenso komprimiert wird.

Der Vertigo-Effekt (Dollyzoom)

1958 erschuf Alfred Hitchcock im Film *Vertigo* einen der berühmtesten In-Kamera-Effekte. Um die Höhenangst, die die Figur John „Scottie" Ferguson (James Steward) plagt, visuell darzustellen, ließ der Regisseur den inneren Treppengang eines Kirchturms horizontal als Miniatur nachbauen. Die Kamera konnte so mit einem Dollysystem waagerecht bewegt werden. Im ersten Frame wurde sie in einer bestimmten Entfernung von der Miniatur positioniert; das Zoomobjektiv wurde auf *tele* gestellt. Dadurch wurde der Raum komprimiert. Nun wurde das Dollysystem mit der Kamera langsam an die Miniatur herangefahren, wobei das Zoomobjektiv sukzessive auf *weit* gestellt wurde, um den Bildausschnitt aufrechtzuerhalten. Der Effekt war, dass dadurch die einzelnen Stockwerke der Treppe auseinanderdrifteten, da der wahrgenommene Raum in unterschiedlichem Verhältnis dekomprimiert wurde und der Hintergrund (das unterste Stockwerk) sich schneller nach außen bewegte als das oberste, da dieses näher an der Kamera war. So konnte Hitchcock das Schwindelgefühl zeigen, das John Ferguson empfand, als er nach oben stieg.

Dieser Effekt heißt auch *Dollyzoom* und wird in reverser Technik zu Hitchcocks Effekt in Abb. 4.51 dargestellt. In den linken Bildern ist die Kamera nah an der Figurenkomposition aufgebaut und verwendet ein Weitwinkelobjektiv mit 24 mm Brennweite. Dann wird das Dollysystem langsam bei Beibehaltung des Bildausschnitts zurückgezogen und komprimiert durch die Veränderung der Brennweite in Richtung Teleobjektiv den Raum. Die Fahrt endet bei einer Brennweite von 44 mm und der vierfachen Entfernung zur Originalposition. Der Effekt ist, dass die Tiere auf den Zuschauer zukommen. Der weiße Pfeil gibt eine Orientierung für den scheinbaren Raumgewinn, da bei Repräsentation als Standbilder der Effekt natürlich schwer nachzuvollziehen ist.

4.4 Wichtige Kamerabewegungen

4.4.1 Die Standkamera (Locked-Off-Kamera)

In diesem Abschnitt werden die wichtigsten Kamerabewegungen vorgestellt, deren Einfluss auf das Storytelling diskutiert und ihr Vermögen, Tiefeninformationen zu generieren, untersucht.

Die Standkamera (engl. *locked-off*) ist eine der ältesten Verfahren, Filme aufzunehmen. Sie wurde vor allem bei Animationsfilmen, die die Stop-Motion Technik verwendeten eingesetzt, da der Bildausschnitt sich nicht veränderte.

In der heutigen schnelllebigen Zeit möchte man viel Bewegung im Bild haben, sodass Standkameras – außer bei Fern-

Abb. 4.51 Standkamera (locked-off camera)

Abb. 4.52 Einfaches Einfügen von CG-Grafik in Live Action Plate

Original Plate *Computergrafik eingefügt*

sehaufzeichnungen von großen Veranstaltungen, Orchester- und Rockkonzerten oder bei internen Aufzeichnungen von Konferenzen, wo sie die Totale aufnehmen – selten eingesetzt werden. Für VFX-Aufnahmen (VFX – Visuelle Effekte) findet sie allerdings vielfältige Verwendung (zum Beispiel Zeitrafferaufnahmen, Split Screen- oder Plate-Fotografie).

Tiefeninformationen zum Einbau von 2.5D- und 3D-Elementen können aus diesen Aufnahmen nicht generiert werden. Es gibt aber eine Trial-and-Error-Technik, die angewandt werden kann, wenn geometrische Objekte (wie Häuser) im Bild vorhanden sind sowie ausreichende Perspektivlinien, um die Geometrie manuell nachzubauen. Durch Schätzungen der Kamerahöhe, Größe des Objektes und Entfernung des Objektes zum Objektiv, Brennweite usw. wird ein provisorischer Standpunkt der 3D-Kamera festgelegt. Dann wird ein geometrisches Objekt erstellt, das dem Gebäude entspricht. Die Kamera wird durch ein virtuelles Rig mit einer Ecke der Geometrie verbunden und manuell so lange bewegt und gedreht, bis die Perspektive stimmt. Das ist ein mühevoller Prozess, der aber bei entsprechender Sorgfalt sehr gute Ergebnisse liefert (siehe Abschn. 9.6.3 3D-Kamera-Rigs).

Anspruchsvoll beim Einsatz von VFX oder Animationen ist die Übertragung der Beleuchtungssituation der Live Action Plate auf das CG-Element, wobei besonders Glanzlichter und Schatten Probleme bereiten. Oft kann das durch Matte Painting-Technologien gelöst werden. Ist der Schatten aber aufgrund des hervorrufenden Objektes zu komplex, muss die Geometrie als so genannter *shadow catcher* nachgebaut werden.

So wird zum Beispiel bei Schatten werfenden Bäumen die Struktur des Baumes in einer Graustufentextur als Maske auf eine zweidimensionale Card in der 3D-Szene gelegt. Ein entsprechendes Licht wird durch die maskierten Bereiche der Textur auf der Plane blockiert und wirft Schatten auf das 3D-Modell, das in die Live Action Plate integriert werden soll.

Wurde der ungefähre Standpunkt und die Perspektive der Kamera gefunden, können ohne weitere Probleme alle Arten von Computergrafik (CG) eingefügt werden (siehe Abb. 4.52), da sich die Kamera nicht bewegt und diese Bewegung nicht durch das Matchmoving berechnet werden muss.

4.4.2 Denken in Schlüsselbildern bei Kamerabewegungen

Keyframes (dt. *Schlüsselbilder*) fixieren Parameterwerte bei Animationen zu bestimmten Zeitpunkten. In Bezug auf die Kamera werden vor allem die Position des Dollys auf den Schienen, die Rotation der Kamera in horizontaler (*panning*) und vertikaler (*tilt*) Richtung, die Brennweite und die Schärfe festgelegt.

Dies ist für die Repräsentation der Kamera im 3D-Bereich unumgänglich. Aber auch bei einer realen Kamera werden oft am Boden, am Dolly oder selbst an der Kamera Markierungen angebracht, um zu signalisieren, zu welcher Zeit welche Position erreicht werden soll. Dies ist besonders bei Änderungen der Schärfe (engl. *rack focus*) der Fall.

Ist nun eine Kamerafahrt oder ein Schwenk geplant, dann ist es sinnvoll, eine Reihe von Einstellungen festzulegen, die den entsprechenden Szenenausschnitt gut zur Geltung bringen, interessant sind und eine hohe visuelle Qualität aufweisen. Die Bewegung der Kamera ist dann eine fließende Verbindung zwischen den einzelnen festgelegten Positionen. Dadurch ist die Fahrt oder der Schwenk inhaltlich festgelegt und kein Selbstzweck. Während der Fahrt sollten möglichst keine visuell problematischen Bildausschnitte auftauchen. Wenn das nicht der Fall ist, gelingt in der Regel eine überzeugende Fahrt, die die entsprechenden Szenenausschnitte (Schlüsselbilder) gut herausstellt.

Besonders bei einer Fahrt in die Tiefe der Szene ist es wichtig, diese Schlüsselbilder festzulegen, da sich die Bildkomposition durch die unvermeidlichen Größenänderungen der Elemente im Frame oft drastisch ändert (vgl. Holmes 2004, Volume 3 – Thinking in Keyframes).

Abbildung 4.53 zeigt eine solches Vorgehen, bei dem die Märchenfiguren der Bremer Stadtmusikanten einzeln vorgestellt werden. Die Kamerafahrt auf einem Dolly kann dann bei einer realen Szene durch einzelne Positionen markiert werden. Der Kameramann muss sich dann den Bildausschnitt merken, den er an den entsprechenden Stellen aufnehmen möchte und die Kamera entsprechend nachschwenken. In der hier angegebenen schematischen 2.5D-Szene ist es insofern unproblematisch, da sich die Keyframes leicht in die Timeline des Compositing-Programms einfügen lassen.

Diese Technologie ist aber nicht nur bei Spielfilmen sinnvoll, sondern kann auch jeder anderen Aufnahme zu einer

Abb. 4.53 Denken in Schlüsselbildern

besseren Qualität verhelfen – sei es eine Dokumentation, ein Industrie- oder Lehrfilm oder ein Reisebericht.

Rückwärts gedachte Kamerabewegung

Rückwärts denken ist im Film von allergrößter Bedeutung. Scheinbar zufällige Ereignisse in der Exposition[1] des Filmes können im Verlauf der Handlung ausgebaut werden und verwandeln sich in Spuren, auf die am Ende des Filmes zurückgegriffen werden kann. Auch bei einer Kamerafahrt ist es oft wichtiger, wo sie endet, als wo sie beginnt. Man denkt oft rückwärts, beginnt an der Endposition und richtet sie so ein, dass der Winkel auf die Szene oder die Figur stimmt. So kann gewährleistet werden, dass zum Beispiel ein eventueller Gegenschuss gut platziert werden kann (vgl. Holmes 2004, Volume 3 – Thinking Backwards).

Abbildung 4.54 zeigt das Prinzip. Hier ist das Ende der Kamerafahrt *(frame 50)* der Ausgangspunkt und bringt den Hahn entsprechen zur Geltung. Für den Beginn wird die Kamera mit dem Dolly zurückbewegt. Hierbei kann sie einen

[1] Einführung in die Geschichte, die Situation und Umgebung, Vorstellen der Figuren.

Abb. 4.54 Rückwärts gedachte Kamerabewegung

Abb. 4.55 Schwenk (Schema)

beliebigen Bildausschnitt wählen, da ein weiterer Vorteil dieser Arbeitsweise ist, dass das Timing der Aufnahme und damit der genaue Beginn im Schnitt festgelegt werden kann.

4.4.3 Schwenks (Panning)

Schwenks (engl. *panning)* werden bei feststehendem Stativ um einen Drehpunkt, den sogenannten *nodal point,* ausgeführt. Sie werden vielfach dazu verwandt, die Szene vorzustellen, um dem Zuschauer einen allgemeinen Überblick zu verschaffen. Aber auch das Verfolgen von Objekten gehört zum Einsatzgebiet. Schwenks können horizontal oder vertikal (eng. *tilt)* ausgeführt werden.

Abbildung 4.56 zeigt ausgewählte Frames eines horizontalen Schwenks. Oft werden sich bewegende Objekte verfolgt, was besonders bei Sportveranstaltungen von großer Bedeutung ist.

Hier müssen die Kameraparameter entweder so eingestellt werden, dass der Hintergrund noch im Schärfebereich liegt (wie beim Fußball, wo die entsprechenden Abspielmöglichkeiten erkennbar sein sollten) oder so, dass der Hintergrund verschwimmen kann, wenn es lediglich um den Eindruck der Geschwindigkeit geht.

Aus Schwenks können keine Tiefeninformationen ermittelt werden. Abbildung 4.56 zeigt die Bewegungsvektoren der Objekte in einem Schwenk. Es sei hier angemerkt, dass es sich im mathematischen Sinne bei diesen Darstellungen um keine wirklichen Vektoren handelt, sondern um Linien, welche die von der Software *Boujou Silver Bullet*[2] generierten Features innerhalb einer Reihe von Frames verfolgen. Da tatsächlich kalkulierte 3D-Vektoren eine nahezu identische Darstellung besäßen, wenn sie auf das 2D-Bild projiziert würden, verwenden wir hier den Begriff *Bewegungsvektoren.* Diese besitzen unabhängig davon, ob sich das Feature (grafisches Muster) im Vorder- oder Hintergrund oder in der Mitte bzw. an den Seiten des Bildausschnittes befindet, die gleiche Länge. Es ist keine Parallaxe in der Aufnahme vorhanden, wodurch der Algorithmus keine Positionen auf der Tiefenachse (z) ermitteln kann.

Das führt dazu, dass alle Tiefenpositionen der Elemente im Bild zylinderförmig mit gleichem Radius angeordnet werden. In Abb. 4.58 sind im oberen Bild alle Features, die die Software als eigenständige Muster erkannt und Bild für Bild verfolgt hat, auf dem 2D-Bild dargestellt (gelb, die sich im aktuellen Frame befinden, blau alle die, welche sich nicht im Frame befinden, die der Algorithmus aber zur Berechnung der Tiefeninformationen heranzieht)[3]. Das untere Bild zeigt die Positionen der Features im 3D-Raum. Sie befinden sich auf einem (zur besseren Verdeutlichung gekippten) Zylinder.

Um bei einem horizontalen Schwenk Computergrafik einzufügen, muss lediglich die Rotation der Kamera um die (nach oben zeigende) y-Achse ermittelt werden, was durch einen Tracking-Algorithmus leicht zu gewährleisten ist. Dieser berechnet den in Folge der Drehung der Kamera auftretenden horizontalen Drift eines sich im Bild befindenden, gut zu erkennenden Features. Die gewonnenen Daten werden dann auf das eingefügte Element übertragen, wodurch es an der beabsichtigten Stelle im Bild fixiert wird und mit dem Schwenk mitwandert.

[2] http://www.vicon.com/products/software/boujou.

[3] Das Matchmoving wird im Abschn. 7.3, 7.4 und 7.5 diskutiert.

Abb. 4.56 Frames eines Schwenks

Abb. 4.57 Bewegungsvektoren eines Schwenks

Tracking Features (2D-Ansicht)

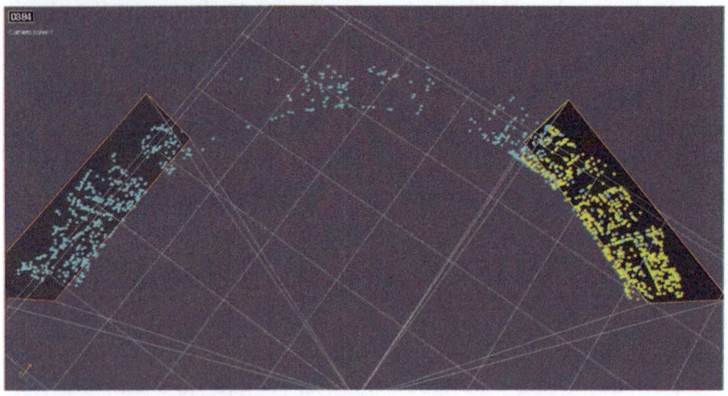

Tracking Features (3D-Ansicht)

Abb. 4.58 Tiefeninformationen eines Schwenks

Bei einer Greenscreen-Aufnahme, die im Hintergrund keine Features besitzt, werden in der Regel ein bis zwei Marker angebracht, sodass der Tracking-Algorithmus einen Anhaltspunkt besitzt.

Ein wichtiger Parameter bei einem Schwenk ist die Geschwindigkeit. Es gibt sehr schnelle Schwenks, bei dem selbst bei einem – normalerweise eher statischen – Dialog in größtmöglicher Geschwindigkeit von einem Darsteller zum anderen geschwenkt wird, um die Dynamik der Situation zu zeigen.

Für Schwenks, in denen die Umgebung gezeigt wird, sollte eine gewisse Geschwindigkeit nicht überschritten werden, da einerseits die Bildfolge anfängt zu ruckeln und zu springen, andererseits der Schwenk schnell unscharf wird.

Abbildung 4.59 zeigt einen zu schnellen Schwenk, durch den das Bild durch die Bewegungsunschärfe (engl. *motion blur*) unbrauchbar werden kann. Die sehr langen Vektoren indizieren, dass die entsprechenden Features sehr schnell durch das Bild wandern.

Auf der Webseite des amerikanischen Kameraherstellers *RED* ist ein sehr instruktiver Online-Kalkulator für die mit einem Mysterium-X-Sensor ausgerüsteten RED-Kameras angegeben. Mit diesem lassen sich neben anderen Kameraparametern auch die Zeiten berechnen, die die Firma für einen guten Schwenk als ausreichend betrachtet. In Tab. 4.1 sind diese für einige Konstellationen (Gradzahl des Schwenks, Bilder pro Sekunde und Brennweite) aufgelistet.

Es fällt auf, dass die Zeit für einen fließenden Schwenk mit Erhöhung der Brennweite zunimmt. Bei einem Schwenk von 60 Grad und Brennweite 24 mm werden 8,5 Sekunden kalkuliert, bei Brennweite 35 mm sind es schon 12 Sekunden und bei einem 50 mm-Objektiv 17 Sekunden. Aufgrund des schnelleren Wechsels der Bildinformationen sollte deshalb bei einer größeren Brennweite langsamer geschwenkt werden.

Interessant ist auch, dass sich bei Erhöhung der Bildwechselfrequenz (engl. *frame rate*) auf 48 Bilder pro Sekunde die empfohlene Schwenkzeit halbiert, da doppelt so viele Frames pro Sekunde vorhanden sind und der Schwenk dadurch weniger ruckelt.

Es sei hier angemerkt, dass diese Aufnahmegeschwindigkeit von 48 Bildern pro Sekunde (fps) mit einer RED-Scarlet-X-Kamera nur im 3 k-Modus (Mysterium-X-Sensor) erreicht werden kann. Deshalb sind die oben dargestellten 48 bps-

Abb. 4.59 Bewegungsvektoren eines schnellen Schwenks

Tab. 4.1 Panning-Zeiten für RED-Kamera mit Mysterium-X-Sensor bei 4 k. (www.red.com/tools/panning-speed)

Schwenk (Grad)	Bilder pro Sekunde	Brennweite (mm)	Schwenkzeit (Sekunden)	Grad pro Sekunde
60	24	24	8,5	7,1
	24	35	12	5
	48	35	6	10
	24	50	17	3,6
90	24	24	13	7,1
	24	35	18	5
	48	35	9	10
	24	50	25	3,6
120	24	24	17	7,1
	24	35	24	5
	48	35	12	10
	24	50	34	3,6
180	24	24	25	7,1
	24	35	36	5
	48	35	18	10
	24	50	50	3,6

Angaben für diese Kamera mit einer 4 k-Auflösung eher theoretisch, verdeutlichen aber den Sachverhalt recht gut.

Panorama-Aufnahmen sind in der modernen Bewegtbildproduktion aus den verschiedensten Gründen notwendig. Sie werden besonders zur Beleuchtung von Objekten, die in die Live Action Footage eingefügt werden sollen, als Hintergrund oder zum Texturieren von Lidar-Scan-Geometrien verwendet.

Panoramen setzten sich aus einer Reihe von Einzelbildern (engl. *stills*) zusammen und werden durch mehrere Schwenks in horizontaler Richtung bei unterschiedlichen Gradzahlen in vertikaler Richtung aufgenommen (siehe Abschn. 4.5).

Hierbei ist es notwendig, dass die Sammellinse des Objektives genau im Drehpunkt liegt, damit keine ungewollte Parallaxenänderung entsteht, denn die Bilder der Serie müssen einen exakten 360°-Kreis bilden und die Anschlüsse des ersten und letzten Bildes dürfen nicht versetzt sein. In Abb. 4.60 ist das Problem dargestellt. Der Schwenk in der oberen Reihe ist von einem nicht zentrierten Nodalpunkt (Drehpunkt der Kamera) ausgeführt. Dadurch entsteht eine Parallaxenänderung, die sich im Versatz des Mikrofonständers zur Gebäudekante äußert. In der unteren Reihe ist der Nodalpunkt richtig eingestellt, wodurch der Versatz nicht auftritt.

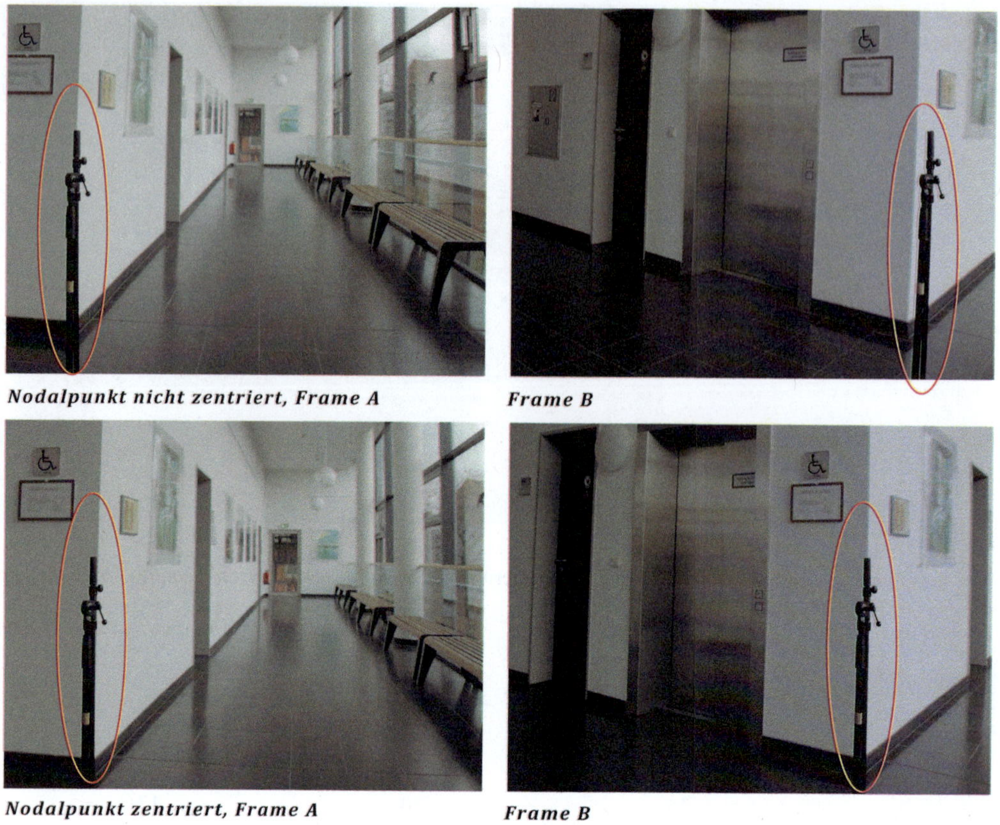

Abb. 4.60 Ungewollte Parallaxenänderung bei einer Panoramaaufnahme

Um die Hauptlinse genau auf dem Drehpunkt (engl. *nodal point)* einstellen zu können, gibt es von verschiedenen Herstellern Systeme, die auf das Stativ geschraubt werden und die horizontale Verschiebung der Kamera auf dem Stativ ermöglichen.

Abbildung 4.61 zeigt ein System der Firma *Novoflex*[4], das zusätzlich noch die Kamera mit einem Maßsystem vertikal neigen kann und einen in verschiedenen Winkeln einrastbaren Drehteller besitzt, sodass die Kamera im Raster weiter gedreht werden kann, ohne den Winkel der Bilder auf der horizontalen Ebene zeitaufwendig einstellen zu müssen.

Schwenks können eine Reihe von narrativen Aspekten einer Geschichte unterstützen. Eine populäre Kamerabewegung beinhaltet das Schwenken zu einem überraschenden Element (engl. *reveal*), sei es eine bestimmte Information oder ein plötzlich wie aus dem Nichts auftauchender Charakter, der durch den Schwenk aufgedeckt wird.

Abbildung 4.62 zeigt eine solche Pan-Reveal-Aufnahme. Die Kamera beginnt bei einem Charakter und schwenkt durch die Felslandschaft, bis sie bei einer mysteriösen Ziffer stoppt. Durch den Schwenk wird die Zahl in die Geschichte eingeführt, und außerdem deren Umgebung gezeigt, was immer ein wichtiges Mittel für das Storytelling ist. Besitzt die Ziffer eine herausragende Rolle, wird sie noch einmal in Großaufnahme gezeigt, um deren Bedeutung zu unterstreichen.

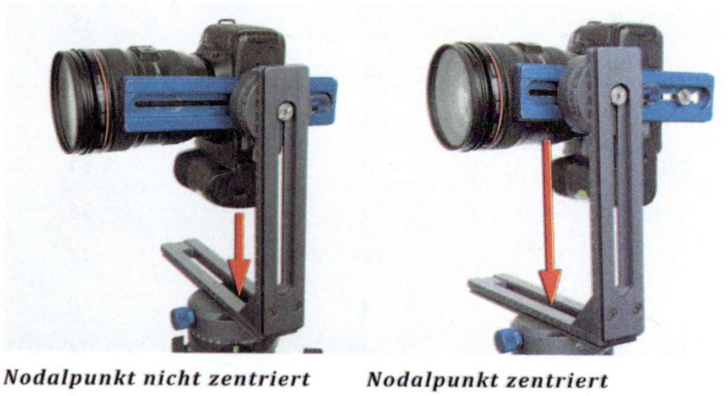

Abb. 4.61 Aufnahmesystem für Panoramafotografie

4.4.4 Zoom-Aufnahmen

Zoom-Aufnahmen vergrößern oder verkleinern den Bildausschnitt durch Verändern der Brennweite (siehe Abb. 4.63). Während sich bei einer Dollyfahrt die Größenverhältnisse im Bild ändern, da die Elemente im Bild ihren Abstand zur Kamera neu modifizieren, bleibt dieser beim Zoom gleich. Das Bild wird lediglich vergrößert oder verkleinert, was wiederum zur Folge hat, dass das Auge

4 https://www.novoflex.de.

Abb. 4.62 Frames einer Pan-Reveal-Aufnahme

Abb. 4.63 Zooming (Schema)

weniger beschäftigt wird, da es keine neuen Informationen erhält (siehe Abb. 4.64).

Aus diesem Grunde gelten Zoom-Aufnahmen als wenig künstlerisch und werden in der Regel vermieden, da sie einen zu dokumentarischen Charakter aufweisen. Insbesondere bei Fernseh-Live-Übertragungen (besonders Sportveranstaltungen), wo sich die fixierten Kameras nicht bewegen können, wird das Zoom genutzt, um den Bildausschnitt zu optimieren, wenn sich der Bildinhalt ändert.

Bei aufwendigeren Produktionen und wenn genügend Platz vorhanden ist, werden deshalb fahrbare Kameras verwendet, die außerdem noch durch Handkameras Unterstützung erfahren.

Abbildung 4.65 zeigt die Bewegungsvektoren eines Zoom-Shots. Diese konvergieren im Mittelpunkt der Zoom-Bewegung. Die Länge ist nahe der Kamera größer als in der Tiefe des Raumes. Aus Zoom-Shots können ebenfalls keine Tiefeninformationen extrahiert werden, da keine Parallaxe vorhanden ist. Aus diesem Grunde liegen die durch einen Matchmoving-Algorithmus generierten Features mehr oder weniger auf einer Ebene (siehe Abb. 4.66).

4.4.5 Verwendung von Handkameras

Handkameras geben durch die freie Beweglichkeit des Kameramannes einer Aufnahme sehr viel Dynamik. Sie werden für schnelle, nicht schienengebundene Aufnahmen eingesetzt, oft mit außergewöhnlichen Blickwinkeln. Sie finden Verwendung, um den subjektiven Blick des Protagonisten einzufangen, aber auch, um den Aufnahmen Authentizität und Intimität zu verleihen.

Problematisch sind allerdings die unsteten Schwankungen der Kamera, die durch die Übertragung der Körperbewegungen des Kameramannes auf die Kamera auftreten, was zu mehr oder weniger starken Verwackelungen führt. Diese Frames mit inkonsistenter Schärfe sind nicht nur der Bildsprache abträglich, sie beeinträchtigen die Arbeit eines Tracking-Algorithmus, der grafische Pattern verfolgt, und diese verliert, da er aufgrund der allgemeinen Unschärfe das Muster im nächsten Bild nicht mehr lokalisieren kann.

Um diese Eigenbewegungen zu minimieren, gibt es eine Reihe von Stabilisierungskonstruktionen, die diese weitestgehend dämpfen. Im Jahre 1971 erfand *Garrett Brown* ein solches System, das er unter dem Namen *Steadicam* später patentieren ließ. Es wurde in den 1970er-Jahren in vielen Filmen eingesetzt (u. a. *Shining* von Stanley Kubrick, USA 1980) und später verbessert. Die meisten Filme betreute Garret Brown selbst als Kameramann, so im Film *Return of the*

Abb. 4.64 Frames einer Zoom-Aufnahme

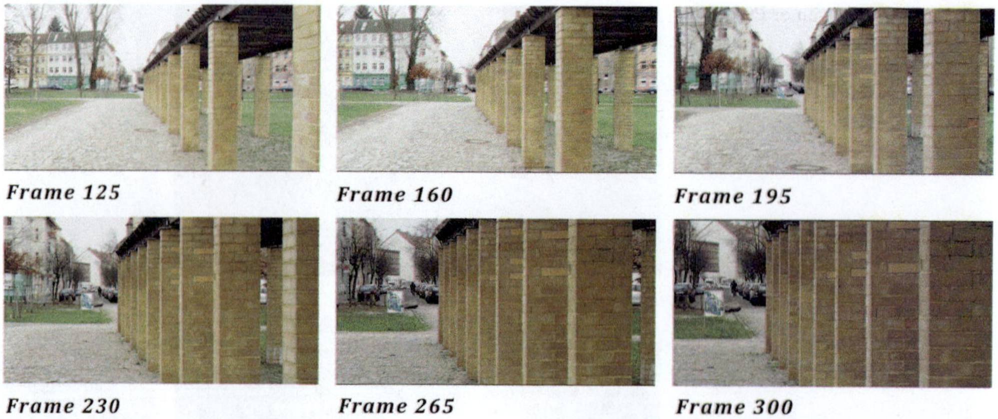

Abb. 4.65 Bewegungsvektoren einer Zoom-Aufnahme

Abb. 4.66 Tiefeninformationen einer Zoom-Aufnahme

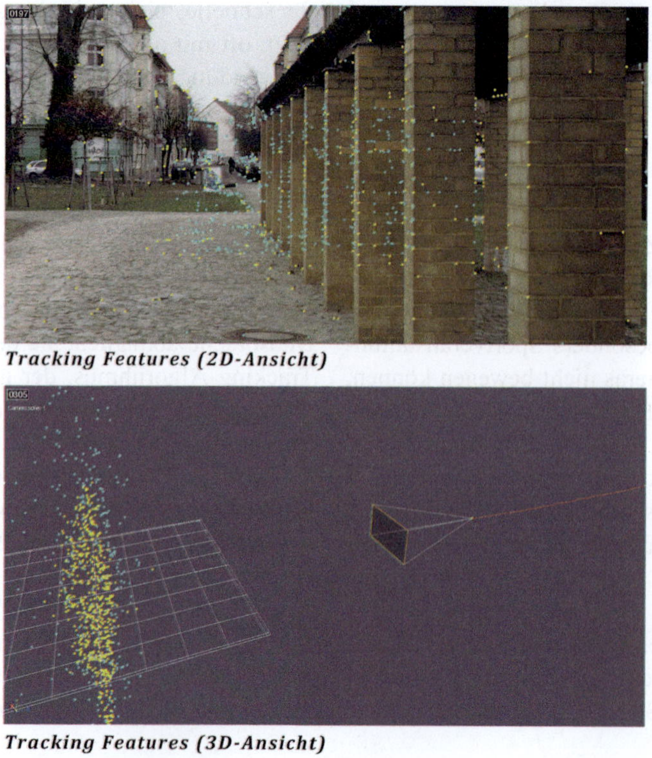

Abb. 4.67 Steady-Cam (ABC Handyman)

Jedi (Produktion George Lucas, USA 1983), als er sich mit der Steadicam und der Bildrate von einem Bild pro Sekunde durch den Wald bewegte.

Die in normaler Geschwindigkeit abgespielte Bildsequenz ergab dann aus der Sicht der *speed bike*-Piloten eine rasante Bewegung. Damit Brown bei dieser speziellen Aufnahme eine Orientierung für die Höhe der Kamera bekam, wurden Seile durch den Wald gespannt, die hin und wieder kurz im Bild zu sehen sind.

Die Steadicam-Konstruktion gehört heute zur Standardausrüstung. Sie ist jedoch aufgrund der ausgefeilten Tragkonstruktion relativ aufwendig und besitzt einen hohen Komplettpreis (>50.000 $). Verschiedene Firmen, wie die amerikanische Firma *Glidecam*, bieten deshalb preiswerte Alternativen an, die gute Ergebnisse liefern. Abbildung 4.67 zeigt ein professionelles System der Firma ABC.

4.4.6 Dollyfahrten

Ein Dolly ist eine Plattform mit Rädern, um ruckelfreie, weiche Kamerafahrten zu ermöglichen. Auf diesem Transportwagen ist die Kamera montiert und wird vom Dolly-Grip, einem speziell ausgebildeten Techniker, mithilfe von Stangen mit oder ohne Schienen zum Objekt hingeschoben (engl. *push*) oder weggezogen (engl. *pull*). Im Englischen wird eine Dollyfahrt auch oft als *tracking*[5] bezeichnet, besonders dann, wenn sie seitlich an den Objekten vorbeiführt.

Auf dem Dolly befindet sich der Kameramann, und wenn es die Größe zulässt, auch sein Assistent, der meist die Schärfe nachzieht (engl. *focal puller*).

Abbildung 4.68 zeigt im linken Bild einen Dolly-Wagen, der nicht auf Schienen bewegt wird. Im rechten Bild wird der sogenannte *Single-Man-Dolly* der Firma Indie Dolly Systems dargestellt, das ein preislich erschwingliches, arbeitsfähiges Alternativsystem zu High-End-Dollies liefert. Dieser Single-Man-Dolly kann von einem einzelnen Kameramann gut bewegt werden, weshalb es sich besonders für Low-Budget-Produktionen eignet.

Dieses System, zusammen mit einem Ausleger (engl. *jib arm*) der Firma *ABC,* wurde vom Autor 1 : 1 als *Nuke*[6]*-PlugIn* nachgebaut und kommt in vielen Abbildungen zum Einsatz, wobei das System eine virtuelle 3D-Kamera im 3D-Raum der Software bewegt, durch die die entsprechenden Einstellungen gerendert wurden.

Innerhalb des Indie Dolly Systems gibt es auch einen Dollywagen mit zwei Plattformen, der – wenn auch sehr beengt – zwei Kameraleute beherbergen kann.

Abbildung 4.69 zeigt eine Dollyfahrt entlang eines Säulenganges. Es ist zu erkennen, wie die rot umrandete Säule vom ersten zum letzten Bild langsam näher kommt und, da sich der Abstand zur Kamera verringert, immer größer wird. Auch ändert sich der Abstand der Säule zum rechten Bildrand signifikanter (weißer Pfeil) als der Abstand der linken Ecke eines Hauses im Hintergrund (roter Pfeil). Die unterschiedlich schnelle Bewegung im Vorder- und Hintergrund lässt auf ausreichende Parallaxenänderung im Bild schließen.

Dollyfahrten sind grundlegende Kamerabewegungen und werden für eine Reihe von Aufnahmen eingesetzt, die spe-

[5] Um nicht in Konflikt mit den digitalen *Trackern* zu geraten, die grafische Muster verfolgen, verwenden wir hier den Begriff *Dollyfahrt.*

[6] Nuke und NukeX: Compositing-Software der englischen Firma The Foundry, http://www.thefoundry.co.uk.

Abb. 4.68 Dolly-Wagen und Single-Man-Dolly der Firma Indie Dolly-Systems

Abb. 4.69 Frames einer Dollyfahrt

zielle Aspekte der Story unterstützen. Im Folgenden werden die wichtigsten vorgestellt (s. a. Holmes 2004, Volumes 3 und 4 – The Moving Camera).

Push
Hier wird direkt auf ein Element in der Szene gefahren. Es ist eine gute Szeneneröffnung, die Kamera kann dann auf ein Endframe justiert werden. Endet es in einer Großaufnahme, gibt es der Fahrt Bedeutung. Je mehr Parallaxenänderung im Film vorhanden ist, desto schneller wird die Geschwindigkeit wahrgenommen.

Pull
Hier entfernt sich die Kamera von einem Element in der Szene. Es wird einerseits mehr von der Szene verraten, andererseits stellt eine Fahrt von einem Darsteller weg dessen Isoliertheit und Einsamkeit heraus. Auch hier ist die empfundene Geschwindigkeit abhängig von der Parallaxenänderung. Wenn bei beiden Kamerafahrten große Wege auf dem Dolly zurückgelegt werden, ist darauf zu achten, dass das Ende der Schienen nicht im Bild zu sehen ist. Lässt es sich nicht vermeiden, muss man sicherstellen, dass sich diese im Compositing entfernen lassen – zum Beispiel durch zusätzliche Standfotos, die den Untergrund ohne Schienen zeigen (s. Abschn. 5.1.3).

Vorbeifahrt (Tracking)
Eine Fahrt, die sich wie bei einem Push auf eine Figur zu bewegt, dringt in den offenen Raum vor der Figur ein. Dadurch nimmt der Zuschauer an ihren Gedanken und Emotionen teil. Führt die Fahrt vorbei, ist das Ergebnis neutraler, da Abstand gehalten wird (s. a. Abb. 4.32 und 4.33). Auch hier ist die empfundene Geschwindigkeit abhängig von der Parallaxenänderung.

Pivot
Die Kamera fährt an einem Objekt vorbei und hält es gleichzeitig im Bild. Dadurch werden Teile der Szene aufgedeckt (s. a. Abb. 4.35 und 4.36). Ein Pivot ist eine sehr populäre Kamerafahrt. Interessante Bildausschnitte ergeben sich, wenn Spalten und Lücken (zum Beispiel in einem Zaun) als Ankerpunkt verwendet werden, da nur ein Teil der Szene sichtbar ist. Das Musikvideo zum *Love Song* der Gruppe *The Cure* zeigt einen minimalistischen Szenenaufbau, bei dem auch eine solche Kamerabewegung mit großer Effizienz eingesetzt wird.

Converge
Bei einer *Converge-Fahrt* fährt die Kamera auf ein Objekt zu, das sich selbst auf die Kamera zu bewegt. Diese Fahrt beschleunigt die empfundene Geschwindigkeit und sorgt für mehr Spannung und Bewegung. Sie wird oft eingesetzt, wenn die Story an einem bestimmten Punkt konvergiert, daher der Name. Ein Converge ist auch dann sinnvoll, wenn die Kamera an einer anderen Position der Szene benötigt wird. Hierbei bewegt sie sich entgegen der Laufrichtung eines Darstellers und meist in einem bestimmten Winkel.

Opening-and-Closing-Space
Diese sehr effektive Aufnahmetechnologie fängt ein sich auf die Kamera zu bewegendes Element (Darsteller, Fahrzeuge etc.) ein (Abb. 4.70, Position 1). Wenn es nahe genug herangekommen ist, zieht sich die Kamera auf dem im Winkel von etwa 90° zur Bewegungsrichtung aufgebautem Schienensystem zurück, hält aber das Objekt im Bild (2).

Die Kamera öffnet dadurch den Raum und vergrößert den Abstand zum Objekt, wenn es die Kamera passiert, sodass dessen Größenzunahme nicht zu drastisch wird (3).

Hat das Objekt die Kameraposition passiert, kann die Kamera den Raum wieder schließen, indem sie sich auf die Bewegungsachse des Objektes zu bewegt, und es durch einen leichten Schwenk im Bild hält, während es sich von ihr entfernt (4). Mithilfe dieser Kamerabewegung kann die Größe des Objektes im Bild beim Passieren der Kamera kontrolliert werden; je weiter sich die Kamera zurückzieht, desto kleiner ist es.

Die Abb. 4.71 und 4.72 zeigen einerseits die vier Frames der oben schematisch dargestellten virtuellen 2.5-D-Szene und andererseits eine Realfilmaufnahme.

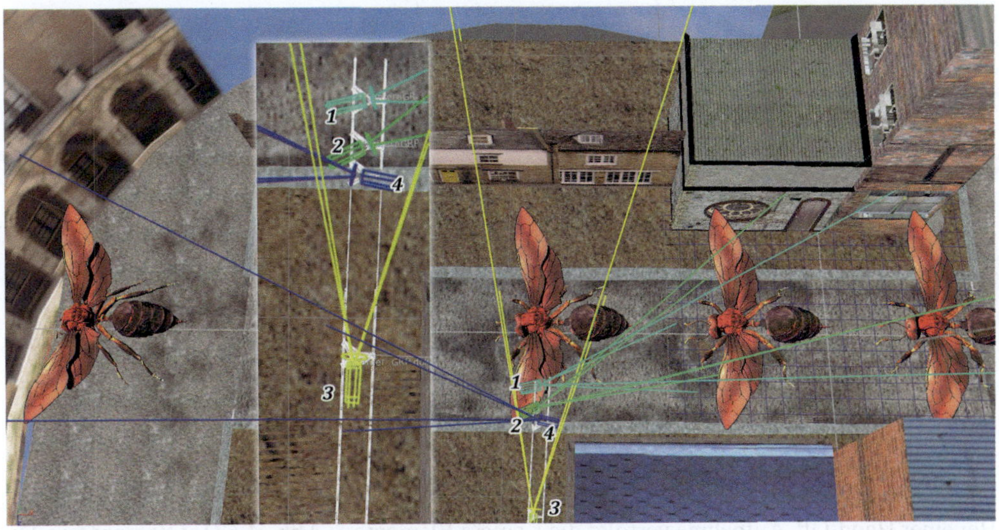

Abb. 4.70 Opening-and-Closing-Space (Schema)

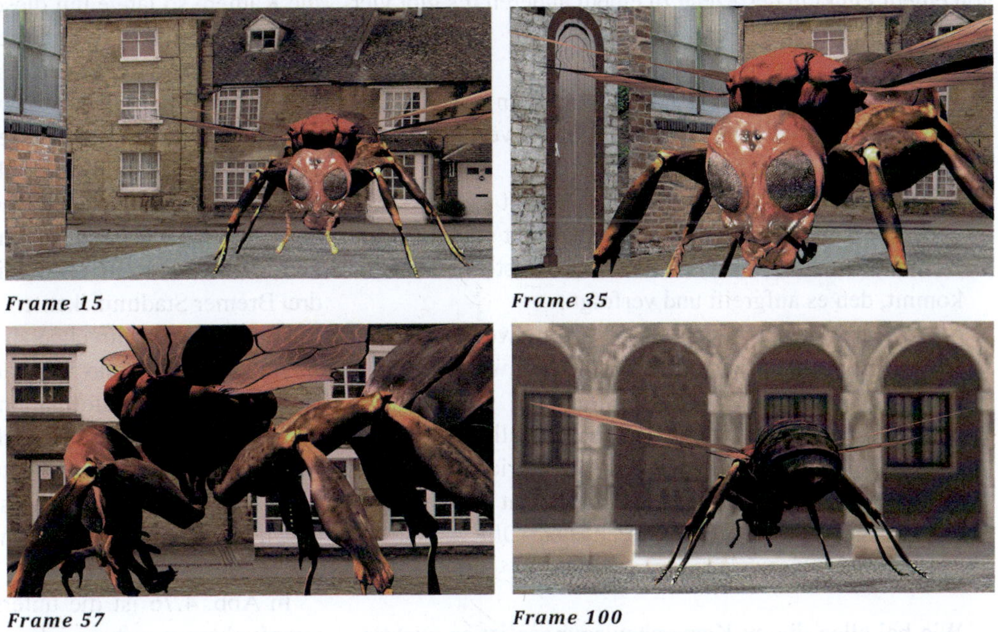

Frame 15 Frame 35 Frame 57 Frame 100

Abb. 4.71 Opening and Closing Space (Schema-Shots)

Frame 30 Frame 100 Frame 150 Frame 200 Frame 275 Frame 325

Abb. 4.72 Frames einer Opening-and-Closing-Space-Aufnahme

Abb. 4.73 Frames einer Hand-Off End-On-Aufnahme

Hand-Off

Bei einer Hand-Off-Aufnahme verfolgt die Kamera Elemente von einem Punkt in der Szene zu einem anderen. Es gibt vier Techniken:

1. *End On*: Hier wird ein Darsteller (oder ein anderes Element zum Beispiel Fahrzeug) in der Szene verfolgt und an ein anderes Element übergeben.
2. *Pick Up*: Die Kamera ist auf ein Element in der Szene gerichtet (z. B. ein Gebäude, ein Plakat mit wichtigen Informationen etc.) und wartet, bis ein Darsteller ins Bild kommt, den es aufgreift und verfolgt.
3. *Switch:* Die Kamera wechselt zwischen zwei sich bewegenden Elementen, verfolgt das eine und wechselt dann auf das andere.
4. *Step In*: Die Kamera ist auf einen Darsteller der Szene gerichtet. Erscheint ein anderer im Bild, richtet sich die Kamera auf ihn und verfolgt ihn oder kommt ihm entgegen (vgl. Holmes 2004, Volume 3 – Pan Hand-Off, Volume 4 – Track Hand-Off).

Wie bei allen diesen Kamerabewegungen ist es wichtig, die Schärfe nachzuziehen bzw. die Szene so auszuleuchten, dass bei einer weniger offenen Blende sich das zu verfolgende Objekt immer im Schärfebereich befindet.

Abbildung 4.73 zeigt Frames einer *Hand-Off End-On-Aufnahme*, bei der die Kamera einen Darsteller ins Bild nimmt und ihn verfolgt, bis er bei einem anderen ankommt, wo die Szene mit einem Dialog fortgeführt werden könnte. Durch diese Fahrt kann – im Gegensatz zu einer konventionellen Dialogeröffnung mit Totale, Schuss und Gegenschuss – der Beginn des Dialogs herausgezögert und das Tempo verlangsamt werden.

Pivot Reveal

Bei einer Pivot-Reveal-Aufnahme bewegt sich die Kamera und hält dabei ein Vordergrundobjekt im Bild, verwendet also die gleiche Technologie wie bei einem Pivot-Shot. Der Unterschied ist aber, dass am Ende der Fahrt ein Element aufgedeckt, verraten oder enthüllt (engl. *reveal*) wird (s. a. Abb. 4.63). Oft wird ein Darsteller als Anker benutzt und die Kamera so lange um diesen Mittelpunkt gedreht, bis ein anderer Charakter im Bild erscheint. Abbildung 4.74 zeigt das Schema und Abb. 4.75 die resultierenden Bilder.

Diese Aufnahmetechnik wird oft verwendet, um Überraschungen oder Angst zu zeigen, wenn plötzlich der lang gesuchte Mörder im Bild erscheint oder das bereits als eliminiert geglaubte Alien wieder auftaucht. In Abb. 4.74 und 4.75 bewegt sich die Kamera auf einen Dolly von links nach rechts und hält den Esel im Bild. Die Fahrt endet bei den anderen drei Bremer Stadtmusikanten, die schon einmal üben, um die Räuber später erschrecken zu können.

Hat eine Dollyfahrt viel Parallaxenänderung, können ausgezeichnete Tiefeninformationen generiert werden. In nahezu allen Tutorials für die zahlreichen Matchmoving-Programme werden Vorbeifahrten im optimalen Winkel an unbeweglichen Objekten verwendet, was es für die Algorithmen einfach macht, Ergebnisse zu erzielen, die eine geringe Fehlerquote aufweisen.

In Abb. 4.76 ist die unterschiedliche Länge der Bewegungsvektoren gut zu erkennen. Besonders die Säule am rechten Bildrand bewegt sich sehr schnell, während sich die Features auf dem Weg weniger schnell bewegen. Das führt zu ausgezeichneten Tracking-Ergebnissen und zu einem geglätteten Kamerapfad, der in Abb. 4.77 im unteren Bild als rote Linie am rechten Rand zu erkennen ist. In der Abbildung sind auch die Umrisse der Säulen sichtbar. Außerdem wird die Kamerapyramide im ersten und letzten Frame dargestellt.

Ohne vorzugreifen sei hier angemerkt, dass es nicht die Aufgabe von Matchmove-Algorithmen ist, eine vollständige 3D-Repräsentation der Umgebung zu erzeugen. Das Hauptaugenmerk liegt auf einer geglätteten Kamerabewegung, die möglichst identisch mit der der realen Kamera ist. Die Tracking-Features sind nur eine Referenz, die zur Positionierung der 3D-Modelle völlig ausreichen. Um eine detaillierte 3D-Geometrie zu erhalten, wird im professionellen Bereich eine Kombination von Lidar-Scan-Daten und dem Matchmoving-Prozess angestrebt (siehe Abschn. 7.6).

Abb. 4.74 Pivot Reveal (Schema)

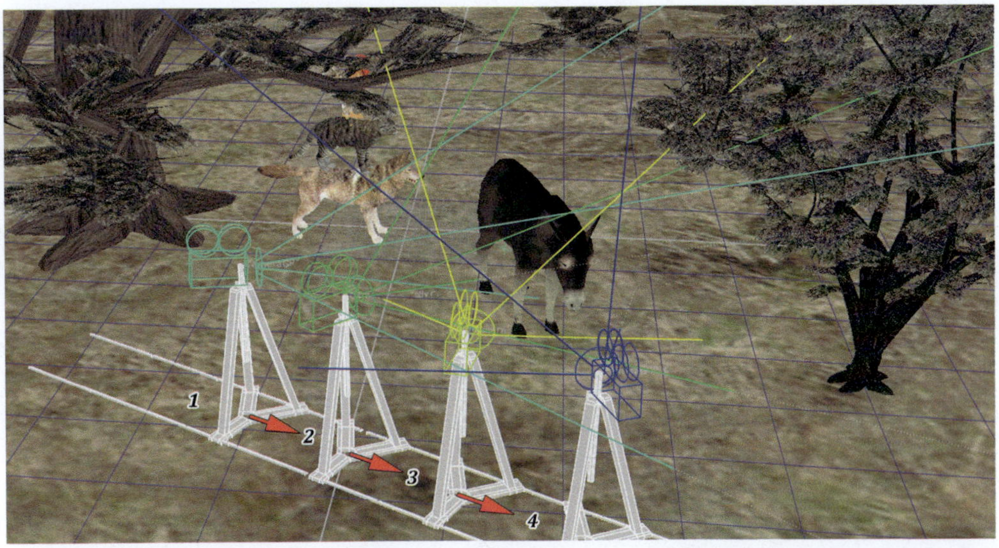

Abb. 4.75 Frames einer Pivot Reveal-Aufnahme

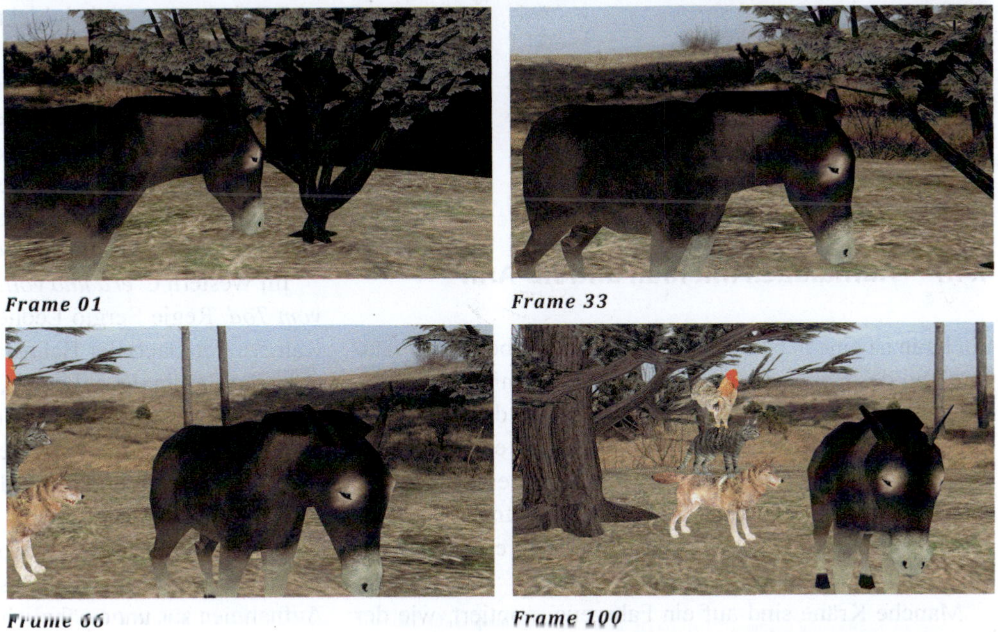

Abb. 4.76 Bewegungsvektoren einer Dollyfahrt

Tracking Features (2D-Ansicht)

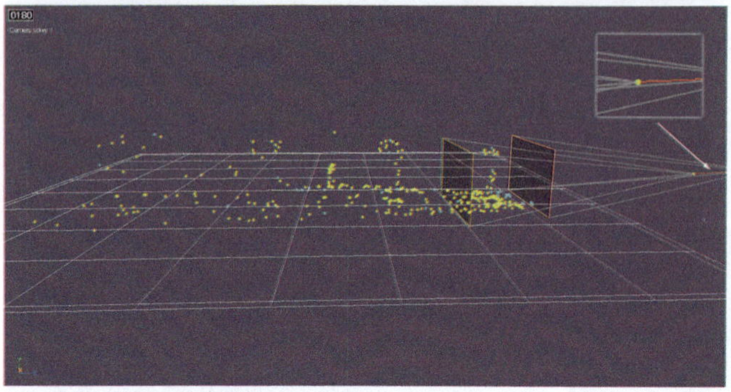

Tracking Features (3D-Ansicht)

Abb. 4.77 Tiefeninformationen einer Dollyfahrt

4.4.7 Aufnahmen mit Kran und Jib-Arm

Ein Kran ist eine hebelförmige Konstruktion, bei der der längere Teil des Hebels (Ausleger) die Kamera mit dem Kameramann und bei entsprechender Größe auch den Regisseur trägt. Der kurze Teil des Hebels muss durch entsprechende Gewichte in Waage gehalten werden. Diese Gewichte tragen entscheidend zum Aufwand bei einer Kranaufnahme bei, da neben der Bedienbarkeit besonders bei längeren Kränen der Sicherheitsaspekt eine große Rolle spielt.

Manche Kräne sind auf ein Fahrzeug montiert, wie der Kran in *Sympathy for the Devil* (Originaltitel: One plus One, GB 1968), den *Jean-Luc Godard* als handelndes Szenenelement im Bild zeigt.

Die Kräne können auch durch Fernsteuerung bedient werden und sind dann mit entsprechenden Servo-Motoren ausgestattet. Da sie den Kameramann nicht tragen müssen und damit wesentlich leichter sind, reduziert sich auch das entsprechende Gegengewicht. Konkurrenz erhält der Kran inzwischen durch Drohnen und Seilkameras, die besonders bei Sportveranstaltungen und Rockkonzerten eingesetzt werden.

Kranaufnahmen geben den Filmemachern einen interessanten Blickwinkel. Durch die vielen Freiheitsgrade bei der Bewegung infolge der vielen Drehpunkte der Konstruktion (Kranachse vertikal und horizontal, Kameraachse vertikal und horizontal) kann sehr viel Dynamik in die Aufnahmen gebracht werden. Das erfordert allerdings einen hohen Operationsaufwand, da neben der koordinierten Bewegung von

Abb. 4.78 Jib-Arm (Schema)

Kran und Kamera auch die Schärfe immer entsprechend nachgestellt werden muss.

Wird ein Weitwinkelobjektiv verwendet, löst sich der Zuschauer von der Szene und gewinnt Abstand zu den Figuren. Besonders bei epischen Szenen mit vielen Komparsen oder großen Sets wird ein guter Überblick über die Szene gegeben.

Orsen Wells beginnt in *Touch of Evil* (USA 1958) mit einer dreiminütigen kontinuierlichen Kranaufnahme, die über die Dächer der massiven Studioaufbauten führt und von einer eingeschnittenen Explosion beendet wird.

Im Western *C'era una volta il West* (dt. *Spiel mir das Lied vom Tod*, Regie Sergio Leone, Italien, USA 1968) fährt die Kamera am Dach der Bahnstation hoch, an der *Jill McBain* (Claudia Cardinale) ankommt, um die sich im Aufbau befindliche Stadt zu verraten und die Pionierzeit mit dem Vordringen der Eisenbahn nach Westen heraufzubeschwören, die die Industrialisierung und damit das Ende der einsamen Outlaws einläutet.

Beim Einsatz eines Teleobjektivs können durch die Dynamik der Kamerabewegung sehr emotionale und spannende Aufnahmen aus ungewöhnlichen Blickwinkeln realisiert werden. Wie schon in Abschn. 4.3 ausgeführt, ist es wichtig, auch bei Kamerafahrten Vordergrundobjekte im Bild zu platzieren (siehe Abb. 4.27), sodass sie sich von einem vertikalen Schwenk (*tilt*) unterscheiden. Mit einem Kran kann zum Beispiel eine *Converge* nach unten zu einem Element stattfinden, das der Kamera entgegen kommt. *Pivots* und *Pivot Reveals* lassen sich auch sehr gut realisieren und tragen viel zur Magie einer Aufnahme bei, wenn ein höher liegendes Element zum Schluss offengelegt wird.

Eine kleinere Variante eines Krans ist der Ausleger (engl. *jib* – Abb. 4.78). Er kann von hinten bedient werden; aber auch die Führung direkt an der Kamera ist vorgesehen, was genauere Kontrolle auch mithilfe des Kameramonitors ermöglicht.

Meist wird der Jib-Arm auf dem Dolly montiert und bietet eine hohe Beweglichkeit, die auch Aufnahmen mit sehr tief liegender Kamera zulassen. Die Kamera wird meist durch die

Abb. 4.79 Frames einer Jib-Arm-Aufnahme

Konstruktion in Waage gehalten, kann aber durch den Kameramann geneigt werden. Jib-Arme werden vor allem dann verwendet, wenn sich die Kamera auf einem Schienensystem bewegen soll und wenn die Platzverhältnisse beengt sind oder der allgemeine Aufwand in Grenzen gehalten werden soll, aber trotzdem vertikale Kamerabewegungen notwendig sind.

Für das Matchmoving sind Aufnahmen mit einem Ausleger sehr gut geeignet, da sie gleichzeitig Parallaxenänderung in horizontaler Richtung (Dolly) und vertikaler Richtung (Ausleger) liefern. Es ist allerdings darauf zu achten, die Bewegungen so zu steuern, dass möglichst wenig Bewegungsunschärfe auftritt.

Abbildung 4.80 zeigt die Bewegungsvektoren einer Auslegeraufnahme. Ähnlich wie bei einer Dollyfahrt, sind die diesmal vertikalen Vektoren im Bild unterschiedlich lang, was auf das Vorhandensein von Parallaxenänderung hinweist.

Auch die Säulen und der Boden sind in der Repräsentation der Tiefeninformation zu erkennen (siehe Abb. 4.81, unteres Bild). Auf ein weiteres Problem deutet die Bewegung der Kamera hin, die der Algorithmus sehr gut erkannt hat. Sie verläuft in einem Bogen.

Kreisförmige Kamerabewegung
Da der Kran als Hebel mit kurzem und langem Arm ausgeführt ist, besitzt er einen Drehpunkt, in dem das System gelagert ist. Er führt deshalb bei einer vertikalen Bewegung (aber auch bei einem horizontalen Schwenk) eine Kreisbewegung aus, bei der der lange Arm (Ausleger) den Radius vorgibt.

Abbildung 4.82 zeigt das Schema bei einer vertikalen Aufnahme. Beginnt die Kranaufnahme am unteren Maximalpunkt, bewegt sich der Arm zwar nach oben, aber auch nach vorn, sodass die Aufnahme zusätzlich zum Höhengewinn wie eine Dollyfahrt (*push*) wirkt. Danach bewegt sich die Kamera nach oben mit minimalem Vorwärtsdrift. Nach Passieren der waagerechten Position bewegt sie sich weiter nach oben, diesmal aber mit minimaler Rückwärtsbewegung, die dann immer stärker wird. Die Aufnahme wirkt in diesem Bereich wie ein Dolly-Pull.

Abbildung 4.83 zeigt Frames einer realen Aufnahme. Der Jib-Arm beginnt am unteren Maximum in Frame 72 und bewegt sich nach oben, aber auch nach rechts (roter Pfeil), wodurch sich der umrandete Bildausschnitt nach unten und links verschiebt (Frame 121). Diese Bewegung wird bis Frame

Abb. 4.80 Bewegungsvektoren eines Shots mit Jib-Arm

Tracking Features (2D-Ansicht)

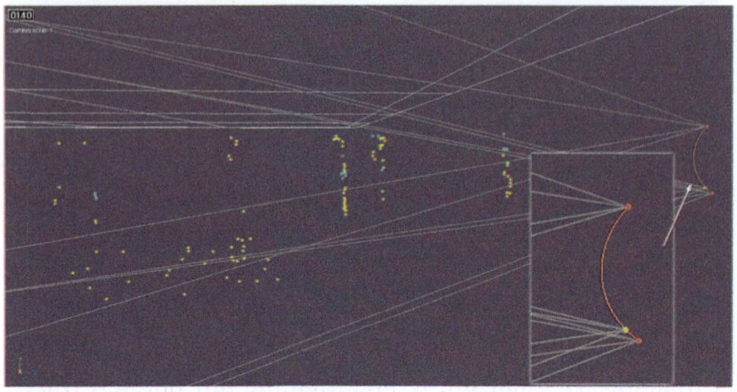

Tracking Features (3D-Ansicht)

Abb. 4.81 Tiefeninformationen eines Shots mit Jib-Arm

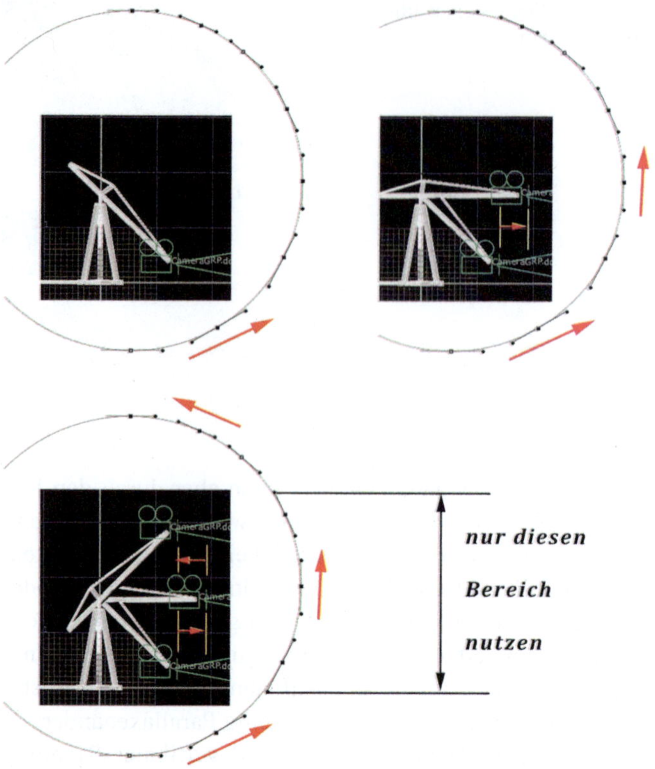

Abb. 4.82 Kreisförmige Kranbewegung (Schema)

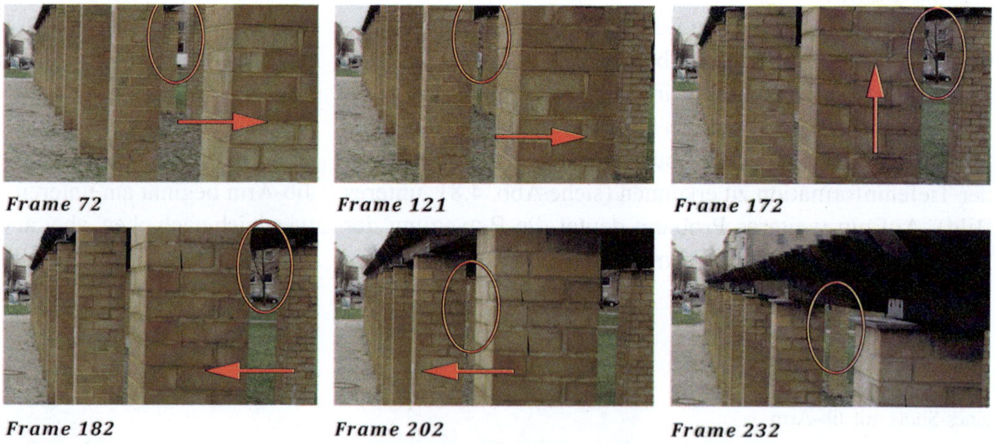

Abb. 4.83 Frames einer kreisförmigen Kranbewegung

172 fortgesetzt. Von dort aus bewegt sich der Ausleger für wenige Frames mit der Kamera nach oben und erzeugt nur einen minimalen horizontalen Versatz (Frame 182). Dann driftet er bei gleichzeitigem Höhengewinn wieder zurück. Der Bildausschnitt wandert nach rechts (Frame 202). Diese Rückwärtsbewegung wird bis zum oberen Maximum (Frame 232) intensiviert.

Diese komplexe Bewegung kann den Zuschauer verwirren – vor allem dann, wenn sich bei der unvermeidlichen horizontalen Drift die Größenverhältnisse wichtiger Elemente im Frame ändern. Deshalb sollte man möglichst nur einen Ausschnitt der Kreisbahn verwenden (Abb. 4.82). Weitere Möglichkeiten das Problem zu umgehen sind:

1. Die Basis des Krans entgegengesetzt zum Drift bewegen. Das ist bei normalen Kränen schwierig, da sie leicht zum Kippen neigen und gut fixiert werden müssen. Bei einem auf dem Dolly montierten Ausleger ist es technisch unproblematisch, fordert aber von der Crew gut synchronisierte Arbeit.
2. Einen sehr langen Kran verwenden, wodurch sich der nutzbare Bereich verlängert. Das ist natürlich teuer und aufwendig.
3. Einen Technocrane verwenden, der die Länge des Armes durch Ineinanderschieben der Teleskopelemente justieren kann. Auch der Preis eines solchen Kraneinsatzes ist nicht ganz unerheblich.

Abb. 4.84 Änderungen der Perspektivlinien bei einer Kranaufnahme

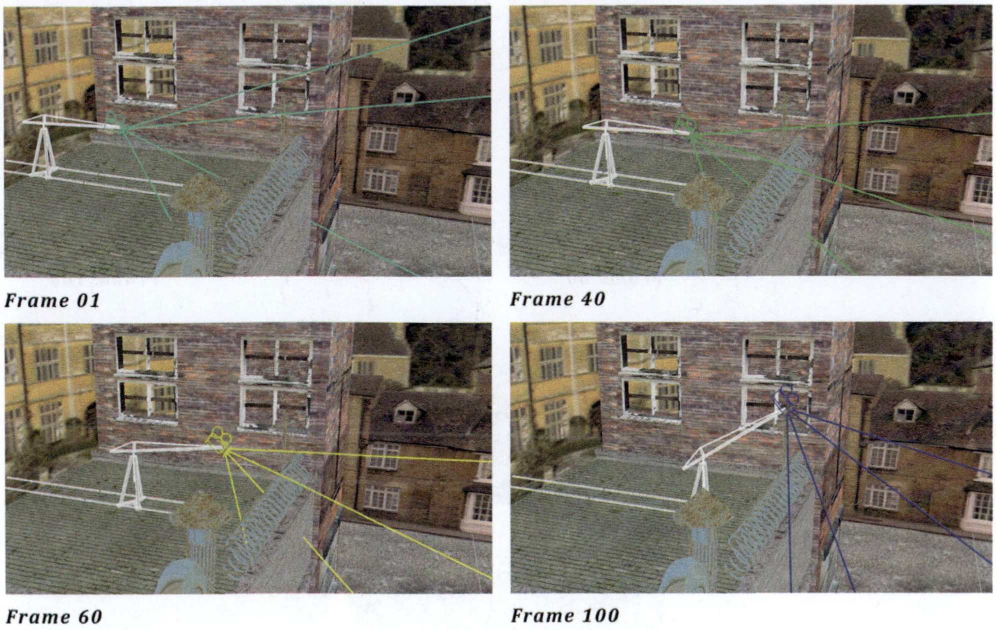

Abb. 4.85 Disappearing Foreground (Schema)

4. Seitlich bewegen – oft mit einem Winkel von 45° – statt direkt auf das Objekt zu. Dadurch werden die Größenverhältnisse der zentralen Objekte nicht oder nur wenig verändert (vgl. Holmes 2004, Volume 4 – Boom And Crane).

Bei einer Kranfahrt verändert sich die Perspektive und damit das Liniensystem im Bild auf sehr interessante Weise. Abbildung 4.84 zeigt eine Aufnahme mit einer Drohne mit einem Gebäude im Zentrum, die auch mit einem großen Kran hätte ausgeführt werden können. Hier ist deutlich zu erkennen, wie das durch den Gebäudegiebel aufgespannte Dreieck mit höherer Position der Kamera immer mehr gestaucht wird. Gleichzeitig wird der Winkel zwischen der Giebelkante und der Kante des in die Tiefe führenden Gebäudes immer größer.

Alle im Abschn. 4.6 aufgelisteten Dollyfahrten können bei entsprechender Übertragung von der horizontalen auf die vertikale Ebene auch von Kränen und im entsprechend skalierten Maßstab auch von Auslegern ausgeführt werden. Eine sehr oft verwendete Technologie mit großer Wirkung, die sehr gut mit einem Ausleger realisiert werden kann, ist die *Disappearing-Foreground-Aufnahme* (dt. *Verschwindender Vordergrund*). Hierbei befindet sich die Kamera meist auf erhöhter Position, vorzugsweise auf einem Balkon oder fährt aus der Tiefe des Raums darauf zu.

In Abb. 4.85 ist das Schema und in Abb. 4.86 die entsprechende Bildfolge dargestellt. Zu Beginn ist die Höhe des Jib-Arms mit der Kamera so eingestellt, dass ein horizontales Hindernis (eine Balkonbegrenzung, Brüstung, Geländer) die Sicht nach unten verdeckt (Frame 01). Die Kamera fährt nun auf das Hindernis zu (Frame 40) und wird davor angehoben (Frame 60). Der Dolly bleibt schließlich am Hindernis stehen, wo der Ausleger die maximale Höhe erreicht hat und den Blick auf die untere Ebene freigibt. Je nach gewünschtem Bildausschnitt wird die Kamera etwas geneigt, wobei dieser Vorgang für eine flüssige Aufnahme bereits vor dem Stopp des Dollys beginnen sollte (Frame 100).

Abbildung 4.87 zeigt Frames einer realen Aufnahme, in der eine Hecke als Vordergrund fungiert. Die Kamera fährt darauf zu, wird angehoben und geneigt und erfasst einen Darsteller, der überraschenderweise auftaucht. Eine solche Aufnahme könnte eine gute Szeneneröffnung oder Filmeröffnung sein, denn sie erzeugt Spannung und irritiert den Zuschauer, da er das Ergebnis nicht erwartet. Bei Aufnahmen wie in diesem Beispiel, wo der Fokus sich stark ändert, muss entschieden werden, ob die ins Bild ragenden Teile des Vordergrund-

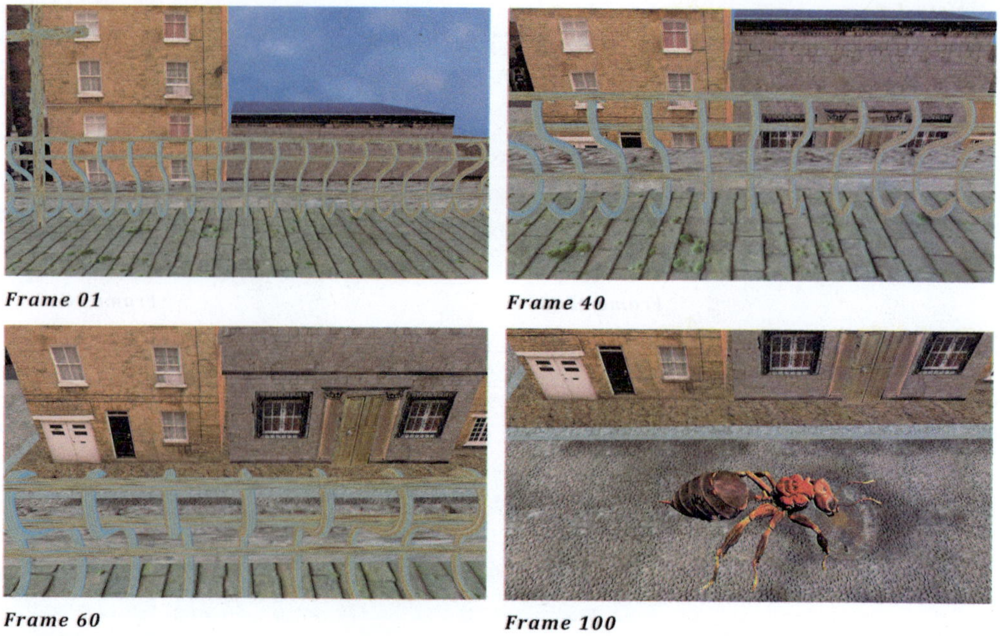

Abb. 4.86 Disappearing Foreground (Schema-Shots)

Abb. 4.87 Frames einer Disappearing-Foreground-Aufnahme

objektes scharf sein sollen oder ob sie so unbedeutend sind, dass die Unschärfe toleriert werden kann.

4.5 Quellen

Fotovorlagen der Abb. 4.1, 4.5,. 4.16, 4.17 und 4.19 Dosch Design, http://www.doschdesign.com Zugriff: 24. Oktober 2014

3D-Tier- und Charakter-Modelle der Abb. 4.25–4.28, 4.32, 4.33, 4.38, 4.39, 4.41, 4.47, 4.49, 4.51, 4.54, 4.55, 4.75, 4.76 – The 3D-Shop, http://www.the3dshop.com Zugriff: 24. Oktober 2014

Baummodelle der Abb. 4.24–4.26, 4.27, 4.28. 4.35, 4.36, 4.38, 4.39, 4.41, 4.42–4.44, 4.50, 4.51, 4.54, 4.55, 4.63, 4.75, 4.76 – Dosch Design, http://www.doschdesign.com (Texturen vom Autor teilweise verändert) Zugriff: 24. Oktober 2014

Texturen in den Abb. 4.27, 4.28, 4.30, 4.34, 4.35, 4.71, 4.72, 4.86, 4.87 – Mayang http://www.mayang.com/textures/ Zugriff: 24. Oktober 2014

Modell-Vorlage in den Abb. 4.27, 4.28, 4.30, 4.34, 4.35, 4.71, 4.72, 4.86, 4.87 Digital Tutors http://www.digitaltutors.com/11/index.php Zugriff: 24. Oktober 2014

3D-Modelle in den Abb. 4.42–4.44, 4.50, 4.63 – Caroline Fetzer und Heiko Ruhm (TH Brandenburg)

Hintergrund in den Abb. 4.32, 4.33 Peter Möbius, jeux-de-lune

Modellvorlage und Modellierungsinstruktionen für die Ameisenwespe in den Abb. 4.53, 4.71, 4.72, 4.87 – Eric Keller (The Gnomon Workshop: Hyper-real Insect Design). Modellierung, Skulpturierung und Texturierung vom Autor

Literatur

Dobbert T (2013) Matchmoving – The Invisible Art of Camera Tracking, 2. Aufl. John Wiley & Sons, Inc., Indianapolis, S 38

Holmes P (2004) Hollywood Camera Works The Master Course In High-End Blocking & Staging. Volume 1–6 (DVDs). http://www.hollywoodcamerawork.com. Zugegriffen: 1. Oktober 2015

Holmes P (2010) Hollywood Camera Works Hot Moves. DVD. http://www.hollywoodcamerawork.com. Zugegriffen: 1. Oktober 2015

Mattingly D (2011) The Digital Mtte Painting Handbook. Wiley Publishing, Inc., Indianapolis

Ward P (2003) Picture composition for film and television, 2. Aufl. Focal Press, Oxford

Erfassen und Weiterverarbeitung von Daten für den Schnitt und die VFX-Produktion

5

Eberhard Hasche, Patrick Ingwer

Kapitelübersicht
In diesem Kapitel wird die Erfassung der für die VFX-Produktion notwendigen Zusatzdaten diskutiert, da durch die komplexen Erfordernisse der modernen Postproduktion und des Compositings der visuellen Effekte noch eine zusätzliche Dimension bewältigt werden muss. Ebenfalls erfolgt eine Diskussion der Aufbereitung dieser Daten und die Bereitstellung der Ergebnisse der Dreharbeiten für den Schnitt, der wiederum nicht Thema dieser Abhandlung ist.

5.1 Erfassen von Set-Daten für die VFX-Produktion

5.1.1 Ziel

Wie bereits an anderer Stelle ausgeführt, bietet die Verwendung von visuellen Effekten ein hohes Potenzial, Produktionskosten einzusparen, da kostspielige praktische Erfordernisse auf die digitale Ebene verlagert werden können. Das bedeutet allerdings, dass die notwendigen Elemente, die in die VFX-Pipeline eingespeist werden, einen entsprechend hohen qualitativen Standard haben müssen. Das betrifft vor allem das Live-Action-Footage, aber auch begleitende Referenzen (Sample-Elemente), vor allem zur Rekonstruktion der am Set herrschenden Farb- und Lichtbedingungen und die Repräsentation der geometrischen Ausmaße des Sets.

Bei Dreharbeiten für große internationale Produktionen ist mit den prinzipalen Schauspielern (engl. *first unit*) jeder Aspekt darauf gerichtet, diese effizient ins Bild zu setzen, sodass für die Erfordernisse der VFX oft wenig oder gar keine Zeit bleibt. Mark Sawicki (2007) gibt in seinem Buch *Filming the Phantastic: A Guide to Visual Effects Cinematography* einen recht informativen Einblick in die Arbeit eines VFX-Supervisors.

Vom Standpunkt der Produktion weniger finanziell aufwendige Szenen ohne die Hauptdarsteller und solche mit anspruchsvoller technischer Grundlage werden häufig dem sogenannten *Second-Unit-Team* übertragen. Hier führt bei VFX-Shots oft der für die Produktion zuständige VFX-Supervisor selbst Regie und kann entsprechend mehr Zeit für die Aufnahme von Referenzen einplanen.

Ziel der vereinten Anstrengungen der für die visuellen Effekte zuständigen Mitarbeiter vor Ort ist es, den Anforderungen der Postproduktion entsprechendes und verwendbares Material (siehe Abb. 5.1) zur Verfügung zu stellen. Das betrifft nicht nur die Bildaufnahmen, sondern auch eine Reihe unabdingbarer Zusatzelemente, von denen im Folgenden die Wichtigsten vorgestellt werden. Der VFX-Supervisor John Knoll (2006) erklärte in einem Interview die Wichtigkeit solcher Sample-Elemente folgendermaßen:[1]

> *I tried to make it clear on Pirates 1 that, when we have the gray and chrome sphere that we bring out on set to measure the on-set lighting, our intent is to duplicate the lighting as faithfully as possible …*

5.1.2 Erfassen von Licht- und Farbdaten

Viele der Licht- und Farbdaten zielen darauf ab, die Beleuchtungssituation während der Dreharbeiten zu rekonstruieren, damit die Computergrafiken (CG) richtig beleuchtet werden können und sich nahtlos in das Live-Action-Footage[2] integrieren. Obwohl die dazu notwendigen Verfahren und Konzepte im größeren Detail in Abschn. 9.7 vorgestellt werden, ist es sinnvoll, einen kurzen Blick darauf zu werfen, wie die am Set gewonnenen Daten und Aufzeichnungen in der VFX-Produktion Anwendung finden.

Für die Lichtrekonstruktion wird zumeist das sogenannte *Image-Based-Lighting* verwendet, bei dem ein als *High-Dynamic-Range-Image*[3] ausgeführtes 360°-Umgebungs-

[1] www.studiodaily.com/2006/07/john-knoll-on-on-set-motion-capture-for-pirates-2/. Zugriff: 8. September 2015
[2] reale Kameraaufnahmen
[3] High Dynamic Range Image (HDRI): Fotografisches Bild mit hohem Dynamikumfang

E. Hasche, P. Ingwer, *Game of Colors: Moderne Bewegtbildproduktion*, X.media.press, DOI 10.1007/978-3-662-43889-3_5

Abb. 5.1 Durch Reflexionen unbrauchbare Greenscreen-Aufnahme

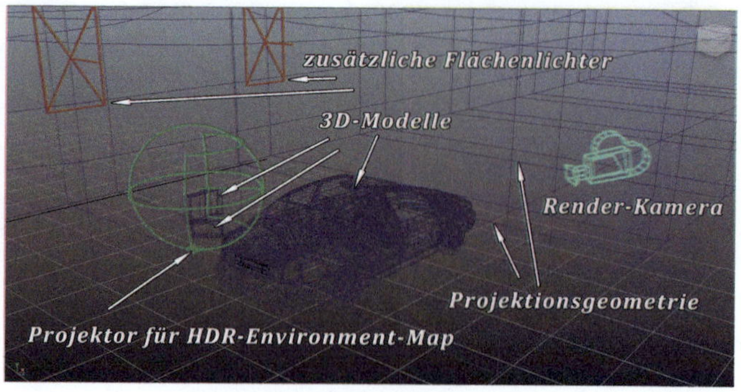

Abb. 5.2 Prinzip des Image-Based-Lightings (3D-Layout)

panorama die Hauptlichtquelle bildet. Abbildung 5.2 zeigt das Layout einer entsprechenden 3D-Szene. Im Zentrum stehen das 3D-Modell eines Fahrzeuges. Außerdem ist die umgebende Geometrie einer Halle zu erkennen (blaue Linien). Weiterhin ist eine Kamera vorhanden, die durch den Matchmoving-Prozess ermittelt wurde und das Fahrzeug in gleicher Weise fotografiert (rendert) wie die reale Kamera die umgebende Turnhalle, sodass sich beide Bildfolgen nahtlos zusammenfügen lassen. Für die Beleuchtung mit dem HDR-Bild fungiert ein interner Projektor, der das kugelförmige Bild auf die 3D-Geometrie wirft. Zusätzlich dazu sind noch zwei *Flächenlichter* vorhanden, die es ermöglichen, die Lichtsituation und vor allem das Generieren von Schatten manuell zu beeinflussen.

Abbildung 5.3 zeigt den Arbeitsablauf beim Image-Based-Lighting. Die am Set erstellte HDR-Environment-Map (Bild oben links) fungiert als grundlegende Beleuchtung und wird dem Projektor in der 3D-Szene zur Verfügung gestellt, der sie auf die Geometrie projiziert (Bild oben rechts). Durch die hier angewandte *Final-Gather-Rendertechnik*[4] werden von der Kamera Strahlen in die Szene geschossen, die sich an der Geometrie (Fahrzeug) verzweigen und Farbproben von der an die Geometrie der Halle projizierten Environment-Map holen (Bild unten links). Die so gewonnenen Informationen werden mit den Materialeigenschaften des 3D-Modells und dessen Textur pixelweise zusammengefasst und von der Kamera als zweidimensionales Bild ausgegeben (Bild unten rechts).

Die wichtigsten Elemente zur Bestimmung der Lichtsituation sind Graustufentafeln. Es gibt hier eine Reihe unterschiedlicher Produkte verschiedener Hersteller, von denen die *Macbeth-Tafeln* (jetzt vertrieben von der Firma X-Rite) die größte Verbreitung finden. Welche der Graustufen als Referenz verwendet wird, ist für die unterschiedlichen Anforderungen verschieden. Während im Fernsehbereich vor allem die 90%-Weißtafel für den Weißabgleich verwendet wird, kommt für den *scene-referred* Workflow eine Tafel

[5] NVIDIA-mentalray in Autodesk-Maya

Abb. 5.3 Arbeitsablauf des Image-Based-Lightings

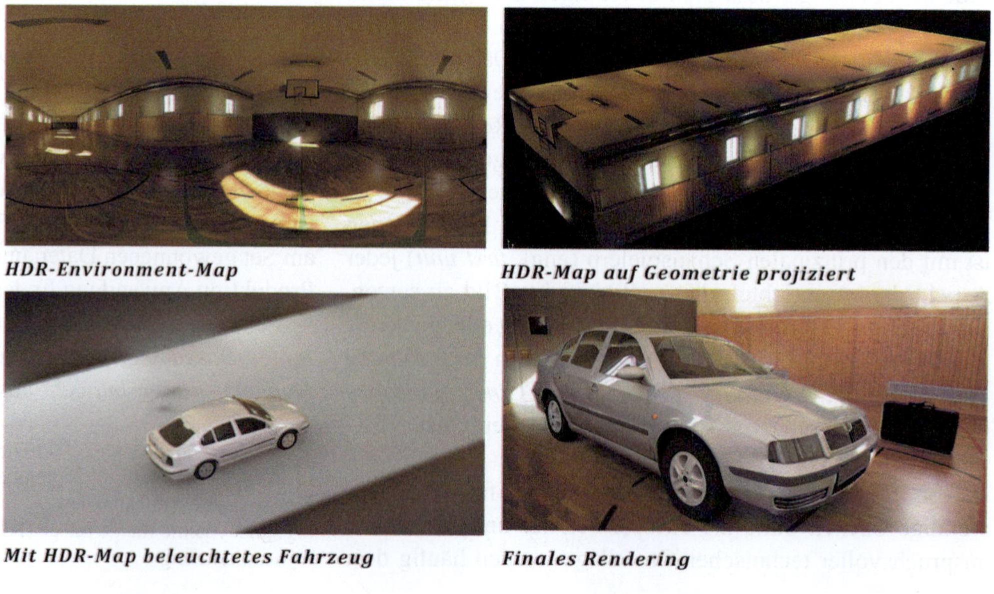

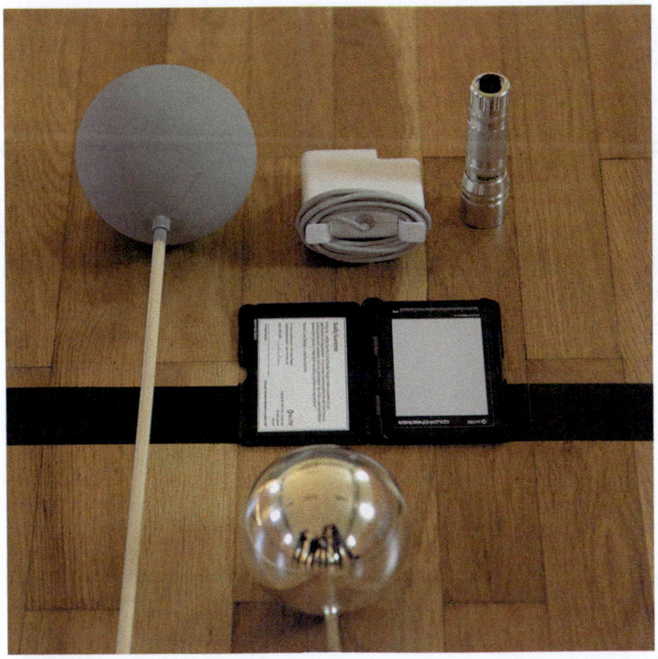

Abb. 5.4 Weißabgleichstafel

mit 18 %igem Grau zum Einsatz. Dazu wird oft noch eine 2 %-Schwarz-Tafel für eine Referenz am unteren Ende der Luminanz eingesetzt.

Weißabgleich

Abbildung 5.4 zeigt die Anordnung von unterschiedlichen Sample-Elementen für die Lichtproben der VFX-Produktion, die in den nächsten Abschnitten genauer diskutiert werden. Im Zentrum des Bildes ist eine Taschenausgabe (Colorchecker® Passport) der oben genannten Firma aufgeklappt. Die weiße Fläche (#20 – neutral 8 mit 0,23 D) hat eine Referenz von *sRGB.linear [0,784 0,792 0,792]*, was 90 % der gammakorrigierten sRGB-Version entspricht.

Diese Tafeln können auf verschiedene Weise aufgenommen werden. Wenn am Set genügend Zeit vorhanden ist, sollte für jede Szene, Lichtsituation und Einstellung eine Probe genommen werden. Da die Sample-Elemente oft mit Spiegelreflexkameras fotografiert werden (hier mit einer Canon EOS 5D Mark III), können sie als RAW-Daten gespeichert werden. Aufgrund der aufgenommenen Metadaten in den RAW-Daten wird ein unkorrigiertes Weiß referenziert, das im Folgenden abgeglichen werden muss.

Wenn sich die Szenenparameter und die der Kamera nicht ändern, reicht es bei einer Bilderserie oft aus, ein Bild mit einer Weißtafel aufzunehmen. Die anderen Bilder der Serie mit anderen Sample-Elementen können dann mit dieser Referenz abgeglichen werden.

Abbildung 5.5 zeigt den Vorgang in der Software *Canon Digital Photo Professional*[5], die eine Reihe von Einstellungen der Canon-RAW-Dateien zulässt, unter anderem auch eine Stapelverarbeitung. Das linke obere Bild hat einen gut erkennbaren leichten Blaustich. Im rechten oberen Bild findet der Weißabgleich statt. Die dazu von dem Programm generierten Versatzwerte können dann registriert werden. Das nächste aufgerufene Bild der Serie hat den gleichen Blaustich (linkes unteres Bild). Durch Anwenden der registrierten Weißversatzwerte wird es ebenfalls korrigiert (rechtes unteres Bild). Damit ist es möglich, einen Weißabgleich bei Aufnahmen durchzuführen, die keine Tafel im Bild haben.

[6] http://www.canon.de/for_home/product_finder/cameras/digital_slr/technologies_features/software.aspx

Abb. 5.5 Weißabgleich in Canon Digital Photo Professional

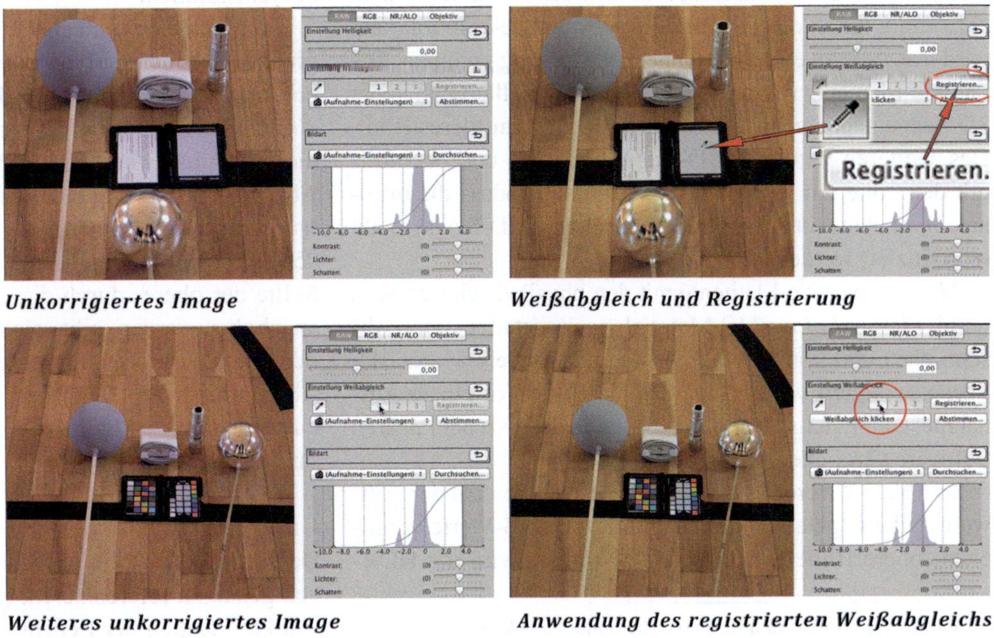

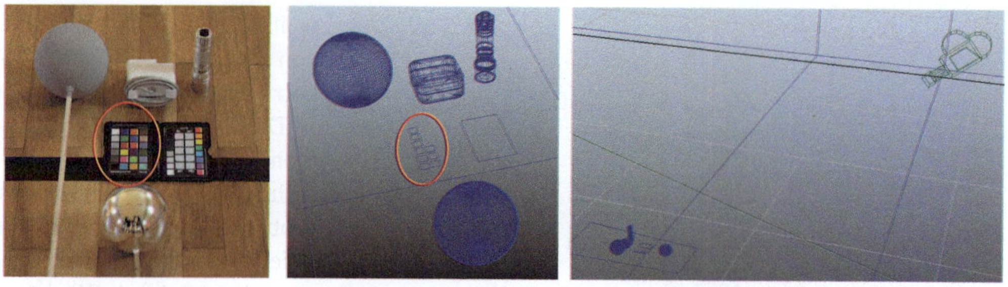

Abb. 5.6 Farbtafeln am Set und in CG-Szene

Farbtafeln

Oft werden bei der Weiterverarbeitung Informationen über eine bestimmte Farbe (Hautton, Kleidung etc.) benötigt. Hier ist es sinnvoll, Farbtafeln im Bild zu platzieren. Für Serien kann dann die oben vorgestellte Technologie verwendet werden. Bei HDR-Panoramen (Environment-Maps) sollte eine Farbtafel direkt in einem Bild vorhanden sein. Diese ist, auch wenn sie nahe an der Kamera liegt, gegenüber der 360°-Umgebung recht klein. Sie kann dann für die finale Version der Environment-Map zusammen mit dem Kamerastativ entfernt werden.

Sind diese Referenzwerte vorhanden, kann durch AB-Vergleich der originalen Aufnahme mit dem gerenderten Bild der 3D-Szene die HDR-Environment-Map so justiert werden, dass die Lichtsituation der 3D-Szene der der originalen am Set entspricht.

Abbildung 5.6 zeigt den Vorgang. Die Sample-Elemente (Farbtafel, Materialreferenzen, Gray-Ball und Spiegelkugel) werden am Set fotografiert (linkes Bild). Hierbei ist es äußerst wichtig, die Position der Samples zu einem Referenzpunkt in der Szene und die Kameraparameter (Position, Brennweite und Neigung) zu notieren (siehe auch Abschn. 5.1.3). Sind diese Werte nicht vorhanden, muss der 3D-Artist diese dann aufwendig durch die Trial-and-Error-Methode ermitteln und wird trotzdem zu einer sehr ungenauen Lösung kommen. Die Sample-Elemente werden dann 1 : 1 nachmodelliert und in der 3D-Szene genau nach den Notizen platziert (mittleres Bild). Des Weiteren wird eine 3D-Kamera erzeugt und ebenfalls mit den notierten Parametern ausgestattet, sodass die originale Aufnahmesituation der Samples in der 3D-Szene exakt reproduziert werden kann.

Nun werden die Elemente mit den physikalisch richtigen (engl. *physical plausible*) Materialen ausgestattet (siehe Abschn. 9.3) und können von der Sample-Kamera in der 3D-Szene gerendert werden. Die beiden Bilder (originale Aufnahme, Computergrafik) werden dann in einer szenenlinearen Software verglichen.

In Abb. 5.7 werden beide Bilder in zwei Viewern der Software NukeX[6] geladen und deren lineare RGB-Werte verglichen (obere Bilder). Anhand der Differenz wird die HDR-Environment-Map korrigiert und ein neues Bild gerendert, was wieder verglichen wird. Dieser Vorgang ist sehr schnell, da zumeist schon beim ersten Mal die korrigierten Werte übereinstimmen.

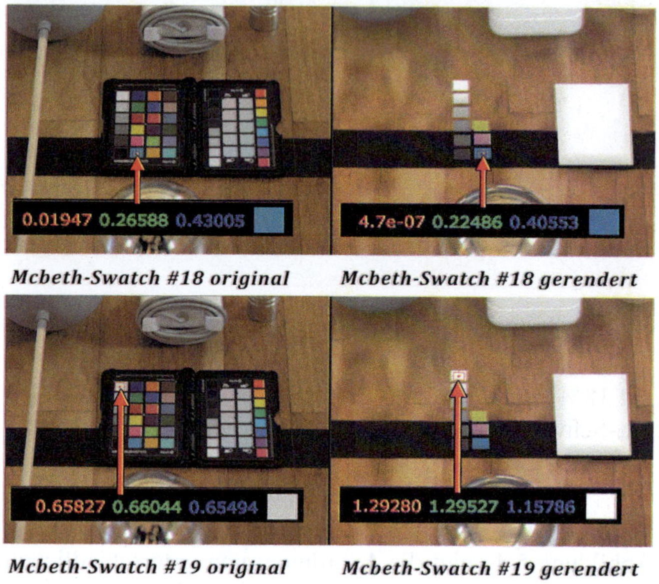

Abb. 5.7 Rendervergleich reale Farbtafel – Computergrafik-Farbtafel

Da durch eine einfache RGB-Korrektur nicht auf die zugrunde liegende spektrale Energieverteilung, die den Farbreiz hervorruft, zugegriffen werden kann, ist es nur möglich, *eine* Farbe der Farbfelder richtig einzustellen, da lediglich die Tristimuluswerte verändert werden können. Während in Abb. 5.7 bei den oberen Bildern die Zyanfarbe des gerenderten Images schon recht nahe am Original ist, differiert das 95%ige Weiß (Farbfeld #19 der Macbethtafel) sehr stark. Sollte der obere durch die 3D-Beleuchtung nicht so stark angehoben werden, gibt es eine Reihe von Gestaltungsmöglichkeiten, um dies auszugleichen (Übermalen der hellen Abschnitte in der HDR-Map, Optimieren der HDR-Map mit kurvenbasierten Algorithmen, manuelles Einfügen von Zusatzlichtern etc.).

Gray-Ball

Der Gray-Ball ist ein ausgezeichnetes Mittel, Lichtsituationen genau zu referenzieren. Hiermit können Lichtfarbe und -stärke, Position der Leuchtquelle, aber auch Verdeckungen

7 Compositing-Software http://www.thefoundry.co.uk/products/nuke/

Originalanordnung ***Gray-Ball mit Kamera in 3D-Szene***

Abb. 5.8 Gray-Ball am Set und in CG-Szene

und Schatten sichtbar gemacht werden. Eine populäre Anwendung ist, einen Gray-Ball in ein sich bewegendes Fahrzeug zu platzieren. Das ermöglicht, die Wirkung der Umgebungslichter (Sonne – Schatten, Straßenlaternen in der Nacht) auf das Innere der Fahrerkabine digital nachzustellen.

Abbildung 5.8 zeigt die Verwendung eines Gray-Balls. In der Originalszene wird ein Gray-Ball auf ein Stativ montiert und fotografiert. Die Lichtverhältnisse sind deutlich zu erkennen. Das Licht, das durch das Fenster links oberhalb des Gray-Balls fällt, hat eine sehr hohe Energie, wodurch der Äquator auf der Kugel deutlich hervortritt und der Halbschatten (Penumbra) keine Ausdehnung besitzt. Außerdem ist zu erkennen, dass der Schattenbereich durch diffuses Licht von rechts aufgehellt wird. Die Qualität des diffusen Lichtes erinnert an einen *Subsurface-Scattering-Effekt*, wie er bei Haut, Eis oder Wachs auftritt. Im rechten Bild der Abbildung ist die Reproduktion der Szene in einer 3D-Anwendung dargestellt. Auch hier ist es wichtig, vor Ort die entsprechenden Parameter (Standort der Kamera und des Gray-Balls sowie Höhe, Neigung und Brennweite der Kamera) zu notieren.

Mit diesen Informationen ist es möglich, Lichter (vor allem Flächenlichter) in die 3D-Szene einzufügen (siehe Abb. 5.9). Der digitale Gray-Ball wird dann mit einem physikalisch richtigen Material versehen und durch die Sample-Kamera fotografiert. Das gerenderte Bild kann dann mit dem Originalbild verglichen werden. Ausgehend von der Gray-Ball-Referenz werden dann die 3D-Lichter justiert.

In der unteren Reihe der Abbildung ist der Vorgang dargestellt. Das linke Bild zeigt das gerenderte Bild mit der vorhandenen Anordnung der Flächenlichter. Es ist gut zu erkennen, dass kein diffuses Licht vorhanden ist. Durch Zuschalten von Global-Illumination-Algorithmen (Final-Gather s. o.) wird der digitale Gray-Ball im Schattenbereich mit diffusem Licht zusätzlich beleuchtet. Was nun im mittleren Bild der unteren Zeile auffällt ist, dass der Winkel des Äquators nicht übereinstimmt. Das wird vor allem durch den Einfluss des linken Flächenlichts verursacht.

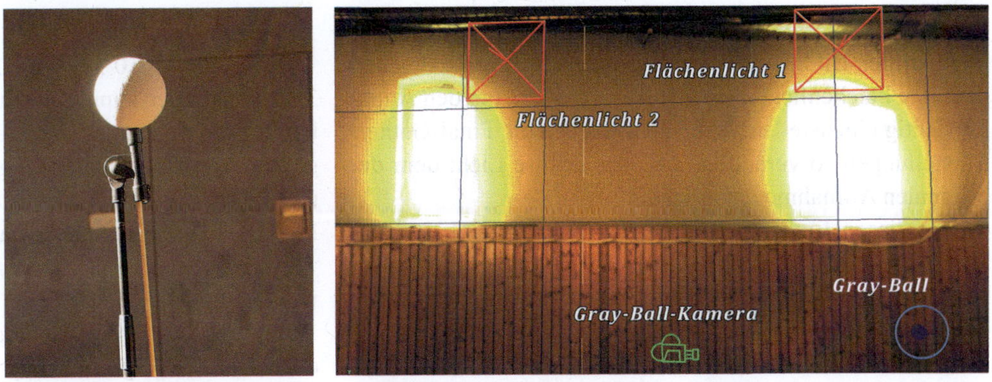

Original-Gray-Ball ***Layout der 3D-Szene mit zwei Flächenlichtern***

Rendering mit zwei Flächenlichtern ohne diffuses Licht ***Rendering mit zwei Flächenlichtern und diffusem Licht*** ***Rendering mit einem Flächenlicht – alle Komponenten korrigiert***

Abb. 5.9 Rendervergleich realer Gray-Ball – CG-Gray-Ball

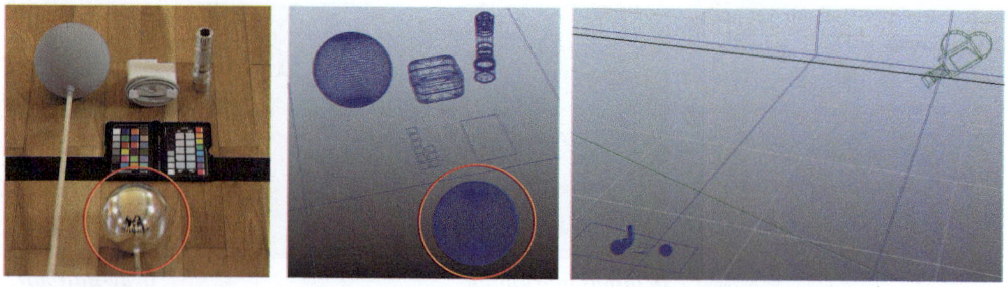

Abb. 5.10 Spiegelkugel am Set und in CG-Szene

Originalanordnung der Samples — *Wireframeansicht in 3D-Szene* — *3D-Szene mit Sample-Kamera*

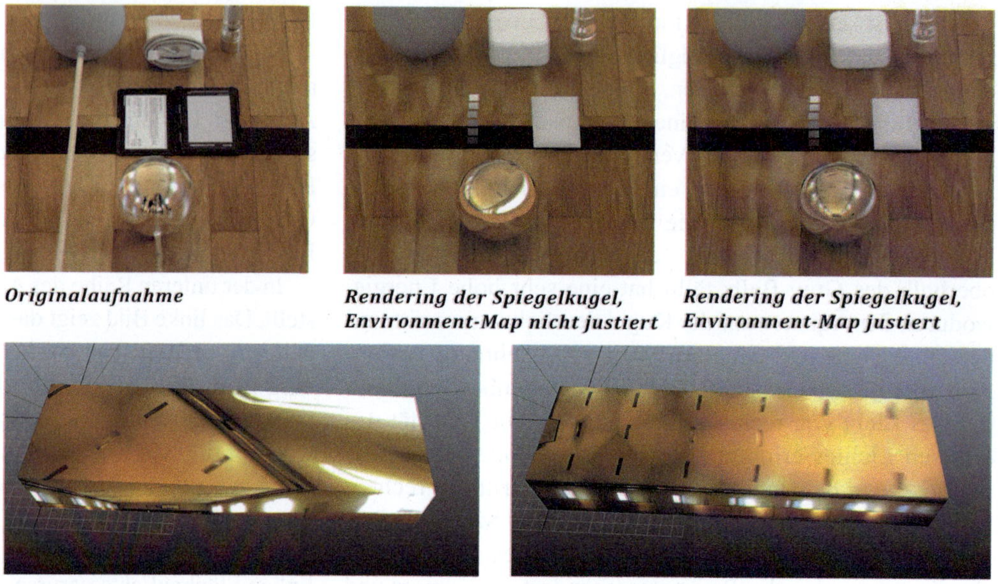

Abb. 5.11 Spiegelkugel am Set und in CG-Szene

Originalaufnahme — *Rendering der Spiegelkugel, Environment-Map nicht justiert* — *Rendering der Spiegelkugel, Environment-Map justiert*

Environment-Map nicht justiert — *Environment-Map justiert*

Im dritten Bild wurde dieses Flächenlicht abgeschaltet und das erste Flächenlicht nach unten verschoben, um den Äquator richtig einzustellen. Außerdem wurden die Final-Gather-Einstellungen so verändert, dass das diffuse Licht dem der originalen Aufnahme entspricht.

Mit diesen Einstellungen der lokalen und globalen Beleuchtung kann dann ein beliebiges 3D-Objekt, das physikalisch plausible Materialeigenschaften besitzt, in die Szene eingefügt und richtig beleuchtet werden.

Spiegelkugel (Mirror-Ball, Chrome-Ball)

Ein weiteres wichtiges Element zur Kontrolle der Beleuchtung der 3D-Szene ist eine Spiegelkugel. Wie bei einem Gray-Ball gibt es nach unserem Erkenntnisstand keine Industrieprodukte, sodass man zur Selbsthilfe greifen muss. Praktische Anwendung finden Dekokugeln aus dem Gartenbedarf, Weihnachtsbaumkugeln und kugelförmige verchromte Abschlüsse von Gardinenstangen. Die hier eingesetzte Kugel stammt aus einer Weihnachtsbaumkollektion und wird in diesem Beispiel hauptsächliche für die Kontrolle der Reflexionen verwendet.

Abbildung 5.10 zeigt die Anordnung am Set und in der 3D-Szene. Hier kann die schon für den Gray-Ball nachgebaute Sample-Kamera verwendet werden. Auch die Spiegelkugel muss digital nachgebaut werden und neben der richtigen Position und Größe auch ein physikalisch richtiges Material (Chrom) erhalten. Dann kann die für die Reflexionen verantwortliche HDR-Environment-Map richtig positioniert werden.

In Abb. 5.11 ist der Vorgang dargestellt. Das linke Bild der oberen Reihe zeigt die fotografierte Originalanordnung und das mittlere Bild das erste Rendering durch die 3D-Sample-Kamera. Da die Environment-Map nicht richtig eingestellt ist (untere Reihe, linkes Bild), stimmen die Reflexionen in der Spiegelkugel nicht mit der Originalaufnahme überein. Durch Drehen des 3D-Projektors (siehe Abb. 5.2) wird die Environment-Map so auf die Geometrie gelegt, dass die Reflexionen in der gerenderten Spiegelkugel mit der am Set aufgenommenen übereinstimmen (obere und untere Reihe jeweils Bild rechts).

Abb. 5.12 Environment-Map aus Spiegelkugel-Aufnahmen

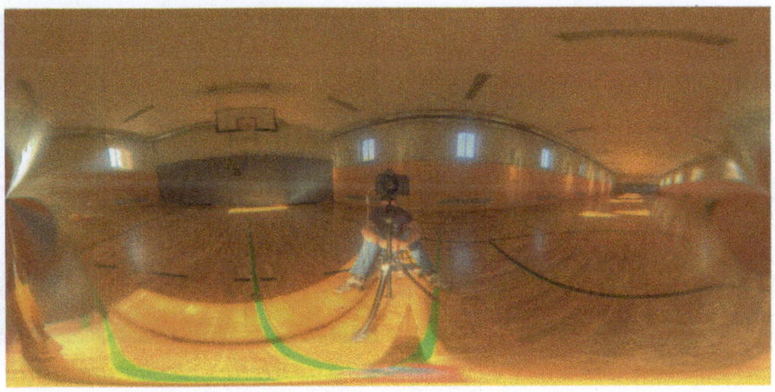

Abb. 5.13 Spiegelkugel-Latlong-Map

5.1.3 Generieren von Environment-Maps

HDR- und LDR-Environment-Maps

Eine Map bezeichnet in der VFX/3D-Terminologie ein grafisches Bild (Image) ausreichender Auflösung, in dem unterschiedliche Daten wie Schattenverlauf, Felldichte, Photonenkonzentration, Versatz von Geometriepunkten oder Lichtenergie und -farbe zur schnelleren Berechnung abgelegt werden.

Das wichtigste technische Hilfsmittel zum Beleuchten von 3D-Modellen mit der gleichen Lichtsituation, die am Set vorhanden war und in dem -Footage aufgenommen wurde, ist die *HDR-Environment-Map*. Hier wird ein 360°-Panorama durch unterschiedliche Techniken erzeugt, die im Folgenden beschrieben werden.

Das Ergebnis ist eine sogenannte *LatLong-Map*[7], die als abgerollte Kugeltextur zu verstehen ist. Die *Picture-Aspect-Ratio* (Verhältnis Breite zu Höhe) für eine Latlong-Map ist 2:1. Eine Environment-Latlong-Map kann aus *Low-Dynamic-Range-Images* (LDRIs) generiert werden, wenn sie für Texturen oder Hintergründe vorgesehen ist oder aus *High-Dynamic-Range-Images (HDRIs)*, wenn sie für Beleuchtungszwecke eingesetzt werden soll. Der einzige Unterschied ist die Anzahl der Belichtungsstufen pro aufgenommenes Einzelbild.

Environment-Map aus Spiegelkugel-Bildern

Hierbei wird eine stark reflektierende Chromkugel von zwei Seiten aus fotografiert, vorzugsweise im Winkel von 90°.

Abbildung 5.12 zeigt das Vorgehen. Eine Chromkugel wird am Set aufgebaut und von zwei Kamerastandpunkten, die 90° auseinanderliegen, fotografiert. Die beiden Bilder werden dann mit speziellen Algorithmen entzerrt, übereinandergelegt und in eine LatLong-Map umgeformt (siehe Abb. 5.13).

Um die Map verwenden zu können, müssen der Kameramann und das Kamerastativ manuell übermalt werden. Die Grenzen einer mittels der Spiegelkugeltechnologie generierten Environment-Map sind im rechten Bild von Abb. 5.12 gut zu erkennen. Die Reflexionen der Sonne lassen die Materialeigenschaften und damit die mangelnde Verarbeitung einer solchen Kugel hervortreten. Dies setzt die Qualität der Map stark herab und erzeugt Fehler bei der Beleuchtung. Außerdem ziehen diese ungewollten Reflexionen eine aufwendige Nachbearbeitung für Hintergründe und Texturen nach sich. Des Weiteren müssen die Verzerrungen am Rande der Latlong-Map in Abb. 5.13 entfernt werden.

Environment-Map mit Fischaugen-Objektiv

Diese Technik ist heute weit verbreitet und kann als Standard angesehen werden. Die Kamera wird mit einem Fischaugenobjektiv (engl. *fish-eye lens*) versehen. Nachdem sie in einem speziellen Rig im Nodalpunkt zentriert ist, werden drei Aufnahmen im Winkel von 0°, +120° und −120° ausgeführt. Für eine KB-Vollformat-Kamera mit einer Sensorgröße (Filmback) von 36×24 mm hat das Fischaugenobjektiv eine Brennweite von 8 mm, damit die Überlappung der drei Aufnahmen ausreichend groß ist, um die Bilder an den Rändern überblenden zu können (siehe Abb. 5.14). Für andere Brennweiten und Sensorgrößen müssen die Werte entsprechend angepasst werden.

Das Zusammensetzen der Bilder kann in speziellen Stiching-Programmen erfolgen oder es kommt die *SphericalTransform*-Node in der Software *NukeX* zur Anwendung. Das Zusammensetzen der drei Bilder erfolgt dann manuell mit allen Vor- und Nachteilen gegenüber einem automatisierten Prozess. Mit der SphericalTransform-Node ist es möglich,

Abb. 5.14 Einzelbilder für Environment-Map mit Fischaugenobjektiv

[8] LatLong = Latitude Longitude (Kugeltextur)

Abb. 5.15 Zusammensetzen der Fischaugen-Einzelbilder zu einer LatLong-Map

Abb. 5.16 Einfluss der Bildgröße auf den horizontalen Versatz bei einer Fischaugen-LatLong-Map

verschiedene Eingangsformate (Mirror Ball, LatLong Map, Cube, Sphere, 180°-Fisheye Lens u. a.) in die jeweiligen Ausgangsformate umzurechnen.

Da die Qualität der zusammengefügten Map von den richtigen Einstellungen im Workflow abhängt, folgt hier ein kurzer Überblick über die Arbeitsschritte.

Im ersten Schritt werden alle drei Bilder durch Festlegen der Bounding-Box auf die gleiche quadratische Größe beschnitten und neu formatiert (siehe Abb. 5.15, Bild oben links).

Die drei Aufnahmen werden dann in der SphericalTransform-Node gemäß dem Winkel der Originalposition nacheinander als Fischaugenbilder eingefügt (rechtes oberes Bild) und von dieser in eine LatLong-Map umgewandelt. Für die Überblendung an den Rändern kommen Masken mit weichem Rand zum Einsatz (Bilder unten links und unten rechts).

Der kritische Punkt beim Zusammensetzen der Fischaugenaufnahmen ist die Größe der Bounding-Box[8] beim Beschneiden der Originalaufnahmen. Hier kann ein eventueller Versatz in horizontaler Richtung ausgeglichen werden. Der Algorithmus, der die Bilder in die LatLong-Map einfügt, verwendet die Höhe des Bildes als Referenz (engl. *fill vertical*) und skaliert die horizontale Ausdehnung des Bildes entsprechend, da das Bild quadratisch ist.

Die sich im Bild befindenden Pixel in der horizontalen Ausdehnung repräsentieren den originalen Blickwinkel; ist die Bounding-Box zu groß, verkleinert der Algorithmus das Bild, um es in der LatLong-Map in den zur Verfügung stehenden vertikalen Raum einzupassen. Damit wird allerdings auch die Breite des Bildes verringert, was dazu führt, dass beim Anschluss vom ersten zum letzten Bild etwas Material fehlt (siehe Abb. 5.16, erstes Bild). Die Bounding-Box muss verkleinert werden, bis kein Versatz mehr auftritt (siehe Abb. 5.16, zweites Bild).

Ist die Bounding-Box zu klein, vergrößert der Algorithmus das Bild, um die LatLong-Map in der Höhe auszufüllen. Da damit auch die Breite des Bildes vergrößert wird, nimmt das Bild horizontal mehr Raum ein als bei einer korrekten Anordnung, was dazu führt, dass beim Anschluss vom ersten zum letzten Bild Material doppelt vorhanden ist (siehe Abb. 5.16, drittes Bild). Die Bounding-Box muss vergrößert werden, bis kein Versatz mehr auftritt.

Da die drei Bilder die gleiche Größe haben müssen, empfiehlt es sich, eine *Expression*[9] zu verwenden, um gleichzeitig

[9] Begrenzung des aktiven Bildes ohne schwarze Füllfarbe

[10] In eine Software manuell eingefügte mathematische Funktion

Abb. 5.17 Verwendung einer Cube-Map zum Entfernen von Artefakten

Abb. 5.18 Fischaugen-Latlong-Map

alle Bilder in beiden Richtungen (Höhe, Breite) verändern zu können.

Ein weiteres Problem besteht im Entfernen des Kamera-Rigs. In Abb. 5.15 ist im unteren Bereich der zusammengesetzten LatLong-Map der Drehteller der Aufnahmekonstruktion als blaue und graue Fläche gut zu erkennen.

Diese muss mit einem Stempelwerkzeug (engl. *clone*) entweder im Compositing oder in einem Bildbearbeitungsprogramm übermalt werden. Da gerade im unteren und oberen Randbereich die LatLong-Map aufgrund der Kugeltextur stellenweise extrem verzerrt ist, gibt es die Möglichkeit, die LatLong-Map temporär in eine *Cube-Map* (dt. *Würfel-Map*) zu transformieren und mit den unverzerrten Würfelflächen zu arbeiten (siehe Abb. 5.17). Die bearbeiteten Würfelflächen werden dann wieder zu einer LatLong-Map zusammengesetzt (siehe Abb. 5.18).

Environment-Map aus Panorama-Aufnahmen

Das Erzeugen von Environment-Maps mit Fischaugen ist eine sehr schnelle und effektive Technologie. Verwendet man moderne Spiegelreflexkameras, die gegenwärtig eine Auflösung in Höhe von ca. 3800 Pixeln aufweisen, können mit oben vorgestellter Technik Environment-Maps mit einer horizontalen Auflösung 8 k (8192 Pixel Breite) erzeugt werden, wenn die Überlappung bei ca. 30 % liegt. Diese 8 k-Breite, die auch für Panoramabilder bei Google-Earth gefordert wird, ist für Beleuchtungszwecke meist ausreichend, für Texturen – vor allem von Lidar-Scan-Geometrien – allerdings viel zu gering. Die Berliner Firma RISE | Visual Effects Studios verwendet zum Beispiel eine Auflösung von 50 k für derartige Texturen.

Um eine solche hochauflösende Map zu generieren, wird eine Reihe von Einzelbildern aufgenommen, deren Anzahl je nach verwendeter Kamera (Formatfaktor) und Objektiv unterschiedlich ist. Für eine Full-Chip-Kamera mit einem Filmback von 36 × 24 mm und einem 24-mm-Objektiv sind bei 30%iger Überlappung zehn Bilder in horizontaler Richtung notwendig, wenn die Kamera in das Aufnahme-Rig hochkant eingebaut ist. Es werden dann zwei weitere Bilderserien von sechs Aufnahmen ausgeführt, wobei die Kamera jeweils 60° nach oben und unten geneigt ist (siehe Abb. 5.19). Eine so erzeugte Environment-Map kann eine Auflösung von ca. 25 k erreichen.

Für Texturen werden aber auch sehr oft Kameras mit einer geringeren Sensorgröße verwendet. Die dadurch größere Schärfentiefe ist für Umgebungen mit großer Tiefenausdehnung von Vorteil. Da aber durch den Formatfaktor der Bildausschnitt der Kamera bei gleicher Brennweite geringer wird, müssen entsprechend mehr Bilder aufgenommen werden. Das erhöht zwar den Arbeitsaufwand beim Zusammensetzen (engl. *stiching*), führt aber auch zu einer größeren Auflösung.

Im Folgenden wird das Zusammensetzen der Einzelbilder in Nuke beschrieben. Zuerst ist es sinnvoll, die Linsenverzeichnung (siehe Abschn. 7.4) zu entfernen. Um die Originalaufnahmen nicht aufwendig entzerren zu müssen und damit destruktiv zu verändern, bietet die Software die Möglichkeit, die Bilder auf entsprechenden Karten im 3D-Raum anzuordnen (siehe Abb. 5.20).

Abb. 5.19 Environment-Map aus Panoramaaufnahmen

Abb. 5.20 Panorama-Cards in Nuke

Die Positionierung erfolgt einerseits halb automatisch anhand der Kameradaten und andererseits werden die Karten entzerrt und verändern das darauf texturierte Bild nichtdestruktiv. In der Regel ist die Anordnung der horizontal aufgenommenen Bildserie unproblematisch. Das Einbinden der Bilder der +/−60°-Serie ist etwas komplizierter. Hier hilft die Möglichkeit, Teile der Karten im 3D-Raum zu verzerren, ohne die Bilder selbst zu verändern.

Die Latlong-Map wird vom programminternen *Scanline-Renderer* in einem speziellen Modus direkt ohne zusätzliche 3D-Kamera generiert. Hier ist ein weiteres sehr effektives Feature, eine Überblendung der Karten in der 3D-Tiefe zu nutzen, um weiche Übergänge zwischen den Einzelbildern zu erzeugen. Auch hier muss zum Schluss das Kamera-Rig herausgemalt werden (siehe Abb. 5.21).

Ein weiterer Vorteil, den diese Technik bietet, ist das Erstellen einer bewegten 360°-LatLong-Map. Werden die Einzelbilder von einer Spiegelreflexkamera mit Videofunktion aufgenommen, kann bei einer oder mehreren Bilderpositionen statt eines Bildes ein Movie aufgenommen werden. Diese werden skaliert und auf die entsprechenden Karten gelegt. Der Renderer kann dann anstelle eines Standbildes eine Serie von Bewegtbildern ausgeben, die zu einem 8k-360°-Movie zusammengesetzt werden können. Dies ist aber nur möglich, wenn die Bewegung jeweils auf ein Einzelbild begrenzt ist, wie bei den Windrädern in Abb. 5.21.

Natürlich können die Einzelbilder auch mit automatisierten Stiching-Applikationen zusammengesetzt werden. Hier ist die Software PTGui1[10] im VFX-Bereich sehr populär.

High-Dynamik-Range-Environment-Map

Bei einer HDR-Environment-Map ist jedes Einzelbild aus einer Serie von Aufnahmen mit unterschiedlicher Belichtung zusammengesetzt. Hierbei ist zu beachten, dass die Blende gleich bleibt, um die Schärfentiefe nicht zu verändern. Die unterschiedliche Belichtung wird durch die Verschlusszeit geregelt.

[10] https://www.ptgui.com

Abb. 5.21 Panorama-Cards-Latlong-Map

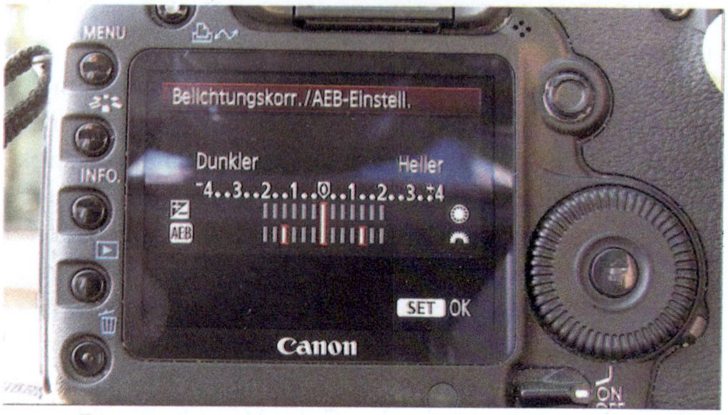

Abb. 5.22 Bracket-Funktion einer DSLR-Kamera

Dies ist manuell möglich oder durch Software von angeschlossenen Zusatzgeräten oder einen Laptop aus. Viele der populären DSLR-Kameras haben eine sogenannte *Bracket-Funktion*, die es ermöglicht, drei oder mehr Aufnahmen mit einstellbarer Belichtung automatisiert vorzunehmen.

In Abb. 5.22 ist die Bracket-Funktion einer DSLR-Kamera dargestellt. Zu der Aufnahme mit der zentralen Belichtung (0) werden hier zwei weitere Bilder mit jeweils +/−1,3 Belichtungsstufen (engl. *stops*) erzeugt. Die Kamera *Canon EOS 5D Mark III* bietet bereits bis zu sieben Belichtungsstufen für die Bracket-Funktion an, was für viele Anwendungen ausreichend ist, besonders dann, wenn am Set wenig Zeit vorhanden ist. Mit *Magic-Lantern,* der unabhängigen Softwareerweiterung der Firmware für Canon-EOS-Digitalkameras, können für diese Kamera bis zu neun Belichtungsstufen automatisch generiert werden.

Die VFX-Firma *Industrial Light and Magic* erzeugt gemäß einem Siggraph-Dokument (Snow 2010) ihre HDR-Environments mit folgender Hardware und deren Parametern:

- *Canon 1D Mark III* Kamera mit *Sigma 8-mm*-Fischaugenobjektiv,
- Stativ mit *Nodal-Ninja-Kamera-Rig*,
- Fernsteuerung für den Auslöser,
- 0,6 ND-Filter (2-stop),
- 7 Belichtungsstufen jeweils 3 Belichtungsstufen entfernt,
- Blende f/16 (bei Sonne), ISO 100,
- Zentraler Belichtungswert 1/32 s.

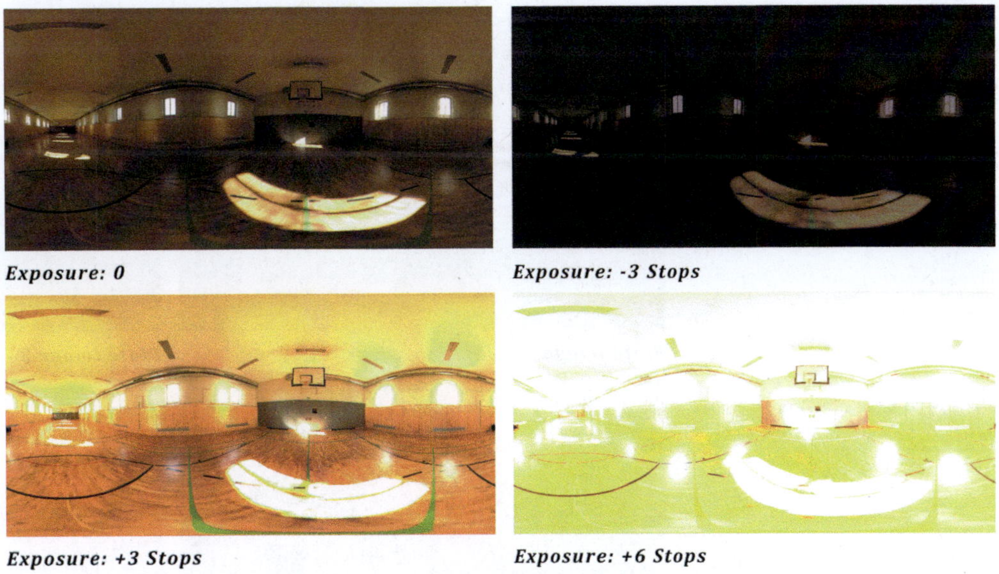

Abb. 5.23 HDR-Environment-Map

Die Bilder der Serie werden dann von einer speziellen Software (zum Beispiel die Freeware *Picturenaut*[11]) zu einem HDR-Bild zusammengesetzt und in ein Format mit Fließkommagenauigkeit (HDR, OpenEXR) gespeichert.

Um aus diesen HDR-Bildern eine HDR-Environment-Map zu erhalten, werden die in den vorherigen Abschnitten beschriebenen Technologien verwendet. Eine solche HDR-Map hat abhängig von der Anzahl der Belichtungsstufen eine enorme Dynamik, wobei die Sonne in einem scene-referred codierten Bild Werte von mehreren Tausend über dem Einheitswert des Farbraumes annehmen kann. Abbildung 5.23 zeigt vier zufällig ausgewählte Belichtungsstufen.

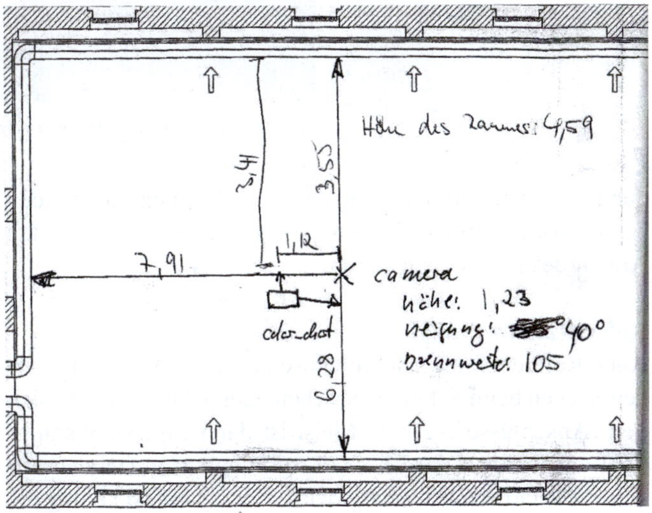

Abb. 5.24 Set-Survey-Zeichnung

5.1.4 Erfassen von Set- und Bewegungsdaten

Set-Survey

Ein weiterer wichtiger Aspekt bei der Vorbereitung für die Postproduktion, VFX und Motion Graphics (zum Beispiel Einfügen von Text im Abspann) sind Aufzeichnungen vom Set. Die Menge der verfügbaren Daten von Kamera- und Objektivparametern, Audioaufzeichnungen, Standbilder, Synchrondaten sowie Licht- und Scheinwerfereinstellungen (zum Beispiel Lichttemperatur) bei Standardsets bis hin zu allen Arten von Witness-Kameras[12] sowie Bewegungsdaten (Motion Capture, Animatronics) bei aufwendigeren Produktionen hat zu einer völlig neuen Berufsgruppe, den *Data Wranglern* geführt. Sie sind dafür verantwortlich, dass alle verfügbaren – zumeist digitalen – Daten sicher und organisiert aufgezeichnet werden.

Viele Kamera- und Objektivparameter können durch die Metadaten auch später noch ausgelesen werden. Ein Tipp für Arbeiten mit Spiegelreflexkameras, deren Videofunktion verwendet werden soll: Da hier keine umfangreichen Metadaten verfügbar sind, ist es hilfreich, die Kamera für die Videoaufzeichnung vorzubereiten und dann mit den gleichen Parametern ein Standbild (engl. *still*) zu fotografieren. Da die Kamera intern weiterzählt, können die EXIF-Daten des Standbildes mit den nachfolgenden Videoaufzeichnungen assoziiert werden.

Aufzeichnungen über die Set-Geometrie sind wegen der kaum zur Verfügung stehenden Zeit komplizierter. Je mehr Informationen notiert werden, desto besser. Neben Standarddaten wie Projektname, Szenenname, Datum, Ort und Lichtbedingungen sind Messungen der Set-Geometrie von unschätzbarem Wert, da diese als Referenzwerte für das 3D-Modeling und das Matchmoving fungieren (siehe Abschn. 5.3.2). Diese Aufzeichnungen können sowohl den Szenenaufbau (Möbel, Stellwände, Fenster, Türen, Treppen, Plattformen, wichtige Requisiten), als auch die Lage der Dollyschienen und/oder des Kamerastandpunktes beinhalten. Sie werden dann in lesbare Zeichnungen übertragen. Für spezielle VFX-Shots wie in Abb. 5.24 werden die Lage der Lichtsample-Elemente und die Parameter der fotografieren-

[11] http://www.picturenaut.de

[12] Video-Kameras, die zusätzliche Szeneninformationen aufzeichnen

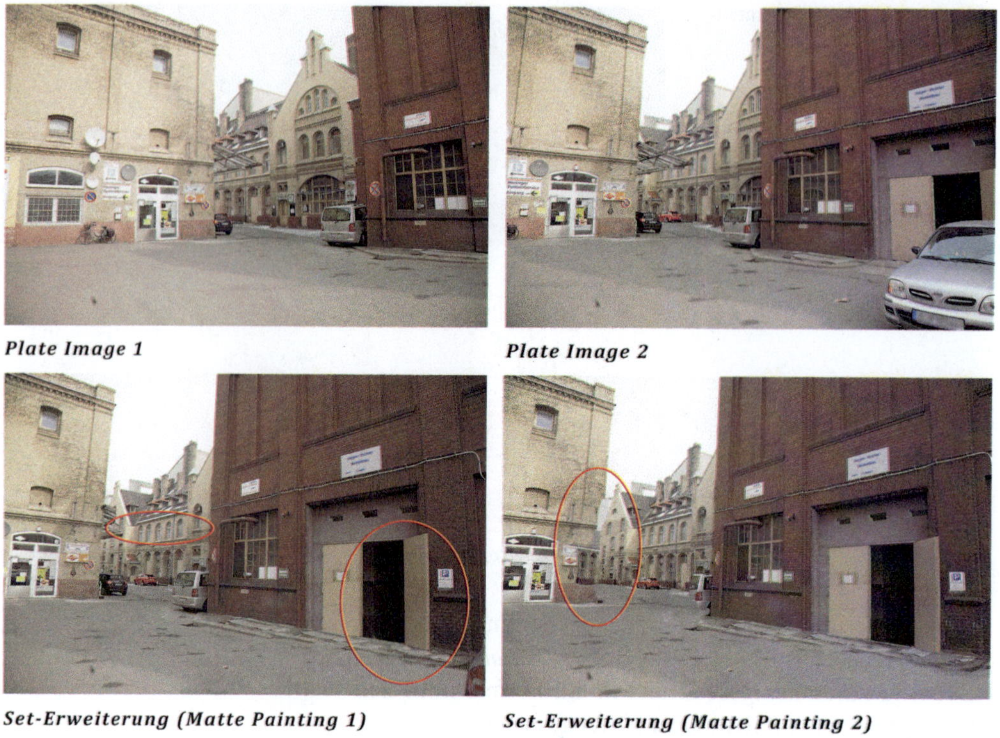

Abb. 5.25 Verwendung von Referenzfotos

den Kamera notiert. Dies muss in enger Abstimmung mit den Verantwortlichen am Set erfolgen und darf den generellen Ablauf des Drehs nicht stören.

Referenzfotos (Stills)

Auch Referenzfotos sind von unschätzbarem Wert. Oft werden Szenen beim Schnitt gestrichen oder gekürzt, sodass sich neue Anschlüsse ergeben. Meist ist dann ein Establishing-Shot notwendig. Dies ist eine Eröffnungsszene, bei der entweder die Örtlichkeit gezeigt wird oder bei einem Dialog die Figurenkomposition. Wenn zum Beispiel vom Inneren eines Gebäudes in das Innere eines anderen geschnitten wird, ist es meist sinnvoll, das neue Gebäude zu zeigen, um den Zuschauer nicht zu verwirren. Hat es die Produktion versäumt, Aufnahmen von der Örtlichkeit anzufertigen, sind solche Referenzfotos äußerst hilfreich. Meist werden sie aber für die vielfältigen Bedürfnisse der VFX-Pipeline benötigt. Einsatzgebiete sind Hintergründe, Texturierungen für Geometrien, Vorlagen für Reflexionen, Hilfen beim Entfernen von störenden Details in den Aufnahmen oder zum Ausgleich der Polarisationsartefakte bei Stereo3D-Material.

Der wichtigste Aspekt beim Anfertigen von Referenzaufnahmen ist, dass der Blickwinkel unterschiedlich von dem der Shot-Kamera ist. Dadurch können Teile der Szene, die durch die Parallaxe verdeckt sind, in der Referenz festgehalten werden. Abbildung 5.25 zeigt das Problem. Die Aufgabe in dieser Szene ist, aus vier Standbildern einer industriellen Hinterhofumgebung eine digitale Szene zu entwickeln, in der sich eine Render-Kamera in den für diese Technik üblichen Grenzen bewegen kann, um Teile eines Musikvideos zu drehen. Durch Entfernen von störenden Fahrzeugen und durch die Parallaxeänderung der Shot-Kamera werden Teile der Szene aufgedeckt, für die keine Referenz vorhanden ist (rot umrandet). Diese müssen aus Elementen der Aufnahmen ohne Bezug zum tatsächlichen Aussehen rekonstruiert werden, wenn keine Referenzfotos vorhanden sind.

Texturen

Eine der wichtigsten Vermögenswerte einer VFX-Firma ist eine Bibliothek mit Texturen und Referenzen. Für spezielle Aufgaben können Recherchen in Museen oder vor Ort arrangiert werden. In der alltäglichen Arbeit ist aber meist keine Zeit dafür, sodass auf die interne Bibliothek zugegriffen wird. Hier ist es sinnvoll, schon im Vorfeld kontinuierlich Referen-

Abb. 5.26 Destruktionstexturen

Abb. 5.27 Verwendung von Texturen in einem Digital-Matte-Painting

zen zu fotografieren und eine solche Bibliothek aufzubauen. Für die Aufnahme von Texturen gelten eigene Regeln, von denen das Vermeiden von Schatten eine der wichtigsten ist, weshalb sie möglichst bei bedecktem Himmel fotografiert werden sollten.

Abbildung 5.26 zeigt einige Referenzen und deren Zusammenfügen in einem Digital-Matte-Painting (DMP) in Abb. 5.27.

Aber nicht nur die Aufnahmen von Stills sind wichtig. Referenzen für Bewegungen, vor allem von Tieren, sind ebenfalls notwendig. Weiterhin werden mit Hilfe von hochwertigen Spiegelreflexkameras sogenannte Plate-Aufnahmen gemacht, in der sich ein spezielles Objekt – zum Beispiel ein Baum – bewegt. Diese können dann auf Karten in eine 2.5D-Compositing-Umgebung eingefügt werden. Auch hier ist eine gut ausgestattete Bibliothek von großem Wert.

Als die Regie während der Arbeit am Film *Green Zone* (Regie Paul Greengrass, GB, USA, Frankreich 2010) feststellte, dass in einer Szene der Swimming-Pool des digitalen Königspalastes in Bagdad stärker bevölkert werden sollte, ließ sich der verantwortliche Compositing-Artist beim Tischtennis filmen und fügte dies in die Aufnahmen ein.

Lidar-Scans

Da menschliche Aufzeichnungen vom Set – vor allem unter zeitlicher Belastung – viel zu ungenau sind, werden in letzter Zeit verstärkt 3D-Scanner verwendet, um eine Repräsentation der Szenenumgebung zu erzeugen. Die entsprechende Lidar-Technologie besteht aus einem über einen Spiegel gesteuerten Laser, der die Umgebung abtastet, die Entfernung zu den umgebenden Objekten misst und eine sogenannte *Punktwolke (engl. point cloud)* erzeugt, die das Set im 3D-Raum repräsentiert. Laut dem *Oxford English Dictionary* besteht der Name ursprünglich aus der Zusammensetzung von *LIght* und *raDAR*[13] und wird *lidar* geschrieben. Populäre Schreibweisen sind außerdem LIDAR, LiDAR und LADAR. Vor militärischem Hintergrund wird der Name auch als *Laser Illuminated Detection And Ranging* interpretiert.

Abb. 5.28 Lidar-Scanner

Für das Set-Scanning sind Scanner der Firma *Faro* sehr populär, wie das Modell *Focus 3D X 330* in Abb. 5.28 beim Scannen eines Innenhofs auf der Festung Königstein.

In der ersten Runde eines 360°-Scans wird die Punktwolke ermittelt, bei einer zweiten Runde werden Fotos aufgenommen und damit die Punktwolke gefärbt. Der Scanner bietet auch die Möglichkeit, mit einem zusätzlichen Interface hohe Gebäude oder Straßenzüge zu scannen, wobei er keine horizontalen Drehbewegungen ausführt und nur vertikal rotiert. Dieser Scan wird auch als Helix-Scan bezeichnet, weil der Verlauf der Laserabtastung einer Helix ähnelt. Der Scanner muss für diese Anwendung von Fahrzeugen oder Drohnen bewegt werden.

Eine gescannte Umgebung besteht aus einer Reihe von Einzelscans, die mit Hilfe von Referenzpunkten oder speziellen mitgelieferten Referenzkugeln und -markern von einer Software zu einer einzigen Punktwolke, welche die gesamte Umgebung umfasst, zusammengefügt wird. Natürlich ist diese aufgrund von Hinter- und Unterschneidungen nicht ganz komplett und muss nachbearbeitet werden. Bei der Ka-

[13] Etymology: <li- (in LIGHT n.) + -dar (in in RADAR n.), Oxford English Dictonary, Zugriff: 30. März 2015

Abb. 5.29 Mit Lidar gescannte Kanone

none in Abb. 5.29 fehlen zum Beispiel der untere Abschluss und die durch die Räder verdeckten Bereiche.

Die vom Scanner erstellte Punktwolke kann durch spezielle Software *(Geomagic Studio, MeshLab)* in Polygon-Geometrie umgerechnet und mit Environment-Maps texturiert werden. Dies wird von großen VFX-Firmen vor allem für Gebiete angewendet, in denen Dreharbeiten wegen der sensiblen Lage zu politischen Zentren (Weißes Haus, Capitol, Reichstag) nicht möglich sind oder ein Großteil der Umgebung zerstört werden soll.

Punktwolken können auch zur Unterstützung für Matchmoving-Software verwendet werden (siehe Abschn. 7.3). Außerdem ist es möglich, diese in einer reduzierten Auflösung in 3D- oder Compositing-Programme als Referenz für die Platzierung von Modellen zu importieren.

Abbildung 5.30 zeigt das Vorgehen. Im linken oberen Bild ist die Punktwolke zu erkennen. Außerdem wurde eine mit einem Baum texturierte 2.5D-Karte (Card) an der geometrisch richtigen Stelle positioniert. Im rechten oberen Bild wurden zwei weitere 2.5D-Karten eingefügt. Das linke untere Bild zeigt eine Draufsicht mit den 2.5D-Karten und der Punktwolke. Das rechte untere Bild zeigt nur die Karten.

Diese 2.5D-Technik ist im Compositing sehr beliebt und weit verbreitet, da keine aufwendige fotorealistische 3D-Szene erstellt werden muss. Außerdem sind die Renderzeiten gering, da die meist zeitintensiv zu berechnende Lichtsituation bereits in die Fotografie „eingebacken" ist.

Abbildung 5.31 zeigt eine entsprechende Szenerie und die Notwendigkeit, 2.5D-Karten einzusetzen. Die Aufgabe ist, das Hintergrundgebäude in einen Zustand zu versetzen, der Alterungs- und Destruktionserscheinungen an der Fassade erkennen lässt. Da sich Bäume im Vordergrund befinden und in Folge der Parallaxenänderung stetig Flächen des mittleren Gebäudeteils, aber auch sich selbst wechselseitig verdecken (oberes linkes Bild), müssten aufwendige Masken erzeugt werden. Um das zu vermeiden, wird die Aufnahme in eine 2.5D-Szene umgewandelt. Aus der Bildsequenz wird ein Einzelbild ausgewählt, das den zu verändernden Bildausschnitt gut und vollständig darstellt.

Mit Hilfe von Referenzfotos können nun die störenden Elemente entfernt werden. Man erhält eine so genannte *Clean-Plate*, auf die dann ein entsprechendes Matte-Painting aufgetragen werden kann. Dieses veränderte Bild wird dann im 3D-Raum auf eine entweder aus Lidar- oder Matchmove-Daten generierte grobe Geometrie (siehe Abschn. 9.2) projiziert (Bild oben rechts). Im nächsten Schritt werden alle entfernten Elemente (Bäume, Laternen usw.) auf Karten an der richtigen Position eingefügt (Bild unten links). Hier ist eine Repräsentation der Originalgeometrie in Form von Scan-Daten äußerst hilfreich. Die durch das Matchmoving generierte 3D-Kamera fotografiert die Szene und wird von dem maskierten Live-Action-Footage überlagert (siehe auch Kap. 8).

Abb. 5.30 Lidar-Scan-Daten als Geometriereferenz

Abb. 5.31 Aufbau einer 2.5D-Szene

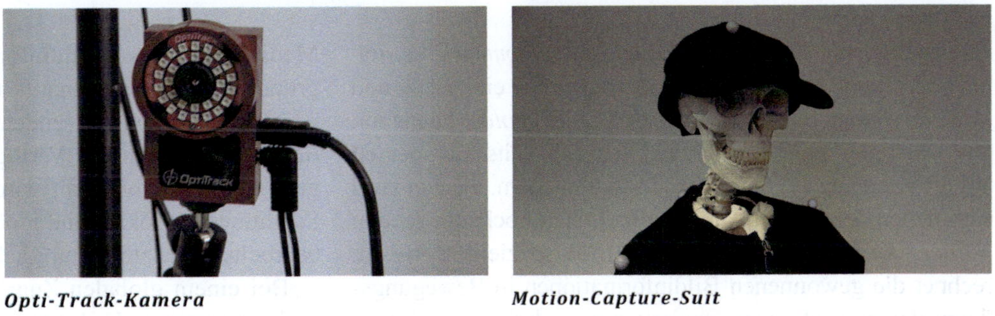

Abb. 5.32 Motion-Capture-System

Motion-Capture (MoCap)

Die Motion-Capture-Technologie wird vor allem dann angewandt, wenn Darsteller durch digitale Charaktere ersetzt werden sollen. Motion Capture findet in speziell dafür eingerichteten Studios statt, in denen die Bewegungen der Darsteller mit einer größeren Anzahl von Motion Capure Kameras aufgenommen werden. Hier gibt es eine Reihe unterschiedlicher Technologien, deren weitergehende Diskussion den Rahmen dieser Arbeit sprengen würde. Meist wird ein optisches System der Firma *Vicon* mit 12 und mehr Kameras verwendet.

Abbildung 5.32 zeigt im linken Bild eine Kamera der Firma *Natural Point*[14]. Das *Opti-Track-System* basiert auf Infrarot-Technologie und kann je nach verwendeter Kamera die Umgebung bis zu 360-mal pro Sekunde abtasten (die Kamera im Bild hat eine Bildrate von 100 fps). Sie registriert die Positionen aller sichtbaren Marker am *mocap suit* (rechtes Bild mit einem für ein Medizinlabor angemessenen Aufbewahrungssystem, das keine Rückschlüsse auf die Dauer des Motion Capture Prozesses zulassen sollte). Dabei werden die Informationen aller Kameras abgeglichen und die Position der Marker im 3D-Raum ermittelt.

Aus diesen Positionen werden in der Software die Drehbewegungen der Gelenkknochen generiert und an ein Standard-Rig angewendet, die dann als Animationen exportiert werden (zum Beispiel nach *Autodesk Motion Builder*) und mit speziellen In-App-Plug-ins (zum Beispiel *HIK* in Maya) auf andere digitale Charaktere übertragen werden können. Obwohl dieses Studio-Motion-Capture meist für *Computer Games* charakteristisch ist, gibt es auch viele Filme, die diese in die Kategorie *Virtual Production*[15] fallende Technologie verwenden. Ein prominentes Beispiel dafür ist der Film *Avatar* (Regie James Cameron, USA, GB 2009).

Eine weitere wichtige Technik im Zusammenhang mit *Virtual Production* ist das *Camera Capturing*. Hier wird ein mit mindestens vier Markern versehenes Kamerasubstitut (im einfachsten Fall ein Holzkreuz) verwendet und im Raum bewegt. Durch das Motion-Capture-System wird dessen Bewegung in Echtzeit auf eine Kamera in einer vorgefertigten 3D-Szene übertragen. Das von der 3D-Kamera aufgenommene Bild wird wiederum auf einem auf dem Kamerasubstitut angebrachten Monitor, zum Beispiel einem *iPad*, gezeigt,

[14] https://www.naturalpoint.com

[15] Echtzeitdarstellung und -wahrnehmung der Wirklichkeit in einer computergenerierten virtuellen Umgebung

sodass der Kameraoperator sich direkt in der 3D-Szene bewegen kann. Diese Kameraanimationen können aufgezeichnet und in eine hochauflösende 3D-Szene übertragen werden, wo es möglich ist, diese Bewegungen für das finale Rendering zeitlich und räumlich zu verändern und zu glätten.

Motion-Capture im Studio, losgelöst vom Set und damit von der Interaktion mit anderen Schauspielern, stößt allerdings schnell an künstlerische Grenzen. *Industrial Light and Magic* entwickelte im Zusammenhang mit der *Pirates-of-the Carribbean-Filmreihe* eine Möglichkeit, die originale Performance der für die Vorlage der digitalen Charaktere eingesetzten Schauspieler aufzunehmen. Da Motion-Capture aufgrund der Bedingungen am Set (kaum zusätzliche Zeit im First-Unit-Team, Drehen im Wasser, technische Aufbauten, die die Szene verstellen, Sonneneinstrahlung, die das Infrarotsystem stört, mobile Energieversorgung usw.) nicht möglich war, musste die Bewegung der digitalen Charaktere in der Postproduktion aufwendig an die Originalperformance angepasst werden. Da sie sehr zeitaufwendig war, suchte man nach einer anderen Lösung.

Das Ergebnis dieser *Research-and-Development*-Aktivitäten (R&D) wurde im zweiten Film der Reihe eingesetzt und *iMoCap (Image Based Motion Capture Technology)* genannt. Die Darsteller agieren in grauen iMoCap-Suits mit speziell auf die Kleidung aufgebrachten Markermustern, die von zwei sich neben der Hauptkamera befindlichen hochauflösenden *Witness-Kamera*s erfasst werden. Eine spezielle Software rechnet die gewonnenen Bildinformationen in Bewegungsdaten des menschlichen Skeletts um, wobei ein wichtiges Ausschlusskriterium die Begrenzung der Bewegungsfreiheit des Körpers ist. Zum Beispiel kann der Ellenbogen nicht nach hinten durchgebogen werden. Ein großer Vorteil dieser Technologie ist, dass zwischen zwei unterschiedlichen Takes eines Schauspielers geschnitten werden kann und die Möglichkeit besteht, die resultierende Performance auf digitaler Ebene zu überblenden und zu glätten.

Ein ähnliches System wurde von der neuseeländischen Firma *Weta Digital* entwickelt. Es verwendet aktive Infrarot-LEDs für jeden der Marker, die direkt in die Suits eingenäht werden.

Facial-Capture

Facial-Capture ist eine junge Wissenschaft, die nicht nur im Film, sondern auch in angrenzenden Bereichen wie der Medizin angewendet wird. Sie beschäftigt sich mit der Reproduktion der Gesichtsausdrücke auf digitaler Ebene, die für die Glaubwürdigkeit digitaler Charaktere von überragender Bedeutung sind. Auch hier spielt Weta Digital eine führende Rolle bei der Verarbeitung der gewonnenen Daten. Die Schauspieler tragen ein Head-Set mit einer Kamera, die das Gesicht während der Performance filmt. Um die Gesichtsausdrücke auf einen digitalen Charakter zu übertragen, werden einerseits Anleihen bei den in digitalen Animationen weit verbreiteten *Blend-Shapes* genommen und andererseits ein *Reverse Engineering-System* angewendet.

Blend-Shapes sind bestimmte Gesichtsausdrücke für Emotionen (wütend, schmollend, freudig) und Buchstabenbildung (Mundstellung), die mit Hilfe von digitalen Controllern ineinander überblendet werden können. Weta hatte in ihrem 2010er Facial-Capture-System etwa 100 dieser Ausdrücke registriert.

Das verwendete Reverse-Engineering-System registriert die Veränderung der im Gesicht angebrachten Markerpunkte und schließt damit auf die Bewegung der darunter liegenden realen Muskeln. Das Ergebnis wird auf digitale Muskeln übertragen, die wiederum die digitale Haut bewegen.

5.2 Schnitt von bewegten Bildinhalten

5.2.1 Anforderungen an die Hard- und Software

Medien, die Bewegtbildinformationen enthalten, sind aufgrund des hohen Datenaufkommens zumeist komprimiert. Abhängig von den verwendeten Codecs müssen unterschiedliche Bandbreiten zur Verfügung stehen, damit ein flüssiges Arbeiten ermöglicht wird. Dabei sind ausgehend vom Schnittsystem lokale und globale Zugriffsweisen auf das zu bearbeitende Material möglich.

Bei einem globalen Zugriff kann über ein WAN (engl. *wide area network*), LAN (engl. *local area network*) oder ein eingebundenes Netzlaufwerk (SAN, engl. *storage area network*) auf die Mediendateien zugegriffen werden. Mit heutigen zur Verfügung stehenden Bandbreiten in der Netzwerktechnik ist diese Zugriffsweise praktikabel. Probleme treten dann auf, wenn mehrere Benutzer auf das gleiche Material zugreifen. Zum einen entstehen mögliche Engpässe in der zur Verfügung stehenden Gesamtbandbreite und zum anderen können Probleme im Versionsmanagement auftreten, wenn eine Datei von zwei oder mehreren Benutzern gleichzeitig bearbeitet wird.

Bei einer lokalen Arbeitsweise greift ausschließlich ein Benutzer auf die Medien zu. Die entsprechenden Datenträger – zumeist Festplatten, SSD-[16] oder andere zukünftige Speichermedien – besitzen einen direkten Anschluss für den Rechner, auf dem das Material bearbeitet wird.

USB

Die *USB-Schnittstelle* (engl. *universal serial bus*) ist eine universelle Schnittstelle zur Datenübertragung für externe Speichermedien wie Festplatten, Speicher-Sticks, aber auch für Peripheriegeräte wie Fotoapparate, Audio-Interfaces, MP3-Player, etc. 1996 wurde USB in der Spezifikation 1.0 mit

[16] SSD – Solid State Disk

einer Bandbreite von ca. 12 MBit/s eingeführt. Diese Datenrate ermöglicht nominell eine Übertragung von mit 9,8 MBit/s ausgelegtem DVD-Video-Material. Ein flüssiger Datenstrom ist jedoch nicht immer gewährleistet, da zu den Videodaten noch weitere Daten übertragen werden. Es erfolgt im professionellen Bereich deshalb keine Bearbeitung von Videomedien mit direktem Zugriff auf ein externes Speichermedium unter Nutzung des USB-1.0-Protokolls. Broadcast-taugliche SD[17]-Codecs wie zum Beispiel MPEG-2-IMX weisen eine Datenrate von mindestens ca. 50 MBit/s auf. Hier werden andere Schnittstellen benötigt.

Im Jahr 2000 wurde die USB-Schnittstelle um die Spezifikation 2.0 erweitert. Sie besitzt eine Bandbreite von 480 MBit/s. Panasonic verwendet beim AVC-Intra-100 Codec ca. 100 MBit/s. Dieser Codec kommt bei der HDTV-Aufzeichnung in P2-Systemen zum Einsatz. Für den Schnitt von P2-Material ohne Transcodierung kann je nach Arbeitsweise eine USB 2.0-Schnittstelle verwendet werden. Allerdings kann bei Zugriff des Schnittsystems auf mehrere Mediendateien und gleichzeitiger Übertragung von Fehlerkorrekturdaten sowie anderen Daten die Kapazität der Schnittstelle bei der Bearbeitung von hochqualitativen Mediendateien schnell ausgereizt werden. Ein professionelles Arbeiten ist somit auch über die USB-2.0-Schnittstelle kaum möglich.

Im Jahr 2014 wurde die Spezifikation USB 3.1 mit einer maximalen Brutto-Datentransferrate von ca. 10 Gbit/s verabschiedet. Der Datendurchsatz aktueller Festplatten liegt bei etwa 160 MB/s (160 MB/s ≈ 1,28 Gbit/s). Der limitierende Faktor ist somit nicht mehr die USB Schnittstelle. Ein flüssiges Arbeiten mit aktuellen HD- und 4 k-Medien ist bei dieser Bandbreite in der Regel möglich, jedoch können weitere Faktoren wie Fragmentierungsgrad der Festplatte, Bussystem im Rechner, verwendeter Codec der Medien etc. den Datendurchsatz beeinflussen.

Die USB-Schnittstelle basiert auf einer Master/Slave-Architektur. Das heißt, die CPU (engl. *central processing unit*) des Rechners übernimmt die Kontrolle des Datenverkehrs, was dessen Performance limitiert. Aktuelle ENG-Kameras (engl. *electronic news gathering*), wie zum Beispiel die Panasonic AJ-PX5000G-Kamera, die im täglichen EB-Betrieb *(Elektronische Berichterstattung)* Anwendung findet, besitzen eine USB-Schnittstelle. Diese dienen jedoch zumeist der Übertragung und Sicherung der aufgenommenen Audio- und Videodaten auf externe Speichermedien.

Firewire (IEEE 1394)
Die IEEE 1394 Schnittstelle, die von Apple als Firewire eingeführt worden war, beruht auf einer von der CPU entkoppelten Architektur. Das heißt, es erfolgt die Kontrolle des Datenverkehrs über eigene Controller. Ebenso ist der Datenverkehr im Vollduplexmodus bi-direktional, das heißt, beide Richtungen des Datenverkehrs finden gleichzeitig und unabhängig voneinander statt.

Die Verbindung über eine IEEE 1394 Schnittstelle ermöglicht sowohl Datentransfer-Betrieb als auch eine Echtzeitübertragung im Audio- und Videostreaming. Sie wird vornehmlich im Heimbereich angewandt und ist *plug-and-play*-tauglich. Das heißt, Endgeräte wie Festplatten, Kameras etc. mit einer IEEE 1394 Schnittstelle können genauso wie USB im laufenden Betrieb mit einem Rechner verbunden werden. Die unter Firewire 400 bekannte Schnittstelle verwendet eine ähnliche Bruttodatenrate wie die USB-2.0-Spezifikation. Mit der Firewire 800-Schnittstelle wurde diese in etwa verdoppelt. Auf Grund der Architektur der Firewire-/IEEE 1394-Schnittstelle ist eine Datenrate von etwa 2/3 der Bruttodatenrate nutzbar.

Tab. 5.1 Übersicht – SATA Schnittstellen und deren Bandbreiten

Offizielle Bezeichnung	Geläufige Bezeichnung	Netto-Bandbreite
Serial ATA 1,5 GBit/s	SATA I	1,2 GBit/s
Serial ATA 3,0 GBit/s, SATA Revision 2.x	SATA II, SATA-300	2,4 GBit/s
Serial ATA 6,0 GBit/s, SATA Revision 3.x	SATA III, SATA-600	4,8 GBit/s
SATA Express 8,0 GBit/s; 16 GBit/s, Revision 3.2		7,88 GBit/s; 15,76 GBit/s

SATA
Die *SATA-Schnittstelle* (Serial ATA) ist eine rechnerinterne Schnittstelle zum Anschluss von Festplatten und SSD-Speichermedien. SATA ist nicht *plug-and-play*- bzw. *hot-swap*-tauglich. Das heißt, die Geräte können nicht im laufenden Betrieb mit einem Rechner via SATA verbunden werden. Die SATA-Schnittstelle ist aktuell eine sehr gute Möglichkeit, Festplatten und SSD-Speichermedien mit einem Rechner direkt zu verbinden. Sie bietet eine hohe Datentransferrate mit hoher Zuverlässigkeit. Die zur Verfügung stehenden Bandbreiten sind in der Tab. 5.1 zusammengefasst.

Massenspeicher und Speicherverbundsysteme
Für die Aufbewahrung der Daten werden zwei Massenspeichersysteme verwendet – das sind einerseits die Festplatte (engl. *hard disk*) und andererseits das *Solid-State-Drive (SSD)*, das ohne bewegliche Teile auskommt. Die Festplatte arbeitet mit mehreren rotierenden magnetischen Scheiben, die übereinander in einem Gehäuse gelagert sind und mit beweglichen Köpfen abgetastet werden. Jede Festplatte besitzt einen eigenen Controller, der den Zugriff auf die Daten steuert.

Aktuelle Festplatten können Daten von mehreren Terabyte speichern. Sie können vom Hersteller für unterschiedliche Aufgaben optimiert werden. Festplatten für Serveranwendungen haben sehr hohe Laufzeiten und eine hohe Aus-

[17] SD – Standard Definition, zum Beispiel digitales PAL Fernsehen

fallsicherheit. Bei Audio- und Videoanwendungen liegt der Schwerpunkt bei hohen Datenraten und ebenfalls einer hohen Ausfallsicherheit. Um einen hohen Datendurchsatz zu gewährleisten, werden zumeist SATA-Schnittstellen verwendet. Die Rotationsgeschwindigkeiten der Magnetscheiben liegen bei 7200 und 5400 Umdrehungen pro Minute (UPM).

Eine wichtige Grundvoraussetzung für den Echtzeitbetrieb in der Medienproduktion liegt in der Gewährleistung konstanter Datenströme. Durch die Integration von Zwischenspeichern (engl. *cache*) in den Festplatten wird verhindert, dass es beim Lesen einer Mediendatei, die aus nichtkontinuierlich auf der Festplatte verteilten Datenblöcken besteht, zu Ausfällen kommt. Die Ursache für diese Nichtkontinuität der Verteilung liegt in der Fragmentierung der Festplatte. Diese wird dadurch hervorgerufen, dass kleinere Dokumente gelöscht werden und führt dazu, dass die in der Regel größeren Mediendateien nicht fortlaufend in die zur Verfügung stehenden freien Speicherblöcke geschrieben werden können. Deshalb sollten Mediendateien auch auf getrennte Festplatten geschrieben und nicht mit Daten des Betriebssystems oder Büroanwendungen gemischt werden. Die notwendige Defragmentierung der Festplatten erfolgt automatisch (Mac OS X) oder muss manuell ausgeführt werden.

SSD-Laufwerke besitzen keine beweglichen Teile, die Speicherung erfolgt in sogenannten Flashspeicherzellen. Dadurch werden im Gegensatz zur Festplatte kürzere Zugriffszeiten realisiert. Die Datendurchsatzraten sind aber nahezu identisch, da der limitierende Faktor beider Massenspeichersysteme die SATA-Schnittstelle ist.

Dateisysteme in der Medienproduktion

Massenspeicher wie USB-Sticks, Festplatten, SSD etc. verwenden ein Dateisystem. Dateisysteme organisieren die Verwaltung der Nutzdaten und stellen zudem die Integrität der Daten sicher. Weitverbreitete Dateisysteme sind *FAT16* und *FAT32* (FAT, engl. *file allocation table*). FAT ist ein universelles Austauschformat und beinhaltet eine Tabelle, die das Inhaltsverzeichnis des Datenträgers bzw. Massenspeichers enthält. In ihr sind die Daten organisiert und deren Position auf dem Massenspeicher aufgelistet sowie Informationen angegeben, in welcher Form die Nutzdaten geschrieben wurden.

FAT16 verwendet eine 16-Bit- und FAT32 eine 32-Bit-Adressierung der Datenblöcke. FAT16 findet kaum noch Anwendung, wogegen FAT32 häufig bei USB-Speichersticks und auch bei Festplatten verwendet wird. Die maximale Größe einer einzelnen Datei ist bei FAT32 auf ca. 4 GB begrenzt. Ein großer Vorteil ist, dass FAT32-formatierte Speichermedien sowohl von Windows als auch in Mac-OS-X-Betriebssystemen nativ unterstützt werden (Lesen und Schreiben). SSD-Speichermedien der RED-Kameras verwenden das FAT32-Dateisystem. Die RAW-Daten einer Aufnahme werden aufgrund der limitierten Größe in mehreren 4 GB großen Einzeldateien abgelegt, die aber als eine Gesamtdatei interpretiert werden.

Windows Betriebssysteme verwenden das Microsoft-eigene *NTFS* (engl. *new technology file system*) Dateisystem. Die Größe einer einzelnen Datei ist theoretisch auf ca. 17 TB begrenzt. Mac OS X Betriebssysteme verwenden das *HFS/HFS+* (engl. *hierarchical file system*) Dateisystem. Einzelne Dateien sind hier auf ca. 8 TB in ihrer Größe begrenzt. Sowohl NTFS- als auch HFS-formatierte Massenspeicher arbeiten in Bezug auf Audio- und Videoanwendungen aufgrund der Architektur der beiden Dateisysteme gleichermaßen performant.

Unter Windows ist es nicht möglich, nativ lesend und schreibend auf mit HFS/HFS+ formatierte Massenspeicher zuzugreifen. Unter Mac OS X ist es im Gegensatz dazu möglich, nativ lesend auf NTFS-Dateisysteme zuzugreifen. Für die Betriebssysteme Windows und Mac OS X stehen jedoch Lösungen bereit, die nachträglich in das Betriebssystem integriert werden, um jeweils sowohl NTFS- als auch HFS-Massenspeicher lesend und schreibend zu verwalten. Somit können die entsprechenden Anwendungen beider Betriebssysteme unter Berücksichtigung der Rechteverwaltung auf mit NTFS/HFS formatierte Massenspeicher nativ zugreifen.

Möglichkeiten der Steigerung des Datendurchsatzes bei Massenspeichern

In Bezug auf die Bearbeitung von Audio- und Videomaterial sind Zugriffsgeschwindigkeit und Datendurchsatz von großer Wichtigkeit. Aktuelle Systeme ermöglichen ein flüssiges Arbeiten, jedoch ist es besonders bei großen Produktionen mit multiplen Kamerastandpunkten notwendig, mehrere Mediendatenströme gleichzeitig und ohne Unterbrechung wiederzugeben. Ein weiterer Aspekt ist die Datenintegrität. Hier müssen die Sicherheit und die Verfügbarkeit der Daten beim Ausfall einer oder mehrerer Massenspeicher gewährleistet sein. Um diesen Anforderungen zu entsprechen, werden RAID-Systeme (engl. *redundant array of independent disks*) verwendet. Dabei arbeiten Festplatten in einer bestimmten Konfiguration zusammen und treten als ein logisches Laufwerk auf. Ein RAID-System kann als Software- oder Hardware-RAID ausgeführt sein und setzt mindestens zwei Speichermedien voraus. Sogenannte Levels beschreiben die Funktionalität in Bezug auf Datendurchsatz und Datenintegrität.

Level RAID 0, auch als *Striping* (dt. *Streifen, Stückelung*) bezeichnet, dient der Erhöhung des Datendurchsatzes und somit der Geschwindigkeit, mit der die Daten gelesen und geschrieben werden. Hier sind die Blöcke der beteiligten Festplatten in gleiche Größen aufgeteilt. Der Zugriff erfolgt in einer Art Reißverschlussverfahren. Das bedeutet, dass sich die Mediendaten zumeist in gleichen Anteilen fragmentiert auf den entsprechenden Massenspeichern befinden. Der Nachteil dieses Levels ist, dass keine Redundanz vorliegt und bei Ausfall einer oder aller Festplatten die Daten verloren gehen.

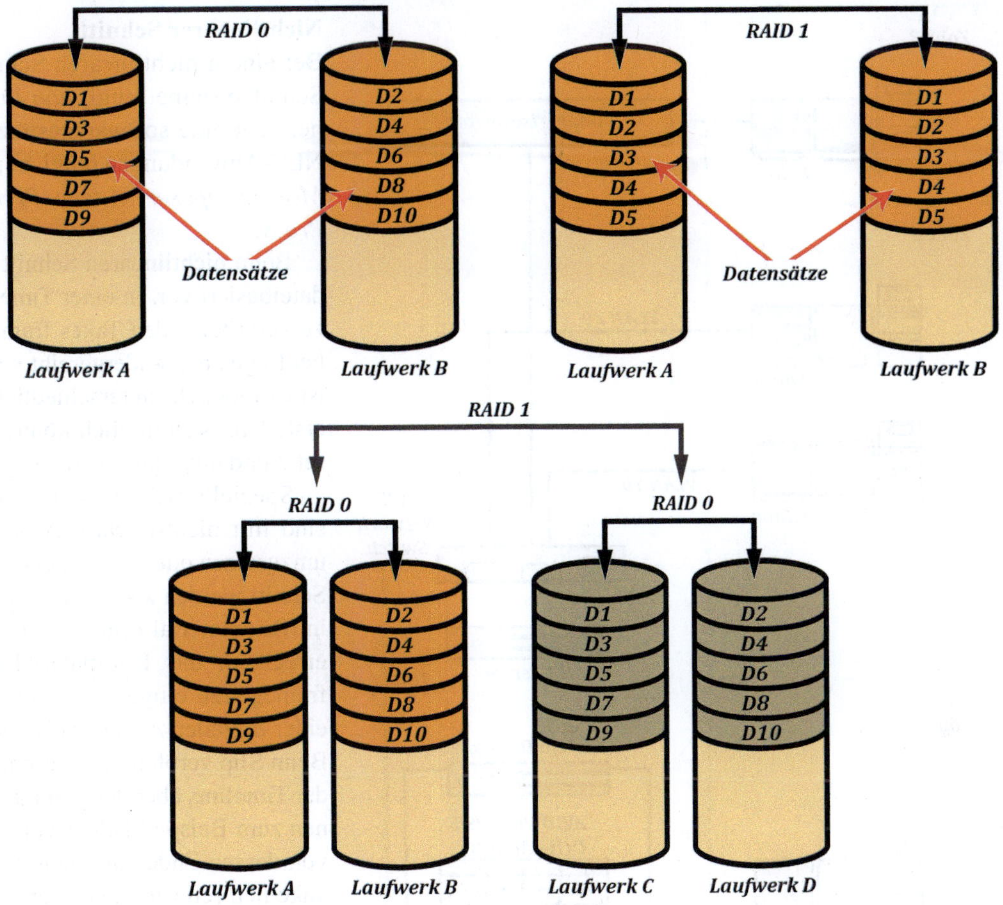

Abb. 5.33 Wichtige RAID Varianten in der Medienproduktion. (Nach https://de.wikipedia.org/wiki/RAID)

Möglichkeiten der Steigerung der Datenintegrität bei Massenspeichern
Level RAID 1, auch als *Mirroring* (dt. *Spiegelung*) bezeichnet, dient der Erhöhung der Datenintegrität. Hier arbeiten mindestens zwei oder auch mehr Massenspeicher im Verbund. Bei dieser Anordnung werden die gleichen Daten gleichzeitig auf alle vorhandenen Massenspeicher geschrieben. Falls eine der Festplatten einen physikalischen Fehler aufweist, kann diese im laufenden Betrieb ersetzt und auf die gespeicherten Daten der anderen Festplatten zugegriffen werden. Des Weiteren kann jede einzelne Festplatte jederzeit dem RAID-Verbund entnommen und in einem fremden Computer betrieben werden. Level RAID-1 bietet somit eine hohe Ausfallsicherheit bzw. Datenintegrität. RAID-Level lassen sich auch miteinander kombinieren. So bietet Level RAID 0+1 einen gleichermaßen hohen Datendurchsatz wie RAID 0 und eine identische Datenintegrität wie RAID 1. Für dieses System werden mindestens vier identische Festplatten benötigt (siehe Abb. 5.33).

Videobearbeitung in großen Produktionsumgebungen
In größeren Kollaborationsumgebungen, bei denen mehrere Benutzer zeitgleich an einem oder mehr Projekten arbeiten, kommen der zentralen Datenhaltung, der Flexibilität im Datenzugriff, der Redundanz und dem Datendurchsatz eine wesentliche Rolle zu. Ein Beispiel einer modernen größeren Produktionsumgebung ist das AVID-ISIS-System. In Abb. 5.34 ist eine mögliche Konfiguration abgebildet. Produktionshäuser und Sendeanstalten mit mehreren Bearbeitungsplätzen verwenden dieses System – so zum Beispiel der Rundfunk Berlin-Brandenburg (RBB). Die Nutzerverwaltung, die Datenhaltung und die Bereitstellung der Daten erfolgen hier über eigene Controller, in diesem Fall über den sogenannten *AVID-System-Director*. Sämtliche am System über Netzwerk angeschlossenen und angemeldeten Benutzer (Schnittplätze) greifen auf die zentral gehaltenen Daten direkt zu, ohne sie zuvor auf die lokalen Speichermedien kopieren zu müssen. Zum jetzigen Zeitpunkt (August 2015) befindet sich das System zur bandlosen Produktion im RBB in einer Umbauphase.

5.2.2 Schnittarten

Linearer Schnitt
Beim linearen Schnitt von Videomaterial im Broadcastbereich wird ein sogenannter Hard-Schnittplatz mit Hardware-Geräten verwendet. In der einfachsten Konstellation kommen ein Zuspieler, ein Bildmischer und ein Ausspieler zur Anwendung. Dabei liegen die Daten digital auf Magnetbändern in

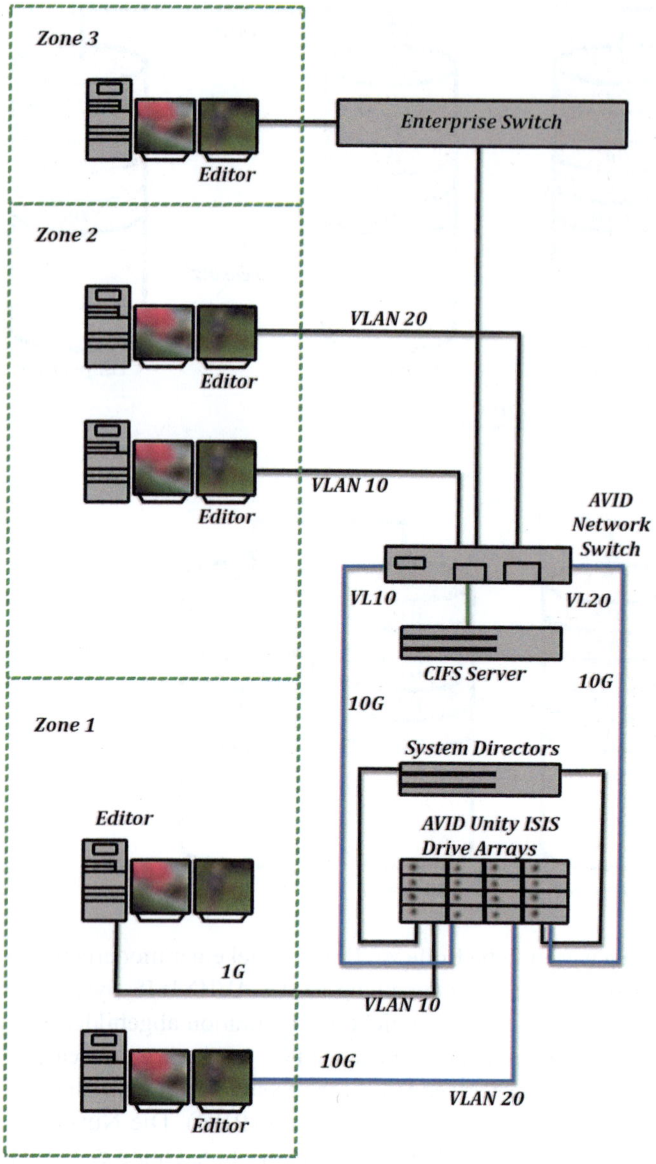

Abb. 5.34 AVID-ISIS, eine von mehreren Netzwerkvarianten. (Nach AVID 2014, S. 11)

Formaten wie *IMX, DigiBeta* in SD-Auflösung vor, aber es kann auch mit bandbasierten HD-Formaten wie zum Beispiel HDCAM von Sony gearbeitet werden.

Die Kassetten mit dem aufgenommenen Material werden bei einem linearen Schnitt direkt in einen Zuspieler eingelegt. Das benötigte Bildmaterial wird dann in der entsprechenden Reihenfolge über den Zuspieler und Bildmischer in Echtzeit auf dem Ausspieler aufgezeichnet. Bei dieser Arbeitsweise ist es aufwendig, das finale Ergebnis zu verändern. Das gilt sowohl für die analoge Arbeitsweise mit belichtetem Film als auch für Hard-Schnittplätze mit bandbasierten Videoformaten. Ein Vorteil liegt in der unkomplizierten und schnellen Arbeitsweise.

Nichtlinearer Schnitt
Bei einem nichtlinearen Schnitt werden sogenannte NLE-Schnittsysteme (engl. *non linear editing*) verwendet. Hier herrscht eine softwaregestütze Arbeitsweise vor. Typische NLE-Anwendungen (engl. non-linear *editing*) sind der *AVID Mediacomposer*, *Adobe Premiere* oder *Apple Final Cut Pro/X*.

Beim nichtlinearen Schnitt liegt das digitale Bildmaterial dateibasiert vor. In einer Timeline (dt. *Zeitleiste*) können die zu verarbeitenden Takes framegenau und in beliebiger Reihenfolge aneinandergereiht werden. Bei dieser Arbeitsweise ist es möglich, unterschiedliche Versionen des Projektes zu erstellen. Nachträglich können beliebige Takes entfernt, ersetzt und eingefügt werden.

Spezielle Schnitttechniken wie der *Drei-Punkte-Schnitt* sind mit nicht-linearer Arbeitsweise wesentlich einfacher umzusetzen oder werden erst ermöglicht. Beim Drei-Punkte-Schnitt werden zwei Punkte in der Timeline[18] und ein Punkt im Bildmaterial (Take) vorgegeben. Der vierte Punkt wird errechnet, das Bildmaterial entsprechend angepasst und framegenau eingesetzt. Weitere Schnitttechniken, die von einer digitalen Arbeitsweise profitieren, sind *Slip* und *Slide*. Beim Slip verbleibt der geschnittene Take in seiner Länge in der Timeline, aber der gezeigte Inhalt wird verändert. So können zum Beispiel Bilder vom Anfang des Takes mit Bildern von dessen Ende ausgetauscht werden. Beim Slide kann ein Take neu repositioniert werden. Die Sequenz davor und die Sequenz danach werden dann automatisch angepasst.

5.2.3 Schnittmethoden

Online-Schnitt
Während bei linearen und nicht-linearen Schnittsystemen mit verschiedenen Arbeitsgrundlagen (Hardware, Software) gearbeitet wird, liegt der Unterschied zwischen Online- und Offline-Schnitt darin, welches Material verwendet wird.

Beim Online-Schnitt wird das Material bearbeitet, das für das finale Ergebnis vorgesehen ist. Es werden keine weiteren Formatwandlungen in Bezug auf die Auflösung oder den Codec vorgenommen. Die Grundlage sind entweder Aufnahmen in der originalen Form oder Transcodierungen für ein bestimmtes Exportformat. Online-Schnitt kann in den meisten NLE-Anwendungen ausgeführt werden. Wichtigstes Kriterium dabei ist, welche Auflösungen und Codecs das entsprechende Schnittprogramm verarbeiten kann.

Final Cut Pro von Apple ist Quicktime-basierend. Dieses Containerformat ist auflösungsunabhängig. Dadurch kann Bild- und Audiomaterial in allen von Quicktime unterstützten Codecs und Auflösungen verarbeitet werden.

[18] Alternativ können auch zwei Punkte im Bildmaterial und ein Punkt in der Timeline definiert werden.

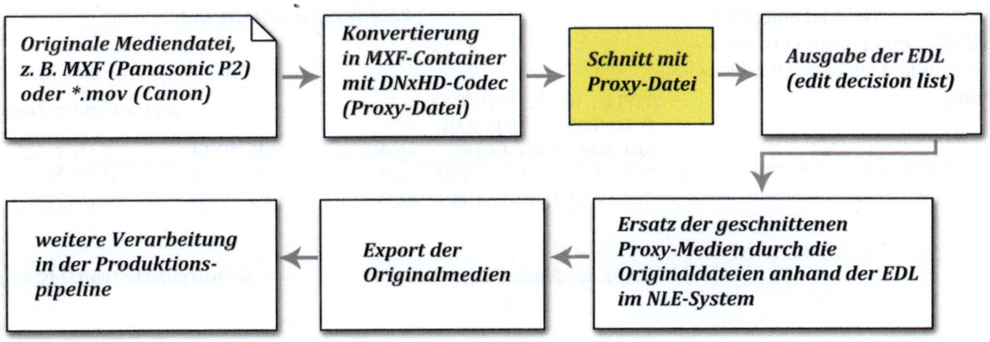

Abb. 5.35 Workflow Beispiel (schematisch) – AVID Mediacomposer Offline Schnitt

Im *AVID Mediacomposer* musste bis vor Kurzem das Material vor Beginn der Arbeiten in den AVID-eigenen DNxHD-Codec transcodiert werden. Dieser proprietäre Codec war jedoch mit feststehenden Auflösungen, Bittiefen, Bandbreiten und Bildwiederholraten definiert. Es konnte somit nur Material geschnitten werden, das diesen Vorgaben entsprach. Damit war nur ein HD-Schnitt mit einer maximalen Auflösung von 1920 × 1080 Pixel möglich. Material mit 4k-Auflösung konnte in der originalen Form nicht importiert und damit nicht geschnitten werden.

Aktuell wurde die *AMA*-Schnittstelle (AVID Media Access) implementiert. Damit ist es möglich, mithilfe der von den Kameraherstellern wie ARRI, RED, Panasonic, Sony u. a. zur Verfügung gestellten API (engl. *application programming interface*, dt. *Programmierschnittstelle*) das zu schneidende Material unabhängig von der Auflösung direkt zu importieren.

Oft ist beim Online-Schnitt ein flüssiges Arbeiten dann nicht mehr möglich, wenn mehrere Videospuren verwendet werden. Dies gilt vor allem für die Zeitspanne einer Überblendung, denn hier müssen naturgemäß zwei Videospuren wiedergegeben werden. So kann schon bei einfachen Überblendungen (engl. *dissolve*) keine Echtzeitwiedergabe erreicht werden. Des Weiteren ist der Schnitt von MPEG-codierten Dateien, die eine GOP verwenden, problematisch, da das Material bildweise im Arbeitsspeicher neu sortiert werden muss. Bei diesen Szenarien wird deshalb oft der Offline-Schnitt angewendet.

Offline-Schnitt

Ein Offline-Schnitt ist ein Schnitt mit sogenannten Proxy-Dateien (dt. *Vertreter-, Stellvertreterdateien*). Eine Video-Proxy-Datei ist eine Kopie der originalen Mediendatei mit zumeist verminderter Auflösung und Qualität. Während der Transcodierung in ein Proxy-Format wird deshalb ein Codec mit höherer Effektivität verwendet, wodurch die Datengröße des Bildmaterials verringert wird. Da dadurch auch ein verminderter Datendurchsatz einhergeht, kann Echtzeitschnitt bei original großen Datenmengen gewährleistet werden. Eine weitere Anwendung beim Offline-Schnitt besteht darin, die Bearbeitung auf weniger leistungsfähigen Systemen wie Notebooks oder einfachen Desktop-Computern auszuführen und anschließend das Proxy-Material mit dem Originalmaterial auszutauschen.

Beim Generieren der Proxy-Datei müssen eindeutige Merkmale mit Bezug zur originalen Mediendatei erhalten bleiben und in die Proxy-Datei integriert werden. Hier kommen verschiedene Methoden in Abhängigkeit der Schnittanwendung zum Einsatz. Eineindeutige Merkmale können der Dateiname oder mögliche Metadaten sein. Der Bezug zum Timecode der Originaldatei ist notwendig, da die Schnittpunkte darüber referenziert werden.

EDL – Edit-Decision-List

Jede Schnittanwendung besitzt ihr eigenes und meist proprietäres Projektformat, in dem sämtliche Bearbeitungsschritte in einem Videoprojekt gespeichert werden. Hier sind nicht nur die verwendeten Audio- und Videomedien aufgelistet, sondern auch Schnittpunkte, die verwendeten Effekte und andere zeitbezogenen Ereignisse beschrieben.

Eine von Betriebssystemen und Anwendungen unabhängige Möglichkeit der Übergabe von Schnittpunkten einer Schnittarbeit ist die sogenannte Schnittliste *(EDL)* (engl. *edit decision list*). Die EDL ist eine einfache Textdatei, in der die Namen der verwendeten Medien zusammen mit Informationen zu den Schnittpunkten, Timecode-Format (Non-Drop/Drop Frame), Anzahl der Audiospuren, Überblendungen etc. in Klartext beschrieben sind. Von der jeweiligen Schnittumgebung oder anderen Anwendungen wird diese EDL entsprechend interpretiert und die Medien nach der Vorgabe erneut zugeordnet. In diesem Zusammenhang spricht man auch von einem *Re-Linking.*

Es existieren verschiedene Notationen einer EDL. Eine der robustesten ist das CMX 3600 Format (siehe Abb. 5.36). Verschiedene Bearbeitungen werden mithilfe festgelegter ASCII-Zeichen definiert.

1. **C:** *Schnitt* – das einfachste Element
2. **D:** *Dissolve-Überblendung* – Dieser Übergang beginnt in einer Quelle und wird entsprechend zu einer zweiten Quelle übergeblendet.
3. **W:** *Wipe* – ein Wischeffekt
4. **K:** *Keying (Chromakey)* – Clips auf der nächst höheren Videospur werden als Vordergrund in einem Standard-Video-Key angewendet.

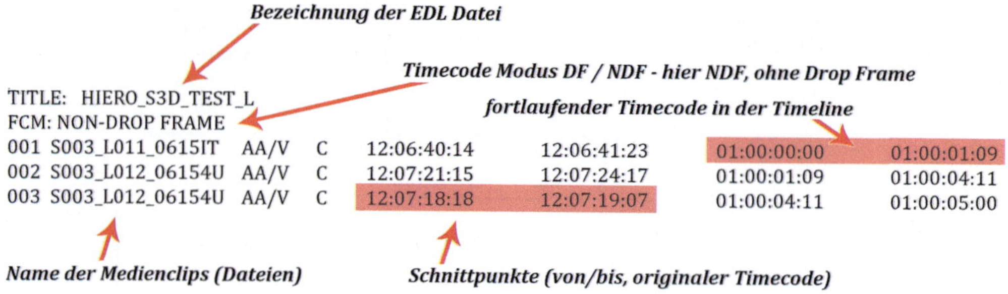

Abb. 5.36 Beispiel einer EDL (CMX 3600 Format) mit zwei Schnittpunkten ohne Überblendung

Abbildung 5.36 zeigt die Bezeichnung der originalen Mediendateien. Clip *001* liegt in der Timeline an erster Stelle. Er hat den Namen *S003_L011_0615IT*, besitzt zwei Audiospuren und eine Videospur (*AA/V*) und wurde mit einem harten Übergang geschnitten (*C*). In den letzten beiden Spalten folgen die Timecode-Positionen des *In- und Out-Punktes.*

5.3 Daten- und File-Management für VFX

Das Daten- und File-Management ist ein wichtiger Teil einer Film/TV-Pipeline. Das gilt besonders für den VFX-Bereich, da viele unterschiedliche Datenarten von dem Live-Action-Footage, den Farb- und Licht-Sample-Elementen über Color-LUTs bis hin zu Facial-Capture-Dokumenten organisiert werden müssen. Die Verwaltung der riesigen Datenmengen, deren Verteilung und Synchronisation sowie ein geregelter Zugriff sind essenziell. Hinzu kommt, dass bei großen Produktionen bis zu zwei Dutzend Firmen und mehr beteiligt sind. Hier müssen alle Anforderungen kommuniziert und sichergestellt werden, dass gleiche Qualitätsstandards gelten.

Für diese umfangreichen Pipelines sind spezielle, meist proprietäre Softwarelösungen im Einsatz. Für kleinere VFX-Projekte, aber auch für Pipelines in der Werbebranche, die oft kurze, schnell geschnittene 30 s-Clips produziert, ist ein Workflow populär, in dessen Zentrum sich ein Conforming-Tool[19] befindet. In diesem Abschnitt wird das Conforming-Werkzeug *Hiero*[20] der Firma *The Foundry* verwendet, vor allem, da es ein sogenanntes *Roundtripping* mit Nuke ermöglicht, bei dem Daten in beiden Programmen automatisch eingelesen und entsprechend aktualisiert werden.

5.3.1 Aufbereitung der Aufnahmen

Liegt das Material vor, muss entschieden werden, in welche farbmetrische Pipeline es eingespeist werden soll. Handelt es sich um einen displaybezogenen Workflow, wird der Look frühzeitig in die Bilder geschrieben, sodass sie entweder sofort gesendet, auf Mobilgeräte gestreamt oder im Internet verbreitet werden können. In Projekten, bei denen die Möglichkeit erhalten bleiben soll, den Look später zu ändern und damit nicht sofort in die Bilder zu schreiben, kann in einer Farb-Pipeline gearbeitet werden, die die Hersteller digitaler Filmkameras vorschlagen. Bei Verwendung des *ArriRAW-* oder *Redcode-RAW-Materials* der RED-Kameras ist es möglich, bis zur finalem Farbkorrektur mit den Rohdaten zu arbeiten. Die entsprechenden farbmetrischen Korrekturen in der Pipeline werden lediglich in die Metadaten geschrieben und verändern die Aufnahmedatei nicht. Für einen solchen Arbeitsablauf ist allerdings meist eine Beschleunigungs-Hardware notwendig, die das Rohmaterial in Echtzeit dekomprimiert und das Demosaicing anwendet.

Soll das Material in die Digital-Intermediate-Stufe eingespeist werden oder die Hardware ist zu langsam, um die Rohdaten darzustellen, können die Aufnahmen auch als DPX-Bildsequenz mit logarithmischer Codierung (*Cineon Print Density, Academy Print Density*) für eine Filmpipeline als MPEG-codierte Videos für Fernsehproduktionen oder als QuickTime-Movies mit dem Apple-ProRes-Codec weitergegeben werden. Da hier das Rohmaterial destruktiv verändert wird, muss eine Entscheidung getroffen werden, wie der Look der Aufnahmen gestaltet werden soll. Das wird vor allem neben den bereits am Set erfolgten Kameraeinstellungen durch die Wahl des Zielfarbraums und der Übertragungsfunktion realisiert.

Ist eine aufwendige Postproduktion vorgesehen oder sollen VFX-Daten eingebunden werden, wird das Material in den szenenbezogenen Workflow konvertiert. Hierbei können die Aufnahmen in eine *ACES-Pipeline* (siehe Abschn. 2.5) eingespeist werden. Ist eine entsprechende LUT vorhanden, die die Kamera-Charakterisierung enthält, wird diese in der entsprechenden Software angewendet. Die szenenbezogenen Daten, die eine linearisierte Beziehung zum Licht der Szene aufweisen, werden dann als OpenEXR-Bildsequenz mit 16-Bit-Fließkomma-Halbpräzision geschrieben.

Die so abgelegten Aufnahmedaten besitzen die Korrekturen aller objektivabhängigen Farbverfälschungen und herstellerseitig angewendeten farbmetrischen Funktionen und repräsentieren in höchster Präzision das Licht der Szene. Parallel dazu wird der Look von einer verantwortlichen Kreativperson (Regisseur, Kameramann, Kolorist) vorab festgelegt und in Form von nicht-destruktiven Farbbeschreibungen (1D-LUTs,

[19] Werkzeug, das die Arbeitsergebnisse anpasst und in eine vorher definierte Form bringt

[20] http://www.thefoundry.co.uk/products/hiero-product-family/

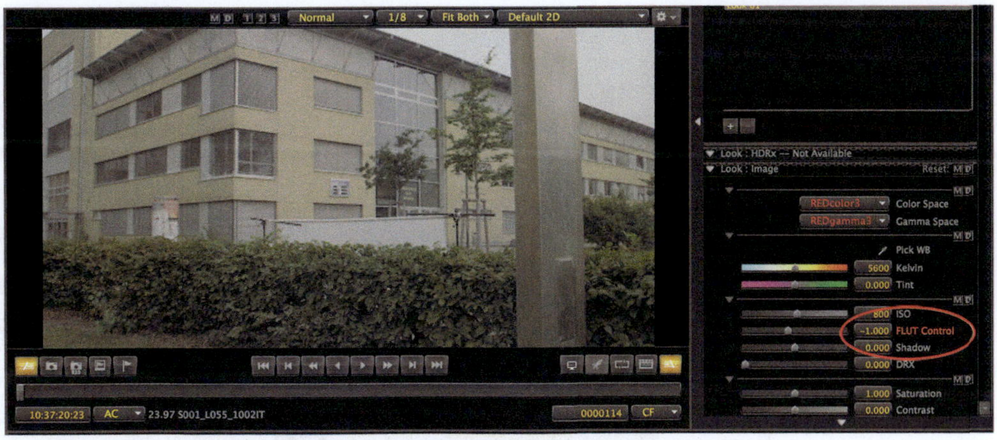

Abb. 5.37 Belichtungskorrektur in Redcine-X Pro

3D-LUTs, ASC-CDL-Dateien) als Metadaten mit den Aufnahmen weitergegeben.

Liegt keine entsprechende Charakterisierungs-LUT für die Kamera vor, kann das originale *Licht der Szene* weniger exakt reproduziert werden, sodass abhängig von der Zielrichtung und Struktur des jeweiligen Projektes unterschiedliche Arbeitsweisen gebräuchlich sind.

Für die in diesem Abschnitt als Referenzkamera fungierende RED-Scarlet-X-Kamera können die aufgenommenen Filmsequenzen entweder mit der mitgelieferten *Redcine-X Pro*-Software oder einem Post-Produktions-Programm weiterverarbeitet werden, da die wichtigsten Softwarelösungen dieses Format unterstützen. In der Regel greifen sie beim Import auf das *Redcode-RAW-Material (.r3d)* zu. Dieses enthält die direkt vom Sensor kommenden Daten (Sensor-RAW), in denen lediglich fehlende Pixel durch Interpolation benachbarter ersetzt wurden. In diesem Format sind alle vier vom Sensormosaik gelieferten und komprimierten LMSM[21]-Kanäle (rot, grün, blau, grün) vorhanden. Das RAW-Material wird dann für die Anzeige von der Software dekomprimiert und einer Demosaicing-Operation unterzogen. Außerdem werden die in den Metadaten enthaltenen In-Kamera-Einstellungen (Farbraum, Übertragungsfunktion, ISO-Werte, Farbtemperatur usw.) für die Darstellung berücksichtigt. Die in den Metadaten vorliegenden Grundeinstellungen können jederzeit nicht-destruktiv überschrieben werden und verändern das Bildmaterial nicht.

Obwohl das OpenEXR-Dateisystem, in das die Daten im nächsten Schritt konvertiert werden, einen signifikanten Dynamikumfang aufweist und es möglich ist, viele Operationen zu invertieren, muss eine Entscheidung getroffen werden, welcher Farbraum ausgewählt wird, das heißt, welche 3 × 3-Matrix zur Anwendung kommt. Diese Matrix bestimmt den Look des Materials und führt zu farbmetrischen Veränderungen, die trotz der hohen Auflösung der OpenEXR-Files nicht mehr (oder nur partiell) rückgängig gemacht werden können. Um herstellerseitige Bearbeitungen des Bildmaterials zu vermeiden, ist es sinnvoll, den nativen Kamera-RGB-Farbraum (oft auch als Kamera-RAW bezeichnet) zu verwenden. Das ist die Stufe nach dem Demosaicing und der farbmetrischen Bereinigung der drei Farbkanäle.

Da die einzelnen Firmen sehr großen Wert auf den Look der Bilder legen, die die Kamera produziert, werden noch andere native Farbräume angeboten und ständig verbessert, um zum Beispiel Hauttöne besser darzustellen und den firmeneigenen Look deutlicher herauszustellen. Im Falle der RED-Kameras werden sie als *Redcolor* bezeichnet. Des Weiteren kann die 3 × 3-Matrix das Material auch in Standardfarbräume wie BT.709 oder sRGB transferieren.

Im Gegensatz zur Wahl der 3 × 3-Matrix, deren Parameter oft nicht bekannt sind, kann die Opto-Elektronische-Übertragungsfunktion (EOCFs) relativ einfach entfernt werden. OECFs sind Potenzfunktionen, logarithmische Funktionen oder S-Kurven, die das Verhalten eines Filmnegativs reproduzieren. Diese Funktionen werden dem Rohmaterial durch die In-Kamera-Einstellungen meist als Metadaten hinzugefügt und können dann durch eine Invertierung wieder entfernt werden.

Eine wichtige Entscheidung für den szenenbezogenen Workflow neben der Auswahl des Farbraums für das RAW-Material besteht darin, das Material zu korrigieren und Über- oder Unterbelichtungen zu entfernen oder die Änderung der Lichtsituation bei längeren Aufnahmezeiten auszugleichen. Diese Vorkorrektur der Aufnahmen wird auch als *Plate Neutralization* bezeichnet.

Abbildung 5.37 zeigt die Korrektur einer Aufnahme in der Software *Redcine-X Pro*, bei der die Belichtung um eine Belichtungsstufe (engl. *stop*) verringert wurde. Abbildung 5.38 zeigt die Veränderung im Bildmaterial und in der Darstellung des Waveform-Monitors. Aufgrund des hoch aufgelösten Rohmaterials kann das Clipping, das im linken Bild durch das X gekennzeichnet ist, durch die Belichtungsänderung entfernt werden, wodurch die Vorderfront des Gebäudes nicht mehr ausbrennt.

[21] langwellige, mittelwellige, kurzwellige Anteile des Lichtspektrums

Abb. 5.38 Waveform-Darstellung der Belichtungsänderung

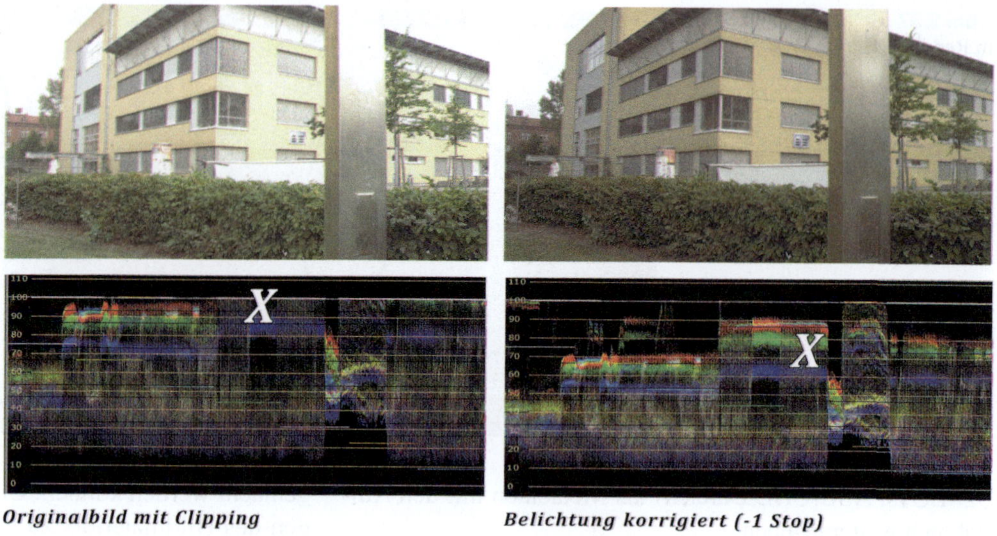

Abb. 5.39 Unterschiedlicher Farbkorrekturworkflow mit OpenEXR-Files

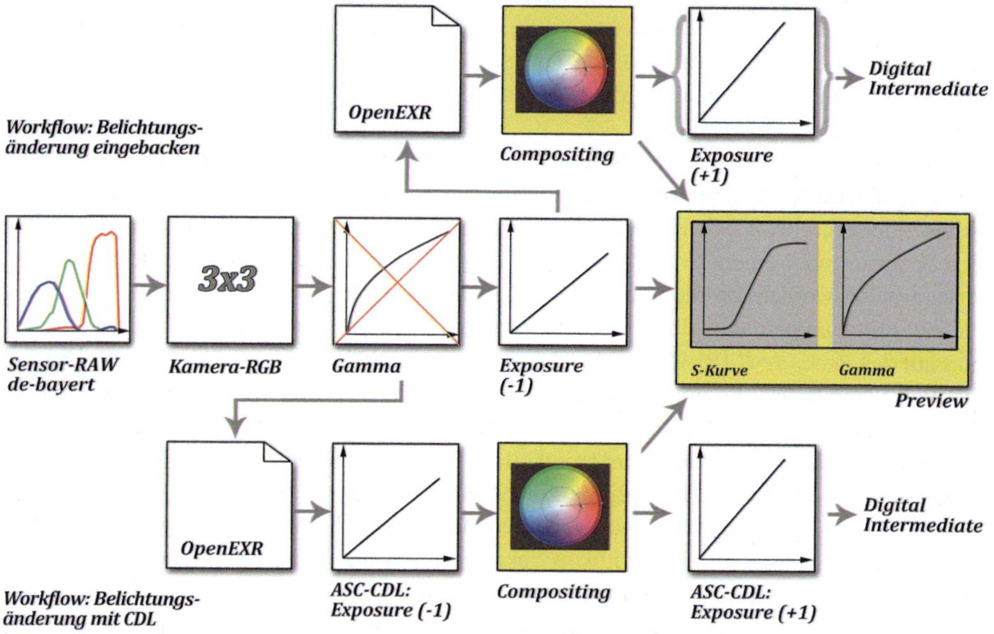

Die Frage ist nun, in welcher Form diese Änderungen in die Produktionspipeline eingespeist werden. Hier gibt es die Möglichkeit, die entsprechenden Änderungen durch geeignete Metadaten (ASC-CDLs, 1D- und 3D-LUTs) weiterzuleiten. Da aber oft neben der Plate-Neutralization und dem Festlegen des Erscheinungsbildes der gesamten Produktion auch die Einzelsequenzen einen bestimmten Look erhalten, liegt zumeist eine Reihe kaskadierbarer LUTs und CDLs vor, deren Verwaltung hohe Anforderungen an die Organisation der Daten stellt. So gehen manche Produktionsfirmen dazu über, bereits sichtbare Fehler oder einfache Korrekturen von vornherein in die OpenEXR-Files hineinzuschreiben (engl. *to bake*). Dies ist vor allem dann unproblematisch, wenn diese Korrekturen aufgrund der hohen Auflösung und Dynamik der OpenEXR-Dateien wieder rückgängig gemacht werden können.

In Abb. 5.39 sind zur Verdeutlichung beide Workflows dargestellt. Das Resultat ist jeweils identisch, die Organisation jedoch unterschiedlich. Ausgangspunkt ist das dreikanalige, de-bayerte und dekodierte 12-Bit-Rohmaterial. In der ersten Arbeitsstufe wird die entsprechende 3×3-Matrix festgelegt und die Übertragungsfunktion (Gamma) entfernt. Durch Codieren des Materials in OpenEXR-Bildsequenzen wird das Material in 16-Bit-Half-Precision-Fließkomma-Auflösung gespeichert.

Der Unterschied zwischen dem oberen und unteren Workflow ist, dass in ersterem die Änderung der Belichtung (engl. *exposure*) direkt in die OpenEXR-Files eingebacken ist, während im unteren Workflow diese per Color-Decision-List (CDL) weitergegeben wird. Das linearisierte Material wird in der Compositing- oder Post-Produktions-Software mit einem Viewer dargestellt, der den spezifischen, von der Produktion

Abb. 5.40 Qualifizieren des Materials

festgelegten Look durch eine Kombination von mitgelieferten 1D- oder 3D-LUTs und der entsprechenden displaybezogenen Gammakurve realisiert (mittlere Reihe).

Im oberen Workflow können dann in der Post-Produktions-Software die entsprechenden Arbeiten ausgeführt werden und das Material der Digital-Intermediate-Stufe (DI) für eine finale Farbkorrektur übergeben werden. Sollte es notwendig sein, den Originalzustand des Materials herzustellen, ist es möglich, einen entsprechenden Compositing-Operator mit inverser Funktion einzufügen.

Im unteren Workflow wird eine ASC-CDL angewendet, die die *Plate Neutralization* beinhaltet, sodass im Compositing mit dem entsprechenden Erscheinungsbild gearbeitet werden kann. Bei der Weitergabe des Materials werden die temporären Bearbeitungen des Bildmaterials durch Anwendung einer inversen ASC-CDL im Compositing-Skript wieder entfernt. Dies folgt der Philosophie, dass das Originalmaterial erhalten bleibt und lediglich Bilder anderer Herkunft hinzugefügt werden.

Es sei hier angemerkt, dass gegenwärtig der Input in die VFX-Pipeline oft mit Cineon-codierten DPX-Files anstelle von OpenEXR-Daten erfolgt. Dies hat mehrere Gründe. Zum einen wird damit in der Eingangsstufe der Produktion für die VFX-Pipeline das gleiche Datenformat erzeugt wie für das andere Material im Film, das nicht bearbeitet wird. Zweitens ist die Datengröße pro Bild reduziert und drittens ist der Workflow mit DPX-Dateien seit einiger Zeit eingeführt. Allerdings besitzt dieses logarithmisch encodierte Material nicht die Dynamik wie Bilder, die in OpenEXR gespeichert sind. Dadurch können wichtige Details vor allem bei einem kontrastreichen Look verloren gehen und es kann eventuell Probleme geben, den linearen Bezug zum Licht der Szene aufrechtzuerhalten. Dies ist auch der Grund, weshalb die *Academy of Motion Picture Arts and Sciences* große Bemühungen unternimmt, einen einheitlichen Workflow (ACES) zu etablieren. Deshalb kann die derzeit ausgeübte Praxis lediglich als eine Momentaufnahme der sich im stetigen Wandel befindenden Filmindustrie angesehen werden.

Im nächsten Schritt wird das RAW-Material qualifiziert, das heißt, die nutzbaren Takes werden ausgewählt und auf die entsprechende Länge geschnitten. Dieser Arbeitsschritt folgt den etablierten und gebräuchlichen Regeln für Film- und TV-Produktionen. Ist das bei Film und Werbefilm übliche System der Verwendung von Handles[22] vorgesehen, muss ein entsprechender Vor- und Nachlauf kalkuliert werden (siehe Abb. 5.40). Nun kann das Material mit den von der Produktion festgelegten Einstellungen (Format, Auflösung, Zielort, Codierung) als DPX- oder OpenEXR-Bildsequenzen exportiert werden. Dazu gibt es noch die Möglichkeit, sogenannte *Slates* (Informationen über die Filmrolle, Timecode, Frame-Nummer etc.) in die Bilder einzufügen. Bei internationalen Produktionen werden außerdem von den beteiligten Firmen nicht zu bearbeitende Anschlusssequenzen oft mit Wasserzeichen des jeweiligen Firmennamens versehen, um zu verhindern, dass das Material illegal im Internet veröffentlicht wird.

Die OpenEXR-Dateien der einzelnen Aufnahmen (engl. *plates*) bilden die Grundlage für die Weiterverarbeitung in der VFX-Stufe. Aufgrund der Übersichtlichkeit ist es an dieser Stelle sinnvoll, weder den Namen der Aufnahme noch die Position der Frames in der Sequenz zu verändern, damit diese schnell anhand der Bildnummer im RAW-Material lokalisiert werden können.

In welcher Auflösung diese Plates gespeichert werden sollen, ist eine weitere wichtige Frage, die am Anfang geklärt werden muss. Für das gegenwärtige Fernsehen ist der HD-Standard gebräuchlich, wenngleich höher auflösenden Formaten wie UHDTV mit 4 k-Auflösung die Zukunft gehört.

[22] Frames vor und nach dem eigentlichen Schnitt (siehe Abschn. 5.3.4)

Abb. 5.41 Beschnitt auf 3 k mit Pan & Scan

Im Gegensatz zum Film wird Videomaterial selten in Bildsequenzen umgewandelt.

Filmprojekte werden in der Regel mit 4 k-Auflösung (4096 × 2160 Pixel) beim Verhältnis Breite zu Höhe (engl. *picture aspect ratio*) von 1,89 : 1 gedreht, aber es gibt kaum einen Film, der mit dieser Größe die gesamte Pipeline durchläuft. Oft wird das Material auf 3 k (3072 x 1620) beschnitten (engl. to *crop*) oder skaliert. Das hat eine Reihe von Vorteilen:

1. Der Bildausschnitt ist korrigierbar und kann mit der Pan & Scan-Methode[23] verändert werden.
2. Bei Stabilisierung der Kamera können die durch fehlendes Material hervorgerufenen schwarzen Ränder vermieden werden, da genügend Material vorhanden ist (siehe Abschn. 7.1).
3. Da es bei Stereo3D-Aufnahmen Bereiche an den Rändern gibt, die aufgrund des Blickwinkels nur von einer Kamera gesehen werden, müssen diese in der Regel abgeschnitten werden. Durch das zusätzliche Material außerhalb des zu veröffentlichenden Bildausschnitts wird das vermieden.
4. Für die *Horizontal Image Translation (HIT)* bei der Stereo3D-Bearbeitung gibt es einen breiteren Spielraum, in dem die beiden Aufnahmen gegeneinander horizontal verschoben werden, um den Konvergenzpunkt nachträglich zu ändern.
5. Die Renderzeit vor allem für 3D-Material wird signifikant verkürzt.

Besonders aus dem letzten Grund wird das Material zumeist vor dem Compositing einmal auf ein 3 k-Zwischenformat oder die finale Auflösung für die Kinoprojektionen (2 k) gebracht.

Auch für kleinere Projekte sollte am Anfang überlegt werden, in welchen Auflösungen das Grundmaterial benötigt wird. Es ist zu empfehlen, die einzelnen, grob geschnittenen Aufnahmen jeweils als 4 k-Bildsequenz zu speichern, um hoch aufgelöstes Material für den Produktionsprozess bereitzustellen, falls dieses benötigt wird. Sind die Aufnahmen und der Bildausschnitt verwendbar, wird das Material auf die finale Auflösung (zum Beispiel 2 k) skaliert und in die Pipeline eingespeist. Entspricht die Bildkomposition nicht den Intentionen, kann diese durch die Pan- und Scan-Methode im gewissen Rahmen verändert werden.

5.3.2 Generieren einer Arbeitsstruktur

Nun können die VFX-Shots – oder bei einem Werbeclip das gesamte Material – in eine Conforming-Software importiert und geschnitten werden. In diesem Beispiel ist es das Programm *The Foundry Hiero*. Es sei hier angemerkt, dass in der Version 9 des Compositing-Programms Nuke-Studio größere Teile der Hiero-Funktionalität implementiert wurden. Da sich aber dadurch die grundlegenden Arbeitsabläufe nicht wesentlich ändern, werden hier beide Programme einzeln behandelt, da sich dadurch die Interaktion (engl. *roundtrip*) beider besser darstellen lässt.

The Foundry Hiero besitzt die wichtigsten Schnittwerkzeuge (u. a. Roll, Ripple, Slide, Slip und Drei-Punkte-Schnitt), womit ein Standard-Arbeitsablauf gewährleistet ist. Hiero kann Bildsequenzen, die aus Einzelbildern bestehen, ohne Formatumwandlung darstellen. Allerdings wird hierzu ein großer Arbeitsspeicher benötigt. Ein weiterer Vorteil ist die einfache Umbenennung der Sequenzen, wobei der Originalname als Zusatz erhalten bleibt. Dadurch ist es immer möglich, die Clips bis zu den Originalaufnahmen zurückzuverfolgen. Der Name der Sequenzen kann dann zur weiteren Organisation des Arbeitsablaufs verwendet werden, indem für jeden Shot in der Timeline automatisch eine Ordnerstruktur für das Roundtripping mit dem Compositing-Programm erzeugt wird.

[23] Der kleinere Bildausschnitt, der gezeigt wird, kann auf dem größeren Material hin- und herbewegt werden.

Abb. 5.42 Exportstruktur in Hiero

Abbildung 5.42 zeigt diese Ordnerstruktur für ein kleineres Projekt in den Exporteinstellungen. Die Struktur wird manuell vom Nutzer angelegt. Die Ausdrücke in den geschweiften Klammern greifen automatisch auf Programminformationen wie den Shot-Namen, die Version und Dateiendungen zurück. Die angegebene Struktur wird dann für jeden in der Timeline liegenden Shot erzeugt. Der Hauptordner (engl. *root*) ist mit der Shot-Nummer benannt (*shot01, shot02* usw.). In diesem Ordner befinden sich die beiden Ordner *plate* für das Filmmaterial und *nuke* für die Nuke-Skripts und die im Compositing erzeugten Renderings.

Im Ordner *plate* sind drei weitere Unterordner für die Bildsequenzen enthalten. Der erste *(original2 k)* enthält die 2 k-Bildsequenzen der Plates. Diese werden aus dem Projektordner kopiert und gemäß den Vorgaben umbenannt *(shot01_original_2 k.1001.exr)*. Dabei findet lediglich ein Kopiervorgang statt, das Material wird nicht umcodiert. Der zweite ist der Proxy-Ordner *(proxy1 k)*. Hier wird die jeweilige Proxy-Sequenz (siehe Abschn. 5.3.3) gespeichert, die eine geringere Auflösung als die Original-Plate besitzt und vor allem für das richtige Timing von Animationen von großem Nutzen ist. Des Weiteren befindet sich noch ein Ordner *undistorted* in dem *plate*-Verzeichnis. Hier wird eine Version der Original-Sequenz abgelegt, bei der die Linsenverzeichnung entfernt wurde. Dieses Material wird als Grundlage für das Matchmoving verwendet (siehe Abschn. 7.4).

Außerdem wird pro Shot auch ein *nuke*-Ordner angelegt. Dieser enthält ebenfalls Unterordner für die Nuke-Skripte und die Renderings. Im Nuke-Skript können die *Read-Nodes* und die *Write-Nodes* automatisch eingefügt werden, die bereits den richtigen Pfad zu den entsprechenden Ordnern und Dateien besitzen. Die Read-Nodes lesen das Original-Footage, die Proxy-Sequenz und das Bildmaterial mit der entfernten Linsenverzeichnung für den entsprechenden Shot ein, während die Write-Node das Renderergebnis der Komposition in den *renders*-Ordner schreibt.

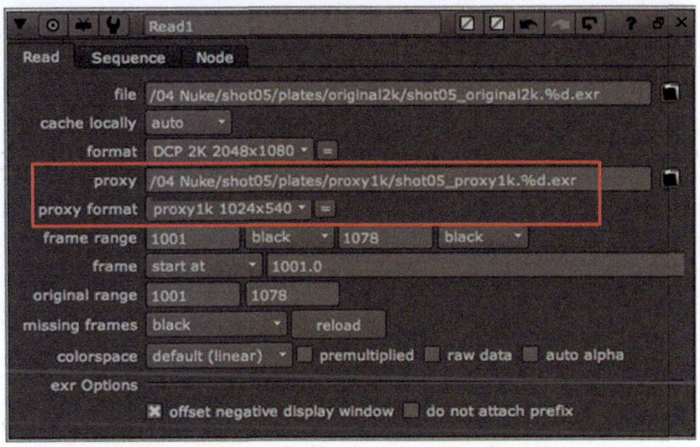

Abb. 5.43 Proxy-Settings in Nuke

5.3.3 Generieren und Verwenden von Proxies

Proxies sind Versionen der originalen Aufnahmen mit geringerer Auflösung. Sie werden vor allem dann eingesetzt, wenn das System die oft hoch aufgelösten Bildsequenzen nicht flüssig abspielen kann oder das Timing von Animationen oder Compositings in Echtzeit kontrolliert werden soll. Damit im Compositing-Programm auf die Proxy-Sequenz umgeschaltet werden kann, muss der Speicherort der Proxy-Sequenz als zusätzlicher Pfad in der Read-Node vorhanden sein (siehe Abb. 5.43). Der Proxy-Pfad kann manuell eingetragen werden, er kann aus einer automatisch erzeugten Proxy-Read-Node kopiert werden oder es wird ein Skript verwendet, das den Pfad automatisch einfügt.

Der Proxy-Modus kann im Compositing auf zwei Wegen realisiert werden. Einerseits ist es möglich, die gesamte Auflösung des Shots zum Beispiel auf ein Viertel zu reduzieren. Dadurch werden nicht nur die Bilddaten verkleinert, sondern es werden auch alle Transformationen und Animationspfade entsprechend skaliert. Allerdings muss dafür die originale Bildsequenz während der Laufzeit transformiert werden, was den Vorgang verlangsamen kann, sodass eventuell keine Echtzeitvorschau möglich ist.

Die gespeicherten reduzierten Proxy-Daten einzulesen ist der zweite Modus, den Nuke bietet. Auch hier werden alle

Transformationen skaliert. Der Vorteil ist, dass das Proxy-Bildmaterial nicht in Echtzeit umgewandelt werden muss – nachteilig ist aber, dass die entsprechenden Bildsequenzen in zwei Auflösungen zur Verfügung stehen müssen.

Aktuelle Broadcast-Kameras können wahlweise neben dem eigentlichen Footage auch parallel Proxies aufzeichnen. Dies ermöglicht einen Proxy-Schnitt auf Notebooks vor Ort. Dabei wird das neben dem MXF-Container für die Original-Footage auf einer zweiten Flash-Card mit identischen Bezeichnungen und der gleichen Ordnerstruktur vorliegende Proxy-Material verwendet.

5.3.4 Locked-Shots, Handles und Versioning

Locked-Shots

Ein nicht zu unterschätzendes Problem bei der Organisation der einzelnen Aufnahmen besteht in der Nummerierung der Bildsequenzen. Bei großen Produktionen gibt es deshalb zwei Herangehensweisen. Eine besteht darin, erst nach Beendigung des Schnitts weiterführende Arbeiten (CG, VFX, Motion Graphics etc.) auszuführen. Diese Variante verwendet *locked shots*, also Schnitte, die nicht mehr verändert werden. Der Compositing-Artist bearbeitet nur das Material, das tatsächlich Verwendung findet. Diese Arbeitsweise ist deshalb preiswerter, hat aber den Nachteil, dass spätere Anpassungen im Schnitt äußerst schwierig sind.

Handles

Die andere Herangehensweise verwendet sogenannte *Handles*. Das sind Bilder, die vor und nach dem eigentlichen Schnitt in der Originalsequenz enthalten sind oder mittels Computergrafik erzeugt werden. Der Vorteil ist, dass dadurch Anpassungen im Schnitt in bestimmten Grenzen möglich sind. Der Nachteil ist allerdings, dass die VFX-Produktion teurer wird, denn der Compositing-Artist muss nicht nur die eigentliche Sequenz mit 120 Bildern für einen durchschnittlichen VFX-Shot bearbeiten, sondern auch noch die Handles davor und danach. Das sind in der Regel je nach Produktionsvorgaben jeweils 12 oder 15 Bilder, also ein Viertel mehr. Aber nicht nur das Compositing ist betroffen – das Generieren der 3D-Inhalte, die Animationen, Simulationen und vor allem das Rendering verursachen weitere Kosten. Aufgrund der Flexibilität tendieren allerdings viele Produktion dazu, Handles zu verwenden.

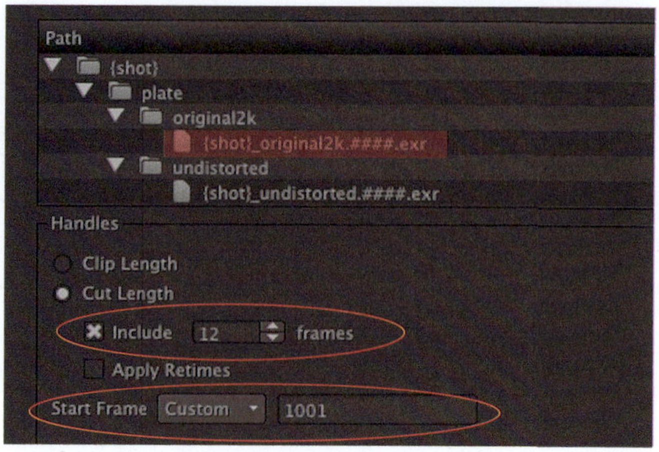

Abb. 5.44 Verwenden von Handles

Abbildung 5.44 zeigt die Einstellungen zum Generieren von Handles. Das Programm kopiert alle notwendigen Bilder der Original-Sequenz, die im Originalordner der Plate liegen, in die entsprechenden Ordner der einzelnen Shots als Grundlage für das Compositing. In den meisten Fällen erfolgt eine Umnummerierung, wobei das erste Handle mit der Bildnummer 1001 abgelegt wird. Mit den oben angegebenen 12 Handles beginnt das erste sichtbare Bild der Sequenz bei Nummer 1013. Der verzögerte Beginn auf einer ungeraden Zahl ist in der Bearbeitung aber kein Problem, da davon ausgegangen wird, dass alle Frames die gleiche Qualität besitzen müssen, denn es kann im endgültigen Schnitt durchaus mit Frame 1001 begonnen werden.

Abbildung 5.45 zeigt das Schema der Frame-Nummerierung zur besseren Übersicht anhand einer einzigen Sequenz. Nehmen wir an, dass die komplette Sequenz aus 100 Bildern besteht und beim ersten groben Editieren kein Beschnitt erfolgte, sodass sie mit Frame 1 beginnt und Frame 100 endet. Beim Schnitt in Hiero findet nur der Bereich zwischen Frame 21 und Frame 44 Verwendung. Die restlichen Frames sind aber noch als Einzelbilder im entsprechenden Ordner der Original-Plate vorhanden. Darauf greift der Hiero-Algorithmus zu und kopiert den gesamten Bereich von Frame 21 bis 44 plus 12 Frames davor und 12 Frames danach in den entsprechenden Shot-Ordner (s. o.). Um ein einheitliches Schema aufrechtzuerhalten, beginnt er beim ersten Bild des Handles mit der Nummerierung. Es befinden sich damit im *original 2k*-Ordner (Abb. 5.43) 48 Einzelbilder (12 Handles davor, 24 Bilder der Sequenz, 12 Handles

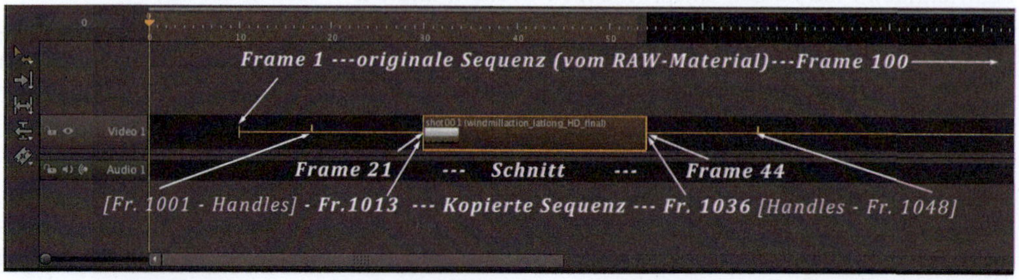

Abb. 5.45 Frame-Nummern der Originalsequenz und der kopierten Sequenz

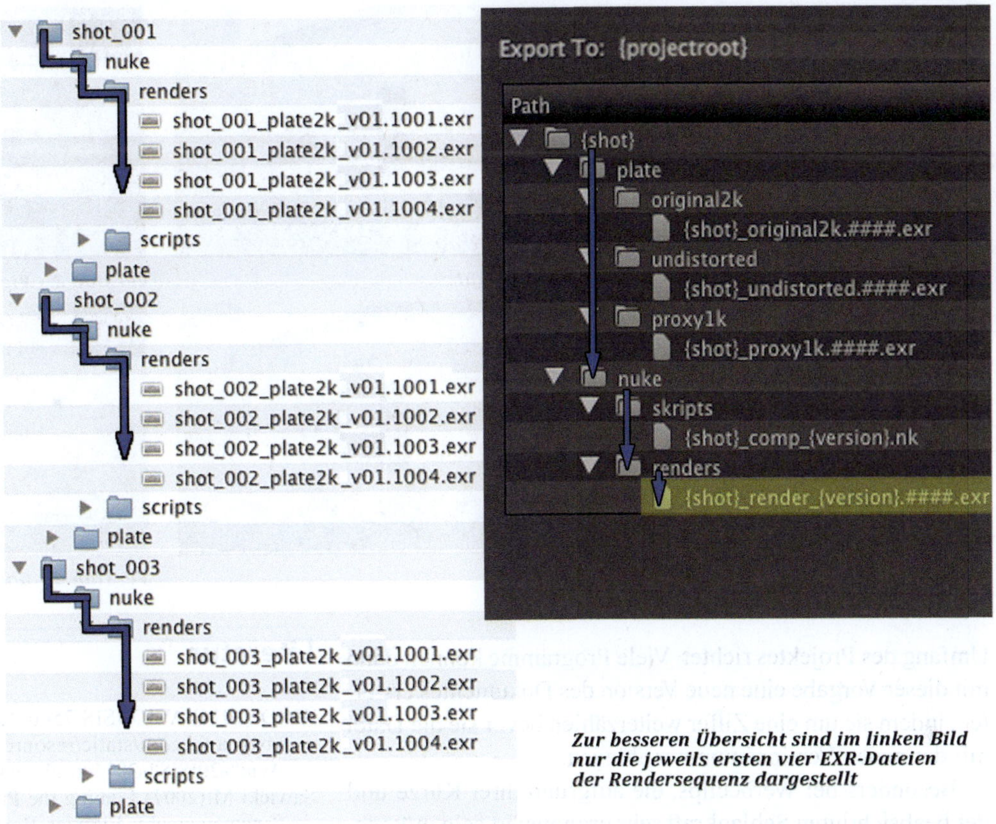

Abb. 5.46 Die Build-Track-Funktion

danach) nummeriert von 1001 bis 1048. Die Tatsache, dass mit 1001 begonnen wird und nicht mit 0001, hat ihre Ursache darin, dass eventuell noch mehr Bilder vor 1001 benötigt werden. Diese wären dann 1000, 999, 998 usw. Begänne man bei 0001, entstünden negative Nummerierungen, was in einer Pipeline erhebliche Probleme erzeugen würde.

Dies auf den ersten Blick verwirrende Nebeneinander von Bildnummern ist die Grundlage für ein äußerst elegantes System, das beim weiteren Fortschreiten der Arbeiten seine Stärken ausspielen kann. Nach dem Beenden des Compositings liegen die Renderings in den dafür vom Hiero-System erzeugten Ordnern auf der Festplatte. Bei einem traditionellen Workflow würden diese nun manuell in der Timeline in eine neue Video-Spur gelegt werden. Dazu kommt noch, dass die Sequenzen jeweils um die Handles vor und nach der Sequenz gekürzt werden müssten.

In Hiero kann dieser Arbeitsablauf automatisiert werden. Mithilfe einer sogenannten *Build-Track-Funktion* werden die sich in den einzelnen Render-Ordnern der Projektstruktur befindenden Bildsequenzen in einer neuen Videospur an die korrekte Stelle der Originalsequenzen gelegt. Dabei wird die ursprüngliche Länge beibehalten und alle Handles entsprechend versteckt. Dem Programm muss lediglich mitgeteilt werden, an welcher Stelle der Ordner-Struktur sich diese Sequenzen befinden (Abb. 5.46).

Hält man dieses System aufrecht und für ein Feature (Kurzfilm, Werbeclip) befinden sich zum Beispiel 87 Sequenzen, die alle bearbeitet wurden, in der Timeline, können diese schnell automatisch in eine neue Spur eingefügt werden (Abb. 5.47, oberes Bild). Da die Handles vorhanden sind, hat der Cutter die Möglichkeit, diese zu nutzen und mit den üblichen Schnittmethoden (Slip, Slide, Ripple, Roll) innerhalb des Kontexts auf sie zuzugreifen (Abb. 5.47, unteres Bild).

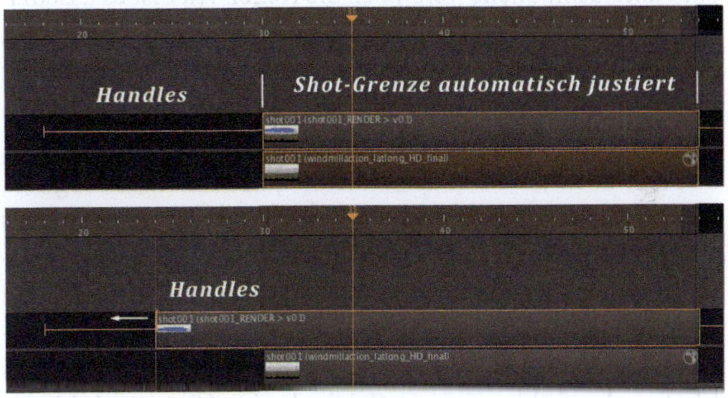

Abb. 5.47 Verwenden von Handles

Versioning

Die Verwaltung der verschiedenen Versionen der einzelnen Tracks ist ein weiterer wichtiger Aspekt eines Conforming-Werkzeuges. Die internationale Konvention ist, dass die Version einer Datei in der Regel mit einem kleinen *v* und einer folgenden mehrstelligen Nummer gekennzeichnet wird, wobei die Anzahl der Dezimalstellen sich nach dem erwarteten

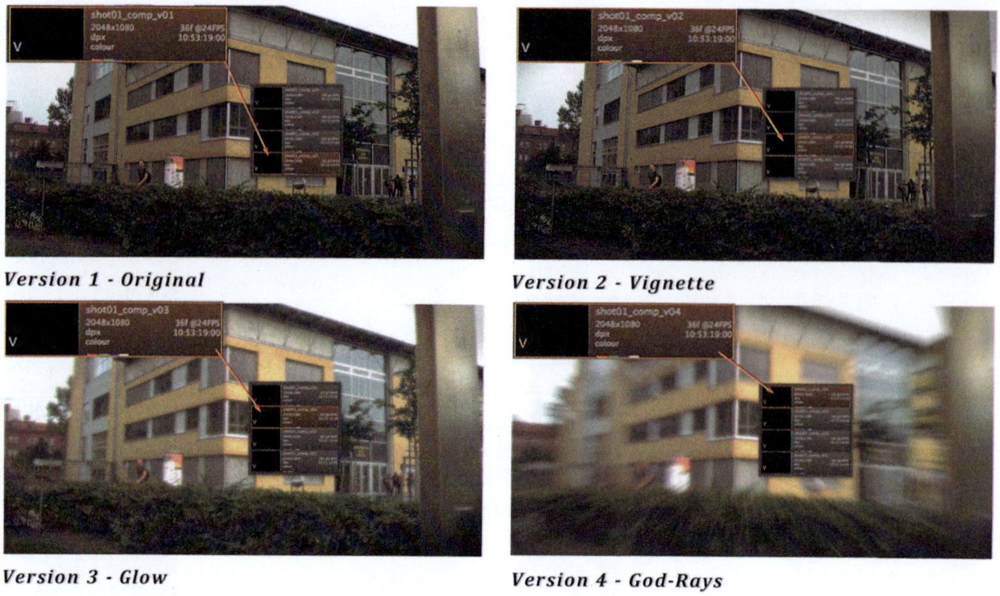

Abb. 5.48 Verschiedene Versionen eines Shots

Umfang des Projektes richtet. Viele Programme können dann mit dieser Vorgabe eine neue Version des Dokumentes erstellen, indem sie um eine Ziffer weiterzählen bevor sie die Datei mit der neuen Versionsnummer ablegen.

Besonders bei Werbeclips, die aufgrund ihrer Kürze und der beabsichtigten Schlagkraft sehr prononciert sein müssen, sind unterschiedliche Versionen die Regel. Hier ist es essenziell, diese schnell vergleichen zu können. Eine Möglichkeit ist, Abläufe mit unterschiedlichen Versionen einzelner Shots zu erstellen und diese mit *EDLs (Edit Decicion Lists)* zwischen den einzelnen Schnittprogrammen zu kommunizieren.

Aber auch direkt in der Timeline in Hiero ist es möglich, verschiedene Versionen der einzelnen Takes darzustellen. Das Conforming-Programm untersucht dann die Versionsnummern der im Renderordner abgelegten Bildsequenzen und erstellt eine Liste, aus der die entsprechende Version ausgewählt werden kann. Abbildung 5.48 zeigt vier Versionen eines Shots – das farbkorrigierte Original, eine Vignettenbildung, einen Glow-Effekt und einen God-Rays-Effekt – sowie die entsprechenden Listeneinträge.

In der Liste sind weitere hilfreiche Informationen angegeben, die durch Verwendung von Tags noch genauer spezifiziert werden können. So ist es möglich, das Datum der Erstellung und spezielle Notizen hinzuzufügen.

Literatur

AVID (2014) AVID ISIS 7500, Cornerstone of Colaboration. https://www.avid.com/static/resources/common/documents/datasheets/Avid%20ISIS%207500_WP.pdf. Zugegriffen: 4. Oktober 2015

Sawicki M (2007) Filming the Phantastic: A Guide to Visual Effects Cinematography. Elsevier, Burlington, S 271

Snow B (2010) Terminators and Iron Men: Image-based lighting and physical shading at ILM. Siggraph 2010. http://renderwonk.com/publications/s2010-shading-course/snow/sigg2010_physhadcourse_ILM.pdf. Zugegriffen: 9. September 2015

6 Stereo3D

Patrick Ingwer

Die Stereoskopie ist ein Verfahren, bei dem mittels zweier zweidimensionaler Bilder beim Betrachter ein räumlicher Eindruck hervorgerufen wird. International wird es als *Stereoscopic 3D* oder nur *Stereo3D* bezeichnet. Dieses fotografische Verfahren ist schon seit der Mitte des 19. Jahrhunderts bekannt (vgl. May und Vidal 2009).

Ende des 19. Jahrhunderts waren sogenannte Stereoskopkarten sehr populär, die entweder auf Volksfesten oder zu Hause mit dem Stereoskop betrachtet werden konnten.

Auch der Film wandte sich stereoskopischen Aufnahmen zu. Eine erste Blütezeit hatte dieses Verfahren Anfang der 1950er-Jahre. Alfred Hitchcock experimentierte zu dieser Zeit mit dem Medium und drehte *Dial M for Murder* (USA 1954, dt. *Bei Anruf Mord*). Die Popularität ließ allerdings bald nach und das Verfahren wurde erst Mitte der 1980er-Jahre von Produktionen für das IMAX-Kino aufgegriffen. Nach der Jahrtausendwende stieg die Popularität dieser Filme wieder an, da aufgrund der digitalen Aufnahmetechnik der komplizierte Stereo3D-Prozess vereinfacht wurde und Produktionsfirmen im Mainstream-Bereich sich diesem Medium im verstärkten Maße zuwandten. Ein erster Höhepunkt wird vor allem mit dem Film *Avatar* (Regie: James Cameron, USA 2009) in Zusammenhang gebracht.

Kapitelübersicht

Das Kapitel beginnt mit einem Einblick in die menschliche Wahrnehmung von stereoskopischen Bildern und in das räumliche Sehen. Hier werden auch die stereoskopischen Grundlagen einer Stereo3D-Kamera vorgestellt und Störeffekte, die Artefakte in Stereo3D-Aufnahmen erzeugen können, diskutiert.

Im zweiten Abschnitt steht die Stereopyramide mit der Unterteilung der S3D-Aufnahme in räumliche Bereiche, die richtige Ausnutzung des Stereo-Budgets und auftretende Probleme im Mittelpunkt.

Im dritten Abschnitt werden praktische Erfordernisse der Aufnahme von Stereo3D diskutiert. Themen sind die Anordnung und Ausrichtung der Kameras, Konfiguration und der Abgleich eines Stereo3D-Kamera-Rigs. Um die Aufnahmen wiederzugeben, gibt es eine Reihe von Verfahren, die im nächsten Abschnitt dargestellt werden.

Das Kapitel schließt mit einer Betrachtung der Aufbereitung stereoskopischen Materials. Diese Angleichung wird auch als S3D-Sweetening bezeichnet wird. Des Weiteren werden Möglichkeiten und Techniken der 2D-zu-Stereo3D-Konvertierung diskutiert.

6.1 Stereoskopische Grundlagen

6.1.1 Menschliche Wahrnehmung von stereoskopischen Bildern

Interocular-Distance (IOD)

Die Fähigkeit räumlicher Wahrnehmung bei Mensch und Tier wird erst durch die Bereitstellung zweier Teilbilder über zwei optische Reizorgane mit unterschiedlichem Abstand zueinander ermöglicht – den Augen. Durch die unterschiedliche Perspektive und die nachfolgende Fusionierung der Teilbilder im Gehirn entsteht ein räumlicher Eindruck. Kinder besitzen im Durchschnitt einen Augenabstand von 56 mm. Bei Erwachsenen erstreckt sich der Augenabstand im Mittel von ca. 55 bis 76 mm. Frauen besitzen in der Regel einen etwas geringeren Augenabstand im Vergleich mit dem bei Männern. In der Literatur wird ein durchschnittlicher Augenabstand von 63 mm für Berechnungen angenommen und als IOD (engl. *interocular distance*) bezeichnet. Je größer der Augenabstand, desto größer ist die Stereopsis – die Intensität der räumlichen Wahrnehmung (siehe Abb. 6.1).

Sehschärfe

Die menschliche Sehschärfe gilt dann als normal, wenn im Zentrum des schärfsten Sehens auf der Fovea[1] feine Strukturen wahrgenommen werden können, die unter einem Sehwinkel von einer Bogenminute liegen. Eine Bogenminute bedeu-

[1] Bereich auf der Netzhaut des Auges.

E. Hasche, P. Ingwer, *Game of Colors: Moderne Bewegtbildproduktion*, X.media.press, DOI 10.1007/978-3-662-43889-3_6

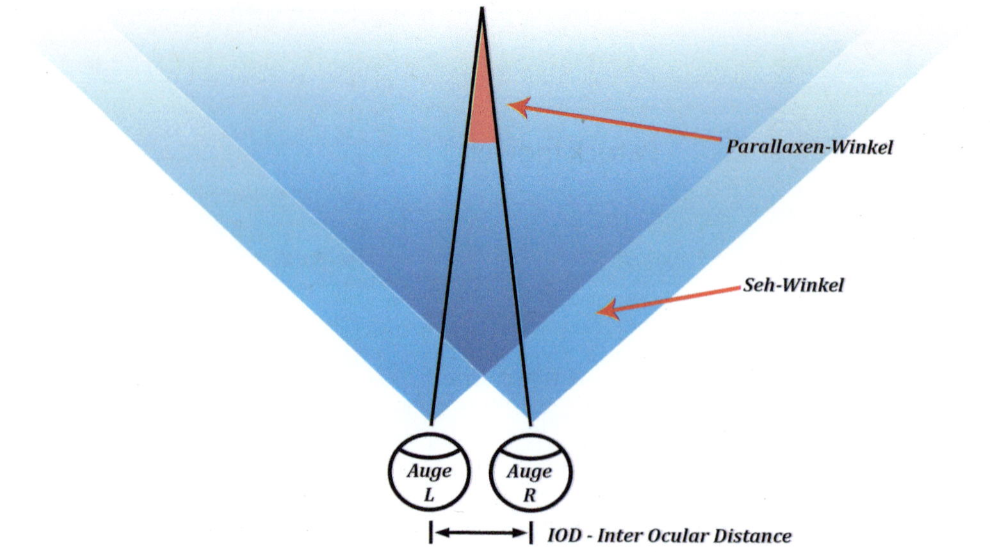

Abb. 6.1 Parallaxen- und Sehwinkel des Menschen. (Nach Tauer 2010, S. 22)

tet, dass feine Linien mit einem Abstand von 3 mm bei einem Betrachtungsabstand von 10 m noch unterschieden werden können. Diese Fähigkeit setzt allerdings einen ausreichenden Kontrast der Linien voraus. Abseits der Fovea nimmt die Sehschärfe stark ab.

Gesichtsfeld

Das Gesichtsfeld ist der Bereich, den der Mensch sieht, ohne eine Kopfbewegung auszuführen. Der Bereich, der stereoskopisch bzw. binokular erfasst werden kann, beschränkt sich auf die Schnittmenge des Sehfeldes beider Augen. Jenseits davon spricht man von monokularem Sehen. Bei einem Stereo3D-Kamera-Rig wird in Abhängigkeit der verwendeten Kamera, ihrer Sensorgröße und der Optik mit deren Brennweite ebenfalls eine Schnittmenge beider Kamerabilder erzeugt (siehe Abb. 6.2).

Vergenz

Die Fähigkeit der synchronen Bewegung der Augen nach innen zur Nase sowie nach außen zu den Schläfen hin wird als Vergenz bezeichnet. Erst durch diese Bewegung mit gleichzeitiger Fixierung beider Augen auf das selbe Objekt ist eine binokulare Wahrnehmung sowohl entfernter als auch naher Objekte möglich.

Konvergenz

Die Bewegung der Augen nach innen zur Nase hin, um ein nahes Objekt zu fixieren, wird als Konvergenz bezeichnet. In der Extremstellung der Augen spricht man vom Schielen. Hier ist der Konvergenzwinkel am größten. Wird ein angenommenes Objekt in der Unendlichkeit fixiert, beträgt der Konvergenzwinkel nahezu 0° und die Augen befinden sich praktisch in Parallelstellung (siehe Abb. 6.3).

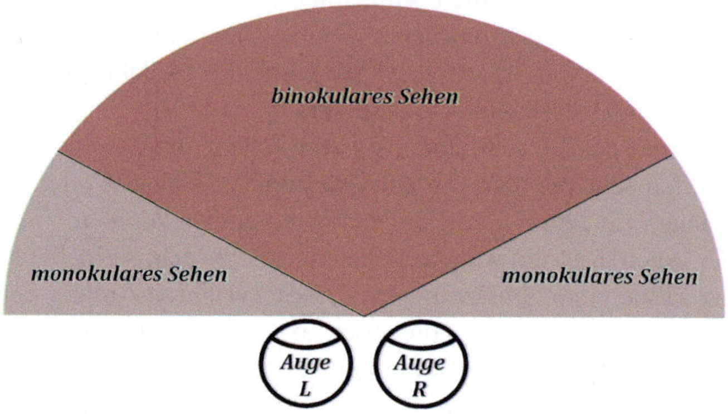

Abb. 6.2 Gesichtsfeld des Menschen. (Nach Tauer 2010, S. 27)

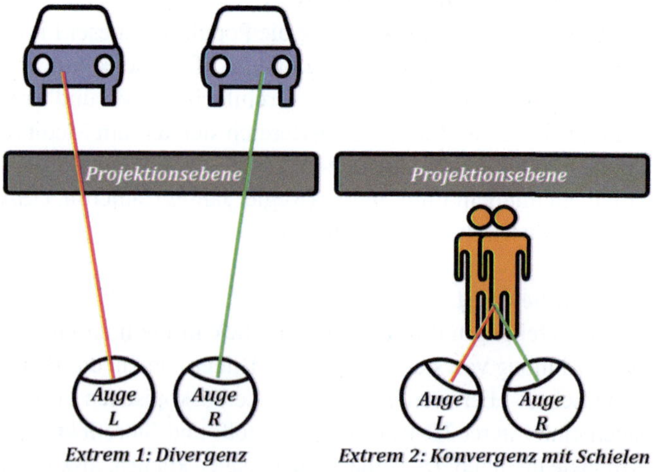

Abb. 6.3 Konvergenz und Divergenz

Divergenz

Würden sich die Augen von ihrer Parallelstellung ausgehend nach außen zu den Schläfen hin bewegen, spricht man von Divergenz. Diese Augenstellung gilt als unnormal und ruft bei dem Großteil der Menschen Gefühle von Unwohlsein bis hin zu Schmerzen hervor. In der physiologischen Literatur wird ein maximal zulässiger Divergenzwinkel – ausgehend von den parallelen Sehachsen – von 1,5° angegeben. Inner-

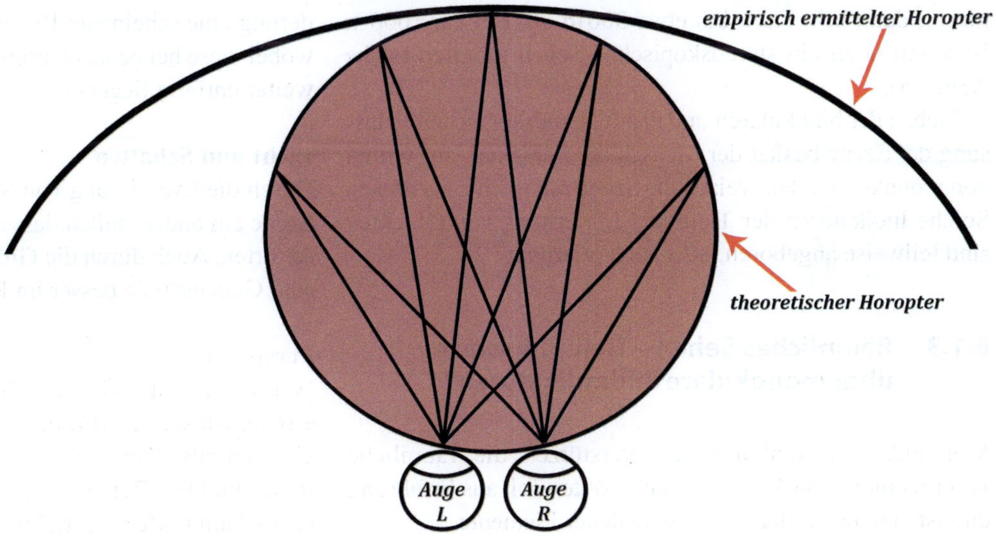

Abb. 6.4 Empirischer und theoretischer Horopter. (Nach Tauer 2010, S. 56)

halb dieses Bereiches ist ein noch angenehmes Sehen möglich. Im Zusammenhang mit einer Stereo3D-Produktion gilt das *Divergenzverbot* (s. u.).

Panumscher Fusionsraum
Im Bereich des panumschen Fusionsraumes erfolgt die Fusion der Teilbilder des linken und rechten Auges. In diesem Bereich ist das binokulare oder stereoskopische Sehen möglich. Das nach der Fusion im Gehirn entstandene Bild wird auch als *Zyklopenbild* bezeichnet.

Horopter
Wenn die Augen das Gesichtsfeld mit einem angenommenen gleichbleibenden Konvergenzwinkel abtasten, bilden die resultierenden Fixationspunkte einen Kreis, der als theoretischer Horopter bezeichnet wird. Tatsächlich bildet der Horopter allerdings nur im Nahbereich einen annähernden Kreis. Mit zunehmender Entfernung zum Objekt entspricht er eher einer Linie. In diesem Zusammenhang spricht man auch von einem empirischen Horopter. Der aufgespannte Raum zwischen der Linie des Horopters der Unendlichkeit und der des Nahbereiches wird auch als Panumscher Fusionsraum bezeichnet (siehe Abb. 6.4).

Akkommodation
Die Akkommodation ist die Fähigkeit der Scharfstellung beider Augen auf ein Objekt, bei dem die Sehachsen beider Augen konvergieren. Der maximale Bereich der Scharfstellung zwischen dem am nahesten und dem am weitesten entfernten Objekt wird als *Akkommodationsbreite* bezeichnet.

Disparität
Die Disparität (engl. *disparity*) ist der Versatz korrespondierender Bildteile vom linken zum rechten Auge und umgekehrt vor sowie hinter dem Punkt der Fixierung (Konvergenzpunkt). In der Produktion von stereoskopischem Material

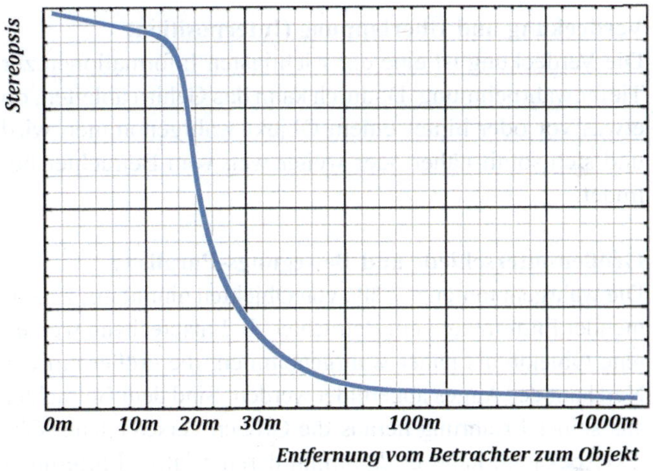

Abb. 6.5 Stereopsis des Menschen

wird die Disparität in Pixeln abhängig von der gesamten Auflösung des Bildes angegeben. Auf der Projektionsfläche einer Stereo3D-Projektion darf die Disparität im Bereich der positiven Parallaxe für jeden Betrachter niemals größer sein als sein eigener Augenabstand. Dieser Sachverhalt wird auch als *Divergenzverbot* bezeichnet.

6.1.2 Räumliches Sehen – Tiefenhinweise über binokulare Bildindikatoren

Räumliches Sehen erfolgt über verschiedene Bildindikatoren. Man unterscheidet monokulare und binokulare Indikatoren. Unter binokularen Indikatoren ist das stereoskopische Erfassen der Szene zu verstehen. Die Fähigkeit des Menschen, eine Szene räumlich zu erfassen, wird als *Stereopsis* bezeichnet und steht im direkten Zusammenhang mit dem Augenabstand (IOD). Die Größe der Stereopsis ist begrenzt. Bei einem normalen Erwachsenen ist sie bis etwa 30 m relativ konstant und nimmt dann sehr stark bis etwa 300 m ab. Bei ca. 1000 m ist kaum noch ein stereoskopisches Sehen möglich (siehe Abb. 6.5).

Neben der binokularen und damit stereoskopischen Erfassung der Szene besitzt der Mensch die Fähigkeit, auf Grund von monokularen Hinweisen die Szene räumlich zu erfassen. Solche Indikatoren der Tiefe und Entfernung von Objekten sind teilweise angeboren, aber auch erlernbar.

6.1.3 Räumliches Sehen – Tiefenhinweise über monokulare Bildindikatoren

Monokulare Tiefenhinweise unterstützen die räumliche Wahrnehmung. Sie resultiert zum größten Teil aus Erfahrung und ist eine Kombination verschiedener Elemente.

Verdeckung und Überlappung (Interposition)
Die Verdeckung ist eine der wichtigsten Informationen zur Tiefenwahrnehmung. Dadurch kann das Gehirn ableiten, ob etwas vor oder hinter einem Objekt wahrgenommen wird und sich somit näher oder weiter weg vom Betrachter befindet.

Größenunterschiede und Bewegungs-Parallaxe
Die wahrgenommene Größe von Objekten nimmt mit zunehmender Entfernung vom Betrachter ab. Entsprechend werden jene Objekte als näher wahrgenommen, die größer auf der Netzhaut des Auges abgebildet werden. Sind dem Betrachter aus seiner Erfahrung heraus die Größen verschiedener Objekte bekannt, kann er daraufhin deren relative Entfernung abschätzen. Sind die Objekte in der Szene fixiert und der Betrachter ändert seine Position, erfolgt durch die Parallaxenänderung eine scheinbare Bewegung der Objekte in der Szene, wobei diese bei benachbarten Gegenständen größer ist als bei weiter entfernt liegenden.

Licht und Schatten
Durch die Evaluierung von Schatten, die von Elementen der Szene auf andere fallen, lassen sich Objekte in der Tiefe besser orten. Auch durch die Größe und Richtung des Schattens sind Gegenstände besser im Raum zu registrieren.

Perspektive
Werden Objekte wie zum Beispiel ein Gebäude betrachtet, erscheinen stürzende Linien. Es ergibt sich eine Perspektive, die ebenfalls Hinweise zur Tiefe gibt. Ein Beispiel sind Bahnschienen. Dem Betrachter ist bekannt, dass diese stets parallel verlaufen. Zum Horizont hin nimmt der Abstand jedoch augenscheinlich ab.

Texturgradienten
Gleichbleibende Muster werden in der Tiefe zunehmend kleiner wahrgenommen. Ein Beispiel dafür ist eine Wiese. Anhand der Größe der Grashalme und Blumen erfolgt ein weiterer Hinweis auf die Tiefe einer Szene.

Atmosphärische Perspektive
Licht wird durch die Atmosphäre gebrochen. Je mehr Raum sich zwischen zwei Objekten befindet, desto flacher erscheint das weiter weg liegende Objekt in seiner Farbgebung und Helligkeit. Verstärkt wird dieser Effekt durch Zunahme atmosphärischer Verschmutzungen oder anderer Elemente wie zum Beispiel Nebel. Dies ist ein weiterer monokularer Tiefenhinweis.

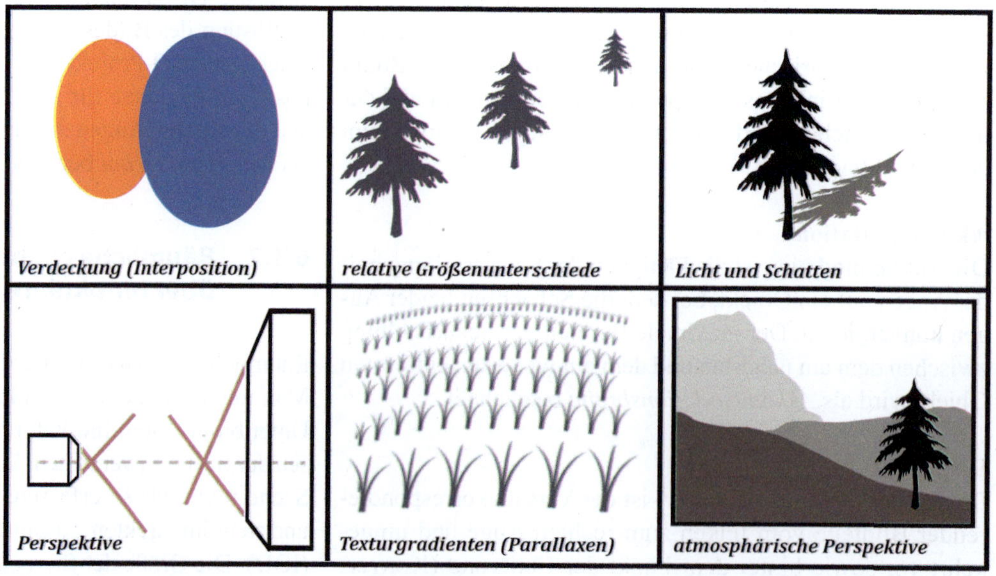

Abb. 6.6 Monokulare Tiefenhinweise

6.1.4 Stereoskopische Grundlagen einer Stereo3D-Kamera

Scheinfensterweite

Die Scheinfensterweite ist der Abstand vom Betrachter zu einer gedachten Projektionsfläche, auf der später die Stereo3D-Projektion erfolgt und der Zuschauer „hindurch sieht". Das Scheinfenster teilt die Stereoprojektion in einen Vorder- und einen Hintergrund. Typischerweise entspricht das Scheinfenster dem Konvergenzpunkt des Stereo3D-Kamera-Sets. Bei einer Stereo3D-Projektion liegt der Konvergenzpunkt, bei dem die beiden korrespondierenden Bildpunkte exakt deckungsgleich sind, direkt auf der Projektionsebene.

Kameratechnisch unterscheidet man beiStereo3D-Aufnahmen in Parallel-Shots und Convergence-Shots. Bei Parallel-Shots und einem perfekt abgestimmten S3D-Kamera-Rig befindet sich der Konvergenzpunkt aufgrund der exakt parallelen Kameraachsen in der unendlichen Entfernung. Das heißt, die Scheinfensterweite befindet sich ebenfalls in der unendlichen Entfernung. Bei Convergence-Shots wird die Scheinfensterweite aufgrund des beliebig einstellbaren Konvergenzpunktes – bei dem sich beide Kameraachsen überschneiden – manuell festgelegt. Die Scheinfensterweite ist eine charakteristische Eigenschaft der Stereo3D-Kamera.

Fernpunktweite und Nahpunktweite

Die Nahpunktweite ist der Abstand der S3D-Kamera zum nächsten realen Objekt des Motivs. Die Fernpunktweite entspricht dem entferntesten Objekt der Szene. Bei normalen Außenaufnahmen befindet es sich in der unendlichen Entfernung. Die Fern- und Nahpunktweite stehen mit der Scheinfensterweite mathematisch direkt im Zusammenhang und sind charakteristische Eigenschaften des Motivs. Dabei gilt es, das Divergenzverbot einzuhalten.

$$w = \frac{s \cdot n}{s - n} \tag{6.1}$$

$$n = \frac{s \cdot w}{s + w} \tag{6.2}$$

mit:

w Fernpunktweite (am Weitesten entfernt liegendes Objekt),

n Nahpunktweite (am Nahesten liegendes Objekt),

s Scheinfensterweite (Entfernung von Kamera zum Konvergenzpunkt).

Stereobasis, Baseline, Interaxial-Distance (IAD)

Im Zusammenhang mit dem Abstand der Kameras eines S3D-Kamera-Rigs spricht man in der Literatur von der Stereobasis. In der englischen Literatur trifft man häufig auf die Bezeichnung IAD (engl. *interaxial distance*), wobei dieser Begriff nicht mit der IOD (engl. *interocular distance*) zu verwechseln ist. Während die IOD dem fixen Augenabstand des Betrachters entspricht – bei einem normalen erwachsenen Menschen im Schnitt 6,3 cm –, ist die IAD der am S3D-Kamera-Rig einzustellende Abstand der optischen Achsen des Kamerapaares zueinander (siehe Abb. 6.7).

Die IAD hängt direkt von folgenden Faktoren ab:

- IOD,
- Durchmesser der Bildaufnahmefläche[2] der Kameras (in mm),
- Brennweite der Optik,
- maximale parallaktische Verschiebung (positive Disparity).

$$s = \mathrm{IAD} \cdot \frac{f}{v}, \tag{6.3}$$

$$s\,[\mathrm{cm}] = \mathrm{IAD}\,[\mathrm{cm}] \cdot f\,[\mathrm{mm}] \tag{6.4}$$

mit:

s Scheinfensterweite,

f Brennweite des Objektives (ohne Formatfaktor),

v maximale parallaktische Verschiebung (0,7 % der Breite der Projektionsfläche),

AD Stereobasis/Interaxial Distance.

Bei einer S3D-Projektion im Heimbereich mit einer durchschnittlichen Projektionsbreite von 1,5 m beträgt die maximale parallaktische Verschiebung *v* ca. 1,25 mm. Somit kann hier *v* vernachlässigt werden und es folgt mit Gl. 6.4 eine vereinfachte Beziehung. Die wichtigsten Gesichtspunkte während einer Stereo3D-Aufzeichnung sind:

Faustregel 1: Der IAD (Stereobasis oder Baseline) sollte nie größer sein, als 1/30 des Nahpunktabstandes – bezogen auf eine Normalbrennweite von 35 mm (Äquivalenzbrennweite).

$$\mathrm{IAD}\,[\mathrm{cm}] = \frac{\text{Nahpunktweite}\,[\mathrm{cm}]}{\text{Brennweite}\,[\mathrm{mm}]} \tag{6.5}$$

Faustregel 2: Der Mindestabstand zum nächsten Objekt (minimale Nahpunktweite) sollte sein:

$$\text{Mindestentf}\,[\mathrm{cm}] = \mathrm{IAD}\,[\mathrm{cm}] \cdot \text{Brennweite}\,[\mathrm{mm}] \tag{6.6}$$

[2] unter Bildaufnahmefläche wird allgemein der Sensor einer digitalen Kamera oder der Film einer analogen Kamera verstanden.

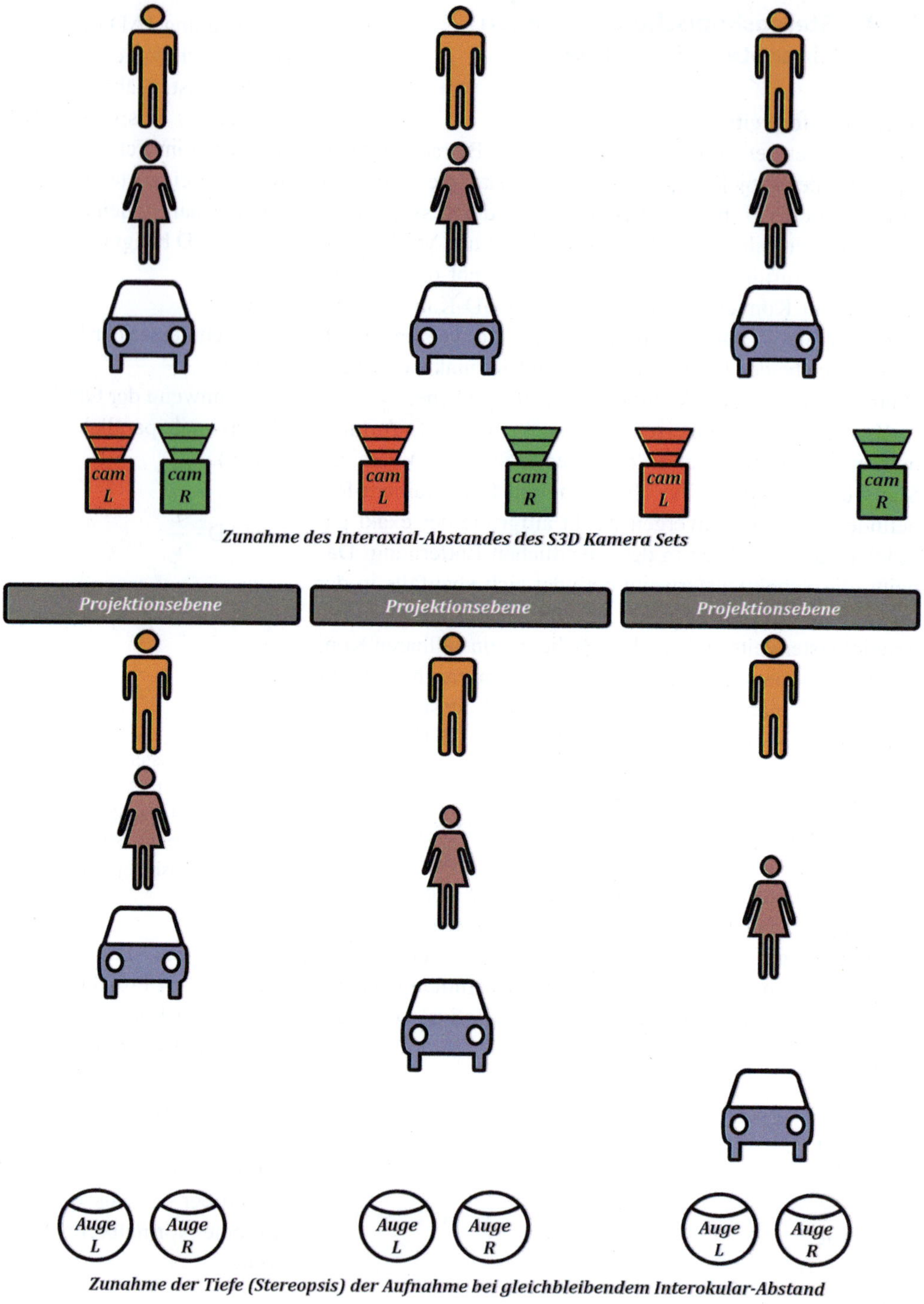

Abb. 6.7 Interaxial-Abstand (IAD) und dessen Auswirkung auf die Stereopsis. (Nach http://www.sky.com/shop/__PDF/3D/Basic_Principles_of_Stereoscopic_3D_v1.pdf, letzter Zugriff: 10.09.2015)

Faustregel 3: Bei Verwendung von Side-by-Side-Rigs ist durch die Breite der Kameras (Formfaktor) die minimalste IAD begrenzt. Da sie baulich bedingt ist, kann sie nicht weiter verringert werden. Es muss die Brennweite ausgehend von der gegebenen Nahpunktweite ermittelt werden.

$$\text{Brennweite [mm]} = \frac{\text{Nahpunktweite [cm]}}{\text{IAD [cm]}} \tag{6.7}$$

Normalbrennweite

Die Beziehungen der Stereo- und Kamera-Parameter (IOD, IAD, Sensorgröße und Brennweite etc.) zum natürlichen Sehen des Menschen erfolgt über die Normalbrennweite. Hier geht man davon aus, dass die Normalbrennweite einem natürlichen Blickwinkel von ca. 50° entspricht. Dieser Blickwinkel ergibt sich nach Gl. 6.8.

$$\alpha = 2 \cdot \arctan\left(\frac{1}{2}\right) = 53{,}13° \tag{6.8}$$

Ein Objektiv erzeugt eine kreisrunde Abbildung mit einem definierten Durchmesser. Die Bildaufnahmefläche bzw. der Sensor der Kamera nutzt davon einen rechteckigen Ausschnitt. Manche Sensoren verwenden in bestimmten Kamera-Modi nicht den gesamten Durchmesser (zum Beispiel RED-Kameras in verschiedenen Auflösungen). In den nachfolgenden Gleichungen muss die tatsächlich genutzte Bilddiagonale des Kamerasensors bekannt sein. Sie ergibt sich aus Gl. 6.9.

$$\text{Sensor\_}\varnothing = \sqrt{\text{effektive\_Breite}^2 + \text{effektive\_Höhe}^2} \quad (6.9)$$

Die Normalbrennweite entspricht ungefähr dem Sensordurchmesser (Diagonale des Aufnahmeformats). Bei einer Kamera mit einem Kleinbild-Vollformat-Sensor von 24 × 36 mm ergibt sich eine Normalbrennweite von 43 mm. Sie wird nach Gl. 6.10 berechnet.

$$f = \frac{\frac{1}{2} \cdot \text{Sensor\_}\varnothing}{\tan\left(\frac{1}{2} \cdot \alpha\right)} \quad (6.10)$$

mit:

f Normalbrennweite,
α Blickwinkel.

Geht man davon aus, dass die durchschnittliche IOD (der Augenabstand) eines Erwachsenen 63 mm beträgt, ist die IAD (der Abstand der Kameraachsen) in Bezug auf die Normalbrennweite ebenfalls 63 mm. Dieser Zusammenhang wird als natürliche IAD (engl. *natural baseline*) bezeichnet.

Ein Beispiel soll dies verdeutlichen: Eine RED-Scarlet-X Kamera verwendet im 4 k-Modus eine effektive Sensorbreite von 22,2 mm sowie eine effektive Sensorhöhe von 11,7 mm. Die genutzte Diagonale beträgt demnach 25,09 mm. Die natürliche Brennweite bezogen auf dieses Aufnahmeformat beträgt damit ebenfalls 25,09 mm. Sind zwei Scarlet-X Kameras mit je einer 25-mm-Optik ausgestattet, beträgt die natürliche IAD 63 mm.

FOV-Vergrößerung

Die FOV-Vergrößerung (engl. *field of view*) steht in einem linearen Verhältnis zur Brennweite und wird nach Gl. 6.11 berechnet.

$$\text{FOV} = \frac{f_{\text{used}}}{f_{\text{nat}}} \quad (6.11)$$

mit:

FOV FOV Vergrößerung,
f_{used} tatsächliche Brennweite des verwendeten Objektivs,
f_{nat} Normalbrennweite (entspricht dem Sensordurchmesser).

In unserem Beispiel ist sie 1. Werden jedoch zwei 50-mm-Objektive verwendet, beträgt die FOV-Vergrößerung das 2-fache. Die neue IAD zum Positionieren der Kameras beträgt demnach:

$$\text{IAD} = \frac{\text{IOD (63 mm)}}{2} = 31{,}5\,\text{mm}. \quad (6.12)$$

Ein 75-mm-Objektiv würde eine dreifache FOV-Vergrößerung bezogen auf ein Objektiv mit Normalbrennweite verursachen. Die neue natürliche IAD beträgt demnach 21,08 mm. Diese geringen Abstände können nur mit einem Beamsplitter-Spiegel-Rig realisiert werden. Bei der Planung der S3D-Aufnahme ist bei der Auswahl von Objektiven außerdem die maximal zulässige positive Parallaxe (Divergenzverbot) zu beachten. Außerdem müssen die Regeln für den Bereich der negativen Parallaxe eingehalten werden (siehe Abschn. 6.2 Stereopyramide).

Plastische Wirkung (Roundness)

Die plastische Wirkung (engl. *roundness*) gibt an, wie flach, rund oder oval eine real stereoskopisch aufgenommene Kugel in der späteren S3D-Projektion vom Betrachter wahrgenommen wird. Die wahrgenommene Tiefe steht im direkten Verhältnis der IOD zum IAD. Außerdem nimmt mit zunehmender Entfernung zum Objekt die wahrgenommene Tiefe ab, da der Raum komprimiert wird. Des Weiteren hängt die Roundness auch vom Abstand des Betrachters zur Projektionsebene einer S3D-Projektion ab. Je größer der Abstand, desto größer die wahrgenommene Tiefe und die Roundness des Objektes. Dies ist auch ein Sachverhalt, der einem Kinozuschauer bewusst sein sollte. S3D-Projektionen können nicht für jeden Betrachter innerhalb eines Kino-Theaters identisch sein. Sie sind für den durchschnittlichen erwachsenen Zuschauer – mit einer IOD von 6,3 cm und Sitzposition Mitte/Mitte eines Kino-Theaters – optimiert.

$$\text{PW}_1 = \text{PW}_2 \quad (6.13)$$

$$\text{PW} = 1 = \frac{\text{IAD}}{\text{IOD}} \cdot \frac{a}{g} \quad (6.14)$$

bei *PW = 1 (optimale Roundness)*:

$$\text{IAD} = \frac{\text{IOD}}{a} \cdot g \quad (6.15)$$

mit:

PW plastische Wirkung (Roundness),
IAD Interaxial Distance,
IOD Interocular Distance,
g Entfernung der Kamera zum zu betrachtenden Objekt,
a Entfernung des Zuschauers zur Projektionsebene.

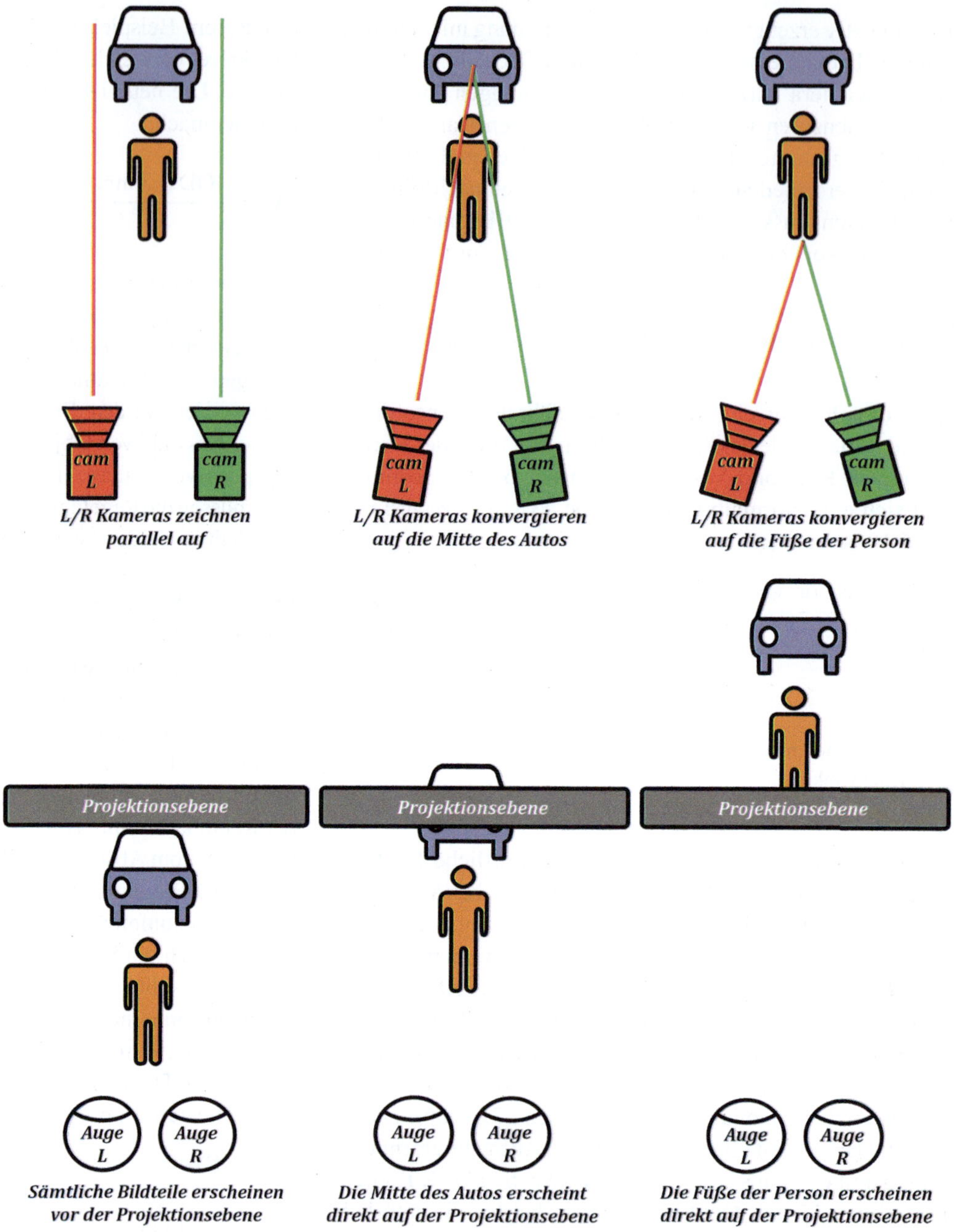

Abb. 6.8 Konvergenz und Auswirkung auf die Projektion

Ist die Beziehung nach der Gl. 6.13 PW1 = PW2 erfüllt, stimmt die plastische Wirkung des realen Objektes mit der S3D-Projektion des selben Objektes überein, spricht man von einer perfekten Roundness. Bei einer Roundness (PW) unter einem Wert von 1 nimmt die wahrgenommene Tiefe ab. Der Raum wirkt gestaucht. Bei einem Wert über 1 nimmt der Zuschauer eine überzogene Tiefe wahr. Der Raum wirkt gedehnt (nach Kuhn 1999).

Auswirkung der Konvergenz und des IAD auf die S3D-Projektion

Der Konvergenzpunkt bestimmt, welche Tiefenebene der Szene direkt auf der Projektionsebene erscheint. Korrespondierende Bildanteile des linken und rechten Teilbildes sind in der Ebene des Konvergenzpunktes deckungsgleich. Abbildung 6.8 verdeutlicht den Sachverhalt. Für den Fall, dass die Kameraachsen parallel verlaufen, das heißt, wenn der Konvergenzwinkel 0° beträgt, befindet sich der Konvergenzpunkt in der unendlichen Entfernung. Das bedeutet, dass keine positive Parallaxe vorhanden ist. Sämtliche Bildanteile erscheinen bei stereoskopischer Betrachtung ausschließlich vor der Projektionsebene.

Die Verringerung der IAD komprimiert den Raum. Die räumliche Wahrnehmung der Szene nimmt entsprechend ab. Bei der Vergrößerung des IAD nimmt die räumlich wahrgenommene Tiefe zu. Abbildung 6.9 verdeutlicht diese Problematik. Bei einem IAD von 0 mm entsteht keine stereoskopische Wirkung, während bei der Vergrößerung die

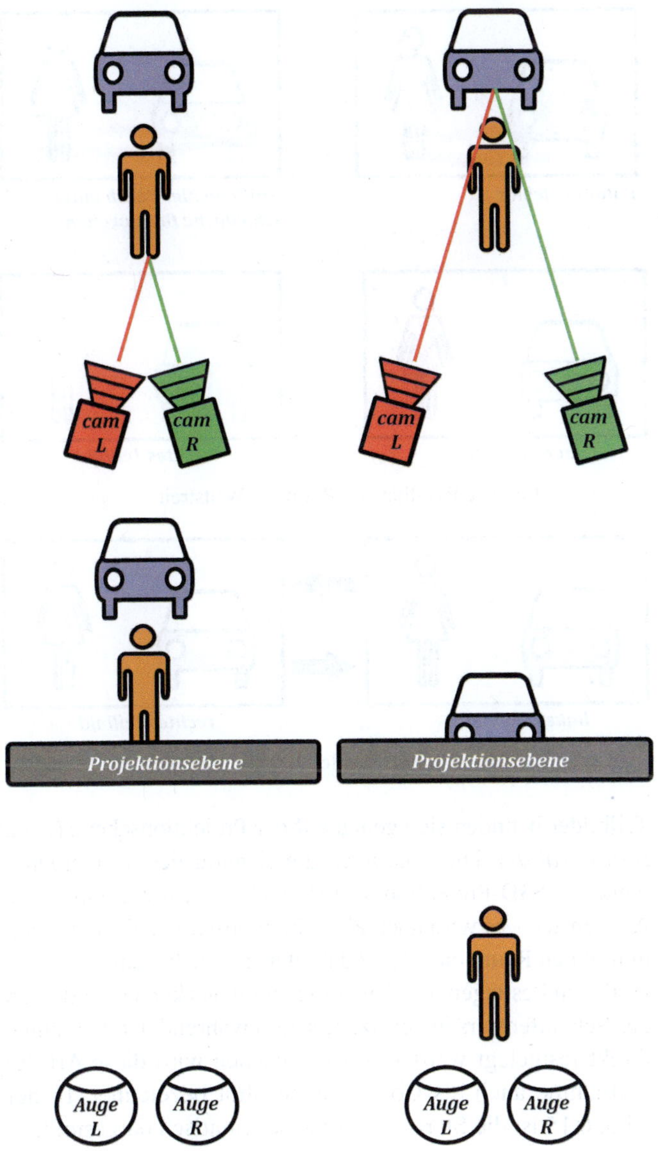

Abb. 6.9 Konvergenz und IAD

wahrgenommenen Abstände von Objekten im Hintergrund zu Objekten im Vordergrund zunehmen.

Bei Aufnahmen einer größeren Szene – wie Landschaften oder einer Stadt – muss in der Regel mit einer größeren IAD gearbeitet werden, damit die Szene in ihrer Tiefe vom Betrachter der S3D-Projektion wahrgenommen werden kann. Werte von mehreren Dezimetern oder Metern sind hier möglich. Siehe dazu auch die Gl. 6.5. Es besteht ein Zusammenhang von IAD, verwendeter Brennweite und Abstand von der Kamera zum nahesten Objekt. Bei einer übermäßigen Erhöhung der IAD spricht man vom *Lilliputismus* bzw. *Modelleffekt*, da näher liegende Objekte in der entsprechenden S3D-Projektion kleiner als in der Realität wahrgenommen werden.

Bei Aufnahmen von kleinen Objekten – wie zum Beispiel Blüten oder Insekten – bewirkt eine übermäßige Verringerung der IAD einen sogenannten *Gigantismus*. Dem Betrachter einer S3D-Projektion wird in seiner Wahrnehmung ein größeres Objekt dargestellt, als es in der Wirklichkeit tatsächlich ist.

6.1.5 Störeffekte und Artefakte

Geometrische Fehler entstehen infolge einer fehlerhaften horizontalen sowie vertikalen Ausrichtung der Kamerapaare. Jedes Stereo3D-Kamera-Rig besitzt die Möglichkeit der Einstellung eines solchen Versatzes. Bei der parallelen S3D-Aufnahme, bei der beide Kameraachsen stets parallel verbleiben, werden während der Kalibrierung die Bilder beider Kameras mithilfe eines Vordergrundobjektes und eines im Hintergrund liegenden Elements deckungsgleich übereinandergelegt. Probleme bei der Kalibrierung bereiten vor allem die Objektive mit ihren wenn auch geringen Fertigungstoleranzen, aber auch die Kamera selbst. Objektive, auch aus der gleichen Produktionsreihe, besitzen bei gleichen Parametern meist nicht die identische Abbildung auf der Bildaufnahmefläche. Es gibt jedoch von bestimmten Herstellern (zum Beispiel der französische Hersteller Angenieux[3]) nahezu perfekt abgestimmte Stereo3D-Objektivpaare.

Eine unterschiedliche Farbe in den Teilbildern kann durch einen nicht korrekt ausgeführten Weißabgleich in den einzelnen Kameras hervorgerufen werden. Hier muss später eine Farbkorrektur mit spezialisierten Werkzeugen zur Angleichung der Farbe beider Teilbilder stattfinden. Das Plug-in-Set *Ocula*[4] der englischen Firma The Foundry besitzt zum Beispiel derartige Möglichkeiten. Dennoch muss zumeist zuvor eine Farbkorrektur vollzogen werden. Eventuell muss auch bei RAW-Material das Demosaicing mit angepassten Werten wiederholt werden (Abb. 6.11).

Schärfefehler entstehen durch einen nicht optimalen Abgleich beider Kamera- und Objektivpaare. Solche Fehler können jedoch auch infolge einer unterschiedlichen sphärischen Aberration der Objektive verursacht werden. In gewissen Grenzen ist auch dieser Fehler korrigierbar (Abb. 6.12).

Retinale Rivalitäten sind die häufigsten Folgen, die bei der Verwendung einer Beamsplitter-Stereo3D-Konfiguration entstehen. Unter einem retinalen Wettstreit sind Probleme zu verstehen, bei denen infolge unterschiedlicher Bildbereiche zwischen den Teilbildern Betrachtungsprobleme mit möglichen Kopfschmerzen auftreten. Eine Beamsplitter-Stereo3D-Konfiguration vollzieht die Trennung der Bildinformationen für die beiden Kameras sowohl über die Spiegelung als auch mittels der Durchsicht des halbdurchlässigen Spiegels. Dabei erfolgt eine unterschiedliche Polarisierung des auf die Kamerasensoren eintreffenden Lichts. Reale Objekte reflektieren die einzelnen Polarisationen von Licht unterschiedlich. Die Folge sind Unterschiede in der Farbgebung der Objekte in beiden Teilbildern.

Weiterhin können infolge der unterschiedlichen Perspektive beider Kameras bei stark glänzenden Objekten

[3] http://www.angenieux.com.

[4] https://www.thefoundry.co.uk/products/ocula/.

Abb. 6.10 Geometrische Fehler in einer Stereo3D Produktion

Abb. 6.11 Fehler durch Farbunterschiede zwischen den Teilbildern

Abb. 6.13 Retinale Rivalitäten – Retinaler Wettstreit

Abb. 6.12 Schärfefehler zwischen den Teilbildern

Abb. 6.14 Pseudo-Stereo3D, Fehler durch Vertauschen der Teilbilder

unterschiedliche Reflexionen in den Teilbildern entstehen. Außerdem können zur Lichtquelle hin unterschiedliche Linsenreflexionen vorhanden sein oder auch nur in einem der beiden Teilbilder auftreten. Auch hier ist ein retinaler Wettstreit bzw. eine retinale Rivalität die Folge. Derartige Fehler müssen mithilfe einer selektiven Farbkorrektur[5] behoben werden. Auch für diese Fälle sind spezialisierte Werkzeuge vorhanden (Abb. 6.13).

Falls während der Projektion von Stereo3D-Material die beiden Teilbilder untereinander vertauscht worden sind, ist eine korrekte stereoskopische Wahrnehmung nicht möglich. In diesem Fall spricht man auch von Pseudostereo. Ein einfaches Zurücktauschen der Teilbilder behebt diesen Fehler (Abb. 6.14).

6.2 Stereopyramide und Stereobudget

6.2.1 Stereopyramide

Bei der Projektion von stereoskopischem Material auf eine Projektionsebene wird der wahrgenommene Raum in drei Bereiche unterteilt. Objekte, die hinter der Projektionsebene wahrnehmbar sind, befinden sich im Bereich der positiven Parallaxe (engl. *positive parallax*). Objekte, die vor der Projektionsebene wahrnehmbar sind, befinden sich in der negativen Parallaxe (engl. *negative parallax*). Die deckungsgleichen Bildteile der Teilbilder befinden sich genau auf der Projektionsebene (engl. *zero parallax*). Diese ist auch gleichzeitig der Konvergenzpunkt der S3D-Projektion. Der Betrachter sieht wie durch eine Art Fenster – es wird auch als Scheinfenster bezeichnet – und nimmt den Raum davor und dahinter räumlich wahr.

Durch Festlegen des Konvergenzpunktes kann die Position des Scheinfensters in der Szene schon während der Aufnahme direkt festgelegt werden. Im Englischen wird diese Art der Aufnahme auch als Convergence-Shot bezeichnet. In der Abb. 6.15 ist die Stereopyramide schematisch dargestellt.

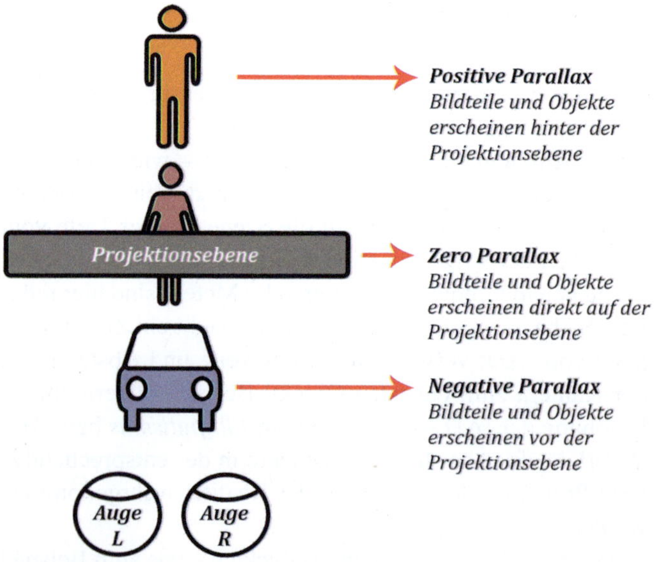

Abb. 6.15 Stereopyramide, Screen-Parallax

[5] Korrektur der Farbe einzelner Bildteile oder Objekte.

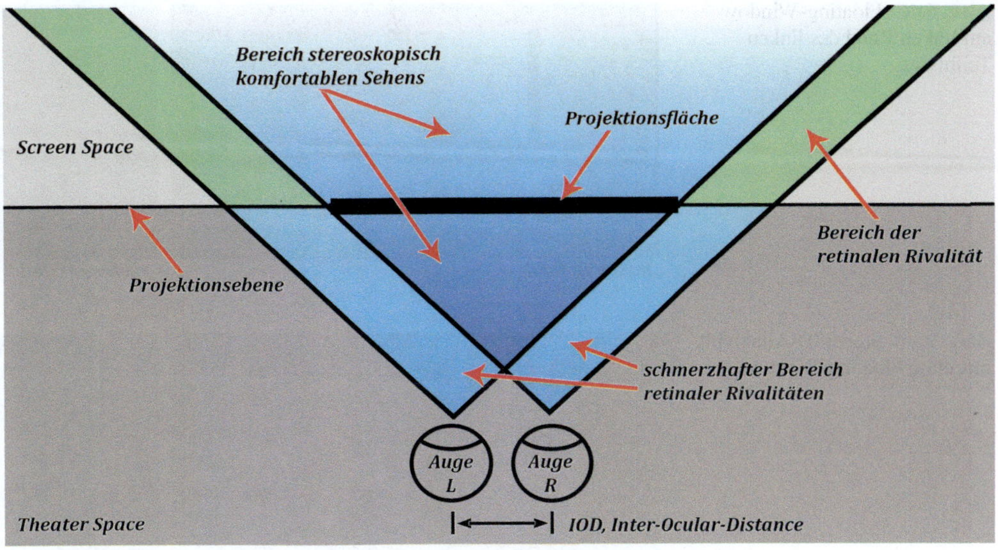

Abb. 6.16 Stereoskopische Komfortzone. (Nach Mendiburu 2009, S. 82)

6.2.2 Probleme im Screenspace

Der Bereich, bei dem Objekte einer Stereo3D-Projektion hinter der Projektionsebene wahrnehmbar sind, wird als Stereo-Unendlichkeit (engl. *screen space*) bezeichnet. Beim natürlichen Sehen beträgt der Konvergenzwinkel der Augen nahezu 0°, wenn der Mensch auf weit entfernte Objekte fokussiert. Die Achsen der Augen befinden sich in einer parallelen Stellung.

Um ein Auseinandergehen (Divergenz) der Augen bei einer Stereo3D-Projektion zu vermeiden, darf der Versatz von korrespondierenden Fernpunkten im Screenspace niemals größer sein als die IOD des Betrachters. In der Literatur wird oft die 0,7 %-Regel für Projektionen auf größeren Flächen beschrieben. Diese besagt, dass Fernpunkte (korrespondierende Punkte der Teilbilder mit positiver Parallaxe) bei der Projektion von Stereo3D einen maximalen Abstand von 0,7 % der gesamten Breite der S3D-Projektion besitzen dürfen. Um sicherzugehen, ist es oftmals ratsam, einen geringeren Abstand von Fernpunkten als 0,7 % zu wählen. Die genaue Ermittlung der nativen Parallaxe bei gegebener Projektionsbreite erfolgt nach den Gln. 6.16 und 6.17.

$$\text{native\_parallax}\,(\%) = \frac{\text{IOD}}{\text{screenwidth}} \cdot 100 \tag{6.16}$$

$$\text{native\_parallax}\,(\text{pixel}) = \frac{\text{IOD}}{\text{screenwidth}} \cdot \text{horizontal\_resolution} \tag{6.17}$$

Hat ein Kino zum Beispiel eine Projektionsfläche mit einer Breite von 10 m, so sollte die maximale Parallaxe von 0,63 % nicht überschritten werden. Das heißt auch, dass korrespondierende Punkte in der positiven Parallaxe nicht mehr als 0,63 % der Breite des digitalen Bildes auseinanderliegen dürfen. Bei einer Breite von 2048 Pixeln bei einer (2 k-Auflösung) beträgt der Abstand 13 Pixel. Diese Regel wird in der Industrie auch streng eingehalten. Christoph Hasche (Compositing-Artist, RISE Visual Effects Studios, Harry Potter, Guardians Of The Galaxy) sagt dazu:

> *Ja, wir halten uns streng an diese Grenze. Bei 3 k-Material verwenden wir 20 Pixel als Grenze (+/− 3 Pixel).*[6]

Eine Projektion im Heimbereich darf im Gegensatz dazu eine größere Parallaxe von 6 % besitzen. Stereo3D-Vorführungen, die für erwachsene Menschen mit einem durchschnittlichen IOD von 63 mm konzipiert sind, können eventuell für manche Kinder ungeeignet sein. Daher ist es möglich, dass Kinder bei solchen Projektionen infolge einer resultierenden Divergenz der Augen Kopfschmerzen bekommen können. Im Gegensatz dazu kann die wahrgenommene räumliche Tiefe eines Erwachsenen bei einer Stereo3D-Vorführung, die für Kinder mit geringerem IOD konzipiert ist, geringer ausfallen.

6.2.3 Probleme im Theaterspace

Der Bereich, in dem bei einer Stereo3D-Projektion Objekte vor der Projektionsebene wahrnehmbar sind, wird als *Theaterspace* bezeichnet. Das ist der Bereich, den der Kinozuschauer bei der Betrachtung von Objekten einer Stereo3D-Projektion als „Effekt“ wahrnimmt (siehe auch Abb. 6.16).

Stereoobjekte mit negativer Parallaxe dürfen nicht weiter in den Theaterspace hineinragen als die Hälfte der Entfernung des Zuschauers zur Projektionsebene. Hieraus ergibt sich auch die maximale räumliche Tiefe einer Stereo3D-Projektion. Zum einen darf diese Grenze im Nahbereich

[6] Im persönlichen Gespräch mit dem Autor.

Abb. 6.17 Floating-Window am linken Rand des linken Teilbildes

Abb. 6.18 Stereo3D-Anaglyph, mit/ohne Floating-Window

nicht überschritten werden, andererseits muss auch die im Abschn. 6.2.2 beschriebene Grenze korrespondierender Fernpunkte mit positiver Parallaxe berücksichtigt werden.

Ein Problem, das sowohl im Zusammenhang mit negativer als auch positiver Parallaxe auftritt, besteht bei Objekten, die sich an den Kanten des Bildbereiches befinden und teilweise erfasst worden sind. Die Augen nehmen dann infolge der unterschiedlichen Perspektive unterschiedlich große Bereiche der Stereoobjekte wahr. Das heißt, dass infolge der seitlichen Kantenverdeckung Teile eines Objektes, die in einem Teilbild dargestellt werden, im anderen Teilbild fehlen. Die Folge ist eine binaurale Rivalität bei der Betrachtung der Seitenränder. Im Englischen wird dieser Fehler als *Edge-Violation* bezeichnet und kann mit Hilfe von sogenannten *Floating-Windows* korrigiert bzw. relativiert werden. Hier werden jene sichtbaren Bereiche am Rand des einen Teilbildes verdeckt, die im anderen Teilbild nicht enthalten sind (siehe Abb. 6.17 und 6.18).

6.2.4 Stereo3D-Depth-Budget

Das *Stereo3D-Depth-Budget* (dt. *Tiefenrahmung*) ist ein Begriff, der kontrovers diskutiert wird. Im engen Zusammenhang tritt auch der Begriff *Parallax Range* auf. Disney, wie auch der Großteil der Literatur, bezeichnet mit dem Stereo3D-Depth-Budget den Bereich des Stereo3D-Raums, in dem sich das Auge ohne jeglicher Schmerzen bewegen kann, und zwar bezogen auf die aktuelle Aufnahme. Dies wird im Screenspace begrenzt durch die native Parallaxe und im Theaterspace durch die halbe Entfernung zwischen dem Zuschauer und der Projektionsebene. Das Stereo3D-Depth-Budget ist in erster Linie abhängig von der Größe der Projektionsfläche. Durch Festlegen und Verändern der Stereo3D-Kameraparameter wird auch das Stereo3D-Depth-Budget und dessen Grenzen neu skaliert. Diese Grenzen dürfen während der Aufnahme nicht überschritten werden. Zur Hilfestellung existieren eine Reihe von Softwarelösungen auch für mobile Geräte, die die entsprechenden Parameter – zum Beispiel die Roundness eines Objektes – je nach Vorgabe berechnen (vgl. Turner 2010; Pfanz 2011).

Das Stereo3D-Depth-Budget gibt unteranderem auch die wahrgenommene Tiefe (Stereopsis) der Stereo3D Produktion vor, in dem sich der Regisseur mit Unterstützung des Kameramanns und des Stereographers in Abhängigkeit der Art der Projektion, Art des Filmes und Zielgruppe der Betrachter bewegen kann. Dies ist die Grundlage zur Umsetzung von stereoskopischen Inhalten. Eine interessante Geschichte wird mit einer ansprechenden Kameraführung und guten Bildern ausdrucksstark erzählt. Stereo3D kann als ein weiteres Mittel die Aussagen der narrativen Ebene unterstützen. Der Regisseur Joseph Kosinski setzt Stereo3D im Film *Tron – Legacy* (USA 2010) als Medium seiner bildhaften Erzählweise ein. Zu Beginn des Films, wenn die Handlung in der Jetztzeit angesiedelt ist, werden noch keinerlei stereoskopische Inhalte verwandt. Erst mit dem Eintritt des Hauptdarstellers in die virtuelle Welt wechselt die Projektion vom herkömmlichen 2D-Bild zu Stereo3D.

Vor allem die Intensität der räumlichen Wahrnehmung gilt als ein stilistisches Mittel der narrativen Darbietung von Stereo3D, sodass neben der Kameraführung auch der Verlauf der stereoskopischen Tiefe im Drehbuch beschrieben werden kann. Im Englischen wird für ein solches Skript der Begriff *Depth-Script* verwendet. Hier wird das Stereo3D-Depth-Budget mit Bezug zur Geschichte beschrieben. Dies ist eine

Möglichkeit, den emotionalen Ausdruck einer Szene zu erhöhen, indem das Stereo3D-Depth-Budget vorher klein gehalten wurde und dann die Größe des Stereo3D-Raums anwächst (vgl. Turner 2010). Um eine klare Definition hinsichtlich der Bedeutung des Stereo3D-Depth-Budgets zu gewährleisten, verwendet man Unteranderem auch den Begriff *Parallax*, der im Prinzip das gleiche Konzept beschreibt, hier aber lediglich bezogen auf die aktuelle Aufnahme.

Der Fokus der Handlung (engl. *point of interest*) – zum Beispiel ein Dialog – sollte sich nach Möglichkeit innerhalb der Konvergenzebene befinden und ein Umschnitt auf eine Szene mit nahezu gleicher Stereo-Tiefe erfolgen. Dies gilt auch für schnell geschnittene Szenenwechsel. Bei herkömmlichen 2D-Filmen spricht man von zeitlicher und räumlicher Kontinuität, damit der Zuschauer sich besser in die Geschichte hineinversetzen kann. Bei Stereo3D spricht man zusätzlich von der Tiefenkontinuität (engl. *depth continuity*). Schnelle Szenenwechsel mit sprunghafter räumlicher Tiefe ermüden die Augen des Betrachters. Das macht es zum Teil auch schwierig, gute Trailer eines Stereo3D-Featurefilms zu erstellen.

6.3 Aufnahme und Wiedergabe von Stereo3D

6.3.1 Kameraausrichtung im Parallel-Shot

Im *Parallel-Shot* befindet sich bei einem perfekt abgestimmten Kamerapaar der Konvergenzpunkt in der unendlichen Ferne. Bei der direkten Projektion einer solchen Aufnahme würde sich der komplette Inhalt in der negativen Parallaxe befinden. Sämtlicher Inhalt wird stereoskopisch so wahrgenommen, als wäre er komplett vor der Projektionsebene. Eine positive Parallaxe ist nicht vorhanden (siehe Abb. 6.19).

Erst mit dem nachträglichen Vorschieben der Teilbilder zueinander, dem sogenannten HIT (engl. *horizontal image translation*), kann in der Postproduktion der Konvergenzpunkt fixiert werden. Es wird damit festgelegt, welche Bildteile vor der Projektionsebene und welche dahinter wahrgenommen werden. Diese Möglichkeiten machen den Parallel-Shot so beliebt, da hier noch viele Freiheiten in der Postproduktion möglich sind.

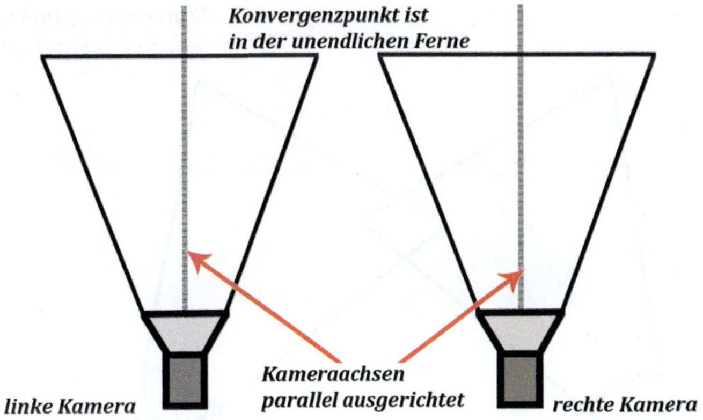

Abb. 6.19 Parallel-Shot

6.3.2 Kameraausrichtung im Converged-Shot

Stereo3D-Kamera-Rigs erlauben in der Regel bereits bei der Aufnahme das Setzen des Konvergenzpunktes. Im Gegensatz zur parallelen Aufnahme, bei der es keine positive Parallaxe gibt, erlaubt das Festlegen der Konvergenz im *Converged-Shot* (auch engl. *toe-in*) die Aufnahme eines weitestgehend finalen Stereo3D-Bildes (siehe Abb. 6.21). Tatsächlich wird jedoch auch mit solchem Material nachträglich eine HIT durchgeführt, um eine Angleichung des Konvergenzpunktes mit anderen Aufnahmen zu vollziehen.

Ein großer Nachteil eines Converged-Shots ist die bereits durch die unterschiedlichen Perspektiven der Kameras hervorgerufene Verzerrung der Teilbilder zueinander. Gegensätzliche Verzerrungen und Fehldisparitäten in Höhe und Breite sind die Folge. Dieser Fehler wird auch als *Keystone-Effect* bezeichnet (siehe Abb. 6.20). Da heutzutage Stereo3D-Aufnahmen mit digitalen Filmkameras realisiert werden und das Material meist mit größerer Auflösung vorliegt als es projiziert wird, kann dieser Fehler relativ problemlos korrigiert werden.

Beide Varianten der Stereo3D-Aufnahme (sowohl parallel als auch konvergiert) kommen in der Praxis zur Anwendung. Welche von beiden angewandt wird, liegt letztendlich in der Entscheidung des Stereographers.

Abb. 6.20 Keystone-Effect bei konvergierten Kameras (schematisch)

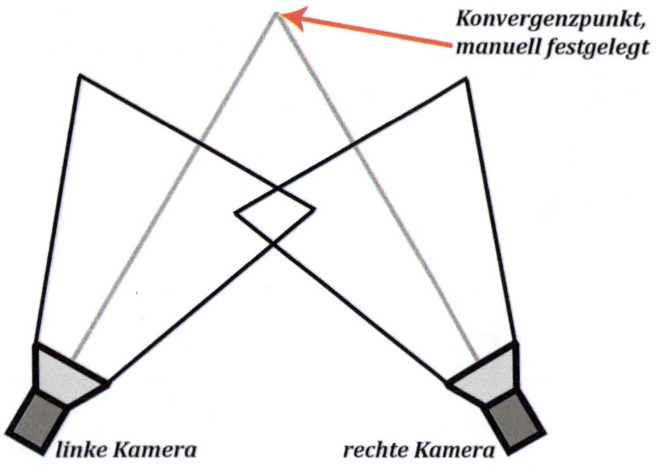

Abb. 6.21 Converged-Shot

6.3.3 Kameraanordnung bei einem Side-by-Side-Rig

Es gibt grundlegend zwei verschiedene Anordnungen der Kameras auf einem Stereo3D-Rig. Zum einen werden Kameras nebeneinander (engl. *side-by-side*) montiert und zum anderen können die Kameras mithilfe eines halbdurchlässigen Spiegels (engl. *beamsplitter mirror*) angeordnet werden. Beide Möglichkeiten haben Vorteile und auch Nachteile.

Der große Vorteil einer Side-by-Side-Anordnung ist, dass hier keine Polarisationsartefakte auftreten. Zudem ist das gesamte Rig mit den Kameras und Objektiven insgesamt leichter und stabiler als ein Spiegel-Rig mit Beamsplitter. Der Nachteil ist die durch den Formfaktor – der Breite der Kameras – vorgegebene minimal mögliche IAD. In Abhängigkeit sämtlicher Stereo3D-Parameter ist es oftmals notwendig, einen IAD von wenigen Zentimetern zu verwenden. Das RED-Epic-Kameragehäuse besitzt ohne zusätzliches Equipment eine Breite von ca. 13 cm. Ein geringerer IAD als diese 13 cm wäre bei Verwendung eines Side-By-Side-Rigs nicht möglich (siehe Abb. 6.22). Im Resultat eignen sich solche Rigs meist nur bei Außenaufnahmen, bei denen zumeist ein größerer IAD erforderlich ist, um entferntere Objekte stereoskopisch darstellen zu können.

Mit der Side-by-Side-Anordnung sind sowohl Parallel- als auch Converged-Shots umsetzbar. In jedem Fall müssen die Kameras in Rotation und Translation zuvor kalibriert werden. Im Ausgangspunkt befinden sich beide Kameraachsen zunächst in Parallelstellung. Anschließend kann die Art und Weise der Aufnahme (parallel oder converged) gewählt werden, indem eine der beiden Kameras oder auch beide eingedreht werden.

Rig-Kalibrierung

Bei einem Side-by-Side Rig müssen beide Kameras zunächst identische Parameter besitzen und korrekt synchronisiert sein. Mit einem angeschlossenen Stereo3D-Monitor im anaglyphen Modus werden beide Kameraachsen so eingestellt, dass weit entfernte Objekte deckungsgleich sind sowie der Horizont beider Teilbilder vollständig übereinanderliegt. Feinere Einstellungen erlaubt die Nutzung eines Differenzmodus im Monitor, bei dem beide Teilbilder voneinander subtrahiert werden. Konturen weit entfernter Objekte und die des Horizontes sind bei korrekter Kalibrierung nicht mehr sichtbar. Diese Herangehensweise kann bei einer Kalibrierung im Freien gewählt werden.

6.3.4 Kameraanordnung bei einem Beamsplitter-Spiegel-Rig

Die Konfiguration eines Stereo3D-Rigs mit einem Beamsplitter-Spiegel hat den Vorteil, dass beide Kameras horizontal die gleiche Position und damit einen IAD von 0 mm haben können. Der Formfaktor einer Kamera spielt in dieser Konstellation keine Rolle. Jedes mögliche Kamerasystem kann in Abhängigkeit vom Stereo3D-Rig paarweise aufeinander abgestimmt werden.

Ein Beamsplitter-Spiegel-Rig verwendet einen halbdurchlässigen Spiegel, der für die Aufteilung des eintreffenden Lichtes auf die jeweilige Kamera sorgt. Eine Kamera sieht durch den Spiegel hindurch, währenddessen die andere Kamera ihr Bild über den Spiegel erhält. Die Montage der Kamera ist in zwei Varianten möglich. Während die erste Kamera direkt durch den halbdurchlässigen Spiegel fotografiert, kann die zweite Kamera in der ersten Variante von unten her montiert werden. In Abb. 6.23 ist eine solche Anordnung dargestellt. Andererseits gibt es aber auch Beamsplitter-Spiegel-Rigs, bei denen die zweite Kamera von oben her montiert wird und ebenfalls ihr Bild über den Spiegel erhält. In jedem Fall muss in der Postproduktion das gespiegelte Teilbild wieder umgekehrt werden.

In diesem Zusammenhang ergibt sich ein Vorteil bei der Montage der zweiten Kamera von unten. Hier wird das entsprechende Teilbild – in der Regel die rechte Sicht – horizontal gespiegelt, währenddessen bei der Montage von oben das Teilbild vertikal gespiegelt wird. Bei der horizontalen Spiegelung und Verwendung von CMOS-Kameras erfolgt die Zeilenauslesung von oben nach unten. Bei der Rückspiegelung während der Nachbearbeitung werden die Zeilen beider Kameras ebenfalls von oben nach unten, aber von rechts nach links ausgelesen. Bei der waagerechten Kamera – die ihr Bild durch den halbdurchlässigen Spiegel hindurch erhält – erfolgt die Auslesung der Zeilen von oben nach unten, aber von links nach rechts. Rolling-Shutter-Probleme können hier vernachlässigt werden, denn sie wirken sich nahezu identisch auf die beiden Teilbilder aus. Problematischer ist die Konfiguration mit der Montage der zweiten Kamera von oben her. Nach der vertikalen Rückspiegelung erfolgt eine

Abb. 6.22 Anordnung der Kameras nebeneinander/Side-By-Side

Abb. 6.23 Anordnung der Kameras übereinander/Beamsplitter-Spiegel-Rig

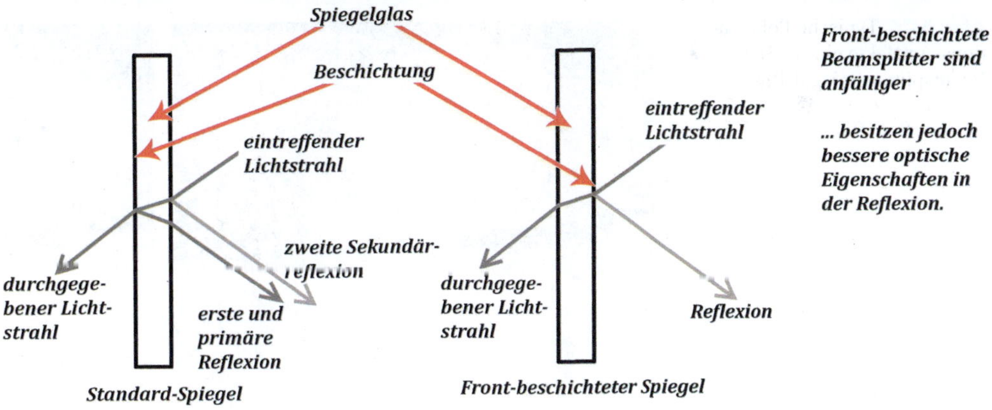

Abb. 6.24 Beamsplitter-Spiegel – Standard (Rück-beschichtet) vs. Front-beschichtet (Nach Genustech (2013))

bildbezogene gegenläufige Auslesung von unten nach oben. Der Rolling-Shutter der CMOS-Sensoren bildet in dieser Konfiguration ein Problem, das berücksichtigt und korrigiert werden muss.

Auch in der Funktionsweise des Beamsplitter-Spiegels selbst gibt es Unterschiede. Zur Anwendung kommen sowohl frontbeschichtete Spiegel (engl. *front coated mirror*) als auch rück-beschichtete Spiegel (engl. *back coated mirror*). Der Spiegel selbst besitzt eine bestimmte Dicke, die zu Brechungen des einfallenden Lichts führt und nur bis zu einem gewissen Punkt verringert werden kann. In der Abb. 6.24 sind die Unterschiede beider Prinzipien schematisch dargestellt. Bei einem frontbeschichteten Spiegel erhält die Kamera eine nahezu perfekte Spiegelung. Bei einem rück-beschichteten Spiegel sind mögliche Artefakte einer doppelten Spiegelung die Folge.

Die optischen Eigenschaften in Reflexion und Transmission eines Beamsplitter-Spiegels sind nicht ohne Probleme. Einerseits werden 50 % des Lichts reflektiert, aber auch die gleiche Menge transmittiert. Andererseits werden unterschiedliche Wellenlängen des eintreffenden Lichts mit ungleicher Energie wieder reflektiert bzw. durch den Spiegel transmittiert. Im Resultat entstehen Farbverschiebungen

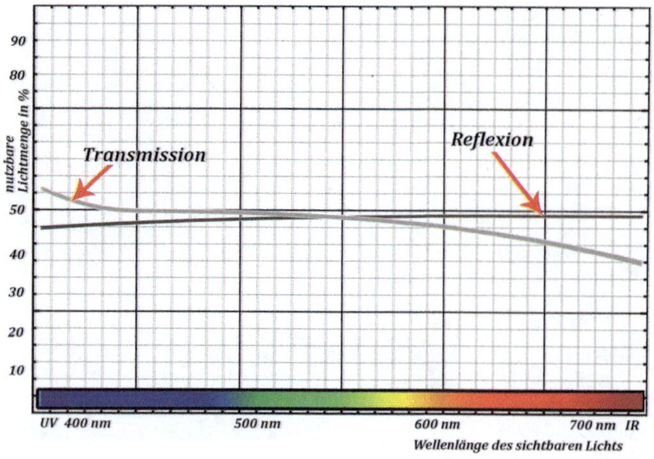

Abb. 6.25 Optische Charakteristik eines 50/50-Beamsplitter-Spiegels (Nach Genustech (2013))

sowie unterschiedliche Belichtungen der beiden Kamerasensoren (siehe Abb. 6.25). Dies ist aber bei ausreichendem Dynamikumfang der Aufnahmen (Raw-Daten der Kameras) in der Nachbearbeitung korrigierbar.

Weitaus problematischer ist die Polarisierung von Licht, das auf die beiden Kamerasensoren trifft. Das menschliche Auge besitzt keine Möglichkeiten, verschieden polarisiertes Licht zu unterscheiden. Nahezu sämtliche Oberflächen erscheinen in beiden Augen identisch.

Jede Oberfläche besitzt jedoch spezifische Eigenschaften der Reflexion von Licht unterschiedlicher Polarisation. Aufgrund dieser Eigenschaften werden bei der Verwendung eines Beamsplitter-Spiegel-Rigs bestimmte Oberflächen wie Autolacke, Glas, Planen, Metalle, Dachziegel, Markisen, etc. in den Teilbildern in Farbe und Helligkeit unterschiedlich aufgezeichnet. Eine sekundäre Farbkorrigierung muss in der Postproduktion erfolgen, um mögliche binaurale Wettstreite zu vermeiden (siehe Abb. 6.26).

6.3.5 Konfiguration und Abgleich eines Stereo3D Kamera Rig

Damit eine bestmögliche Kontrolle eines Stereo3D-Rigs möglich ist, werden die optischen Achsen beider Kameras zunächst in Parallelstellung kalibriert. Bei einem Beamsplitter-Spiegel-Rig müssen die Bilder beider Kameras identisch übereinanderliegen. Hierzu wird eine Zielmarke im nahen Vordergrund sowie eine weitere im entfernt liegenden Hintergrund ausgewählt. Die Zielmarken selbst können natürlich oder künstlich sein. Das Ziel ist es, beide Teilbilder bei gleicher Brennweite über das Einstellen des vertikalen und horizontalen Versatzes und der Konvergenz so anzupassen, dass sie auf einem angeschlossenen Monitor deckungsgleich übereinanderliegen. Unsere Erfahrungen haben gezeigt, dass der monochrom-anaglyphe Modus eines externen Stereo3D-Monitors einen sehr guten (jedoch noch groben) Aufschluss zur Deckungsgleichheit gibt.

Abb. 6.26 Typische Polarisations-Artefakte eines S3D-Beamsplitter-Spiegel-Rig

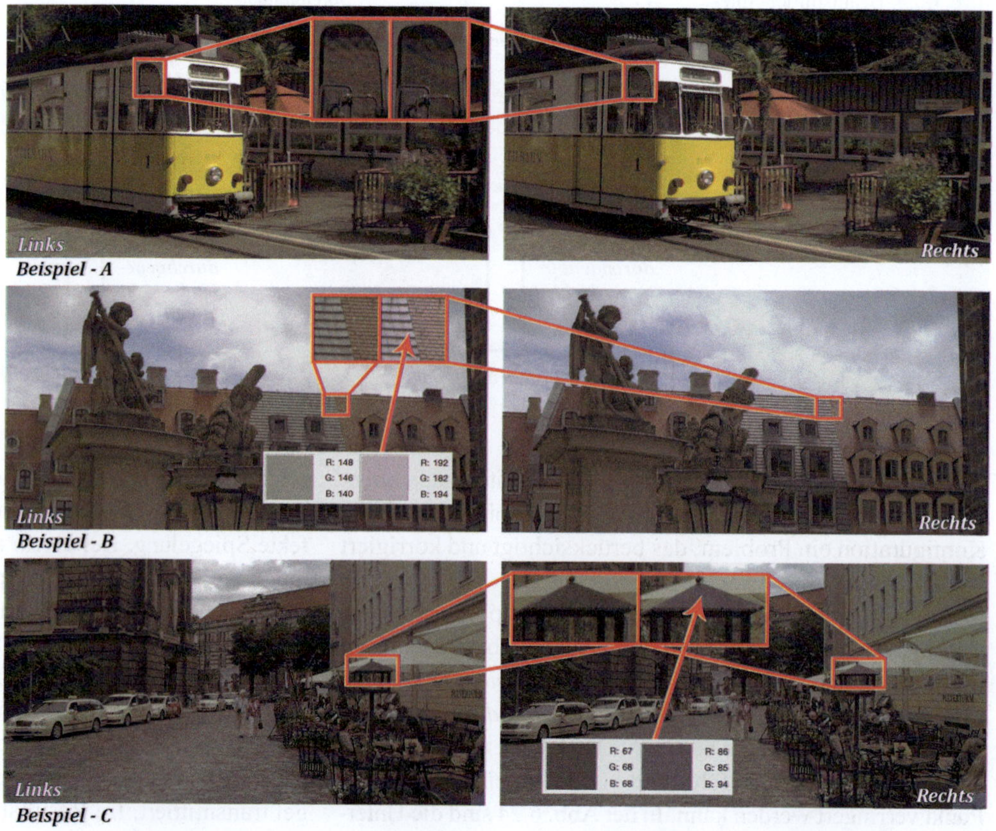

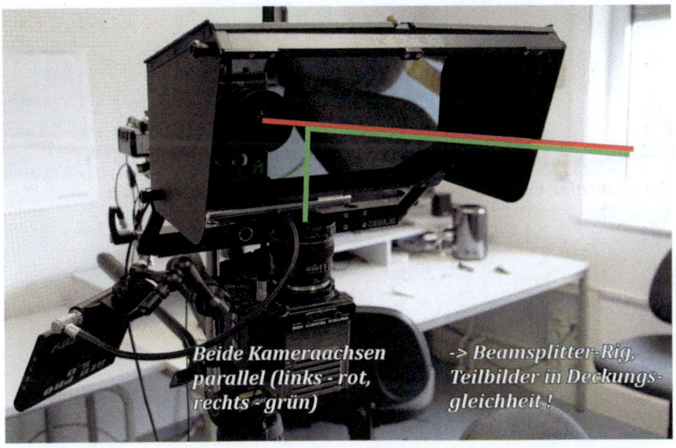

Abb. 6.27 Ziel des Abgleichs einer Beamsplitter-Anordnung für parallele S3D-Aufnahme

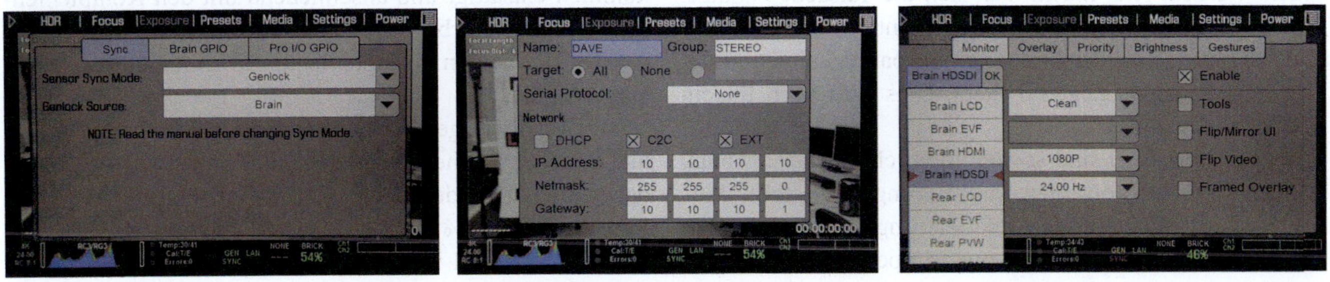

Abb. 6.28 Sync-Voraussetzung zur korrekten S3D-Aufnahme, hier RED (in Firmware v.4, wurde später geändert)

Abb. 6.29 Aufbau zur Rig-Kalibrierung, innen mit Beamsplitter-Spiegel-Rig

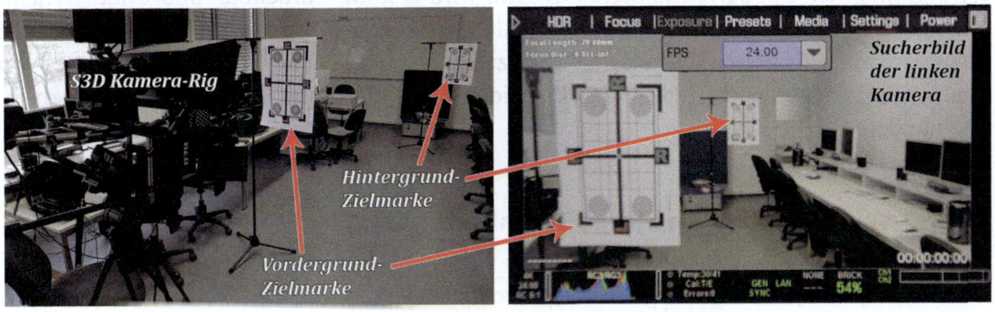

In der monochrom-anaglyphen Stereo3D-Wiedergabe werden das linke und das rechte Teilbild mit Komplementärfarben eingefärbt. Bei 100%iger Deckungsgleichheit erscheint das resultierende Gesamtbild komplett grau, wobei rote oder blaugrüne Ränder einen Versatz indizieren. Zur feineren Justierung des Rigs kann dann der Differenzmodus eines Stereo3D-Monitors verwendet werden.

Die Kameras werden in einem modernen Setup über SDI-Verbindungen[7] (engl. *serial digital interface*) mit einem externen Monitor verbunden. In einer solchen Konfiguration ist eine korrekte Synchronisierung der beiden Kameras eine Grundvoraussetzung, damit ein Bild im Stereo3D-Modus am externen Monitor darstellbar ist. Entweder wird eine Kamera als Master definiert und übergibt sein Sync-Signal über Genlock der zweiten Kamera – die dann im Slave-Modus läuft. Oder es kommt ein externer Synchrongeber als Master (zum Beispiel Ambient Lockit) zum Einsatz und beide Kameras laufen im externen Sync-Modus (Genlock) (Abb. 6.28).

Ist das Kamera-Setup elektronisch korrekt verkabelt und sind sämtliche notwendigen Einstellungen in den Kameras vorgenommen, kann das Stereo3D-Rig kalibriert werden. Hierbei sind die Zielmarken im Vorder- und Hintergrund deckungsgleich übereinander zu bringen (siehe Abb. 6.29).

Bei einem Beamsplitter-Spiegel-Rig ist dies ohne weitere Probleme möglich. Bei einer Side-by-Side Konfiguration ist das naturgemäß nicht umsetzbar. Hier sollte die Kalibrierung nach Möglichkeit bei Außenaufnahmen mit einem Horizont erfolgen, der mehrere Hundert Meter entfernt ist. Markante

[7] SDI – digitale Audio- und Videoverbindung.

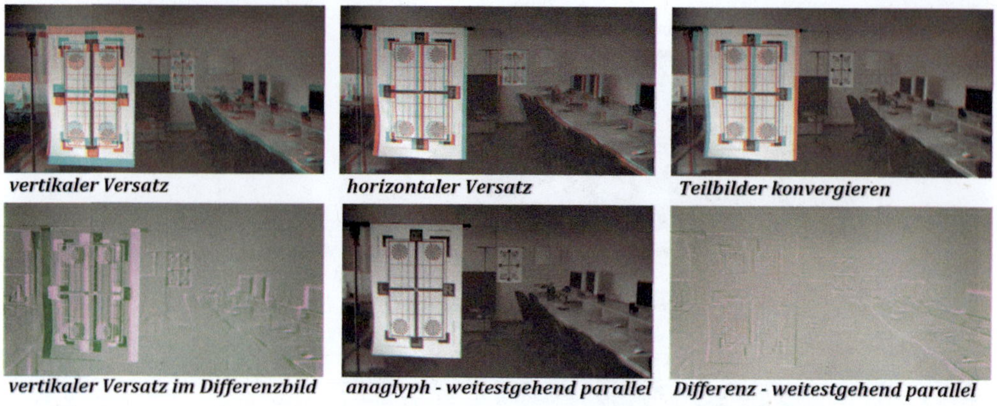

Abb. 6.30 Anaglyphdarstellung beider Teilbilder in einem externen Stereo3D-Monitor – mögliche Fehler im Versatz, als auch Ergebnis einer weitestgehend korrekten Kalibrierung

Objekte – zum Beispiel Bäume oder Häuser – als auch die gesamte Horizontlinie müssen dann in Übereinstimmung gebracht werden. Hier macht man sich die Tatsache zunutze, dass bei der Akkommodation auf weit entfernt liegende Objekte die menschlichen Augen nahezu parallel sind und der Konvergenzwinkel gegen 0° geht. Dies trifft auch für ein Stereo3D-Rig zu.

In der Abb. 6.30 sind sowohl mögliche Fehler als auch Ergebnisse einer korrekten Kalibrierung dargestellt. Aufgrund von Problemen der Polarisierung von Licht durch den Beamsplitter-Spiegel als auch imperfekten optischen Abbildungen sind oftmals keine 100%igen Ergebnisse in der Deckungsgleichheit der Teilbilder während der Kalibrierung möglich. Ein perfektes Stereo3D-Bild wird erst im Nachgang in der Postproduktion sichergestellt. Der Prozess dazu wird auch als Stereo3D-Sweetening bezeichnet – dem bestmöglichen An- und Abgleichen der beiden Teilbilder zueinander.

6.4 Wiedergabe von Stereo3D-Inhalten

Das Grundprinzip der Wiedergabe von Stereo3D-Inhalten besteht darin, die Teilbilder sowohl für das linke als auch für das rechte Auge bei zeitgleicher Aufteilung (Kanaltrennung) der Teilbilder (engl. *view*) zu projizieren. Die Kanaltrennung, die Farbtreue sowie die Lichtmenge, die beim Betrachter letztendlich auf dessen Augen trifft, sind bei den unterschiedlichen Projektionstechnologien jeweils unterschiedlich gelöst.

6.4.1 Anaglyph

Das *anaglyphe* Wiedergabeverfahren ist eine der ältesten und einfachsten Methoden der Kanaltrennung von Stereo3D-Teilbildern. Hier werden die Teilbilder jeweils in eine Komplementärfarbe aufgeteilt, addiert und anschließend überlagert wiedergegeben. Die häufigste Variante des Komplementärfarbenpaars ist Rot/Cyan. Des Weiteren unterscheidet man in monochrom- und farbanaglyphe Wiedergabe. In der monochrom-anaglyphen Variante werden die Teilbilder vollkommen entsättigt und anschließend mit den Komplementärfarben eingefärbt. Bei der farb-anaglyphen Wiedergabe werden die beiden Komplementärfarben auf das Farbbild aufgerechnet.

Das Verfahren geht davon aus, dass – wenn die Farben Rot und Cyan identische Intensitäten und damit keinen Versatz in den beiden Teilbildern (engl. *zero disparity)* aufweisen – das Ergebnis ein 100%iges Grau ist. Dies entspricht dem Konvergenzpunkt und wird räumlich auf der Projektionsebene wahrgenommen.

Der große Vorteil ist, dass anaglyphe Stereo3D-Bilder druckbar und ohne Synchronisation auf Monitoren darstellbar sind, wogegen weder die Kanaltrennung noch die Farbtreue Stärken dieses Verfahrens sind. Zur Wiedergabe im Heimbereich als auch in Kinotheatern mit der dort geforderten hohen Qualität ist dieses Verfahren vollkommen ungeeignet.

6.4.2 RealD

Ein Stereo3D-Wiedergabeverfahren, das eine hohe Verbreitung in Kinotheatern besitzt, ist das RealD-Verfahren. Der Betrachter muss eine Brille verwenden, die die projizierten Teilbilder auf die beiden Augen aufteilt. Es ist passiv, das heißt, es erfolgt keine Synchronisation zwischen Projektor und der Brille des Betrachters. Die Teilbilder in Kinotheatern werden abwechselnd projiziert.

Die projizierten Teilbilder für das linke und rechte Auge werden gegenläufig zirkular polarisiert (siehe Abb. 6.31). Das heißt, das Licht des linken Teilbildes wird mit Blickrichtung zum Betrachter links gedreht zirkular polarisiert und das Licht des rechten Teilbildes entsprechend entgegengesetzt ebenfalls zirkular polarisiert. Dies erfolgt durch einen Polarisationsvorsatz direkt vor dem Projektor, der mit der Umschaltung zwischen linkem und rechtem Teilbild synchronisiert ist. Des Weiteren ist eine spezielle metallbeschichtete Leinwand im Kinotheater notwendig, die die Polarisation der Projektion

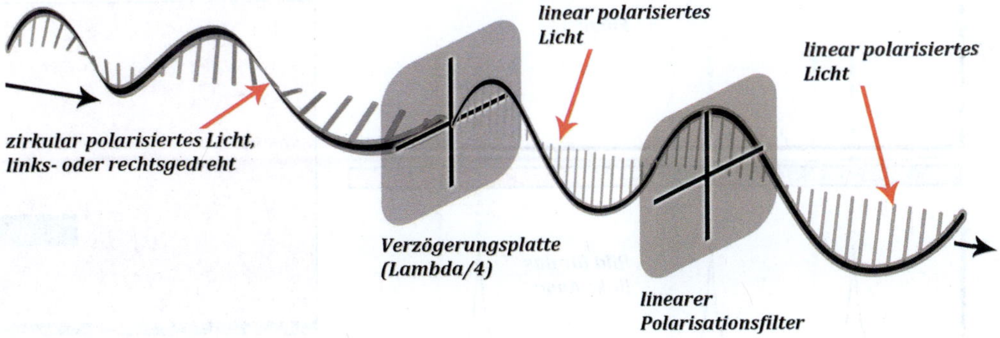

Abb. 6.31 Schematisches Prinzip eines zirkularen Polarisationsfilters (Nach http://www.technikatlas.de/~ti1/polarisation.php, Letzter Zugriff: 10.12.2015)

nicht aufhebt. Im Normalfall wird dazu eine aluminiumbeschichtete sogenannte Silberleinwand verwendet.

Das RealD-Verfahren verwendet im Standard eine Projektion mit der Frequenz von 144 Hz. Hier wird jedes Teilbild bei einer Bildrate von 24 fps mit jeweils 72 Hz projiziert. Jedes Vollbild wird somit dreimal wiedergegeben. Der Grund ist das Vermeiden von Großflächenflimmern. Das RealD-Verfahren unterstützt des Weiteren HFR (engl. *higher frame rate*). Bei der Verwendung von HFR wird im Gegensatz zur herkömmlichen 24-fps-Bildrate vom Filmmaterial die Frequenz auf 48 fps erhöht. In diesem Fall wird mit einer entsprechend höheren Rate projiziert, die mindestens doppelt – besser dreimal – so hoch als die eigentliche Bildwiederholrate sein sollte. Im Einzelnen multiplizieren sich die Faktoren zu $48 \times 2 \times 2 = 192$ Hz bzw. mit besserer Qualität zu $48 \times 3 \times 2 = 288$ Hz. Der limitierende Faktor dieses Systems ist nicht die Umschaltfrequenz des vorgeschalteten zirkularen Polarisationsfilters des Projektors, sondern die Begrenzung der möglichen Projektionsrate des jeweils verwendeten Projektors selbst[8].

Dieses Verfahren ist im Prinzip sehr effektiv, besitzt eine hohe Kanaltrennung und Farbtreue und ist relativ preiswert. Die Brillen für den Zuschauer haben weitestgehend geringe Herstellungskosten. Zwei Nachteile hat das Verfahren: Die Leinwand ist einerseits recht teuer und andererseits sind lichtstarke Projektoren eine Voraussetzung für den Betrieb. Schon durch das Polarisationsvorschaltgerät gehen etwa 50 % der Lichtmenge des Projektors verloren. Die Silberleinwand reflektiert ebenfalls nur etwa 50 % des Lichtes und die Gläser der Brille der Zuschauer reduzieren die beim Zuschauer ankommende Lichtmenge noch einmal um etwa 50 % je Teilbild.

6.4.3 IMAX-3D

Das IMAX-3D-Verfahren nutzt ebenso wie das RealD-Projektionsverfahren polarisiertes Licht zur Kanaltrennung. Hier verwendet man jedoch eine lineare Polarisierung. Beide Teilbilder sind um 90° versetzt zueinander linear polarisiert, um eine exakte Kanaltrennung zu vollziehen. Das IMAX-3D-Verfahren ist wie die RealD-Technologie passiv. Hier wird jedoch für jedes Teilbild ein separater Projektor mit einem statischen Polarisierer verwendet.

Der große Nachteil dieses Verfahrens ist die nicht mehr vorhandene Kanaltrennung zwischen linkem und rechtem Teilbild bei seitlicher Neigung des Kopfes des Zuschauers. Er ist gezwungen, die Projektion stets waagerecht zu betrachten. Beim RealD-Verfahren bleibt die Kanaltrennung auch dann erhalten, wenn der Zuschauer den Kopf zur Projektionsebene in der Horizontalen neigt. Ein weiterer Nachteil im IMAX-3D-Verfahren besteht in der Verwendung nebeneinanderstehender Projektoren für die beiden projizierten Teilbilder, die naturgemäß nicht 100%ig abgeglichen werden können.

6.4.4 XPanD (Shutter-Technik)

Die Zeitmultiplextechnik – auch als Shutter-Technik bezeichnet – wird in Kinotheatern unter *XPanD* vermarktet. Bei TV-Geräten im Heimbereich kommt diese Technologie in ähnlicher Weise zum Einsatz. Das Grundprinzip besteht darin, dass zu einem definierten Zeitpunkt nur ein Teilbild für das betreffende Auge des Betrachters sichtbar gemacht wird. Es ist ein aktives Verfahren – das heißt, der Betrachter trägt eine Brille, bei der die jeweilige Seite Licht von dem Teilbild durchlässt, das gerade auf der Projektionsebene wiedergegeben wird. Die andere Seite der Brille wird in diesem Moment dunkel getastet. Die Umschaltung erfolgt so schnell, dass die Trägheit des menschlichen Sehapparats davon nichts bemerkt. Wie im RealD-Verfahren wird auch hier eine Projektionsrate von 144 Hz für beide Teilbilder verwendet.

Eine sinnvolle Umsetzung dieses Verfahrens benötigt eine hochgenaue Synchronisierung zwischen dem Projektor und den aktiven Brillen der Zuschauer. In der Regel erfolgt dies mithilfe von Infrarotsendern oberhalb der Projektionsfläche der Kinotheater, die die Synchronimpulse abgeben. Der Nachteil dieses Verfahrens sind die höheren Kosten der Brillen. Der Vorteil ist jedoch, dass eine Projektion auf jeder weißen Fläche erfolgen kann. Es sind keine Silberleinwände notwendig.

---
[8] aus E-Mail-Kommunikation mit Jon Karafin (Senior Scientist RealD Inc.).

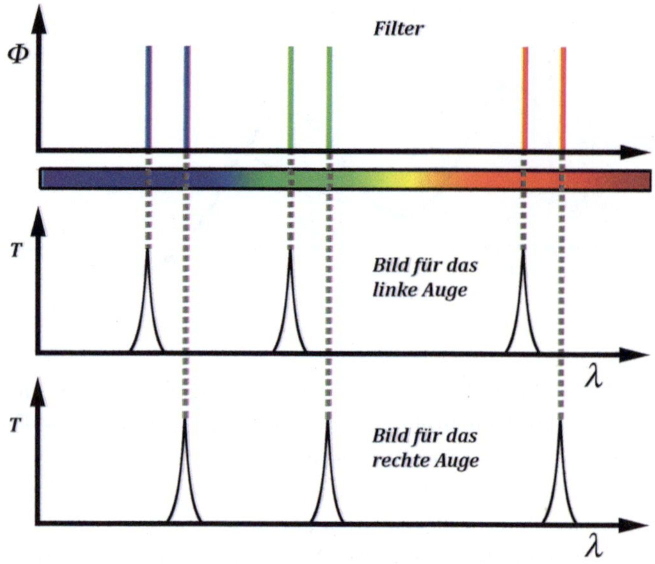

Abb. 6.32 Schematisches Prinzip der Kanaltrennung in Dolby-3D. (Nach Jorke und Fritz o.J.)

6.4.5 Dolby-3D, Infitec

Die Interferenzfiltertechnologie wurde von Helmut Jorke bei dem deutschen Automobilhersteller Daimler-Benz erfunden. Später übernahm Dolby die Technologie und vermarktet sie seither unter Dolby-3D. Die Projektion des linken und rechten Teilbildes erfolgt mindestens mit doppelter Bildrate. Zur besseren Darstellung und der Vermeidung von Großflächenflimmern ist aber eine höhere Bildwiederholrate sinnvoller. Dieses Verfahren ist wie RealD und IMAX-3D passiv und benötigt spezielle Brillen für den Betrachter.

Das Prinzip beim Dolby-3D-Verfahren ist das sogenannte Wellenlängen-Multiplex-Verfahren. Jedes Teilbild wird durch die Primärfarben Rot, Grün und Blau dargestellt. In diesem Fall jedoch mit sehr trennscharfen Interferenzfiltern. Die Filter des linken Teilbildes sind im Spektrum zu denen des rechten Teilbildes leicht versetzt (siehe Abb. 6.32). Mit einer Brille und dessen speziellen Gläsern wird entsprechend jedes Teilbild dem betreffenden Auge des Betrachters zugeführt (vgl. Jorke und Fritz o.J.).

Die Gläser der Brille besitzen mehrere Filterschichten und sind in der Herstellung aufwendig und teuer. Die visuelle Qualität ist jedoch sehr hoch. Die Teilbilder sind infolge der Verwendung von unterschiedlichen Filtern in der Farbwahrnehmung leicht versetzt. Dies erfordert eine Vorverarbeitung in der Projektion und ist letztendlich vom Betrachter nicht mehr wahrnehmbar. Die Vorverarbeitung erfolgt in der Regel in der Elektronik zur Ansteuerung der Projektoren. Des Weiteren kann die Projektion auf jeder beliebigen weißen Fläche erfolgen, sodass keine Silberleinwand notwendig ist.

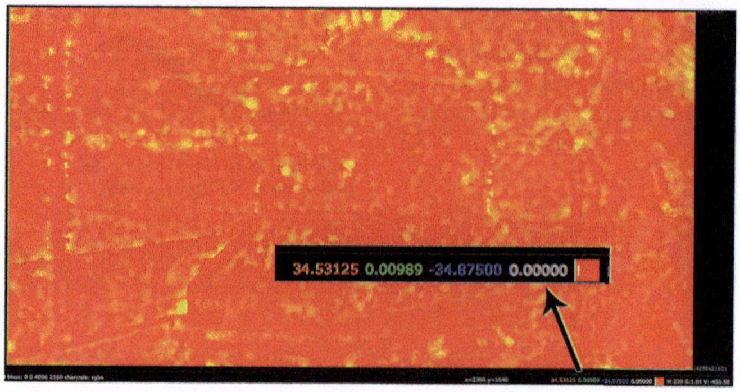

Abb. 6.33 Disparity-Field-Map zu Stereo3D-Paar aus Abb. 6.34

6.5 Postproduktion – Aufbereitung und Sweetening des Stereo3D-Materials

Oft sind bei Produktionen verschiedene Fehler in der Stereo3D-Projektion zu beobachten. Häufig wird bei nativen aber auch bei nachträglich 2D-zu-Stereo3D-konvertierten Filmen eine mangelhafte Bearbeitung anhand von flachen Objekten erkannt. Kugeln oder Köpfe von Personen und Tieren besitzen keinerlei Tiefe. Sie werden als flache, im Raum versetzte Ebenen wahrgenommen.

Andere Fehler, wie leichte Unterschiede von Farbe einzelner Objekte zwischen den Teilbildern oder leichte geometrische Differenzen, werden zumeist weniger wahrgenommen. Meist äußern sich derartige Fehler in Unbehagen, das bis hin zu Kopfschmerzen bei der Betrachtung der Stereo3D-Projektion führen kann. Zur Vermeidung derartiger Unannehmlichkeiten muss das Material aufbereitet und gegebenenfalls ein sogenanntes *Stereo3D-Sweetening* – der Abgleich der Teilbilder zueinander – durchgeführt werden.

6.5.1 Disparity-Field-Map

Die *Disparity-Field-Map (DF-Map)* beschreibt die räumliche Beziehung der beiden Teilbilder einer Stereo3D-Aufnahme. In ihr ist der Versatz eines jeden Pixels des einen Teilbildes zu seinem korrespondierenden Pixel im anderen Teilbild als Vektor gespeichert. Genauso sind in ihr auch Unterschiede in Farbe und Helligkeit codiert. Die DF-Map ist die Grundlage jeder lokalen Korrektur von Stereo3D-Material (zum Beispiel Geometrie und Farbe). Außerdem dient sie zur Anzeige von Informationen wie dem Stereo3D-Parallax-Histogram und unterstützt andere Hilfsmittel.

In Abb. 6.33 ist die DF-Map des Stereo3D-Paars aus Abb. 6.34 normalisiert dargestellt. Tatsächlich ist der Datenumfang um ein Vielfaches höher als es ein 8-Bit-RGB-Bild darstellen könnte. Mit ihrer Hilfe kann nachträglich die IAD in einem bestimmten Umfang noch verändert werden. Auch ist es möglich, ein korrespondierendes Teilbild aus einem vorhanden zu berechnen.

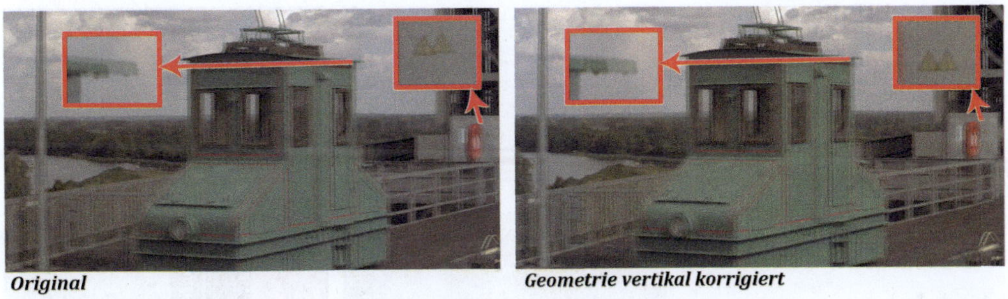

Abb. 6.34 Stereo3D-Paar 50/50 überlagert – vor und nach Korrektur der Geometrie

Abb. 6.35 Anaglyphe Darstellung, ohne und mit Korrektur

6.5.2 Geometrische Korrekturen

Zwischen Objektiven gibt es immer minimale Unterschiede in der Abbildungsleistung. Auch sind Stereo3D-Kamera-Rigs manchmal nicht 100%ig kalibriert, so dass ein geringer Versatz zwischen den Teilbildern die Folge sein kann. Es stehen elektronische Hilfsmittel zur Kalibrierung von Stereo3D-Rigs zur Verfügung wie *Stereo3D-Cat* von Dashwood3D[9] oder der *Stereoscopic-Analyzer (STAN)* vom Fraunhofer HHI[10]. Dennoch können im Pixelbereich minimale geometrische Unterschiede zwischen den Teilbildern vorhanden sein.

Geometrische Korrekturen können bedeuten, dass horizontale Differenzen mit Hilfe von Rotation und/oder Translation ausgeglichen werden müssen (siehe Abb. 6.34). Darunter ist eine globale Korrektur zu verstehen. Für den Fall, dass die Objektive geometrisch unterschiedlich abbilden, muss eine lokale Korrektur erfolgen. Hier werden die Teilbilder in Blöcken – in der Regel ca. 20 × 20 Pixel – mithilfe der Disparity-Field-Map untereinander verglichen und über eine Nachverzerrung angepasst.

Im Falle eines Converged-Shots muss zusätzlich eine Keystone-Korrektur erfolgen (siehe Abb. 6.20). Hier können die Teilbilder mithilfe des 2.5D-Compositings im 3D-Raum auf Cards projiziert werden. Dann erfolgt eine horizontale Drehung um den halben ursprünglichen Konvergenzwinkel nach außen. Abschließend werden sie Re-fotografiert.

Eine selektive Farbkorrektur ist immer dann notwendig, wenn zwischen den Teilbildern einzelne Bildbereiche oder Bildelemente Differenzen aufweisen. Die Gründe sind vielfältig. Linsenreflexionen (engl. *lens flares*) können durch eine fehlerhafte Kameraführung des Stereo3D-Rigs auftreten. Sie sind infolge der unterschiedlichen Perspektive der Kamerapaare niemals identisch. Durch unterschiedliche Perspektiven in den Teilbildern differieren normale Reflexionen ebenso. Bei der Verwendung eines Beamsplitter-Spiegel-Rigs erfolgt eine unterschiedliche Polarisierung des Lichts, das auf die Kamerasensoren trifft. Bestimmte Oberflächen werden deshalb in Helligkeit, Kontrast und Farbe gegebenenfalls unterschiedlich aufgezeichnet.

Hier ist eine selektive Farbkorrektur erforderlich. Da heute bei Stereo3D-Produktionen in der Regel eine Raw-Aufzeichnung des Materials erfolgt, ist genügend Spielraum vorhanden, um die Teilbilder verlustfrei abzugleichen. Eine selektive Farbkorrektur bedeutet aber auch, dass einzelne Bildelemente bzw. -bereiche mit animierten Masken markiert werden müssen, um in der Folge Helligkeit, Kontrast und Farbe anzugleichen.

Spezialisierte Plug-ins – wie zum Beispiel *Ocula* von The Foundry – vergleichen die Teilbilder im internen *Colormatcher* blockweise und passen die RGB-Werte an. Hierzu ist ebenfalls eine Disparity-Field-Map notwendig.

6.5.3 HIT – Horizontal Image Translation

Bei der Aufnahme von Stereo3D in Parallelstellung der Kamerapaare ist die Konvergenz in der unendlichen Entfernung. Damit ist keine positive Parallaxe vorhanden. Die Tiefe nach dem Scheinfenster (Projektionsebene) wird nicht genutzt. Mithilfe der horizontalen Verschiebung eines Teilbildes (HIT) wird die Konvergenzebene versetzt und neu festgelegt (siehe Beispiel Abb. 6.35). Hier ist in jedem Falle die native Paral-

[9] http://www.dashwood3d.com/stereo3dcat.php.

[10] www.hhi.fraunhofer.de/departments/vision-imaging-technologies/products-technologies/capture/stan-stereoscopic-analyzer.html.

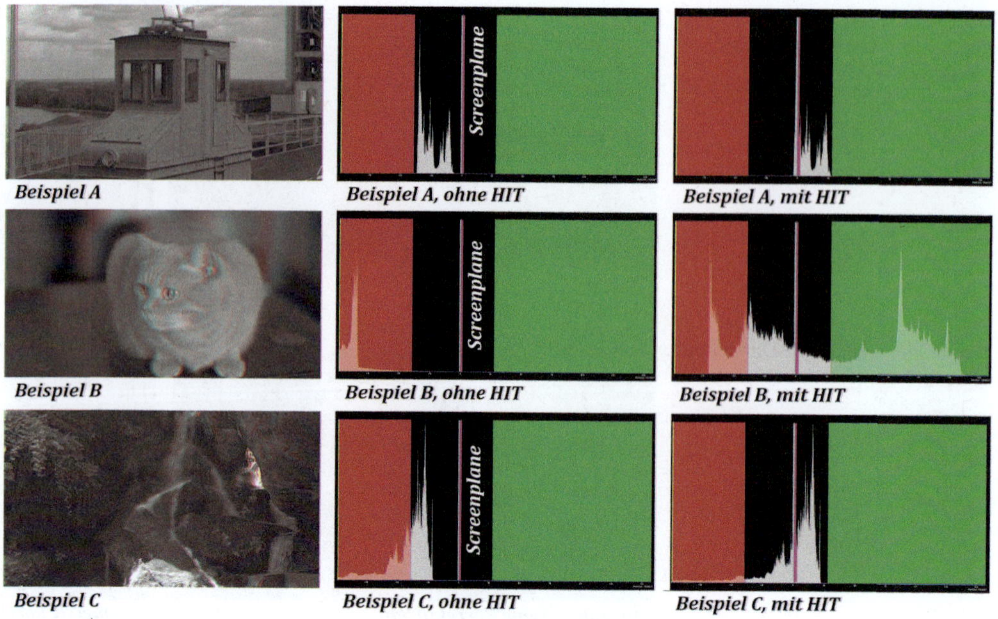

Abb. 6.36 HIT (Konvergenz-Korrektur) mit Parallax-Histogramm (mit und ohne HIT). *Rot* negative Parallaxe, *Grün* positive Parallaxe

laxe der Projektionsebene zu beachten, damit das Divergenzverbot eingehalten wird. Siehe dazu Abschn. 6.2.2.

6.5.4 Native-Screen-Parallax

Jede Projektionsfläche mit Stereo3D-Inhalten besitzt in Kombination der Breite zum Betrachtungsabstand eine sogenannte *Native-Screen-Parallax*. Das heißt, es existieren Grenzen in positiver und negativer Parallaxe. In der Produktion ist darunter ein maximaler Abstand zwischen korrespondierenden Pixeln der Teilbilder zu verstehen. Im Allgemeinen wird dazu für Kinofilme die 0,7 %-Regel angewendet. Korrespondierende Teilbilder dürfen damit maximal 15 Pixel[11] auseinanderliegen, um das Divergenzverbot einzuhalten (siehe Gln. 6.16 und 6.17).

In Abb. 6.36 sind Beispiele mit unterschiedlicher Stereo3D-Tiefe dargestellt. Die Parallaxe ist jeweils im Original und nach der HIT Korrektur in einem Histogramm erfasst. Die grünen Bereiche repräsentieren die Divergenz-Zone bei der Projektion in einem Kinotheater mit einer Projektionsbreite von ca. 9 m. Die roten Bereiche entsprechen der Zone mit übermäßiger Konvergenz. Das Beispiel A befindet sich nach der HIT Korrektur komplett im komfortablen Wahrnehmungsbereich und wäre für eine Projektion in einem Kinotheater sehr gut geeignet. Das Beispiel C liegt im Grenzbereich. Das Divergenzverbot wurde eingehalten, jedoch befinden sich einige Bildteile in einem Bereich mit übermäßiger negativer Parallaxe. Unter Umständen würde das Betrachten bestimmter Bildbereiche ein übermäßiges Konvergieren der Augen verursachen. Das Beispiel B wäre für eine Projektion in einem Kinotheater nicht geeignet. Gedruckt in diesem Buch (anaglyphe rot-cyanfarbene Darstellung) ist eine Betrachtung mit angenehmer Tiefenwahrnehmung allerdings möglich. Die Ursache dafür ist die Breite der Projektionsfläche, die im Druck wenige Zentimeter beträgt. Kombiniert mit dem geringen Betrachtungsabstand resultiert dies in einem unproblematisch zu betrachtenden Stereo-3D-Bild (siehe auch Abschn. 6.2.2).

[11] bei einer 2K-Projektion.

6.6 2D-zu-Stereo3D-Konvertierung

Bei einer 2D-zu-Stereo3D-Konvertierung wird monoskopisches Material mittels technischer Verfahren in Stereo3D-Material umgewandelt. Es existiert eine Reihe von Möglichkeiten der 2D-zu-Stereo3D-Konvertierung (engl. *2D-S3D conversion*). Die Palette reicht von der in Stereo3D-fähigen TV-Geräten implementierten Echtzeitkonvertierung über Endverbraucheranwendungen wie Movavi-Video-Converter-3D bis hin zu spezieller Hardware wie dem Blackmagic-Teranex-3D-Processor, der in einer 19-Zoll-Rack-Ausführung ausgeliefert wird. Keines der angesprochenen Verfahren liefert allerdings überzeugend konvertiertes Stereo3D.

Es ist vor allem deshalb problematisch, Stereo3D-Konversionen automatisch auszuführen, da besonders bei Spielfilmen aber auch bei kleineren Produktionen die Art und Weise, wie Stereo3D eingesetzt wird, immer eine narrative Funktion hat und die zu erzählende Geschichte unterstützt. Hierbei definiert der Regisseur die Tiefenstaffelung der Szene und legt fest, welche Bildelemente auf der wichtigen Projektionsebene liegen und welche sich im Vorder- oder im Hintergrund befinden. Er kann so im Zusammenhang mit der Fokussierung der Kamera die Aufmerksamkeit des Zuschauers leiten.

Bei der technischen Umsetzung müssen vor allem Masken generiert werden, um mit deren Hilfe die Bildelemente freizustellen, bevor ihnen eine bestimmte Tiefe in der Szene zugewiesen werden kann. Es kommen komplexe Techniken

Abb. 6.37 Pulfrich-Verfahren zur Konvertierung

Original (2D Ausgangsmaterial)

2D-zu-Stereo3D konvertiert - anaglyph

wie 3D-Kamera-Tracking, Planar-Tracking, Kameraprojektionen und andere zum Einsatz, auf die automatische Konversionsverfahren keinen Zugriff haben. Im Folgenden werden einige der wichtigsten Verfahren vorgestellt.

6.6.1 Pulfrichverfahren

Der Pulfricheffekt ist eine optische Täuschung. 1922 wurde sie vom deutschen Physiker Carl Pulfrich entdeckt. Der Effekt beruht auf der Tatsache, dass helle Objekte im Gegensatz zu dunkleren schneller vom menschlichen Sehapparat wahrgenommen werden. Wird das Licht eines Auges zum Beispiel mit einem ND-Filter (siehe Abschn. 3.1.6) gedämpft, werden die vom Auge generierten Informationen auf dem Weg zur Verarbeitung im Gehirn hin verzögert und etwas später wahrgenommen als die des anderen Auges, die heller sind. Bei einer entsprechend seitlichen Bewegung eines Objektes ergibt sich in der Wahrnehmung ein scheinbarer Unterschied seiner räumlichen Position. Es scheint an zwei Orten gleichzeitig zu liegen – eine optische Täuschung. Mit diesen Informationen generiert das Gehirn für das Objekt eine zur Realität unterschiedliche Tiefenposition im Raum.

Bei einer seitlichen Kamerafahrt mit festen Objekten im Bild bewegt sich der Vordergrund verglichen zum weiter entfernt liegenden Hintergrund subjektiv schneller. Dies wird auch als Parallaxenänderung bezeichnet. Diesen Sachverhalt nutzt man bei der 2D-zu-S3D Konvertierung nach der Pulfrichmethode. Dieses Phänomen lässt sich zum Beispiel bei einem Fußballspiel beobachten, wenn eine seitlich positionierte Kamera das Spiel durch Schwenks verfolgt. Indem man das Spiel auf einem herkömmlichen 2D-TV-Gerät mit einer präparierten Brille beobachtet, bei der nur eine Seite einen ND-Filter besitzt, kann eine gewisse Räumlichkeit wahrgenommen werden.

Befinden sich im Bild keine sich stark bewegenden Objekte und die Kamerafahrt wird seitlich zur Szene ausgeführt, kann mit einfachen Mitteln ein Stereoeffekt erzeugt werden. Dabei wird das originale Bildmaterial für das zweite Teilbild kopiert und im Vergleich zum ersten Teilbild um wenige Frames zeitlich verzögert abgespielt. Die Folge ist eine räumliche Aufarbeitung der Szene, die abhängig vom Material oft eine gute Stereo3D-Wirkung aufweist. Der Versatz zwischen erstem und zweitem Teilbild hängt von der Geschwindigkeit der Kamerabewegung ab und beträgt nur wenige Frames (ein Frame in Abb. 6.37).

6.6.2 Depth Map Methode

Eine *Depth-Map* (dt. *Tiefenkarte*) ist ein Graustufenbild, das beim 3D-Rendering generiert wird. In diesem Renderpass sind die Positionen der korrespondierenden Pixel eines RGB-Bildes in der Z-Achse (Entfernung zur Kamera) als Grauwerte definiert.

Eine Depth-Map kann auch automatisch aus einer realen Aufnahme mit Compositing-Operatoren erstellt und als Grauwerte ausgegeben werden. Außerdem ist es besonders bei flachen Objekten möglich, dem Bild einen Graustufenwert im z-Depth-Kanal zuzuweisen, der für das gesamte Objekt die Entfernung zur Kamera definiert. Sollen unterschiedliche Bildelemente extrahiert und in der Tiefe gestaffelt werden, ist es notwendig, animierte Masken zu erstellen. Besitzen diese Objekte eine gewisse Tiefenausdehnung (zum Beispiel die Bodenplatte), können ihnen Graustufengradienten zugewiesen werden (siehe Abb. 6.38/6.39). Damit wird die Roundness der Objekte definiert.

Die Bildelemente werden im Compositing Cards zugewiesen. Je nach Graustufenwert in der Depth-Map verzerrt ein spezieller Displacement-Operator die Bildinformationen in Richtung der Z-Achse (siehe Abb. 6.39). Dabei verursachen helle Grauwerte einen starken und dunkle Grauwerte einen weniger starken Versatz. Das Ergebnis kann dann mit einem Stereo3D-Kamerapaar Re-fotografiert werden.

Da das Erstellen der Masken für diese Prozesse sehr aufwendig ist, stehen spezialisierte Werkzeuge wie der Planar-Tracker *Mocha* von Imagineer Systems[12] zur Verfügung (siehe Abschn. 7.2). In der modernen Spielfilmproduktion werden vor allem die bereits im Compositing erstellten Masken verwendet. Hierzu ist eine vorausschauende Planung notwendig, da diese firmenübergreifend übergeben werden müssen.

[12] www.imagineersystems.com.

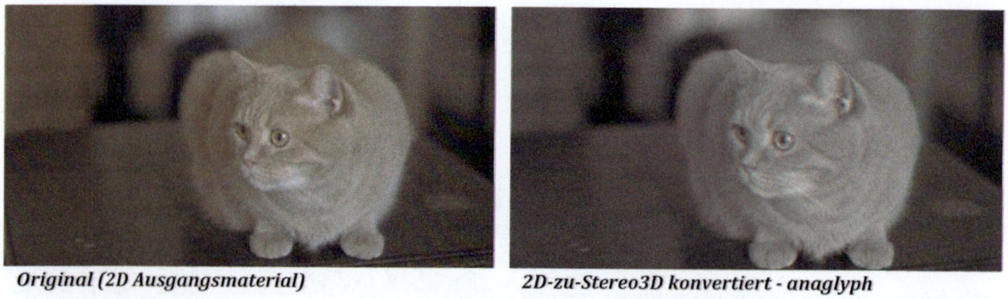

Abb. 6.38 Beispiel einer Konvertierung mit Hilfe der Depth-Map-Methode

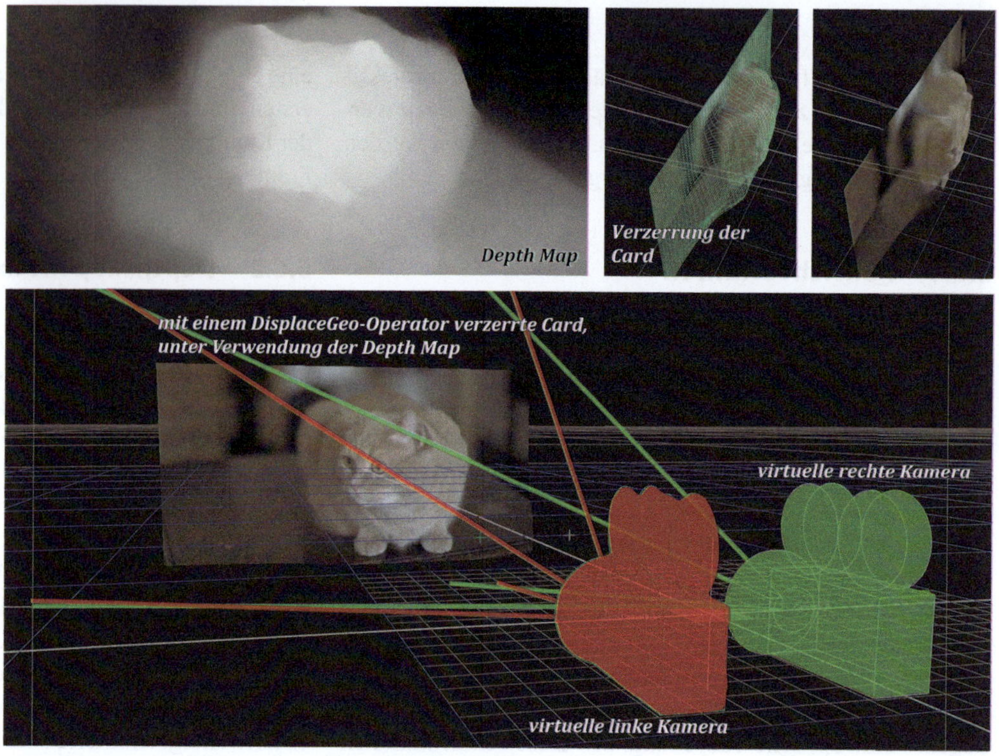

Abb. 6.39 Prinzip der Konvertierung mit Hilfe der Depth-Map-Methode

6.6.3 Kameraprojektions-Methode

Eine weitere Möglichkeit der 2D-zu-S3D-Konvertierung bietet die Kameraprojektion (engl. *camera projection*). Das Grundprinzip besteht darin, dass das Bildmaterial der zu konvertierenden Szene auf ein nachgebautes 3D-Modell der Szene projiziert und danach mit zwei Kameras neu abgefilmt wird. Dieses Verfahren ist sehr komplex. Wenn es die originale Szene zulässt, können aber große Teile der 3D-Umgebung aus Cards und groben Modellen bestehen, was den Aufwand reduzieren kann (siehe Abschn. 10.4.).

Bei der Anwendung der Kameraprojektions-Methode werden zumeist mehrere Techniken kombiniert eingesetzt[13]. Wichtig ist, dass die Projektion auf die dazugehörige Geometrie passgenau und ausreichend detailliert ist. Dies erfordert zunächst ein Matchmoving. Der hier gewonnene Bewegungspfad der virtuellen Kamera ist Grundlage für das Re-Fotografieren. Mithilfe der ebenfalls exportierten Marker kann die Position wichtiger geometrischer Objekte referenziert werden. Auf die nachgebauten Modelle wird dann entweder die komplette Bildsequenz projiziert – dann fungiert die Renderkamera gleichzeitig als Projektor – oder es können Einzelbilder aus der originalen Aufnahmesequenz von fixierten Projektoren auf der Geometrie abgebildet werden. Ist dieser Schritt erfolgreich vollzogen, filmt ein virtuelles Stereo3D-Kamerapaar die Szene ab (grundlegendes Prinzip in Abb. 6.41).

Problematisch bei dieser Art der Konvertierung ist neben dem genauen Nachbau der Geometrie der realen Szene vor allem die Konversion von sich bewegenden Personen oder Tieren in den 3D-Raum. Während es für das Modellieren Hilfsmittel wie das Lidar-Scanning gibt, ist bei der Konversion von sich bewegenden Personen unter Verwendung von 3D-Geometrie kaum eine akzeptable Lösung möglich, sodass man mit der Depth-Map-Methode oft bessere Ergebnisse erzielt.

[13] Für ein detaillierteres Verständnis der zugrunde liegenden Techniken siehe Abschn. 7.3 und 10.4.

Abb. 6.40 Konvertierung in NUKE nach der Kameraprojektionsmethode

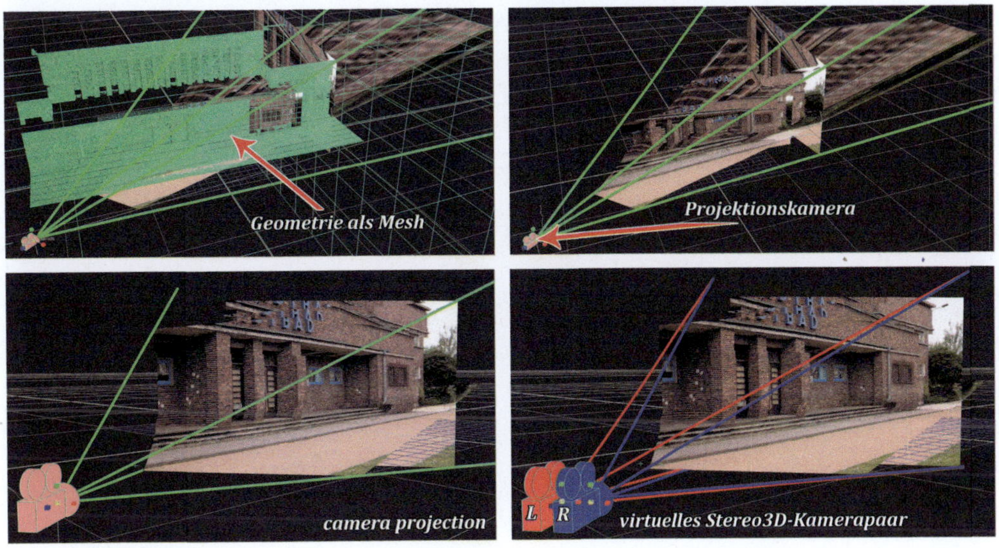

Abb. 6.41 Stereo3D-Konversion unter Verwendung von 3D-Modellen und der Kameraprojektion

6.6.4 Verwenden von 3D-Geometrie

Soll ein 3D-Animationsfilm wie Shrek, Cars, Ice Age etc. konvertiert werden, ist die Szenengeometrie bereits vorhanden. Man fügt lediglich eine weitere Kamera hinzu und rendert damit das zweite Teilbild. Bei Filmen mit hohen VFX-Anteilen werden ebenfalls zumeist beide Teilbilder gerendert, aber auch Hybridtechniken werden angewendet. Sind die Renderings für ein zweites Teilbild zu aufwendig, versucht man es mithilfe des Depth-Passes zu generieren. Auch für die Integration von monoskopisch gedrehtem Material mit Schauspielern, die in die 3D-Szenen eingefügt werden sollen, wird sehr oft das Depth-Map-Verfahren angewendet.

Literatur

Genustech (2013), Buyers-Brochure, Hurrican S3D Rig, 2013

Jorke H, Fritz M (o.J.) Infitec – A new Stereoscopic visualisation tool by wavelength multiplex imaging. White Paper, Infitec GmbH http://www.jumbovision.com.au/files/Infitec_White_Paper.pdf, letzter Zugriff: 21. September 2015

Kennel G (2007) Color and Mastering for Digital Cinema. Elsevier, Amsterdam

Kuhn G (1999) Stereo Fotografie und Raumbild Projektion. Verlag VFV, Gilching

May B, Vidal E (2009) A Village Lost and Found. Frances Lincoln Limited and The London Stereoscopic Company, London

Mendiburu B (2009) 3D Movie Making – Stereoscopic Digital Cinema from Script to Screen. Focal Press, Elsevier, Amsterdam

Pfanz L (2011) 3D stereoscopic – A new technique challanges TV and cinema producers. http://www.br-online.de/jugend/izi/english/publication/televizion/24_2011_E/pfanz.pdf. Zugegriffen: 27. September 2015

Seymour M (2012) Art of Stereo Conversion: 2D to 3D – 2012. http://www.fxguide.com/featured/art-of-stereo-conversion-2d-to-3d-2012/. Zugegriffen: 7. September 2015

Tauer H (2010) Stereo 3D. Schiele und Schön, Berlin

Turner T (2010) CASE STUDY – Beauty and the Beast 3D Benefits of 3D Viewing for 2D to 3D Conversion. https://disney-animation.s3.amazonaws.com/uploads/production/publication_asset/26/asset/BeautyandtheBeast_2D3DConversion.pdf. Zugegriffen: 21. September 2015

Tracking und Matchmoving

7

Eberhard Hasche, Patrick Ingwer

In diesem Kapitel werden die unterschiedlichen Tracking-Verfahren diskutiert. Tracking ist ein wichtiger Bestandteil der modernen Postproduktion in Film und TV. Das Grundkonzept dabei ist, dass die Algorithmen visuelle Muster (engl. *pattern*) verfolgen und somit die Möglichkeit bieten, dass Elemente wie Text, Bilder, 3D-Objekte und Animationen diesen Mustern in der Live-Action-Plate folgen. Die Bewegung kann je nach angewendetem Algorithmus zwei- oder dreidimensional sein. Ein beliebtes Beispiel in TV-Produktionen sind Textbausteine, die Bewegungen zum Beispiel eines Interviewpartners folgen.

Im ersten Abschnitt werden die Grundlagen des 2D-Trackings vorgestellt und die unterschiedlichen Verfahren wie Stabilisierung, Zwei-Punkt-Tracking und Vier-Punkt-Tracking erörtert. Im zweiten Abschnitt folgt die Diskussion des Planar-Trackings, einem Verfahren, dass vor allem bei der Konversion von monoskopischem Filmmaterial in Stereo3D Anwendung findet.

Im nächsten Abschnitt werden die Grundlagen des Matchmoving – auch als 3D-Camera-Tracking bekannt – vorgestellt. Diese wichtige Technologie ist die zentrale Schnittstelle zwischen der Live-Action-Plate und dem Einbringen von Computergrafikelementen. Deshalb muss hier große Sorgfalt bereits bei der Planung und Realisierung von solchen Aufnahmen gelegt werden, da Fehler bei der Aufnahme in der Regel später nicht mehr korrigiert werden können.

Danach folgt in drei Abschnitten die Diskussion des Matchmoving-Workflows als manuelles und automatisches Vorgehen. Beginnend bei der Evaluierung und Vorbereitung der Plates, die vor allem die Entfernung der Linsenverzeichnung beinhaltet, wird anschließend das Generieren und Evaluieren der 2D-Tracks erörtert. Im nächsten Abschnitt steht das komplexe Camera-Solving im Mittelpunkt. Hier gibt es eine Reihe von Verfahren, den Fehler im Matchmoving zu minimieren und die Kamerabewegung zu glätten. Zu diesem Thema gehören das Generieren eines Koordinatensystems und das Einfügen von Testobjekten. Das Kapitel wird mit dem Vorstellen eines Workflows beendet, der aus einer Kombination von manuellem Matchmoving, Verwenden von Lidar-Scan-Daten und automatischem Tracking besteht.

7.1 2D-Tracking

Spielfilme oder spielfilmartige Zwischensequenzen in Computerspielen verfügen über Szenen, in denen sich die Kamera nicht bewegt (engl. *locked-off camera*). Die Integration von zusätzlichen Elementen, zum Beispiel das Anbringen eines Plakates an eine Häuserwand, ist relativ unkompliziert. Soll aber das gleiche Plakat an ein sich bewegendes Fahrzeug angebracht werden, muss es animiert werden. Werkzeuge, die diesen Vorgang unterstützen, sind die sogenannten Tracker. Diese verfolgen optische Muster und liefern Daten, mit denen Objekte an Bewegungen im Bild angepasst werden können. Dabei ist das grundlegende Trackingverfahren das sogenannte 2D-Tracking, bei dem ein Bildelement innerhalb des Bildbereiches verfolgt wird.

7.1.1 Der Tracking-Prozess

Jeder manuelle 2D-Tracker in den einzelnen Compositing-, Motion-Graphics- oder 3D-Programmen ist nahezu identisch aufgebaut. Er besitzt einen Ankerpunkt sowie eine innere und äußere Region (siehe Abb. 7.1). Der Ankerpunkt des 2D-Trackers (engl. *tracking anchor*) wird einer markanten Stelle innerhalb des zu verfolgenden Musters (engl. *feature*) zugewiesen. Um den Ankerpunkt herum befindet sich die innere Referenzregion (engl. *reference region*, *match region*). Die darin enthaltenen grafischen Merkmale dienen dem Algorithmus als Referenz. Er sucht im nächsten und dann in allen nachfolgenden Frames die Position, an die sich dieses Muster bewegt hat. Damit der Berechnungsaufwand reduziert wird, findet eine äußere Suchregion (engl. *search region*) Verwendung, auf die die Suche begrenzt wird.

E. Hasche, P. Ingwer, *Game of Colors: Moderne Bewegtbildproduktion*, X.media.press, DOI 10.1007/978-3-662-43889-3_7

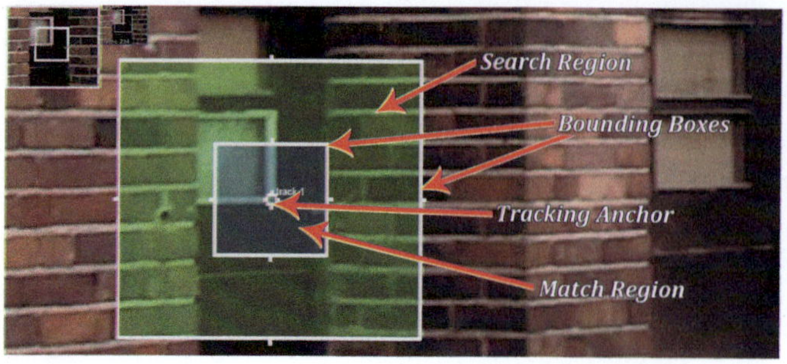

Abb. 7.1 Suchregion und Referenzregion eines 2D-Trackers

Die Position und Größe des Trackers wird in einem Keyframe (dt. *Schlüsselbild*) festgehalten. Der Ankerpunkt wird im nächsten Frame an die Position, die der Algorithmus ermittelt hat, nachgeführt. Der Algorithmus setzt dann ein neues internes Schlüsselbild, dessen Parameter wieder als Grundlage für den nächsten Suchvorgang dienen.

Die Implementierung des Tracking-Algorithmus in den einzelnen Programmen führt dazu, dass unterschiedliche Strategien angewendet werden, auf welches Referenzschlüsselbild der Algorithmus zugreift. Abhängig von den einzelnen Anwendungen können verschiedene Modi eingestellt werden[1]:

1. Erstes Frame (engl. *on first frame*): Der Algorithmus verwendet stets das erste Frame der Sequenz als Referenzpattern.
2. Immer (engl. *every frame*): Der Algorithmus verwendet stets das vorhergehende Frame der Sequenz als Referenzpattern.
3. Jedes n-te Frame (engl. *every n frame*): Der Algorithmus setzt ein neues Referenzpattern in definierten Abständen.
4. Wenn Fehler über einem Schwellwert liegt (engl. *if error above*): Der Algorithmus setzt ein neues Referenzpattern, wenn der Fehler über einem definierten Schwellwert liegt.
5. Wenn Fehler unter einem Schwellwert liegt (engl. *if error below*): Der Algorithmus setzt ein neues Referenzpattern, wenn der Fehler unter einem definierten Schwellwert liegt.
6. Eine Kombination aus (3) und (4).

Der aus der Anordnung der vom Keyer gesetzten Keyframes entstandene Pfad wird als *Tracking-Pfad* bezeichnet und kann einem beliebigen weiteren Bildmedium (Bild, Video, Bildsequenz, Icon, etc.) zugewiesen werden, das dann dem Tracker von Frame zu Frame folgt.

7.1.2 Wahl der Tracking-Features

Um die Muster verfolgen zu können, werden die RGB-Farben zumeist in ein Graustufenbild umgewandelt. In der Regel wird zur Konversion die in der Spezifikation ITU-R BT.709 festgelegte Berechnung (Gl. 2.3) des Luma-Kanals für HDTV-Material verwendet. Alternativ kann auch auf bestimmte Farbinformationen zugegriffen werden. So konnte in der mittlerweile nicht mehr weiterentwickelten Compositing-Umgebung Apple Shake die Farbeigenschaften *Hue* und *Saturation* verwendet werden.

Bei der Berechnung des Trackingpfades wird nicht der Ankerpunkt verfolgt. Er dient lediglich zur visuellen Kontrolle (engl. *point of interest*, dt. *interessantes Detail*). Das Tracking erfolgt vielmehr auf Basis des in der Referenzregion erfassten Musters. Im Falle einer Aufnahme mit glatten und texturlosen Oberflächen – wie bei einer Greenscreen- oder Bluescreen-Aufnahme – kann ein 2D-Tracking nicht ausgeführt werden. Es müssen deshalb Marker angebracht werden, an denen sich der Algorithmus orientieren kann.

In der Abb. 7.2 – oberes Beispiel ist ein für 2D-Tracking gut geeigneter Set-Aufbau dargestellt. Durch die Marker sind viele Muster vorhanden, die der Tracker problemlos verfolgen kann. Im mittleren Beispiel ist eine Situation in der freien Natur abgebildet. Hier finden viele kontrastreiche Elemente wie vorhandene Ecken und Kanten, aber auch Schatten mit einer markanten Form und Gestalt (engl. *shape*) Verwendung. Es versteht sich, dass lichtabhängige Elemente – dazu zählen auch Glanzlichter – sich nicht während der Aufnahme verändern dürfen. Im unteren Beispiel ist eine urbane Szene dargestellt. Hier ist es in der Regel einfach Muster auszuwählen, die über einen hohen Kontrast verfügen. Dazu gehören Ecken und Kanten an Fassaden, Fenstern oder Fensterkreuzen, Reliefs und andere architektonische Elemente. Es ist allerdings dabei zu beachten, dass keine äußeren Kanten von Gebäuden verwendet werden, da sich in der Referenzregion noch Elemente des Hintergrunds befinden, die sich gegenüber dem Vordergrund infolge der Parallaxenänderung verschieben können.

7.1.3 Probleme im 2D-Tracking

Eine häufige Ursache für Tracking-Fehler ist, dass sich das zu verfolgende Element in seiner Form verändert. Die Gründe dafür können unterschiedlich sein. Oft wird es von einem anderen Element verdeckt, Unschärfen nehmen zu oder die Form des Musters ändert sich infolge der Eigendrehung oder der Bewegung der Kamera. Schnelle Änderungen der Gestalt des Features können vom Matching-Algorithmus des Trackers dann nicht mehr erkannt werden.

Wird ein Element während des Trackings verdeckt, kann ein Versatz zu einem anderen Muster hergestellt werden, das sich noch im Bild befindet und nun anstelle des Originals verfolgt wird. Dieses sollte jedoch ähnliche Eigenschaften in Bezug auf Rotation, Translation und Perspektive wie das

[1] hier die Modi des Trackers in Nuke

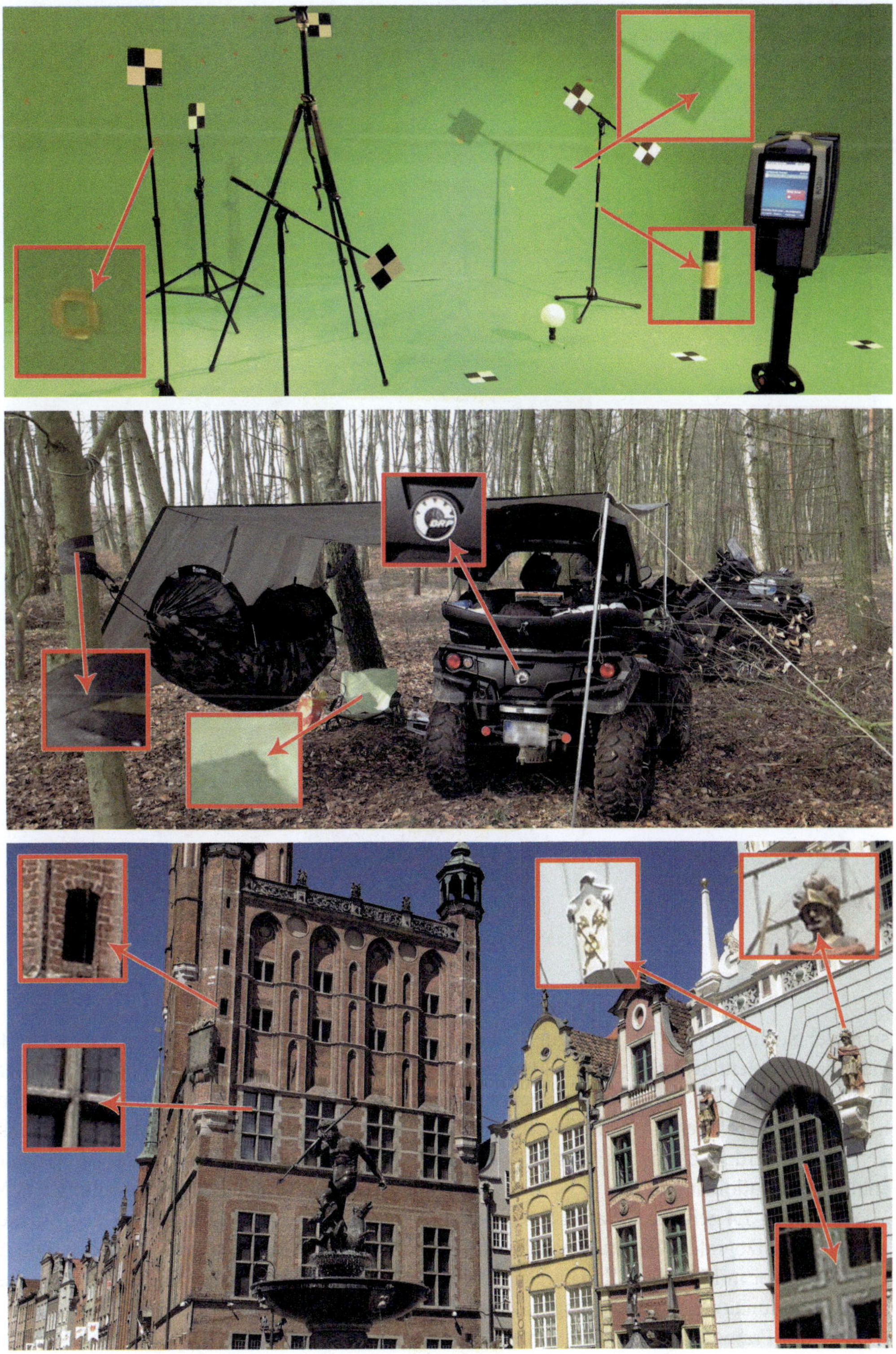

Abb. 7.2 Beispiele von gut verfolgbaren Trackingmustern

verdeckte Muster aufweisen. Im Beispiel der Abb. 7.3 könnte dazu beispielsweise eine der nicht verdeckten Ecken des Wandbildes dienen.

Tracking-Fehler treten auch bei Mustern auf, die durch Bewegungsunschärfe oder einer sich ändernden Schärfentiefe in der Aufnahme verwischt oder unscharf werden. Bewegt sich die Kamera zu schnell, kann das zu verfolgende Muster infolge der sprunghaften Bewegung, die es im Bild ausführt, die Suchregion verlassen. Der Algorithmus ist dann nicht mehr in der Lage, die Position zu verifizieren. Durch Anpas-

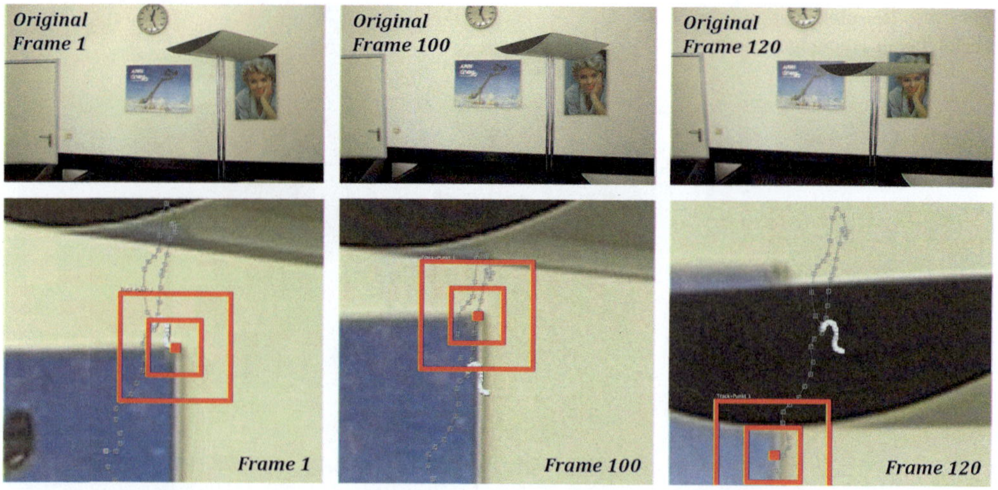

Abb. 7.3 Probleme im 2D-Tracking bei sich verdeckenden Mustern

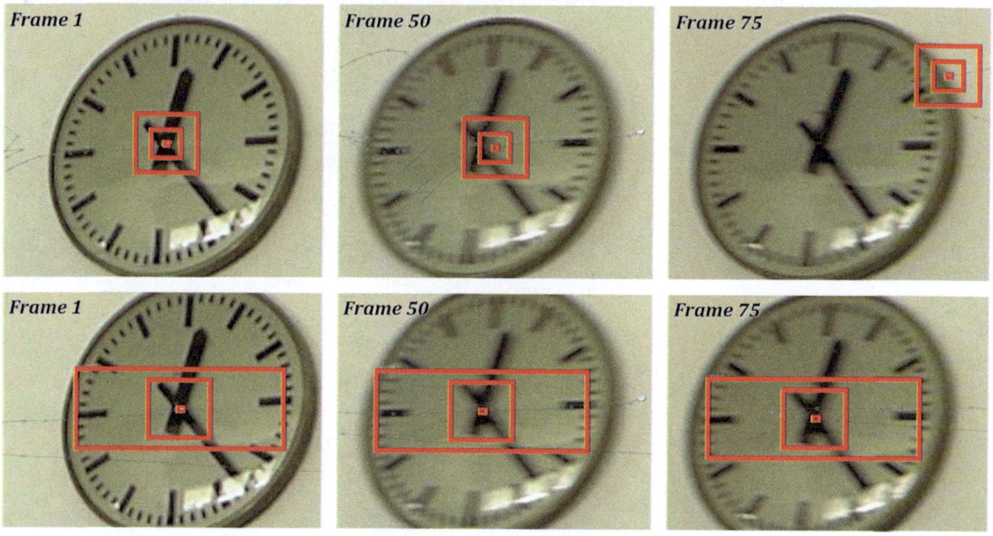

Abb. 7.4 Probleme im 2D-Tracking bei Bewegungsunschärfe

sung der Suchregion an die Bewegungsrichtung der Kamera kann das Problem beseitigt werden. Bewegt sich die Kamera horizontal, ist es ausreichend, die Suchregion ebenfalls nur horizontal zu erweitern. Außerdem kann die Referenzregion vergrößert werden, damit das Muster dem Tracker mehr visuelle Informationen liefert.

Abbildung 7.4 zeigt drei Frames aus einer Aufnahme eines schnellen horizontalen Kameraschwenks. In der oberen Reihe ist ein Tracker mit Voreinstellungen der beiden Regionen zu sehen. Bei Zunahme der Bewegungsunschärfe verliert er das Muster bei Frame 50. In der unteren Reihe ist das gleiche Muster mit einer größeren Referenzregion erfasst. Damit stehen dem Algorithmus mehr visuelle Informationen zur Verfügung. Zusätzlich ist auf horizontaler Ebene die Suchregion vergrößert. Der 2D-Tracker verfolgt trotz Zunahme der Bewegungsunschärfe das Muster korrekt.

Ein weiteres Problem besteht, wenn sich das Muster in seiner Form innerhalb der Referenzregion signifikant ändert. Oft verfolgt der Tracking-Algorithmus das Muster noch eine gewisse Zeit, bevor er es verliert. Das kann durch Änderung der Einstellungen der Position des Referenzframes in der Bildsequenz verhindert werden (s. o.). Für sich verändernde Muster ist es am sinnvollsten, das jeweils vorhergehende Frame als Referenzframe zu verwenden, damit der Algorithmus die graduelle Umgestaltung des Musters besser verfolgen kann.

Abbildung 7.5 zeigt diese Problematik. Hier rotiert die Kamera in der z-Achse. Die Aufgabe ist, die Ecke eines Posters zu verfolgen. Solange das Muster seine Form beibehält, verfolgt der Tracker sein Ziel korrekt (obere Bilder, Frame 1/ Frame 50). In der mittleren Abbildung hat er in Frames 150 und 200 das Muster verloren. Durch Setzen von Keyframes wird dem Algorithmus ein jeweils neuer visueller Anhaltspunkt gegeben. Somit kann der Tracker nachgeführt werden (siehe Abb. 7.5).

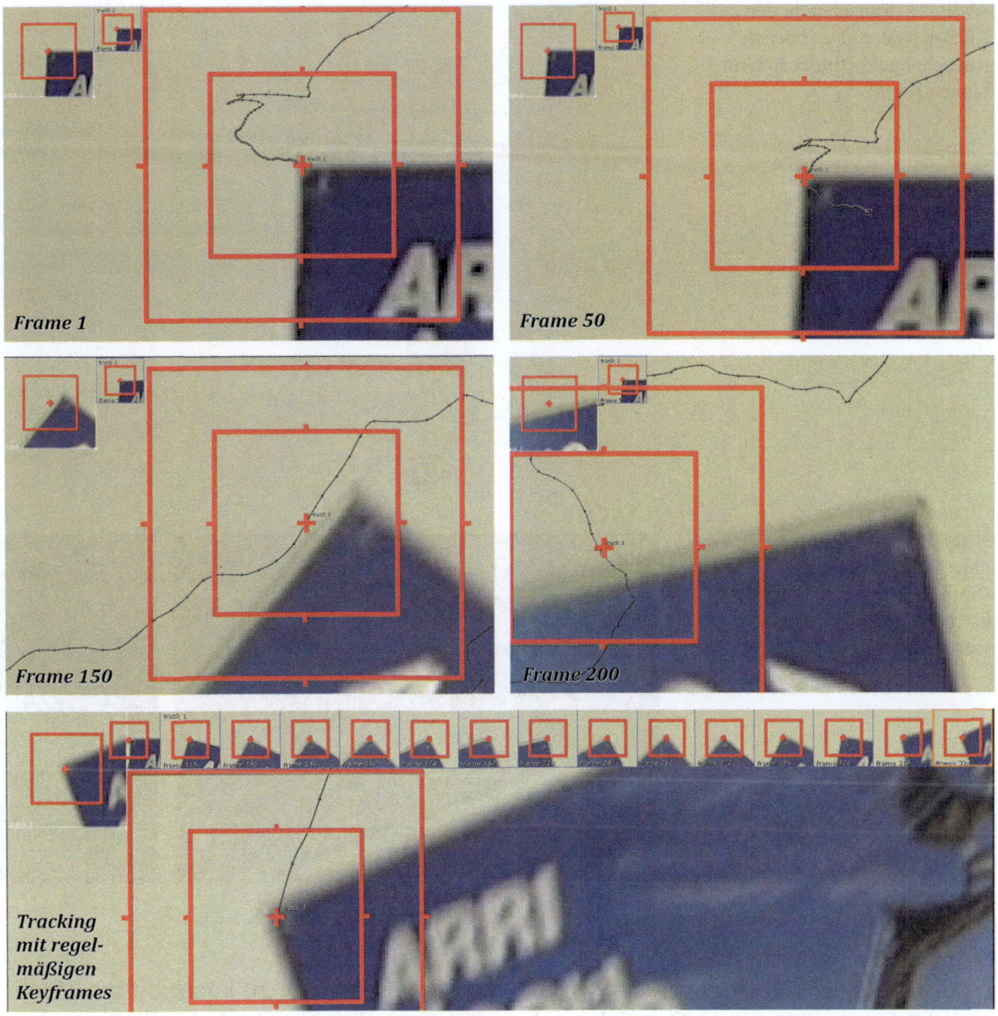

Abb. 7.5 Probleme im 2D-Tracking bei Drehung des Musters oder des gesamten Bildes

Abb. 7.6 Aufbereitung des Materials mittels Kontrastanhebung

7.1.4 Aufbereitung des 2D-Trackings

Aufbereitung der Aufnahmen

Bei vielen Außenaufnahmen unter normalem Tageslicht ist eine Aufbereitung der Aufnahmen meist nicht nötig. Hier sind hohe Kontrastumfänge vorhanden und das Rauschen ist reduziert. Probleme bereitet Material mit geringem Kontrast und Rauschen. In Abb. 7.6 ist ein Tracking mit originalem und aufbereitetem Material abgebildet. Das zu verfolgende Muster besitzt in der Originalaufnahme geringen Kontrast. In der Darstellung gibt die Farbe des Tracking-Pfades Aufschluss über den mittleren Fehler.

Dabei indiziert Grün eine geringe, Gelb eine mittlere und Rot eine hohe Fehlerrate. Im linken Bild ist am Ende der Sequenz eine Zunahme der Fehlerrate deutlich erkennbar. Im rechten Bild erfolgt das Tracking mit einer kontrastreicheren Luminanz-Version. Die Fehlerrate ist wesentlich geringer.

Ein weiterer Aspekt ist der Umgang mit Rauschen im Bild. Wie in Abb. 7.7 angegeben, ändert sich die Gestalt des Kreuzes infolge Rauschen in den einzelnen Farbkanälen. Besonders der blaue Kanal weist ein erhöhtes Rauschen gegenüber den anderen beiden Kanälen auf. Zur Reduzierung des Rauschpegels können verschiedene Techniken angewendet werden.

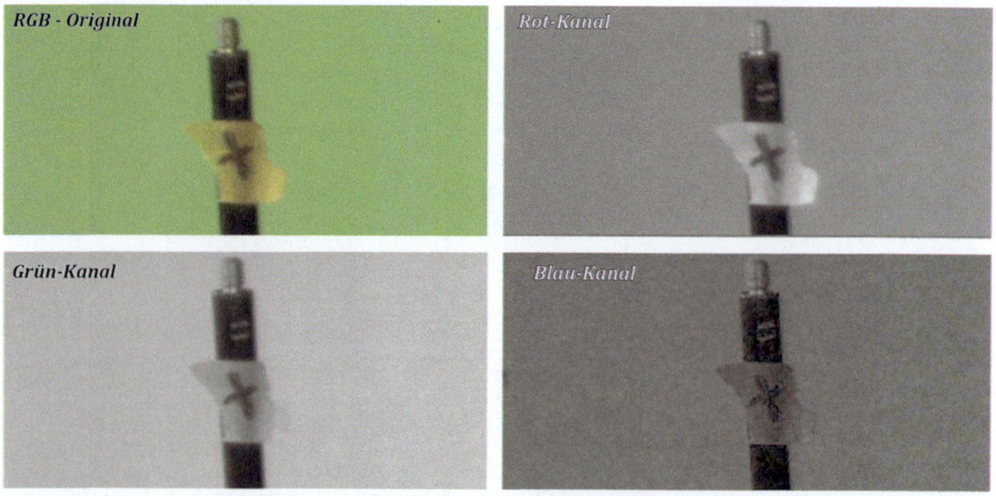

Abb. 7.7 Rauschen in den RGB-Kanälen. Der höchste Rauschpegel befindet sich im blauen Kanal

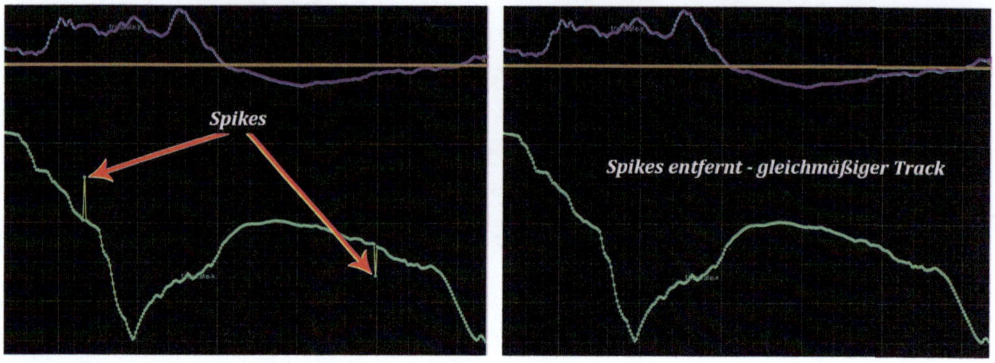

Abb. 7.8 Visualisierung eines Tracks. Mögliche Fehler (Spikes) werden sichtbar und können manuell bearbeitet werden

Eine Möglichkeit ist, das Rauschen mit einer geringen Unschärfe zu glätten, zum Beispiel durch Anwendung eines gausschen Filters. Des Weiteren kann das Material mit einem *Denoise-Operator* (siehe Abschn. 10.5.10) bearbeitet werden. Die besten Ergebnisse liefert aber die Verwendung des Kanals mit dem größten Kontrast und dem geringsten Rauschen. Auch können Tracking-Anwendungen mit speziellen, auf Rauschen optimierten Algorithmen Verwendung finden. In *Blackmagic Design Fusion*[2] arbeitet der Tracker im Subpixelbereich, um die durch das Rauschen generierten Ungenauigkeiten auszugleichen. Die Matchmoving- und Tracking-Software *PFTrack*[3] verwendet einen speziellen Median-Filter zur Rauschunterdrückung mit Bezug auf die Beibehaltung von Struktur und Kantendetails des Bildmaterials.

Beim Tracking von Greenscreen-Aufnahmen, bei denen eine Kamerafahrt ausgeführt wird, besteht das Problem, dass die Fläche des Greenscreens einerseits eine konstante durchgehende Farbe aufweisen muss. Andererseits ist es für den Tracker notwendig, über Muster mit ausreichendem Kontrast zu verfügen, um den Tracking-Pfad eines Objektes errechnen zu können. Eine Möglichkeit dieses Problem zu lösen besteht darin, die Farbe der Tracking-Marker so zu wählen, dass sie einen leichten Farbversatz zum Greenscreen haben, sodass sie in den Toleranzbereich des Chromakeyers fallen und andererseits vom Tracker erfasst werden können. Gleichzeitig kann der Farbkanal ausgewählt werden, der den besten Kontrast bietet. Dies ist oft der rote Kanal, der somit anstelle der normalen Luminanzversion des Bildes als Grundlage des Trackings verwendet würde (siehe auch Abschn. 7.3.3).

Aufbereitung der Tracking-Daten

Naturgemäß ist die Qualität der Tracks nicht gleichmäßig. Manche Tracks haben einen durch Rauschen oder Unschärfe hervorgerufenen Anteil von Jitter (dt. *Flattern, Flimmern*). Um diese Artefakte auszugleichen, verfügen die Tracking-Anwendungen über verschiedene Filtermöglichkeiten. Außerdem bieten sie die Möglichkeit, die Tracks manuell zu bearbeiten.

Abbildung 7.8 zeigt einen Tracking-Pfad, bei dem zwei Spitzen (engl. *spikes*) im Horizontalversatz (x-Kanal) auftreten. Diese können manuell Re-positioniert werden.

[2] https://www.blackmagicdesign.com/de/products/fusion

[3] http://www.thepixelfarm.co.uk/pftrack/

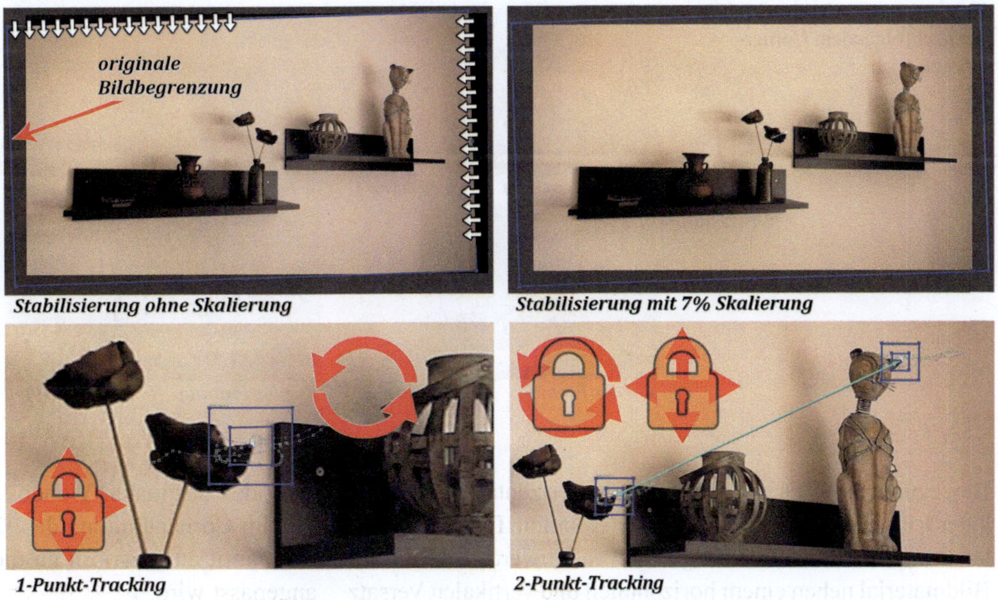

Abb. 7.9 Stabilisierung mit 1-Punkt- und 2-Punkt-Tracking

7.1.5 Anwendungen des 2D-Trackings

Filtering und Concatenation
Transformationen, Rotationen und Skalierungen ziehen eine Filterung des Bildmaterials nach sich. Da der Arbeitsbereich im Compositing in Subpixel unterteilt ist, können die Werte der Transformation in x- und y-Richtung Genauigkeiten im mehrstelligen Nachkommabereich aufweisen. Das bedeutet, dass die Pixel des transformierten Bildmaterials nicht mehr in das Raster passen und ein beliebiges Pixel der Originalauflösung Anteile von bis zu vier Pixeln des transformierten Materials enthält. Um das Erscheinungsbild des Pixels festzulegen, müssen die vier Pixelanteile gefiltert werden. Dadurch wird das Bildmaterial weichgezeichnet. Um Subpixel-Positionen zu vermeiden, bieten viele Compositing-Programme bei manueller Transformation des Bildmaterials nur ganzzahlige Werte an.

Rotationen und vor allem Skalierungen verstärken den Filtereffekt weiter. Im Compositing gibt es deshalb im Gegensatz zu Bildbearbeitungsprogrammen eine sogenannte Konkatenation (engl. *concatenation*). Dabei werden verschiedene räumliche Operationen zusammengefasst, und erst im letzten Operator wird der dort spezifizierte Filter angewendet. So ist es möglich, ein Objekt in einer Operation auf 10 % zu verkleinern und in der nächsten Operation wieder auf 100 % zu vergrößern. Das Objekt ist am Beginn der Bearbeitung und am Ende gleich. Bei den meisten Bildbearbeitungsprogrammen ist aber die Regel, dass das Objekt, das auf 10 % verkleinert wurde, bei einer Vergrößerung auf die Originalgröße die Auflösung verliert. Es wird das 10%ige Objekt vergrößert, nicht das Originalobjekt wiederhergestellt. Es ist also darauf zu achten, wann und in welcher Reihenfolge räumliche Transformationen auch beim Tracking stattfinden.

2D-Tracking ist für die Bearbeitung von Bewegtbildmaterial eine zentrale Technik.

Die wichtigsten Anwendungen sind:

1. Stabilisierung von Locked-Off-Aufnahmen
2. Fixieren von Bildelementen wie Schrift und Grafiken an bewegten Objekten ohne perspektivische Anpassung
3. Perspektivisches Einsetzen von Flächen

1-Punkt-Tracking
Beim *1-Punkt-Tracking* wird nur ein Tracker verwendet. Dieser verfolgt das Muster und generiert einen Tracking-Pfad, der dem einzufügenden Objekt wie zum Beispiel einem Schriftzug zugewiesen wird. Bei dieser Technik wird das Bildmaterial lediglich horizontal und/oder vertikal versetzt.

Eine wichtige Anwendung für das 1-Punkt-Tracking ist die Stabilisierung von Bildmaterial im klassischem Sinne. Man geht davon aus, dass statische Kameras durch Windeinflüsse hin- und her driften. Hierzu ist nur ein Tracker notwendig. Dieser wird einem charakteristischen statischen Muster zugewiesen. Der Algorithmus verfolgt dessen Bewegung und generiert einen Tracking-Pfad. Dieser wird im nächsten Schritt invertiert und auf das gesamte Bild angewendet – somit wird es stabilisiert. Damit kann ein einfacher Versatz in x/y-Richtung ausgeglichen werden (siehe Abb. 7.9, obere Zeile).

2-Punkt-Tracking
Beim *2-Punkt-Tracking* werden zwei Tracker verwendet. Damit ist es zusätzlich zum Entfernen eines Versatzes in x/y-Richtung möglich, Bildrotationen auszugleichen. Da beide Tracker einen festen Bezug zueinander haben, kann der Algorithmus auch die Drehung der Aufnahmekamera erfassen. Somit folgt ein in das Bild eingefügtes Objekt nicht nur den

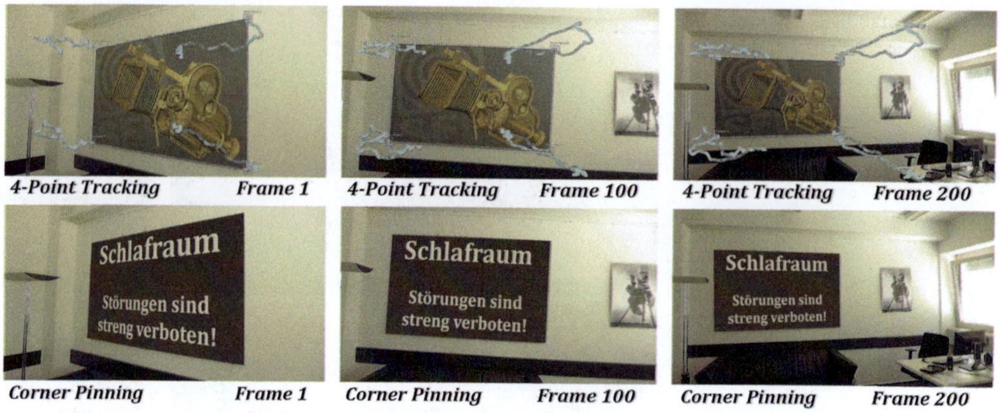

Abb. 7.10 4-Punkt-Tracking mit nachfolgendem Corner-Pinning

Bewegungen des Originalmaterials in horizontaler und vertikaler Richtung, sondern auch dessen Rotation. Diese Methode kann dann zur Stabilisierung angewendet werden, wenn das Bildmaterial neben einem horizontalen und vertikalen Versatz auch eine Drehung aufweist (siehe Abb. 7.9, untere Zeile).

Da das Bildmaterial durch den Stabilisierungsvorgang horizontal und vertikal versetzt wird, treten schwarze Bereiche an den Rändern auf, da hier keine Bildinformationen vorhanden sind. Soll die gesamte Auflösung des Materials Verwendung finden, muss das Bild skaliert werden. Da durch die Größenänderung ein Filterprozess auf das Bild wirkt, der die Qualität der Muster beeinträchtigen kann, ist es sinnvoll, zuerst die Stabilisierung durchzuführen und danach das Bild so zu vergrößern, dass die schwarzen Bereiche entfernt werden. Hier ist es von Vorteil, wenn bei den Aufnahmen mit einer höheren Auflösung als der des Auslieferungsformats gearbeitet wird.

4-Punkt-Tracking

4-Punkt-Tracking ist vor allem dazu geeignet, eine Fläche wie zum Beispiel ein Schild oder ein Wandbild in einer bewegten Aufnahme mit einem anderen Element zu ersetzen. Hier werden vier Tracker verwendet. Der Algorithmus berechnet deren jeweiligen Versatz zueinander und kann daraus die perspektivische Verzerrung der Fläche ermitteln. Damit die so gewonnenen Daten weiterverarbeitet werden können, wird das *Corner-Pinning* angewendet. Das ist eine Methode der perspektivischen Anpassung einer Grafik an die Dimensionen der zu ersetzenden Fläche, die sich innerhalb einer Bildsequenz bewegt.

Abbildung 7.10 zeigt ein Beispiel eines Corner-Pinnings, das die Daten des 4-Punkt-Trackings verwendet. Die Aufgabe ist, ein Wandbild durch ein im narrativen Prozess vorgesehenes Plakat zu ersetzen. Die Perspektive ändert sich infolge der Kamerafahrt. Somit muss auch die Perspektive von Frame zu Frame ermittelt werden. Hierbei werden die vier Ecken des Wandbilds mit je einem 2D-Tracker gleichzeitig verfolgt. Die vier resultierenden Tracks entsprechen somit in ihren Eckkoordinaten auch gleichzeitig der Perspektivänderung des originalen Wandbildes. Diese vier Tracks werden nun im Corner-Pinning den Ecken des Plakates zugewiesen, das damit automatisch an die Bewegung des Originalbilds angepasst wird.

7.2 Planar-Tracking

Planar-Tracking (dt. *Flächenverfolgung*) erweitert die Möglichkeiten des Trackings in Bezug auf Genauigkeit, Flexibilität und Effizient. Im Vergleich zum traditionellen 2D-Tracking, das einzelne Muster verfolgt, wird die Dimension einer Fläche erfasst. Eine wichtige Anwendung der Planar-Tracking-Technik ist die 2D-zu-Stereo3D-Konvertierung von Bewegtbildmaterial, bei der einzelne Bildebenen und -objekte extrahiert und anschließend in der Tiefe gestaffelt werden (siehe Abschn. 6.5.2). Aber auch allgemeine Tracking-Aufgaben können von diesem Verfahren profitieren.

7.2.1 Funktionsweise des Planar-Trackings

Das Funktionsprinzip von Planar-Trackern unterscheidet sich gegenüber 2D-Trackern insofern, dass zuerst die geometrische Gestalt und damit die Position im 3D-Raum der zu trackenden Fläche ermittelt wird. Hierzu wird ein Roto-Shape – in manchen Programmen als *Spline* bezeichnet – mit Hilfe der zur Verfügung stehenden Werkzeuge um die zu verfolgende Fläche gezeichnet. Der Planar-Tracker ermittelt deren Dimension anhand der unterschiedlichen Bewegungsvektoren der Fläche und des Hintergrundes. Deshalb ist es wichtig, dass die Maske auch Teile des Hintergrunds einschließt, damit der Algorithmus die unterschiedlichen Parallaxen zwischen Fläche und Hintergrund auswerten kann.

Da beim Planar-Tracking ähnlich wie beim 2D-Tracking ebenfalls Muster verfolgt werden, ist das Vorhandensein einer Textur innerhalb der zu ermittelnden Fläche eine unabdingbare Voraussetzung. Innerhalb der festgelegten Roto-Shape wird dann eine Vielzahl von Mustern verfolgt.

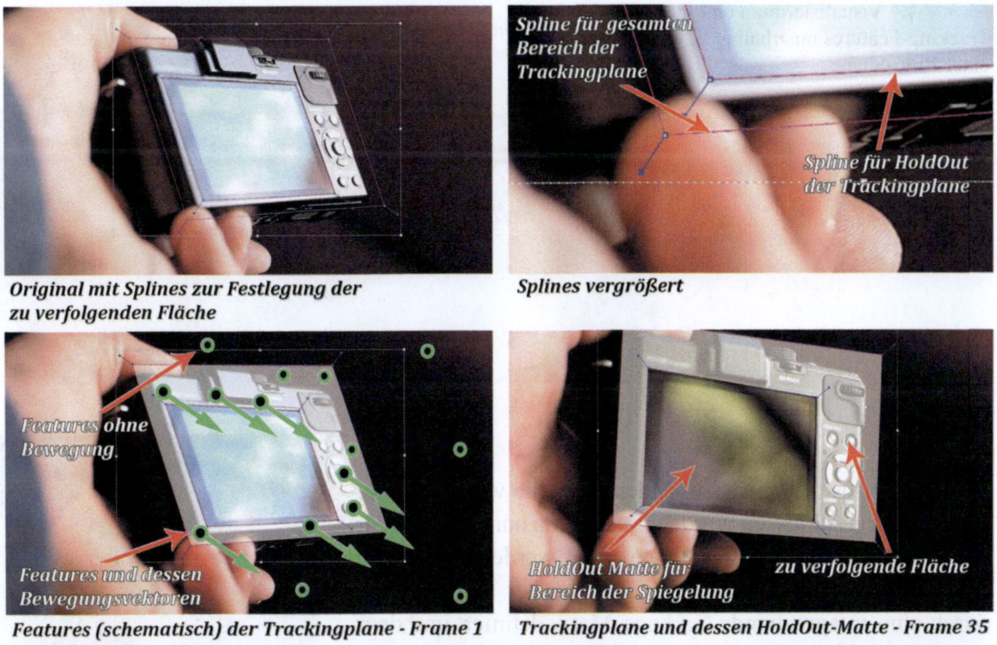

Abb. 7.11 Prinzip des Planar-Trackings

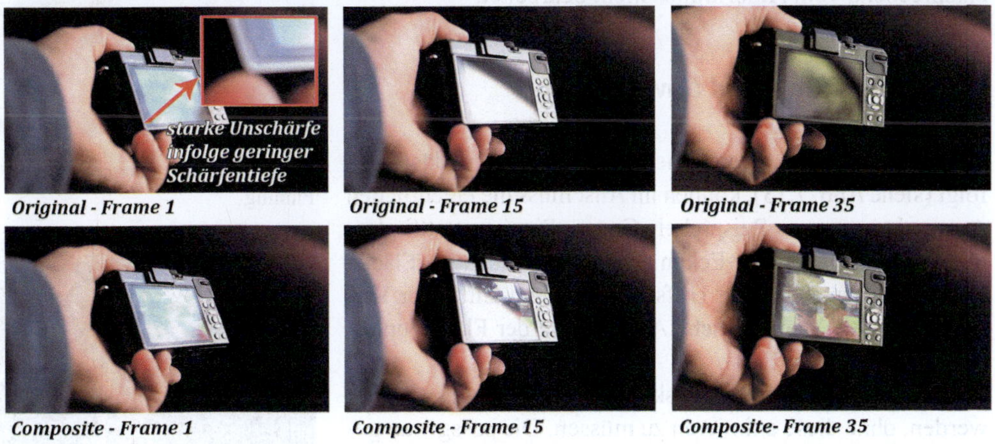

Abb. 7.12 Tracking von Flächen trotz Unschärfen

Dadurch ermöglicht der Tracker das korrekte Verfolgen von ganzen Flächen in Rotation, Translation und Größe bis hin zu Perspektivänderungen (siehe Abb. 7.12).

Pattern-Matching

Ein Planar-Tracker verwendet eine Technik, bei der er benachbarte Flächen zwischen den Frames vergleicht und die Bild-zu-Bild-Differenzen korrekt anpasst. Dieses Prinzip des sogenannten *Pattern-Matchings* (dt. *Mustervergleich*) wird als *Projektive Geometrie* bezeichnet. Der Compositing-Trainer und Buchautor Steve Wright (2010b) schreibt dazu:

> Projective geometry can be thought of as projecting the tracking region of a frame through a camera lens like a slide projector, then finding the transformations required to line it up to the next frame. Because the planar tracker is comparing adjacent frames rather than a reference frame from the beginning of the shot it adapts to frame-by-frame differences as it goes. And since it is tracking a large swath of the image instead of a little rectangle, grain does not introduce chatter into the tracking data.

Durch die zur Anwendung kommende Projektive-Geometrie-Technik sind Planar-Tracker weitestgehend unempfindlich gegenüber Bildrauschen, gleichmäßigen Unschärfen, Bewegungsunschärfen sowie Kontrast- und Farbänderungen.

Bei der Wahl des zu verfolgenden Objekts kommt es vornehmlich darauf an, dass innerhalb der Fläche keine Parallaxenänderungen vorhanden sind. Dadurch ist es auch möglich, Körperteile oder ganze Personen zu tracken. Sind sie weit genug entfernt von der Kamera positioniert, ist die Tiefenkompression in der Regel entsprechend wirksam, sodass kaum Parallaxenänderungen auftreten und der Algorithmus sie als vermeintliche Flächen auffasst. Bei einer Naheinstellung eines Kopfes muss das Gesicht aber in einzelne Flächen wie Nase, Wangen, Kinn etc. unterteilt werden, da hier bei Bewegung Parallaxenänderungen sichtbar sind.

Zur Definition der Fläche können auch Masken verwendet werden. Dies ist dann notwendig, wenn hochreflexive

Abb. 7.13 Visualisierung von Tracking-Features innerhalb einer Roto-Shape

oder musterlose Ebenen vorhanden sind, die vom Tracking-Prozess ausgeschlossen werden müssen, da nur diffuse Oberflächen mit ausreichend Textur verfolgt werden können. Im Beispiel der Abb. 7.11 wird das Display des Fotoapparates durch eine entsprechende Garbage-Matte definiert und dementsprechend vom Algorithmus nicht bearbeitet.

7.2.2 Workflow und Anwendung

Ist der Prozess des eigentlichen Trackings einer Fläche erfolgt (siehe Abb. 7.13), können im Anschluss die eigentlichen Anwendungen, zum Beispiel ein Corner-Pinning, stattfinden. Hierbei werden die vier Ecken der zu verwendenden Fläche markiert. Dazu stehen oft Hilfsmittel wie ein Gitter zur Verfügung, die die geometrische Ausrichtung der Fläche unterstützen (siehe Abb. 7.14).

Des Weiteren können Masken mit Roto-Shapes erzeugt werden, ohne diese animieren zu müssen. Die passgenau gezeichneten Masken werden mit der im ersten Tracking-Schritt generierten Fläche verknüpft und folgen dieser dann in Rotation, Translation, Größe und Perspektive (siehe Abb. 7.15). Da der Algorithmus die Position der Fläche im Raum kennt, kann er die verknüpften Masken auch dann verfolgen, wenn sie teilweise das Bild verlassen.

Abbildung 7.16 zeigt das Prinzip. Hier sollen drei Druckbereiche eines Kartons freigestellt werden. Da die Rückwand, auf der sie sich befinden, eine Fläche ist, wird sie umrahmt, wobei Teile des Hintergrundes mit in die Maske aufgenommen werden, um die unterschiedlichen Parallaxenänderungen auszunutzen. Die Kamera bewegt sich um den Karton herum und der Algorithmus errechnet die Bewegungen der Fläche. Nun werden die entsprechenden Objekte darauf maskiert und mit der Fläche verknüpft. Es entstehen Masken, die exakt der Fläche folgen.

Diese Technik wird vor allem in der 2D-zu-Stereo3D-Konvertierung angewendet. Ein wichtiger und robuster Planer-Tracker für diese Bearbeitungen ist Mocha von

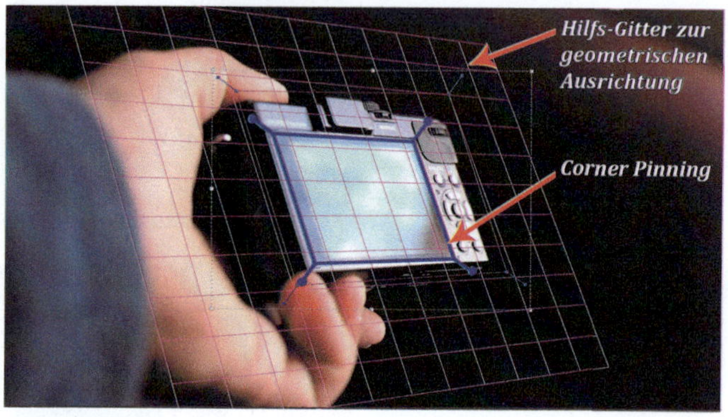

Abb. 7.14 Geometrische Ausrichtung der Tracking-Plane für Corner-Pinning

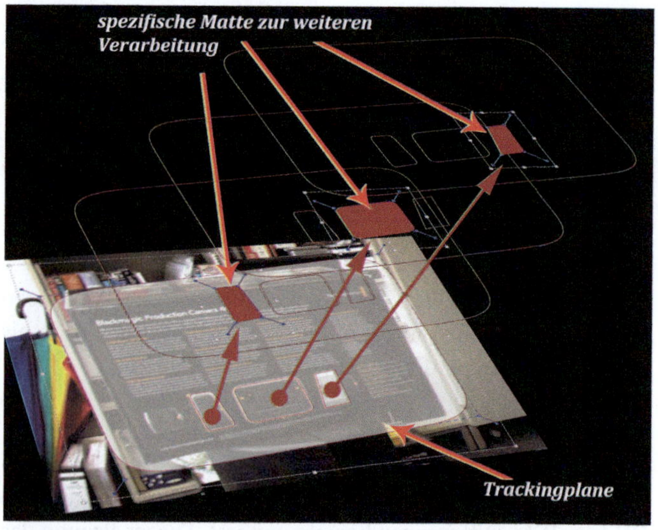

Abb. 7.15 Verlinkung der Masken zur Tracking-Plane

Imagineer Systems[4]. Hier erfolgt die Extrahierung aller Flächen eines Bildes, um ihnen im Nachgang Tiefeninformationen zuzuordnen (siehe Abschn. 6.5.2). Dabei wird jeder Roto-Shape-Maske ein spezifischer Grauwert zugeordnet (siehe Abb. 7.17). Die Roto-Shapes werden dann

[4] http://www.imagineersystems.com

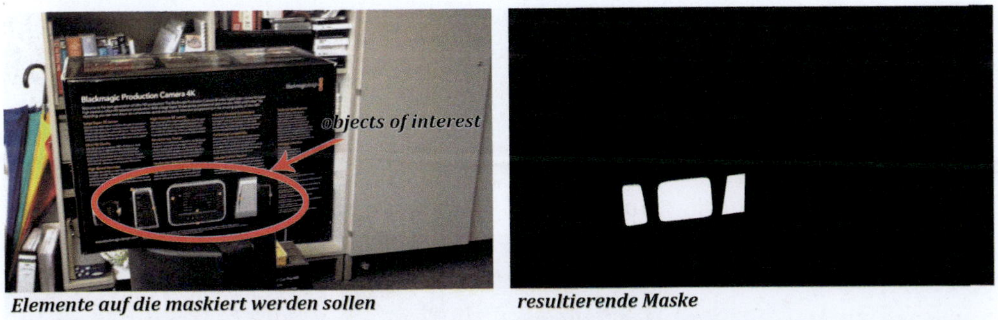

Abb. 7.16 Beispiel eines Planar-Trackings mit spezifischen Masken

Abb. 7.17 Direkte Verwendung der Roto-Shapes zur Erzeugung einer Depth-Map (*rechts*)

Abb. 7.18 Photogrammetrische Grundlagen. (Nach Dobbert 2013, S. 34 ff.)

zusammengefasst, wobei die unterschiedlichen Grauwerte die Entfernung zur Betrachtungsebene repräsentieren. Das Resultat wird als *Depth-Map* bezeichnet und im weiteren Prozess der 2D-zu-Stereo3D-Konvertierung verwendet. Die Depth-Map kann aber auch für andere Anwendungen – wie das nachträgliche Justieren der Schärfentiefe – verwendet werden.

7.3 Einführung in das Matchmoving

Im *Matchmoving* – auch *3D-Camera-Tracking* – besteht das Ziel darin, aus einer Sequenz von 2D-Bildern die Bewegung der Kamera und die Position wichtiger Elemente im 3D-Raum zu generieren.

7.3.1 Photogrammetrische Grundlagen

Um dieses Ziel zu erreichen, bedient sich der Matchmove-Algorithmus mathematischer Grundlagen, die im Verlauf des letzten Jahrhunderts entwickelt wurden. Ausgangspunkt sind von der Kamera aufgenommene Bildsequenzen. Hierbei wird die dreidimensionale Welt in eine zweidimensionale Abbildung konvertiert, indem das von den zu fotografierenden Objekten ausgesandte Licht in der Hauptlinse gebrochen und auf den Negativfilm oder digitalen Sensor gespiegelt wird. Die Kamera hat infolge des rechteckigen – oder im Falle einer 6 × 6-Kamera quadratischen – Filmbacks eine Kamerapyramide (engl. *frustum*), die ebenfalls rechteckig ist.

Wenn nun der Matchmoving-Vorgang gestartet wird, fixiert die Kamera diese Pyramide an den vier Ecken des Bildes

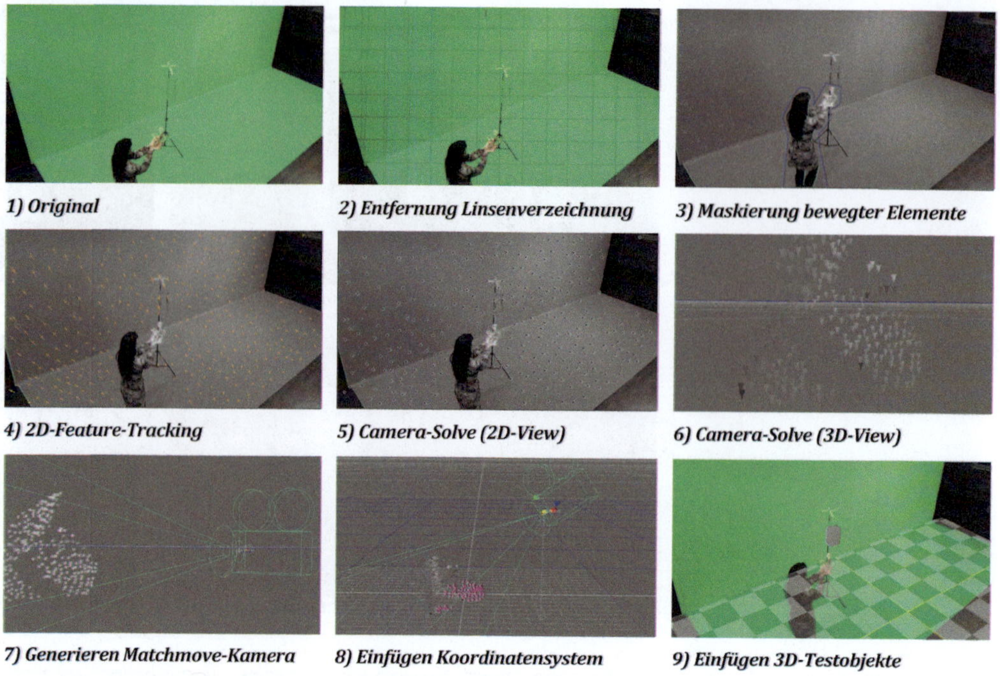

Abb. 7.19 Phasen des Matchmovings

(engl. *image plane*). Dann wird vom optischen Zentrum der Hauptlinse ein virtueller Strahl ausgesandt, der an einem Muster der Image-Plane justiert wird. In Abb. 7.18 wäre das zum Beispiel der pinkfarbene Strahl, der in der linken Image-Plane an den linken Turm im Wappen der Uhr am Prager Wenzelsplatz festgemacht ist. Gäbe es nur diesen Strahl, könnte sich die Kamera nicht mehr um diese Achse drehen, da dann die Kamerapyramide die Ecken des Bildes verlieren würde. Die Kamera ist nun von der Drehbewegung her an der z-Achse, die in die Tiefe führt, fixiert und kann sich lediglich entlang dieser Achse bewegen. Kommt sie näher an das Bild heran, muss sie die Brennweite verkleinern, damit die Kamerapyramide wieder mit den Eckpunkten des Bildes übereinstimmt.

Wird nun ein zweiter Strahl ausgesandt, der wieder an einem Muster festgemacht wird – zum Beispiel der rechte gelbe Turm – ist eine weitere Achse fixiert. Die Kamera kann sich nicht mehr nach links und rechts bewegen, sondern nur noch eine Drehung um die x-Achse, die von links nach rechts verläuft, ausführen. In der Abbildung wäre das eine Bewegung von oben nach unten. Schließlich wird ein dritter Strahl an einem weiteren Muster – dem Tor im Turm – festgemacht (vgl. Dobbert 2013, S. 26 ff.).

Damit sind alle Drehbewegungen fixiert und die Kamera kann sich nur noch entlang der drei Strahlen bewegen. Dies bedeutet, dass die Brennweite der Kamera und deren Abstand von den Objekten frei eingestellt werden können. Infolge der hohen Bedeutung, die die Brennweite bei photogrammetrischen Berechnungen hat, sollte sich diese im Verlaufe der Aufnahme eines Matchmove-Shots nicht ändern.

Im weiteren Verlauf der Berechnung wird eine neue Kamera in einem weiteren Frame der Bildsequenz mit der gleichen Methode erzeugt und deren virtuelle Strahlen mit den gleichen Mustern verknüpft. Treffen sich die einzelnen Strahlen im 3D-Raum, kann anhand der Schnittpunkte die 3D-Position der damit verbundenen Muster festgestellt werden. Dies ist ein iterativer Prozess, bei dem Kameraparameter und Positionen im Raum approximiert werden. Ist der Fehler hinreichend klein, wird der Vorgang abgebrochen.

7.3.2 Phasen des Matchmovings

Für das Matchmoving gibt es eine Reihe unterschiedlicher Anwendungen, die in der Industrie vor allem nach der Komplexität der Aufnahmen und deren Verwendungszweck ausgewählt werden. Wichtig ist zum Beispiel, ob bereits im Matchmoving-Prozess 3D-Geometrie generiert werden soll und wie die manuelle Beeinflussung des Matchmove-Vorgangs implementiert ist. Neben diesen spezialisierten Programmen haben auch Compositing- und 3D-Programme mehr oder weniger ausgebaute Möglichkeiten, Matchmoving durchzuführen.

Abbildung 7.19 zeigt die notwendigen Arbeitsschritte für einen Matchmoving-Prozess. Diese sind in den unterschiedlichen Anwendungen zum großen Teil gleich:

1. *Evaluierung der Originalaufnahmen:* Hier wird die Aufnahme anhand von Aufzeichnungen und Metadaten oder durch persönliche Erfahrung des Matchmove-Artists kategorisiert und Strategien für den Bearbeitungsprozess festgelegt. Das wichtigste Unterscheidungsmerkmal besteht in der Art und Weise der Kameraführung. Sie kann sich entweder frei bewegen oder gestaltet einen Schwenk

(engl. *nodal pan*). Des Weiteren verlangen Greenscreen-Aufnahmen zumeist eine spezielle Technik, da durch die großen einfarbigen Flächen wesentlich weniger Muster erkennbar sind.

2. *Vorbereitung der Aufnahmen für das Matchmoving:* Hierbei muss die Linsenverzeichnung entfernt werden (siehe Abschn. 7.4.1). Auch kann durch eine entsprechende Auswahl des Farbkanals der allgemeine Kontrast in der Aufnahme erhöht werden.
3. *Erstellen von Masken zum Entfernen von bewegten Objekten:* Je nach angewendeter Technik ist es notwendig, sich bewegende Elemente, vor allem Schauspieler und motorgesteuerte technische Geräte, zu maskieren, damit sie nicht vom Matchmoving-Prozess erfasst werden.
4. *2D-Feature-Tracking:* In diesem Schritt werden – ähnlich wie beim Mehrpunkt-Tracking – einzelne Muster in der Aufnahme frameweise verfolgt. Die so generierten Tracks können dann evaluiert und optimiert werden.
5. *Camera-Solve:* Dies ist der zentrale Bearbeitungsschritt im Matchmoving. Der Algorithmus berechnet aus den generierten 2D-Mustern die Bewegung der Kamera und die Position der Muster im 3D-Raum.
6. Auch hier können eine Reihe von Optimierungen vorgenommen werden.
7. Zum Beispiel ist es möglich, den Kamerapfad zu glätten.
8. *Einfügen eines Koordinatensystems:* Dieses ist für die Verarbeitung in der Produktionspipeline wichtig, da im 3D-Modeling und Compositing eine geometrische Grundlage benötigt wird, zum Beispiel eine Bodenplatte (engl. *ground plane*).
9. *Einfügen von Testobjekten:* Damit kann die Qualität des Matchmovings evaluiert werden. Wichtig dabei ist, dass das eingefügte 3D-Objekt an der entsprechenden Position fixiert ist und nicht „wegschwimmt" (engl. *to glitch*).
10. *Export der Lösung in das Zielprogramm* Hier können die Kamerabewegung und/oder die ermittelten Features als 3D-Marker exportiert werden.

7.3.3 Was macht eine gute Aufnahme für das Matchmoving aus?

Wie bereits in Abschn. 4.3 ausgeführt, ist die Planung und damit die Entscheidung, welche Art der Kamerabewegung für eine Matchmove-Aufnahme verwendet wird, von entscheidender Bedeutung. Es gibt aber auch noch eine Reihe anderer Kriterien, die zu beachten sind.

1. Der wichtigste Faktor ist, dass die Aufnahme viel Parallaxenänderung aufweist. Dadurch wird dem Algorithmus eine qualitativ hochwertige Berechnungsgrundlage zur Verfügung gestellt.
2. Parallaxenänderung wird vor allem durch eine sinnvolle Aufteilung des Aufnahmeraumes erreicht. Es müssen genügend Elemente im Vordergrund und Mittelgrund vorhanden sein. Um dies bei der Aufnahme von Szenen zu erreichen, werden oft ein oder mehrere Stative in Bereichen platziert, in denen die Schauspieler nicht gestört oder verdeckt werden. Hier ist es zumeist notwendig, einen entsprechenden Kompromiss zu finden, da die zusätzlichen Elemente im Compositing wieder entfernt werden müssen. Besonders hilfreich sind auch Set-Aufbauten oder Requisiten mit einer guten Tiefenstaffelung.
3. Ein wesentliches Kriterium für eine gute Matchmove-Aufnahme ist das Vermeiden von Unschärfe. Dies tritt besonders bei nicht stabilisierten Handkameras auf, da durch die Körperbewegung plötzliche Sprünge in der Bildführung entstehen, die zwar nur wenige Frames dauern, aber eine Matchmove-Lösung erschweren oder ganz unmöglich machen. Eine weitere Quelle für Unschärfe sind Kameraeinstellungen, bei denen der Verschluss lange offenbleibt. Um harte Schatten bei Greenscreen-Aufnahmen zu vermeiden, werden die Schauspieler tendenziell moderat beleuchtet (vgl. Okun und Zwerman 2010, S. 117 f.). Wenn die Blende nicht verändert werden soll, aber trotzdem eine bestimmte Helligkeit in den Aufnahmen notwendig ist, kann der Verschluss länger offen gehalten werden. Auch hier ist ein Kompromiss zwischen ISO-Settings (Rauschen), Blendenwert (Schärfentiefe) und Verschlusszeit (Unschärfe) erforderlich.
4. Es müssen ausreichend Marker[5] im Bild vorhanden sein. Hier gibt es ebenfalls einen Widerspruch zwischen den Erfordernissen des Compositings – jeder Marker muss entfernt werden – und des Matchmovings – hier sollten so viel Muster wie möglich vorhanden sein. Die Anzahl und Anordnung der Marker auf dem Greenscreen richten sich auch nach der anzuwendenden Technik, entweder automatisch – dann würde man so viel Marker wie möglich verwenden – oder manuell, dann sollten mindestens acht Marker in jedem Bild zu sehen sein. Eine mögliche Technologie, die wir hin und wieder verwenden, ist eine Mischung von 75 % der professionellen Rosco-Greenscreen-Farbe mit 25 % Acrylweiß vom Baumarkt. Die entstehende Farbe ist ungefähr eine Belichtungsstufe heller als der Greenscreen. Wird sie auf die Marker aufgetragen und diese dann am Greenscreen platziert, fallen sie einerseits in den Toleranzbereich des Chromakeyers und werden noch als Greenscreen-Farbe interpretiert, andererseits liefern sie genügend Kontrast, sodass sie der Matchmove-Algorithmus ohne Mühe verfolgen kann. In diesem Fall können sehr viele Marker geklebt werden.

[5] auf einfarbige Flächen geklebte oder in Aufnahmen platzierte Elemente unterschiedlicher Struktur

Abb. 7.20 Fehler, die das Matchmoving erschweren

5. Verdeckungen wichtiger Elemente sollten vermieden werden. Abbildung 7.20 zeigt eine Greenscreen-Aufnahme, die im Matchmoving schwierig zu bearbeiten ist. Einerseits hat sie kaum ausreichende Parallaxenänderung, andererseits gibt es temporär eine Unschärfe im Bild, da die Kamera zu ruckartig bewegt wurde. Schließlich wird das als wichtiges Mittelgrundobjekt fungierende Stativ verdeckt. Es ist somit nahezu unmöglich, die von den Matchmove-Algorithmen benötigte Anzahl an verfolgbaren Mustern zu spezifizieren.
6. Das Bildrauschen sollte reduziert werden. Dies ist naturgemäß mit genügend Licht und einem nicht zu hohen ISO-Wert zu erreichen.
7. Die zu verfolgenden Muster sollten einen ausreichenden Kontrast haben. Hier ist ebenfalls eine gute Beleuchtung notwendig. Ebenso müssen große gleichfarbige Flächen – zum Beispiel Gras, Straße etc. – mit entsprechenden Markern versehen werden.

7.3.4 Manuelles und automatisches Matchmoving

Prinzipiell gibt es beim Matchmoving zwei Herangehensweisen, die miteinander kombiniert und mit anderen Technologien erweitert werden können. Das ist einerseits das manuelle Matchmoving und andererseits das automatische Matchmoving.

Manuelles Matchmoving (Supervised Matchmoving)
Beim manuellen Matchmoving setzt der Matchmove-Artist ebenso wie beim Ein-Punkt-Tracking einen Tracker auf ein gut zu erkennendes Muster und lässt dieses von der Software verfolgen (Abb. 7.21, linkes Bild). Dabei ist es nicht von Bedeutung, ob der Tracker vor Beendigung der Sequenz den Bildausschnitt verlässt oder erst später einsetzt. Es müssen nur genügend Tracks pro Bild vorhanden sein. Das hier als Beispiel-Software verwendete Programm *Andersson Technologies SynthEyes*[6] signalisiert durch einen grünen Hintergrund, dass es in der Lage ist, in den nächsten Arbeitsschritt überzugehen (Abb. 7.21, rechtes Bild). Der Vorteil bei diesem Herangehen ist, dass der Matchmoving-Prozess manuell kontrolliert werden kann und keine Rücksicht auf sich bewegende Objekte genommen werden muss, da diese von vorn nicht in das Tracking einbezogen wurden. Der Nachteil ist ein gewisser Arbeitsaufwand und ein marginal höherer Fehler, da dieser durch die wenigen Marker nicht so stark minimiert werden kann wie beim automatischen Matchmoving. Im professionellen Filmbereich besteht die Tendenz, manuelles Matchmoving zu bevorzugen. Dies gilt besonders bei Greenscreen-Aufnahmen, da hier zumeist die Anzahl der Marker auf dem Screen limitiert ist.

Beim automatischen Matchmoving trifft der Matchmove-Artist keine Wahl, welche Muster in der Aufnahme verwendet werden. Der Algorithmus verfolgt alle nicht von einer Maske ausgeschlossenen Muster, die er als valide einstuft und generiert bis zu mehreren Hundert Tracks (Abb. 7.22). Diese werden dann vom Matchmove-Artist evaluiert, der dann Tracks, die potenziell Fehler verursachen können, manuell entfernt. In der Regel produziert das automatische Matchmoving einen geringeren Fehler als das manuelle. Dies ist aber relativ, wie in Abschn. 7.6 in größerem Detail ausgeführt wird.

7.3.5 Objekt-Tracking und Rotomation

Während beim traditionellen Matchmoving in den meisten Fällen die Szene statisch ist und sich nur die Kamera bewegt, ist beim *Objekt-Tracking* die Situation vertauscht. Es bewegt

[6] https://www.ssontech.com

Abb. 7.21 Manuelles Matchmoving

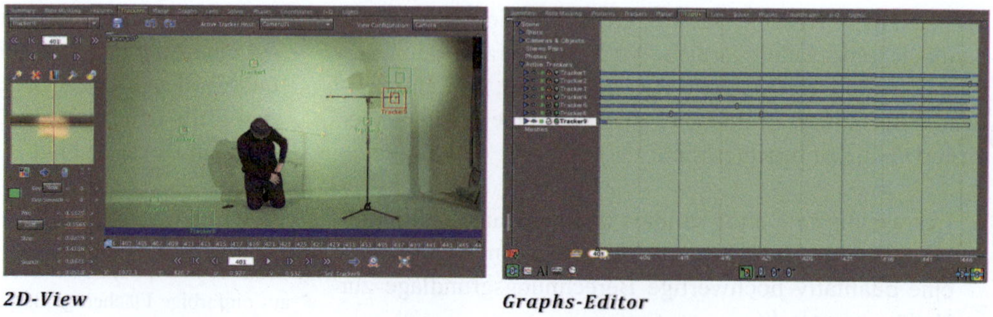

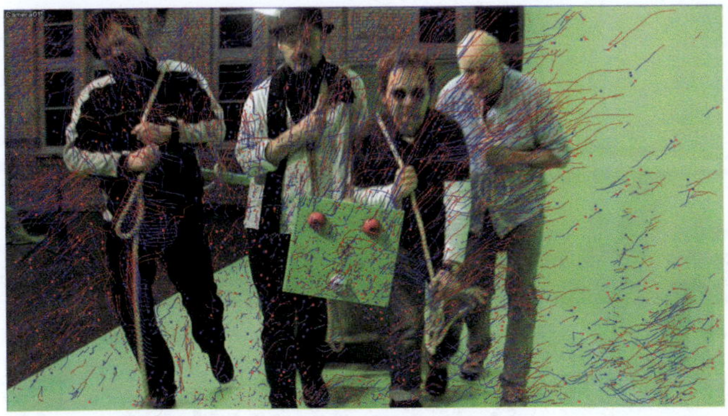

Abb. 7.22 Automatisches Matchmoving

sich ein Objekt und die Kamera ist fixiert[7]. Die Bewegung des Objektes wird verfolgt und das Ergebnis als statische Kamera mit bewegter Szene exportiert.

Nun kann an den exportierten Markern ein 3D-Objekt angebracht werden, das den Originalbewegungen eines Elements auf der *Live-Action-Plate* folgt.

Objekt-Tracking kann nur bei einer sehr einfachen Geometrie automatisch ausgeführt werden. Meist wird die entsprechende Lösung des Matchmovings nur als Grundlage verwendet und manuell die Bewegungen angepasst. Dieser Vorgang wird als *Rotomation* – auch *Matchamation* – bezeichnet. Das Ziel ist, ein Element der -Aufnahme durch ein 3D-Objekt zu ersetzen. Dies ist zumeist ein Charakter. Das Verfahren hängt sehr stark mit der Animationstechnologie und -terminologie zusammen, sodass hier nur ein sehr grober Überblick gegeben werden soll.

[7] Es kann sich natürlich auch die Kamera bewegen, dann ist das Objekt-Tracking noch schwieriger

In Abb. 7.23 ist das Prinzip dargestellt. Ein Charakter, der auf einer Brücke vom Rad steigt, soll durch eine Fantasiegestalt – erkennbar an den sehr langen Fingern – ersetzt werden. Dabei muss zuerst von der Animationsabteilung das 3D-Objekt generiert werden. Damit der Rotomation-Artist dieses an die Bewegung des Live-Action-Characters anpassen kann, muss ein Rig (Knochensystem mit Kontrollelementen) verfügbar sein, mit dem sich der digitale Charakter positionieren und animieren lässt. Dabei wird das Mesh selbst nicht direkt animiert. Alle Bewegungen werden durch das Knochensystem (engl. *joint system*) bzw. von dessen Kontrollelementen realisiert. Die wichtigsten Elemente dabei sind der Root-Knochen, von dem alle Verzweigungen des Knochensystems ausgehen und das *Center-Of-Gravity (COG)*. Letzteres kontrolliert Rotation und Position des Körpers, wobei die Füße beim Menschen bzw. die Beine von Tieren durch die Verwendung spezieller Kontrollelemente (*IK-Handles*) am Boden fixiert werden können. Deshalb ist es sinnvoll, beim Rotomation im ersten Animationsdurchgang die Root-Knochen an der entsprechenden Position mit Keyframes zu fixieren, im zweiten Durchgang den Körper mit dem COG-Controller auszurichten und schließlich die anderen Elemente (Gliedmaßen, Kopf) zu justieren (vgl. Hornung 2010).

Die Rotomation wird zumeist in 3D-Programmen ausgeführt, wobei Bildsequenzen zur Orientierung im Hintergrund dargestellt werden. Ein weiterer wichtiger Punkt ist, dass die Rotation des 3D-Modells in der Perspektive anhand der vorhandenen Bilddaten angepasst wird. Die Animation erfolgt in verschiedenen Durchgängen und wird immer weiter verfeinert.

Abbildung 7.23 zeigt im oberen linken Bild die Position, an der der Root-Knochen positioniert wird (pinkfarbener Pfeil) und die Rotation des Rückens (blaue Linie). Das 3D-

Abb. 7.23 Rotomation

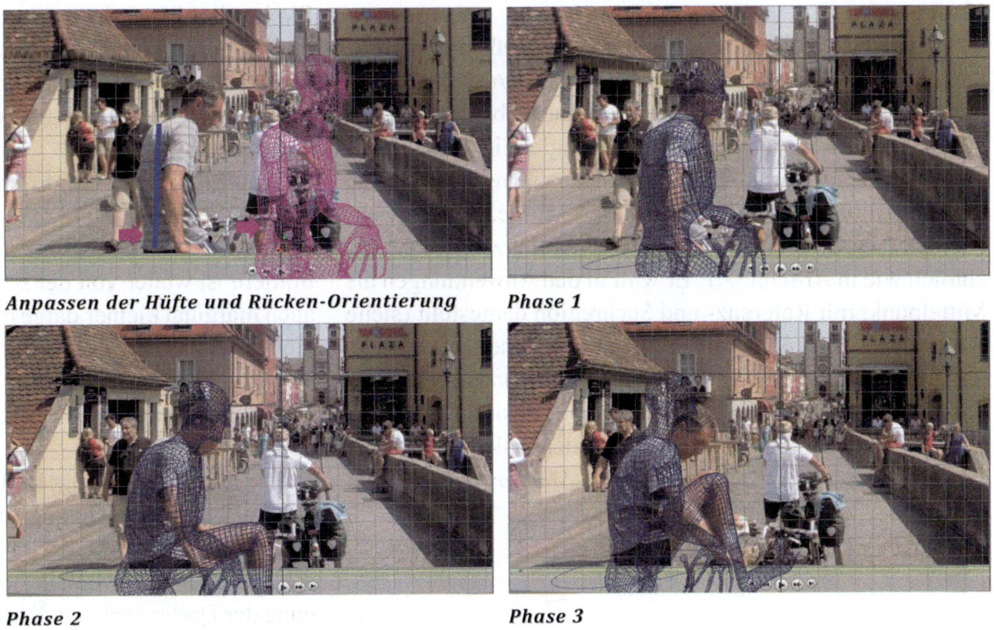

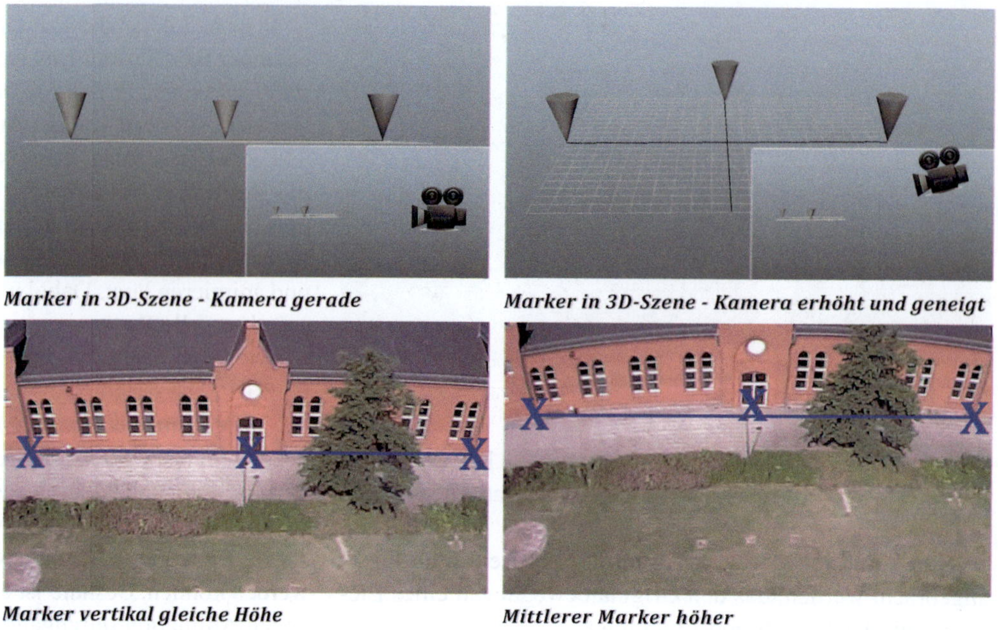

Abb. 7.24 Fehlinterpretation der 3D-Position eines Objektes durch Linsenverzeichnung

Objekt wird nun in den nächsten Phasen an diese Elemente angepasst. Da die Bewegung des rechten Beines eine zentrale Bedeutung in der Animation hat, werden seine Position und Rotation ebenfalls bereits grob festgelegt, während das linke Bein, die Arme, Hände und der Kopf noch in späteren Durchgängen animiert werden müssen.

7.4 Berechnung der 2D-Tracker

Das Matchmoving besteht prinzipiell aus zwei Phasen. In der ersten werden die 2D-Muster (engl. *features*) verfolgt und evaluiert. Aus diesen Daten generiert der Algorithmus in der zweiten Phase die Kamera und Position der 2D-Features im 3D-Raum.

Hierbei ist die Terminologie in hohem Maße ambivalent. Die Begriffe *Tracker, Track, Marker* und *Feature* sind allgemein nicht definiert und werden oft austauschbar angegeben. Wir verwenden hier folgende Terminologie: Ein *Track* ist ein vom Algorithmus verfolgtes Muster, unabhängig davon, ob es manuell oder automatisch generiert wurde. Wir verwenden den Begriff *Tracker* für einen manuell erzeugten *Track*, ähnlich wie in Abschn. 7.1. Er wird in den Anwendungen als Mittelpunkt mit Referenz- und Suchregion dargestellt (siehe Abb. 7.32). *Features* sind automatisch generierte Tracks wie in Abb. 7.29 oder 7.31. *Tracker* und *Features*, die nach dem Camera-Solve über eine 2D- und 3D-Position verfügen, nennen wir allgemein *Tracks*. Referenzieren sie explizit eine Position im 3D-Raum, nennen wir sie *Marker*, da sie in der Regel als solche exportiert werden.

7.4.1 Entfernung der Linsenverzeichnung

Dieser Arbeitsschritt ist für einen guten Matchmoving-Prozess von essenzieller Bedeutung. Der Grad der Entfernung der durch die Linse verursachten Verzeichnungen hängt in nicht unerheblichem Maße von der Qualität des angewandten Verfahrens ab.

Das optische System in den Objektiven produziert abhängig von dessen Qualität eine mehr oder weniger starke Linsenverzeichnung und somit eine Verzerrung der Linien im Bild, die im Weitwinkelbereich am größten ist, da stark gerundete Bilder vorliegen. Hier erfolgt eine Tonnenverzeichnung (engl. *barrel distortion*), wogegen im Telebereich eine Kissenverzeichnung (engl. *pincushion distortion*) stattfindet. Sie ist allerdings nicht so stark wie erstere und tritt zumeist nur bei preiswerten Objektiven auf. Die Linsenverzeichnung verursacht beim Matchmoving das Problem, dass der Algorithmus die Tiefeninformationen der Tracks nicht korrekt ermitteln kann.

Abbildung 7.24 zeigt den technischen Hintergrund. Im linken oberen Bild sind drei Kegel im 3D-Raum aufgebaut. Die beiden äußeren befinden sich näher an der Kamera, der mittlere ist weiter von der Kamera entfernt. Deshalb wird er auch marginal kleiner dargestellt. Ist die Kamera auf gleicher Höhe positioniert, sieht sie die drei Marker auf einer Linie. Wird die Kamera angehoben und geneigt, erscheint der mittlere Marker korrekt in einer vertikal höheren Position (rechtes oberes Bild).

Die untere Reihe zeigt Luftbildaufnahmen mit einer erheblichen Linsenverzeichnung. Im linken Bild befindet sich die Grundlinie des Gebäudes im Zentrum des Objektivs, in dem die Verzeichnung weniger ausgeprägt ist. Durch die Bewegung der Drohne gelangt die Gebäudelinie im rechten unteren

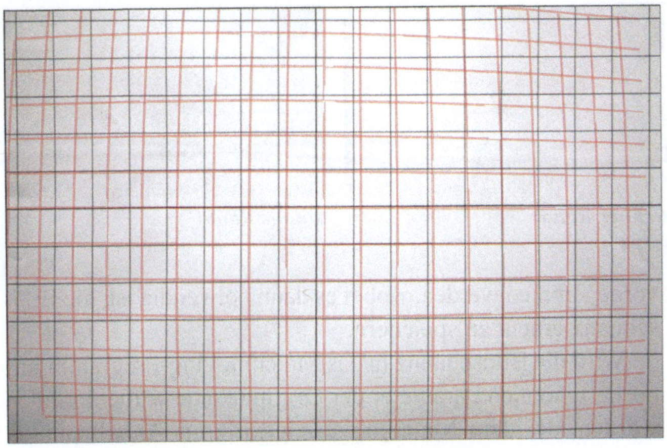

Abb. 7.25 Verzeichnetes und entzerrtes Linsengitter

Bild an den Rand des Objektives, wo die Verzeichnung sehr stark ist. Dadurch wird der mittlere Marker im Bild vertikal erhöht. Der Algorithmus nimmt somit an, dass die Position des mittleren Markers weiter von der Kamera entfernt ist, da er die Grundlinie verlässt. Durch diese offensichtliche Fehlinterpretation ist es nicht möglich, eine Lösung des Matchmovings zu erzielen, die in einem tolerierbaren Fehlerbereich liegt.

In den verschiedenen Matchmoving-Programmen gibt es unterschiedliche Ansätze, die Linsenverzeichnung zu entfernen. Oft ist es möglich, manuell horizontale und vertikale Linien in ein Bild zu zeichnen, die entlang gerader Kanten wie Häuserecken oder anderweitig nicht gekrümmter Elemente führen.

Ein populäres Herangehen ist das Fotografieren eines Linienrasters (engl. *lens grid).* Verschiedene Operatoren, wie zum Beispiel die *Lens-Distortion-Node* in NukeX, sind dann in der Lage, die Linien wieder zu begradigen und damit das Bild zu entzerren.

In Abb. 7.25 ist die Tonnenverzeichnung des in der Aufnahme verwendeten Objektivs als rotes Raster dargestellt. Das graue Raster gibt den Zustand des Bildes nach der Entzerrung an. Die vom *Lens-Distortion*-Algorithmus ermittelten Entzerrungsparameter können dann auf die Live-Aufnahmen angewendet und diese entzerrt werden.

Ein ähnliches, noch genaueres Verfahren in SynthEyes wird in Abb. 7.26 dargestellt. Hier soll eine stark verzeichnete Bildsequenz einer GoPro-Kamera im *Wide-Modus*, die zu Testzwecken aufgenommen wurde, entzerrt werden (oberes linkes Bild). Mit der Kamera und dem Objektiv, mit dem das zu entzerrende Bildmaterial fotografiert wurde, wird nun ein Punktraster aufgenommen, wobei sich die Kamera in konzentrischen Kreisen über der Vorlage bewegt.

Die Software platziert automatisch Tracker an jedem Punkt des Rasters, die dann der Bewegung der Kamera folgen (oberes rechtes Bild). Durch die Auswertung der Tracks kann die Linsenverzeichnung ermittelt und das Bild entzerrt werden (Bilder untere Reihe). Das Führen der Kamera über das Punktraster ist besonders bei Teleobjektiven nicht ganz einfach, da die Punkte sehr eng nebeneinander liegen und bei stärkeren Bewegungen die Tracker das zu verfolgende Muster verlieren.

Um effektiv zu arbeiten, ist es sinnvoll, das entzerrte Bildmaterial zu speichern, um die Entzerrung nicht immer berechnen zu müssen. Die entzerrte Version der Aufnahme wird dann später mit den naturgemäß ebenfalls unverzerrten Computergrafik-Elementen kombiniert. Beim Workflow in NukeX wird zum Beispiel eine sogenannte ST-Map generiert, in der die Verzeichnungen als Farbinformationen gespeichert werden. Diese Map kann dann die Computergrafik-Dateien so verzerren, dass sie in die Live-Action-Plates eingefügt werden können und deren Verzeichnungen folgen, wenn es gewünscht wird.

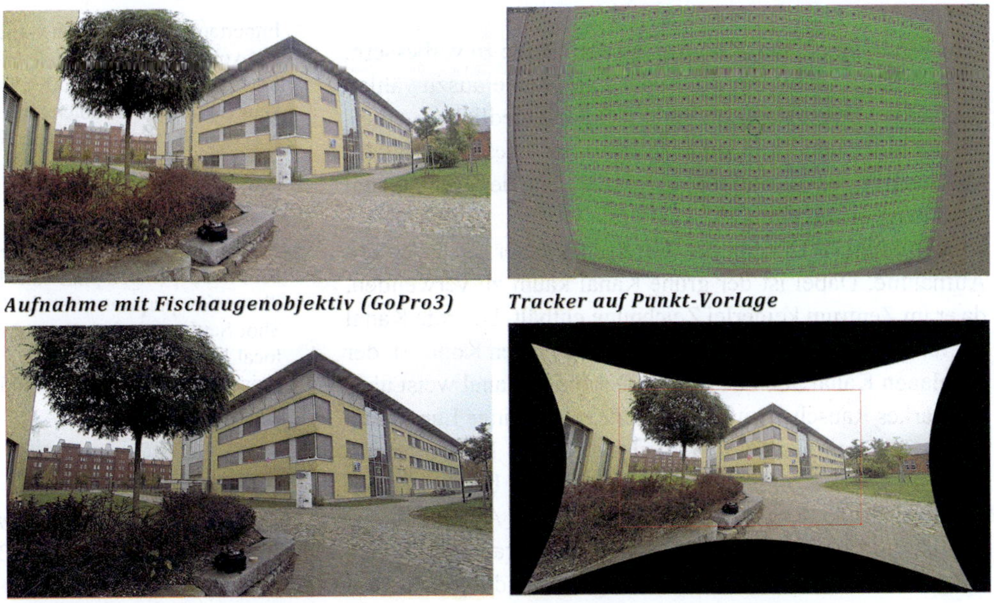

Abb. 7.26 Linsenverzeichnung und Korrektur in SynthEyes

Abb. 7.27 Auswahl des Farbkanals mit dem größten Kontrast

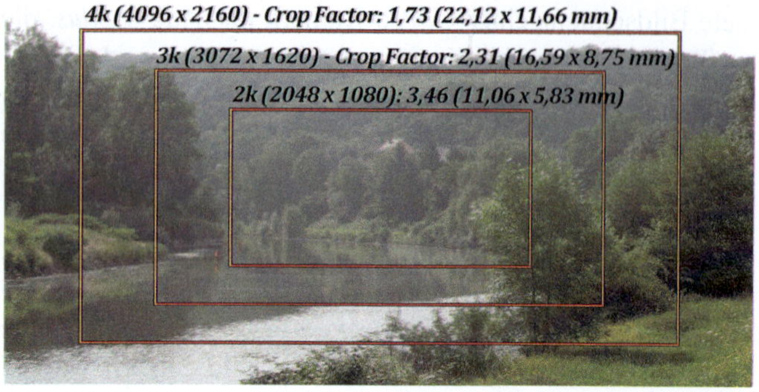

Abb. 7.28 Verwendete Fläche des RED-Mysterium-X Sensors bei unterschiedlichen Auflösungen

Es ist sinnvoll, sich eine Lens-Grid-Bibliothek für alle verfügbaren Objektive zu erstellen. Es sei noch einmal darauf hingewiesen, dass Zoom-Objektive für Matchmove-Aufnahmen möglichst nicht verwendet werden sollten, da oft nicht gewährleistet ist, dass sie tatsächlich auf die kleinste oder größte Brennweite während der Aufnahme eingestellt sind bzw. die Brennweiten während des Drehs unabsichtlich verändert werden können.

7.4.2 Weitere Vorbereitungen des Matchmoving-Prozess

Eine Möglichkeit, den Kontrast der Aufnahme zu verbessern, besteht darin, entweder einen der Farbkanäle auszuwählen oder eine Graustufensequenz mit unterschiedlichen Anteilen der einzelnen Farbkanäle zu erzeugen. Dies ist vor allem für Greenscreen-Aufnahmen sinnvoll, wenn der grüne Kanal dazu neigt auszubrennen.

Abbildung 7.27 zeigt die drei Kanäle einer Greenscreen-Aufnahme. Dabei ist der grüne Kanal kaum zu verwenden, da er im Zentrum keinerlei Zeichnung enthält. Der rote Kanal hat für die Marker in der Mitte noch einen guten Kontrast, der im blauen Kanal noch besser ist. Der blaue Kanal weist aber ein starkes Rauschen auf und hat eine sehr geringe Luminanz. Beim Erstellen eines Graustufenbild für das Matchmoving wäre hier eine Kombination von rotem und blauem Kanal möglich, wobei der rote Kanal einen höheren Anteil bekommen sollte. Die Zusammensetzung eines Graustufenbildes kann zumeist in einer Matchmoving-Anwendung nicht beeinflusst werden und muss in einem Compositing-Programm vorgenommen werden, wobei es dann notwendig ist, die Bildsequenz erneut zu speichern.

Wird die Bildsequenz in das Matchmoving-Programm importiert, können Parameter der Originalkamera übernommen werden, die dem Matchmove-Algorithmus Anhaltspunkte liefern. Hierbei ist es nach unseren Erfahrungen sinnvoll, zumindest die Größe des Filmback (Sensorgröße) einzugeben. Dies kann die Qualität der Lösung und deren Geschwindigkeit erhöhen.

Kameras nutzen die Flächen der Sensoren unterschiedlich aus. Während die Canon EOS 5D MarkII/III den gesamten Sensor verwendet und dann einen Down-Sampling-Prozess auslöst, um die HD-Größe zu erzielen, wird bei der RED-Scarlet-X Kamera die Beziehung Sensor-Element zu Pixel stets aufrechterhalten. Das bedeutet, dass bei dem für 5 k ausgelegten Sensor bei einer 4 k-Aufnahme nur 4/5 der Sensor-Fläche verwendet wird. Bei 2 k sind es nur noch 2/5. Dadurch verringert sich die genutzte Sensorfläche signifikant. Dementsprechend erhöht sich auch der Formatfaktor (siehe Abb. 7.28).

Aus diesem Grund ist die Angabe der Brennweite für das Matchmoving problematisch. Meist ist nicht genau spezifiziert, ob es sich dabei um die originale Brennweite des Objektives handelt oder um das 35 mm-Äquivalent. Russ Andersson (SynthEyes 2014) beschreibt im Manual der Software das Problem folgendermaßen:

> Important: A focal length value is useless 99 % of the time – unless you also know the plate width of the image (typically in millimeters, to the hundredth of a millimeter). Unfortunately, this value is rarely available at all, let alone at a sufficient degree of accuracy. It takes a careful calibration of the camera and lens to get an accurate value. Sometimes an estimate can be better than nothing; read on.
>
> SynthEyes uses the field of view value (FOV) internally, which does not depend on plate size. It provides a focal length only for illustrative purposes. Set the (back plate) film width using the Shot Settings dialog. Do not obsess over the exact values for focal length, because finding the exact back plate width is like trying to find the 25″ on an old 25″ television set. It's not going to happen.

Es wird deshalb empfohlen, die *Fixed*, *Unknown* oder besonders die *Fixed with Estimate*-Option zu verwenden und bei letzterer die Filmback-(Back-Plate)-Größe einzugeben. Das deckt sich mit unseren Erfahrungen – auch in anderen Matchmoving-Programmen.

Abb. 7.29 Maskieren von einem beweglichen Objekt

Abb. 7.30 Automatische generierte Features

7.4.3 Maskieren von beweglichen Objekten

Damit der Matchmove-Algorithmus keine Fehlinterpretationen generiert, ist es sinnvoll, sich bewegende Element zu maskieren. Dies ist meist direkt in den Matchmoving-Programmen mithilfe von Rotoshape-Elementen möglich. Es wird eine Maske gezeichnet und dann mittels Keyframe-Animation über den Verlauf der Aufnahme an die Bewegung des zu maskierenden Elements angepasst. Der Algorithmus verfolgt dann keine Muster, die sich innerhalb der Maske befinden (siehe Abb. 7.29).

Da dieser Prozess manuell erfolgt und eine gewisse Zeit in Anspruch nimmt, gibt es mittlerweile auch andere Ansätze, bei denen keine Masken gezeichnet werden. Hier verfolgt der Algorithmus alle Muster im Bild unabhängig davon, ob sich das entsprechende Objekt bewegt oder nicht. Features, die sich auf den bewegten Objekten befinden, werden dann manuell entfernt. Dieses Herangehen kann aber auch schnell unübersichtlich werden, da immer kontrolliert werden muss, ob das entsprechende Feature zum Objekt oder zum in diesem Moment verdeckten Hintergrund gehört – der Matchmove-Artist muss entscheiden, welches Verfahren er verwenden möchte.

7.4.4 Feature-Tracking

Im Schritt des Feature-Trackings werden die erkennbaren Muster im Bild vom Algorithmus verfolgt. Hier gibt es zwei Herangehensweisen: das automatische Tracking und das manuelle Tracking – auch *Supervised-Tracking* genannt. Bei letzterem legt der Matchmove-Artist fest, welche Muster der Algorithmus im Bild verfolgen soll. Hierbei gibt es einerseits eine hohe Kontrolle und andererseits kann bei schwierigen Aufnahmen durch die Trial-and-Error-Methode ermittelt werden, welche der verfolgten Muster zur Lösung beitragen und welche sie erschweren.

Der Matchmove-Artist platziert nun eine Reihe von Trackern an Mustern mit gutem Kontrast, die dann vom Algorithmus durch die Bildsequenz verfolgt werden und Tracks erzeugen. Die Tracker haben den gleichen Aufbau wie die im Abschn. 7.1 beschriebenen, das heißt, sie besitzen einen Anker, die Referenzregion und die Suchregion. Für eine valide Lösung müssen – je nach Software – zwischen 6 und 8 Tracks pro Bild vorhanden sein. Außerdem ist es notwendig, den gesamten Raum (Vordergrund, Mittelgrund, Hintergrund, oben und unten) mit Trackern abzudecken. Des Weiteren ist zu vermeiden, Tracker an Kanten von Objekten zu platzieren, da sich naturgemäß in der Referenz- und in der Suchregion Teile des Hintergrunds befinden können, die sich durch die Parallaxenänderung anders bewegen als das Vordergrundobjekt.

Natürlich sollten auch keine sich bewegenden Elemente verfolgt werden oder Tracker auf Glanzlichtern platziert werden, da sich diese mit dem Betrachtungswinkel ändern (siehe Abschn. 9.4). Beim automatischen Tracking generiert der Algorithmus bis zuweilen mehrere Hundert Tracks – auch Features genannt – automatisch (siehe Abb. 7.30).

7.4.5 Aufbereiten der Daten

Besonders die durch das automatische Tracking generierten Features sollten vor dem nächsten Schritt evaluiert und aufbereitet werden. Hierbei gilt die Aufmerksamkeit zwei Gesichtspunkten: den Features auf sich bewegenden Objekten und der Länge der Tracks.

Beim Entfernen von Features auf sich bewegenden Objekten muss sichergestellt werden, dass nicht aus Versehen solche gelöscht werden, die zum verdeckten Hintergrund gehören. Es empfiehlt sich deshalb durch die Aufnahme zu scrollen, um festzustellen, wie sich die Features bewegen. Dabei sind vor allem organische Strukturen wie Bäume, Sträucher oder Gras, Fahnen und andere beweglichen Elemente von Interesse (siehe Abb. 7.31). Weiterhin ist es wichtig, im Bild hin und her springende Features zu lokalisieren und zu entfernen.

Da Features mit sehr geringer Lebensdauer dazu neigen, den Fehler der Matchmove-Lösung zu erhöhen, ist es ratsam, zu kurze Features unterhalb einer gewissen Länge (12 Frames bei den meisten Programmen) automatisch zu entfernen.

Abb. 7.31 Entfernen von Features auf bewegten Objekten

Abb. 7.32 Manuelles Hinzufügen von Trackern

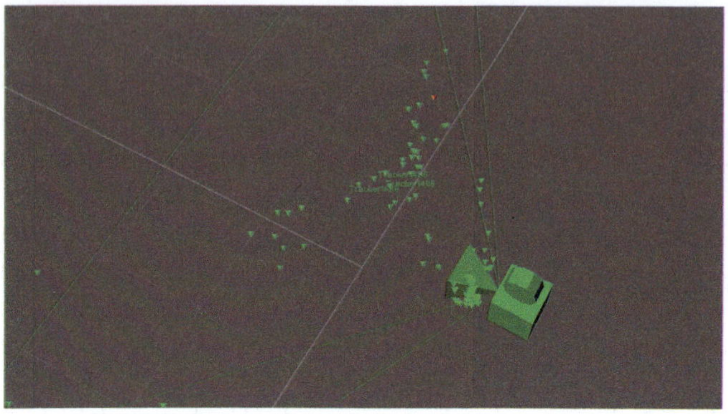

Abb. 7.33 3D-Marker und Kamera nach dem Camera-Solve

Abb. 7.34 Entfernen von Features mit großem Fehler

Befinden sich genügend über den ganzen Raumbereich verteilte verfolgbare Muster in der Aufnahme, wird zumeist das automatische Tracking gegenüber dem manuellen bevorzugt. Dabei kann es aber vorkommen, dass verschiedene Punkte der zugrunde liegenden Geometrie nicht erfasst wurden. Oft benötigt man aber einen bestimmten Eckpunkt oder eine Linie, um später 3D-Elemente zu platzieren. Hier können nachträglich Tracker manuell gesetzt werden, die diese 3D-Koordinaten liefern (siehe Abb. 7.32). Außerdem ist es möglich, wichtigen Features eine höhere Priorität zu verleihen, die dann beim nächsten Arbeitsschritt, dem Camera-Solving, entsprechend höher gewichtet werden.

7.5 Berechnung der Kamera und der 3D-Marker

7.5.1 Camera-Solve

Nach der Aufbereitung der 2D-Tracking-Daten erfolgt der *Camera-Solve*. Hier kommen die aus der Photogrammetrie übernommenen Algorithmen zum Einsatz. Sie generieren eine iterative Lösung der Kamerabewegung und der Position der Marker im 3D-Raum (Abb. 7.33). Dabei ist der wichtigste Parameter der RMS-Error (engl. *root-mean-square error*). Er repräsentiert die Standardabweichung der Unterschiede zwischen den ermittelten Werten und den Erwartungswerten von Proben der gesamten Lösung. Er repräsentiert somit den Schwellwert, an dem der Algorithmus die Lösung abgebrochen hat, da er nach mehreren Durchläufen keine nennenswerte Verbesserung mehr berechnen konnte. Dieser Fehler sollte unter einem Pixel liegen und sich bei einem Wert von 0,5 einpegeln. Damit wird gewährleistet, dass die unvermeidlichen Mikrobewegungen der Kamera und der 3D-Marker der Lösung nicht sichtbar sind, da sie im Subpixelbereich und damit unterhalb der Bildauflösung liegen.

Eine Lösung der geforderten Qualität gelingt zumeist nicht in einem ersten Durchgang. Sie muss durch eine Kombination manueller und automatischer Verfahren optimiert werden (siehe Tab. 7.1).

7.5.2 Optimieren der Lösung

Im Ergebnis des Camera-Solves wird den validen 2D-Features eine Position im 3D-Raum zugewiesen. Dabei können falsch platzierte oder stark hin- und her driftende Features einen hohen Fehler generieren. Die ersten Schritte zu einer Optimierung sind die Evaluierung der Aufnahme und das manuelle Entfernen von solchen Tracks.

Hier bieten die einzelnen Matchmoving-Programme verschiedene Lösungen an. In SynthEyes ist der sogenannte *Ra-*

Tab. 7.1 RMS-Error der Matchmove-Lösung nach verschiedenen Optimierungen

Arbeitsschritt	RMS Error mit. Verzeichnung	RMS Error ohne Verzeichnung
Nach Feature-Tracking	6,7909	1,1349
Entfernen fehlerhafter Tracks im Radar-View	5,3087	1,1260
Automatisches Entfernen von Tracks mit Fehler >5	0,6689	0,7545
Manuelles Optimieren der Tracker im Graphs-Editor	0,6051	0,4181

dar-View verfügbar. Hier wird für jeden Track ein roter Kreis dargestellt, dessen Größe abhängig vom zugrunde liegenden Fehler des Tracks ist. Der entsprechende Track kann somit identifiziert und entfernt werden (siehe Abb. 7.34).

Ein effektiveres Vorgehen, das in vielen Matchmoving-Programmen angeboten wird, ist das automatische Entfernen von Tracks mit zu großem Fehler. Hier können verschiedene Schwellwerte angegeben werden, um die fehlerhaften Tracks weiter zu reduzieren.

Eine interessante Möglichkeit bietet SynthEyes im Zusammenhang mit dem internen Graph-Editor. Hier können Bereiche mit hohem Fehler innerhalb eines Tracks entfernt werden, der ansonsten eine gute Qualität hat. Dies ist zwar sehr aufwendig, vermindert aber den RMS-Fehler um ein oder zwei Zehntelpunkte (siehe Abb. 7.35).

Wichtig ist, dass nach allen Optimierungen ein weiterer Camera-Solve (engl. *refinement*) erfolgt, der diese Änderungen berücksichtigt. Hierbei ist es abhängig von der Fehlerentwicklung, ob die angewandten Verfahren sinnvoll sind oder kontraproduktiv.

7.5.3 Hinzufügen eines Koordinatensystem

Im nächsten Schritt wird ein Koordinatensystem hinzugefügt. Hier kommt es zu einer Neuausrichtung der gesamten Szene mit der Kamera und den 3D-Markern. Dies ist für den 3D-Artist von essenzieller Bedeutung, da viele Modelliertechniken wie zum Beispiel Extrudieren, Generieren von Kurven u. a. oft auf Weltkoordinaten beruhen. Enthält die exportierte Szene keine Position der Bodenplatte und damit keine korrekte Orientierung, wird das Arbeiten im 3D-Raum unnötig verkompliziert. Außerdem benötigen physikalische Simulationen eine genau ausgerichtete Szene, da viele Kräfte – wie beispielsweise die Schwerkraft – richtungsabhängig sind.

In der Regel werden drei oder mehr Marker ausgewählt, die den Boden oder eine Wand repräsentieren. Mit diesen Informationen wird das Koordinatensystem neu ausgerichtet (siehe Abb. 7.36).

Des Weiteren ist für das Koordinatensystem der Ursprung von großer Bedeutung. Es ist wichtig, diesen sinnvoll anzuordnen – zum Beispiel nicht in der Luft oder am Kopf einer Statue, sondern auf der Bodenplatte. Von diesem Ursprung aus können wichtige Linien angegeben werden – zum Beispiel die in die Tiefe führende z-Achse.

Die hier vorgestellten Möglichkeiten sind in den meisten Matchmoving-Programmen vorhanden und können je nach Zielsetzung einzeln oder in Kombination angewendet werden.

7.5.4 Hinzufügen von Testobjekten

Zum Testen der Lösung können einfache dreidimensionale Objekte wie Flächen (siehe Abb. 7.37), Kugeln oder Quader direkt im Matchmoving-Programm in die 3D-Szene eingefügt werden, um die Qualität der Lösung zu beurteilen. Bleiben die Objekte fixiert an der jeweiligen Position und bewegen sich synchron mit der -Plate, kann eine abschließende Evaluierung der Matchmoving-Lösung stattfinden. „Schwimmen" sie hin und her, müssen die Fehler identifiziert und abgestellt oder eine neue Lösung mit einer anderen Strategie versucht werden. Oft ist es hilfreich, neue Tracker manuell an kritischen Punkten zu platzieren und diesen eine höhere Gewichtung zu geben.

7.5.5 Evaluieren der Lösung

Neben dem visuellen Test mit 3D-Objekten, ist es sinnvoll, einerseits die Fehlerentwicklung zu betrachten und möglichst

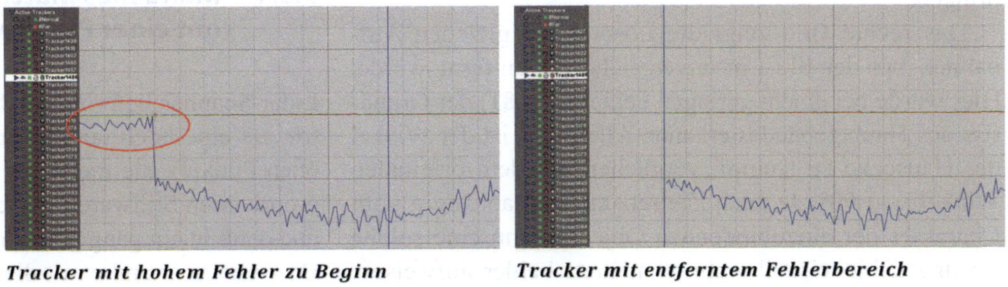

Abb. 7.35 Manuelles Optimieren fehlerhafter Features

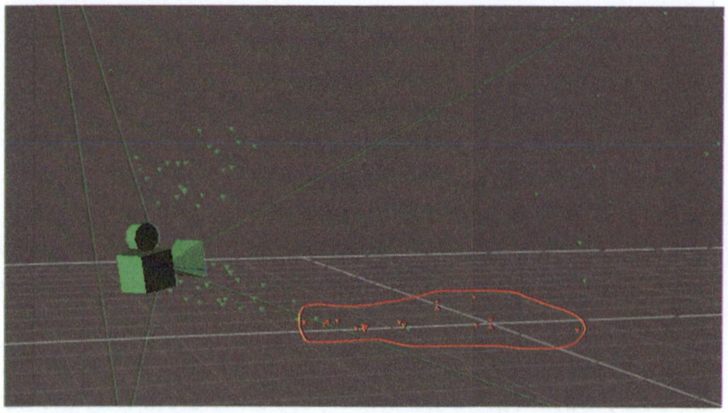

Abb. 7.36 Hinzufügen eines Koordinatensystems

Abb. 7.37 Hinzufügen von einem Testobjekt

Abb. 7.38 Vergleich Matchmoving mit und ohne Linsenverzeichnung

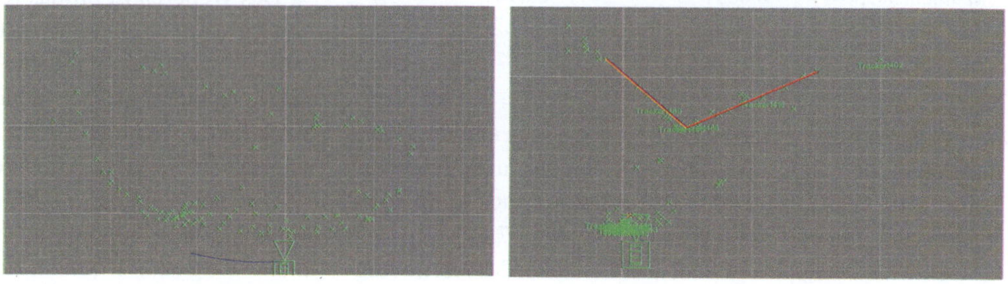

Lösung mit Linsenverzeichnung

Linsenverzeichnung entfernt, RMS-Error 0,41

keine Optimierung zu verwenden, die den Fehler wieder ansteigen lässt und andererseits die Repräsentation der Geometrie zu evaluieren.

Tabelle 7.1 zeigt die Entwicklung des RMS-Fehlers bei einem automatischen Tracking – einmal mit Originalmaterial und einmal mit Material, bei dem die Linsenverzeichnung entfernt wurde. Es ist dabei festzustellen, dass das automatische Entfernen von Tracks mit einem hohen Fehler die größte Wirkung generiert. Dies ist allerdings manchmal problematisch, da ein Solver oft in seinen eigenen Kategorien operiert und sich hin und wieder eine Lösung mit geringem Fehler als nicht praktikabel erweist.

Abbildung 7.38 zeigt die Geometrie-Repräsentation einer Aufnahme mit der *GoPro Hero 3+* im Wide-Modus. Das linke Bild zeigt eine Lösung ohne Entfernen der Linsenverzeichnung. Obwohl der Fehler im Toleranzbereich (0,6051) liegt, ist die Lösung vollständig unbrauchbar. Da die Gebäude durch das Objektiv der Kamera extrem verzerrt sind, kann sie der Algorithmus nicht mit den Vordergrundobjekten und der Bodenplatte in Übereinstimmung bringen.

Das rechte Bild zeigt die Lösung der gleichen Aufnahme, bei der die Linsenverzeichnung entfernt wurde. Hier wurde bei einem geringen Fehler (0,4181) der Grundriss des Hauptgebäudes erkannt. Allerdings ist der Winkel der Hausecke zu stumpf, verglichen mit dem originalen Winkel von 90°. Je nach Zielsetzung und abhängig vom Charakter der einzubindenden Objekte kann eine solche Lösung keine visuell wahrnehmbaren Fehler aufweisen. Sollen allerdings Elemente eingefügt werden, die sich aus der Tiefe heraus zur Kamera hin bewegen, können Probleme auftreten.

7.6 Lidar-gestütztes Matchmoving

Um einen guten Kompromiss zwischen dem RMS-Fehler und der exakten Darstellung der zugrunde liegenden Geometrie zu erreichen gibt es die Möglichkeit, Lidar-Scan-Daten zusätzlich zum Matchmoving verwenden. Der Aufwand, neben den Kameraaufnahmen noch einen Scan des Sets mit einem Lidar-Scanner auszuführen, wenn er zur Verfügung steht, ist im Zeitrahmen meist gut zu realisieren. Da oft kleine Details in der Punktwolke zu erkennen sein müssen ist es hilfreich, gleichzeitig Fotos im entsprechenden Modus des Scanners aufzunehmen, um die Punkte einfärben zu können, da dadurch diese Details besser zu erkennen sind.

7.6.1 Manuelles Matchmoving mit einer Punktwolke vom Set

Lidar-Scanner liefern eine Repräsentation der Set-Geometrie als eine hoch aufgelöste Punktwolke (mehrere Millionen Punkte), die meist aus mehreren Einzel-Scans in der proprietären Software des Scanners zusammengesetzt wird und dann in ein gängiges Format (xyz, ply) exportiert wird. Da viele Programme mit dieser hohen Anzahl von Punkten

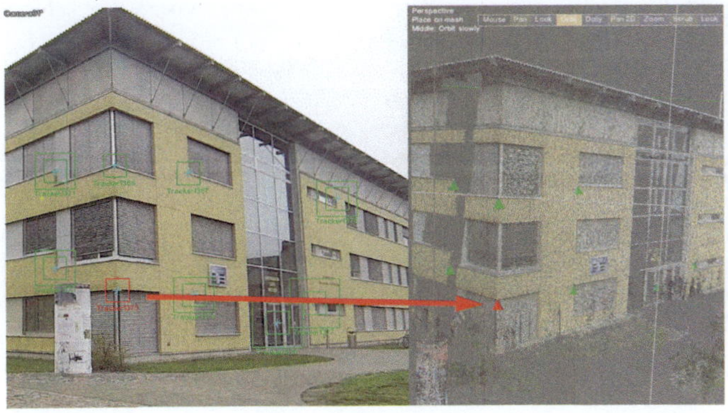

Abb. 7.39 Verwenden von Lidar-Scan-Daten

Abb. 7.40 Zusätzliches automatisches Tracking und Fehleroptimierung

nicht mehr flüssig arbeiten ist es sinnvoll, mehrere Versionen der originalen Punktwolke in unterschiedlicher Dichte im Voraus zu erstellen. SynthEyes kann problemlos mit 2–3 Millionen großen Punktwolken umgehen. Hier sollte man auch mit dem Original arbeiten, da oft ein kleines Detail sichtbar sein muss, das beim Downsampling verloren gehen könnte. Für 3D-Programme wie Maya, Houdini und Compositing-Programme wie NukeX ist eine Reduktion auf ca. 500.000 Punkte sinnvoll. Die Punktwolke kann dann nativ (Houdini) oder mit einer Reihe von Plug-ins eingelesen werden. Zum Reduzieren der Punktwolke gibt es eine Reihe professioneller Programme und Open-Source-Lösungen, wie *MeshLab* und *Cloud Compare*. Bei der Erzeugung mehrerer Versionen der originalen Punktwolke ist darauf zu achten, dass deren Größe und der Registrierpunkt (Anker) nicht verändert werden.

Die Punktwolke liegt nach dem Import im 3D-Raum der Software vor und wird in SynthEyes in einem zweiten Fenster neben den Tracker-Fenster zum manuellen Einfügen der Tracker dargestellt (siehe Abb. 7.39).

Die Tracker können nun manuell im Tracker-Fenster gesetzt und vom Algorithmus verfolgt werden. Danach lässt sich die korrespondierende Position des Tracks der Plate in der Punktwolke festlegen, um eine Verbindung des 2D-Trackers zu dessen 3D-Position herzustellen. Hier müssen wieder genügend Tracks pro Bild vorhanden sein, damit der Solver eine Lösung finden kann.

Die einzelnen Tracks, die für das Solving geeignet sind, werden gekennzeichnet *(Seed)*. Der Solver berechnet im entsprechenden Modus eine Lösung, für die er die 2D-Tracks und deren Verbindungen (engl. *constrain*) zur Position in der Punktwolke berücksichtigt.

Danach ist es möglich, die gleichen Arbeitsschritte wie im Abschn. 7.5 auszuführen. Eventuell kann noch ein automatisches Tracking erfolgen und hierbei der Fehler nach Abschn. 7.5.2 optimiert werden (siehe Abb. 7.40).

Tab. 7.2 RMS-Error der Matchmove-Lösung mit verwendeten Lidar-Daten nach verschiedenen Optimierungen

Arbeitsschritt	RMS Error mit Lidar-Daten
Nach manuellem Tracking mit Constrain zur Punktwolke	5,8042
Nach zusätzlichem automatischen Tracking	2,3612
Automatisches Entfernen von Tracks mit Fehler > 30	2,3207
Manuelles Optimieren der Tracker im Graphs-Editor	0,6968

7.6.2 Evaluieren der Lösung mit Lidar-Daten

Prinzipiell gilt hier das gleiche Herangehen wie im Abschn. 7.5.5. Tabelle 7.2 stellt die Entwicklung des RMS-Fehlers bei der Verwendung von Scan-Daten dar. Dieser ist besonders bei Verwendung von Weitwinkelobjektiven nach dem ersten Durchgang höher als bei einem Solving ohne Scan-Daten. Der Algorithmus muss jetzt seine Lösung an die tatsächlich vorhandene Geometrie anpassen. Da die Verzeichnung des Weitwinkelobjektivs nicht komplett kompensiert werden kann, muss er einen Kompromiss finden. Je weiter die Aufnahmen Objektive verwenden, die dem normalen Blickwinkel des Menschen entsprechen, desto weniger spielt diese Diskrepanz eine Rolle.

Da die manuell mit der Punktwolke verbundenen Tracks einen höheren Fehler besitzen, sollte das automatische Entfernen von Tracks unter einer bestimmten Schwelle vorsichtig vorgenommen werden, um die verbundenen Tracks nicht zu eliminieren. Hier wurde der Wert 30 verwendet. Um einen akzeptablen Fehler unter 1 Pixel zu erhalten, muss vor allem manuell nachgearbeitet werden.

Obwohl der finale RMS-Fehler (0,6968) hier marginal höher ist als bei einer Lösung ohne Scan-Daten (0,4181), ist die Repräsentation der Geometrie wesentlich besser; die Ecke des Hauses ist rechtwinklig (siehe Abb. 7.41). Es sei hier angemerkt, dass einerseits je nach Zielsetzung, verwende-

Abb. 7.41 Vergleich von Lidar-basiertem Matchmoving mit Standard-Matchmoving

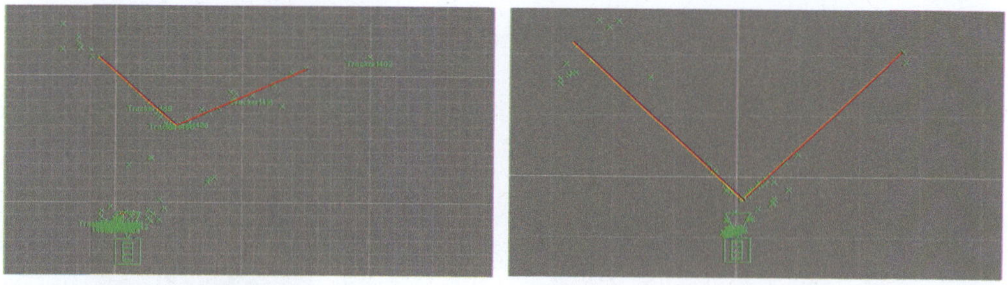

Standard-Matchmoving, RMS-Error 0,41 ***Matchmoving mit Lidar-Scan-Daten, RMS-Error 0,69***

tem Objektiv und Sensor der Kamera etwas Experimentieren notwendig ist, um den richtigen Kompromiss zwischen dem vom Algorithmus generierten RMS-Fehler und der korrekten Repräsentation der Geometrie zu finden. Andererseits ist das Generieren einer hinreichend genauen geometrischen Repräsentation der Umgebung mit zum Beispiel einer GoPro Action-Kamera und ihrer starken Linsenverzeichnung nicht ganz unproblematisch.

Literatur

Brinkmann R (1999) The Art and Science of Digital Compositing. Elsevier, San Diege

Dobbert T (2013) Matchmoving The invisible Art of Camera Tracking. 2. Aufl. John Wiley & Sons, Indianapolis

Hornung E (2010) The Art and Technique of Matchmoving – Solutions For the VFX Artist. Elsevier, Amsterdam, S 187

Montgomery J (2004) Art of Tracking Part 2: Tips & Apps Overview. http://www.fxguide.com/featured/art_of_tracking_part_2_tips_and_apps_overview/. Zugegriffen: 15. September 2015

Nuke (2015) User Manual. http://thefoundry.s3.amazonaws.com/products/nuke/releases/9.0v7/Nuke_9.0v7_UserGuide.pdf. Zugegriffen: 15. September 2015

Okun J, Zwermann S (2010) The VES Handbook of Visual Effects. Visual Effects Society. Elsevier Inc., Burlington

Seymour M (2004) Art of Tracking Part 1: History of Tracking. http://www.fxguide.com/featured/art_of_tracking_part_1_history_of_tracking/. Zugegriffen: 15. September 2015

Seymour M (2012) Art of Stereo Conversion: 2D to 3D – 2012. http://www.fxguide.com/featured/art-of-stereo-conversion-2d-to-3d-2012/. Zugegriffen: 15. September 2015

SynthEyes (2014) User Manual. S. 131. https://www.ssontech.com. Zugegriffen: 15. September 2015

Wright S (2010a) Digital Compositing for Film and Video. 3. Aufl. Elsevier, Amsterdam

Wright S (2010b) Planar Tracking – an industry op-ed by Steve Wright – The third Alternative. www.vfxio.com/PDFs/Planar_tracking.pdf. Zugegriffen: 14. September 2015

8 Erzeugen und Anwenden von Masken

Eberhard Hasche, Patrick Ingwer

Dieses Kapitel dient der Vorbereitung des Compositing-Abschnittes in Kap. 10 und beschäftigt sich mit dem Erzeugen und Anwenden von Masken. Masken und Matten werden verwendet, um zwei Bilder – zumeist Vordergrund und Hintergrund aus unterschiedlichen Quellen – zu kombinieren. Die Begriffe *Maske* und *Matte* sind im internationalen Sprachgebrauch und in der Literatur gebräuchlich, werden aber austauschbar verwendet. Tendenziell beschreibt eine Maske eher den Vorgang, dass etwas maskiert wird, also das Verfahren, während eine Matte eher durch die physikalische Dimension einer Maske, also Größe, Form und Opazität, charakterisiert ist.

Im ersten Abschnitt des Kapitels werden nach einem historischen Rückblick strukturelle Masken wie Garbage-Matten und Holdout-Matten diskutiert. Der nächste Abschnitt beschäftigt sich mit der *Rotoskopie*, einem Verfahren, das bis heute Grundlage für das manuelle Erstellen von Masken ist. In diesem Zusammenhang steht auch das *Digital-Painting*, das die Rotoskopie ergänzt.

Eine wichtige und in der Filmgeschichte historisch weit zurückreichende Technologie der Maskengewinnung ist das prozedurale Generieren von Matten. Hier können Luminanz- oder Farbunterschiede im Bild genutzt werden, um eine entsprechende Matte zu generieren. Zentraler Punkt in diesem Abschnitt ist das Chroma-Keying, bei dem farbige Hintergründe (Greenscreen/Bluescreen) verwendet werden, um Vordergrundelemente freizustellen. Hier werden verschiedene Verfahren (Differenz-Keying, Distance-Map-Keying) vorgestellt.

Ein großer Teil des Kapitels ist der praktischen Anwendung des Greenscreen-Keyings gewidmet. Hierbei lieg das Augenmerk vor allem auf den beiden separat ausgeführten Verfahren: dem Generieren einer akzeptablen Maske – meist im Alpha-Kanal – und der Bearbeitung der Farbkanäle (Entfernung der Farbeinstreuung (Spill) und Farbkorrektur), bevor beide Zweige zum Schluss zusammengesetzt werden und das resultierende Bild für das Compositing vorbereitet wird. Spezielle Integrationsverfahren wie Edge-Blending und Light-Wrappen vervollständigen das Kapitel.

8.1 Grundlegende Maskenverfahren

8.1.1 Historischer Rückblick

Masken sind schon seit Beginn des Filmemachens bekannt. Sie stehen im engen Zusammenhang mit den unterschiedlichen Verfahren des *Matte-Paintings*, bei denen ein Teil der von der Kamera aufgenommenen Szenerie durch ein auf Glas aufgebrachtes Gemälde *(painting)* verdeckt wird *(matte)*. Im einfachsten Verfahren filmt die Kamera durch den freien Teil des Glases, während das gemalte Bild den Hintergrund ersetzt. Der große Nachteil eines solchen *Glass-Shots* ist, dass der Matte-Painter den Übergang vom Gemälde zur Szene vor Ort anpassen muss, was zeitaufwendig ist und bei heutigen Gagen der Hauptdarsteller, die warten müssten, unmöglich wäre.

Das Matte-Painting wurde dann durch das sogenannte *Negativ-Setup* weiterentwickelt. Das Verfahren bestand darin, lediglich eine schwarze Maske auf das Glas aufzubringen, die verhinderte, dass die entsprechenden Bereiche des Negativs belichtet wurden. Das Matte-Painting konnte dann unter kontrollierten Bedingungen im Studio ausgeführt werden.

Ganz ohne Maskierungen am Set kam das *Rear-Projection*-Verfahren aus. Hier konnte die Szene ohne jegliche Beschränkung aufgenommen werden. Das Material wurde dann auf den maskierten Bereich einer Milchglasscheibe projiziert, auf der sich auch das Matte-Painting befand. Eine Kamera auf der anderen Seite filmte die Konstruktion ab (vgl. Mattingly 2011, S. 1 ff.).

Die beim Matte-Painting verwendeten Masken waren statische Masken, die für den gesamten Verlauf der Einstellung gleich blieben. Einen enormen Fortschritt stellten die sogenannten *Travelling-Mattes* dar, die sich der Bewegung im Bild anpassten und für wesentlich mehr Freiheit bei der Kombination von Bildern sorgten. Diese mussten am Animationsstand, der auch in ähnlicher Form bei einem Zeichentrickfilm eingesetzt wird, für jedes Bild gezeichnet werden. Um die Masken anzuwenden, wurden sogenannte Bi-Packed-

E. Hasche, P. Ingwer, *Game of Colors: Moderne Bewegtbildproduktion*, X.media.press, DOI 10.1007/978-3-662-43889-3_8

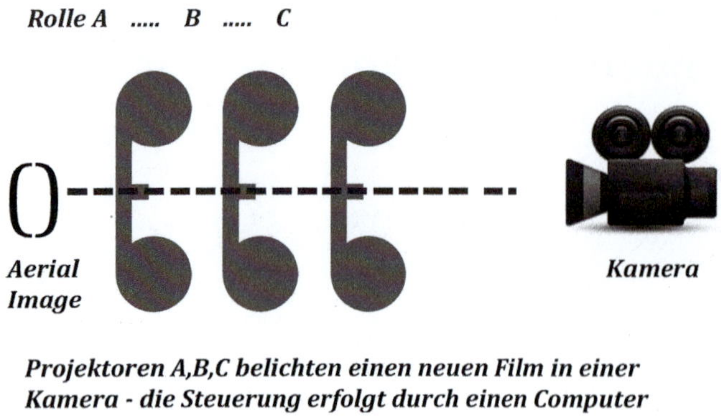

Abb. 8.1 Prinzip eines Optical-Printers

Kameras mit zwei Filmrollen verwendet, die einerseits den zu entwickelnden Film und andererseits die vorgezeichnete Maske enthielten, die verhinderte, dass die entsprechenden Bereiche belichtet wurden.

Eine weitere Möglichkeit, Masken zu generieren, ergab sich durch die Motion-Control-Technologie, bei der die gleiche Kamerafahrt in verschiedenen sogenannten Passes wiederholt werden konnte. Das führte nicht nur dazu, dass neue Objekte in die Szene eingefügt und animiert werden konnten, sondern es ermöglichte auch, durch entsprechende Lichtsetzung und Verwendung von Abdeckungen einen Masken-Pass zu erzeugen.

Das wohl aufwendigste analoge Verfahren, Bilder mittels Masken zu kombinieren, bestand in der Verwendung eines *Optical-Printers*. Das kalifornische Visual-Effects-Studio *Industrial Light & Magic (ILM)* nutzte ein hoch entwickeltes System, mit dessen Hilfe einzelne Bildelemente verschiedener Filmrollen miteinander kombiniert werden konnten. Durch die Verwendung von Spiegeln und Beam-Splittern wurden die Bilder mehrerer Projektoren in einer sogenannten Luftbildlinse (engl. *aerial image lens*) gesammelt. Das kombinierte Bild, das sich auf der Linse darstellte, wurde dann von einer Kamera abgefilmt. Da keine weiteren Zwischenschritte mit Belichten von Filmmaterial notwendig waren, hatten die resultierenden Bilder eine sehr hohe Qualität.

8.1.2 Grundlegende Maskenarten

Im Allgemeinen wird im Bereich der digitalen Bildmanipulation unter einer Maske die Transparenzinformation eines jeden Pixels in einem Bild verstanden. Weitere Begriffe für denselben Sachverhalt sind neben der oben schon erwähnten Matte der vor allem im Broadcastbereich verwendete Ausdruck *Stanze.* Weiterhin ist auch der Begriff Alpha-Kanal (engl. *alpha channel*) weit verbreitet, da er als Zusatz zu den RGB-Kanälen in den meisten Formaten vorhanden ist und vor allem bei gerenderten 3D-Bildern die Maskeninformationen enthält.

Eine Matte kann entweder manuell per Hand oder prozedural von einem Keyer[1] erstellt werden. Letzterer wird in Zusammenhang mit der Verwendung von Greenscreens und Bluescreens angewandt, bei dem der Keying-Algorithmus eine Maske – den Key – erzeugt.

Im manuellen Bereich ist die zentrale Technologie das Rotoskopieren. Da hier mit Vektordaten gearbeitet wird, wird bei

[1] Algorithmus der anhand einer Farbe (chromakeyer) oder Luminanzunterschieden (luminance keyer) eine Maske erzeugt

Tab. 8.1 Übersicht der verschiedenen Matte-Typen

Bezeichnung	Anwendungsbereich und Generierung	Art
Garbage-Matte	Zum groben Entfernen von unerwünschten Vordergrundelementen, meist im Zusammenhang mit einem prozeduralen Key und in Kombination mit anderen Masken	manuell erstellt und animierbar
Holdout-Matte	Um Vordergrundelemente opak im Bild zu behalten, meist im Zusammenhang mit einem prozeduralen Key und in Kombination mit anderen Masken	manuell erstellt und animierbar
Chromakey-Matte	Matte des Chromakeyers in Zusammenhang mit Blue- und Greenscreens zum Extrahieren des Vordergrundes; es wird das Pixel-Attribut Farbe zur Masken-Generierung herangezogen	prozedural, Parameter des Keyers über Keyframes animierbar
Bump-Matte	Um vereinzelte Spitzlichter (Gras, grobe Baumrinde, etc.) zu extrahieren und separat zu bearbeiten; Subtraktion der weichgezeichneten Version von der Originalversion	Prozedural
Difference-Matte	Es werden die Änderungen von einem Bild zum nachfolgenden zur Masken-Generierung herangezogen	Prozedural
Lumakey-Matte	Es wird das Pixel-Attribut Luminanz zur Masken-Generierung herangezogen	prozedural, Parameter des Keyers über Keyframes animierbar
Roto-Matte	Allgemeine Masken, Wire-/Rig-Removal, Garbage- und Holdout-Matten, 2D-zu-Stereo3D-Konvertierung	manuell erstellt und animierbar

Bewegtbildern kein Kantenrauschen erzeugt, wie es bei der Verwendung eines digitalen Pinsels der Fall wäre.

Neben allgemeinen Bearbeitungen wird das Rotoskopieren vor allem für das Wire- und Rig-Removal eingesetzt. Hier werden beispielsweise Seile entfernt, an denen eine Person zur Aufnahme eines Stunts gesichert ist oder anderweitig bewegte Objekte aus dem Bild eliminiert.

Ein weiterer wichtiger Bereich der Anwendung von digitalen Masken ist die Konvertierung von Mono-Filmaufnahmen zu einer Stereo3D-Fassung. Dabei müssen einzelne Bildelemente extrahiert werden, um ihnen anschließend entsprechende Tiefeninformationen zuweisen zu können.

Je nach Anwendungsgebiet und Art und Weise der Erstellung einer Maske gibt es auch unterschiedliche Matten-Typen, die in Tab. 8.1 aufgelistet sind.

8.1.3 Entfernen von Bildelementen (Garbage-Matte)

Die Garbage-Matte wird in der Regel rein manuell mittels Rotoskopie erstellt. Wie der Name es schon andeutet, sollen unnötige Bildteile (dt. *Müll*) entfernt werden. Die Garbage-Matte und ihr Gegenstück, die Holdout-Matte, werden zumeist im Zusammenhang mit einem prozeduralen Keyer (Chroma, Luma oder Difference) verwendet.

Finden Greenscreens oder Bluescreens Anwendung, wird das Chromakeying-Verfahren eingesetzt. Zentrale Aufgabe ist die Freistellung des Vordergrundobjekts. Dieses sollte so gleichmäßig wie möglich mit der Hintergrundfarbe umgeben sein, wobei das Hauptaugenmerk auf der unmittelbaren Umgebung liegt. Ist die Aufnahme statisch, also weder die Kamera noch die Darsteller bewegen sich in größerem Maße, reicht es, die unmittelbare Umgebung um die Charaktere herum gut auszuleuchten. Bewegt sich die Szenerie aber, muss der gesamte Hintergrund den Erfordernissen des Keying-Prozesses entsprechen.

In der Praxis ist es allerdings schwierig, den Screen komplett ebenmäßig auszuleuchten. Die Stoffe, aus denen die Vorhänge hergestellt sind, oder die Holzaufbauten können Materialnuancen aufweisen, Schatten können auftreten, wenn die Stoffe nicht richtig gespannt sind und Anforderungen an die Beweglichkeit der Kamera können die Lichtsetzung behindern.

Hin und wieder werden unterschiedliche Screen-Elemente verwendet, deren Grüntöne sich unterscheiden. Auch ist es oft nicht möglich, sämtliche Bildbereiche mit Grün oder Blau

Abb. 8.2 Bereich einer Garbage-Matte (*rot*)

zu versehen. Besonders bei technischen und beweglichen Set-Objekten wie Stativen, Scheinwerfern, Kabeln etc. ist es aufwendig, diese zu verdecken.

Um die unerwünschten Elemente beim Keying zu entfernen, werden Garbage-Matten eingesetzt. Sie werden manuell gezeichnet (siehe Rotoskoping) und umfassen den Bereich der Szene, der nicht vom Keyer maskiert werden kann. Das sind vor allem Studioaufbauten und technische Geräte sowie Bereiche außerhalb der Screens (siehe Abb. 8.2).

Die Garbage-Matte wird dann mit der Maske des prozeduralen Keyers kombiniert (siehe Abb. 8.3). Dabei gibt es die Möglichkeit, diese direkt vom Keyer verarbeiten zu lassen oder sie zur Gestaltung der Maske nach dem Keying-Prozess einzusetzen (siehe Abschn. 8.5.5). Letztere Methode hat den Vorteil, die Garbage Matte mit anderen Masken kombinieren zu können, weshalb sie von vielen Compositing-Artists vorgezogen wird. Dies gilt auch für die im nächsten Abschnitt vorgestellte Holdout-Matte.

8.1.4 Behalten von Bildelementen (Holdout-Matte)

Eine Holdout-Matte kann mit den gleichen Techniken wie eine Garbage-Matte erzeugt werden und besteht meist aus Rotoskop-Shapes[2]. Eine Holdout-Matte dient dazu dem prozeduralen Keyer mitzuteilen, welche Bildanteile vom Keying-Prozess ausgeschlossen werden sollen. Dies sind in der Praxis zumeist Reflexionen des Green/Bluescreens im Vordergrundobjekt oder Teile der Kleidung und Requisiten, die Grüntöne enthalten.

[2] in sich geschlossene Vektormasken

Abb. 8.3 Garbage-Matte kombiniert mit dem Chromakey

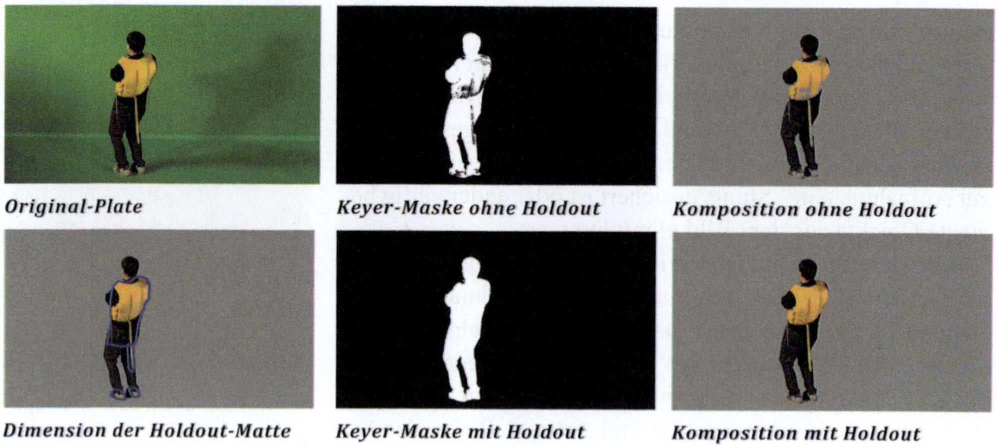

Abb. 8.4 Chromakey ohne und mit Verwendung einer Holdout-Matte

Da der Chromakeyer naturgemäß nicht zwischen Vorder- und Hintergrund unterscheidet, produziert er Löcher im Vordergrundobjekt, wenn dort der Grünanteil hoch genug ist. Dies geschieht vor allem bei Brillen, Knöpfen oder anderen stark reflektierenden Materialien. Ebenso ist es möglich, dass bei einer Greenscreen-Aufnahme Elemente teilweise oder ganz mit erfasst werden, die in der Farbkombination einen hohen Anteil des Grünkanals enthalten, wie zum Beispiel die Farbe Gelb RGB[255 255 0].

Holdout-Matten werden auch in anderen Bereichen der Computergrafik – zum Beispiel beim 3D-Rendering oder bei der Konvertierung von Mono-Filmmaterial zu Stereo3D – verwendet, wenn bestimmte Bildinformationen beibehalten werden sollen.

8.2 Rotoskop-Masken

Rotoskop-Masken werden manuell erzeugt. Die moderne Bewegtbildproduktion liefert viele Beispiele für deren Einsatz. Mithilfe einer Maske werden einzelne Bildbereiche extrahiert oder ausgespart. Sie können hervorgehoben oder mit weiteren bildbeeinflussenden Verfahren wie Filtern bearbeitet werden.

8.2.1 Geschichte der Rotoskopie

Das Prinzip der Rotoskopie wurde von Max Fleischer entwickelt und erstmals 1914 in der Animationsserie *Out of the Inkwell* eingesetzt. Zeitgleich reichte Max Fleischer sein Verfahren als Patent ein, was ihm auch zugesprochen wurde. Mit diesem Verfahren können in relativ kurzer Zeit äußerst realistische Bewegungen von Charakteren erstellt werden. Es beruht auf dem Prinzip, dass die Einzelbilder eines Bewegungsablaufes einer realen Aufnahme durch eine Rückprojektion auf eine Mattglasscheibe projiziert werden, die der Trickfilmzeichner dann kopieren kann.

Erst seit Anfang der 1990er-Jahre fand das Nachzeichnen einzelner Elemente eines Objektes innerhalb einer Filmszene

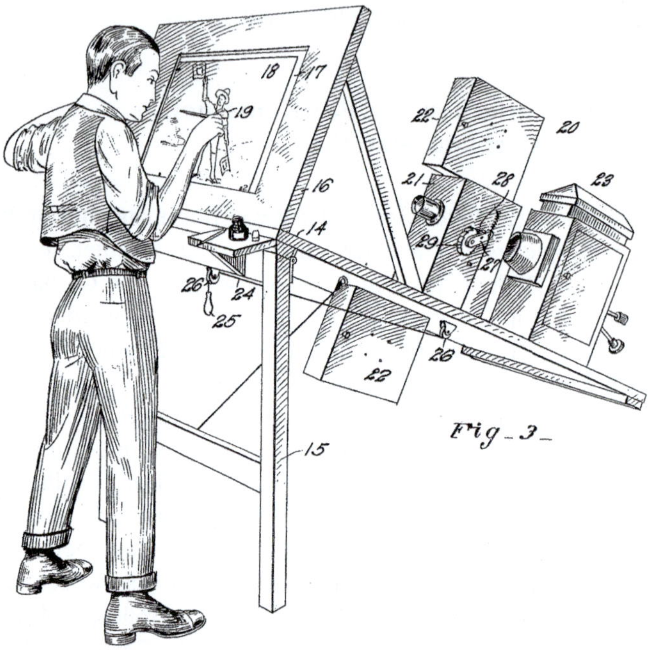

Abb. 8.5 Originale Rotoskopie nach Max Fleischer (1914). (Nach Wikipedia 2015)

verstärkt am Computer statt. Hier gab es noch unterschiedliche Herangehensweisen. Eine bestand in der Manipulation der Pixel des Bildes (Digital Painting); die andere Herangehensweise war vektorbasierend und findet bis heute in der digitalen Rotoskopie ihre Anwendung. Die moderne computergestützte Rotoskopie wird heute weniger zur Animation von Charakteren verwendet, ist aber eine wichtige Technik, um Masken manuell zu gestalten.

8.2.2 Digitale Rotoskopie vs. Digital-Painting

Eine Maske eines Objekts zu erzeugen ist bei einem Foto oder einem Standbild relativ unkompliziert. Unter Verwendung eines digitalen Pinsels (engl. *brush*) werden die Umrisse nachgezeichnet und der umrandete Bereich mit der entsprechenden

Abb. 8.6 Freistellung eines Objektes mittels Digital-Painting

Farbe gefüllt. Je nach Größe des Pinsels können auch feinste Details in die Maske aufgenommen werden. Das Zeichnen auf pixelbasierender Basis heißt deshalb auch *Digital-Painting*. Werden lediglich Standbilder (engl. *stills*) bearbeitet, sind die Ergebnisse meist gut verwendbar, wobei es schwierig ist, große Flächen mit dem Pinsel so zu bearbeiten, dass die Farbe überall die gleiche opake Konsistenz hat. Außerdem ist die Bearbeitung feiner Strukturen (Haare) und Halbtransparenzen (Glas und Rauch) sehr zeitaufwendig (siehe Abb. 8.6).

Ist das Bild Teil einer Serie von Bildern – wie bei einer Bewegtbildproduktion üblich –, tritt das Problem auf, dass für jedes Bild einer Sequenz die exakt gleiche Maske erstellt werden muss. Wird die Sequenz wiedergegeben, flackern die freigestellten Bereiche an ihren Kanten, da es unmöglich ist, eine Maske pixelgenau mit allen Transparenzen noch einmal zu zeichnen. Deshalb wird eine vektorbasierende Lösung vorgezogen, da dort der Verlauf der Kanten konsistent ist.

In der digitalen Rotoskopie stehen eine Reihe von Werkzeugen und Techniken zur Verfügung, um eine Maske zu zeichnen, die sich optimal an das Vordergrundobjekt anpasst. Die Grundtechnik besteht darin, Kontrollpunkte (Stützpunkte) so zu setzen, dass sie die Gestalt des Objektes beschreiben. Die verwendeten Algorithmen interpolieren je nach Komplexität die Werte von zwei oder mehreren Kontrollpunkten und generieren die Verbindungslinien, die am Ausgangspunkt den zu maskierenden Bereich wieder schließen.

8.2.3 Rotoskop-Maske

Der Verlauf von Rotoskop-Masken – im allgemeinen Sprachgebrauch auch als *Roto-Masken* bezeichnet – wird durch Kontrollpunkte definiert. Der Verlauf zwischen diesen Punkten wird durch die ausgewählte Kurvenform definiert. Bei einfachen geraden Formen findet eine lineare Interpolation statt.

In Abb. 8.7 soll ein fünfeckiges Schild mit einer Roto-Maske freigestellt werden. Die an den fünf Ecken gesetzten Kontrollpunkte generieren Geraden an den Kanten des Schildes und beschreiben den zu maskierenden Bereich. Da sich die Kamera bewegt, müssen die Kontrollpunkte in gewissen Abständen angepasst werden und die entsprechenden Positionen in Schlüsselbildern festgehalten werden.

Abb. 8.7 Freistellen eines einfachen Objektes mit einer Roto-Maske

Viele zu maskierende Objekte besitzen eine komplexe Gestalt, die es notwendig macht, andere als lineare Interpolationen zwischen den Stützpunkten zu verwenden. Ein Standardwerkzeug, das auch bei der Steuerung von Animationen verwendet wird, ist die Bézierkurve. Sie wurde Anfang der 1960er-Jahre im französischen Automobilbau zur Definition von Kurven und Flächen entwickelt und ist in der Computergrafik sehr populär. Außerdem werden B-Splines verwendet, die in der Computergrafik ebenfalls weit verbreitet sind.

Abbildung 8.8 zeigt den zunehmenden Grad der Komplexität bei einer Bézierkurve durch Hinzufügen von Kontrollpunkten. Von links nach rechts sind die Kurven linear, quadratisch und kubisch.

Bézierkurve

Die in der Computergrafik verwendeten Bézierkurven sind meist zweiten Grades (quadratisch) und werden zu einer re-

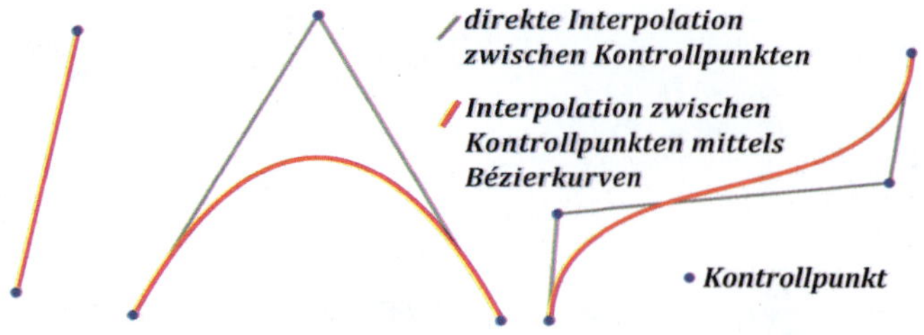

Abb. 8.8 Beispiele von Bézierkurven

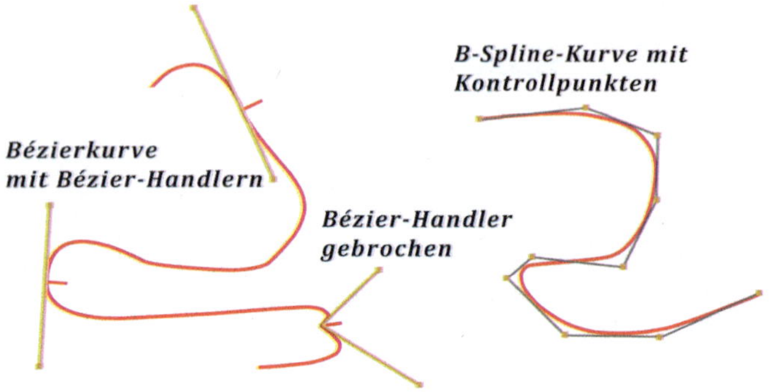

Abb. 8.9 Bézierkurve vs. B-Spline-Kurve

sultierenden Kurve (engl. *path*) zusammengesetzt, welche die Fläche einer Roto-Maske umschließt oder einen Animationspfad kontrolliert. Herausragendes Kontrollelement einer Bézierkurve ist der Bézier-Handler (Abb. 8.9, linkes Bild). Mit ihm kann die Kurve vom vorausgehenden zum nachfolgenden Stützpunkt gestaltet werden. Er definiert den Verlauf der beiden Kurvenabschnitte durch Verändern der Tangente und gestaltet deren Rundungen durch die Länge der beiden Griffe (engl. *handles*). Auch können die beiden Tangenten am Kurvenstützpunkt „gebrochen" werden, um einen diskontinuierlichen Kurvenverlauf zu erzielen. Das Anpassen einer Roto-Maske an eine gekrümmte Linie ist mit einer Bézierkurve sehr intuitiv und zeitsparend, da nur ein Kontrollpunkt angepasst werden muss (siehe Abb. 8.10).

B-Spline-Kurve

Der B-Spline-Kurve liegt ein komplexer mathematischer Unterbau zugrunde. Während die quadratisch implementierte Bézierkurve durch den Bézier-Handler direkt auf der Kurve bearbeitet werden kann, sind bei einer kubisch implementierten B-Spline-Kurve durch den höheren Grad mehrere Kontrollpunkte *(De-Boor-Punkte)* neben der Kurve vorhanden, durch die diese gesteuert werden kann (siehe Abb. 8.9, rechtes Bild). Dadurch kann die Kurve wesentlich genauer an komplexe Vorlagen angepasst werden. Eine Animation ist aber aufwendiger, da mehrere der *De-Boor-Punkte* verändert werden müssen.

Weiche Kanten

Für einen fließenden Übergang zwischen dem maskierten Objekt und dem Hintergrund gibt es die Möglichkeit, die Ränder mit einem graduellen Verlauf zu versehen (engl. *feathered edges*). Der entsprechende Bereich kann für jeden Kontrollpunkt der Maske einzeln festgelegt und die Kurvenform durch weitere Bézier-Handler oder B-Spline-Kontrollpunkte definiert werden und ebenfalls linear oder geglättet sein (siehe Abb. 8.11).

In Abb. 8.12 ist eine Roto-Maske mit grundlegenden Kantenverläufen dargestellt. Verwendet wurden einfache gerade, harte Kanten bis hin zu komplexen Bézierkurven. Außerdem wurden weiche Übergänge gestaltet. Diese können je nach Maskenverlauf, sowohl nach außen als auch nach innen gerichtet werden.

Bei komplexen Vorlagen wie bei einem sich bewegenden Charakter, der durch Perspektivänderungen der Kamera und Bewegungen der Gliedmaßen ständig seine Silhouette ändert, steigt der Arbeitsaufwand bei der Gestaltung der Maske und deren Animation. Je nach Genauigkeit müssen zahlreiche Kontrollpunkte festgelegt und pro Keyframe justiert werden.

Abbildung 8.13 zeigt das Vorgehen. Eine Person soll für eine selektive Farbkorrektur freigestellt werden. Hier ist es sinnvoll, den Charakter in einzelne Roto-Shapes für Arme, Beine, Torso etc. zu unterteilen. Dabei kann man ausnutzen, dass einzelne Körperpartien von einem Keyframe zum nächsten kaum die Gestalt ändern, wie zum Beispiel der Kopf. Hier ist es oft ausreichend, das gesamte Roto-Shape zu verschie-

Abb. 8.10 Anwendung einer Bézierkurve in der Rotoskopie

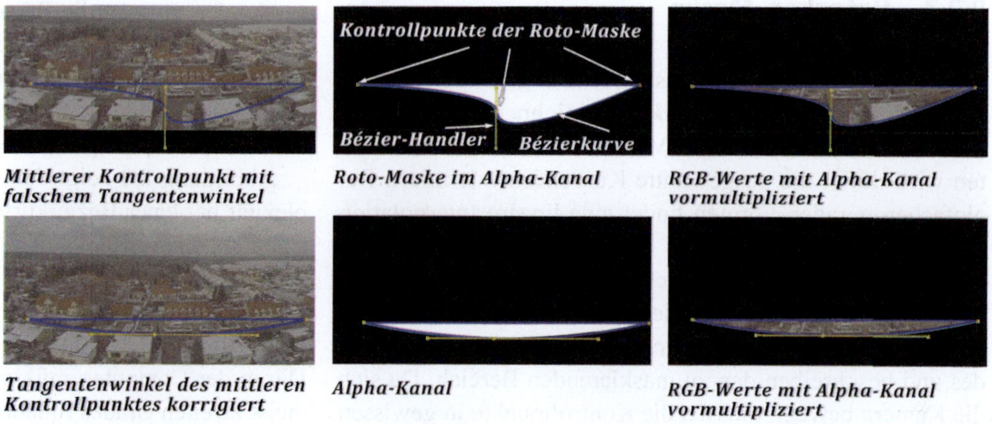

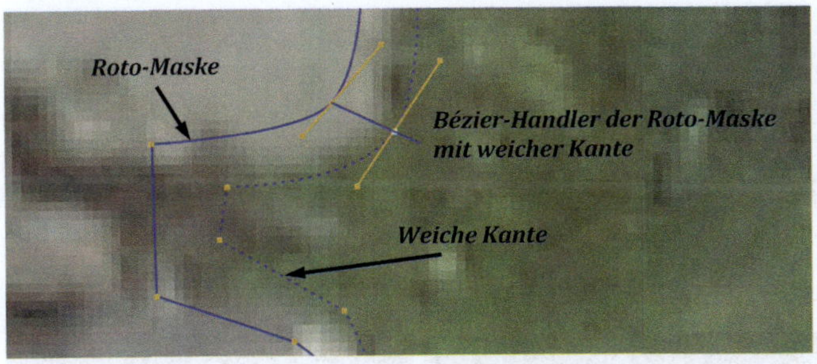

Abb. 8.11 Weiche Kante der Roto-Maske

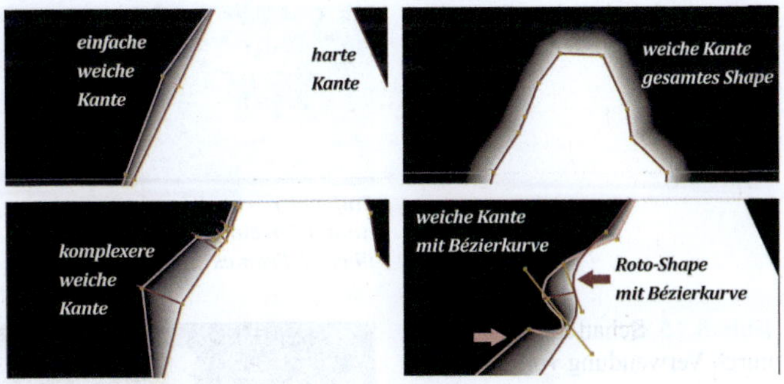

Abb. 8.12 Verschiedene Kanten und Kantenverläufe einer Roto-Maske

Abb. 8.13 Unterteilung einer komplexen Roto-Maske in einzelne Roto-Shapes

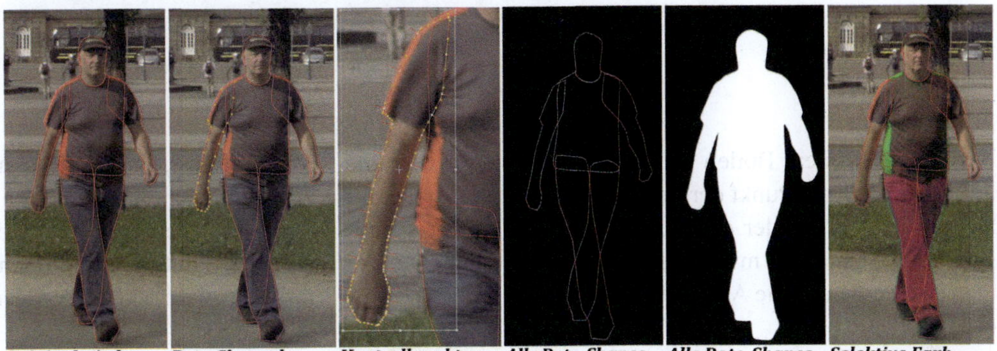

Original – jeder Körperbereich hat einen eigenen Roto-Shape | *Roto-Shape des rechten Armes ausgewählt* | *Kontrollpunkte des Roto-Shapes des rechten Armes* | *Alle Roto-Shapes* | *Alle Roto-Shapes als Maske im Alpha-Kanal* | *Selektive Farbkorrektur mittels animierter Roto-Maske*

ben. Ein Arm wird möglicherweise größere Bewegungen machen und im Ellenbogen gebeugt werden. Hier ist es notwendig, alle Stützpunkte einzeln anzupassen.

Neben der Zeitersparnis hat diese Methode auch den Vorteil, dass die einzelnen Roto-Shapes einzeln verwendet werden können, was die Bearbeitung flexibler macht. Außerdem können mehrere Rotoskopie-Artists an einer Sequenz arbeiten, sodass zeitlich eng gesteckte Fristen eingehalten werden können. Problematisch ist der Übergang der einzelnen Roto-Shapes. Je nach dem zu erzielenden Ergebnis ist es möglich, unterschiedliche Strategien anzuwenden. Um eine ausreichende Überlappung zu gewährleisten, kann zum Beispiel eine Roto-Shape in den angrenzenden Abschnitt hineinragen, während dessen Roto-Shape den Übergang genau definiert. Durch spezielle Maskenkombinationen kann dann der exakte Übergang für beide ermittelt werden.

8.2.4 Animations-Strategien in der Rotoskopie

Neben der Aufteilung eines Objektes in einzelne Roto-Shapes kann mit einer effizienten Animationsstrategie der Arbeitsaufwand ebenfalls gesenkt werden. Hier werden vor allem drei Methoden angewendet (vgl. Wright 2007).

On 2
Das Einfügen der Keyframes erfolgt linear. In Frame 1 wird das grundlegende Roto-Shape festgelegt und in jedem zweiten Frame an das Objekt oder den Charakter angepasst. Je nach Bedarf können dann die dazwischen liegenden Frames nachjustiert werden. Diese Technik lässt sich für alle Bewegungsarten anwenden.

Bifurcation
Die *Bifurcation* (lat. *bi: zweifach* und *furca: Gabel*) wird vor allem bei einer linearen Bewegung angewandt. Die Idee ist, dass die Animation der Maske für die zwischen den Keyframes liegenden Frames interpoliert wird und der gleichförmigen Bewegung der Objekte automatisch folgt. Aus diesem Grund wird zuerst ein Keyframe im ersten Frame und dann ein weiteres im letzten Frame festgelegt. Dann wird die Maske im mittleren Frame justiert. Die vordere und hintere Strecke wird wieder unterteilt und ein Keyframe jeweils in der Mitte festgelegt und angepasst. Dieser Vorgang wird so lange wiederholt, bis die Maske dem sich bewegenden Objekt exakt folgt.

On Extremes
Hier werden Keyframes an den Zeitpunkten eingefügt, bei denen der Bewegungsablauf das jeweilige Extrem erreicht. Beim Verfolgen eines springenden Balls wird das erste Keyframe an den Beginn der Bewegung gesetzt, wenn sich der

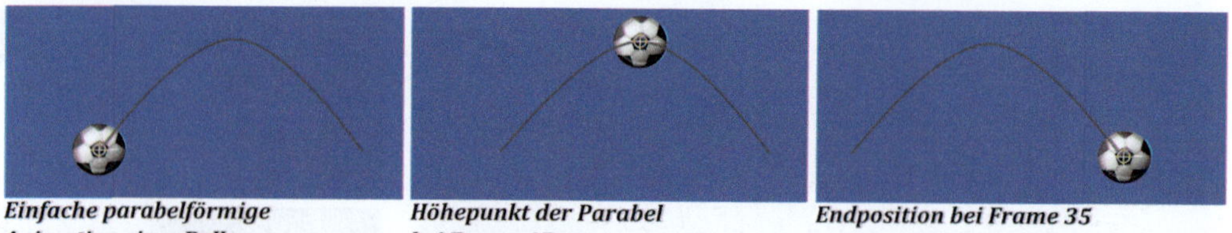

Abb. 8.14 Animation einer Roto-Maske mit der On-Extreme-Methode

Abb. 8.15 Schattenbildung durch Verwendung von Masken

Ball noch auf dem Boden befindet. Das nächste Keyframe wird am höchsten Punkt der Sprungkurve eingesetzt und das dritte, wenn er wieder den Boden erreicht. Die Zwischenframes können dann mit den anderen beiden Methoden angepasst werden (siehe Abb. 8.14).

8.2.5 Schattenbildung mit Masken

Ein Schatten trägt immens zur Glaubwürdigkeit einer Bildkomposition bei. Fehlt er, wirkt die Bildintegration künstlich und gestellt. Starke Schatten bei Greenscreen-Aufnahmen werden aber in der Regel vermieden, da durch diese die Farbe des Screens stark verändert wird. Außerdem gibt es durch die Notwendigkeit, den Screen gleichmäßig auszuleuchten, multiple, sich überlagernde Schatten.

Soll der freigestellte Greenscreen-Darsteller in eine fotorealistische Hintergrund-Aufnahme (engl. *back plate*) eingefügt werden, muss sichergestellt sein, dass der Schatten des Charakters in Richtung, Farbe und Konsistenz dem Schatten auf dem Hintergrund entspricht. Diese Schatten können aufwendig mit Hilfe von einem 3D-Charakter erzeugt werden, der die Bewegungen der Darsteller in ausreichendem Maße kopiert. Eine einfachere und schnellere Lösung ist es, die Maske des freigestellten Vordergrundobjektes zu nutzen, wenn diese vorhanden ist, wie bei einem Greenscreen-Key. Sollen Schatten für sich bewegende Objekte oder Darsteller erzeugt werden, die nicht mit prozeduralen Methoden möglich sind, kann auch eine grobe Roto-Maske angefertigt werden, die das Objekt beschreibt.

Die grundlegende Idee ist, die Maske des Darstellers oder eines sich bewegenden Objektes für die Schattenbildung zu nutzen, da sie über die identischen Bewegungsmuster verfügt. Sie wird rotiert, horizontal oder vertikal gespiegelt, geneigt, verzerrt, an den Rändern mit Unschärfe versehen und dann auf den Lichtfall ausgerichtet. Die so manipulierte Maske liegt bei Greenscreen-Aufnahmen meist in einem speziellen Maskenkanal, da der Alphakanal die Maske des Keying-Prozesses beinhaltet und somit nicht zur Verfügung steht.

Im nächsten Schritt wird die Maske angewendet. Hierbei wird der Hintergrund an den Stellen, wo die Maske wirkt, farbkorrigiert. Mit dieser Herangehensweise wird sichergestellt, dass

1. die Struktur des Hintergrundes – zum Beispiel Gras – erhalten bleibt und
2. die Farbe des Schattens sich einfacher an die anderen Schatten im Hintergrund anpassen lässt (siehe Abb. 8.15).

Der Schatten folgt den Bewegungen der Darsteller und Objekte durch die gleichartige Bewegung in der Regel relativ gut, es gibt aber hin und wieder Probleme, wenn ein Teil des Objektes den Boden berührt. Hier sind meist weitere Anpassungen unvermeidlich, besonders bei Tieren wie Katzen, Hunden oder Pferden.

Für einen realistischeren Schatten kann ein sogenannter Contact-Shadow hinzugefügt werden. Dies ist der Bereich direkt um das Element das den Boden berührt, zum Beispiel ein Schuh. Hier wird eine sehr enge Roto-Maske erstellt, weich gezeichnet und dann mit einer sehr dunklen Farbe ausgefüllt. Auch diese Maske muss natürlich animiert werden.

8.3 Digital-Painting, Wire- und Rig-Removal

8.3.1 Das Konzept der Strokes

Strokes (dt. *Striche*) sind das Grundkonzept im Digital-Painting. Sie werden mithilfe von digitalen Pinseln (engl. *brushes*) erzeugt und sind im Gegensatz zu Pinseln in einem Bildbearbeitungsprogramm nicht pixelbasierend.

Die Zeichnungen und Malereien, die mit dieser Technologie ausgeführt werden, haben Kurven als Grundlage der Strichführungen und folgen damit einem ähnlichen Konzept

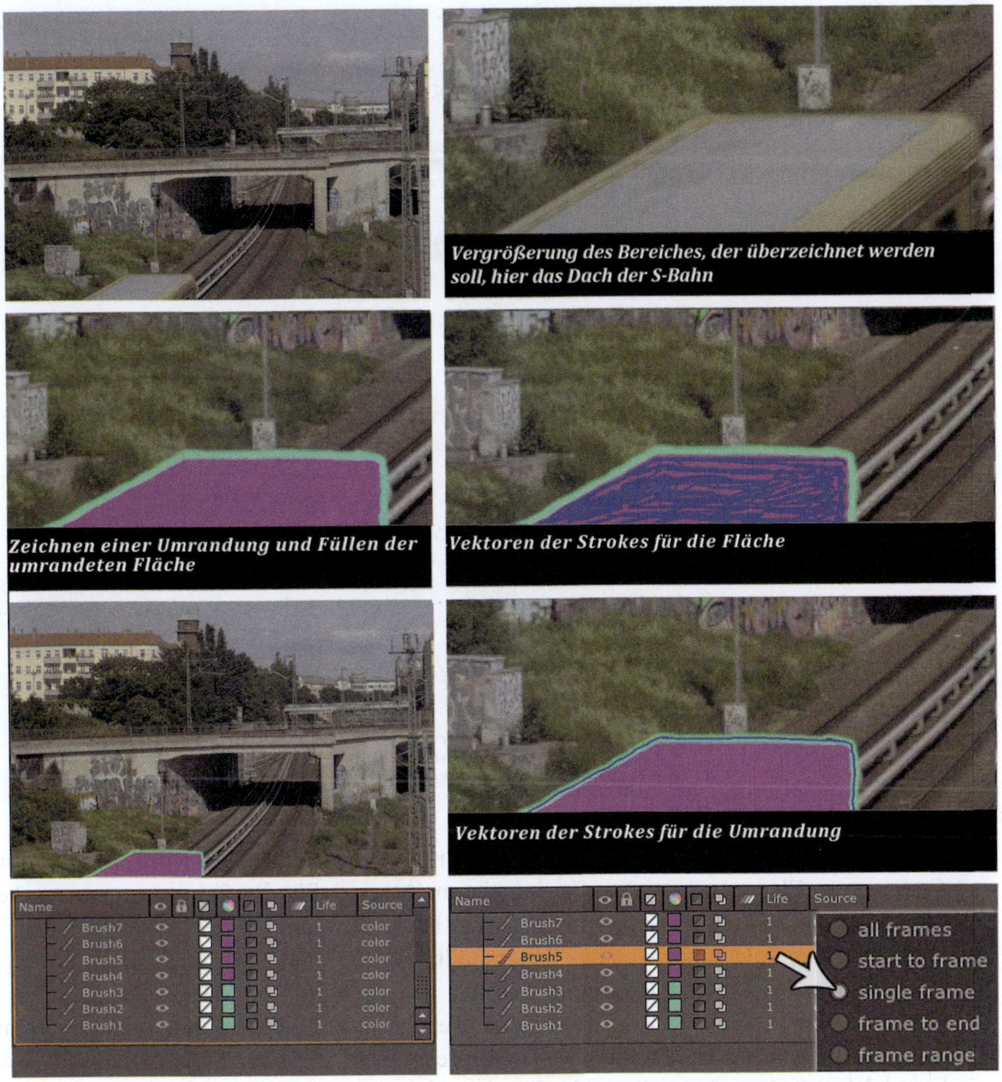

Abb. 8.16 Strokes in einer Paint-Node

wie zum Beispiel dem Programm *Adobe Illustrator*, dessen Zielrichtung das auflösungsunabhängige Erstellen von Dokumenten ist.

Den Führungen von Strokes können unterschiedliche Eigenschaften wie Farbe, Stärke und Transparenz zugewiesen werden. Des Weiteren haben sie auch eine Lebensdauer. Voreingestellt wirken sie in den meisten Programmen nur auf das aktuelle Frame, das heißt, die Lebensdauer muss vom Nutzer angepasst werden, wenn sie in mehreren Frames erscheinen sollen. Der große Vorteil von Strokes ist, diese auch nachträglich verändern zu können – nachteilig ist die Unübersichtlichkeit der sich summierenden Striche.

8.3.2 Eliminieren von Bildelementen mittels Digital Painting

Einsatzgebiete des Digital Paintings sind das Kopieren und Zeichnen von Bildelementen. Beim Erstellen von Masken wird diese Technik verwendet, wenn Objekte schneller durch Zeichnen zu definieren sind, als durch das Verändern von Kontrollpunkten einer Roto-Maske. Dies gilt vor allem für Objekte wie Marker, die mit einem Strich erfasst und maskiert werden können. Ungeeigneter ist das Ausmalen größerer Flächen, da es problematisch wird, diese mit einer entsprechenden Dichte zu versehen, die keine Löcher aufweist (siehe Abb. 8.16).

Das wichtigste Anwendungsgebiet des Digital Paintings besteht im Übermalen von Objekten oder Greenscreen-Elementen. Es ist dann der Rotoskopie vorzuziehen, wenn subtile weiche Übergänge gestaltet werden sollen, die sich mit einem Pinsel besser bewerkstelligen lassen, als mit der ungenaueren Einstellung der weichen Kanten einer Roto-Maske. Digital Painting wird aus diesem Grunde sehr oft mit *Paint-Tablets* ausgeführt, da sich mit dem dazugehörigen Stift einerseits genauer zeichnen lässt und andererseits dessen Aufsatzdruck einer Reihe von Attributen zugewiesen werden kann, wie zum Beispiel der Transparenz, sodass die Übergänge zwischen Painting und Hintergrund sehr genau gestaltet werden können.

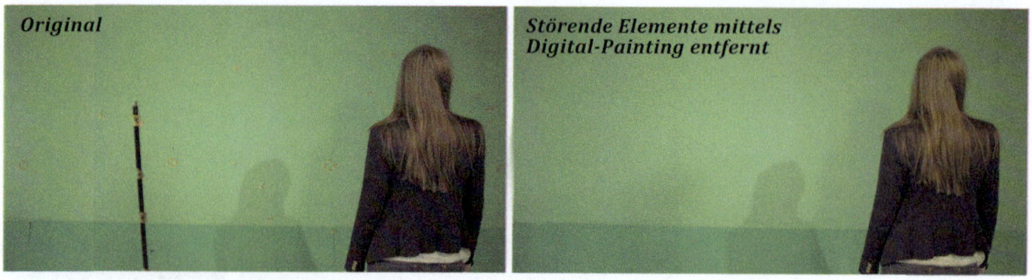

Abb. 8.17 Übermalen von Garbage-Elementen durch Digital-Painting

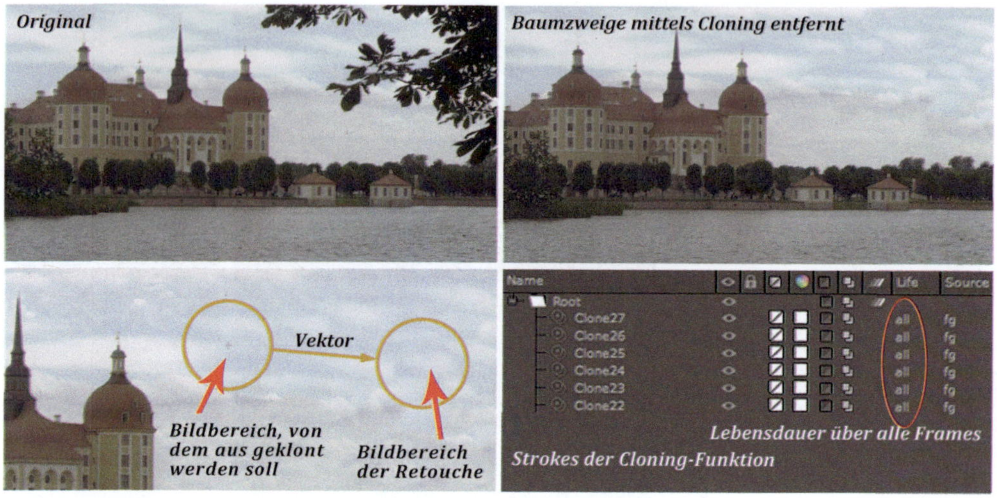

Abb. 8.18 Retusche von Bildbereichen mittels Cloning

Abbildung 8.17 zeigt eine Anwendung, bei der eine Reihe von Greenscreen-Elementen vor dem Keying übermalt werden sollen. Ziel ist, eine ausreichend konstante grüne Farbe zu erhalten, die in den Toleranzbereich des Keyers fällt, sodass dieser eine saubere Maske erzeugen kann.

Die zu entfernenden Objekte in dem Beispiel sind einerseits das Stativ und andererseits die Tracking-Marker. Beide müssen mit dem gleichen Farbton des umliegenden Bereichs übermalt werden. Die Marker können wegen ihrer geringen Größe durch einen ausreichend großen Pinsel mit einem Strich erfasst werden. Kann oder soll das Stativ nicht durch eine Garbage-Matte entfernt werden, würde man es mit der Screen-Farbe übermalen, wenn das Kopieren der unterschiedlichen Farbschattierungen sehr genau sein muss. Andernfalls kann auch eine Roto-Maske verwendet werden, die die Screen-Farbe von einer anderen Stelle kopiert und über das Stativ legt.

8.3.3 Cloning und Revealing

Cloning und *Revealing* sind zwei weitere wichtige Werkzeuge in der Anwendung von Digital-Painting. In der deutschen Version von Photoshop heißt die Clone-Funktion Kopierstempel. Die Idee ist, Teile eines Bildes von einer Position an eine andere zu kopieren, um den dortigen Inhalt zu übermalen oder das Bild zu erweitern.

Damit kein Flimmern auftritt, wenn das Clone-Werkzeug für eine Bildsequenz verwendet wird, kann das vektorbasierende Design des Digital-Paintings seine Stärken ausspielen. Für den Kopiervorgang wird ein Quellbereich festgelegt, der durch einen Vektor mit dem Zielbereich verbunden ist. Da diese Beziehung konstant ist und der Stroke, der das Material von der Quelle zum Ziel kopiert sich nicht ändert, wird Flimmern und Rauschen vermieden.

Um die Kopie an die Bewegung der Bildsequenz anzupassen, muss der Quellbereich animiert werden. Dies geschieht oft mit Unterstützung eines Trackers, der automatisch das Quellmuster verfolgt (siehe Abb. 8.18). Außerdem können die Eigenschaften des Strokes über die Zeit animiert werden.

Revealing ist eine dem Cloning verwandte Technik. Sie kann zusätzlich zum aktuellen Bild (engl. *frame*) auch Elemente aus Bildern der gleichen Bildsequenz zu einem anderen Zeitpunkt kopieren oder andere Einzelbilder oder Bildsequenzen als Quelle verwenden.

Revealing wird meist zum Generieren einer Clean-Plate herangezogen. Hier werden alle nicht benötigten oder störenden Elemente entfernt. Dies geschieht durch Übermalen, wobei oft Material aus Frames der gleichen Sequenz zu Zeitpunkten verwendet wird, an denen diese Bereiche nicht verdeckt sind. Oft müssen für einen solchen Vorgang mehrere Frames einbezogen werden. Lässt die Struktur des Materials es zu, kann auch ein Objekt über die gesamte Sequenz eliminiert werden. Hierfür sind aber spezialisierte Wire- und Rig-Removal-Algorithmen besser geeignet.

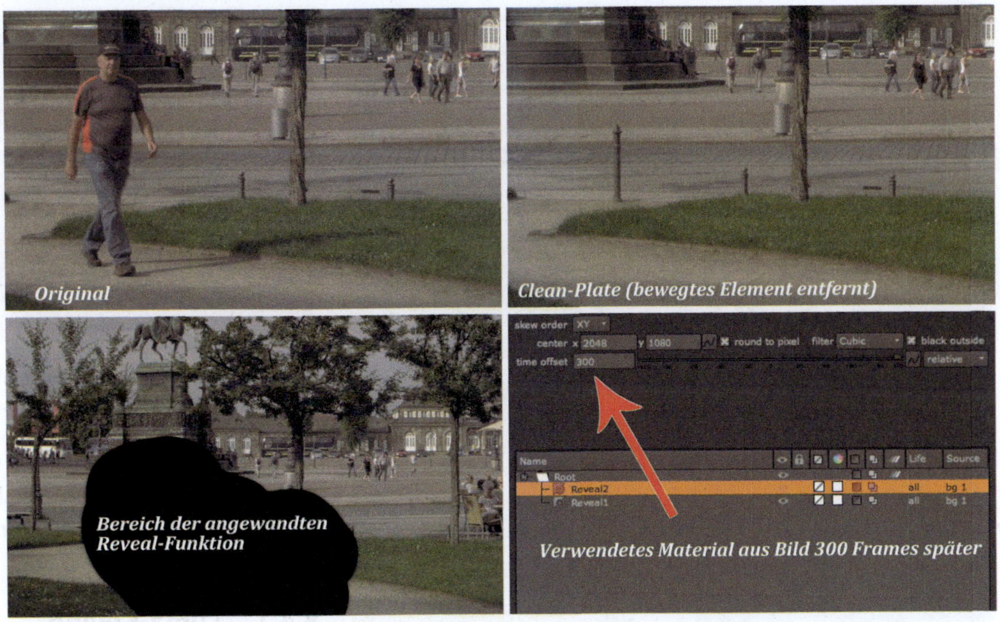

Abb. 8.19 Clean-Plate durch Cloning eines Bildbereiches der gleichen Aufnahme

8.3.4 Wire- und Rig-Removal

Wire- und Rig-Removal adressieren das gleiche Problem: das Entfernen von unerwünschten Objekten aus einer Bildsequenz. Der Unterschied zwischen beiden besteht darin, dass beim Wire-Removal vor allem Sicherungsseile, Drähte, Kabel und andere dünne, aber lange Elemente herausretuschiert werden, während es beim Rig-Removal um das Entfernen von größeren, flächigen Objekten geht. Diese können sich aus eigener Kraft bewegen, wie der Vogel in Abb. 8.21, oder es befinden sich Ausrüstungsgegenstände im Vordergrund, die aufgrund der Parallaxenänderung durch das Bild wandern und entfernt werden müssen.

Wire-Removal

Besonders im asiatischen Kulturbereich sind die *Martial-Arts*-Filme mit ausgefeilten Kampfszenen sehr beliebt, bei denen die Akteure sich an Seilen bewegen und damit das schwerelose Gefühl erzeugen, das diese Filme auszeichnet. Diese Sicherungsseile müssen in der Postproduktion aufwendig aus den Aufnahmen entfernt werden, wofür es spezialisierte Firmen gibt, die hauptsächlich nur diese Aufgabe erledigen.

Aber auch Aufhängungen von schwebenden Set-Aufbauten, Kontrollelemente von mechanischen Modellen und alle Arten von Sicherheitsseilen und -drähten werden mittels Wire-Removal aus dem Bild herausretuschiert. Hierfür gibt es verschiedene Techniken, wie das bildweise Übermalen der Objekte oder das Ersetzen größerer Teile des Hintergrundes.

Eine besondere Herausforderung ist die Bewegungsunschärfe der Objekte die dadurch mit dem Hintergrund verschmelzen. Außerdem sind sie oft von Rauch, Staub oder Wolken verdeckt.

Spezialisierte Algorithmen, wie die im NukeX Plug-in *Furnace-WireRemoval*, unterstützen die Arbeiten durch Tracker, die die zu entfernenden Objekte verfolgen. Außerdem kann eine Clean-Plate verwendet werden, die am Set ohne die Schauspieler aufgenommen wurde, um die verdeckten Hintergrundelemente ähnlich dem Revealing wieder herzustellen. Die Bildelemente, die benötigt werden, um die Drähte herauszurechnen, können aus dem gleichen Frame stammen *(spacial)*, wie zum Beispiel Teile des Himmels in Abb. 8.20. Sie können aber auch aus vorausgehenden oder nachfolgenden Frames der gleichen Sequenz gewonnen werden oder sie entstammen Bereichen der Clean-Plate.

Abbildung 8.20 zeigt das Prinzip. Beispielgebend soll der Draht im oberen Bild entfernt werden, da hier ein digitales Flugobjekt vorbeifliegen soll. Dazu wird das On-Screen-Kontrollelement des Plug-ins so an den Draht angepasst, dass die gelbe Mittellinie genau dem Verlauf des Drahtes folgt (mittleres Bild). Der Algorithmus kopiert dann Bildmaterial aus dem rot unterlegten Bereich und entfernt den Draht (unteres Bild). Bei einer Bewegtbildsequenz muss das On-Screen-Kontrollelement an die Bewegung des Drahtes angepasst werden – eventuell mithilfe eines Trackers.

Rig Removal

Bei einem Rig-Removal werden unerwünschte Objekte wie Set-Aufbauten und andere bewegliche Objekte aus der Bildsequenz entfernt. Dazu verwendet der Algorithmus Motion-Estimation-Techniken, wie sie für die Komprimierung von Videos verwendet werden, und schätzt die Bewegung des Hintergrundes anhand einer Reihe von Frames vor und nach dem aktuellen Bild. Dann kopiert er einen geeigneten Bildbereich an die vom Rig verdeckte Region, um Hintergrund wiederherzustellen.

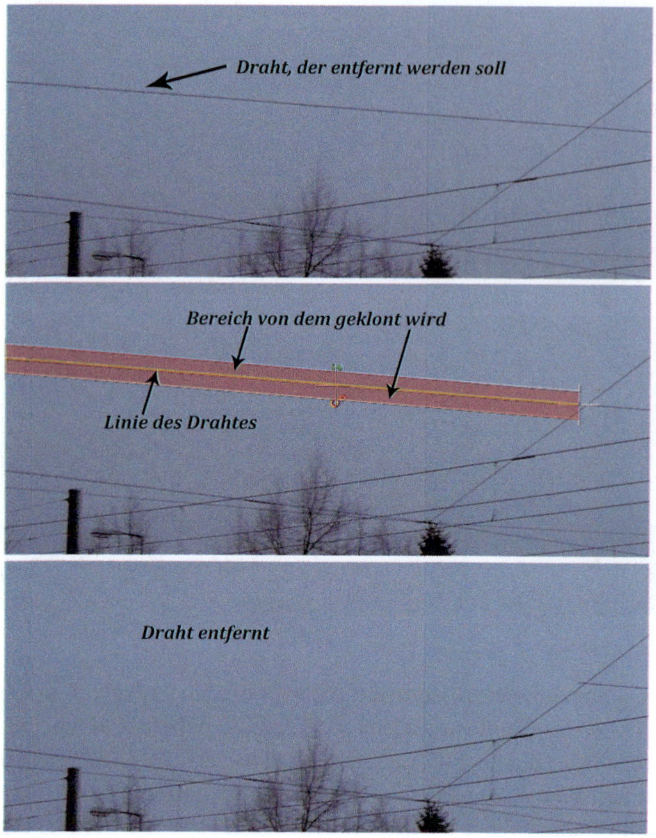

Abb. 8.20 Wire-Removal

Abb. 8.21 Invertierter Alphakanal eines zu entfernenden Objektes beim Rig-Removal

Um den Berechnungsaufwand einzuschränken, wird das zu entfernende Objekt mit einer Maske gekennzeichnet, die dann über die Sequenz manuell angepasst oder mithilfe eines Trackers verfolgt wird. Abbildung 8.21 zeigt den Verlauf der Maske, die einem vorbeifliegenden Vogel folgt.

Abbildung 8.22 zeigt den Vorgang etwas genauer. Hier ist in der oberen Reihe der sich mit starker Bewegungsunschärfe bewegende Vogel dargestellt. Die zweite Bildzeile zeigt die Maske, die an die Bewegung des Objektes angepasst ist. Die dritte Zeile zeigt die Bilder mit dem wieder hergestellten Hintergrund.

8.4 Prozedural generierte Masken

Prozedurale Masken werden durch spezialisierte Werkzeuge erzeugt, die das Bild analysieren und bestimmte Informationen wie Helligkeits- und Farbunterschiede zur Maskenbildung heranziehen.

Die wichtigsten Algorithmen sind der Chroma-Keyer, der die Farbe des Bildes als Grundlage verwendet, der Luma-Keyer, der auf die Luminanz des Bildes zurückgreift, sowie der Differenz-Keyer, der die Unterschiede von Bild zu Bild als Grundlage zur Erzeugung einer Maske heranzieht. Sämtliche Keyer in der digitalen Bewegtbildproduktion arbeiten nach dem gleichen Prinzip. Der Algorithmus wird für ein Bild optimal eingestellt. Alle nachfolgenden Bilder der Bildsequenz werden mit den gleichen Einstellungen abgearbeitet, sobald der Keying-Vorgang initialisiert wurde.

8.4.1 Luma-Keying

Hier wird die Maske auf der Basis von Luminanzinformationen eines Bildes erstellt.

Die wichtigsten Anwendungen sind die Farbkorrektur von bestimmten Bildregionen und das Ersetzen der Himmelsregion (engl. *sky replacement)*. Da es in einer Filmproduktion nicht möglich ist, die Wetterbedingungen zu beeinflussen, ist in der Postproduktion daher oft eine Nachbearbeitung der Szene notwendig.

Da der Himmel in einer Szene gegenüber anderen Bildelementen erhöhte Luminanzwerte besitzt, kann der Algorithmus diese Unterschiede nutzen, um ihn freizustellen. Da Reflexionen und Spitzlichter in den anderen Bildbereichen ebenfalls sehr hell sind, wird beim Luma-Keying zusätzlich noch eine Garbage-Matte angewandt, die die entsprechenden Bereiche maskiert.

Ausgangspunkt für ein Luminanz-basierendes Keying ist die monochrome Version des Bildmaterials. Um diese zu erzeugen, gibt es verschiedene Ansatzpunkte. Die Einfachste besteht in der Durchschnittsbildung der drei RGB-Farbkanäle (Gl. 8.1).

$$L_{av} = 0{,}33R + 0{,}33G + 0{,}33B \qquad (8.1)$$

Ausgehend von der Konstruktion eines monochromen Fernsehsignals, wie in der Spezifikation ITU-R BT. 601 für Standard-Television festgelegt, kann die Luminanz nach Gl. 8.2 ermittelt werden.

$$L_{SD} = 0{,}299R + 0{,}587G + 0{,}114B \qquad (8.2)$$

Eine modernere Implementierung für HD-Fernsehen wird in der Spezifikation ITU-R BT.709 festgelegt. Hier ist der Anteil des grünen Farbkanals für das Luminanzsignal wesentlich höher (Gl. 8.3).

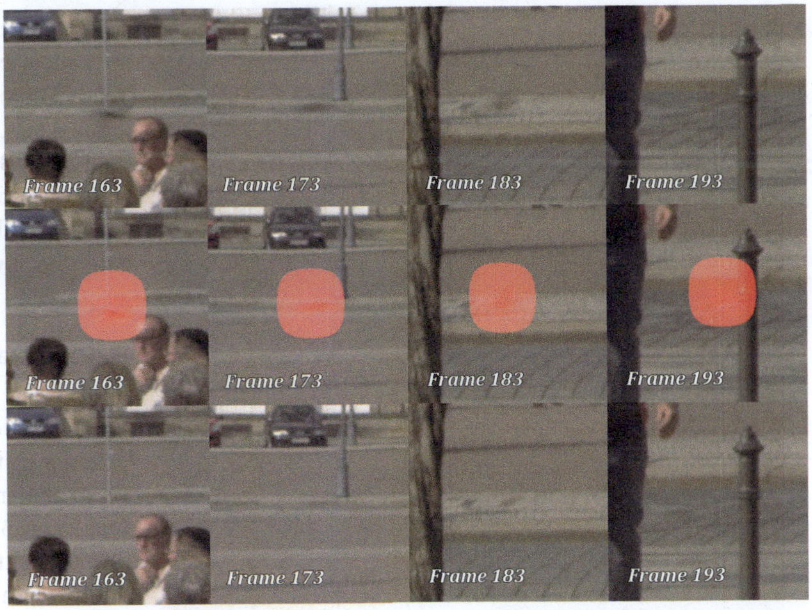

Abb. 8.22 Entfernen eines sich bewegenden Objektes mit Rig-Removal

$$L_{HD} = 0{,}2126R + 0{,}7152G + 0{,}0722B \tag{8.3}$$

In Abb. 8.23 ist die Funktionsweise eines Luma-Keyers schematisch angegeben. Er verarbeitet zwei Luminanzwerte, aus denen er einen Schwellwert (engl. *threshold*) berechnet. Werte über dieser Schwelle werden der resultierenden Maske als opake (weiße) Bereiche zugeordnet, Werte darunter als transparente. Um einen weichen Übergang zu erzeugen, können die in der Abbildung mit *inner* und *outer* angegebenen Parameter beeinflusst werden.

Abbildung 8.24 zeigt eine Anwendung des Luma-Keyings. Da der Himmel kaum Zeichnung hat, soll er mit einem dramatischeren, stimmungsvolleren ersetzt werden. Aufgrund der Tatsache, dass die Vorder- und Hintergrundelemente eine wesentlich niedrigere Luminanz besitzen, wird eine entsprechende Schwelle gesetzt, die beide Bildbereiche trennt. Die Maske wird dann mit den RGB Kanälen vormultipliziert und über einen den Vorgaben der Produktion folgenden Hintergrund komponiert.

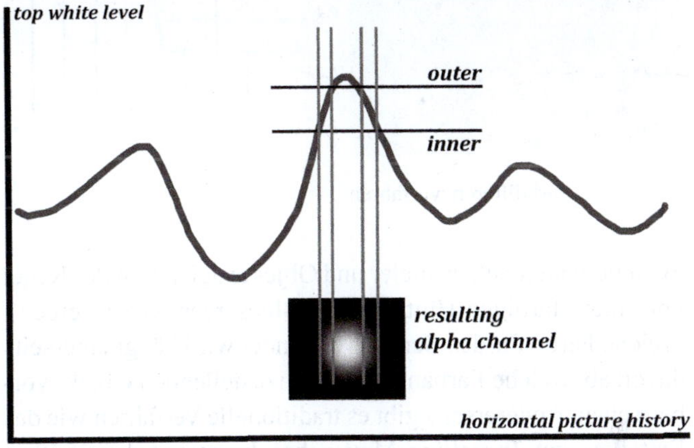

Abb. 8.23 Luma-Key mit oberen und unteren Helligkeitspegeln und dem daraus resultierenden Alphakanal. (Nach Wright 2010, S. 18)

8.4.2 Chroma-Keying

Systeme, die Farbunterschiede eines Bildes zur Maskenbildung heranziehen, werden als Chroma-Keyer bezeichnet. Das erzeugte Ergebnis ist ein *Chroma-Key* oder nur *Key* und beinhaltet das durch eine Maske freigestellte und von Farbeinstreuungen (engl. *spill*) befreite Vordergrundobjekt. Die zu

Abb. 8.24 Sky-Replacement mit Hilfe eines Luma-Keys

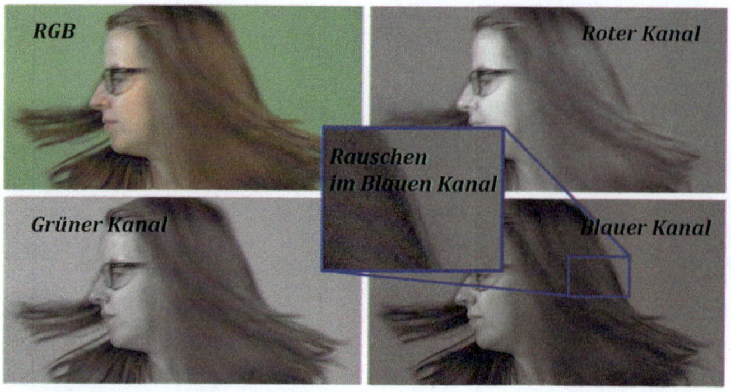

Abb. 8.25 Videobild mit Farbkanälen – Rauschen im Blau-Kanal am größten

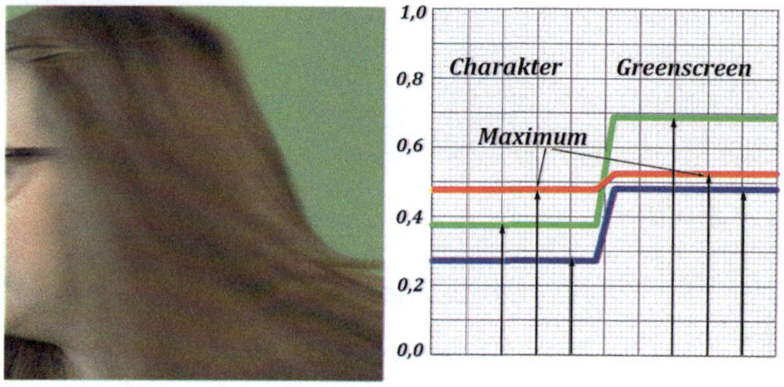

Abb. 8.26 Farbdifferenzverfahren

extrahierenden Schauspieler und Objekte agieren in der Regel vor einem farbigen Hintergrund (Bluescreen, Greenscreen). Welche Farbe für den Screen verwendet wird hängt einerseits davon ab, welche Farbanteile im freizustellenden Objekt vorherrschen. Andererseits gibt es traditionelle Verfahren wie das Erstellen von *Travelling-Mattes,* bei denen seit den 1940er-Jahren die Farbe Blau verwendet wird, da diese im Zusammenhang mit optimierten photochemikalischen Prozessen steht. Andererseits wird heutzutage besonders bei Einsatz von Videotechnologien wie HD-Aufnahmen im Broadcastbereich oder digitalen Filmaufnahmen infolge des hohen Grünanteils im Videosignal der Greenscreen sehr oft eingesetzt. Hier hat der blaue Kanal nur einen Anteil von ca. 7 Prozent am Gesamtsignal. Außerdem weist er gegenüber den anderen Farbkanälen ein erhöhtes Rauschen auf (siehe Abb. 8.25). Dies ist ähnlich wie bei einer Filmaufnahme; hier ist die Körnung im blauen Kanal viel ausgeprägter, da die Silberhalogenide der Filmemulsion weniger stark auf kurzwelliges Licht reagieren.

Das Chroma-Keying kann auch – abhängig von der geforderten Qualität und dem verwendeten Chroma-Keyer – echtzeitfähig sein. Bei Fernsehproduktionen wird das Verfahren besonders bei Nachrichtensendungen mit einem gleichfarbigen Hintergrund verwendet.

Neben dem Greenscreen und Bluescreen wird auch der Redscreen verwendet. Er kommt oft bei Miniaturen im Filmbereich zur Anwendung, wenn diese einen hohen Grün- und Blauanteil besitzen wie bei Landschaften mit Wasser.

Zu den am meisten verwendeten und in viele Anwendungen integrierten Chroma-Keyern zählen der seit 1976 existierende Ultimatte-Keyer, Primatte der Firma Photron und Keylight. Von Ultimatte existiert eine Hardwareversion, die seit Jahren im Broadcastbereich wegen der Echtzeitfähigkeit und guten Qualität Anwendung findet. Diese Keyer verwenden unterschiedliche Verfahren, von denen die beiden wichtigsten im Folgenden vorgestellt werden.

8.4.3 Das Farbdifferenzverfahren

Die Grundidee beim Farbdifferenzverfahren besteht darin, dass der Unterschied zwischen Grün und den anderen beiden Farbkanälen (Rot und Blau) im Bereich des Greenscreens relativ groß und im Bereich des zu extrahierenden Vordergrundobjektes gering ist. Somit kann über den gesamten Bildbereich der rote bzw. blaue Kanal vom grünen Kanal abgezogen werden. Um eine möglichst große Differenz im Bereich des freizustellenden Objektes zu erhalten, wird der Kanal verwendet, der den jeweils höheren Wert besitzt (Maximum der beiden Kanäle). Es ergibt sich damit die Gl. 8.4 zur Berechnung der Raw-Matte, der unskalierten Version der resultierenden Maske.

$$\text{RawMatte} = G - \max(R,B) \tag{8.4}$$

In Abb. 8.26 und Tab. 8.2 ist die Wirkungsweise des Farbdifferenzverfahrens dargestellt. Im Greenscreen-Bereich ist der Wert des grünen Kanals wesentlich höher als der im roten und blauen Kanal. Interessant ist, dass, obwohl die Screen-Farbe grün ist, die beiden anderen Kanäle recht hohe Werte haben. Wird Gl. 8.4 angewendet, ergibt sich ein durchschnittlicher Wert für den Greenscreen-Bereich von 0,172 für die Maske. Das ist sehr niedrig. Würde anstelle des Maximums beider Kanäle der blaue Kanal angewendet, wäre die Differenz höher (0,2) – dies könnte einen besseren Kontrast im Greenscreen-Bereich erzielen.

Problematisch wäre dann allerdings der Bereich des Charakterobjektes. Hier ist der blaue Kanal nicht hoch genug, sodass die Maske nicht komplett schwarz wird.

Tab. 8.2 Durchschnittliche Werte der drei Farbkanäle im Greenscreen- und Charakter-Bereich

Farbkanal	Greenscreen	Charakter
Grün	0,694	0,384
Rot	0,522	0,486
Blau	0,494	0,275
G-R	0,172	−0,102
G-B	0,2	0,109
G-max(R,B)	0,172	−0,102

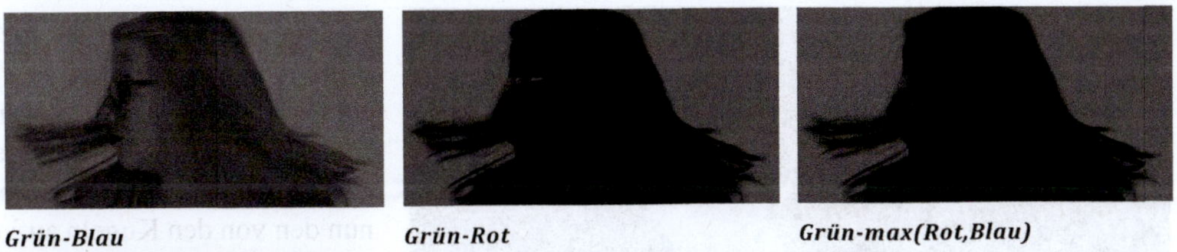

Abb. 8.27 Anwendung unterschiedlicher Subtrahenden im Farbdifferenzverfahren

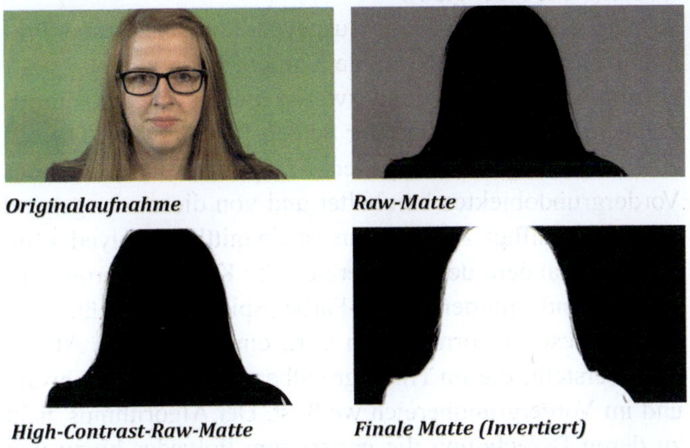

Abb. 8.28 Phasen der Maskenerstellung im Farbdifferenzverfahren

Abbildung 8.27 zeigt die resultierende Raw-Matte bei den unterschiedlichen angewendeten Subtrahenden. Dabei ist das Resultat beim alleinigen Verwenden des blauen Kanals als Subtrahend unbrauchbar. Obwohl unterschiedliche Farbzusammenstellungen – vor allem der Kleidung – andere Maskenverläufe erzeugen, ist allen gemeinsam, dass die Haut wesentlich weniger Blautöne als Rottöne enthält und somit bei Verwendung des blauen Kanals im Gesichtsbereich keine sinnvolle Matte generiert werden kann.

Das mittlere Bild zeigt das Ergebnis, wenn der rote Kanal als Subtrahend verwendet wird. Ein andersfarbiges Element – wie hier ein blaues Brillengestell – führt allerdings dazu, dass an dieser Stelle ein Loch in der Maske entsteht, da der rote Kanal hier einen geringen Wert hat. Das rechte Bild zeigt das jeweilige Maximum von rotem und blauem Kanal als Subtrahend. Hier entsteht eine akzeptable Maske.

Um die Raw-Maske (Abb. 8.28, oberes rechtes Bild) verwenden zu können, muss der Kontrast erhöht werden, sodass der Greenscreen-Bereich weiß (1,0) und die Maske des Vordergrundobjekts schwarz (0,0) wird. Man spricht dann von einer *High-Contrast-Matte*. Anschließend wird die Maske invertiert, da die meisten Anwendungen den weißen Bereich zum Extrahieren des Objektes benötigen.

Wie bei allen Matten gibt es zwischen dem Maximum (komplett opak) und Minimum (komplett transparent) einen weichen (unscharfen) Übergang. Durch die zugrunde liegenden mathematischen Grundlagen kann das Farbdifferenzverfahren Masken mit einem gleichmäßigen Verlauf generieren, die aber sehr detailreich sind. Keyer, die dieses Verfahren verwenden, sind vor allem Keylight und Ultimatte.

8.4.4 Das Distance-Map-Verfahren

Das Distance-Map-Verfahren folgt einem anderen Ansatzpunkt. Hier wird die Maske in vier Bereiche unterteilt: den Bereich der Screen-Farbe, den des freizustellenden Vordergrundobjektes, den Bereich der Halbtransparenzen und den mit Farbeinstreuung (engl. *spill*) versehenen Teil des Vordergrundes (siehe Abb. 8.33).

Ein weit verbreiteter Keyer, der dieses Verfahren nutzt, ist Primatte. Der Algorithmus wurde ursprünglich von der Imagica Corp (Tokio), die noch die Patentrechte besitzen, im Jahr 1992 entwickelt und wird heute von Photron Ltd. in Tokio vertrieben.

Primatte ist eine auflösungsunabhängige Anwendung – meist in der Form eines Software-Plug-ins – und unterstützt die gesamte Bandbreite an Aufnahmematerial von Standard-PAL, HDTV bis hin zu Filmformaten. Das Distance-Map-Verfahren wird hier anhand der Implementierung von Primatte in NukeX-v08 diskutiert.

Abb. 8.29 Position der Screen-Farbtöne im 3D-Raum

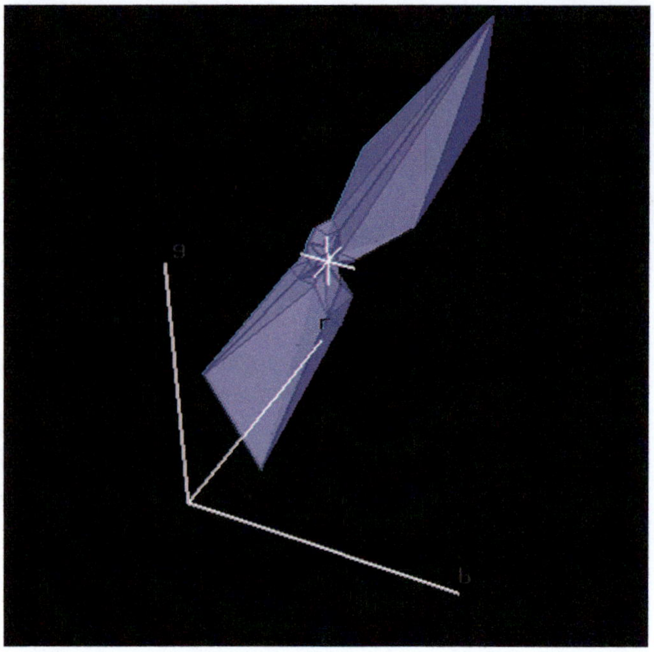

Abb. 8.30 Polyeder der Screen-Farbe

Die Farben, die zu den jeweiligen oben genannten Bereichen gehören, werden im 3D-Farbraum mit Polyedern (engl. *polyhedrons*) umschlossen. Da der Algorithmus in der Lage ist, die geometrischen Gebilde, die aus bis zu 128 Faces bestehen, in ihrer Form zu ändern, können sie einen größeren Bereich von Farbtönen enthalten. Während beim Farbdifferenzverfahren nur eine Screen-Farbe – die zwar einen Durchschnitt beinhalten kann – festgelegt wird, ist das Distance-Map-Verfahren in der Lage, mehrere unterschiedliche Farbtöne für jeweils einen der vier Bereiche der Maske zu berücksichtigen.

Abbildung 8.29 zeigt das Schema. Nach Auswahl einer Screen-Farbe wird dieser im 3D-Farbraum eine Position zugewiesen – hier als vergrößerte Kugel dargestellt. Diese Farbe bildet das Zentrum des Polyeders (s-Poly) für die Screen-Farbe, aber auch für zwei weitere, die die anderen Bereiche umschließen. Um zu erkennen, wo sich der Mittelpunkt der Berechnung befindet, sollte deshalb nur ein Pixel ausgewählt werden. In der mittleren Bildspalte wird eine zweite Farbe definiert, die ebenfalls dem Screen-Farben-Bereich zugeordnet wird. Die entsprechende Kugel ist nur geringfügig neben der ersten positioniert. In der rechten Bildspalte wird noch eine dritte Kugel erzeugt, deren Position sich ein wenig von den ersten beiden entfernt. Dieser Vorgang, das Hinzufügen von weiteren Farbtönen des Screens, wird in Primatte als *Clean Background Noise* bezeichnet. Der Algorithmus umschließt nun den von den Kugeln aufgespannten Raum mit einem Polyeder (siehe Abb. 8.30).

Wird eine Screen-Farbe ausgewählt, analysiert das Programm das Bild. Der interne Vordergrunderkennungs-Algorithmus berechnet dann zwei weitere Polyeder, die als Zentrum den Mittelpunkt der Screen-Farbe nutzen. Dies ist einerseits ein großer Polyeder (*l-Poly*), der die Farben des Vordergrundobjektes beinhaltet und von diesen ausgehend weitere hinzufügt. Andererseits ist ein mittlerer Polyeder (*m-Poly*) vorhanden, der den Bereich der Kontaminierung des Vordergrunds mit der Screen-Farbe (Spill) umschließt.

Mit diesen Informationen wird eine Maske im Alpha-Kanal erstellt, die im Hintergrundbereich (Screen) schwarz und im Vordergrundbereich weiß ist. Der Algorithmus zieht zu deren Berechnung die generierten Polyeder hinzu und untersucht, in welchem Bereich die einzelnen Farben der Aufnahme liegen. Fallen sie in den Bereich, der von dem kleinen s-Poly-Objekt umschlossen ist, wird die Maske an diesen Stellen schwarz. Liegen sie im Bereich den das Vordergrundobjekt einnimmt (m-Poly und l-Poly), wird dieser Bereich weiß dargestellt.

Der Algorithmus führt des Weiteren im Bereich des Vordergrundes einen *Clean-Foreground-Noise-Prozess* durch und entfernt graue (halb durchsichtige) Bereiche in der Maske, sodass sie anschließend eine durchgehend weiße Konsistenz besitzt.

Unabhängig von der Gestaltung der Maske wird der Bereich des 100 %-opaken Vordergrundes, der vom Spill (siehe unten) beeinflusst ist, in den mittleren Polyeder gelegt. In diesem Bereich erfolgt automatisch eine Unterdrückung der Kontaminierung (engl. *spill suppression*).

Abbildung 8.31 zeigt eine Aufnahme mit stark differierenden Grüntönen des Hintergrunds (linkes Bild). Das mittlere Bild zeigt die Polyeder in der Primatte-internen Analyseansicht. Der rote Polyeder umschließt die erweiterten Farben des Vordergrundobjektes (l-Poly) und der blaue Polyeder die Screen-Farbe (s-Poly). Der grün eingefärbte Bereich stellt das

Abb. 8.31 Anordnung der Primatte-Polyeders

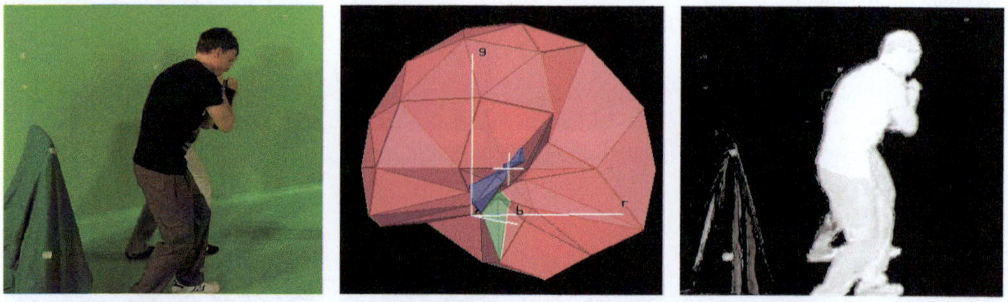

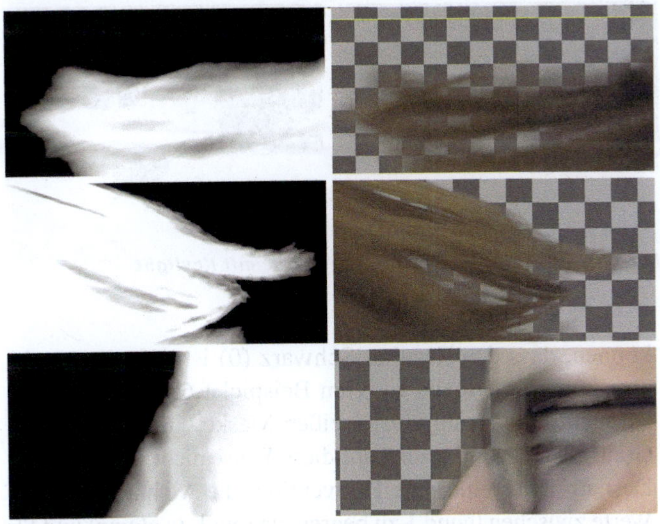

Abb. 8.32 Halbtransparenzen im Chromakeying

m-Poly-Objekt dar, das die Spill-Farben repräsentiert. Das rechte Bild zeigt die resultierende Raw-Maske.

Diese Herangehensweise produziert eine Maske mit sehr harten Kanten (engl. *hard-edged chromakey*). Um einen weichen Übergang (engl. *soft-edged chromakey*) zu erhalten, verwendet Primatte einen weiteren Bereich – den der Halbtransparenzen. Diese entstehen vor allem durch Bewegungsunschärfe, aber auch Haare, Glasobjekte und andere halbtransparenten Elemente tragen dazu bei (Abb. 8.32).

Dieser Bereich der Halbtransparenzen liegt zwischen dem kleinen Polyeder (s-Poly) und dem mittleren Polyeder (m-Poly). Die Farben, die sich darin befinden, gehören weder zum Vorder- noch zum Hintergrund und erzeugen somit in der Maske einen Graustufenverlauf.

Der entsprechende Wert wird durch Interpolation des 3D-Raumes zwischen dem kleinen und mittleren Polyeder generiert. Da die Ausbildung eines gleichmäßigen Verlaufes der Transparenz eine Annahme ist, hat das Verfahren an dieser Stelle einen Schwachpunkt, wodurch – abhängig vom verwendeten Material – in der resultierenden Maske Detail des Vordergrundobjektes verloren gehen kann, da sich die Transparenz hier nur linear entwickeln kann (Primatte 2015).

Um dies auszugleichen, können die Grenzen der vier Bereiche durch Parameteränderung nachträglich justiert werden (siehe Abb. 8.33).

Vergleich der Chroma-Keying-Algorithmen

Moderne Chroma-Keying-Algorithmen können Vordergrundobjekte vor farbigen Hintergründen in guter Qualität freistellen. Sie unterscheiden sich allerdings hinsichtlich der zugrunde liegenden Konzepte und produzieren Ergebnisse mit unterschiedlicher Qualität. Mit Farbdifferenzverfahren generierte Chroma-Keys tendieren dazu, mehr Detail und feinere Kanten aufzuweisen, als Keys, die mit dem Distance-Map-Verfahren erzeugt wurden, da die transparenten Bereiche der

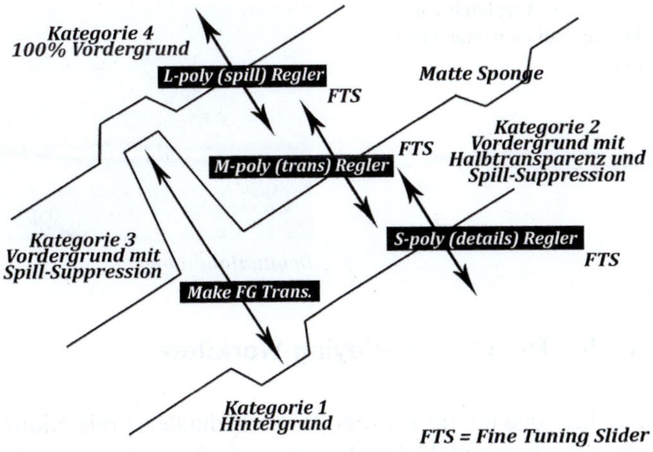

Abb. 8.33 Primatte-Optimierungsbereiche. (Nach Nuke 2013)

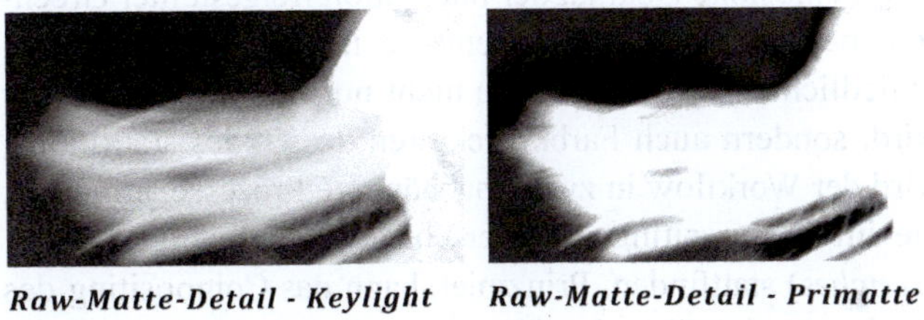

Abb. 8.34 Vergleich einer Chroma-Key-Maske von Keylight und Primatte

Maske konzeptionell unterschiedlich berechnet werden. Abbildung 8.34 zeigt die hier marginalen Unterschiede, wobei in der mit dem Distance-Map-Verfahren generierten Maske der opake Bereich eher einsetzt und dadurch halbtransparentes Detail verloren geht.

Im Gegensatz dazu können Keyer, die mit dem Distance-Map-Verfahren arbeiten, mehrere Farbtöne als Screen-Farbe verwenden. Dadurch sind auch Chroma-Keys bei nicht standardisierten Hintergründen in guter Qualität möglich (siehe Abb. 8.35).

Des Weiteren sind noch eine Reihe anderer Verfahren in Anwendung, wie zum Beispiel der in Nuke implementierte IBK-Keyer von The Foundry. Hier wird zuerst eine Clean-Plate erzeugt, wobei das Vordergrundobjekt mit der Screen-Farbe überschrieben wird. Diese Clean-Plate wird im zweiten Schritt dem IBK-Keyer zur Verfügung gestellt, der dann die Matte extrahiert.

Ein weiteres Verfahren beinhaltet das Differenz-Keying. Dieses kommt zur Anwendung, wenn bei einer Greenscreen-Aufnahme zusätzliche physikalische Effekte wie Rauch, Schnee, Staub und Regen produziert werden. Dazu wird eine Clean-Plate des Hintergrunds ohne Darsteller und Effekte aufgenommen und danach von der eigentlichen Aufnahme subtrahiert.

Hier muss allerdings einerseits die Lichtsituation gleich bleiben, andererseits darf sich die Kamera nicht bewegen, es sei denn, ein Motion-Control-System ist verfügbar (vgl. Okun und Zwerman 2010).

Abb. 8.35 Vergleich von Masken bei Non-Standard-Farben

8.4.5 Der Chroma-Keying-Workflow

Der hier diskutierte Prozess der prozeduralen Freistellung eines Vordergrundobjektes basiert auf Software-Lösungen in der Postproduktion oder in der VFX-Industrie. Hier kommt es auf eine hohe Qualität der Integration freigestellter Greenscreen- oder Bluescreen-Elemente in Bildmaterial unterschiedlicher Herkunft an. Da nicht nur eine Maske erstellt wird, sondern auch Farbkorrekturen des Bildes stattfinden, wird der Workflow in zwei unabhängige Prozesse aufgeteilt, die im Compositing in unterschiedlichen Zweigen (engl. *branches*) stattfinden. Prinzipiell kann das Compositing des Vordergrundes über den Hintergrund auch direkt in einem Keyer stattfinden. Das verhindert allerdings die Möglichkeit, die Maske im weiteren Verlauf partiell (Haare, Transparenzen, Spill) bearbeiten zu können, sodass im professionellen Compositing die Zusammensetzung der finalen Maske nach dem Keyer im Alpha-Kanal stattfindet.

Der Maskenzweig

Im Maskenzweig ist das Ziel, eine hochwertige Maske für ein Bild oder eine Bildsequenz zu erstellen. Ausgangspunkt ist die Greenscreen-Aufnahme. Je nach Qualität der verwendeten Kamera, der Lichtsituation und anderen Gegebenheiten muss diese nachbearbeitet werden. Im Keying wird die Raw-Matte erstellt. Ab diesem Arbeitsschritt wird in diesem Zweig ausschließlich im Alpha-Kanal – oder in seltenen Fällen in einem anderen Maskenkanal des Channel-Systems (siehe Abschn. 10.3) – gearbeitet, das heißt, die RGB-Kanäle werden nach dem Keying nicht mehr beachtet.

Bei der Verwendung des Alpha-Kanals als Maskenkanal in einer modernen Compositing-Umgebung mit 32-Bit-Farbauflösung tritt das Problem auf, dass infolge verschiedener Operationen der Graustufenwert der Maske den Einheitswert des Farbraumes von 1,0 überschreiten kann. Außerdem können die schwarzen Bereiche negative Werte haben. Bei komplexen Greenscreen-Aufnahmen entstehen viele Überschneidungen mit Markern, Set-Aufbauten, Requisiten oder auch anderen Darstellern, sodass mehrere Masken kombiniert werden müssen. Da dies oft mit mathematischen Funktionen erfolgt, sind Werte jenseits des Arbeitsbereiches (0 bis 1) eines Alpha-Kanals kontraproduktiv, denn wenn von einer weißen Maske ein Wert von 1,0 abgezogen wird, muss man davon ausgehen können, dass das Resultat Schwarz (0) ist. Hat die Maske aber höhere Werte als 1 – zum Beispiel 1,6 – ist das Resultat nach dem Abzug einer weißen Maske 0,6 – ein helleres Grau. Die Ergebnisse sind auf diese Weise nicht vorhersehbar. Deshalb ist es eine gute Konvention, die Alpha-Kanäle auf Werte zwischen 0 und 1 zu begrenzen (engl. *to clamp*) und für Verknüpfungen von Alpha-Kanälen keine numerischen Operatoren wie Minus oder Plus zu verwenden, sondern Logik-Operatoren wie Maximum und Minimum. Auf diese Weise kann der Arbeitsbereich von 0–1 nicht verlassen werden.

Ist durch den Keyer eine Raw-Maske erstellt worden, können Garbage- und Holdout-Matten hinzugefügt werden. Hier gibt es die Möglichkeit, diese entweder direkt in Keyer wie Keylight einzufügen oder diese mit der Raw-Maske im Alpha-Kanal nach dem Keyer zu verknüpfen. Welche Herangehensweise bevorzugt wird, hängt im Wesentlichen von der Komplexität der Aufnahme ab. Ist diese relativ einfach zu bearbeiten, würde man eventuell die Masken mit dem Keyer verknüpfen. Ist die Aufnahme kompliziert und müssen die beiden Masken mit anderen Masken verknüpft werden, empfiehlt es sich, sie nach dem Keyer einzufügen. Das gilt auch für den Fall, wenn ein Keyer keine Möglichkeit zu deren Integration hat.

Im nächsten Schritt wird der Alpha-Kanal optimiert. Dazu ist es oft sinnvoll, ihn temporär anzuwenden und das Resultat auf einem grauen Hintergrund darzustellen, um die Wirkung der Bearbeitungen sehen zu können. Alternativ kann auch der andere Farbzweig mit der Spill-Unterdrückung bearbeitet werden und der Alpha-Kanal hier angewendet werden.

Nach dem Keying muss die Raw-Matte skaliert werden, das heißt, der Bereich für den Vordergrund muss Weiß (1,0) und der Bereich für den Hintergrund muss Schwarz (0,0) erreichen. Nach diesem Arbeitsschritt kann auch die Holdout-Matte eingefügt werden. Dabei ist es sinnvoll zuerst das Resultat des Skalierens abzuwarten, ehe man vermeintliche Löcher im Vordergrundbereich aufwendig mit Zusatzmasken schließt.

Weitere Optimierungen umfassen das Einschränken und Weichzeichnen der unterschiedlichen Masken im Bereich der Kleidung, des Gesichts und der Haare sowie bei bewegten Objekten deren Animation. Abschließend wird der Alpha-Kanal in den Farbzweig kopiert und mit dem dort bearbeiteten RGB-Bild (vor)multipliziert.

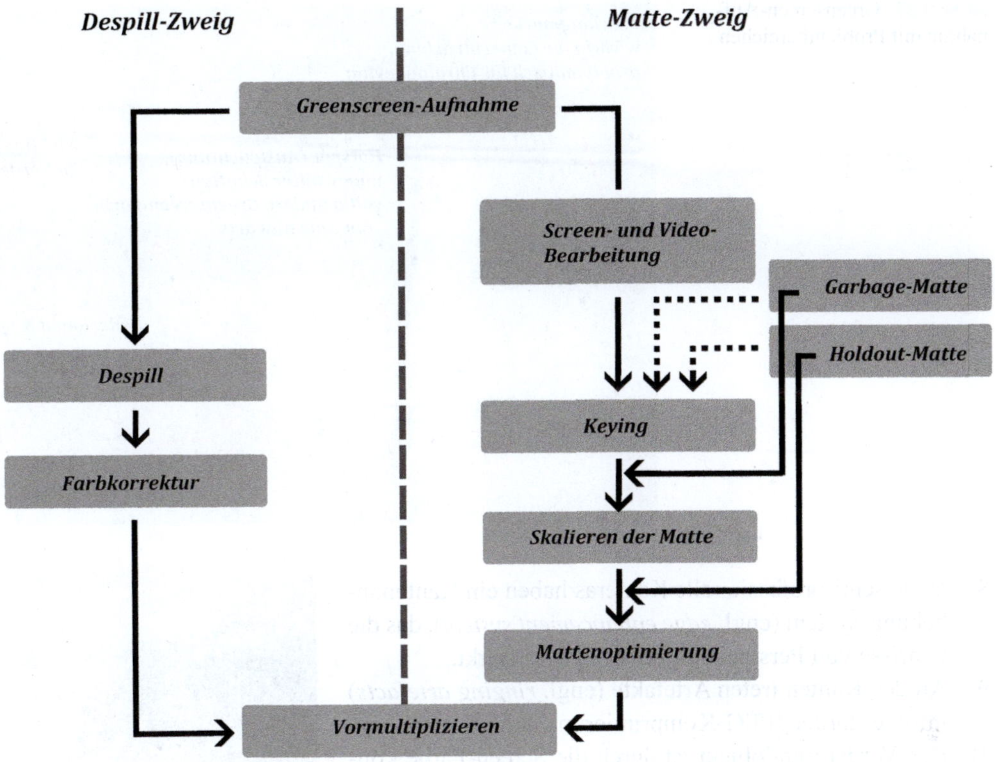

Abb. 8.36 Keying-Workflow im Filmproduktionsprozess

Farbzweig
Im Despill-Prozess wird der gesamte Arbeitsablauf unabhängig von einer Maske betrachtet und zuerst die Kontaminierung der Screen-Farbe entfernt (engl. *despilling*). Hierfür gibt es eine Reihe von Möglichkeiten, die weiter unten diskutiert werden. Ein wichtiger Arbeitsschritt ist die Farbkorrektur des freigestellten Vordergrundobjekts, das an die Farben des Hintergrundes angepasst werden muss. Dieser Schritt wird im zeitlichen Ablauf der Produktion meist etwas später ausgeführt, die Bearbeitung muss aber in diesem Zweig – oft nach dem Despilling – stattfinden, das heißt noch vor dem Vormultiplizieren, da prinzipbedingt keine Farbkorrektur mit vormultiplizierten Bildern erfolgen darf (siehe Abschn. 10.2).

8.5 Chroma-Keying – Der Maskenzweig (Alpha-Kanal)

In diesem Abschnitt wird die Erstellung der Maske in größerem Detail vorgestellt. Ziel dabei ist, dass sich nach deren Anwendung das Vordergrundobjekt nahtlos in den Hintergrund integrieren lässt. Die Maske darf keine Löcher haben und muss so gestaltet sein, dass besonders an den Kanten – und hier wieder vor allem im Bereich der Haare – kein Detail verloren geht. Andererseits muss der Übergang zwischen Vorder- und Hintergrund entsprechend weich sein. Beide Anforderungen müssen sorgfältig ausbalanciert werden.

8.5.1 Aufbereitung des Materials

Im ersten Arbeitsschritt erfolgt die Evaluierung des Materials der Aufnahme. Diese kann eine Reihe von oft nicht zu vermeidenden Fehlern und Problemen enthalten, die bei der Keying-Strategie berücksichtigt bzw. minimiert werden müssen. In Abb. 8.37 sind einige der Probleme dargestellt, es kann aber auch eine Reihe anderer vorhanden sein:

1. Der Greenscreen kann uneben ausgeleuchtet sein, es treten Hotspots von Scheinwerfern auf.
2. Unterschiedliche Farben im Grün liegen infolge unterschiedlicher Stoffe und Materialien vor.
3. Stoffe können Falten werfen und damit ungewollte Schatten erzeugen.
4. Tracking-Marker für das Matchmoving befinden sich auf dem Screen, an den Set-Aufbauten oder auf technischen Hilfsmitteln wie Stativen.
5. Kamerasysteme mit Farbunterabtastung wurden verwendet.
6. Die Aufnahmen besitzen ein erhöhtes Bildrauschen durch zu wenig Licht oder zu hohe ISO-Werte.
7. In dem Zusammenhang kann ein für eine dunkle Szene absichtlich unterbelichtetes Element an den Kanten Rauschen produzieren[3].

[3] Hier wäre es besser gewesen, dieses heller aufzunehmen und bei der Farbkorrektur entsprechend abzudunkeln.

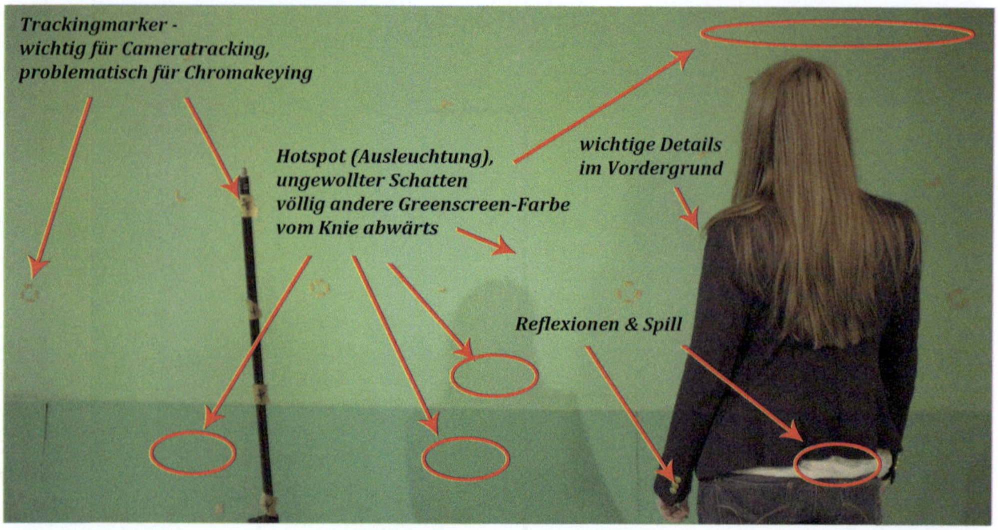

Abb. 8.37 Greenscreen-Aufnahme mit Problembereichen

8. Viele semi-professionelle Kameras haben ein Kantenanhebungssystem (engl. *edge enhancement system*), das die Umrisse von Personen und Objekten verstärkt.
9. An den Kanten treten Artefakte (engl. *ringing artefacts*) infolge starker JPEG-Komprimierung auf.
10. Das Vordergrundobjekt ist durch die Screen-Farbe kontaminiert (Spill).

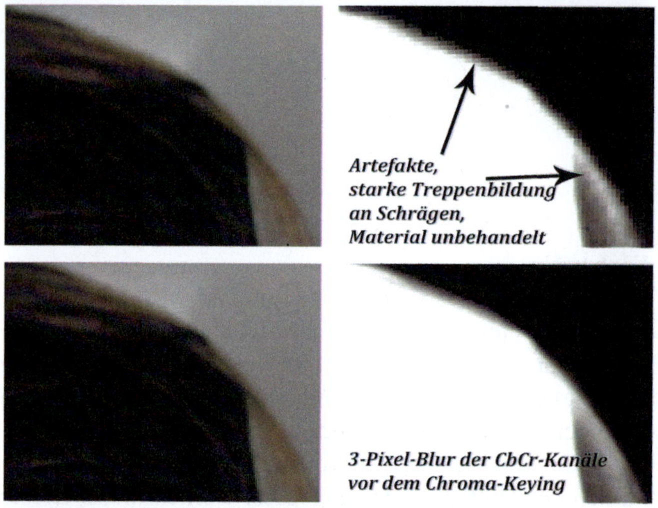

Abb. 8.38 Maskenartefakte bei 4 : 2 : 0-Chroma-Subsampling

Weichzeichnen der Video-Farbdifferenzkanäle

Als das Farbfernsehen Mitte des letzten Jahrhunderts eingeführt wurde, mussten die installierten Schwarz-Weiß-Geräte die Farbsendungen – wenn auch nur schwarz-weiß – empfangen können. Außerdem war es aufgrund der zur Verfügung stehenden Übertragungs-Bandbreite im Broadcast-Bereich notwendig eine Datenreduktion durchzuführen. Dies führte zu einer Aufteilung des Fernsehsignals in eine gammakorrigierte Luminanz-Komponente (Luma) Y′ und zwei Farbdifferenzkanäle C_B und C_R. Letztere wurden nur mit der halben Bandbreite von Luma übertragen.

Im modernen digitalen Fernsehen ist dies noch immer bei der Aufnahme der Fall, da die Kameras meist die doppelte Luma-Auflösung gegenüber den Farbkanälen (4 : 2 : 2) besitzen. Viele semi-professionelle Videokameras, aber auch Spiegelreflexkameras mit Video-Funktion, haben ein noch schlechteres Verhältnis von Luma zu den Farbkanälen (4 : 2 : 0). Das bedeutet, dass bei einer 2×2 Pixel großen Fläche in den Farbkanälen nur der jeweilige Durchschnitt der Farbwerte der vier Pixel enthalten ist (siehe Abschn. 2.2.4).

Für das menschliche Auge ist der Unterschied nicht zu erkennen, für den Keying-Algorithmus allerdings sehr wohl. Das führt zumeist – noch verstärkt durch das Kantenanhebungssystem – zu harten Kanten mit Treppenstufen (siehe Abb. 8.38).

Um dies zu vermeiden, kann das Material vom linearen sRGB-Arbeitsbereich des Compositing-Programms mit den in der Spezifikation ITU-R BT. 709 festgelegten Berechnungsgrundlagen in die Komponenten $Y'C_BC_R$ konvertiert werden. Dort findet eine Weichzeichnung nur der beiden Farbkanäle C_B, C_R statt. Die Luminanz, die die Schärfe des Bildes beinhaltet, wird nicht verändert. Anschließend erfolgt eine Rückkonversion in den linearen Arbeitsfarbraum. Durch diese Operation wird der Farbverlauf an den Kanten des Vordergrundobjekts ausgeglichen, wodurch der Keying-Algorithmus in der Lage ist, eine Maske mit weicheren Übergängen zu erzeugen.

Neben der Möglichkeit des Weichzeichnens der Farbdifferenzkanäle führt auch die Anwendung der Unschärfe-Operation auf die gesamte Aufnahme vor dem Keying oft zu guten Ergebnissen, da das Rauschen vor allem im Hintergrund (siehe Abb. 8.39) reduziert wird. Geht Detail verloren, kann dies mit einem zweiten Keyer unter Verwendung der Originalaufnahme partiell wieder hinzugefügt werden (siehe auch Abb. 8.46). Für den Farbzweig muss natürlich die originale Aufnahme – nicht die weichgezeichnete – verwendet werden.

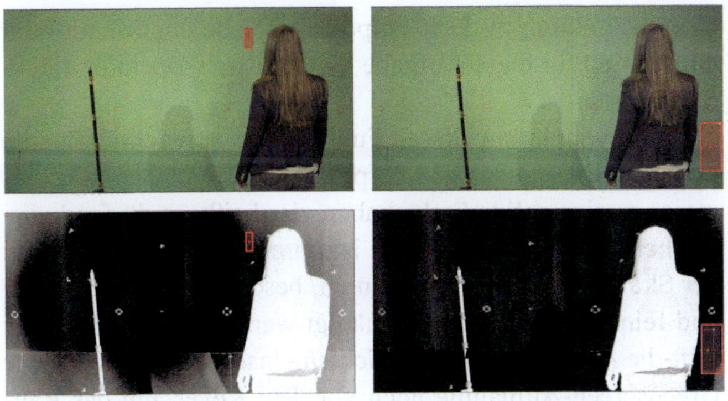

Abb. 8.39 Unterschiedliche Positionen der Entnahme der Screen-Farbe

8.5.2 Keying der Aufnahme

Der erste Schritt im Keying ist die Festlegung der Screen-Farbe. Hier empfehlen die einzelnen Programme unterschiedliche Strategien. Während in Primatte zuerst nur ein Pixel festgelegt werden soll, das das Zentrum der Berechnungen im 3D-Farbraum bildet und weitere Farben innerhalb des Background-Cleanings hinzukommen, kann in Keylight nur eine Screen-Farbe ausgewählt werden, die aber gemittelt werden kann. Hier empfiehlt es sich, eine Alpha-Kanal-Ansicht einzustellen und dann verschiedene Positionen mit unterschiedlichen Auswahlgrößen auszuprobieren (siehe Abb. 8.39). Wichtig dabei ist, dass der Bereich um das Vordergrund-Objekt eine möglichst gleichmäßige schwarze Hintergrundfarbe aufweist. Die Bereiche in den anderen Bildteilen sind von geringerer Wichtigkeit, da diese mit einer Garbage-Matte gesäubert werden können. Ist die Matte festgelegt, empfiehlt es sich, die Bildsequenz zu überprüfen und gegebenenfalls eine andere Position der Screen-Farbe auszuwählen, wenn die Matte in den anderen Teilen der Bildsequenz nicht den Anforderungen entspricht.

8.5.3 Zuweisung der Garbage- und Holdout-Matte

Bereiche, die im Hintergrund vom Keyer nicht erfasst wurden, können nun mit einer Roto-Maske markiert werden. In Abb. 8.40 sind das die Tracking-Marker und der Mikrofonständer, der als Mittelgrundobjekt fungiert. Die Roto-Maske muss bei einer Bildsequenz animiert werden. Hier stehen eine Reihe von Techniken zur Verfügung, die im Abschn. 8.2.4 diskutiert wurden. Im Fall der in Abb. 8.40 abgebildeten Raw-Maske könnte die Garbage-Matte die größeren Marker und das Stativ umfassen. Die Marker näher am Vordergrundbereich könnten mittels digitalem Painting entfernt werden. Dies ist in der Regel weniger aufwendig und bietet feinere Kontrolle. Es ist aber darauf zu achten, dass kein Kantenrauschen auftritt. Dann wäre zu überlegen, ob nicht eine weitere Roto-Maske bessere Ergebnisse liefert. Sind mehrere Masken erzeugende Operatoren beteiligt, empfiehlt es sich, diese – zusammen mit der Raw-Maske – nach dem Keyer zusammenzuschalten.

Zur Maskierung der problematischen Bereiche am Rücken und der Knöpfe können zwei Holdout-Matten verwendet werden (Abb. 8.40). Für die nicht konsistente Matte im Bereich der Haare ist es sinnvoll, den nächsten Skalierungs-Schritt abzuwarten. Gelingt es nicht, den Vordergrund zu bereinigen – das heißt, die Matte konstant weiß zu gestalten –, kann ein weiteres Roto-Shape der Holdout-Matte hinzugefügt werden.

Abbildung 8.41 zeigt die Möglichkeiten der Anwendung der Garbage-und Holdout-Matte. Diese werden direkt mit dem Keyer verbunden oder erst nach dem Keying in den Compositing-Zweig eingefügt. Da letztere Möglichkeit wesentlich mehr Flexibilität bietet, wird sie auch im professionellen Compositing bevorzugt. Bei der Anwendung der zweiten Möglichkeit kann die Garbage-Matte mit dem Alpha-Kanal des Keyers, der die Matte enthält, mittels der Minimum-Operation (siehe Abschn. 10.1) zusammengefügt werden.

Dabei sollte der zu säubernde Bereich in der Garbage-Maske schwarz sein, das heißt, das erstellte Roto-Shape muss eventuell invertiert werden. Für die nun folgende Paint-Operation, in der die Marker herausgemalt werden, gibt es zuweilen in der Literatur Empfehlungen, den Outside-Modus bei der Kombination der Alpha-Kanäle zu verwenden. Die Logik dieser Operation besagt, dass die resultierende Maske nur außerhalb der gemalten Masken weiß sein kann, wodurch der Bereich der Marker-Maske im Alpha-Kanal schwarz wird. Dieses Herangehen ist allerdings etwas problematisch, da in jedem Frame zumindest ein Paint-Stroke vorhanden sein muss, um die Logik der Kombination zu erfüllen: Es muss etwas vorliegen, damit etwas anderes außerhalb sein kann. Da nicht immer gewährleistet ist, dass in jedem Frame ein Marker herausgemalt wird, kann die Logik versagen. Es empfiehlt sich deshalb, den Alpha-Kanal der Paint-Node zu invertieren, sodass die gemalten Stellen schwarz vor einer

Abb. 8.40 Anwendung der Garbage- und Holdout-Matte

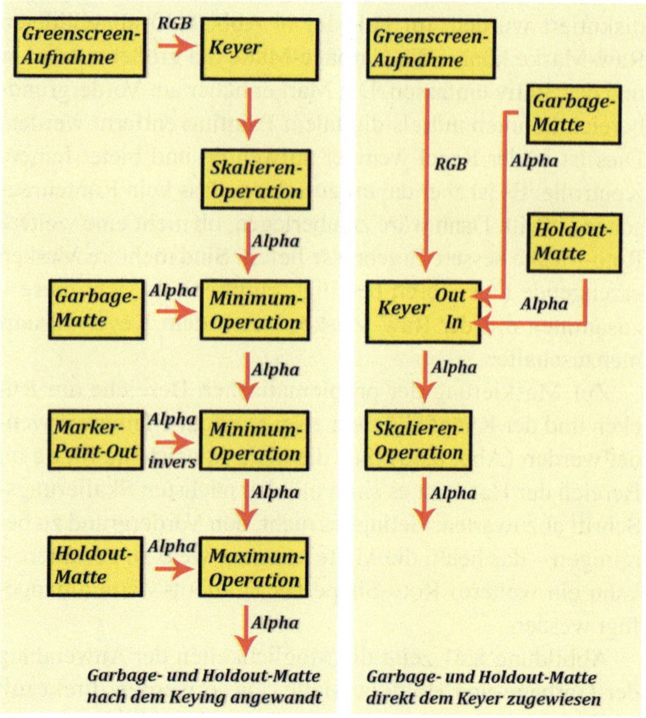

Abb. 8.41 Möglichkeiten der Zuweisung der Garbage- und Holdout-Matte

weißen Maske erscheinen. Nun kann der Minimum-Modus angewandt werden.

Die Holdout-Matte muss weiß sein und wird demzufolge mit der Maximum-Operation mit dem bisherigen Alpha-Kanal verknüpft.

8.5.4 Optimierung der Matte

Skalieren der Matte

Nachdem der Keyer eine Raw-Matte produziert hat, muss diese optimiert werden. Zuerst wird die Matte skaliert, das heißt, die schwarzen Bereiche, in denen der Hintergrund durchscheinen soll, müssen exakt einen Wert von 0,0 besitzen und die weißen Bereiche, die das Vordergrundobjekt beschreiben, müssen auf 1,0 gesetzt werden. Da dies oft mit Operatoren ausgeführt wird, die den Weiß- und Schwarzpunkt verändern, können die resultierenden Werte jenseits des für Alpha-Kanäle sicheren Bereichs von 0,0 bis 1,0 liegen. Diese Werte müssen abgeschnitten werden. Hier kann entweder die Clamp-Funktion in der Compositing-Node angewandt oder ein speziell für diese Aufgabe vorgesehener Operator eingefügt werden.

Zur Evaluierung dieser Funktion ist es wichtig für die gesamte Bildsequenz zu überprüfen, ob die beiden Maskenregionen eine solide Farbe haben, das heißt, es dürfen keine Löcher auftreten. Außerdem ist darauf zu achten, dass bei der Skalier-Operation die Kanten, besonders Transparenzen und feines Detail nicht beschädigt werden. Hin und wieder hilft die Anwendung einer leichten Unschärfe direkt auf der Greenscreen-Aufnahme noch vor dem Keyer, um das Rauschen auf der Granular-Ebene zu beseitigen.

Anwenden der Erode-Funktion

Wendet man die Matte nach dem Skalieren an, ist die Gestaltung der Kanten in den meisten Fällen noch nicht optimal. Diese sind noch sehr hart und besitzen oft einen hellen oder dunklen Halo-artigen Rand, verursacht durch die Kantenanhebung der Kamera, durch die nicht optimale Farbunterabtastung des Materials oder durch die Skalierungsoperation. Der nächste Schritt bei der Optimierung der Matte ist deshalb die Anwendung der Erode-Funktion, bei der der Alpha-Kanal eingeschränkt, das heißt nach innen zum Mattenkern verschoben wird. Die Bearbeitung des Alpha-Kanals hat an dieser Stelle noch keine Konsequenzen für die RGB-Kanäle, da die Verknüpfung erst später erfolgt. Es ist allerdings zu empfehlen, eine Testkomposition über einem grauen Hintergrund zu erstellen, um die Qualität der Kanten zu beurteilen.

Die Erode-Operatoren, die die Maske verkleinern, sind meist auch mit der Dilate-Funktion ausgestattet, mit der die Maske erweitert werden kann. Auch sind mehrere Erweiterungen – wie das Anwenden der Bewegungsunschärfe (Motion-Blur) oder Filter zur Neugestaltung des Übergangs vom opaken zum transparenten Bereich der Maske – implementiert.

Filter legen fest, wie die Pixel in dem veränderten Bild erscheinen. Nehmen wir an, dass ein Bild auf ein Viertel der Auflösung skaliert werden soll. Dann sind nur noch die Hälfte der ursprünglichen Pixel in der jeweils vertikalen und horizontalen Richtung vorhanden. Der Filter entscheidet nun, welche Gewichtung die einzelnen Pixel am neuen Gesamtbild haben. Der einfachste Fall für das Beispiel ist, dass jedes zweite Pixel nicht berücksichtigt wird. Solche Filter sind *Impuls-Filter, Dirac-Filter* oder *Nearest-Neighbour-Filter*.

Abb. 8.42 Skalieren der Matte

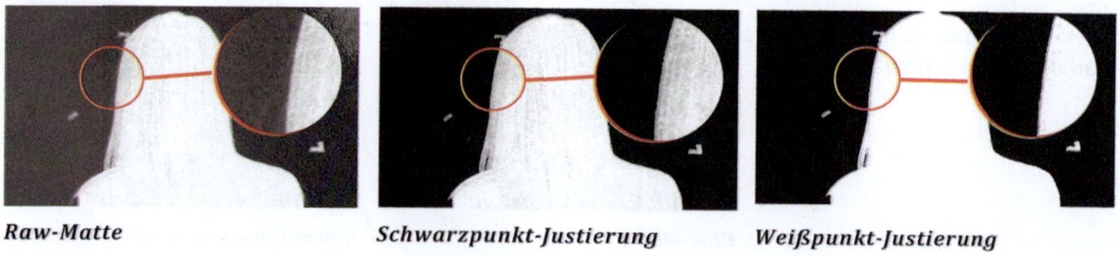

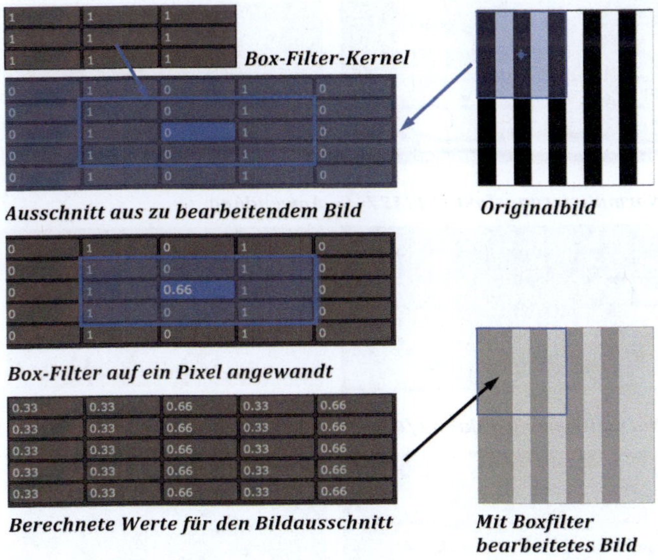

Abb. 8.43 Anwendung eines Box-Filters

Das Problem dabei ist, dass die Pixel, die herausfallen, nicht zum Gesamtergebnis beitragen können. Aus diesem Grunde werden Filter verwendet, die die angrenzenden Pixel mit unterschiedlicher Gewichtung in die Berechnung einbeziehen. Wie groß die Pixelregion ist, die betrachtet wird, ist in der Filterkerngröße (engl. *kernel size*) festgelegt. Die gebräuchlichsten sind 3×3 und 5×5, aber auch andere Größen werden verwendet.

Abbildung 8.43 zeigt die Implementierung eines Box-Filters, der auf ein 10×10 Pixel großes Bild angewandt wird, wobei aus Vereinfachungsgründen ein Graustufenbild mit Luminanzwerten der einzelnen Pixel verwendet wird. Das oberste linke Bild zeigt den Filterkern, der eine Größe von 3×3 hat. Das Bild darunter zeigt die Luminanzwerte eines Bildausschnitts. Dann wird der Filter auf ein beliebiges Pixel angewandt. Die Luminanzwerte der jeweils benachbarten acht Pixel werden mit den entsprechenden Werten des Filterkerns multipliziert und addiert. Da diese jeweils 1,0 der 0,0 sind, ist das Ergebnis in den drei Spalten $3*1*1+3*1*0+3*1*1=6$. Das Pixel hätte damit eine Helligkeit von 6. Da dies den Einheitswert des Arbeitsfarbraums (1,0) übersteigt, muss eine Normalisierung stattfinden, das heißt, das Ergebnis wird durch die Werte des Filterkerns geteilt. Die Addition dessen Werte ergibt 9, das Pixel hat somit einen Helligkeitswert von 6/9, also 0,66. Nun wird der Filterkern um ein Pixel nach rechts verschoben und die Werte des Filterkerns werden mit den Luminanzwerten der korrespondierenden Pixel multipliziert.

Die Addition und nachfolgende Normalisierung ergibt 0,33. Nach Berechnung des Bildes fällt auf, dass der Kontrast (Modulation) abgenommen hat und dass sich die Zeilen um ein Pixel in der x-Richtung verschoben haben.

Die in der Erode-Filter-Node in NukeX verfügbaren Filter sind: *Box, Quatradic, Gauss* und *Triangle*. Sie besitzen eine charakteristische Form und spezielle Filterkerne. In Abb. 8.44 sind diese Formen, Varianten der Filterkerne und die Ergebnisse der Anwendung auf die Kanten einer Chroma-Key-Maske dargestellt. Die in der Literatur angegebenen Filterkerne variieren in der numerischen Auslegung und auch in der Größe des Filterkerns. Die hier vorgestellten Filterkernwerte sind deshalb nur eine Näherung, mit der aber gute Ergebnisse erzielt werden können, wenn sie in die Matrix-Node in Nuke eingeben werden. Bei der Implementierung dieser Filter ist darauf zu achten, dass der Normalisierungsfaktor angewendet wird.

Bei der Anwendung der Filter erzeugt der Boxfilter die härtesten Kanten. Weniger harte Kanten generieren der Triangle-Filter und der Quadratic-Filter. Der Gauss-Filter produziert traditionell die weichsten Übergänge. Bei der Anwendung eines Filters ist zu beachten, dass der Erode-Faktor, also der Wert, um den der Alpha-Kanal eingeschränkt wird, desto größer eingestellt werden muss, je weicher der Übergang ist. Dies ist allerdings abhängig vom Material und der Beschaffenheit der Kanten.

Da bei dieser Anwendung feine und detaillierte Strukturen wie zum Beispiel Transparenzen und Haare oft verloren gehen, ist es sinnvoll, die Erode-Operation nicht auf die gesamte Silhouette anzuwenden, sondern nur bei harten Kanten wie in Abb. 8.45, wo eine Maske die Anwendung auf den Bereich des Pullovers beschränkt, während die Haare nicht bearbeitet werden. Hier ist ein Anwendungsbeispiel das deutlich zeigt wie sinnvoll es ist, den Alpha-Kanal nach dem Keying bearbeiten zu können, statt die Komposition des Greenscreen-Vordergrundelements über den Hintergrund direkt im Keyer zu realisieren, da es die Möglichkeit eröffnet, die Masken im Alpha-Kanal zu kombinieren.

8.5.5 Anwenden von Multikeyern

Durch das Einschränken des Alpha-Kanals geht oft Detail verloren, das wiederhergestellt werden muss. Deshalb werden für einzelne Bereiche der Silhouette der Maske unterschiedliche Keyer verwandt. Christoph Hasche, Compositing-Artist bei Rise | Visual Effects Studios Berlin (The Avengers, Captain America, Harry Potter) sagt dazu:

> … für einen groben Key nehme ich meist einen einfachen Keyer wie einen IBK, für Kanten an Armen und Beinen Primatte und falls nötig, für problematische Bereiche mit Halb-Transparenzen wie Haare, Keylight. Anschließend werden alle Alphas zusammengebacken.[4]

Abbildung 8.46 zeigt den Key einer qualitativ nicht sehr hochwertigen Aufnahme mit harten Kanten, weshalb die Maske stark weichgezeichnet ist. Dadurch sind die Barthaare des Katers verloren gegangen. Mit einem zweiten Keyer, der

[4] im persönlichen Gespräch mit dem Autor

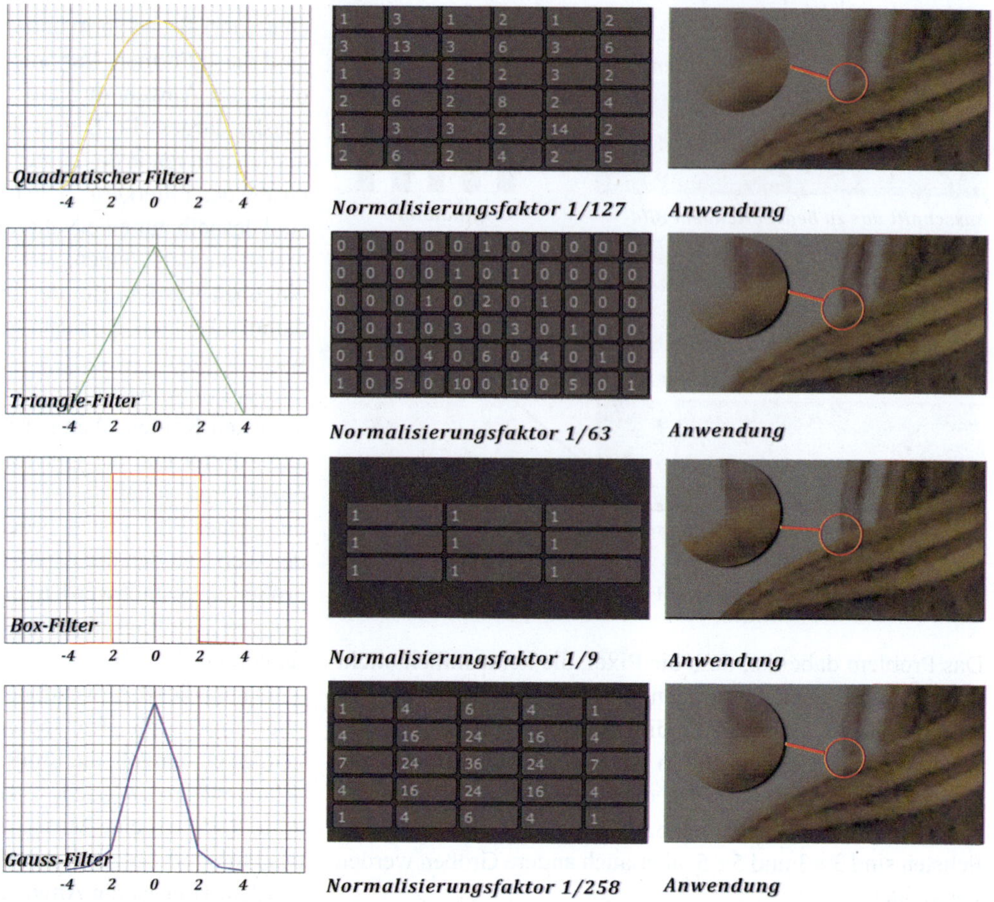

Abb. 8.44 Anwendung verschiedener Erode-Filter

Abb. 8.45 Beschränken des Wirkungsbereiches eines Erode-Filters

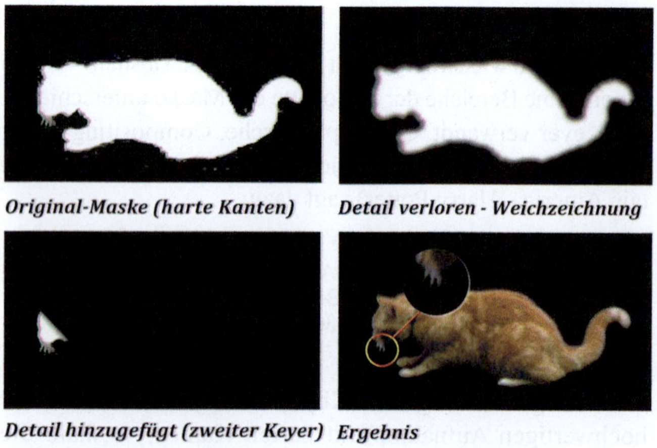

Abb. 8.46 Wiederherstellung von Detail durch zweiten Keyer

so eingestellt wird, dass er dieses Detail gut erkennt, kann eine entsprechende Maske generiert werden, die dann mit einer Maximum-Operation auf die weichgezeichnete Maske gelegt wird.

Verwenden einer In/Out-Matte (Soft Comp/Hard Comp)
Die Grundidee bei dieser Technik ist, einen Key mit harten Kanten zu erzeugen und diesen in beide Richtungen einzuschränken, sodass ein gewisser Spalt um die Silhouette des zu maskierenden Objektes entsteht, in dem ein weiterer Keyer arbeiten kann, der die feinen Details herausarbeitet. Hierbei wird zuerst eine grobe Maske (Primatte, IBK) erstellt und dann nach außen in den Garbage-Bereich erweitert.

Diese Matte erhält der Detail-Keyer als Garbage-Matte. Von der groben Matte wird eine zweite Version erzeugt und diesmal verkleinert. Diese Matte erhält der Keyer als Holdout-Matte. Beide Matten können aber auch nach dem

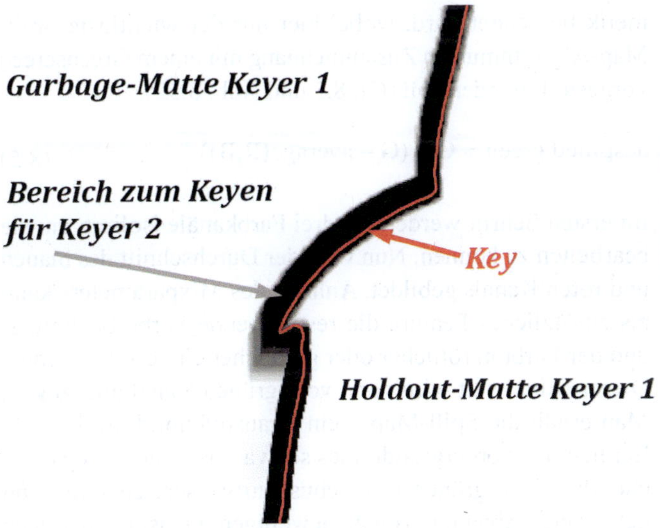

Abb. 8.47 Soft Key – Hard Key-Technik

Keying mit dem Alpha-Kanal verknüpft werden. Werden beide Matten angewandt, bleibt ein kleiner Bereich übrig, in dem der Detail-Keyer arbeiten kann (siehe Abb. 8.47).

8.6 Chroma-Keying – Der Farbzweig (RGB)

8.6.1 Der Spill

Gut ausgeleuchtete Green-/Bluescreens verursachen eine enorme Kontamination der unmittelbaren Umgebung. Dies ist auch zu einem Teil durch die in der Farbe des Screens enthaltenen Substanzen verursacht, die die Lichtreflexion verbessern sollen. Abbildung 8.48 zeigt den Einfluss eines Greenscreen auf eine meist in neutralem Grau gehaltene Umgebung.

Aber nicht nur Materialien mit hohem Reflexionsgrad wie Metalle oder der Lack des Cellos im Abschn. 5.1 (siehe Abb. 5.1) sind davon betroffen, sondern auch Holz, Haut und Haare reflektieren das auftreffende Licht, wobei besonders helle Kleidung oder halbtransparente Elemente beeinflusst werden (siehe Abb. 8.49).

Abb. 8.48 Umgebungs-Spill eines Greenscreens

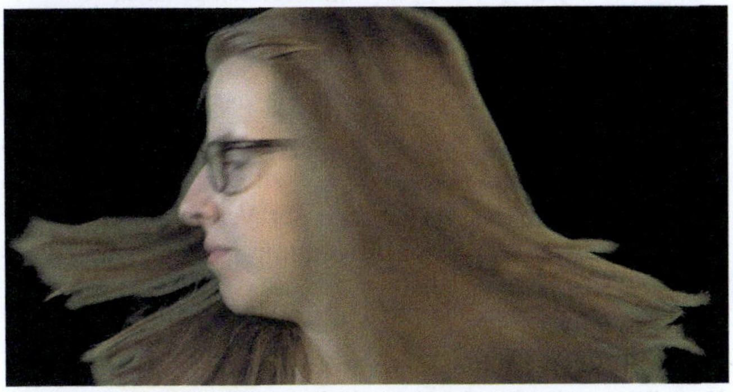

Abb. 8.49 Spill im Vordergrundobjekt nach dem Keying

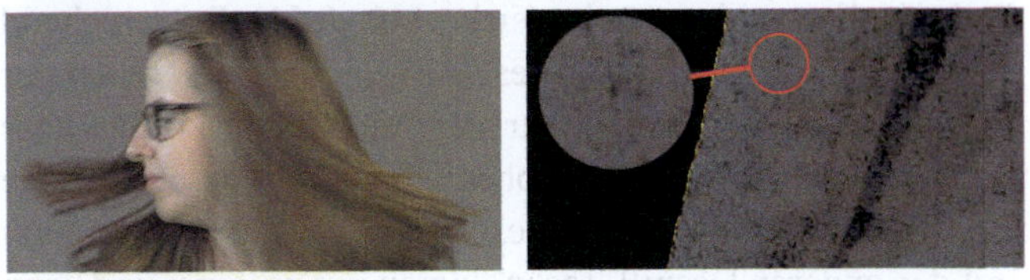

Abb. 8.50 Despilling im Keyer

8.6.2 Entfernen des Spills

1. Despilling im Keyer
Viele Chroma-Keyer bieten eigene Funktionen zur Unterdrückung von Spill. Einer der am meisten verwendeten Echtzeit-Chromakeyer im Broadcast-Bereich ist Ultimatte 115[5]. Er ist in Form einer 19″-Einheit[6] in der Studiotechnik integriert und wird eingesetzt, wenn eine Person in Echtzeit freigestellt werden soll – wie beispielsweise in virtuellen Studios zur Wetteransage und anderen Anwendungen. In dessen interner Pipeline sind sehr gut funktionierende proprietäre Algorithmen zur Spill-Unterdrückung integriert.

Auch Software-Keyer haben eine automatische Funktion zur Spill-Unterdrückung. Diese arbeitet in den meisten Fällen recht gut (siehe Abb. 8.50, linkes Bild). Abhängig vom Material, dessen technischer Qualität – vor allem der Rauschanteil – und der Farbzusammenstellung in der Aufnahme, können aber auch Artefakte auftreten (siehe Abb. 8.50, rechtes Bild).

Um das Generieren der Matte und die Farbbehandlung in den RGB-Kanälen in zwei separaten Zweigen aufrechtzuerhalten, ist es sinnvoll, den Keyer nach dem Generieren der Matte zu klonen[7] und in den Farbzweig zu kopieren. Außer-

[5] www.ultimatte.com
[6] Normierte Hardware-Einschübe, die in 19 Zoll breiten Modulen, sogenannten Racks, in der Studio-Technologie verwendet werden

[7] Verbindung zum originalen Operator, die dessen Parameter kopiert und aktualisiert

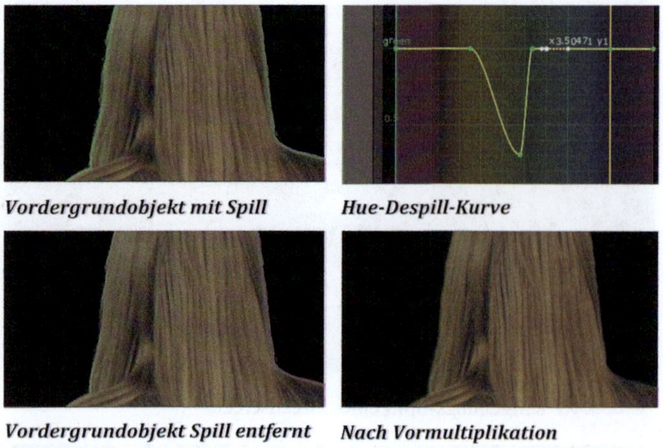

Abb. 8.51 Despilling mittels selektiver Farbkorrektur

dem ist es vorteilhaft, ein nicht-vormultipliziertes Ergebnis auszugeben. Dies führt in der Regel zu temporär sehr hellen Kanten. Diese werden aber nach der Verknüpfung mit der Matte und deren Vormultiplizieren mit den Farbkanälen beseitigt.

2. Despilling mittels selektiver Farbkorrektur

Despilling mittels selektiver Farbkorrektur ist eine weitere Möglichkeit. Dabei wird durch eine angewendete Kurve eine Farbe isoliert und entsättigt (siehe Abb. 8.51). Entsprechend sorgfältig verwendet kann diese Anwendung wesentlich zur Verminderung des Spills beitragen; die Gefahr besteht aber darin, dass der gewählte Farbbereich zu groß ist und andere Bildteile mit beeinflusst. Dieses Verfahren ist in Kombination mit den anderen Despill-Technologien gut geeignet und kann für die Feinabstimmung verwendet werden.

3. Verwendung einer Spill-Map

Ein Despilling-Verfahren, das vor allem bei HD-Video-Material mit signifikanter Farbunterabtastung gute Ergebnisse liefert, ist das Erzeugen einer sogenannten Spill-Map. Die Grundidee dabei ist, den überflüssigen grünen Farbanteil im Bereich der Haut zu ermitteln und vom Bildmaterial zu entfernen.

Steve Wright fasst in seinem Buch „Digital Compositing for Film and Video" (2010, S. 88 ff.) verschiedene Algorithmen zusammen, in denen Despilling mit Farbkanal-Arithmetik berechnet wird, wobei hier nur der wichtigste Spill-Map-Algorithmus im Zusammenhang mit einem Greenscreen vorgestellt werden soll (Gl. 8.5 und Abb. 8.52).

$$\text{despilled green} = G - (G - \text{average}(R,B)) \tag{8.5}$$

Im ersten Schritt werden die drei Farbkanäle isoliert, um sie bearbeiten zu können. Nun wird der Durchschnitt des blauen und roten Kanals gebildet. Anhand des Mixparameters kann als zusätzliches Feature die resultierende Farbe beeinflusst und der Farbton rötlicher oder gelblicher eingestellt werden. Dieser Mittelwert wird dann vom grünen Kanal abgezogen. Man erhält die Spill-Map – ein Graustufenbild, in dem der Bereich des Vordergrundbildes schwarz ist – und alle Bereiche, die einen grünen Überschuss aufweisen, entsprechend heller sind – abhängig von der jeweiligen Intensität im grünen Kanal. Die Spill-Map repräsentiert somit den grünen Überschuss. Sie wird nun im nächsten Schritt vom originalen grünen Kanal abgezogen. Der auf diese Weise entfärbte grüne Kanal ersetzt den originalen grünen Kanal.

Bei diesen Verfahren wird nur der grüne Kanal bearbeitet. Die anderen beiden Kanäle bleiben unangetastet. Um ein entsprechendes Ergebnis zu erhalten, kann die Spill-Map weiter manipuliert werden, zum Beispiel ist es manchmal sinnvoll, deren Helligkeit um einige Prozente zu erhöhen. Bei der Implementierung in Nuke werden die Subtraktionen mit der Merge-Node ausgeführt. Hier ist zu überprüfen, ob der *Video-colorspace-Modus* eingeschaltet werden muss, da abhängig von der Bildquelle Subtraktionen oft unvorhergesehene Resultate liefern.

8.6.3 Farbkorrektur des Vordergrund-Elements

Da das freigestellte Vordergrundobjekt mit einer mehr oder weniger unterschiedlichen Beleuchtung gegenüber dem Hintergrundbild aufgenommen wurde, muss es farbkorrigiert werden. Die Position dieses Arbeitsschrittes im Workflow ist nach dem Despilling und vor dem Vormultiplizieren, bei dem die Maske mit der farblich korrigierten Greenscreen-Aufnahme kombiniert und multipliziert wird, sodass diese dann über den Hintergrund komponiert werden kann.

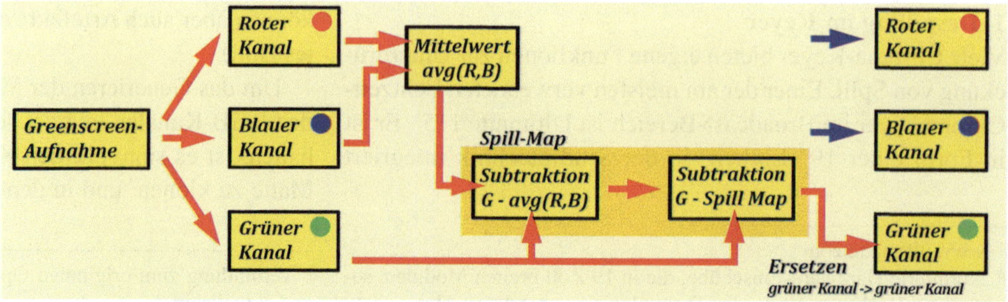

Abb. 8.52 Despilling mit Spill-Map (Schema)

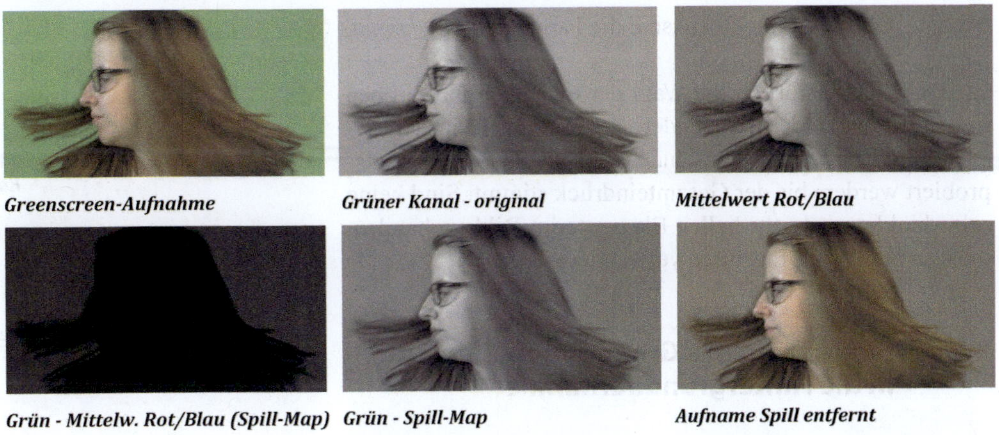

Abb. 8.53 Despilling mit Spill-Map (Renderings)

Der Vorgang ist weitestgehend automatisiert. Die grundlegende Idee dabei ist, den Kontrast des Vordergrundbildes in den einzelnen Farbkanälen so zu erhöhen, dass diese im Schwarzpunkt das Minimum (0,0) und im Weißpunkt das Maximum (1,0) erreichen. Dann kann das Bild in den farblichen Bereich des Hintergrunds eingepasst werden.

Abbildung 8.54 zeigt das Vorgehen und Abb. 8.55 stellt die Werte in den einzelnen Farbkanälen für dieses Beispiel dar. Zuerst wird der Schwarzpunkt des Vordergrundobjekts – der dunkelste Punkt des Bildes – festgelegt. Um den Schwarz- und Weißpunkt zu ermitteln hilft es, die Helligkeit des Viewers temporär zu ändern. Ist er sehr hell eingestellt, kann man erkennen, wo die dunklen Partien im Bildes liegen, ist er sehr dunkel eingestellt, kann man erkennen wo sich die hellen befinden. Das Bild erhält an dieser Stelle in allen drei Farbkanälen den Wert 0,0.

Im nächsten Schritt wird ein Bildteil, das diffuses Weiß repräsentiert, ausgewählt. Es sei hier noch einmal bemerkt, dass lediglich diffuses Weiß für die Farbkorrektur verwendet werden soll, keine spekularen Glanzlichter. Dadurch wird dieser Bildbereich in allen drei Farbkanälen auf 1,0 gestellt. Das Vordergrundbild ist nun sehr hell.

Im nächsten Schritt wird im Hintergrundbild der Schwarzpunkt festgelegt. Die auf null stehenden Farbkanäle des Vordergrundbildes werden dann auf die Farbwerte dieses Punktes versetzt (siehe Abb. 8.55). Zum Schluss wird der Weißpunkt im Hintergrundbild festgelegt. Auch hier werden die Farbkanäle des Vordergrundbildes angepasst. Technisch kann diese Operation in Nuke mit der Grade-Node ausgeführt werden. In

Abb. 8.54 Farbkorrektur des Vordergrundobjektes

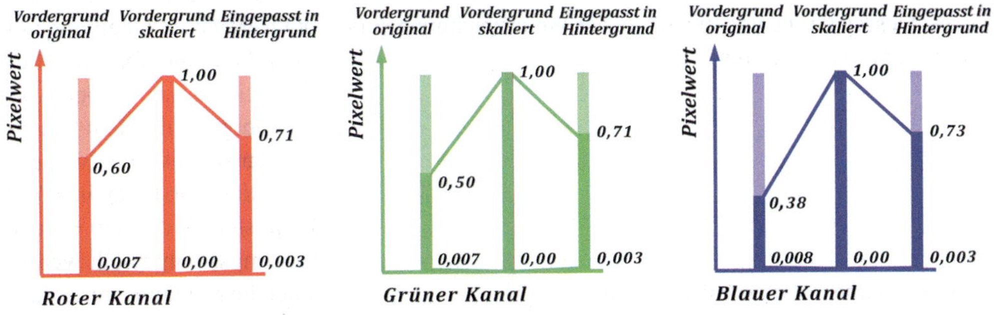

Abb. 8.55 Farbkorrektur des Vordergrundobjektes (Schema)

der angegebenen Reihenfolge sind die Parameter: *blackpoint, whitepoint, lift* und *gain.*

Wichtig ist natürlich die Wahl der einzelnen Farbproben in den beiden Bildern. Besonders der Weißpunkt im Hintergrundbild ist kritisch. Hier können verschiedene Farben ausprobiert werden, bis der Gesamteindruck stimmt. Sind keine sehr dunklen und sehr hellen Elemente im Bild vorhanden, müssen ähnliche Graustufen verwendet werden.

8.7 Integration des Greenscreen-Elements in die Hintergrundaufnahme

Trotz der Anwendung aller bisher vorgestellten Techniken kann die Integration des freigestellten Vordergrundobjektes noch nicht visuell überzeugend sein. Oft hat das Entfernen des Spills die Nebenwirkung, dass keine diffusen Wechselwirkungen mehr vorhanden sind und das Greenscreen-Element zu neutral wirkt. Hier kommt die alte Compositing-Weisheit zum Tragen, die besagt, dass wenn etwas entfernt wurde, etwas anderes an dieser Stelle hinzugefügt werden muss. Im Folgenden werden zwei wichtige Techniken vorgestellt, die die Integration von Greenscreen-Elementen – aber auch von eingefügten Computergrafiken – verbessern.

8.7.1 Edge Blending

Die erste Technik ist das Edge-Blending. Hier ist die Idee, einen sehr begrenzten Bereich der finalen Komposition am Übergang der Silhouette des Vordergrundobjekts zum Hintergrund weichzuzeichnen, sodass sich beide Bereiche vermischen. Dieser Effekt muss sehr subtil erfolgen. Der Compositing-Trainer Steve Wright sagt dazu: *You have to feel it, not to see it.*[8]

Abbildung 8.56 zeigt das Schema. Der Alpha-Kanal mit der Maske des Keyers – oder der CG-Maske bei einem 3D-Rendering – wird mit einem Kantenerkennungs-Algorithmus bearbeitet. Dadurch wird die Maske um wenige Pixel ausgeweitet und um die gleiche Anzahl der Pixel innen abgeschnitten. Das Ergebnis ist ein Umriss der Silhouette. Dieser Umriss wird weichgezeichnet und in den Alpha-Kanal der Komposition kopiert. Es erfolgt dann ein Weichzeichnen des gesamten Bildes nur in dem Bereich der Maske, also des Umrisses. Dessen Größe und die Stärke der Weichzeichnung sind die Integrations-Faktoren.

[8] Im persönlichen Gespräch mit dem Autor

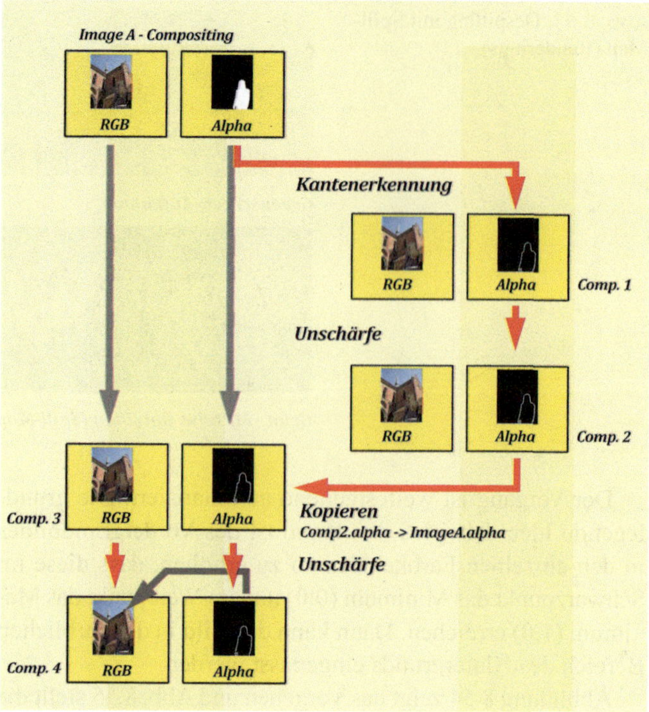

Abb. 8.56 Edge Blending (Schema)

8.7.2 Light Wrapping

Eine weitere Technik, die die Integration des Greenscreen-Elements in die Hintergrundaufnahme verbessert, ist das Light-Wrapping. Hier besteht die Grundidee darin, dass das Streulicht des Hintergrunds den Vordergrund an den Kanten aufhellt oder einfärbt. Dazu wird ebenso wie beim Edge-Blending zuerst der Umriss der Silhouette des Vordergrunds erstellt. Diese Maske wird mit dem Hintergrund multipliziert, sodass der Umriss ein Ausschnitt des Hintergrunds ist. Dieses Element wird dann auf die finale Komposition mit dem Screen-Modus komponiert.

Zum Erstellen der Umriss-Matte sind einige Technologien verfügbar, die je nach dem zu erzielenden Ergebnis variabel eingesetzt werden können. Wir stellen hier die klassische Methode mit der Verwendung einer Unschärfe-Operation vor. Des Weiteren geben wir auch eine flexiblere Methode an, bei der die Gestaltung der Maske vom gewählten Erode-Algorithmus und -Filter abhängt.

Während die klassische Methode nur einen sehr begrenzten Bereich im Übergang von Hintergrund zu Vorderrund erfasst, kann die Variante, die den Erode-Operator verwendet, auch eingesetzt werden, wenn größere Flächen des Vordergrundobjekts mit dem Hintergrundlicht versehen werden soll. Das umspannt einen weiten Anwendungsbereich. Einerseits kann der Darsteller im Vordergrund vor einem sehr hellen Licht stehen, das den Kantenbereich stark aufhellt. Andererseits muss dargestellt werden, wie ein Objekt, wie zum Beispiel die Mündung eines dunklen Tunnels, das auf ein äußeres

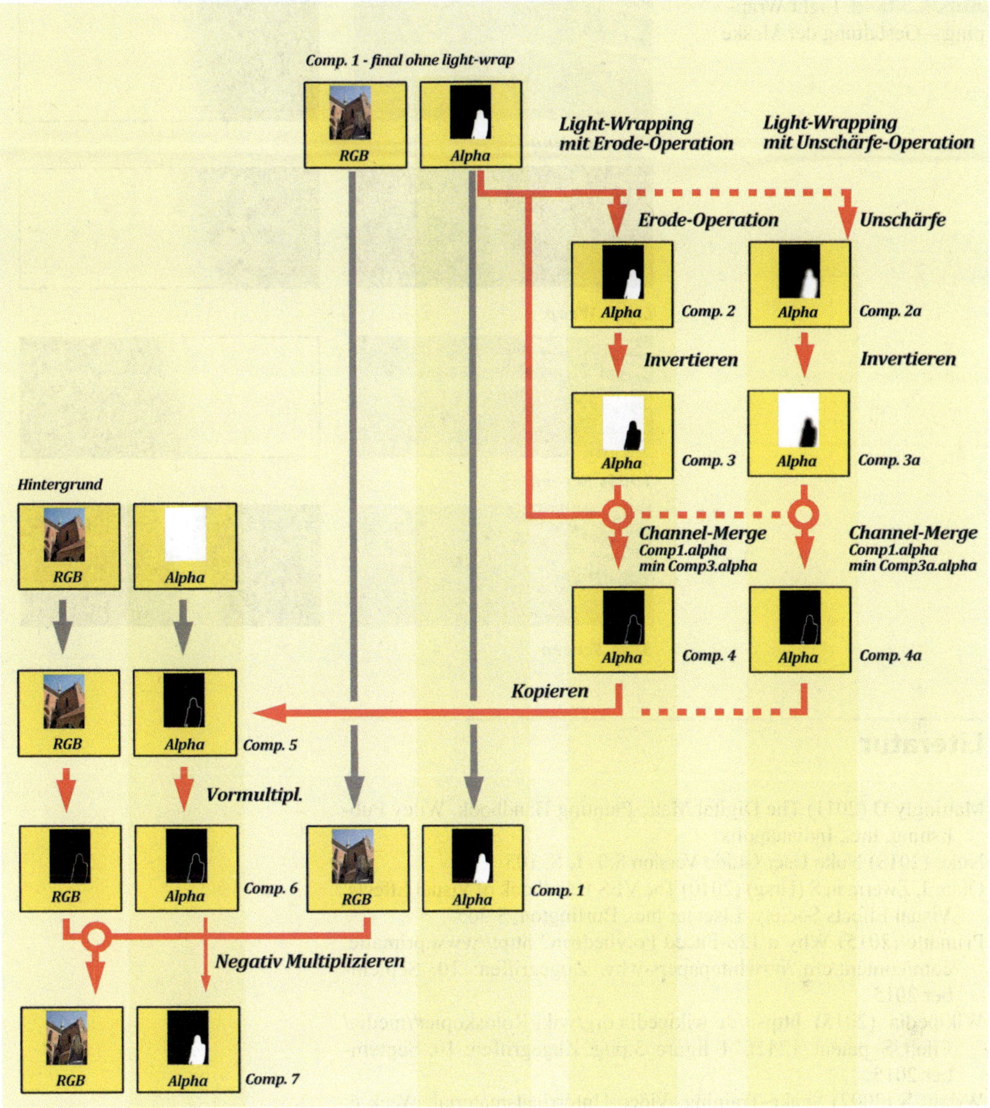

Abb. 8.57 Light-Wrapping (Schema)

Licht stößt, von diesem beleuchtet wird. Diese Technologie wird auch als *Plate-Flash* bezeichnet. Dazu sind flexiblere Masken sinnvoll.

Abbildung 8.57 zeigt das Schema eines Light-Wrappings. Der Alpha-Kanal der bisherigen Komposition (*Comp. 1*) wird extrahiert und entweder weichgezeichnet oder mit dem Erode-Algorithmus gestaltet (*Comp. 2, 2a*) und dann invertiert (*Comp. 3, 3a*). Im nächsten Schritt wird er mit dem originalen Alpha-Kanal der Komposition durch die Minimum-Operation verknüpft, sodass eine Maske der Silhouettenkante entsteht (*Comp. 4, 4a*). Diese wird in den unbearbeiteten Hintergrund kopiert (*Comp. 5*) und vormultipliziert (*Comp. 6*). Die Umrisskante ist nun mit der Hintergrundfarbe gefüllt. Diese Umrisskante wird dann mit dem Screen-Modus (Negativ Multiplizieren) auf die bisherige Komposition (*Comp. 1*) gelegt (*Comp. 7*).

Abbildung 8.58 zeigt die Gestaltung der Umrisskante mit dem Erode-Algorithmus. In Abb. 8.58a wird der Verlauf der Maske im originalen Alpha-Kanal des Vordergrundobjektes dargestellt. Er beginnt an der gestrichelten Linie – der Begrenzung des Vordergrunds, generiert eine weiche Kante im Anstieg und wird dann opak. Abbildung 8.58b zeigt die Wirkung des Erode-Algorithmus auf den Alpha-Kanal. Hier sind zwei Kontrollmöglichkeiten vorhanden. Einerseits kann durch unterschiedliche Filterwahl die Steilheit des Anstieges beeinflusst werden, andererseits kann der Beginn des Anstieges mit dem Erode/Dilate-Parameter verzögert werden. In Abb. 8.58c wird der erodierte Alpha-Kanal invertiert und in Abb. 8.58d das Minimum des originalen Alpha-Kanals (a) und des invertierten erodierten Alpha-Kanals (c) berechnet. Es entsteht eine trapezförmige Maske. Durch einen flacheren Anstieg des Erode-Algorithmus in (b) werden die Kanten des Ergebnisses weicher und durch einen größeren Erode-Wert wird das Trapez breiter. Mit sehr hohen Erode-Werten kann oben genannte Plate-Flash-Technik ausgeführt werden.

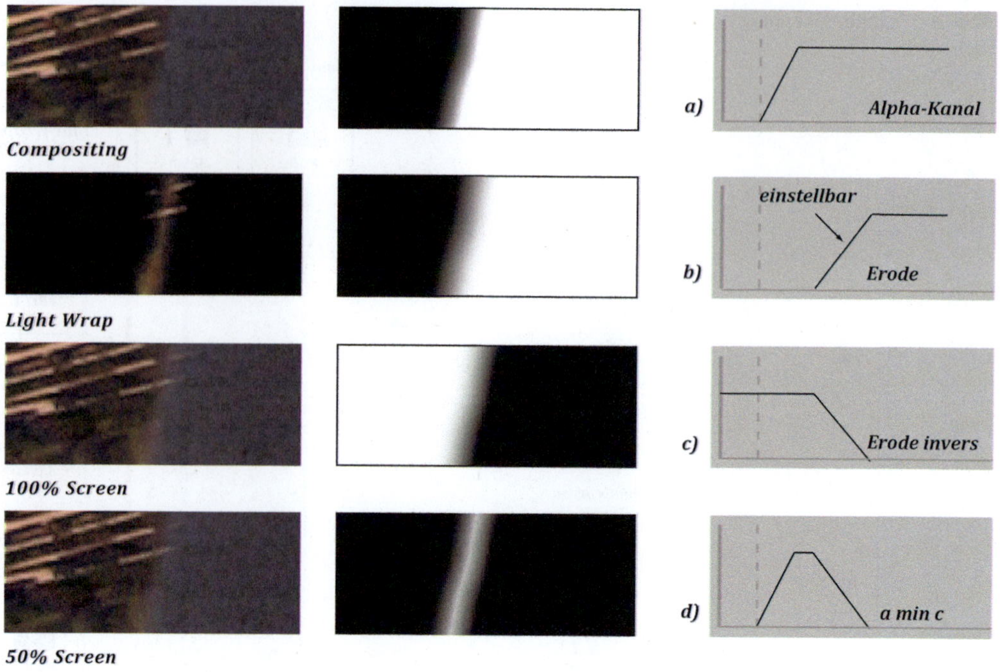

Abb. 8.58a–d Light Wrapping – Gestaltung der Maske

Literatur

Mattingly D (2011) The Digital Matte Painting Handbook. Wiley Publishing, Inc., Indianapolis

Nuke (2013) Nuke User Guide Version 8.0v1, S. 103

Okun J, Zwerman S (Hrsg) (2010) The VES Handbook of Visual Effects. Visual Effects Society. Elsevier Inc., Burlington, S 565

Primatte (2015) Why a 128-Faced Polyhedron? http://www.primatte.com/content.cfm?n=whitepapers-why. Zugegriffen: 10. September 2015

Wikipedia (2015) https://de.wikipedia.org/wiki/Rotoskopie#/media/File:US_patent_1242674_figure_3.png. Zugegriffen: 10. September 2015

Wright S (2007) Shake-Training. Video-Unterrichtsmaterial, Week 6, Keyframes

Wright S (2010) Digital Compositing for Film and Video, 3. Aufl. Elsevier, Amsterdam

Generieren von 3D-Inhalt zum Einfügen in Live-Action-Footage

9

Eberhard Hasche

Digitale 3D-Darstellungen haben in zahlreichen Industriesparten eine zentrale Bedeutung gewonnen – vom Automobilbau bis zur Architektur, von der Archäologie bis zur Medizin. Sie werden zur Visualisierung von Daten und unterschiedlichster Art herangezogen und gewinnen im Zusammenhang mit der Virtual Reality bei der Gestaltung innovativer Interfaces immer mehr an Gewicht. Im Medienbereich nehmen 3D-Inhalte eine zentrale Stellung ein. Sie bilden die Basis der Game-Industrie und moderner Animationsfilme. Auch die Darstellung von Sachverhalten mittels informativer 3D-Grafiken im Fernsehen wird immer populärer. Alle diese Anwendungen unterscheiden sich jedoch signifikant von der Anwendung in Spielfilmen. Hier erfordern die Darstellung auf großen Leinwänden und der Anspruch an Realitätsnähe spezielle Qualitätsstandards.

Dies verlangt eine von Anbeginn auf die speziellen Erfordernisse der Produktionspipeline abgestimmte Arbeitsweise. Beginnend beim Modellieren bis hin zum Rendern ist der Blick stets auf die Integration in das Live-Action-Footage mit seinem Bewegungsschemata und Lichtverhältnissen gerichtet, wobei die Unterstützung der Story des Filmes eine zentrale Bedeutung besitzt.

Kapitelübersicht
In diesem Kapitel folgt die Diskussion in den einzelnen Abschnitten den Bedürfnissen dieser Arbeitsweise, die sich vom Vorgehen bei der Erstellung von 3D-Inhalten für industrielle Anwendungen oder den speziellen Erfordernissen der Medienbranche, wie zum Beispiel in Computergames, unterscheiden.

Das Kapitel beginnt mit einer Diskussion, warum und wann es sinnvoll ist, 3D-Inhalten gegenüber traditionellen Methoden den Vorzug zu geben. Dann erfolgt ein Blick auf den ersten Arbeitsschritt in der 3D-Pipeline, dem Modellieren von 3D-Elementen. Hier liegt das Augenmerk auf den speziellen Anforderungen an die Topologie der Geometrie (engl. *meshes*). Die wichtigsten Werkzeuge und Technologien werden vorgestellt und spezielle Techniken zum Kreieren von für Filmanwendungen geeigneten Meshes diskutiert. Es folgt ein Abschnitt, in dem moderne Verfahren zum manuellen, automatischen und halb automatischen Generieren der Meshes veranschaulicht werden.

Um der Geometrie Oberflächeneigenschaften zuzuweisen, sind Shader und Materialien verantwortlich. In diesem Abschnitt werden die wichtigsten Shading-Verfahren diskutiert. Hier liegt das Augenmerk auf der physikalisch richtigen (engl. *physical plausible*) Interpretation der Materialeigenschaften, was vor allem mit dem Einsatz der Bidirektionalen Reflektanzverteilungsfunktion realisiert wird. Andererseits werden die Konzepte der Bump-, Displacement- und Normal-Maps vorgestellt, die die hoch aufgelösten Details der Modelle auf Low-Poly-Modelle übertragen können.

In engem Zusammenhang mit dem Shading steht das Texturieren der Modelle. In diesem Abschnitt steht das Erzeugen einer UV-Map im Vordergrund, da sie das wichtigste Element ist, projizierte 2D-Informationen der 3D-Meshes in der Pipeline weiterzuleiten.

Als Ergänzung zum Kap. 4 folgt eine kurze Diskussion der Besonderheiten von 3D-Kameras. Der letzte Abschnitt in diesem Kapitel beinhaltet die Diskussion von Beleuchtungs- und Renderstrategien. Hier ist das zentrale Thema die Umsetzung der Rendergleichung in den unterschiedlichen Renderverfahren. Als Ausblick wird das Generieren von Renderpasses für das Compositing vorgestellt, um Änderungen ohne aufwendiges Neu-Rendern der 3D-Szenen ausführen zu können.

9.1 Wann es sinnvoll ist, 3D-Inhalte im Film einzusetzen

Über alle Grenzen der einzelnen Gewerke hinweg gibt es in der Filmbranche Befürworter und Gegner des Einsatzes von 3D-Inhalten in Realfilmen. Für die einen ist es zu künstlich, für die anderen das Allheilmittel an sich. In diesem Abschnitt soll eine Reihe von Situationen vorgestellt werden, in denen es zumindest überlegenswert ist, auf 3D-Elemente zuzugreifen.

E. Hasche, P. Ingwer, *Game of Colors: Moderne Bewegtbildproduktion*, X.media.press, DOI 10.1007/978-3-662-43889-3_9

Abb. 9.1 Mit Realfotografie nicht mögliche Aufnahme

Abb. 9.2 Set-Erweiterung

Die hier vorgestellten Anwendungsfälle sind filmtechnisch nicht neu und wurden in den letzten 100 Jahren bereits mit traditionellen Mitteln (mechanische und kontrollierbare Modelle, Miniaturen, Matte-Painting etc.) realisiert. Da diese Methoden aber auch einen nicht unerheblichen finanziellen Aufwand bedeuten, ist es immer sinnvoll, eine Gegenrechnung mit den digitalen Technologien vorzunehmen.

Andererseits können 3D-Inhalte, wenn sie angemessen eingesetzt sind, eine Steigerung der immersiven Qualitäten im Stroytelling bedeuten. Im Folgenden wird eine Reihe von Situationen diskutiert, in denen dies möglich ist.

Einsatzmöglichkeit 1: Die Umsetzung der Szene ist mit herkömmlichen Mitteln nicht möglich

Die Szene beinhaltet mit herkömmlichen Mitteln nicht realisierbare Anforderungen. Dies kann die Größe einer Umgebung sein, die durch Set-Aufbauten nicht mehr umzusetzen ist. Auch physikalische Gegebenheiten können die Produktion unmöglich machen – zum Beispiel das Filmen im Weltraum. Darüber hinaus sind Zerstörungen von bekannten Gebäuden und Städten ebenso nicht zu verwirklichen, wie auch Überflutungen ganzer Landstriche.

Abbildung 9.1 zeigt eine Szene, in der Berlin überflutet ist und ein Fischschwarm am Brandenburger Tor vorbei schwimmt. Die Idee ist, den Fischschwarm als Vorhang zu benutzen, der den Blick auf den oberen Teil des Denkmals freigibt und den Zuschauer bemerken lässt, dass der Wagen der Quadriga nicht an seinem Ort ist. Natürlich ist weder das Überfluten der Stadt, noch das Entfernen des Wagens technisch möglich (oder erlaubt).

Einsatzmöglichkeit 2: Set-Erweiterungen

Set-Erweiterungen stellen das wohl am weitesten verbreitete Anwendungsgebiet Für 3D-Inhalte dar. Oft wird nur das direkte Aktionsfeld der Schauspieler und beweglicher Objekte durch Set-Aufbauten umgeben, damit die Silhouetten der Akteure nicht freigestellt werden müssen. So sind Gebäude oft nur bis zum ersten Stock errichtet. Die fehlenden Elemente werden dann in der Postproduktion hinzugefügt. Gleiches gilt für Blue-/Greenscreen-Aufnahmen. Hier muss ein vorhandenes Szenenbild ebenfalls erweitert werden (s. a. Abschn. 10.4.7).

Traditionell wurden Set-Erweiterungen durch eine Kombination von Modellen, Miniaturen und Matte-Painting[1] realisiert. Verwendet man hingegen die hier thematisierten digitalen Mittel, kommen je nach Komplexität der Umgebung 2.5D- oder 3D-Verfahren zur Anwendung. Ist die Parallaxenänderung der Aufnahmen gering oder sind die entsprechenden Elemente weit genug von der Kamera entfernt, können 2.5D-Karten verwendet werden. Bei hoher Parallaxenänderung, verursacht von Objekten im Vordergrund oder von solchen mit großer Tiefenausdehnung, ist es notwendig, die CG-Szene dreidimensional zu konstruieren.

Abbildung 9.2 zeigt die Set-Erweiterung einer Greenscreen-Aufnahme, bei der nur die Tür als praktisches Requisit vorhanden war. Das technische Konzept ist ähnlich dem, das im Film *Sin City* (Regie Frank Miller, Robert Rodriguez und Quentin Tarantino, USA 2005) angewendet wurde. Hier kamen vor allem Greenscreen-Aufnahmen zum Einsatz, bei denen für Innenaufnahmen Fenster und Türen am Set aufgebaut waren, damit die Schauspieler die räumlichen Dimensionen erkennen konnten und sich in der Lage sahen, mit den Szenenelementen zu interagieren – zum Beispiel die Türklinke zu betätigen. Im o. a. Beispiel fungiert die Tür als Portal in eine spezielle technische Umgebung.

Einsatzmöglichkeit 3: Verbesserung und Anpassung von Requisiten

Am Filmset benötigt ein Schauspieler Partner oder Objekte, mit denen er interagieren kann. Soll zum Beispiel eine Peitsche simuliert werden, kann das ohne ein tatsächlich vorhandenes Objekt schwierig werden, da die Interaktion der Peitschenstränge mit der Luft an physikalische Bedingungen geknüpft ist. Sind Phantasy-Requisiten vorgesehen, wie der Hammer *Mjolnir* des Marvel-Charakters Thor, werden diese so realistisch wie möglich nachgebaut. In der finalen Fassung

[1] Gemalte Hintergründe.

Abb. 9.3 Anpassung von Requisiten

Abb. 9.4 Aufnahmen zu gefährlich

Abb. 9.5 Aufnahmen mit Tieren

werden aber Gestalt und Look oft noch verfeinert, funktionale Ereignisse wie Lichteffekte oder im oben genannten Beispiel Funken hinzugefügt.

Neben dem Einfügen der entsprechenden Elemente und Effekte ist meist auch eine Wiederherstellung des Hintergrundabschnittes notwendig, der durch das Requisit verdeckt ist. Dies wird vor allem dann erforderlich, wenn das Requisit am Set größer war, als die digitale bearbeitete Version, oder dann, wenn Teile des Originalobjekts halb transparent oder transluzent im Film erscheinen sollen.

In Abb. 9.3 wird ein Anschlussfehler bearbeitet. Während in der Footage ein Vorschlaghammer verwendet wurde, ist in der Greenscreen-Aufnahme eine Spitzhacke das entsprechende Objekt. Da letzteres sehr statisch ist und sich nicht über den Körper bewegt, kann es ohne große Probleme durch den Hammer ersetzt werden.

Einsatzmöglichkeit 4: Aufnahme zu gefährlich
In diese Kategorie fallen alle Aufnahmen, die eine physische Gefahr für Menschen darstellen. Dies können Aufnahmen in großer Höhe sein, Interaktionen mit Maschinen und anderen mechanischen Vorrichtungen, Darstellungen von Unfällen, Verletzungen und das Zusammenspiel mit gefährlichen Tieren.

Traditionell werden diese Aufnahmen von Doubles, Stuntmen oder anderweitig qualifiziertem Personal unter Beachtung und Anwendung von speziellen Sicherheitsmaßnahmen (Seilsicherungen) ausgeführt. Auch werden Modelle, Miniaturen, sowie mechanisch und elektronisch kontrollierbare Elemente eingesetzt.

Abbildung 9.4 zeigt eine Situation, in der in großer Höhe ein Balanceakt ausgeführt wird. Der Einsatz von Computergrafik ist zudem dadurch notwendig, da das gesamte Erscheinungsbild stark stilisiert ist.

Aufnahmen mit Tieren
Trainierte Tiere können enorme Leistungen vollbringen. Selbst Insekten sind filmbar, wie der Phantasy-Klassiker *Phase 4* (Regie Saul Bass, USA 1974) beweist, bei dem Ameisen als überzeugende Darsteller agieren. Hier sind allerdings viel Geduld und Filmmaterial notwendig, um eine entsprechende Performance aufzunehmen.

Für die Interaktion mit fantastischen Gestalten und Märchenwesen werden meist zunächst reale Tiere, beispielsweise Pferde, gefilmt. Der Bereich der direkten Interaktion mit den Schauspielern (zum Beispiel der Sattel) bleibt unverändert, während der Rest an die Anforderungen des Skripts angepasst wird. Ein großer Vorteil bei einer solchen Herangehensweise liegt darin, dass die Bewegungen der Tiere als Referenz für ihre digitalen Duplikate fungieren können.

Abbildung 9.5 zeigt die schon bekannte Ameisenwespe. Soll ein solches Wesen kontrollierte Bewegungen ausführen, ist es zumeist sinnvoll, auf die digitale Ebene zu wechseln.

Abb. 9.6 Rauch-Simulation

Abb. 9.7 Science-Fiction-Szene

Außerdem wäre in der Realität die Anwendung der Makrofotografie bei einem so kleinen Insekt nicht ganz unproblematisch, da oft ein hoher Betrag von Licht benötigt wird, was wiederum eine große Hitze erzeugt, die eventuell den Darsteller verbrennen könnte.

Einsatzmöglichkeit 6: Physikalische Simulationen
Keyframe-basierende Animationen versetzen den Animator in die Lage, genau im exakten Zeitpunkt eine bestimmte Pose, einen speziellen Gesichtsausdruck oder das Einschlagen eines Meteoriten festzulegen.

Ereignisse, die aus Millionen Einzelelementen bestehen (Wassertropfen im Regen oder in einem Wasserfall, Partikel im Rauch, herabstürzende Konstruktionen oder Schnee, Staub, Feuer oder der Ozean) können nicht per Hand animiert werden. Hier kommen physikalische Simulationen zum Einsatz. Diese bestehen aus einem dynamischen System, dessen Eingangsparameter festgelegt werden und dann mit sogenannten *Solvern*, die speziellen Regeln folgen, berechnet werden. Einfluss auf das Ergebnis kann vor allem durch hinzugefügte Kräfte wie Gravitation und Wind genommen werden. Ein solches System wird nicht animiert, sondern gebraut (engl. *to cook*) und erreicht zu einem bestimmten Zeitpunkt ein von den Eingangsparametern bestimmtes zufälliges Aussehen. Abbildung 9.6 zeigt eine Rauch-Simulation, bei der ein Gebäude im Comic-Stil versucht abzuheben.

Einsatzmöglichkeit 7: Fantasie- und Science-Fiction-Welten
Die oft monoton übertechnisierte und von vielen als langweilig empfundene Wirklichkeit sucht sich ein Ventil in fantastischen Welten, wo der Kampf zwischen Gut und Böse meist für die richtige Seite entschieden wird. Die schier endlosen Möglichkeiten der Computergrafik lassen wundersame, skurrile, bizarre und verrückte Welten entstehen, in denen sich der Zuschauer verlieren kann. Dieser Aspekt der Kinematografie ist so alt wie das Filmemachen selbst. Einer der ersten Filme, in dem fantastische Effekte eingesetzt wurden, war *Die Reise zum Mond* von George Méliès aus dem Jahre 1902, dessen ikonische Raketenlandung im Gesicht des Mondes der *Visual Effects Society (VES)* als Logo dient.

Die glaubhafte Umsetzung solcher Umgebungen ist mit großem Ernst und genau so großem Spaß in vielen Filmen über die Jahrzehnte nachhaltig gelungen. Man denke nur an die *Star Wars*- und *Star Trek*-Reihen oder die Comic-Verfilmungen von Marvel. Alte und neue Klassiker, wie *Alice im Wunderland, Der Zauberer von Oz, Harry Potter, Der Herr der Ringe* und der Stil prägende *Avatar*-Film erfreuten sich großer Zuschauerresonanz. Hier konnte das ganze Arsenal der zur Verfügung stehenden Spezial- und visuellen Effekte angewendet werden, und waren einmal die Grenzen des Machbaren erreicht, wurden enorme Anstrengungen unternommen, diese stetig zu erweitern.

Abbildung 9.7 zeigt eine Endzeit-Science-Fiction-Szene.

Einsatzmöglichkeit 8: Kulissen und Requisiten zu teuer
Dieser Aspekt ist immer zu berücksichtigen, und besonders bei aufwendigen Szenen sollte eine Gegenrechnung traditioneller Methoden gegenüber digitalen erfolgen.. Bestenfalls kann dann eine Sublimierung erfolgen, bei der die günstigste Kombination aus beiden zur Anwendung kommt.

Einsatzmöglichkeit 9: Pre- und Postvisualisierung
Hier werden spezielle Szenen – oder oft auch der gesamte Film – vor Beginn der Dreharbeiten digital in einer ausreichenden Qualität mithilfe von 3D-Computergrafik erstellt. Dies bringt eine Reihe von Vorteilen mit sich. Kamerawinkel, Brennweite und Kamerabewegungen können ausprobiert und ungewöhnliche Fahrten bereits im Voraus festgelegt werden. In beengten Situationen ist es möglich zu testen, in welchem Rahmen sich die Kamera bewegen kann. Die Szene kann so konzipiert werden, dass die geplanten Kamerafahrten genau umsetzbar sind, eventuell durch Einsatz von beweglichen Kulissenteilen. Steht der Blickwinkel der Kamera einmal fest, muss nur der Teil der Set-Aufbauten tatsächlich realisiert werden, der im Bild auch erscheint.

Previsualisierungen helfen den Regisseuren nicht nur, die räumlichen Gegebenheiten der Szene zu verstehen, sondern

Abb. 9.8 Polygonobjekt

bieten ihnen auch die Freiheit, mit Ideen zu experimentieren, für die sonst meist keine Zeit am Set vorhanden war.

Auch für den Test des Timings in der Abfolge einzelner Aufnahmen beim Schnitt können Anschlussfehler oder unglückliche Übergänge bereits vor Beginn der Dreharbeiten vermieden werden.

Ein weiteres Gebiet für den Einsatz der Previsualisierung ist die Choreografie von Animationen, Stunts, Unfällen, Kampfszenen und anderen Aktionen, wo einerseits das Timing der Bewegung getestet werden kann und es andererseits möglich ist festzulegen, wo sich die Kamera befindet und welche Fahrten sie ausführen muss.

Der mexikanische Kameramann Emmanuel Lubezki konnte im Film *Birdman* (Regie Alejandro González Iñárritu, USA 2014), für den er den Oskar[2] für die beste Kamera erhielt, die Erfahrungen einbringen, die er bei der Previsualisierung des Films *Gravity* – ebenfalls ein Oskar für die beste Kamera –, gewonnen hatte, um ungewöhnliche Kamerafahrten zu etablieren.

9.2 Grundlagen der 3D-Modellierung

Die Anforderungen an Modelle in einer Pipeline, die auf die Integration mit Live-Action-Footage zielt, unterscheiden sich in vielen Aspekten von anderen, vor allem industriellen Anwendungen. So sind in den für die Integration in Live-Action-Footage vorgesehenen Modellen nicht nur die Gestaltung der Oberfläche und deren Beleuchtung von Bedeutung, sondern es müssen darüber hinaus auch Regeln beachtet werden, wie Gitternetze (engl. *meshes*) gestaltet werden sollen. In diesem Abschnitt werden die grundlegenden Werkzeuge, Verfahren und Techniken unter dem Blickwinkel der Kombination mit Realaufnahmen vorgestellt. Es sei angemerkt, dass manche der aufgezeigten Probleme mit Erweiterungen, wie Skripts und Plug-ins ganz oder zumindest teilweise gelöst werden können. Da deren Beschreibung aber den Rahmen dieser Publikation sprengen würde, liegt das Augenmerk auf der Diskussion von Grundkonzepten und -ideen. Grundlage der folgenden Darstellungen bildet die Arbeit mit der Software Autodesk Maya 2014, wobei auch den meisten anderen 3D-Programmen eine ähnliche Arbeitsweise zugrunde liegt.

9.2.1 Modeling-Basisverfahren

Polygonobjekte

Hier besteht das grundlegende Modellierungsverfahren in der Verwendung von Polygonen. Diese sind in einer Filmpipeline meist Quads (s. Abb. 9.14 und 9.15), das heißt, ein Polygon besteht aus vier Kanten. In Abb. 9.8 ist ein Polygonobjekt mit geglättetem Mesh dargestellt. Der Aufbau aus viereckigen Polygonen ist gut zu erkennen. Polygonobjekte sind einfach zu erstellen, zu exportieren und zu texturieren. Deshalb sind sie weit verbreitet und können als Standard im Film-Workflow angesehen werden. Polygonobjekte können als OBJ, FBX, ABC exportiert werden. Des Weiteren existieren noch eine Reihe oft proprietäre Szenen-Beschreibungsformate, so zum Beispiel Pixars USD.

OBJ (Wavefront) ist das einfachste Format. Es enthält die Positionen der Gitternetzpunkte (engl. *vertices*), deren Position auf der für die Texturierung wichtigen UV-Map (s. Abschn. 9.5) und wahlweise andere Parameter, wie die Vertexnormals. Es ist ein einfaches und robustes Format, das keine Animation in einer Datei zulässt.

FBX (Filmbox – Autodesk) ist ein Format, in dem noch eine Reihe weiterer Parameter exportiert werden können, vor allem Punktwolken und Animationen von Objekten und der Kamera.

ABC (Alembic) ist das modernste Format. Hier können gesamte Szenen mit Animationen und Lichtsetzung exportiert werden. Es unterstützt den Export von NURBS-Objekten, Subdivisionsurface-Objekten, Parameterkurven und Partikeln sowie von Materialien.

Der Nachteil von Polygonobjekten ist, dass sie nicht komplett rund sind. Das Mesh kann einerseits so lange unterteilt werden, bis die Polygonstruktur visuell nicht mehr erkennbar ist, andererseits gibt es eine Reihe von Verfahren, die dieses Problem lösen und in den nächsten Abschnitten vorgestellt werden.

NURBS-Objekte

Eine Lösung ist die Verwendung eines NURBS-Objekts (Abb. 9.9). Hierbei handelt es sich um ein 3D-Objekt, dessen Grundlage mathematisch definierte Kurven, sogenannte *nicht-uniforme rationale B-Splines* (NURBS – s. a. Abschn. 8.2.3), sind. Der Begriff *Splines* stammt aus dem Schiffsbau und beschreibt Metallstreifen, die verformt werden können und in Form von Spanten den Schiffsrumpf definieren.

Diese Kurven können unter Auswahl des mathematischen Grades (linear, quadratisch, kubisch oder noch höher) mithilfe von Kontrollpunkten beschrieben werden (Abb. 9.9, Bild oben

[2] Oskar für beste Kamera 2016, The Revenant

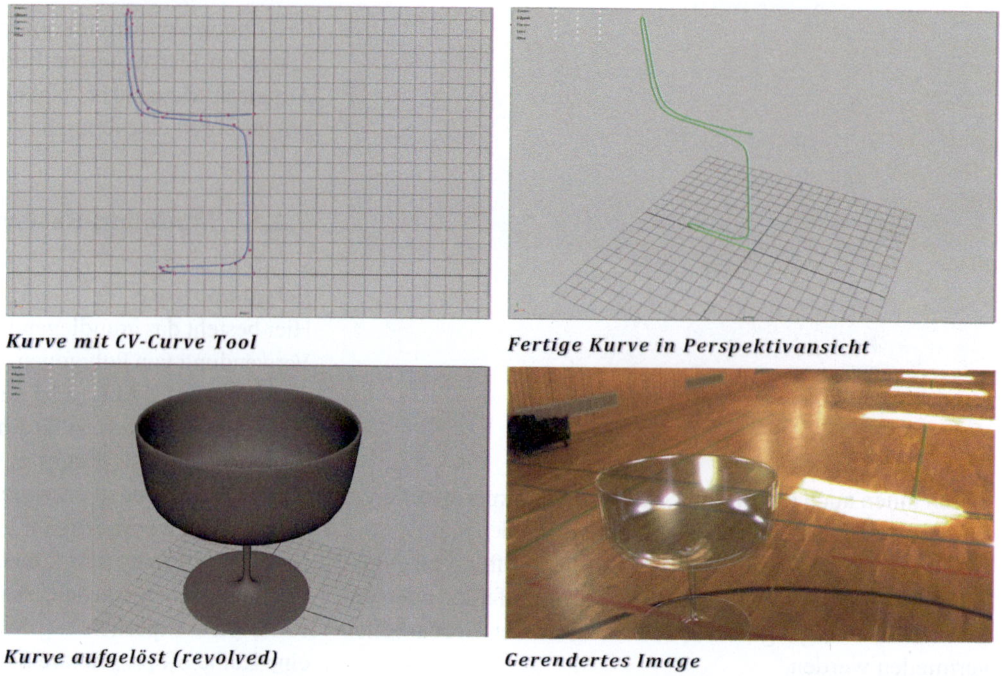

Abb. 9.9 NURBS-Objekt

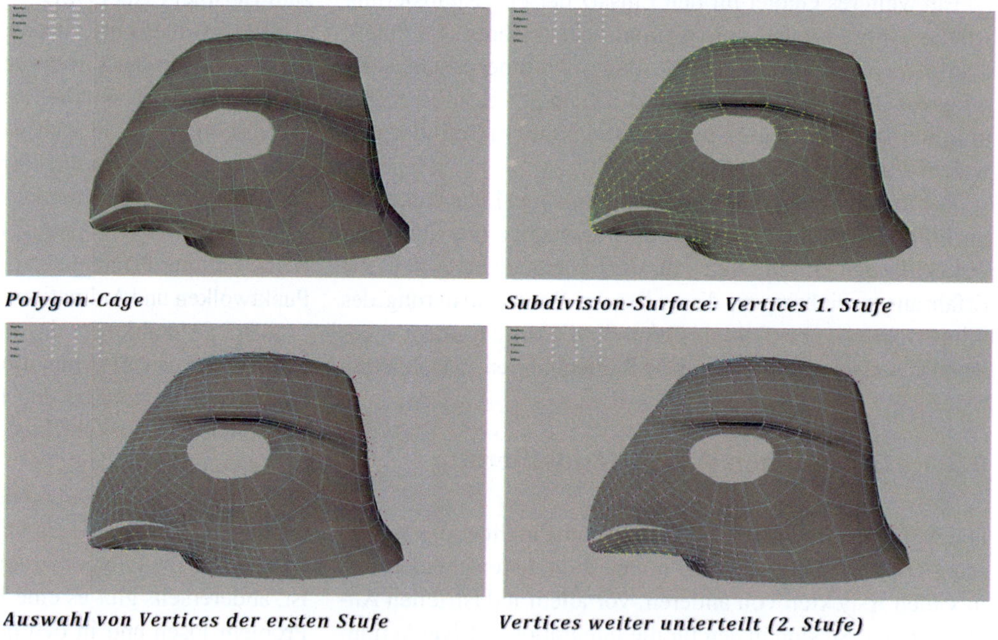

Abb. 9.10 Subdivisionsurface-Objekt

links) und ergeben eine offene oder geschlossene Kurve (Bild oben rechts). Die Kurve kann eigenständig sein oder mit anderen kombiniert und dann aufgelöst werden. Im Bild unten links wurde eine Umlauftechnik (engl. *revolve*) verwandt.

NURBS-Objekte sind sehr gut geeignet für das Modellieren von Industrieobjekten, wie Fahrzeugkarosserieteilen, Verpackungen oder anderen kurvenförmigen Elementen, da zu deren Projektierung und Herstellung gleichartige Kurven verwendet werden. Die NURBS-Objekte sind auflösungsunabhängig vollständig rund und können deshalb sehr gut für Glas- und andere durchsichtige Objekte verwendet werden. Allerdings können nur Materialien verwendet werden, die nicht auf Texturen basieren, da diese eine *UV-Map* benötigen. Eine UV-Map definiert die Lage der einzelnen Polygone des dreidimensionalen Meshes und deren Vertices in einem zweidimensionalen Bild, sodass diesen fotorealistische Bildinformationen zugewiesen werden können.

Da ein NURBS-Objekt mathematisch beschrieben wird, kommen bevorzugt Shader zur Anwendung, die ein einheitliches Materialgefüge besitzen, wie Chrom, Glas, Gummi oder andere prozedural erstellten Materialien wie zum Beispiel Marmor.

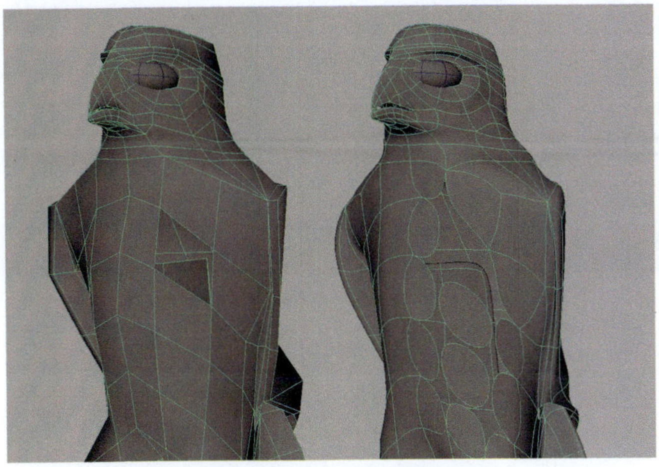

Abb. 9.11 Mesh-Test mittels Proxy-Glättung

NURBS-Objekte sind für den Export in die Filmpipeline nur bedingt geeignet und werden deshalb oft zur Weiterverarbeitung in geglättete Polygonobjekte umgewandelt. NURBS-Objekte können zwar als FBX oder ABC exportiert werden, es ist aber sicherzugehen, dass das Zielprogramm diese Daten auch unterstützt. Deshalb empfiehlt es sich, diese Objekte im Quellprogramm zu rendern und die entsprechenden Ergebnisse im Compositing mit den Realaufnahmen zu kombinieren.

Subdivision-Surface-Objekte

Die Idee bei einem Subdivision-Surface-Objekt besteht darin, einen niedrig aufgelösten Polygonkäfig zu verwenden, in dem sich die geglättete Variante des Objekts befindet. Dabei lässt sich die Oberfläche der geglätteten Version in mehrere Subdivision-Stufen lokal unterteilen, die das Mesh immer feiner auflösen. Der Vorteil dieses Verfahrens besteht darin, dass nicht die gesamte Oberfläche unterteilt wird, sondern nur die Teile, die mehr Detail erfordern. Das reduziert die zugrunde liegende Datenmenge; das Verfahren ist dadurch aber auch etwas fehlerbehaftet und produziert hin und wieder Artefakte.

Die Objekte können mit einer UV-Map versehen werden und damit eine fotorealistische Textur erhalten. Allerdings ist das Verfahren dazu – je nach verwendetem Programm – etwas umständlich. Die Subdivision-Surface-Technologie wird vor allem für organische Objekte verwendet, die spezielle Details erfordern – dazu gehören Bäume, Saurier oder Felsgruppen. Aber auch alle anderen Objekte, die keine basisgeometrischen Formen aufweisen, können von diesem Verfahren profitieren. Da die Umsetzung des Verfahrens in den einzelnen Programmen unterschiedlich ist, gibt es die Möglichkeit, diese Modelle für den Export wieder in Polygonobjekte zu konvertieren.

Subdiv-Proxy-Objekte (Catmull-Clark-Surfaces)

Diese in Maya integrierte Subdivision-Surface-Technologie beinhaltet eine nicht-destruktive Vorschau, bei der es möglich ist, die geglättete Version eines Polygonobjekts darzustellen, ohne die Modelle zu verändern. Diese geglättete Vorschauversion kann auch gerendert werden, wenn der Renderer dies unterstützt. Für den Export muss aber ein definitives Proxy-Objekt vorhanden sein (s. u.). Sie ist auch zur Kontrolle des Meshes sinnvoll, da hier Fehler im Aufbau der Geometrie schnell erkannt werden können. Abbildung 9.11 zeigt die Darstellung eines fehlerhaften Objekts, das an der Vorderseite nicht verbundene Eckpunkte (engl. *vertices*) aufweist. Nach Anwendung der Proxy-Operation erscheinen die viereckigen Polygone als Scheiben, da sie nicht im Mesh integriert sind.

Um ein solchermaßen geglättetes Polygonobjekt auf der Modellebene zu verändern und zu exportieren, kann es unabhängig von der Vorschau mit den entsprechenden Parametern in ein Subdiv-Proxy-Objekt umgewandelt werden. Das originale Polygonobjekt und das Subdiv-Proxy-Objekt stehen dann als separate Objekte zur Verfügung. Da sie über Mayas *construction history* (Reihenfolge der Modellierungsstufen) verknüpft sind, werden Änderungen des originalen Objekts sofort auf die geglättete Version übertragen. Es ist dann möglich, die Objekte einzeln oder zusammen zu exportieren. Da sie Polygonobjekte sind, können sie auch mit einer UV-Map versehen werden. Maya hat ab Version 2015 *OpenSubdiv-Catmull-Clark-Oberflächen* implementiert.

Edge-Creasing

Nicht immer ist es gewünscht, das gesamte Modell zu glätten. Deshalb gibt es eine Reihe von Möglichkeiten, spezielle Kan-

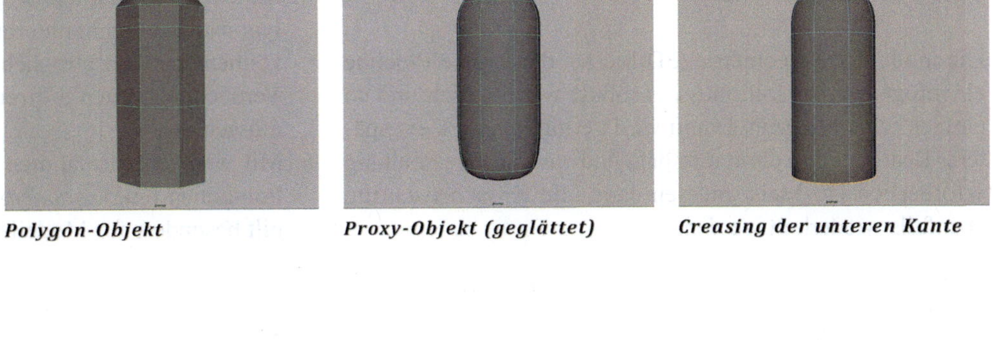

Abb. 9.12 Proxy-Modelling

Abb. 9.13 Edge-Creasing durch zusätzliche Loops

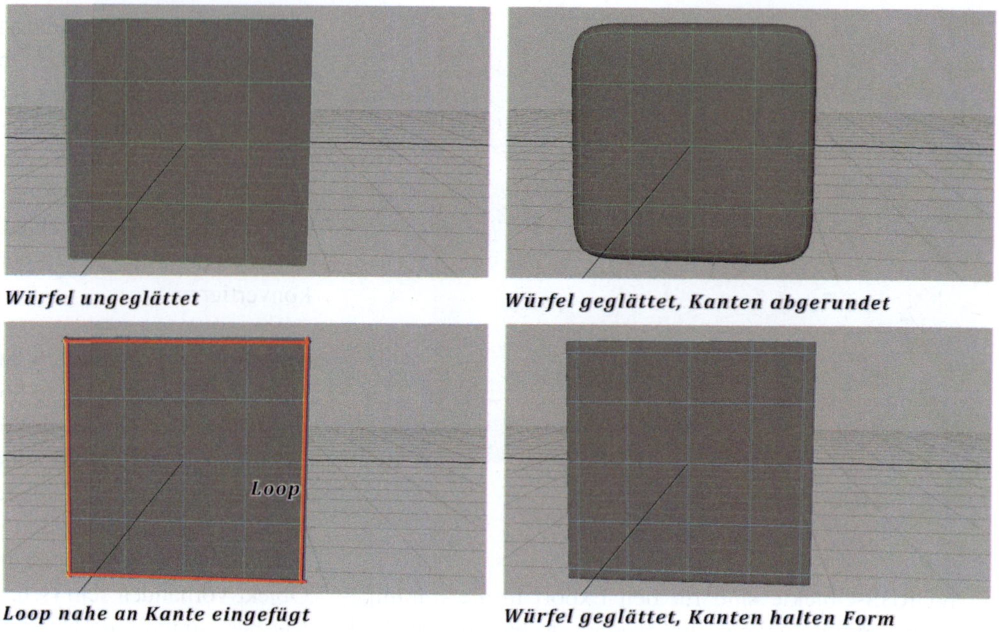

ten aus dem Glättungsprozess auszuschließen. Im Zusammenhang mit dem Subdiv-Proxy-Verfahren kann eine sogenannte *Creasing-Funktion* (dt. *Falten-Funktion*) angewendet werden, die für die Kanten entsprechend harte Übergänge erzeugt.

In Abb. 9.12 ist ein solcher Vorgang dargestellt. Um zu verhindern, dass der Algorithmus den unteren Bereich der Gewehrkugel abrundet, wird die entsprechende Kante gefaltet, sodass die Rundung gebrochen wird.

Eine weitere Möglichkeit, die Kanten geglätteter Objekte zu stabilisieren, das heißt, vom Rundungsprozess auszuschließen oder diesen zu verringern, besteht im Einfügen von *Edge-Loops* (dt. *Kantenschleifen*). Edge-Loops sind Verbindungen von Kanten in einem 3D-Modell, die einem bestimmten Fluss folgen und meist ein geschlossenes System bilden.

Abbildung 9.13 zeigt die ungeglättete Version einer Würfelfläche und die Situation nach einem Glättungsprozess. Hier wurden die Kanten abgerundet. Um die Gestalt des Modells an dieser Stelle zu erhalten, werden ein oder mehrere Loops nahe neben der Außenkante entweder manuell (engl. *fencing*) oder mit der Bevel-Funktion eingefügt (Bild unten links). Dadurch wird die Form an dieser Stelle auch bei einer Glättung aufrechterhalten.

9.2.2 Anforderungen an das 3D-Mesh

Die modellierte Geometrie (3D-Mesh), die in eine Pipeline eingefügt werden soll, muss so robust wie möglich und so einfach wie nötig sein. Damit wird verhindert, dass ein späterer Bearbeitungsschritt misslingt und eine Nachbearbeitung erforderlich ist. Meist müssen dann alle Zwischenschritte ebenfalls wiederholt werden.

Hier einige Gesichtspunkte, die zu beachten sind:

1. Das 3D-Modell ist nicht das finale Produkt, es ist der Startpunkt. Deshalb muss die Art und Weise, wie ein Modell gestaltet werden soll, im Hinblick auf das Endergebnis gewählt werden.
2. Das Modell muss so vorliegen, dass alle nachfolgenden Gewerke (Shading, Texturing, Rigging, Animation, Rendering) eine hinreichende Qualität vorfinden, die die Arbeit erleichtert und nicht erschwert.
3. Nur so viele Polygone sollten verwendet werden, wie notwendig sind, um die Gestalt ausreichend zu beschreiben. Eine zu große Auflösung ist hinderlich, da sie Arbeits- und Rechenzeit kostet und Reduzierungsverfahren angewendet werden müssen, um eine praktikable Lösung zu generieren.
4. Die Polygone sollten in der Größe nicht allzu sehr differieren. Einerseits ist dadurch der Fluss des Gitternetzes gleichmäßiger, andererseits ist die Auflösung von 3D-Paintprogrammen abhängig von der Größe der Polygone. Sind diese zu unterschiedlich, können auflösungsabhängige Artefakte auftreten.
5. Die Meshes für Projektionen im 2.5D-Compositing sollten möglichst nicht aus Einzelelementen bestehen, sondern aus einem zusammenhängenden Objekt, bei dem die Polygonstruktur nicht unterbrochen ist. Durch Einzelobjekte können unerwünschte sichtbare Übergänge, Schatten- und Verdeckungslinien auftreten, die nachbearbeitet werden müssen.
6. Mit wenigen Ausnahmen soll ein Mesh aus vierseitigen Polygonen (engl. *quadrilaterals – quads*) bestehen. Das gilt besonders für Modelle, die animiert werden sollen.

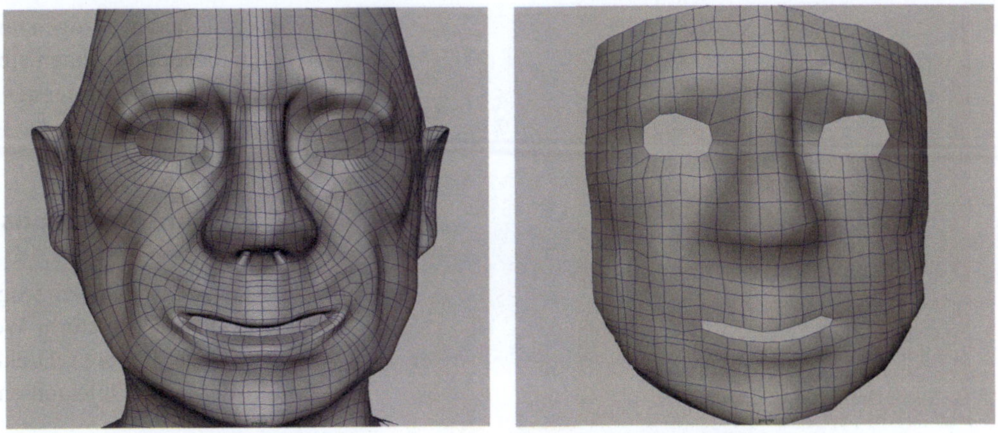

Abb. 9.14 Bedeutung der Topologie

7. Die Topologie der Geometrie, das heißt, die Art und Weise wie der Fluss der Polygone (engl. *edge flow*) gestaltet ist, soll stets den zu animierenden Linien (zum Beispiel Hautfalten oder Muskeln) oder der sichtbaren Materialstruktur folgen.
8. Edge-Loops dürfen nicht unterbrochen sein, sondern müssen bis zum Rand der Geometrie führen oder bei geschlossenen Flächen eine komplette Schleife bilden.

Die letzten drei Punkte sollen im Folgenden etwas ausführlicher diskutiert werden. Abbildung 9.14 zeigt zwei Herangehensweisen für die Gestaltung der Topologie eines Meshes. Im linken Bild folgt die Anordnung der Polygone den Körperpartien und Hautfalten. Ein solches Modell lässt sich leicht animieren, da die Polygonstruktur den Bewegungen der Muskeln folgt und lediglich gestreckt bzw. gestaucht wird. Im rechten Bild ist die Polygonstruktur unabhängig von den zugrunde liegenden Gesichtspartien horizontal und vertikal angeordnet und bildet ein maskenhaftes Objekt. Die Bewegung der Wangenmuskeln oder der Augenbrauen lässt sich nicht fließend animieren, da sich immer Partien mitbewegen, die in der Realität nicht beeinflusst würden.

Aus diesem Grunde ist es hilfreich, bereits im Vorfeld eine Vorlage zu erstellen, auf die man beim Modellieren zurückgreifen kann.

Ein gängiges Vorgehen ist, in einem Bildbearbeitungsprogramm das Gitternetz bereits auf eine Vorlage zu zeichnen. Es ist in der Regel einfacher, dies auf der Grafikebene zu erstellen und zu ändern als später beim Modellieren im 3D-Raum (Abb. 9.15).

Verwendung von dreieckigen und viereckigen Polgonen

Ein weiterer Gesichtspunkt für ein gutes Modell in einer Filmpipeline beinhaltet die Verwendung von *Quadrilaterals (Quads)*. Das sind vierseitige Polygone, die gegenüber Dreiecken (engl. *tringles*) eine Reihe von Vorteilen aufweisen. Dreiecksnetze eignen sich besonders gut zur schnellen Darstellung von Geometrien und werden vor allem dann eingesetzt, wenn Schnelligkeit des Renderingprozesses eine Rolle spielt, wie bei einer Echtzeit-Game-Engine.

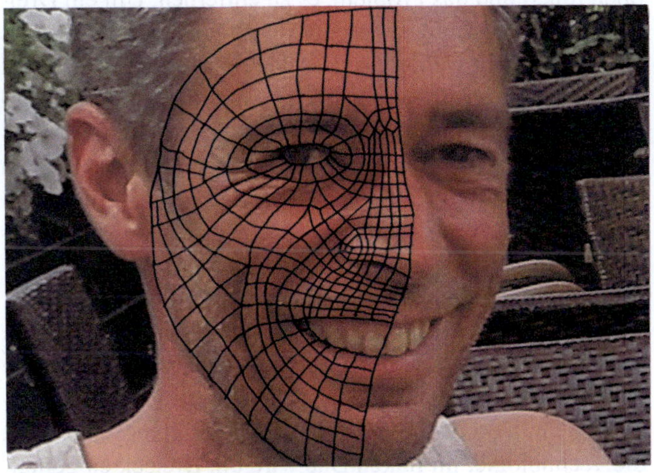

Abb. 9.15 Gezeichneter Edge-Flow

Sie haben allerdings auch gravierende Nachteile gegenüber Quads, da sie von der reinen Form her nicht so stabil wie Vierecke sind, die den Fluss des Gitternetzes besser aufrechterhalten. Dreiecke neigen dazu, die Fließrichtung zu verzweigen, da sie nach drei Seiten offen sind, während Vierecke immer eine Seite gegenüber haben, die den Fluss in gleicher Richtung weiterleitet. Außerdem können viereckige Polygone besser unterteilt werden, sodass Skulpturierungsprogramme, die mit sogenannten *Subdivision-Surfaces* arbeiten, diese Art des Meshes bevorzugen (s. Abschn. 9.2.6 Digitales Skulpturieren).

Ein weiteres Element in einem Gitternetz ist ein sogenannter Pol (engl. *pole*), der besonders bei Kugeln auftritt. Hier treffen sich mehr als vier Kanten. Er lässt sich bei einem Quad-Netzwerk nicht komplett vermeiden, er sollte aber mit Vorsicht eingesetzt werden und möglichst nicht mehr als fünf Kanten beinhalten (siehe Abb. 9.16).

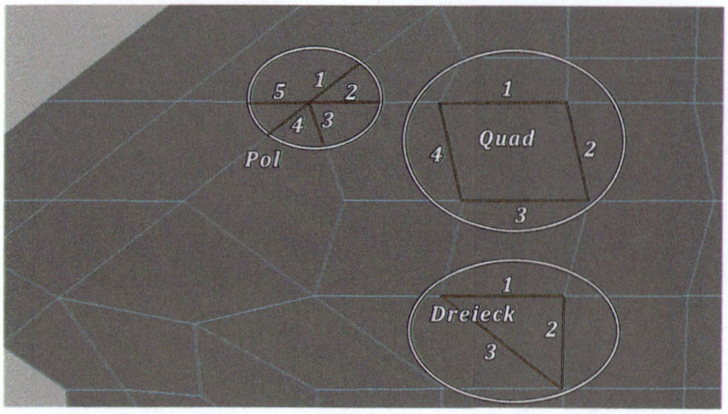

Abb. 9.16 Dreieck, Quad und Pol

Abbildung 9.17 zeigt ein Dreieck im Gitternetz (Bild oben links) und das Problem, es zu entfernen. Um ein Dreieck in ein Quad umzuwandeln, muss eine der Kanten des Dreiecks geteilt werden, sodass das ehemalige Dreieck und alle angrenzenden Polygone vier Kanten aufweisen (Bild oben rechts). Allerdings wurde damit das Problem nur verlagert, da das Polygon rechts von dem neu unterteilten in ein *N-gon* mit fünf Kanten umgewandelt wurde (Bild unten links). Um dies zu verhindern und keine N-gons zu erzeugen, muss das Edge-Loop bis zum Rand durchgezogen werden (Bild unten rechts).

Eine ähnliche Technik wird verwandt, wenn die Kanten strahlenförmig nach außen weisen und dadurch die Polygone immer größer werden, wie beim Modellieren eines Gesichtnetzes, das von den Augen ausgeht. Abbildung 9.18 zeigt die Technologie. Im linken Bild wird ein Dreieck eingefügt. Um die große Fläche davor zu segmentieren, wird die äußere Kante des Dreiecks geteilt und eine neue Kante eingefügt (mittleres Bild). Der am Schnittpunkt entstehende Eckpunkt wird etwas herausgezogen, um ein Parallelogramm zu erhalten. An dieser Stelle kann sich der Polygonfluss verzweigen und die daraus resultierenden Edge-Loops können realistisch animiert werden.

9.2.3 Transformations-Werkzeuge

Die wichtigsten 3D-Werkzeuge bei der Modellierung von Objekten sind die Transform-Werkzeuge. Diese beinhalten das Bewegen (engl. *move*), Drehen (engl. *rotate*) und Skalieren (engl. *scale*) von Objekten und Komponenten.

Bewegen-Werkzeug (Move-Tool)
Das Bewegen-Werkzeug verschiebt 3D-Elemente. Nahezu alle Werkzeuge in den einzelnen 3D-Software-Packages weisen die gleiche Funktionalität auf. Durch Ziehen an den einzelnen Pfeilen wird das Element in jeweils nur eine Richtung bewegt, wobei Rot für die x-Richtung, Grün für die y-Richtung und Blau für die z-Richtung stehen. Es sei hier angemerkt, dass die y-Achse in der Regel nach oben zeigt. Ausnahme ist die Software *Autodesk 3ds Max,* hier zeigt die y-Achse in die Tiefe des Bildes.

Durch Anfassen des gelben Würfels in der Mitte kann das Objekt frei im Raum bewegt werden. Die Beschränkung auf eine Ebene (yx-Ebene in Abb. 9.19) wird entweder durch Tastenbefehle oder Zusatzelemente im Interface realisiert.

Die grundlegenden Bewegungsrichtungen werden durch Modi vorgegeben. Sie können dem Koordinatensystem der 3D-Welt, dem Objekt oder anderen Vorgaben, wie den Richtungen der *Normalen* in Abb. 9.19, folgen. Das ist besonders dann sinnvoll, wenn ein Eckpunkt direkt auf dem Objekt verschoben wird und dessen Form folgen soll.

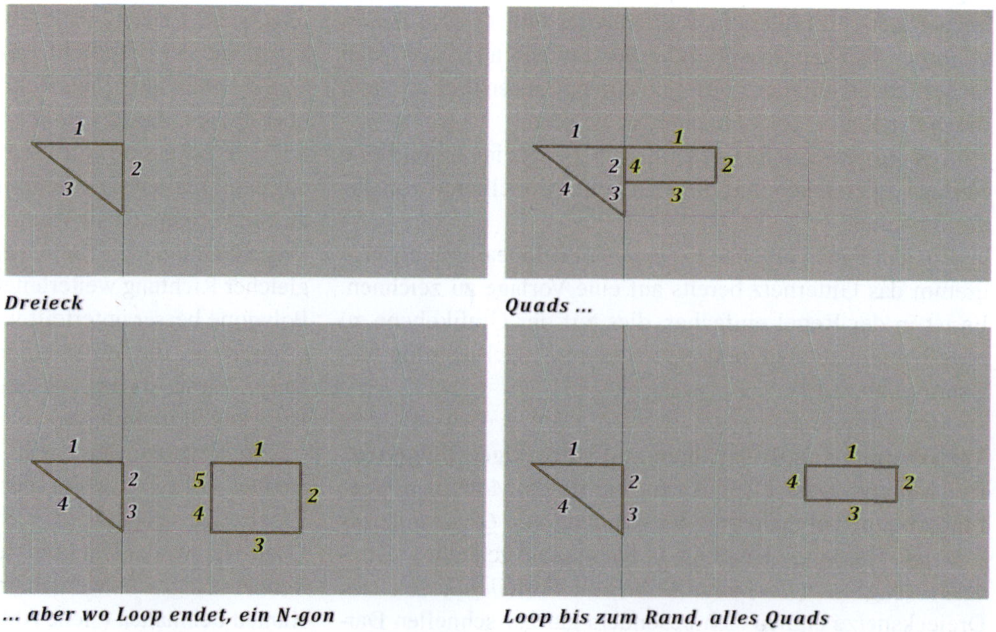

Abb. 9.17 Aufrechterhalten der Quads-Struktur

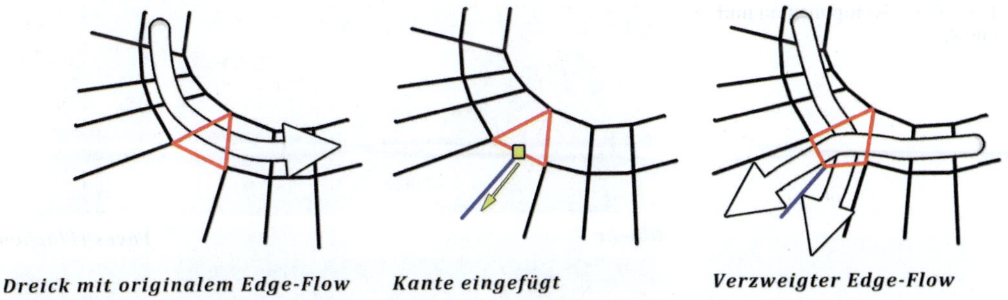

Abb. 9.18 Erweiterung des Edge-Flows

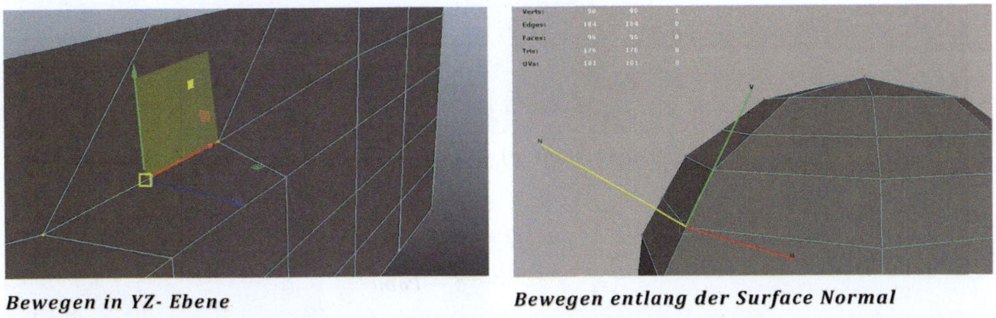

Abb. 9.19 Bewegen-Werkzeug

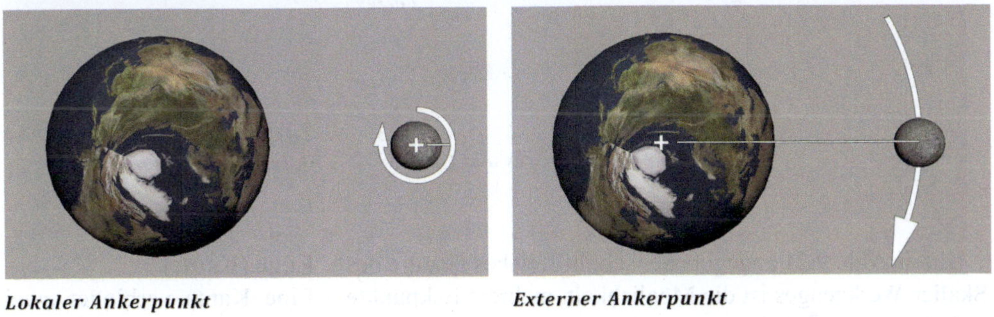

Abb. 9.20 Rotieren um lokalen und externen Ankerpunkt

Rotier-Werkzeug (Rotate-Tool)
Das Rotier-Werkzeug dreht 3D-Elemente. Auch hier kann in ein, zwei oder drei Richtungen gleichzeitig gedreht werden. Im Gegensatz zum Bewegen-Werkzeug ist der Ankerpunkt von großer Wichtigkeit, da hier festgelegt wird, um welchen Ursprung gedreht wird. Abbildung 9.20 zeigt das Problem. Der Mond soll um die Erde kreisen, wobei der Ankerpunkt für diese Rotation im Zentrum des Blauen Planeten liegt. Außerdem soll sich der Mond auch um die eigene Achse drehen. Hier liegt der Ankerpunkt in seinem eigenen Zentrum.

Da ein Objekt nicht gleichzeitig zwei Ankerpunkte haben kann, behilft man sich mit einem Trick und verwendet ein Pseudo-Objekt, das entweder ein Null-Objekt, eine Gruppe oder ein Marker sein kann. Dieses Objekt enthält als Elternobjekt (engl. *parent object*) das andere Element, hier den Mond. Dieser rotiert um den eigenen Ankerpunkt. Das Pseudo-Objekt dreht sich um einen anderen Ankerpunkt, hier den Mittelpunkt der Erde. Da es das Child-Objekt enthält, wird dieses ebenfalls gedreht (Abb. 9.20, rechtes Bild).

Skalier-Werkzeug (Scale-Tool)
Das Skalier-Werkzeug skaliert 3D-Elemente. Auch hier kann in ein, zwei oder drei Richtungen gleichzeitig skaliert werden. Wie das Rotier-Werkzeug benötigt das Skalier-Werkzeug ebenfalls einen Ankerpunkt. Damit ein Modell unproblematisch skaliert werden kann, empfiehlt es sich, den Ankerpunkt auf den Punkt zu legen, an dem es die Bodenplatte oder ein darunter liegendes Objekt berührt. Dadurch vermeidet man, den durch das Skalieren auftretenden Versatz in der y-Richtung auszugleichen.

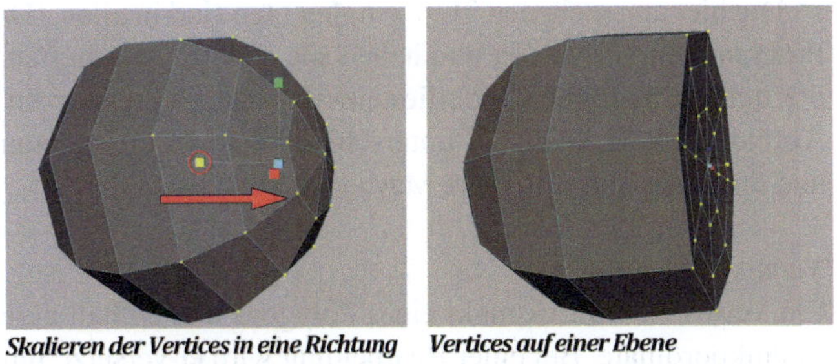

Abb. 9.21 Vertices auf gleiche Ebene skalieren

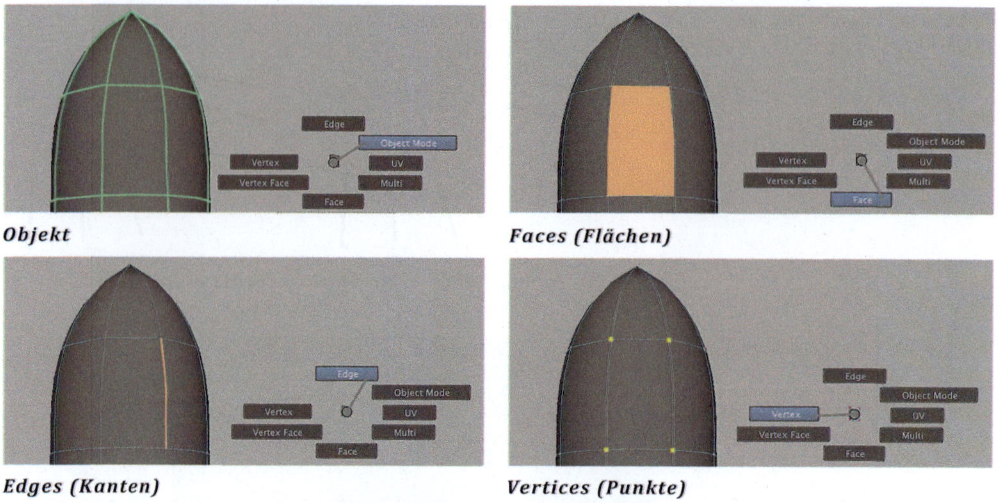

Abb. 9.22 Komponenten und Objekt

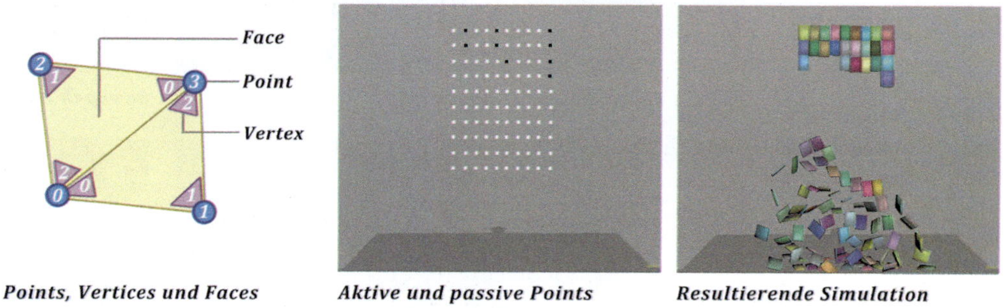

Abb. 9.23 Points in Sidefx Houdini. (*Linkes Bild* nach Houdini 2014)

Ein in Abb. 9.21 angegebenes sehr hilfreiches Feature des Skalier-Werkzeuges ist die Möglichkeit, mehrere Eckpunkte auf eine Ebene zu bringen.

9.2.4 Komponenten, Punkte und Objekte

Die Bearbeitungen eines Modells können in unterschiedlichen Modi ausgeführt werden. Einerseits wirken die Transformations-Werkzeuge auf das gesamte Modell, wenn es zum Beispiel an eine andere Stelle der 3D-Szene bewegt werden soll – das Programm befindet sich im *Objekt-Modus.* Andererseits können die unterschiedlichen Komponenten bearbeitet werden, wie zum Beispiel beim Extrudieren, wenn nur eine bestimmte Anzahl von Polygonen gestaltet werden soll.

Die hier angegebenen 3D-Komponenten sind in allen 3D-Programmen vorhanden und haben spezielle Eigenschaften, die unterschiedliche Modellierungsstrategien unterstützen. Abbildung 9.22 zeigt die unterschiedlichen Komponenten und das Objekt in Autodesk Maya.

Vertex (Eckpunkt)
Ein Vertex ist ein Eckpunkt eines Polygons und enthält eine Raumkoordinate. Bei einer Bearbeitung wird er versetzt, um die Form des Polygons zu verändern.

Edge (Kante)
Eine Kante verbindet zwei Eckpunkte und definiert die Grenze eines Polygons. Der Fluss der Kanten (Edge-Loop) ist elementar für die Qualität eines Meshes. Kanten entstehen durch Unterteilungen von Faces.

Face (Fläche)
Ein Face besteht aus einem individuellen Polygon und ist definiert durch dessen Eckpunkte (Vertices) und die verbindenden Kanten (Edges). Faces können gelöscht und unterteilt werden.

Point (Punkt)
Ein interessantes Konzept in *Sidefx Houdini*[3] sind Points. Da diese Software vor allem zur Simulation von physikalischen Ereignissen und zur Animation einer großen Menge von Objekten verwendet wird, zielt das Grundprinzip des Programmes auf den effizienten Umgang mit Speicherkapazität und Rechenleistung.

Der Point in Houdini beschreibt ebenso wie ein Vertex eine Position im 3D-Raum. Im Gegensatz zum einem Vertex ist er aber nicht an Geometrie gebunden, sondern lediglich eine Koordinatenangabe. Punkte können andere Objekte repräsentieren. Sie besitzen Attribute, zum Beispiel das wichtige *name*-Attri-

[3] http://www.sidefx.com

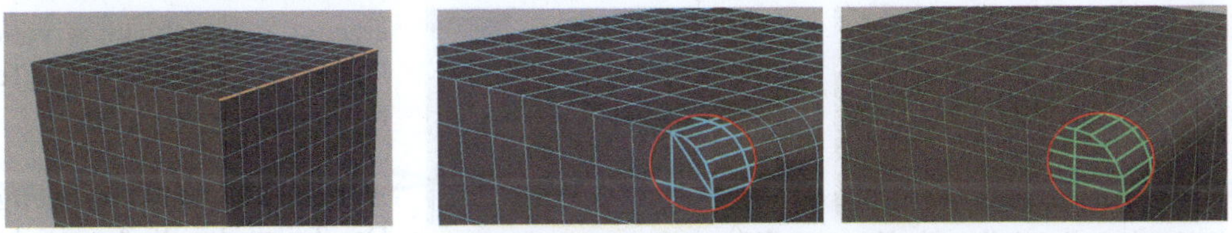

Abb. 9.24 Probleme bei der Bevel-Operation

but, die die mathematischen Algorithmen der Simulation (engl. *solver*) benötigen, um die einzelnen Objekte zu unterscheiden.

Abbildung 9.23 zeigt im linken Bild den Zusammenhang zwischen Points, Vertices und Faces in Sidefx Houdini. Ein Punkt besitzt die Information über die Position im Raum. Die Vertices teilen die gleiche Position und damit die redundanten Informationen. Um Speicher- und Rechenzeit zu minimieren, verweisen die Vertices nur auf die Nummer des Points und verwenden dessen Information über die 3D-Koordinate.

Im mittleren Bild ist eine andere Anwendung des Point-Konzepts dargestellt. Jeder dieser im Raster angeordneten Punkte repräsentiert eine Kachel. Da die Punkte unterschiedliche Eigenschaften haben können, sind die weißen Punkte als aktiv codiert, die schwarzen als passiv. Letztere werden vom Solver nicht berücksichtigt und die Gravitationskraft nicht angewendet. In der Simulation fallen die aktiven Kacheln in Folge der Schwerkraft nach unten, die passiven werden nicht simuliert und verbleiben an der Stelle. Durch die Reibungskräfte werden aber auch deren benachbarte Kacheln an der Position gehalten.

9.2.5 Wichtige Bearbeitungswerkzeuge und -funktionen

Die Vielfalt von Bearbeitungswerkzeugen für das 3D-Modellieren ist groß. Hier wird deshalb nur eine Auswahl vorgestellt und einige wichtige Aspekte für die Anwendung in einer Filmpipeline diskutiert. Besonders kritisch ist hierbei das Verhalten mancher Werkzeuge, die N-gons produzieren. Die hier angegebenen Werkzeuge folgen der Benennung in Autodesk Maya, sind aber – manchmal unter einem andern Namen – auch in anderen Programmen geläufig.

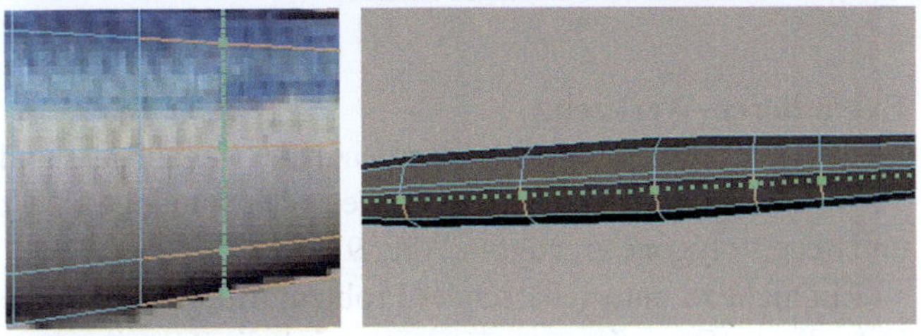

Abb. 9.25 Insert Loop-Werkzeug

Bevel-Werkzeug

Das Bevel-Werkzeug glättet Kanten der Geometrie. Im alltäglichen Leben werden Objekte aus Sicherheits- und Verschleißgründen oder aus ästhetischen Aspekten abgerundet. Dies ist auch auf der digitalen Ebene der Fall. Oft ist aber die Integration des Ergebnisses dieser Operation in ein Mesh nicht optimal, sodass nachbearbeitet werden muss. Abbildung 9.24 zeigt die Bevel-Operation an einer Kante. Die Geometrie wird an dieser Stelle fünfmal unterteilt. Dabei werden ein Dreieck und ein Polygon mit sechs Kanten erzeugt (mittleres Bild). Im rechten Bild wurden die Edge-Loops weitergezogen, um die Konsistenz des Gitternetzes aufrechtzuerhalten.

Insert-Loop-Werkzeug

Dieses wichtige Werkzeug fügt Edges in ein Modell ein. Diese Kanten sind bis zur nächsten Verzweigung weitergeführt. Bei einem gleichförmigen Mesh werden sie einmal um das gesamte Gitternetz gezogen und schließen sich wieder am Ausgangspunkt. Diese Edge-Loops werden vor allem angewendet, um mehr Auflösung zu generieren, um Partitionen zum Extrudieren vorzubereiten oder um harte Kanten zu erhalten, wenn das Modell geglättet werden soll.

Abb. 9.26 Extrudieren-Werkzeug

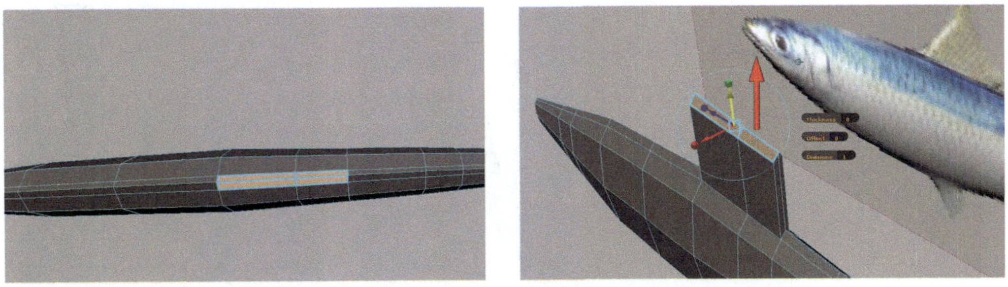

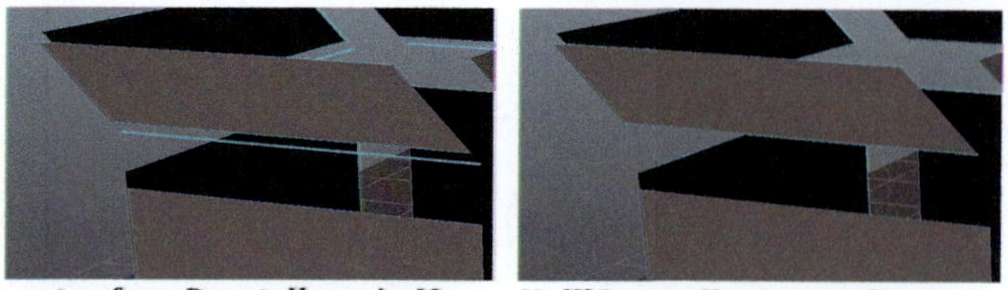

Abb. 9.27 Problem der Nulllängen-Kanten

Extrudieren-Werkzeug

Bei der Extrudieren-Operation werden in der Regel Faces und bei Planes auch Edges herausgezogen oder hineingedrückt und neue Polygone erzeugt (s. Abb. 9.26).

Ein nicht zu unterschätzendes Problem tritt auf, wenn die Extrudieren-Operation zwar gestartet wird, die Komponenten aber nicht bewegt werden. Hier entstehen Kanten mit einer Nulllänge (engl. *zero length edge*). Diese versteckten Elemente verhindern oft eine weitergehende Bearbeitung und müssen entfernt werden. Maya bietet die Möglichkeit, einen vertex face-Modus aufzurufen. Dadurch wird das Mesh aufgebrochen und jedes Polygon einzeln dargestellt. Hier sind die Nulllängenkanten gut zu erkennen (s. Abb. 9.27, linkes Bild). Mit einer Cleanup-Operation können sie wieder entfernt werden.

Split-Polygon-Werkzeug

Mit diesem Werkzeug können vorhandene Polygone geteilt werden. Dadurch ist es zum Beispiel möglich, genaue Bruchkanten zu zeichnen, wie in Abb. 9.28. Hier wird ein Pfeiler geteilt und extrahiert, das heißt, es werden zwei Meshes erzeugt, die unabhängig voneinander angesprochen werden können. So kann der obere Teil nach einer Erschütterung herunterfallen.

Append-Polygon-Werkzeug

Das Teilen des Pfeilers im letzten Abschnitt erzeugt an den Schnittstellen Löcher im Gitternetz. Um diese zu schließen, wird das *Append-Polygon-Werkzeug* verwendet (s. Abb 9.29).

Dieses Tool kann auch beim sogenannten *Mesh-Cleaning* eingesetzt werden. Hier ist das Ziel, fehlerhafte Polygone zu löschen und anschließend durch neue, saubere zu ersetzen (s. a. Abb. 9.27).

Werkzeug für boolsche Operationen

Boolsche Operationen bilden Schnittmengen von zwei Gitternetzen. Die Wichtigsten sind:

1. Vereinigung (engl. *union*): Beide Meshes werden zusammengefügt. Der Teil, an dem sich beide Gitternetze überlagern, wird entfernt.
2. Differenz (engl. *difference*): Das Mesh, das als zweites ausgewählt wird, schneidet die entsprechenden Teile des zuerst ausgewählten Gitternetzes aus (s. Abb. 9.30).
3. Schnittfläche (engl. *intersection*): Hier wird nur die von beiden Gitternetzen gebildete Schnittmenge weiterverwendet. Dies ist die umgekehrte Funktion wie im Punkt 1.

Die Boolschen Funktionen werden angewendet, um ein Mesh mithilfe eines anderen zu gestalten. Diese Operationen

Abb. 9.28 Spilt-Polygon-Werkzeug

Abb. 9.29 Append-Polygon-Werkzeug

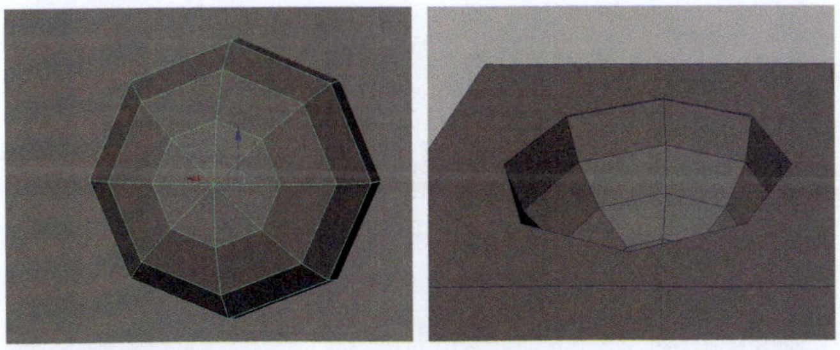

Boolsche Operation *Ergebnis*

Abb. 9.30 Boolsche Operation (Difference)

erzielen in der Regel schnelle Ergebnisse, die aber für eine Nutzung in einer Pipeline oft nicht geeignet sind und nachbearbeitet werden müssen.

Abbildung 9.31 zeigt das Problem. Im linken Bild wurde das Ergebnis der Boolschen Operation aus Abb. 9.30 einem Glättungstest unterzogen.

Da die Integration in das Gitternetz nicht gegeben ist, kann die beabsichtigte Vertiefung nicht aufrechterhalten werden. Das Mesh muss durch Einfügen von Edge-Loops nachbearbeitet werden (mittleres Bild). Eine erneute Glättung zeigt das gewünschte Ergebnis. Es sei darauf hingewiesen, dass der Glättungstest auch als Platzhalter-Funktion für spätere Bearbeitungen in der Pipeline (Skulpturieren, Dynamik-Simulationen, Rigging) genutzt wird, da diese aufgrund der mangelnden Konsistenz des Gitternetzes ebenfalls Artefakte produzieren können.

Snap-Operation

Diese Funktion, die Objekte oder deren Komponenten (vor allem Vertices) an der Position anderer Objekte, Komponenten oder Null-Objekte (Marker) einrasten lässt, ist ein sehr mächtiges Werkzeug und für eine exakte Modellierung unverzichtbar. Damit kann die Zusammenführung unterschiedlicher Gitternetze zu einem Objekt qualitativ hochwertig ausgeführt werden, da die Einzelelemente ohne Versatz exakt am Zielort positioniert werden können.

In Abb. 9.32 ist die Aufgabe, ein Bein an den Körper eines Charakters anzupassen, dargestellt. Durch Einrasten der Vertices des Bein-Gitternetzes an die vorgesehenen Aussparungen im Körper-Gitternetz wird ein konsistentes Ergebnis erzielt. Hier ist natürlich eine gewisse Vorausplanung notwendig – das heißt, die Anzahl der Vertices in beiden Meshes muss übereinstimmen.

Merge-Vertices-Funktion

Das Einrasten der Vertices (wie in Abb. 9.32 gezeigt) führt allerdings nicht immer zu einem durchgehenden Gitternetz. Bestehen Bein und Körper aus zwei unterschiedlichen Meshes, können die Vertices zwar eingerastet, aber nicht dauerhaft verschmolzen werden. Dazu müssen die beiden Meshes zu einem Gitternetz kombiniert werden. Bei diesem Vorgang werden beide Vertices zu einem Vertex verbunden.

Gehören beide Teile zu dem gleichen Mesh, müssen die Vertices an den Positionen manuell verknüpft werden. Sie liegen zwar exakt übereinander, da sie aber nicht verbunden sind, würden bei einem Glättungstest Ergebnisse entstehen wie in Abb. 9.11.

Die *Merge-Vertices-Funktion* verbindet die ausgewählte Vertices zu einem Vertex und generiert dadurch ein einheitliches Mesh. Damit nicht jede einzelne Position manuell bearbeitet werden muss, kann eine Toleranzschwelle festgelegt werden. Dadurch werden nur die übereinander liegenden Vertices verknüpft. Andernfalls würden alle ausgewählten

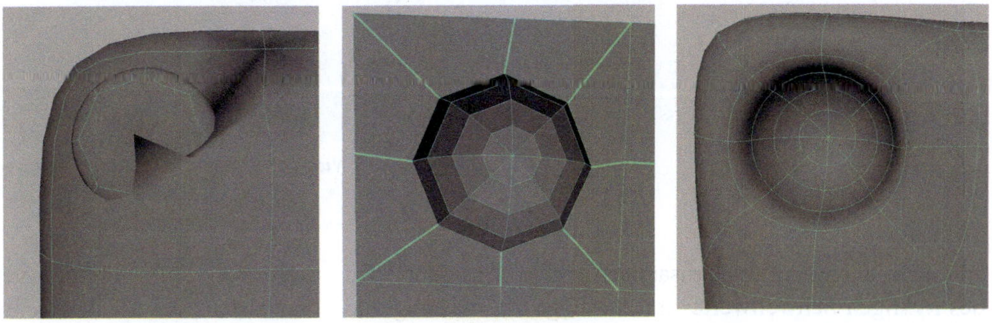

Ergebnis nach Glättungs-Test *Mesh mit Loops unterteilt* *Ergebnis nach Glättung*

Abb. 9.31 Nachbearbeitung boolscher Operationen

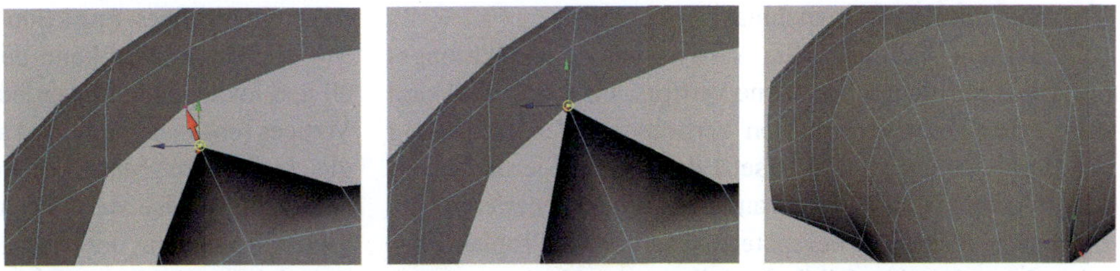

Vertex und Zielvertex *Vertex eingerastet* *Fertig bearbeitetes Objekt*

Abb. 9.32 Anwendung der Snap-Operation

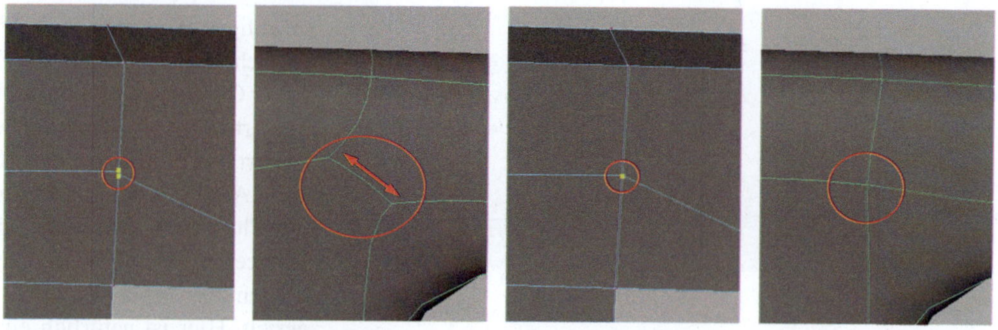

Abb. 9.33 Merge-Vertices-Funktion

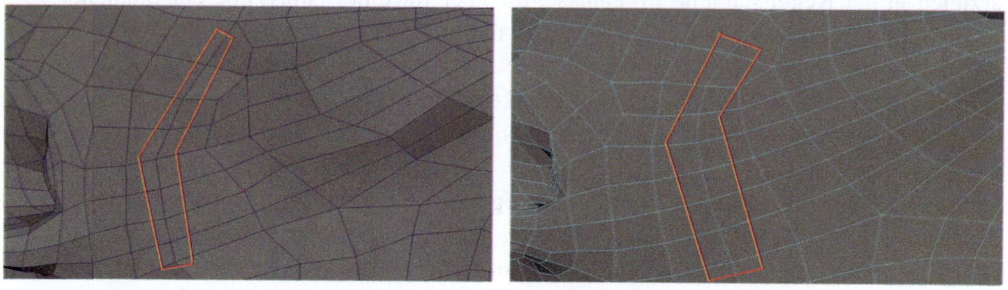

Abb. 9.34 Average-Vertices-Funktion

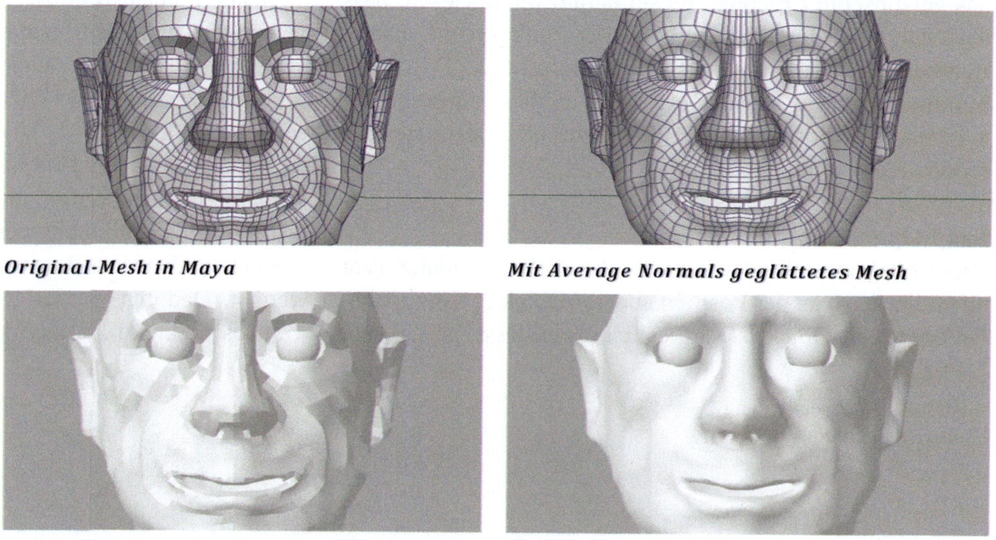

Abb. 9.35 Average-Normals-Funktion

an einem einzigen Punkt zusammengeführt. Das Einstellen des richtigen Schwellwertes ist allerdings oft mühselig und ein manuelles Vorgehen – das heißt, Auswahl der Vertices an einer Position mit anschließender Anwendung der Merge-Vertices-Funktion ist manchmal zielführender.

Abbildung 9.33 zeigt die Auswirkungen des Glättungsprozesses für nicht verbundene Vertices. Im ersten Bild sind die beiden nicht verknüpften Vertices zur Verdeutlichung des Problems ein wenig versetzt dargestellt. Sie driften im nachfolgenden Glättungstest auseinander und generieren eine zusätzliche Kante, die bei späteren Operationen Probleme bereiten kann (zweites Bild). Sind die beiden Vertices mit der Merge-Vertices-Funktion verknüpft (drittes Bild) wird die Konsistenz des Meshes beim Glättungstest aufrechterhalten (viertes Bild).

Average-Vertices-Funktion

Mit dieser Funktion kann der Fluss des Gitternetzes manuell und lokal geglättet werden. Die räumliche Anordnung der Vertices (engl. *spacing*) wird angeglichen. Dies führt zu einem gleichmäßigeren Mesh – die rotumrandete Kante in Abb. 9.34 ist beispielsweise weniger eckig –, reduziert aber auch die Tiefenausdehnung des Meshes, sodass Erhebungen, wie zum Beispiel Gesichtsfalten, weniger exponiert dargestellt werden.

Average-Normals-Funktion
Gitternetze mit einer geringen Auflösung tendieren dahin, dass die Polygonstruktur im Modell sichtbar ist und harte Kanten generiert (s. Abb. 9.34, Bild links oben). Dies ist meist nicht erwünscht, da in der Realität die Oberflächen fließende Übergänge aufweisen. Lösungen für das Problem sind die bereits diskutierten Verfahren, das Mesh zu glätten. Diese führen aber oft zu einer höheren Auflösung oder runden die Geometrie zu stark ab, sodass die Tiefenstruktur an Ausprägung verliert.

Ein subtileres Herangehen, um eine Rundung des Meshes zu erzeugen, besteht in der Beeinflussung der Vertex-Normalen. Normalen sind senkrecht auf Geometrie-Komponenten stehende Vektoren, die die Darstellung des Lichteinfalls kontrollieren. Konzepte im Umgang mit Normalen werden detaillierter in Abschn. 9.4 diskutiert (vgl. Phong-Shading).

Die Methoden zur Beeinflussung der Normalen unterscheiden sich vom Namen und der technischen Umsetzung in den einzelnen Software-Packages, führen aber in der Regel zum gleichen Ergebnis.

Maya bietet eine Reihe dieser Bearbeitungsmöglichkeiten an, von denen die Funktionen *Soften-Edge* und *Average-Normals* gut geeignet sind, das Mesh abzurunden. Bei beiden werden die Vertex-Normalen an die benachbarten angeglichen, sodass die resultierende Polygonstruktur abgerundet wird.

Die Funktion Soften-Normals ist etwas subtiler, Average-Normals hat eine stärkere Wirkung. Die so gestalteten Meshes besitzen nach der Operation die gleiche Polygonanzahl wie vorher. Beim Export werden die neuen Vertex-Normalen in die entsprechenden Daten aufgenommen und an andere Programme weitergegeben (s. Abb. 9.35, Bild rechts unten).

9.2.6 Digitales Skulpturieren

Dieses sehr künstlerfreundliche Verfahren ist intuitiv und bietet die Möglichkeit, hochdetaillierte Objekte und Charaktere zu formen. Die Umsetzung auf der digitalen Ebene nimmt Anleihen in der Realität beim Skulpturieren mit Ton. So können Materialien aufgetragen und das Objekt mit Werkzeugen verformt und verfeinert werden. Die Beispiele in diesem Abschnitt wurden mit dem Programm ZBrush 4.7 von Pixologic[4] erstellt. Ein ähnliches Programm ist Autodesk Mudbox. Des Weiteren besitzen viele 3D-Programme eine in das Gesamtkonzept integrierte Skulpturierungsfunktion, so neben Autodesk Maya, zum Beispiel *Maxxon Cinema4D*, *The Foundry Modo* und die Open-Source-Software *Blender*.

Digitales Skulpturieren wird meist bei der Gestaltung von Figuren verwendet. Es folgt damit einem Konzept der Filmindustrie, wonach nahezu alle digitalen Charaktere – auch die stilisierten, wie die der Firma Pixar – zuerst als reale Tonskulptur erstellt werden. Diese wird dann eingescannt und auf der digitalen Ebene weiterverarbeitet. Die hoch aufgelösten digitalen Figuren können dann – je nach Verwendung – entweder direkt weiterverarbeitet werden oder es erfolgt die Umwandlung in ein Grundobjekt mit wenigen Polygonen (engl. *low-poly object*), das sich leichter in der Pipeline weiterverarbeiten lässt. Die Details der hoch aufgelösten Variante (engl. *high-poly object*) werden dann mit geeigneten Mitteln (*Bump-, Displacement oder Normal-Maps* – s. Abschn. 9.4 *Shading*) in Form von Graustufenbildern ebenfalls in die Pipeline eingespeist. Bei diesem Herangehen müssen immer jeweils eine Low-Poly-Variante und eine High-Poly-Variante des entsprechenden Objekts vorhanden sein.

Die Verwendung von Subdivision-Stufen
Zentrales Konzept ist die Verwendung von Subdivision-Stufen. Ausgehend von einem Low-Poly-Objekt, das aus viereckigen Polygonen besteht, wird pro Subdivision-Stufe jedes Polygon in horizontaler und vertikaler Richtung unterteilt, sodass vier neue entstehen. Die Gesamt-Polygonanzahl ist deshalb in einer neuen Stufe vierfach höher als in einer Stufe zuvor (s. Abb. 9.36). Da sich Vierecke besser unterteilen lassen als Dreiecke, bevorzugen die Skulpturierungsprogramme bei der Verwendung von Subdivision-Stufen Gitternetze, die ausschließlich aus Quadrilaterals (Quads) bestehen.

Dieses System versetzt den Skulpteur in die Lage, Arbeitsschritte auf der entsprechenden Subdivision-Stufe auszuführen. Für globale Änderungen wird er die erste Stufe auswählen, für feines Detail die letzte und für spezielle Veränderungen eine geeignete dazwischen.

In Abb. 9.37 soll ein Insektenkopf etwas spitzer gestaltet werden. In der oberen Reihe sind drei Stufen und die Auflösung des Meshes dargestellt. Stufe 1 (linkes Bild) bietet die beste Möglichkeit, eine globale Bearbeitung auszuführen, da die Polygonanzahl geringer ist. Das Ergebnis der Bearbeitung ist in der unteren Reihe Bild links dargestellt. Die folgenden Bilder zeigen die Auswirkungen der Operation auf die anderen Stufen (vgl. mit oberer Reihe). Die Details auf der 6. Stufe bleiben erhalten und folgen der neuen Gestalt des Objekts.

Skulpturierungs-Basistechniken
Die wichtigsten Techniken sind ähnlich wie beim Skulpturieren mit Ton das Einkerben, Herausarbeiten und Glätten.

Abbildung 9.38 zeigt die Methodik anhand der Gestaltung einer Unregelmäßigkeit im Abdomen eines Insekts. Ausgehend von einer Stufe mit ausreichender Auflösung (obere Reihe Bild links) wird Material entfernt, um eine Ausbuch-

[2] http://pixologic.com.

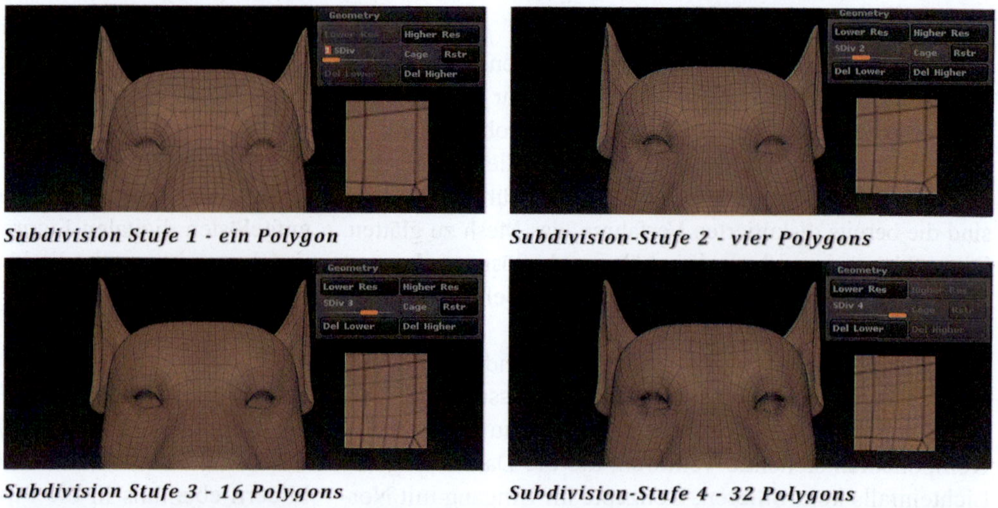

Abb. 9.36 Subdivision-Stufen beim Skulpturieren

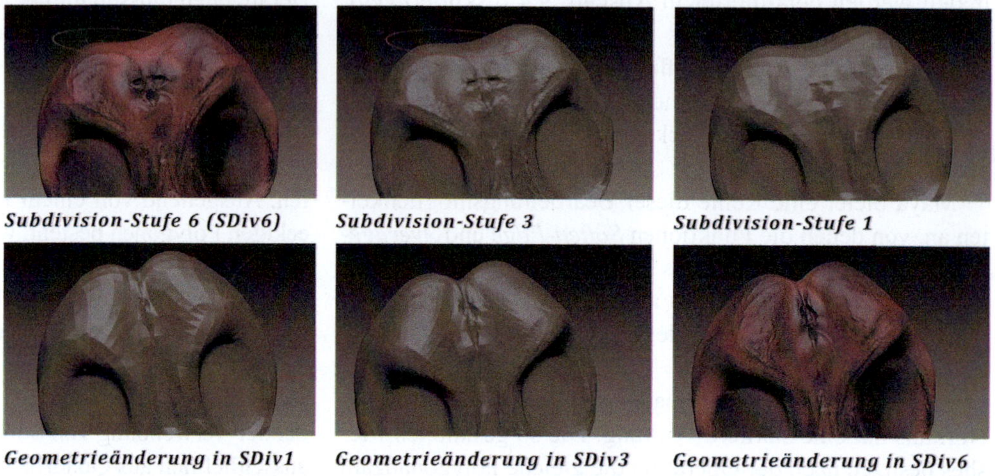

Abb. 9.37 Verwendung von Subdivision-Stufen

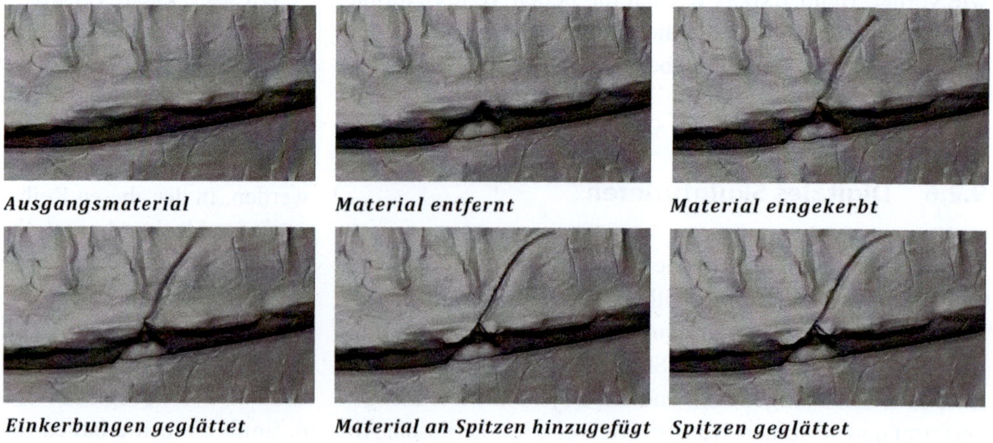

Abb. 9.38 Skulpturierungs-Basistechniken

tung zu erhalten (obere Reihe mittleres Bild). Das Material wird dann eingekerbt und geglättet. Um die Wirkung des Details zu verstärken, wird Material an den Spitzen der Einkerbung hinzugefügt. Anschließend erfolgt wieder eine Glättung, um eine bessere Integration des Details in das umgebende Mesh zu gewährleisten.

Skulpturierungswerkzeuge

Bearbeitungswerkzeuge in einem Skulpturierungsprogramm sind in großer Anzahl vorhanden. Hier sollen nur die Wichtigsten vorgestellt werden, mit denen der größte Teil der Skulpturierungsarbeiten ausgeführt werden kann.

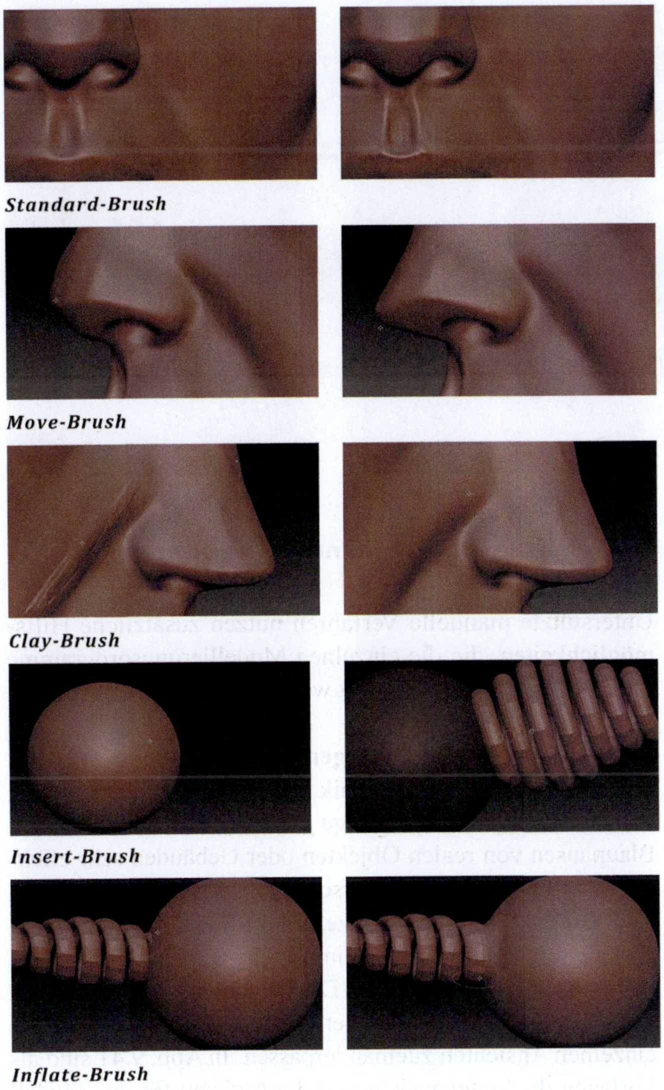

Abb. 9.39 Wichtige Skulpturierungswerkzeuge

Standard-Brush

Hiermit wird Detail herausgearbeitet. Die Bearbeitungsmöglichkeiten sind Herausziehen, Einkerben und Glätten. Die Größe des Details ist abhängig von der Größe des Bearbeitungswerkzeugs (engl. *brush size*). In der oberen Reihe von Abb. 9.39 wird das *Philtron* zwischen Oberlippe und Nase stärker charakterisiert.

Move-Brush

Hiermit wird das Material verformt und bewegt. Das Volumen bleibt erhalten. Es erfolgt eine Dehnung oder Stauchung. In der zweiten Reihe von Abb. 9.39 wird die Nase etwas spitzer gestaltet.

Clay-Brush

Dieses Werkzeug trägt Material auf. Die Aufgabe in der dritten Reihe von Abb. 9.39 ist, dem Gesicht eine Falte hinzuzufügen, wobei zuerst Material aufgetragen und dann geglättet wird.

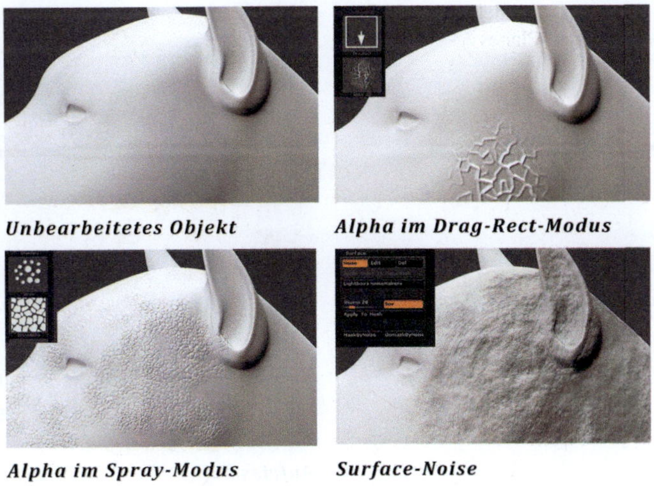

Abb. 9.40 Verwendung von Pinsel-Alphas und Surface-Noise

Insert-Brush

Mit diesem Werkzeug können vorgefertigte Elemente (eigene oder aus der Bibliothek) hinzugefügt werden. Dies ist ein schneller Weg, ein Objekt zu gestalten. Allerdings werden die eingefügten Elemente nicht mit dem Mesh verbunden, was Probleme in der weiteren Bearbeitung hervorrufen kann (s. a. Dynamesh im nächsten Abschnitt). In der vierten Reihe von Abb. 9.39 wird einer Kugel ein spiralförmiges Element hinzugefügt.

Inflate-Brush

Mit diesem Werkzeug wird Material aufgebläht (engl. *inflate*). Es ist gut geeignet, Übergänge zwischen Objekten oder Teilen der Geometrie zu kaschieren, wie in der letzten Reihe von Abb. 9.39.

Verwendung von Pinsel-Alphas und Surface-Noise

Neben den vielfältigen Möglichkeiten ein Objekt zu skulpturieren, ist die Verwendung von Graustufenbildern im Alpha-Kanal des Pinsels von großer Wichtigkeit. Diese fungieren wie eine Maske und generieren im Zusammenhang mit den verschiedenen Strich-Modi gut strukturierte Details auf der Oberfläche der Geometrie, wobei nur die hellen Bereiche des Graustufenbildes das Material bearbeiten.

Mit der Surface-Noise-Funktion kann die gesamte Oberfläche eines Objekts mit einem Muster belegt werden, um zum Beispiel Steine, Felsen oder die Haut von speziellen Charakteren wie Sauriern oder Monstern zu gestalten.

In Abb. 9.40 ist in der oberen Reihe der unbearbeitete Kopf eines Hundes dargestellt. Im rechten Bild wird im Alpha-Kanal des Pinsels ein verzweigtes venenartiges Bild

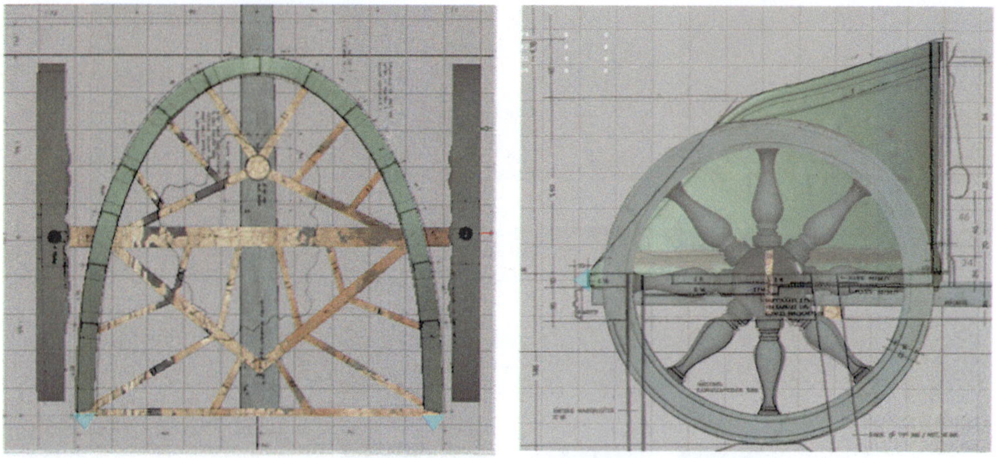
Aufriss Seitenriss

Abb. 9.41 Modellieren mithilfe von Image-Planes

verwendet, wobei der Strichmodus so eingestellt ist, dass das Bild nur einmal – also nicht wiederholt – zur Bearbeitung herangezogen wird. Das Ergebnis entspricht genau dem Bild im Alpha-Kanal.

Im linken Bild der unteren Reihe wird ein Graustufenbild angewendet, das eine facettenartige Struktur aufweist. Der Strichmodus ist auf eine sprayartige Wiederholung eingestellt. Die Graustufenvorlage wird gemäß dem Spraymuster mehrmals überlagert.

Im rechten Bild der unteren Reihe wird die Noise-Funktion angewendet, sodass die Oberfläche des Kopfs eine Steinstruktur erhält.

9.3 Methoden zum Generieren von 3D-Objekten

Der Einsatz von 3D-Objekten in Feature-Filmen ist vielfältig. Neben reinen Computergrafik-Szenen werden unterschiedliche 3D-Elemente herangezogen, die in die Live-Action-Footage eingefügt werden. Diese spannen den Rahmen von erkennbaren Objekten wie Requisiten, Set-Erweiterungen und digitalen Umgebungen bis hin zu unsichtbaren Objekten, auf die fotorealistischer Inhalt projiziert oder texturiert wird.

Im Folgenden wird eine Auswahl vor allem proprietärer Verfahren vorgestellt, mit denen 3D-Geometrie erzeugt werden kann. Hierbei handelt es sich um spezielle Technologien, die unterstützend manuell, automatisch und halb automatisch ausgeführt werden.

Diese Verfahren können in Kombination mit den Modellierungsmöglichkeiten in den einzelnen 3D-Programmen gesehen werden, die ebenfalls von reinen manuellen Bearbeitungen bis zu halb automatischen Systemen wie dem *MoGraph-Toolset* in *Maxxon Cinema4D*, den *Paint Effects* in *Autodesk Maya* oder dem *ZModeler* in *ZBrush 4R7* reichen.

9.3.1 Unterstützte manuelle Verfahren

Unterstützte manuelle Verfahren nutzen zusätzliche Hilfsmöglichkeiten, die die einzelnen Modellierungsprogramme bieten oder in diese integriert werden können.

Verwendung von Bildvorlagen

Eine weit verbreitete Technik beinhaltet die Verwendung von Bildvorlagen (engl. *image planes*). Hier sind vor allem Blaupausen von realen Objekten oder Gebäuden sehr effektiv, besonders dann, wenn verschiedene Ansichten vorhanden sind. Diese können in die einzelnen orthografischen Kameraansichten (s. Abschn. 9.6.1) importiert werden und als Modellierungsgrundlage dienen. Die Qualität des Modells hängt dann in hohem Maße von der Genauigkeit ab, mit der die einzelnen Ansichten zueinanderpassen. In Abb. 9.41 sind als Vorlagen die Seitenansicht und die Aufsicht für das Modell des Wagens der Quadriga des Brandenburger Tors dargestellt.

Polygon-Plane-Modellieren

In engem Zusammenhang mit dem Einbinden von Bildvorlagen steht das Modellieren mit Polygon-Planes. Hier dient eine Polygon-Plane mit wenigen Polygonen als Ausgangspunkt. Dieses Objekt hat keine Tiefenausdehnung und ist damit nur die Oberfläche eines Meshes. Es muss im Verlaufe des Modellierungsprozesses geschlossen werden und definiert damit das Modell.

In Abb. 9.42 sind die Arbeitsschritte dargestellt. Das Modellieren findet in einer orthografischen, das heißt nicht perspektivisch verzerrten Ansicht statt. Zuerst wird eine Polygon-Plane mit wenigen Polygonen erzeugt (obere Reihe, linkes Bild). Die einzelnen Vertices werden dann gemäß der Bildvorlage auf die richtigen Positionen bewegt (obere Reihe, rechtes Bild). Gleichzeitig müssen sie auch in allen anderen verfügbaren Ansichten (Aufsicht, Vorderansicht) angepasst werden. Im nächsten Schritt erfolgt eine Erweiterung der Polygon-Plane. Dazu werden ausgewählte Kanten extrudiert

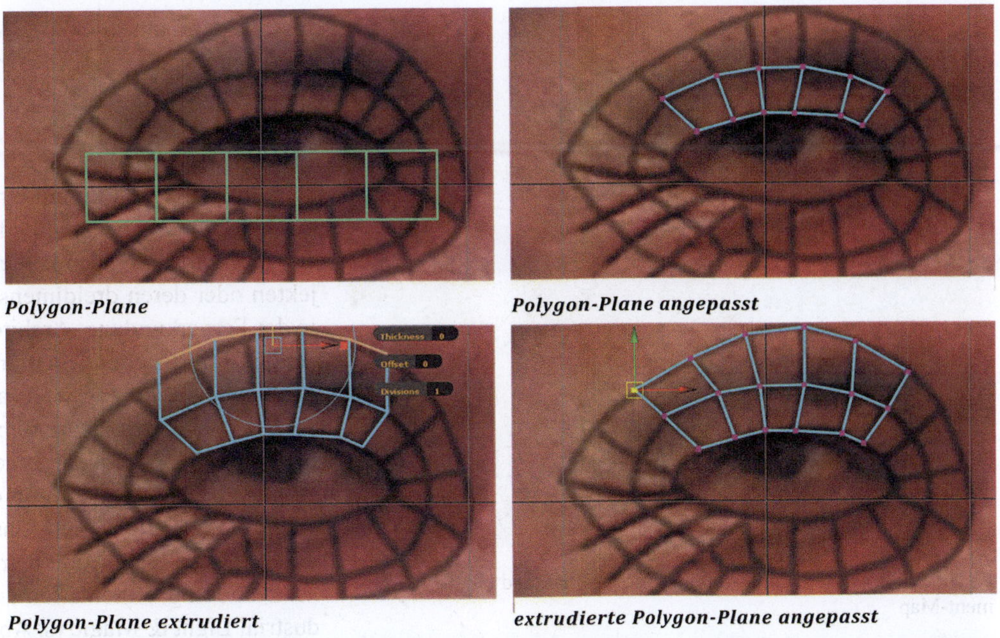

Abb. 9.42 Polygon-Plane-Modellieren

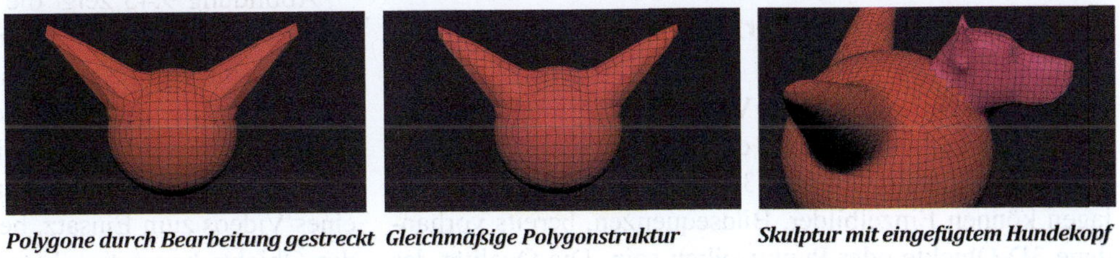

Abb. 9.43 Skulpturieren mit Dynamesh in ZBrush

(untere Reihe, linkes Bild) und die neu entstandenen Vertices wiederum in allen Ansichten angepasst. Auf diese Weise lassen sich komplexe Strukturen erzeugen, die später verschiedenen Glättungsprozessen unterzogen werden können, um ein gleichmäßiges Gitternetz zu erhalten.

Skulpturieren mit Dynamesh in ZBrush

Das Skulpturieren mit Dynamesh in ZBrush ist – im Gegensatz zum Arbeiten mit geometrischen Grundformen (engl. *Primitives*) – sehr intuitiv und folgt dem Umgang mit Ton auf der analogen Ebene.

Die Grundidee ist, dass während der Bearbeitung das zu modellierende Objekt dynamisch in gleich große Polygone unterteilt wird. Während bei traditionellem 3D-Modellieren bei größeren Verschiebungen von Grundkomponenten die Polygone des Modells entweder gestreckt oder gestaucht werden (s. Abb. 9.43, linkes Bild), kann bei der Verwendung von Dynamesh nach jedem Arbeitsschritt eine Neugestaltung des Gitternetzes erfolgen (Abb. 9.43, mittleres Bild).

Ein weiterer Vorteil ist, dass sich eingefügte vorgefertigte Elemente nahtlos mit dem Mesh des Grundobjekts verbinden, sodass ein durchgängiges Gitternetz entsteht (s. Abb. 9.43, rechtes Bild).

Ein entscheidender Nachteil ist allerdings, dass das Mesh Dreiecke aufweist, sodass das Konzept von Subdivision-Stufen hier nicht greift. Das Dynamesh-Gitternetz kann zwar weiter unterteilt werden, es gibt aber kein Low-Poly-Objekt auf der ersten Stufe, sondern hoch aufgelöste Modelle mit meist mehreren Millionen Polygonen.

Um daraus ein – besonders für die Charakter-Animation und Games notwendiges – Low-Poly-Objekt zu generieren, werden zwei weitere Technologien angewendet. Einerseits kann beim *Re-Topologisieren* halb automatisch ein neues Low-Poly-Gitternetz auf das High-Poly-Modell aufgezeichnet werden oder der sogenannte *ZRemesher* wird angewendet, der das Mesh reduziert und dabei ausschließlich Quads verwendet. Beide Verfahren werden später in diesem Abschnitt vorgestellt.

Die mit einem der beiden Technologien generierte Low-Poly-Version ist ein komplett neues Objekt ohne Abhängigkeiten zur High-Poly-Version. Erstere kann nun weiter unterteilt werden, um Stufen mit höherer Auflösung zu generieren. Hat eine dieser Subdivision-Stufen eine ausreichend hohe Polygonanzahl, können die Details der High-Poly-Variante mithilfe der *Geometrie-Projektion* auf das unterteilte Low-Poly-Objekt aufgetragen werden. Damit lassen sich das Konzept und die Vorteile der Subdivision-Stufen auch für ein Modell, das mit dem Dynamesh-Verfahren erstellt wurde, anwenden. Die Geometrie-Projektion wird im nächsten Unterabschnitt diskutiert.

Abb. 9.44 Lidar-Scanning – Graustufenvorschau und HDR-Environment-Map

9.3.2 Automatische Verfahren

In diesem Abschnitt werden Verfahren vorgestellt, die aus verschiedenen Vorlagen oder durch Scannen realer Objekte automatisch jeweils eine neue 3D-Geometrie generieren. Vorlagen können Einzelbilder, Bildsequenzen, bereits vorhandene 3D-Objekte oder Punktwolken sein. Die Qualität des Ergebnisses wird durch unterschiedliche Einstellungen der Parameter in den einzelnen Programmen beeinflusst.

Lidar-Scanning

Lidar-Scanning hat sich in den letzten Jahren zu einem unverzichtbaren Hilfsmittel in der Bewegtbildproduktion entwickelt. Es kommt nicht nur in Filmen mit einem großen Anteil von 3D-Elementen zum Einsatz, sondern vor allem bei der Konversion des Filmsets auf die digitale Ebene (siehe Abschn. 5.1.4 Erfassen von Set- und Bewegungsdaten). Die Grundidee ist, mithilfe von ausgesandten Laserimpulsen den Abstand zu den Objekten in der Szene zu erfassen und als Punktwolke weiterzuverarbeiten. Um Sets mit größeren Ausdehnungen oder ganze Stadtteile zu scannen, werden mehrere Einzelscans zu einem resultierenden zusammengefügt. Hierbei sind eine Reihe von Hilfsmitteln in Anwendung, um die einzelnen Scans millimetergenau übereinanderzulegen, wie zum Beispiel Kugeln, deren Positionen in nachfolgenden Aufnahmen sichtbar sein muss.

Die generierten Punktwolken können dann vom Rauschen befreit, beschnitten und mit speziellen Verfahren zu 3D-Meshes umgeformt werden (s. 3D-Meshes aus Punktwolken).

Abbildung 9.44 zeigt die Graustufen-Vorschau eines Lidar-Scans und die an der gleichen Position erstellte HDR-Environment-Map eines Innen-Filmsets. Hier werden in der Regel vier Scans in den Ecken zu einem Szenen-Scan kombiniert, der dann in ein 3D-Modell konvertiert und mit den Environment-Maps texturiert und beleuchtet werden kann (vgl. Fxguide 2013).

Photogrammetrie

Der Begriff Photogrammetrie ist schon seit Beginn des 20. Jahrhunderts bekannt und beschreibt ein Fachgebiet, das aus zweidimensionalen Bildern die räumliche Lage von Objekten oder deren dreidimensionale Form ermittelt. Es wird in der Fernerkundung, Architektur, Archäologie und angrenzenden Industriebereichen angewendet und steht im heutigen Gebrauch im engen Zusammenhang mit *Structure from Motion*, wo ebenfalls dreidimensionale Strukturen aus einer Bild- oder Videosequenz generiert werden.

Im Filmbereich kommt die Photogrammetrie für bestimmte Spezialfälle zum Einsatz oder wenn Lidar-Scanning zu aufwendig ist. Außerdem bildet es die Grundlage für Matchmoving, Rotomation und das iMocap-System von Industrial Light & Magic (s. Abschn. 5.1.4).

Abbildung 9.45 zeigt die Stufen beim Generieren eines texturierten Meshes aus einer Serie von Bildern in der Software Agisoft PhotoScan. Ausgangspunkt ist eine Einzelbildsequenz, bei der ca. 100 Bilder eines Objekts – hier ein altes Boot – aus verschiedenen Blickwinkeln überlappend aufgenommen wurden. Als Ergänzung kam noch jedes fünfte Bild eines Videos zum Einsatz, bei dem sich die Kamera entlang des Objekts bewegte (obere Reihe, linkes Bild). Im ersten Arbeitsschritt ermittelt das Programm die *Sparse-Cloud* (eine weniger dichte Punktwolke) und die jeweiligen Positionen der Kamera – im rechten Bild der oberen Reihe als blaue Flächen dargestellt. Die Sparse-Cloud wird dann gereinigt, wobei Punkte, die vor allem durch Rauschen an den Kanten entstehen, entfernt werden.

Im nächsten Arbeitsschritt wird die Sparse-Cloud verdichtet, es entsteht die Dense-Cloud, eine sehr dichte Punktwolke mit meist mehreren Millionen Einzelpunkten. Aus dieser lässt sich dann ein texturiertes Mesh erzeugen und zur Weiterverarbeitung exportieren. Ebenso wird eine UV-Map generiert, die ebenfalls exportiert werden kann.

Das so erzeugte Objekt und die UV-Map müssen allerdings je nach Einsatzgebiet mehr oder minder stark nachbearbeitet werden, da oft keine eindeutigen Kanten vorhanden sind und außerdem Löcher an den Stellen entstehen, an denen die Kameras das Objekt nicht überlappend erfasst haben.

3D-Meshes aus Punktwolken

Punktwolken (engl. *point clouds)* sind als Modell zur Weiterverarbeitung nicht geeignet. Sie bestehen zwar oft aus mehreren Millionen Einzelpunkten, bilden aber kein geschlossenes Gitternetz, sodass sie als 3D-Modelle nicht verwendbar sind. Um aus diesen Punktwolken ein Mesh zu erstellen, müssen die Einzelpunkte Normalen besitzen, damit der Algorithmus

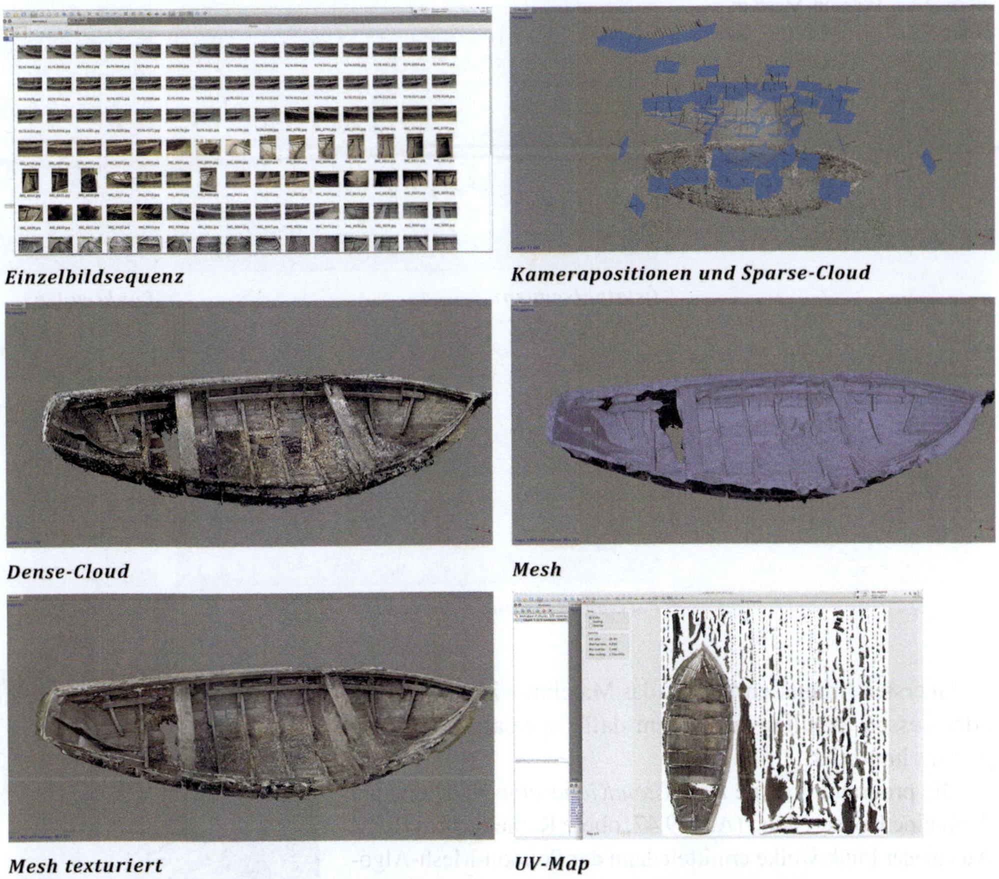

Abb. 9.45 Arbeitsschritte bei Anwendung der Photogrammetrie in Agisoft PhotoScan (http://www.agisoft.com)

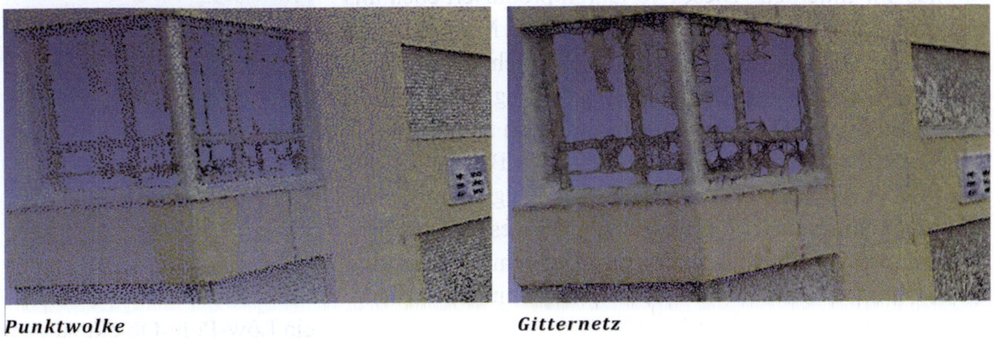

Abb. 9.46 3D-Mesh aus Punktwolke

eine Vorstellung über die Richtung der zu berechnenden Oberfläche erhält.

Für das Generieren eines Meshes gibt es eine Reihe von Algorithmen, die proprietär (zum Beispiel die Software Geomagic) oder in Form von Open-Source-Lösungen frei verfügbar sind.

In Abb. 9.46 wird eine Punktwolke in der Open-Source-Software *MeshLab*[5] mit dem Surface-Reconstruction-Filter *Ball-Pivoting-Algorithm* in ein 3D-Mesh umgewandelt. Ausgehend von einem durch drei Punkte gebildeten Dreieck legt der Algorithmus eine Kugel mit vorgegebenem Radius um diese. Wird dadurch ein neuer Punkt berührt, formt der Algorithmus ein weiteres Dreieck. Auch dieses Ergebnis weist in der Regel die gleichen Artefakte auf wie in Abb. 9.45.

Erzeugen eines Poisson-Meshes in NukeX

Dieses Verfahren beruht ebenfalls auf der Photogrammetrie und verwendet die nach dem französischen Physiker und Mathematiker *Siméon Denis Poisson* benannte *Poisson-Surface-Reconstruction-Methode*. Das Vorgehen ist ähnlich dem in Abb. 9.45.

3 http://meshlab.sourcefourge.net.

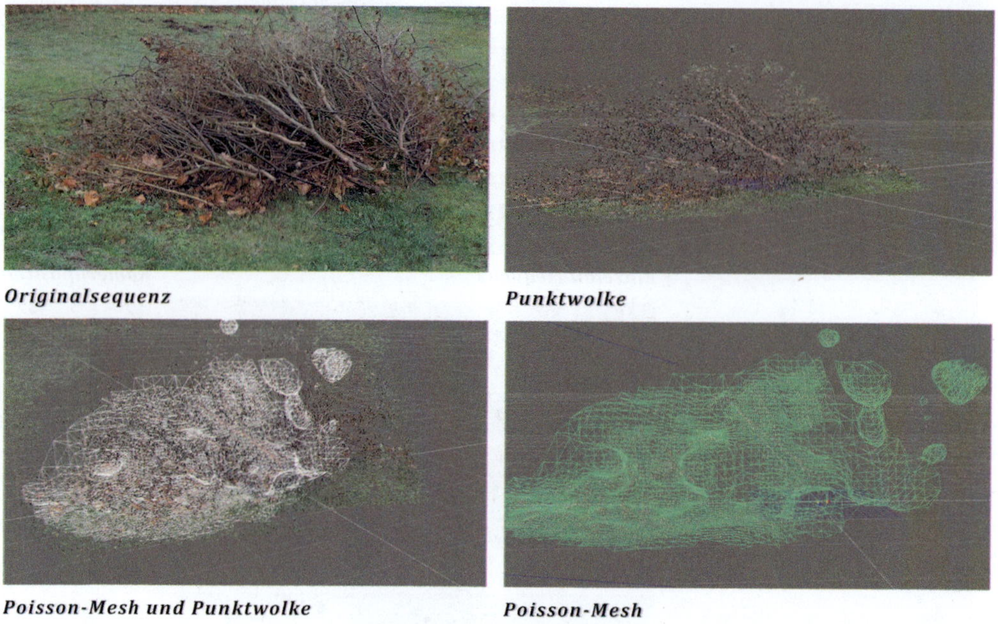

Abb. 9.47 Poisson-Mesh in NukeX

Im ersten Arbeitsschritt wird das Matchmoving ausgeführt oder dessen Resultate aus einem dafür spezialisierten Programm importiert.

Die programminterne *PointCloudGenerator*-Node erzeugt dann eine Dense-Cloud (Abb. 9.47, obere Reihe rechtes Bild). Aus dieser Punktwolke ermittelt dann der Poisson-Mesh-Algorithmus ein Gitternetz. Dieses Verfahren produziert ebenfalls eine Reihe von Artefakten, wie die separaten Meshes in den Bildern der unteren Reihe. Diese können durch Parameteranpassungen reduziert werden. In der Regel erfolgt danach meist ein Export in ein 3D-Programm, um das Mesh zu säubern.

Dieses Verfahren wird oft eingesetzt, um Berglandschaften, Wälder, Gebüsch und andere unregelmäßig geformte Objekte dreidimensional zu erfassen. Auf die gesäuberten Meshes kann dann die Bildsequenz projiziert, im Compositing Re-fotografiert und mit anderem Inhalt kombiniert werden.

Alpha-to-Geometry in ZBrush

Dieses proprietäre Verfahren in ZBrush nutzt als Grundlage ein Graustufenbild – vorzugsweise eine Bump-Map. Dieses wird in den Alpha-Kanal des Pinsel-Werkzeugs geladen und in ein 3D-Objekt umgewandelt. Diese Technologie liefert vor allem bei flachen Objekten wie Blättern sehr gute Ergebnisse.

In Abb. 9.48 sind das Graustufenbild und das resultierende 3D-Mesh dargestellt.

Verwenden des ZRemeshers in ZBrush

Der Begriff *Remeshing* bezeichnet ein Verfahren, das die Basisstruktur des Gitternetzes erneuert oder wieder herrichtet. Es wird meist dazu verwendet, bei Beibehaltung der Features und Charakteristika des Modells aus einem High-Poly-Objekt

Abb. 9.48 Alpha to Geometry in ZBrush

ein Low-Poly-Objekt zu generieren. Gleichzeitig werden die Fehler des Original-Meshes beseitigt.

Der *ZRemesher* in ZBrush bietet eine Reihe Features, die eine weitgehende Kontrolle des Remeshing-Vorgangs ermöglichen. So können nur die Teile der Geometrie reduziert werden, die wenig Detail aber eine hohe Polygonanzahl aufweisen, entweder durch Sichtbarmachen oder durch farbliche Kennzeichnung. Außerdem können Kurven aufgezeichnet werden, die Einzelheiten des Gesichts oder anderer wichtiger Teile der Geometrie aufrechterhalten.

Abbildung 9.49 zeigt den Vorgang. Die erste Subdivision-Stufe mit ca. 4500 Polygonen weist keinerlei Features im Gesichtsbereich auf (obere Reihe linkes Bild). In Subdivision-Stufe 6 hat das Objekt mit ca. 4,6 Millionen die höchste Auflösung (obere Reihe, rechtes Bild). Ein solches Objekt ist für die Weiterverarbeitung schwierig zu handhaben. Einer-

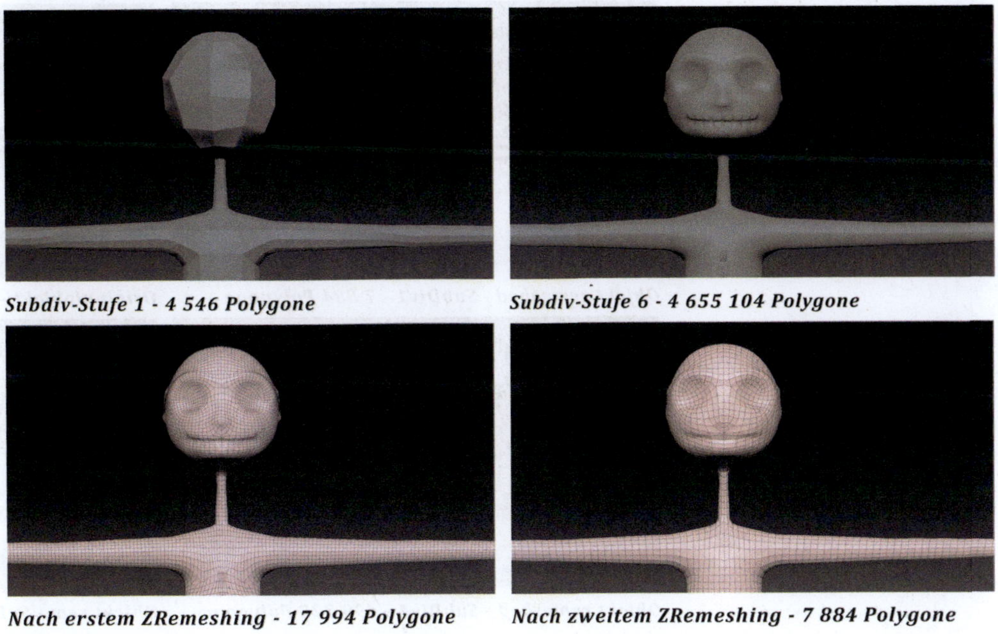

Abb. 9.49 Verwenden des ZRemeshers in ZBrush

seits fehlen auf der Low-Poly-Stufe die Charakteristika des Gesichts, andererseits ist die Polygonanzahl auf der 6. Stufe viel zu hoch. Hier kommt das Remeshing zur Anwendung mit dem Ziel, einerseits ein Low-Poly-Objekt zu erhalten, in dem die wichtigsten Features des Charakters zu erkennen sind und andererseits um die hoch aufgelösten Details bei deutlich reduzierter Polygonanzahl weitestgehend zu erhalten. Der dazu notwendige Prozess ist zweigeteilt. Im ersten Teil wird im Remeshing ein Low-Poly-Objekt erzeugt, auf das dann im zweiten Teil die Details erneut projiziert werden. Dieser Vorgang wird im nächsten Verfahren beschrieben.

Um ein neues Mesh zu erhalten, ist die Zielanzahl der Polygone wichtig. Nach unseren Erfahrungen ist eine Polygonanzahl von 10 000 ein guter Startpunkt für einen digitalen Charakter. Low-Poly-Objekte dieser Größe bieten genügend Spielraum für Gesichtsfeatures und andere Details, sind aber nicht zu hoch, um den Rigging-Prozess oder das Generieren von UV-Maps übermäßig zu komplizieren.

In Abb. 9.49 in der unteren Reihe sind die Ergebnisse des zwei Mal angewendeten ZRemeshings dargestellt. Nach dem ersten Vorgang hat das Mesh noch ca. 18.000 Polygone, nach dem zweiten Vorgang lediglich ca. 8000 Polygone. Hier sind die Gesichts-Features im Gegensatz zum Originalobjekt auf der ersten Subdivision-Stufe sehr gut zu erkennen.

Der ZRemesher in ZBrush wird oft verwendet, um Dynamesh-Objekte (s. o.) in Subdivision-Objekte umzuwandeln. Da er aber die Möglichkeit bietet, fremde Modelle mittels OBJ-Daten zu verarbeiten, findet er auch weite Anwendung außerhalb des Skulpturierens. So werden oft die aus Punktwolken generierten 3D-Objekte nach der Fertigstellung diesem Verfahren unterworfen, um ein gleichförmig reduziertes, besser fließendes Gitternetz zu erzielen, das aus Quads besteht.

Geometrie-Projektion in ZBrush

Das Low-Poly-Objekt aus Abb. 9.49 besitzt nach dem Remeshing-Prozess zwar eine aussagefähige Charakteristik auf der ersten Subdivision-Stufe, es mangelt aber an den Details der 6. Stufe des Originals. Um diese wieder auf das Low-Poly-Objekt zu übertragen, bietet ZBrush die Möglichkeit der Geometrie-Projektion. Hierbei werden Details von einem Objekt auf ein anderes übertragen. Voraussetzung dabei ist, dass beide die gleiche Größenausdehnung und den gleichen Registerpunkt (Anker) besitzen.

In Abb. 9.50 ist das Vorgehen dargestellt. Ausgangspunkt ist einerseits das Low-Poly-Objekt, das nur eine Subdivision-Stufe mit ca. 8000 Polygonen besitzt (obere Reihe linkes Bild), andererseits die 6. Stufe des Originalobjekts mit ca. 4,6 Millionen Polygonen (obere Reihe rechtes Bild).

Das Ziel ist nun, die Details des hoch aufgelösten Objekts auf das niedrig aufgelöste Objekt zu übertragen. Dazu wird das Low-Poly-Objekt so weit unterteilt, bis eine ausreichende Polygonanzahl vorhanden ist; in dem Beispiel ist das die Stufe 4 mit 500.000 Polygonen. Nun werden die Details der 6. Stufe des Originalobjekts auf die vierte Stufe des neuen Low-Poly-Objekts projiziert. Das Ergebnis ist im rechten Bild der unteren Reihe dargestellt. Hier gibt es Spielraum, um ein während des Skulpturierungsprozesses übermäßig hoch aufgelöstes Mesh etwas zu reduzieren, ohne sichtbares Detail zu verlieren. Natürlich sollte hier eine Qualitätskontrolle stattfinden. Ist ein wichtiges Detail nicht mehr vorhan-

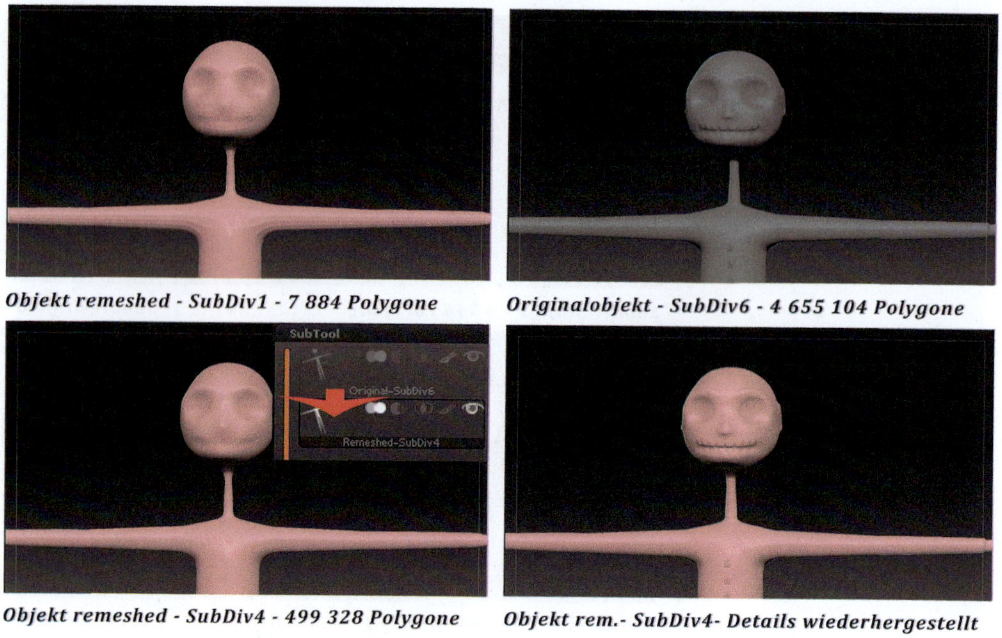

Abb. 9.50 Geometrie-Projektion in ZBrush

den, muss das Low-Poly-Objekt weiter unterteilt werden. In dem Beispiel wäre das Stufe 5 mit dann ca. 2 Millionen Polygonen.

Prozedurales Modellieren

Die Einsatzgebiete für das prozedurale Modellieren sind vielfältig. Im Filmbereich werden sie vor allem für das Generieren von ganzen Städten (zum Beispiel die Stadt *San Fransokyo* im Disneyfilm *Big Hero 6*), für grafisch orientierte Objekte (das Wurmloch im gleichen Film), für prozedurale Animationen, Simulationen oder Materialien eingesetzt.

Besonders für das Generieren von Pflanzen und Bäumen sind diese Verfahren geläufig. Obwohl die detaillierte Beschreibung solcher Prozesse den Rahmen dieser Publikation sprengen würde, soll doch ein kurzer Überblick über die Wirkungsweise des prozeduralen Modellierens anhand des *L-Systems* in Sidefx Houdini gegeben werden.

Das L-System ist benannt nach Astrid Lindmayer, die dieses System 1968 vorstellte, und erlaubt die Definition von komplex gestalteten Objekten durch Iteration.

> They use a mathematical language in which an initial string of characters is matched against rules which are evaluated repeatedly, and the results are used to generate geometry. The result of each evaluation becomes the basis for the next iteration of geometry, giving the illusion of growth (Houdini 2014).

Das L-System wird vor allem zur Simulation komplexer organischer Strukturen wie Bäume, Pflanzen, aber auch physikalisch basierender Phänomene wie Blitze oder Schneeflocken eingesetzt.

Die grundlegende Idee ist, Einzelteile eines Objekts mittels Produktionsregeln zu ersetzen, die auch rekursiv angewendet werden können. In Houdini wird mit einem Grafikverfahren, der Turtle-Programmierung, gearbeitet, die aus folgenden Buchstaben und deren Bedeutung besteht:

F: Gehe einen Schritt vorwärts, zeichne eine Linie, die die vorhergehende Position mit der neuen verbindet,

f: Gehe einen Schritt vorwärts ohne zu zeichnen,

+: Drehe rechts um 90°,

–: Drehe links um 90°.

In Abb. 9.51 (obere Reihe, linkes Bild) wird der Stamm eines Baumes durch die Prämisse FFFA gekennzeichnet. Durch die Verwendung von 3xF werden drei Linien in der einstellbaren Grundrichtung (hier: nach oben) übereinander gezeichnet. Dann folgt die Regel A. Diese ist definiert durch folgende Gleichung:

$$A = !''[B]////[B]////B. \tag{9.1}$$

Hierbei multipliziert der Term *!″* die Dicke und Länge der einzelnen Elemente, sodass der Stamm mit jeder Iteration immer stärker wird.

Die eckigen Klammern erzeugen einen neuen Zweig mit der Produktionsregel B, die Schrägstriche neigen den Zweig um einen einstellbaren Betrag.

Der Term B definiert eine zweite Regel mit der Gleichung:

$$B = \&FFFA. \tag{9.2}$$

Dadurch werden wieder drei Striche in die vorgegebene Richtung (&) gezeichnet. Dann folgt die rekursive Regel A.

Da zwei Regeln (A und B) angewandt werden, sind jeweils zwei Generationen für eine Iteration notwendig.

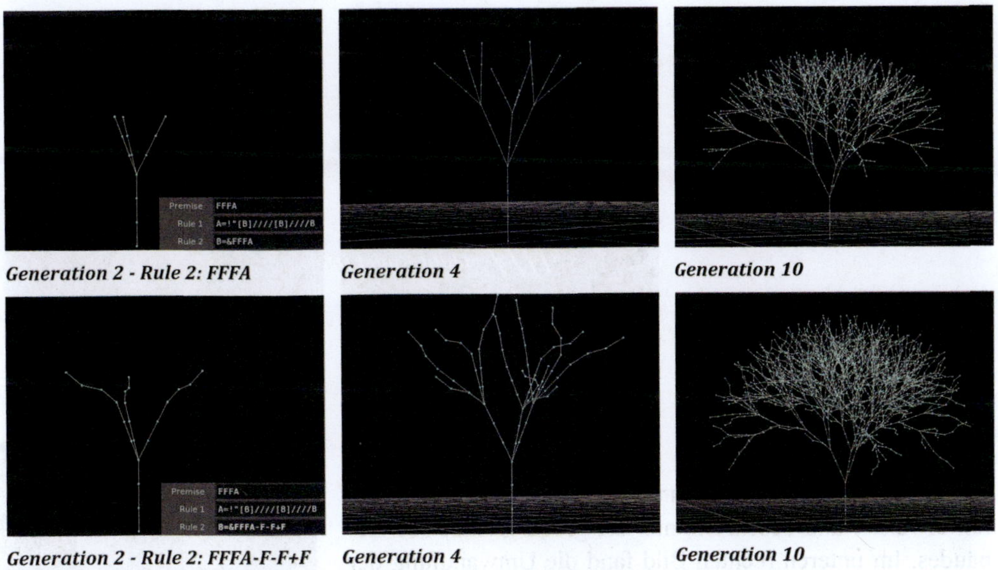

Abb. 9.51 Implementierung des L-Systems in Houdini

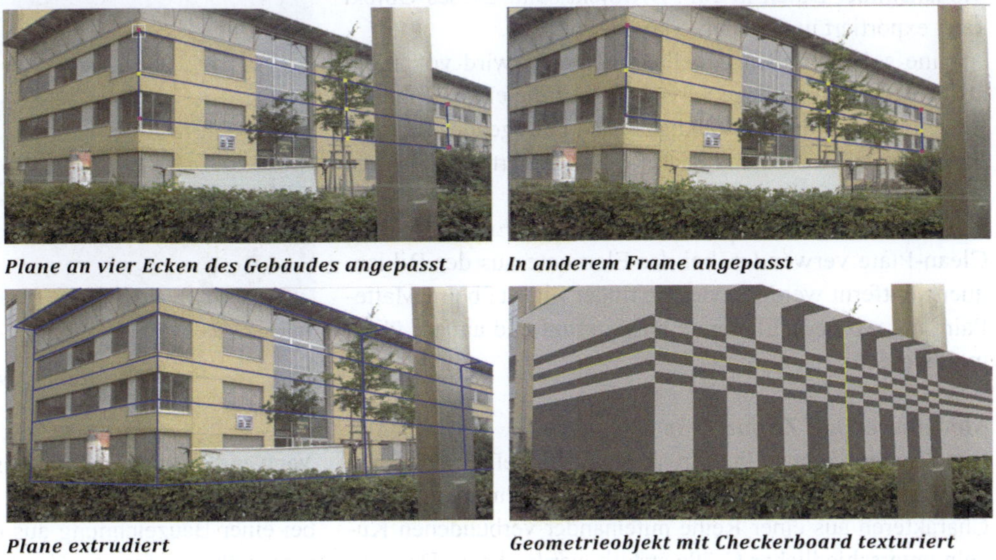

Abb. 9.52 Modelbuilder in NukeX

Um den Unterschied zu zeigen, wurde in der unteren Bildreihe in Abb. 9.51 die Regel für B in Gl. 9.3 verändert, wodurch der resultierende Baum weniger ebenmäßig geformt ist.

$$B = \&FFFA - F - F + F \tag{9.3}$$

9.3.3 Halb automatische Verfahren

Unter halb automatischen Verfahren sollen hier Modelliermöglichkeiten verstanden werden, die zwar manuell ausgeführt, aber von speziellen Algorithmen unterstützt werden.

ModelBuilder in NukeX

Mit dem ModelBuilder in Nuke können aus einer 2D-Bildsequenz 3D-Objekte generiert werden. Er wird vor allem dazu eingesetzt, regulär geformte Geometrie, wie Gebäude oder Wände von Set-Aufbauten als 3D-Objekte zu generieren. Diese 3D-Geometrie kann direkt in Nuke erzeugt und mit einfachen Werkzeugen bearbeitet werden. Dazu ist wiederum als erster Arbeitsschritt der Matchmoving-Prozess notwendig, in dessen Verlauf eine Kamera generiert wird.

Abbildung 9.52 zeigt das Vorgehen. Im linken Bild der oberen Reihe wurde ein Grundkörper – hier eine Plane – an spezielle Features (Ecken des Gebäudes und der Fenster) in einem Bild der Sequenz angepasst. Das rechte Bild der oberen Reihe zeigt ein weiteres Bild der Sequenz mit einem anderen Blickwinkel auf das Gebäude. Da die Plane durch die Perspektivänderung gegenüber dem ersten Bild verschoben wurde, musste sie justiert werden, indem die Vertices an den vier Eckpunkten der Plane auf die gleichen Features wie im ersten Bild gelegt wurden. Durch den zugrunde liegenden Matchmoving-Prozess folgt die 3D-Plane der Bildsequenz und bildet einen Teil der Seitenwand.

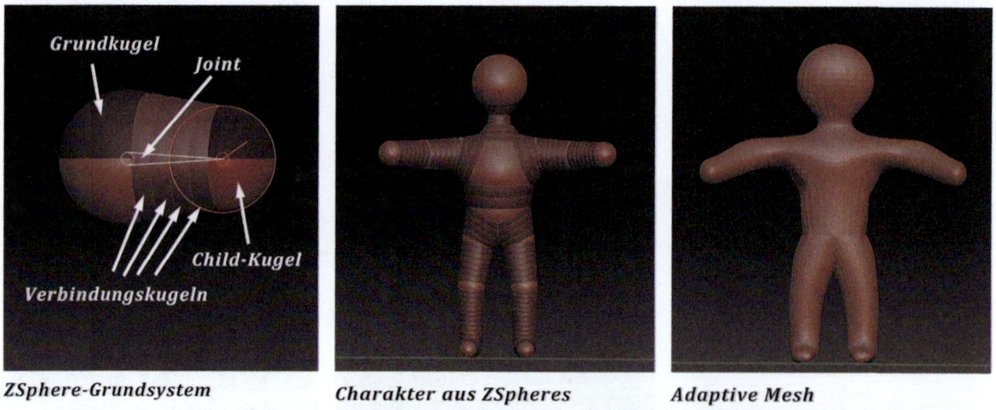

Abb. 9.53 ZSpheres in ZBrush

Im unteren linken Bild wurde die Plane durch Extrudieren erweitert und beschreibt nun die grobe Gestalt des Gebäudes. Im unteren rechten Bild fand die Umwandlung der ModelBuilder-Daten in ein 3D-Objekt statt. Dieses Objekt kann exportiert und weiterverarbeitet werden.

Eine solchermaßen erstellte Geometrie wird vor allem als Projektionsgrundlage verwendet, auf die ein bestimmtes Einzelbild oder die vollständige – sich bewegende – Bildsequenz projiziert wird und dann Re-fotografiert werden kann (s. Abschn. 10.3).

Diese Technologie wird vor allem zum Erzeugen einer Clean-Plate verwendet, bei der Elemente aus der Bildsequenz entfernt werden, oder sie findet Einsatz beim Matte-Painting, wo neue Elemente hinzugefügt und andere übermalt werden.

Modellieren mit ZSpheres in ZBrush

Das ZSphere-System in ZBrush ist ein Modellierungswerkzeug, mit dem die Grundgestalt von vor allem organischen Charakteren aus einer Reihe miteinander verbundenen Kugeln unterschiedlicher Größe erstellt werden kann. Das Kugelsystem wird nach Abschluss der Arbeiten in ein Mesh umgewandelt.

Abbildung 9.53 zeigt die dazu notwendigen Schritte. An eine Grundkugel (engl. *root*) wird eine weitere Kugel (engl. *child*) mit ihren Verbindungskugeln (engl. *link*) angefügt (linkes Bild). Größe, Drehung und Position der neuen Kugel und deren Verbindungen können frei eingestellt werden. Mit dieser Methode – unter teilweiser Nutzung der Symmetriefunktion – können relativ schnell humanoide Charaktere, aber auch komplexe Figuren wie Pferde und Fantasiegestalten wie Drachen generiert werden (mittleres Bild).

Im nächsten Schritt wird das Kugelsystem in ein Mesh umgewandelt, das dann weiterverarbeitet werden kann (rechtes Bild). Da das Kugelsystem weiterhin vorhanden ist, können hier leicht Änderungen der Grundgestalt vorgenommen und in ein neues Mesh transformiert werden.

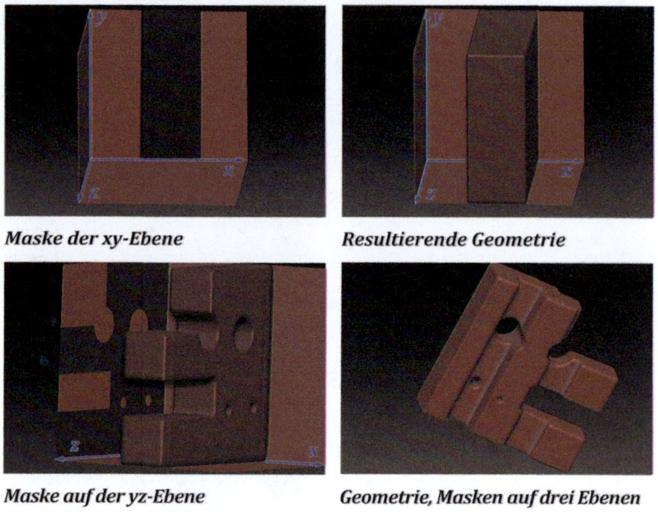

Abb. 9.54 Verwenden der Shadow-Box in ZBrush

Verwenden der Shadow-Box in ZBrush

Die Shadow-Box in ZBrush ist eine Methode, ähnlich wie bei einer Bauzeichnung aus drei Grundansichten vor allem regelmäßig geformte *Hard-Surface-Objekte*, wie Metall-, Plastik- und Holzkonstruktionen zu erzeugen. Dazu werden die Umrisse des zu erzielenden Objekts mithilfe der Maskenfunktion auf drei Seiten einer quadratischen Grundbox gezeichnet.

In Abb. 9.54 sind die Konstruktionsschritte eines Maschinenbauteils dargestellt. In der oberen Zeile ist im linken Bild die Maske eingezeichnet. Im rechten Bild wurde die quadratische Grundgestalt in der x-Achse auf den Bereich der Maske reduziert. Im linken Bild der unteren Reihe ist die Form der yz-Ebene mithilfe einer Maske aufgezeichnet und die resultierende Geometrie dargestellt. Im rechten Bild wird die endgütige Form des Maschinenteils nach Anwendung der Maske in drei Ebenen gezeigt.

Re-Topologisieren

Dieses wichtige Verfahren zur Neugestaltung der Oberfläche eines Meshes ist weit verbreitet und in vielen 3D-Program-

Abb. 9.55 Re-Topologisieren

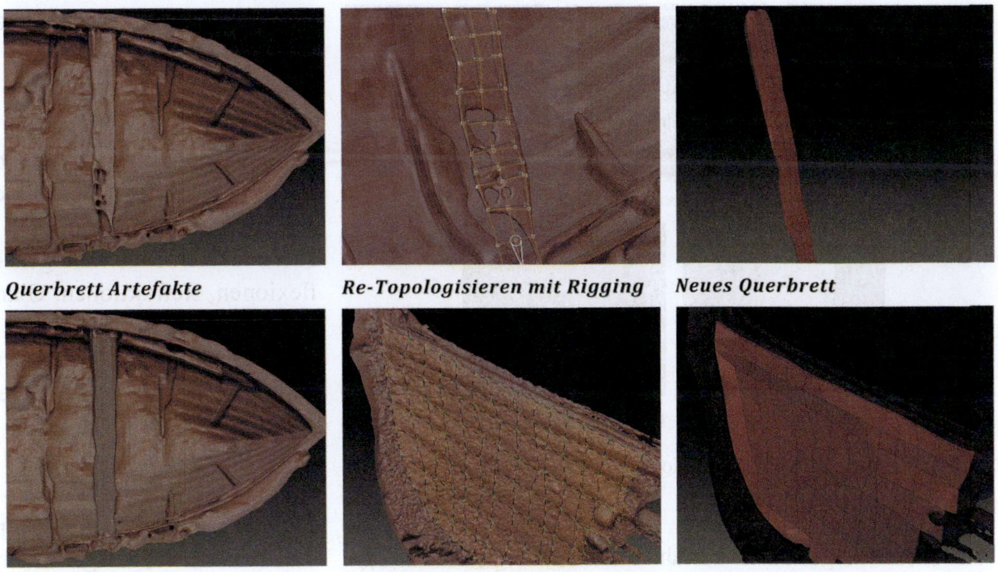

men implementiert. Es kommt vor allem dann zum Einsatz, wenn – um ein Low-Poly-Modell zu erhalten – auf ein High-Poly-Modell ein neues Gitternetz gezeichnet werden soll und dabei ein hohes Maß an Kontrolle notwendig ist. Weiterhin wird eine neue Topologie erzeugt, wenn das Mesh dem Fluss der Features des Modells – zum Beispiel Augenhöhlen, Falten oder Gliedmaßen – nicht folgt.

Abbildung 9.55 zeigt zwei Technologien in Pixologic ZBrush. In beiden ist es die Aufgabe, Artefakte eines Modells das mit Photogrammetrie erzeugt wurde, zu beseitigen. In den ersten vier Bildern wird Pixologic's Rigging-System verwandt. Das linke Bild der oberen Reihe zeigt ein Boot mit Löchern in einem Querbrett. Mit dem Rigging-System wird das Objekt dreidimensional nachgezeichnet, wobei sich die einzelnen Stützpunkte automatisch an den nächstliegenden Punkt der Oberfläche des Modells anpassen. Sind keine Punkte vorhanden (wie bei den Löchern) kann ein Stützpunkt auch im freien Raum positioniert werden (obere Reihe mittleres Bild). Im rechten Bild der oberen Reihe ist das neu modellierte Brett dargestellt, das im rechten Bild der unteren Reihe eingefügt wurde.

In den restlichen beiden Bildern kommt der Topology-Pinsel zur Anwendung. Hier wird das Gitternetz direkt auf das Modell gezeichnet (mittleres Bild), wobei die Pinselgröße einerseits die Größe der resultierenden Polygone und andererseits die Dicke des Meshes festlegt (rechtes Bild).

Verwenden des Insert-Brushes in ZBrush

Mit dem Insert-Brush werden vorgefertigte Elemente wie Körperteile oder mechanische Objekte in ein Mesh eingefügt. Diese Elemente können aus der mitgelieferten Bibliothek stammen oder es wird ein eigenes Modell verwendet, wenn Objekte (wie zum Beispiel Zähne) wiederholt verwendet werden sollen. Problematisch ist die Einbindung in das Mesh, denn in der Regel wird ein neues Objekt erzeugt, das keine direkte Verbindung zum Elternobjekt hat. Sollen sehr viele Elemente eingefügt werden, wäre die Verwendung des Dynamesh-Systems sinnvoll, da eingefügte Objekte automatisch direkt in das Gitternetz integriert werden.

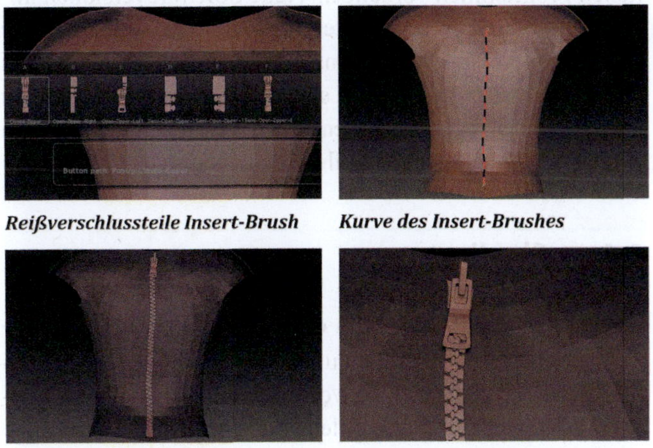

Abb. 9.56 Verwenden des Insert-Brushes

In Abb. 9.56 wird ein Reißverschluss eingefügt. Hier können unterschiedliche Elemente des komplexen Systems ausgewählt werden. Durch Zeichnen einer Kurve wird der Verlauf auf dem Modell festgelegt, wobei das System eine gewisse Intelligenz aufweist, da es an Beginn und Ende der Kurve jeweils das entsprechende Objekt – Verschluss, Schlitten – einfügt und im mittleren Verlauf die ineinander verhakten Zähne wiederholt.

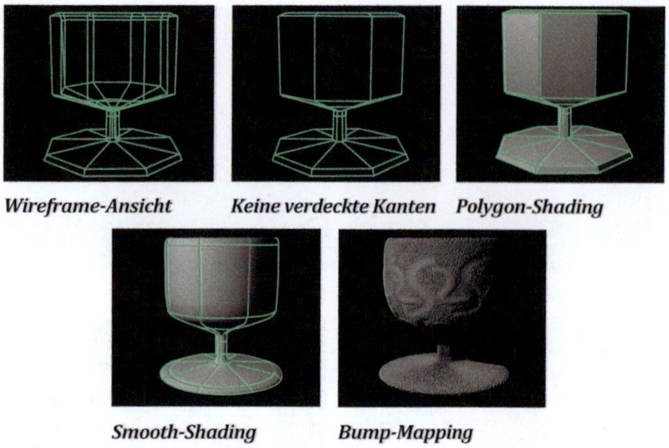

Abb. 9.57 James F. Blinn: Evolution of a Goblet. (Nach Sørensen 1981)

Die hier vorgestellten Verfahren stellen lediglich eine Auswahl der schier unendlichen Möglichkeiten zum Generieren von 3D-Modellen dar – viele weitere sind in den unterschiedlichen Programmen vorhanden. Neue Softwareversionen implementieren einen erweiterten Funktionsumfang, und neue Konzepte adressieren problematische Arbeitsschritte. Je nach Arbeitsziel ist es deshalb oft sinnvoll, die unterschiedlichen Möglichkeiten zu kombinieren, um einen effizienten und dem Projekt angemessenen Workflow zu generieren.

9.4 Shading

Shading ist der Prozess, die Oberflächeneigenschaften der 3D-Geometrie zu berechnen und darzustellen. In diesem Abschnitt erfolgt lediglich die Vorstellung grundlegender Konzepte in Bezug auf lokale Beleuchtungsmodelle. Die globale Interaktion wird im Zusammenhang mit Beleuchtung und Rendering im Abschn. 9.7 diskutiert.

9.4.1 Shader und Material

Der Shader

Ein *Shader* ist ein Soft- oder Hardware-Modul, das Berechnungen zur Gestaltung der Oberflächen der 3D-Modelle ausführt. Er gestaltet die einzelnen Polygone, indem er die Stellung des Polygons zum Licht und zur Kamera berücksichtigt sowie dessen Materialeigenschaften wie Farbe, Textur, Reflexionen, Refraktionen, Glanzlichter etc. in ein bestimmtes Verhältnis bringt.

Die historische Entwicklung des Shading zeigt die in Abb. 9.57 nachgestellte Bilderserie von James F. Blinn *Evolution of a Goblet.* James F. Blinn ist einer der wichtigsten Computergrafik-Pioniere und besonders bekannt durch seine Animationen für das Voyager-Deep-Space-Programm und die Entwicklung des Bump-Mappings (1978).

Das erste Bild zeigt das Objekt in der Vektor-Darstellung, die heute allgemein als *Wireframe* bezeichnet wird. Eine wesentliche Weiterentwicklung ist im zweiten Bild dargestellt. Hier sind die verdeckten Linien entfernt, die hinter den sichtbaren Flächen liegen. Um mehr Realismus einzubringen, wurden die Zwischenräume zwischen den Vektorlinien als Polygone aufgefasst und je nach Winkel zum Licht heller oder dunkler gestaltet. Eine weitere Entwicklung beinhaltet das Smooth-Shading im vierten Bild. Hier wurden die flachen Polygone geglättet. Das letzte Bild zeigt das Bump-Mapping, bei dem hoch aufgelöste Details dargestellt werden konnten.

Material

Im engen Zusammenhang mit dem Shader steht der Begriff *Material,* der die Materialeigenschaften (s. o.) definiert. Abbildung 9.58 zeigt unterschiedliche Materialien, die für einen Insektenkopf angewendet wurden. Hier ist vor allem das Zusammenspiel zwischen diffusen und spekularen Komponenten, wie Reflexionen und Glanzlichtern, zu beachten.

Abb. 9.58 Verschiedene Materialien

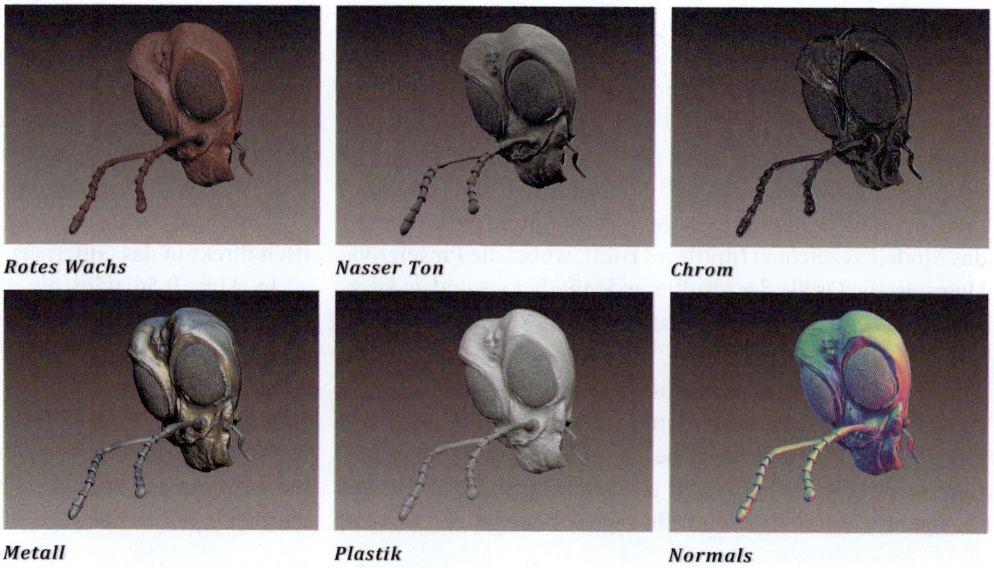

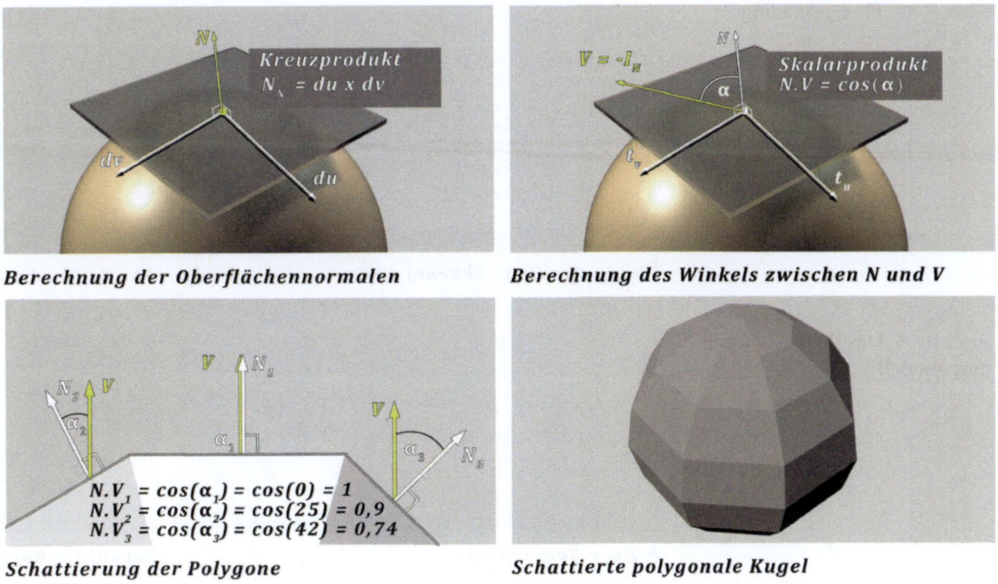

Abb. 9.59 Flat-Shading. (Nach Kraemer 2011)

Während in den ersten beiden Bildern vor allem die diffusen Komponenten dominieren, zeigen die nächsten beiden Bilder Metalle, bei denen die Glanzlichter und Reflexionen eine wichtige Rolle spielen.

Das Plastik-Material besitzt ebenfalls spekulare Komponenten. Diese sind aber nicht so sehr ausgeprägt wie bei den Metallen. Das letzte Bild zeigt ein Shading-Modell, bei dem die Richtung der Normalen (Senkrechte auf den Polygonen) als Vektordaten codiert wurden. Solche Algorithmen sind *Utility-* oder *Data-Shader*, da sie keine Oberflächengestaltung berechnen, sondern Daten generieren, die für spezielle Prozesse in der Pipeline weitergegeben werden.

9.4.2 Shading Modelle

Flat-Shading

Flat-Shading ist ein einfaches Schattierungsverfahren. Anhand des Winkels der Oberflächennormalen *N* (engl. *surface normal*) und des von der Position des Beobachters ausgesandten Blickvektors *V* wird der Lichtwert und damit die Helligkeit des Polygons berechnet. Abbildung 9.59 zeigt das Vorgehen: Zuerst muss die Oberflächennormale ermittelt werden. Dazu ist eine Tangentialebene im Punkt *P* notwendig, die durch zwei Richtungsvektoren *du* und *dv* beschrieben wird. Durch Berechnung des Kreuzproduktes der beiden Vektoren erhält man die senkrecht dazu stehende Oberflächennormale *N* (Bild oben links). Nun wird der Winkel zwischen den jeweils auf den Einheitswert normalisierten Vektoren N und V ermittelt. Hierbei entspricht das Skalarprodukt N.V dem Kosinus des Winkels α (Bild oben rechts). Zeigt das Polygon direkt zum Beobachter, ist der Winkel zwischen N und V null und damit das Ergebnis 1. Das Polygon wird hell dargestellt. Je weiter seitlich ein Polygon angeordnet ist, desto größer wird der Winkel zwischen V und N (Bild unten links) und damit das Ergebnis für cos(α) kleiner, wodurch das Polygon dunkler eingefärbt wird (Bild unten rechts).

Das Flat-Shading führt zu einer abgestuften eckigen Darstellung, die für runde Objekte unrealistisch ist (Abb. 9.59, Bild unten rechts). Um dies zu vermeiden, müsste das Gitternetz weiter unterteilt werden, bis die Facetten nicht mehr sichtbar sind.

Phong Shading

1975 stellte Bùi Tường Phong ein Shading-Verfahren vor, das oben genanntes Problem adressiert, indem es die Normalen entlang der Kanten des Polygons interpoliert, um eine Krümmung zu erhalten. Dazu errechnete er eine Normale N_v für jeden Vertex des Polygons. Zwischen den beiden Normalen N_{v1} und N_{v2} werden für alle Schnittpunkte der einkommenden Blickvektoren (engl. *view vectors*) mit der Geometrie die entsprechenden Oberflächennormalen entlang der Kante interpoliert, so dass eine gekrümmte Oberfläche entsteht. Die Anzahl der zu berechnenden Normalen richtet sich nach der Auflösung, das heißt, wie viele Blickvektoren pro Pixel auf die Oberfläche treffen (siehe Abb. 9.60).

Es sei hier angemerkt, dass das Phong-Shading-Verfahren nicht mit dem Phong-Beleuchtungsmodell verwechselt werden sollte, das in der weiteren Diskussion vorgestellt wird.

9.4.3 Lokale Beleuchtungsmodelle

Bisher wurde lediglich der Einfluss des Blickvektors auf das Shading-Ergebnis betrachtet. Hierbei wird als Beleuchtungsgrundlage ein diffuses Ambient-Licht angenommen, das keine Richtung hat und nur für eine Grundhelligkeit sorgt. Dieses Licht ist in allen 3D-Programmen vorhanden, um das

Abb. 9.60 Phong-Shading

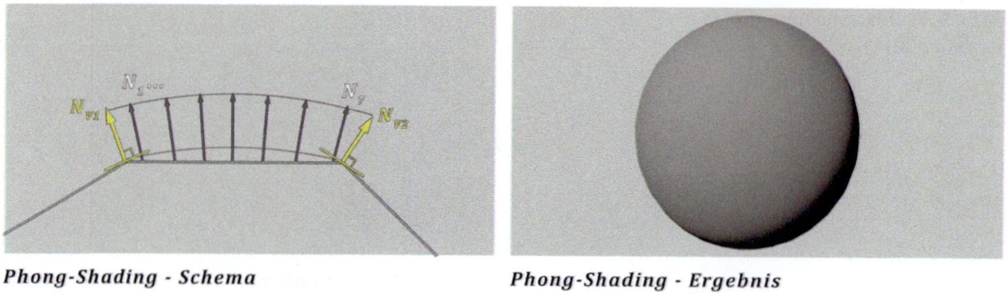

Abb. 9.61 Das Phong-Beleuchtungsmodell

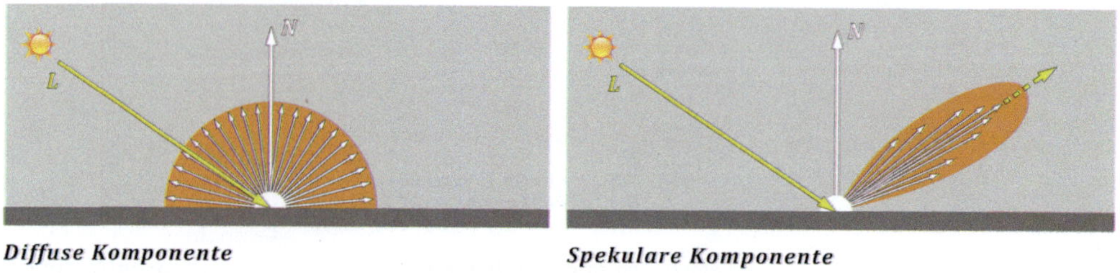

Modellieren ohne zusätzliche Positionierung von Lichtern zu ermöglichen. Beim Einfügen eines Lichts wird es entweder automatisch abgeschaltet (Nuke, Houdini), oder muss manuell entfernt werden (Maya – in den Render-Settings), wenn eine physikalisch korrekte Beleuchtungssituation erzielt werden soll.

Für die Berechnung des Verhaltens von Licht in einer 3D-Szene gibt es zwei Ansätze. Einerseits wird das *Lokale Beleuchtungsmodell* verwendet, bei dem lediglich die Oberflächen von Objekten simuliert werden, indem das Objekt und das Licht betrachtet werden. Andererseits berücksichtigt das *Globale Beleuchtungsmodell*, das im Abschn. 9.7 diskutiert wird, auch den diffusen und spekularen Lichttransport zwischen allen Objekten der Szene.

Das lambertsche Beleuchtungsmodell

Dieses Modell geht auf Johann Heinrich Lambert zurück, der die Grundzüge dafür bereits 1760 veröffentlichte. Es beschreibt den Effekt, dass – ähnlich wie beim Flat-Shading – bei einem stumpfer werdenden Abstrahlwinkel der Lichtwert der Oberfläche abnimmt. Das Lambertsche Beleuchtungsmodell befasst sich mit ideal diffusen Reflexionen von Oberflächen und hat dementsprechend keine spekulare Komponente, die Glanzlichter implementiert. Bei einer diffusen Reflexion wird das Licht gleichmäßig in jede Richtung reflektiert und simuliert eine ideale isotropische Oberfläche.

Die Bedeutung des lambertschen Beleuchtungsmodells spiegelt sich in der Software Maya wieder, bei der der Grund-Shader ein Lambert-Shader ist.

Die bidirektionale Reflektanzverteilungsfunktion (BRDF)

Die *bidirektionale Reflektanzverteilungsfunktion* (engl. *bidirectional reflectance distribution function – BRDF)* stellt eine Funktion für das Reflexionsverhalten von Oberflächen dar. Sie beschreibt das Verhältnis des einfallenden zum reflektierten Licht und setzt sich aus einer Kombination von diffusen, ambienten und spekularen Komponenten zusammen. Eine ideale spekulare Reflexion entsteht, wenn Licht auf eine ideale glatte Oberfläche trifft und gemäß dem Gesetz „Einfallswinkel gleich Ausfallswinkel" reflektiert wird (Watt 2002, S. 239f.).

Mikrofacetten

Da Oberflächen mit wenigen Ausnahmen (Glas) nicht vollständig eben sind, sondern eine Mikrogeometrie enthalten, wird in der Computergrafik das Konzept von Mikrofacetten angewendet. Dieses beschreibt Oberflächen als eine Ansammlung V-förmiger Rillen, deren Normalen in unterschiedliche Richtungen zeigen. Bei der Berechnung von Oberflächen ist somit zwischen isotropischen und anisotropischen Oberflächen zu unterscheiden, wobei anisotropische Oberflächen aufgrund der größeren Anzahl von Mikrorillen rauer sind.

Das Phong-Beleuchtungsmodell

Das Phong-Beleuchtungsmodell – nicht zu verwechseln mit dem Phong-Shading – wurde nach seinem Entwickler Bùi Tường Phong benannt und erstmals 1975 vorgestellt. Es beinhaltet einerseits die diffuse Reflexion (Abb. 9.61, linkes Bild). Dabei wird die Lichtintensität gemäß dem Lambertschen Kosinusgesetz als Funktion des Kosinus zwischen der Oberflächennormalen N und der Richtung des einfallenden Lichts L berechnet.

Andererseits besitzt das Phong-Beleuchtungsmodell auch eine spekulare Komponente. Phong fasst die Oberfläche als eine Komposition von vielen kleinen Microfacetten auf, die wiederum perfekte spekulare Reflektoren sind. Je stärker sich deren Normalen von denen der Oberfläche unterscheiden, desto rauer ist diese.

Abb. 9.62 Objekt von vorn und von der Seite gesehen

Beim Phong-Beleuchtungsmodell sorgen die unterschiedlich ausgerichteten Mikrofacetten dafür, dass das einfallende Licht in Winkeln reflektiert wird, die eine gewisse Abweichung vom theoretischen Ausfallwinkel besitzen und so ein keulenförmiges Ergebnis hervorbringen (Abb. 9.61, rechtes Bild). Die Stärke der Unebenheit wird durch den Faktor *m* beschrieben. Je größer dieser ist, desto ebener ist die Oberfläche und desto enger ist die Keule (Watt 2002, S. 242).

Das Phong-Beleuchtungsmodell ist ein empirisches Modell, das auf keinerlei physikalischer Grundlage aufbaut und lediglich die Licht-Objekt-Interaktion imitiert. Mit diesem Beleuchtungsmodell können vor allem Plastikoberflächen simuliert werden.

9.4.4 Physikalisch plausible Beleuchtungsmodelle

Während das Phong-Modell für Plastikobjekte eine gute Beschreibung liefert, kann es das Aussehen von Metallen nicht darstellen. In dem Modell fehlt der Einfluss des Höhenwinkels, der die Menge des spekular reflektierten Lichts in Abhängigkeit vom Blickwinkel des Beobachters festlegt. Abbildung 9.62 zeigt zwei Ansichten eines Objekts; einmal direkt von vorn gesehen, wobei keine Reflexionen auftreten und einmal in einem größeren Winkel von der Seite, wo die Oberflächenstruktur und die Reflexionen im Lack deutlich hervortreten.

Um den Einfluss des Blickwinkels zu berücksichtigen, sind Beleuchtungsmodelle notwendig, die eine physikalisch korrekte Beschreibung des Reflexionsverhaltens liefern. Hier gibt es eine Reihe von Ansätzen wie u. a. den von Beckmann, dessen Shading-Modell zum Beispiel in die Software *The Foundry Mari* implementiert ist.

Das (Blinn)-Cook-Torrance-Beleuchungsmodell
In der Computergrafik weit verbreitet ist das Cook-Torrance-Beleuchtungsmodell (zum Beispiel Snow 2010). Es ist die Weiterentwicklung einer Arbeit von James F. Blinn aus dem Jahre 1977 und wurde 1982 veröffentlicht. Dieses Modell besitzt eine physikalisch korrekte Grundlage und beschäftigt sich vor allem mit der spektralen Zusammensetzung von Glanzlichtern, wobei es die entsprechenden Materialeigenschaften und den Einfallswinkel des Lichts berücksichtigt. Dabei liegt im Zentrum der Bemühungen, die Mikrogeometrie der Oberfläche auf physikalisch plausibler Basis zu modellieren, indem das Konzept der V-förmigen Mikrorillen verfolgt wird, aus der jede Oberfläche besteht.

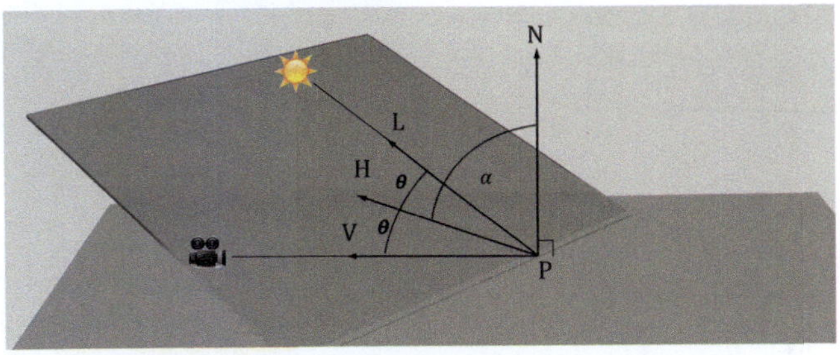

Abb. 9.63 Winkel und Reflexionsvektoren zur Berechnung der BRDF. (Nach Cook und Torrance 1982, S. 9)

Um die Zielstellung einer physikalisch plausiblen Berechnungsgrundlage zu erreichen, verwendet die Simulation von Cook-Torrance vier Komponenten: die Ausrichtung der Microfacetten *D*, die Abschattung und Ausblendung *G*, die Blickfeldgeometrie *1/N.V* und den Fresnel-Faktor *F* (Watt 2002, S. 243 ff.).

Um diese Berechnungen durchführen zu können, wird der Vektor *H* eingeführt, der die Halbierende von *L* und *V* darstellt. Er berechnet sich nach Gl. 9.4.

$$H = \frac{V + L}{\text{length}(V + L)'} \tag{9.4}$$

Abbildung 9.63 zeigt die BRDF nach Cook-Torrance. Dabei bedeuten die Symbole:

- V Einheitsvektor in Richtung des Beobachters,
- L Einheitsvektor in Richtung eines Lichts,
- N Einheitsvektor der Oberflächennormale,
- H Einheitsvektor der Halbierenden von *V* und *L*,
- α Winkel zwischen *N* und *H*,
- θ Winkel zwischen *L* und *H* oder *V* und *H*.

Die Grundlage für das Cook-Torrance-Modell ist in Gl. 9.5 angegeben. Hier beschreibt die erste Komponente *D* die

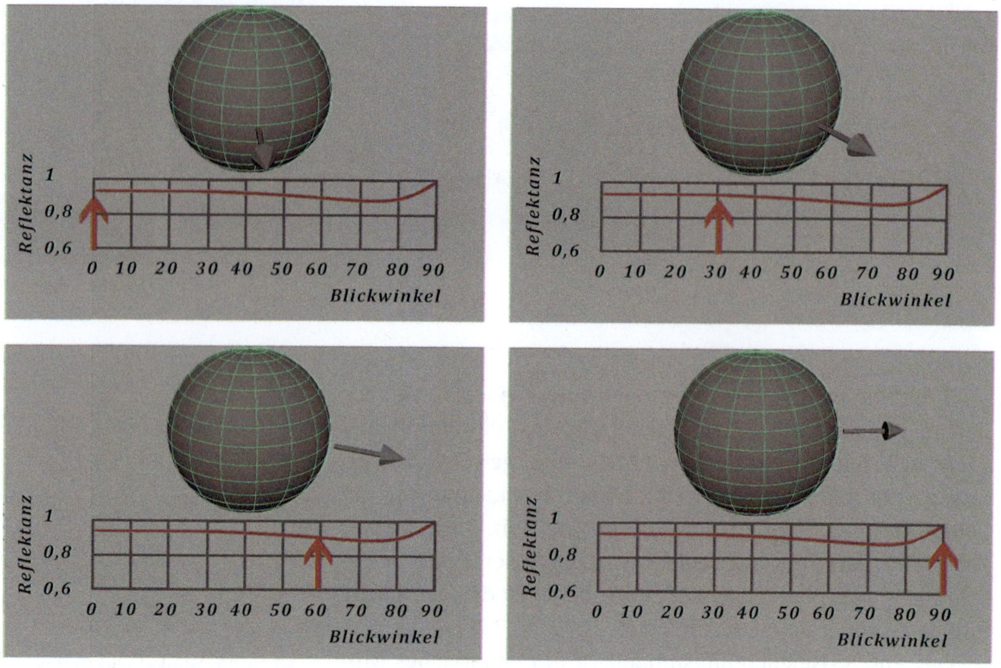

Abb. 9.64 Fresnel-Faktor abhängig vom Einfallswinkel

Ausrichtung der Mikrofacetten. Es wird berechnet, welcher Anteil der Facetten in die Richtung des Vektors *H* orientiert ist und somit zum ausgestrahlten Licht beiträgt. In dieser Komponente ist eine Standardabweichung *m* implementiert, die abhängig vom Anstieg der Verteilungsfunktion der Facetten ist. Ein kleinerer Wert für *m* simuliert, dass eine große Anzahl Facetten in die Richtung des Ausfallwinkels zeigen und eine schmale Keule erzeugen, während ein großer Wert davon ausgeht, dass die Facetten unterschiedliche Ausrichtungen besitzen, was zu breiten Keulen führt. Das Cook Torrance-Modell verwendet hier die beckmannsche Verteilungsfunktion.

Die zweite Komponente *G* behandelt das Abschatten und Ausblenden von Licht, das auf die Oberfläche fällt. Hier wird Licht durch die Rillen der Oberfläche maskiert oder abgeschattet. Dieser Koeffizient gibt an, wie viel von dem einfallenden Licht nicht von der Oberfläche selbst verdeckt wird.

Die dritte Komponente ist die Blickfeldgeometrie und behandelt das Verhältnis von Blickvektor *V* und der Oberflächennormalen *N*, ähnlich wie beim Lambertschen Beleuchtungsmodell. Das bedeutet, je größer der Winkel zwischen *V* und *N* wird, desto mehr Mikrofacetten sieht der Beobachter. Dies wird durch den Term *1/N.V* realisiert.

$$R_s = \frac{F}{\pi} \frac{DG}{(N \cdot L)(N \cdot V)} \tag{9.5}$$

Der vierte Term des Cook-Torrance-Modells ist der Fresnel-Faktor

Der Fresnel-Faktor

Der Fresnel-Faktor oder die fresnelschen Formeln (nach Augustin Jean Fresnel – /frɛ'nɛl/) beschreiben einen Koeffizienten, der das Verhältnis von reflektierter und transmittierter Energie als Funktion von Einfallswinkel und Wellenlänge an einer ebenen Grenzfläche (beispielsweise Metall-Luft) darstellt. Im Gegensatz zu dem Konzept von Mikrofacetten wird hier die gesamte Oberfläche als ideal eben angenommen. Eine weitere Annahme für Computergrafik geht davon aus, dass das Licht unpolarisiert ist und sich in der Regel durch Luft bewegt. Die entsprechende Berechnung ist in Gl. 9.6 dargestellt (Cook und Torrance 1982, S. 11).

$$F = \frac{1}{2}\frac{(g-c)^2}{(g+c)^2}\left\{1 + \frac{[c\,(g+c)-1]^2}{[c\,(g-c\}+1]^2}\right\} \tag{9.6}$$

Ist der Einfallswinkel senkrecht, also $c = \cos(\theta) = V.H$, ergibt sich Gl. 9.7, wobei *n* der Brechungsindex ist.

$$F_0 = \frac{(n-1)^2}{(n+1)^2} \tag{9.7}$$

Die Gl. 9.7 beschreibt vor allem das Verhalten von Materialien wie Plastik, Holz, Haut, Glas und Leder. Typischerweise liegen die Werte für F_0 von solchen Isolatoren unter 5 %. Das bedeutet, dass bei senkrechtem Einfallswinkel die spekulare Lichtkomponente kaum reflektiert wird. Ändert sich der Blickwinkel und erreicht 90°, wird für alle Materialien der Wert 1 erreicht. Hier nimmt die Farbe des reflektierten Lichts die der Lichtquelle an.

Tab. 9.1 Reflexionsgrad, Brechungsindex und Extinktionskoeffizient für Plastik und Kupfer bei verschiedenen Wellenlängen. (http://refractive-index.info/)

Wellenlänge	n (Kupfer)	k (Kupfer)	F_0 (Kupfer)	n (Plastik)	F_0 (Plastik)
650 nm (rot)	0,27105	3,06092	0,889	1,5791	0,0504
510 nm (grün)	0,97907	2,3609	0,58735	1,5952	0,0526
475 nm (blau)	1,2171	2,2908	0,52098	1,6019	0,0535

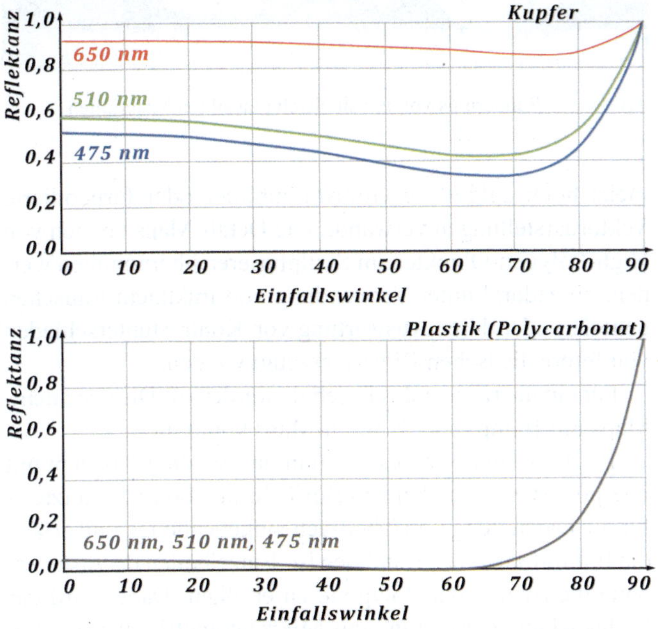

Abb. 9.65 Fresnel-Faktor abhängig vom Einfallswinkel für Kupfer bei parallel polarisiertem Licht

Abbildung 9.64 zeigt den Verlauf des Fresnel-Faktors als Funktion über den Einfallswinkel für den roten Farbkanal bei Kupfer mit einer Wellenlänge von 650 nm und parallel polarisiertem Licht. Hierbei ist deutlich zu erkennen, dass einerseits bei einem Einfallswinkel von 90° der Fresnel-Faktor 1 wird, während bei etwa 80 % eine Einbuchtung (engl. *dip*) auftritt, deren Tiefe bei den unterschiedlichen Materialien differiert.

Während für Isolatoren bei senkrechtem Einfallswinkel des Lichts Gl. 9.7 gilt, haben Metalle noch einen sogenannten Extinktions-Faktor k. Diese Auslöschungskomponente beschreibt die Fähigkeit von Metallen, Licht zu brechen und in thermische Energie umzuwandeln, wodurch sich für einen senkrechten Einfallswinkel von Licht ($\theta = 0$) Gl. 9.8 ergibt. Dabei ist n der Brechungsindex und k der Extinktionskoeffizient:

$$F_0 = \frac{(n-1)^2 + k^2}{(n+1)^2 + k^2}. \tag{9.8}$$

Tabelle 9.1 zeigt die Werte für n, k und F_0 von Kupfer und Polykarbonat. Einen Vergleich zwischen dem Verlauf des Fresnel-Faktors abhängig vom Einfallswinkel des Lichts ist in Abb. 9.65 für beide Materialien bei parallel polarisiertem Licht angegeben. Während Polykarbonat bei senkrechtem Einfallswinkel nahezu kaum Reflexionen aufweist, wird bei Kupfer das langwellige Licht sehr stark reflektiert. Interessant ist die Abhängigkeit der Reflexionsstärke von der Wellenlänge. So ist die Reflexion von langwelligen Anteilen des Lichts wesentlich höher als die der mittelwelligen und kurzwelligen Komponenten, was zu der roten Kupferfarbe führt.

Abhängig vom Einfallswinkel θ kann der Verlauf des Fresnel-Faktors für nicht polarisiertes Licht nach den Gln. 9.9, 9.10 und 9.11 berechnet werden (Schlick 1994, S. 239):

$$F_\lambda(u) = \frac{1}{2}\frac{(a-u)^2 + b^2}{(a+u)^2 + b^2}\left[\frac{(a+u-1/u)^2 + b^2}{(a-u+1/u)^2 + b^2} + 1\right], \tag{9.9}$$

$$a^2 = \frac{1}{2}\left(\sqrt{(n_\lambda^2 - k_\lambda^2 + u^2 - 1)^2 + 4n_\lambda^2 k_\lambda^2} + n_\lambda^2 - k_\lambda^2 + u^2 - 1\right), \tag{9.10}$$

$$b^2 = \frac{1}{2}\left(\sqrt{(n_\lambda^2 - k_\lambda^2 + u^2 - 1)^2 + 4n_\lambda^2 k_\lambda^2} - n_\lambda^2 + k_\lambda^2 - u^2 - 1\right). \tag{9.11}$$

Dabei ist n der Brechungsindex, k der Extinktionsfaktor und $u = H.V = \cos(\theta)$

Schlick-Approximation

1994 stellte der französische Wissenschaftler Christophe Schlick eine vereinfachte Berechnungsgrundlage als Ersatz für den Fresnel-Faktor vor. Dabei wird der Reflexions-Koeffizient F_λ durch Gl. 9.12 angenähert.

$$F_\lambda(u) = f_\lambda + (1 - f_\lambda)(1-u)^5 \tag{9.12}$$

wobei $u = H.V = \cos(\theta)$ ist.

Die Schlick-Approximation ist in der Computergrafik weit verbreitet, da sie zu schnelleren Berechnungsergebnissen als bei der Verwendung der originalen Fesnel-Formeln bei nahezu identischer Qualität führt.

Der Renderer *mentalray* in Autodesk Maya bietet für die Berechnung des Fresnel-Faktors mithilfe der Schlick-Ap-

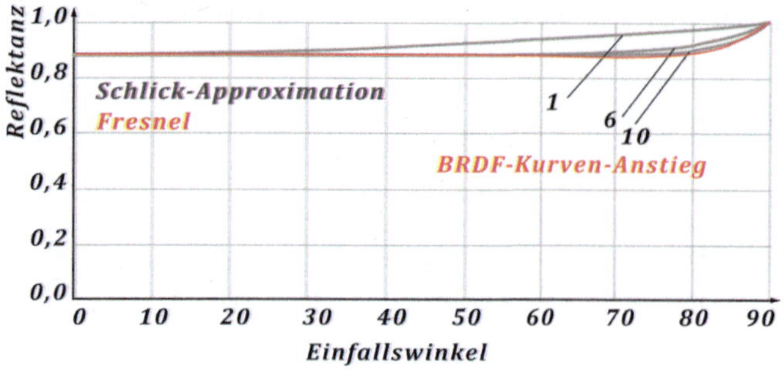

Abb. 9.66 Schlick-Kurve für Kupfer (650 nm) im mentalray – mia_material_x-Material

Abb. 9.67 Renderings von physikalisch plausiblen Materialien

proximation in seinem physikalisch basierten Architekturmaterial *mia_material_x* Einstellungen an für die Parameter *0 Degree Reflection, 90 Degree Reflection* und *Brdf Curve,* die das Verhalten von Metallen simulieren. Für den ersten Wert wird F_0 eingesetzt, der zweite Wert ist in der Regel 1 und der dritte Parameter gibt die Größe des Exponenten des Terms $(1-u)=(1-\cos(\theta))$ und damit den Anstieg der Schlick-Kurve an.

Die unterschiedlichen Werte für den Anstieg der Schlick-Kurve im Vergleich mit der Fresnel-Kurve für unpolarisiertes Licht sind in Abb. 9.66 angegeben. Bei Verwendung des Wertes 1 für den Exponenten ist der Anstieg linear. Je höher der Exponent wird, desto steiler wird die Kurve bis sie schließlich mit dem Wert 10 dem Anstieg der Fresnel-Kurve entspricht.

Renderings können in mentalray bei Verwendung des entsprechenden Materials auf eine physikalische Grundlage gestellt werden, indem der Fresnel-Faktor F_0 bei senkrechtem Lichteinfall *(0 Degree Reflection)* nach Gl. 9.7 für Isolatoren und Gl. 9.8 für Metalle berechnet wird, wobei der Wert bei *90 Degree Reflection* mit 1 angegeben und mit dem Exponenten des Terms $(1-u)$ in der Schlick-Annäherung der Kurvenverlauf der Fresnel-Kurve imitiert wird (vgl. Harrington 2011, Class 07).

Abbildung 9.67 zeigt nach dieser Methode gerenderte Objekte.

9.4.5 Detail-Mapping

Detail-Maps werden verwendet, um Einzelheiten darzustellen, die nicht mithilfe des Gitternetzes der Geometrie wegen fehlender Auflösung dargestellt und modelliert werden können. Gleichzeitig wird die Polygonanzahl für das Objekt niedrig gehalten. Details sind zum Beispiel Poren der Haut, die Oberflächenstruktur von organischen Objekten (wie Borke und Steinoberflächen) oder Unregelmäßigkeiten bei einem Insektenflügel. Da aus Performance- und Pipeline-Gründen oft mit Low-Polygon-Varianten von Objekten gearbeitet wird, kann das fehlende Detail während des Renderns mithilfe der Detail-Maps wieder hinzugefügt werden. Dazu werden meist hoch aufgelöste Graustufenbilder oder farbcodierte Vektordarstellungen verwandt. Die Detail-Maps können von High-Polygon-Objekten im Skulpturieren übernommen werden, prozedural unter Verwendung von fraktalem Rauschen generiert oder durch Auswertung von Kontrastunterschieden von fotorealistischen Bildern erzeugt werden.

Für ein überzeugendes Ergebnis werden oft Displacement-Maps mit Bump- oder Normal-Maps kombiniert.

1978 erweiterte James F. Blinn das Shading-Konzept mit interpolierten Normalen von Bùi Tu'ò'ng Phong. Er nutzte es für die Darstellung von Oberflächenunebenheiten und erfand die Bump-Map. Die Grundidee ist, Einzelheiten darzustellen, ohne die Anzahl der Polygone zu erhöhen. Dabei wird das Licht-Schattenverhältnis von Mikrogeometrie durch gebogene Normale simuliert. Abbildung 9.68 stellt einen Überblick über die Technologie dar. Das linke obere Bild zeigt die Normalen an Punkten P_0 bis P_4, an denen vom Renderer ausgesandte Blickvektoren – in der Regel Ray-Trace-Strahlen – auftreffen. Das Polygon würde aufgrund seiner Ebenheit als eine gleichmäßig eingefärbte Oberfläche dargestellt. Nun soll eine Unebenheit (engl. *bump*) simuliert werden (obere Zeile, rechtes Bild). Um dies zu gewährleisten, werden im linken Bild der unteren Zeile Normalen berechnet, die jeweils senkrecht auf der Tangente der zu simulierenden Unebenheit stehen. Diese ersetzen schließlich die originalen Normalen und besitzen nun jeweils unterschiedlichen Winkel zum einfallenden Licht. Dadurch wird die Oberfläche an den Stellen der neuen Normalen beim Rendern unterschiedlich hell eingefärbt, ohne dass die Geometrie verändert werden muss. Durch Interaktion mit dem Lichtvektor L können auch die Auswirkungen von Beleuchtungsänderungen auf die Unebenheiten dargestellt werden.

Die Bump-Map ist einfach zu implementieren und stellt Details gut dar, hat aber den Nachteil, dass die Silhouette der Geometrie nicht beeinflusst werden kann, da diese nicht verändert wird. Das Bump-Mapping ist somit lediglich eine Illusion.

Als Bump-Map oder Height-Map werden hoch aufgelöste 32bit-Graustufenbilder verwendet, die für die Bearbeitung

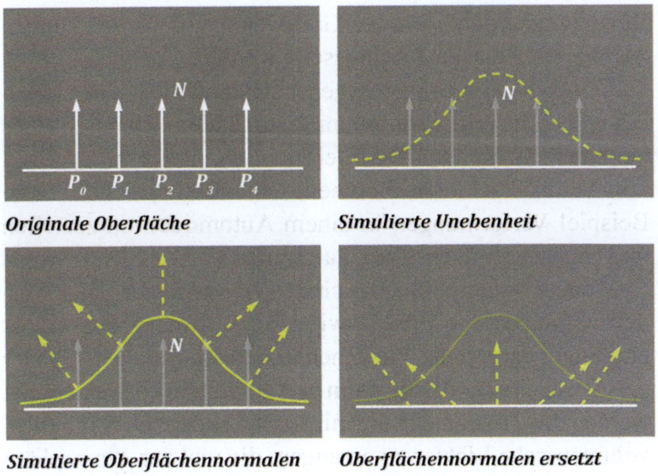

Abb. 9.68 Bump-Mapping-Schema. (Nach Kraemer 2011)

in Photoshop meist so codiert sind, dass ein neutrales Grau keine Veränderung hervorruft, während dunklere Abschnitte Vertiefungen und hellere Abschnitte Erhöhungen simulieren (s. Abb. 9.69, obere Reihe, rechtes Bild). Für spezielle Renderer sind auch andere Farbcodierungen möglich, sodass bei 32-Bit-Fließkomma-Bildern negative Werte für Einbuchtungen und positive für Erhöhungen genutzt werden. Die neutrale Farbe ist dann Schwarz.

Displacement-Mapping

Um die Möglichkeit zu bieten, beim Rendern auch die Geometrie zu verändern, wurde das Displacement-Mapping entwickelt. Mit dieser Technologie, die wiederum auf einem hoch aufgelösten Graustufenbild, der Displacement- oder Height-Map, aufbaut, können Vertices meist entlang der Vertex- oder Oberflächennormale verschoben (engl. displaced) werden.

Dadurch ist es möglich, die Silhouette des Modells vor dem Rendern zu ändern.

Damit die Details dargestellt werden können, muss das Mesh im Renderprozess unterteilt (tesseliert) werden, was zu einer teilweise dramatischen Erhöhung der temporären (Mikro)-Polygonanzahl führen kann. Um diese höhere Auflösung zu erzielen, werden in den einzelnen Renderalgorithmen unterschiedliche Ansätze verfolgt. Zum Beispiel können Kanten, die eine bestimmte Länge überschreiten, soweit unterteilt werden, dass die Größe der resultierenden Polygone der Größe der Pixel des zu rendernden Bildes entspricht oder es wird ein Renderalgorithmus verwendet, der von vornherein die Geometrie in Mikropolygone tesseliert, wie Pixars *prman*.

Außer der Verwendung von Displacement-Maps werden heute auch prozedurale Verfahren zum Generieren von Displacements eingesetzt. Eine Displacement-Map ist in Abb. 9.69, untere Reihe, linkes Bild dargestellt.

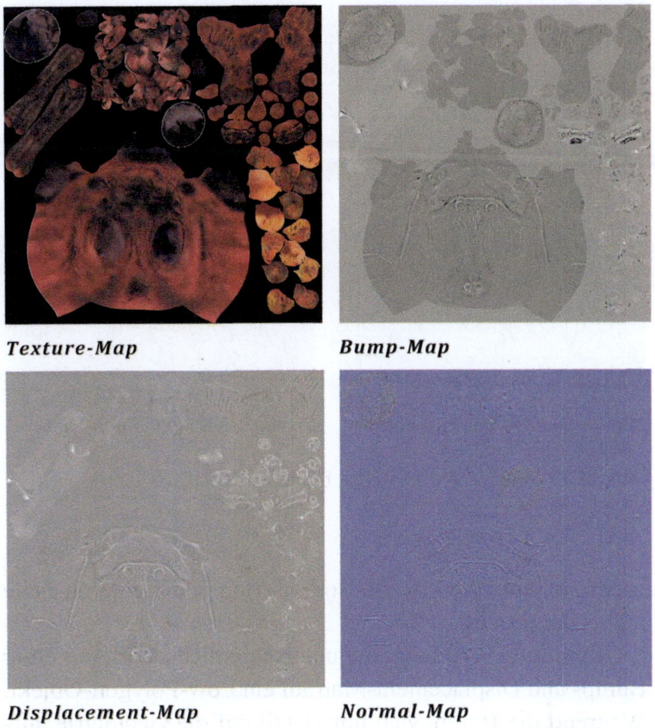

Abb. 9.69 Detail-Maps

Normal-Mapping

Eine Normal-Map fügt Details zu einem Mesh hinzu, ohne die Anzahl der Polygone zu erhöhen. Auch hier werden die Details mit einer Bild-Textur weitergegeben.

Im Unterschied zu Bump- und Normal-Maps, die Graustufenbilder sind, verwendet das Normal-Mapping RGB-Werte, wobei die einzelnen Farbkanäle mit den Richtungen im 3D-Koordinatensystem assoziiert sind (R – X, G – Y, B – Z). Für die Farbcodierung müssen die Vektorwerte im Bereich zwischen [−1, 1] in den Wertebereich für 8 Bit-RGB [0,255] nach Gl. 9.13 umgerechnet werden.

$$N' = \left(\frac{N+1}{2}\right) \cdot 255 \tag{9.13}$$

Flächen, die auf den Zuschauer zeigen, haben Normalen, die einen XYZ-Wert von [0, 0, 1] besitzen. In RGB-Werte umgerechnet ist die Codierung [128, 128, 255], was die hellblaue Grundfarbe einer Normal-Map erklärt. Normal-Maps werden im sogenannten Tangent-Space gespeichert, wodurch auch der Blickvektor und der Lichtvektor transformiert werden müssen. Dies und das Ordnungsprinzip innerhalb der Map führen zu bestimmten Inkonsistenzen zwischen den einzelnen Programmen, was sich in sichtbaren Nähten auf der Geometrie äußern kann.

Normal-Maps werden vor allem im Game-Bereich eingesetzt, können aber auch beim fotorealistischen Rendern als Ergänzung zu einer Displacement-Map feines Detail wieder-

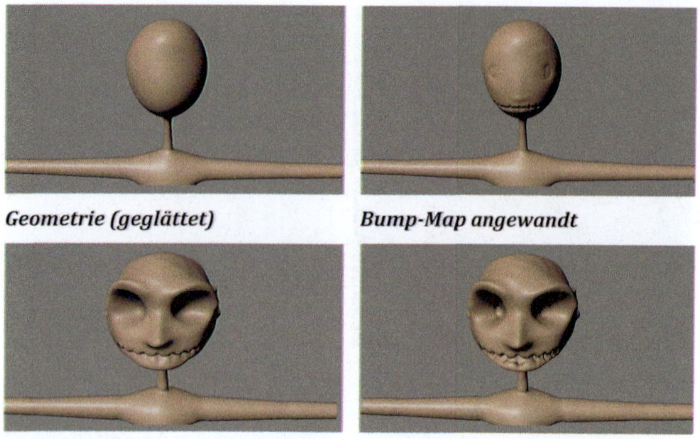

Abb. 9.70 Unterschied zwischen Bump-und Displacement-Map

geben. In Abb. 9.69 ist die Normal-Map in der unteren Zeile rechts dargestellt.

Abbildung 9.70 zeigt die unterschiedliche Wirkung einer Bump- und Displacement-Map auf ein Low-Polygon-Objekt. Während die Bump-Map nur Detail auf die Geometrie aufbringt, verändert die Displacement-Map die Geometrie, sodass die charakteristische Gestalt des Kopfes herausgestellt wird. Nun können durch Anwendung der Bump-Map noch zusätzliche Einzelheiten hinzugefügt werden.

9.4.6 Spezielle Shader

Shader können von einfachen Aufgaben, wie dem Färben einer 3D-Geometrie mit einer Grundfarbe, bis hin zu komplexen Aufgaben, wie dem Gestaltgeben physikalischer Simulationen, vielfältige Aufgaben erfüllen. Ein in diesem Zusammenhang erwähnenswerter spezieller Shader ist der *Worm-Shader* der Londoner Firma *Double Negative*, der verwendet wurde, um das Wurmloch im Film *Interstellar* (Regie Christopher Nolan, USA, GB 2014) nach Erkenntnissen der theoretischen Physik zu berechnen.

Neben dem Darstellen der Materialeigenschaften, der Farbgebung, Texturierung und der Beleuchtungssituation können Shader auch für andere Aufgaben – wie Tiefenänderung von Komponenten (Z-Buffering), Erzeugen von Bewegungsunschärfe oder Generieren von Verdeckungen (Ambient-Occlusion) – eingesetzt werden.

Vertex-Shader können Eigenschaften der einzelnen Vertices wie Farbe oder Position im Raum ändern. Dadurch ist es bei einem Game zum Beispiel möglich, mehrere Versionen von Vertex-Positionen in einem Objekt zu speichern, zum Beispiel Verformungen in einem Automodell darzustellen und nach Zusammenstößen aufzurufen.

Weitere wichtige Shader sind *Volume-Shader*. Hier werden volumetrische Effekte wie Nebel, Atmosphäre, Dunst und Staub dargestellt. Für Innenszenen können diese Shader beispielsweise für das Rendern von gefärbtem Glas eingesetzt werden. Im Zusammenhang mit Licht-Shadern ist es möglich, volumetrische Lichter zu erzeugen, die viel zur Atmosphäre einer Szene beitragen können.

Ein für das Charakter-Rendering grundlegender Shader ist der *Subsurface-Scattering-Shader* (dt. *Volumenstreuung*). Hierbei wird das Verhalten von transluzenten Stoffen simuliert, bei denen das Licht nicht nur an der Oberfläche reflektiert wird, sondern ein Teil auch in das Material eindringt und erst an einer bestimmten Tiefe reflektiert wird. Zu diesen Stoffen gehören Eis und vor allem organische Materialien wie Blätter, Milch, Wachs und – am prominentesten – die Haut (s. Abb. 9.71).

9.5 Texturieren

Das Texturieren ist der Prozess, bei dem die Oberflächen der 3D-Geometrie im Zusammenwirken mit dem Shading texturiert werden. Dies umfasst einfache Einfärbungen mit oder ohne Verlauf, prozedural erzeugte Strukturen wie die von Marmor, fotorealistische Texturen unter Verwendung von Bildvorlagen und direktes Malen auf die Objekte (3D-Painting).

9.5.1 Prozedural erzeugte Texturen

Der einfachste Weg, Oberflächen zu texturieren, besteht im Auftragen von Farben und Farbverläufen. Damit können einfache 3D-Darstellungen und Übersichten gestaltet oder Grundfarben von physikalisch-plausiblen Materialen wie Metallen festgelegt werden.

Abb. 9.71 Transluzente Materialien

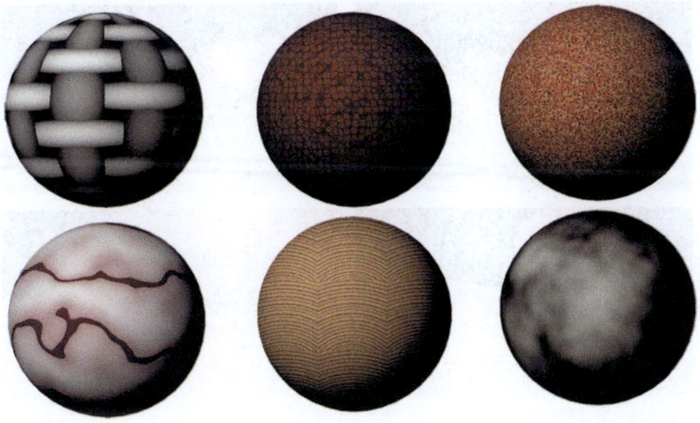

Abb. 9.72 Prozedural erzeugte Materialien

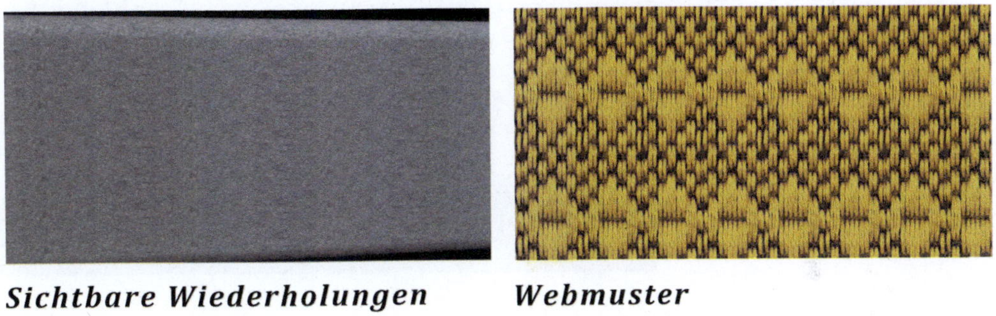

Abb. 9.73 Kachel-Texturen

Da dies für eine fotorealistische Umsetzung einer 3D-Szene meist nicht ausreichend ist, stehen in den 3D-Programmen eine Reihe von vorproduzierten Basismaterialien zur Verfügung, die prozedural generiert werden. Abbildung 9.72 zeigt eine Reihe von in Maya erzeugten prozeduralen Materialien – von oben links nach unten rechts: Stoff, Bergstruktur, Granit, Marmor, Holz und Wolken. Bei höheren Anforderungen an die fotorealistische Qualität ist der Einsatz dieser Materialien auf Hintergrundelemente beschränkt. Des Weiteren ist das Anti-Aliasing für prozedurale Texturen im Shading-Prozess schwierig zu realisieren.

Eine weitere Möglichkeit, sich einer fotorealistischen Darstellung zu nähern, bietet die Verwendung von Kachel-Texturen. Diese historisch frühe Technologie verwendet zumeist quadratische 2D-Kacheln, die in alle vier Richtungen nahtlos wiederholt werden können und oft mit dem Versatzfilter in Photoshop generiert wurden. Je nach Auflösung kann hier mehr oder weniger Detail eingefügt werden.

Das Problem dabei ist, dass auch bei nahtlos erstellten Kacheln die zugrunde liegende Struktur sichtbar ist. Dies ist meist störend und kann ohne Probleme nur bei Materialien verwendet werden, die von Natur aus ein Muster aufweisen, wie bei gewebten Stoffen (s. Abb. 9.73).

9.5.2 Die UV-Map

Um eine fotorealistische Darstellung der 3D-Geometrie zu erzielen, werden meist fotografische Vorlagen verwendet. Das dabei auftretende Problem ist, die Koordinaten der Polygone im 3D-Raum auf ein zweidimensionales Bild zu übertragen. Das Gitternetz muss dazu aufgefaltet werden. Abbildung 9.74 zeigt eine schematische Darstellung des Auffaltungsvorgangs (engl. *unwrapping*), an dessen Ende das dreidimensionale Objekt als flaches 2D-Bild vorliegt.

Eine solchermaßen aufgefaltete zweidimensionale Darstellung der Oberfläche eines 3D-Objekts wird in der Pipeline als *UV-Map* weitergegeben. Hierbei kommt es zu einer Transformation der Koordinaten der Vertices des Objekts vom dreidimensionalen Koordinatensystem *XYZ* auf ein zweites Koordinatensystem *UVW*, wobei aufgrund der fehlenden Tiefe bei einem zweidimensionalen Bild nur die UV-Komponenten verwendet werden und W weggelassen wird.

Jeder der UV-Punkte (UVs) in der zweidimensionalen UV-Map korrespondiert demnach mit einem Vertex in der dreidimensionalen Darstellung des Objekts. Dies ist in Abb. 9.75 dargestellt. Die vier Vertices des Türrahmens im linken Bild besitzen UV-Koordinaten im Wertebereich von u[0,1] und v[0,1] in der rechten UV-Map. Diese Koordinaten im UV-Raum werden zum Beispiel beim OBJ-Export mit den XYZ-Koordinaten exportiert, sodass weitere Programme in der Pipeline darauf zurückgreifen können.

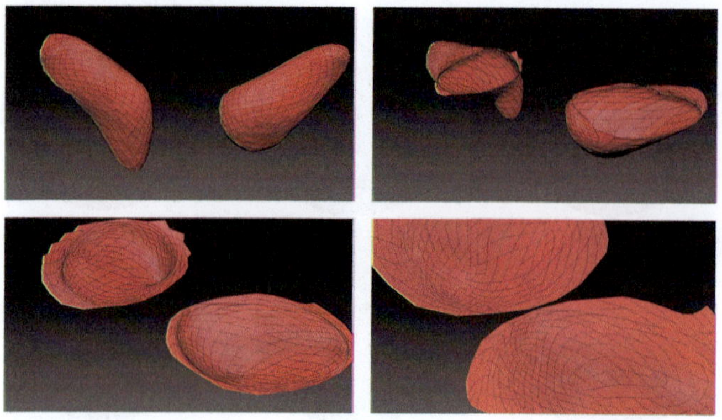

Abb. 9.74 Auffalten einer 3D-Geometrie

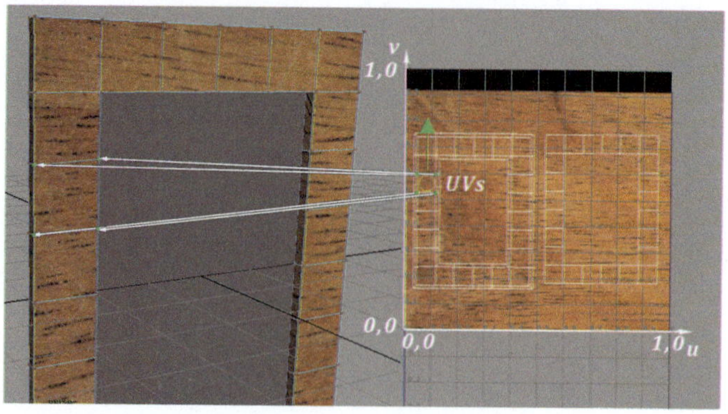

Abb. 9.75 Vertices und UVs

Abb. 9.76 Komplexe UV-Map

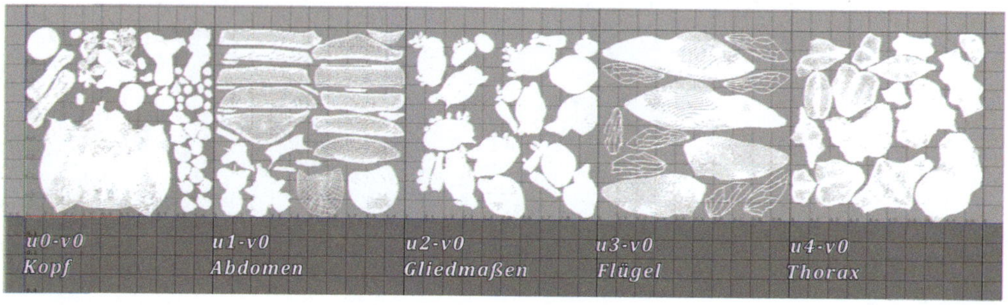

Ein wichtiges Qualitätsmerkmal für UV-Maps ist, dass die Originalgröße der Polygone möglichst erhalten bleibt und diese nicht gestreckt oder gestaucht werden. Das lässt sich prinzipbedingt zwar nicht ganz vermeiden, die Abweichungen sollten aber so gering sein, dass sie zu keinen sichtbaren Verzerrungen der Textur führen.

Für einfache UV-Maps wird nur der Raum zwischen u[0,1] und v[0,1] genutzt. Für komplexere Modelle kann die UV-Map in unterschiedliche Shells (zusammenhängende UVs) unterteilt werden, die dann auch andere Patches[6] der UV-Map nutzen. In Abb. 9.76 ist eine solche komplexere UV-Map dargestellt. Hier wurden die einzelnen Shells gemäß ihrer Zugehörigkeit zu Körperpartien in verschiedenen UV-Patches waagerecht angeordnet.

9.5.3 Generieren von UV-Maps

UV-Maps können automatisch, halb automatisch oder manuell erzeugt werden. Automatisch generierte UV-Maps können in einer Pipeline kaum ohne starke Nachbearbeitung verwendet werden (s. Abb. 9.45, Photogrammetrie, unteres rechtes Bild).

Manuelles Zusammensetzen einer UV-Map

Beim manuellen Zusammensetzen einer UV-Map zerschneidet ein Algorithmus die Modelle nach bestimmten Kriterien und unterteilt sie in verschiedene Shells. Diese müssen dann weiter bearbeitet werden, indem sie weiter zerschnitten und wieder zusammengesetzt werden, um eine sinnvolle Verteilung der UVs zu erreichen. Dies ist möglich, da die UV-Koordinaten über Faces angewendet werden und somit ein Vertex Teil von vier oder mehr Shells sein kann und damit mehrere Koordinaten besitzt. Ebenso kann eine Kante an zwei unterschiedlichen Positionen der UV-Map angeordnet sein. Dies macht man sich beim manuellen Zusammensetzen der UV-Map zunutze.

Im linken oberen Bild von Abb. 9.77 hat der Algorithmus in Maya bereits einen Stein automatisch in UV-Shells aufgeteilt. Die Aufgabe ist nun, die UVs der Seite an die der Vorderfront anzufügen. Dazu wird eine Kante der Seiten-UVs ausgewählt. Das Programm markiert die dazu korrespondierende Kante. Beide Kanten werden nun zusammengenäht. Das dabei auftretende Problem ist, dass die gesamte Shell sich an der Tangente des Übergangs ausrichtet (Bild oben rechts). Um das zu vermeiden, wird die Seiten-Shell in Einzelteile zerschnitten, die dann jeweils separat an die korrespondierenden Kanten der Vorderfront angenäht werden. Durch die individuelle Anpassung der jeweiligen Tangenten folgen die Seiten-Shells nun genau dem Verlauf der Vorderfront des Steins (Bild unten links). Die Kanten der Seiten-Shells müssen nun nur noch zusammengenäht werden (Bild unten rechts).

Halb automatisches Zusammensetzen einer UV-Map

Das Gestalten einer UV-Map mit der manuellen Methode bietet viel Kontrolle, ist aber auch sehr zeitaufwendig. Deshalb gibt es Programme, die darauf spezialisiert sind, mit innovativen Konzepten diesen Vorgang bei Beibehaltung der

4 ein *Patch* ist ein Bereich der UV-Map, der jeweils einen Einheitswert in u- und v-Richtung umschließt.

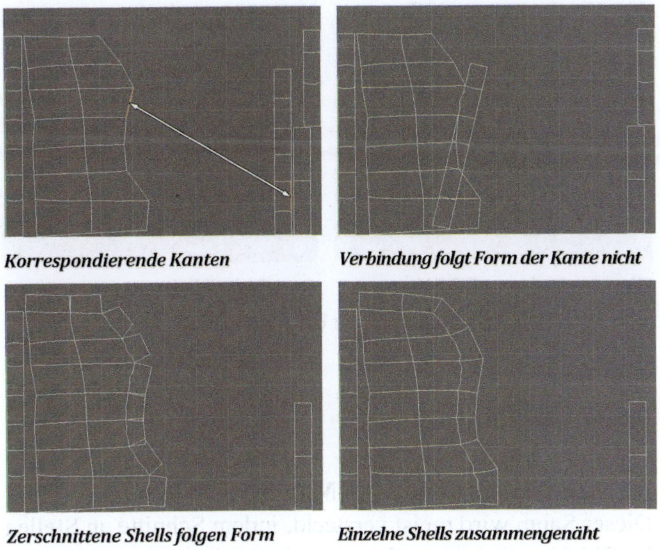

Abb. 9.77 Manuelles Zusammensetzen der UV-Map

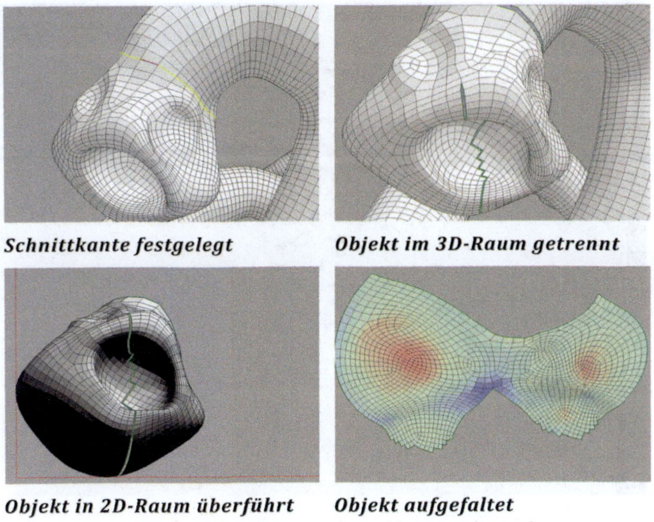

Abb. 9.78 UV-Mapping in UVLayout

Kontrolle zu beschleunigen. In der Software *UVLayout* der australischen Firma *Headus*[7] können die einzelnen Shells im 3D-Raum zerschnitten und dann im 2D-Raum aufgefaltet, bearbeitet und zu UV-Patches zusammengesetzt werden.

Abbildung 9.78 zeigt das Vorgehen. Zuerst wird der Schnitt markiert (oberes linkes Bild). An dieser Stelle wird das Modell zerschnitten – dies erfolgt virtuell, das Polygon-Modell wird dabei nicht verändert. Dann wird das Objekt in den 2D-Raum überführt und aufgefaltet (Bilder untere Reihe). Die Farbcodierung zeigt den Grad der Verzerrungen der einzelnen Polygone in der UV-Map gegenüber der tatsächlichen Form auf dem Modell. Grün bedeutet keine Verzerrungen, Rot bedeutet gestaucht und Blau gestreckt. Da die Farben blass und nicht gesättigt sind, ist der Grad der Verzerrungen hinnehmbar.

Wichtig bei dieser Herangehensweise ist, an welchen Stellen das Modell zerschnitten wird. Einige Empfehlungen sind in Abb. 9.79 angegeben und gelten auch für die manuelle Bearbeitung der UV-Map.

Der Oberkörper wird hinten T-förmig aufgetrennt, wobei die Hände meist separat bearbeitet werden. Ein Tipp ist, die Trennlinien in die abgeschnittenen Teile fortzuführen und dort zumindest die erste Kante einzuschneiden, damit sichergestellt ist, wo der Schnitt im bearbeiteten Teil stattgefunden hat und entsprechend weitergeführt werden kann. Dies erleichtert eventuelle spätere Bearbeitungen.

Der Kopf wird hinten am Hals eingeschnitten und bis zur Mitte der Stirn fortgeführt.

Die Hände werden längs aufgetrennt, wobei entweder der Daumen oder der kleine Finger nur bis zur Hälfte eingeschnitten wird, sodass dessen rückwärtige Seite als Achse für die Faltung fungieren kann. Aus diesem Grunde hat die Shell für die Hand nur neun Finger.

[7] https://www.uvlayout.com

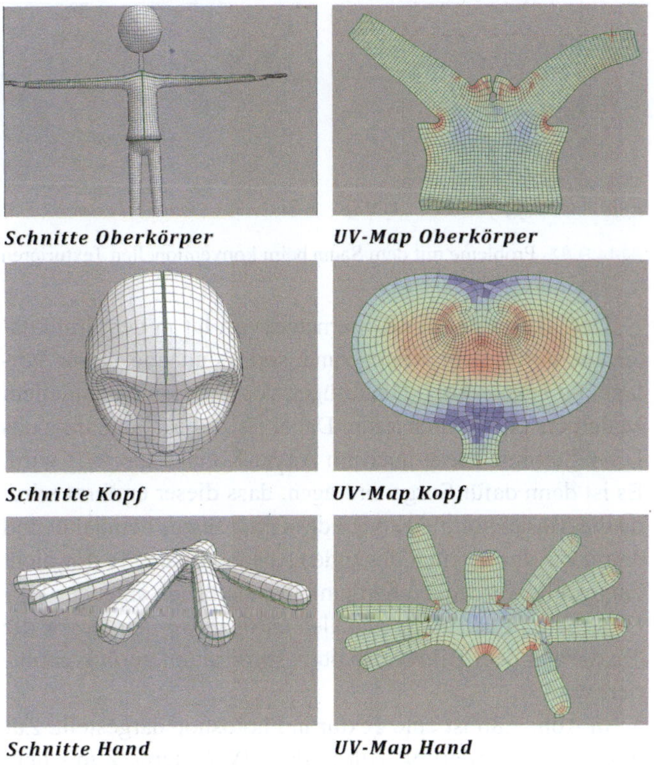

Abb. 9.79 Empfohlene Schnitte für Charaktere

9.5.4 Texturieren von UV-Maps

Nachdem die UV-Map fertig gestellt wurde, kann sie in einem beliebigen Grafik-Format als Vorlage zum Texturieren verwendet werden. Dabei ist es sinnvoll, die Größe nach Zweierpotenzen zu wählen, also 512 × 512 Pixel, 1024 × 1024 Pixel (1 k), 2048 × 2048 Pixel (2 k) usw. Dies erleichtert die Verarbeitung in den Renderalgorithmen, zum Beispiel beim Erstellen einer Mip-Map (s. Abschn. 9.5.6).

Abb. 9.80 Texturieren in Photoshop

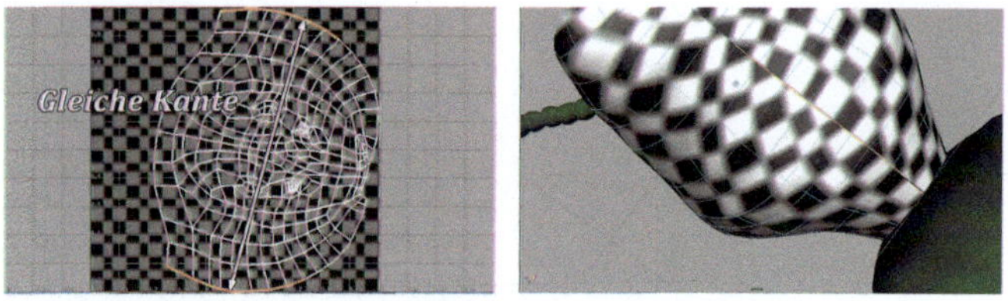

Kante der aufgefalteten UV-Map ***Sichtbarer Saum in Textur***

Abb. 9.81 Probleme mit dem Saum beim konventionellen Texturieren

Der Export des UV-Gitternetzes erfolgt in der Grafikdatei vor schwarzem Hintergrund, sodass anhand dieser Vorlage die Textur durch Hinzufügen von Fotos und manuellem Malen erstellt werden kann. Dabei ist zu beachten, dass das UV-Gitternetz meist auch im Alpha-Kanal exportiert wird. Es ist dann dafür Sorge zu tragen, dass dieser entfernt wird, da die Maske nur die Kanten des Gitternetzes beinhaltet und damit die dazwischen liegenden Abschnitte der Textur nicht dargestellt werden. Außerdem muss natürlich auch das UV-Gitternetz in den RGB-Kanälen entfernt werden, bevor die Textur aus dem Bildverarbeitungsprogramm zurück exportiert wird.

In Abb. 9.80 ist eine Textur in Photoshop dargestellt. Zur besseren Orientierung wurde das UV-Gitternetz mit dem Blendeffekt *Weiches Licht* überlagert.

Das Generieren einer UV-Map und deren Texturieren in Grafik- und Bildverarbeitungsprogrammen ist weit verbreitet, aber auch aufwendig und hat eine Reihe von Nachteilen, von denen besonders der auftretende Saum ein Problem bereitet. Da durch das Auffalten in der 2D-Darstellung die Geometrie aufgeschnitten wird, entsteht ein Saum, da die Schnittkante an verschiedenen Positionen im UV-Raum liegt. Abbildung 9.81 zeigt das Problem.

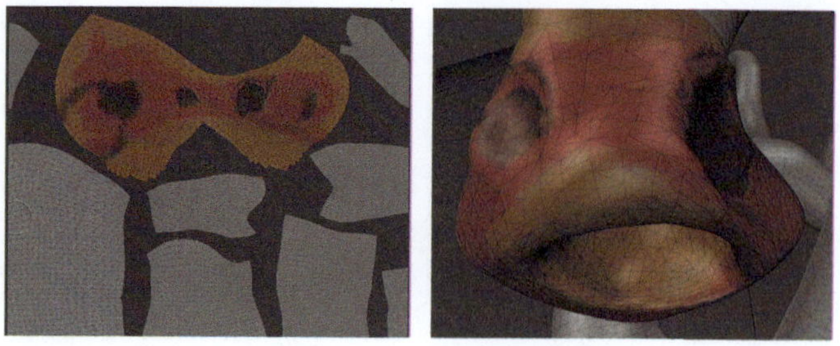

Direktes Malen auf UV-Map ***Ansicht im 3D-Raum***

Abb. 9.82 Direktes Malen auf die UV-Map in Mari

9.5.5 D-Painting

Direktes Malen auf die UV-Map

Dieser Saum wird meist versteckt, indem Schnitte an Stellen im Objekt verlagert werden, die schwer einzusehen sind. Eine bessere Lösung ist das direkte Malen auf die Geometrie – das 3D-Painting. Hier gibt es eine Reihe spezialisierter Programme wie *The Foundry Mari*[8], gameorientierte Lösungen wie *Allegorithmic Substance Painter* oder interne Lösungen in 3D-Programmen, wie *Body Paint* in *Maxxon Cinema4D* oder *Polypaint* in *Pixologic ZBrush.*

Da das direkte Malen auf 3D-Geometrie durch die Berücksichtigung der verschiedenen Blickwinkel und das damit verbundene Nachjustieren des Objekts oft zeitaufwendig ist, sind Hybridlösungen zwischen 2D- und 3D-Painting weit verbreitet. So können die Modelle oder ausgewählte Teile oft komplett in einer Farbe eingefärbt werden. Das 3D-Paintprogramm Mari, das hier als Beispielsoftware ausgewählt wurde, bietet die Möglichkeit, direkt auf die UV-Map zu malen und damit grundlegende Farbgebungen schnell zu realisieren.

In Abb. 9.82 wurde der Kopf einer Schlange direkt auf die UV-Map gemalt. Im 3D-Raum können dann Verfeinerungen und Details aufgebracht und der Saum entfernt werden.

Verwendung des Paint-Buffers in Mari

Zum direkten Malen auf das 3D-Objekt bietet Mari zwei Modi. Der erste beinhaltet das direkte Malen auf die Oberfläche. Der zweite Modus verwendet einen Paint-Buffer. Dies ist eine gedachte Fläche, die zwischen der Editorkamera und dem Objekt liegt. Der Artist muss dementsprechend festlegen, wann das Painting auf die Oberfläche projiziert werden soll. Dies hat eine Reihe von Vorteilen. Da der Paint-Buffer nach der Projektion nicht zwingend gelöscht werden muss, kann eine Textur mehrmals auf verschiedene Teile des Objekts aufgebracht werden, indem das Objekt verschoben und gedreht wird. Außerdem können verschiedene Werkzeuge angewendet werden, um die Textur im Buffer zu verändern, bevor sie projiziert wird (s. Abb. 9.83).

[8] https://www.thefoundry.co.uk/products/mari/

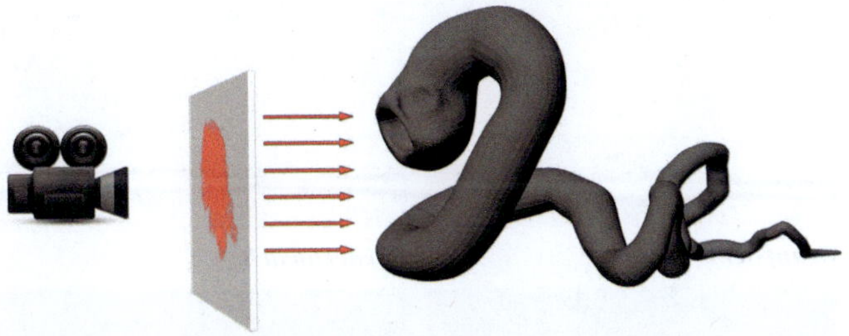

Abb. 9.83 Der Paint-Buffer in Mari

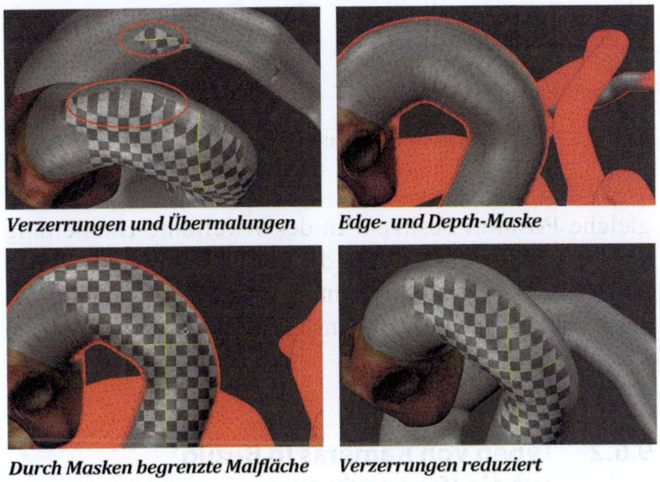

Abb. 9.84 Anwendung von Paint-Masken in Mari

Projektionsmaskierungen
Neben Malen mit verschiedenen Pinseln können auch fotorealistische Texturen in den Paint-Buffer übertragen werden. Das Problem, das bei jeder Projektion auftritt ist, dass die Textur an den Kanten und Rundungen verzerrt wird (Abb. 9.84, oberes linkes Bild). Um dies zu vermeiden, können die Ränder der Geometrie maskiert und somit vom Malvorgang ausgeschlossen werden. Auch verhindern Tiefenmasken, dass aus Versehen auf andere Teile der Geometrie gemalt wird (Abb. 9.84).

Verwenden von Ptex
Ptex ist ein automatisches Texture-Mapping-System, das von den Walt Disney Animation Studios entwickelt wurde. Es hat den großen Vorteil, dass keine UV-Map notwendig ist. Die Grundidee im Ptex-System ist, dass für jedes Face eines Polygons oder eines Subdivision-Kontrollkäfigs eine separate Textur gespeichert wird. Jedes individuelle Face wird in sogenannte Texels unterteilt, deren Anzahl je nach gewünschter Auflösung erheblich differieren kann (zum Beispiel 16×16 und 2048×2048). In Mari gibt es die Möglichkeit, die Anzahl der Texel abhängig vom Face oder von der physikalischen Dimension des Meshes festzulegen. Außerdem können ausgewählte Faces eine höhere Auflösung erhalten, sollte dies bei der Bearbeitung notwendig sein.

Abbildung 9.85 zeigt das Schema einer Ptex-Textur. Die umrandeten Ziffern im linken Bild geben die Face-IDs an, die

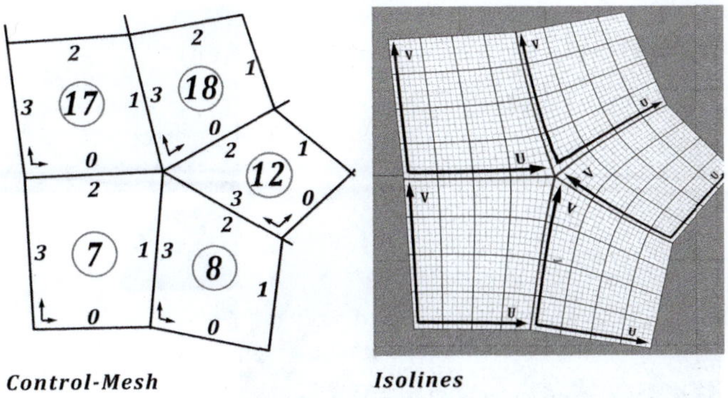

Abb. 9.85 Ptex-Per-Face-Texture-Mapping. (Nach Burley und Lacewell 2008, Abb. 4)

in der Mesh-Beschreibung festgelegt werden. Außerdem hat jedes Face vier Edge-IDs, die der Vertex-Anordnung folgen. Des Weiteren werden die angrenzenden Faces und Kanten gespeichert. Für das Face 7 sind die angrenzenden Faces (−1, 8, 17, −1), wobei −1 einer Mesh-Außenkante entspricht. Die angrenzenden Kanten für Face 7 sind (x, 3, 0, x), wobei x wiederum einer Außenkante entspricht. Der Wert 3 in diesem Beispiel ist die Kante 3 von Face 8 und der Wert 0 die Kante 0 von Face 17.

Im rechten Bild ist die Orientierung der *uv-Parameter* angegeben, die sich nach der Anordnung der Vertices richten. Außerdem sind die Isolinien der in diesem Beispiel zugrunde liegenden Subdivision-Faces angegeben, wobei diese auch als Texelanordnungen verstanden werden können. Durch die Einbeziehung der Mesh-Beschreibung ist immer sichergestellt, in welcher Nachbarschaft sich die zum Teil unterschiedlich aufgelösten einzelnen Faces befinden.

Ptex-Maps im Zusammenhang mit 3D-Painting-Programmen bilden ein sehr effizientes und qualitativ hochwertiges System, das schon in vielen Anwendungen integriert ist, sich aber zurzeit nicht ohne zusätzliche Hilfsmittel in alle Produktions-Pipelines eingliedern lässt.

9.5.6 Mip-Map

Eine Mip-Map (von lat. *multum in parvo*, dt. *viel in wenig*) ist eine spezielle Textur-Map, die eine Folge von Bildern des gleichen Motivs mit abnehmender Auflösung besitzt. Sie adressiert das Problem der Skalierung von Texturen, die dann auftreten, wenn Objekte in unterschiedlicher Entfernung zur Kamera gerendert werden. So müssen Texturen vergrößert werden, wenn sich das Objekt sehr nahe an der Kamera befindet und verkleinert, wenn es in der Tiefe der Szene positioniert ist. Da dies in Echtzeit ausgeführt wird, treten oft Artefakte auf. Um das zu vermeiden, können vorgerenderte Texturen der entsprechenden Größen für eine bestimmte Entfernung verwendet werden.

Eine Mip-Map besitzt eine Abfolge von Bildern, wobei die Kantenlänge eines Bildes stets die Hälfte des vorherge-

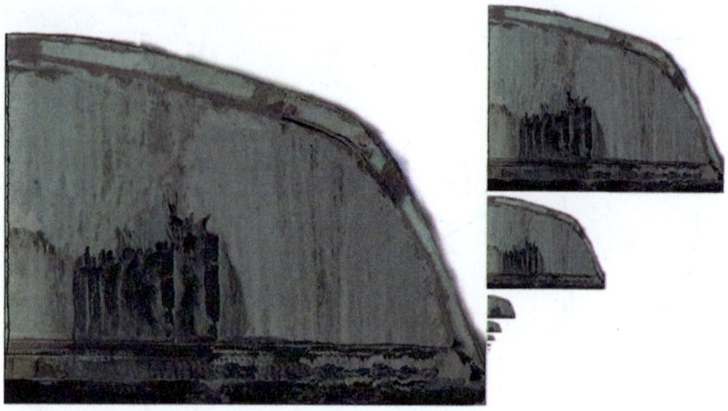

Abb. 9.86 Aufbau einer Mip-Map

henden ist. Je nach Implementierung ist das letzte Bild 2×2 oder 1×1 Pixel groß. Die Mip-Map muss nicht zwingend quadratisch sein, das Originalbild sollte aber eine Kantenlänge haben, die einer Zweierpotenz entspricht, um Alias-Effekte beim Generieren zu vermeiden. Mip-Maps werden in der Regel vorproduziert und besitzen nur etwa um ein Drittel größeren Speicherbedarf als das Originalbild.

9.6 3D-Kameras

Aufgrund der Tatsache, dass sich die Computergrafik in den letzten Jahren in Richtung physikalisch basierter Prinzipien entwickelt, können die in Kap. 4 diskutierten Sachverhalte auch für 3D-Kameras übernommen werden, sodass wir uns hier auf wenige, aber wichtige Konzepte beschränken.

9.6.1 Orthografische und Perspektiv-Kameras

Nahezu jede Software, die sich mit der Darstellung von 3D-Inhalten beschäftigt, bietet eine Darstellung an, in der der Blick auf die Szene durch vier Kameraansichten realisiert wird. Dabei sind drei orthografische Kameras (Vorderansicht, Seitenansicht und Draufsicht) und eine perspektivische Kamera vorhanden. Der Unterschied zwischen einer orthografischen Kamera und einer perspektivischen Kamera besteht darin, dass erstere keine perspektivischen Verzerrungen aufweist. Deshalb werden Modellierungsarbeiten zumeist in einer der drei – oder zwei parallel dargestellten – orthografischen Ansichten ausgeführt. Die Perspektivkamera kann im Gegensatz zu den orthografischen Kameras, die fest positioniert sind, im 3D-Raum frei bewegt werden. Vor allem um die Rotation der Kamera zu erleichtern, kann ein Objekt als Anker verwendet werden, um das die Kamera kreist.

Abbildung 9.87 zeigt die vier Ansichten eines einfachen Geometrieobjekts. Hierbei ist der Unterschied zwischen Seitenansicht und Perspektivkamera relevant, die beide die

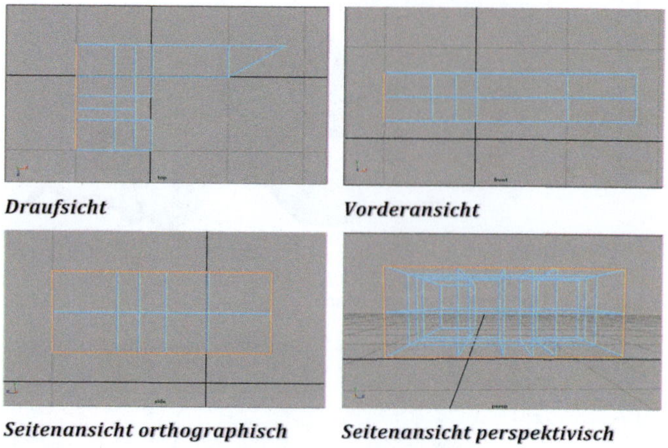

Abb. 9.87 Orthografische Kameras und Perspektivkamera

gleiche Position besitzen. In der Wireframe-Darstellung der Perspektivkamera sind deutlich die Perspektivlinien zu erkennen, die zum Fluchtpunkt streben, während bei der orthografischen Seitenansicht nur die Vorderfront zu sehen ist.

9.6.2 Typen von Kameras in Bezug auf die Verwendung

In einem 3D-Programm kann es eine Reihe von Kameras geben, die einen unterschiedlichen Verwendungszweck haben.

Editorkamera

Die grundlegenden, vordefinierten Kameras sind die sogenannten Editorkameras, die dem Aufbau und Gestaltung der Szene dienen. Diese haben, neben anderen, zwei Parameter (*near clip plane*, *far clip plane*), die den Bereich festlegen, in dem die Kamera fotografiert. Je nach Einstellung dieser Dimensionen (Meter, Zentimeter) kann bei sehr kleinen Objekten oder großen Entfernungen keine Darstellung erfolgen. Hier müssen die Parameter nachjustiert werden.

Abbildung 9.88 zeigt ein solches Problem in der Software Nuke. Im 3D-Bereich ist ein Hintergrund auf einen Zylinder aufgebracht. Programmintern muss der Bereich des Zylinders, der nicht mit der Textur bedeckt ist, als durchsichtig definiert werden (*Blackoutside-Node*). Ist eine Kamera außerhalb des Zylinders positioniert, erscheint das Rendering vollständig schwarz, da die Kamera den als schwarz definierten Bereich des Zylinders fotografiert. Um das zu vermeiden, kann u. a. die *Near-Clip-Plane* in den Innenbereich des Zylinders bewegt werden, sodass die Szene wie erwartet gerendert wird. Das Einstellen der Near-Clip-Plane kann auch genutzt werden, um das Innere einer Geometrie oder die Gestaltung von volumetrischen Objekten sichtbar zu machen.

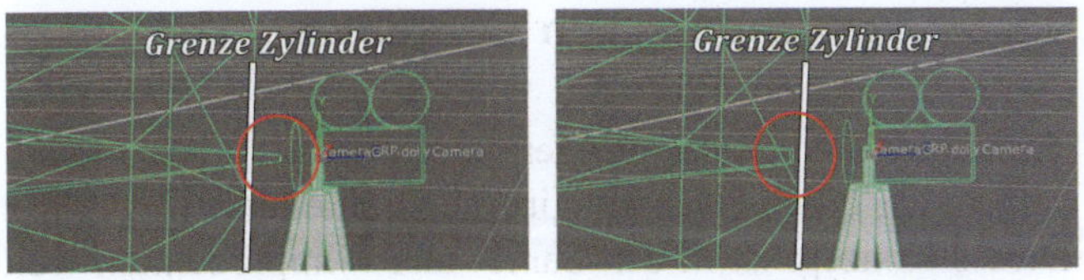

Near-Clip-Plane außerhalb ***Near-Clip-Plane innerhalb***

Abb. 9.88 Bedeutung der Near-Clip-Plane einer 3D-Kamera

Renderkamera

Die Renderkamera – auch Shot-Kamera – rendert die Szene. Je nach Verwendungszweck kommen in der Regel Perspektivkameras zum Einsatz, aber auch Orthografische Kameras sind möglich. Um keine versehentlichen Änderungen zu erzeugen, sollten die Parameter fixiert (engl. *locked*) werden.

Matchmove-Kamera

Ein Sonderfall einer Renderkamera ist die Matchmove-Kamera, die aus einem entsprechenden Programm meist aus FBX- oder ABC-Dateien importiert wurde. Da diese Kameras einem Animationspfad folgen, können sie erweitert oder mit anderen Kameras verknüpft werden, was in der Regel nahtlos funktioniert, wenn die Tangenten beider Pfade am Verknüpfungspunkt eine gleiche Steigung aufweisen.

Projektionskamera

Diese Kamera fungiert als Projektor und projiziert Texturen und Bildsequenzen auf Geometrieobjekte oder beim 2.5D-Compositing auf Karten (s. Abschn. 19.4). Sie wird meist aus der Animationssequenz einer Matchmove-Kamera generiert und in einem Frame festgefroren (engl. *to freeze*).

9.6.3 Kamera-Rigs

Kamera-Rigs sind Zusammenschaltungen von Kameras oder Kameras mit anderen Objekten. Ein prominentes Beispiel ist das Stereo3D-Kamera-Rig in Maya, das aus drei nebeneinander liegenden und miteinander verknüpften (engl. *constraint*) Kameras besteht. Hierbei fotografieren die beiden äußeren Kameras die Szene, während die mittlere Center-Kamera als Editor-Kamera fungiert.

Ein weiterer Anwendungsfall ist das sogenannte Perspektive-Matching, wo versucht wird, aus einem Einzelbild die Position der Originalkamera zu ermitteln. Hierbei wird zuerst eine grobe Position der Kamera geschätzt. Dies umfasst die Höhe (meist zwischen 1,60 und 1,80 Meter), den Abstand vom Objekt, die Neigung und eine eventuelle Brennweite. Im nächsten Schritt wird die wichtigste Geometrie modelliert. Ist eine eindeutige, einfache Form im Bild vorhanden, wie ein Gebäude, kann dessen Dimension anhand der Stockwerke, Fenstergröße usw. geschätzt werden. Die Kamera

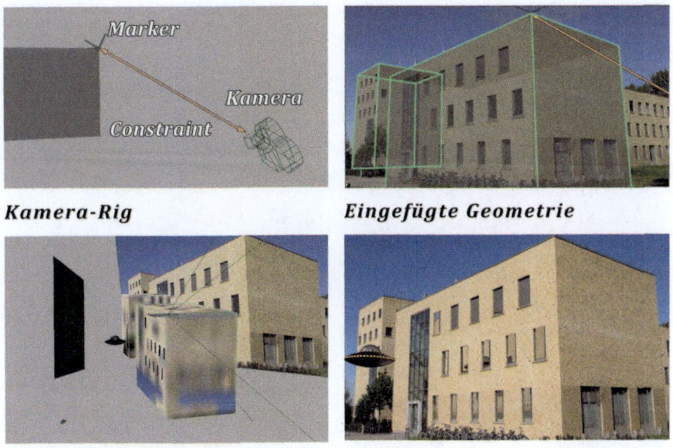

Kamera-Rig ***Eingefügte Geometrie***

Ufo und spiegelnde Fenster ***Ufo in Fenstern gespiegelt***

Abb. 9.89 Kamera-Rig

wird nun direkt mit der oberen Ecke des Gebäudes verknüpft (Abb. 9.89, obere Reihe, Bild links).

Da die Kamera fixiert ist, kann durch ein interaktives Anpassen der Größe des Objekts und der Drehung der Kamera die 3D-Geometrie mit dem Gebäude im Bild in Übereinstimmung gebracht werden (obere Reihe, rechtes Bild). Nun ist es möglich, weitere 3D-Objekte in die Szene einzufügen; in Abb. 9.89 sind dies Fenster und gegenüber auf einer 3D-Plane ein weiteres Gebäude, das sich darin spiegelt.

Im rechten Bild der unteren Reihe wurde ein animiertes 3D-Flugobjekt eingefügt, dessen Reflexionen in den Fenstern realistisch und perspektivisch richtig abgebildet werden (vgl. Dobbert 2013, S. 10 ff.).

9.6.4 Gimbal-Lock-Problem

Oft versteckt, aber deshalb nicht unwichtig, ist das Gimbal-Lock-Problem (*gimbal = Kardanische Aufhängung*). Es tritt vor allem bei einer eulerschen Implementierung von Drehbewegungen auf (Eulerwinkel). Das Problem entsteht, wenn sich zwei Achsen einer Rotation auf gleicher Ebene befinden und blockiert die beabsichtigte Drehbewegung in einer bestimmten Achse.

Abbildung 9.90 zeigt das Schema. Um die Rotation zu gewährleisten, sind die einzelnen Achsen in einer bestimmten Hierarchie (engl. *rotation order*) angeordnet. Im dargestellten Beispiel ist die nach oben zeigende y-Achse das übergeordnete (engl. *root*) Objekt (obere Reihe, linkes Bild). Wird sie gedreht, folgen in der Reihenfolge der Abhängigkeiten die x-Achse, z-Achse und der Pfeil, der ein beliebiges Objekt repräsentiert (obere Reihe, rechtes Bild). Im linken Bild der unteren Reihe ist durch die Drehung der x-Achse der sogenannte Gimbal-Lock-Zustand erreicht. Die y-Achse und die z-Achse liegen in der gleichen Ebene. Da die als

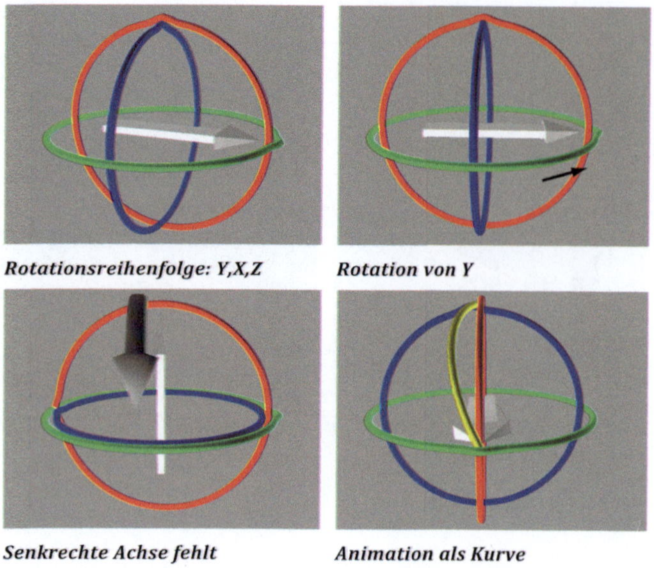

Abb. 9.90 Gimbal-Lock-Problem

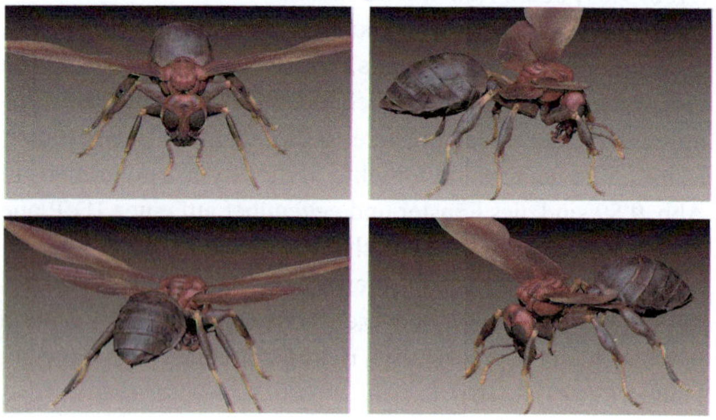

Abb. 9.91 Vier Phasen eines Modells auf einem Turntable

Ringe dargestellten Achsen nur jeweils um die Senkrechte drehen können, fehlt eine Achse (grauer Pfeil), um den weißen Pfeil nach unten zu drehen. Um dies zu erreichen, müssen die y-Achse und die x-Achse gleichermaßen gedreht werden. Dadurch wird die z-Achse wieder zugänglich. Es tritt aber das Problem auf, dass die Bewegung nach unten nicht direkt erfolgt, sondern gemäß der gelben Kurve[9].

Um das Gimbal-Lock-Problem zu vermeiden, kann entweder die Rotationsreihenfolge geändert werden oder die Implementierung der Rotationsberechnung folgt dem Prinzip von vier Achsen (engl. *quaternions)*, sodass immer eine Achse frei ist. Dieses Prinzip wird vor allem in Games angewendet, da die Kamera sich dort prinzipbedingt sehr frei bewegt und auch ungewöhnliche Positionen einnimmt.

[5] https://vimeo.com/2824431.

9.6.5 Verwendung von Turntables

Turntables sind Bildsequenzen oder Filme, die ein Modell zeigen, das durch einen imaginären Drehteller bewegt wird. Dieses Konzept ist in der Game- und Filmproduktion weit verbreitet und versetzt die Entscheidungsträger in die Lage, die geometrische Erscheinung des Objekts mit oder ohne Beleuchtung genauer zu evaluieren. Je nach Art der beabsichtigten Evaluierung dreht sich das Modell, dann ändert sich die Beleuchtungs- und Schattensituation, oder es dreht sich die Kamera, dann bleibt die Beleuchtungssituation gleich. Abbildung 9.91 zeigt vier Phasen eines Turntables. Zumeist werden noch ein Gray-Ball und ein Mirror-Ball im Bild dargestellt, die die Beleuchtungssituation repräsentieren.

9.7 Beleuchtung und Rendering

Das Ziel eines realistischen Renderings ist die Berechnung des Lichts, das von den sichtbaren Oberflächen einer 3D-Szene reflektiert wird. Dieses Thema ist sehr komplex und in ständiger Entwicklung. Deshalb sollen hier nur die notwendigsten Grundkonzepte vorgestellt werden.

9.7.1 Physikalisch Plausibles Rendering

Dieses Thema ist in den letzten Jahren mit unterschiedlicher Ausrichtung in Film- und Game-Pipelines eines der meist diskutierten. In der Benutzerdokumentation des Path-Tracing-Renderers *Arnold* der Firma *Solid Angle* werden die Vorteile eines solchen Herangehens wie folgt beschrieben:

> The advantage of being physically-based is that artists can work in a physically accurate, high dynamic range work-flow, and by using plausible values (being consistent about how you set lighting intensities and modeling scale) the end results will be more predictable. The process becomes much more akin to how a real scene is lit and photographed. It also ensures that other aspects of rendering are not broken (Arnold 2015).

Ein physikalisch plausibles Rendering ist nicht autark und davon abhängig, dass auch alle anderen Komponenten diesem Konzept folgen:

1. Die 3D- und die Rendering-Softwares müssen ein lineares Arbeitsumfeld aufweisen. Das bedeutet, dass keine gammakorrigierten Assets (Texturen, Lichter, Farben) verwendet werden. Die Implementierung dieses Konzeptes in traditionellen 3D-Softwarelösungen ist kompliziert und nicht immer vollständig umgesetzt.
2. Die grundlegenden Maßeinheiten in den 3D-Programmen müssen realen Gegebenheiten folgen. Für Modellierungen sollte der Meter die Grundeinheit sein, für Dynamiksimulationen das Kilogramm die Einheit der Masse. Das Mo-

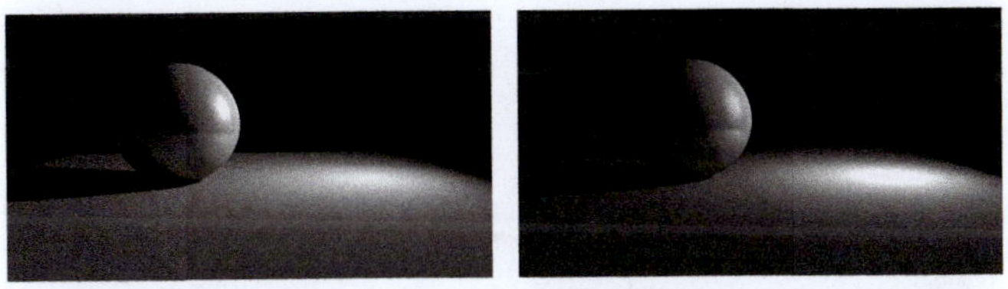

Traditionelle Lichtsetzung *Physikalisch plausible Lichtsetzung*

Abb. 9.92 Traditionelle und physikalisch plausible Lichtsetzung

dell sollte dann in seinen Abmessungen diesen Einheiten folgen, denn es ist ein Unterschied, ob mit einer Glühlampe ein Objekt beleuchtet wird, das 30 cm breit ist oder 30 m.

3. Die BRDF muss dem Gesetz der Energieerhaltung folgen. Dazu ist es notwendig, diese zu normalisieren, das heißt, die Gesamtheit der Reflexionen einer Oberfläche unter direkter Beleuchtung muss stets zwischen 0 und 1 liegen. Der Maximalwert von 1 wird bei traditionellem, nicht physikalisch plausiblem Rendering oft überschritten, sodass mehr Licht abgestrahlt wird, als einfällt. Für eine einfache Lambertsche BRDF ist der Normalisierungsfaktor $1/\pi$. Für andere lokale Beleuchtungsmodelle (Phong, Blinn, Cook Torrance) ist er komplexer.
4. Die Materialeigenschaften müssen einem Shading-Konzept folgen, das auf Mikrofacetten basiert und deren spekulare und diffuse Wichtungen gemäß dem Fresnel-Faktor berechnet werden (zum Beispiel Cook-Torrance-Modell).
5. Lichter müssen eine physikalische Größe besitzen, das heißt, sie dürfen kein unendlich kleiner Punkt sein, da ihr Einfluss mithilfe des Raumwinkels berechnet wird.
6. Die Abnahme der Lichtintensität muss quadratisch erfolgen.
7. Für das Rendering mit HDR-Environment-Maps (Image-Based-Lighting) wird das Konzept des Importance-Sampling angewendet (s. Abschn. 9.7.6).
8. Das Rendering erfolgt mit Raytracing oder Path-Tracing.

Abbildung 9.92 zeigt eine einfache 3D-Szene – einmal traditionell gerendert mit einem Licht, dessen Intensität gleich bleibt (linkes Bild) und einmal mit einem Licht, dessen Intensität quadratisch abnimmt (rechtes Bild). Hier ist der Unterschied neben dem grundsätzlichen Beleuchtungsverlauf besonders in der Form des Glanzlichtes auf der Kugel zu sehen. Während es beim linken Bild ausgebrannt ist, hat es im rechten Bild einen natürlichen Verlauf mit weicher Kante.

9.7.2 Lichter für direkte Beleuchtung

Traditionell wird eine 3D-Szene mit einer Reihe verschiedener Lichter beleuchtet, die unterschiedliche Aufgaben erfüllen

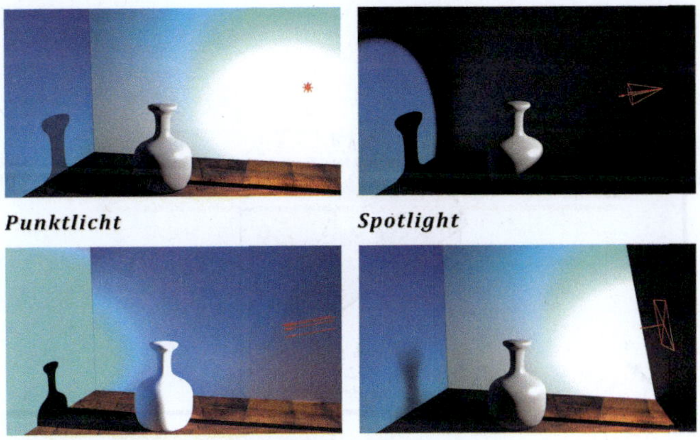

Punktlicht *Spotlight* *Direktes Licht* *Flächenlicht*

Abb. 9.93 Grundlegende Lichttypen

und deren jeweiliges Grundprinzip in Abb. 9.93 dargestellt ist (vgl. Birn 2014, S. 24 ff. für diesen Abschnitt).

Punktlicht
Das Punklicht (engl. *point light*) – auch omnidirektionales Licht – emittiert Licht in alle Richtungen, wie zum Beispiel eine Glühlampe. Das Licht ist aber im Gegensatz zu dieser unendlich klein und alle Strahlen werden exakt von diesem Punkt emittiert. Demzufolge werden die Schatten ausgehend von der Position des Lichtes strahlenförmig gebildet.

Spotlight
Das Spotlight wird in 3D-Szenen oft verwendet, da es durch viele Parameter sehr gut kontrolliert werden kann. Auch bei einem Spotlight wird das Licht von einem unendlich kleinen Punkt emittiert. Ein großer Vorteil dieser Lichtquelle ist die Begrenzung des Lichtkegels, da dadurch einerseits die Aufmerksamkeit des Betrachters auf einen bestimmten Abschnitt der Szene oder eine Figur (Gesicht) gelegt werden kann und andererseits der Renderer nur diesen Bereich berücksichtigt und nicht die Lichtstrahlen durch die gesamte Szene verfolgen muss.

Spotlights bieten eine Reihe von Kontrollmöglichkeiten. Einerseits kann der Rand des Lichtkegels durch Beeinflussung des Halbschatten- oder Penumbra-Parameters (engl. *fall off*) mit einem Gradienten versehen werden, sodass sich ein weicher Übergang ergibt. Andererseits ist die Möglichkeit vorhanden, den Lichtkegel durch Tore (engl. *barn doors*) zu gestalteten. Sind die Penumbra-Werte sehr hoch, ist der Rand des Lichts nicht mehr sichtbar, wodurch es möglich ist, Bereiche der Szene für künstlerische Zwecke aufzuhellen oder zu färben, ohne dass der Lichtkegel sichtbar wird.

Spotlights und Punktlichter haben keine physikalische Größe und produzieren dadurch harte Schatten. Um weiche Schatten zu generieren, könne bei modernen Renderern Lichtquellen eine entsprechende Ausdehnung erhalten.

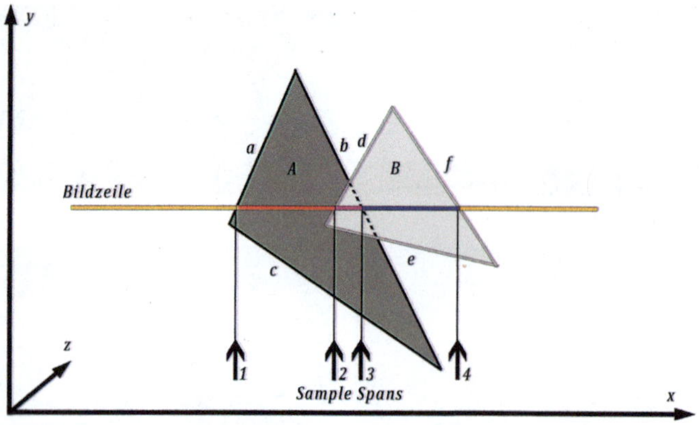

Abb. 9.94 Scanline-Rendering

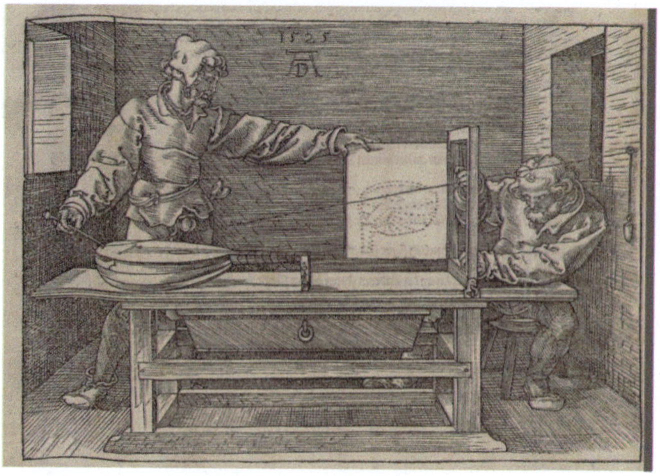

Abb. 9.95 Zeichnen einer Laute. (Dürer 1525)

Direktes Licht

Direkte Lichter (engl. *directional light*) simulieren Lichtquellen, die – wie die Sonne – sehr weit entfernt sind und parallele Strahlen aussenden. Sie beleuchten alle Objekte der Szene vom gleichen Winkel. Deshalb hat lediglich die Drehung des Lichts Einfluss auf die Beleuchtung, während die Position unwichtig ist.

Flächenlicht

Ein Flächenlicht (engl. *area light*) simuliert eine Lichtfläche, die eine bestimmte Form und Größe besitzt. Besonders letztere ist wichtig, da im Gegensatz zu einem Punktlicht und einem Spotlight das Flächenlicht eine kontrollierbare Oberfläche besitzt, weshalb es für physikalisch plausibles Rendering besonders geeignet ist. Flächenlichter können eine beliebige Form aufweisen und werden auch verwendet, um Licht zu simulieren, das durch Leuchtstoffröhren ausgestrahlt wird oder durch Fenster hereinfällt. Aufgrund der physikalischen Größe ist der Schatten von Flächenlichtern weicher.

Eine Besonderheit des Flächenlichtes ist die Abhängigkeit der Lichtintensität von dessen Größe. Je größer das Licht, desto heller strahlt es. Ist dieses Verhalten nicht erwünscht, kann es meist durch bestimmte Parameter abgeschaltet oder verändert werden.

9.7.3 Scanline-Rendering

Ein Scanline-Renderer ist ein Algorithmus zur Verdeckungsberechnung, der die 3D-Szene Bildzeile für Bildzeile (engl. *scan line*) abtastet. Hierbei werden die Kanten der Polygone sortiert und in einer Tabelle erfasst. Zuerst erfolgt eine Sortierung in y-Richtung, dann in x-Richtung und schließlich in z-Richtung (Tiefe), um die Sichtbarkeit der Polygone festzustellen. Durch die y-Sortierung werden die Kanten ausgeschlossen, die die Bildzeile nicht schneiden. Damit sind nur aktive Kanten in der Liste vorhanden. Neue Kanten werden hinzugefügt und alte entfernt. Der Algorithmus sortiert dann die Bildzeile in x-Richtung und bildet sogenannte Sample-Spans, die von Schnittpunkt zu Schnittpunkt gezogen werden. Als dritter Schritt werden die Bereiche ausgeschlossen, die kein Polygon besitzen. Überlappen die Polygone, erfolgt eine z-Sortierung, wobei das Polygon mit dem geringsten z-Wert als sichtbar – näher an der Kamera – angesehen wird (vgl. Sutherland et al. 1974, S. 32 ff.).

Abbildung 9.94 zeigt den Vorgang. Für die aktuelle Bildzeile haben die vier Kanten a, b, d und f der Polygone A und B einen ausreichenden y-Wert. Anhand der Schnittpunkte der Kanten mit der Bildzeile (1 bis 4) werden vier Sample-Spans erzeugt.

Der Algorithmus startet und geht im Punkt 1 in Polygon A über. Die Shading-Informationen dieses Polygons werden verwendet.

Im Punkt 2 wird eine neuer Span erreicht. Er umfasst zwei Polygone A und B. Nun erfolgt eine z-Sortierung, in der festgestellt wird, dass das Polygon B sichtbar ist, da es geringere z-Werte besitzt. Somit werden die Shading-Informationen von Polygon B verwendet.

Im Punkt 3 wird ein neuer Span erreicht, der sich ausschließlich im Polygon B befindet.

Im Punkt 4 wird der Vorgang abgebrochen, da keine neuen Kanten vorhanden sind.

9.7.4 Raytracing

Raytracing ist ein auf der Aussendung von Strahlen basierender Algorithmus, der Strahlen vom Punkt eines imaginären Betrachters aus in eine 3D-Szene sendet, und anhand der Sichtbarkeit von dreidimensionalen Objekten ein Bild generiert. Abbildung 9.95 zeigt einen Stich von Albrecht Dürer aus dem Jahr 1525, auf dem ein ähnliches Verfahren abgebildet ist. Eine Laute wird unter Verwendung eines technischen Hilfsmittels (einem Maßscheit) gezeichnet.

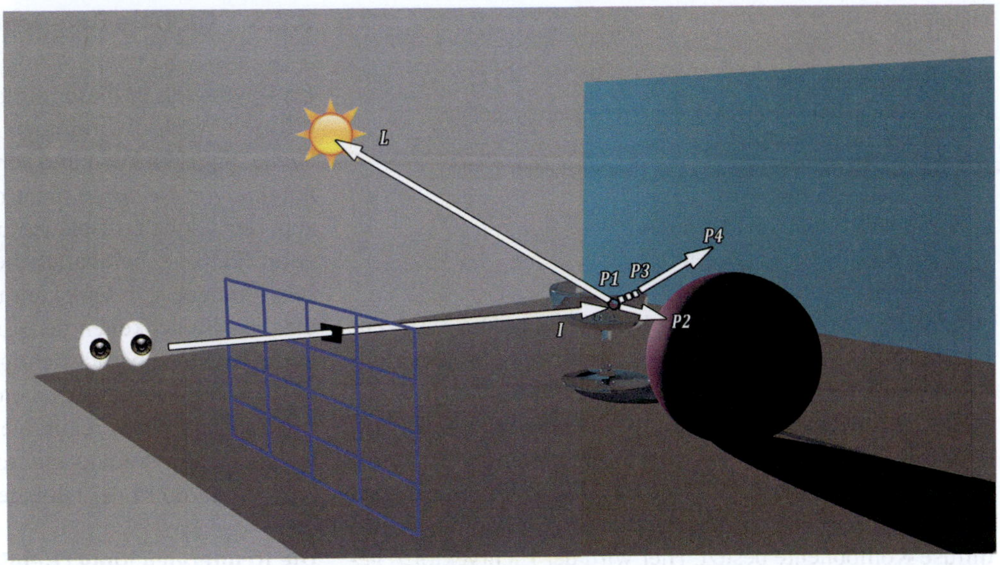

Abb. 9.96 Prinzip des Whitted-Raytracings

Beginnt der in die Szene geschossene Strahl beim Auge, handelt sich um eine Beleuchtungsberechnung in umgekehrter Richtung, da im wirklichen Leben die Energie vom Licht ausgeht. Der entsprechende Algorithmus ist abhängig vom Blickwinkel. Der Vorteil besteht darin, dass nur die Objekte und die entsprechenden Wechselwirkungen berechnet werden müssen, die der Beobachter (die Kamera) sieht.

Für das Raytracing gibt es eine Reihe von Erweiterungen, um den immer komplexer werdenden Anforderungen an den Realismus von computergenerierten Bildern zu entsprechen.

Raycasting

Der Raycasting-Algorithmus wurde 1968 von Arthur Apple vorgestellt. Die Grundidee ist, von einem als *eye* bezeichneten Punkt pro Pixel einen Strahl in die Szene zu schießen, um eine Verdeckungsberechnung auszuführen. Das Shading des sogenannten Gewinner-Objekts, also des Objekts, das sichtbar ist, kann dann durch Materialeigenschaften und Beleuchtungsverhältnisse gestaltet werden. Ein großer Vorteil gegenüber dem Scanline-Algorithmus ist der einfache Umgang mit runden (non-planaren) Objekten, wie Kugeln.

Whitted-Raytracing (Rekursives Raytracing)

1979 erweiterte Turner Whitted das Raycasting durch die teilweise Implementierung von Modellen globaler Beleuchtung mit folgenden Grundprinzipien.

1. Der Algorithmus beginnt am Auge (Kamera) und verfolgt pixelweise jeweils einen Strahl in die Szene, wobei ermittelt wird, ob er auf ein Objekt trifft.
2. Vom Auftreffpunkt wird ein Strahl zur Lichtquelle geschickt, die in diesem Modell punktförmig ist, also keine physikalische Ausdehnung hat. Die Sichtbarkeit der Lichtquelle und ihre Richtung vom Punkt aus gesehen bestimmt die diffuse Komponente des lokalen Beleuchtungsmodells.
3. Trifft ein Strahl auf ein Objekt, kann er in drei weitere Strahlentypen aufgespaltet werden: einen reflektierten, einen gebrochenen und einen Schattenstrahl.
4. Der Schattenstrahl folgt dem Lichtrichtungsvektor. Schneidet er sich mit anderen Objekten, liegt der Punkt im Schatten. Diese weisen beim Whitted-Raytracing scharfe Ränder auf, da die Lichtquelle als punktförmig angenommen wird.
5. Der reflektierte Strahl wird nach der Methode Einfallswinkel gleich Ausfallswinkel verfolgt und ein eventuell getroffenes Objekt in der Oberfläche gespiegelt.
6. Der gebrochene (refraktive) Strahl wird ebenfalls verfolgt und trägt zum Ergebnis bei.
7. Die finale Intensität des Lichtes im zu evaluierenden Punkt setzt sich demnach nach Gl. 9.14 aus einer lokalen Komponente und einer geteilten globalen Komponente (reflexive und refraktive) zusammen.
8. Fallen die Sekundärstrahlen auf weitere Objekte, können neue Strahlen generiert werden, die dann ebenfalls rekursiv berechnet werden müssen, um das Ergebnis zum vorhergehenden Punkt zurückzugeben. Um die Renderzeit in Grenzen zu halten, müssen deshalb Abbruchkriterien festgelegt werden.
9. Trifft ein Strahl auf eine rein diffuse Oberfläche, wird die Verfolgung beendet. Außerdem wird die Berechnung abgebrochen, wenn er in den leeren Raum wandert, die Szene verlässt, seine Energie unter eine zuvor festgelegte Schwelle fällt oder eine ebenfalls vorher festgelegte Rekursionstiefe erreicht (Watt 2002, S. 384 ff.).

$$I(P) = I_{\text{lokal}}(P) + k_{\text{rg}} I(P_r) + k_{\text{tg}} I(P_g) \tag{9.14}$$

Dabei ist:

- P der Auftreffpunkt,
- P_r der durch das Verfolgen des in *P* reflektierten Strahles entdeckte Auftreffpunkt,
- P_t der durch das Verfolgen des in *P* gebrochenen Strahles entdeckte Auftreffpunkt,
- k_{rg} der globale Reflexionskoeffizient,
- k_{tg} der globale Brechungskoeffizient.

Abbildung 9.96 zeigt einen solchen Vorgang. Die 3D-Szene besteht aus einer Lichtquelle, einem (halben) Glas, einer diffusen pinkfarbenen Kugel und einer diffusen blauen Wand. Zuerst wird das zu generierende Bild gemäß der Auflösung gerastert und pro Pixel ein Strahl in die Szene geschossen.

Im Beispiel trifft der Originalstrahl für das Pixel am Punkt *P1* auf die ideal spiegelnde Oberfläche des Glases, das keine diffuse Komponente besitzt. Hier wird der Lichtvektor *L* generiert und das Glanzlicht gemäß dem lokalen Phong-Modell berechnet.

Außerdem wird der Ursprungsstrahl in drei Strahlen aufgespalten. Der reflexive Strahl wird weiterverfolgt und trifft im Punkt *P2* auf die pinkfarbene diffuse Kugel. Aufgrund ihrer diffusen Materialeigenschaften wird die Berechnung danach abgebrochen, also kein weiterer Strahl erzeugt und das Ergebnis zum Punkt *P1* zurückgegeben. Somit erhält er eine globale reflexive Komponente zurück, in der sich die Kugel spiegelt.

Der Strahl für die gebrochene Komponente wird am Punkt *P1* (Übergang Luft/Glas) gebrochen und tritt am Punkt *P3* (Übergang Glas/Luft) ebenfalls gebrochen aus dem Objekt aus. Der in diesem Punkt neu generierte Reflexionsstrahl trifft auf die diffuse blaue Wand im Punkt P4. Hier wird die Berechnung abgebrochen und das Ergebnis zum Punkt P1 zurückgegeben. Er erhält somit eine weitere globale Komponente, in der die blaue Wand gebrochen dargestellt wird. Nun werden die drei Komponenten (lokales Glanzlicht, globale Reflexion, globale Refraktion) gemäß ihrer in den Materialeigenschaften festgelegten Wichtungen zusammengesetzt.

Ebenfalls in die Berechnung einbezogen werden die Wirkungen der jeweiligen Schattenvektoren.

Das Problem bei dieser Methode des Raytracings ist die Berechnung des diffusen Lichts. Um die halbkugelförmige Verteilung der diffusen Strahlen im Auftreffpunkt zu simulieren, müssten sehr viele Strahlen generiert werden, die wiederum zu verfolgen sind, was die Renderzeit exponentiell ansteigen ließe.

Außerdem ist bei nur einem Strahl pro Pixel nicht möglich, weiche Übergänge – zum Beispiel im Schatten – zu erzeugen.

9.7.5 Globale Beleuchtungsmodelle

Da Raytracing in dieser einfach erweiterten Form nicht mit diffusen Wechselwirkungen zwischen den Objekten in der Szene umgehen kann und somit die Wirkung des Streulichts (engl. *color bleeding*) nicht richtig erfasst, wurde das Konzept der Globalen Beleuchtung (engl. *global illumination*) entwickelt. Es beinhaltet die Simulation der Licht-Wechselwirkungen von Objekten und umschließt alle Verfahren, die die Möglichkeiten der Ausbreitung von Lichtstrahlen in einer 3D-Szene berücksichtigen. Es sei hier angemerkt, dass es schwierig ist, die unterschiedlichen Rendering-Ansätze zu kategorisieren. Das rekursive Raytracing kann einerseits als erweitertes Raytracing angesehen werden oder als eine reduzierte Grundform der Globalen Beleuchtung.

Die Rendergleichung (Rendering-Gleichung)
Ein bedeutender Schritt zur theoretischen Auseinandersetzung mit dem Problem war die Veröffentlichung der Rendergleichung von Kajiya 1986, die eine mathematische Beschreibung der Vorgänge bei der Beleuchtung eines Punkts auf der Oberfläche in Form einer Integralgleichung lieferte (Gl. 9.15).

$$I(x,x') = g(x,x')\left[\varepsilon(x,x') + \int_S p(x,x',x'')I(x',x'')dx''\right] \tag{9.15}$$

Dabei ist:

- I (x,x′) die Lichtintensität, die vom Punkt x' zum Punkt x transmittiert wird. Physikalisch ist es die Strahldichte (W/m²sr).
- g (x,x′) der geometrische Term, der angibt, wie viel des von x' ausgestrahlten Lichtes am Punkt x ankommt. Der Wert ist abhängig von der Entfernung der beiden Punkte x und x'.
- ε (x,x′) die Emissionsintensität, die vom Punkt x' zum Punkt x transmittiert wird. Physikalisch ist es die Strahldichte (W/m²sr).
- p (x,x′,x″) die Streuungsintensität, die von x'' Punkt ausgesendet wird, Punkt x' erreicht, gestreut wird und dann Punkt x erreicht.

Das Integral wird über alle Punkte der Halbkugel, die im Punkt x' liegt, gebildet.

Die Rendergleichung beschreibt, wie viel Licht einen Oberflächenpunkt x von einem anderen Oberflächenpunkt x' aus erreicht. Dabei wird ein dritter Oberflächenpunkt x'' berücksichtigt, dessen Licht zunächst auf x' trifft und von dort aus nach x reflektiert wird. Die Lichtmenge, die einen Oberflächenpunkt verlässt, ist die Summe der indirekten, direkten, reflektierten und gebrochenen Komponenten.

Final-Gather-Point und -Rays ***Rendering***

Abb. 9.97 Final-Gather-Schema

Die Rendergleichung kann entweder vom Blickwinkel abhängig sein – wobei nur die Punkte mit ihren Interaktionen berücksichtigt werden, die die Kamera tatsächlich sieht – oder sie ist vom Blickwinkel unabhängig, wobei alle Punkte der Szene berücksichtigt werden.

Es ist eine rekursive Gleichung, da zur Berechnung der Intensität im Punkt (x, x') der Punkt (x', x'') berücksichtigt werden muss (vgl. Kajiya 1986).

Faked-Global-Illumination

Da die vollständige Umsetzung der mathematischen Vorgabe aufgrund deren Komplexität schwer zu lösen war, gab es historisch gesehen Ansätze, bei denen durch Anwendung von verschiedenartigen Konzepten die Globale Beleuchtung, und hier vor allem die diffusen Interaktionen, „erschwindelt“ (engl. *to fake*) wurden. Alle diese Vorgehensweisen lösen die Rendergleichung nicht vollständig und erzielen ein physikalisch nicht determiniertes, aber hinreichend realistisches Ergebnis.

Final-Gathering

Final-Gathering ist eine Per-Pixel-Lösung, die vom Auge (Kamera) ausgeht.

Hierbei werden Strahlen in die Szene geschossen. Treffen diese auf ein Geometrieobjekt, werden Final-Gather-Punkte erzeugt. Von dort werden weitere Strahlen in Form eines Trichters oder einer Hemisphäre tangential vom Auftreffpunkt in den Raum gesendet, um Farb- und Helligkeitsinformationen zu sammeln (engl. *to gather*). Dabei werden die Werte der einzelnen Strahlen und der von benachbarten Strahlen gewonnenen gemittelt und im jeweiligen Final-Gather-Punkt gespeichert. Die Anzahl der generierten Final-Gather-Punkte hängt von der Komplexität der Szenengeometrie ab. Bei flächigen Elementen werden weniger generiert als bei solchen mit vielen Details (s. Abb. 9.97).

Final-Gather-Strahlen können diffus, gebrochen oder reflexiv sein und auch sogenannte Sekundärstrahlen aussenden, um weitere Helligkeits- und Farbinformationen zu generieren.

Die so gewonnenen Informationen der Final-Gather-Punkte werden dann in einer sogenannten Final-Gather-Map gespeichert und müssen nicht jeweils neu berechnet werden. Dies funktioniert a priori allerdings nur bei einer statischen

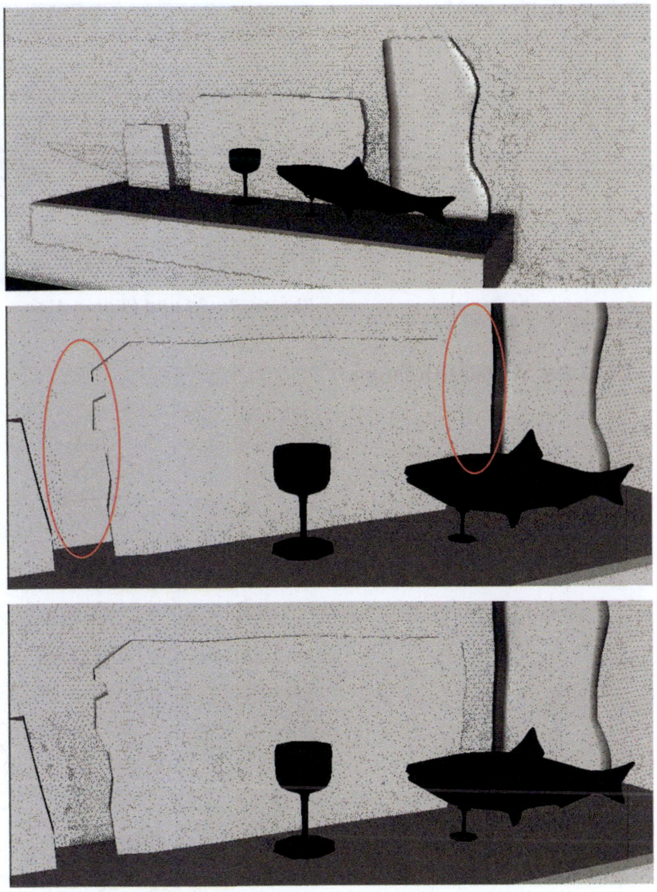

Abb. 9.98 Erstellen einer Final-Gather-Map

Szene mit unbewegter Kamera. Sind Animationen vorhanden, muss die Final-Gather-Map für jedes Frame neu berechnet werden, da sich durch die Interaktionen der Objekte die Lichtsituation stets ändert. Bewegt sich nur die Kamera, können die Final-Gather-Punkte unterschiedlicher Blickwinkel kombiniert werden. Abbildung 9.98 zeigt das Vorgehen.

Zuerst wird die Kamera in Frame 1 berechnet (oberes Bild). Die Kamera bewegt sich dann in das letzte Frame. Hier ist zu erkennen, dass durch die Parallaxenänderung sichtbare Bereiche der Szene nicht mit Final-Gather-Punkten erfasst wurden (mittleres Bild). Nun werden neue Final-Gather-Punkte erzeugt, die mit den bereits vorhandenen kombiniert werden (unteres Bild). Ist die Kamerabewegung komplex, müssen weitere Frames berechnet werden. Ist die Final-Gather-Map vollständig, kann sie eingefroren werden und der Renderer verwendet nur ihre gespeicherten Informationen. Wird die Szene verändert, müssen die Final-Gather-Punkte neu berechnet werden.

Photon-Mapping

Photon-Mapping ist bidirektionales Raytracing, das 1995 zuerst von Henrik Wann Lensen veröffentlicht wurde und das traditionelle Raytracing-Konzept erweitert. Hierbei werden

Abb. 9.99 Photon-Mapping

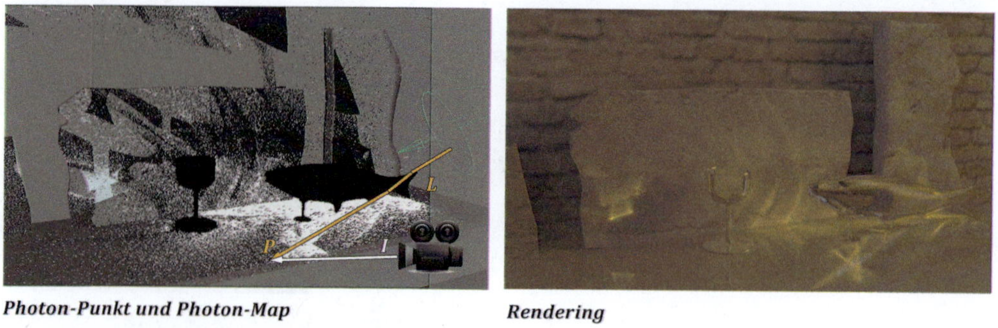

Abb. 9.100 Ambient-Occlusion

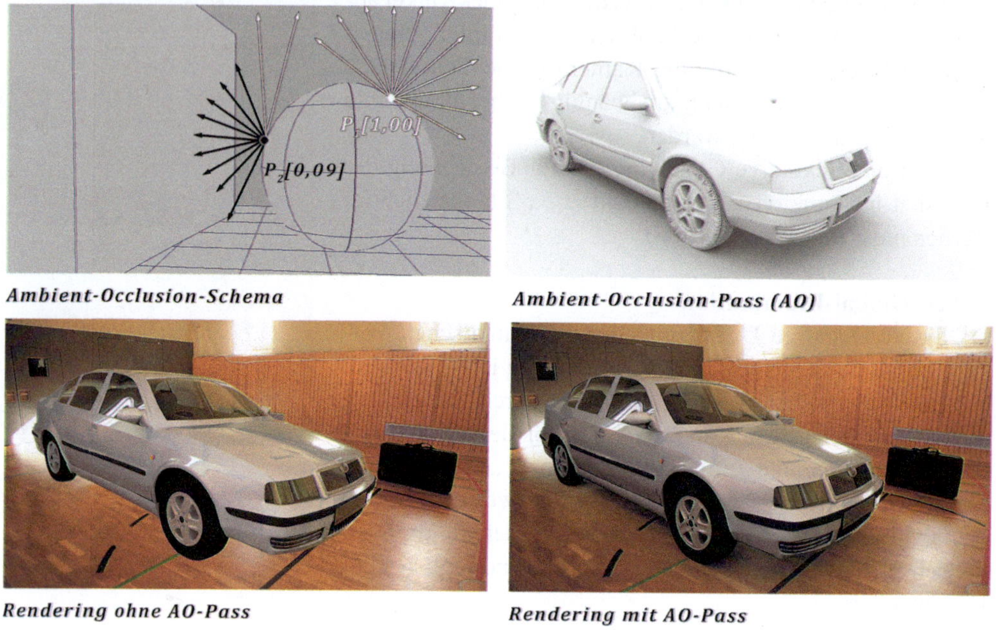

Strahlen aus zwei Richtungen ausgesendet, einerseits vom Auge (Kamera) aus und andererseits direkt vom Licht aus. Mit diesem Verfahren können spekular-zu-diffus-Übergänge generiert werden, wie sie vor allem bei Kaustiken (durch gebrochene Lichtstrahlen verursachte Muster) vorhanden sind.

Zuerst wird ausgehend vom Licht ein Strahl in die Szene geschossen, dessen spekulare Wechselwirkungen verfolgt werden, bis er auf eine diffuse Oberfläche trifft. Dann wird – ähnlich wie beim Final-Gathering – eine Photon-Map erzeugt.

Im zweiten Schritt wird der von der Kamera nach dem traditionellen Whitted-Raytracing in die Szene geschossene Strahl verfolgt, der dann am Auftreffpunkt die Energie-Informationen der Photon-Map auswertet.

Um die Berechnung des Lichttransportes zu minimieren, werden zum Generieren von Kaustiken vor allem Spotlights verwendet, da hier der Lichtpegel auf die interessierenden Objekte eingestellt werden kann und keine weiteren Teile der Szene beleuchtet werden. Der Vorteil der Verwendung einer Photon-Map ist ihre Unabhängigkeit von der Geometrie der Szene. Sie wird separat gespeichert und muss für eine Szene nur einmal berechnet werden, wenn keine Animationen stattfinden und sich nur die Kamera bewegt. Abbildung 9.99 zeigt die Darstellung einer Photon-Map und das Rendering von Kaustiken.

Ambient-Occlusion (AO)

Ambient-Occlusion ist ein Renderverfahren, das die durch das Umgebungslicht erzeugte Helligkeit der 3D-Objekte berechnet. Die grundlegende Idee ist, dass Teile der Geometrie – beispielsweise Ritze und Einbuchtungen – dunkler erscheinen, da hier das Licht verdeckt wird.

Es ist ein globales geometrisches Verfahren mit wenig Renderzeit, bei dem die Wechselwirkungen der einzelnen Objekte der Szene in Betracht gezogen werden, und führt zu einer realistischen Verschattung. Es wird meist zusätzlich zu traditionellem Shading verwendet, als Graustufenbild exportiert und im Compositing-Prozess mit dem Rendering (Beauty-Pass) multipliziert.

Zur Berechnung werden von jedem Punkt der Geometrie aus Strahlen der tangentialen Hemisphäre in die Umgebung geschossen und eine prozentuale Verdeckung ermittelt, wobei zwischen Strahlen, die sich frei ausbreiten, und solchen, die auf ein Hindernis stoßen, unterschieden wird. Je mehr Strahlen verdeckt werden, desto dunkler ist der Punkt.

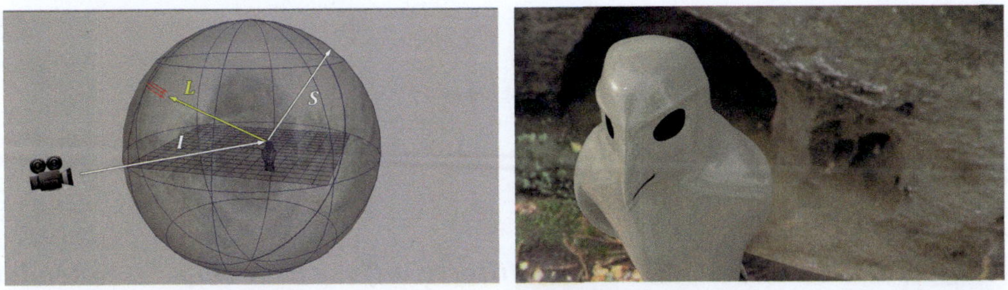

Image-Based-Lighting (IBL) *Rendering*

Abb. 9.101 Image-Based-Lighting

Diffuses Shading mit Image-Based-Lighting *Rendering mit „Fireflies"*

Abb. 9.102 Diffuse Beleuchtung mit einer HDR-Environment-Map

Abbildung 9.100 zeigt im oberen linken Bild zwei Punkte mit jeweils 11 ausgesendeten Strahlen. Im Punkt P_1 treffen keine Strahlen auf ein Hindernis, der resultierende Wert ist damit 1,0 und der Punkt wird weiß eingefärbt. Im Punkt P_2 können sich nur zwei Strahlen frei ausbreiten. Der Shading-Wert ist 0,09 – der Punkt wird sehr dunkel eingefärbt. Die anderen Bilder zeigen den Ambient-Occlusion-Pass als Graustufenbild und das finale Compositing ohne und mit dessen Anwendung.

9.7.6 Image-Based-Lighting

Image-Based-Lighting (IBL) ist ein wichtiger Teil der globalen Beleuchtung und führt zu realistischen hochdetaillierten Ergebnissen besonders beim Einbinden von Computergrafik in Live-Action-Footage, da die Lichtsituation während der Aufnahme in HDR-Environment-Maps *(light probe)* gespeichert werden kann.

Hierbei wird ein omni-direktionales Bild (360°) der Umgebung als HDR-Image aufgenommen (s. Abschn. 5.1.3). Dieses Bild wird dann in der 3D-Szene auf eine Kugel projiziert und dessen Farb- und Helligkeitsinformationen mittels Raytracing abgetastet.

Oft wird zur Kontrolle der Schattenbildung ein traditionelles 3D-Licht an der Position der Lichtquelle (Sonne) eingefügt.

Abbildung 9.101 zeigt das Schema und das Rendering für ein Objekt, dessen Materialeigenschaften eine wesentlich größere Wichtung der spekularen Komponente (S) gegenüber der diffusen Komponente besitzt.

Probleme beim Abtasten der diffusen Komponente bei HDR-Environment-Maps

Während das Raytracing der spekularen Komponente unproblematisch implementiert werden kann, ist das Generieren der diffusen Komponente mit dieser Technologie kompliziert. Da sich der spekulare Anteil vor allem keulenförmig im Ausfallstrahl des Blickvektors *I* manifestiert, ist der Raumwinkel, aus dem Strahlen ausgesandt werden, stark reduziert. Für die diffuse Komponente wird aber eine komplette Hemisphäre benötigt. Die Anzahl der Strahlen, die zum Ergebnis beitragen, muss darum wesentlich größer sein.

Das Grundproblem ist in Abb. 9.102 dargestellt: Es wird eine HDR-Environment-Map mittels Raytracing diffus abgetastet. Dazu werden von zwei Punkten P_1 und P_2 auf der Geometrie eine Reihe Strahlen ausgesendet, die die Helligkeits- und Farbinformationen auf der HDR-Map sampeln. Die Strahlen im Punkt P_1 treffen den Himmel, der eine blaue Farbe mit den durchschnittlichen RGB-Werten von RGB[0,14; 0,37; 0,86] besitzt. Je nach Wichtung wird dieser Punkt eine leichte blaue Färbung erhalten. Im Punkt P_2 treffen zwei der Strahlen den Himmel, einer aber die Sonne, die bei HDR-Images Werte bis zu mehreren Tausend annehmen kann. Für die Durchschnittsbildung des Shadings für diesen Punkt ist damit der Wert der Lichtquelle dominierend. Er wird deshalb mit dem Maximum der Lichtquelle eingefärbt.

Die Folge ist eine gesprenkelte Darstellung – im Fachjargon als *fireflies* (dt. *Glühwürmchen*) bezeichnet –, da Punkte, deren Strahlen die Lichtquelle treffen und solche, die zufällig vorbeifliegen, dicht nebeneinander liegen. Zwar ist es möglich, einen Durchschnitt zwischen benachbarten Punkten zu bilden; dies führt allerdings auch zu keiner Lösung,

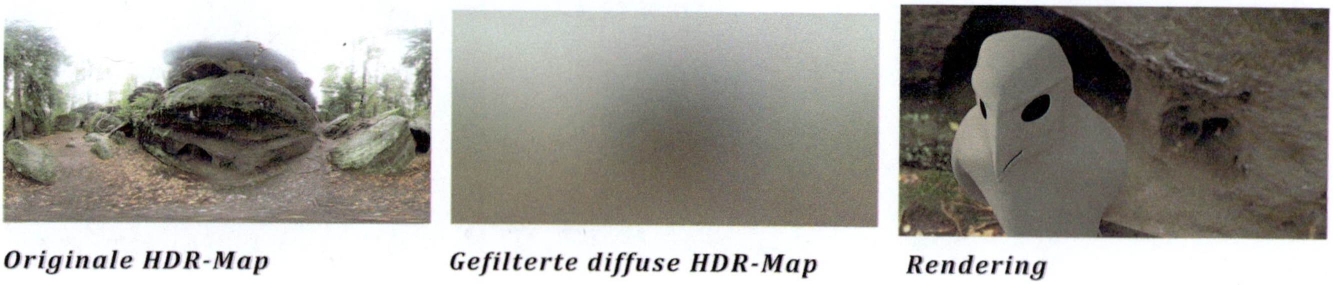

Abb. 9.103 Gefilterte diffuse HDR-Map

Abb. 9.104 Importance-Sampling

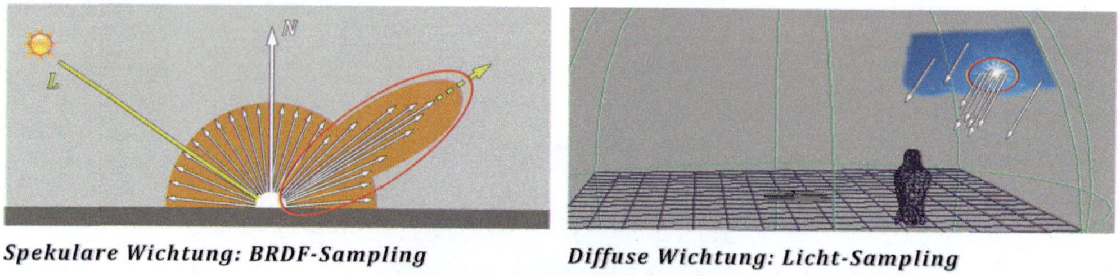

da dadurch Flecken entstehen. Es müsste, um das Problem zu lösen, die Dichte der ausgesandten diffusen Strahlen auf einen Wert erhöht werden, der nicht praktikabel umgesetzt werden kann.

Im traditionellen Herangehen gibt es nun eine Reihe von Möglichkeiten, mit dem Problem umzugehen. Eine weitverbreitete Technik ist, zur Berechnung der spekularen und diffusen Komponente zwei unterschiedliche HDR-Maps zu verwenden. Während man für die spekulare Komponente die originale HDR-Map heranzieht, wird für die diffuse Komponente eine speziell gefilterte *(Convolve-Filter)* Map generiert, die den HDR-Bereich reduziert und somit sprunghafte Übergänge vermeidet. Dadurch bleibt das Rendering der spekularen Shading-Komponente unverändert, während das der diffusen geglättet wird (s. Abb. 9.103). Eine weitere Möglichkeit besteht darin, die Lichtquelle herauszumalen oder die gesamte HDR-Map zu reduzieren (engl. *to clip).*

9.7.7 Importance-Sampling

Monte-Carlo-Methoden

Manche Integrale, wie die Rendergleichung, besitzen keine analytische Lösung. Bei einer Monte-Carlo-Methode werden deshalb zufällige Stichproben genommen, um den numerischen Wert des Integranden zu schätzen. Bei der praktischen Umsetzung sendet man deshalb eine größere Anzahl von Strahlen pro Pixel in die Szene, um die Helligkeits- und Farbinformationen zu generieren. Mit den Ergebnissen wird der Durchschnitt zufälliger Stichproben berechnet und anschließend der Mittelwert gebildet. Hierbei ist es wichtig, möglichst effizient zu Schätzungen mit wenig Abweichung zu gelangen und somit die Varianz zu reduzieren. Außerdem

Abb. 9.105 Mit Importance-Sampling gerendertes Image

ist es nicht notwendig, über den gesamten Verlauf des Rendering-Prozesses eine gleichbleibende Genauigkeit zu erzielen, da Reflexionen und Brechungen in der Regel exaktere Werte als diffuse Objekte benötigen.

Importance-Sampling

Importance-Sampling ist eine Technologie, die vor allem im Zusammenhang mit stochastischen Prozessen wie bei Monte-Carlo-Methoden verwendet wird. Hierbei versucht man, Elemente höher zu werten, die für das Gesamtergebnis einen erheblichen Beitrag leisten. Damit kann die Effizienz der Stichproben gesteigert werden, da Proben mit großem Einfluss auf einige Elemente oder mit einem bestimmten Einfluss auf alle Elemente häufiger in die Mittelwertbildung eingehen als solche mit geringem Einfluss auf wenige Elemente. Um die Varianz zu reduzieren, werden somit dort mehr Proben genommen, wo das zu erwartende Ergebnis hoch ist.

Für das Shading eines Punkts auf einer Geometrie vor allem im Zusammenhang mit Image-Based-Lighting wird das *Multiple-Importance-Sampling (MIS)* angewendet, wobei einerseits das Material und andererseits die physikalisch-plausible Lichtquelle einem Importance-Sampling unterzogen werden. Für den spekularen Anteil wird angenommen, dass Proben innerhalb der Keule um den Ausfallwinkel des Lichtvektors eine größere Wertigkeit haben. Die Anzahl der Samples wird dort deshalb erhöht. Im Gegensatz dazu ist für das diffuse Shading die Lichtquelle von größerer Bedeutung. Die sprunghaften Änderungen der Helligkeitswerte finden hier vom Hintergrund zur sehr energiereichen Lichtquelle statt, während die diffusen Materialeigenschaften über die Hemisphäre des zu berechnenden Punktes weitestgehend konstant bleiben. Somit werden hier Proben der Lichtquelle mit einer größeren Anzahl von Strahlen genommen (s. Abb. 9.104).

Mit dem Importance-Sampling und der Anwendung des Path-Tracings (s. Abschn. 9.7.8) kann das Problem der diffusen Fleckenbildung bei der Anwendung des Image-Based-Lighting gelöst werden. Für den Bereich der Lichtquelle stehen mehr Samples zur Verfügung, um ein genaueres Abbild zu erzeugen, während der übrige Raum mit normaler Sample-Anzahl abgetastet wird. Ein mit dieser Rendertechnik erzeugtes Image wird in Abb. 9.105 dargestellt.

9.7.8 Path-Tracing

In den 1980er und 1990er-Jahren wurde eine Reihe von Verfahren entwickelt, die das Raytracing erweiterten. 1986 stellte Robert L. Cook das *Distributed Raytracing* vor, das sich mit spekularen Wechselwirkungen von nicht ideal spiegelnden Objekten beschäftigte. Dabei wird bei jedem Auftreffpunkt ein Reflexionsgraph abhängig von den Materialeigenschaften verwendet und statt einem Strahl eine Reihe von Strahlen ausgesandt. Dadurch ist es möglich, unscharfe Reflexionen (engl. *blurry reflections*), Halbschatten, Transluzenz, Schärfentiefe (engl. *depth of field*) und Bewegungsunschärfe zu berechnen. Ebenfalls wurde davon ausgegangen, dass die Kamera und ihr Objektiv eine physikalische Ausdehnung besitzen (Cook 1986).

Diese Erweiterung adressierte eine Reihe von Problemen, ließ aber die Berechnung von diffusen Wechselwirkungen offen. Hier setzt die *Radiosity*-Technologie an. Diese wurde zuerst 1984 von Goral et al. (1984) vorgestellt und befasst sich in der originalen Form mit den Wechselwirkungen von rein diffusen Objekten, lässt aber die spekulare Komponente aus und hat eine Reihe weiterer Nachteile. So können zum Beispiel nur Polygon-Objekte verwendet werden.

Während die bisher vorgestellten Erweiterungen des Raytracings die Rendergleichung nur unvollständig lösen, gibt es eine Reihe von Algorithmen und Renderern, die alle spekularen, diffusen, reflexiven und refraktiven Wechselwirkungen beim Lichttransport beschreiben. Hierbei wird das Raytracing mit rigorosen (engl. *brute-force*) Monte-Carlo-Methoden zum Path-Tracing erweitert. Zum Zeitpunkt Mai 2015 verwenden alle großen VFX- und Animationsfirmen Path-Tracing-Renderer. Dies sind entweder Eigenentwicklungen (Hyperion, RIS, Manuka) oder es werden am Markt erhältliche (Arnold, V-Ray, Mantra, Maxwell) verwendet.

Die Grundidee beim Path-Tracing (Monte-Carlo-Raytracing) ist, dass im Gegensatz zum Whitted-Raytracing, bei dem beim Auftreffen auf Oberflächen mehrere Strahlen generiert und verfolgt werden, nur jeweils ein neuer Strahl erzeugt wird, der sich dann seinen Weg durch die Szene sucht. Ist die Anzahl der Strahlen hoch genug, kann die Rendergleichung vollständig gelöst werden und führt zu einem sehr genauen, physikalisch korrekten Ergebnis.

Kajiya stellte 1986 nicht nur die Rendergleichung vor, sondern gibt auch einen Lösungsansatz mittels Path-Tracing an, um eine numerische Lösung für das Integral zu erhalten. Dabei werden von jedem Pixel eine größere Anzahl von Strahlen ausgesendet und durch die Szene verfolgt, wobei sie bei jedem Auftreffpunkt nur jeweils einen Strahl erzeugen. Die Komponente, die der jeweils neue Strahl verfolgt, wird durch einen Zufallsprozess gesteuert. Dabei kann der Strahl diffuse, spekulare, reflexive oder gebrochene Oberflächen verfolgen oder ein Schattenstrahl sein. Kajiya gibt an, dass es wichtig ist, die Proportionen der reflexiven, gebrochenen und Schattenstrahlen zu kontrollieren, um ein genaues Ergebnis zu erhalten.

Jeder im Auftreffpunkt neu generierte Strahl erhält mithilfe der Russisch-Roulette-Methode (eine Technik zur Varianzreduktion) eine zufällige Richtung. Das Problem bei spekularen Materialien besteht allerdings darin, dass die Wahrscheinlichkeit, zufällig genau den Ausfallstrahl zu treffen, der die Reflexion oder Brechung verfolgt, gleich null ist. Scharfkantige Reflexionen auf diffusen Oberflächen wie Kaustiken sind deshalb prinzipbedingt schwierig zu realisieren. Man bedient sich zusätzlicher Verfahren wie dem Importance-Sampling, um die Austrittsrichtung zu ermitteln oder verwendet bidirektionales Raytracing wie beim Photon-Mapping.

Kajiyas Modell generiert in jedem Auftreffpunkt des Strahls durch die Szene zwei Strahlen. Dies ist neben dem Path-Tracing-Strahl ein Licht- oder Schattenstrahl, der zu einer flächigen Lichtquelle gesandt wird. Das Ergebnis des Path-Tracing-Strahls wird über seinen Weg durch die Szene zusammengetragen. Trifft ein von einer diffusen Oberfläche ausgesandter Strahl eine Lichtquelle, wird der direkte Anteil der Lichtenergie ignoriert und nur das Ergebnis, das durch den Licht- bzw. Schattenstrahl generiert wird, berücksichtigt.

Auch beim Path-Tracing müssen Abbruchkriterien festgelegt werden. Traditionell endet der Pfad, wenn ein Licht erreicht wird. Das ist allerdings problematisch und erfordert, dass die Lichtquelle eine gewisse Ausdehnung hat. Je nach Implementierung können noch andere Abbruchkriterien festgelegt werden, wie eine stochastische nach dem Russisch-Roulette-Prinzip; aber auch alle diejenigen, die beim Whitted-Raytracing vorgestellt wurden, können Anwendung finden (Kajiya 1986; Watt 2002, S. 326 f.).

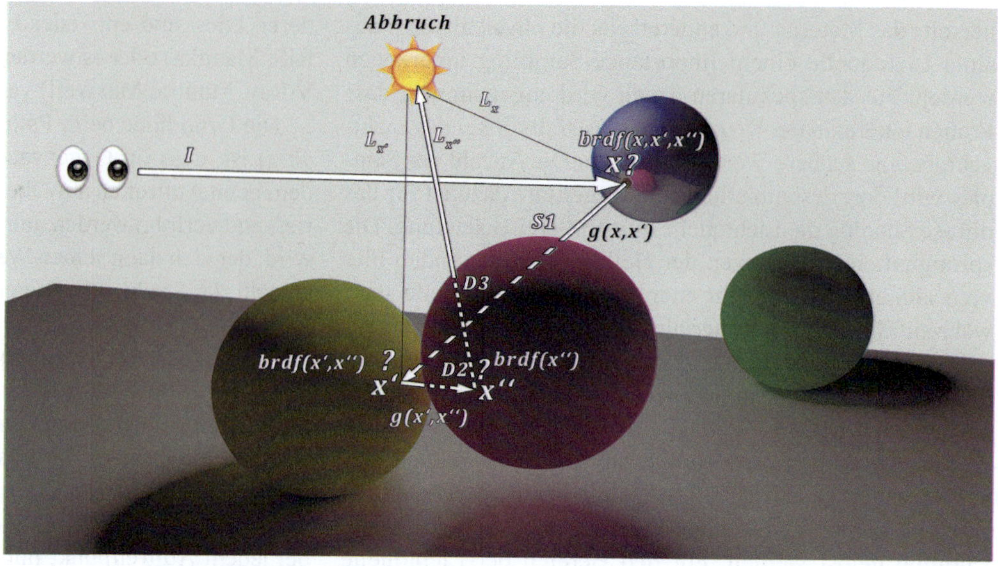

Abb. 9.106 Path-Tracing-Schema

Naturgemäß ist die Implementierung der Algorithmen in die verschiedenen Renderer unterschiedlich und folgt alternativen Ansätzen besonders in Hinsicht auf Optimierung und Effizienzsteigerung sowie Adressierung von Schwachstellen. Die Firma *Walt Disney Animation Studios (WDAS)* verfolgt in ihrem Renderer *Hyperion* das interessante Konzept, erst die Pfade der in die Szene geschossenen Strahlen nach Auftreffpunkten zu sortieren und dann erst für alle gemeinsam den Shader aufzurufen, um die BRDF zu berechnen. Dadurch können sehr große Szenen mit mehreren Millionen Geometrieobjekten effizient gerendert werden, ohne den Arbeitsspeicher zu überlasten (Burley 2015; Seymour 2014).

Abbildung 9.106 zeigt das vereinfachte Schema des Path-Tracings nach Kajiya. Vom Auge ausgehend wird ein Blickvektor I in die Szene geschossen. Dieser trifft im Punkt x die blaue spiegelnde Kugel. Hier wird ein neuer Strahl generiert und einerseits dessen Komponente (spekular) ausgewählt und ein neuer Strahl in eine nach der Russisch-Roulette-Methode zufälligen Richtung ausgesandt. Gleichzeitig wird der Lichtvektor L_x generiert. Der neue Strahl *S1* trifft die gelbe diffuse Kugel im Punkt x'. Hier wird ebenfalls der Lichtvektor $L_{x'}$ generiert und ein neuer Strahl – diesmal diffus – in eine zufällige Richtung weitergeführt. Der neue Strahl *D2* trifft die pinkfarbene diffuse Kugel im Punkt x''. Hier wird der Lichtvektor $L_{x''}$ und ein neuer Strahl – wieder diffus und zufällig mit der gleichen Richtung wie der Lichtvektor – generiert. Dieser Strahl trifft die Lichtquelle. Dadurch wird der Pfad abgebrochen. Nun werden die entsprechenden Informationen rekursiv zurückgegeben und in den unterschiedlichen Auftreffpunkten die Shader aufgerufen bzw. zwischengespeicherte Beleuchtungswerte verwendet. Im Punkt x'' wird die diffuse Farbe und Helligkeit durch Berechnung der diffusen Komponente der BRDF *brdf(x'')* unter Berücksichtigung des Lichtvektors $L_{x''}$ ermittelt, wobei der direkte Beitrag der Lichtquelle ignoriert wird. Diese Informationen werden zum Punkt x′ weitergegeben. Je nach Entfernung reduziert sich die Intensität (Strahlstärke) gemäß des Geometrieterms *g(x′,x″)*. Im Punkt x' werden die ankommenden Informationen mit den dortigen Shading-Informationen *brdf(x′,x″)* und dem Lichtvektor $L_{x'}$ akkumuliert. Außerdem wird die Verschattung berechnet. Da das Licht teilweise blockiert ist, wird die Helligkeit im Punkt x′ reduziert.

Die nun diffusen pinkfarbenen Streuungen auf der gelben Kugel werden rekursiv zum Punkt x wieder bei Berücksichtigung des Geometrieterms *g(x,x′)* zurückgegeben, das heißt, die Lichtintensität nimmt quadratisch mit der Entfernung ab. Im Punkt x wird gleichfalls die BRDF *brdf(x,x′,x″)* mithilfe des Lichtvektors L_x berechnet. Da die Materialeigenschaften so eingestellt sind, dass sie eine spekulare Oberfläche repräsentieren, spiegeln sich die gelb-pinkfarbenen Informationen an diesem Punkt in der blauen Kugel. Dies entspricht dem Term der Streuungsintensität der Rendergleichung.

Performance und Rauschen

Ein wichtiges Feature von Renderings mit Path-Tracern ist das durch den Näherungsfehler bei der Lösung des Integranden der Rendergleichung auftretende Rauschen. Ein Path-Tracer arbeitet kontinuierlich und berechnet das Bild bereits – meist kachelförmig –, nachdem er nur eine geringe Anzahl von Samples ausgesandt hat. Obwohl das Bild stark verrauscht ist, kann der Rendering-Artist schon mit geringem Aufwand wichtige Informationen wie Farbgebung, Helligkeit, Schatten, Geometriepositionen u. a. erkennen und das Rendering abbrechen, wenn Fehler erkennbar sind.

Nun werden sukzessiv weitere Strahlen ausgesandt, die das Bild konvergieren und das Rauschen reduzieren. Der Vorgang kann abgebrochen werden, wenn eine bestimmte Qualität erreicht wird. Das Problem dabei ist, dass aufgrund

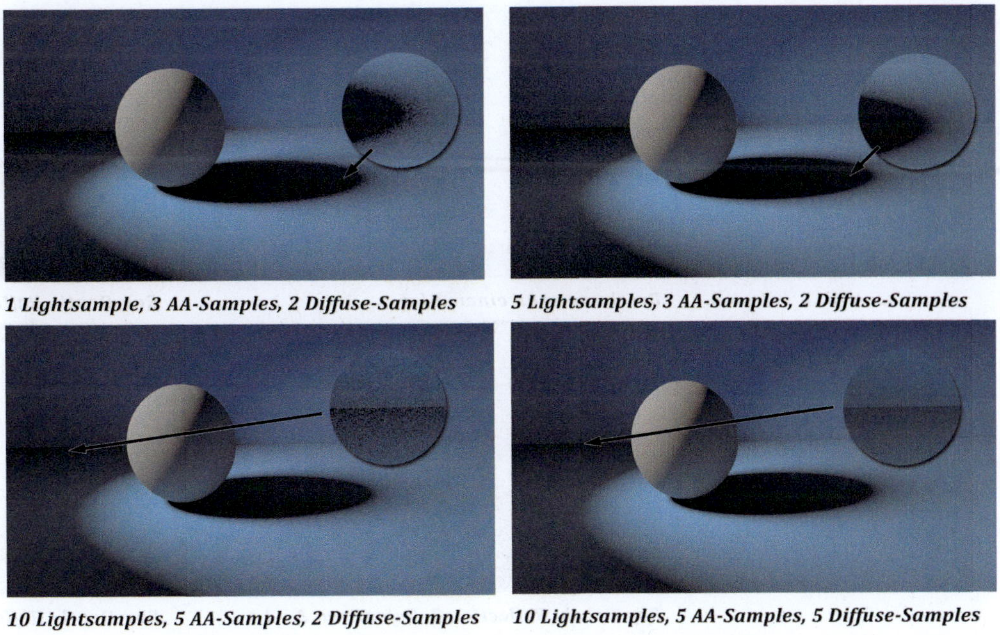

Abb. 9.107 Rauschen beim Path-Tracing

der mathematischen Grundlagen eine Quadrierung der ausgesandten Strahlen das Rauschen nur linear verringert.

Zur Kontrolle gibt es eine Reihe von Parametern, mit denen der Rendering-Artist je nach Gestalt und Komplexität der Szene die Qualität des Renderings bei moderaten Renderzeiten einstellen kann. Der Renderer *Arnold* der Firma Solid Angle bietet zum Beispiel die Möglichkeit der Kontrolle der einzelnen globalen Strahlen (diffus, glossy, refraction, subsurce scattering, volume) und lokalen Samples für jedes Licht an. Diese werden dann mit den Anti-Aliasing-Samples der Kamera multipliziert.

Abbildung 9.107 zeigt den Einfluss der Parameterwerte in Arnold auf das Rauschen des gerenderten Images. Im oberen linken Bild werden global drei Strahlen zur Berechnung der direkten Beleuchtung (Anti-Aliasing) ausgesendet, die gleichzeitig die allgemeine Qualität des Renderings beeinflussen. Zwei diffuse Strahlen (Samples) sowie ein lokal vom Licht ausgehender Strahl sind die Grundkomponenten. Diese ausgesendeten Strahlen werden pro Komponente quadriert und alle miteinander multipliziert. Da in dieser Szene nur direkte und diffuse Samples plus das Lichtsample betrachtet werden, ergibt sich die Gl. 9.16:

$$S = S_{aa}^2 \left(1 + S_d^2 + S_l^2\right) \quad (9.16)$$

dabei sind

S die Summe aller Samples,
S_{aa} die Anti-Aliasing-Samples,
S_d die diffusen Samples und
S_l die Lichtsamples.

Für das linke Bild ergibt sich somit eine Sample-Anzahl von 54 (Gl. 9.17)

$$S = 9\left(1 + 2^2 + 1^2\right) = 9\,(1 + 4 + 1) = 54. \quad (9.17)$$

Es ist deutlich zu erkennen, dass aufgrund der geringen Anzahl der Lichtsamples der Halbschatten stark verrauscht ist.

Im rechten oberen Bild werden die Lichtsamples auf 5 erhöht und damit der Halbschatten geglättet. Somit ergibt sich bereits eine Gesamt-Sample-Anzahl nach Gl. 9.18 von 270.

$$S = 9\left(1 + 2^2 + 5^2\right) = 9\,(1 + 4 + 25) = 270 \quad (9.18)$$

In der unteren Bildreihe wird das Problem des Rauschens im Schatten am Übergang der Wand zum Boden adressiert und sukzessive die Sample-Anzahl erhöht. Nach den Gln. 9.19 und 9.20 ergibt sich somit eine Erhöhung der Anzahl der Samples auf 2625 bzw. 3150.

$$S = 25\left(1 + 2^2 + 10^2\right) = 25\,(1 + 4 + 100) = 2625 \quad (9.19)$$

$$S = 25\left(1 + 5^2 + 10^2\right) = 25\,(1 + 25 + 100) = 3150 \quad (9.20)$$

Es ist in diesem Beispiel gut zu erkennen, dass die Sample-Anzahl sehr stark ansteigen muss, um das Rauschen zu vermindern. Um trotzdem eine gute Effizienz des Rendervorgangs zu gewährleisten, können auch alternative Wege eingeschlagen werden. So belassen die Walt Disney Animation Studios teilweise das Rauschen in den Renderings und lösen das Problem erst am Ende des Produktionsprozesses auf der 2D-Ebene, indem ein eigens entwickelter Filter dieses beseitigt.

Abb. 9.108 Rekursionstiefe der Raytrace-Strahlen

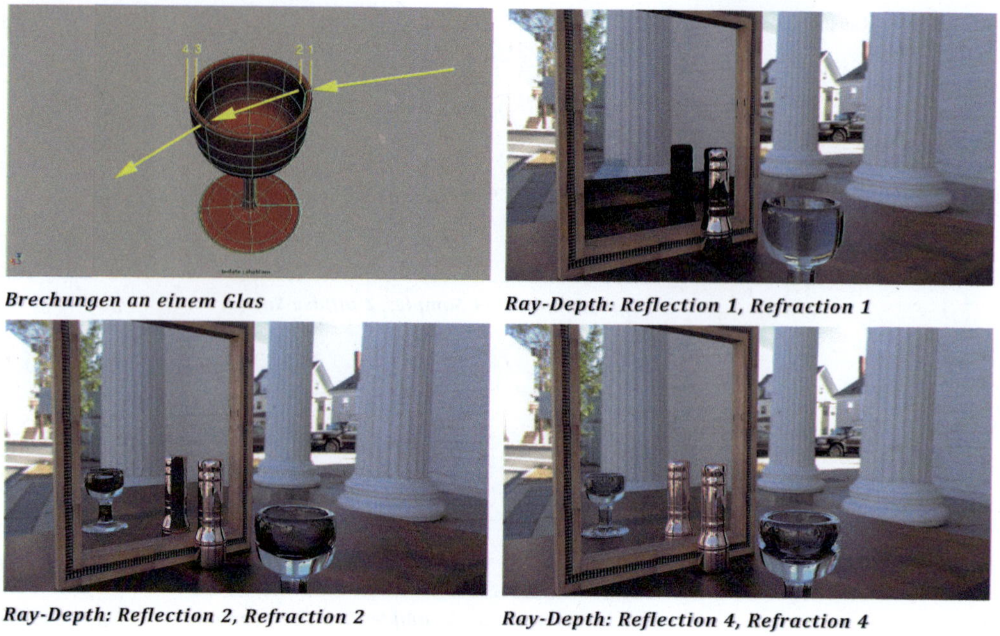

Bedeutung der Strahlen-Tiefe

Die Strahlen-Tiefe (engl. *ray depth*) beschreibt die Anzahl der Rekursionsschritte, die ein Raytrace- oder Path-Trace-Strahl zurücklegt, bevor der Pfad abgebrochen wird. Dieses Kriterium ist in vielen Renderern verfügbar, um Renderzeit zu sparen, wobei oft nach Strahlentypen getrennt wird (diffus, reflective, refractive, glossy). So lassen sich schnelle Ergebnisse erzielen, wenn Komponenten fehlen und zum Beispiel keine refraktiven Oberflächen in einer Szene vorhanden sind. Es ist aber dabei von Bedeutung, dass genügend Rekursionsschritte angegeben werden, damit alle Wechselwirkungen berücksichtigt werden.

Abbildung 9.108 zeigt im oberen linken Bild die Brechungen in einem Weinglas. Zuerst erfolgt im Punkt 1 der Übergang Luft-Glas mit den Brechungsindexen 1 für Luft und 1,46 für Glas. Im Punkt 2 erfolgt der Übergang Glas-Wasser (1,46; 1,33), im Punkt 3 Wasser-Glas (1,33; 1,46) und im Punkt 4 Glas-Luft (1,46; 1). Es müssen deshalb vier Strahlen generiert werden, um die Brechungen zu erfassen. Dies gilt natürlich auch für diffuse und reflexive Wechselwirkungen.

Im rechten Bild der oberen Zeile ist ein Rendering (mental ray in Maya) einer simplen 3D-Szene abgebildet. Es ist deutlich zu erkennen, dass im Spiegel keine spekularen Reflexionen der Taschenlampe und des Glases vorhanden sind. Im linken Bild der unteren Zeile wurde die Rekursionstiefe auf 2 erhöht. Damit werden das Glas und Teile der Taschenlampe gespiegelt. Im rechten Bild wurde schließlich die Rekursionstiefe auf 4 erhöht, wodurch auch die Rückseite der Taschenlampe vom Spiegel dargestellt wird. Auch das Weinglas zeigt weitere Reflexionen und Refraktionen.

9.7.9 Schatten mit Shadow-Mapping und Raytrace-Schatten

Shadow-Mapping

Für das Generieren von 3D-Schatten gibt es zwei grundlegende Verfahren, die beide Vor- und Nachteile haben. Shadow-Mapping wurde von Lance Williams (1978) vorgestellt. Das Grundprinzip hierbei ist, die Szene von der Position des Lichts aus zu rendern und die Tiefeninformationen der Objekte (Abstand vom Licht) in einer Shadow-(Depth)-Map festzuhalten.

Diese Map wird als Graustufengrafik entweder im Arbeitsspeicher oder im Ordnersystem des Projekts auf der Festplatte gespeichert. Danach wird die Szene vom Kamerastandpunkt aus gerendert. Dabei wird das Welt-Koordinatensystem des zu schattierenden Punkts auf der Geometrie mit einer Matrixmultiplikation auf das Koordinatensystem des Lichtes transformiert. Die gewonnenen x- und y-Werte indizieren in der Shadow-Map den korrespondierenden z-Wert als Graustufeninformation. Ist die aktuelle z-Koordinate des Punkts größer als die in der Shadow-Map gespeicherten, befindet er sich hinter einem Objekt, das sich näher zum Licht befindet und einen kleineren z-Wert hat. Der Punkt liegt somit im Schatten.

Beim Zeichnen des Schattens wird zuerst die gesamte Szene als sich im Schatten befindend gerendert und erst dann als beleuchtet. Schließlich wird die schattierte Version der Szene mit den vom Licht beschienenen Teilen überschrieben.

Die Qualität des Schattens hängt dabei von der Auflösung der Shadow-Map ab. Diese kann durch Einsatz von Filtern geglättet werden.

Abb. 9.109 Schatten mit Shadow-Mapping und Raytrace-Shadows

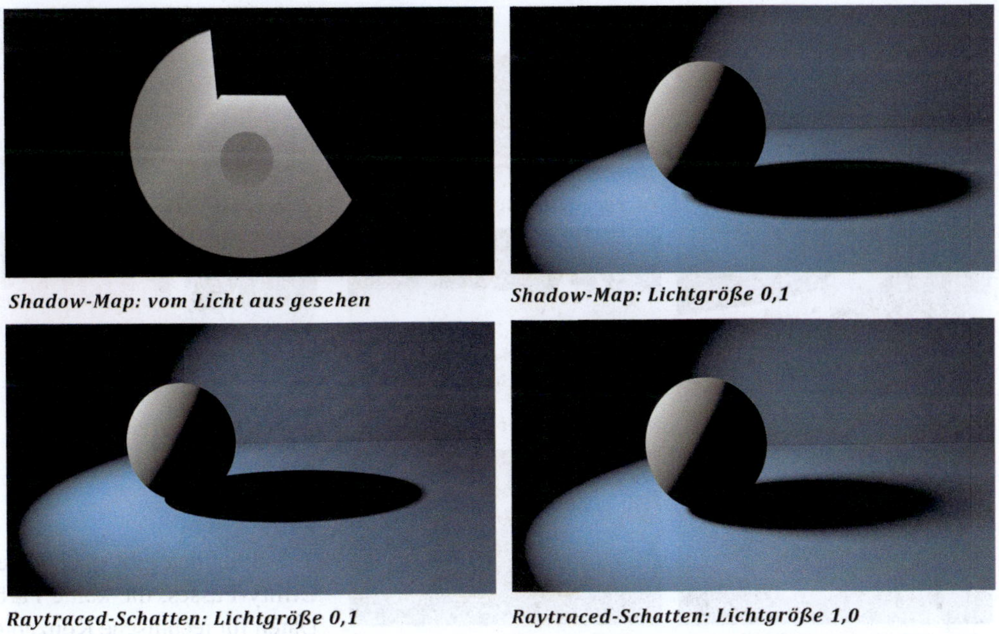

Shadow-Maps sind schneller zu rendern als Raytrace-Schatten. Abbildung 9.109 zeigt in der oberen Reihe die Depth-Map eines Spotlights und das Rendering bei Verwendung der Shadow-Map.

Raytraced-Shadows

Raytraced-Shadows werden nicht vorgerendert, sondern während des Standard-Rendervorganges erzeugt. Dabei wird das bereits vorgestellte Konzept der Schattengenerierung mithilfe des Licht- oder Schattenvektors im Raytracing oder Path-Tracing angewendet und getestet, ob Objekte das Licht blockieren.

Obwohl Raytraced-Shadows oft deutlich längere Renderzeiten aufweisen und einen hohen Bedarf an Arbeitsspeicher benötigen, haben sie eine Reihe Vorteile gegenüber Shadow-Maps.

- Sie können Schatten von halb transparenten und kolorierten halb transparenten Oberflächen besser darstellen.
- Licht, das durch Geometrie scheint (engl. *light leaks*) – oft verursacht durch zu dünne oder unglücklich angeordnete Geometrie – wird vermieden.
- Raytraced-Shadows sind unabhängig von der Auflösung einer Map und können somit sehr scharf sein.
- Sie sind realistischer und werden – physikalisch richtig – weicher, je weiter sie von der Lichtquelle entfernt sind.
- Raytraced-Shadows bringen – abhängig von der Implementierung – mit allen Lichttypen gute Ergebnisse hervor (Birn 2014, S. 82 f.).

Weiche Raytraced-Shadows können vor allem durch Flächenlichter erzeugt werden, die keine Punkte sind, sondern eine physikalische Ausdehnung haben. Moderne physikalisch basierte Renderer können aber jedem Licht eine entsprechende Größe zuweisen. In der unteren Reihe von Abb. 9.109 sind zwei Renderings des Renderers Arnold abgebildet, bei denen ein Spotlight verwendet wurde. Im linken Bild hat es die Größe von 0,1. Die Schatten sind sehr scharf. Durch Erhöhung der simulierten Größe des Spotlights auf 1 werden die Schatten weicher. Hier sind auch die Unterschiede im Halbschattenbereich zu dem mit Shadow-Mapping gerenderten Bild oben rechts gut zu erkennen.

9.7.10 Verwenden von Render-Passes (AOVs)

Die meisten Renderprogramme erzeugen das fertige Bild – auch Beauty-Pass genannt –, indem sie verschiedene Lichtberechnungen in einem Frame-Buffer speichern und addieren. In einem einfachen Fall wird dann ein Bild ausgegeben, das optional aus 5 Kanälen besteht: R, G, B, Alpha und der Tiefenkanal, der die Entfernung der Objekte von der Kamera als Graustufenbild enthält.

Um in der Postproduktion mehr Spielraum bei der Gestaltung des Endergebnisses zu haben und Last-Minute-Änderungen ohne Neurendering vornehmen zu können, werden eine Reihe von zusätzlichen sogenannten Render-Passes ausgegeben, die dann beim Multipass-Compositing zusammengesetzt werden (s. Abschn. 10.3). Diese Render-Passes werden auch AOVs (engl. *arbitrary output variables*) genannt. Der Aufwand, sie zu generieren, ist relativ gering, da die einzelnen Passes bereits in den entsprechenden Buffern vorliegen und nur neu auf die Festplatte geschrieben werden müssen.

Abb. 9.110 Color-AOVs

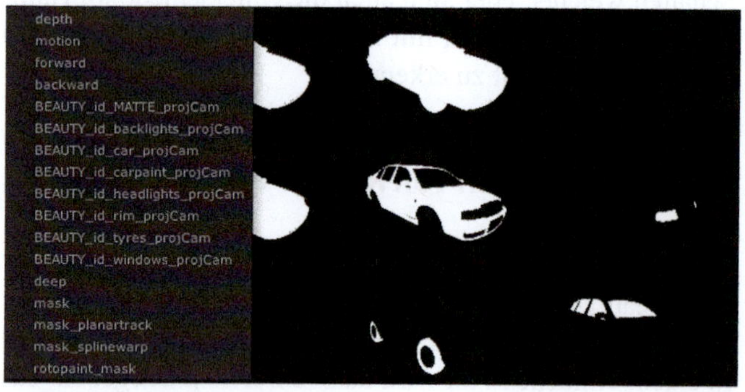

Abb. 9.111 Masken-IDs

Abbildung 9.110 zeigt den Inhalt einer einzelnen OpenEXR-Datei mit multiplen Render-Passes, die die Berechnungen der verschiedenen Lichtkomponenten enthalten. Prinzipiell werden diese dann beim Compositing addiert.

Um eine noch höhere Flexibilität zu erzielen, werden wichtige Maskierungen festgelegt. Diese Passes werden auch als ID-Passes bezeichnet und enthalten eine Reihe von Masken, damit unterschiedliche Elemente beim Compositing bereits freigestellt sind, was vor allem die Farbkorrektur erleichtert (siehe Abb. 9.111).

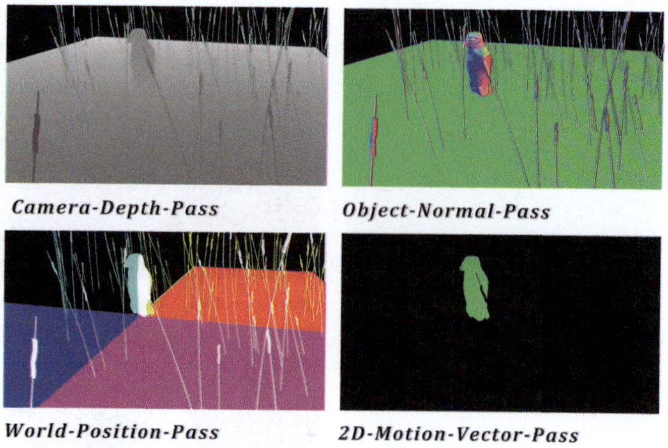

Abb. 9.112 Utility-AOVs

Schließlich gibt es eine Reihe verschiedener sogenannter Utility-Passes, die keine Farbinformationen enthalten, aber Daten für technische Konzepte beinhalten. Diese sind äußerst vielfältig, projektabhängig und werden meist firmenintern festgelegt. Die wichtigsten Passes beinhalten die Abstände der Objekte von der Kamera (z-Depth-Pass) und eine Reihe von Vektor-Daten, wie die Stellung der Oberflächennormalen oder Bewegungsinformationen, um die auf der 3D-Ebene aufwendig zu berechnende Bewegungsunschärfe auf die 2D-Ebene auszulagern.

Außerdem wird die Position der in den einzelnen Pixeln berechneten Punkte im 3D-Raum weitergegeben, um ein 2.5D-Relighting durchzuführen oder die Positionen von animierten Objekten beim Compositing zu referenzieren, ohne 3D-Geometrie zu verwenden (s. Abschn. 10.5). Abbildung 9.112 zeigt eine Auswahl und das typische Aussehen solcher Utility-Passes.

9.8 Quellen

Modelle in Abb. 9.36, 9.39, 9.40 Pixologic ZBrush, Version 4R6

Modellvorlage und Modellierungsinstruktionen für die Ameisenwespe in den Abb. 9.5, 9.37, 9.38, 9.58, 9.105 – Eric Keller (The Gnomon Workshop: Hyper-real Insect Design). Modellierung, Skulpturierung und Texturierung von den Autoren

Konstruktionszeichnungen in Abb. 9.41: Die Quadriga auf dem Brandenburger Tor in Berlin. Staatliche Museen Preussischer Kulturbesitz, Verlag Wilmuth Arenhövel, Berlin, 1982

Mephisto-Modell in Abb. 9.49, 9.50, 9.70 Carolin Grams (TH Brandenburg)

Textur in Abb. 9.73: Mayang http://www.mayang.com/textures/

Graustufenvorlage des Palmenblattes in in Abb. 9.48: Dosch Design, http://www.doschdesign.com

HDR-Map in Abb. 9.122 von HDR Source: Glouchester Church. http://www.hdrlabs.com/sibl/archive.html

Filmmaterial in Abb. 9.2–9.7, TH Brandenburg

Literatur

Arnold (2015) Arnold User Guide, Solid Angle, Madrid. https://support.solidangle.com/display/AFMUG/Arnold

Birn J (2014) Lighting & Rendering. 3. Aufl. New Riders, San Francisco

Burley B (2015) Hyperion. FMX-Konferenz 2015, Vortrag

Burley B, Lacewel D (2008) Ptex: Per-Face Texture Mapping for Production Rendering. Eurographics Symposium on Rendering 2008. Blackwell Publishing, Oxford

Cook R (1986) Stochastic Sampling in Computer Graphics. CM Transactions on Graphics 5(1):51–72

Cook R, Torrance K (1982) A Reflectance Model for Computer Graphics. ACM Transactions on Graphics 1(1):7–24

Dobbert T (2013) Matchmoving The invisible Art of Camera Tracking. 2. Aufl. ohn Wiley & Sons, Indianapolis

Dürer A (1525) Unterweisug der messung/mit dem zirckel uñ richtscheyt/in Linienebnen unnd ganzen corporen/ durch Albrecht Dürer zůsamengetzogẽ/ und zů nutz allẽ kunstliebhabenden mit zů gehörigen figuren/ in truck gebracht/im jar, M. D. X. X. V. Sächsiche Landesbibliothek Dresden, 27778509X.pdf

Duncan J (2012) The Calculus of Pi. Cinefex, Bd. 132. Cinefex LLC, Riverside, S 52–81

Fxguide (2013) Scott Metzger on MARI and HDR. fxguide #165, Januar 2013. http://www.fxguide.com/fxguidetv/fxguidetv-165-scott-metzger-on-mari-and-hdr/. Zugegriffen: 3. Juli 2015

Goral C et al (1984) Modeling the Interaction of Light Between Diffuse Surfaces. Computer Graphics 18(3):213

Harrington R (2011) Maya Lighting and Rendering in Production. FXPHD, Online-Kurs, Kurs-Material Class 7, Sydney

Houdini (2014) Houdini 13.0 User Manuel

Kajiya J (1986) The Rendering Equation. SIGGRAPH '86. ACM, New York, S 143

Kraemer M (2011) Introduction to RenderMan. FXPHD, Online-Kurs, Kurs-Material Class 8, Sydney

Schlick C (1994) An Inexpensive BRDF Model for Physically-based Rendering. Proc. Eurographics'94. Computer Graphics Forum 13(3):233–246

Seymour M (2014) Disney's new Production Renderer 'Hyperion' – Yes, Disney! Fxguide. http://www.fxguide.com/featured/disneys-new-production-renderer-hyperion-yes-disney/. Zugegriffen: 17. Juli 2015

Snow B (2010) Terminators and Iron Men: Image-based lighting and physical shading at ILM. Siggraph 2010 course

Sørensen P (1981) Computer Imaging – An Apple for the Dreamsmiths. Cinefex, Bd. 6. Cinefex LLC, Riverside, S 7

Sutherland I et al (1974) A Characterization of Ten Hidden-Surface Algorithms. Computing Surveys 6(1):1974

Watt A (2002) 3D-Computergrafik. Pearson Education Deutschland GmbH, München

Williams L (1978) Casting Curved Shadows on Curved Surfaces. New York Institute of Technology, New York

10 Compositing

Eberhard Hasche

Die Technik des Compositings geht in ihren Ursprüngen zurück bis zu den Anfängen des Filmemachens. Wesentliche Entwicklungsstufen wurden bereits in Kap. 8 in Zusammenhang mit dem Matte-Painting, dem Generieren von Masken und vor allem mit Chroma-Keying vorgestellt. In den frühen 1990er-Jahren kam es mit dem Wechsel auf die digitale Plattform zu einer grundlegenden Revolution der Art und Weise, wie Bilder unterschiedlicher Herkunft kombiniert werden. Die Basistechnik des Compositings, das Ausschneiden und Replatzieren der Bildelemente, wurde wesentlich erleichtert. Vor allem die Möglichkeit der Farbmanipulation ermöglichte es, andere Farben als Blau für den zu separierenden Hintergrund (*bluescreen*) zu nutzen.

Die rasante Entwicklung der verhältnismäßig günstigen Desktop Computer versetzten die Compositing-Artists in die Lage, mit neuartigen Methoden der Kombinationen von Bildelementen unterschiedlichster Herkunft, nie gesehene Welten und Aktionen zu kreieren. Bilder, als technische Reproduktionen der Realität, haben eine früher kaum vorstellbare Präsenz gewonnen. Digitale Fotoapparate aller Preisklassen und vor allem die Kamerafunktion der Smartphones erzeugen eine ständig anschwellende Bilderflut. Professionelle Produktionen müssen eine Qualität bieten, die sie deutlich von der Masse der Bilder absetzt. Das hat faktisch zur Folge, dass Herangehensweisen und Werkzeuge, nicht denen der Amateurproduktionen entsprechen. Im Bereich des Compositing dominieren im professionellen Einsatz Node-basierte Programme wie *Blackmagicdesign Fusion*[1], das in den 1990er und 2000er-Jahren sehr erfolgreiche *Shake*, das Apple nach der Übernahme konzeptionell nicht weiterentwickelte und das inzwischen als Standard anzusehende *Nuke/NukeX* der englischen Firma The Foundry.[2]

Ihre Graphenstruktur ermöglicht diesen Anwendungen, beliebige Verbindungen zwischen den Bearbeitungsschritten zu erzeugen, sodass zum Beispiel Masken mehrmals genutzt und kombiniert werden können. Auch die für die VFX- und Werbeindustrie unverzichtbare effiziente Verknüpfung zwischen 2D- und 3D-Räumen ist eine Stärke dieser Programme. Die in den Nodes (Operatoren) implementierten Algorithmen ermöglichen nicht nur die Bearbeitung der Farbinformationen von Bildmaterial, sondern auch das Einlesen von 3D-Objekten und deren Positionen im 3D-Raum als diskrete Werte oder auch als Vektordaten. Hinzu kommen Kamera- und Objektanimationen, Punktwolken und weitere Vektordaten zum Generieren von Bewegungsunschärfe und Informationen für verschiedene Anwendungen, die sich mit der Tiefenstaffelung auseinandersetzen.

Kapitelübersicht

In diesem Kapitel werden die wichtigsten Konzepte des modernen Node-based Compositings vorgestellt. Da das Compositing der letzte Schritt in der Produktionspipeline vor dem Mastering (Digital Intermediate) ist, werden dort alle in den vorhergehenden Kapiteln kreierten Assets zu einem stimmigen Gesamtbild kombiniert. Der Zuschauer kann dann nicht mehr erkennen, aus welchen Einzelteilen ein Bild zusammengesetzt wurde. Naturgemäß bilden die Möglichkeiten der Bildverknüpfung die Basis für jedes Compositing. Im ersten Abschnitt werden deshalb Verfahren zur Kombination von Bildern ohne Maske vorgestellt. Je nach Implementierung werden diese auch als Füllmethode oder Überblendungsmodi (engl. *blend modes*) bezeichnet.

Im zweiten Abschnitt werden die verschiedenen Erscheinungsformen des Alpha-Kanals (vormultipliziert, nicht-vormultipliziert und Straight-Alpha) diskutiert. Der richtige Umgang mit diesen Formen ist die Grundlage für ein professionelles Compositing und sehr komplex.

Ein anderer wichtiger Gesichtspunkt ist die Integration von 3D-Computergrafiken (CG) in Live-Action-Footage. Dies geschieht mithilfe einer Reihe von Verfahren (Multi-Pass, Multi-Layer, Multi-Channel), die an die Erfordernisse einer modernen Produktionspipeline angepasst sind und die Arbeiten effizienter gestalten.

[1] https://www.blackmagicdesign.com/de/products/fusion

[2] http://www.thefoundry.co.uk/products/nuke/

E. Hasche, P. Ingwer, *Game of Colors: Moderne Bewegtbildproduktion*, X.media.press, DOI 10.1007/978-3-662-43889-3_10

Set-Erweiterungen sind ein weiteres wichtiges Anwendungsgebiet für das Compositing.

Ab einem bestimmten Budget gibt es kaum Produktionen mit Spielfilmcharakter, die ohne diese kostensenkende Technologie auskommen. Digitale Set-Erweiterungen müssen bei geschickter Planung selbst bei Kamerabewegungen mit starker Parallaxenänderung nicht zwingend im 3D-Raum modelliert werden. In den letzten Jahren hat sich eine effiziente Produktionsweise etabliert, bei der fotorealistischer Inhalt auf im 3D-Raum verteilte 2D-Objekte (engl. *cards*) projiziert wird. Diese Anwendung ist als 2.5D-Technologie bekannt und wird auch für Establishing-Shots, Digital-Matte-Paintings, das Entfernen von Bild- und Szenenfehlern, die Beseitigung von regional falschen oder unpassenden und von anachronistischen Details eingesetzt.

Im nächsten Abschnitt werden allgemeine und spezielle Compositing-Aufgaben vorgestellt. Aus Platzgründen erfolgen nur eine Auswahl und ein allgemeiner Überblick. Es sei hier auf weiterführende Literatur verwiesen, in der dieses Thema in größerem Detail diskutiert wird (Brinkmann 1999; Okun und Zwermann 2010; Wright 2010).

Immer mehr an Bedeutung gewinnt die Verarbeitung von Daten, die die Tiefe von Objekten spezifizieren. Hier ist vor allem die Konvertierung von Mono-Filmmaterial zu Stereo3D ein Einsatzgebiet. Aber auch die Veränderung des Fokus – tiefenabhängige Effekte wie Nebel, Staub und die Schleierbildung bei Stadtaufnahmen – wird mit diesen Technologien ermöglicht und trägt in nicht unerheblichem Maße zu einem realistischen Ergebnis bei.

Das Kapitel wird mit dem Konzept des Deep-Compositings abgeschlossen, bei dem vor allem die Tieteninformationen halb transparenter Objekte wie Regen, Nebel, Schnee, Rauch, Feuer, Wasser und Staub pixelweise vorliegen, sodass ein Charakter- oder anderweitiges Objekt an eine andere Position im Compositing eingeordnet werden kann, ohne die Szene neu rendern zu müssen. Dieses Verfahren ist recht neu und viele Firmen sind zurückhaltend mit seinem Einsatz, da ein Frame Daten von mehreren Gigabyte enthalten kann.

10.1 Verknüpfung von Bildern ohne Maske

Obwohl im Compositing die Over-Node (siehe Abschn. 10.2.6) der zentrale Operator ist, da sie maskierte Bilder miteinander verknüpft, gibt es auch die Möglichkeit, Bilder ohne Maske zu kombinieren. Dies erfolgt mit zum Teil komplexen mathematischen Formeln (siehe Tab. 10.3), bei denen die RGB-Werte zweier Elemente – *Image A* und *Image B* – verknüpft werden. Diese maskenlosen Verfahren sind als sogenannte Überblendungsmodi bekannt.

Die beiden Bilder A und B können zwar über Masken im Alpha-Kanal verfügen, diese werden aber nicht für die Berechnung der RGB-Werte hinzugezogen. Sollten die Masken weiterverwendet werden, ist darauf zu achten, dass diese durch die Überblendungsoperationen nicht verändert werden. Moderne Compositing-Anwendungen bieten auch die Möglichkeit, die Alpha-Kanäle – oder andere Maskenkanäle – von der Bearbeitung auszuschließen.

Pionierarbeit bei den Überblendungsmodi hat Adobe Inc. in Photoshop[3] geleistet und eine Reihe proprietärer Algorithmen implementiert. Da die Berechnungsgrundlagen nicht veröffentlicht wurden, gab es Anstrengungen, diese mit Reverse-Engineering-Methoden nachzustellen; je nach Implementierung mit mehr oder weniger Nähe zum ursprünglichen Algorithmus.

In Photoshop gilt für Überblendungsmodi, dass die dem Algorithmus zugeordnete Ebene (engl. *layer*) *Image A* ist. Alle darunter liegenden Ebenen kombiniert sind *Image B*. Um mehr Flexibilität bei der Einbindung dieser Algorithmen zu erreichen, gibt es einerseits die Möglichkeit, den Überblendungsmodus auf die darunter liegende Ebene zu beschränken. Andererseits können Bilder in Gruppen zusammengefasst werden, um die Wirkung der Überblendungsmodi zu kontrollieren. Diese Herangehensweise in Photoshop gilt im Prinzip ebenso für Timeline-basierendes Compositing wie in *Adobe After Effects*[4].

10.1.1 Die Opazitäts-Überblendung

Die Opazitäts-Überblendung ist der älteste Überblendungsmodus und dementsprechend weit verbreitet. Hierbei werden gewichtete Anteile von Image A und Image B addiert. Der Modus heißt deshalb auch Mix oder im Englischen *add mix*. In Gl. 10.1 ist die mathematische Berechnung dargestellt, wobei O das Ergebnis der Operation und V_m der Gewichtungsfaktor (prozentualer Anteil des Images am Gesamtergebnis) ist.

$$O = V_m * A + (1 - V_m) * B \tag{10.1}$$

Wird der Wert von V_m animiert, entsteht ein Dissolve-Übergang. Wird vom Wert 0 zum Wert 1 animiert, erfolgt eine Überblendung von Image A zu Image B. Umgekehrt wird Image B über Image A geblendet.

Der Dissolve-Übergang sollte mit Vorsicht verwendet werden, da er in der Film-Grammar, das heißt, in der Art und Weise, wie Film wahrgenommen wird, angibt, dass zwischen Aufnahme A und Aufnahme B Zeit vergangen ist. Noch dramatischer ist ein Übergang von Image A zu Schwarz (engl. *drop to black*). Dies bedeutet, dass sehr viel Zeit vergangen ist. Bei kinematischen Werken in Spielfilmlänge können ein oder zwei dieser Übergänge eingesetzt werden, bei Kurzfil-

3 http://www.adobe.com/de/products/photoshop.html
4 http://www.adobe.com/de/products/aftereffects.html

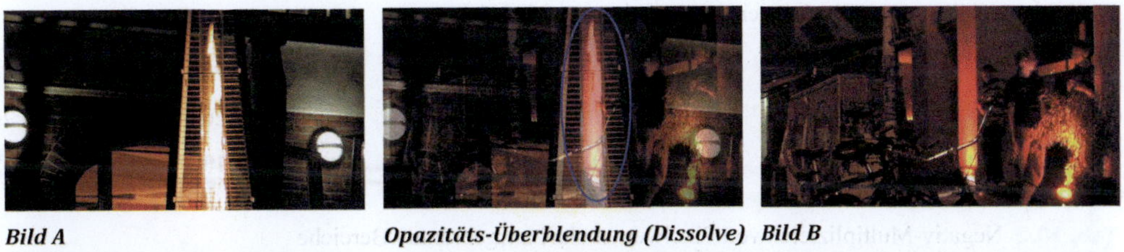

Abb. 10.1 Opazitäts-Überblendung unter Nutzung eines grafischen Elements

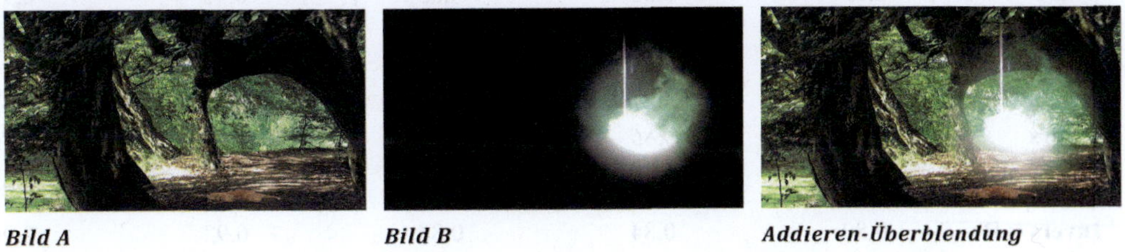

Abb. 10.2 Addieren-Überblendung

men nur in wirklich bedeutungsvollen Situationen. Ein Übergang zu Weiß indiziert meist ein Flashback: Man befindet sich in den Gedanken des Protagonisten.

Für diese Dissolve-Übergänge wird oft ein grafisches Muster verwendet, das in den zu überblendenden Bildern ähnlich an der gleichen Position vorhanden ist. Damit können vor allem Zeit- und Ortssprünge interessanter gestaltet werden. Als zu Beginn von Sergio Leones Film *Once Upon A Time in America* Noodles (Robert De Niro) im Chinesischen Salon durch einen Zeitungsartikel schmerzhaft daran erinnert wird, dass er seine drei Freunde offenbar verraten hat, fängt die Kamera eine neben der Liege stehende Petroleumlampe ein, die in der Unschärfe verschwindet. Aus der Unschärfe kommt eine ebenso runde Straßenlaterne, die den Übergang der realen Szene in die schmerzlichen Erinnerungen nachvollziehbar macht. In Abb. 10.1 ist ein Dissolve-Übergang dargestellt, der ein vertikales Muster verwendet.

10.1.2 Die Addieren-Überblendung

Der Addieren-Überblendungsmodus gehört zu den meist genutzten Methoden zum Kombinieren von Bildern, vor allem da er auch Bestandteil komplexerer Algorithmen ist. Auch in 3D-Programmen findet er Verwendung. Dort ermöglicht er die Kombination der in den Buffern liegenden Berechnungen der unterschiedlichen Lichtkomponenten (diffus, spektral, glossy etc.) zu einem Beauty-Pass. Um diese Passes selbst wiederum bei Verwendung der ursprünglichen Berechnungsgrundlage im Compositing zu kombinieren, sollten die einzeln vorliegenden Renderpasses ebenfalls addiert werden, damit das gleiche Ergebnis zustande kommt. Die Mathematik ist einfach (Gl. 10.2), die Entsprechung in Photoshop ist *Linear Abwedeln*.

$$O = A + B \tag{10.2}$$

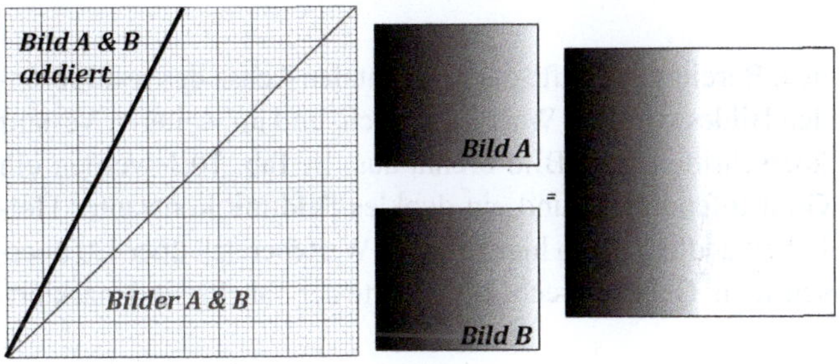

Abb. 10.3 Addieren (Schema)

Der Addieren-Modus wird vor allem dann verwendet, wenn sich helle Elemente – vor allem Lichteffekte – vor schwarzem Hintergrund befinden. Der Hintergrund muss komplett schwarz (null) sein, da eine Addition mit null keine Veränderung hervorruft (siehe Abb. 10.2). Andere Werte als null, selbst geringe Werte, führen zu einer Veränderung der entsprechenden Stellen des Hintergrundbildes. Beim Addieren-Modus kann der Anteil von Image A und Image B am Endergebnis festgelegt werden.

Ein nicht zu unterschätzendes Problem bereitet die Tatsache, dass durch die Addition mehrerer Bilder ein Ergebnis entsteht, das die Auflösung der Farbkanäle überschreiten kann. Werden Farbwerte über dem Einheitswert von 1,0 erreicht, spricht man auch vom Clipping. Wie mit diesem umgegangen wird, hängt von der Pipeline ab, in der die Arbeiten ausgeführt werden und der Auflösung des zugrunde liegenden Farbraums. In einer *scene-referred* linearen 32-Bit-Arbeitsumgebung kann dieses Clipping gewollt sein, vor allem, um sehr helle Elemente für die Bearbeitung an die Digital-Intermediate-Stufe weiterzuleiten. Dort muss allerdings sichergestellt werden, dass nach der finalen Farbkorrektur die Auflösung des Zielfarbraums des Projektors oder des Displays nicht überschritten wird. Zumeist muss das Clipping jedoch vermieden werden, vor allem dann, wenn in einer 8-Bit-Umgebung gearbeitet wird.

Abbildung 10.3 zeigt eine Addition im linearen Arbeitsumfeld, bei der zwei gleiche Graustufenverläufe addiert wer-

Tab. 10.1 Addieren von Pixelwerten mit ausgebrannten Bereichen

Bild 1	0,75	0,80	0,85	0,90	0,95	1,00
Bild 2	0,20	0,20	0,20	0,20	0,20	0,20
Resultat	0,95	1,00	**1,05**	**1,10**	**1,15**	**1,20**

Tab. 10.2 Negativ-Multiplizieren von Pixelwerten ohne ausgebrannte Bereiche

Bild 1	0,75	0,80	0,85	0,90	0,95	1,00
Invers	*0,25*	*0,20*	*0,15*	*0,10*	*0,05*	*0,0*
Bild 2	0,20	0,20	0,20	0,20	0,20	0,20
Invers	*0,80*	*0,80*	*0,80*	*0,80*	*0,80*	*0,80*
Bild 1 * Bild 2	**0,20**	**0,16**	**0,12**	**0,08**	**0,04**	**0,00**
Invers = Resultat	0,80	0,84	0,88	0,92	0,96	1,00

den. Bereits zur Hälfte der horizontalen Achse des resultierenden Bildes wird der Wert 1,0 erreicht und im weiteren Verlauf überschritten. Das Bild brennt aus. In Tab. 10.1 werden ein Graustufenverlauf und ein dunkles Bild mit konstanter Helligkeit addiert. Auch hier wird der Wertebereich über 1,0 überschritten. Die entsprechenden Werte der Tabelle sind markiert.

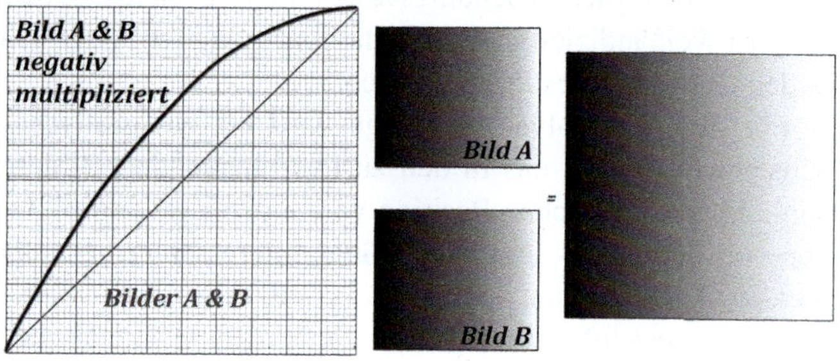

Abb. 10.4 Negativ-Multiplizieren (Schema)

10.1.3 Die Negativ-Multiplizieren-Überblendung

Negativ Multiplizieren (engl. *screen*) ist einer der meist angewendeten und wichtigsten Überblendungsmodi. Wie der englische Name *Screen* andeutet, liegt der Ursprung im analogen Filmbereich, in dem die grundlegenden Überblendungen mit Negativfilm ausgeführt werden. Die Bearbeitung erfolgt nach Gl. 10.3. Das Ergebnis der Operation ist das Komplement der Multiplikation der komplementären Pixelwerte von Image A und Image B.

$$O = 1 - ((1 - A) * (1 - B)) \tag{10.3}$$

Die Screen-Operation ist – ebenso wie der Addieren-Modus – kommutativ, die Reihenfolge beider Bilder spielt keine Rolle. Der große Vorteil bei der Verwendung des Screen-Modus gegenüber dem Addieren ist, dass durch die zugrunde liegende Berechnungsmethode kein Clipping auftritt.

In Tab. 10.2 sind die Ergebnisse der einzelnen Terme in Gl. 10.3 angegeben. Es werden die gleichen Werte verwendet wie in Tab. 10.1. Aufgrund der speziellen mathethematischen Grundlage nähern sich die Werte der höchsten Auflösung (1,0). Sie erreichen diese aber nur, wenn beide Bilder an der betreffenden Stelle den Wert 1,0 haben. Im Resultat überschreiten sie ihn aber nicht. Der Verlauf der resultierenden Kurve ist in Abb. 10.4 dargestellt. Hier ist zu erkennen, dass das finale Bild nicht ausbrennt, sondern einen weichen Graustufenverlauf aufweist.

Der Screen-Modus ist gut geeignet, um die allgemeine Helligkeit unterbelichteter Bilder ohne großen Aufwand zu erhöhen. Da keine Überbelichtungen auftreten können, ist dieses Verfahren sehr leicht zu implementieren. Abbildung 10.5 zeigt das Originalbild und eine zweimalige Anwendung des Negativ-Multiplizieren-Modus.

Der Screen-Algorithmus lässt sich a priori nicht kontrollieren, da die Mathematik feststeht. Moderne Implementierungen besitzen jedoch einen Mix-Parameter, in der die Gewichtung der Bilder festgelegt werden kann. Das Anwendungsgebiet für Negativ-Multiplizieren ist ähnlich dem des Addieren-Modus, es gilt aber als „feinsinniger", das heißt, es bleibt mehr Detail vom Hintergrund erhalten und die ausgebrannten Flächen werden reduziert (siehe Abb. 10.6). Umgekehrt dazu können sich im Addieren-Modus Lichter – vor allem im Hintergrund des Bildes – besser durchsetzen.

10.1.4 Die Multiplizieren-Überblendung

Während der Addieren- und der Negativ-Multiplizieren-Modus das Bild aufhellen, verdunkelt die Multiplizieren-Operation das Bild. Diese auf den ersten Blick paradoxe Situation – Multiplizieren vervielfacht gewöhnlich die Grundelemente – entstammt der Beschränkung des Arbeitsbereichs

Abb. 10.5 Negativ-Multiplizieren-Überblendung

des normalisierten Farbraums auf Werte zwischen 0,0 und 1,0. Multipliziert man einen hohen Wert wie 0,9 mit einem noch höheren Wert – zum Beispiel 0,99 – ist das Resultat mit 0,89 niedriger als die beiden Einzelwerte (siehe Abb. 10.7).

Da die Multiplizieren-Überblendung die Bilder verdunkelt, ist sie prädestiniert für das Einfügen von Schatten und Verdeckungen, weshalb Schatten- und Ambient-Occlusion-Passes multipliziert werden(siehe Abschn. 10.3.3). Auch bei dieser Operation sind die Bilder kommutativ, es spielt im Compositing keine Rolle, welches Image im Eingang A oder B des entsprechenden Operators anliegt.

$$O = A * B \tag{10.4}$$

Es gibt eine Reihe weiterer Anwendungsbereiche für die Multiplikation. Hier können vor allem schwarze oder dunkle Elemente vor weißem Hintergrund komponiert werden. Da die weißen Bereiche des Bildes den Wert 1,0 besitzen, verändern sie ein zu multiplizierendes Bild nicht (Multiplikation mit 1 ergibt den Ausgangswert). Diese Überblendung ist deshalb gut geeignet, Grafiken, Text oder Zahlenwerte – zum Beispiel Slates[5] – in ein Bild zu schreiben. Diese Zusatzinformationen sind in der Produktionspipeline hilfreich, Quellen zu identifizieren und Synchronisationen zu erleichtern, zum Beispiel im Sounddesign und bei Musikaufnahmen. Dabei ist zu beachten, dass der Hintergrund tatsächlich weiß ist, da er sonst das Bild – wenn auch gering – verdunkelt.

Ein sehr interessanter und auf der analogen Ebene im Zusammenhang mit Matte-Painting und Miniaturen oft angewandter Trick ist der sogenannte *Slot-Gag*. Dabei werden ausgestanzte Maskenmuster in verschiedenen Bewegungsrichtungen miteinander kombiniert, sodass die sich überlagernden Muster interessante Öffnungen erzeugen, durch die Licht einfällt oder Elemente für die Animation freigegeben werden. Auf diese Weise wurden zum Beispiel im Film *Bladerunner* (Regie Ridley Scott, USA 1982) sich bewegende Lichter von Luftfahrzeugen realisiert.

Die digitale Entsprechung der sich bewegenden analogen Muster ist das Multiplizieren unterschiedlicher Masken. Eine populäre Anwendung der Slot-Gags sind wandernde Glanzlichter auf einem Text (engl. *glint*).

[5] Slates sind Bildinformationen wie die Bildnummer, die Bezeichnung der Filmrolle, Version, Datum, Timecode etc.

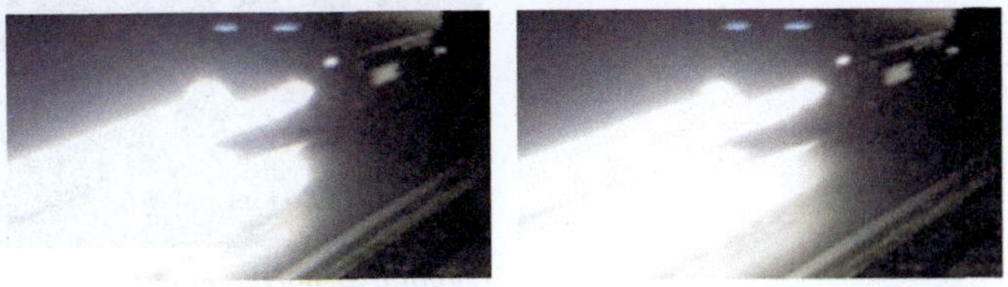

Abb. 10.6 Vergleich Addieren – Negativ-Multiplizieren

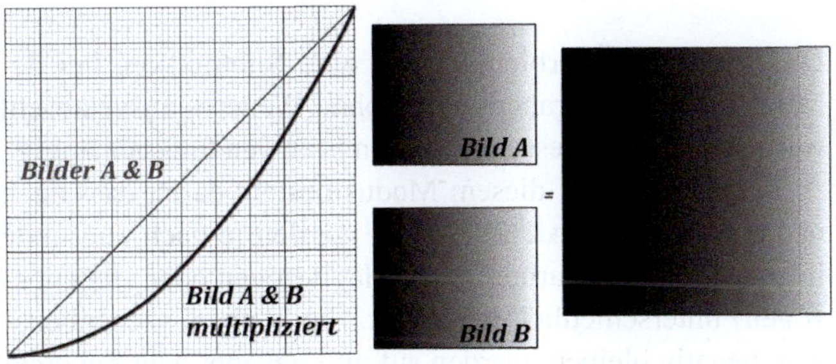

Abb. 10.7 Multiplizieren (Schema)

Dabei bewegt sich eine Maske entlang des Textes oder eines anderen Elements, das das Glanzlicht formt, und gibt es partiell frei (vgl. Wright 2010, S. 192 f.).

Abbildung 10.8 zeigt das Vorgehen. Hier wurde eine Vorlage so bearbeitet, dass für den in der Aufnahme gezeigten Text ein vertikaler Sobel-Filter verwendet wurde, um einen dreidimensionalen Effekt zu erhalten. Die Kernmatrix für den sehr oft verwendeten vertikalen Sobel-Filter wird in Gl. 10.5 und die Kernmatrix für einen horizontalen Sobel-Filter in Gl. 10.6 angegeben.

$$S_y = \begin{bmatrix} 1 & 2 & 1 \\ 0 & 0 & 0 \\ -1 & -2 & -1 \end{bmatrix} \tag{10.5}$$

$$S_y = \begin{bmatrix} 1 & 0 & -1 \\ 2 & 0 & -2 \\ 1 & 0 & -1 \end{bmatrix} \tag{10.6}$$

Weiterhin bewegt sich eine Roto-Maske entlang des Textes. Werden die Textmaske A und die Roto-Maske B multipliziert, entsteht im Ergebnis ein Slot-Gag (unteres linkes Bild). Das Resultat kann dann weiter bearbeitet werden, wie hier mit dem *God-Ray-Effekt*.

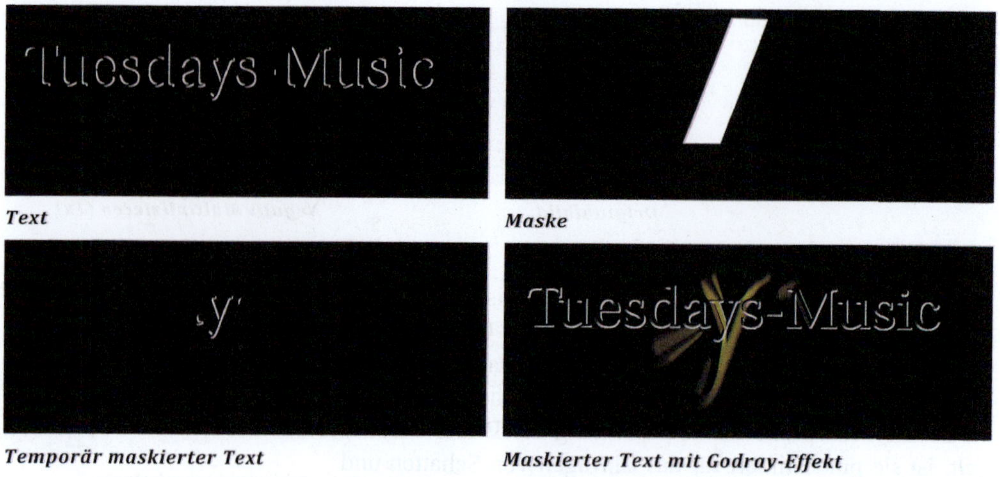

Abb. 10.8 Anwendung der Multiplizieren-Überblendung (Slot-Gag)

10.1.5 Die Differenz-Überblendung

Die Differenz-Überblendung ist eine Subtraktion, bei der Minuend und Subtrahend nicht ohne Weiteres ausgetauscht werden können. Dieses ist allerdings anwendungsabhängig.

Ein Problem bei diesem Modus besteht darin, dass auch negative Werte entstehen. Diese werden je nach zugrunde liegendem Arbeitsfarbraum (displaybezogen oder szenenbezogen) unterschiedlich behandelt. Sie können, szenenbezogen, negativ bleiben, werden auf null gekappt oder bei einer absoluten Berechnung als positive Werte weitergegeben. Es ist somit darauf zu achten, welche Implementierung des Algorithmus vorliegt, um keine unvorhersehbaren Ergebnisse zu erhalten.

Aus diesem Grunde eignet sich der Algorithmus auch nicht, Masken miteinander zu verknüpfen. Hier sollten entweder Minimum-/Maximum- oder In-/Out-Operationen verwendet werden, deren Ergebnisse innerhalb des für Masken vorgesehenen Wertebereichs zwischen 0 und 1 bleiben.

$$O = A - B \tag{10.7}$$

Differenz-Überblendungen finden Anwendung, wenn Elemente subtrahiert werden sollen, wie der grüne Überschuss beim Berechnen der Spill-Map. Das größte Einsatzgebiet bietet sich beim Vergleich zweier Bilder. Hier kann genau festgestellt werden, ob diese exakt gleich sind. Eine prominente Implementierung ist die Justierung zweier Beamsplitter-Kameras für Stereo3D-Aufnahmen, da beide Kameras in der Grundeinstellung (Justierung in Parallel-Stellung) das exakt gleiche Bild liefern sollten. In den speziellen Stereo3D-Monitoren ist deshalb ein Differenz-Modus zum Anzeigen beider Bilder vorhanden, mit dem selbst geringste Abweichungen sehr gut zu erkennen sind. Eine ähnliche Funktion ist in Video-/Film-Schnittprogrammen integriert. Hier kann festgestellt werden, ob zwei Sequenzen genau zeitgleich übereinander liegen. Dies ist vor allem für das Conforming (siehe Abschn. 5.3) wichtig, da hier infolge von unterschiedlichen Schnittversionen die Abfolge der Clips und deren Länge verändert wird.

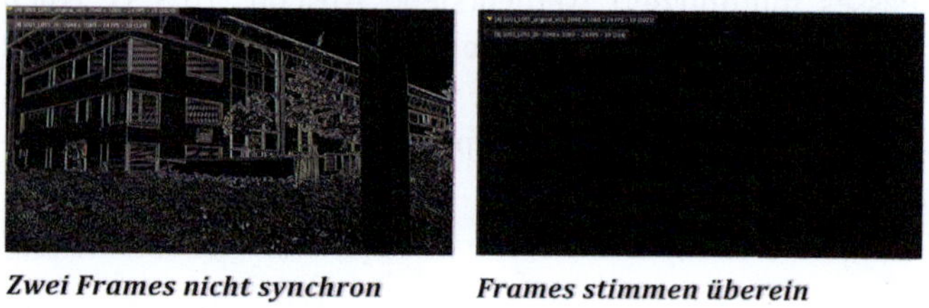

Abb. 10.9 Differenz-Überblendung

Abbildung 10.9 zeigt eine solche Anwendung. Im linken Bild gibt es die Differenz von einem Frame zwischen beiden Sequenzen. Im rechten Bild liegen beide übereinander.

Auch wird die Arbeit von Codecs mit der Differenz-Methode evaluiert. Indem das mit dem Codec bearbeitete Bild vom Originalbild abgezogen wird, kann anhand der noch vorhandenen Bildelemente festgestellt werden, welche Artefakte der Codec verursacht.

Eine weitere wichtige Anwendung ist das Zusammenfügen einer Clean-Plate, wobei bestimmte Elemente entfernt werden können, wie zum Beispiel ins Bild ragende Schienen eines Dolly-Systems oder Stunt-Personal, das durch Aliens ersetzt werden soll. Zum manuellen Erstellen einer Clean-Plate werden oft verschiedene Bilder zusammengesetzt – entweder Bilder aus unterschiedlichen Zeiten einer Bildsequenz oder aus Standfotos vom Set. Durch das Übereinanderlegen und Bilden der Differenz kann die Position zweier Bilder zueinander sehr genau eingestellt werden. Dies ist vor allem dann hilfreich, wenn das Bearbeitungsprogramm Positionen im Subpixelbereich zulässt.

10.1.6 Die Minimum und Maximum-Überblendung

Minimum- und Maximum-Überblendungen eignen sich für Masken-Operationen, da sie kein Clipping produzieren und

Vordergrundbild *Hintergrundbild* *Minimum-Überblendung*

Abb. 10.10 Minimum-Überblendung

ihre Ergebnisse sich immer im Bereich zwischen 0 und 1 einordnen – vorausgesetzt, die Ausgangswerte der Bilder überschreiten diesen Bereich nicht.

Das Zusammenfügen von Graustufenmasken fällt in den Anwendungsbereich des Maximum-Modus (Gl. 10.8). Die Schreibweise der Logik der Gleichung folgt der Syntax gängiger Skriptsprachen und beinhaltet eine konditionelle Abfrage: Ist A größer als B, wird A verwendet, wenn nicht, kommt B zur Anwendung. Damit ist sichergestellt, dass sich das jeweils hellere Element durchsetzt. In Photoshop wird der entsprechende Modus mit *Aufhellen* bezeichnet.

Maximum

$$O = A > B ? A : B \tag{10.8}$$

Soll Maske A von Maske B begrenzt werden, findet der Minimum-Modus Anwendung (Gl. 10.9). Hier wird nur der Bereich von Maske A weitergegeben, der innerhalb von Maske B liegt. In Photoshop wird die entsprechende Operation als *Dunklere Farbe* bezeichnet. Die konditionelle Abfrage lautet: Ist A kleiner als B, wird A verwendet, wenn nicht, kommt B zur Anwendung. Damit ist sichergestellt, dass das jeweils dunklere Pixel verwendet wird.

Minimum

$$O = A < B ? A : B \tag{10.9}$$

Beide Modi können auch bei der Kombination von RGB-Werten eingesetzt werden. Hierbei müssen die beiden Bilder bestimmte Voraussetzungen erfüllen, wobei die gleichmäßige Helligkeitsverteilung in den kritischen Bereichen die wichtigste ist.

Abbildung 10.10 zeigt das Einfügen einer Fahne im Zusammenhang und den Austausch des Himmels im Hintergrundbild. Da das Hintergrundbild für den Himmel eine gleichmäßige Fläche aufweist, kann die Komposition mit dem Minimum-Modus ausgeführt werden.

10.1.7 Weitere Überblendungsmodi

In Tab. 10.3 sind die gebräuchlichsten Überblendungsmodi mit ihren mathematischen Funktionen aufgeführt. Da viele der berechnungstechnischen Grundlagen Eigentum von Adobe Inc. sind und nicht veröffentlicht werden, sind die Funktionen

Tab. 10.3 Mathematische Funktionen der gebräuchlichsten Überblendungsmodi. (Nach PegTop 2015)

Überblendungsmodi	mathematische Funktionen	
average mode	f(a,b)=(a+b)/2	
multiply mode	f(a,b)=a*b	
screen mode	f(a,b)=1−(1−a)*(1−b)	
Darken mode	f(a,b)=a (for a<b) b (else)	
lighten mode	f(a,b)=a (for a>b) b (else)	
difference modes	$f(a,b)=\vert a-b\vert$	difference
	$f(a,b)=1-\vert 1-a-b\vert$	negation
	f(a,b) =a+b−2ab	exclusion
Overlay mode	f(a,b)=2ab (for a<½) 1−2*(1−a)*(1−b) (else)	
hardlight mode	f(a,b)=2ab (for b<½) 1−2*(1−a)*(1−b) (else)	
softlight mode	f(a,b)=2*a*b+a2*(1−2*b) (for b<½) sqrt(a)*(2*b−1)+(2*a)*(1−b) (else)	
dodge modes	f(a,b)=a/(1−b)	color dodge
	f(a,b)=b/(1−a)	inv. color dodge
	f(a,b)=½a/(1−b) (for a+b<1) 1−½(1−b)/a (else)	inv. color dodge
burn modes	f(a,b)=1−(1−a)/b	color burn
	f(a,b)=1−(1−b)/a	inv. color burn
	f(a,b)=½b/(1−a) (for a+b<1) 1−½(1−a)/b (else)	soft burn
additive mode	f(a,b)=a+b	
substractive mode	f(a,b)=a+b−1	
Opacity mode	$f_{opacity}(a,b,o)=o*f(a,b)+(1-o)*a$	o opacity factor

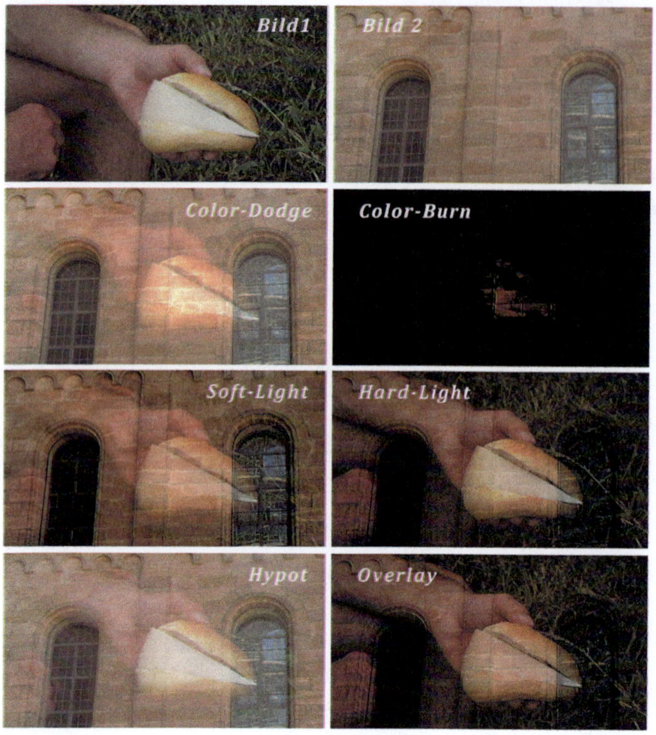

Abb. 10.11 Weitere Überblendungsmodi

als Annäherungen zu betrachten. Abbildung 10.11 zeigt das Ergebnis einiger ausgewählter Modi.

10.2 Der Umgang mit dem Alpha-Kanal

Wenn auch auf den ersten Blick nicht ersichtlich, so ist der Umgang mit dem Alpha-Kanal eines der komplexesten Themen im Compositing und in der gesamten Medien-Pipeline. Das Konzept des Alpha-Kanals als viertem Kanal zusätzlich zu den RGB-Kanälen wurde in den 1970er-Jahren von Ed Catmull zusammen mit Alvy Ray Smith am New York Institut of Technology entwickelt und 1984 von Thomas Porter und Tom Duff ausgebaut. Aber erst mit der Implementierung des Alpha-Kanals in Photoshop fand der Alpha-Kanal weitere Verbreitung.

10.2.1 Das Speichern von Masken

Nachdem Masken entweder manuell in Bildbearbeitungsprogrammen oder automatisch in 3D-Programmen erzeugt wurden, stellt sich die Frage: Wie werden diese in die Pipeline weitergeleitet? Hier gibt es mehrere Möglichkeiten. Die erste besteht in der Verwendung von Graustufenbildern.

Verwendung von Graustufenbildern
Der Export von Masken als Graustufen-RGB-Bilder ist in den meisten Grafik-Programmen möglich. In Photoshop kann der Alpha-Kanal in die RGB-Kanäle kopiert und das Resultat als dreikanaliges RGB-Bild weitergegeben werden. Um Probleme bei der späteren Verarbeitung in der Produktionspipeline zu vermeiden, sollten keine einkanaligen 8-Bit-Graustufenbilder verwendet werden.

In 3D-Programmen werden die Transparenzwerte der Szene in der Regel als Maske in den Alpha-Kanal des Beauty-Passes geschrieben. Um ein Graustufenbild zu generieren, muss für die Maske ein zusätzlicher Render-Layer erzeugt werden, der dann separat gerendert wird. Dies bietet eine hohe Kontrolle und wird im professionellen Rendering angewendet, wobei mehrere Masken als IDs in einem OpenEXR-Bild ausgegeben werden.

Eine Graustufenmaske liegt immer separat vor und ist nicht mit Bildinformationen kombiniert wie beim Beauty-Pass. Das erleichtert die Identifizierung im Dateisystem und im Compositing-Nodegraph anhand des Node-Icons. Der Nachteil ist, dass die Erstellung einer Graustufenmaske einen zusätzlichen Aufwand bedeutet, da 3D-Elemente im Gegensatz dazu auch mit einer automatisch generierten Maske im Alpha-Kanal ausgegeben werden können. Außerdem weist die Graustufenmaske Redundanzen auf, da alle drei Farbkanäle die gleichen Informationen erfassen.

In Abb. 10.12 ist das Compositing-Schema bei Verwendung einer Graustufenmaske angegeben. Es handelt sich dabei um Blatt-Texturen für Baummodelle der Firma Dosch-Design[6]. Für die Textur werden zwei Bilder ausgeliefert: ein Farbbild und eine Maske. Aber interessant: Die Maske ist entgegengesetzt aller Gewohnheiten im opaken Bereich schwarz. Dieser Umstand erklärt sich aus der Art der Einbindung der Modelle in die entsprechenden 3D-Programme (zum Beispiel Maya), deren Shader-Aufbau, der nicht die Opazität verarbeitet, sondern die Transparenz. An den Stellen, an denen die Maske weiß ist, wird das korrespondierende RGB-Bild transparent und lässt den Hintergrund durchscheinen. Im Schema von Abb. 10.12 erfolgt zuerst die Inversion der Maske, um sie im Compositing anzuwenden. Danach wird einer der Farbkanäle der Maske in den Alpha-Kanal der Textur kopiert. Da alle Farbkanäle über die gleichen Informationen verfügen, spielt es keine Rolle, welcher der RGB-Kanäle ausgewählt wird – im Beispiel ist es der rote. Danach wird die Textur vormultipliziert und kann verwendet werden.

An dieser Stelle sei die Nomenklatur im Compositing kurz vorgestellt, um die Ablaufbilder besser verständlich zu machen. In der Regel werden zwei Bilder *Image A* und *Image B* durch mathematische Compositing-Operatoren verknüpft. Oft wird dabei auf die unterschiedlichen Farbkanäle und andere Eigenschaften der Bilder zugegriffen. Die Kennzeichnung der Kanäle erfolgt hier in der sogenannten Dot-Syntax, bei der zuerst das Bild (*B*) und dann nach einem Punkt die Eigenschaft (*red* – der rote Kanal) angegeben wird. Der Term

[6] https://www.doschdesign.com

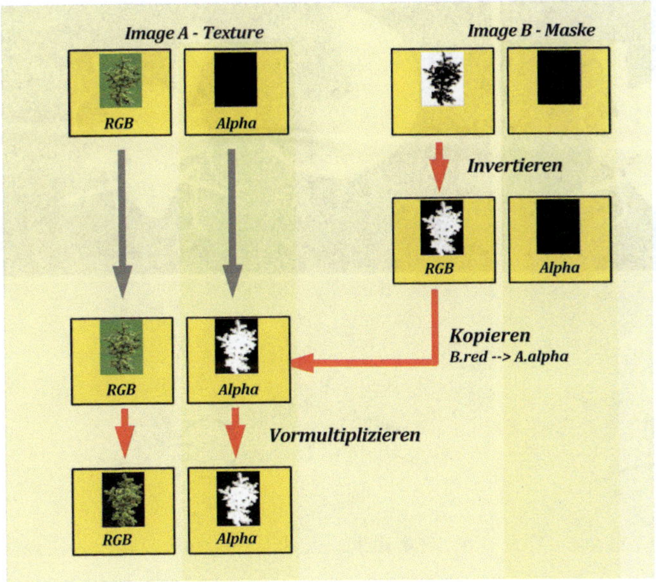

Abb. 10.12 Anwendung einer Graustufenmaske im Compositing

B.red $\longrightarrow$ *A1.alpha* bedeutet somit, dass der rote Kanal von Image B in den Alpha-Kanal von Image A1 kopiert wird.

RGB-Farbkanäle als Masken

Da Graustufenbilder eine gewisse Redundanz aufweisen, Speicherplatz verbrauchen und damit den Arbeitsspeicher und den Prozessor unnötig belasten, wird oft die Möglichkeit genutzt, die einzelnen RGB-Kanäle zum Speichern von unterschiedlichen Masken zu verwenden. Dies ist in der Regel besonders bei Bildbearbeitungsprogrammen wie Photoshop einfacher zu realisieren, als eine Reihe von Graustufenbildern zu erstellen. Es wird dann der Verlauf der Maske ausgewählt und mit der entsprechenden Farbe – zum Beispiel Rot RGB[255 0 0] – gefüllt. Dies geschieht ebenso mit dem grünen und blauen Kanal. Bei Überlappungen addieren sich die Farben – zum Beispiel Rot und Grün zu Gelb.

Dieses Verfahren wird oft in der Produktfotografie (zum Beispiel Autowerbung) verwendet, wo dem Photoshop-Artist zusätzlich zu dem gerenderten Fahrzeug farbige Masken übergeben werden, damit er bestimmte Fahrzeugteile separat bearbeiten kann.

Abbildung 10.13 zeigt das Schema der Anwendung von Farbmasken auf ein Vordergrundbild. Zunächst wird das Vordergrundbild zweimal kopiert. Dann wird jeweils eine Maske in die entsprechenden Alpha-Kanäle der drei Vordergrundbilder kopiert und das Bild danach vormultipliziert. Hier ist zwar ein gewisser Aufwand notwendig, um die Masken zu isolieren und anzuwenden. Da aber moderne Compositing-Programme immer wiederkehrende Arbeitsschritte durch Makros und Gizmos automatisieren können, fällt dies kaum ins Gewicht.

10.2.2 Der Alpha-Kanal

Der Alpha-Kanal ist ein zusätzlicher Kanal zu den RGB-Kanälen in einer Grafikdatei und wird vor allem zur Weitergabe von Masken verwendet. Die grundlegende Idee von Catmull und Smith war, dass die Maske nicht getrennt vom zu maskierenden Bild aufbewahrt und weitergegeben werden sollte, was im Ergebnis Registrierung und Synchronisation beider stark vereinfachte. Der Name des Kanals stammt von der Variable α in der Gleichung zur linearen Interpolation (engl. *alpha blending* – siehe Abschn. 10.2.6).

Im Videobereich war der QuickTime-Animations-Codec lange Zeit der einzige den Alpha-Kanal unterstützende Codec, der weitere Verbreitung fand. Heute bieten noch andere Codecs diese Möglichkeit an (u. a. *Apple ProRes 4444*, *ProRes 4444 XQ* oder *Avid DNxHD*).

Das System des Alpha-Kanals beinhaltet eine weiße Maske der Silhouette des Vordergrundbildes, das sich in den dazugehörigen RGB-Kanälen befindet. In diesem Bereich wird es vollständig opak dargestellt. Der schwarze Bereich

Abb. 10.13 Anwendung von Farbmasken im Compositing

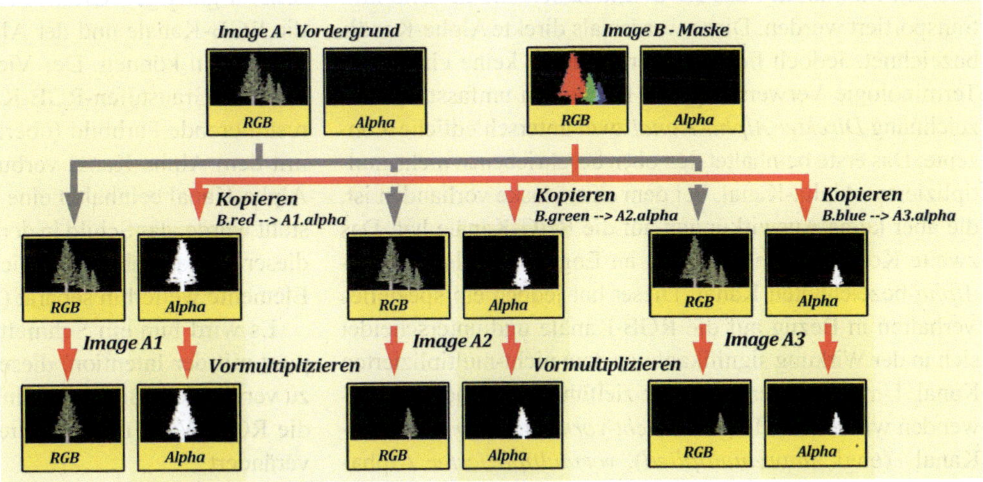

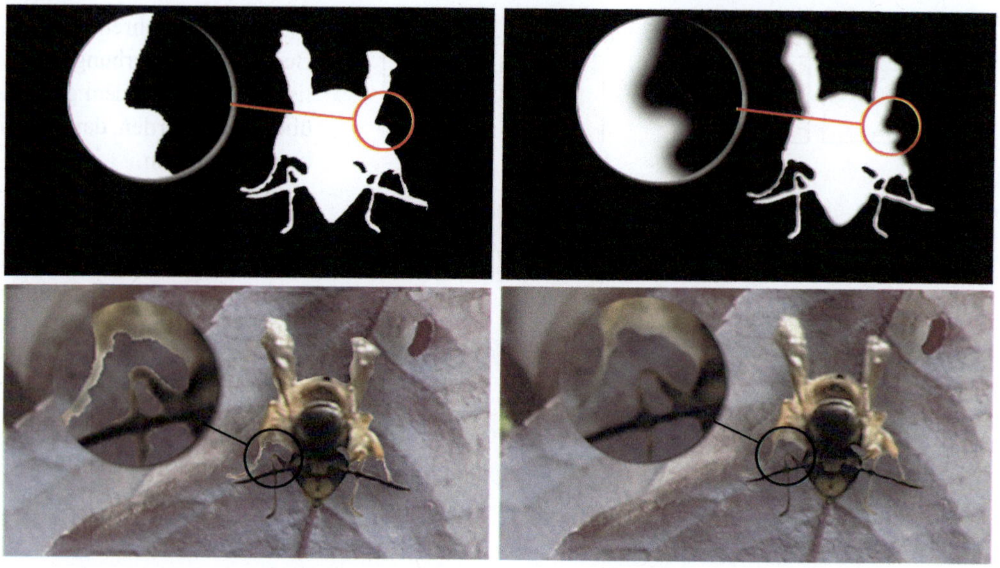

Abb. 10.14 Maske mit hartem und weichem Übergang

in der Maske lässt ein zukünftiges Hintergrundbild durchscheinen. Graustufenwerte blenden zwischen Vorder- und Hintergrund. Die Graustufen-Übergänge umfassen den komplexesten Bereich und sind anfällig für auftretende Artefakte.

Abbildung 10.14 zeigt eine Maske einerseits als 1-Bit-Alpha-Kanal – es ist nur weiß oder schwarz möglich – und andererseits als 8-Bit-Alpha-Kanal. Die unterschiedliche Wirkung auf das Vordergrundbild ist deutlich zu erkennen. Im rechten Bild integriert sich das Vordergrundbild, das mit der 8-Bit-Graustufenmaske freigestellt wurde, wesentlich besser mit dem Hintergrund als das linke Bild, das ausgeschnitten wirkt.

Alpha-Kanäle können abhängig von ihrer Integration in das RGBA-Bild weiter klassifiziert werden. Man unterscheidet einerseits einen Alpha-Kanal, der beim Erstellen des Bildes mit den RGB-Kanälen multipliziert wurde. Dabei handelt sich um ein vormultipliziertes Bild und dementsprechend um einen vormultiplizierten Alpha-Kanal (engl. *premultiplied alpha channel*). Des Weiteren gibt es Alpha-Kanäle, die keinen direkten Einfluss auf das RGB-Bild haben und im Bild mittransportiert werden. Diese werden als direkte Alpha-Kanäle bezeichnet. Jedoch findet in der Literatur keine eindeutige Terminologie Verwendung. Im Deutschen umfasst die Bezeichnung *Direkter Alpha-Kanal* zwei unterschiedliche Konzepte. Das erste beinhaltet den oben beschriebenen nicht-multiplizierten Alpha-Kanal, bei dem eine Maske vorhanden ist, die aber keine Auswirkungen auf die RBG-Kanäle hat. Das zweite Konzept beinhaltet den im Englischen als *Straight-Alpha* bezeichneten Kanal. Dieser hat jedoch ein spezielles Verhalten in Bezug auf die RGB-Kanäle und unterscheidet sich in der Wirkung signifikant von dem nicht-multiplizierten Kanal. Um in der Terminologie zielführend zu bleiben, verwenden wir hier die Begriffe *nicht-vormultiplizierter* Alpha-Kanal (engl. *unpremultiplied*), *vormultiplizierter* Alpha-Kanal (engl. *premultiplied*) und Straight-Alpha-Kanal (engl. *straight alpha*). Alle drei haben ihre Vor- und Nachteile und exklusive Einsatzgebiete.

10.2.3 Der nicht-vormultiplizierte Alpha-Kanal

Ein nicht-vormultiplizierter Alpha-Kanal beinhaltet eine Maske, die zwar erstellt und weitergegeben wurde, aber noch keine Anwendung auf die RGB-Werte fand. Ein Konzept, das grundlegend für das Verständnis von Compositing ist, besteht darin, dass eine Maske im Alpha-Kanal grundsätzlich keine Wirkung auf die dazugehörigen RGB-Werte ausübt, bis eine bewusst ausgelöste Operation beide verknüpft.

Abbildung 10.15 zeigt das Prinzip. Hier wird zum besseren Verständnis der Ausschnitt aus einem Compositing-Programm als 3D-Szene dargestellt. Drei monochrome Farbkanäle und der Alpha-Kanal bilden in der Darstellung jeweils eine Ebene. Ein umschaltbarer Viewer deutet an, dass in gängigen Grafik-Programmen nicht ohne Weiteres die RGB-Kanäle und der Alpha-Kanal gleichzeitig betrachtet werden können. Der Viewer wird durch ein Kabel mit den drei Graustufen-RGB-Kanälen verbunden und zeigt das resultierende Farbbild (oberes linkes Bild). Wird das Kabel mit dem Alpha-Kanal verbunden, wird dieser gezeigt. Der Alpha-Kanal beinhaltet eine Maske, die mit der Intention erstellt wurde, das Schild in den RGB-Kanälen freizustellen. Da dieser Vorgang aber noch nicht aufgerufen wurde, sind beide Elemente weiterhin separat (Bild oben rechts).

Es wird nun ein Schmetterling in den Alpha-Kanal kopiert mit der Intention, diese Maske später im Compositing zu verwenden (Bild unten links). Wird der Viewer wieder auf die RGB-Werte umgeschaltet, hat sich das RGB-Bild nicht verändert.

Abb. 10.15 Nicht-vormultiplizierter Alpha-Kanal

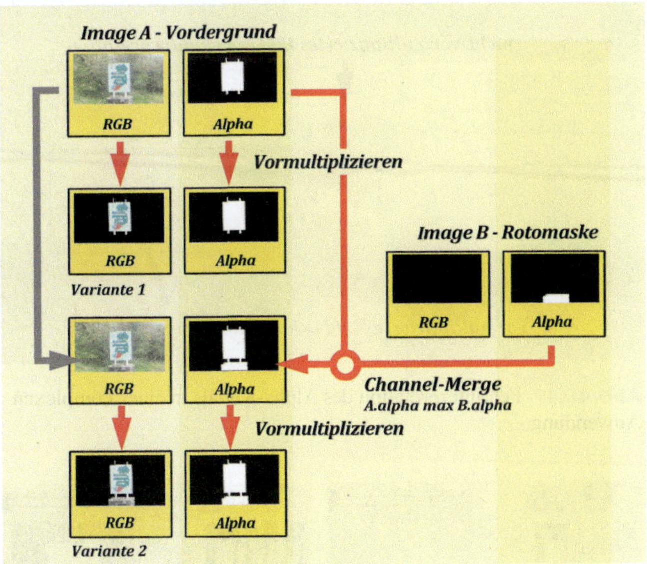

Abb. 10.16 Änderung der Maske in einem nicht-vormultiplizierten Bild

Zum Erstellen eines solchen Alpha-Kanals kann in Photoshop die Maske im Alpha-Kanal gespeichert werden (Auswahl-Menü). In 3D-Programmen wird die Vormultiplikation abgeschaltet. Der nicht-vormultiplizierte Alpha-Kanal wird dann verwendet, wenn über die Art und Weise wie er eingesetzt wird erst in der nachfolgenden Anwendung entschieden werden soll. Der große Vorteil bei der Verwendung dieses Alpha-Kanals besteht darin, dass alle Bildinformationen noch vorhanden sind, das heißt, die Maske kann in der folgenden Anwendung verändert und andere als die in der ersten Intention festgelegten Bildausschnitte verwendet werden – dies gilt in der Regel vor allem für den Randbereich der Maske.

Abbildung 10.16 gibt einen Einblick in die Anwendungsmöglichkeiten. Das Bild *Image A* wird in das Compositing-Programm importiert und enthält die unbearbeiteten RGB-Kanäle und die Maske. Die für den weiteren Verlauf der Komposition notwendige Vormultiplikation findet im nächsten Schritt statt. Nun fällt dem Produzenten beim Testen auf, dass auch der Sockel gut in die zukünftige Komposition passen würde. Bei einem bereits vormultiplizierten Bild wäre dieses Bildteil nicht mehr vorhanden (Variante 1). Da aber das Vordergrund-Bild nach dem Import noch vollständig ist, kann der Compositing-Artist eine Roto-Maske zeichnen und diese mit der originalen Maske des Alpha-Kanals verknüpfen (Maximum-Operation). Diese neue Maske wird in den Alpha-Kanal des Vordergrund-Bildes kopiert und das Bild dann vormultipliziert (Variante 2). Nun kann das Bild entsprechend den Wünschen des Supervisors komponiert werden.

Dieser Typ Alpha-Kanal sollte dann verwendet werden, wenn zum Beispiel in Photoshop Bilder freigestellt werden. Hier hat der Compositing-Artist Spielraum – vor allem auch, weil die in Photoshop produzierten Masken aufgrund der nicht vektorbasierenden Painting-Grundlage meist nachbearbeitet werden müssen. Ein – wenn auch geringer – Nachteil ist der Extra-Aufwand, an geeigneter Stelle eine Vormultiplikation auszuführen. Ein anderer ist, dass manche Anwendungen einen vormultiplizierten Alpha-Kanal erwarten. Abbildung 10.17 zeigt die Fehlinterpretation eines als Projektionstextur fungierenden nicht-vormultiplizierten Bildes in Autodesk Maya.

Hier erwartete der Algorithmus ein vormultipliziertes Bild und produziert deshalb eine Art Geisterbild. Der erfahrene Compositing-Artist kann anhand der Charakteristika einer solchen Erscheinung relativ schnell die Ursache in einem falsch angewendeten Alpha-Kanal finden.

10.2.4 Vormultiplizierter Alpha-Kanal

Der vormultiplizierte Alpha-Kanal ist der Standard im Compositing, da die wichtigsten Operationen von diesem Zustand ausgehen. Bei einem vormultiplizierten Bild wurden die RGB-Kanäle mit dem Alpha-Kanal multipliziert. Durch diese Operation gehen alle nicht benötigten Bildinformationen verloren. Das Bild wird an diesen Stellen schwarz, was auch für eine effiziente Codierung von großem Nutzen ist. Die betreffenden Bereiche des Bildes können mit statistischen Methoden (zum Beispiel Huffmann) verlustfrei sehr stark komprimiert werden. Außerdem kann die Region, die die Bildinformationen enthält, als *Domain of Definition* in einer OpenEXR-Datei gespeichert werden. Dieser Ausdruck, der im Compositing-Programm *Shake* verwendet wurde, bezeichnet den Bereich der Bildinformationen, die bei einem vormultiplizierten Bild innerhalb der Maske liegen. Die Domain of Definition wird verwendet, um bei Elementen, die nicht das ganze Bild umfassen, Arbeitsspeicherbelastung zu verringern und Prozessorzeit zu sparen, da der Bereich außerhalb der Domain of Definition (DoD) nicht in Betracht gezogen und vom Compositing-Programm nicht bearbeitet wird.

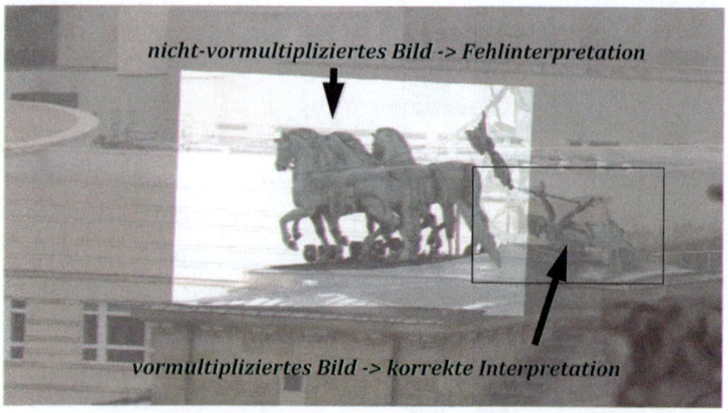

Abb. 10.17 Fehlinterpretation des Alpha-Kanals in einer komplexen Anwendung

Nicht-vormultipliziertes Bild *Vormultipliziertes Bild*

Abb. 10.18 Der vormultiplizierte Alpha-Kanal

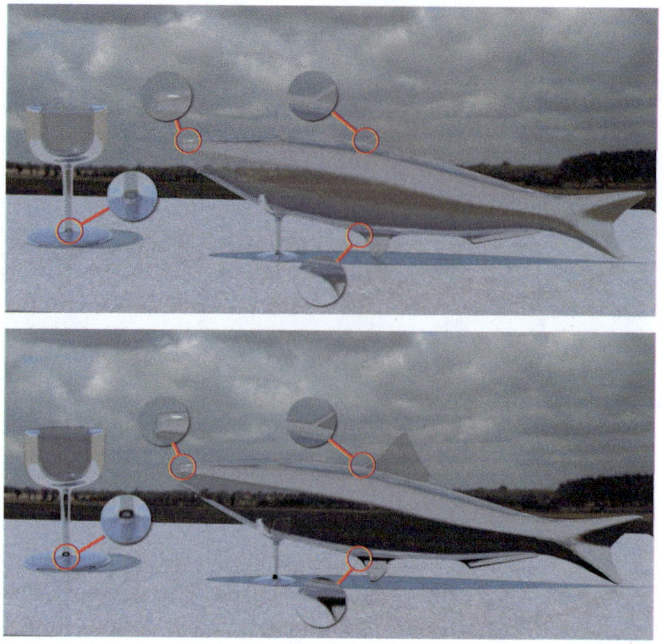

Abb. 10.19 Mehrmaliges Anwenden der Vormultiplikation

Die meisten 3D-Programme produzieren Renderings, in denen das Bild automatisch vormultipliziert ist. In Photoshop kann ein Bild im Bildmenü vormultipliziert werden. Im Compositing wird eine Vormultiplikations-Operation (engl. *premultiplication*, abgekürzt *premult*) aufgerufen, eine der meist genutzten Funktionen (siehe Abb. 10.18).

Ist das Bild vormultipliziert, wird das Vordergrundbild in dem Bereich, in dem die Maske weiß ist, vollständig opak dargestellt. Im dem Bereich, in dem die Maske schwarz ist, wurden durch die Multiplikation alle Farbwerte entfernt. Dieser Bereich ist ebenfalls schwarz. Hier erscheint der Hintergrund eines anderen Bildes. Im Übergang zwischen beiden Bildteilen erfolgt eine Wichtung des Anteils der RGB-Kanäle je nach Graustufenwert der Maske. Ein Wert von 0,25 des Alpha-Kanals führt dazu, dass 25 % der korrespondierenden RGB-Kanäle verwendet werden, der Rest wird mit Schwarz ausgefüllt. Umgekehrt werden bei einem Wert des Alpha-Kanals von 0,75 75 % der Farben in den RGB-Kanälen verwendet und der Rest ebenfalls mit Schwarz gefüllt. Bei der Anwendung eines Over-Algorithmus, der das Bild mit einem neuen Hintergrund verknüpft (siehe nächster Abschnitt), tragen die schwarzen Elemente nicht zum resultierenden Bild bei, da eine Addition stattfindet und Schwarz den Wert null hat. In der Bildkombination erscheinen nur diejenigen Teile des Vordergrundbildes, deren Farbinformationen größer als null ist. Der restliche – schwarze – Anteil wird mit dem Hintergrundbild gefüllt.

Wird aus verschiedensten Gründen – beabsichtigt oder aus Versehen – der Alpha-Kanal ein weiteres Mal vormultipliziert, werden die transparenten Übergänge qualitativ verschlechtert. Der 25%ige Anteil des Vordergrundes im oben genannten Beispiel wird noch einmal mit dem Wert von 0,25 des Alpha-Kanals multipliziert und damit auf 6 % reduziert, der Rest wird wieder mit Schwarz aufgefüllt. Der 75%ige Anteil des Vordergrunds wird auf 56 % reduziert. Dadurch werden die Kanten im Bild dunkler und Transparenzen opaker.

In Abb. 10.19 ist ein Bild mit einer Reihe transparenter Glasobjekte im oberen Bild *einmal* vormultipliziert und im unteren Bild *dreimal* vormultipliziert dargestellt. Dabei ist deutlich zu erkennen, in welcher Form die Kanten – zum Beispiel an der Mundpartie des Glasfisches – durch die mehrmalige Anwendung der Vormultiplikation hervortreten. Schattierungen werden dramatisch verstärkt und die im oberen Bild durchsichtige Rückenflosse erhält die Konsistenz einer Milchglasscheibe.

Eine der wichtigsten Qualifikationen eines Compositing-Artists ist das Vermeiden der mehrmaligen Vormultiplikation von Bildelementen. Hier stellt sich nun bereits seit Längerem die Frage, wieso das Bild überhaupt vormultipliziert wird und warum der Begriff *vormultipliziert* und nicht einfach *multipliziert* lautet? Die Antwort liegt in der Anwendung des Algorithmus der linearen Interpolation, der zwei Bilder gewichtet miteinander kombiniert und im Compositing als *Over-Operation* bekannt ist.

10.2.5 Der Over-Algorithmus

Der Over-Algorithmus ist die wichtigste Compositing-Operation zur Verknüpfung zweier Bilder unter Verwendung einer

Maske, die im Alpha-Kanal von Bild A liegt. Die praktische Anwendung beinhaltet, dass ein maskiertes Vordergrundbild über ein Hintergrundbild gelegt wird. Das Hintergrundbild benötigt keine Maske, kann aber eine Maske besitzen. Die Kombination der beiden Bilder erfolgt nach Gl. 10.10 für die RGB-Kanäle und Gl. 10.11 für die Alpha-Kanäle. Sie ist ähnlich der Opazitäts-Überblendung in Gl. 10.1.

$$O_{\text{rgb}} = A * A_a + (1 - A_a) * B \tag{10.10}$$

$$O_a = A_a + B_a \tag{10.11}$$

Dabei sind

- A die RGB-Kanäle von Bild A,
- B die RGB-Kanäle von Bild B,
- A_a der Alpha-Kanal von Bild A,
- B_a der Alpha-Kanal von Bild B.

Es gibt somit zwei Terme. Der Term $A * A_a$ ist das vormultiplizierte Bild *A*. Der Term $(1 - A_a) * B$ ist der invertierte Alpha-Kanal von Bild *A*, multipliziert mit den RGB-Kanälen von Bild *B*. Abbildung 10.20 zeigt die Anordnung als Netzwerk mit Compositing-Operatoren und den jeweiligen Status der entsprechenden Kanäle.

Diese Operation führt zu einer Reihe von Konsequenzen:

1. Bei der additiven Verknüpfung von Bildern muss der Bildbereich, der dargestellt werden soll, im jeweils anderen Bild null – also schwarz – sein, damit seine Farbwerte das Ergebnis nicht verfälschen. Wird dagegen verstoßen, erscheinen die sogenannten Geisterbilder wie in Abb. 10.20 unten rechts.
2. Es ist für die Funktion des Algorithmus – im Gegensatz zur Opazitäts-Gleichung – von herausragender Bedeutung, welches Bild dem Algorithmus als Bild A oder B präsentiert wird, das heißt, mit welchem Eingang der Compositing-Node verbunden wird. Das Bild mit dem Alpha-Kanal muss immer am Eingang A anliegen.
3. Da vor allem Renderings aus 3D-Programmen und Bilder aus Pre-Compositings bereits vormultipliziert sind, führt der Algorithmus den Term *A*Aa* nicht aus, sondern nimmt an, dass dies bereits geschehen ist – daher der Begriff *vormultipliziert*. Damit wird verhindert, dass eine erneute Multiplikation stattfindet und die Qualität der Bildkanten beeinträchtigt wird. In älteren Compositing-Programmen wie Apple Shake wurde dieser Term ausgeführt und musste jeweils abgeschaltet werden. Inzwischen verzichten moderne Implementierungen des Over-Algorithmus aus praktischen Gründen auf die Vormultiplikation.
4. Durch die unterschiedliche Handhabung des Terms A*Aa ist es notwendig, die Implementierung des Over-Algorith-

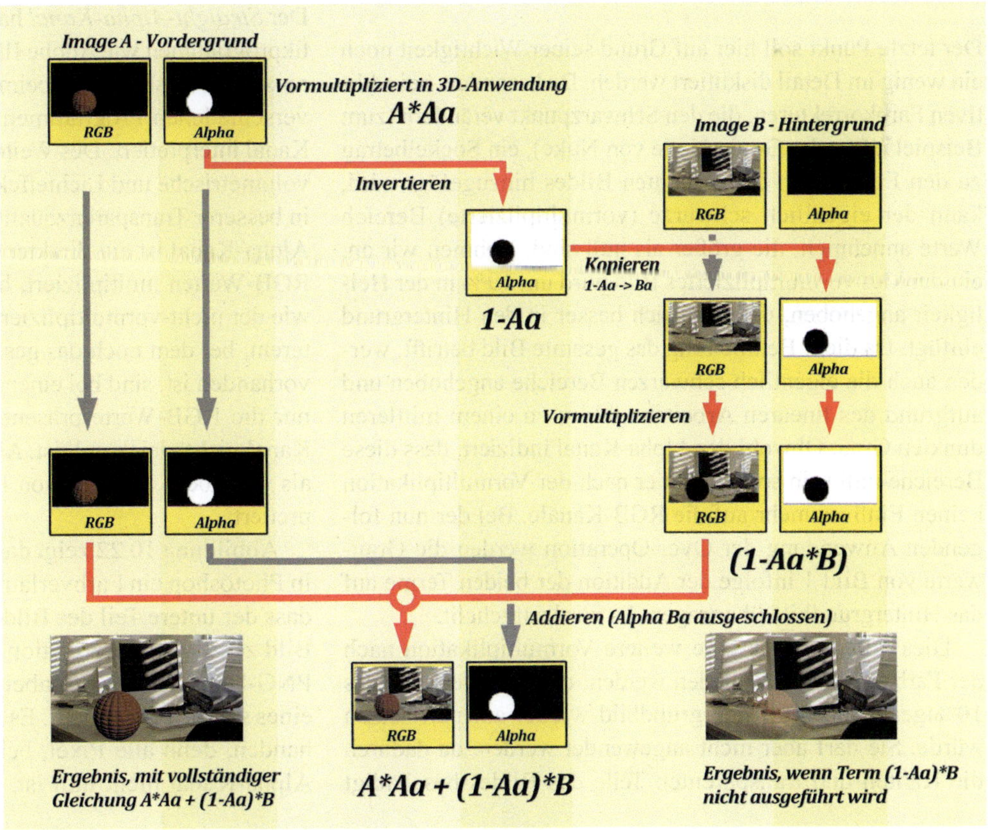

Abb. 10.20 Der Over-Algorithmus

mus zu evaluieren. Eventuell muss die Vormultiplikation abgeschaltet werden oder es ist sicherzustellen, dass das zu verwendende Bild vormultipliziert ist.

5. Es ist für ein komplexes Compositing von allergrößter Wichtigkeit, stets die Kontrolle über die einzelnen Bildmultiplikationen und die Anwendung und Interpretation von Alpha-Kanälen zu behalten. Compositing-Programme, die dies nicht gewährleisten, können für komplexere Aufgaben nicht verwendet werden.
6. Da voreingestellt auch eine Addition der Alpha-Kanäle der beiden Bilder erfolgt, muss festgelegt werden, in welcher Weise der resultierende Alpha-Kanal weiterverwendet werden soll. Sind zwei Bilder vorhanden, die jeweils Masken besitzen, ist eine Addition der beiden Alpha-Kanäle sinnvoll, da die resultierende Maske als Grundlage für eine eventuell folgende Over-Operation verwendet wird. In dem Fall kann die Voreinstellung verwendet werden (siehe Abb. 10.28). Soll die Maske von Bild A erhalten bleiben, wie beim Edge-Blending (siehe Abb. 8.55), muss sichergestellt werden, dass der Alpha-Kanal von Bild B diese nicht überschreibt. Eventuell muss er von der Addition ausgeschlossen werden.
7. Farbkorrekturen bei vormultiplizierten Bildern müssen in der Regel vor der Vormultiplikation stattfinden. Kann dies nicht gewährleistet werden, da das Bild bereits vormultipliziert importiert wurde, muss es *ent-vormultipliziert* werden (engl. *unpremultiplied*). Erst dann wird die Farbkorrektur ausgeführt. Anschließend wird es wieder vormultipliziert.

Der letzte Punkt soll hier auf Grund seiner Wichtigkeit noch ein wenig im Detail diskutiert werden. Da besonders bei additiven Farbkorrekturen, die den Schwarzpunkt verändern (zum Beispiel *lift* in der Grade-Node von Nuke), ein Sockelbetrag zu den Farbwerten des gesamten Bildes hinzugefügt wird, kann der eigentlich schwarze (vormultiplizierte) Bereich Werte annehmen, die größer als null sind. Nehmen wir an, ein dunkles vormultipliziertes Bild wird um 10 % in der Helligkeit angehoben, damit es sich besser in den Hintergrund einfügt. Da diese Bearbeitung das gesamte Bild betrifft, werden auch die eigentlich schwarzen Bereiche angehoben und aufgrund des linearen Arbeitsumfeldes zu einem mittleren dunklen Grau. Obwohl der Alpha-Kanal indiziert, dass diese Bereiche null sein sollten, hat er nach der Vormultiplikation keinen Einfluss mehr auf die RGB-Kanäle. Bei der nun folgenden Anwendung der Over-Operation werden die Grauwerte von Bild 1 infolge der Addition der beiden Terme auf das Hintergrundbild übertragen. Es wird aufgehellt.

Dies könnte durch eine weitere Vormultiplikation nach der Farbkorrektur vermieden werden, da diese Bereiche des 10%igen Grau im Vordergrundbild wieder auf null setzen würde. Sie darf aber nicht angewendet werden, da dadurch die Kanten und transparenten Teile des Bildes beschädigt

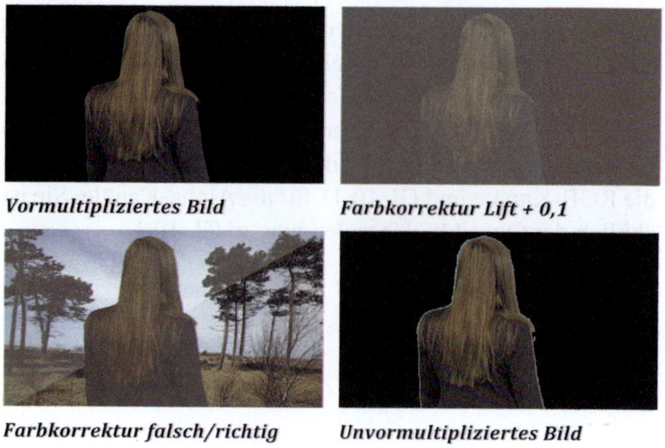

Abb. 10.21 Farbkorrektur bei vormultiplizierten Bildern

würden. Die einzige Lösung ist, das vormultiplizierte Bild vor der Farbkorrektur zu entvormultiplizieren, dann die Farbkorrektur durchzuführen und erst zum Schluss die Vormultiplikation anzuwenden. Dadurch wird gewährleistet, dass die betreffenden Bereiche unabhängig von den Helligkeitswerten nach der Farbkorrektur zuverlässig auf null gesetzt und andererseits die Kanten nicht zweimal multipliziert werden (siehe Abb. 10.21)

10.2.6 Der Straight-Alpha-Kanal

Der *Straight-Alpha-Kanal* hat seinen Ursprung in Vektorgrafikprogrammen wie Adobe Illustrator. Aber auch die Transparenz in Photoshop wird beim Export in eine PNG-Datei von verschiedenen Programmen u. a. Nuke als Straight-Alpha-Kanal interpretiert. Des Weiteren wird er oft angewendet, um volumetrische und Lichteffekte wie Nebel, Rauch und Feuer in besserer Transparenzqualität zu exportieren. Der Straight-Alpha-Kanal ist ein direkter Kanal und wurde nicht mit den RGB-Werten multipliziert, hat also einen ähnlichen Status, wie der nicht-vormultiplizierte Kanal. Im Gegensatz zu letzterem, bei dem noch das gesamte Bild in den RGB-Kanälen vorhanden ist, sind bei einem Bild mit Straight-Alpha-Kanal nur die RGB-Werte präsent, an deren Position der Alpha-Kanal nicht gleich null ist. Alle anderen werden in der Regel als weiß oder im Falle von Photoshop als transparent interpretiert.

Abbildung 10.22 zeigt das System. Im linken Bild wurde in Photoshop ein Farbverlauf mit einer Maske versehen, sodass der untere Teil des Bildes transparent wird. Das rechte Bild zeigt die Interpretation des Straight-Alpha-Kanals der PNG-Datei in Nuke. Dabei fällt der typische Farbverlauf eines solchen Bildes auf. Es ist kein weicher Übergang vorhanden, denn alle Pixel, bei denen der korrespondierende Alpha-Kanal nicht null ist, werden mit den vollständigen

Transp. Farbverlauf in Photoshop *Importiertes Bild in Nuke*

Abb. 10.22 Der Straight-Alpha-Kanal

RGB-Werten dargestellt, alle anderen sind weiß. Um das Bild im Compositing anzuwenden, wird es im nächsten Schritt vormultipliziert und über ein anderes Bild komponiert.

Der große Vorteil des Straight-Alpha-Kanals liegt darin, dass die unmaskierten Bereiche in Photoshop transparent dargestellt und nicht mit Weiß oder Schwarz gefüllt werden. Der Matte-Painting-Artist kann so auf der einen Seite ein vollständiges Bild in den Ebenen mit allen Transparenzen erstellen. Danach werden bestimmte Ebenen des Matte-Paintings in Photoshop zusammengefasst und jeweils als PNG-Datei exportiert.

Der Compositing-Artist hat nun – besonders an den Kanten der Ebenenmasken – etwas Spielraum, da noch alle RGB-Werte vollständig, das heißt, nicht gegen Schwarz geblendet, vorhanden sind. Er kann den Alpha-Kanal justieren und dann erst die Vormultiplikation einleiten.

Unabhängig von seinem Status ist ein Problem des Alpha-Kanals, dass die Interpretation des dazugehörigen Bildes abhängig von der entsprechenden Software oder dem Betriebssystem stark differiert. Abbildung 10.23 zeigt verschiedene Darstellungen eines vormultiplizierten Bildes mit Alpha-Kanal. Im oberen linken Bild ist das Bild in seiner Entstehung in Photoshop angegeben. Es wurde mithilfe der *Bildberechnungen* (Ebene 1 multipliziert mit Alpha 1) vormultipliziert. Das so erstellte Bild wird von den Mac OS X- und Windows-Betriebssystemen mit weißem Hintergrund dargestellt. Die Betriebssysteme verwenden das vormultiplizierte Bild und führen eine Over-Operation aus, wobei als Image B eine weiße Fläche verwendet wird. Die Vorschau in Mac OS X stellt das gleiche Bild mit grauem Hintergrund dar. Dies wird allerdings auch bei Bildern mit nicht-vormultipliziertem Alpha-Kanal und bei Bildern mit Straight-Alpha so gehandhabt. Die Konsequenz ist, dass man nicht mehr unterscheiden kann, welchen Status der Alpha-Kanal hat.

Als Nutzer muss man davon ausgehen können, dass der festgelegte Status des Alpha-Kanals vom Compositing-Programm respektiert wird. Deshalb sind Konzepte, die zum Beispiel den Over-Algorithmus automatisch anwenden, wenn ein Alpha-Kanal vorhanden ist, für ein komplexes Compositing nicht zielführend, denn der Compositing-Artist muss selbst entscheiden können, wie er mit dem Alpha-Kanal umgeht.

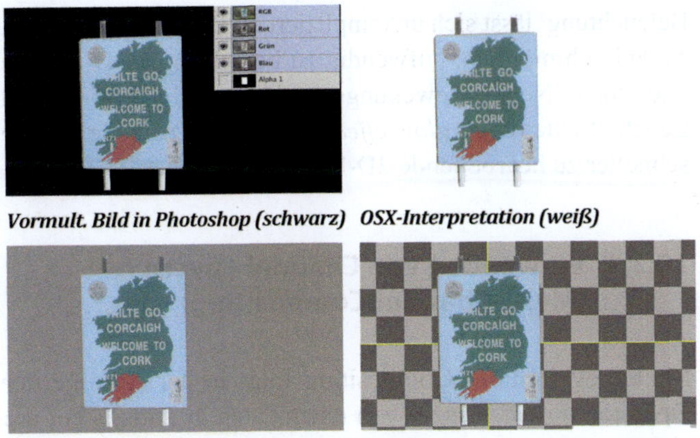

Vormult. Bild in Photoshop (schwarz) *OSX-Interpretation (weiß)*
OSX-Vorschau-Interpretation (grau) *Nuke: Komponiert vor Checkerboard*

Abb. 10.23 Unterschiedliche Interpretation eines vormultiplizierten Bildes

10.3 Multi-Layer-, Multi-Pass- und Multi-Channel-Compositing

3D-Rendering ist ein aufwendiger Prozess und kostet Zeit und Geld. Oft muss eine gesamte Sequenz neu gerendert werden, wenn nur eine Kleinigkeit – zum Beispiel ein Farbton in einem Kleidungsstück – angepasst werden muss. Deshalb wurde in der VFX- und Animationsindustrie frühzeitig das Konzept von *Multi-Passes* und *Render-Layern* entwickelt.

Dabei wird die 3D-Szene nach bestimmten Gesichtspunkten in sogenannte Render-Layer unterteilt und separat gerendert. Die Bildsequenzen der einzelnen Render-Layer werden dann im Compositing zusammengesetzt und bieten Spielraum für Farbkorrekturen und Beleuchtungsänderungen. Weitverbreitete Anwendung finden *Licht-Render-Layer* und *Objekt-Render-Layer*. Erstere beinhalten die gesamte Szene, die jeweils separat von einem Licht oder einer Gruppe von Lichtern beleuchtet wird, sodass nachträglich der Einfluss der einzelnen Lichtquellen justiert werden kann. Bei der Verwendung von Objekt-Render-Layern wird die Szene in Objekte unterteilt, die dann im Compositing neu zusammengesetzt werden können.

Ein weiteres wichtiges Konzept ist das Multi-Pass-Rendering. Hier werden die unterschiedlichen Oberflächeneigenschaften der Objekte in einzelnen Passes (diffus, spekular, reflexiv, refraktiv, Schatten etc.) separat gerendert. Mit dem Aufkommen des OpenEXR-Dateiformats wurde das Multi-Channel-/Multi-Pass-Rendering entwickelt, wobei alle Passes in einer Datei gespeichert werden. Die einzelnen Multi-Passes können dann im Compositing verknüpft werden, ohne sie zu separieren. Durch diese Techniken sind weitreichende Farbkorrekturen in den Objekten und Render-Passes möglich, ohne die Szene neu rendern zu müssen. Nicht notwendige Elemente können leicht entfernt werden und eine interaktive

Beleuchtung[7] lässt sich unkompliziert einfügen. Außerdem ist es dadurch möglich, aufwendig zu berechnende 3D-Effekte wie Dunst, Nebel, Bewegungsunschärfe, Schärfentiefe und Leuchteffekte (engl. *glow effects*) von der 3D-Ebene auf die schneller zu bearbeitende 2D-Ebene zu verlagern.

10.3.1 Verwenden von Channel-Layern (Multi-Channel-Compositing)

Modernes digitales Compositing folgt in der Abfolge der Operatoren dem Prinzip von einem Stamm und Ästen, die sich verzweigen. Zentrales Element ist der *Stream* (Stamm), der meist vom Hintergrundbild ausgeht. Zusätzliche Elemente kommen durch die Äste von der Seite und werden meist durch den Over-Algorithmus mit dem Stream verknüpft.

Ein weiteres zentrales Konzept im Compositing beinhaltet die Verwendung einer zusätzlichen Maske zu den beiden Eingangsbildern (Image A und B). Die Maske ermöglicht, dass zum Beispiel bei der Farbkorrektur nur spezielle Bildbereiche beeinflusst werden. In älteren Compositing-Programmen (zum Beispiel Shake) wurde dies mit einem speziellen Maskeneingang realisiert, der die Maske von der Seite in den Stream einspeiste. Diese Herangehensweise hat allerdings eine Reihe gravierender Nachteile. Wird der Stream beispielsweise räumlich vor der Maskenanwendung transformiert, stimmt die Position der Maske nicht mehr. Sie muss ebenfalls angepasst werden. Dies wird allgemein mit einer Kopie (Klon) des originalen Transform-Operators, die dessen Parameteränderungen automatisch aktualisiert, oder mit Expressions realisiert. Das ist aufwendig und sehr unübersichtlich.

Moderne Compositing-Konzepte folgen dem Konzept von Multi-Channels. Hierbei gibt es ähnlich wie bei den Ebenen in Photoshop mehrere Zusammenstellungen von RGBA-Kanälen (engl. *channel sets*). Die Sets können dann beliebig innerhalb der einzelnen Bilddateien verknüpft werden.

Abbildung 10.24 zeigt den Vorgang anhand einer sekundären Farbkorrektur. *Image A* ist der Beginn eines Streams. Das Bild enthält einen Laubbaum in den RGB-Kanälen und die Maske im Alpha-Kanal. Das Bild texturiert später eine 3D-Card. Von der Seite wird eine *Roto-Maske* eingespeist, die nur das Blattwerk umschließt, da der Stamm samt der Holzkonstruktion, die den Baum hält, nicht verändert werden soll. Die Frage, die sich der Compositing-Artist stellt, ist: Wie füge ich die Maske in den Stream ein? Hierbei gibt es drei Möglichkeiten:

1. Die Farbkorrektur-Node besitzt einen Maskeneingang, um die Operation zu begrenzen. Dies ist aber aus oben angegebenen Gründen ungünstig.
2. Die Maske kann in den Alpha-Kanal gelegt werden. Dies ist in diesem Beispiel zu vermeiden, da die Maske im Alpha-Kanal für die nach der Farbkorrektur folgende Vormultiplikation benötigt wird.
3. Ein neues Channel-Set wird erzeugt. Dies wird für modernes Compositing empfohlen. Die Maske befindet sich im

[7] Simulation des Einflusses von Beleuchtungsänderungen – zum Beispiel Feuer – auf Objekte in der Szene

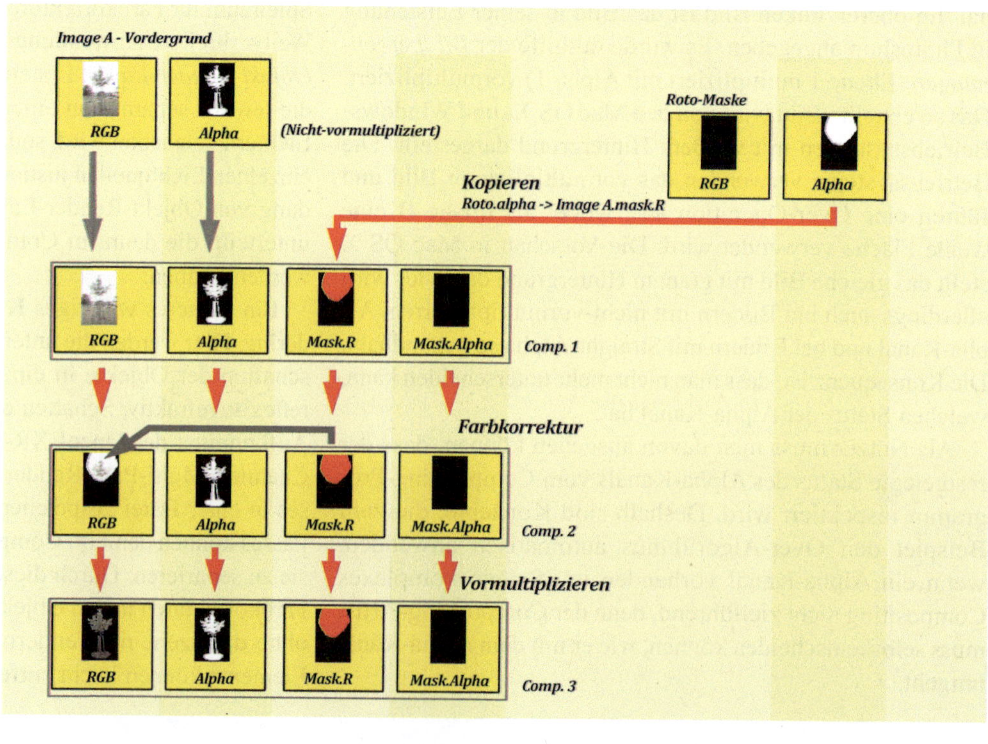

Abb. 10.24 Unterschiedliche Maskenkanäle im Compositing

Stream und wird bei räumlichen Transformationen mitbewegt. Dabei ist es eine gute Arbeitsweise, die Maske direkt am Beginn der Komposition in den Stream einzufügen. Eventuelle räumliche Transformationen, zu denen auch Skalierungen und Reformatierungen gehören, beeinflussen somit alle Materialien und Channel-Sets gleichzeitig und damit auch diejenigen, die erst später Anwendung finden.

Der erste Schritt, den der Compositing-Artist ausführt, besteht darin, die Roto-Maske in den Stream zu kopieren. Er kann hier den in Nuke bereits vordefinierten Maskenkanal (*mask.red*) nutzen, der nur den roten Farbkanal eines Channel-Sets verwendet. Die nun folgende Farbkorrektur-Operation (Grade-Node) wird dann auf den von der Maske umschlossenen Bereich – das Blattwerk – begrenzt. Nach der Farbkorrektur wird die Vormultiplikation ausgeführt, das heißt, die RGB-Kanäle werden mit dem Alpha-Kanal multipliziert.

Channel-Sets in Nuke sind zum Teil vordefiniert. Der Nutzer kann sie aber auch nach seinen Vorstellungen erzeugen und benennen. Die dritte Möglichkeit ist ihre Übernahme aus einer OpenEXR-Datei.

Abbildung 10.25 zeigt den Aufbau einer OpenEXR-Datei, die eine Reihe Channel-Sets mit Multi-Passes enthält. Alle diese Channel-Sets besitzen RGB-Kanäle und einen Alpha-Kanal. Wie und ob diese belegt werden hängt von den Einstellungen im 3D-Programm ab. Oft liegt der Beauty-Pass – das heißt, die Zusammenfassung aller Passes – in den RGBA-Kanälen. Er enthält auch die Maske für das Objekt. Die einzelnen Beleuchtungs-Passes werden in entsprechenden Channel-Sets ausgegeben. Diese Channel-Sets und ihre Namen, die ebenfalls im 3D-Programm festgelegt wurden, werden von Nuke übernommen. Es sei darauf hingewiesen, dass in diesem Beispiel die Multi-Passes keine Maske besitzen, der Alpha-Kanal bleibt leer. Bei der finalen Vormultiplikation wird die Maske im Alpha-Kanal des Beauty-Passes genutzt (siehe Abschn. 10.3.3).

10.3.2 Arbeiten mit Render-Layern

Render-Layer bieten die Möglichkeit, 3D-Szenen nach flexiblen Gesichtspunkten zu rendern. Sie werden in der Regel firmenintern festgelegt und sind abhängig von der Gestalt des zu bearbeitenden Projektes. Licht-Render-Layer und Objekt-Render-Layer sind aber weit verbreitet.

Licht-Render-Layer
Die Beleuchtung einer 3D-Szene ist traditionell aufwendig zu berechnen. Trotz Optimierungen – wie dem Verwenden von Faked-Global-Illumination (siehe Abschn. 9.7.5) – ist es sinnvoll, die Szene in einzelne Beleuchtungssysteme zu unterteilen, die dann separat gerendert werden können. So

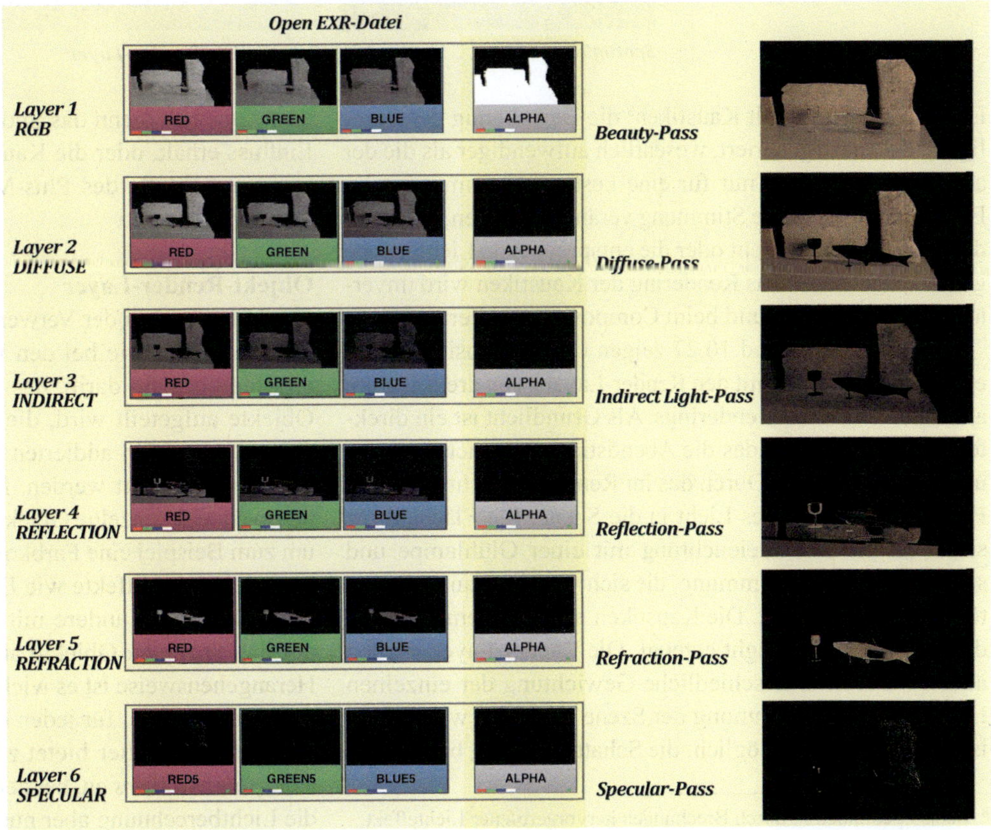

Abb. 10.25 Aufbau einer OpenEXR-Datei

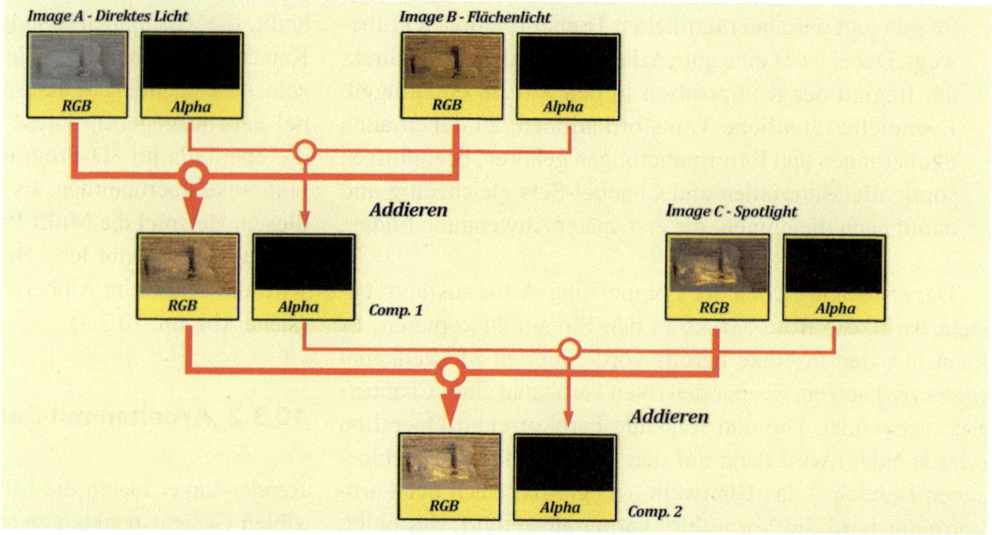

Abb. 10.26 Kombinieren von Licht-Passes (Schema)

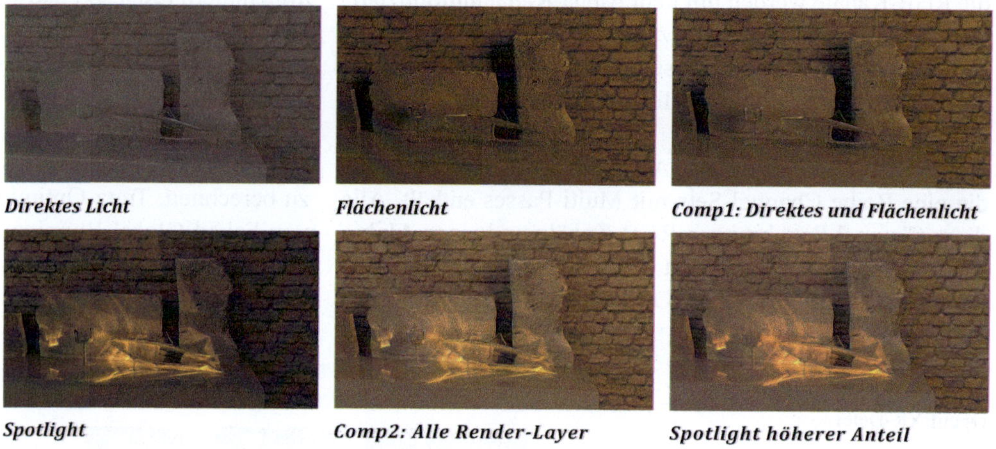

Abb. 10.27 Kombinieren von Light-Passes (Renderings)

ist bei einer Szene mit Kaustiken[8] die Berechnung des Spotlights, das diese generiert, wesentlich aufwendiger als die der anderen Lichter, die nur für eine bestimmte Stimmung im Bild sorgen. Soll diese Stimmung verändert werden, muss nur das entsprechende Licht oder die entsprechende Lichtgruppe gerendert werden. Das Rendering der Kaustiken wird unverändert übernommen und beim Compositing addiert.

Die Abb. 10.26 und 10.27 zeigen das Compositing einer einfachen 3D-Szene mit den Render-Layern von drei Lichtern als Schema und die Renderings. Als Grundlicht ist ein direktes Licht vorhanden, das die Abendstimmung nach Sonnenuntergang simuliert. Durch das im Rendering nicht sichtbare Fenster fällt bläuliches Licht in die Szene. Ein Flächenlicht simuliert die Innenbeleuchtung mit einer Glühlampe und sorgt für eine Lichtstimmung, die sich vor allem aus Orangetönen zusammensetzt. Die Kaustiken der Glaselemente werden von einem Spotlight erzeugt. Die Render-Layer werden addiert. Durch unterschiedliche Gewichtung der einzelnen Lichter kann die Stimmung der Szene verändert werden. So ist es zum Beispiel möglich, die Schattenbildung besser herauszuarbeiten, wenn das Spotlight-Rendering einen höheren Einfluss erhält, oder die Kaustiken sind weniger prominent, wenn es anstelle des Plus-Modus mit dem Screen-Modus komponiert wird.

Objekt-Render-Layer

Das Vorgehen bei der Verwendung von Objekt-Render-Layern ist ähnlich wie bei den Licht-Render-Layern. Der Unterschied besteht darin, dass die Szene in unterschiedliche Objekte aufgeteilt wird, die dann beim Compositing – im Gegensatz zu den addierten Licht-Layern – mit dem Over-Modus kombiniert werden. Der Vorteil bei dieser Herangehensweise ist, einzelne Objekte separat bearbeiten zu können, um zum Beispiel eine Farbkorrektur anzuwenden. Außerdem ist es möglich, Effekte wie Bewegungsunschärfe, Schärfentiefe, Dunst und andere mit unterschiedlicher Gewichtung auf die einzelnen Objekte anzuwenden. Für eine effiziente Herangehensweise ist es wichtig, dass das 3D-Programm die Beleuchtung nicht für jeden einzelnen Objekt-Render-Layer neu berechnet. Hier bietet zum Beispiel Maya sogenannte *Contribution-Maps* an, bei dem die Objekte separiert werden, die Lichtberechnung aber nur einmal stattfindet.

[8] Scharf gebündelter, durch Brechungen hervorgerufener Lichteffekt.

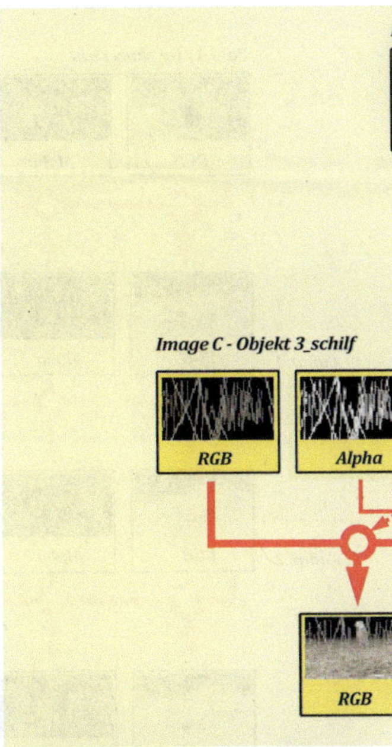

Abb. 10.28 Kombinieren von Objekt-Passes (Schema)

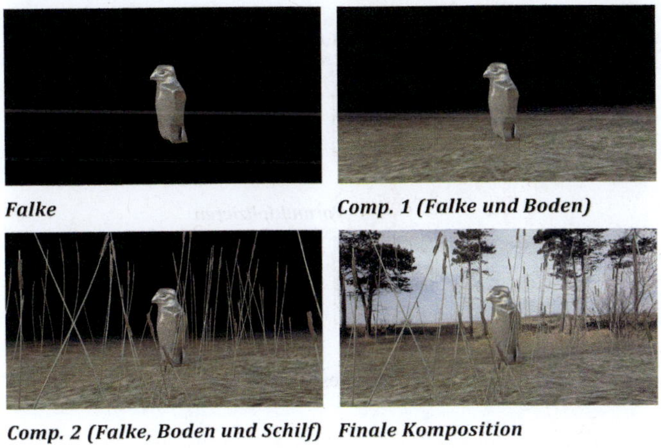

Abb. 10.29 Kombinieren von Objekt-Passes (Schema)

Die Abb. 10.28 und 10.29 zeigen das Compositing einer stilisierten 3D-Szene mit den Render-Layern von drei Objekten als Schema und die entsprechenden Renderings. Sie bestehen aus einer metallischen Falkenfigur, dem Boden mit dem Schatten der Figur und Schilfhalmen. Die einzelnen Render-Layer werden nun mit dem Over-Modus zusammengesetzt. Zuerst der Falke über den Boden zu *Comp. 1* und dann die *Schilfhalme* über *Comp. 1* zu *Comp. 2*.

10.3.3 Multi-Pass-Compositing

Beim Multipass-Compositing werden die berechneten Lichtkomponenten und Oberflächeneigenschaften der 3D-Objekte aufgebrochen und in einzelnen Passes ausgegeben. Dies ist relativ unproblematisch und schnell, da die einzelnen Komponenten (diffus, direkt, spekular, refraktiv, reflexiv) vom Renderer unabhängig voneinander berechnet und in Buffern gespeichert werden. Der zusätzliche Aufwand ist lediglich, diese auf die Festplatte zu schreiben. Der Renderer im 3D-Programm setzt die einzelnen Komponenten in den Buffern mittels Addition zu einem Beauty-Pass zusammen und gibt diesen ebenfalls aus, wobei je nach Vorgaben auch bestimmte Komponenten (reflexiv, refraktiv) vom Beauty-Pass ausgeschlossen werden können.

Beim Compositing können diese Multi-Passes dann zusammengesetzt und neu gewichtet werden. Außerdem sind Farbkorrekturen einfacher auszuführen. Des Weiteren können aufwendige Berechnungen im 3D-Raum wie die von Bewegungsunschärfen oder der Schärfentiefe auf die 2D-Ebene ausgelagert werden.

Render-Passes werden in der Regel in Color-Passes, Shadow-Passes, Masken-Passes und Utility- oder Daten-Passes unterteilt. Die wichtigsten Colorpasses sind: *diffuse, indirect lighting, direct lighting, reflection, refraction* und *specular*. Die verwendete Arithmetik (Überblendungsmodus) bei Color-Passes ist die Addition. Aus künstlerischen Gründen wird hin und wieder auch der Screen-Modus angewandt. Dies entspricht aber nicht der originalen Mathematik, die der Renderer beim Zusammensetzen dieser Passes verwendet.

Die wichtigsten Color-Passes beinhalten die folgenden Beleuchtungskomponenten (es sei aber darauf hingewiesen, dass die Implementierung in den einzelnen 3D-Programmen und Renderern – auch abhängig von der Komplexität der Szene – unterschiedlich sein kann):

- Diffuser Pass: lokales Beleuchtungsmodell,
- Indirekter Pass: globales Beleuchtungsmodell,
- Direkter Pass: nur direktes Licht ohne Streulicht,
- Spekularer Pass: Glanzlichter – lokales Beleuchtungsmodell,

- Reflexions-Pass: globales Beleuchtungsmodell,
- Refractions-Pass (Brechungen): globales Beleuchtungsmodell,
- Schatten-Pass: mit Raytracing oder Shadow-Map kreierte Schatten, lokales und globales Beleuchtungsmodell,
- Ambient-Occlusion: Selbstverschattung – kein Licht involviert, geometrische Grundlage.

Mit Shadow-Maps oder Raytracing generierte Shadow-Passes und Ambient-Occlusion-Passes werden in der Literatur oft auch zu den Color-Passes gezählt, sie unterscheiden sich aber in der Arithmetik der Zusammenfügung – sie werden multipliziert.

Neben diesen weit verbreiteten Multi-Passes gibt es noch eine Reihe von Spezial- und Ausschluss-Passes wie *subsurface scattering, diffuse without shadows, direct without shadows, beauty without reflection and refraction, translucence* etc.

Shader-ID- und Objekt-ID-Passes besitzen Masken für nach unterschiedlichen Gesichtspunkten ausgewählte Elemente.

Utility- oder Daten-Passes enthalten meist keine Farbinformationen, sondern Positions- und Vektor-Daten. Sie können aber als Farbdaten dargestellt werden und weisen ein bestimmtes Erscheinungsbild auf, anhand dessen der Compositing-Artist bereits wichtige Informationen ablesen kann. Zu den wichtigsten gehören: *2d motion vector pass, world position pass, normal pass, depth pass* und eine Reihe projektspezifischer Passes, die von den Firmen erstellt und in die Pipeline eingespeist werden. Ein Problem besteht hin und wieder darin, Color- und Daten-Passes in eine gemeinsame OpenEXR-Datei zu schreiben. Da für letztere eine höhere Auflösung benötigt wird, wird die gemeinsame Datei zumeist mit höherer Bit-Tiefe ausgegeben, was das Datenaufkommen marginal erhöht. Es wird aber auch der für mathematische Kalkulationen bevorzugte CIE-XYZ-Farbraum verwendet. Dies führt dazu, dass für die Color-Passes eine Farbraum-Konversion (CIE XYZ – sRGB) durchgeführt werden muss. Es ist deshalb zu empfehlen, Color-Passes und Daten-Passes in unterschiedlichen Dateien zu exportieren.

In Abschn. 10.4 wird die Anwendung des World-Position-Passes und des World-Normal-Passes diskutiert, in Abschn. 10.5 die Anwendung des 2D-Motion-Vector-Passes und in Abschn. 10.6 die Anwendung des Depth-Passes.

Zusammensetzen eines Beauty-Passes aus einzelnen Multi-Passes

In Abb. 10.30 wird schematisch das Zusammensetzen der einzelnen Color-Passes zu einem Beauty-Pass gezeigt. Die Darstellung folgt der traditionellen Methode, diese Passes als separate Bildsequenzen zu rendern und dann mittels Addition

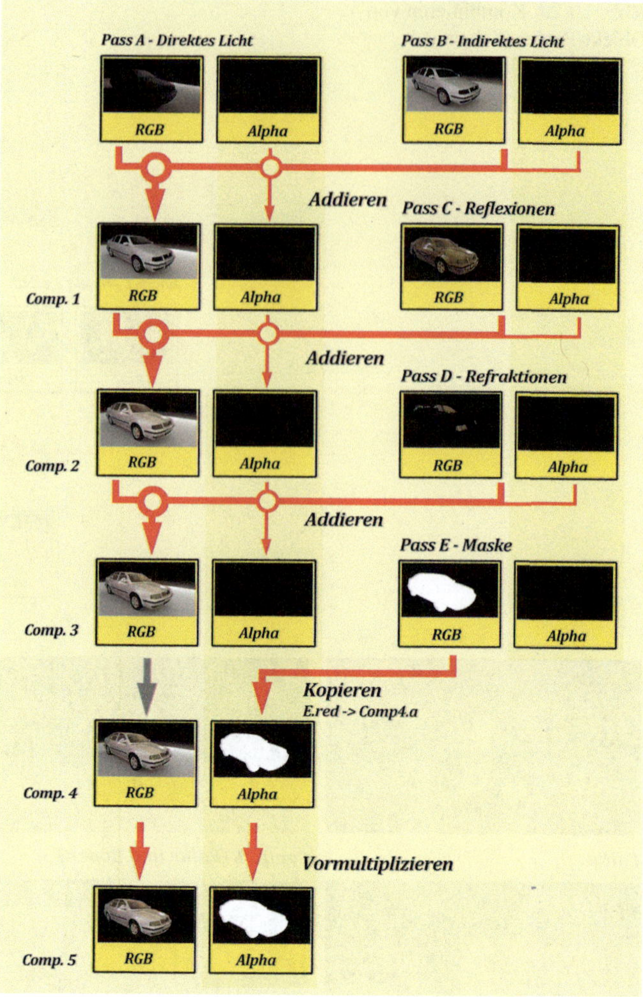

Abb. 10.30 Zusammensetzen eines Beauty-Passes

zu kombinieren. Eine modernere Herangehensweise wird in Abschn. 10.3.4 diskutiert.

Der Stream beginnt mit dem *Direktes-Licht-Pass*, wobei es aber keine Rolle spielt, in welcher Reihenfolge die Passes zusammengefügt werden, da eine Addition kommutativ ist. Im ersten Schritt wird der *Indirektes-Licht-Pass* addiert (*Comp. 1*). Danach erfolgt das Hinzufügen des *Reflexionen-Passes* und des *Refraktionen-Passes* jeweils mittels Addition (*Comp. 2* und *Comp. 3*). Bei dieser Herangehensweise werden keine Masken in den einzelnen Renderpasses generiert, da diese bei den angewendeten Überblendungsmodi ebenfalls addiert würden, was die ursprüngliche Maske verfälschen könnte. Da die Dateien nur drei Farbkanäle besitzen, ist das Datenaufkommen auch geringfügig kleiner als bei Dateien mit integriertem Alpha-Kanal. Die zum Vormultiplizieren benötigte Maske wird nun entweder aus dem Alpha-Kanal des Beauty-Passes oder einer separaten ID-Maske in den Stream kopiert (*Comp. 4*). Da es sich bei der Maske im Beispiel um ein Graustufenbild handelt, muss einer der RGB-Kanäle in

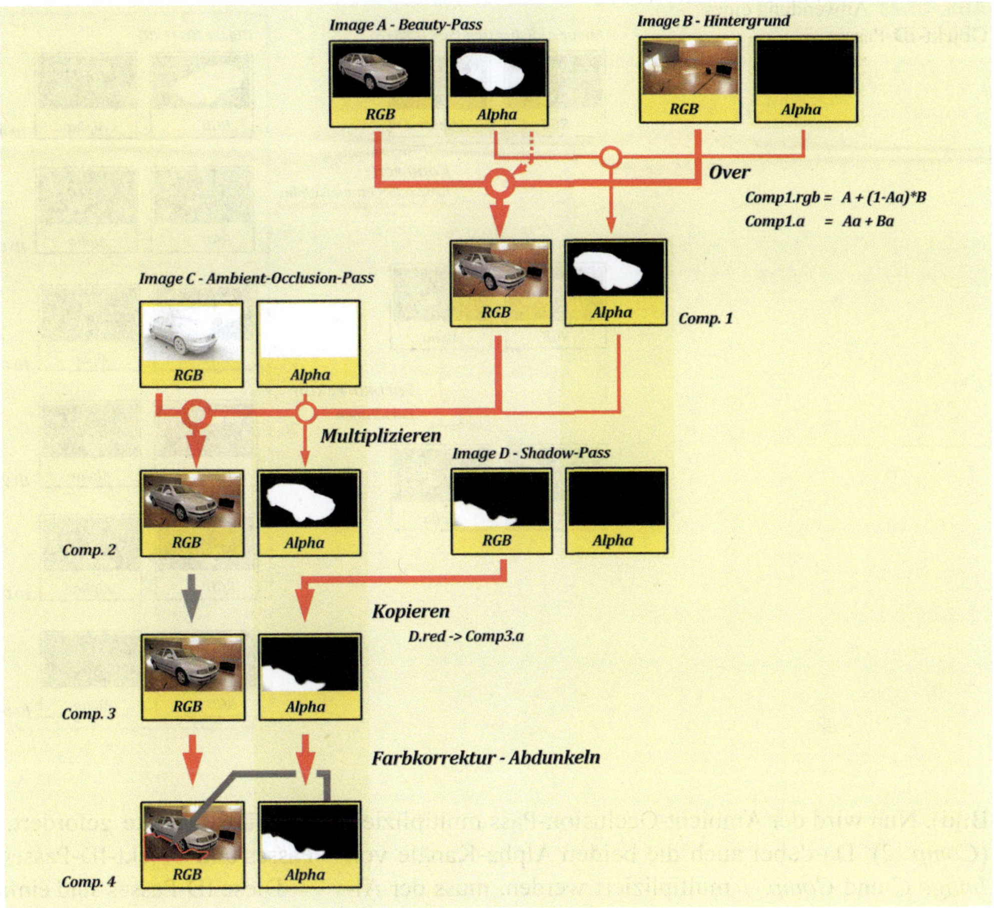

Abb. 10.31 Anwenden eines Shadow-Passes (Schema)

den Alpha-Kanal des Streams gelegt werden. Im Bild befindet sich mit der Bodenplatte ein Fremdelement, sodass noch eine Vormultiplikation stattfinden muss, um das Fahrzeug freizustellen.

Anwenden von Shadow-Passes

Schatten (engl. *shadows*) sind für einen realistischen Bildeindruck von herausragender Bedeutung. Deshalb wird oft nicht nur die Schattenbildung in der Interaktion zwischen den Objekten und Lichtern einer 3D-Szene gerendert, sondern auch – zumindest grob – die Umgebung auf der Filmaufnahme nachmodelliert (engl. *shadow catcher*) oder eine Bodenplatte eingefügt, um einen wirklichkeitsgetreuen Schattenwurf zu erhalten.

Shadow-Passes werden zwar prinzipiell multipliziert, in der praktischen Anwendung ist allerdings ein alternatives Vorgehen gebräuchlich. Um mehr Kontrolle zu erhalten, wird der Schattenpass als Maske verstanden und der Hintergrund im Maskenbereich abgedunkelt. Dadurch ist eine bessere Färbung des Schattens und eine genauere Gestaltung der Schattendichte möglich. Konsequenterweise wird die Maske in den 3D-Programmen deshalb auch invers – der Schattenbereich ist weiß – ausgegeben.

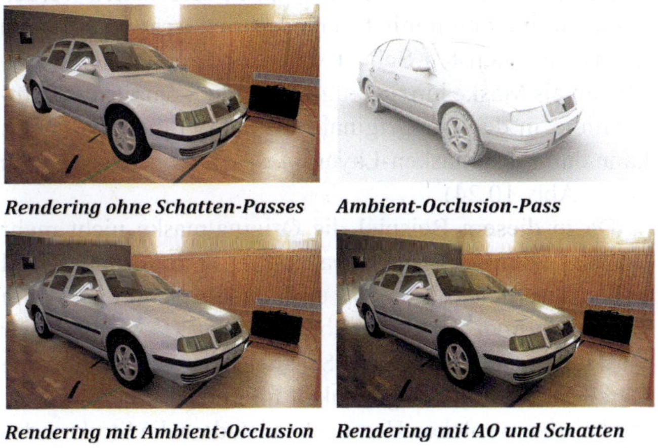

Abb. 10.32 Anwenden eines Shadow-Passes (Renderings)

Abbildung 10.31 zeigt das Schema und Abb. 10.32 die einzelnen Renderphasen der Anwendung eines Ambient-Occlusion-Passes und eines Shadow-Passes. Der Stream beginnt beim Hintergrund (*Image B*). Im ersten Schritt wird der zusammengesetzte und vormultiplizierte Beauty-Pass über den Hintergrund komponiert (*Comp. 1*). Es ist deutlich zu erkennen, dass das Bild nicht realistisch ist, da die Schattenkomponente fehlt (Abb. 10.32, oberes linkes

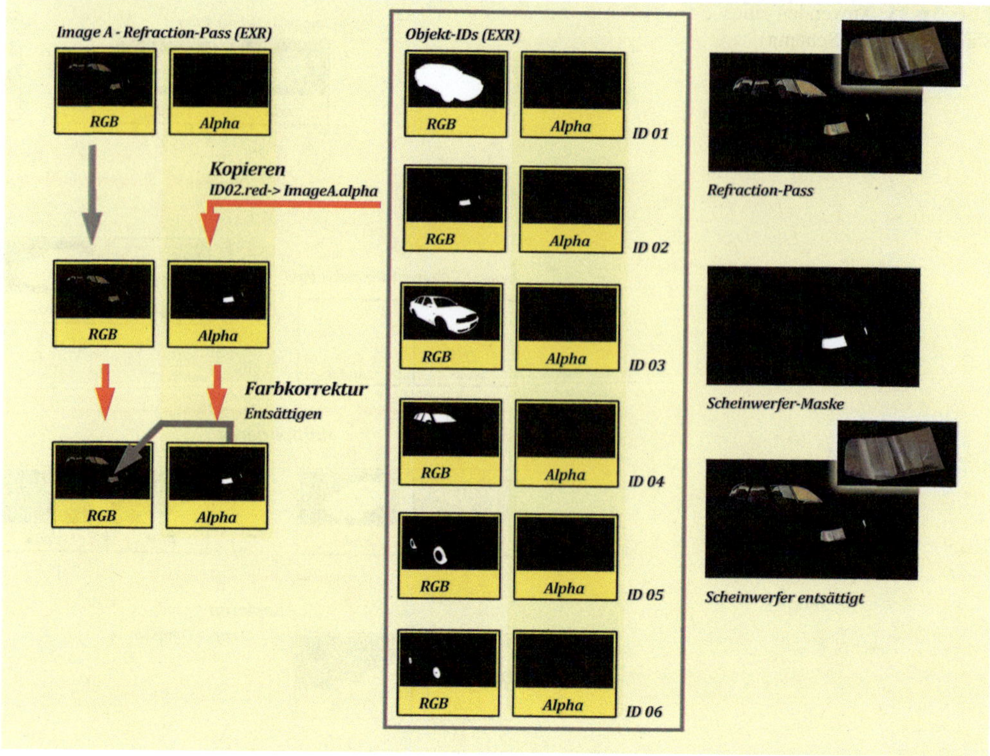

Abb. 10.33 Anwendung eines Objekt-ID-Passes

Bild). Nun wird der Ambient-Occlusion-Pass multipliziert (*Comp. 2*). Da dabei auch die beiden Alpha-Kanäle von *Image C* und *Comp. 1* multipliziert werden, muss der Alpha-Kanal des Ambient-Occlusion-Passes weiß (1,0) sein, wenn die Maske im Stream (*Comp. 1*) beibehalten werden soll (Multiplikation mit 1 verändert den Ausgangszustand nicht). Im nächsten Schritt wird der Schatten-Pass dem Stream als Maske hinzugefügt. Bei einer komplexen Komposition, in der die Original-Maske noch benötigt wird, kann dafür der Masken-Layer (*mask.a*) verwendet werden (siehe Abb. 10.24).

Da in diesem Beispiel die Originalmaske nicht mehr benötigt wird, kann der Schattenpass in den Alpha-Kanal kopiert werden (*Comp. 3*) und sie überschreiben. Zum Abschluss findet eine Farbkorrektur statt (*Comp. 4*). Hier wird der von der Maske des Schatten-Passes umschlossene Bereich des Bildes abgedunkelt und eingefärbt. Der Vorteil bei einem solchen Herangehen ist, dass die Struktur des Hintergrundes teilweise beibehalten werden kann, wenn die Maske nicht vollständig opak angewendet wird. Alternativ zu diesem Beispiel kann der Schattenpass auch direkt auf den Hintergrund angewendet werden, noch vor der Komposition des Beauty-Passes.

Anwendung von ID-Passes

Obwohl die Verwendung von Render-Layern und Multi-Passes eine weitgehende Kontrolle über das Compositing von 3D-Inhalten bietet, ist oft eine noch genauere Unterteilung der 3D-Elemente gefordert. Hier kommen die Shader-ID-Passes und Objekt-ID-Passes zum Einsatz.

Diese ID-Passes sind einfache Graustufenmasken, die die entsprechenden Elemente umschreiben. Die Grundidee bei der Verwendung von Shader-IDs ist, dass die Shader Oberflächeneigenschaften generieren, die – unabhängig von den 3D-Modellen – bei einer Farbkorrektur gleich behandelt werden sollten. Somit ist es sinnvoll, alle Objekte, für die der Shader angewandt wurde, in einer Shader-ID-Maske zusammenzufassen.

Weit verbreitet sind auch Objekt-ID-Masken. Hier wird für jedes Objekt oder Element eine eigene Maske erzeugt und gemeinsam in einer OpenEXR-Datei ausgegeben. Hierbei ist bei der Planung eine auf Erfahrung basierende vorausschauende Arbeitsweise sinnvoll, um einerseits nicht zu viele Masken zu erzeugen und andererseits fehlende nicht nachliefern zu müssen. Das relativ aufwendige Erstellen dieser ID-Passes kann in der Regel durch spezialisierte Plug-ins und Skripte weitestgehend automatisiert werden.

Abbildung 10.33 zeigt die Anwendung eines Object-ID-Passes. Die gerenderten Scheinwerfer eines Fahrzeuges sind durch die starken Brechungen im *Refraction-Pass* unnatürlich eingefärbt und sollen entsättigt werden. Dazu wird die entsprechende Maske aus einer Object-ID-Datei (OpenEXR) in den Alpha-Kanal des Refraction-Passes kopiert. Anschließend erfolgt die Farbkorrektur des Refraction-Passes in dem maskierten Bereich. Er kann dann nach der Bearbeitung gemäß Abb. 10.30 in das Multi-Pass-System eingefügt werden.

Abb. 10.34 Multipass-Compositing mit Multi-Channel-Layern

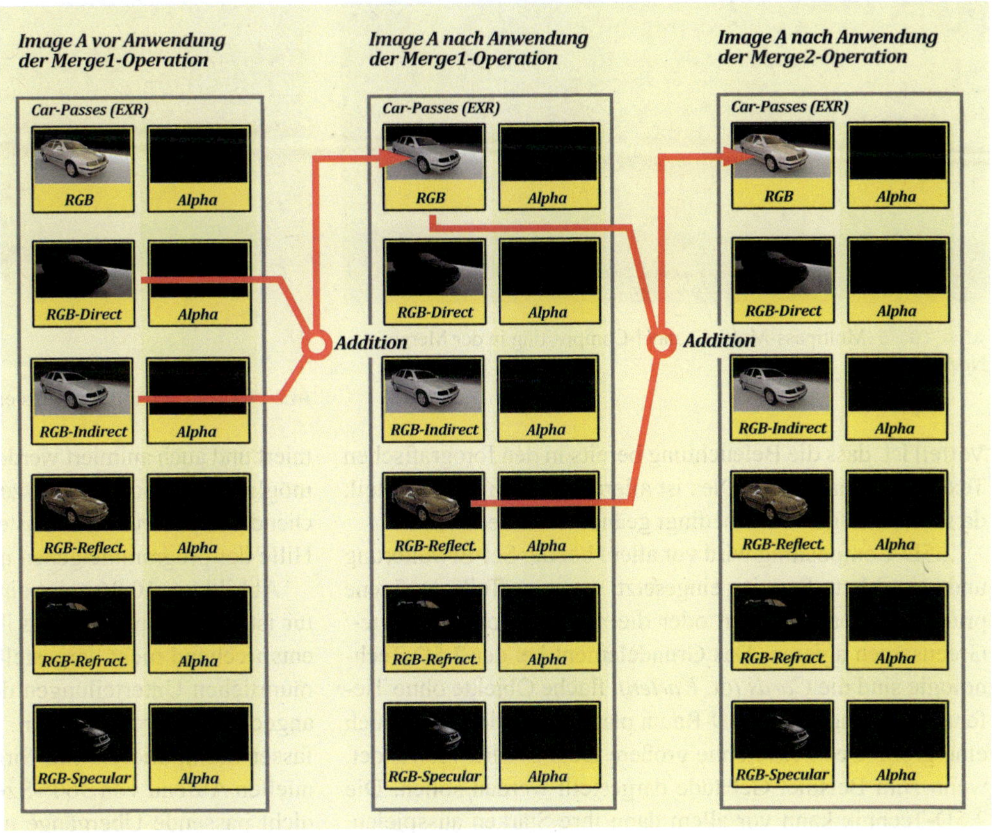

10.3.4 Multi-Pass-Compositing in Multi-Channel-Layern

Für komplexe Szenen können teilweise mehr als hundert Pässe vorhanden sein. Dies stellt hohe Anforderungen an die Organisation dieser Daten. Von großem Vorteil ist deshalb die Verwendung von OpenEXR-Dateien, die mehrere Multi-Passes enthalten können. Der Nachteil ist allerdings, dass die einzelnen Passes im traditionellen Compositing jeweils in RGB-Kanäle gelegt werden müssen, um sie weiterzuverarbeiten. Um das zu vermeiden, wurde im modernen Herangehen das Konzept von *Multi-Channel-Layern (Channel-Sets)* entwickelt. Dabei wird nur ein Bild geladen, in dem alle Multi-Passes in einzelnen Channel-Sets (ähnlich wie Photoshop-Ebenen) angeordnet sind. Bei der Bearbeitung wird dann direkt auf diese Channel-Sets zugegriffen, ohne diese extrahieren zu müssen.

Abbildung 10.34 zeigt den Aufbau einer OpenEXR-Datei. Sie beinhaltet den Beauty-Pass im obersten Channel-Set und in den anderen Ebenen fünf Render-Passes. Das oberste Channel-Set wird als Standard-RGBA-Layer interpretiert und im Viewer des Compositing-Programms dargestellt. Deshalb ist es sinnvoll, die Ergebnisse der Compositing-Operationen in den RGB-Kanälen zu platzieren, da sie sofort angezeigt werden und der Viewer nicht umgeschaltet werden muss. Dabei wird zwar der Beauty-Pass überschrieben, da Compositing aber prinzipiell non-destruktiv ist, kann er bei Bedarf aus der Original-Datei kopiert werden.

Nun werden die einzelnen Passes zusammengefügt. Im ersten Schritt erfolgt die Addition des *Direkten-Licht-Passes* mit dem *Indirekten-Licht-Pass,* wobei das Ergebnis in die RGB-Kanäle geschrieben wird. Im nächsten Schritt werden die RGB-Kanäle der Datei – die das Zwischenergebnis enthalten – mit dem nächsten Pass addiert und das Ergebnis wieder in die RGB-Kanäle gelegt, bis alle Passes zusammengefügt wurden.

Compositing-technisch werden bei diesen Verknüpfungen der Operator (Merge-Node) in beiden Eingängen mit der OpenEXR-Datei verbunden und die entsprechenden Channel-Sets ausgewählt (siehe Abb. 10.35). Die Alpha-Kanäle werden dabei nicht berücksichtigt.

10.4 2.5D-Technologien und Set-Extensions

Das 2.5D-Compositing ist eine innovative Technologie, die in den letzten Jahren in der Bewegtbildproduktion weite Verbreitung gefunden hat. Sie kombiniert Fotorealismus mit 3D-Kamerabewegungen und ist dadurch gegenüber einer 3D-Pipeline mit Modellieren, UV-Mapping, Texturieren, Beleuchten und Rendern wesentlich unaufwendiger bei oft gleicher oder besserer Qualität des Endergebnisses. Von großem

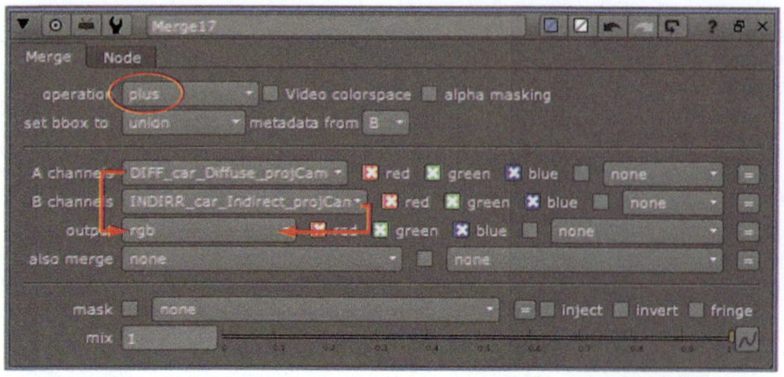

Abb. 10.35 Multipass-Multi-Channel-Compositing in der Merge-Node in Nuke

Abb. 10.36 Card mit 4 × 4-Rasterung

Vorteil ist, dass die Beleuchtung bereits in den fotografischen Texturen enthalten ist. Dies ist allerdings auch ein Nachteil, da sie nachträglich nur bedingt geändert werden kann.

2.5D-Compositing wird vor allem bei der Set-Erweiterung und beim Matte-Painting eingesetzt, wenn nur Teile der Szene praktisch gebaut werden oder die Akteure vor dem Blue-/Greenscreen agieren. Das Grundelement bei der 2.5D-Technologie sind die *Cards (*dt. *Karten)*, flache Objekte ohne Tiefenausdehnung, die im 3D-Raum platziert werden. Aber auch eine grobe Geometrie ohne größere Details wird verwendet, wenn zum Beispiel Gebäude dargestellt werden sollen. Die 2.5D-Technik kann vor allem dann ihre Stärken ausspielen, wenn die zu texturierende Geometrie eben ist wie zum Beispiel eine Hauswand, Fenster, Türen oder Werbeplakate. Aber auch Hintergrundobjekte können gut dargestellt werden, da durch die Raumkomprimierung ihre Tiefenwirkung weitestgehend aufgehoben wird, wenn sie weit genug von der Kamera entfernt sind. So können ab einen gewissen Abstand Bäume, Kraftfahrzeuge und ab dem Mittelgrund auch Menschen und Tiere problemlos auf Cards texturiert oder projiziert werden. Der Nachteil ist allerdings, dass dreidimensionales Detail besonders im Vordergrund meist nicht ausreichend dargestellt werden kann. Auch ist die Fahrt der Kamera, die die Szene abfotografiert, begrenzt, da vor allem projizierte Texturen leicht zu Verzerrungen neigen. Kann mit der 2.5D-Technik keine befriedigende Lösung gefunden werden, muss die Umgebung vollständig dreidimensional modelliert werden.

10.4.1 Verwenden von Cards im Compositing

Cards (dt. *Karten*) sind zweidimensionale Objekte, die beliebig im Raum platziert werden können und beim traditionellen Herangehen texturiert sind. Sie benötigen keine separate UV-Map, da sie keine Tiefenausdehnung haben und somit Fotografien problemlos in den 3D-Raum übertragen. Die Compositing-Programme verwenden dafür eine automatische Referenzierung.

In vielen Fällen ist es möglich, eine 3D-Szene allein mit diesen Karten aufzubauen, die entsprechend räumlich transformiert und auch animiert werden können. So ist es zum Beispiel möglich, den Boden der Szene mit einer Card, die entsprechend gedreht wurde, darzustellen. Die Cards werden dann mit Hilfe der programmeigenen unsichtbaren UV-Map texturiert.

Abbildung 10.36 zeigt eine Card in Nuke. Die Baumtextur ist vormultipliziert und ihr transparenter Teil wird dementsprechend nicht dargestellt. Ebenso zu erkennen sind die räumlichen Unterteilungen der Card, die weitestgehend frei angeordnet werden können. Die Karte lässt sich durch Anfasser manipulieren und formen, was besonders beim manuellen Aufbau von 360°-Szenen von großem Vorteil ist, da nicht passende Übergänge nachjustiert werden können. Da sich diese Anfasser animieren lassen, kann bei geschickter Manipulation zum Beispiel bei Bäumen der Eindruck von windbewegten Ästen hervorgerufen werden.

Die Cards können nun frei im Raum angeordnet werden. Abbildung 10.37 zeigt den Aufbau eines Zaunes, der in die Landschaft eingefügt werden soll. In die Szene sind vier Zaunpfähle in unterschiedlicher Tiefenstaffelung eingefügt. Außerdem befindet sich im 3D-Raum eine entsprechend geformte Card, die in der z-Richtung angeordnet ist, in die Tiefe führt und Verbindungsdrähte enthält. Das entsprechende Rendering kann dann auf die Landschaftsaufnahme komponiert werden. Da die Objekte an der richtigen Position im Raum angeordnet sind, generieren sie auch die entsprechende Parallaxenänderung, wenn sich die Render-Kamera bewegt.

10.4.2 Kameraprojektion auf Cards

Die Kameraprojektion (engl. *camera projection*) ist ein mächtiges Werkzeug im 2.5D-Compositing. Diese Technik kombiniert Matte-Painting mit 3D-Umgebungen. Auch hier finden Cards ihre Verwendung, die bei Bedarf von grob modellierter Geometrie ergänzt werden. Auf diese Cards wird dann das Bild im Gegensatz zur traditionellen Vorgehensweise nicht texturiert, sondern mit einer als Projektor fungierenden Kamera projiziert. Dies ist ähnlich einer modernen Theateraufführung, bei der das Bühnenbild mit Leinwänden gestaltet wird, auf die die entsprechenden Bilder projiziert werden.

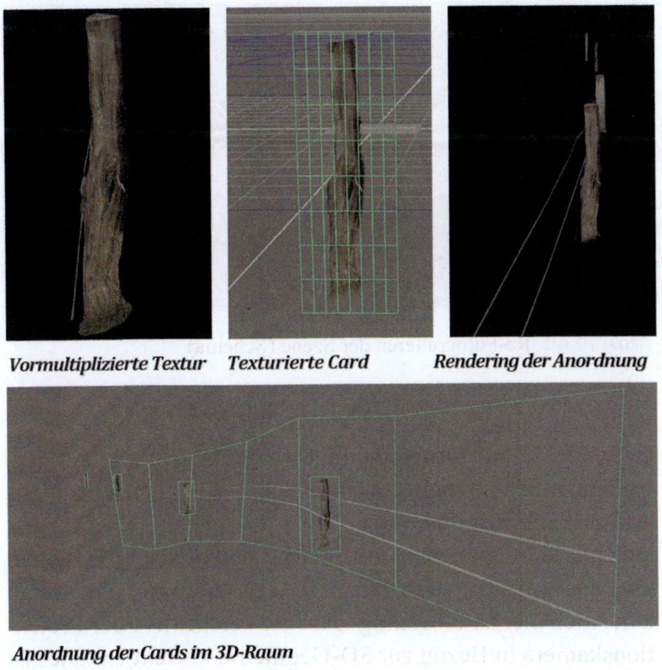

Abb. 10.37 Texturierte Cards

In dem so aufgespannten Kunstraum können sich die Schauspieler bewegen.

Es ist möglich, die Projektionskamera frei im 3D-Raum zu positionieren. In vielen Fällen wird sie aber anhand einer bestimmten Position (Frame) innerhalb einer bereits vorhandenen Kamerabewegung definiert. Hierzu ist eine vom Matchmoving-Prozess generierte Kamera prädestiniert, da einerseits Blickwinkel, Brennweite und andere Kameraparameter auf die digitale Ebene übertragen wurden und andererseits Positionen im 3D-Raum durch die entsprechenden Marker vorhanden sind. Dies erfordert eine gute Kommunikation zwischen den Filmabteilungen, da die Marker für die Platzierung der Cards an den entsprechenden Positionen im 3D-Raum vorhanden sein müssen (vgl. Diskussion Abschn. 10.4.6). Für diese Arbeiten ist eine Repräsentation der Umgebung in Form einer Lidar-Scan-Punktwolke von großer Hilfe.

Die grundlegende Aufgabe für das Generieren dieser Projektionskamera liegt somit vor allem in der Auswahl des in der Bildsequenz vorhandenen besten Frames, das so viel wie möglich von dem zu projizierenden Objekt zeigt. Das dazugehörige Bild wird dann grafisch manipuliert und von der Kamera auf eine Card oder ein 3D-Modell projiziert. Die Projektionskamera kann dann entweder aus der Matchmoving-Sequenz kopiert werden oder es wird ein Operator eingefügt, der die Kamera über die gesamte Sequenz in dem Projektionsframe festhält (engl. *frame hold*).

Die Abb. 10.38 und 10.39 zeigen das Schema einer Kamera-Projektion und das entsprechende Rendering. Dabei wird eine Card in der x/z-Ebene im 3D-Raum als Bodenplatte eingefügt. Die Projektions-Kamera wird in Position und Projektionswinkel entsprechend angepasst oder aus einer Matchmove-Sequenz generiert und projiziert das Bild auf die Card. Eine weitere Kamera nimmt die Szene auf. In diesem Fall hat sie zu Beginn der Kamerafahrt die gleiche Position wie die Projektions-Kamera (siehe auch Abschn. 10.2.3).

Im Compositing wird die Szene dann zusammengesetzt. Ein entsprechender Hintergrund beginnt den Compositing-Stream. Im nächsten Schritt wird die Bodenplatte hinzugefügt und zum Abschluss werden die Zaunelemente aus Abb. 10.37 darüber komponiert.

10.4.3 Re-Fotografieren der 2.5D-Szene

Ein wichtiger Bestandteil des Kamera-Projektions-Workflows ist die Render-Kamera (auch Shot-Kamera), die die 2.5D-Szene abfotografiert. Hierbei gibt es eine Reihe von Möglichkeiten:

1. Eine neue Kamera kann an einer beliebigen Stelle der Szene eingefügt werden. Die Position muss allerdings so festgelegt werden, dass keine Verzerrungen der Texturen auftreten (siehe Abb. 10.42, Bild unten links).
2. Die Projektionskamera fungiert als Render-Kamera. Dazu wird die Projektionskamera in der Regel kopiert. Da der Blickwinkel zwischen Projektionskamera und Render-Kamera identisch ist, treten keine Verzerrungen auf.
3. Die Matchmove-Kamera filmt die Szene ab.

Alle drei Kameratypen können animiert werden oder sind es bereits, wie im Falle der Matchmove-Kamera. Dabei können sie sich nur in einem begrenzten Rahmen bewegen, ohne dass die Texturen verzerrt aufgenommen werden. Dieser Rahmen ist aber meist ausreichend, um eine sichtbare Parallaxenän-

Abb. 10.38 Projektion auf eine Card (Schema)

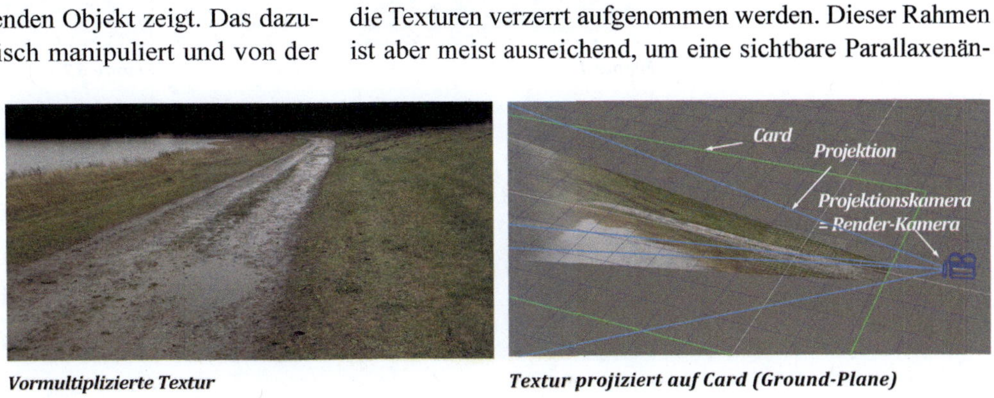

Abb. 10.39 Projektion auf eine Card (Rendering)

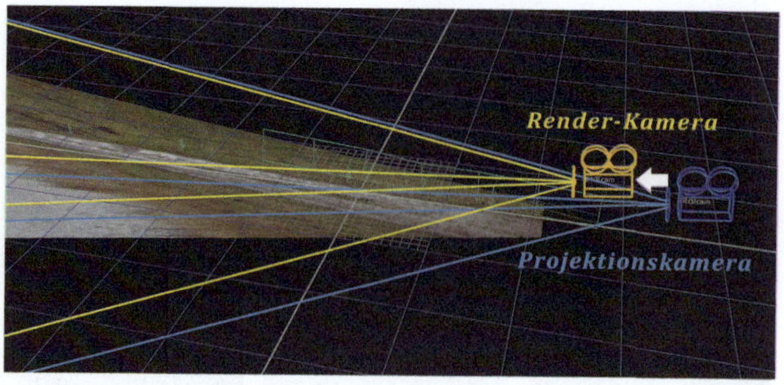

Abb. 10.40 Re-Fotografieren der Szene (Schema)

derung zu generieren und damit den Eindruck einer realen Kamerafahrt zu erzeugen.

Die Abb. 10.40 und 10.41 zeigen das Schema des Re-Fotografierens einer 2.5D-Szene und vier Frames des Renderings. Hierbei wird die blaue Projektionskamera kopiert. Die gelbe Render-Kamera bewegt sich entlang der Projektionsrichtung und fotografiert die Szene ab. Infolge der Parallaxenänderung der Zaunpfähle und vor allem des Zaundrahtes wird eine reale Kamerafahrt simuliert.

10.4.4 Projektionen auf 3D-Geometrie

Der Bodenbereich in der Szene im Abschn. 10.4.3 steigt nach rechts an. Abhängig von der Weiterverwendung einer Aufnahme – Dauer der Sequenz, Qualitätsansprüche, Schnittumgebung im Film usw. – ist es möglich, den Betrachter mit der hier verwendeten flachen Bodenplatte zu täuschen. Es kann aber auch notwendig sein, das Gelände zu modellieren. Dies ist vor allem dann sinnvoll, wenn noch weitere CG-Elemente (wie z. B. Charaktere) eingefügt werden sollen, die mit dem Bodenbereich interagieren, oder Schatten realistisch auf das Gelände fallen sollen.

Eine 3D-Geometrie, auf die die entsprechenden Bilder projiziert werden, weist zumeist nur das notwendigste Detail auf. Auch hier ist es wichtig, dass die Perspektive der Projektionskamera in Bezug zur 3D-Geometrie korrekt ist. Dies ist bei Verwendung von Matchmove-Kameras und dem dazugehörigen Bildmaterial automatisch der Fall. Wird ein Standbild am Set aufgenommen, das für Projektionen verwendet werden soll, ist es sinnvoll, den Kamerastandpunkt und damit den Blickwinkel der späteren Render-Kamera zu simulieren.

Manchmal ist es notwendig, den Standpunkt der Kamera aus einem vorhandenen Bild zu ermitteln. Hier kommen Technologien wie das Perspektive-Matching zum Einsatz (siehe Abschn. 9.6.3). Die so gewonnene Kamera kann dann ebenfalls in den im vorhergehenden Abschnitt definierten Grenzen bewegt werden.

Abbildungen 10.42 und 10.43 zeigen das Schema der Projektion auf 3D-Geometrie einer 2.5D-Szene und vier Frames

Abb. 10.41 Re-Fotografieren der Szene (Renderings)

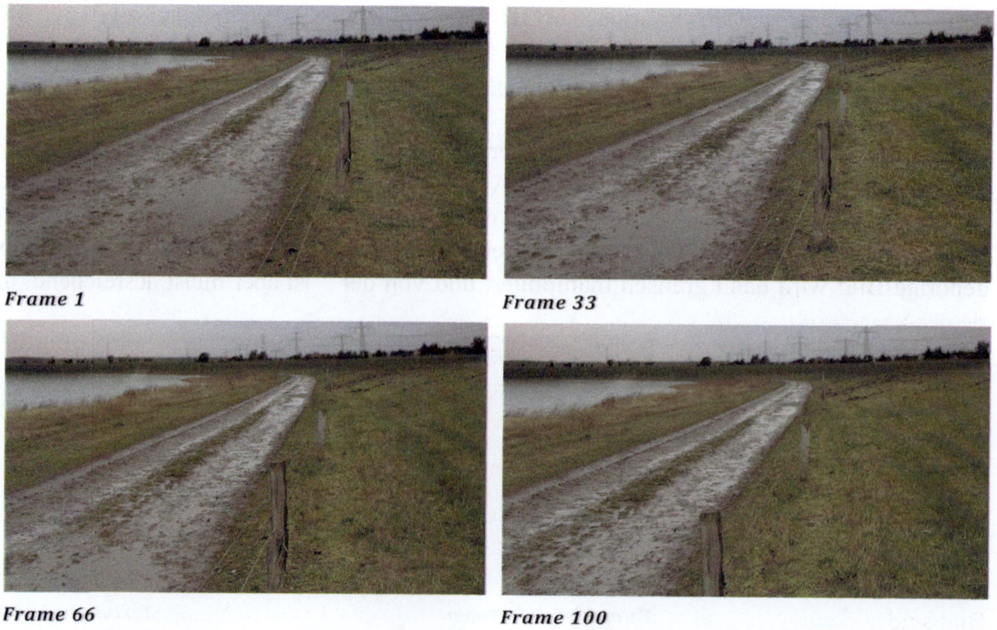

Abb. 10.42 Projektion auf 3D-Geometrie (Schema)

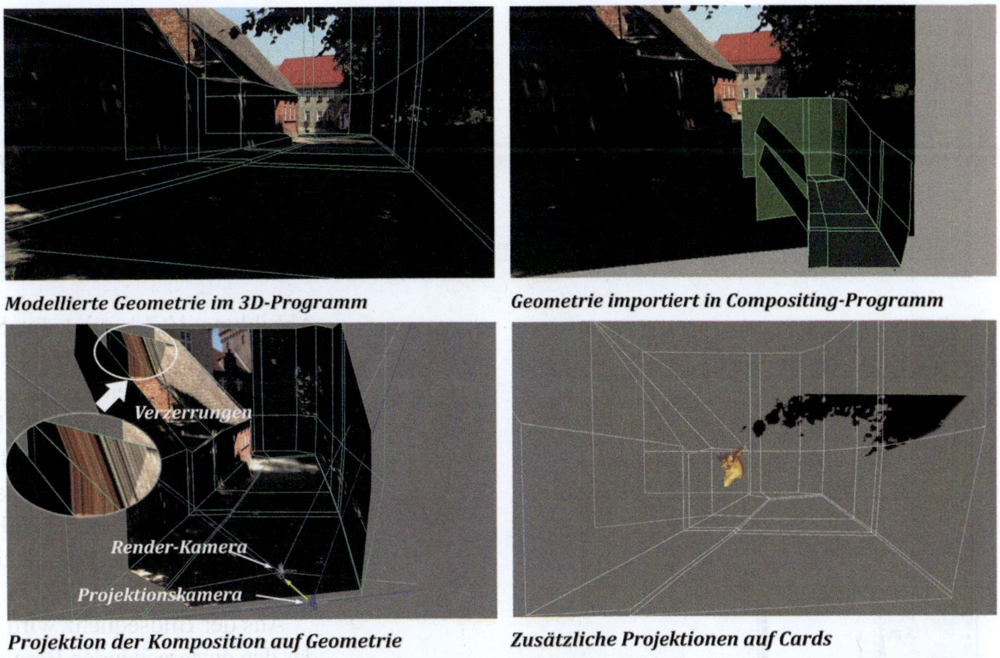

Abb. 10.43 Projektion auf 3D-Geometrie (Renderings)

des Renderings. Im ersten Schritt wird der Kamerastandpunkt der originalen fixierten Kamera ermittelt und die Geometrie der Szene grob nachgebaut (siehe Abb. 10.42, Bild oben links). Diese Geometrie und die dazugehörige 3D-Kamera werden in das Compositing-Programm importiert (Bild oben rechts). Dann wird das Compositing aufgebaut und die Bildsequenz auf die Geometrie projiziert. Im nächsten Schritt erfolgt das Kopieren der Projektionskamera, die dann als Render-Kamera verwendet wird. Die Render-Kamera kann sich in begrenztem Maße bewegen und führt eine Kamerafahrt in die Tiefe der Szene aus (Bild unten links). In diesem Bild sind auch die Verzerrungen der Textur zu erkennen, die aufgrund der Position der Editor-Kamera, die diese Abbildung fotografiert, auftreten. Als weitere Elemente wurden Teile des Blattwerks eines Baumes auf eine Card gelegt und eine Feuersequenz auf einer weiteren Card eingefügt. Auch hier sorgt die Parallaxenänderung für den Eindruck einer realen Kamerafahrt.

10.4.5 Erzeugen einer Clean Plate

Der Einsatz der 2.5D-Projektionstechnik in einer Film-Pipeline ist vielfältig. Die wichtigsten Anwendungsgebiete sind

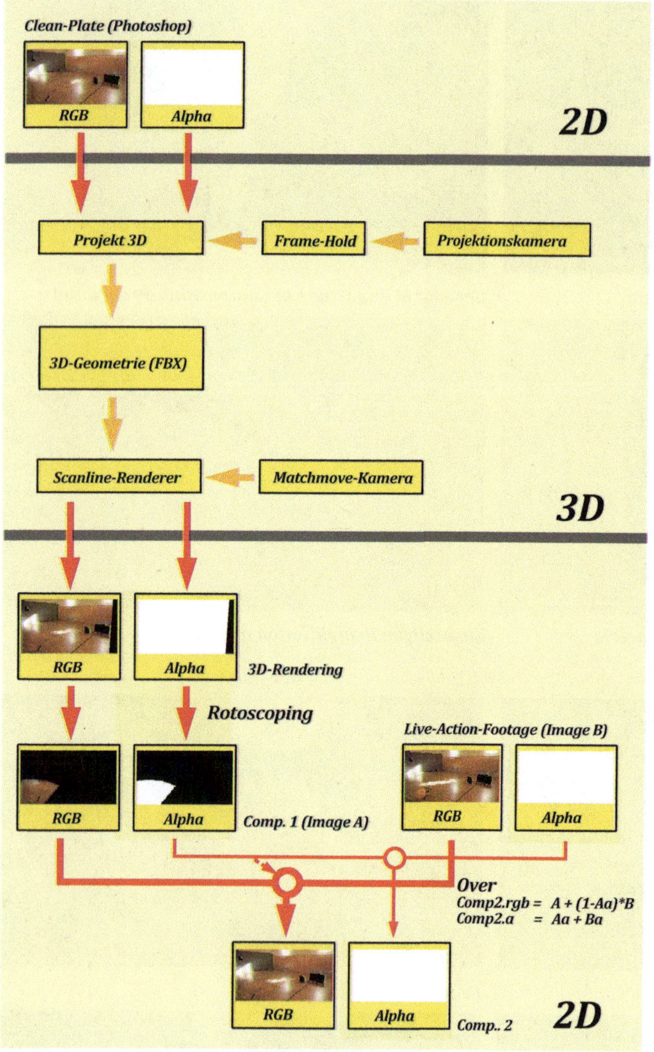

Abb. 10.44 Generieren einer Clean-Plate (Schema)

die Set-Erweiterung und das Erzeugen einer Clean-Plate. Eine Clean-Plate ist eine Filmaufnahme, in der bestimmte störende Elemente entfernt wurden. Das kann anachronistisches Detail sein, regional falsche Bildelemente, Fehler in der Aufnahme wie sichtbare Dolly-Schienen oder Glas- und Wasserspiegelungen in einer Stereo3D-Aufnahme. Auch Shots, in denen Requisiten ausgetauscht, Stuntmen mit CG-Charakteren ersetzt oder die Steuerkabel von Animatronics entfernt werden sollen, gehören zu den Anwendungsgebieten der Clean-Plate. Dabei muss der durch die Objekte partiell verdeckte Hintergrund wiederhergestellt werden. Clean-Plates können mit den folgenden Techniken erzeugt werden:

1. Die Szene wird zweimal aufgenommen – einmal mit Vordergrundobjekt, einmal nur der Hintergrund. Dabei ist die Kamera entweder unbewegt (*locked-off*) oder ein Motion-Control-System wird verwendet.
2. *Reveal-Painting* in der Postproduktion. Ein oder mehrere Bilder aus der Bildsequenz, in denen das zu entfernende Objekt nicht vorhanden ist, werden verwendet. Der freie Hintergrund in den einzelnen Frames wird maskiert und zu einem Bild zusammengesetzt.
3. Wire- oder Rig-Removal kann verwendet werden.
4. Ein Standbild (Still) des wiederherzustellenden Elementes wird mittels eines Trackers an die Originalaufnahme angepasst.
5. Die Kameraprojektion wird verwendet.

Abbildung 10.44 zeigt das Schema des Generierens einer Clean-Plate und Abb. 10.45 stellt ausgewählte Ansichten im 3D-Raum bzw. Renderings dar. Die Aufgabe in diesem Beispiel ist, Elemente – hier die beiden gelben Turngeräte – aus einer VFX-Aufnahme zu entfernen (siehe Abb. 10.45, obere Reihe links). Außerdem muss die Einstrahlung der Sonne durch das rechte Fenster teilweise beseitigt werden, damit sie nicht mit dem vom einzufügenden Objekt generierten Schatten kollidiert.

Aus der Bildsequenz wird deshalb ein Frame ausgewählt, das den entsprechenden Bereich gut abbildet (Frame 35). Dieses Bild wird in Photoshop bearbeitet und die infrage kommenden Objekte übermalt. Mit diesem Arbeitsschritt sind die Objekte aber nur in einem Frame der gesamten Sequenz entfernt worden. Da sich die Kamera bewegt und ein Weitwinkelobjektiv bei der Aufnahme genutzt wurde, sind die perspektivischen Verzerrungen zu groß, um die wiederhergestellten Teile des Turnhallenbodens in die anderen Frames ohne perspektivische Nachbearbeitung zu kopieren.

Es wird deshalb die 2.5D-Kameraprojektion angewendet. Dazu wird die Matchmove-Kamera kopiert und als Projektionskamera verwendet. Damit sie sich nicht bewegt, sondern in der Position von Frame 35 fixiert bleibt, wird ein Frame-Hold-Operator eingefügt. Die Projektionskamera (blaue Kamera in Abb. 10.45) projiziert das in Photoshop bearbeitete Bild auf eine unter Verwendung der Matchmove-Daten in einem 3D-Programm erzeugte grobe Geometrie des Turnhallensaals. Diese wird als FBX-Datei importiert. Die originale Matchmove-Kamera (gelbe Kamera in Abb. 10.45) filmt dann die Projektion der bearbeiteten Clean-Plate ab. Je weiter sie sich vom Ausgangspunkt in Frame 35 entfernt, desto mehr ändert sie die Position gegenüber der fixierten Projektionskamera (Abb. 10.45, obere Reihe rechtes Bild). Dadurch filmt sie Bereiche der 3D-Geometrie, die nicht von dem Projektionsbild bedeckt sind.

Dies ist im Schema in Abb. 10.44 im 3D-Rendering zu erkennen, das einen schwarzen Rand aufweist, der desto größer wird, je weiter sich die Matchmove-Kamera dem Ende der Aufnahmesequenz nähert. Da aber nur der Bereich der Clean-Plate benötigt wird, der die gelben Turngeräte und den Lichteinfall bedeckt, können diese maskiert und über die Originalaufnahme gelegt werden. Aufgrund der Tatsache, dass die Perspektive zwischen 3D-Turnhallengeometrie und Render-Kamera infolge des Matchmove-Prozesses stimmt,

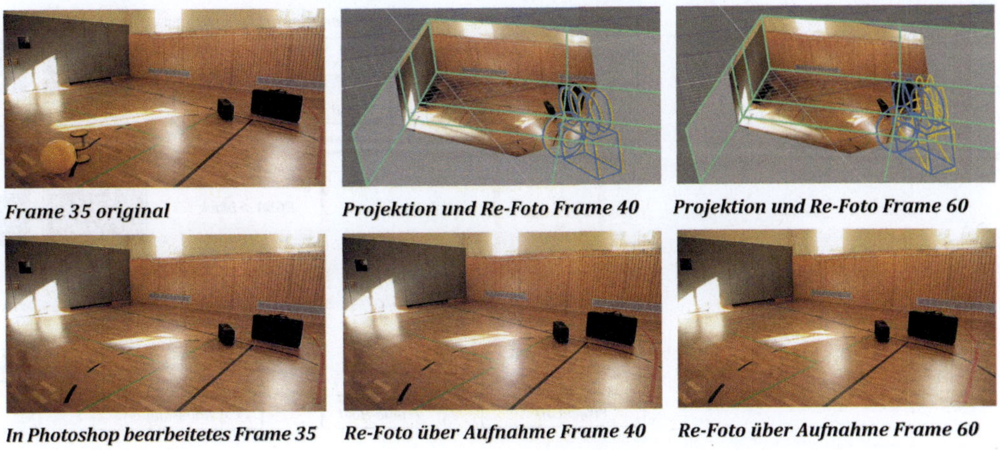

Frame 35 original — *Projektion und Re-Foto Frame 40* — *Projektion und Re-Foto Frame 60*

In Photoshop bearbeitetes Frame 35 — *Re-Foto über Aufnahme Frame 40* — *Re-Foto über Aufnahme Frame 60*

Abb. 10.45 Generieren einer Clean-Plate (Renderings)

werden auch alle perspektivischen Verzerrungen erfasst und führen zu einem nahtlosen Ergebnis.

10.4.6 Anwenden des Multi-Channel-Systems im 3D-Raum

Insbesondere beim Compositing mit bewegter Kamera befinden sich häufig Elemente im programmeigenen 3D-Raum. Oft ist es dabei notwendig, diese auf unterschiedlichen Ebenen mit dem Live-Action-Footage zu verknüpfen. Teile der internen 3D-Szene werden somit hinter der Live-Aufnahme angeordnet und andere davor, die fertige 3D-Szene wird kopiert und das Ergebnis der jeweiligen Renderer entsprechend übereinander komponiert. Ein eleganterer Weg ist die Nutzung des Multi-Channel-Systems. Hierbei werden die Texturen und Projektionsbilder in andere Channel-Sets als in das grundlegende RGBA-Set gelegt. Da der Renderer die einzelnen Channel-Sets gleichzeitig rendert, aber unterschiedlich ausgibt, können mehrere Compositing-Ebenen in einer Szene gerendert werden. Problematisch ist dabei allerdings der Umgang mit den Alpha-Kanälen, die sich teilweise überlagern. Hier ist vorausschauende Planung notwendig.

Abbildung 10.46 stellt ausgewählte Renderings einer Komposition dar, bei dem das Multi-Channel-System für 3D-Rendering angewendet wurde. Abbildung 10.47 zeigt das Schema. Die Kompositionsebenen sind wie folgt angeordnet:

1. Der Hintergrund ist ein auf eine grobe 3D-Geometrie projiziertes, vom Scanline-Renderer des Compositing-Programmes gerendertes Matte-Painting (c). Zur Projektion wird die Position der Matchmove-Kamera verwendet, die in einem Frame festgehalten wird, das eine möglichst vollständige Sicht auf die Szene beinhaltet.
2. Nun folgt das maskierte Live-Action-Footage (b), das mit dem Over-Algorithmus über den Hintergrund komponiert wird (d).
3. Das Problem bei dieser Aufnahme ist, dass Teile der Hecke mit einem weißen Tuch maskiert wurden, um einen CG-Charakter einzubauen. Das zur Fixierung verwendete Stativ ist allerdings im Bildbereich des Live-Action-Footage vorhanden, das den Hintergrund bedeckt (a und d). Um das Stativ zu entfernen, muss eine Buschtextur über die entsprechende Stelle des Live-Action-Footages gelegt werden (f).

Das Rendern des Buschelements wird realisiert, indem seine Textur maskiert wird und dann mit einer eigenen Projektionskamera aus der Matchmove-Sequenz auf eine Card projiziert wird. Auch hier wird die Kamera in einem Frame festgehalten. Sie muss aber nicht zwingend die gleiche Position der Hin-

(a) Live-Action-Plate — *(b) Live-Action-Plate (maskiert)* — *(c) Rendering (RGB-Channels)*

(d) Live-Action über RGB-Rendering — *(e) Maskierte Bush-Channels* — *(f) Bush-Channels über (d)*

Abb. 10.46 Das Channel-System im Rendering (Renderings)

Abb. 10.47 Das Multi-Channel-System im Rendering (Schema)

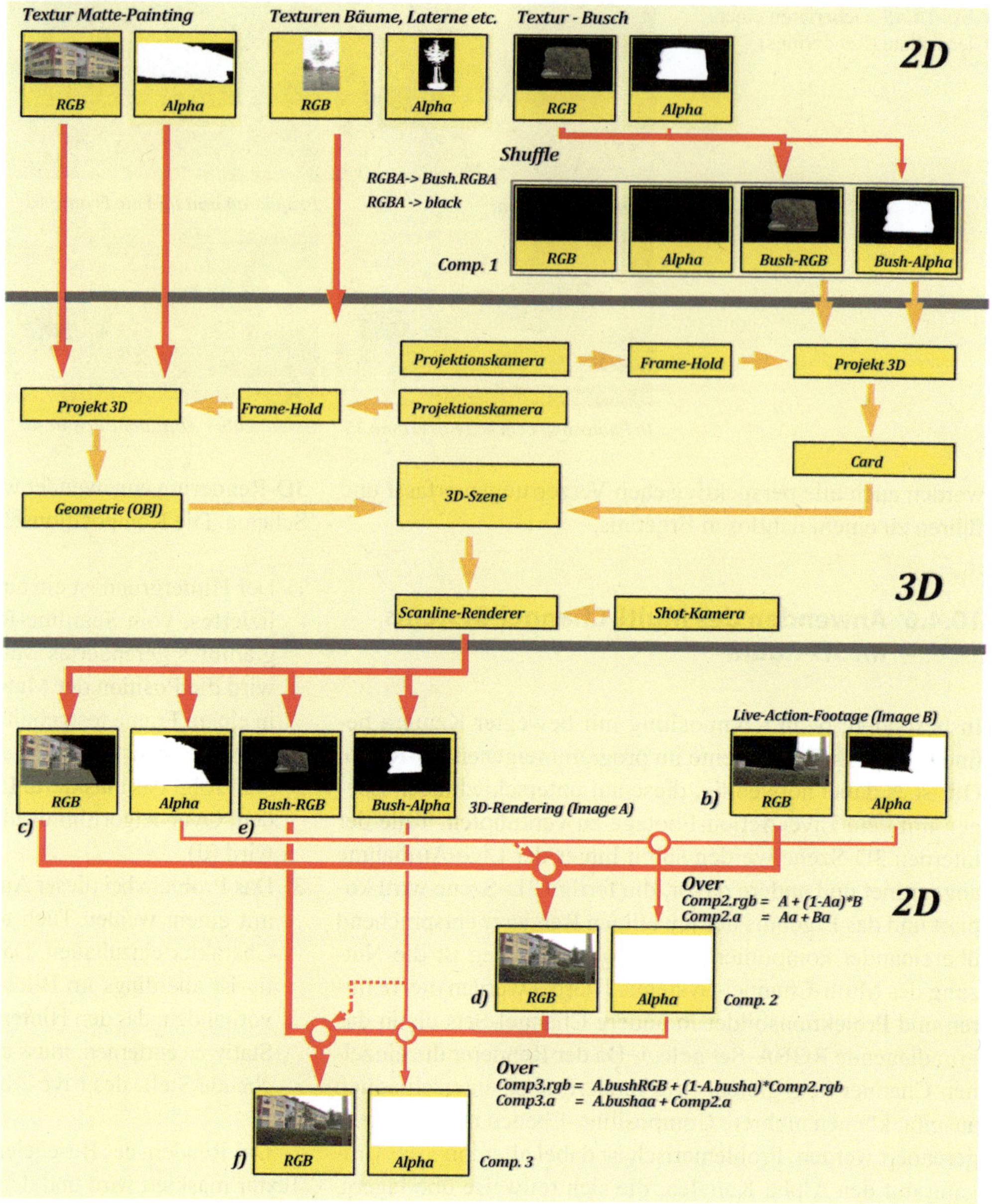

tergrundkamera besitzen. Das genutzte Frame muss vor allem den Busch perspektivisch gut abbilden. Damit es keine Parallaxenverschiebung zwischen dem Live-Action-Footage und der Card gibt, ist es notwendig, die genaue Position des originalen Buschs in der 3D-Szene zu kennen und dort die Card zu platzieren. Hierbei ist ein vorhandener Lidar-Scan äußerst hilfreich. Damit der Hintergrund vom Busch-Rendering getrennt werden kann, wird die Busch-Textur in ein eigenes Channel-Set gelegt und die RGBA-Kanäle mit Schwarz gefüllt (*Comp. 1*).

Der Renderer rendert dann ein Bild, das aus zwei Channel-Sets besteht – RGBA (c) und Busch-RGBA (e). Nun kann das Footage unter Verwendung der ebenfalls gerenderten Maske über den Hintergrund gelegt werden (d, *Comp. 2*). Zum Schluss wird das Rendering in den Bush-Kanälen über das bisherige Ergebnis gelegt (f). Mit dieser Methode kann erhebliche Renderzeit eingespart werden und das Compositing ist auch übersichtlicher.

10.4.7 Set-Erweiterungen

Set-Erweiterungen (engl. *set extensions*) sind eines der wichtigsten Anwendungsgebiete des Compositings. Schon seit den frühen 1900er-Jahren ist diese Filmtechnik gebräuchlich. Sie wurden weitestgehend analog mit Hilfe von Miniaturen, Matte-Paintings, Projektionen und anderen Technologien realisiert. Der Einsatz von Computergrafik findet in größerem Maßstab seit den frühen 1990er-Jahren statt. Je nach Komplexität der Aufnahme kommt entweder die 2.5D- oder 3D-Technik zum Einsatz.

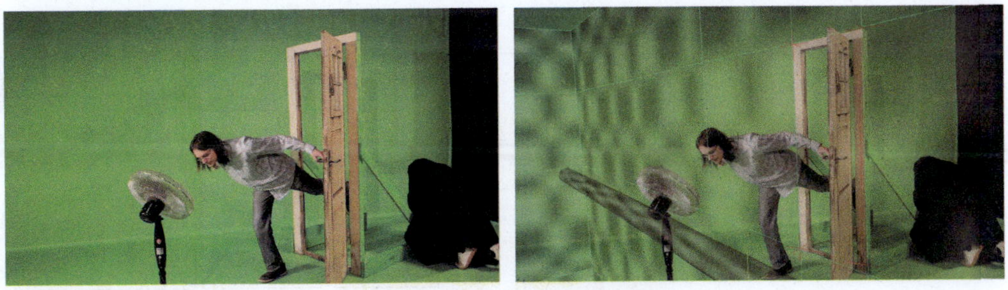

Greenscreen-Aufnahme *Guide-Geometrie*

Abb. 10.48 Anwendung einer Set-Extension

Set-Erweiterungen werden verwendet,

- wenn der Aufbau des kompletten Sets zu teuer ist,
- wenn das Set regional angepasst werden muss (der Film wird zum Beispiel in Marokko gedreht, spielt aber in Bagdad, wo es zum Filmen zu gefährlich ist),
- wenn sich die Szene in einer nicht oder schwierig zu filmenden Umgebung (Luft, unter Wasser, Weltraum, Gletscher, große Höhe) stattfindet,
- wenn es sich um eine Fantasieumgebung handelt,
- wenn die Umgebung im Film stark stilisiert ist usw.

Bei guter Planung können wichtige Objekte, die in der Set-Erweiterung erscheinen sollen, bereits am Set als einfache Modelle grob nachgebaut werden, um eine Referenz für den Lichteinfall zu erhalten. Ein sehr gutes Beispiel dafür ist das Matte-Painting von Mike Pangrazio am Ende des Filmes *Raiders of the lost Ark* (dt. *Jäger des verlorenen Schatzes*, Regie Steven Spielberg, USA 1981). Hier wird eine Kiste wichtigen Inhalts in einer Lagerhalle mit einer schier unüberschaubaren Menge weiterer Kisten an ihren Platz bewegt. Um eine interessante Lichtstimmung zu erzeugen, experimentierte Pangrazio mit einer Reihe von Modellkisten, die er beleuchtete. Schließlich übernahm er einige Stimmungen in das Matte-Painting, um die Kistenmenge aufzulockern.

Bei Greenscreen-Aufnahmen werden oft nur die Objekte gebaut, mit denen der Darsteller direkt agiert. Abbildung 10.48 zeigt eine solche Aufnahme, bei der der Darsteller in einer großen Höhe aus einer Tür auf ein am Gebäude entlang führendes Belüftungsrohr tritt. Hier wurde eine Tür als praktisches Requisit verwendet, um die Interaktionen des Schauspielers realistischer zu gestalten. Anhand der im Matchmoving generierten Marker kann die 3D-Szene modelliert und gerendert werden. Der im Keying freigestellte Akteur wird dann über den Hintergrund komponiert.

10.4.8 D-Relighting und Position-to-Points

Das *2.5D-Relighting* ist ein modernes Compositing-Verfahren, bei dem die Beleuchtung gerenderter 2D-Bilder ohne Re-Rendering nachträglich verändert werden kann. Eng mit diesem Verfahren verknüpft ist die *Point-to-Position-Technik*, bei der die 2D-Renderings – ebenfalls wieder ohne Zuhilfenahme von 3D-Geometrie – im 3D-Raum dargestellt werden können.

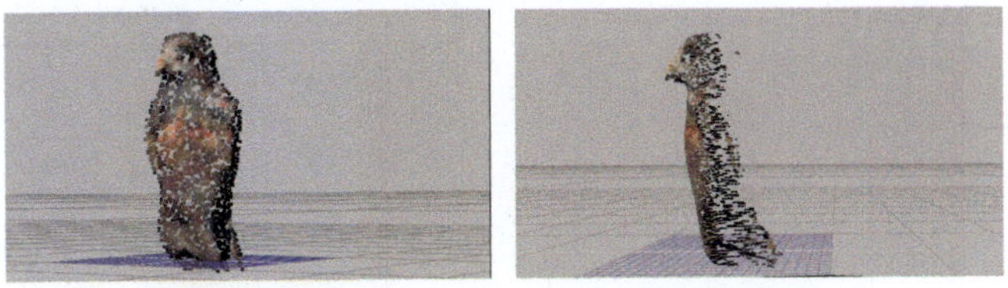

Sicht der Render-Kamera *Andere Kameraposition*

Abb. 10.49 Anwendung des Point-to-Position-Passes

Position-to-Points-Technik
Oft ist es notwendig, im internen 3D-Raum dem Compositing spezielle zusätzliche Elemente hinzuzufügen. Dies können texturierte oder projizierte Cards sein, einfache geometrische Objekte, aber auch *Particle-Simulationen* wie Schnee oder Regen. Ein prominentes Beispiel sind sogenannte *Dust-Hits*. Hierbei werden die kleinen Staubwolken simuliert, die ein Darsteller aufwirbelt, der sich in einem staubigen Terrain bewegt. Diese werden zumeist nicht mit aufwendigen 3D-Simulationen generiert, sondern man verwendet spezielle Filmsequenzen, in denen diese Verwirbelungen abfotografiert wurden. Die kurzen Dust-Hit-Filme werden dann als bewegte Texturen auf Cards gelegt und im 3D-Raum positioniert.

Da es für einen Compositing-Artist schwierig ist, die exakte Position der Dust-Hit-Card zu schätzen, ist der Import der 3D-Animationssequenz als Referenz von großer Hilfe. Dies ist aber in Bezug auf Performance und Speicherbedarf sehr aufwendig. Deshalb wird die Referenzierung der 3D-Positionen auf die 2D-Ebene verlagert. Dazu werden im 3D-Programm zusätzlich zum Beauty-Pass ein *Position-Pass* und ein *Normal-Pass* gerendert (siehe Abb. 10.51), wobei jeweils die Weltkoordinaten der 3D-Szene als Bezugspunkt gelten. Im Compositing angewendet, generieren beide Passes eine Punktwolke der im Beauty-Pass vorhandenen Pixel (Abb. 10.49, linkes Bild). Da nur die von der Render-Kamera gesehenen Teile der Geometrie im Beauty-Pass vorhanden sind, kann naturgemäß nicht das gesamte 3D-Objekt dargestellt werden (Abb. 10.49, rechtes Bild). Dies ist aber auch

Abb. 10.50 2.5D-Relighting (Schema)

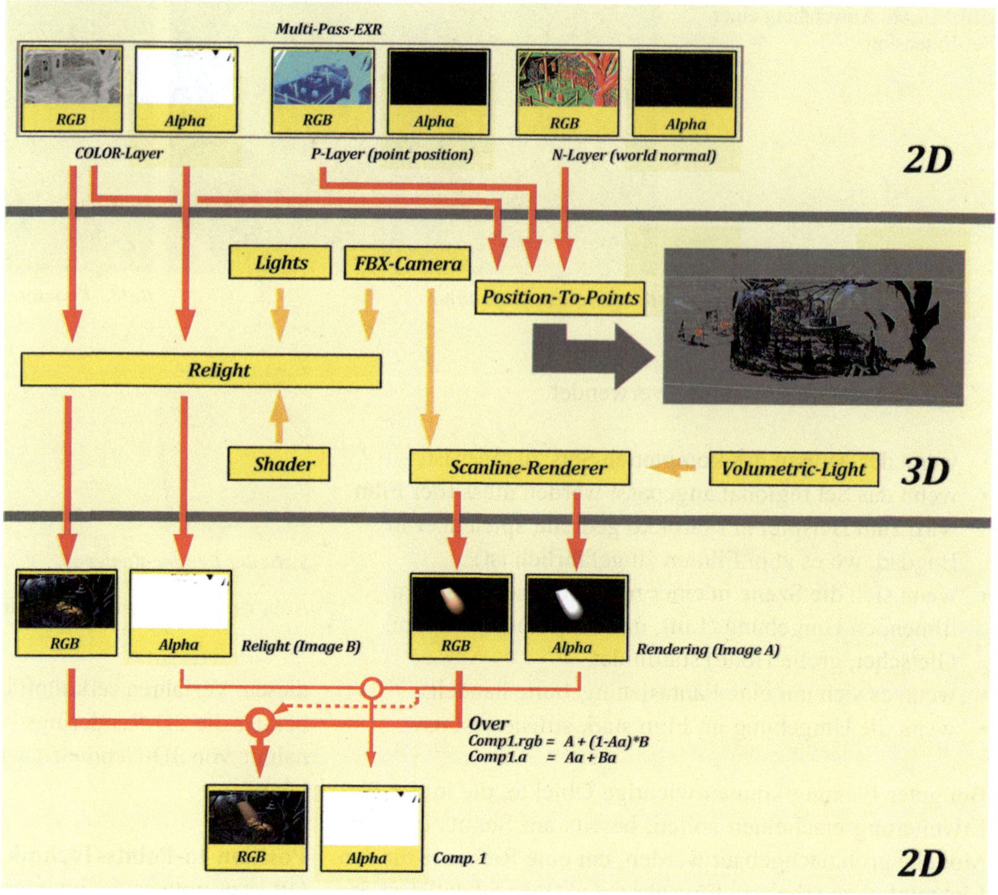

nicht nötig, denn der Compositing-Artist hat auch mit diesen rudimentären Informationen einen guten Überblick über die Positionen der entsprechenden Objekte im 3D-Raum, und da es sich bei den Render-Passes um 2D-Bildsequenzen handelt, ist der Rechen- und Speicheraufwand gering. Mit den Informationen der Punktwolke können dann die Dust-Hit-Cards an die entsprechenden Stellen, an denen die Füße des animierten Charakters den Boden berühren, eingefügt werden (vgl. Fxguidetv 2009).

In Abb. 10.50 erzeugt ein Position-to-Point-Operator die Punktwolke einer Szene, die neu beleuchtet werden soll. Um die Funktionalität des Operators zu gewährleisten, müssen die drei Passes *Point-Pass, Normal-Pass* und *Beauty-Pass* mit den entsprechenden Eingängen des Position-to-Point-Operators verbunden werden. In der 3D-Sicht wird dann die resultierende Punktwolke dargestellt.

2.5D-Relighting

Mithilfe des *2.5D-Relightings* können 2D-Renderings neu beleuchtet werden, ohne aufwendige 3D-Renderings durchführen zu müssen. Die Möglichkeiten der Beleuchtung sind allerdings sehr begrenzt, denn für das Erzeugen eines Schattenwurfs müsste das originale 3D-Modell importiert werden. 2.5D-Relightings sind aber sehr gut geeignet, die für das Compositing wichtigen Füll-, Streu- und Bounce-Lichter zu generieren. Die Anwendung bezieht sich deshalb vor allem auf oben genannte Lichtarten, dem Erzeugen farblicher Stimmungen und interaktiver Beleuchtung, wo Helligkeits- oder andere aus verschiedenen Quellen stammende Informationen dazu verwendet werden, den Lichteinfall auf ein bestimmtes Compositing-Objekt zu animieren.

Der Relight-Algorithmus verwendet die gleichen Passes, die beim Position-to-Points-Verfahren genutzt werden. Diese Passes werden mit den entsprechenden Eingängen der Relight-Node verbunden. Nun können ein oder mehrere 3D-Lichter hinzugefügt werden. Damit der Renderer die lokale Beleuchtung berechnen kann, muss ein Shader mit der Relight-Node verbunden werden, der die Materialeigenschaften vorgibt, die als Grundlage der Berechnung für die Beleuchtung dienen. Außerdem muss die originale Render-Kamera importiert und ebenfalls mit dem Relight-Operator verbunden werden. Zur Positionierung der 3D-Lichter ist es hilfreich, mit der *Position-to-Points-Technik* eine Punktwolke zu erzeugen.

Der Relight-Algorithmus berechnet ohne Zuhilfenahme des Scanline-Renderers ein neu beleuchtetes Bild auf der 2D-Ebene, das eventuell mit dem originalen Beauty-Pass – meist mittels Multiplikation – verknüpft werden kann.

In Abb. 10.50 ist das entsprechende Schema dargestellt, in Abb. 10.51 die entsprechenden Passes und das finale Ren-

Abb. 10.51 2.5D-Relighting (Passes und Rendering). Bearbeitete Modellvorlage von Greg Sendor (siehe Birn 2008)

Graustufen-Rendering der Szene — *World-Normal-Pass* — *Point-Position-Pass* — *Szene mit 2.5D-Techniken neu beleuchtet*

dering. Zur weiteren Ausarbeitung der Lichtstimmung wurde ein volumetrisches Licht in den 3D-Raum eingefügt und separat gerendert. Dieses kann dann mit dem neu beleuchteten Bild verknüpft werden – entweder mit Addieren, Negativ Multiplizieren oder hier mit dem Over-Algorithmus.

10.5 Allgemeine Compositing-Aufgaben

In diesem Abschnitt werden einige der wichtigsten, immer wiederkehrenden Compositing-Aufgaben überblickartig vorgestellt.

10.5.1 Split-Screen

Beim Split-Screen-Verfahren wird das Bild geteilt und zeigt unterschiedliche Bildquellen gleichzeitig. Dies wird oft bei Sportveranstaltungen angewandt, wenn verschiedene Rennsituationen zur gleichen Zeit dargestellt werden sollen. Weiterhin findet es beim Bild-in-Bild-Verfahren Verwendung, wenn zum Beispiel Werbung in das TV-Bild eingeblendet werden soll.

Im Compositing wird das Bild meist dann geteilt, wenn Schauspieler mit sich selbst spielen. In der einfachsten Anwendung ist die Kamera fixiert (locked-off). Bewegt sie sich, muss ein Motion-Control-System vorhanden sein oder ein solches simuliert werden (engl. *faked motion control*). Dabei ist zu beachten, dass der Übergang, an dem das Bild geteilt wird, ausreichend Raum zum Erzeugen der Maske bietet (siehe Abb. 10.52, linkes Bild). Ansonsten muss die Maske aufwendig Frame für Frame animiert werden (siehe Abb. 10.52, rechtes Bild).

Faked-Motion-Control

Professionelle Motion-Control-Systeme sind aufwendig und teuer. Im begrenzten Maße ist es aber möglich sie zu simulieren, wenn bestimmte Grundbedingungen eingehalten werden. Da zwei identische Kamerafahrten ohne präzise externe Kontrolle nicht möglich sind, wird ein Trick angewandt, bei dem die zweite Kamerafahrt entweder 4 bis 5-mal langsamer stattfindet oder eine wesentlich höhere Bildrate bei der Aufnahme verwendet wird. Im ersten Fall darf sich das gedoppelte Objekt nicht bewegen (oder 4 bis 5-mal langsamer). Im zweiten Fall ist eine realistische Bewegung möglich.

Abb. 10.52 Split-Screen

Maske hat genügend Raum — *Maske überlappend*

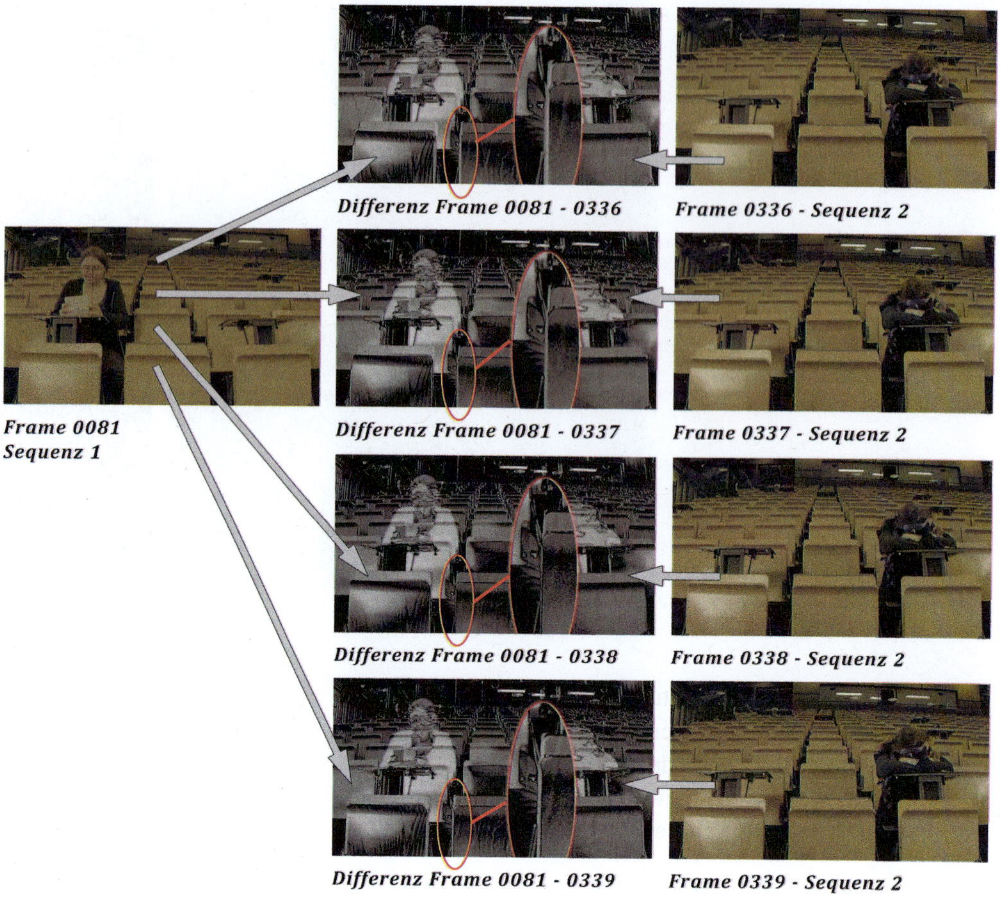

Abb. 10.53 Faked-Motion-Control

Da durch dieses Herangehen für den Zeitpunkt eines Frames in der ersten Aufnahme vier bis fünf Frames in der zweiten Aufnahme vorhanden sind, geht man davon aus, dass eines der Frames in der zweiten Aufnahme räumlich genau der Position des korrespondierenden Frames in der ersten Aufnahme entspricht. Es muss nun manuell den Frames der ersten Aufnahme jeweils ein Frame der zweiten Aufnahme zugeordnet werden. Als Vergleichskriterium zwischen beiden Frames kann entweder der Differenz-Modus angewandt werden oder ein Marker muss sich bei beiden Aufnahmen an der gleichen Position befinden.

Abbildung 10.53 zeigt ein solches Vorgehen. Dem Frame 0081 der ersten Aufnahme soll ein Frame der zweiten Aufnahme zugeordnet werden. Zur Auswahl stehen das Frame 0336 und die folgenden. Die entsprechenden Frames der ersten und zweiten Aufnahme werden nun beim Compositing mit einem Differenz-Operator verknüpft. Als Vergleichskriterium fungiert hier der Rand eines Sitzes in der ersten Reihe. Bei Frame 0336 erzeugt er einen hellen Rand – ein Indiz, dass beide Aufnahmen nicht korrekt übereinander liegen. Dieser Rand wird in Frame 0337 geringer und verschwindet in Frame 0338. In Frame 0339 wird er wieder größer. Das passende Frame ist somit Frame 0338.

Auf diese Weise kann nun für jedes Frame in der ersten Sequenz das korrespondierende Frame in der zweiten Aufnahme zugeordnet werden. Nachdem die zweite Sequenz richtig nummeriert wurde, kann eine Maske beide übereinander komponierten Aufnahmen trennen.

Dieses Verfahren hat natürlich seine Grenzen. Wird eine Aufnahme schneller, die andere langsamer ausgeführt, ist zwar die Belichtung bei beiden gleich, da die Kameraparameter nicht verändert werden, aber die Bewegungsunschärfe ist unterschiedlich, da sich die Kameras nicht gleich schnell bewegen. Ist hingegen die Bildrate in beiden Aufnahmen unterschiedlich, muss die Verschlusszeit (Shutter) angepasst werden, was fast immer eine Farbkorrektur nach sich zieht. Außerdem muss sichergestellt werden, dass sich die Kameraposition zwischen den einzelnen Fahrten nicht verstellt. Trotzdem sind bei ausreichender Planung mit dieser Technik gute Ergebnisse zu erzielen, die auch professionellen Qualitätsanforderungen standhalten.

10.5.2 Spiegeln von Textelementen

Mit dem Spiegeln von Textelementen sehen sich Compositing-Artists häufig konfrontiert. Manchmal entscheidet sich der Regisseur aus künstlerischen Gründen (Bildkomposition, Anschlüsse im Schnitt), die Aufnahme horizontal zu spiegeln. Befinden sich Plakate, Schilder, Texte und andere Indikatoren

Originalbild

Bild horizontal gespiegelt

Originalschild hinzugefügt

Schild perspektivisch angepasst (Corner-Pin)

Abb. 10.54 Spiegeln von Textelementen

im Bild, die eine solche Manipulation verraten (wie z. B. die Position des Fahrers in einem Kraftfahrzeug) müssen diese ebenfalls gespiegelt werden.

Da bei den Aufnahmen für den Film *Titanic* (Regie James Cameron, USA 1997) das Schiff zwar nahezu in Originalgröße nachgebaut wurde, aber nur die Steuerbordseite auch modelliert wurde, konnte nur diese Ansicht verwendet werden. Unglücklicherweise lag die historische Titanic mit der Backbordseite im Hafen von Southampton. Deshalb mussten die Aufnahmen vor dem Auslaufen des Schiffs in der Postproduktion horizontal gespiegelt werden, was erforderte, dass alle Texte im Bild seitenverkehrt im Szenenbild vorliegen mussten.

Abbildung 10.54 zeigt ein solches Vorgehen. Nachdem das Originalbild gespiegelt wurde, wird der Text des Schildes in die richtige Perspektive gebracht und an der richtigen Position eingefügt. Hier ist darauf zu achten, dass auch Sonneneinstrahlung und Schatten richtig platziert werden.

10.5.3 Einfügen von Mündungsfeuer

In Action- und Kriminalfilmen ist der Schusswaffengebrauch ein wichtiges Dramaturgieelement. Das Abfeuern dieser Waffen erzeugt Mündungsfeuer, bei dem nicht verbrannte Pulverbestandteile oder nicht oxidierte Pulvergase als Flamme verbrennen. Bei vielen Real-Aufnahmen fehlt aber dieses Feuer, da dort selbst der Gebrauch von Platzpatronen zu gefährlich oder zu teuer ist. Deshalb müssen die Mündungsfeuer im Compositing nachträglich hinzugefügt werden.

Je nach Komplexität der Szene und der damit verbundenen Verdeckungen und Maskierungen können Mündungsfeuer – meist kurze Filme aus einer Bibliothek – auf der 2D- oder

Originalbild

Mündungsfeuer eingefügt

Abb. 10.55 Einfügen von Mündungsfeuer

2.5D-Ebene eingefügt werden. Es ist dabei zu beachten, dass dieses sehr helle Feuer Interaktionen mit der Waffe und dem Schützen selbst hervorruft, die dargestellt werden müssen (siehe Abb. 10.55).

10.5.4 Hinzufügen eines Glow-Effekts

Der Glow-Effekt ist einer der ältesten Compositing-Effekte. Er wurde besonders im Zusammenhang mit den Lichtschwertern (engl. *lightsaber*) in den Star-Wars-Filmen bekannt. Aber auch andere Darstellungen sind gebräuchlich, bei denen meist eine Erscheinungsform von Energie gezeigt werden soll. Ein Beispiel eines In-Kamera-Effekts ist ein blitzähnliches Element, das von einem Tesla-Transformator (engl. *tesla coil*) erzeugt wurde und dann optisch mit einem angegriffenen Raumschiff überlagert wurde. Abweichend von der Darstellung energetischer Effekte wird im Compositing auch eine weichgezeichnete, kontrastreiche Filmaufnahme als Glow-Effekt bezeichnet, bei der vor allem im Weißbereich jegliche Zeichnung aufgehoben wurde.

Abbildung 10.56 zeigt die Imitation eines Lichtschwerts. Grundlage sind drei Roto-Shapes, die entsprechend eingefärbt sind und mit zunehmender Größe eine abnehmende Opazität besitzen. Dies wird durch eine Gradientmaske unterstützt,

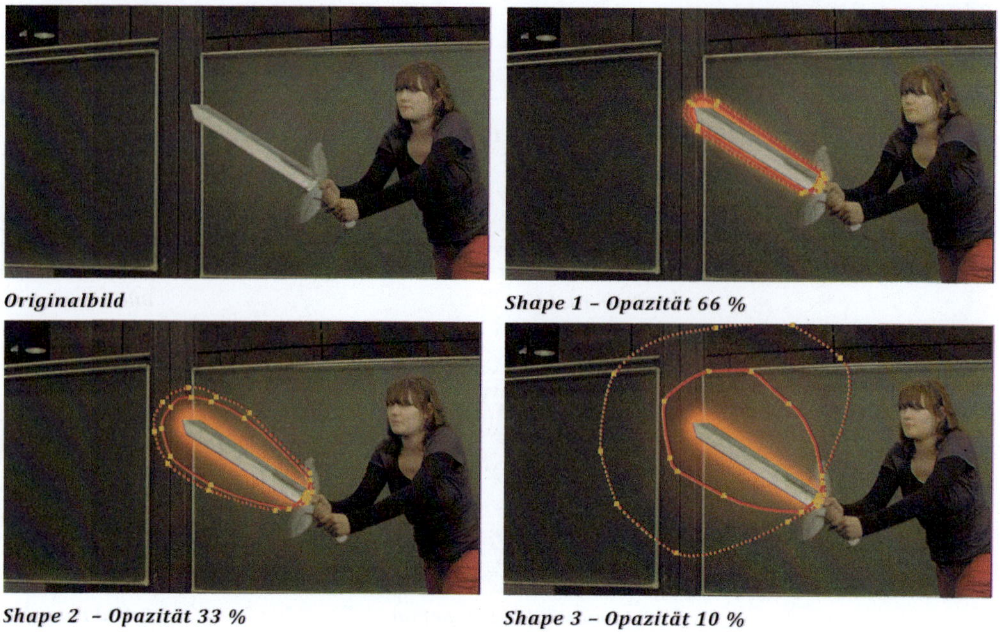

Abb. 10.56 Erzeugen eines Glow-Effekts

die zum Rand hin transparenter wird. Die drei Roto-Shapes werden überlagert und mittels Tracking an die Bewegung des Schwertes angepasst.

10.5.5 Warping und Morphing

Beim Warping werden Bildelemente nichtlinear deformiert oder verzerrt. Das Verfahren wird verwendet, um die Gestalt von Objekten oder Personen zu verändern, damit sie in eine Bildkomposition passen oder auch, um übernatürliche Phänomene zu kreieren. Prinzipiell wird unterschieden in Grid-Warping und Spline-Warping.

Grid-Warping

Beim *Grid-Warping* wird das Bild in Raster unterteilt und kann dann mit den Kontrollelementen an den Rasterpunkten entsprechend manipuliert werden, ähnlich dem Verkrümmen-Algorithmus in Photoshop. Die einzelnen Rasterpunkte können verschoben werden und verzerren damit die darunter liegenden Bildelemente. Weitere Einstellmöglichkeiten bieten Bézier-Handler an den Kontrollpunkten. Auch ihre Animation ist möglich, sodass die Verzerrung erst nach und nach sichtbar wird.

Abbildung 10.57 zeigt in der oberen Zeile eine solche Anwendung. Dabei wird ein Warp-Raster auf die Wolkenformation in einer Hafenstadt angewandt und diese verzerrt, sodass die Wolken nach oben gezogen werden – ungute Vorboten für kommende Ereignisse. Da durch diese Technik die Stadtsilhouette ebenfalls verzerrt wird, muss diese maskiert und über das Warping des Himmels gelegt werden, wobei dieser nach unten versetzt werden muss, um eine klare Trennung zwischen Stadt und Himmel zu erzielen.

Spline-Warping

Beim *Spline-Warping* wird der zu bearbeitende Bildausschnitt durch ein Roto-Shape, das Quell-Shape definiert. In einem anderen Frame wird ein zweites Roto-Shape erstellt, das den Zielbereich angibt. Die Pixel, die um einen der Kontrollpunkte des Quellshapes angeordnet sind, werden dann sofort oder während einer Animation kontinuierlich an die Position des Ziel-Shapes versetzt. Das Bild wird entsprechend verzerrt. Diese Methode bietet eine hohe Kontrolle und wird dementsprechend vor allem bei Gesichtsveränderungen und -anpassungen bei Charakteren verwendet.

Abbildung 10.57 zeigt in der unteren Zeile eine solche Anwendung. Hier soll die Mutation eines Bullen gezeigt werden, wobei langsam ein roter Augapfel zum Vorschein kommt, wenn er das Auge öffnet.

Morphing

Morphing ist eine Kombination zwischen einer normalen Überblendung (engl. *dissolve*), wie sie im Filmschnitt angewendet wird, und einem Warping – meist einem Spline-Warping. Der Eindruck, den der Zuschauer erhält, ist, dass Objekt oder Feature A die Gestalt von Objekt oder Feature B annehmen. Diese Technik wird vor allem für Fantasieeffekte und ungeschnittene Übergänge von Schauspielern zu ihren Doubles angewendet. Hier gibt es mehrere Methoden, wie der Übergang der beiden Features gehandhabt wird. Entweder erfolgt das Morphing von einer Gestalt auf die andere oder der Morphing-Vorgang läuft in zwei Richtungen, dann ändern beide Objekte ihre Gestalt und treffen sich in der Mitte. Durch einen Dissolve-Übergang wird dann Feature A zu Feature B überblendet.

Abb. 10.57 Warping-Technologien

Abb. 10.58 Morphing

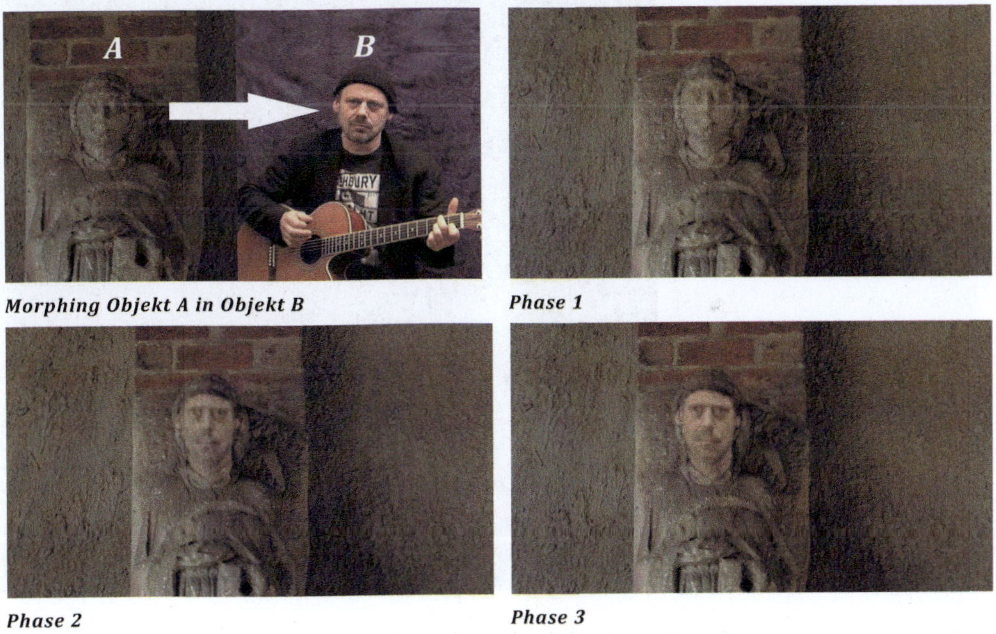

10.5.6 Day-for-Night und Dry-for-Wet

Bei Day-for-Night-Aufnahmen (dt. *Amerikanische Nacht*) wird die Aufnahmezeit für eine in der Nacht spielende Szene auf den Tag oder die Dämmerung verlegt, da am Tag die Lichtsituation und damit die Filmbelichtung besser ist und weniger Rauschen produziert.

Die Compositing-Aufgaben liegen hier in der Absenkung der Luminanz, unterstützt durch Unterbelichtung und Verwendung eines ND-Filters bei der Aufnahme und dem Anheben von Kontrast und Gamma, wodurch größere Bildteile zu Schwarz verschwimmen. Oft wird der Aufnahme ein bläulicher Farbton gegeben, wenn sie direkt nach Sonnenuntergang spielt. Die Wirkung von im Bild befindlichen Lichtquellen wird meist verstärkt und zusätzliche Lichter, Lampen, Fackeln, Feuer etc. werden vom Compositing-Artist nachträglich eingefügt.

Christoph Hasche, Compositing-Artist bei RISE | Visual Effects Studios (The Avengers, Captain America, Harry Potter) sagt dazu[9]:

> Bei einer Day-for-Night-Aufnahme sollte man stets beachten, dass es nicht nur darum geht, die Sonne auszuschalten bzw. das Sonnenlicht als Mondlicht „zu verkaufen", sondern vielmehr die Szenerie in „Nacht" zu ändern.

[9] Im Begleittext zu Abb. 10.59

Abb. 10.59 Day-for-Night – Original und Bearbeitung (Bilder: © Christoph Hasche)

Schauen wir auf eine Stadt, sind mit aller Wahrscheinlichkeit die Lichter der Fahrzeuge, Straßenbeleuchtung, Leuchtreklamen und Innenraumlichter der Gebäude an. Befinden wir uns in einem Raum, sehen wir die Lichter der Umgebung durch die Fenster. Findet die Szene in Gelände ohne Zeichen menschlicher Zivilisation statt, kann man darüber nachdenken, mit zusätzlichen Keyligths zu beleuchten, um die Szene besser gestalten zu können. Die Schatten des Mondlichtes sind zwar zumeist sehr hart, jedoch bekommt man oft bessere Ergebnisse bei Aufnahmen mit bedecktem Himmel. Grund sind die minimierten Reflexionen der Sonne. Gerade die Haut des Menschen, insbesondere die Stirn, ist sehr reflexiv. Hier muss man bei der Aufnahme vorsichtig sein, denn die Reflexion der Sonne im Gesicht sollte unbedingt vermieden werden, da sie in der Nachbearbeitung nur aufwendig zu entfernen ist.

Der Look einer Day-for-Night-Aufnahme sollte zunächst farblich neutral sein. Dass die Nacht „blau" ist, ist falsch und eher emotional zu sehen. Bilder, die bei Mondlicht aufgenommen worden sind, haben eher einen leichten Grünstich, sind aber weitgehend neutral.

Meist erfordert ein Day-for-Night-Grading zusätzliche Luma-Keys und aufwendige Masken, um Highlights gesondert bearbeiten zu können. Ein hoher Kontrastumfang der Aufnahme ist notwendig, um die Highlightspitzen herunterregeln zu können. Durch die Komplexität ist es sinnvoll, Day-for-Night-Aufnahmen nicht während der der Standardfarbkorrektur, sondern in der VFX-Abteilung zu bearbeiten, da die Tools hier feiner und präziser sind.

Eine ähnliche Compositing-Aufgabe ist *Dry-for-Wet*, bei der durch die Verwendung von analogem Rauch, Farbfiltern und digitalen Effekten – wie eingefügte driftende Partikel und Luftblasen – die Illusion einer Unterwasseraufnahme erzeugt

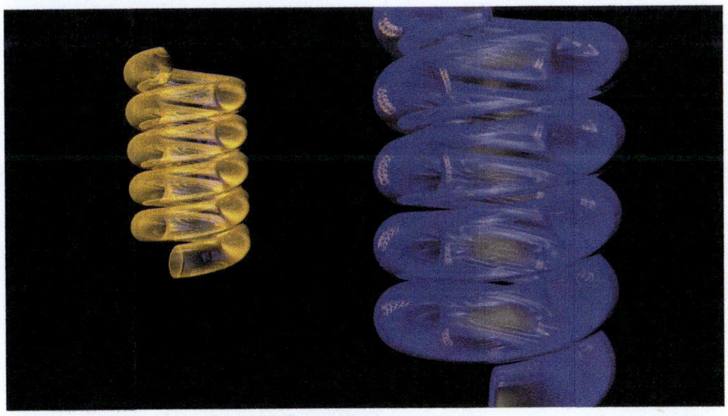

Abb. 10.60 Halbtransparente Helixe mit Ramp-Facing-Angle-Shader

wird, zum Beispiel bei den Aufnahmen der U-Boote im Film *The Hunt for Red October* (dt. *Jagd auf Roter Oktober*, Regie John McTiernan, USA 1990).

10.5.7 Video-Look und Hologramme

Video-Look wird verwendet, wenn Video- oder Fernsehsignale dargestellt werden sollen. Dazu gehören Überwachungskameras, Kommunikationseinheiten, Helmkameras wie die im Film *Aliens* (Regie James Cameron, USA 1986) und alle Arten der elektronischen Bildübertragung, zum Beispiel die Werbetafeln in *Blade Runner* (Regie Ridley Scott, USA 1982). Die Darstellung des gesendeten Bildes ist meist grob, die Zeilen des Video-/Fernsehbildes sind zu erkennen und das Signal selbst ist oft instabil und neigt zu Störungen und Rauschen.

Im Gegensatz dazu werden Hologramme und dreidimensionale Projektionen verwendet, um die hochtechnologisierte Umgebung zu zeigen, in der der Film spielt. Hologramme sind fester Bestandteil von Science-Fiction und wurden bereits in den ersten *Star-Wars*-Filmen eingesetzt. Neuere Produktionen verwenden sie vor allem zur Darstellung von umfangreichen, unübersichtlichen Umgebungen (*Prometheus* – Regie Ridley Scott, USA 2012) oder umfangreichen Kampfhandlungen (*Guardians of the Galaxy* – Regie James Gunn, USA 2014).

Um den künstlichen und gleichzeitig übersichtlichen Hologrammlook zu erhalten, werden beim Shading in den 3D-Programmen Halbtransparenzen verwendet, die dafür sorgen, dass der Hauptkörper durchsichtig wird und nur die opaken Ränder die Form definieren. Außerdem werden Farbgradienten eingesetzt, die sich auf die Richtung der Normalen beziehen (engl. *facing angle, fresnel pass*). Abbildung 10.60 zeigt zwei Helixmodelle, die mit diesen Techniken gerendert wurden.

10.5.8 Anwendung von 2D-Motion-Blur

Ein wichtiger Aspekt für die realistische Darstellung von bewegten Objekten ist die Gestaltung der Bewegungsunschärfe. Bei fotografischen Aufnahmen erfolgt dies durch eine entsprechend lange Öffnung des Verschlusses (engl. *shutter*), während der das fotografierte Objekt seine Position verändert und unterschiedliche Teile des Filmes mit den gleichen Features unterschiedlich stark belichtet werden, sodass vor allem an den Rändern eine Unschärfe auftritt.

Im 3D-Rendering muss diese Unschärfe künstlich hinzugefügt werden. Das ist meist nur mit großem Rechenaufwand möglich. Deshalb werden die schneller zu ermittelnden Bewegungsvektoren der einzelnen Pixel auf die 2D-Ebene konvertiert und als 2D-Motion-Vector-Pass ausgegeben. Auf dessen Grundlage wird dann im Compositing die Bewegungsunschärfe hinzugefügt (siehe Abb. 10.61).

Abb. 10.61 Anwendung des 2D-Motion-Vector-Passes

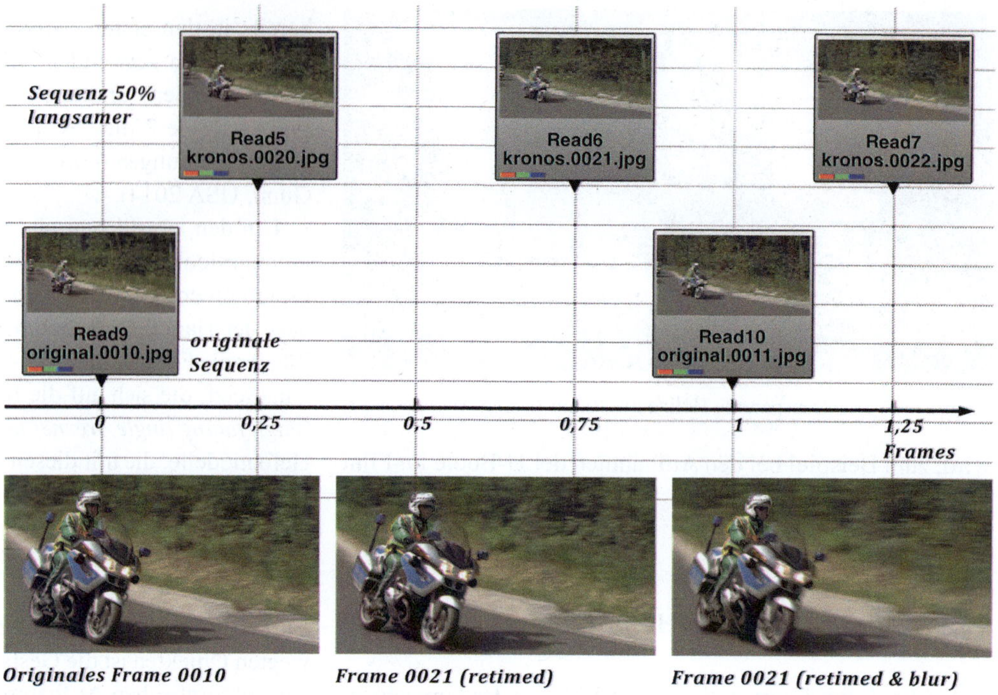

Abb. 10.62 Retiming mit Optical-Flow-Technologie

In modernen Compositing-Programmen ist es darüber hinaus möglich, die Bewegungsvektoren von Objekten in Filmaufnahmen zu ermitteln. Sind Vorder- und Hintergrund durch Masken separiert, können spezielle Algorithmen anhand der durch die Parallaxe unterschiedlich schnellen Bewegungen der Bildteile einen Vector-Pass erzeugen, der dann ebenso zur Gestaltung der Bewegungsunschärfe eingesetzt werden kann.

10.5.9 Retiming mit Optical-Flow

Die Änderung der Dauer und damit der Geschwindigkeit einer Aufnahme (engl. *retiming*) gehört ebenfalls zu den Arbeiten, die ein Compositing-Artist ausführen muss. Dies geschieht aus technischen Gründen, wenn zum Beispiel ein Filmclip frame-genau in einen kurzen Werbespot eingepasst werden soll oder aus ästhetischen Gründen, beispielsweise wenn die wahrgenommene Geschwindigkeit der Aufnahme nicht den Intentionen des Regisseurs entspricht.

Die Geschwindigkeit einer Bildsequenz kann manuell erhöht werden, etwa durch die Entfernung von jedem dritten Bild. Bei geringer Verschlusszeit der Originalaufnahme kann allerdings ein sprunghafter stroboskopischer Eindruck bei der Wiedergabe entstehen, was wiederum oft gewollt ist. Besonders bei Actionfilmen kommt dieser Effekt zum Einsatz, um die Dynamik der Darstellung zu unterstreichen. Eine weitere Möglichkeit besteht darin, Bilder zu überlagern – zum Beispiel Bild 1 und 2 ergeben das neue Bild 1, Bild 3 und 4 ergeben das neue Bild 2 usw.

Im modernen Compositing wird das Retiming mithilfe der *Optical-Flow-Technologie* ausgeführt. Grundlage des Optical-Flows ist die scheinbare Bewegung von Bildpunkten oder Regionen von einem Frame zum anderen. Dabei wird ein Vektorfeld erzeugt, das die horizontale und vertikale Bewegung eines jeden Pixels im Bild beschreibt. Unterstützt wird dieses durch die Annahme, dass es Objekte in einer Szene gibt, deren Pixel die gleiche Bewegungsrichtung haben – zum Beispiel alle Pixel eines Autos. Der Optical-Flow einer Bildsequenz ist schwierig zu berechnen, da die Aufrechterhaltung der Luminanz im Bild – eine grundlegende und wichtige Annahme – durch unterschiedliche Faktoren erzielt werden kann. Andererseits ändern sich die Grenzlinien zwischen den bewegten Objekten aufgrund von Lichtveränderungen oder Bewegungsunschärfe etc. und machen es schwierig, die Pixel dem einen oder anderen Objekt zuzuordnen. Außerdem können sich Glanzlichter auf bewegten Objekten aufgrund der Winkeländerung in eine andere Richtung bewegen als das Objekt selbst. Trotzdem können mit dieser Technologie abhängig vom Material sehr gute Ergebnisse erzielt werden (vgl. Seymour 2006).

Abbildung 10.62 zeigt die Verlangsamung einer schnellen Bewegung um die Hälfte. Hierzu wurde der interne Nuke-Operator *Kronos* verwendet. Dieser berechnet für die angegebene Geschwindigkeitsänderung zwischen zwei Frames auf den Positionen 0 und 1 zwei Bilder auf den Positionen 0,25 und 0,75, um keine Originalbilder verwenden zu müssen, die im Look unterschiedlich sein könnten.

Ein wichtiger Bestandteil für eine realistische Verlangsamung der Geschwindigkeit ist die Bewegungsunschärfe.

Abb. 10.63 Denoising

Aufnahme verrauscht *Aufnahme weitestgehend entrauscht*

Diese kann im Optical-Flow-Verfahren kontrolliert hinzugefügt werden (siehe Abb. 10.62, rechtes Bild).

10.5.10 Anpassung der Rauschmuster und der Körnung im Filmmaterial

Neben differierender Farbqualität stellen unterschiedliche Rauschmuster eines der Hauptprobleme beim Zusammenfügen von Bildmaterial aus verschiedenen Quellen dar. Aus unterschiedlichen Ausgangsmaterialien bestehende analoge Filmnegative weisen unterschiedliche Rauschmuster auf, wobei sich die Muster von Bild zu Bild aufgrund der Anordnung der Moleküle verändern. Video- und digitale Filmkameras unterscheiden sich ebenfalls im Rauschen. Ihre Muster sind in der Regel statisch und damit auffälliger als das analoge Rauschen im analogen Filmnegativ. Infolge der Verwendung der Path-Tracing-Renderer tritt auch in der zuvor als a priori rauschfrei angesehenen Computergrafik verstärkt Rauschen auf.

Zur Anpassung der Rauschmuster werden je nach Problemstellung entsprechende Herangehensweisen gewählt. Bei unterschiedlichen Rauschmustern der Bildsequenzen werden die stärker verrauschten bzw. weniger relevanten Aufnahmen zunächst entrauscht (engl. *denoising, degraining* für Film), um dann mit dem Rauschmuster der wichtigeren Aufnahme versehen zu werden. Bisweilen wird auch das Rauschen bzw. die Körnung beider Aufnahmen entfernt, um später ein anderes Körnungsmuster beispielsweise aus populären Film-Stocks „künstlich" hinzufügen zu können.

Für VFX-Shots gilt auch hier die Regel, dass die Originalaufnahmen nicht verändert werden dürfen. Man würde somit versuchen, für eingefügte CG-Elemente das Rauschmuster des Live-Action-Footage zu imitieren.

Wird ein Standbild (Still) über Live-Action-Footage gelegt, zum Beispiel um eine Clean-Plate zu erzeugen, setzt sich dieses deutlich ab, da sich sein Rauschen bzw. die Körnung im Gegensatz zur Aufnahme nicht verändert. Hier ist es sinnvoll, eine ausreichend lange Schleife anstelle eines Einzelbildes zu verwenden, so dass die Wiederholung des Rauschmusters nicht auffällt. Beim Einfügen von Computergrafik wird bisweilen wiederum ein künstliches Rauschen hinzugefügt, um Kantenartefakte (engl. *contouring artefacts*) zu maskieren.

Abbildung 10.63 zeigt den Vorgang des Entrauschens mit dem Denoise-Operator in NukeX. Eine Region markiert eine Bildfläche ohne Detail. Der Algorithmus analysiert dann das Rauschen und entfernt es. Diese Daten können dann gespeichert werden und auf eine andere Aufnahme angewendet werden.

10.6 Tiefen-Compositing

10.6.1 Grundlagen des Depth-Compositings

Beim *Depth-Compositing* werden einzelne Bildabschnitte anhand ihrer Entfernung zur Kamera bearbeitet. Dabei erhält der Compositing-Artist zusätzliche Informationen über die räumliche Anordnung des verwendeten Bildmaterials, die er für verschiedene tiefenabhängige Effekte verwenden kann, wie nachträgliches Festlegen der Schärfentiefe, Einfügen von Staub und Dunst und das Depth-Compositing im engeren Sinne, das ohne die Verwendung von Holdout- und anderen Masken auskommt.

Um die Tiefeninformationen zu generieren, muss entweder ein (Kamera)-z-Depth-Pass im 3D-Programm gerendert werden oder es ist möglich, im Compositing-Programm direkt aus einer Bildsequenz unter Zuhilfenahme einer Matchmove-Kamera diesen z-Pass zu generieren. Die Entfernung der einzelnen Pixel von der Kamera wird dann als Graustufenwert ausgegeben. Aufgrund der erforderten Genauigkeit ist es sinnvoll, diesen Pass mit 32-Bit-Fließkomma-Auflösung zu berechnen und dem Algorithmus Angaben zu machen, welcher räumliche Bereich in Betracht gezogen werden soll, um die Effizienz der Codierung zu verbessern. Je nach Implementierung werden Werte nahe an der Kamera mit Weiß (1,0) codiert und Werte am Ende des vorgegebenen Bereichs mit Schwarz (0,0) oder umgekehrt.

Abbildung 10.64 zeigt zwei Anwendungen des z-Depth-Passes. Das linke Bild stellt die Tiefenstaffelung von verschiedenen Objekten in einer 3D-Szene dar. Je dunkler der Graustufenwert der Objekte im z-Depth-Pass ist, desto größer ist ihre Entfernung von der Kamera. Die entsprechende Tie-

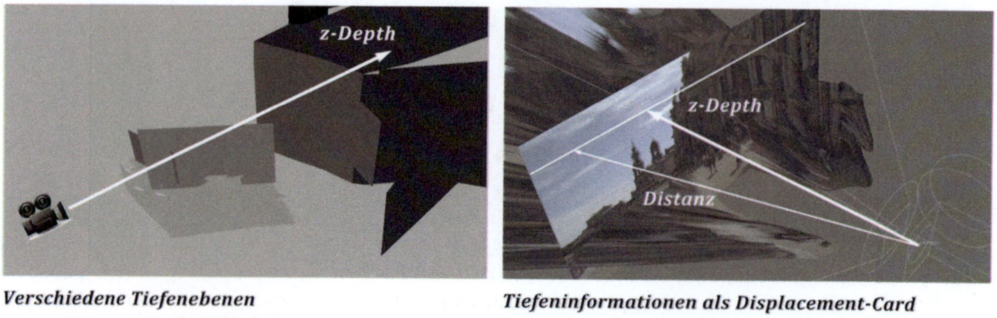

Abb. 10.64 Prinzip der Anwendung des z-Depth-Passes

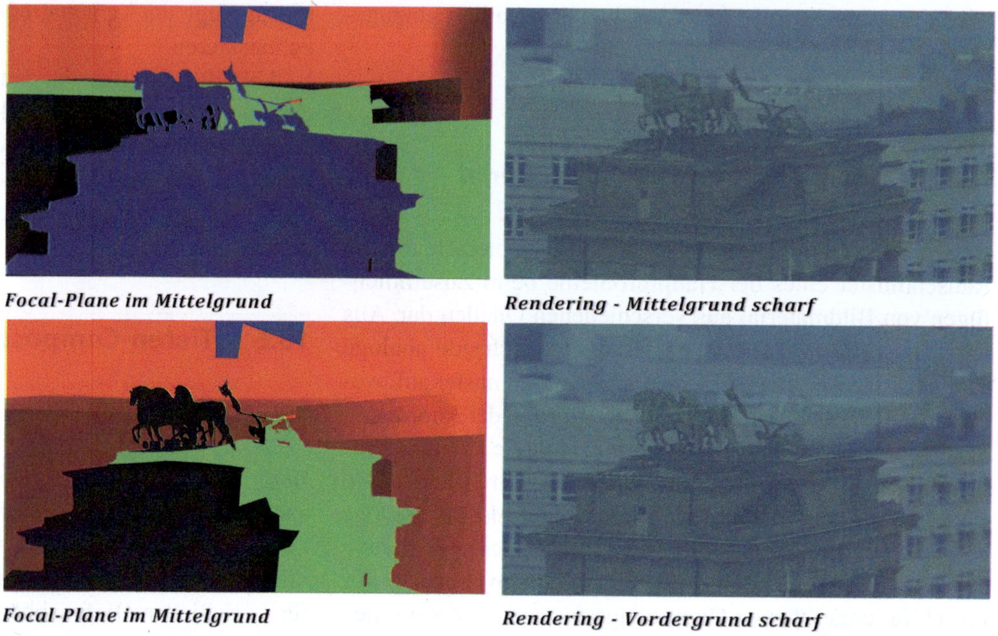

Abb. 10.65 Einstellen der Schärfentiefe mithilfe einer Depth-Map

fenausdehnung der Objekte wird durch einen hier nicht sichtbaren Graustufenverlauf dargestellt (linkes Bild). Das rechte Bild zeigt die Tiefenstaffelung einer Bildsequenz, die im Compositing-Programm erzeugt wurde. Zur besseren Darstellung der Tiefeninformationen werden diese programmintern auf eine Card gelegt, die mithilfe der Displacement-Funktion so verzerrt wird, dass man einen ungefähren Anhaltspunkt für die Tiefenausdehnung der Szene erhält und gegebenenfalls andere Objekte einfügen kann. Es ist dabei zu beachten, dass bei der Ermittlung der z–Depth-Werte der einzelnen Pixel diese auf einer gedachten Ebene liegen, die senkrecht zur z-Achse steht. Bei der Ermittlung des z-Depth-Wertes wird der Abstand der Ebene von der Kamera berechnet und nicht die Distanz der Pixel zur Kamera, die in der Regel größer ist (siehe Abb. 10.64, rechtes Bild).

10.6.2 Anwendung des Depth-Compositings

Nachträgliches Festlegen der Schärfentiefe

Eine wichtige Anwendung des z-Depth-Passes besteht in der nachträglichen Festlegung der Schärfentiefe. Da die einzelnen Bestandteile der Komposition über Tiefeninformationen verfügen, ist es möglich, den Schärfebereich (engl. *depth of field*) in Ausdehnung und Position frei zu justieren. Mit dem *ZDefocus-Operator* ist in Nuke ein hilfreiches Analysewerkzeug enthalten, mit dessen Hilfe die einzelnen Schärfebereiche dargestellt werden können.

In Abb. 10.65 sind zwei unterschiedliche Positionen des Schärfebereichs angegeben. Dabei sind die grünen Elemente im Fokus, die roten, hinter dem Schärfebereich liegenden Elemente und die blauen Elemente vor ihm sind unscharf. Der Algorithmus unterteilt den roten und blauen Unschärfebereich weiter in eine Anzahl von Ebenen und fügt einen größeren Betrag von Unschärfe hinzu, je entfernter die einzelnen Ebenen vom Schärfebereich liegen. Position und Ausdehnung des Schärfebereichs sowie der Betrag der Unschärfe können individuell festgelegt werden.

Bokeh-Effekt

Die künstlerische Ausgestaltung des Unschärfebereichs wird in der Fotografie unter dem Begriff *Bokeh* gefasst. Dabei wird versucht, die objektivabhängigen Unschärfen nach ästhetischen Gesichtspunkten zu nutzen. So werden Ringe, Kreise und auch die innere Form der Blende dargestellt. Konsequen-

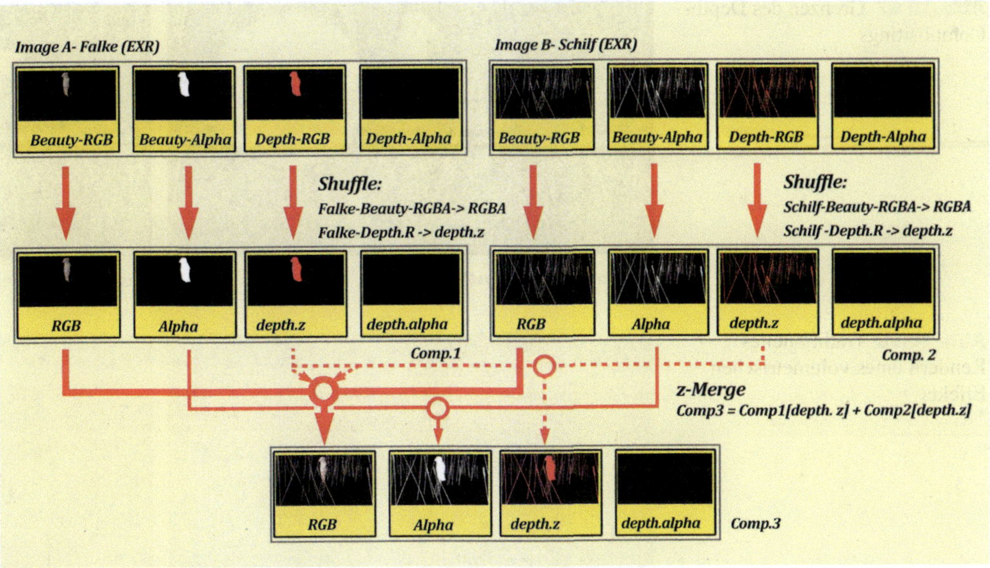

Abb. 10.66 Depth-Compositing (Schema)

terweise kann in der ZDefocus-Node in Nuke für einen Blendeneffekt die Anzahl der Blendenlamellen festgelegt werden.

Weitere tiefenabhängige Effekte

Atmosphärische Effekte wie Dunst, Nebel und Verschleierungen sind essenziell für eine glaubhafte Komposition von Außenaufnahmen. Besonders Städte leiden unter der Feinstaubeinwirkung, die dazu führt, dass besonders bei Panoramaaufnahmen entfernte Stadtteile im Staub verschwimmen. Streulichter des Himmels und der Umgebung überlagern die Komposition in unterschiedlicher Transparenz und werden stärker, je weiter die Objekte entfernt sind. Damit wird auch die Wirkung von Dunst und Staub größer. Durch eine Kombination von Farbkorrekturen (Verringerung des Kontrasts, Entsättigung, Luminanzerhöhung) und einer subtil angewendeten Unschärfe können diese Effekte im Compositing simuliert werden, wobei sie sich graduell entsprechend zum Hintergrund hin verstärken. Ein weiterer Effekt, der durch die Anwendung des z-Depth-Passes kontrolliert werden kann, ist der Lichtabfall von im Compositing eingefügten Lichtern.

Depth-Compositing

Eine weitere wichtige Anwendung des z-Depth-Passes ist das Depth-Compositing. Hier werden keine Masken verwendet, um die Bilder zu kombinieren. Da bei Verwendung eines z-Depth-Passes (auch engl. *depth map*) jedes Pixel eine definierte Position in der Tiefe besitzt, kann der Algorithmus erkennen, wann es von einem Pixel eines anderen Bildes verdeckt wird, das sich näher an der Kamera befindet. Depth-Maps werden vor allem in 3D-Programmen generiert. Aber auch Footage kann in solche Kompositionen eingefügt werden. Hierbei wird dem Material ein z-Depth-Kanal hinzugefügt und mit Grauwerten versehen, die den jeweiligen Positionen der Pixel entsprechen. Der Depth-Compositing-Algorithmus ordnet die Aufnahmen dann an der entsprechenden Stelle ein.

Abbildung 10.66 zeigt das Schema einer Depth-Komposition in Nuke. Um die beiden Bilder (Image A und Image B) kombinieren zu können, müssen die Tiefeninformationen in ein gemeinsames Channel-Set kopiert werden, da beide Bilder in unterschiedlichen Channel-Sets in der jeweiligen OpenEXR-Datei liegen (*Falke-Depth* und *Schilf-Depth*). Hierzu bietet sich das vorgefertigte Depth-Channel-Set (*depth*) an. Da der Tiefenkanal nur ein Graustufenbild ist, wird lediglich der rote Kanal im Depth-Channel-Set verwendet, der zur besseren Übersicht bereits vordefiniert die Bezeichnung *z* erhalten hat. Die beiden anderen Kanäle (Grün, Blau) des Depth-Channel-Sets bleiben unbelegt, ebenso der Alpha-Kanal. Bei der Darstellung erscheinen die Tiefenwerte deshalb rot. Nun können die Pixel der RGB-Kanäle beider Bilder anhand der Verdeckungen im Tiefenkanal kombiniert werden.

Bei der Anwendung des Depth-Compositings ergibt sich auch die Möglichkeit, die Objekte in einem bestimmten Rahmen räumlich anders anzuordnen, ohne die Szene neu rendern zu müssen. Es treten allerdings zwei Probleme auf, die den Umgang mit Depth-Compositing erschweren. Das erste entsteht durch das Anti-Aliasing im Depth-Pass. Bei Depth-Passes handelt es sich um 32-Bit-Graustufenbilder, deren Grauwerte die Entfernung der Pixel von der Kamera angeben. Wird ein Anti-Aliasing-Algorithmus angewandt, werden die Kanten der Objekte im Depth-Pass geglättet, indem die Grauwerte durch Verläufe heller gemacht werden. Dadurch verändert sich aber auch ihre Position im Raum. Sie werden graduell näher an die Kamera versetzt.

Abbildung 10.67 zeigt die Artefakte. Teile der horizontalen Kante der Bodenplatte, die viel tiefer im Raum liegt als der Falke, werden – da sie durch das Anti-Alaising heller gemacht wurden – nach vorn verlagert und über dem Bauch des Falken dargestellt, da dessen Grauwerte dort dunkler und somit weiter von der Kamera entfernt sind. Noch prob-

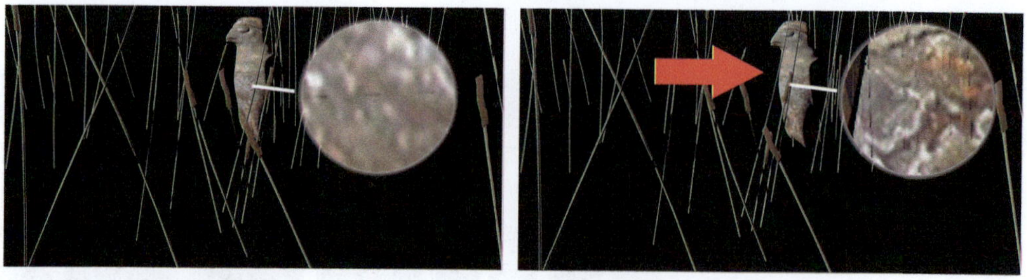

Abb. 10.67 Grenzen des Depth-Compositings

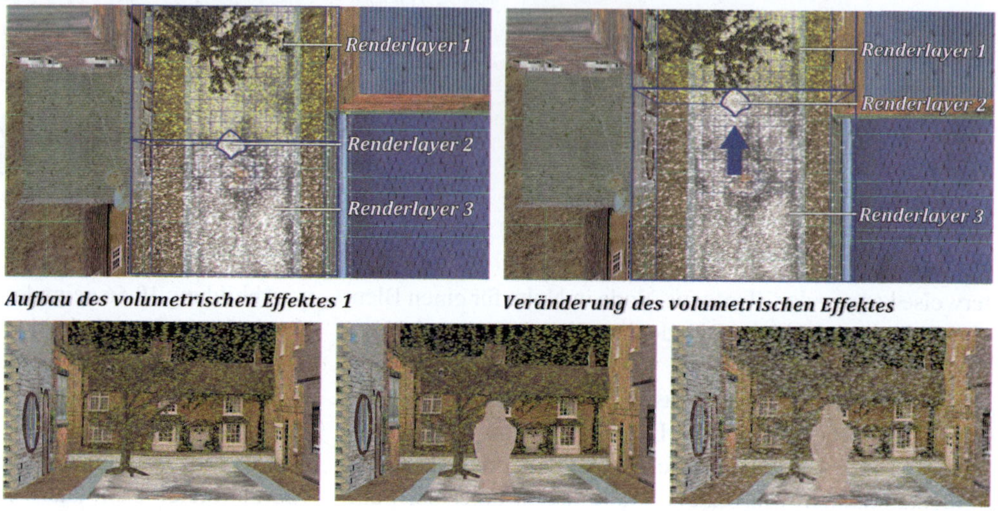

Abb. 10.68 Traditionelles Rendern eines volumetrischen Effekts

lematischer ist die Situation im rechten Bild. Hier wurde der Falke nach rechts hinten verschoben. Nun erscheinen aus dem gleichen Grund vertikale Kanten des Schilfs vor dem Falken-Objekt. Für Depth-Passes muss deshalb das Anti-Aliasing beim Rendern abgeschaltet werden. Dies gilt gleichermaßen für Point-Position-Passes. Problematisch ist allerdings die Darstellung von feinem Detail wie Haar oder Fell, für das ein nicht weichgezeichneter (gefilterter) Depth-Pass nicht akkurat genug ist.

Das zweite Problem besteht darin, dass der Depth-Pass nicht die gesamte Szene wiedergibt, sondern nur die Position von Pixeln auf der Oberfläche von Objekten, die jeweils am nahesten an der Kamera sind. Objekte, die diese verdecken, werden ignoriert. Dies führt zu einer falschen Darstellung, wenn halbtransparente Szenenelemente in der Tiefe hintereinander liegen und ein Objekt sich langsam vorwärts bewegt. Außerdem erzeugen Berechnungen von Bewegungsunschärfe und Schärfentiefe bei transparenten Objekten, detailreichen Elementen wie Haaren und Fell, aber auch an den Kanten von opaken Objekten eine Reihe von Artefakten. Diese Probleme werden vom *Deep-Compositing* adressiert.

10.6.3 Deep-Compositing

Im *Deep-Compositing* (auch Deep-Image oder Deep-Image-Compositing) werden zusätzliche Informationen über die Tiefenstaffelung von Objekten in der 3D-Szene erzeugt. Dies hat eine Reihe von Vorteilen:

1. Die Notwendigkeit, 3D-Szenen neu zu rendern, wird reduziert,
2. die Qualität des Bildmaterials nach dem Compositing wird erhöht,
3. das Bilden von Artefakten an Kanten und bei transparenten Objekten wird vermieden.

Abbildung 10.68 zeigt das traditionelle Vorgehen beim Re-Rendern eines Objekts, das sich innerhalb eines volumetrischen Effekts (Schneefall) befindet und in seiner Tiefenposition verändert wurde. Beim Rendern wird der volumetrische Effekt – hier zur besseren Übersicht gelb und weiß dargestellt – in zwei Render-Layer aufgeteilt und an der Position des Objektes geteilt. Es werden somit drei Render-Layer ausgegeben: der volumetrische Effekt hinter dem Objekt, das Objekt selbst und der volumetrische Effekt vor dem Objekt. Diese Render-Layer werden dann im Compositing in der angegebenen Reihenfolge übereinandergelegt. Wird das Objekt neu positioniert, müssen

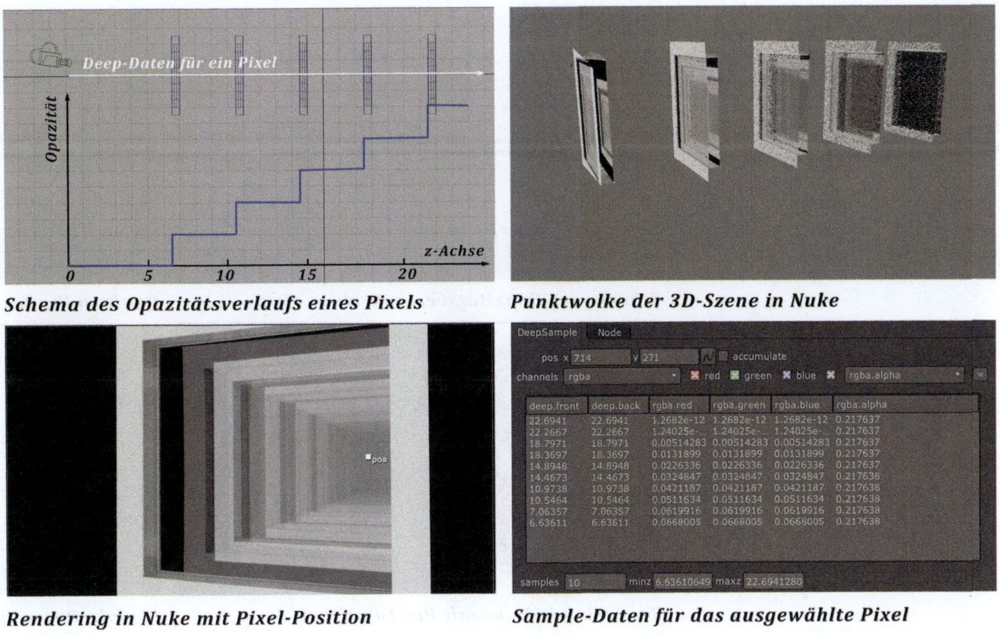

Abb. 10.69 Prinzip des Deep-Image-Compositings

die Grenze des volumetrischen Effekts neu definiert und die beiden Render-Layer des Effekts neu gerendert werden.

Das Konzept des Deep-Compositing beruht darauf, dass Informationen von Position, Farbe und Opazität für jedes volumetrische Partikel vorliegen, sodass eine Neupositionierung im Compositing vorgenommen werden kann, ohne die Szene neu zu rendern. Außerdem wird die Qualität der resultierenden Bilder erhöht, da transparente Pixel bei der Anwendung von Effekten, die Tiefeninformationen verwenden – wie beispielsweise Bewegungsunschärfe –, weitestgehend artefaktfrei gerendert werden.

Prinzip des Deep-Compositings

Beim Standard-Composting hat jedes Pixel nur einen Farb-, Tiefen- und Opazitätswert. Beim Verwenden von Deep-Images enthält jedes Pixel so viele unterschiedliche Farb-, Tiefen- und Opazitätsinformationen wie die in der Tiefe gestaffelten Objekte, die es repräsentiert.

Abbildung 10.69 zeigt das Prinzip. In der Szene befinden sich fünf Fensterrahmen mit Glasscheiben, die jeweils eine Opazität von 20 % besitzen. Die Render-Kamera sendet einen Strahl in die Szene. Dieser trifft nach und nach auf die Fensterscheiben und sammelt die entsprechenden Informationen. Die Position des Pixels im Rendering ist im unteren linken Bild angegeben, die entsprechenden Deep-Informationen werden im unteren rechten Bild dargestellt. Dabei handelt es sich um die Entfernungen von der Kamera (*deep front, deep back*), die Farbwerte (*rgb.red, rgb.green, rgb.blue*) und die Opazität (*rgb.alpha*). Da die Fensterscheibe im Modell aus einem Quader besteht, werden jeweils zwei Positionen angegeben. Die Opazitäten auf dem Weg des Render-Strahls durch die Szene addieren sich in diesem Beispiel in Form einer Treppenstufe (oberes linkes Bild).

Einfügen eines Objektes im Deep-Compositing

Der Vorteil des Deep-Image-Verfahrens besteht u. a. darin, den Hintergrund zu rendern und dann Objekte im Compositing an einer beliebigen Stelle einzufügen und zu animieren, ohne den Hintergrund neu rendern zu müssen. Da alle Daten der Objekte vorhanden sind, ordnet sich das Objekt an der richtigen Stelle ein.

Abbildung 10.70 zeigt wieder das Prinzip. Es wird ein Fußball in das Deep-Compositing eingefügt. Die Position eines beliebigen Pixels und die entsprechenden Daten werden in der unteren Reihe dargestellt.

Da sich die Position des Balls hinter der ersten Scheibe befindet, wird er von dieser zu 20 % verdeckt. Da er selbst eine Opazität von 100 % hat, verdeckt er alle nachfolgenden Objekte.

Verändern der Position eines Objektes im Deep-Compositing

Die Möglichkeiten des Deep-Compositings können nun genutzt werden, um den Ball anders zu positionieren. Abbildung 10.71 zeigt das Prinzip. Der Ball wird nun hinter die dritte Fensterscheibe bewegt. Da – im Gegensatz zum traditionellen Compositing – die Informationen zu den Objekten hinter der Ballposition in Abb. 10.70 vorhanden sind, addieren sich die Opazitäten durch die nun drei Fensterscheiben auf 60 %. Der Ball wird dadurch zum Teil verdeckt und ist nicht mehr so klar zu sehen wie in der vorhergehenden Abbildung.

Abbildung 10.72 zeigt das Schema des Compositing-Netzwerks in Nuke. Die beiden Elemente der Szene – der Ball und die Fensterrahmen – werden mit je einer *DeepRead-Node* eingelesen. Diese importieren die Farb-, Opazitäts- und Deep-Informationen. Damit der Ball an eine andere Position in der

Abb. 10.70 Einfügen eines Deep-Image-Elementes

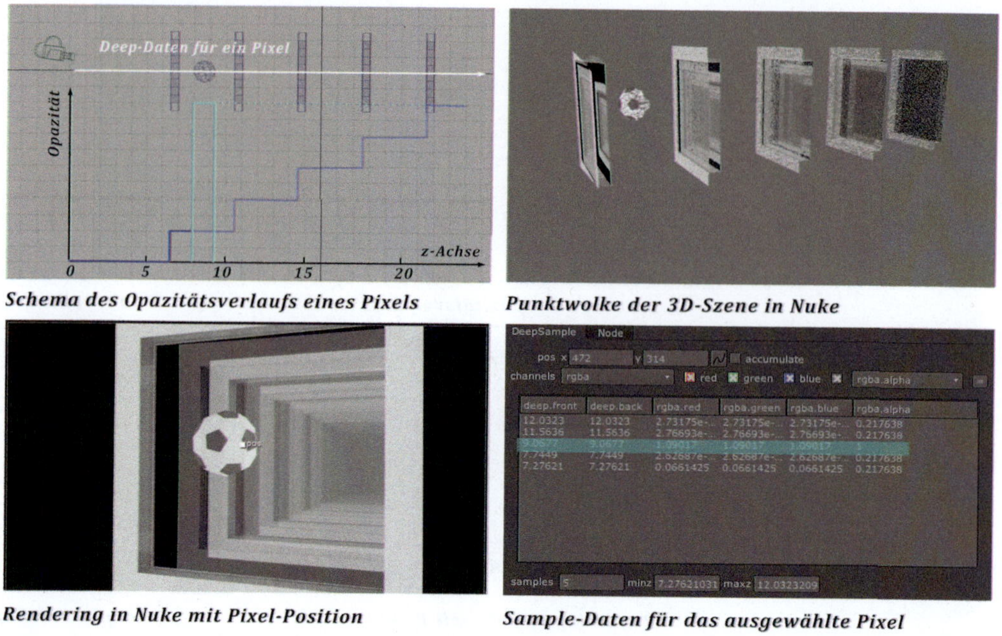

Abb. 10.71 Verändern der Tiefenposition eines Deep-Image-Elementes (Grundlagen)

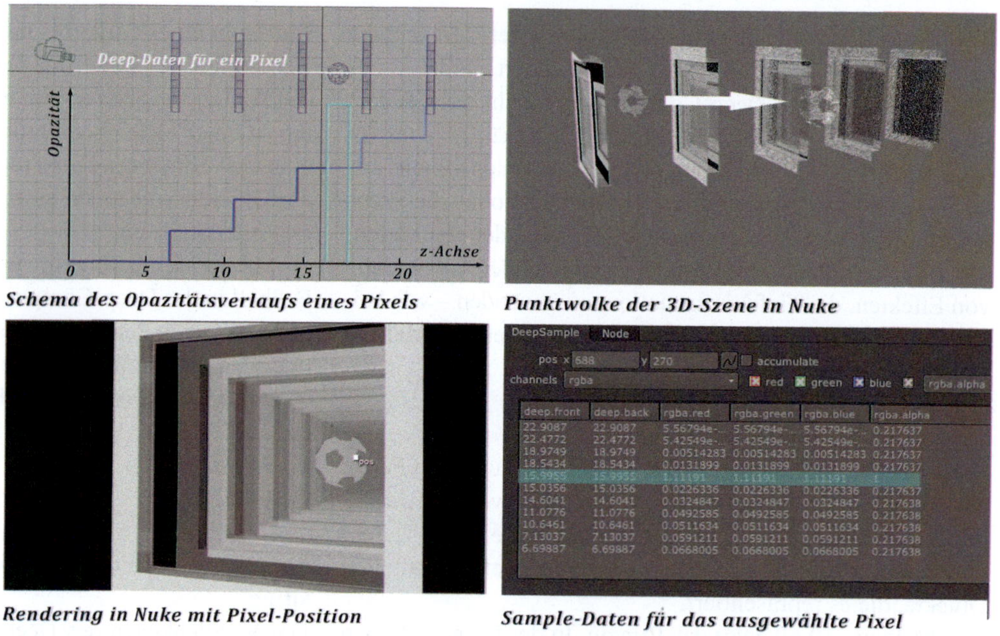

Szene versetzt werden kann, wird ein *DeepTransform-Node* eingefügt. Da der Ball entfernter von der Kamera platziert wird, muss er verkleinert werden. Dazu wird eine *Deep-Reformat-Node* eingefügt.

Zentraler Operator in diesem Beispiel ist die *DeepMerge-Node*, die anhand der Deep-Daten feststellt, welches Pixel in den unterschiedlichen Objekten näher an der Kamera positioniert ist. Unter Verwendung der Farb- und Opazitätsdaten wird dann das Ausgabebild gerendert. Da zumeist im 2D-Raum weitergearbeitet wird, muss das Deep-Image konvertiert werden. Der *DeepToImage-Operator* entfernt alle Deep-Daten, rendert das RGB-Bild und legt die Opazitätsinformationen in den Alpha-Kanal.

10.6.4 Praktische Erwägungen für das Deep-Compositing

Generieren von Deep-Image-Daten

Deep-Images können vor allem in 3D-Programmen erzeugt werden. Lange Zeit war Pixars *PRMan* der einzige Renderer mit dieser Funktionalität. Inzwischen können eine Reihe weiterer Renderer wie *V-Ray*[10] *(Chaos Group), Maxwell*[11], *Mantra (Side FX)*[12] *und Arnold (Solid Angle)*[13] diese Daten erzeugen.

[10] http://www.chaosgroup.com/en/2/index.html
[11] http://www.maxwellrender.com
[12] http://www.sidefx.com
[13] https://www.solidangle.com

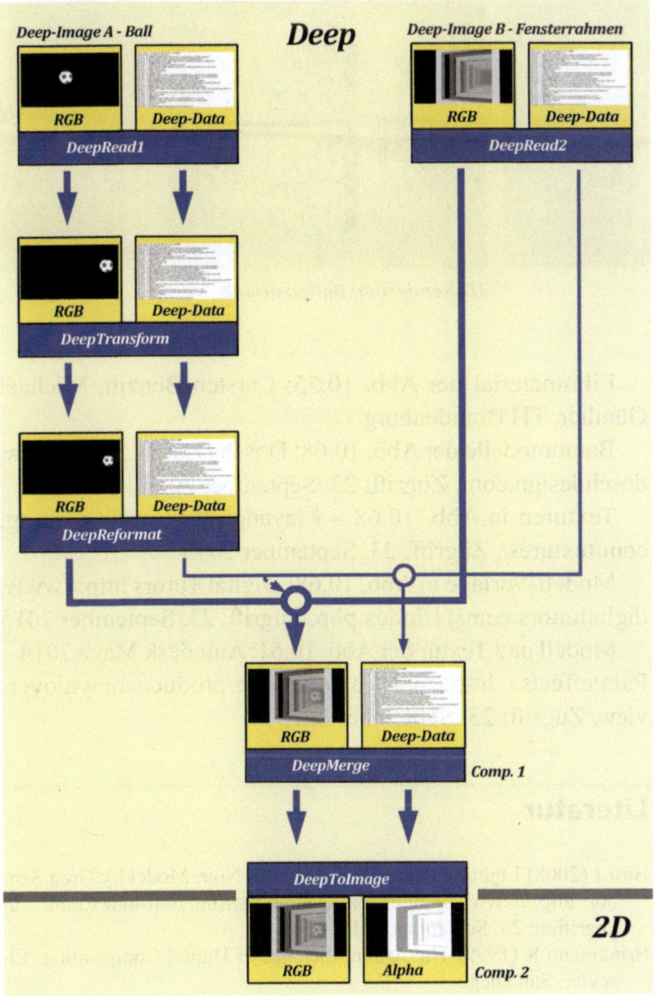

Abb. 10.72 Verändern der Tiefenposition eines Deep-Image-Elementes (Schema)

In NukeX ab Version 8 ist es möglich, mithilfe des Scanline-Renderers Deep-Daten der internen 3D-Szene zu generieren. Generell ist zu überprüfen, ob Compositing-Programme unter dem Begriff *Deep-Compositing* auch das hier vorgestellte Verfahren verstehen. Manchmal wird auch das Point-Position-Konzept als Deep-Image-Verfahren deklariert.

Bevorzugtes Speicherformat sind OpenEXR 2.0-Dateien, da sie ohne zusätzliche Installation von Software geschrieben und gelesen werden können. Außerdem verfügen sie noch über einen sehr effektiven verlustfreien Kompressionsalgorithmus (zip 1), wodurch die teilweise erheblichen Datenmengen (bis zu einem TB pro Frame) in ihren Größenordnungen reduziert werden können.

Möglichkeiten des Einsatzes von Deep-Image-Daten
Deep-Daten können vor allem im Compositing in NukeX neben den schon genannten Einsatzmöglichkeiten weitere Anwendung finden:

1. Es ist möglich, wie beim *Position-to-Point-Verfahren* die Deep-Daten als Punktwolke darzustellen, vor allem, um weitere Elemente platzieren zu können.
2. Farbkorrektur kann tiefenabhängig ausgeführt werden. Durch entsprechende Maskierungen im DeepColor-Operator kann der Raum in Abschnitte mit weichen Kanten unterteilt und farbkorrigiert werden.
3. Volumetrische Kompositionen können in gewissem Rahmen ausgeführt werden. Vor allem das interne Partikel-System in Nuke kann in das Deep-Compositing eingefügt werden.
4. Footage kann ebenfalls im Zusammenhang mit Deep-Images Verwendung finden. Einerseits können Aufnahmen auf Cards im 3D-Raum eingefügt werden, andererseits ist es möglich, mit internen Werkzeugen einen Depth-Pass zu erzeugen, der von dem *ImageToDeep-Operator* als Tiefeninformationen interpretiert wird und in das interne Deep-Format umgewandelt wird. Ist kein Depth-Pass vorhanden, kann dieser als Graustufenbild hinzugefügt werden, wobei der Graustufenwert die Entfernung zur Kamera angibt. Es ist hierbei darauf zu achten, dass das Live-Action-Material einen Alpha-Kanal besitzt, damit der Deep-Algorithmus entsprechende Opazitätswerte generieren kann.
5. 3D-Animationen mit Deep-Images können weitestgehend artefaktfrei realisiert werden. Abbildung 10.73 zeigt drei Frames einer stilisierten 3D-Animation, bei der die sich be-

Abb. 10.73 Deep-Image-Animation

Abb. 10.74 Probleme beim Deep-Image-Compositing

3D-Rendering: Ballposition1 *3D-Rendering: Ballposition2*

wegende Render-Kamera importiert wurde. Der Falke kann dann animiert werden. Er bewegt sich durch das Schilfgebiet, wobei sich die einzelnen Schilfhalme nahtlos vor oder hinter ihm platzieren. Die dabei auftretenden Überblendungen an den Kanten sind weich und ohne Artefakte.

Probleme im Deep-Compositing
Auch das Deep-Compositing ist naturgemäß nicht frei von Problemen. Während beim Compositing in der Regel kaum Artefakte auftreten, gibt es eine Reihe physikalisch bedingter Komplikationen, die auch das Deep-Compositing nicht sofort lösen kann. Abbildung 10.74 zeigt zwei traditionelle Renderings aus einem 3D-Programm mit unterschiedlicher Positionierung eines Balls. Würde man den Ball in der Form, in der er im linken Bild erscheint, ausgeben und beim Deep-Compositing an der Position des zweiten Renderings einfügen, entständen einige Problemzonen:

1. Die Position zum Licht hat sich verändert. Während im linken Bild der Schatten rechts auf dem Ball ist, befindet er sich im rechten Bild links auf dem Ball. Des Weiteren ist ein marginales Glanzlicht zu erkennen.
2. Der Ball interagiert mit dem Rahmen und wird von diesem reflektiert.
3. Die Rotation des Balls hat sich aufgrund der Kameraperspektive verändert.

Diese Probleme sind aber im weiteren Compositing lösbar. Hierbei zeigt sich aber, welche Vorstellungskraft ein Compositing-Artist haben muss, um zu erkennen oder sich vorzustellen, welche Änderungen im Bild durch Einfügen von Objekten oder unterschiedliche Positionierung verursacht werden. Andererseits zeigt dieses Beispiel, welche enorme Rolle Referenzen im Compositing spielen und erklärt die Tatsache, weshalb bei VFX-Aufnahmen viel Wert darauf gelegt wird, solche in guter Qualität zu gewinnen.

10.7 Quellen

Filmmaterial der Abb. 10.48, 10.52, 10.53, 10.56: TH Brandenburg

Filmmaterial der Abb. 10.55: Carsten Benzin, Michael Günther, TH Brandenburg

Baummodelle der Abb. 10.68: Dosch Design, http://www.doschdesign.com, Zugriff: 23. September 2015

Texturen in Abb. 10.68 – Mayang http://www.mayang.com/textures/, Zugriff: 23. September 2015

Modell-Vorlage in Abb. 10.68: Digital Tutors http://www.digitaltutors.com/11/index.php, Zugriff: 23. September 2015

Modell und Textur der Abb. 10.61: Autodesk Maya 2014 – Painteffects http://www.autodesk.de/products/maya/overview, Zugriff: 23. September 2015

Literatur

Birn J (2008) Lighting Challenge #15: Film Noir, Model by Greg Sendor. http://www.3drender.com/challenges/film_noir/index.htm. Zugegriffen: 23. September 2015

Brinkmann R (1999) The Art and Science of Digital Compositing. Elsevier, San Diege

Fxguidetv (2009) Shervin Shoghian, compositing supervisor at Image Engine, shows off some cool Nuke 3D techniques developed for their work on „District 9". http://www.fxguide.com/fxguidetv/fxguidetv_071/. Zugegriffen: 30. August.2015

Okun, Zwermann (2010) The VES Handbook of Visual Efffects. Visual Effects Society. Elsevier Inc., Burlington

PegTop (2015) Blend Modes. http://www.pegtop.net/delphi/articles/blendmodes/. Zugegriffen: 30. August 2015

Seymour M (2006) Art of Optical Flow. http://www.fxguide.com/featured/art_of_optical_flow/. Zugegriffen: 30. August 2015

Wright S (2010) Digital Compositing for Film and Video. 3. Aufl. Elsevier, Amsterdam

Ausblick

Zukünftige Entwicklungen der Bewegtbildmedien werden vor allem den displaybezogenen Bereich betreffen. Bereits jetzt erweitern moderne Displays und Laserprojektoren den Dynamikbereich und den Bereich der darstellbaren Farben erheblich. Die 4k-Auflösung des Ultra-HD-Fernsehens wird von vielen schon vor ihrer flächendeckenden Einführung lediglich als Zwischenlösung angesehen, so sendete die BBC in Zusammenarbeit mit japanischen Fernsehgesellschaften während der Olympischen Sommerspiele 2012 experimentelle 8k-Live-Übertragungen. Der signifikant vergrößerte Farbraum BT. 2020 bietet Möglichkeiten, die Farbpräsenz prägnanter darzustellen. Fernsehgeräte der nächsten Generationen zeigen sehr hohe Leuchtdichten von bis zu 4000 cd/m² und darüber hinaus. Die Ansätze des HDR-Workflows und des Workflows des Dolby-Vision-Systems werden konkurrieren und in Bereiche und Problemstellungen vordringen, die der szenenbezogene Farbworkflow bereits adressiert hat. 360°- und Lichtfeldfilme werden produziert werden und Interaktionen mit entsprechenden VR-Anzeigemöglichkeiten geschaffen werden. Aber was immer auch geschieht, im Zentrum wird der Umgang mit der Farbe stehen, das Spiel der Farben wird spannend bleiben.

E. Hasche, P. Ingwer, *Game of Colors: Moderne Bewegtbildproduktion*, DOI 10.1007/978-3-662-43889-3_1

Sachwortverzeichnis

N

9783662438886